administração

B328a   Bateman, Thomas S.
         Administração / Thomas S. Bateman, Scott A. Snell ;
         tradução: Allan Vidigal Hastings ; revisão técnica: Gilmar
         Masiero. – 2. ed. – Porto Alegre : AMGH, 2012.
         xi, 395 p. : il. color. ; 28 cm.

         ISBN 978-85-8055-081-8

         1. Administração – Gestão. I. Snell, Scott A. II. Título.

                                                         CDU 658

Catalogação na publicação: Ana Paula M. Magnus – CRB 10/2052

administração
2ª Edição

Thomas S. Bateman
McIntire School of Commerce
University of Virginia

Scott A. Snell
Darden Graduate School of Business
University of Virginia

Tradução
Allan Vidigal Hastings

Revisão técnica
Gilmar Masiero
Professor da Faculdade de Economia, Administração
e Contabilidade da Universidade de São Paulo (FEA/USP)

AMGH Editora Ltda.
2012

Obra originalmente publicada sob o título
M: Management, 2nd Edition
ISBN 0078137233 / 9780078137235

Original edition copyright (c) 2011, The McGraw-Hill Companies, Inc., New York, New York 10020. All rights reserved.

Capa: *Consolo&Cardinali Design*

Foto de capa: *iStockphoto*

Gerente editorial CESA: *Arysinha Jacques Affonso*

Coordenadora editorial: *Viviane R. Nepomuceno*

Assistente editorial: *Kelly Rodrigues dos Santos*

Preparação, revisão e editoração: *Know-how Editorial*

Reservados todos os direitos de publicação, em língua portuguesa, à
AMGH Editora Ltda., uma parceria entre GRUPO A EDUCAÇÃO S.A. e McGRAW-HILL EDUCATION.
Av. Jerônimo de Ornelas, 670 – Santana
90040-340 – Porto Alegre – RS
Fone: (51) 3027-7000 Fax: (51) 3027-7070

É proibida a duplicação ou reprodução deste volume, no todo ou em parte, sob quaisquer formas ou por quaisquer meios (eletrônico, mecânico, gravação, fotocópia, distribuição na Web e outros), sem permissão expressa da Editora.

Unidade São Paulo
Av. Embaixador Macedo Soares, 10.735 – Pavilhão 5 – Cond. Espace Center
Vila Anastácio – 05095-035 – São Paulo – SP
Fone: (11) 3665-1100 Fax: (11) 3667-1333

SAC 0800 703-3444 – www.grupoa.com.br

IMPRESSO NO BRASIL
PRINTED IN BRAZIL

Sumário Resumido

Capítulo 1
Gestão.. 2

Capítulo 2
O Ambiente Empresarial 26

Capítulo 3
Ética e Responsabilidade
Corporativa 50

Capítulo 4
Planejamento Estratégico............... 72

Capítulo 5
Empreendedorismo........................ 100

Capítulo 6
Organização................................... 126

Capítulo 7
Gestão de Recursos Humanos...... 154

Capítulo 8
Gestão de uma Força de Trabalho
Diversificada 180

Capítulo 9
Liderança 206

Capítulo 10
Motivação de Pessoas................... 228

Capítulo 11
Trabalho em Equipe 252

Capítulo 12
Comunicação.................................. 272

Capítulo 13
Controle Gerencial.......................... 294

Capítulo 14
Inovação e Mudança...................... 318

Sumário

Capítulo 1 ●●

Gestão... 2

Gestão no novo ambiente competitivo.. **4**

Os negócios acontecem em escala global........................... 4

A tecnologia está avançando, tanto online quanto offline .. 6

O conhecimento é um recurso importante que precisa ser gerido 7

A cooperação está derrubando barreiras ao desempenho 7

Gestão para conquistar vantagem competitiva..................... **8**

A inovação nos mantém à frente dos competidores 9

A qualidade precisa melhorar continuamente.................... 9

A economia de serviços alcança todos os setores 10

Faça melhor e mais rápido 11

Custos baixos ajudam a vender.. 11

As melhores empresas entregam todas as cinco vantagens 12

As funções da gestão.. **12**

O planejamento nos põe a caminho da realização de valor 13

A organização reúne os recursos dos quais precisamos.... 14

A liderança mobiliza as pessoas 14

Controle significa aprender e mudar 14

A gestão exige todas as quatro funções............................ 16

Níveis e competências de gestão.. **16**

Os altos administradores são estrategistas e líderes........... 16

Os gestores intermediários dão vida às estratégias........... 17

Gestores da linha de frente: o elo vital com os funcionários 18

Os líderes de hoje têm amplas responsabilidades.............. 18

Os gestores precisam ter três competências gerais........... 19

Você e sua carreira.. **20**

Ser tanto especialista quanto generalista........................... 21

Ser autoconfiante... 21

Estar conectado 22

Gerir ativamente o relacionamento com a empresa 23

Sobrevivência e florescimento 23

Mulheres que ajudam mulheres, uma conta por vez............... **16**

Capítulo 2 ●●

O Ambiente Empresarial 26

O macroambiente **28**

A legislação e a regulamentação ao mesmo tempo protegem e restringem as empresas 28

A economia afeta o valor das empresas............................... 30

A tecnologia está transformando todas as funções das empresas 31

A demografia descreve nossos funcionários e clientes...... 31

Questões sociais moldam as atitudes em relação a empresa e seus produtos 32

O ambiente competitivo **33**

Competidores vêm do mundo todo...................................... 33

Outros entrantes surgem no mercado quando as barreiras à entrada são baixas 35

Alguns produtos são substitutos ou complementares de outros 35

Fornecedores proporcionam recursos.................................. 36

Em última análise, os clientes determinam seu sucesso..... 37

Análise ambiental **38**

A varredura do ambiente nos mantém conscientes 39

O desenvolvimento de cenários nos ajuda a analisar o ambiente 39

A projeção prevê nosso ambiente futuro............................. 39

O *benchmarking* nos ajuda a ser os melhores da categoria 40

Reação ao ambiente **40**

Adaptar-se ao ambiente... 40

Influência sobre o ambiente... 42

Modificação das fronteiras do ambiente.............................. 42

Três critérios que podem nos ajudar na escolha da melhor abordagem.. 44

A cultura e o ambiente interno das empresas **45**

As empresas deixam muitas pistas a respeito de suas culturas 46

A cultura pode ser gerida 47

Alto projeto com consciência.. **32**

Capítulo 3 ●●

Ética e Responsabilidade Corporativa 50

É uma questão importante... 52

É uma questão pessoal 52

Ética **54**

Os sistemas éticos moldam a maneira como aplicamos a ética 54

A ética empresarial é valorizada, mas, às vezes, ausente .. 56

A sociedade exige um clima ético 57

É possível aprender a tomar decisões éticas 62

Ser ético exige coragem.. 64

Responsabilidade social corporativa **65**

As empresas têm mesmo uma responsabilidade social?.... 66
É possível fazer o bem e se dar bem.................................. 67
O ambiente natural **68**
A atividade econômica tem consequências ambientais...... 69
O desenvolvimento pode ser sustentável 69
Algumas empresas adotam agendas ambientais................ 70
Um novo significado para "estufa" **70**

Capítulo 4 ● ●

Planejamento Estratégico 72

O processo de planejamento.. 74
Etapa 1: analisar a situação 74
Etapa 2: gerar metas e planos alternativos 75
Etapa 3: avaliar metas e planos 76
Etapa 4: selecionar metas e planos 76
Etapa 5: implementar metas e planos 76
Etapa 6: monitorar e controlar o desempenho 77
Níveis de planejamento **77**
O planejamento estratégico estabelece um rumo
de longo prazo 77
O planejamento tático e operacional dá respaldo
à estratégia 78
Todos os níveis de planejamento precisam estar alinhados.. 79
Processo de planejamento estratégico **79**
Primeiro, estabelecer a missão, a visão e as metas............ 79
Segundo, analisar as oportunidades
e ameaças externas... 81
Terceiro, analisar os pontos internos fortes e fracos........... 82
Quarto, realizar análise SWOT e formular a estratégia....... 84
Quinto, implementar a estratégia 88
Finalmente, controlar os avanços 89
Tomada de decisões gerenciais **90**
O processo formal de tomada de decisões
tem seis etapas 90
A natureza humana cria obstáculos às boas decisões........ 95
Muitas decisões são tomadas em grupo 96
A Zero Motorcycles na pole position **86**

Capítulo 5 ● ●

Empreendedorismo 100

Empreendedorismo **104**
Por que tornar-se um empreendedor? 104
O que é preciso para ter sucesso? 105
Que negócio começar? 105
Quais as características pessoais necessárias? 110
Os fracassos acontecem, mas podemos melhorar
nossas chances de sucesso 113
Planejamento e recursos ajudam a ter sucesso 117
Empreendedorismo corporativo **121**
Conquiste apoio para suas ideias 121

Desenvolvimento do intraempreendedorismo em nossa
empresa 122
A gestão do intraempreendedorismo é arriscada............... 122
Uma orientação empreendedora incentiva novas ideias 123
Os Irmãos Banatao constroem pranchas para a onda verde ... **108**

Capítulo 6 ● ●

Organização...................................... 126

Fundamentos da empresa **128**
A diferenciação cria cargos especializados....................... 128
A integração coordena os esforços dos funcionários 129
A estrutura vertical **130**
A autoridade é concedida formal e informalmente.............. 130
A hierarquia define os níveis de autoridade....................... 131
A amplitude de controle determina a autoridade do gestor .. 132
A delegação é a maneira pela qual os gestores usam
os talentos dos outros 132
A descentralização distribui o poder da tomada
de decisão 134
A estrutura horizontal **135**
Organizações funcionais geram especialistas eficientes ... 135
As organizações divisionais desenvolvem um foco
sobre o cliente 136
As organizações matriciais querem os melhores
aspectos das demais 138
As organizações em rede baseiam-se em colaboração...... 139
Integração organizacional **141**
A padronização coordena o trabalho por meio de regras
e rotinas 142
Os planos estabelecem uma orientação comum 142
Os ajustes mútuos permitem uma coordenação flexível 142
A coordenação exige comunicação................................... 143
Agilidade organizacional **144**
As estratégias promovem a agilidade organizacional.......... 144
As organizações ágeis focam seus clientes 148
A tecnologia pode apoiar a agilidade................................. 149
A rede da Kiva espalha-se pelo mundo **140**

Capítulo 7 ● ●

Gestão de Recursos Humanos....... 154

Gestão estratégica de recursos humanos.................... **156**
O planejamento de RH envolve três etapas......................... 157
Formação dos quadros da empresa **160**
O recrutamento ajuda a encontrar candidatos
para os cargos 160
A seleção determina quais candidatos contratar............... 161
Às vezes é preciso demitir... 165
Treinamento e desenvolvimento **167**
Os programas de treinamento se compõem
de quatro fases 168

viii

As opções de treinamento atingem diversos objetivos........ 168

Avaliação de desempenho **169**

O que avaliamos? 170

Quem deve realizar a avaliação? 171

Como dar *feedback* aos funcionários? 172

Concepção de sistemas de recompensa **172**

As decisões sobre remuneração precisam levar
em conta a empresa, o cargo e a pessoa 173

A remuneração por incentivo leva os funcionários
a dar o melhor de si 173

A remuneração dos executivos tem gerado
controvérsias 174

Os funcionários também fazem jus a benefícios 175

A remuneração e os benefícios precisam cumprir
os requisitos legais 176

Os empregadores têm de proteger a saúde e
a segurança 176

Relações trabalhistas **176**

Qual a legislação trabalhista em vigor? 177

Como os funcionários formam sindicatos? 177

Como se dão as negociações coletivas? 178

E o futuro? 178

Contratando atletas universitários para carregar entulhos..... 158

Capítulo 8 ●●

Gestão de uma Força de Trabalho Diversificada 180

Diversidade: passado, presente e futuro **182**

A diversidade moldou o passado dos Estados Unidos 182

A diversidade é crescente na força de trabalho de hoje..... 183

Os trabalhadores de amanhã serão mais variados
do que nunca 189

Gestão da diversidade e da ação afirmativa **189**

Bem geridas, a diversidade e a inclusão podem
se tornar uma vantagem competitiva 191

Gerir uma força de trabalho diversificada e inclusiva
é um desafio 192

Organizações multiculturais **193**

**Como as empresas podem cultivar uma força
de trabalho diversificada** **194**

O compromisso da alta administração é o
primeiro passo 194

Realização de uma avaliação organizacional................. 195

Atrair um grupo diversificado de funcionários qualificados.. 195

Treinar os funcionários para que compreendam
a diversidade e trabalhem com ela 196

Retenção de funcionários talentosos 197

Gestão além das fronteiras **198**

Os gestores globais precisam ter competências
transculturais 199

As diferenças nacionais moldam os valores e
as práticas de negócio 201

A gestão internacional introduz desafios éticos
complexos 204

A BNSF se vale da força dos veteranos **184**

Capítulo 9 ●●

Liderança 206

O que esperamos de nossos líderes? **208**

Visão **209**

Liderança e gestão **210**

Bons líderes precisam de bons seguidores 211

Poder e liderança **211**

O poder pode vir de cinco fontes 211

Abordagens tradicionais sobre liderança **213**

Alguns traços podem distinguir os líderes 213

Alguns comportamentos podem dar eficácia aos líderes ... 214

A melhor maneira de liderar depende da situação.......... 216

Visões contemporâneas da liderança **221**

Líderes carismáticos inspiram seus seguidores 221

Líderes transformadores revitalizam as empresas 222

A verdadeira liderança acrescenta uma dimensão ética.... 224

As empresas de hoje oferecem muitas oportunidades
de liderança... 225

Os bons líderes precisam ser corajosos 226

Desenvolvimento das habilidades de liderança **226**

Por onde começar? 226

Quais são as chaves do sucesso? 227

Majora lidera a luta pela justiça ambiental **222**

Capítulo 10 ●●

Motivação de Pessoas.................... 228

Motivação para o desempenho **230**

Estabelecimento de metas **231**

Metas bem concebidas são altamente motivadoras.......... 231

Metas forçadas ajudam os funcionários a atingir
novos patamares 232

O estabelecimento de metas deve estar casado
com outras ferramentas de gestão 232

Metas próprias 234

Reforço do desempenho **234**

Cuidado com o que reforçamos 235

Devemos punir erros? 236

O *feedback* é um reforço essencial 236

Crenças ligadas ao desempenho **236**

Se dermos duro, teremos sucesso? 237

Se tivermos sucesso, seremos recompensados? 237

As três crenças devem ser elevadas 237

A teoria da expectância identifica pontos
de alavancagem 237

Compreensão de necessidades pessoais **238**

Maslow organizou as necessidades segundo
uma hierarquia 238

ix

Alderfer identificou três necessidades relacionadas ao trabalho 240

McClelland concluiu que os gestores buscam realização, filiação e poder 241

Quais teorias aplicam-se internacionalmente? 241

Concepção de cargos motivadores **241**

Os gestores podem fazer com que o trabalho seja mais variado e interessante 242

Herzberg propôs dois importantes fatores relacionados ao trabalho 243

Hackman e Oldham: significado, responsabilidade e *feedback* proporcionam motivação 244

Para motivar, a potencialização deve ser bem feita 245

Fazendo justiça **246**

As pessoas avaliam a equidade por meio de comparações .. 247

Pessoas que se sentem tratadas sem equidade tentam restabelecer o equilíbrio 247

Os procedimentos – e não só os resultados – precisam ser justos 248

Satisfação no emprego **249**

As empresas estão melhorando a qualidade de vida no trabalho 249

Os contratos psicológicos são entendimentos de intercâmbio 249

A Stonyfield Farm motiva por meio de sua missão **232**

Capítulo 11 ●●

Trabalho em Equipe 252

As contribuições das equipes **254**

O novo ambiente de equipes **255**

As empresas apresentam diferentes tipos de equipes 255

As equipes autogeridas potencializam os funcionários 256

Como os grupos tornam-se equipes de verdade **258**

As atividades do grupo mudam com o seu amadurecimento 258

Com o passar do tempo, os grupos passam por períodos críticos 258

Alguns grupos evoluem para equipes 258

Por que os grupos às vezes fracassam? **260**

Construção de equipes eficazes **260**

As equipes eficazes focam o desempenho 261

Os gestores motivam o trabalho eficaz em equipe 262

Equipes eficazes têm membros competentes 262

As normas moldam o comportamento da equipe 263

Os membros das equipes devem representar papéis importantes 264

A coesão afeta o desempenho da equipe 264

Os gestores podem desenvolver a coesão e normas de alto desempenho 265

Gestão de relacionamentos laterais **266**

Alguns membros da equipe devem gerir externamente 266

Alguns relacionamentos ajudam as equipes a se coordenarem com outros grupos da empresa 267

Surgem conflitos tanto dentro das equipes quanto entre elas 267

Como reagir ao conflito? 268

A mediação pode ajudar a resolver conflitos 270

Os conflitos nem sempre são cara a cara 270

Equipes virtuais bem equilibradas na Smart Balance **256**

Capítulo 12 ●●

Comunicação 272

Comunicação interpessoal **274**

A comunicação deve fluir em duas direções 274

Cuidado com as armadilhas da comunicação **275**

Erros de percepção causam mal-entendidos 276

A comunicação flui por meio de diversos canais 277

A mídia eletrônica oferece canais flexíveis e eficientes 277

Uso de meios "mais ricos" para mensagens complexas ou críticas 283

Aprimoramento das competências de comunicação **283**

Os remetentes podem melhorar suas apresentações, sua redação, sua escolha de palavras e sua linguagem corporal 283

Os sinais não verbais também transmitem significado 286

Os destinatários podem aprimorar suas competências de escuta, leitura e observação 286

Comunicação organizacional **288**

A comunicação descendente orienta, motiva, treina e informa 288

A comunicação ascendente é de valor inestimável para a administração 290

A comunicação horizontal alimenta a colaboração 291

É preciso dar atenção à comunicação informal 292

A organização sem fronteiras não opõe barreiras ao fluxo de informação 293

O Twitter como salva-vidas durante desastres **278**

Capítulo 13 ●●

Controle Gerencial 294

Entrando em parafuso? **296**

Sistemas de controle burocráticos **297**

Os sistemas de controle envolvem quatro etapas 297

O controle burocrático se dá antes, durante e depois das operações 300

As auditorias gerenciais controlam diversos sistemas 302

Os controles orçamentários comparam os resultados com um plano 303

Os controles financeiros incluem os balanços patrimoniais e os demonstrativos de resultados 306

O lado negativo do controle burocrático 309

Os gestores podem aumentar a eficácia dos sistemas de controle 310

Outros controles: mercados e clãs **313**

Os controles de mercado permitem que oferta e demanda determinem preços e lucros 314

O controle pelo clã depende da potencialização e da cultura 315

A fórmula de controle de custos da TerraCycle é um lixo **304**

Capítulo 14 ●●

Inovação e Mudança 318

Decisão de adoção de novas tecnologias **320**

Avaliação das necessidades organizacionais de tecnologia 321

As decisões de tecnologia devem se basear em critérios relevantes 322

Saiba onde obter novas tecnologias 325

Organizando-se para inovar **327**

Quem é responsável por inovações tecnológicas? 327

Para inovar é preciso liberar a criatividade 328

Não permita que a burocracia sufoque a inovação 328

Os projetos de desenvolvimento podem impulsionar a inovação 329

A concepção de cargos e os recursos humanos possibilitam a inovação 329

Chegando à classe mundial **330**

Construir organizações para a grandeza sustentável e de longo prazo 330

Substituir a "tirania do *ou*" pela "genialidade do *e*" 331

O desenvolvimento organizacional modela o sucesso sistematicamente 331

Algumas práticas de gestão levam as organizações à grandeza 332

Gestão da mudança **332**

Motivação das pessoas para a mudança 334

Um modelo em três etapas sugere meios para lidar com a resistência 335

Abordagens específicas podem incentivar a cooperação .. 337

Os gestores precisam harmonizar diversas mudanças 339

Os gestores devem liderar a mudança 340

Moldando o futuro **341**

Pensar no futuro 341

Criar o futuro 342

Moldar o nosso futuro 343

Aprender e abrir o caminho em direção às nossas metas .. 344

A CompUSA encomenda um futuro focado no cliente 332

Notas **346**

Créditos **383**

Índice **385**

administração

capítulo um

Gestão

Saiba a verdade
sobre o que os gestores de hoje realmente fazem.

A californiana Tesla Motors, uma pequena empresa no combalido mercado mundial de automóveis, está tentando revolucionar seu setor. Liderada pelo presidente-executivo Elon Musk, a Tesla tem uma visão ambiciosa: a produção em massa de carros elétricos que acabem com a dependência dos Estados Unidos em combustíveis fósseis e reduzam a emissão de gases do efeito estufa. O sul-africano Musk prevê que, em 2030, a maioria dos carros produzidos nos Estados Unidos utilizará energia elétrica. Será uma projeção arriscada? Talvez. Mas Elon Musk é um gestor hábil que já liderou duas empresas bem-sucedidas na internet: a Zip2 (posteriormente vendida à Compaq) e a X.com (que se converteu no que atualmente conhecemos como PayPal). O sucesso da Tesla depende, em grande medida, das competências gerenciais e da liderança de Musk.[1]

É claro que nem todos os gestores e empresas são bem-sucedidos. Em um caso recente de falência, repórteres que investigavam o Centro Médico do Exército Walter Reed, em Washington — um dos maiores hospitais militares dos Estados Unidos —, descobriram que, em algumas unidades, soldados feridos enfrentavam mofo, baratas, roedores, paredes e portas danificadas, sem falar na burocracia que atrapalhava seus esforços para receber atendimento. O Gal. Richard A.

> *Planejamento e organização são fundamentais para a gestão eficiente de uma loja. Certifico-me de que todas as atividades ou mudanças de cada semana estejam planejadas no começo de cada mês — por exemplo, as remarcações semanais de preços, ou as alterações mensais previstas. Uma vez tudo planejado, posso garantir que também esteja programado e acertado com os gerentes e seus auxiliares para ter certeza de que seja feito na hora certa.*
> Sarah Albert, Gestora de Varejo de Vestuário

> *Dedico a primeira hora de cada dia a planejamento e organização, antes que os funcionários cheguem para trabalhar. Passo o restante do dia treinando e instruindo as pessoas para que realizem as tarefas que lhes cabem, como carregar baús específicos.*
> Joe Kubinski, Supervisor Operacional

● ● objetivos de APRENDIZAGEM

OA1.1 Resumir os principais desafios da gestão no novo ambiente competitivo.

OA1.2 Descrever as fontes de vantagem competitiva de uma empresa.

OA1.3 Explicar como as funções da gestão têm evoluído no atual ambiente empresarial.

OA1.4 Comparar a natureza variável da gestão nos diferentes níveis organizacionais.

OA1.5 Definir as competências necessárias para ser um gestor eficaz.

OA1.6 Identificar os princípios que nos ajudam a gerir nossas carreiras.

Cody, vice-chefe do Estado Maior do Exército, admitiu a existência de problemas fundamentais de gestão: "Nossos orientadores e assistentes sociais estão sobrecarregados e não recebem treinamento suficiente. Não comunicamos adequadamente as informações necessárias. Nossos processos administrativos são desnecessariamente pesados... Nossas unidades de internação não estão adequadamente dotadas de pessoal e os atuais líderes não são capazes de garantir a responsabilidade, a disciplina e o bem-estar adequados".[2] Felizmente, esses problemas podem ser corrigidos e já estão sendo abordados.

As empresas, assim como as pessoas, vencem ou fracassam por diversos motivos. Alguns são circunstanciais. A maioria é pessoal e humano, abrangendo as decisões que os gestores tomam e as medidas que põem em prática.

> "A gestão significa, segundo a mais recente análise, a substituição da força bruta pelo pensamento; do folclore e da tradição pelo conhecimento e da força pela cooperação."
>
> Peter Drucker

No mundo dos negócios, não há o que substitua a gestão eficaz. As empresas podem voar alto por algum tempo, mas não podem se dar bem no longo prazo na ausência de boa gestão. O mesmo se aplica às pessoas: os Gestores do Ano, segundo a revista *BusinessWeek*, atingem o sucesso por meio do foco nos fundamentos, do conhecimento daquilo que importa e da boa gestão. O objetivo deste livro é ajudar o leitor a ter sucesso nessas áreas.

OA1.1
Resumir os principais desafios da gestão no novo ambiente competitivo.

GESTÃO NO NOVO AMBIENTE COMPETITIVO

Quando a economia se encontra em forte expansão, fazer negócios parece fácil. Começar uma empresa na internet parecia simples na década de 1990, assim como empreendimentos ligados ao *boom* do mercado imobiliário pareciam garantidos durante grande parte da década passada. Mas os investidores acabaram ficando desconfiados com as "ponto-com" iniciantes e a demanda por novos imóveis diminuiu. Em tempos assim, fica claro que a gestão é um desafio que exige adaptação constante a novas circunstâncias.

O que define o panorama competitivo das empresas atualmente? Nos capítulos adiante, iremos tratar de muitas questões importantes, mas começamos, aqui, destacando quatro elementos-chave que distinguem o atual ambiente empresarial daquele do passado:

1. Globalização
2. Mudanças tecnológicas
3. A importância do conhecimento e das ideias
4. Colaboração por meio de "fronteiras" organizacionais

Os negócios acontecem em escala global

Muito mais do que no passado, as empresas atualmente são globais, com escritórios e unidades produtivas em todo o mundo. Empresas como a General Electric e a Nestlé transcendem as fronteiras nacionais. Um motivo fundamental para essa mudança é a forte demanda que vem de consumidores e empresas no exterior. As empresas que desejam crescer, muitas vezes precisam explorar os mercados internacionais onde a renda e a demanda estejam em crescimento. A GE – que se tornou uma enorme e lucrativa empresa com a venda de eletrodomésticos, lâmpadas e maquinaria para consumidores nos Estados Unidos – anunciou recentemente que esperava que suas vendas no exterior empatassem com as de seu mercado de origem. Os maiores clientes estrangeiros da GE estão na Europa, mas o volume de vendas na China e na Índia está crescendo rapidamente.[3]

A globalização significa também que os talentos de uma empresa podem vir de qualquer lugar. Assim como as vendas, metade dos funcionários da GE trabalha fora dos Estados Unidos.[4] A Cisco, uma líder de equipamentos para redes de computadores, considera a manutenção de operações na Índia uma tática essencial para manter-se competitiva. Além de milhares de funcionários na área de tecnologia, muitos executivos graduados da empresa fundada em San Jose trabalham em Bangalore, na Índia. Sua presença ajuda a Cisco a atender o mercado indiano da internet em um momento fundamental: o aumento potencial da demanda que está atraindo concorrência de baixo custo vinda de empresas chinesas.[5]

Outra força que torna a globalização tanto possível quanto inevitável é a internet. Agora que há mais de 1 bilhão de usuários conectados, um número crescente deles vem de países em desenvolvimento, como China, Índia, Rússia e Brasil.[6] À medida que os habitantes de países em desenvolvimento descobrem o poder da rede, tornam-se uma força em prol do desenvolvimento de conteúdo em suas respectivas línguas e adequação a seus meios de acesso, como telefones celulares

e *laptops* de baixo custo. Embora os governos de alguns países tenham limitado o conteúdo disponível para seus moradores (por exemplo, a França e a Alemanha proíbem conteúdo neonazista e a China bloqueia material considerado desfavorável ao seu governo), a internet é, em grande medida, uma força que liga as pessoas independentemente do tempo e do espaço. As empresas podem transmitir sua mensagem a usuários de todos os continentes e, muitas vezes, espera-se delas que ofereçam atendimento a qualquer hora e em qualquer lugar. Isso pode afetar a maneira como as pessoas trabalham e o momento em que o fazem. Laura Asiala, uma gestora da Dow Corning, empresa situada em Midland, Michigan, supervisiona funcionários em Tóquio, Seul, Hong Kong, Xangai e Bruxelas. Para manter contato com eles, às vezes começa a trabalhar às 5h00 e vai até a meia-noite. Ela faz um intervalo das 15h30 às 21h30 e a tecnologia permite que se comunique mesmo estando em casa.[7]

O alcance global da internet levou Mitch Free a expandir sua empresa, a MFG.com, para a China. A MFG.com opera um site no qual fabricantes que precisam de componentes anunciam suas especificações e os fornecedores desses componentes fazem ofertas. Os fornecedores pagam uma tarifa anual em troca desse direito. Free, que foi criado em uma cidadezinha da Georgia e poucas vezes tinha estado fora dos Estados Unidos, nunca planejou tornar-se um gestor internacional, mas fornecedores chineses logo começaram a enviar pedidos de inscrição. Ao mesmo tempo, os fabricantes pressionavam a MFG.com para que incluísse fornecedores asiáticos, que muitas vezes eram capazes de oferecer preços melhores.

Assim, Free viajou para Xangai, na China, para reunir-se com alguns fornecedores interessados. Aprendeu a respeito da cultura empresarial, como a importância de cultivar relacionamentos e redes de negócios. Depois de uma busca complexa, tomou uma importante decisão de contratação: o gerente geral James Jin, que fala inglês fluentemente, estudou gestão global e tem experiência industrial tanto nos Estados Unidos quanto na China. O esforço foi recompensado. Jin ajudou Free a encontrar o caminho no panorama competitivo em rápida mutação da China, cujo faturamento responde por mais de 10% do total anual da MFG.com e está crescendo mais rápido do que o faturamento total da empresa.[8]

Os presidentes-executivos, CEOs (*Chief Executive Officers*), bem-sucedidos sabem que a passagem do mercado local para o global está ganhando ímpeto e é irreversível.[9] Indra Nooyi, a principal executiva da PepsiCo, traz uma visão global muito importante para uma empresa cujos negócios internacionais vêm crescendo a uma velocidade três vezes maior do que nos Estados Unidos. Nooyi, que foi criada na Índia e estudou tanto lá quanto nos Estados Unidos, conduziu a empresa em direção a lanches mais saudáveis, adquirindo empresas menores, como uma embaladora de nozes na Bulgária e uma produtora de *hommus* em Israel.[10]

Empresas de menor porte também são uma parte importante da globalização. Várias delas exportam seus produtos. Muitas empresas nacionais montam seus produtos em outros países. E as empresas estão sob pressão para melhorar sua qualidade frente à intensa competição de fabricantes estrangeiros. Atualmente, as empresas precisam se perguntar: "Como podemos ser os melhores do mundo?".

Os sites de busca do Google cobrem a internet em mais de 100 línguas.

Para os estudantes, não é cedo demais para pensar nas ramificações pessoais. Como disse Jim Goodnight, presidente-executivo (CEO) da SAS – a maior empresa de software de capital fechado do mundo –, "a melhor coisa que as escolas de administração podem fazer para preparar seus alunos é encorajá-los a ir além dos próprios quintais. A globalização abriu o mundo para muitas oportunidades e as escolas devem incentivar os estudantes a extrair o máximo delas."[11]

CAPÍTULO 1 | Gestão 5

A tecnologia está avançando tanto online quanto offline

O impacto da internet sobre a globalização é apenas um dos motivos pelos quais a tecnologia é de vital importância para o mundo dos negócios. A tecnologia cria, ao mesmo tempo, complicações e novas oportunidades. Os desafios vêm da alta velocidade das mudanças que afetam a comunicação, os transportes, a informação e outras tecnologias.[12] Até recentemente, por exemplo, os computadores de mesa eram uma fonte confiável de receitas não só para seus fabricantes mas também para as empresas produtoras de teclados e de uma gama de outros acessórios, como apoios para o punho e prateleiras adesivas para armazenagem de canetas e DVDs. Mas depois de apenas duas décadas de uso generalizado de PCs, os clientes estão passando para os *laptops*, que exigem outros acessórios e são usados de maneiras diferentes.[13] Qualquer empresa que atenda aos usuários de computadores de mesa precisa repensar os desejos e necessidades de seus clientes, sem falar no fato de que estes agora estão trabalhando em um aeroporto ou café, em vez de em um escritório.

Will Wright, criador da série de jogos eletrônicos The Sims, posa com uma imagem do jogo. Sua mais recente criação, o Spore, com certeza irá se aproveitar do sucesso de The Sims.

Nos capítulos a seguir, trataremos mais detidamente da tecnologia, mas, aqui, vamos destacar a ascensão e os efeitos da internet. Por que ela é tão importante para as empresas?[14]

- Desempenha muitas funções de negócio: é um mercado, um meio de produção de bens e serviços, um canal de distribuição, um serviço de informação e muito mais.
- Reduz os custos.
- Acelera a globalização. Os gestores podem observar e descobrir o que os concorrentes, fornecedores e clientes estão fazendo — mesmo que estejam do outro lado do mundo.
- Provê acesso à informação, permite a tomada de decisões mais informadas e aumenta a eficiência da tomada de decisões.
- Facilita o projeto de novos produtos, de medicamentos a serviços financeiros.

Embora essas vantagens criem oportunidades de negócio, também criam ameaças, uma vez que os concorrentes podem capitalizar sobre novos avanços.

No começo, a tecnologia da internet entusiasmou as pessoas com retornos financeiros que pareciam ilimitados. Atualmente, investidores e empreendedores aprenderam que nem todas as ideias funcionam, mas muitos negócios online se tornaram parte de nosso dia a dia. Há apenas alguns anos, era novidade usar a internet para comprar passagens aéreas, ler notícias ou compartilhar fotos. Alguns casos de sucesso online, como a Amazon.com, a Monster e o Google, são negócios puramente realizados na internet. Outras empresas, entre elas a Barnes & Noble e a Office Depot, incorporaram canais online à sua estratégia de negócio existente.

O impacto da internet não se faz sentir apenas no nível das empresas como um todo, mas também no de seus funcionários e gestores. À medida que a globalização estendeu as jornadas de trabalho das pessoas, aparelhos de alta tecnologia passaram a possibilitar que permanecessem conectadas ao trabalho a qualquer hora e em qualquer lugar. Essa possibilidade é tanto um conforto quanto uma fonte de estresse em potencial. Telefones celulares, computadores de mão (PDAs, como o BlackBerry), smartphones (combinações dos dois) e *laptops* permitem que as pessoas usem ligações sem fio para conectar-se à internet. Os pontos de Wi-Fi oferecem conexões em lojas, restaurantes, hotéis, aeroportos e bibliotecas. Há programas que permitem que seus usuários baixem e leiam arquivos e correio eletrônico em seus telefones e PDAs.

O estresse surge quando os funcionários ou seus supervisores não estabelecem limites a essa conexão. A gestora de instalações, Cherri Chiodo, adora a conveniência que seu BlackBerry proporciona, mas acha que o aparelho às vezes substitui a comunicação cara a cara com seus parentes. O corretor de imóveis, Ted Helgans, refere-se a seu BlackBerry como um "escritório móvel" e uma ferramenta útil para obter e compartilhar informações. Helgans destaca que os usuários podem e devem decidir quando desligar seus aparelhos.[15] Jean Chatzkey, editora da revista *Money*, percebeu que frequentemente interrompia o que estava fazendo para verificar sua conta de e-mail em seu Palm Treo. Constatando que o dispositivo se tornara mais uma distração do que algo útil, começou a se lembrar constantemente de que as mensagens não eram emergências.[16] Assim, usar a tecnologia de maneira eficaz é mais do que apenas aprender novas competências; envolve, também, tomar decisões a respeito de quando e onde aplicar a tecnologia para se obter dela o máximo benefício.

O conhecimento é um recurso importante que precisa ser gerido

As empresas e seus gestores precisam de ideias boas e novas. Como as empresas das economias avançadas tornaram-se muito eficientes na produção de bens físicos, a maioria dos trabalhadores foi liberada para produzir serviços ou "bens abstratos", como softwares, entretenimento, dados e publicidade. Fábricas eficientes com um menor número de trabalhadores produzem os cereais e os telefones celulares que o mercado demanda; enquanto isso, cada vez mais pessoas criam softwares e inventam novos produtos. Estes indivíduos, cujas principais contribuições são ideias e perícia na solução de problemas, são muitas vezes chamados de *trabalhadores do conhecimento*.

A gestão desses profissionais apresenta alguns desafios específicos que iremos examinar ao longo do livro. Por exemplo, pode ser difícil determinar se estão fazendo um bom trabalho, porque o gestor não pode simplesmente contar ou medir a produção de um trabalhador do conhecimento. Ademais, esses trabalhadores muitas vezes encontram-se motivados para trabalhar melhor quando o trabalho é interessante, e não por causa de recompensas ou punições que possam vir do gestor.[17]

Como o sucesso das empresas modernas depende tão frequentemente do conhecimento usado para inovar e prestar serviços, estas precisam gerir esse conhecimento. A **gestão do conhecimento** é o conjunto de práticas que objetiva descobrir e controlar os recursos intelectuais de uma empresa – utilizando totalmente o intelecto de seu pessoal. A gestão do conhecimento se refere a identificar, liberar, compartilhar e, de modo geral, capitalizar sobre os mais preciosos recursos de uma empresa: a perícia, as competências, a sabedoria e os relacionamentos das pessoas. Os gestores do conhecimento identificam esses recursos humanos; ajudam as pessoas a colaborar, a aprender e a gerar novas ideias e transformá-las em inovações bem-sucedidas. Normalmente, a administração conta com softwares que permitam aos funcionários contribuir com o que sabem e compartilhar prontamente esse conhecimento uns com os outros. Com isso, a gestão do conhecimento pode ser a responsabilidade do departamento de tecnologia da informação (TI) de uma empresa, possivelmente sob a liderança de um vice-presidente de sistemas de informação ou de conhecimento.

Nos hospitais, o conhecimento abrange os históricos dos pacientes, os pedidos dos médicos, informações de faturamento, necessidades alimentares, receitas administradas e muito mais. Como há vidas em jogo, muitos hospitais adotaram a gestão do conhecimento. No sistema de saúde da Universidade do Estado da Virgínia (VCU, *Virginia Commonwealth University*), um único sistema de informações permite que os médicos prescrevam medicações, verifiquem informações sobre pacientes, bem como resultados de exames laboratoriais, e consultem uns aos outros. O faturamento também é automatizado como parte do sistema de gestão de conhecimento da VCU, aumentando a eficiência do processo e conectando-se a dados sobre os pacientes de maneira que os médicos lembrem de todos os casos em tratamento – e os que já foram faturados.[18] Os hospitais também podem dar a seus pacientes acesso ao sistema de gestão do conhecimento para que possam marcar consultas, pedir renovação de receitas e fazer perguntas a seus médicos.

A cooperação está derrubando barreiras ao desempenho

Um dos processos mais importantes da gestão do conhecimento é garantir a eficácia da colaboração entre pessoas em diferentes partes da empresa. Isso exige comunicação entre departamentos, divisões e outras subunidades. Por exemplo, a British Petroleum tenta criar gestores em "T" que saiam da hierarquia corporativa tradicional para compartilhar livremente conhecimento em toda a empresa (a parte horizontal do T), enquanto permanecem fortemente comprometidos com o desempenho de suas unidades de negócio específicas (a parte vertical). Essa ênfase em dupla responsabilidade pelo desempenho e pelo compartilhamento de conhecimento também ocorre na gigante farmacêutica GlaxoSmithKline, na grande empresa industrial alemã Siemens e na siderúrgica inglesa Ispat International.[19]

A Toyota mantém eficiente seu processo de desenvolvimento de produto reunindo engenheiros de projeto e funcionários de produção desde o começo. Muitas vezes, o pessoal de linha de produção consegue encontrar maneiras de simplificar um projeto, permitindo produzi-lo com maior facilidade e sem defeitos ou custos desnecessários. A Toyota espera que os funcionários ouçam as opiniões de todas as áreas da empresa, tornando esse tipo de colaboração uma parte natural da cultura organizacional. A colaboração encontra respaldo no software de desenvolvimento de produto, incluindo uma base de dados online, com uma fonte central acessível de informações sobre projetos e processos. Com essas informações, os funcionários usam o software para compartilhar seu conhecimento – as melhores práticas de projeto e fabricação que desenvolveram.[20] Na Toyota, a gestão do conhecimento sustenta a colaboração e vice-versa.

> **GESTÃO DO CONHECIMENTO**
> Práticas que objetivam descobrir e controlar os recursos intelectuais de uma empresa.

> **VOCÊ SABIA?**
> Entre as pessoas que cumprem longas jornadas em cargos de alto estresse, 59% dizem que a tecnologia prolonga – e não encurta – seu dia de trabalho.[21]

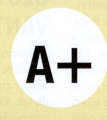

> **DICA**
> No mundo dos negócios se compete. Hoje, mais do que nunca, também é preciso *colaborar* para ter sucesso. Colaborar com outras pessoas de sua unidade, outras unidades de sua empresa e com outras empresas – até mesmo concorrentes.

CAPÍTULO 1 | Gestão 7

A colaboração por meio de antigas "fronteiras" se dá até mesmo para além das fronteiras da própria empresa. Estas, atualmente, precisam motivar pessoas de fora da empresa e capitalizar suas ideias. Como pode uma empresa melhor utilizar os serviços de seus consultores, agências de publicidade e fornecedores? Para desenvolver o software de desenvolvimento de produto que sustenta a colaboração entre produção e projeto, a Toyota colaborou com uma empresa de softwares, a PTC. Juntas, as duas empresas determinaram como o software poderia sustentar a estratégia empresarial de "desenvolvimento de produto enxuto", e a relação perdura com reuniões periódicas de aprimoramento contínuo do software. A colaboração não só ajudou a Toyota a obter um software melhor mas também ajudou a PTC a melhorar o valor dos produtos que oferece aos seus demais clientes.[22]

A cooperação com investidores ajudou uma dupla de empreendedores a lançar suas empresas no negócio altamente arriscado da produção de jogos. Quando Richard Tait e Whit Alexander desenvolveram o Cranium, um diferente jogo de tabuleiro, estavam certos de que a combinação de representação, canto, escultura e escrever de trás para frente geraria, além de risadas, vendas. Confiantes, encomendaram 20 mil unidades de um fabricante chinês sem mesmo ter qualquer pedido dos varejistas. Tait e Alexander estavam confiantes, mas os varejistas costumam ser relutantes em aceitar novos produtos. A solução foi cooperar com um tipo diferente de distribuidor. Parte dos recursos para o estabelecimento da Cranium veio de um grupo de investidores que tinha entre seus membros Howard Schultz, presidente da rede de cafeterias Starbucks. Schultz achou que o jogo era ótimo, tanto que permitiu que Tait e Alexander deixassem amostras do Cranium nas lojas Starbucks, onde os clientes poderiam experimentá-lo. Os que gostassem do jogo poderiam comprar uma cópia. A clientela adorou. Graças ao seu desempenho na Starbucks, o Cranium tornou-se não só o primeiro jogo a ser vendido naquela rede, mas também o primeiro jogo de tabuleiro a ser vendido na Amazon.com, que antes o recusara. O sucesso permitiu à empresa Cranium lançar mais uma dúzia de jogos, agora vendidos em 30 países.[23]

Os clientes também podem ser colaboradores. As empresas ainda precisam dedicar-se a oferecer produtos e ter resultados, mas, acima de tudo, precisam entender que a necessidade de atender ao cliente move todo o resto. Um melhor atendimento pode começar com um maior envolvimento do cliente nas decisões da empresa. A Procter & Gamble tem se dedicado a fazer com que seus clientes sejam criativos e conversem online uns com os outros para criar novas ideias de bens e serviços.[24] Explorando a popularidade de sites de relacionamento, como o Facebook e o MySpace, a P&G estabeleceu dois sites cujo objetivo é reunir seus clientes. Um deles, o People's Choice Community, oferece conteúdo a respeito dos vencedores do People's Choice Awards, além de oportunidades de participar de uma "comunidade" de pessoas interessadas em compartilhar mensagens sobre as celebridades envolvidas. O outro, chamado Capessa, é um grupo de discussões para mulheres no qual elas podem trocar ideias sobre saúde e outras questões de seus interesses.

Embora os dois sites ofereçam oportunidades publicitárias, a P&G pretende usá-los, principalmente, como meio para aprender mais sobre as atitudes dos consumidores.[25]

Globalização, avanços tecnológicos, a enorme importância das novas ideias, a colaboração entre fronteiras cada vez mais tênues – quais os efeitos dessa avalanche de novas forças? O restante deste capítulo e os capítulos que seguem irão dar resposta a esta pergunta por meio de princípios empresariais e de gestão, exemplos da vida real e *insights* de gestores e líderes de sucesso.

A inovação e a colaboração são os fatores-chave no fenomenal sucesso do Cranium, que se tornou o jogo de tabuleiro mais rapidamente vendido na história, com 100 mil unidades comercializadas em sete meses, a contar de seu lançamento em 1998. Seus criadores, Richard Tait (à esquerda) e Whit Alexander, aparecem aqui demonstrando seu produto bem-sucedido.

 OA1.2
Descrever as fontes de vantagem competitiva de uma empresa.

GESTÃO PARA CONQUISTAR VANTAGEM COMPETITIVA

A ascensão da internet virou as carreiras (e as vidas) de cabeça para baixo. Pessoas abandonavam a faculdade para trabalhar em empresas iniciantes na internet ou até para fundá-las. Gestores de grandes empresas abandonavam seus empregos para fazer o mesmo. Os investidores salivavam e investiam pesadamente. Os riscos eram frequentemente ignorados ou subestimados – às vezes com resultados trágicos. Consideremos um setor mais antigo com o mesmo poder transformador: o de automóveis. Dentre pelo menos 2 mil fabricantes de carros, restam atualmente nos Estados Unidos apenas três. Recentemente, até esses três – Ford, Chrysler e General Motors – têm enfrentado dificuldades com o declínio de suas vendas. Apesar do fechamento de fábricas, de demissões e outras medidas de contenção, a situação financeira da General Motors e da Chrysler permanece tão abalada que, mesmo depois de reestruturações profundas, o Presidente Obama precisou garantir que o setor automotivo dos Estados Unidos não iria "desaparecer".[26]

A partir desses fracassos em importantes setores transformadores, podemos perceber que um dos segredos para a compreensão do sucesso de uma empresa não está em como o setor em que opera afetará a sociedade, ou no quanto irá crescer. A chave está na vantagem competitiva de que goza uma determinada empresa e em sua capacidade de sustentar tal vantagem. Os bons gestores sabem que estão em uma luta competitiva pela sobrevivência e pela vitória.

Para sobreviver e vencer é preciso conquistar vantagem sobre os competidores e lucrar. Conquista-se essa vantagem competitiva superando os concorrentes na realização de coisas de valor para os clientes. Mas o que isso quer dizer? Para obter êxito, os gestores precisam fornecer os vetores fundamentais do sucesso: inovação, qualidade, serviço, velocidade e competitividade em custo.

A inovação nos mantém à frente dos competidores

O sistema de busca do Google tornou-se rapidamente um sucesso e os investidores empurraram para cima o preço da ação empresarial quando a empresa abriu seu capital. Mas agora que o serviço gratuito é usado em todo o mundo, o que pode ser feito a seguir? A Microsoft está dando duro para conquistar participação nesse mercado. A administração do Google sabe que precisa de outras grandes ideias e, por isso, exige que seus engenheiros dediquem um quinto de seu tempo a projetos próprios especiais.[27]

Inovação é a introdução de novos bens e serviços no mercado. Sua empresa precisa adaptar-se a mudanças das demandas dos consumidores e a novos competidores. Os produtos não vendem para sempre; aliás, justamente porque tantos competidores introduzem novos produtos o tempo todo, já não vendem mais por tanto tempo quanto antes. Assim, precisamos estar prontos para usar novas maneiras de nos comunicar com os clientes e fornecer-lhes produtos, como se deu quando a internet obrigou varejistas tradicionais a aprender novas maneiras de atingir diretamente suas clientelas. A globalização e os avanços da tecnologia fizeram acelerar o ritmo das mudanças e, portanto, a necessidade de inovação.

Às vezes, a principal inovação não está no produto em si, mas na maneira como ele é fornecido. Tomando emprestada uma ideia que se revelou popular na Europa, a Opaque – Dining in the Dark colaborou com o Instituto Braille dos Estados Unidos para oferecer jantares na escuridão total, no hotel Hyatt West Hollywood. Os clientes escolhem pratos de alta gastronomia em um saguão iluminado e são levados para um salão escuro por garçons cegos ou deficientes visuais. O apelo está no fato de que os comensais podem experimentar suas refeições de uma maneira completamente nova por serem forçados a concentrar-se nos sentidos do paladar, do olfato e do tato.[28]

A inovação é o Santo Graal de nossos dias.[29] E, assim como outras fontes de vantagem competitiva, ela vem das pessoas, deve ser uma meta estratégica e precisa ser corretamente gerida. Em capítulos adiante, iremos mostrar como as grandes empresas inovam.

A qualidade precisa melhorar continuamente

Quando a Spectrum Health, uma rede de hospitais com sede em Grand Rapids, Michigan, perguntou aos seus pacientes se eles eram bem atendidos, percebeu que estava com problemas. Os pacientes deram baixas notas ao pessoal em sua disposição para ajudar e sua atitude em relação a visitantes, e disseram que não recebiam boas informações sobre os procedimentos a que se submetiam no hospital ou sobre como deveriam se cuidar depois da alta. A Spectrum reagiu à pesquisa estabelecendo um comitê consultivo de pacientes e parentes, flexibilizando os horários de visita, obtendo dados dos clientes a respeito de quem poderia receber informações médicas e tomar decisões quanto ao tratamento e telefonando para os pacientes liberados para garantir que tivessem entendido as instruções recebidas. Depois de dois anos da realização da pesquisa e do começo da implementação das mudanças, as notas dadas pelos pacientes da Spectrum a respeito de sua satisfação melhoraram drasticamente.[30]

Os esforços da Spectrum Health refletem um compromisso com a qualidade. De modo geral, qualidade é a excelência de um produto. Sua importância aumentou drasticamente os níveis dos padrões aceitáveis. Os clientes atualmente exigem bens e serviços de excelência e muitas vezes não aceitam nada aquém disso. No setor hospitalar, o governo tem contribuído para essa tendência. Para receber reembolso pleno do sistema Medicare, os hospitais dos Estados Unidos precisam participar de um programa nacional de levantamentos de satisfação dos pacientes. Os resultados desses levantamentos são publicados no site de informações do Departamento de Saúde e Serviços Humanos do Medicare – <hospitalcompare.hhs.gov> (em inglês) –, permitindo que os pacientes comparem as classificações dos hospitais em suas regiões ao escolher serviços.[31]

Antigamente, a qualidade dizia respeito, principalmente, aos bens físicos comprados pelos clientes e referia-se à sua atratividade, falta de defeitos, confiabilidade e durabili-

- **INOVAÇÃO** A introdução de novos bens e serviços no mercado.
- **QUALIDADE** A excelência de seu produto (bens ou serviços).

Clientes entram no Dans le Noir (No Escuro), um restaurante parisiense onde jantam na escuridão total, como se fossem cegos. Garçons cegos lhes servem de guias. O Dans le Noir é uma abordagem inovadora da alta gastronomia e restaurantes como este estão se espalhando pelo mundo.

CAPÍTULO 1 | Gestão 9

- **SERVIÇO** A velocidade e confiabilidade com que uma empresa fornece o que seus clientes desejam.

- **VELOCIDADE** Execução, reação e resultados rápidos e oportunos.

- **COMPETITIVIDADE EM CUSTOS** Manter os custos baixos para obter lucros e poder oferecer preços atraentes aos consumidores.

dade. A abordagem tradicional à qualidade era verificar os trabalhos depois de realizados e, então, eliminar defeitos. Mas W. Edwards Deming, J. M. Juran e outros gurus da qualidade convenceram os gestores a adotar uma abordagem mais abrangente para chegar à excelência *total*. Isso incluía diversos objetivos:

- *Prevenir* defeitos antes que ocorram
- *Atingir nível zero de defeitos* de fabricação
- *Projetar* produtos de qualidade

O objetivo é solucionar e erradicar desde o início todos os problemas relacionados à qualidade e viver segundo uma filosofia de *melhoria contínua* da operação empresarial. Deming e suas ideias chegaram a ser contestados por gestores americanos; foi só quando ele encontrou interessados no Japão e o país começou a conquistar grande participação no mercado americano de carros, *chips* para computadores e televisores, que os gestores dos Estados Unidos começaram a seguir sua filosofia de qualidade.[32]

Embora esses princípios fossem originalmente aplicados à produção de bens tangíveis, as experiências da Spectrum Health nos fazem lembrar que a qualidade dos serviços

estão usando pesquisas com pacientes para medir a qualidade. Mas um recente estudo realizado pela Escola de Medicina da Universidade da Pensilvânia indicou que o risco de óbito de um paciente não era significativamente menor nos hospitais bem classificados, segundo as medidas de qualidade do Medicare.[35] E, evidentemente, quando entramos em um hospital, esperamos sair de lá vivos! É só quando vamos além de conceitos amplos e genéricos como "qualidade", identificando requisitos específicos, é que podemos identificar problemas, necessidades, estabelecer padrões precisos de desempenho e oferecer alto valor.

A economia de serviços alcança todos os setores

Como vimos na discussão sobre qualidade, importantes medidas dessa característica muitas vezes dizem respeito ao nível do serviço prestado aos clientes. Essa dimensão da qualidade é especialmente importante, porque o setor de serviço atualmente domina a economia dos Estados Unidos. O valor dos serviços produzidos naquele país é mais do que uma vez e meia aquele dos bens tangíveis produzidos.[36] O número total de empregos em empresas prestadoras de serviços – sem contar varejo, atacado e funcionários públicos – é quase cinco vezes maior do que o representado pelas empresas industriais. E esse padrão deve se intensificar. A Secretaria de Estatísticas Trabalhistas (*Bureau of Labor Statistics*) projeta que

> " A commodity mais valiosa não é a soja, mas, o serviço... É o toque humano que vai impelir nossos modelos de negócio 'comoditizados' para o próximo século e além. Sinto-me privilegiado por estar vivo em um momento histórico tão emocionante. "
>
> Jonathan Hoenig, fundador da Capitalistpig Asset Management[38]

também é vital. A excelência também se aprimora quando as empresas ajustam bens e serviços aos desejos de um consumidor individual. As opções da Starbucks dão aos consumidores literalmente milhares de variações de bebidas: com ou sem cafeína, com leite desnatado ou de soja, doses de expressos e uma variedade de xaropes aromatizados. Os compradores de carros podem usar a internet para optar entre centenas de características para "fazer o próprio" Mini Cooper, indo até a cor da luz do velocímetro. E, por um preço especial, os amantes de doces podem eles mesmos criar as mensagens de seus confeitos M&M's.[33]

Oferecer qualidade de classe mundial exige uma compreensão aprofundada do que a qualidade é de fato.[34] A qualidade pode ser medida em termos de desempenho do produto, atendimento ao cliente, confiabilidade (ausência de falhas ou quebras), conformidade com padrões, durabilidade e estética. No começo desta seção, observamos como os hospitais

as categorias de emprego de mais rápido crescimento estarão quase todas em serviços e varejo, e as que devem apresentar as maiores quedas estão quase todas na indústria.[37] Os serviços abrangem produtos intangíveis, como seguros, hotelaria, acomodações, cuidados médicos e cortes de cabelo.

No contexto competitivo, **serviço** significa dar aos clientes aquilo que querem ou de que precisam, quando e onde o quiserem. Assim, o serviço se dedica a atender continuamente as necessidades dos clientes para estabelecer relacionamentos duradouros e mutuamente benéficos. O serviço também é uma oferta importante para empresas que vendem bens tangíveis. As companhias de softwares, além de fornecer os programas propriamente ditos, podem ajudar seus clientes a identificar requisitos, configurar sistemas e realizar manutenção. As lojas oferecem um ambiente para compras e atendimento ao cliente, além dos bens em suas prateleiras. Para melhorar o atendimento a uma clientela mais ampla, a rede Best Buy ajus-

10 Administração

tou seu ambiente de loja para ser mais convidativo a compradoras. A música em alto volume e a ênfase dada a características de alta tecnologia eram voltadas para homens jovens, mas a rede concluiu que as mulheres influenciam 9 entre 10 compras de eletrônicos. Por isso, reduziu o volume da música e a intensidade da luz e treinou seu pessoal para conversar com os clientes a respeito do que necessitavam, em vez de simplesmente apontar os pontos altos de cada produto. Além disso, a rede também está tentando contratar mais vendedoras.[39]

Uma dimensão importante da qualidade do serviço é facilitar e tornar agradável para os clientes experimentá-lo ou comprar e usar produtos. O Detroit Institute of Arts contratou recentemente Sven Gierlinger, um gestor da rede de hotéis Ritz-Carlton – conhecida por seu excepcional atendimento – para ser vice-presidente de operações museológicas. Enquanto o museu de arte preparava-se para uma reinauguração de gala depois de passar por uma grande reforma, Gierlinger analisava os tipos de interações com o cliente que ocorriam em um museu, identificando meios de fazer com que a experiência fosse mais agradável. Desenvolveu, além disso, programas para treinar o pessoal em atendimento ao cliente e trabalhou com sua equipe para identificar meios de personalizar os serviços, como a oferta de visitas monitoradas ajustadas aos interesses de grupos específicos.[40]

Faça melhor e mais rápido

O Google aprimora constante e rapidamente seu produto de pesquisa. Com efeito, toda a sua cultura se baseia na inovação acelerada. Sheryl Sandberg, uma das vice-presidentes da empresa, certa vez cometeu um erro porque estava agindo rápido demais e não pôde se planejar com cuidado. Embora o erro tenha custado alguns milhões de dólares à empresa, o cofundador, Larry Page, reagiu à explicação e ao pedido de desculpas de Sheryl dizendo que estava satisfeito que ela tivesse cometido o erro e que isso demonstrava que ela entendia os valores da empresa. Page lhe disse: "Quero estar à frente de uma empresa em que estejamos nos movendo rápido demais e fazendo coisas demais, em vez de sermos muito cuidadosos e fazermos muito pouco. Se não houver erros desse tipo, quer dizer que não estamos assumindo riscos o bastante."[41]

Embora seja improvável que o Google chegue a preferir erros a ideias que deem dinheiro, a declaração de Page expressou sua compreensão de que, no atual ambiente empresarial, a **velocidade** – a rapidez em execução, reação e resultados – muitas vezes é o que distingue os vencedores dos perdedores. Com que velocidade podemos desenvolver e lançar um novo produto? Com que velocidade podemos reagir a pedidos dos clientes? Estaremos em melhor situação se formos mais rápidos do que os concorrentes – e pudermos reagir rapidamente ao que eles fizerem. A velocidade não é tudo – não podemos nos tornar descuidados no esforço para chegar em primeiro lugar. Mas, em igualdade nas demais condições, as empresas rápidas têm maiores chances de sucesso, e as mais lentas, de fracasso.

Para algumas empresas, a velocidade não é mais apenas uma meta; é uma necessidade estratégica. A velocidade, combinada com a qualidade, é uma indicação de que a empresa está operando com eficiência. No setor automobilístico, ser cada vez mais rápido é essencial simplesmente para acompanhar os concorrentes. Um estudo recente levantou que a principal unidade montadora dos Estados Unidos era a da Ford, em Atlanta, onde os funcionários precisavam de apenas 15,4 horas para montar um veículo. Compare esse resultado com a década de 1980, quando os funcionários da GM precisavam de 40 horas para isso.[42] Outra medida importante da velocidade nesse mesmo setor é o tempo que uma empresa leva para ir do conceito do produto à sua disponibilidade nas lojas. Durante a década de 1980, esse prazo ia de 30 a 40 meses. Atualmente, a Toyota reduziu o processo para uma média de 24 meses; e precisou de apenas 22 para lançar sua picape Tundra.[43]

Custos baixos ajudam a vender

O Walmart mantém esforços para encontrar novos meios de cortar bilhões de dólares de seus já muito baixos custos de distribuição. Ele é líder de seu setor em eficiência de distribuição, mas os concorrentes estão copiando seus métodos. Por isso, a eficiência não lhe confere mais uma vantagem tão grande. Para manter-se na liderança, o Walmart incentivou seus fornecedores a usar etiquetas de identificação por radiofrequência (RFID, *radio-frequency identification*) nos produtos para permitir identificação instantânea, mas a economia prometida por esse avançado sistema de rastreamento ainda não se efetivou.[44] O Walmart também tentou manter os seus custos baixos por meio de uma distribuição eficiente dos funcionários de suas lojas. Adotou, recentemente, um sistema computadorizado que os distribui com base no faturamento, nas transações, no número de unidades vendidas e no tráfego de clientes de cada loja. O sistema compara sete semanas de dados sobre essas áreas com o desempenho do ano anterior e usa os resultados para determinar quantos empregados serão necessários em cada turno. O objetivo é destacar o número mínimo necessário de trabalhadores, usando a equipe completa apenas nos horários de maior movimento do dia e nos dias de maior movimento da semana e, por isso, o sistema exige maior flexibilidade dos funcionários da empresa.[45]

Os esforços do Walmart estão voltados para a **competitividade em custos**, que significa manter os custos baixos o suficiente para que a empresa possa lucrar e estabelecer os preços de seus produtos (bens ou serviços) em níveis atraentes para os consumidores. Os esforços da Toyota para agilizar seu processo de desenvolvimento de produto também estão parcialmente voltados para a competitividade em custos. Aumentar a eficiência de processos por meio de colaboração entre o pessoal de projeto e o de fabricação elimina etapas e procedimentos desnecessários. Dispensável dizer que, se um produto desejável puder ser oferecido a um preço menor, suas chances de vender serão maiores.

Paul Graham testemunhou em primeira mão a maneira como empresas iniciantes costumam praticar, por necessidade, a competitividade em custos. Sua empresa, a Y Combinator, financia essas empresas e ele observa como negócios recém-fundados mantêm baixas as suas despesas, simplesmente porque não têm muito para gastar. O estoque de tecnologia da informação de uma empresa nesse estágio pode se resumir a alguns *laptops* ligados à internet e operando softwares gratuitos. Graham diz que tempos difíceis podem ser um lembrete aos gestores de que é necessário avaliar se suas despesas são todas necessárias: "Por que não usar uma redução da atividade econômica como desculpa para eliminar todas as bobagens dispendiosas que estão por aí?".[46] É possível desperdiçar dinheiro de incontáveis maneiras, e as economias podem estar nos lugares mais inesperados. É importante que todos na empresa procurem meios de manter os custos sob controle.

Gerenciar os custos e mantê-los baixos exige eficiência: atingir metas usando os recursos de maneira sábia e minimizando desperdícios. Às vezes, pequenas coisas podem poupar muito dinheiro, mas os cortes de custos envolvem *trade-offs*. Isso explica parte do crescimento do mercado de jatos particulares. Viajar em um jato particular é mais caro do que comprar um bilhete de alguma companhia aérea. Mas, para um executivo altamente remunerado e que viaje com frequência, o tempo gasto esperando em aeroportos pode resultar mais dispendioso do que o custo de um jato. Se a empresa puder participar de um serviço como a NetJets, que permite comprar direitos compartilhados de uso de um jato, o preço pode cair e levar a uma solução ainda mais vantajosa.[47]

> Um gestor famoso por lidar bem com esse desafio é Mark Hurd, o principal executivo da Hewlett-Packard. Para ele, a operação eficiente é a principal meta de um esforço necessário e constante de análise detida de todos os números da empresa para identificação de áreas em que ela possa realizar o que precisa com menos recursos. Por exemplo, a HP aumentou a eficiência de seu grupo de tecnologia da informação (TI) ao reduzir o número de aplicativos de software de 6 mil para 1,5 mil, reduzir *data centers* (centro de processamento de dados) de 85 para 6 e demitir 11 mil de seus 19 mil funcionários. Da mesma forma, qualquer iniciativa que não prometa retorno apropriado também é cortada.
> Os críticos questionam se a HP de Hurd está investindo o suficiente em inovação para o futuro, mas, pelo menos no curto prazo, a busca da eficiência permitiu à empresa lidar com tempos difíceis. Durante a recente recessão, a HP previu uma queda das vendas, mas esperava que seus lucros aumentassem. Não é tão estranho quando se pensa que, enquanto reduzia os quadros de departamentos de apoio como a TI, aumentava sua equipe de vendas e a ajudava a concentrar-se nos bens e serviços mais lucrativos da empresa.[48]

Um motivo pelo qual todas as empresas devem preocupar-se com os custos é o fato de que os consumidores podem facilmente usar a internet para comparar os preços de milhares de concorrentes. PriceGrabber, mySimon e Froogle são apenas algumas das ferramentas de busca capazes de gerar listas dos preços pelos quais um produto pode ser adquirido de diferentes fornecedores. Consumidores interessados em comprar itens populares, como câmeras, impressoras e passagens aéreas podem ir à rede para pesquisar os melhores modelos e negócios. Se não pudermos cortar custos e oferecer preços atraentes, não poderemos competir.

As melhores empresas entregam todas as cinco vantagens

Não presuma poder contentar-se com a entrega de apenas uma das cinco vantagens competitivas: só baixos custos, ou só qualidade, por exemplo. Os melhores gestores e empresas entregam todas.

O Virginia Mason Medical Center, como muitos hospitais, teve dificuldade para oferecer baixos custos e, ao mesmo tempo, alta qualidade e atendimento superior. A instituição era conhecida pelos cuidados de alta qualidade que prestava, mas estava perdendo dinheiro ao tratar determinados pacientes. Procedimentos complicados e de alta tecnologia geram maior faturamento, mas não são, necessariamente, aquilo de que um paciente mais precisa. Alguns pacientes podem extrair maior benefício de uma simples consulta médica, mas isso não é tão lucrativo. Por isso, o Virginia Mason estabeleceu uma colaboração com a Aetna, uma seguradora que paga por 10% das atividades do centro médico, e com empregadoras locais para oferecer cobertura aos seus funcionários por meio da Aetna. Juntas, as empresas renegociaram os procedimentos-padrão que os médicos deveriam seguir e os preços que a Aetna pagaria, de modo que algumas das condições mais caras poderiam ser tratadas de maneira que, no fim, fossem mais econômicas para assegurar, porém remuneradas a preços mais altos e lucrativos para o Virginia Mason. A unidade apresentou o plano aos seus chefes de departamento, ajudando-os a entender como suas decisões afetariam o custo dos cuidados prestados. O Virginia Mason também aprimorou sua qualidade com medidas que aumentaram a velocidade, reduzindo o tempo de espera para os pacientes; por exemplo, de 4 horas para 90 minutos, no caso da quimioterapia.[49]

Podem surgir *trade-offs* entre as cinco fontes de vantagem competitiva, mas isso não precisa tornar-se um jogo de soma zero, no qual uma delas deva ser prejudicada em nome da outra. A Avon concentrou-se na economia de custos quando contratou a IBM Global Services para lidar com tarefas de recursos humanos, como folha de pagamentos e gestão de benefício. Confiar essas responsabilidades a uma empresa especializada em realizá-las de forma eficiente também libera a Avon para se dedicar à inovação nas áreas que melhor conhece: a venda direta de cosméticos a novos clientes. Como muitos executivos, a CEO da Avon, Andrea Jung, está ciente do potencial da China. Em 1998, o país levantou a proibição às vendas de porta em porta e Jung lançou um esforço de venda de cosméticos a clientes chineses por meio de centenas de milhares de representantes licenciados pelo governo.[50] A Avon também explorou a tendência de customização, introduzindo o Hook Up Connector, um produto cuja embalagem permite que os consumidores acoplem os itens que desejarem uns aos outros, como um batom e um rímel, por exemplo.[51]

OA1.3
Explicar como as funções da gestão têm evoluído no atual ambiente empresarial.

AS FUNÇÕES DA GESTÃO

Gestão é o processo de trabalhar com pessoas e recursos para atingir metas organizacionais. Os bons gestores fazem isso de maneira eficaz e eficiente:

- Ser *eficaz* significa atingir metas organizacionais.
- Ser *eficiente* é atingir metas com o mínimo desperdício de recursos, ou seja, fazer o melhor uso possível do dinheiro, do tempo, dos materiais e das pessoas.

Alguns gestores fracassam segundo os dois critérios, ou concentram-se em um em detrimento do outro. Os melhores gestores mantêm um foco claro sobre a eficácia e a eficiência. Essas definições existem há muito tempo. Mas, como sabemos, o mundo dos negócios está mudando radicalmente. A verdadeira questão está no que *fazer*.[52]

> **GESTÃO** O processo de trabalhar com pessoas e recursos para atingir metas organizacionais.
>
> **PLANEJAMENTO** A função da gestão que toma decisões sistemáticas sobre as metas e atividades a serem cumpridas por uma pessoa, um grupo, uma unidade, ou pela empresa como um todo.
>
> **VALOR** A quantia monetária associada a quão bem um emprego, uma tarefa, um bem ou um serviço atende as necessidades de seus usuários.

Embora o contexto geral e os aspectos específicos dos negócios estejam mudando, ainda há muitos princípios atemporais que fazem com que sejam grandiosos os maiores gestores e empresas. Embora novas ideias e abordagens sejam mais necessárias do que nunca, muito do que já se aprendeu sobre as práticas bem-sucedidas de gestão permanece relevante, útil e adaptável – associado a novas maneiras de pensar – no ambiente empresarial do século XXI.

No atual mundo dos negócios, os grandes executivos não apenas se adaptam às mudanças das condições, mas também aplicam – fanática, rigorosa, coerente e disciplinadamente – os princípios fundamentais da gestão. Esses fundamentos abrangem as quatro funções tradicionais da gestão: planejamento, organização, liderança e controle. Essas funções permanecem tão relevantes quanto sempre o foram e ainda fornecem os fundamentos necessários tanto em empresas iniciantes quanto em corporações estabelecidas. Mas evoluíram em sua forma.

O planejamento nos põe a caminho da realização de valor

Planejamento é especificar as metas a serem atingidas e decidir antecipadamente as medidas necessárias para atingi-las. As atividades de planejamento abrangem analisar a conjuntura, projetar o futuro, determinar objetivos, decidir os tipos de atividade a que a empresa irá se dedicar, escolher estratégias corporativas e de negócios, e determinar os recursos necessários para atingir as metas da empresa. Os planos preparam o terreno para a ação e para grandes realizações.

No novo ambiente empresarial, a função de planejamento é mais dinamicamente descrita como *fornecimento de valor estratégico*. **Valor** é um conceito complexo.[53] Essencialmente, descreve a quantia monetária associada a quão bem um emprego, uma tarefa, um bem, ou um serviço atende as necessidades de seus usuários. Estes podem ser os donos de empresas, clientes, funcionários, a sociedade e até mesmo nações. Quanto melhor entendermos essas necessidades (em termos de qualidade, velocidade, eficiência etc.), mais valor iremos fornecer. Esse valor é "estratégico" quando contribui para a realização das metas da empresa. No nível pessoal, devemos periodicamente perguntar a nós mesmos e a nossos chefes: "Como posso agregar valor?". Responder a esta pergunta irá aprimorar suas contribuições, seu desempenho profissional e sua carreira.

Antigamente, o planejamento era uma abordagem descendente segundo a qual os executivos estabeleciam planos de negócios e mandavam que outros os implementassem. Atualmente e no futuro, o fornecimento de valor estraté-

ANTIGAMENTE...

Os gestores davam valor ao grande escritório que tendia a isolá-los de suas equipes.

AGORA...

Os gestores atuais, como Michael Bloomberg, prefeito de Nova York, costumam estar bem no meio dos acontecimentos, ajudando suas equipes a operar.

gico é e será um processo contínuo no qual as pessoas de toda a empresa usam e usarão seus cérebros e os de seus clientes, fornecedores e outros interessados para identificar oportunidades de criar, conquistar, reforçar e sustentar a vantagem competitiva. Esse processo dinâmico gira em torno do objetivo de criar cada vez mais valor para o cliente. A criação eficaz de valor exige levar plenamente em consideração um novo e mutável conjunto de interessados e questões que abrangem o governo, o meio ambiente, a globalização e a economia dinâmica nas quais

Shona Brown, do Google, toma decisões a respeito de organização. Segundo ela, "a meta da empresa é determinar com exatidão o quanto de gestão é necessário – e, então, aplicar um pouco menos do que isso".

as ideias mandam e os empreendedores são, ao mesmo tempo, concorrentes formidáveis e colaboradores em potencial. Iremos tratar desses e outros assuntos correlatos nos Capítulos 3 (Ética e Responsabilidade Corporativa), 4 (Planejamento Estratégico) e 5 (Empreendedorismo).

A organização reúne os recursos dos quais precisamos

Organizar é reunir e coordenar os recursos humanos, financeiros, físicos, informacionais e outros necessários para atingir metas. Suas atividades abrangem atrair pessoas para a empresa, especificar as responsabilidades dos cargos, agrupar funções em unidades de trabalho, levantar e alocar recursos, e estabelecer as condições necessárias para que as pessoas e as máquinas trabalhem juntas para obter o máximo de sucesso.

A meta da função de organização é *construir uma empresa dinâmica*. Antigamente, organizar envolvia a criação de um organograma por meio da identificação de funções de negócio, o estabelecimento de relações hierárquicas e a criação de um departamento pessoal que administrasse planos, programas e documentos. Atualmente e no futuro, os gestores eficazes usam e usarão novas formas de organização e encaram e encararão as pessoas como seus mais valiosos recursos. Irão construir empresas flexíveis e adaptáveis, especialmente no que tange à reação a ameaças competitivas e necessidades da clientela. Práticas progressistas de recursos humanos que atraiam e retenham o que há de melhor em uma população altamente diversificada serão aspectos essenciais das empresas bem-sucedidas. Iremos tratar desses temas nos Capítulos 6 (Estrutura Organizacional), 7 (Gestão de Recursos Humanos), 8 (Gestão de uma Força de Trabalho Diversificada) e 14 (Inovação e Mudança).

A liderança mobiliza as pessoas

Liderar é estimular as pessoas para que apresentem alto desempenho. Abrange motivar os funcionários e comunicar-se com eles tanto individual quanto coletivamente. Os líderes mantêm contato próximo e diário com as pessoas, orientando-as e inspirando-as para que se atenham às metas da equipe e da empresa. A liderança é estabelecida em equipes, departamentos e divisões, além do topo da pirâmide das grandes empresas.

Em livros anteriores, a função de liderança descrevia como os gestores motivavam os trabalhadores para vir ao trabalho e, cumprindo suas tarefas, executar os planos da alta administração. Atualmente e daqui por diante, os gestores devem ser bons em *mobilizar as pessoas* para que contribuam com suas ideias – usem seus cérebros de maneiras jamais imaginadas ou necessárias no passado.

Os gestores atuais devem empregar um tipo muito diferente de liderança (Capítulo 9) que dê poderes às pessoas e as motive (Capítulo 10). Muito mais do que no passado, um bom trabalho será resultado de um bom trabalho em equipe (Capítulo 11) tanto dentro de cada grupo quanto além de suas fronteiras. Esses processos estão fundamentados em uma comunicação interpessoal e organizacional eficaz (Capítulo 12).

Controle significa aprender e mudar

Planejamento, organização e liderança não garantem o sucesso. A quarta função, o **controle**, monitora o desempenho e implementa as mudanças necessárias. Ao exercer o controle, os gestores garantem que os recursos da empresa sejam utilizados da maneira planejada e que ela atinja suas metas de qualidade e segurança.

O controle envolve, necessariamente, monitoramento. Para eliminar quaisquer dúvidas a respeito da importância dessa função, vejamos algumas falhas de controle que causaram problemas sérios. Depois de uma explosão na refinaria de petróleo da BP no Texas, que causou a morte de 15 pessoas, investigações sugeriram que a causa da tragédia teria sido o fracasso generalizado na implementação de medidas de segurança. Os investigadores relataram que a administração da BP estava focada em medidas de corte de custos que contribuíram para condições de risco no trabalho. Apesar de um ano de lucros recorde, o principal executivo da empresa anunciou sua intenção de aposentar-se precocemente e sua bonificação foi cortada quase pela metade.[54] Outros lapsos de controle podem afetar os clientes. Um recente surto de infecções por salmonela – que pode causar febre, diarreia, desidratação e até morte –, teve

14 Administração ● ●

sua origem na manteiga de amendoim das marcas Peter Pan e Great Value, produzidas pela ConAgra Foods, na fábrica de Sylvester, Georgia. O processamento dos amendoins costuma matar a salmonela e outros germes, de modo que o provável culpado foi a contaminação dos frascos ou do equipamento. A ConAgra anunciou rapidamente um *recall*, porém mais de 400 pessoas em 44 Estados dos Estados Unidos relataram ter sido contaminadas e 71 delas precisaram ser hospitalizadas. Estima-se que o *recall* por si só custe à ConAgra pelo menos US$ 50 milhões; processos judiciais, a limpeza do equipamento e o dano causado à reputação das marcas aumentam esses custos.[55]

Quando os gestores implementam seus planos, muitas vezes percebem que as coisas não andam conforme o planejado. A função de controle garante a realização das metas; faz e dá resposta à seguinte pergunta: "Nossos resultados efetivos condizem com nossas metas?". Em seguida, fazem-se os ajustes necessários. Elon Musk, da Tesla Motors, aplicou essa função para realizar mudanças necessárias na empresa. Como muitas empresas iniciantes, a Tesla teve percalços no caminho. Conflitos com o fundador e problemas técnicos durante o desenvolvimento adiaram por mais de um ano o lançamento do primeiro carro da empresa, causando problemas de fluxo de caixa. Musk foi obrigado a fechar uma unidade e demitir quase 25% dos quadros. Mas também foi responsável pelo levantamento, com investidores, de US$ 55 milhões em capital, e o Roadster agora está em plena produção.[56]

As empresas bem-sucedidas, sejam de que tamanho forem, dão muita atenção à função de controle. Mas atualmente e futuramente, os principais desafios gerenciais são e serão mais dinâmicos do que no passado; envolvem *aprendizado* e *mudanças* constantes. Os controles ainda são necessários, como veremos no Capítulo 13. Mas novas tecnologias e outras inovações (Capítulo 14) permitem controlar de maneiras mais eficazes, ajudar todos os integrantes de uma empresa e para além de suas fronteiras – inclusive clientes e fornecedores – a usar seus cérebros, aprender, fazer uma série de novas contribuições e ajudar a empresa a inovar de maneiras que levem a um futuro de sucesso.

- **ORGANIZAÇÃO** A função de gestão que envolve reunir e coordenar os recursos humanos, financeiros físicos, informacionais e outros necessários para atingir metas.

- **LIDERANÇA** A função de gestão que envolve os esforços do gestor para estimular seus funcionários e fazê-los apresentar alto desempenho.

- **CONTROLE** A função de gestão que se refere a monitorar o desempenho e realizar as mudanças necessárias.

> Em um recente levantamento nos Estados Unidos, os funcionários apresentaram impressões variadas sobre as competências de liderança de seus gestores. Assim, um gestor que se sobressai na liderança é especialmente valioso.[57]

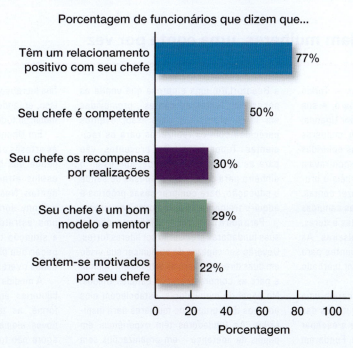

A gestão exige todas as quatro funções

O dia típico de um gestor não se divide precisamente entre as quatro funções. Fazemos muitas coisas mais ou menos simultaneamente.[58] Nossos dias são ativos e fragmentados, com interrupções, reuniões e incêndios a apagar. Haverá muitas atividades que gostaríamos de realizar, mas que nos parecem inalcançáveis. Essas atividades incluem as quatro funções da gestão.

Alguns gestores apresentam interesse, dedicação ou competência especial em uma ou duas dessas funções. Mas devemos dedicar atenção e recursos o bastante a todas elas. Você talvez seja um planejador e controlador habilidoso, mas, se organizar sua equipe incorretamente ou deixar de inspirá-la para que apresente desempenho de alto nível, não irá realizar seu potencial de gestor. Da mesma forma, não adianta nada ser o tipo de gestor que adora organizar e liderar, mas não sabe para onde ir ou como determinar se está no caminho certo. Os bons gestores não negligenciam nenhuma das quatro funções da gestão. Sabendo quais são, podemos nos perguntar periodicamente se estamos dando a devida atenção a *todas* elas.

As quatro funções da gestão também se aplicam a cada um de nós. Precisamos encontrar maneiras de criar valor; organizar-nos para realizar a própria eficácia; mobilizar nossos talentos e competências como mobilizamos os dos outros; monitorar nosso desempenho; e aprender, desenvolver e mudar constantemente tendo em vista o futuro. À medida que avançarmos neste livro e no curso, não devemos tomá-los apenas como um aprendizado impessoal, mas pensar nessas questões também do ponto de vista individual, usando as ideias para nosso desenvolvimento pessoal.

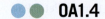 **OA1.4**

Comparar a natureza variável da gestão nos diferentes níveis organizacionais.

NÍVEIS E COMPETÊNCIAS DE GESTÃO

As empresas – e em especial as de grande porte – têm muitos níveis. Nesta seção, iremos tratar dos tipos de gestores encontrados em três níveis organizacionais diferentes:

- Alto nível
- Nível médio
- Linha de frente

Os altos administradores são estrategistas e líderes

Os **altos administradores** são os executivos mais graduados de uma empresa, responsáveis por sua gestão geral. Esses gestores, às vezes chamados de *gestores estratégicos*, devem concentrar-se em questões de longo prazo e enfatizar a sobrevivência, o crescimento e a eficácia geral da empresa.

Os altos administradores preocupam-se não só com a empresa como um todo, mas também com a interação entre ela e o ambiente externo. Tal interação muitas vezes exige que os gestores trabalhem com pessoas e empresas externas.

O presidente-executivo (CEO) é um tipo de alto gestor encontrado em grandes empresas. O detentor do cargo é o principal gestor estratégico da empresa e tem autoridade sobre todos os demais. Outros cargos importantes são o vice-presidente de operações (COO, *Chief Operational Officer*), os presidentes e vice-presidentes de unidades e os membros res-

---

Mulheres que ajudam mulheres, uma conta por vez

Há muitos anos, três mulheres – Torkin Wakefield, sua filha Devin Hibbard, e sua amiga Ginny Jordan – viajavam por Uganda, na África, quando conheceram mulheres que faziam bijuterias com contas coloridas de papel reciclado. As artesãs encontravam pedaços de papel – revistas, jornais e brochuras – e os enrolavam para fazer contas. Depois as revestiam com diversas camadas de verniz para deixá-las brilhantes e duras. Com elas, faziam colares e pulseiras. As artesãs tinham todos os ingredientes para um negócio, mas lhes faltava um mercado para seus produtos.

As três americanas reconheceram uma oportunidade para vender as bijuterias das mulheres de Uganda e ajudá-las a escapar da pobreza causada pela guerra. Fundaram a BeadforLife, uma empresa que vende as peças em "festas de contas", promovidas em lares oferecidos para isso, eventos parecidos com os realizados para os recipientes Tupperware. Os proventos vão para as mulheres de Uganda, que usam o dinheiro para arcar com despesas de saúde e educação, para comprar casas próprias e adquirir treinamento para novas carreiras.

Para que a BeadforLife seja bem-sucedida, suas fundadoras precisarão ser líderes fortes. Deverão ser capazes de comunicar sua visão em duas direções: para as artesãs em Uganda e para as compradoras nos Estados Unidos. No papel de motivadoras, estabelecem elos entre os dois grupos de mulheres para inspirá-las. As fundadoras têm experiência em papéis de liderança – em organizações sem fins lucrativos da área de saúde e outras. Por isso, entendem a importância de conectar e mobilizar todos os membros de uma empresa.

Em Uganda, Torkin Wakefield deu aulas às artesãs para ajudá-las a aprimorar a qualidade das bijuterias e desenvolver novos estilos atraentes para consumidoras ocidentais. Nos Estados Unidos, Devin Hibbard e Ginny Jordan planejaram e organizaram uma estratégia de marketing. Divulgaram a situação das mulheres em Uganda e as peças que produziam, e as mulheres americanas tiveram a reação esperada.

À medida que o plano de venda direta das bijuterias em eventos domésticos tomava forma, as três fundadoras acrescentavam novos elementos às festas. A BeadforLife agora não fornece só bijuterias para venda,

tantes da equipe de alta administração. À medida que as empresas reconhecem o potencial da tecnologia e da gestão do conhecimento para ajudar a atingir e manter uma vantagem competitiva, um número cada vez maior tem criado o cargo de vice-presidente de sistemas de informação (CIO, *Chief Information Officer*). Na empresa militar, Northrop Grumman, o CIO Tom Shelman antes se dedicava a gerir os sistemas de computação da empresa. Nos últimos anos, contudo, envolveu-se diretamente com a estratégia; as tarefas de Shelman incluem reuniões com clientes para ajudar a identificar maneiras pelas quais a empresa pode usar sua tecnologia para melhor atendê-los e apoiar o crescimento da empresa.[59]

Tradicionalmente, o papel dos altos administradores sempre foi o de estabelecer a orientação geral, formulando estratégias e controlando os recursos. Atualmente, contudo, espera-se de muitos altos administradores que não apenas sejam arquitetos da estratégia, mas verdadeiros líderes organizacionais. Nesse papel, precisam criar e articular um objetivo corporativo amplo com que as pessoas possam se identificar – e com que se comprometam com entusiasmo.

Os gestores intermediários dão vida às estratégias

Como sugere o nome, os **gestores intermediários** ficam, na hierarquia organizacional, entre a alta adminis-

- **ALTOS ADMINISTRADORES**
  Os executivos graduados responsáveis pela gestão e eficácia gerais da empresa.

- **GESTORES INTERMEDIÁRIOS**
  Gestores localizados nos níveis médios da hierarquia da empresa e que se reportam aos altos executivos.

tração e os gestores da linha de frente. Por vezes chamados de *gestores táticos*, são responsáveis pela tradução das metas e dos planos genéricos desenvolvidos pelos gestores estratégicos em objetivos e atividades mais específicos.

Tradicionalmente, o papel do gestor intermediário é o de ser um controlador administrativo que faz a ponte entre os níveis que lhe são superiores e inferiores. Os gestores intermediários tomam os objetivos corporativos e os decompõem em metas por unidade de negócio; reúnem os planos das unidades abaixo de si para a avaliação corporativa em níveis mais elevados e agem como pilares da comunicação interna, interpretando e disseminando as prioridades da alta administração para baixo e canalizando e traduzindo a informação das linhas de frente para cima.

De acordo com o estereótipo, a expressão *gestor intermediário* denotaria mediocridade: pessoas sem imaginação dedicadas à defesa do *status quo*. Mas os gestores intermediá-

> Em um recente levantamento com diretores de informação, metade dos entrevistados disse que suas responsabilidades iam além da tecnologia de informação e abrangiam questões de alto nível, como o desenvolvimento da estratégia da empresa.[60]

mas também material educativo, receitas ugandenses, biografias das artesãs, CDs de música africana e um DVD motivacional a respeito das fundadoras. Todos esses produtos ajudam a tornar as participantes da empresa mais concretas para aquelas que vivem a meio mundo de distância e permite que as clientes participem e interajam com as artesãs.

A BeadforLife está transformando vidas. "Uma coisa na qual tenho pensado ultimamente é a diferença entre caridade... e programas que têm mais a ver com a potencialização", diz Torkin Wakefield. "E gosto de acreditar que a BeadforLife tem mesmo a ver com ajudar pessoas que trabalham duro a se tornar indivíduos capazes de sustentarem-se futuramente, muito depois que a BeadforLife for apenas uma lembrança agradável". ❖

P: Perguntas para discussão

- As fundadoras da BeadforLife enfrentam um desafio ímpar: orientar e inspirar duas forças de trabalho distintas e separadas em dois continentes muito diferentes. Descreva maneiras pelas quais elas poderiam realizar essa tarefa e sugira programas que possam usar no futuro.
- À medida que a empresa BeadforLife crescer, como você acredita que os papéis das suas três líderes podem mudar?

FONTES: Site da empresa, <http://www.beadforlife.org>, acessado em: 15 de maio de 2009; "BeadforLife Program Helps Lift Ugandans Out of Poverty", *Online News Hour*, Public Broadcasting Service, 16 de abril de 2009, <http://www.pbs.org>; Shari L. Berg, "Beads Project Helps Ugandans", *Pittsburgh Post-Gazette*, 4 de dezembro de 2008, <http://www.post-gazette.com>.

rios estão mais próximos do que os altos administradores das operações diárias, dos clientes e dos gestores e funcionários da linha de frente e, por isso, conhecem os problemas enfrentados. Eles também têm muitas ideias criativas – frequentemente melhores do que as de seus superiores. Os bons gestores intermediários fornecem as competências operacionais e a capacidade prática de solução de problemas que mantêm as empresas em operação.[61]

Gestores da linha de frente: o elo vital com os funcionários

Os **gestores da linha de frente**, ou *gestores operacionais*, são gestores de nível inferior que supervisionam as operações da empresa. Muitas vezes, têm títulos como *supervisor* ou *gerente*. Envolvem-se diretamente com funcionários não administrativos, implementando os planos específicos desenvolvidos pelos gestores intermediários. Esse papel é fundamental porque os gestores operacionais representam o elo entre o pessoal gerencial e o não gerencial. O primeiro cargo de gestão de todos nós provavelmente estará nessa categoria.

Tradicionalmente, os gestores da linha de frente eram dirigidos e controlados de cima para garantir o sucesso da implementação das operações, observando a estratégia da empresa. Em empresas avançadas, contudo, seu papel se expandiu. A execução operacional permanece vital, mas, nessas empresas, cada vez mais se espera dos gestores da linha de frente que sejam inovadores e empreendedores, gerindo em busca de crescimento e do desenvolvimento de novos negócios.

Os gestores da linha de frente – normalmente mais jovens – são fundamentais para criar e sustentar a qualidade, a inovação e outros vetores do desempenho financeiro.[62] Nas melhores empresas, os altos e médios gestores não só permitem como também esperam que os gestores da linha de frente mais talentosos deem início a novas atividades. E fornecem-lhes a autonomia, os incentivos e o apoio necessários para isso.[63]

A Tabela 1.1 detalha os aspectos em mutação de diferentes níveis de gestão. Ao longo do livro, iremos tratar de cada um desses aspectos.

Os líderes de hoje têm amplas responsabilidades

Atualmente, existe uma tendência em direção a menos hierarquia e mais trabalho em equipe. Nas pequenas empresas – e nas grandes que se adaptaram aos novos tempos –,

TABELA 1.1	Transformação dos papéis e das atividades de gestão		
	Gestores da linha de frente	**Gestores intermediários**	**Altos gestores**
Papéis em mutação	De implementadores operacionais a empreendedores agressivos	De controladores administrativos a orientadores e fonte de apoio	De alocadores de recurso a líderes institucionais
Principais atividades	Criação e busca de novas oportunidades de crescimento para a empresa	Desenvolvimento de pessoas e respaldo às suas atividades	Estabelecimento de elevados padrões de desempenho
	Atração e desenvolvimento de recursos	União de conhecimento e competências dispersos entre unidades	Institucionalização de um conjunto de normas para sustentar a cooperação e a confiança
	Gestão do aprimoramento contínuo da unidade	Gestão da tensão entre os propósitos de curto prazo e as ambições de longo prazo	Criação de propósito e ambição corporativos abrangentes

FONTE: Adaptado de C. Bartlett and S. Goshal, "The Myth of the Generic Manager: New Personal Competencies for New Management Roles", *California Management Review* 40, n. 1, Fall 1997, p. 92-116.

os gestores têm responsabilidades estratégicas, táticas *e* operacionais. São executivos *completos*; conhecem todas as funções de negócio, são responsáveis por resultados e se concentram no atendimento a clientes internos e externos. Tudo isso exige a capacidade de pensar estrategicamente, traduzir estratégias em objetivos específicos, coordenar recursos e pôr a mão na massa junto com os subordinados.

Em suma, os melhores gestores atuais sabem fazer tudo; são "líderes trabalhadores".[64] Concentram-se no relacionamento com outras pessoas e na realização de resultados. Não se limitam a tomar decisões, dar ordens, esperar que outros produzam e, então, avaliar resultados. Eles arregaçam as mangas, põem a mão na massa, resolvem problemas e produzem valor.

O que significa tudo isso na prática? Como os gestores passam seu tempo – o que fazem, efetivamente? Um estudo clássico sobre altos executivos revelou que eles dedicam seu tempo a 10 atividades ou papéis que se dividem em três categorias:[65]

1. **Papéis interpessoais:**
   - *Líder* – Atração, treinamento e motivação de pessoas.
   - *Ligação* – Manutenção de uma rede de contatos externos que forneça informações e favores.
   - *Ícone* – Realização de atividades simbólicas (cerimônias e cumprimento de outras exigências sociais e jurídicas).

2. **Papéis informacionais:**
   - *Monitor* – Busca e recepção de informações para desenvolver uma compreensão profunda da empresa e de seu ambiente, agindo como "centro nervoso" da comunicação.

- **GESTORES DA LINHA DE FRENTE** Gestores de nível inferior que supervisionam as atividades operacionais da empresa.
- **COMPETÊNCIA TÉCNICA** A capacidade de realizar uma tarefa especializada que envolva um determinado método ou processo.
- **COMPETÊNCIAS CONCEITUAIS E DE TOMADA DE DECISÃO** As competências ligadas à capacidade de identificar e solucionar problemas em prol da empresa e de seus membros.
- **COMPETÊNCIAS INTERPESSOAIS E DE COMUNICAÇÃO** Competência de relacionamento; a capacidade de liderar, motivar e comunicar-se efetivamente com os outros.

- *Disseminador* – Transmissão de informações de uma fonte a outra, às vezes interpretando e integrando diferentes perspectivas.
- *Porta-voz* – Comunicação em nome da empresa a respeito de planos, políticas, ações e resultados.

3. **Papéis de tomada de decisão:**
   - *Empreendedor* – Buscar novas oportunidades de negócio e dar início a projetos para gerar mudanças.
   - *Controlador de distúrbios* – Adotar medidas corretivas durante crises e outros conflitos.
   - *Alocador de recursos* – Fornecer fundos e outros recursos a unidades ou pessoas; isso inclui a tomada ou aprovação de decisões organizacionais significativas.
   - *Negociador* – Negociar com elementos internos e externos da empresa (por exemplo, troca de recursos).

Muito embora o estudo tenha sido realizado há décadas, permanece altamente relevante como descrição daquilo que os executivos fazem. E muito embora tenha se concentrado nos altos executivos, os gestores de todos os níveis dedicam-se a essas atividades. Ao estudar a lista, podemos nos perguntar, "De quais dessas atividades mais gosto (e menos gosto)? Em quais sou excelente (e não sou excelente)? Em que eu gostaria de melhorar?". Quaisquer que sejam as respostas, aprenderemos mais a respeito dessas atividades ao longo do livro.

 OA1.5

Definir as competências necessárias para ser um gestor eficaz.

Os gestores precisam ter três competências gerais

A realização das funções e dos papéis de gestão e o ganho de competitividade são as pedras fundamentais da gestão. Saber disso, contudo, não é garantia de sucesso. Os gestores precisam de diversas competências para *fazer bem* essas coisas. As competências são habilidades específicas resultantes do conhecimento, da informação, da prática e da aptidão. Embora os gestores possam precisar de muitas competências, das quais iremos tratar ao longo do texto, vamos considerar três categorias genéricas:[66]

- Competências técnicas
- Competências interpessoais e de comunicação
- Competências conceituais e de tomada de decisão

Os iniciantes muitas vezes subestimam os desafios representados pelas muitas competências técnicas, humanas e conceituais necessárias.[67] Mas quando as funções de gestão são desempenhadas por gestores dotados dessas competências críticas, o resultado é um alto desempenho.

Uma **competência técnica** é a capacidade de realizar uma tarefa especializada que envolva um determinado método ou processo. A maioria das pessoas desenvolve um conjunto de competências técnicas para concluir as atividades compreendidas em sua rotina de trabalho. As competências técnicas aprendidas na escola nos darão a oportunidade de obter um cargo em uma empresa e também nos ajudarão a agir como gestores. Por exemplo, os cursos de finanças e contabilidade irão desenvolver as competências técnicas necessárias para entender e gerir os recursos financeiros de uma empresa.

As **competências conceituais e de tomada de decisão** dizem respeito à capacidade de identificar e solucionar problemas em prol da empresa e de todas as pessoas afetadas. Os gestores usam essas competências quando tratam dos objetivos e da estratégia gerais da empresa, das inserções entre as suas diferentes partes e do papel que a instituição representa em seu ambiente externo. À medida que acumulamos responsabilidades, passamos a exercitar nossas competências conceituais e de tomada de decisão com frequência cada vez maior. Ao nos depararmos com questões que envolvem todos os aspectos da empresa, precisaremos levar em consideração um conjunto muito maior e mais inter-relacionado de fatores. Grande parte deste texto está dedicada ao aprimoramento das nossas competências conceituais e de tomada de decisão, mas a experiência direta representa um papel importante em seu desenvolvimento.

As **competências interpessoais e de comunicação** influenciam a capacidade do gestor para trabalhar bem com outras pessoas. Essas competências são às vezes chamadas de *competências pessoais*. Os gestores passam a maior parte do tempo interagindo com outras pessoas[68] e precisam desenvolver suas habilidades de liderança, motivação e comunicação com aqueles que os cercam. Nossas competências pessoais muitas vezes podem determinar o ponto a que chegaremos em nossas carreiras. Como explica o professor de gestão, Michael Morris: "A partir de um determinado nível no mundo dos negócios, vivemos e morremos com base em nossas habilidades sociais... [o conhecimento de um campo em particular] abre portas, mas é a inteligência social que nos leva ao topo".[69] Como respaldo dessa visão, um estudo com executivos e gestores graduados levantou que 6 entre 10 afirmam tomar decisões de contratação e promoção com base no quanto os candidatos são "gostáveis". E 62% dizem que baseiam essas decisões em competências, referindo-se, presumivelmente, às competências técnicas.[70]

O prof. Morris, citado no parágrafo anterior, ajudou a ensinar competências pessoais a alunos de MBA da Columbia Business School. Ele enfatiza que é vital para os futuros gestores compreender a importância dessas competências para conquistar e manter um emprego, realizando um

> **INTELIGÊNCIA EMOCIONAL**
> As competências de conhecer e gerir a si próprio, e lidar com os outros de maneira eficaz.

bom trabalho, especialmente no século XXI, quando tantos gestores comandam trabalhadores do conhecimento, que costumam ter mentalidade independente. "É preciso obter alto desempenho de pessoas na empresa, sobre as quais não temos qualquer autoridade. É preciso estender a mão para os outros, conhecer suas motivações e saber como os afetar", ele explica.[71]

A importância dessas competências varia segundo o nível hierárquico. As competências técnicas são mais significantes no começo da carreira. As conceituais e de tomada de decisão passam a ser mais importantes do que as técnicas à medida que escalamos os degraus da empresa. Mas as interpessoais, ao longo de toda a carreira e em todos os níveis hierárquicos, são as mais importantes.

Diversas empresas biomédicas de Orange County, na Califórnia, colaboraram para dar treinamento porque perceberam que gestores, originalmente contratados por sua perícia técnica, precisavam desenvolver suas competências pessoais para lidar com tarefas de mais alto nível. Em empresas como essas, ligadas às ciências, os gestores muitas vezes são cientistas e se sentem mais à vontade realizando e avaliando projetos de pesquisa do que se comunicando com as pessoas e motivando-as. Contudo, ao desempenhar tarefas de gestão, eles precisam liderar uma equipe de peritos em diferentes disciplinas, que podem estar mais interessados no progresso científico e no respeito de seus pares do que na estratégia do empregador. O programa de treinamento de Orange County, chamado Leadership and Management Program for Technology Professionals (Programa de Liderança e Gestão para Profissionais da Tecnologia), ensina competências de liderança e como comunicar-se sem usar jargão, além de outras competências gerenciais, como a elaboração de orçamentos.[72]

OA1.6
Identificar os princípios que nos ajudam a gerir nossas carreiras.

VOCÊ E SUA CARREIRA

No começo de nossas carreiras, a contribuição que fazemos para o empregador depende de nosso próprio desempenho; ele é a única coisa pela qual somos responsáveis. Ao nos tornarmos gestores, passamos a ser responsáveis pelo grupo inteiro. Fazendo uma analogia com uma orquestra, em vez de tocar um instrumento, somos maestros conduzindo os esforços de outras pessoas.[73] O desafio é muito maior do que os gestores iniciantes imaginam.

Ao longo de nossas carreiras, precisaremos aprender a liderar equipes de maneira eficaz e a influenciar pessoas sobre as quais não temos autoridade. Por isso, as competências humanas são de especial importância. Atualmente, as pessoas no mundo dos negócios falam em **inteligência emocional**,[74] que combina três categorias de competências:

1. Autoconhecimento – Inclusive pontos fortes e fracos.
2. Autogestão – Lidar com as emoções, tomar boas decisões, procurar e usar *feedback*, exercer autocontrole.
3. Lidar com os outros de maneira eficaz – Ouvir, demonstrar empatia, motivar, liderar, e assim por diante.

Uma gestora que apresenta essas competências é Rita Burns, vice-presidente de comunicação e marketing do Memorial Health System, de Colorado Springs. O autoconhecimento a levou a uma carreira que reúne seu talento como ouvinte (Rita é formada em Jornalismo) e seu amor pela saúde (como jovem voluntária em hospitais, percebeu que, embora gostasse do ambiente hospitalar, seu envolvimento emocional era grande demais para lhe permitir ser uma enfermeira eficaz). Rita diz que tem facilidade para entender outros pontos de vista: "Não importa onde ou em que situação eu esteja, sempre encontro algo sobre o que conversar". Seu chefe, o vice-presidente sênior Ron Burnside, a descreve como uma comunicadora talentosa, e um colega da American Heart Association afirma que Rita tem um "espírito cooperativo" que a ajuda a ver como o Memorial Health System pode colaborar com a associação em projetos conjuntos.[75]

Uma reclamação comum a respeito de líderes, especialmente aqueles recentemente promovidos que tenham apresentado desempenho individual notável, é a ausência de uma das mais importantes competências da inteligência emocional: a empatia. O problema não é a incapacidade de mudar (isso é possível), mas a falta de motivação para mudar (devemos decidir mudar na medida do necessário).[76] Segundo William George, ex-presidente do conselho e ex-CEO da Medtronic, algumas pessoas podem ir longe em suas carreiras com base apenas em determinação e agressividade, mas o desenvolvimento pessoal, aí incluída

a inteligência emocional, eventualmente passa a ser essencial.[77] Pesquisas revelam que executivos com baixa pontuação em inteligência emocional têm menores chances de ser considerados excelentes nas avaliações a que são submetidos, e as divisões que comandam tendem a apresentar desempenho inferior.[78] Uma vice-presidente de uma empresa do setor aeroespacial passou por um programa de desenvolvimento de inteligência emocional depois que colegas disseram repetidas vezes que ela era excessivamente exigente e que desencorajava os outros. Uma avaliação revelou que ela era autoconsciente, mas lhe faltava consciência social. A executiva aprendeu a reagir só depois de se acalmar e a explorar as ideias de seus colegas, em vez de ridicularizá-las. A equipe logo percebeu a mudança e sua carreira tomou um caminho de sucesso.[79]

O que fazer para formar uma carreira bem-sucedida e gratificante? É bom que sejamos ao mesmo tempo especialistas e generalistas, autoconfiantes e possuir bons contatos, gerir ativamente nosso relacionamento com a empresa e ter plena consciência do que é necessário para não só sobreviver, mas florescer no mundo atual.

Ser tanto especialista quanto generalista

Não devemos imaginar que nossas carreiras serão especializadas. É improvável que desejemos ficar para sempre em cargos estritamente técnicos e sem responsabilidades gerenciais. Contadores são promovidos a chefes de departamento e líderes de equipe, vendedores viram gerentes de vendas, escritores tornam-se editores e enfermeiras tornam-se diretoras de enfermagem. À medida que aumentam nossas responsabilidades, precisamos lidar com mais gente, compreender melhor outros aspectos da empresa e tomar decisões mais importantes e complexas. Começar imediatamente a aprender a respeito desses desafios da gestão pode dar resultados antes do que imaginamos.

Será bom se pudermos nos tornar tanto especialistas quanto generalistas.[80] Procuremos nos tornar *especialistas*: ser peritos em algo. Essa perícia nos proporcionará competências específicas que irão ajudar a fornecer valor concreto e tangível à empresa e aos clientes. Com o tempo, também devemos aprender a ser *generalistas*, sabendo o suficiente a respeito de diversas disciplinas empresariais para poder pensar estrategicamente e trabalhar com diferentes perspectivas.

Patricia Calkins ampliou seu foco de maneira gradual e ambiciosa a partir de uma especialização científica, expandindo-se primeiro para a engenharia e, depois, para a gestão. Sua carreira começou como química em uma subsidiária da AT&T's Western Electric. Quando pensava em fazer um mestrado em Química, deu ouvidos ao conselho de desenvolver suas oportunidades de carreira com o estudo de Engenharia. Depois de conquistar mestrados em Engenharia Civil e Ambiental, a empresa percebeu seu talento para a gestão e quis promovê-la. Por isso, ela voltou à universidade para obter mais um mestrado, dessa vez em Administração de Empresas. Patricia desenvolveu suas competências generalistas com a prestação de consultoria e foi daí para sua posição atual – e a predileta até agora – de vice-presidente de meio ambiente, saúde e segurança da Xerox.[81]

Qual é o seu nível de inteligência emocional?

Há outra vantagem em sermos tanto especialistas quanto generalistas: isso pode permitir que nos dediquemos às causas ou atividades com as quais mais nos importamos. Por exemplo, a carreira de Josh Ruxin, um professor universitário e fundador do Access Project, um programa que aplica sistemas de gestão a hospitais em Ruanda, começou quando ele, ainda adolescente, viajou para a Etiópia. "A viagem mudou a minha vida", diz Josh. "Eu não podia acreditar que houvesse gente tão desesperadamente pobre vivendo no mesmo planeta que nós". Ruxin obteve um doutorado em História da Medicina e uniu-se a uma empresa de consultoria, onde aguçou suas competências de gestor. Quando, no contexto de uma cisão, teve a chance de ir para um novo empreendimento focado no desenvolvimento econômico de regiões subdesenvolvidas, aproveitou.

"Percebi que o atendimento de saúde na África precisava ser consertado para que aquelas economias tivessem alguma chance", diz ele. Isso o levou a fundar o Access Project. Agora Josh usa suas competências genéricas e especializadas para ajudar a melhorar o sistema de atendimento de saúde em Ruanda.[82]

Patricia Calkins, vice-presidente de meio ambiente, saúde e segurança da Xerox, atingiu o sucesso por ser tanto uma especialista quanto uma generalista. Ela desenvolveu competências especializadas em Ciências e Administração de Empresas e depois adquiriu competências generalistas como consultora. Que passos precisamos dar para nos tornarmos especialistas e generalistas?

Ser autoconfiante

Ser autoconfiante significa assumir plena responsabilidade por nós mesmos, por nossos atos e por nossas carreiras, como fez Patricia Calkins, ao estudar e lidar com tarefas de consultoria que aplicavam seu conhecimento técnico ao mundo dos negócios. Não podemos achar que nosso chefe ou nossa empresa irá tomar conta de nós. Uma boa metá-

● **CAPITAL SOCIAL**
O valor decorrente de nossos relacionamentos sociais.

fora é pensar em cada um de nós como uma empresa em que somos o presidente e o único funcionário. Com base na experiência adquirida na Sun Microsystems, Vicky Farrow oferece os seguintes conselhos para ajudar as pessoas a assumir a responsabilidade por suas carreiras:[83]

- Pense em si mesmo como uma empresa.
- Defina seu produto: qual é a sua área de perícia?
- Conheça o mercado-alvo: para quem vai vender esse produto.
- Seja claro a respeito do que os clientes compram. Sobre a sua "proposta de valor" – o que em sua oferta faz com que o cliente use seu produto?
- Como em qualquer negócio, lute pela qualidade e pela satisfação do cliente, mesmo que o cliente seja simplesmente alguém de sua empresa – como o seu chefe, por exemplo.
- Conheça sua profissão ou seu campo e saiba o que está acontecendo na área.
- Invista no próprio crescimento e desenvolvimento, assim como uma empresa investe em pesquisa e desenvolvimento. Que novos produtos você poderá oferecer?
- Esteja disposto a considerar uma mudança de carreira.

Jordan Edelstein assumiu o comando de sua carreira; para ele, isso significou dar um salto para um setor que amava. Depois de formar-se, Edelstein agarrou a primeira oportunidade que surgiu e tornou-se analista da Marketing Corporation of America, onde pesquisava estratégias de marketing para diversos clientes. Ali, percebeu que preferiria pertencer às empresas que efetivamente implementassem essas estratégias e, por isso, desenvolveu um mestrado em Administração de Empresas e fez um estágio na General Mills. A empresa o contratou como gerente adjunto de marketing.

Edelstein foi bem-sucedido, mas, durante uma viagem de negócios, enquanto lia sobre a Electronic Arts e seu jogo Sims Online, percebeu que era apaixonado pelo setor porque era "culturalmente relevante" e divertido, e começou a procurar por empregos nessa área. Quando surgiu uma vaga na Electronic Arts, ele se preparou para longas entrevistas no estúdio de Orlando e na sede, na Califórnia. Precisou convencer dúzias de pessoas de que sua perícia em marketing compensava sua falta de experiência com produtos de alta tecnologia. Jordan obviamente tem talento para o marketing: conseguiu aquilo que identificou como o emprego de seus sonhos.[84]

Para sermos autoconfiantes, devemos encontrar novas maneiras de elevar nosso desempenho geral. Assumir a responsabilidade por mudanças, ser inovadores.[85] Não basta fazer nosso trabalho e esperar por ordens; precisamos procurar por oportunidades de fazer novas contribuições, desenvolver novos produtos e processos, e gerar mudanças construtivas que reforcem a empresa e beneficiem clientes e colegas.

Como prova a carreira de Jordan Edelstein, o sucesso exige mais do que apenas talento: precisamos estar dispostos a dar duro. Pesquisas revelam que aqueles de melhor desempenho em muitos campos só atingem o topo depois de 10 anos ou mais de trabalho pesado.[86] O segredo é agir de maneira consistente, analisar os resultados e identificar pontos para melhoria. É fácil ver como isso pode dar certo

para violinistas ou jogadores de basquete, mas e quanto aos administradores de empresas? A resposta está em focar melhores resultados sempre que praticamos qualquer tarefa empresarial, seja redigir um relatório, presidir uma reunião, ou interpretar uma demonstração financeira. Para saber se estamos melhorando, contamos com o *feedback* de clientes, colegas e supervisores.

Para desenvolver nosso pleno potencial, temos de nos avaliar, inclusive nossos interesses, aptidões e pontos fortes de caráter. Devemos pensar nisso, perguntar a quem nos conhece bem, fazer um exercício formal no qual descobrimos o que os outros consideram o que há de melhor em nós[87] e usar os recursos de recentes avanços da psicologia para identificar os pontos fortes que nos distinguem.[88] Pensemos na imagem profissional e na reputação que desejamos desenvolver[89] e continuemos a desenvolver nossa capacidade. Ao detalhar esses objetivos, devemos ter em mente as sugestões encontradas em todo este livro e em todos os seus cursos.

Estar conectado

Estar conectado significa ter muitas relações de trabalho, contatos interpessoais e ser membro de uma equipe com fortes competências interpessoais. Por exemplo, os que desejam tornar-se sócios em organizações liberais, como empresas de contabilidade, publicidade e consultoria devem dedicar-se constantemente à construção de uma rede de contatos. Sua meta nessa área é não só trabalhar com muitos clientes, mas também com o máximo possível de sócios seniores, inclusive alguns de outras unidades geográficas e até de outros países. Um estudo feito com novos auditores demonstrou que os relacionamentos pessoais melhoravam o conhecimento que os recém-chegados tinham da empresa e de seus cargos, facilitavam sua integração à empresa e reforçavam seu compromisso com ela.[90]

Capital social é o valor decorrente de nossos relacionamentos sociais e pode ser mobilizado em nosso benefício. Ele ajuda na carreira, na remuneração, no emprego, na eficácia das equipes, no sucesso do empreendimento e nos relacionamentos com fornecedores e outros agentes externos.[91] Atualmente, grande parte desse capital social pode ser explorado online em sites de relacionamento da internet. Além daqueles puramente sociais, como o MySpace e o Facebook, há outros voltados para ajudar as pessoas a explorar redes de negócios. O LinkedIn, por exemplo, tem mais de 8 milhões de usuários registrados, número que cresce rapidamente à medida que os mesmos convidam colegas, parentes e amigos. Até executivos atarefados estão dispostos a experimentar o LinkedIn porque o sistema somente permite compartilhamento entre pessoas que concordem em se conectar; conhecidos somente podem apresentar outras pessoas se tiverem permissão para isso. Keith Taylor, diretor financeiro da Corfino, que presta serviços financeiros e contábeis, tornou-se membro do conselho de administração de outra empresa por causa de um contato no LinkedIn. Carl Taibl, um contador de San Ramon, na Califórnia, usa o LinkedIn para pesquisar clientes em potencial. Se ainda não conhece ninguém em alguma dessas empresas, ele procura por alguém que possa apresentá-lo a algum gestor.[92]

Encarando por outro ângulo, os negócios são uma função dos relacionamentos humanos.[93] Construir vantagem competitiva depende não só de nós, mas de outras pessoas. A gestão é pessoal. As transações comerciais são pessoais. As decisões de compra e recompra, e os contratos, tudo gira em torno de relacionamentos. Até as maiores operações – as aquisições – são intensamente pessoais e emocionais. Sem bons relacionamentos de trabalho somos forasteiros, e não bons gestores e líderes.

Gerir ativamente o relacionamento com a empresa

Muitos dos comentários apresentados sugerem a importância de assumir a responsabilidade pelos próprios atos e pela própria carreira. A menos que sejamos profissionais autônomos e nossos próprios chefes, uma maneira de lidar com isso é pensar na natureza do relacionamento que temos com nosso empregador. A Figura 1.1 mostra dois relacionamentos possíveis – e temos algum controle sobre em qual deles queremos estar.

No Relacionamento 1, vemo-nos como um funcionário e esperamos passivamente que o empregador nos diga o que fazer e nos dê salário e benefícios. O empregador está no comando e somos receptores passivos de seus atos. Nossas contribuições provavelmente serão apropriadas, mas mínimas – não faremos as contribuições adicionais que reforçam a empresa e, se todos os membros da empresa adotarem esse ponto de vista, ela dificilmente será forte no longo prazo. Do ponto de vista pessoal, podemos perder o emprego, ou mantê-lo em uma empresa decadente, ou extrair poucos benefícios do fato de trabalhar lá e, com isso, ou nos demitiremos, ou nos tornaremos cínicos e infelizes em nossa vida profissional.

O Relacionamento 2, por outro lado, é um relacionamento de mão dupla no qual há benefícios mútuos para nós e para nossa empresa. A mentalidade é outra: em vez de fazer o que nos mandam, pensamos em como podemos contribuir – e agimos de acordo. Na medida em que a empresa der valor às nossas contribuições, provavelmente nos beneficiaremos de recompensas justas, de apoio para maior desenvolvimento pessoal e de um ambiente de trabalho mais gratificante. Se pensarmos em termos amplos a respeito de como ajudar a empresa, e se outros também pensarem assim, é provável que haja um desenvolvimento contínuo da capacidade da empresa para inovar, cortar custos e fornecer produtos de qualidade rapidamente e a uma clientela crescente. Com a melhoria dos resultados da empresa, os benefícios irão tanto para os acionistas quanto para nós e para os demais funcionários.

Quais contribuições podemos dar? Podemos fazer apenas o básico. Mas também podemos, e devemos, ir além disso. Podemos pensar em novas maneiras de agregar valor – criando e implementando novas ideias que aprimorem processos e resultados. Isso pode ser feito por meio do conhecimento e das competências técnicas, como seria o desenvolvimento de um melhor sistema de informação, de uma técnica contábil, ou de uma técnica de venda.

Também podemos contribuir com nossas competências conceituais e humanas e com nossos atos gerenciais (ver Figura 1.2). Podemos executar as funções essenciais de gestão e criar vantagem competitiva. Ou podemos fornecer valor estratégico – a função de *planejamento*. Podemos tomar medidas que ajudem a construir uma empresa mais dinâmica – a função de *organização*. Mobilizar as pessoas para que contribuam com o máximo de seu potencial – a função de *liderança*. E aprender e mudar – e ajudar nossos colegas e a empresa a aprender e a mudar – para que nos adaptemos a realidades mutáveis e criemos um futuro de sucesso – a função de *controle*.

FIGURA 1.1 Dois relacionamentos: qual escolher?

1
Como empregado passivo

Empregador → Você

2
Contribuinte ativo em uma relação produtiva

Você ⇄ Sua organização

Sobrevivência e florescimento

A Figura 1.3 mostra que um currículo hipotético poderia ajudar alguém a não apenas sobreviver, mas florescer no século XXI. Não devemos ficar desencorajados se nosso currículo não se equiparar a esse ideal – isso seria difícil, especialmente no começo da vida profissional! Mas pensemos nas mensagens que ele traz. Elas indicam os tipos de competências de que as

CAPÍTULO 1 | Gestão 23

| FIGURA | 1.2 | A ação gerencial é a sua oportunidade de contribuir |

| FIGURA | 1.3 | Um currículo para o século XXI |

Histórico profissional
- Multinacional S/A – Trabalhou com mentores de ponta em uma empresa bem estabelecida e com operações globais. Gerenciou uma equipe talentosa e ajudou a explorar novos mercados.
- Operação Internacional Ltda. – Passou um período em uma subsidiária de uma empresa americana e em uma operação estrangeira no mercado local. Exposição a diferentes culturas, situações e maneiras de operar.
- Iniciante S/A – Ajudou a construir a empresa do zero, apoiando tudo, do desenvolvimento de produtos a pesquisas de mercado. Aguçadas competências empreendedoras.
- Grande Concorrente Ltda. – Foi conquistado pelo concorrente e exposto a mais de uma cultura corporativa.

Histórico acadêmico
- Universidade de Artes Liberais – Formado em Economia, mas com créditos em Psicologia (como motivar clientes e funcionários), língua estrangeira (o mundo é muito maior do que os Estados Unidos) e Filosofia (para ter visão e encontrar o significado do trabalho).
- Estudos de graduação – A disciplina quase não importa, contanto que você tenha desenvolvido seu pensamento e suas habilidades analíticas.

Atividades extracurriculares
- Debates (onde aprendeu a pensar rápido e vender ideias)
- Esportes (onde aprendeu a ser disciplinado e trabalhar em equipe)
- Trabalho voluntário (onde aprendeu a ajudar os outros e a sair da sua rotina)
- Viagens (onde aprendeu a respeitar culturas diferentes)

FONTE: D. Brady, "Wanted: Eclectic Visionary with a Sense of Humor", *Business Week*, 28 de agosto de 2000, p. 144. © 2009 Time Inc. Todos os direitos reservados.

empresas precisam mais do que nunca – e, portanto, aquelas que devemos pensar em desenvolver e as experiências que talvez sejam recomendáveis acumular.

Atualmente – mais do que no passado –, seremos responsabilizados por nossos atos e resultados. Antes, as pessoas de muitas empresas podiam chegar, fazer um trabalho razoável, obter uma avaliação mediana e obter aumentos iguais aos do custo de vida e, talvez, um pouco mais. Os gestores de hoje devem fazer mais e melhor. O estudioso de gestão Peter Drucker, quando trata daquilo que faz com que os gestores sejam eficazes, observa que alguns deles são carismáticos e outros não; e que alguns são visionários, ao passo que outros são mais voltados para números.[94] Mas os executivos de sucesso têm algumas práticas em comum:

- Perguntam "O que precisa ser feito?" em vez de "O que quero fazer?"
- Redigem um plano de ação. Não só pensam como agem baseados em um plano sólido e ético.
- Assumem a responsabilidade pelas decisões. Isso exige verificar, rever e modificar, se necessário.
- Concentram-se nas oportunidades e não nos problemas. Estes precisam ser resolvidos e a solução dos mesmos impede que surjam maiores danos. Mas é a exploração de oportunidades que cria grandes resultados.

Essa abordagem criativa ajuda cada funcionário a se destacar à sua maneira. A consultora de carreiras Rachelle Canter recomenda identificar o ponto no qual podemos fornecer resultados superiores e pensar nele como a nossa "marca". Por exemplo, um executivo poderia desenvolver um histórico de melhoria consistente de produtividade em diversas empresas, e um atendente recém-contratado poderia se tornar a pessoa ideal da empresa para lidar com os clientes mais difíceis.[95]

Consideremos os diferentes caminhos trilhados por executivos de tecnologia da informação de três empresas.[96] Dick Daniels, vice-presidente de sistemas de informação da Capital One Auto Finance, gostava dos aplicativos de processamento de dados e aceitava todos os serviços de campo que podia, em vez de correr atrás de promoções. Essas experiências lhe deram a oportunidade de se comunicar com pessoas em diferentes funções, tornando-o valioso para a empresa como um todo, quando estava pronto para subir para o nível executivo. Mark Hopkins, vice-presidente de sistemas de informação do Hospital Acadêmico e Comunitário do Centro Médico da Universidade de Pittsburgh, começou na área de computadores como analista de sistemas; mais tarde, conseguiu um emprego na parte administrativa de um hospital. As experiências combinadas o posicionaram como um executivo capaz de entender ques-

tões tanto de negócios quanto de TI. E, finalmente, como Hopkins, Janice Malaszenko, vice-presidente e diretora de informação da Xerox Information Management, começou como analista de sistemas. Ao assumir tarefas de TI que envolviam responsabilidades cada vez maiores, percebeu que gostava especialmente de trabalhar para multinacionais, onde podia participar de uma "perspectiva global". Quando a Xerox preparava-se para desenvolver uma nova estratégia de TI, Janice viu que se encaixava perfeitamente.

Uma carreira de sucesso será mais provável se formos flexíveis, criativos e ambiciosos. Precisaremos aprender a pensar estrategicamente, definir e transmitir nossa visão de negócio, tomar decisões e trabalhar em equipe. Precisaremos gerar vantagem competitiva e gostar de mudanças. Esses e outros assuntos essenciais para uma carreira de sucesso serão o tema dos capítulos seguintes. ∎

ACESSE <http://www.grupoa.com.br>
para materiais adicionais de estudo,
incluindo apresentações em PowerPoint.

●● objetivos de APRENDIZAGEM

OA2.1 Descrever como as forças do ambiente influenciam as empresas e como estas podem influenciar seus ambientes.

OA2.2 Distinguir o macroambiente do ambiente competitivo.

OA2.3 Explicar por que os gestores e as empresas devem dar atenção aos acontecimentos econômicos e sociais.

OA2.4 Identificar os elementos do ambiente competitivo.

OA2.5 Descrever de forma sucinta como as empresas reagem à incerteza ambiental.

OA2.6 Definir os elementos da cultura de uma empresa.

OA2.7 Discutir como a cultura de uma empresa afeta suas reações ao ambiente externo.

capítulo dois

O Ambiente Empresarial

Bob Stiller, fundador e presidente da Green Mountain Coffee Roasters (GMCR), conduziu sua empresa por um longo caminho desde seu início como uma pequena cafeteria no Estado americano de Vermont. Bob expandiu o negócio estudando a competição e escolhendo os caminhos que parecessem mais promissores. Vendo o mercado de café tomado por empresas como Starbucks, Seattle's Best Coffee, Caribou Coffee e outras, optou por concentrar-se na qualidade do que servia – oferecendo mais de 100 variedades gourmet – e na venda em lojas de varejo, outlets, catálogos de vendas pelo correio e internet. Reconhecendo o crescente interesse dos consumidores em alimentos orgânicos, a GMCR também começou a oferecer cafés de cultivo orgânico, produzidos em conformidade com as práticas de comércio justo – garantindo que os produtores recebessem um preço justo por suas colheitas.[1] Executivos como Stiller precisam prestar muita atenção ao que acontece fora de suas empresas, como novos competidores e mudanças tecnológicas. Esses fatores influenciam diversas decisões importantes que os gestores precisam tomar. Neste capítulo, iremos discutir em detalhes como pressões externas à empresa ajudam a criar o contexto no qual os gestores e suas empresas precisam operar.

Saiba a verdade

sobre como os gestores ficam a par do que acontece no mundo que os cerca.

Treinar e aconselhar são vitais para o moral da equipe. Aborde a situação, corrija-a e diga às pessoas como elas são importantes. Sempre encerre em tom positivo.
— Ed Hammer, Gestor de Restaurante

Acredito que entender os ambientes interno e externo ajuda a tomar decisões. Quando ocorrem mudanças em uma empresa, costuma haver alguma motivação que pode ser atribuída a fatores ambientais internos e externos. Dar-se ao trabalho de entender esses ambientes não só melhora o conhecimento e a compreensão dos funcionários como também os ajuda em seu processo de tomada de decisão ao fornecer conclusões sobre os pontos fortes e fracos da empresa, e as oportunidades e ameaças com se que deparam.
— Katie Storey, Coordenadora de Atividades Estudantis

> A essência de uma empresa está além de suas fronteiras.
>
> Peter Drucker

- **SISTEMAS ABERTOS** Empresas que são afetadas por seus ambientes e que os afetam.
- **INSUMOS** Bens e serviços que as empresas usam para criar outros bens ou serviços.
- **RESULTADOS** Os produtos e serviços que as empresas geram.
- **AMBIENTE EXTERNO** Todas as forças relevantes para além da fronteira da empresa, como competidores, clientes, o governo e a economia.
- **AMBIENTE COMPETITIVO** O ambiente próximo que cerca a empresa, abrangendo fornecedores, clientes, competidores e assemelhados.
- **MACROAMBIENTE** O ambiente em geral. Inclui governos, a conjuntura econômica e outros fatores fundamentais que afetam as empresas em geral.

OA2.1
Descrever como as forças do ambiente influenciam as empresas e como estas podem influenciar seus ambientes.

Como sugerimos no Capítulo 1, as empresas são **sistemas abertos** – ou seja, são afetadas por seus ambientes externos e, por sua vez, os afetam. Tiram deles **insumos**, como bens ou serviços, e os utilizam para criar outros bens e serviços que são **resultados** para ele, como se vê na Figura 2.1. Aqui, quando usamos o termo **ambiente externo**, referimo-nos a mais do que os clientes de uma empresa: o ambiente externo abrange todas as forças relevantes para além das fronteiras da empresa.

Muitos desses fatores são incontroláveis. Empresas de todos os tamanhos são afetadas por recessões, pela interferência governamental e pelo comportamento dos competidores. Mas a impossibilidade de controle não quer dizer que os gestores possam ignorar essas forças, usá-las como desculpa para um mau desempenho e tentar ir adiante independentemente delas. Os gestores precisam estar a par dos acontecimentos externos e reagir a eles de maneira eficaz. Além disso, como veremos mais adiante neste capítulo, às vezes os gestores influenciam alguns componentes do ambiente externo.

A Figura 2.2 mostra o ambiente externo de uma empresa. Ela existe em seu **ambiente competitivo**, que se compõe da empresa e seus rivais, fornecedores, clientes (compradores), novos entrantes no mercado e produtos substitutos ou complementares. Em um nível mais genérico, encontra-se o **macroambiente**, que abrange fatores jurídicos, políticos, econômicos, tecnológicos, demográficos, sociais e naturais que afetam as organizações em geral.

Este capítulo trata das características básicas do ambiente de uma empresa e da importância do mesmo para a gestão estratégica. Examinaremos, também, o *ambiente interno*, ou *cultura*, da empresa e a maneira como esta pode influenciar sua relação com seu ambiente. Mais adiante, outros capítulos irão tratar em maior profundidade das forças ambientais básicas aqui apresentadas. Por exemplo, iremos discutir novamente a tecnologia nos Capítulos 4 e 14. Outros capítulos serão dedicados à ética, à responsabilidade social e ao ambiente natural. E o Capítulo 14 irá reiterar o tema recorrente deste texto: as empresas precisam mudar constantemente porque os ambientes assim o fazem.

OA2.2
Distinguir o macroambiente do ambiente competitivo.

O MACROAMBIENTE

Todas as empresas operam em um macroambiente definido pelos elementos mais genéricos do ambiente externo, capazes de influenciar decisões estratégicas. Embora uma equipe de alta administração possa ter pontos fortes internos e ideias próprias a respeito de suas metas, ela precisa levar em conta os fatores externos antes de agir.

A legislação e a regulamentação ao mesmo tempo protegem e restringem as empresas

As políticas governamentais dos Estados Unidos impõem restrições estratégicas às empresas, mas também fornecem oportunidades. Por exemplo, o Conselho de Royalties de Direito Autoral da Biblioteca do Congresso recentemente alarmou as empresas de rádio da internet ao modificar as regras sobre seus pagamentos a gravadoras e artistas. Os *webcasters* vinham pagando uma porcentagem de seus lucros e, dado que empresas como a AccuRadio são relativamente jovens e começaram a apresentar lucros há pouco, o sistema limitava seus custos. As novas regras

FIGURA 2.1 Insumos e resultados das organizações

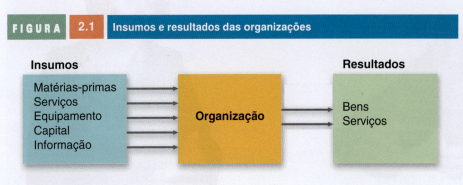

FIGURA 2.2 O ambiente externo

impõem uma taxa fixa por reprodução, o que pode elevar o custo total de *royalties* da AccuRadio de menos de US$ 50 mil para cerca de US$ 600 mil – um valor muito maior do que seus lucros e quase igual ao seu faturamento total. Até grandes *webcasters*, como a RealNetworks e a AOL Radio declararam que, se a regra permanecer, as taxas os forçariam a reduzir substancialmente sua oferta. Ainda assim, algumas empresas se beneficiariam. Aquelas de radiodifusão só pagam *royalties* aos compositores das canções que tocam e, por isso, teriam uma vantagem em relação às estações online, menores, mas que apresentam crescimento mais rápido. E o novo esquema daria às gravadoras uma receita maior.[2]

O governo pode afetar as oportunidades de negócio por meio de leis tributárias, políticas econômicas e portarias de comércio exterior. Em alguns países, por exemplo, propinas são maneiras comuns e esperadas de negociar, mas são ilegais para as empresas americanas. Algumas empresas dos Estados Unidos foram multadas por recorrer a propinas quando competiam internacionalmente. Mas a legislação também pode ajudar as empresas. Como os governos federal e estaduais dos Estados Unidos protegem os direitos de propriedade, inclusive o direito autoral, marcas registradas e patentes, é economicamente mais atraente fun-

VOCÊ SABIA?
O Centro de Advocacia Comercial do Departamento do Comércio dos Estados Unidos, <http://www.export.gov/advocacy/>, foi estabelecido para ajudar empresas americanas a superar empecilhos que dificultem exportações de produtos ou a competição com empresas estrangeiras.

dar uma empresa nos Estados Unidos do que em países onde as leis e suas aplicações garantam menor proteção.

Os *reguladores* são organizações governamentais encontradas no ambiente mais imediato das empresas. Agências reguladoras, como a Administração de Segurança e Saúde Ocupacional (OSHA, *Occupational Safety and Health Administration*), a Comissão de Comércio Interestadual (ICC, *Interstate Commerce Commission*), a Administração Federal da Aviação (FAA, *Federal Aviation Administration*), a Administração de Alimentos e Medicamentos (FDA, *Food and Drug Administration*), a Comissão da Igualdade de Oportunidades de Emprego (EEOC, *Equal Employment Opportunity Commission*), o Conselho Nacional de Relações Trabalhistas (NLRB, *National Labor Relations Board*), a Secretaria de Programas de Conformidade com Contratos Federais (OFCCP, *Office of Federal Contract Compliance Programs*) e a Agência de Proteção Ambiental (EPA, *Environmental Protection Agency*) têm o poder de investigar as práticas das empresas e tomar medidas judiciais para garantir o respeito à lei.

A Comissão de Valores Mobiliários (SEC, *Securities and Exchange Commission*) regula os mercados financeiros americanos para proteger os investidores. Por exemplo, a SEC propôs recentemente regras que exigirão que as empresas divulguem maiores detalhes

CAPÍTULO 2 | O Ambiente Empresarial 29

sobre a remuneração total paga aos executivos, inclusive remuneração diferida (pensões, indenização por demissão) e benefícios (como moradia gratuita e uso pessoal de jatos executivos). As regras têm por objetivo ajudar os investidores a determinar se a remuneração dos executivos é apropriada.[3]

Muitas vezes, a comunidade empresarial encara o governo como um adversário. Mas muitas empresas percebem que o governo pode ser uma fonte de vantagens competitivas para uma empresa ou todo um setor. A política pública pode impedir ou limitar a entrada no mercado de novos concorrentes estrangeiros ou nacionais. O governo pode subsidiar empresas em dificuldades ou fornecer incentivos fiscais. As patentes federais protegem inovações em produtos ou tecnologias de produção. Podem ser aprovadas leis de sustentação de preços setoriais, garantindo, assim, os lucros ou a sobrevivência. O governo pode até mesmo intervir para garantir a sobrevivência de setores ou empresas importantes, como se deu com algumas montadoras de carros, companhias aéreas e empresas agrícolas.

OA2.3

Explicar por que os gestores e as empresas devem dar atenção aos acontecimentos econômicos e sociais.

A economia afeta o valor das empresas

Embora a maioria dos cidadãos dos Estados Unidos pense em termos da economia americana, o ambiente econômico das empresas é muito maior – e criado por interligações complexas entre as economias de diferentes países. Crescimento e recessões ocorrem tanto mundial quanto internamente.

O ambiente econômico afeta dramaticamente a capacidade dos gestores de operar de maneira eficaz e influencia suas escolhas estratégicas. As taxas de juros e de inflação afetam a disponibilidade e o custo do capital, as oportunidades de crescimento, os preços, os custos e a demanda dos consumidores por produtos. As taxas de desemprego afetam a disponibilidade de mão de obra e os salários, além da demanda por produtos. A ascensão acelerada dos custos de energia e de atendimento de saúde elevou os custos operacionais e limitou a capacidade das empresas para contratar. Alterações do valor do dólar nas bolsas do mundo podem tornar os produtos americanos mais caros ou mais baratos do que os de concorrentes estrangeiros.

 As forças da economia fizeram com que o destino dos produtores de etanol à base de milho oscilasse violentamente. Por algum tempo, a subida dos preços da gasolina intensificou a demanda por fontes alternativas de combustível para automóveis. Isso, associado à crença de que o etanol diminuiria a emissão de gases do efeito estufa, inspirou o governo dos Estados Unidos a incentivar o seu uso. Os fazendeiros reagiram plantando mais milho e as companhias energéticas compraram refinarias de etanol.

Mas outras forças logo abalaram os produtores de etanol. Primeiro, enchentes no Meio-Oeste levaram a projeções de alta dos preços do milho e muitos produtores tentaram se proteger firmando contratos generosos de US$ 7 ou mais por *bushel**. Depois os campos secaram e os prospectos de uma boa safra melhoraram, fazendo com que os preços caíssem, e deixando os produtores com contratos de milho acima do preço de mercado.

Mais recentemente, a economia esfriou. Uma "bolha" de preços inflados dos imóveis estourou, contribuindo para ampliar as dificuldades entre os credores hipotecários, que rapidamente espalharam-se para todo o setor financeiro. Enquanto o crédito secava, o ritmo geral dos negócios diminuiu drasticamente e os preços do petróleo caíram, eliminando parte da vantagem competitiva do etanol no mercado de combustíveis. Mas os preços do milho também caíram, mantendo baixos os custos de produção. Os produtores de etanol têm a esperança de que, no longo prazo, os motoristas confiem cada vez mais em combustíveis alternativos. Enquanto isso, as empresas produtoras de etanol precisam de uma gestão estável e com visão de longo alcance para conduzi-las em meio às quedas e subidas dos preços e da demanda por commodities.[4]

O mercado de ações tem forte influência sobre a economia. Quando os investidores apostam na elevação dos preços das ações, estão pagando mais por sua participação em empresas, de modo que estas contam com mais capital para alimentar suas estratégias. Observadores do mercado de ações identificam tendências dos principais índices, como a Média Industrial Dow Jones, o Standard & Poor's 500 e o NASDAQ Composite, que combinam o desempenho de muitas empresas em uma só medida. Nos últimos anos, os índices atingiram níveis elevados, mas depois caíram rapidamente. A queda dos preços refletiu na economia onde a demanda por imóveis residenciais e carros diminuiu, o crédito ficou de difícil obtenção, as exportações despencaram e as taxas de desemprego explodiram.[5] Os governos lançaram diversos estímulos para ajudar

Os recentes problemas econômicos nos Estados Unidos levaram o governo a criar novas leis para ajudar a reduzir o ônus financeiro enfrentado por pessoas e pequenas empresas em dificuldades. A foto mostra o presidente Barack Obama assinando a lei de estímulo econômico, observado pelo vice-presidente Joe Biden. Quais os efeitos dessa lei sobre a economia?

---

* N. de R.T.: *Bushel* é uma medida para pesar grãos que possui seu equivalente no sistema métrico de acordo com a unidade contida no produto a ser considerado. Para o caso do milho, 1 *bushel* é igual a 25,4 kg; já para o trigo, é equivalente a 27,2 kg.

as empresas a conseguir financiamento e encorajar os consumidores a voltar a gastar. Até hoje, os mercados de ações sempre voltaram a subir, mesmo depois de um declínio tão grande quanto o que agora vemos, à medida que os investidores enxergam esperanças de crescimento renovado dos negócios.

O mercado de ações também pode afetar o comportamento de gestores específicos. Nas companhias abertas, os gestores da empresa como um todo podem se sentir obrigados a atender as expectativas de lucros de Wall Street. É muito provável que também nós, a alguma altura de nossas carreiras, tenhamos de ajustar um orçamento ou uma estimativa porque a empresa não quer decepcionar "a Street". Tais pressões externas costumam ter um efeito positivo – ajudam a fazer com que as empresas se tornem mais eficientes e lucrativas. Mas deixar de atender a essas expectativas pode fazer com que o preço das ações de uma empresa caia, dificultando a tarefa de levantar mais capital para investir. A remuneração dos gestores também pode ser afetada, especialmente se for parcialmente baseada em opções de compra de ações. Essas pressões às vezes levam os gestores a se concentrarem em resultados de curto prazo em detrimento do sucesso de suas empresas no longo prazo. E, pior, alguns gestores podem sentir-se tentados a práticas antiéticas ou ilegais para confundir os investidores.[6]

A tecnologia está transformando todas as funções das empresas

Atualmente, uma empresa não pode ter sucesso sem incorporar à sua estratégia as incríveis tecnologias que já existem e estão em desenvolvimento. Com a evolução da tecnologia, desenvolvem-se novos setores, mercados e nichos competitivos. Os avanços tecnológicos também permitem que as empresas entrem em mercados que, na sua ausência, estariam fechados para elas, como se deu quando as empresas de TV a cabo adaptaram sua tecnologia para entrar no mercado de serviços de internet.

As novas tecnologias também fornecem novas técnicas produtivas. Na indústria, robôs sofisticados realizam funções sem sofrer fadiga, tirar férias ou folgas de fim de semana, ou exigir aumentos salariais. Novos métodos, como a injeção de vapor à alta pressão em campos petrolíferos, têm permitido que a Shell, a ExxonMobil e outras empresas do setor extraiam petróleo de áreas outrora consideradas extintas. Nesse caso, há uma sobreposição de forças tecnológicas e econômicas: o preço crescente do petróleo fez valer a pena para as empresas desenvolver e experimentar a nova tecnologia.[7]

Além disso, as novas tecnologias permitem novas formas de gestão e de comunicação. Os sistemas computadorizados

de informações gerenciais conhecidos, como o MISS, Management Information Systems, disponibilizam informações quando necessárias e as redes via internet as tornam disponíveis em qualquer lugar. Os computadores monitoram a produtividade e apontam falhas de desempenho. As telecomunicações permitem a realização de conferências sem que as pessoas precisem viajar para estar em um mesmo lugar. Como veremos no Capítulo 4, estratégias desenvolvidas em torno de avanços tecnológicos de ponta podem criar vantagens competitivas; estratégias que ignorem a tecnologia dos competidores levam à obsolescência e à extinção.

A demografia descreve nossos funcionários e clientes

Demografia refere-se a medidas de diversas características das pessoas que compõem grupos ou outras unidades sociais. Equipes de trabalho, empresas, países, mercados e sociedades podem ser descritos estatisticamente por meio de referência a medidas demográficas, como idade de seus membros, sexo, o tamanho de suas famílias, renda, nível de escolaridade, ocupação e outras.

Os gestores precisam levar em conta a demografia ao formular suas estratégias de recursos humanos. O crescimento populacional influencia o tamanho e a composição da força de trabalho. Nos dez anos entre 2004 e 2014, a força de trabalho civil dos Estados Unidos deve crescer a uma taxa de 10%, atingindo 162,1 milhões.[8] Esse crescimento é menor do que o visto na década anterior, em parte porque o número de trabalhadores jovens – entre 16 e 24 anos de idade – está diminuindo. A faixa etária de maior crescimento será a dos trabalhadores com 55 anos ou mais, que devem representar mais de um quinto da força de trabalho em 2014. O que isso significa para os empregadores? Eles precisarão encontrar maneiras de reter trabalhadores experientes e usar plenamente seus talentos ao mesmo tempo em que competem pelos profissionais relativamente escassos que estão entrando no mercado. Talvez seus funcionários mais antigos se disponham a trabalhar depois dos 65 anos, a idade tradicional de aposentadoria; pesquisas sugerem que a falta de pensões e poupança adequada inviabilizará a aposentadoria para muitos dos *baby boomers* atuais.[9] Eventualmente, contudo, o declínio da participação de pessoas mais idosas na força de trabalho obrigará os gestores a encontrar substitutos para esses profissionais altamente experientes.

● **DEMOGRAFIA** Medidas de diversas características das pessoas que compõem grupos ou outras unidades sociais.

VOCÊ SABIA?

Pesquisas revelam que adolescentes que usam computadores para estudar também estão fazendo alguma outra coisa 65% do tempo e que 26% dos adolescentes usam diversas mídias ao mesmo tempo. Segundo um estudo sobre multitarefas e atividade cerebral, usamos partes diferentes do cérebro quando realizamos diversas tarefas enquanto aprendemos. As pessoas que faziam coisas diferentes simultaneamente usavam a parte do cérebro envolvida em competências repetitivas, enquanto as que apenas estudavam usavam a parte associada à memória.[10] Isso irá influenciar a capacidade futura dos gestores para pensar com profundidade a respeito de problemas?

CAPÍTULO 2 | O Ambiente Empresarial

Os níveis educacional e de competência da força de trabalho são outro fator demográfico que os gestores precisam ter em conta. A proporção da força de trabalho dos Estados Unidos com pelo menos algum grau de ensino superior tem aumentado constantemente durante as últimas décadas, de menos de um quarto da força de trabalho, em 1970, para mais da metade, atualmente.[11] Ainda assim, muitas empresas investem pesadamente no treinamento de seus funcionários iniciantes, que podem não ter recebido preparo adequado para algumas das tarefas mais complexas exigidas pelo ambiente de trabalho atual. Além disso, como a universidade tem se tornado uma opção mais popular, os empregadores têm tido dificuldades para recrutar profissionais para tarefas que exigem conhecimento técnico, como as de operadores ou serralheiros, especialmente nas áreas em que o custo de vida é tão alto que a maioria da população se compõe de profissionais liberais.[12] Entretanto, à medida que os níveis educacionais se elevam em todo o mundo, mais empresas poderão reservar mais tarefas técnicas para trabalhadores de menor custo, porém altamente treinados, em outros países.

Outro fator que influencia significativamente a população e a força de trabalho dos Estados Unidos é a imigração. Os imigrantes responderam por aproximadamente 40% do crescimento populacional americano recente.[13] Eles frequentemente têm idade para trabalhar, mas apresentam históricos educacionais e profissionais diferentes do restante da força de trabalho. A importância demográfica da imigração se combina com os aspectos jurídicos que regem quem tem a permissão para trabalhar nos Estados Unidos. Por exemplo, o governo federal recentemente aumentou a pressão não só sobre os trabalhadores sem documentos, mas sobre os gestores que os contrataram. Algumas empresas pediram ao governo que permitisse mais trabalhadores com competência técnica, o que pode ser difícil de encontrar nos Estados Unidos.

A imigração é um dos motivos pelos quais a força de trabalho do futuro será mais etnicamente diversa do que a atual.

A maior porcentagem de aumento do emprego se dará nas populações asiática e hispânica, seguidas pela afro-americana.

No último quarto do século XX, as mulheres entraram em quantidade inédita para a força de trabalho dos Estados Unidos. Durante as décadas de 1970 e 1980, passou a ser muito mais provável que buscassem empregos remunerados. Na década de 1970, apenas cerca de um terço das mulheres estava na força de trabalho, mas 60% delas estavam empregadas em 1999. Desde então, a taxa de participação das mulheres na força de trabalho se manteve próxima desse nível, diminuindo pouco.[14]

Uma força de trabalho mais diversificada apresenta muitas vantagens, mas os gestores precisam garantir a oferta de igualdade às mulheres e minorias no que tange a emprego, oportunidades de avanço profissional e remuneração. Eles precisam recrutar, reter, treinar e utilizar de maneira eficaz pessoas com diferentes históricos demográficos que disponham das competências necessárias para realizar a missão da empresa.

Questões sociais moldam as atitudes em relação a empresa e seus produtos

Tendências sociais a respeito de como as pessoas pensam e se comportam trazem implicações importantes para a gestão da força de trabalho, para ações sociais corporativas e para deci-

Alto projeto com consciência

A recessão econômica global afetou todos os mercados – até mesmo o de bens de luxo. Antes, a demanda por mercadorias de alto design explodia em todo o mundo. Atualmente, os consumidores querem saber de onde vêm os tecidos de uma roupa e a maneira como ela é feita. A preocupação com o meio ambiente e com práticas empresariais éticas entrou no radar da alta costura.

À frente do movimento está Stella McCartney – uma estilista inglesa que, ao contrário da maioria de seus competidores, não usa peles e nem couro em suas criações e está fortemente comprometida com a preservação do planeta. Se o nome lhe parece familiar, é porque ela é filha do lendário Beatle Paul McCartney e de sua falecida esposa, a fotógrafa e musicista americana Linda Eastman. Stella e seus irmãos foram criados como vegetarianos em uma fazenda orgânica no interior da Inglaterra.

Pouco depois de sua formatura, em 1995, em Design de Moda, pelo Central St. Martin's College, Stella tornou-se a principal designer na House of Chloe de Paris. Trabalhou ali até 2001, quando foi para a Gucci, a qual hoje é proprietária de 50% da marca Stella McCartney. Seus colegas a descrevem como graciosa, gentil e fortemente dedicada a seus princípios. Stella tem criado sem couro ou peles desde o começo da carreira, afirmando que não pode compactuar com a matança de animais "em nome da moda". Apontando a ligação entre peles e couro e o meio ambiente, ela afirma que os produtos químicos e a água usados nos curtumes têm significativo impacto ambiental. Ela se esforça ainda para que sua empresa seja neutra em emissões de carbono. Em sua sede em Londres, e na maioria das 11 lojas de varejo, a energia elétrica é gerada pelo vento. As lojas da marca usam sacos biodegradáveis feitos de milho.

Stella McCartney não cria apenas para a elite. Desde 2003 ela vem desenhando roupas esportivas para a Adidas, acrescentando uma coleção para uma modalidade diferente a cada ano. Além disso, a coleção exclusiva que criou em 2005 para a rede de "fast-fashion" sueca H&M esgotou-se rapidamente. Stella McCartney também vende uma linha de lingerie, cosméticos orgânicos e uma fragrância.

Stella McCartney é famosa pela imaginação com que usa diversos materiais, inclusive em sapatos e bolsas: lona, linho, lucite e diversos tipos de couro sintético.

sões estratégicas a respeito de produtos e mercados. Por exemplo, durante as décadas de 1980 e 1990, as mulheres participantes da força de trabalho muitas vezes optavam por adiar a gravidez para se concentrar em suas carreiras, mas, atualmente, mais mulheres têm filhos e depois retornam ao mercado de trabalho. Por causa disso, as empresas introduziram políticas de apoio, inclusive licença-maternidade, jornadas flexíveis e auxílio-creche. As empresas oferecem esses benefícios como meio de ampliar uma fonte de vantagem competitiva: uma força de trabalho experiente.

Uma questão que atualmente está em destaque tem a ver com recursos naturais: a perfuração em busca de petróleo em áreas anteriormente protegidas dos Estados Unidos. As companhias petroleiras lidam com opiniões públicas radicais tanto a favor da proteção do meio ambiente quanto contrárias à dependência do país de petróleo importado. A proteção do meio ambiente será um fator ligado a preocupações sociais e muitos tipos de decisões de gestão.

A maneira como as empresas reagem a estas e outras questões sociais pode afetar sua reputação no mercado, o que, por sua vez, pode aumentar ou diminuir sua competitividade. A questão de saúde pública da obesidade infantil gerou má reputação para os jogos eletrônicos entre aqueles que querem que as crianças saiam do sofá e se mexam. Mas dois jogos geraram publicidade favorável: o Dance Dance Revolution (DDR) da Konami, no qual os jogadores competem dançando, e o Wii Sports da Nintendo, em que os jogadores movem um controle remoto que contém sensores de movimento para manipular versões virtuais de raquetes de tênis, bolas de boliche, bastões de beisebol, ou luvas de boxe. Os jogos também foram elogiados como alternativas aos de temática violenta. Disse Dean Bender, agente de relações públicas do DDR, a respeito de seu cliente: "Com toda a má publicidade em torno da violência, nos tornamos os defensores do bem".[15] E jogadores de Wii Sports contaram que suam e até mesmo distendem músculos ao jogar.[16]

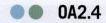 **OA2.4**
Identificar os elementos do ambiente competitivo.

O AMBIENTE COMPETITIVO

Todos os gestores são afetados pelos componentes do macroambiente que acabamos de discutir. Mas cada empresa também opera em um ambiente competitivo mais próximo e imediato que consiste nas empresas com as quais ela interage diretamente. Como mostra a Figura 2.3, o ambiente competitivo inclui a rivalidade entre concorrentes atuais e o impacto de entrantes no mercado, produtos substitutos e complementares, fornecedores e clientes. Esse modelo foi originalmente desenvolvido por Michael Porter, um professor de Harvard e uma conhecida autoridade em gestão estratégica. Segundo ele, os gestores de sucesso fazem mais que simplesmente reagir ao ambiente; eles efetivamente agem para transformá-lo. O modelo de Porter é um excelente método de análise do ambiente competitivo para adaptar-se à competição ou influenciar sua natureza.

Competidores vêm do mundo todo

Dentre os diversos componentes do ambiente competitivo, os competidores em um setor devem, antes de mais nada, lidar uns com os outros. Quando as empresas competem pelos mesmos clientes e procuram conquistar participação no mercado às custas umas das outras, todas devem prever os atos dos concorrentes e reagir a eles.

A primeira questão a considerar é: Quem são os competidores? Às vezes, a resposta é óbvia. Os maiores competidores no mercado de videogame são a Sony (PlayStation), a Microsoft (Xbox 360) e a Nintendo (Wii). Mas se as empresas se concentrarem apenas nas rivalidades tradicionais,

---

Para quem pensa que é impossível cobrar caro por um par de sapatos que não seja de couro, um par de rasteirinhas custa US$ 500 na StellaMcCartney.com; botas de salto alto saem a partir de US$ 1 mil.

Além de ter conquistado diversos prêmios como estilista, Stella McCartney foi elogiada pelo Conselho de Defesa dos Recursos Naturais (*Natural Resources Defense Council*) pela criação de produtos ambientalmente responsáveis. Em 2009, a revista *Fast Company* a incluiu em sua lista de "100 pessoas mais criativas do mundo dos negócios", referindo-se a ela como "o novo rosto do luxo responsável". ❖

P: Perguntas para discussão

- A alta moda é conhecida por seus materiais extravagantes e luxuosos. Stella McCartney, contudo, conseguiu fazer sucesso sem comprometer suas crenças a respeito de não usar produtos de fonte animal. Como ela se beneficiou da mudança das atitudes sociais? Essas mudanças serão sustentadas? Por quê?
- Como o setor de moda poderia alavancar a atual crise econômica em benefício dos clientes e do meio ambiente?

FONTES: Site da empresa, acessado em 4 de junho de 2009, <http://www.stellamccartney.com>; "The 100 Most Creative People in Business 2009", *Fast Company,* junho de 2009, p. 65; "Designer Stella McCartney and Discovery CEO David Zaslav Honored for Pioneering Environmental Work in Fashion and the Media Industries", *press release* do Natural Resources Defense Council, 30 de março de 2009, <http://www.nrdc.org>; Suzy Menkes, "Making a World of Difference: Stella McCartney's Style Ethos", *New York Times,* 25 de março de 2009, <http://www.mytimes.com>; Suzy Menkes, "Sustainability Is Back in Fashion", *New York Times,* 25 de março de 2009, <http://www.nytimes.com>; Bridget Foley, "Stella Performance", *W Magazine,* outubro de 2007, <http://www.wmagazine.com>; Ruth LaFerla, "Cruel Beauty", *New York Times,* 11 de janeiro de 2007, <http://www.nytimes.com>.

FIGURA 2.3 O ambiente competitivo

deixarão de perceber as emergentes. A Coca-Cola e a PepsiCo são concorrentes óbvias, mas os gostos dos consumidores deslocaram-se dos refrigerantes para a água mineral. As duas empresas precisaram competir com a introdução de novos produtos e não apenas na conquista de consumidores para sua marca de refrigerante de cola.

Como primeiro passo para entender seu ambiente competitivo, as empresas precisam identificar seus concorrentes. Estes podem abranger diversos tipos de empresas:

- Pequenas empresas nacionais, especialmente as que atuam em mercados minúsculos e de alto retorno.
- Fortes concorrentes regionais.
- Grandes empresas nacionais explorando novos mercados.
- Empresas estrangeiras, especialmente as que ou procuram solidificar sua posição em pequenos nichos (uma tradicional tática japonesa), ou podem contar com uma força de trabalho barata e em grande escala (como na China).
- Novas fontes de competição, como empresas que oferecem seus produtos pela internet.

O crescimento da competição vinda de outros países tem sido especialmente significativo a partir da redução mundial de barreiras ao comércio internacional. Por exemplo, o Tratado de Livre Comércio da América do Norte (NAFTA, *North American Free Trade Agreement*) reduziu abruptamente as tarifas sobre o comércio entre os Estados Unidos, o Canadá e o México. Os gestores atuais se deparam com um grande desafio representado por produtores estrangeiros de baixo custo.

Uma vez identificados os concorrentes, devemos analisar como eles competem.

A+

DICA
Às vezes até os competidores colaboram quando têm algum interesse comum, como pesquisa, relações públicas, ou política governamental. Por exemplo, as empresas se unem para financiar campanhas promocionais dos respectivos setores (como a clássica *Got milk?* dos Estados Unidos), estabelecer padrões comuns (como no caso dos DVDs), ou criar *joint ventures*. A General Motors e a Chrysler colaboraram para produzir a nova tecnologia híbrida de seus carros. A colaboração pretendia ser um meio de superar a liderança das empresas japonesas em veículos híbridos. Como gestores, podemos às vezes identificar uma ameaça que nos faça colaborar com competidores em algumas áreas sem deixar de competir em outras.

Eles podem usar táticas, como redução de preços, introdução de novos produtos e campanhas publicitárias para conquistar uma vantagem sobre seus rivais. No mercado de videogame, a Sony tinha a liderança e esperava-se que mantivesse o domínio do mercado ao lançar seu poderoso modelo PS3, optando por uma estratégia baseada na tecnologia. O PS3 é uma maravilha tecnológica que, segundo uma fonte, combina "a velocidade [de processamento] de um computador simples com as técnicas de resfriamento [de componentes] de um servidor de rede (um computador avançado usado para lidar com as necessidades de uma rede de computadores pessoais)".[17] Em vez de usar apenas um processador existente, a Sony explorou a perícia de seus fornecedores para desenvolver um novo processador e uma nova interface. O sistema é tão potente que, entre as equipes de engenharia, havia uma especialmente dedicada à simulação do fluxo de ar, segundo diversos projetos de arrefecimento e à descoberta de como melhor dispor os microchips no gabinete para impedir que o sistema todo derretesse. Além disso, os engenheiros da Sony desenvolveram uma tela de alta definição com gráficos tão detalhados, que os engenheiros de softwares precisaram calcular com alta precisão os movimentos dos jogos. Se algo, no contexto de um jogo, cai ou quebra, o software precisa mostrar seu movimento de acordo com as leis da física do mundo real. Esses avanços geraram muita animação – e um alto custo. Segundo uma estimativa, produzir uma unidade top de linha do PS3 custa cerca de US$ 840 para a Sony.

É essencial entender o que os competidores estão fazendo quando traçamos nossa própria estratégia. Quando a Sony lançou o PS3, não podia cobrar por ele um preço alto o bastante para cobrir seus custos. O preço foi originalmente fixado em US$ 599, ainda muito acima dos concorrentes. O Xbox 360, que estava no mercado há um ano, era um produto menos avançado, porém vendido por US$ 399. Mas, na competição inicial com o PS3, a Nintendo assumiu inesperadamente a liderança ao optar por uma estratégia completamente diferente para seu Wii. Em vez de competir com base em gráficos avançados e potência de processamento, a empresa ofereceu algo novo e fácil de usar – com sensores por controle remoto em vez de botões. Um Wii custa apenas US$ 249. Embora tanto o PS3 quanto o Wii tenham vendido como água nas primeiras semanas após o lançamento, as vendas do PS3 nos anos seguintes ficaram abaixo das expectativas, enquanto o Wii logo tornou-se o mais vendido dos Estados Unidos. Na verdade, o PS3 caiu para o quarto lugar em número de unidades vendidas, atrás do PS2, um aparelho da geração anterior

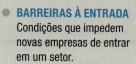

BARREIRAS À ENTRADA
Condições que impedem novas empresas de entrar em um setor.

que se tornou a alternativa de mais baixo preço – e, portanto, o mais popular – da Sony.[18]

A competição é mais intensa quando há muitos competidores diretos (inclusive estrangeiros), o crescimento setorial é baixo e o produto ou serviço não pode ser diferenciado. Setores novos e de desenvolvimento acelerado oferecem enormes oportunidades de lucros. Quando um setor amadurece e seu crescimento perde ímpeto, os lucros caem. Então a intensidade da competição promove uma "limpa": as empresas mais fracas são eliminadas e as mais fortes sobrevivem.[19] Iremos tratar em maiores detalhes de competidores e estratégia no Capítulo 4.

Outros entrantes surgem no mercado quando as barreiras à entrada são baixas

Os entrantes em um setor competem com as empresas já nele estabelecidas. As companhias telefônicas têm sido desafiadas por serviços a cabo e via satélite que oferecem aos consumidores pacotes atraentes de internet de banda larga, em vez de conexões discadas ou DSL (*digital subscriber line*). Recentemente, a introdução do WiMax abalou as operadoras de celular e internet. O WiMax, que é capaz de oferecer serviços de âmbito municipal de acesso à internet sem fio com altas velocidades de download, permite que os usuários de telefones móveis e computadores naveguem sem precisar procurar por um ponto de Wi-Fi, muito menos um cabo.[20]

Quando há muitos fatores que dificultam a entrada de novas empresas em um setor, a ameaça às já estabelecidas não é tão severa. Se houver poucas **barreiras à entrada**, a ameaça representada por novos entrantes no mercado será maior. São comuns diversas barreiras importantes:

- *Política governamental* – Por exemplo, a vigilância sanitária pode impedir a entrada de uma nova droga, ou o departamento de patentes e marcas registradas pode conceder uma patente. Quando uma patente expira, outras empresas podem entrar no mercado. Recentemente expiraram as patentes de diversos medicamentos fabricados pela Pfizer, inclusive o antidepressivo Zoloft, o anti-histamínico Zyrtec e o medicamento de controle de pressão arterial Norvasc. Ao mesmo tempo, fracassaram diversos projetos de introdução de novas drogas patenteadas e, por isso, a Pfizer precisou demitir funcionários e fechar algumas unidades para cortar custos.[21] Alguns setores, como a venda no varejo de bebidas alcoólicas, são regulados; controles governamentais mais sutis agem nas áreas de mineração e de empreendimentos em locais para esqui.

- *Requisitos de capital* – Em alguns setores, como os de construção de aeronaves ou de operação de ferrovias, o investimento inicial pode ser tão elevado que as empresas nem tentarão levantar tantos recursos.

- *Identificação de marca* – Quando os clientes são fiéis a uma marca que lhes é familiar, os novos entrantes no mercado precisam enfrentar altos gastos. Imagine, por exemplo, os custos envolvidos em uma tentativa de lançamento de um novo refrigerante de cola para competir com a Coca ou a Pepsi. Da mesma forma, a recente entrada do Google no mercado de softwares para negócios, com um pacote chamado Google Apps for Your Domain, surpreendeu muitas pessoas porque a Microsoft há muitos anos dominava o segmento.[22]

- *Desvantagens de custos* – Empresas estabelecidas podem ser capazes de manter baixos seus custos por serem grandes, contarem com pontos comerciais mais favoráveis ou ativos existentes, e assim por diante.

- *Canais de distribuição* – Os competidores existentes podem ter canais de distribuição tão firmes que dificultem para os entrantes no mercado fazer chegar seus bens ou serviços aos clientes. Por exemplo, produtos alimentares já estabelecidos têm espaço reservado nas gôndolas dos supermercados. Os entrantes no mercado precisam deslocar os competidores existentes com promoções, descontos, venda intensiva e outras táticas.

Alguns produtos são substitutos ou complementares de outros

Além de produtos que competem diretamente, há outros que podem afetar o desempenho de uma empresa por serem substitutos ou complementos das suas ofertas. Um *substituto* é uma ameaça em potencial; os clientes o utilizam como alternativa, comprando menos de um tipo de produto para comprar mais do outro. Por exemplo, os substitutos do café poderiam ser chá, refrigerantes, ou água; os de ingressos para o cinema poderiam ser o aluguel de DVDs da Blockbuster ou da Netflix. Um produto *complementar* representa uma oportunidade em potencial porque os clientes compram mais de um determinado produto se também demandarem uma maior quantidade de seu complemento. Alguns exemplos são cartuchos de tinta como complementos das impressoras e eletrodomésticos como complementos das casas. Quando as pessoas compram mais impressoras e casas, também compram mais cartuchos de tinta e eletrodomésticos.

Os avanços da tecnologia e as eficiências econômicas estão entre as maneiras pelas quais as empresas podem desenvolver substitutos para os produtos existentes. A introdução de sistemas de videogame criou um substituto para a TV que afastou uma grande parcela de jovens do público telespectador. Mais recentemente, ofertas pela internet como o YouTube e o MySpace afastaram os jogadores de videogame das TVs e levaram-nos a interagir uns com os outros online. Este exemplo mostra que os bens ou serviços substitutos podem limitar o potencial de receitas de outro setor. As empresas desses setores provavelmente enfrentarão dificuldades de crescimento e resultados, a menos que melhorem a qualidade ou lancem campanhas de marketing agressivas. O sucesso da Nintendo com seu Wii resulta, em parte, da oferta de jogos como o Wii Sports, que leva as pessoas a interagir com o jogo, além de permitir criar avatares que as representem, uma característica de que os usuários de computadores desfrutam em muitos jogos e mundos online. A estratégia de alta tecnologia da Sony para o PS3 visava, em parte, fazer do videogame um substituto para os reprodutores de DVDs Blu-Ray. Mas os preços desses aparelhos caíram dramaticamente, enquanto o PS3 permanece caro; assim, para muitos consumidores, a combinação de um aparelho de Blu-Ray com um Xbox 360 tornou-se um substituto do PS3.[23]

Além dos substitutos existentes, as empresas precisam pensar nos substitutos em potencial que podem vir a ser viáveis no futuro. Por exemplo, entre as possíveis alternativas aos combustíveis fósseis, temos a fusão nuclear e as energias solar e eólica. As vantagens que cada uma delas promete são muitas: fontes inesgotáveis, eletricidade "barata demais para se medir", emissões zero, aceitação pública universal, e assim por diante. Mas, para cada uma delas, há obstáculos econômicos e técnicos.

Além de identificar substitutos e fazer planos para lidar com eles, as empresas também precisam considerar produtos complementares aos seus. Como os videogames e os jogos propriamente ditos são produtos complementares, os fabricantes dos primeiros trabalham em íntima associação com os que desenvolvem os segundos, fornecendo-lhes as informações necessárias para criar produtos que atraiam clientes para os sistemas. A complexidade do PS3 criou outro desafio para a Sony nesta área. Por causa da sofisticação do sistema, programar um jogo para o PS3 é cerca de 30% mais caro do que criar um título semelhante para o Xbox, da Microsoft. Isso deixou os criadores de jogos cautelosos com o lançamento de títulos para o PS3, o que, por sua vez, fez com que os usuários passassem a pensar duas vezes antes de comprar o novo videogame. No mês de janeiro, após o lançamento do PS3, apenas 2 dos 20 jogos mais vendidos (*Resistance: Fall of Man* e *Madden NFL 07*) eram para o PS3.[24] Para melhor colaborar com a indústria de jogos, a Sony lançou ferramentas de programação.[25] A medida era de especial importância, porque empresas como a Electronic Arts ajustaram rapidamente seus próprios planos a respeito de produtos quando as vendas de títulos para o PS3 revelaram-se inferiores ao esperado, ao contrário das de jogos para o Wii, que superaram as expectativas.[26]

Como se dá com os substitutos, as empresas precisam ficar atentas a novos complementos que possam alterar o panorama competitivo. Quando o Wii se tornou popular, alguns programadores viram uma oportunidade de oferta de um serviço de nicho: ajustes ao software para criar avatares personalizados. Os usuários do Wii podem usar o software da Nintendo para escolher qualquer uma dentre diversas características faciais, de altura e outras, mas alguns usuários querem uma aparência mais personalizada ou, talvez, uma personagem baseada em alguém famoso. Um empreendedor de Tóquio criou a Mii Station, que usa uma fotografia fornecida pelo cliente para criar um dublê Mii por uma taxa de US$ 5. Um desenvolvedor da Web, em Boston, fundou o Mii Plaza, um site no qual os usuários podem explorar uma base de dados de mais de 8 mil personagens para colecionar e compartilhar Miis. A Nintendo poderia ter encarado esses esforços como uma infração aos seus direitos autorais, mas a reação inicial da empresa tem sido a de tratar os negócios ligados ao Mii como inofensivos.[27]

Fornecedores proporcionam recursos

Como vimos antes, ao tratar dos sistemas abertos, as organizações precisam adquirir recursos (insumos) de seu ambiente e convertê-los em bens ou serviços (resultados) que possuam valor. Os fornecedores proporcionam os recursos necessários para a produção e esses recursos podem assumir diferentes formas:

- *Pessoas* – fornecidas por escolas técnicas e universidades.
- *Matérias-primas* – vindas de produtores, atacadistas e distribuidores.
- *Informações* – fornecidas por pesquisadores e empresas de consultoria.
- *Capital financeiro* – vindo de bancos e outras fontes.

Entretanto, os fornecedores são importantes para as empresas por motivos além dos recursos que proporcionam. Eles podem elevar seus preços, ou fornecer bens ou serviços de baixa qualidade. Os sindicatos podem entrar em greve ou exigir maiores salários. Trabalhadores podem produzir bens defeituosos. Assim, fornecedores poderosos podem reduzir os lucros de uma empresa, especialmente se ela não puder repassar aumentos de preços aos clientes.

Em alguns setores, temos os sindicatos entre os fornecedores. Embora a sindicalização nos Estados Unidos tenha caído para menos de 10% da força de trabalho do setor privado, os sindicatos ainda são poderosos em setores como o siderúrgico, o automotivo e o de transportes. Além disso, a Screen Actors Guild, que representa trabalhadores do setor de entretenimento, exerce considerável poder em nome de seus membros. Os sindicatos representam e protegem os interesses de seus membros em questões ligadas a contratações, salários, condições de trabalho, segurança no emprego e justo acesso a recursos contra decisões. Antigamente, a relação entre a gestão e os sindicatos era contenciosa, mas, atualmente, os dois lados entendem que, para aumentar a produtividade e a competitividade, a administração e os profissionais precisam trabalhar juntos em relacionamentos colaborativos. Relações trabalhistas conturbadas podem elevar os custos, reduzir a produtividade e, eventualmente, levar a demissões.[28]

As empresas se encontram em desvantagem quando são excessivamente dependentes de qualquer fornecedor poderoso. E um fornecedor será poderoso se o comprador tiver poucas fontes alternativas, ou se o fornecedor tiver muitos outros

36 Administração ● ◗

| **CUSTOS DE MUDANÇA** Custos fixos enfrentados pelos compradores ao mudar de fornecedor. | **GESTÃO DA CADEIA DE SUPRIMENTO** A gestão da rede de instalações e pessoas que obtém matérias-primas externas e as transforma em produtos que distribui aos clientes. | **CONSUMIDOR FINAL** Um cliente que compra produtos em sua forma acabada. | **CONSUMIDOR INTERMEDIÁRIO** Um cliente que compra matérias-primas ou produtos no atacado e os vendem aos consumidores finais. |

compradores. Um dos problemas que afetaram o lançamento do PS3 foi a falta de peças e, nas semanas anteriores ao primeiro Natal do videogame, ele frequentemente estava esgotado nas lojas dos Estados Unidos. A Sony dependia dos discos rígidos fornecidos pela Panasonic e de processadores centrais e gráficos da IBM e da ATI Technologies.[29] Por tratar-se de um produto muito sofisticado, a empresa não podia recorrer a outros fornecedores para obter tais componentes.

Custos de mudança são os custos fixos que os compradores enfrentam ao mudar de fornecedor. Por exemplo, uma vez que um cliente aprenda a operar o equipamento de um fornecedor, como um programa para computador, irá enfrentar custos econômicos e psicológicos ao passar para um novo.

Nos últimos anos, um número crescente de empresas vem aumentando sua competitividade e lucratividade por meio da **gestão da cadeia de suprimento**, a gestão de toda a rede de instalações e pessoas que obtém matérias-primas externas e as transforma em produtos que distribui aos clientes.[30] Antigamente, os gestores não precisavam dar tanta atenção à cadeia de suprimento. Os produtos tendiam a ser padronizados, a competição internacional era rara e o ritmo das mudanças era mais lento. Mas o crescimento da competição exigiu que os gestores dessem muita atenção aos seus custos; eles não podem mais dar-se ao luxo de manter grandes estoques e esperar que cheguem os pedidos. Além disso, uma vez que estes cheguem, alguns produtos em estoque podem estar obsoletos.

Com o advento da internet, os clientes passaram a procurar por produtos construídos de acordo com suas necessidades e preferências específicas – e querem que sejam entregues rapidamente e ao menor preço possível. Isso exige que a cadeia de suprimento, além de eficiente, seja *flexível* para que os produtos da empresa possam reagir rapidamente a mudanças da demanda.

Atualmente, a meta da gestão eficaz da cadeia de suprimento é ter *o produto certo na quantidade certa disponível no lugar certo ao custo certo*. A Boeing, fabricante de aeronaves e sistemas de defesa, é um bom exemplo de gestão eficaz da cadeia de suprimento. A empresa forma parcerias com seus fornecedores para compartilhar conhecimento que lhes permita aprender a operar com maior eficiência. Na Boeing Integrated Defense Systems (IDS), Rick Behrens é o diretor de desenvolvimento de fornecedores, encarregado da construção de relacionamentos próximos e de ajudá-los a entender o compromisso da empresa com operações "enxutas", que têm por objetivo eliminar desperdícios. Behrens ajusta sua abordagem à familiaridade de cada fornecedor com os processos enxutos. Ensina a alguns deles os fundamentos de como operar dessa maneira; em outros casos, envia uma equipe para ajudar a agilizar determinadas atividades. Além disso, ele identifica especialistas da Boeing que possam ajudar os fornecedores a enfrentar problemas especialmente complicados. Ao mesmo tempo, Behrens ajuda os fornecedores a desenvolver sua capacidade e passar da mera venda de peças para o fornecimento de subconjuntos completos. "Precisamos de fornecedores que possam crescer conosco", diz ele.[31]

Em suma, identificar o fornecedor certo é uma decisão estratégica importante. Os fornecedores podem afetar o tempo de fabricação, a qualidade do produto, os custos e os níveis de estoque. Em muitas empresas, a relação entre fornecedores e empresa está mudando. Relacionamentos próximos com os fornecedores tornaram-se um novo modelo para muitas empresas que empregam a abordagem *just-in-time**. E, em algumas empresas, gestores inovadores estão formando parcerias estratégicas com seus principais fornecedores para desenvolver novos produtos ou novas técnicas de produção.

Em última análise, os clientes determinam seu sucesso

Os clientes são os compradores dos bens ou serviços oferecidos por uma empresa. Sem clientes, empresa alguma pode sobreviver. Somos **consumidores finais** quando compramos um hambúrguer do McDonald's ou um jeans da Aéropostale. Os **consumidores intermediários** compram matérias-primas ou produtos no atacado e os vendem a consumidores finais, como se dá quando a Sony compra componentes da IBM e da ATI Technolo-

DICA
Muitos produtores industriais dos Estados Unidos estão preocupados com a vantagem de custo que os fabricantes de outros países extraem de seu ambiente de baixos salários. Podem até optar por destinar alguns empregos, ou até mesmo fábricas inteiras para trabalhadores mais baratos no exterior. Em algumas situações, contudo, a colaboração pode nos permitir manter a competitividade sem realocar empregos. Podemos colaborar *externamente* com fornecedores que trabalhem conosco para melhoria da qualidade, da automação e da entrega, e para a redução de custos. Também podemos colaborar *internamente*, trabalhando em conjunto com outros gestores e funcionários de todas as áreas para eliminar ineficiências.

* N. de R.T.: A abordagem *just-in-time*, desenvolvida pioneiramente pela Toyota Motor Company, preconiza a movimentação de materiais e a realização de tarefas somente no momento em que são necessárias, ou seja, no tempo certo. Saiba mais na p. 151.

> **INCERTEZA AMBIENTAL**
> A carência de informações necessárias para compreender ou prever o futuro.

gies e os usa para fazer consoles PS3. Entre os tipos de cliente intermediário estão os varejistas, que compram dos atacadistas e dos representantes dos fabricantes e vendem para consumidores; e os compradores industriais, que compram matérias-primas (como produtos químicos) para serem convertidas em produtos acabados. Os clientes intermediários, na verdade, fazem mais compras que os consumidores finais individuais.

O que os clientes fazem vai além de simplesmente fornecer dinheiro em troca de bens e serviços. Eles podem exigir menores preços, maior qualidade, especificações exclusivas, ou melhor atendimento. Também podem jogar competidores uns contra os outros, como quando o comprador de um carro (ou um agente de compras) recolhe diferentes ofertas e negocia o melhor preço. Muitas vezes, os clientes de hoje querem estar ativamente envolvidos com seus produtos, como se dá quando os usuários de Wii criam um avatar Mii para que as personagens do jogo pareçam desenhos de si mesmos. A Dell levou as opiniões dos clientes um passo adiante, perguntando a eles o que gostariam que a empresa desenvolvesse a seguir. No site IdeaStorm, da Dell, <http://www.dellideastorm.com>, os visitantes podem publicar ideias para a próxima geração de computadores e votar naquelas de que mais gostem.[32]

A internet aumentou ainda mais o poder dos clientes. Representa uma fonte fácil de informação – tanto sobre as características dos produtos quanto sobre seu preço. Além disso, os usuários da internet atualmente criam e compartilham informalmente mensagens sobre um produto, que fornecem, na melhor das hipóteses, "comerciais" elogiosos e gratuitos e, na pior, publicidade negativa enganosa. Por exemplo, entusiastas dos videogames com predileção por um ou outro aparelho publicaram no YouTube seus "comerciais" feitos em casa, casando cenas de jogos com fundos musicais, além de comparações diretas entre produtos de marcas concorrentes. Ridicularizando as alegações da Sony sobre a popularidade do PS3, fãs do Wii visitaram lojas e filmaram os estoques parados nas prateleiras. Um grupo de vídeos do YouTube até apresenta uma "marca" não oficial, o Wii60, para enfatizar a ideia de que os consumidores podem comprar um Wii e um Xbox 360 pelo preço de um PS3.[33] Atualmente, pode ser difícil para as empresas identificar essas mensagens extraoficiais, que dizer reagir a elas.

Como vimos no Capítulo 1, o atendimento ao cliente significa dar a eles o que e como querem ou necessitam, e acertar da primeira vez. Isso costuma depender da velocidade e da confiabilidade com que uma empresa é capaz de fornecer seus produtos. Alguns atos e atitudes que levam à excelência em atendimento ao cliente são:

- Velocidade na aceitação e entrega de pedidos normais.
- Disposição para atender necessidades emergenciais.
- Entrega da mercadoria em boas condições.
- Disposição para aceitar a devolução de produtos defeituosos e fazer a reposição rapidamente.
- Disponibilidade de serviços de instalação e reparos, assim como de peças.
- Taxas por serviço (ou seja, se os serviços são "gratuitos" ou têm seus preços separadamente).[34]

Uma organização encontra-se em desvantagem se depender demais de clientes poderosos – aqueles que fazem grandes compras ou podem achar com facilidade fornecedores alternativos. Se formos o maior cliente de uma empresa e pudermos comprar de alguma outra, teremos poder sobre aquela e, provavelmente, teremos condições de negociar com sucesso. Os maiores clientes de nossas empresas terão maior poder de negociação conosco, especialmente se puderem comprar de outrem.

OA2.5
Descrever de forma sucinta como as empresas reagem à incerteza ambiental.

ANÁLISE AMBIENTAL

Se os gestores não entenderem como o ambiente afeta a empresa, ou não puderem identificar as oportunidades e ameaças que tendem a ser importantes, sua capacidade de tomada de decisão e execução de planos ficará seriamente comprometida. Por exemplo, se pouco se souber sobre aquilo de que os clientes gostam ou não, as empresas terão dificuldades para projetar novos produtos, programar a produção e desenvolver planos de marketing. Em suma, informações ambientais oportunas e precisas são críticas para a administração de uma empresa.

Mas a informação ambiental nem sempre está prontamente disponível. Por exemplo, até mesmo os economistas têm dificuldades para prever se é esperado um aquecimento ou um resfriamento da economia. Além disso, se os gestores têm dificuldades para prever como seus produtos venderão, que dizer de como reagirão seus competidores. Em outras palavras, os gestores frequentemente operam sob condições de incerteza. A **incerteza ambiental** significa que os gestores não dispõem de informações o suficiente sobre o ambiente para compreender ou prever o futuro. A incerteza decorre de dois fatores correlacionados:

- *Complexidade* – O número de questões a que um gestor precisa dar atenção e o quanto estão interligadas. Setores com muitas empresas que concorrem de maneiras muito diferentes tendem a ser mais complexos – e

> "Seus clientes mais insatisfeitos são sua principal fonte de aprendizagem."
>
> Bill Gates

38 Administração

incertos – do que aqueles em que há apenas alguns poucos competidores importantes.

- *Dinamismo* – O grau de mudança descontínua que um setor apresenta. Setores de alto crescimento com produtos e tecnologias em rápida mutação são mais incertos do que outros mais estáveis, nos quais a mudança é menos dramática e mais previsível.[35]

À medida que aumenta a incerteza ambiental, os gestores precisam de métodos para captar, selecionar e interpretar informações sobre o ambiente. Trataremos de algumas dessas abordagens nesta seção (no Capítulo 4 também iremos tratar de como os gestores tomam decisões sob condições de incerteza). Ao analisar essas forças nos ambientes macro e competitivo, os gestores podem identificar oportunidades e ameaças capazes de afetar a empresa.

A varredura do ambiente nos mantém conscientes

O primeiro passo para lidar com a incerteza ambiental é determinar o que pode ser de importância. As empresas e pessoas muitas vezes agem por ignorância e depois se arrependem desses atos. A IBM, por exemplo, teve a oportunidade de comprar a tecnologia por detrás da xerografia, mas a recusou. A Xerox enxergou seu potencial e assumiu a liderança em fotocópias. Mais adiante, os pesquisadores da Xerox desenvolveram a tecnologia original dos mouses para computador, mas deixaram de perceber seu potencial e perderam uma oportunidade importante.

Para entender e prever mudanças, oportunidades e ameaças, empresas como a Shire Pharmaceuticals, a T-Mobile e a Starbucks dedicam muito tempo e dinheiro ao monitoramento do que acontece no ambiente. A **varredura do ambiente** envolve buscar informações que não estão disponíveis para a maioria das pessoas e analisar essa informação para determinar o que é ou não importante. Os gestores podem fazer perguntas como:

- Quem são nossos atuais competidores?
- Há poucas ou muitas barreiras à entrada em nosso setor?
- Que substitutos existem para nosso produto ou serviço?
- A empresa é dependente demais de fornecedores ou de clientes poderosos?[36]

Dar resposta a essas perguntas ajuda os gestores a desenvolver a **inteligência competitiva**, as informações necessárias para decidir como melhor gerir no ambiente competitivo identificado. A análise competitiva de Porter, da qual já falamos, pode orientar a varredura do ambiente e ajudar os gestores a avaliar o potencial competitivo de diferentes ambientes. A Tabela 2.1 descreve dois ambientes extremos: um atraente, que confere a uma empresa uma vantagem competitiva, e outro ruim, que deixa uma empresa em desvantagem competitiva.[37]

- **VARREDURA DO AMBIENTE**
Procurar e classificar informações sobre o ambiente.

- **INTELIGÊNCIA COMPETITIVA**
Informações que ajudam os gestores a determinar como competir melhor.

- **CENÁRIO**
Uma narrativa que descreve um conjunto específico de condições futuras.

- **PROJEÇÃO**
Um método de previsão das mudanças pelas quais determinadas variáveis passarão no futuro.

O desenvolvimento de cenários nos ajuda a analisar o ambiente

Quando tentam determinar o efeito das forças ambientais sobre suas empresas, os gestores muitas vezes desenvolvem **cenários** futuros – combinações alternativas de diferentes fatores que formam um retrato completo do ambiente e da empresa. Por exemplo, quando o Congresso e o presidente precisam prever o tamanho do déficit orçamentário federal, eles desenvolvem diversos cenários a respeito de como provavelmente estará a economia ao longo da década seguinte. As empresas frequentemente desenvolvem um *cenário de melhor caso* (com ocorrência de eventos favoráveis à empresa), um *cenário de pior caso* (com ocorrência de eventos desfavoráveis) e algumas alternativas entre os dois extremos. O valor dos cenários está em ajudar os gestores a desenvolver planos contingenciais para saber o que fazer caso os resultados não estejam de acordo com o esperado.[38] Por exemplo, como gestores, provavelmente nós nos veremos envolvidos na orçamentação de nossas áreas. Quase com certeza nos será pedido que indiquemos as iniciativas que eliminaríamos em caso de uma queda da atividade econômica e os novos investimentos que faríamos se a empresa apresentar desempenho melhor do que o esperado.

Gestores eficazes tratam os cenários que desenvolvem como documentos vivos, e não algo que é elaborado e depois deixado de lado. Eles atualizam constantemente seus cenários para que levem em conta fatores novos e relevantes, como mudanças significativas da economia ou atos dos competidores.

A projeção prevê nosso ambiente futuro

Enquanto a varredura ambiental identifica fatores importantes e o desenvolvimento de cenários gera retratos

TABELA 2.1	Ambientes atraentes e desfavoráveis	
Fator ambiental	**Desfavorável**	**Atraente**
Competidores	Muitos; baixo crescimento setorial; portes semelhantes; commodity	Poucos; setor de alto crescimento; porte desigual diferenciado
Ameaça de entrada	Alta ameaça; poucas barreiras à entrada	Baixa ameaça; muitas barreiras
Substitutos	Muitos	Poucos
Fornecedores	Poucos; alto poder de barganha	Muitos; baixo poder de barganha
Clientes	Poucos; alto poder de barganha	Muitos; baixo poder de barganha

CAPÍTULO 2 | O Ambiente Empresarial **39**

- **BENCHMARKING**
O processo de comparação das práticas e das tecnologias entre as empresas.

- **POTENCIALIZAÇÃO**
O processo de compartilhar poder com os funcionários e, assim, fazê-los aumentar sua confiança na capacidade que têm de realizar tarefas e sua crença de que são colaboradores influentes na empresa.

alternativos do futuro, a **projeção** prevê exatamente como uma ou mais variáveis irão mudar no futuro. Por exemplo, ao fazer investimentos de capital, as empresas podem prenunciar taxas de juros. Ao decidir a respeito da expansão ou retração de um negócio, elas podem prever a demanda por bens e serviços ou a oferta e demanda de trabalho. Publicações como o *BusinessWeek's – Business Outlook* fornecem projeções a empresas de todos os portes.

A precisão das projeções varia de acordo com a aplicação. Por extrapolar o passado para prever o futuro, as projeções tendem a ser mais precisas quando o futuro se revela parecido com o passado. É claro que, nesses casos, não precisamos de projeções sofisticadas. As projeções são de maior utilidade quando o futuro é radicalmente diferente do passado. Infelizmente. É justamente nesses casos que as projeções tendem a ser menos precisas. Quanto mais as coisas mudam, menor a confiança que temos em nossas projeções. Eis algumas dicas práticas a respeito do uso de projeções:

- Usar diversas projeções e, possivelmente, extrair a média do que preveem.
- Ter em mente que a precisão diminui à medida que se avança em direção ao futuro.
- Captar dados com cautela. As projeções são tão boas quanto os dados usados em sua construção.
- Usar projeções simples (em vez de complicadas) sempre que possível.
- Lembrar-se de que eventos importantes muitas vezes são surpresas que se afastam do previsto.[39]

O *benchmarking* nos ajuda a ser os melhores da categoria

Além de tentar prever mudanças do ambiente, as empresas podem estudar intensivamente as melhores práticas de diversas outras empresas para entender suas fontes de vantagem competitiva. O *benchmarking* identifica o desempenho superior de uma empresa em uma dada área – por exemplo, desenvolvimento de produto ou atendimento ao cliente –, e depois compara os nossos processos aos dela. Uma equipe de *benchmarking* capta informações sobre as operações da própria empresa e da comparada para determinar *gaps* (interrupções). Estas servem como ponto de partida para compreender as causas de diferenças de desempenho. No fim do processo, a equipe mapeia um conjunto de melhores práticas que leva a um desempenho de classe mundial. Iremos tratar em maiores detalhes do *benchmarking* no Capítulo 4.

REAÇÃO AO AMBIENTE

Para os gestores e as empresas, reagir de maneira eficaz ao ambiente é quase sempre essencial. Os varejistas de vestuário

que não dão atenção às preferências de estilo do público e os fabricantes que deixam de garantir acesso a fontes estáveis de suprimentos logo vão à falência. Para reagir ao ambiente, os gestores e as empresas contam com diversas alternativas que podem ser agrupadas em três categorias:

1. Adaptar-se ao ambiente
2. Influenciar o ambiente
3. Escolher um novo ambiente

Adaptar-se ao ambiente

Para lidar com a incerteza ambiental, as empresas frequentemente ajustam suas estruturas e seus processos de trabalho. A Figura 2.4 mostra quatro abordagens diferentes que as empresas podem adotar para adaptar-se à incerteza ambiental, dependendo de ser ela decorrente da complexidade, do dinamismo, ou de ambos.

Quando a incerteza decorre da complexidade ambiental, as empresas tendem a adaptar-se por meio da *descentralização* da tomada de decisões. Por exemplo, se uma empresa se deparar com um número crescente de competidores em diversos mercados, se clientes diferentes quiserem bens e serviços diferenciados, se os produtos apresentarem cada vez mais características e se instalações produtivas estiverem sendo construídas em diferentes regiões do mundo, os executivos provavelmente não serão capazes de se manter a par de todas essas atividades e compreender todos os detalhes operacionais de um negócio. Nesses casos, é provável que a alta administração confira aos gestores de nível inferior autoridade para tomar decisões em benefício da empresa. Atualmente, o termo **potencialização*** é frequentemente usado em referência a esse tipo de autoridade descentralizada.

> Para competir em ambientes voláteis, as empresas contam com trabalhadores dotados de conhecimento e competências. Uma maneira de desenvolver trabalhadores com essas características é patrocinar programas de treinamento. Alianças entre empregadores, faculdades comunitárias, universidades e programas de treinamento sem fins lucrativos têm rendido profissionais com competências necessárias em diversos setores. Um programa de Nova York, o Per Scholas, treina técnicos em reparo de computadores em uma das áreas mais pobres do país – o Bronx. Financiado por doações de fundações privadas e pelo Conselho da Cidade de Nova York,

* N. de R.T.: Ainda não existe consenso em como traduzir "empowerment" para línguas latinas. Neste livro, adotamos "potencialização" como uma alternativa mais próxima do concreto.

FIGURA 2.4 Quatro abordagens estruturais à gestão da incerteza

	Estável	Dinâmica
Complexa	Descentralizada Burocrática (competências padronizadas)	Descentralizada Orgânica (ajustes mútuos)
Simples	Centralizada Burocrática (processos de trabalho padronizados)	Centralizada Orgânica (supervisores diretos)

o programa ganhou ímpeto por meio de sua colaboração com a Time Warner Cable e outras empresas em busca de profissionais competentes.

O Per Scholas atinge taxas de colocação de 80% de seus formados, que ganham cerca de US$ 12 por hora no primeiro ano, e US$ 15 por hora depois de dois anos – muitas vezes o dobro do que ganhariam sem ter passado pelo programa. Uma formada, Cristina Rodriguez, trabalha na Time Warner Cable como especialista em banda larga. Suas novas competências habilitaram-na a ser uma funcionária de alto desempenho. "O que mais gosto é de resolver os problemas das pessoas", diz. Fluente em inglês e espanhol, ela é capaz de solucionar problemas de clientes nas duas línguas.

Programas de treinamento como o Per Scholas se tornaram mais sofisticados nos últimos anos por causa da íntima associação com as empresas que contratam seus formados. Esses relacionamentos dão aos programas *insights* a respeito de como os empregadores operam e daquilo que necessitam. Connie Ciliberti, vice-presidente de recursos humanos da Time Warner Cable, confirma a importância da colaboração. "O Per Scholas dedicou tempo a aprender nosso negócio e entender nossas medidas de sucesso", explica.[40]

Para reagir à incerteza decorrente a um ambiente dinâmico, as empresas tendem a estabelecer estruturas mais flexíveis. Atualmente, o termo *burocracia* costuma trazer uma conotação negativa. Embora as empresas burocráticas possam ser eficientes e controladas em um ambiente estável, tendem a reagir lentamente a mudanças de produtos, tecnologias, clientes, ou competidores. Como tendem a ser formais e estáveis, muitas vezes são incapazes de se ajustar às mudanças ou a situações excepcionais que "não se encaixem nas regras". Nesses casos, estruturas mais *orgânicas* conferem às empresas a flexibilidade necessária para a adaptação. Estruturas orgânicas são menos formais do que as empresas burocráticas; as decisões são tomadas por meio de interações e ajustes mútuos entre as pessoas e não a partir de um conjunto de regras predeterminadas.

adaptação nas fronteiras

Por serem sistemas abertos, as empresas estão expostas a incertezas vindas tanto de seus insumos quanto de seus resultados. Para reagir, podem criar amortecedores nas fronteiras de insumo e resultado com o ambiente. O **amortecimento** cria ofertas de recursos excedentes para fazer frente a necessidades imprevistas. Do lado do insumo, as empresas estabelecem relacionamentos com agências de empregos para contratar trabalhadores por meio período e temporários durante épocas em que seja difícil prever a demanda por trabalho. Na força de trabalho dos Estados Unidos, esses trabalhadores, conhecidos como *trabalhadores contingenciais*, representam 2,5 milhões de trabalhadores de plantão, 1,2 milhão de trabalhadores de agências de emprego temporário e mais de 800 mil trabalhadores fornecidos por empresas de terceirização, o que sugere um uso disseminado dessa abordagem para amortecer as incertezas quanto ao insumo trabalho.[41] Do lado dos resultados do sistema, a maioria das empresas usa algum tipo de estoque, mantendo mercadorias à mão para o caso de um grande número de clientes decidir comprar seus produtos. A prática é comum entre concessionárias de automóveis, por exemplo; outras empresas que usam amortecedores de estoques são restaurantes *fast-food*, livrarias e até corretoras de imóveis.[42]

Além do amortecimento, as empresas podem recorrer à **suavização**, ou nivelamento de flutuações normais nas fronteiras do ambiente. Por exemplo, durante os meses de inverno, quando as vendas de carros diminuem, as concessionárias frequentemente cortam os preços dos veículos que têm em estoque para aumentar sua comercialização. Ao fim de cada estação de moda, os varejistas remarcam suas mercadorias e abrem espaço para novos estoques. Esses são alguns exemplos de suavização dos ciclos ambientais para nivelar flutuações de demanda.

adaptação no núcleo

Se o amortecimento e a suavização servem para gerir as incertezas nas fronteiras da organização, as empresas também podem instituir **processos flexíveis** que permitam adaptações em seu núcleo técnico. Por exemplo, cada vez mais as empresas procuram personalizar seus bens e serviços para atender as demandas variadas e mutáveis dos clientes. Mesmo na fabricação, em que é difícil alterar os processos básicos, as empresas têm

> **AMORTECIMENTO**
> Criação de suprimentos de recursos excedentes para o caso de necessidades imprevisíveis.
>
> **SUAVIZAÇÃO**
> Nivelamento de flutuações normais nas fronteiras do ambiente.
>
> **PROCESSOS FLEXÍVEIS**
> Métodos que permitem adaptação do núcleo técnico a mudanças do ambiente.

As personalidades Bono e Oprah apoiam empresas participantes do Programa Red Product para ajudar a erradicar a Aids na África por meio do Global Fund. Quais outras oportunidades as empresas têm de participar de ações voluntárias e mudar seu ambiente?

CAPÍTULO 2 | O Ambiente Empresarial 41

● **ESTRATÉGIAS INDEPENDENTES**	● **ESTRATÉGIAS COOPERATIVAS**	● **MANOBRAS ESTRATÉGICAS**	● **SELEÇÃO DE DOMÍNIO**
Estratégias que uma empresa, agindo por conta própria, pode usar para alterar alguns aspectos do ambiente em que se encontra.	Estratégias usadas por duas ou mais empresas trabalhando em conjunto para gerir o ambiente externo.	Os esforços conscientes de uma empresa para alterar as fronteiras de seu ambiente.	Entrar em um novo mercado ou setor usando uma habilidade já existente.

desenvolvido fábricas flexíveis. Em vez de produzir em massa grandes quantidades de um produto sem variações, as empresas podem usar a personalização em massa para manufaturar produtos personalizados a um custo igualmente baixo. Henry Ford afirmava que "o seu Modelo T pode ser de qualquer cor, desde que seja preto"; as montadoras atuais oferecem uma ampla gama de cores e acabamentos, além de vários opcionais e acessórios. O processo de personalização em massa envolve o uso de uma rede de unidades operacionais independentes, cada uma realizando um processo ou uma tarefa, como a montagem de um painel em um automóvel. Quando entra um pedido, diferentes módulos unem forças para entregar o produto ou serviço de acordo com as especificações fornecidas pelo cliente.[43]

Influência sobre o ambiente

Além de adaptar-se ao ambiente ou reagir a ele, os gestores e as empresas podem desenvolver respostas proativas com o objetivo de mudá-lo. Os dois tipos genéricos de resposta proativa são a ação independente e a ação cooperada.

ação independente
Uma empresa emprega **estratégias independentes** quando age por conta própria para mudar algum aspecto de seu ambiente. São possíveis diversas estratégias independentes:[44]

- *Ataque competitivo* – Explorar uma competência diferencial ou aprimorar a eficiência interna para obter vantagem competitiva (por exemplo, precificação agressiva e publicidade comparativa). A Southwest Airlines reduz suas tarifas sempre que entra em um novo mercado, e a Sony posicionou-se como líder tecnológica do setor de videogames ao lançar o PS3.

- *Pacificação competitiva* – Atos independentes para melhorar o relacionamento com competidores (por exemplo, ajudando-os a encontrar matérias-primas). A Kellogg's Company promove o setor de cereais como um todo, além de fazer publicidade de suas diversas marcas.

- *Relações públicas* – Estabelecer e manter uma imagem favorável nas mentes daqueles que formam o ambiente (por exemplo, por meio do patrocínio de eventos esportivos). A Weyerhaeuser Company divulga seus esforços de reflorestamento.

- *Ação voluntária* – Comprometimento voluntário com grupos de interesses, causas e problemas sociais (por exemplo, com a doação de suprimentos a vítimas de um tsunami). The Gap, Motorola, Nike, American Express, Converse e outras empresas participam do Product Red, um programa pelo qual vendem produtos com o tema da campanha e doam uma porcentagem dos lucros ao Global Fund, um projeto que pretende ajudar a erradicar a Aids na África.

- *Medidas judiciais* – Envolver a empresa em uma batalha judicial privada (por exemplo, processos contra a cópia ilegal de músicas). A Viacom processou o Google por permitir que usuários veiculassem videoclipes sujeitos a copyright no site YouTube, pertencente ao Google.

● *Ação política* – Esforços para influenciar autoridades eleitas a criar um ambiente de negócio mais favorável ou limitar a competição (por exemplo, propaganda sobre questões setoriais; lobby nos níveis estadual e federal). Recentemente, empresas do setor farmacêutico gastaram US$ 1,1 bilhão em lobby junto a membros do Congresso dos Estados Unidos; as seguradoras que formam o segundo maior grupo de lobby gastaram quase US$ 900 milhões.[45]

Esses exemplos demonstram como as empresas – por conta própria – podem exercer impacto sobre o ambiente.

ação cooperada
Em alguns casos, duas ou mais organizações se unem em **estratégias cooperativas** para influenciar o ambiente.[46] São comuns diversos tipos de estratégia cooperativa:[47]

- *Contratação* – A negociação de um contrato entre a empresa e outro grupo para reger a troca de bens, serviços, informações, patentes e outros. Fornecedores e clientes, ou gestores e sindicatos podem firmar contratos formais a respeito dos termos e condições de seus relacionamentos no futuro. Tais contratos são tentativas explícitas de tornar previsível o futuro do relacionamento.

- *Cooptação* – Absorver novos elementos na estrutura de liderança de uma empresa para evitar ameaças contra sua estabilidade ou existência. Muitas universidades convidam ex-alunos bem-sucedidos para participar de seus conselhos de administração.

- *Coalizão* – Grupos que se unem para agir em relação a um conjunto de iniciativas políticas por um dado período de tempo. Empresas de uma região podem unir-se para limitar o crescimento dos custos de saúde de seus funcionários, e as organizações de alguns setores têm formado associações e grupos de interesse. Às vezes, vemos estratégias de publicidade cooperada, como as dos produtores de laticínios, carne ou laranja que dividem os custos do anúncio de seus produtos na televisão. A Life Is Good, uma fabricante de camisetas da Nova Inglaterra, usou a recente queda de atividade econômica para reforçar a ação cooperada com os lojistas que oferecem seus produtos. Segundo o cofundador, Bert Jacobs, os funcionários da Life Is Good começaram a telefonar para os lojistas e perguntar como a empresa poderia ajudá-los a enfrentar a baixa nas vendas. Partindo das respostas obtidas, Jacobs identificou uma necessidade de estabelecer uma rede online que os varejistas – os clientes de sua empresa – pudessem usar para trocar ideias.[48]

No nível organizacional, as empresas estabelecem alianças estratégicas, parcerias, *joint ventures* e fusões com concorrentes para lidar com as incertezas ambientais. Estratégias cooperadas como essas fazem mais sentido na presença de duas condições:

1. A prática conjunta reduz os custos e riscos das empresas.
2. A cooperação aumenta seu poder (sua capacidade de realizar com sucesso as mudanças desejadas).

Modificação das fronteiras do ambiente

Além de modificarem-se (adaptação ambiental), as empresas podem redefinir o ambiente ou mesmo mudá-lo.

42 Administração ● ●

VOCÊ SABIA?

As empresas ou organizações de um setor às vezes formam comitês de ação política (PACs, *Political Action Committees*) para levantar dinheiro para ajudar a eleger legisladores com pontos de vista que lhes sejam favoráveis. Durante as últimas eleições federais nos Estados Unidos, os maiores gastos vieram dos sindicatos de trabalhadores; os das empresas com PACs, vieram dos setores financeiro, de seguros e imobiliário.[49]

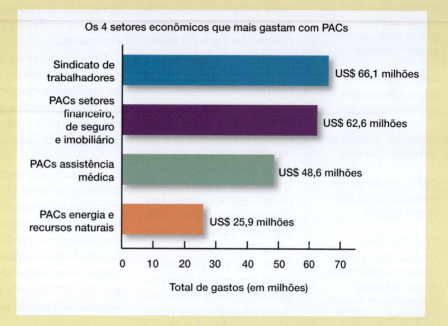

Os 4 setores econômicos que mais gastam com PACs

Setor	Total
Sindicato de trabalhadores	US$ 66,1 milhões
PACs setores financeiro, de seguro e imobiliário	US$ 62,6 milhões
PACs assistência médica	US$ 48,6 milhões
PACs energia e recursos naturais	US$ 25,9 milhões

ANTIGAMENTE...

A competição era estritamente local. Muitas vezes, um lojista podia ser o único negócio de uma cidade, fornecendo uma grande variedade de produtos aos seus clientes.

AGORA...

As empresas atualmente competem em nível global. Com a renda crescente de seus consumidores, os países asiáticos representam enormes oportunidades de crescimento. A ilustração mostra um anúncio do McDonald's no Japão.

Referimo-nos a essa última categoria como **manobras estratégicas**. Ao fazer um esforço consciente para mudar as fronteiras de seu ambiente competitivo, uma empresa pode manobrar para evitar ameaças em potencial e aproveitar oportunidades.[50] Os gestores podem usar diversas manobras estratégicas, inclusive seleção de domínio, diversificação, fusão e aquisição e cisão.[51]

Seleção de domínio é a entrada de uma empresa em outro mercado ou setor. Por exemplo, esse mercado pode apresentar competição ou regulação limitadas, grande número de fornecedores e clientes, ou alto crescimento. Um exemplo é a decisão da Nintendo de criar produtos como o Wii, que atraem segmentos da clientela que não se entusiasmariam com a compra de videogames, como aqueles que se

CAPÍTULO 2 | O Ambiente Empresarial 43

- **DIVERSIFICAÇÃO**
  O investimento que uma empresa faz em um produto, negócio ou área geográfica diferente.

- **FUSÃO** Dá-se quando uma ou mais empresas combinam-se com outra.

- **AQUISIÇÃO** A compra de uma empresa por outra.

- **CISÃO** A venda, por uma empresa, de um ou mais de seus negócios.

- **EXPLORADORAS**
  Empresas que alteram constantemente os limites de seus ambientes, buscando novos produtos e mercados, diversificando-se e operando fusões, ou adquirindo novos negócios.

- **DEFENSORAS** Empresas que ficam dentro de um domínio de produto estável como manobra estratégica.

- **CULTURA ORGANIZACIONAL**
  O conjunto compartilhado de premissas centrais a respeito da empresa e suas metas e práticas.

sentem intimidados por controles complicados, ou pais preocupados com o conteúdo violento dos jogos e o sedentarismo que tradicionalmente originam. Ao evitar a competição direta com um produto com gráficos superiores ou "jogabilidade" mais avançada, a Nintendo conseguiu obter lucros imediatos com seu novo console. Essa abordagem parte do sucesso que a empresa teve anteriormente com o DS, que, com suas telas sensíveis ao toque e jogos como o Brain Age e o Nintendogs, atraiu não apenas jovens jogadores como também mulheres e homens mais velhos do que a média.[52] Assim, a Nintendo usou uma habilidade existente para ampliar sua oferta de bens e serviços.

Diversificação ocorre quando uma empresa investe em tipos diferentes de negócios ou produtos, ou quando se expande geograficamente para reduzir sua dependência de um só mercado ou tecnologia. O lançamento do iPod pela Apple é um bom exemplo de diversificação bem-sucedida. Enquanto a Apple lutava no setor altamente competitivo de computadores, em que seu Macintosh tinha participação de apenas 3%, o iPod devorou três quartos do mercado de reprodutores portáteis de música *e* de vendas de música online. Mais recentemente, o lançamento do iPhone gerou muitos comentários. A mudança de nome da empresa de "Apple Computer" para "Apple", apenas, faz sentido à luz dessa diversificação.[53]

Uma **fusão**, ou **aquisição**, ocorre quando duas ou mais empresas se combinam ou quando uma empresa compra outra para formar uma só. Fusões e aquisições podem oferecer maior eficiência a partir da combinação de operações ou dar às empresas acesso relativamente rápido a novos mercados ou setores. Depois de comprar a Schering, a Bayer anunciou planos de eliminar mais de 6 mil empregos para "criar uma empresa farmacêutica de sucesso internacional com estruturas de custos competitivos", nas palavras de Werner Wenning, presidente do conselho de administração da Bayer Schering Pharma.[54] A produtora de videogames, Electronic Arts, adquiriu a Headgate Studios, uma competidora menor que tinha entre seus produtos o "Tiger Woods PGA Tour" e o "Madden NFL". A aquisição ajudou a Electronic Arts a aumentar rapidamente sua lista de títulos quando as vendas do videogame e seus jogos superaram as expectativas.[55]

Uma **cisão** se dá quando uma empresa vende um ou mais de seus negócios. Na Ford Motor Company, os recentes prejuízos operacionais e os custos de reestruturação de sua força de trabalho geraram falta de caixa. Para levantar recursos, a Ford vendeu a marca de esportivos Aston Martin e a unidade de locação de automóveis Hertz.[56]

As organizações fazem manobras estratégicas ao entrar em ambientes diferentes. Algumas, chamadas de **exploradoras**, têm maior probabilidade do que outras de adotar manobras estratégicas.[57] Empresas agressivas alteram constantemente as fronteiras de seus ambientes competitivos, buscando novos produtos e mercados, diversificando e realizando fusões e aquisições. Dessas maneiras, entre outras, deixam seus competidores na defensiva e os obrigam a reagir. As **defensoras**, por outro lado, ficam dentro de um domínio de produto mais limitado e estável.

Três critérios que podem nos ajudar na escolha da melhor abordagem

Três considerações gerais ajudam a orientar a reação da administração ao ambiente:

1. As empresas devem tentar *alterar elementos adequados do ambiente.* As respostas ao ambiente são mais úteis quando voltadas aos elementos que causam problemas à empresa, fornecem-lhe oportunidades e lhe permitem mudar com sucesso. Por exemplo, a Nintendo reconheceu que seu videogame teria dificuldades para competir em qualidade gráfica e voltou-se para segmentos mal atendidos do mercado, nos quais os clientes e a publicidade favorável fizeram do Wii um sucesso.

2. As organizações devem *escolher reações focadas nos elementos pertinentes do ambiente.* Se uma empresa quiser gerir melhor seu ambiente competitivo, o ataque competitivo e a pacificação são opções viáveis. A ação política influencia o ambiente jurídico e a contratação ajuda a gerir clientes e fornecedores.

Empresa alguma gosta de publicidade negativa, mas, quando ela surge, os gestores precisam optar por uma reação. Elas podem ignorar o fato ou abordá-lo de maneira a levar o incidente a ser encarado como algo neutro, ou mesmo positivo. Quando o dono de restaurante Mark Sakuta, de Washington, encontrou críticas negativas ao seu restaurante no site do *Washington Post*, ficou confuso em um primeiro momento. Apareceram simultaneamente 10 avaliações negativas que acusavam o restaurante de usar receitas extraídas de livros de culinária em vez de criações próprias, dizendo que o piso era instável e outras coisas. Um mês depois, outra avaliação criticou a política de gorjetas para grandes grupos.

Sakuta sabia que as acusações do primeiro grupo eram simplesmente falsas, suspeitava que tivessem sido escritas por ex-funcionários descontentes. Por isso, telefonou para o serviço de atendimento do site e pediu que as críticas fossem eliminadas. A administração do site concordou. Mas Sakuta não precisou pedir que o comentário sobre a política de gorjetas fosse removido porque era verdadeiro. Em vez disso, decidiu modificar a política, sabendo que, se os clientes estivessem insatisfeitos, poderiam ir a outro estabelecimento. Agora ele fica atento a sites e blogs ligados à alimentação, em busca de comentários a respeito de seu negócio.[58]

3. As empresas devem *escolher reações que ofereçam o máximo benefício ao menor custo*. Os cálculos de retorno sobre o investimento devem abranger considerações financeiras de curto prazo e impactos de longo prazo.

Gestores estratégicos que levem em conta esses fatores irão conduzir de maneira eficaz suas empresas em direção à vantagem competitiva.

> No caso das críticas online, a maioria das reações custou nada, ou quase nada. Às vezes, as pessoas querem apenas ser ouvidas. Se for um cliente, "talvez ele tenha comprado algo que não funciona e o serviço de atendimento tenha dito que não pode fazer nada, o que o faz querer sujar o nome da empresa", diz Joseph Fiore, vice-presidente da CoreX Technology and Solutions. "Eles esperam que surja alguém dizendo que passou pela mesma experiência." A empresa de Fiore investiga esses blogs. A maioria das situações pode ser resolvida com um e-mail ou um telefonema. Mas os gestores precisam agir para corrigir informações falsas que tenham sido veiculadas, impedindo que se espalhem e acabem com a reputação da empresa.
>
> Adotar uma atitude proativa também pode ajudar. As empresas podem criar os próprios sites, fornecendo aos clientes um ambiente para compartilhamento de *feedback*. "Algumas pessoas só precisam desabafar e, se não fornecermos um lugar onde possamos monitorar as reclamações e fazer algo a respeito delas, muitas vezes vão a outro lugar", avisa Alysa Zeltzer, advogada de um escritório em Washington. Seja de que modo for, as empresas precisam ficar de olho na sua reputação na internet.[59]

OA2.6
Definir os elementos da cultura de uma empresa.

A CULTURA E O AMBIENTE INTERNO DAS EMPRESAS

A cultura é um dos principais fatores que influenciam a resposta de uma empresa ao seu ambiente externo. A **cultura organizacional** é o conjunto de premissas a respeito da empresa e de suas metas e práticas que são compartilhadas pelos seus membros. É um sistema de valores compartilhados a respeito do que importa e de crenças a respeito de como o mundo funciona. Fornece um arcabouço que organiza e orienta o comportamento profissional dos funcionários.[60] A cultura de uma empresa pode ser de difícil definição para um observador, mas, como a personalidade de um indivíduo, pode frequentemente ser percebida quase imediatamente. Por exemplo, a maneira como as pessoas se vestem e se portam, o modo como interagem umas com as outras e com clientes e as qualidades apreciadas pelos gestores em um banco costumam ser muito diferentes do que se observa em uma gravadora de rock, em um escritório de advocacia, ou em uma agência de publicidade.

As culturas podem ser fortes ou fracas; culturas fortes podem influenciar muito a maneira como as pessoas pensam e se comportam. Uma cultura forte é aquela que todos entendem as metas, prioridades e práticas da empresa e creem nelas. Ela pode representar uma vantagem efetiva para a empresa se os comportamentos que encoraja forem apropriados. A cultura da Walt Disney Company encoraja dedicação extraordinária ao atendimento ao cliente; a da Apple, a inovação. Os funcionários dessas empresas não precisam de manuais para saber como se comportar porque os comportamentos são transmitidos como "o nosso jeito de fazer as coisas", algo enraizado na cultura das empresas respectivas.

Por outro lado, uma cultura forte que encoraje comportamentos inadequados pode limitar muito a capacidade da empresa de lidar com seu ambiente externo – especialmente se ele estiver passando por mudanças, o que é o normal atualmente. Uma cultura que tenha sido adequada, e até mesmo vantajosa, em outros tempos, pode se tornar prejudicial em um novo ambiente. Por exemplo, uma pequena empresa iniciante pode ter uma cultura informal que se tornará menos adequada quando a empresa crescer, enfrentar mais competidores e exigir a tomada de decisão por uma gama mais ampla de funcionários especializados distribuídos em muitas unidades.

> Ao longo de sua história relativamente curta, o Google tornou-se rapidamente um modelo a ser seguido por sua cultura inteligente e inovadora. Autores e engenheiros de softwares eram atraídos para a empresa não só pelos notórios benefícios oferecidos, como refeições gratuitas e lavanderia, mas também pelo clima que incentiva a imaginação, sonhar ideias que podem ser malucas, mas também podem vir a ser o próximo grande sucesso da internet.
>
> Durante um longo período de expansão, essa cultura fez bem ao Google. Os melhores engenheiros do mercado gostavam de trabalhar em uma empresa que lhes permitisse passar um quinto do seu tempo trabalhando em projetos de sua própria escolha. Mas quando a economia esfriou e o mercado de ações começou a despencar, os gestores do Google precisaram lidar com uma nova realidade na qual o dinheiro era curto. Ele não podia mais se dar ao luxo de manter aquela cultura dispendiosa. Os gestores precisavam descobrir como manter o melhor da cultura e, ao mesmo tempo, inovar a um ritmo mais prudente.
>
> A nova cultura do Google agora dá valor ao estabelecimento de prioridades. Novas ideias ainda são bem-vindas, desde que focadas nos negócios centrais de busca, publicidade e aplicativos baseados na web. Os gestores estão redistribuindo os funcionários, retirando-os de equipes voltadas para projetos que não estejam ligados a esses temas e colocando-os em equipes dedicadas ao trabalho em ideias lucrativas nas áreas centrais. Pede-se aos funcionários que têm ideias a respeito de como melhorar a experiência dos usuários de computadores que pensem, também, no impacto que elas podem ter sobre os resultados da empresa. No mesmo sentido, as contratações diminuíram porque aos gestores não basta mais justificar os talentos de um candidato: eles precisam também direcionar as contratações para necessidades específicas. O desafio será manter os funcionários tão animados com a inovação orientada quanto estavam com as inovações livres.[61]

Da mesma forma, quando uma fusão ou aquisição une empresas com culturas fortes, as diferenças culturais podem encorajar comportamentos danosos à organização combinada. Depois da aquisição da Nextel pela Sprint, surgiram conflitos porque as duas operadoras de serviço sem fio tinham culturas diferentes. A Sprint se movia com cautela, enquanto a cultura da Nextel era mais empreendedora. Essas diferenças de estilo podem ser perturbadoras para os funcionários dos dois lados e podem ajudar a explicar porque estudos identificam taxas muito mais altas de giro entre gestores nas empresas adquiridas.[62]

Por outro lado, em uma empresa de cultura fraca, as pessoas compartem valores diferentes, há confusão a respeito

Na rede de lojas de roupas Nordstrom, os funcionários recebem um cartão que traz apenas uma regra.

MANUAL DO FUNCIONÁRIO / Bem-vindo à Nordstrom. Que bom que você está aqui! / Nossa maior meta é oferecer atendimento extraordinário ao cliente. / Estabeleça metas pessoais e profissionais elevadas. / Temos grande confiança na sua capacidade de atingi-las e, por isso, nosso manual do funcionário é muito simples. / Temos uma só regra... / NORDSTROM

NOSSA ÚNICA REGRA / USE O BOM SENSO EM TODAS AS SITUAÇÕES. / Por favor, fique à vontade para fazer perguntas a qualquer hora ao seu gerente de departamento, de loja ou de Recursos Humanos.

das metas corporativas e não se sabe claramente quais princípios devem orientar as decisões. Alguns gestores podem dizer respeitar alguns aspectos da cultura ("nunca devemos enganar os clientes"), mas comportar-se de maneira diferente ("não vamos falar do defeito"). Como é de se imaginar, culturas assim geram confusão, conflitos e fraco desempenho. A maioria dos gestores gostaria de criar uma cultura forte, capaz de encorajar e dar respaldo às metas e a comportamentos úteis que tornem a empresa mais eficaz. Em outras palavras, gostariam de criar uma cultura devidamente alinhada com o ambiente competitivo da empresa.[63]

As empresas deixam muitas pistas a respeito de suas culturas

Vamos dizer que queiramos entender a cultura de uma empresa. Talvez estejamos pensando em trabalhar ali e queiramos nos "encaixar", ou talvez já estejamos trabalhando nela e queiramos entendê-la melhor e determinar se a cultura é adequada aos desafios com que se depara. Como fazer o diagnóstico? Há diversas coisas que podem nos dar dicas úteis sobre a cultura:

- As *declarações de missão e metas oficiais* são um bom ponto de partida, porque indicam a imagem pública que uma empresa deseja ter. A maioria das empresas tem uma declaração de missão — até a

A+

DICA
Pistas a respeito da cultura de uma empresa podem ser encontradas por meio de um exame do que diz sua declaração de missão, da maneira como os funcionários se comportam e tratam os clientes, de quem é recompensado e punido e das histórias que os funcionários contam e passam adiante.

CIA (que pode ser vista no site <http://www.cia.gov>). Sua faculdade também tem e ela provavelmente pode ser encontrada online. Mas serão essas declarações uma expressão verdadeira da cultura? Um estudo com funcionários e gestores de hospitais revelou que estes davam notas mais altas às declarações do que os funcionários não administrativos (ainda que tivessem participado de seu desenvolvimento) e que três em cada dez funcionários sequer sabiam que o hospital tinha uma declaração de missão (ainda que o hospital contasse com processos de comunicação a respeito).[64] Assim, depois de ler a missão e as metas, ainda precisamos determinar se essas declarações efetivamente refletem a maneira como a empresa opera.

- As *práticas de negócio* são observáveis. A maneira como uma empresa reage a problemas, toma decisões estratégicas e lida com os funcionários e clientes nos diz muito a respeito ao que a alta administração realmente valoriza. Depois de adquirir o *Los Angeles Times*, os repetidos esforços da Tribune Company para cortar custos no *Times* e consolidar seu birô de Washington com o dos demais jornais da rede indicaram aos funcionários da empresa adquirida as prioridades da matriz.

- *Símbolos, ritos e cerimônias* fornecem mais dicas sobre a cultura. Por exemplo, os símbolos de *status* nos dão uma sensação da rigidez da hierarquia e da natureza das relações entre os níveis mais altos e mais baixos. As pessoas contratadas e demitidas — junto com os motivos para isso — e as atividades que são recompensadas indicam os verdadeiros valores de uma empresa.

- As *histórias que as pessoas contam* trazem muitas informações sobre a cultura da empresa. Qualquer empresa tem seus mitos, lendas e anedotas sobre decisões tomadas e atos praticados no passado que traduzem os seus valores centrais. Essas histórias muitas vezes exibem os heróis da empresa: as pessoas do passado ou presente que apresentavam as qualidades e características valorizadas pela cultura e que agem como modelos para o comportamento dos outros.

Uma cultura forte combina de maneira coerente todas essas medidas. A rede hoteleira Ritz-Carlton dá a cada funcionário um cartão plastificado com uma lista de seus 12 valores de atendimento. A rede realiza uma cerimônia diária: uma reunião de 15 minutos na qual os funcionários de todos os departamentos resolvem problemas e discutem áreas que possam ser melhoradas. Nessas reuniões, o foco se dá sobre a "história uau" do dia, que trata de um modo extraordinário como algum funcionário lidou com um dos valores de atendimento. Por exemplo, uma família chegou ao Ritz-Carlton de Bali com ovos e leite especiais por causa das alergias do filho, mas os alimentos estragaram. O gerente e o pessoal do restaurante não encontraram substitutos na cidade. Então, o *chef* executivo telefonou para sua sogra em Singapura e pediu que ela comprasse os produtos necessários e os levasse para Bali de avião.[65]

● ● OA2.7
Discutir como a cultura de uma empresa afeta suas reações ao ambiente externo.

De modo geral, as culturas podem ser classificadas por enfatizar flexibilidade ou controle e por seu foco ser interno ou externo. Sobrepondo essas duas dimensões, podemos descrever quatro tipos de cultura organizacional, como mostra a Figura 2.5:

- *Cultura de grupo* – Uma cultura de grupo é voltada para dentro e flexível. Tende a basear-se nos valores e normas associados à afiliação. O atendimento às diretrizes organizacionais por um dos membros da empresa decorre de confiança, tradição e compromisso de longo prazo. Tende a enfatizar o desenvolvimento de novos membros e a dar valor à participação na tomada de decisões. A orientação estratégica associada a este tipo de cultura é de implementação por meio da formação de consenso. Os líderes tendem a agir como mentores e facilitadores.

- *Cultura hierárquica* – A cultura hierárquica é voltada para dentro e tem foco sobre o controle e a estabilidade. Traz os valores e normas associados a um sistema burocrático. Valoriza a estabilidade e presume que as pessoas irão atender as determinações organizacionais se seus papéis forem formalmente estabelecidos e aplicados mediante regras e procedimentos.

- *Cultura racional* – A cultura racional é voltada para fora e tem foco sobre o controle. Seus principais objetivos são a produtividade, o planejamento e a eficiência. Os membros da empresa são motivados pela crença em recompensas para atitudes que levem aos objetivos organizacionais desejados.

- *Adhocracia** – A "adhocracia" é voltada para fora e flexível. Esse tipo de cultura enfatiza mudanças e destaca crescimento, aquisição de recursos e inovação. Os membros da empresa são motivados pela importância ou pelo apelo ideológico de suas tarefas. Os líderes tendem a ser empreendedores e afeitos ao risco. Os demais membros também tendem a apresentar tais características.[66]

Esse tipo de diagnóstico é importante quando duas empresas estão pensando em combinar suas operações, seja em uma fusão, aquisição, ou *joint venture*, porque, como vimos, diferenças culturais podem levar esse tipo de arranjo ao fracasso. Em alguns casos, as empresas que investigam esse tipo de mudança podem extrair benefício do estabelecimento de uma equipe independente de peritos terceirizados para examinar detalhadamente a cultura de cada empresa. Por exemplo, essa equipe poderia realizar grupos de foco com os funcionários, procurar por sistemas que deem aos quadros poder para tomar decisões independentemente e observar como a administração fala do fundador, dos clientes e dos funcionários. Com isso, a equipe pode identificar os tipos de questão com que os líderes das empresas precisarão lidar e os valores dentre os quais devem escolher ao tentar estabelecer uma cultura combinada.[67]

A cultura pode ser gerida

Já vimos neste capítulo que uma maneira pela qual as empresas podem reagir ao ambiente é *adaptar-se* por meio de mudanças da própria empresa. Uma das ferramentas mais importantes à disposição dos gestores para realizar esse tipo de mudança está na gestão da cultura organizacional. Por exemplo, será difícil estabelecer foco sobre o atendimento ao cliente em uma cultura que seja voltada para dentro, ao invés de dedicada ao cliente. Por si sós, diretrizes simples muitas vezes são ineficazes; os valores subjacentes da empresa também precisam ser deslocados na direção desejada. A maioria das empresas atuais sabe que tomar medidas para manter a competitividade é essencial e exige mudança de culturas profundamente enraizadas. Quando ocorre esse tipo de mudança, os membros da empresa podem começar a internalizar novos valores e a apresentar comportamentos adequados.

A administração pode adotar diversas abordagens para gerir a cultura. Primeiro, devem estabelecer para a empresa

---

* N. de R.T.: "Adhocracia" é uma possível forma de organização oposta à burocrática que enfatiza o trabalho temporário e adaptativo de grupos de especialistas diversificados e complementares.

● ● CAPÍTULO 2 | O Ambiente Empresarial 47

FIGURA 2.5 — Modelo cultural dos valores concorrentes

Processos flexíveis

Manutenção interna

Tipo: Grupo
Atributo dominante: coesão, participação, trabalho em equipe, senso de família
Estilo de liderança: mentor, facilitador, figura paterna
Laços: lealdade, tradição, coesão interpessoal
Ênfase estratégica: em direção ao desenvolvimento de recursos humanos, comprometimento e moral

Tipo: Adhocracia
Atributo dominante: empreendedorismo, criatividade, adaptabilidade, dinamismo
Estilo de liderança: inovador, empreendedor, afeito a riscos
Laços: flexibilidade, risco, empreendedorismo
Ênfase estratégica: em direção à inovação, ao crescimento e a novos recursos

Posicionamento externo

Tipo: Hierarquia
Atributo dominante: ordem, regras e regulamentos, uniformidade, eficiência
Estilo de liderança: coordenador, organizador, administrador
Laços: regras, políticas e procedimentos, expectativas claras
Ênfase estratégica: em direção à estabilidade, previsibilidade e suavidade

Tipo: Racional
Atributo dominante: consecução de metas, troca de ambiente, competitividade
Estilo de liderança: voltada para produção e realizações, decidida
Laços: orientação para metas, produção, competição
Ênfase estratégica: em direção à vantagem competitiva e à superioridade no mercado.

Processos voltados para o controle

FONTE: Kim S. Cameron and Robert E. Quinn, *Diagnosing and Changing Organizaional Culture* (Englewood Cliffs, NJ; Addison-Wesley, 1988). Utilizado com permissão do autor.

---

ideais e visões elevados e capazes de inspirar seus membros. Essa visão deve ser articulada repetidas vezes, até que se torne uma presença tangível em toda a empresa.

Em segundo lugar, os executivos precisam dar atenção constante aos detalhes mais banais da rotina, como comunicação regular, permanecer visíveis e ativos em toda a empresa e dar bons exemplos. O CEO não deve apenas falar sobre a visão: precisa incorporá-la todos os dias. Isso dá credibilidade aos seus pronunciamentos, cria um exemplo pessoal que os outros podem imitar e gera confiança na qual o avanço da empresa segundo a visão sustentada irá se manter no longo prazo.

Aqui, são especialmente importantes as "horas da verdade", aquelas que exigem decisões difíceis. Imaginemos uma equipe da alta administração que alardeie uma cultura de ênfase à qualidade e descubra que uma peça usada em um lote de produtos é defeituosa. A decisão entre substituir a peça a um alto custo para proteger a qualidade e simplesmente enviar a peça defeituosa aos clientes para poupar tempo e dinheiro é capaz de reforçar ou destruir uma cultura voltada para a qualidade.

Para reforçar a cultura da organização, o CEO e os demais executivos devem celebrar e recompensar rotineiramente aqueles que servem como exemplo dos valores organizacionais. Outro ponto-chave para a gestão da cultura envolve a contratação, a socialização de recém-chegados e a promoção de funcionários com base nos valores corporativos. Com isso, a cultura irá permear toda a empresa.

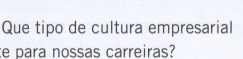

Que tipo de cultura empresarial é importante para nossas carreiras?

Uma que enfatize

Trabalho em equipe ⇐ ou ⇒ eficiência?

Criatividade ⇐ ou ⇒ competitividade?

Embora essa possa parecer uma abordagem trabalhosa à construção de uma nova cultura, os bons gestores sabem que substituir uma cultura antiga, de valores tradicionais, por outra que incorpore os valores competitivos necessários no futuro é uma tarefa que pode levar anos. Mas as recompensas por esse esforço serão uma empresa muito mais eficaz e capaz de reagir às ameaças e oportunidades de seu ambiente. ∎

> " Seja a mudança que deseja ver no mundo.
>
> Mahatma Gandhi "

ACESSE

<http://www.grupoa.com.br>

para materiais adicionais

de estudo, incluindo

apresentações em PowerPoint.

CAPÍTULO 2 | O Ambiente Empresarial

capítulo três

Ética e Responsabilidade Corporativa

O Walmart, maior rede de varejo do mundo, ficou verde. Desde 2005, tem se dedicado a planejar e executar uma estratégia de sustentabilidade que abrange o uso de fontes renováveis de energia, a redução de seus dejetos e a venda de produtos sustentáveis. Um "placar" de embalagem ajuda os 60 mil fornecedores da empresa a entender o que se espera deles e orienta o Walmart na tomada de decisões de compra. A empresa construiu lojas energeticamente eficientes e adaptou outras, além de oferecer sacolas reutilizáveis feitas de materiais reciclados. Apesar de não divulgar detalhes financeiros sobre a iniciativa verde, a empresa diz que o programa já poupa dinheiro e recursos, e projeta que irá poupar bilhões ao longo do tempo.[1]

Saiba a verdade sobre como os gestores de hoje agem corretamente.

A ética é fundamental no negócio de administração de imóveis. Somos obrigados a respeitar as leis de moradia em nossas operações rotineiras. Somos obrigados não apenas como empresa, mas socialmente, a garantir que nossos fornecedores e contratados estejam a par dessas práticas.
Derrick Hawthorne, Administrador de Imóveis

Meu projeto, por natureza e missão, é de responsabilidade social. Estamos tentando fazer nossa parte para ajudar os países subdesenvolvidos, de uma maneira mais proveitosa, disponibilizando uma biblioteca agrícola. A boa ética no ambiente de trabalho se traduz em um melhor produto para nossos assinantes. Quanto melhor o meu desempenho e o dos meus funcionários, melhor o nosso produto e mais útil ele será para os usuários finais, levando adiante a ideia de responsabilidade social.
Elaine Guidero, Gestora de Biblioteca

● ● objetivos de APRENDIZAGEM

OA3.1 Descrever como diferentes pontos de vista éticos orientam a tomada de decisões.

OA3.2 Explicar como as empresas influenciam seu ambiente ético.

OA3.3 Delinear um processo de tomada de decisões éticas.

OA3.4 Resumir as principais questões associadas à responsabilidade social corporativa.

OA3.5 Discutir os motivos para o crescente interesse das empresas no ambiente natural.

OA3.6 Identificar medidas que os gestores podem tomar para gerir, tendo em mente o meio ambiente.

● **ÉTICA** O sistema de regras que rege a ordem de valores.

Este capítulo aborda os valores e a maneira de fazer negócios que os gestores adotam ao executar suas estratégias corporativas e empresariais. Mais especificamente, iremos explorar meios de aplicar a **ética**, o sistema de regras que rege a ordem de valores. Nós o faremos com base na premissa de que os gestores, suas empresas e suas comunidades florescem no longo prazo quando os primeiros aplicam padrões éticos que os levem a agir com integridade. Além disso, abordamos a ideia de que as empresas podem ter a responsabilidade de atender a obrigações sociais, além de ser lucrativas dentro dos limites legais e éticos. Ao estudar este capítulo, devemos pensar no tipo de gestores que queremos ser. Que reputação esperamos ter? Como gostaríamos que os outros nos descrevessem enquanto gestores?

É uma questão importante

Recentemente, escândalos envolveram executivos, auditores independentes, políticos, reguladores, acionistas e funcionários. Em alguns casos, os executivos de companhias abertas fizeram declarações enganosas para inflar o preço das ações, minando a confiança pública na integridade dos mercados financeiros. Muitas vezes, os escândalos foram encabeçados por diversas pessoas em cooperação e muitos dos culpados eram íntegros nos demais aspectos.[2] Lobistas foram acusados – e, às vezes, condenados – de comprar influência por meio de grandes doações a políticos. Executivos admitiram ter recebido enormes bonificações ou opções de ações datadas retroativamente para garantir que ganhassem dinheiro ao investir em sua empresa, independentemente de seu desempenho ter ou não elevado o valor da ação. Que outras notícias nos deixam preocupados com o comportamento dos gestores? Produtos contaminados na oferta de alimentos? Danos ao meio ambiente? Fraudes na internet? Funcionários pressionados para atingir metas de vendas a qualquer custo? A lista é interminável e o público fica cada vez mais cínico. Em uma pesquisa da empresa de relações públicas Edelman, pouco mais da metade dos entrevistados nos Estados Unidos disse confiar nas empresas e menos do que um quarto disse confiar em seus presidentes executivos. Suspeita-se até da gestão dos próprios empregadores; apenas 31% disseram confiar no seu CEO.[3] Tente imaginar o desafio que seria liderar funcionários que não confiam nos patrões.

Infelizmente, quando as empresas se comportam mal, não são os altos executivos, mas os quadros gerais que sofrem mais. Quando empresas como a Enron, que negociava energia, e a corretora de seguros Marsh & McLennan viram o preço de suas ações despencar depois de escândalos, os executivos ficaram com milhões de dólares de seus generosos salários e pacotes de bonificação. Por outro lado, os funcionários, que haviam sido incentivados a investir seus pacotes de aposentadoria nas ações das companhias que os empregavam, viram suas economias desaparecer junto com a reputação das empresas.

Mas apenas falar da Enron e de outros casos conhecidos para dar exemplos de ética empresarial relaxada não vai ao âmago do problema. É claro que esses casos envolvem "vilões" e que os lapsos éticos neles presentes são óbvios. Mas dizer "Eu nunca faria nada assim" é fácil demais. A verdade é que todas as organizações estão sujeitas a tentações. Em uma pesquisa chamada Spherion Workplace Snapshot, mais de um terço dos adultos dos Estados Unidos afirmou ter observado conduta antiética no ambiente de trabalho. Cerca de 1 em 5 entrevistados disse ter visto abuso ou intimidação de funcionários; mentiras contadas aos funcionários, aos clientes, aos fornecedores, ou ao público; ou situações em que os funcionários colocaram os próprios interesses à frente dos da empresa.[4]

As motivações nem sempre são tão óbvias quanto a ganância. Outra pesquisa, essa realizada pela American Management Association e pelo Human Resource Institute, revelou que a principal justificativa dada para o comportamento antiético era "pressão para atingir metas e prazos pouco realistas."[5] Muitas das decisões com as quais iremos nos deparar como gestores nos proporão dilemas éticos e a atitude correta nem sempre será clara.

É uma questão pessoal

"Responda, verdadeiro ou falso? 'Sou um gestor ético.' Se tiver respondido 'verdadeiro', eis um fato incômodo: você provavelmente não é."[6] Essas palavras abrem um artigo na

> "Diz-se, verdadeiramente, que as corporações não têm consciência, mas uma corporação de homens conscientizados é uma corporação com consciência.
> Henry David Thoreau

Harvard Business Review, intitulado "How (Un)Ethical Are You?" ("Até que ponto você é (anti)ético?"). O argumento central é o de que quase todos nós pensamos ser bons gestores, éticos e livres de viés. Mas o fato é que a maioria das pessoas tem vieses inconscientes que favorecem a si e ao grupo a que pertence. Por exemplo, os gestores frequentemente contratam pessoas parecidas com eles, pensam ser imunes a conflitos de interesses, assumem crédito maior do que o merecido e, quando parte da culpa é deles, culpam os outros.

Saber que estamos sujeitos a vieses pode nos ajudar a superá-los, mas isso normalmente não é o bastante. Vamos considerar a questão ética fundamental da mentira. Muitas pessoas mentem – algumas mais do que outras e, em parte, dependendo da situação, geralmente presumindo que irão se beneficiar da mentira. Em um nível básico, todos podemos levantar argumentos éticos contra a mentira e a favor da honestidade. Mas é útil pensar bem nas reais consequências da mentira.[7] A Tabela 3.1 resume os resultados possíveis de dizer a verdade ou mentir em diferentes situações. As pessoas muitas vezes mentem ou cometem outras transgressões éticas sem pensar bem, sem perceber toda a gama de consequências pessoais negativas que isso traz.

As questões éticas não são simples e não são enfrentadas apenas por presidentes de empresas que chamam a atenção da mídia. Nós as enfrentaremos, como já as enfrentamos. Todos temos os próprios exemplos, mas vamos pensar neste: cada vez mais pessoas, ao trabalhar, usam computadores com acesso à internet. Se o empregador paga pelo computador e pelo tempo que passamos em frente a ele, será ético usar a máquina para realizar tarefas que não têm a ver com o trabalho? Será que contornaríamos as regras para determinadas atividades ou por determinados períodos de tempo? Talvez pensemos que não há problema em fazer compras online durante o horário de almoço, ou verificar os resultados da última rodada esportiva. Mas e quanto a passar vídeos dos jogos para nos divertir, ou alegrarmos em um almoço de duas horas para encontrar a melhor oferta de TV de tela plana?

Além da perda de produtividade, os empregadores se preocupam com a introdução de vírus, com o vazamento de informações confidenciais e com a criação de um ambiente de trabalho impróprio por causa do carregamento de conteúdo inadequado. Às vezes, os funcionários escrevem blogs ou publicam comentários online sobre a empresa e seus produtos. É evidente que as empresas não querem que os funcionários digam coisas ruins a respeito delas, mas algumas se preocupam com aqueles que são por demais entusiasmados. Quando as pessoas alardeiam suas empresas e produtos em páginas de comentários, a prática é considerada *spamming**, na melhor das hipóteses, e como propaganda enganosa, se os autores não revelarem seu relacionamento com a empresa. Outra prática considerada enganosa é a criação de blogs fictícios como tática de marketing sem a devida divulgação do patrocínio. E, em uma prática conhecida como *Astroturfing* (campanhas publicitárias ou de relações públicas formalmente planejadas por uma organização e veiculadas de forma anônima como um movimento popular espontâneo), empresas fazem pagamentos a blogueiros para que escrevam comentários positivos a seu respeito. Uma empresa da Flórida, chamada PayPerPost, faz o "casamento" entre anunciantes e blogueiros, mas agora exige que o relacionamento seja divulgado. Empresas como Coca-Cola, UPS e IBM estabeleceram diretrizes que orientam seus funcionários a se identificar com

---

* N. de R.T.: *Spamming* é normalmente visto como o envio de e-mails não solicitados (spams).

TABELA 3.1	Verdade e mentira: possíveis resultados	
Motivo e contexto da mentira	**Resultados da mentira**	**Resultados da verdade**
Expectativas conflitantes	• É mais fácil mentir do que abordar o conflito subjacente. • Permite alívio rápido da questão. • Deixa o problema subjacente sem resolução. • Pode não ter consequências significativas, sejam elas boas ou más. • Quem mente precisa racionalizar a prática para preservar a autoimagem positiva.	• Emocionalmente mais difícil do que mentir. • Pode corrigir o problema subjacente. • Pode ampliar o conflito. • Às vezes é difícil ter impacto sobre uma estrutura impermeável. • Desenvolve a reputação de "honestidade" da pessoa.
Negociação	• Ganho no curto prazo. • Economicamente positiva. • Prejudica o relacionamento de longo prazo. • É preciso racionalizar.	• Respalda um relacionamento de alta qualidade e de longo prazo. • Desenvolve a reputação de integridade. • Fornece um modelo de comportamento a terceiros.
Manter sigilo (pode exigir, no mínimo, uma mentira por omissão)	• Protege qualquer que seja um bom motivo para o sigilo. • Mantém um relacionamento de longo prazo com a parte cujo sigilo é preservado. • Pode projetar uma sensação de engano para a parte enganada.	• Viola a confiança da parte cujo sigilo deve ser preservado. • Faz com que pareçamos enganosos para todos no longo prazo. • Cria impressão de honestidade que vai além da utilidade.
Relatar o próprio desempenho em uma empresa	• Pode trazer progresso para si ou para sua causa. • Desenvolve uma reputação desonesta ao longo do tempo. • Deve continuar a sequência de mentiras para manter a coerência.	• Cria uma reputação de integridade. • Nem sempre é positivo.

FONTE: S. L. Grover, "The Truth, the Whole Truth, and Nothing but the Truth: The Causes and Management of Workplace Lying", *Academy of Management Executive* 19 (maio de 2005), p. 148-57, tabela 1, p. 155.

precisão em suas comunicações na internet para participar de conversas online sobre suas empresas sem serem acusados de enganar os interlocutores.[8]

Esses exemplos são mesquinhos demais para gerar preocupação? Que coisas fazemos que têm implicações éticas em potencial? Este capítulo nos ajudará a pensar bem em decisões com ramificações éticas.

OA3.1
Descrever como diferentes pontos de vista éticos orientam a tomada de decisões.

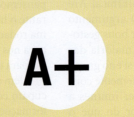

DICA
Uma sugestão sutil, mas potencialmente poderosa:[14] mude seu vocabulário. A palavra "ética" é carregada demais, chega a ser pedante. Prefira "responsabilidade" ou "decência". E aja de acordo.

ÉTICA

O objetivo da ética é o de identificar tanto as regras que deveriam orientar o comportamento das pessoas quanto os "bens" que vale a pena buscar. Decisões éticas são orientadas pelos valores individuais subjacentes. Valores são princípios de conduta, como o cuidado, a honestidade, o cumprimento de promessas, a busca da excelência, a lealdade, a justiça, a integridade, o respeito ao próximo e ser um cidadão responsável.[9]

A maioria das pessoas diria que esses valores são admiráveis diretrizes de comportamento. Mas a ética se torna uma questão mais complicada quando uma situação determina que um valor deve sobrepor-se a outros. Uma **questão ética** é uma situação, um problema, ou uma oportunidade em que uma pessoa precisa escolher entre diversos atos que podem ser considerados moralmente corretos ou incorretos.[10] As questões éticas surgem em todos os aspectos da vida; aqui, nos concentraremos especificamente na ética empresarial. **Ética empresarial** abrange os princípios e padrões morais que orientam o comportamento no mundo dos negócios.[11]

Os sistemas éticos moldam a maneira como aplicamos a ética

Filosofia moral se refere aos princípios, regras e valores que as pessoas usam para determinar o que é certo ou errado. Essa definição parece simples, mas frequentemente torna-se altamente complexa e difícil quando nos deparamos com escolhas reais. Como decidir o que é certo ou errado? Sabemos que critérios aplicar e como?

Os estudiosos da ética apontam diversos sistemas éticos que podem servir como guias.[12] Iremos tratar de cinco deles:

1. Universalismo
2. Egoísmo
3. Utilitarismo
4. Relativismo
5. Ética da virtude

Esses sistemas éticos dão base a escolhas morais e decisões éticas no mundo dos negócios.

universalismo Segundo o **universalismo**, todos devem defender determinados valores, como a honestida-
de e outros de que a sociedade necessita para funcionar. Valores universais são princípios tão fundamentais para a existência humana que são importantes em todas as sociedades – por exemplo, regras contra o homicídio, a mentira, a tortura e a opressão.

Foram realizados alguns esforços para estabelecer princípios éticos globais e universais para os negócios. A Mesa Redonda de Caux, um grupo de executivos internacionais com sede em Caux, na Suíça, trabalhou com líderes empresariais do Japão, da Europa e dos Estados Unidos para criar os **Princípios de Caux** para comportamento empresarial.[13] Esses princípios giram em torno de dois ideais éticos básicos: o *kyosei* e a dignidade humana. *Kyosei* significa viver e trabalhar em conjunto em prol do bem comum, permitindo que cooperação e prosperidade mútuas coexistam com uma competição sadia e justa. A dignidade humana diz respeito ao valor de cada pessoa como fim e não como meio para a realização dos fins de terceiros.

VOCÊ SABIA?
As mulheres são mais éticas do que os homens? Alguns estudos indicam que sim, pelo menos em alguns sentidos. Levantamentos com alunos de Administração de Empresas revelaram um aumento de seu interesse no estudo da ética, com um aumento maior entre as mulheres. Se comparados às colegas, os graduandos homens em cursos de Administração e Psicologia demonstraram mais atitudes antiéticas e uma maior tendência a apresentar comportamento antiético. Quando alunos de Administração tomam aulas de ética, as mulheres dão passos maiores do que os homens na melhoria de sua consciência moral e em seus processos de tomada de decisão.[15]

Princípios universais podem ser poderosos e úteis, mas aquilo que as pessoas dizem, esperam ou pensam que fariam muitas vezes difere daquilo que *de fato* fazem frente a demandas conflitantes em situações reais. Antes de descrever outros sistemas éticos, vamos considerar o exemplo a seguir e pensar em como nós o resolveríamos e como outros poderiam fazê-lo.

▶ Suponhamos que Sam Colt, um representante de vendas, esteja preparando uma apresentação em nome de sua empresa, a Midwest Hardware, que fabrica porcas e parafusos. Colt espera conseguir uma grande venda a uma empreiteira que está construindo uma ponte sobre o Rio Missouri, perto de St. Louis. Os parafusos que a Midwest

54 Administração

Hardware fabrica apresentam taxa de defeito de 3%, o que, embora aceitável para os padrões do setor, os torna inadequados para alguns tipos de projeto, como os sujeitos a tensões súbitas e severas. A nova ponte ficará perto da Falha Geológica de New Madrid, origem de um grande terremoto em 1811. O epicentro desse terremoto, que provocou grandes danos e afetou o fluxo do Rio Missouri, foi a cerca de 300 quilômetros do ponto onde será construída a ponte.

A construção de pontes na região não é regulada pelos códigos sísmicos. Se Colt conquistar o cliente, ganhará uma comissão de US$ 25 mil, além de seu salário normal. Mas se ele revelar a taxa de defeito aos empreiteiros, a Midwest poderá perder a venda para um competidor cujos parafusos são um pouco mais confiáveis. Assim, a questão ética que Colt enfrenta se refere a revelar à empreiteira que, em caso de terremoto, alguns parafusos da Midwest poderiam quebrar.[16]

egoísmo e utilitarismo

Egoísmo é o comportamento aceitável que maximiza o benefício individual. O egoísmo define "fazer a coisa certa", que é o foco da filosofia moral, como "praticar o ato que promova o bem máximo para o agente". Segundo esse conceito, se todos seguirem esta regra, o bem-estar da sociedade como um todo deverá aumentar. O conceito é semelhante ao da mão invisível de Adam Smith, que argumentou que se todas as empresas seguirem seus próprios interesses econômicos, a riqueza total da sociedade será maximizada.

Ao contrário do egoísmo, o **utilitarismo** busca diretamente o bem do maior número possível de pessoas. Vamos ver se o utilitarismo ajudaria a orientar a tomada de decisões éticas em relação a programas de crédito educacional. Recentemente, o advogado-geral de Nova York, Andrew Cuomo, investigou 100 faculdades e meia dúzia de instituições de crédito por causa de esquemas nos quais os credores supostamente ofereciam pagamentos, ações e benefícios às escolas em troca de serem indicados como "credores preferenciais" nas informações prestadas a alunos que desejavam tomar empréstimos educacionais de fontes privadas. Por exemplo, o grupo de crédito educacional do Citibank vinha pagando às escolas uma porcentagem dos empréstimos resultantes de suas recomendações. Cuomo disse que o sistema era corrupto; algumas escolas responderam que não estavam sendo corrompidas e que usavam o dinheiro para aumentar o auxílio financeiro que podiam oferecer aos alunos. A investigação também verificou o fato de que pelo menos um executivo de crédito de uma universidade tinha ações de um dos credores "preferenciais", a Student Loan Xpress – algo que poderia ser encarado como conflito de interesses.[17]

Enquanto a ética baseada no egoísmo aceitaria atos que permitissem aos credores maximizar seus lucros e aos executivos de auxílio financeiro buscar quaisquer esquemas que beneficiassem a si e às suas escolas, o utilitarismo adota um ponto de vista mais amplo. Há a questão óbvia do quanto o esquema custa aos alunos que tomam decisões partindo da premissa de que os credores "preferenciais" lhes concederão os melhores acordos. Mas outros estudantes se beneficiariam se os pagamentos feitos pelos credores fossem usados para ampliar o auxílio financeiro proporcionado pelas escolas. Uma abordagem utilitarista poderia levar em conta:

- O número de alunos beneficiados.
- O quanto eles se beneficiaram.
- Quantos alunos pagaram a mais por seus empréstimos.
- O quanto pagaram a mais.

Mas as empresas envolvidas podem preferir outras abordagens ao utilitarismo. O Citibank reagiu às acusações adotando um código de conduta que proíbe a outorga de benefícios em troca do *status* de "preferencial", e a matriz da Student Loan Xpress, o CIT Group, colocou três de seus executivos de licença enquanto investigava as acusações.[18]

● **QUESTÃO ÉTICA**
Situação, problema ou oportunidade pela qual uma pessoa precisa optar entre diversos atos que precisam ser avaliados como moralmente corretos ou incorretos.

● **ÉTICA EMPRESARIAL**
Os princípios e padrões morais que orientam o comportamento no mundo dos negócios.

● **FILOSOFIA MORAL**
Princípios, regras e valores que as pessoas usam para decidir o que é certo ou errado.

● **UNIVERSALISMO**
O sistema ético segundo o qual todos devem defender determinados princípios dos quais a sociedade necessita para funcionar.

● **PRINCÍPIOS DE CAUX**
Princípios éticos estabelecidos por uma organização de executivos internacionais com sede em Caux, na Suíça, em colaboração com líderes empresariais do Japão, da Europa e dos Estados Unidos.

● **EGOÍSMO** Conduta ética que entende como aceitável o comportamento que procura as consequências máximas para o indivíduo.

● **UTILITARISMO**
Um sistema ético segundo o qual a principal preocupação dos tomadores de decisões deve ser o maior benefício para o maior número possível de pessoas.

CAPÍTULO 3 | Ética e Responsabilidade Corporativa

- **RELATIVISMO** A filosofia que baseia o comportamento ético nas opiniões e comportamentos de outras pessoas relevantes.
- **ÉTICA DA VIRTUDE** A visão de que aquilo que é moral vem do que uma pessoa madura de bom "caráter moral" consideraria correto.
- **MODELO DO DESENVOLVIMENTO MORAL COGNITIVO DE KOHLBERG** A classificação das pessoas com base em seu nível de julgamento moral.
- **LEI SARBANES-OXLEY** Uma lei dos Estados Unidos que estabeleceu rígidas regras contábeis e de relatório para responsabilizar adequadamente os gestores graduados e melhorar e manter a confiança dos investidores.

relativismo

Pode parecer que as pessoas tomam decisões éticas de maneira pessoal, aplicando seus pontos de vista. Mas isso não é necessariamente verdade. O **relativismo** define o comportamento ético com base nas opiniões e nos comportamentos de outras pessoas relevantes. No exemplo anterior sobre empréstimos estudantis, as empresas, o governo e a sociedade dos Estados Unidos concordam, em grande medida, que propinas, benefícios e conflitos de interesses não são comportamentos aceitáveis para pessoas no setor de crédito – e talvez ainda menos para as encarregadas do atendimento a estudantes. Esses padrões ajudam a explicar a rapidez da atitude das empresas quando ficaram sabendo da situação.

O relativismo reconhece a existência de diferentes pontos de vista éticos. Por exemplo, as *normas*, ou padrões de comportamento esperados e aceitáveis, variam de uma cultura para outra. Um estudo que comparou gestores russos e norte-americanos revelou que todos seguiam as normas de buscar o consentimento a respeito de riscos químicos no ambiente de trabalho e de pagar os salários em dia. Mas na Rússia, mais do que nos Estados Unidos, os empresários tendiam a considerar os interesses de um conjunto mais amplo de interessados (no caso do estudo, manter as fábricas abertas em prol do nível de emprego local), a manter caixa-dois para ocultar informações de fiscais da receita e organizações criminosas e fazer pagamentos pessoais a autoridades públicas encarregadas da concessão de contratos.[19] O relativismo define o comportamento ético de acordo com o comportamento apresentado por outros.

ética da virtude

As filosofias morais que acabamos de descrever utilizam diferentes tipos de regras e raciocínio. A **ética da virtude** é um ponto de vista que vai além das regras convencionais, sugerindo que aquilo que é moral deve vir, também, do que uma pessoa madura de bom "caráter moral" consideraria certo. As regras da sociedade proporcionam um piso moral; as pessoas morais podem transcender essas regras por meio da aplicação de suas virtudes pessoais, como fé, honestidade e integridade.

Ainda assim, as pessoas diferem em seu desenvolvimento moral. O **modelo do desenvolvimento moral cognitivo de Kohlberg** as classifica em categorias segundo seu nível de julgamento moral.[20] As pessoas no estágio *pré-convencional* tomam decisões com base em recompensas e punições concretas e no interesse próprio e imediato. Aquelas no estágio *convencional* adaptam-se às expectativas de comportamento ético de grupos ou instituições, como a sociedade, a família, ou seus pares. As pessoas no estágio de *princípios* enxergam além da autoridade, da legislação e da norma e seguem os próprios princípios éticos.[21] Algumas pessoas ficam para sempre no estágio pré-convencional, outras passam para o convencional e algumas evoluem para o estágio de princípios. Ao longo do tempo e por meio da educação e da experiência, as pessoas podem mudar seus valores e seu comportamento ético.

Retomando o exemplo dos parafusos para a ponte, o *egoísmo* resultaria em não dizer nada sobre a taxa de defeitos das peças. O *utilitarismo* exigiria uma análise de custo e benefício mais detalhada e poderia levar à conclusão de que a probabilidade de colapso da ponte é tão baixa comparada à utilidade dos empregos, do crescimento da economia e da empresa que não justificaria mencionar a taxa de defeitos. A perspectiva *relativista* poderia levar o vendedor a analisar a política da empresa e a prática em geral do setor e buscar as opiniões de colegas e, talvez, de periódicos e códigos de ética do setor. O que fosse percebido como consenso ou prática normal ditaria a atitude a ser adotada. Finalmente, a *ética da virtude*, se aplicada por alguém no estágio de princípios do desenvolvimento moral, provavelmente levaria a uma postura aberta em relação ao produto e seus riscos e, talvez, a sugestões de alternativas capazes de reduzir o risco.[22]

VOCÊ SABIA?

Em uma recente pesquisa que classificou 180 países segundo a honestidade, os Estados Unidos ficaram em 18º lugar (empatados com o Japão e a Bélgica). Os 7,3 pontos obtidos pelo país numa escala de 0 a 10 o deixaram entre apenas 22 países com nota 7,0 ou maior. O primeiro lugar foi dividido entre Dinamarca, Suécia e Nova Zelândia, todos com 9,3 pontos. Os países em pior classificação, entre os quais estão a Somália, Mianmar e o Iraque, tendem a estar entre os mais pobres. Infelizmente, a combinação de corrupção e pobreza neles encontrada pode significar, literalmente, uma sentença de morte para muitos de seus cidadãos.[23]

OA3.2

Explicar como as empresas influenciam seu ambiente ético.

A ética empresarial é valorizada, mas, às vezes, ausente

Insider trading, contribuições ilegais para campanhas políticas, propinas e benefícios, processos judiciais famosos e outros escândalos criaram a sensação de que os líderes empresariais usam meios ilegais para obter vantagem

56 Administração

competitiva, aumentar os lucros, ou melhorar sua situação pessoal. Nem os jovens gestores e nem os consumidores acreditam que os executivos graduados estejam estabelecendo padrões éticos elevados.[24] Alguns até dizem, em tom de brincadeira, que a *ética empresarial* tornou-se uma contradição em termos. Muitas vezes, essas opiniões encontram respaldo em experiências reais no ambiente de trabalho. Em uma recente pesquisa com 700 funcionários com diferentes cargos, 39% disseram que seus supervisores às vezes deixavam de cumprir promessas, 24% disseram que eles tinham invadido sua privacidade e 23% que eles haviam encoberto os próprios erros atribuindo a culpa a outrem.[25]

A maioria dos líderes empresariais acredita adotar padrões éticos em suas práticas de negócio.[26] Mas muitos gestores e suas empresas precisam lidar frequentemente com dilemas éticos e as questões que enfrentam são cada vez mais complexas. Eis apenas alguns dos dilemas com que se deparam gestores e funcionários:[27]

- *Marcas* – Campanhas de marketing controversas desencadearam reações contrárias às respectivas marcas entre pessoas que consideraram as táticas empregadas manipuladoras e enganosas.
- *Remuneração do CEO* – Quase três quartos dos norte-americanos dizem que os pacotes de remuneração dos executivos são excessivos.
- *Comercialismo nas escolas* – Grupos de pais em centenas de comunidades lutam contra a publicidade em escolas públicas.
- *Religião no ambiente de trabalho* – Muitas pessoas buscam uma renovação espiritual no local de trabalho, refletindo, em parte, um recrudescimento religioso nos Estados Unidos, enquanto outras afirmam que a tendência infringe a liberdade religiosa e a separação entre igreja e conselho de administração.
- *Más condições de trabalho* – Os alunos de muitas faculdades formaram grupos contra a exploração dc trabalhadores, fazendo piquetes contra indústrias, fabricantes de brinquedos e redes de lojas.
- *Salários* – Mais da metade dos trabalhadores acredita receber menos do que deveria, especialmente tendo em conta o fato de que, desde 1992, os salários têm crescido abaixo dos níveis de produtividade.

▶ Dois jovens foram presos por pendurar caixas iluminadas com néon na cidade de Boston; as caixas foram confundidas com explosivos. Mas os dispositivos nada mais eram que publicidade de um programa para TV e cinema produzido pela Cartoon Network, que pertence à Turner Broadcasting Systems. Partes de Boston foram isoladas por horas, policiais e outros recursos de segurança foram destacados para remover as caixas e empresas e moradores sofreram com o fato. Quem foi responsável? Teriam os jovens demonstrado má capacidade de julgamento ao aceitar o serviço? Ou caberia a responsabilidade final à Cartoon Network e à Turner Broadcasting?

Depois de alguns dias, o líder da Cartoon Network renunciou e a Turner Broadcasting concordou em pagar mais de US$ 1 milhão à cidade de Boston para compensar os custos dos serviços de emergência. Embora caixas semelhantes tenham sido colocadas em nove outras cidades, em nenhuma delas a reação foi semelhante. "Trata-se de uma atitude irracional", disse Kelly O'Keefe, diretor de educação executiva do Adcenter, um centro de estudos publicitários da Universidade da Virgínia. "É marketing de guerrilha sem noção de limites e é imperdoável".[28] ◀

A sociedade exige um clima ético

Em resposta a uma série de escândalos empresariais – especialmente os casos notórios da Enron e da WorldCom – o Congresso dos Estados Unidos aprovou, em 2002, a **Lei Sarbanes-Oxley** para elevar e manter a confiança dos investidores. A lei exige que as empresas:

- Tenham mais membros independentes no conselho de administração e não apenas gente de dentro.
- Sigam as regras contábeis ao pé da letra.
- Façam com que seus gestores graduados sejam pessoalmente responsáveis pelas declarações de resultados financeiros.

Infrações podem resultar em multas pesadas e processos criminais. Um dos maiores impactos da lei é a exigência de que as empresas e seus auditores forneçam aos usuários de demonstrações financeiras relatórios sobre a eficácia dos controles internos no processo de elaboração dos demonstrativos.

Peter Berdovsky e Sean Stevens foram intimados por pendurar caixas que pareciam ser bombas. A promotoria concordou em abrir mão de processá-los depois que os dois realizaram serviços comunitários e desculparam-se publicamente perante o juiz.

As empresas que se dão ao trabalho de atender a essas exigências ou superá-las podem reduzir seus riscos ao diminuir a probabilidade de atos ilegais e as consequências caso algum infrinja a lei. Em resposta a uma orientação da Lei Sarbanes-Oxley, a Comissão de Sentenças dos Estados Unidos modificou as diretrizes de sentença, estabelecendo que empresas condenadas segundo a legislação penal federal podem estar sujeitas a penalidades menores se demonstrarem ter estabelecido um programa eficaz de conformidade e ética. Para atender a essas exigências, as empresas devem criar padrões por escrito de conduta ética e controles que permitam sua aplicação, atribuir aos altos gestores a responsabilidade por garantir que o programa funcione da maneira pretendida, impedir qualquer pessoa que infrinja os padrões de ocupar cargos de gestão, fornecer a todos os funcionários treinamento sobre ética, monitorar a subordinação, conferir aos funcionários incentivos pela execução dos padrões e aplicar penalidades por infração, e reagir com punições e medidas preventivas adicionais em caso de revelação de conduta criminosa.[29]

Alguns executivos dizem que a Sarbanes-Oxley os desvia de suas reais atividades e os torna mais avessos ao risco.

● **CLIMA ÉTICO** Trata-se dos processos por meio dos quais as decisões são avaliadas e tomadas em termos do que é certo e errado dentro de uma empresa.

Alguns reclamam do tempo e do dinheiro necessários para atender aos padrões de relatórios internos – que supostamente chegam a exigir milhões de dólares em melhorias tecnológicas. Outros observam que o comportamento antiético tem consequências negativas, especialmente quando inclui atos ilegais que sejam posteriormente revelados. Por exemplo, as empresas que estabelecem uma linha dedicada que permita aos funcionários denunciar conduta ilegal ou antiética podem descobrir quando algum funcionário pratica fraudes. As fraudes não só podem afetar os clientes como também a própria empresa quando os funcionários encontram meios de ficar com dinheiro ou bens dos empregadores. A Associação de Inspetores Juramentados de Fraudes levantou que as empresas dos Estados Unidos perdem cerca de 6% de seu faturamento anual por causa de fraudes, mas que essas perdas caem pela metade nas empresas que contam com mecanismos de denúncia de má conduta.[30] Independentemente das atitudes dos gestores quanto à Lei Sarbanes-Oxley, o fato é que ela cria exigências legais que têm por objetivo aprimorar o comportamento ético.

A ética não é moldada apenas pela lei, pelo desenvolvimento e virtude pessoal. Também pode ser influenciada pelo ambiente de trabalho nas empresas. O **clima ético** de uma empresa tem a ver com os processos por meio dos quais as decisões são tomadas e avaliadas em termos de certo e errado.[31] Por exemplo, os altos executivos da General Electric demonstraram seu comprometimento com a promoção de elevados níveis de integridade sem sacrifício do notório compromisso da empresa com resultados. As medidas tomadas pela GE para manter um clima ético positivo incluem o estabelecimento de padrões globais de comportamento para prevenir problemas éticos, como conflitos de interesses e lavagem de dinheiro. À medida que monitoram o ambiente externo, espera-se dos gestores que levem em conta os desdobramentos jurídicos e éticos, entre outros, para que a empresa possa estar preparada para novas questões à medida que surjam. Os gestores de todos os níveis são recompensados por seu desempenho no atendimento a padrões tanto éticos quanto de negócios e, quando surgem infrações, até mesmo gestores bem-sucedidos por outros critérios são submetidos a processos disciplinares, o que dá um forte sinal do valor que a GE atribui ao comportamento ético.[32]

Quando as pessoas tomam decisões que são julgadas segundo critérios éticos, há questões que sempre parecem ser levantadas: Por que agiu assim? Os motivos foram bons ou maus? De quem é a responsabilidade? Quem fica com o crédito, ou com a culpa? Muitas vezes, a responsabilidade por atos antiéticos é atribuída diretamente a quem os cometeu. Mas o ambiente de trabalho também exerce forte influência. Quando os funcionários sentem-se pressionados a cumprir metas ou prazos fora do razoável, podem agir individualmente, mas seus gestores são parcialmente responsáveis pelo estabelecimento de padrões, pela seleção de funcionários capazes de atender tais padrões e por fornecer a eles os recursos necessários para o sucesso. Os gestores também precisam manter abertas as linhas de comunicação para que os funcionários possam discutir dificuldades com o cumprimento de metas, em vez de recorrer a comportamento antiético e possivelmente ilegal.

Comportamentos antiéticos nas empresas podem ser responsabilidade de um indivíduo antiético, mas muitas vezes revelam uma cultura empresarial na qual a ética deixa a desejar.[33] Manter um clima ético positivo é sempre um desafio e é especialmente difícil para empresas com atividades internacionais. Diferentes culturas e países podem apresentar diferentes padrões de comportamento e cabe aos gestores decidir quando é apropriado o relativismo em vez

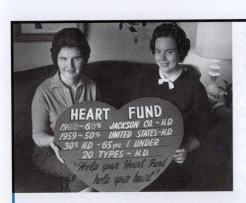

ANTIGAMENTE...

As atividades beneficentes de uma empresa podiam limitar-se a coletas de dinheiro e alimentos para causas dignas.

AGORA...

Os trabalhadores doam, além de dinheiro, seu tempo. Aqui, funcionários da McGraw-Hill prestam serviços voluntários na reforma de uma escola primária de Nova Orleans.

da obediência aos padrões da empresa. Por exemplo, consideremos as situações reais a seguir, em que decisões ligadas à ética surgiram em um contexto internacional. O que faríamos em cada um desses casos?

- Somos representantes de vendas de uma construtora no Oriente Médio. A empresa quer muito conquistar um determinado projeto. O primo do ministro que irá determinar a concessão do contrato nos informa que o ministro quer US$ 20 mil além das tarifas legais. Se não fizermos o pagamento, outra empresa certamente o fará – e obterá o contrato.

- Somos vice-presidentes de uma multinacional do setor químico. A empresa é a única fabricante de um inseticida que irá combater com eficácia uma recente praga em cultivos na África Ocidental. O ministro da agricultura de um pequeno país em desenvolvimento da região fez uma grande encomenda do produto. O inseticida é altamente tóxico e proibido nos Estados Unidos. Informamos o ministro dos riscos que traz o uso do produto, mas ele insiste e afirma que será usado "de forma inteligente". O presidente de nossa empresa acha que devemos aceitar o pedido, mas a decisão final é nossa.

- Somos os novos gestores de marketing de um grande fabricante de pneus para automóveis. A agência de publicidade que atende nossa empresa acaba de apresentar planos de introdução de um novo pneu no mercado do Sudeste Asiático. O pneu é um bom produto, mas a peça publicitária proposta é enganosa. Por exemplo, o "preço reduzido" foi elaborado a partir de um valor hipotético estabelecido apenas para permitir a redução, e as alegações de que o pneu foi testado sob "as mais adversas" condições deixam de lado o fato de que não o foi sob o calor e a umidade prolongados dos trópicos. Nossos superiores não estão preocupados com a publicidade enganosa e estão contando conosco para garantir que o pneu seja um enorme sucesso no novo mercado. Devemos aprovar o plano de publicidade?[34]

acreditam ser necessário para ter sucesso? Elas acham que as pessoas éticas "ficam na lanterna" e que "os vilões vencem"? Ou, pelo contrário, que a empresa recompensa o comportamento ético e não tolera o antiético?[36] Lynn Brewer, que revelou as falcatruas financeiras da Enron, também ouviu os gestores da empresa defender valores como respeito e integridade, mas depois entendeu que essas mensagens eram só "fachadas" e que as pessoas estavam dispostas a prejudicar umas às outras em defesa de interesses próprios. Ela acabou por concluir que "ninguém ligava" para comportamento antiético e ilegal quando se tratava de sustentar o preço das ações da empresa.[37]

Encontraremos sinais de perigo no julgamento dos fundadores da AutoAdmit? Essa pequena empresa opera um site de mensagens voltado para estudantes de Direito. Alguns deles reclamaram que participantes do quadro de mensagens da empresa publicaram mensagens falsas e negativas a seu respeito que os humilharam e podem ter interferido em sua capacidade de encontrar estágios de verão. Muitos empregadores usam buscas na internet como parte da verificação do histórico de candidatos, e sites como o AutoAdmit podem surgir entre os resultados das pesquisas. Jarret Cohen, fundador da AutoAdmit, disse ao *Washington Post* que reluta em interferir com o que lá é publicado: "Quero que [o painel de mensagens] seja um lugar onde as pessoas possam se manifestar livremente". Ele e seu sócio, Anthony Ciolli, definem o assunto em termos de liberdade de expressão, afirmando que

> ## "Associa-te a homens de boa qualidade se prezas tua reputação; antes só do que mal acompanhado."
>
> George Washington

sinais de perigo Nas empresas, manter um comportamento ético e coerente por parte de todos os funcionários é um desafio constante. Quais são os sinais de que uma empresa pode estar permitindo ou até mesmo encorajando o comportamento antiético? Muitos fatores, entre os quais os indicados a seguir, criam um clima que leva a comportamentos antiéticos:

- Ênfase excessiva em receitas no curto prazo em detrimento de aspectos de longo prazo.
- Deixar de estabelecer um código de ética por escrito.
- O desejo de soluções simples e rápidas para problemas éticos.
- Falta de disposição para adotar uma postura ética que possa impor custos financeiros.
- Tratar a ética apenas como questão jurídica ou ferramenta de relações públicas.
- Ausência de procedimentos claros para lidar com problemas éticos.
- Sensibilidade às exigências dos acionistas em detrimento de outros interessados.[35]

Para entender o clima ético de nossa empresa, devemos pensar do ponto de vista dos funcionários. O que as pessoas

"encontra-se, no todo, um nível muito mais profundo e maduro de conhecimento em uma comunidade em que as partes mais feias e profundas das opiniões humanas são encaradas e não ignoradas". Ciolli alega que só Cohen tem autoridade para remover publicações ofensivas e Cohen recusa-se a "fazer remoção seletiva" de comentários. Além disso, o site não guarda informações que possam identificar os participantes e usa apenas apelidos, porque "as pessoas não se divertiriam tanto" se os empregadores pudessem identificá-las. Até agora, Ciolli e Cohen conseguiram evitar acusações de que o site esteja infringindo a lei; a AutoAdmit não é responsável pelo teor das mensagens escritas por visitantes.[38] Mas o que pensar do clima ético da empresa? Ela deveria defender valores além da liberdade de expressão? A quem os usuários podem recorrer, se anônimos podem dizer o que bem entendem?

padrões ético-corporativos As pessoas frequentemente cedem ao que entendem como as pressões ou preferências de outras pessoas poderosas. No ambiente de trabalho, isso significa que os gestores influenciam os funcionários para o bem ou para o mal. Como veremos mais

CAPÍTULO 3 | Ética e Responsabilidade Corporativa

- **LÍDER ÉTICO** Alguém que seja ao mesmo tempo uma pessoa moral e um gestor moral, influenciando os outros para que se comportem de maneira ética.

adiante, ao tratar de liderança e motivação, os gestores moldam, formal e informalmente, o comportamento dos funcionários por meio de dinheiro, aprovação, boas tarefas, um ambiente de trabalho positivo e muitos outros meios. Isso quer dizer que os gestores são uma força poderosa para criar uma cultura ética.

Para criar uma cultura que incentive o comportamento ético, os gestores precisam ser mais do que pessoas éticas. Também devem fazer com que os outros se comportem de maneira ética.[39] Na General Electric, o presidente Jeffrey Immelt demonstra sua preocupação com a liderança ética abrindo e encerrando cada reunião anual com uma declaração dos princípios de integridade da empresa, enfatizando que "o sucesso da GE se baseia em nossa reputação, frente a todos os interessados, de comportamento legal e ético." Essas palavras encontram respaldo em um sistema de recompensas segundo o qual os gestores são avaliados por sua conformidade com padrões ligados à ética, como o uso de auditorias, número mínimo de reclamações de clientes e processos judiciais, prevenção da tomada de medidas pelos reguladores do governo, e alta classificação em pesquisas com funcionários.[40]

Diz-se que a reputação é nosso bem mais precioso. Eis uma sugestão: vamos estabelecer para nós mesmos a meta de sermos vistos pelos outros como "pessoas morais" e "gestores morais", como pessoas que influenciam os outros para que se comportem de maneira ética. Quando somos tanto pessoas quanto gestores morais, podemos ser, de fato, **líderes éticos**.[41] Se formos de forte caráter pessoal, mas dermos mais atenção a outras coisas e a ética for "gerida" por meio de "negligência benigna", não seremos vistos como líderes éticos.

A IBM usa uma diretriz de conduta em negócios que pede aos funcionários que determinem se, uma vez expostos ao escrutínio de seus colegas, amigos e parentes, estariam à vontade com suas decisões. Uma sugestão é imaginar como nos sentiríamos se víssemos uma decisão nossa e suas consequências na primeira página do jornal.[42] Esse arcabouço ético pode ser muito poderoso.

O medo da exposição influencia mais as pessoas em algumas culturas do que em outras. Na Ásia, a ansiedade a respeito da vergonha leva os executivos a renunciar imediatamente quando flagrados em alguma transgressão da ética ou se suas empresas sofrem embaraços por causa de revelações na imprensa. Nos Estados Unidos, por outro lado, executivos denunciados podem reagir com indignação, intransigência, invocação do direito de plena defesa, subterfúgios, alegações de que todo o mundo faz isso, ou recusando-se a admitir qualquer erro e dar sinal de que sequer tenham pensado em entregar seus cargos. Em parte por causa da tradição jurídica, a atitude frequentemente é: jamais explicar, jamais pedir desculpas, nunca admitir um erro, não pedir demissão, mesmo que todo o mundo saiba exatamente o que aconteceu.[43]

> Imaginemos o gestor de uma loja de carros usados dando duro para personificar práticas empresariais éticas frente a seus clientes e funcionários.[46] Isso criaria uma poderosa vantagem competitiva em comparação com a reputação do setor (ou pelo menos seu estereótipo) de práticas suspeitas.

códigos de ética

A Lei Sarbanes-Oxley, da qual já falamos, exige que as companhias abertas divulguem periodicamente se adotaram um código de ética para seus diretores financeiros – e, caso não o tenham feito, expliquem o porquê. Muitas vezes, essas declarações são feitas só para manter as aparências, mas, quando bem implementadas, podem mudar para melhor o clima ético das empresas e encorajar efetivamente o comportamento ético. Os executivos dizem que dão maior atenção aos códigos de ética de suas empresas quando percebem que os interessados (clientes, investidores, credores e fornecedores) tentam influenciá-los nesse sentido, e sua motivação para dar atenção ao código é o fato de que isso ajuda a criar uma cultura ética forte e promover uma imagem positiva.[44]

Os códigos de ética precisam ser cuidadosamente redigidos e ajustados às filosofias das empresas. A seguradora Aetna Life & Casualty acredita que cuidar das necessidades gerais da sociedade é essencial para o cumprimento de seu papel econômico. A Johnson & Johnson tem um dos códigos de ética mais famosos – aqui reproduzido na Tabela 3.2. A J&J recebe consistentemente altas classificações de responsabilidade social e comunitária na pesquisa anual de reputação corporativa da revista *Fortune*.

A maioria dos códigos de ética aborda assuntos como conduta dos funcionários, comunidade e meio ambiente, acionistas, clientes, fornecedores e subcontratados, atividade política e tecnologia. Muitas vezes, os códigos são redigidos pelos departamentos jurídicos das organizações e começam com uma pesquisa dos códigos de outras empresas. O Ethics Resource Center de Washington ajuda empresas interessadas em estabelecer códigos de ética corporativa.[45]

60 Administração

TABELA 3.2 — O código de ética da Johnson & Johnson's

Acreditamos que nossa maior responsabilidade é para com os médicos, enfermeiros e pacientes, para com as mães e todos os demais que usam nossos bens e serviços. Ao atender as suas necessidades, tudo o que fazemos deve ser de alta qualidade. Precisamos nos esforçar constantemente para reduzir nossos custos e, assim, manter preços razoáveis. Os pedidos dos clientes devem ser atendidos pronta e precisamente. Nossos fornecedores e distribuidores devem ter a oportunidade de obter lucros justos.

Somos responsáveis para com nossos funcionários: os homens e mulheres que trabalham conosco em todo o mundo. Todos devem ser considerados como indivíduos. Precisamos respeitar sua dignidade e reconhecer seus méritos. Eles devem se sentir seguros em seus empregos. A remuneração deve ser justa e adequada e as condições de trabalho devem ser de limpeza, ordem e segurança. Os funcionários devem se sentir livres para fazer sugestões e reclamações. Deve haver igualdade de oportunidade de emprego, desenvolvimento e avanços para todos os que se qualifiquem. Devemos fornecer gestão competente e os atos dos gestores devem ser justos e éticos.

Somos responsáveis perante as comunidades em que vivemos e trabalhamos e, também, perante a comunidade mundial.

Devemos ser bons cidadãos. Apoiar boas obras e instituições de caridade e arcar com uma justa parcela dos impostos. Devemos encorajar melhorias cívicas e nas áreas de saúde e educação.

Devemos manter em boa ordem os imóveis que temos o privilégio de usar, protegendo o meio ambiente e os recursos naturais.

Nossa responsabilidade final é perante os acionistas. A empresa deve proporcionar lucros sólidos. Devemos experimentar novas ideias. É preciso realizar pesquisas, desenvolver programas inovadores e arcar com o custo dos erros. Precisamos comprar novos equipamentos, fornecer novas instalações e lançar novos produtos. Devemos criar reservas para enfrentar períodos adversos.

Quando operarmos de acordo com esses princípios, os acionistas deverão obter retorno justo.

FONTE: Reproduzido mediante permissão da Johnson & Johnson.

Para que um código de ética seja eficaz, devemos aplicar os seguintes princípios:

- Envolver na redação do código aqueles que terão de conviver com ele.
- Manter o foco sobre situações realistas que os funcionários possam entender.
- Mantê-lo breve e simples para que seja fácil de entender e memorizar.
- Escrever sobre valores e crenças comuns que sejam importantes e nos quais as pessoas possam realmente acreditar.
- Dar o tom a partir do topo, fazendo com que os executivos falem dos termos estabelecidos e vivam de acordo com eles.[47]

Quando a realidade diverge do que se diz – como quando um lema diz que as pessoas são nosso principal ativo, ou que um produto é o melhor do mundo, mas as pessoas são na verdade maltratadas e o produto é de baixa qualidade –, a declaração passa a ser uma piada, em vez de um guia para os funcionários.

programas de ética Os programas de ética corporativa costumam incluir códigos de ética formais que articulam as expectativas da empresa em relação à ética; comitês de ética encarregados de desenvolver políticas, avaliar atitudes e investigar infrações; sistemas de comunicação de ética que deem aos funcionários meios de relatar problemas ou obter orientação; diretores de ética ou ouvidores que investiguem denúncias e proporcionem treinamento; programas de treinamento em ética; e processos disciplinares para lidar com comportamentos antiéticos.[48]

Os programas de ética podem ir dos baseados em conformidade aos baseados em integridade.[49] Os **programas de ética baseados em conformidade** são desenvolvidos pelo departamento jurídico para prevenir, detectar e punir infrações à lei. Programas deste tipo aumentam a vigilância e os controles impostos às pessoas e aplicam punições aos infratores. Os elementos de tais programas incluem o estabelecimento e a comunicação de padrões e

VOCÊ SABIA?
Embora muitas empresas tenham códigos de ética, um número muito menor conta com programas de ética abrangentes que envolvam treinamento, canais de denúncia de infrações, avaliação da conduta ética e procedimentos disciplinares aplicáveis às infrações.[50]

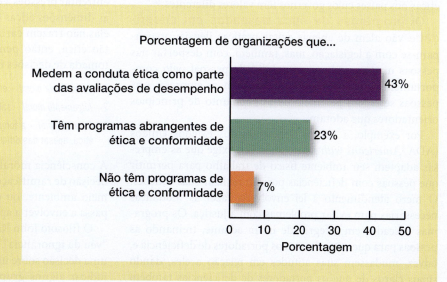

CAPÍTULO 3 | Ética e Responsabilidade Corporativa 61

- **PROGRAMAS DE ÉTICA BASEADOS EM CONFORMIDADE**
Mecanismos empresariais normalmente redigidos pelo departamento jurídico para prevenir, detectar e punir infrações à lei.

- **PROGRAMAS DE ÉTICA BASEADOS EM INTEGRIDADE**
Mecanismos empresariais concebidos para infundir nas pessoas a responsabilidade pessoal pelo comportamento ético.

procedimentos jurídicos, a atribuição de gestores graduados para supervisionar a conformidade, auditoria e monitoramento da conformidade, a denúncia de delitos, a punição de infratores e a tomada de medidas para prevenir infrações no futuro.

Esses programas devem reduzir o comportamento ilegal e ajudar a empresa a se manter afastada dos tribunais. Mas eles não criam um compromisso moral com a conduta ética; apenas garantem a mediocridade moral. Como afirmou Richard Breeden, ex-presidente da Comissão de Valores Mobiliários dos Estados Unidos, "Aspirar a terminar o dia sem ser indiciado não é um padrão moral ético adequado".[51]

O Yahoo! enfrenta um dilema ético ao tomar decisões a respeito de como operar na China. O governo chinês prendeu Wang Xiaoning por "incitação à subversão" em seu jornal eletrônico pró-democracia e o condenou a 10 anos de prisão. Segundo o processo movido contra o Yahoo! nos Estados Unidos, a subsidiária chinesa da empresa utilizada por ele deu informações que permitiram às autoridades que o identificassem. Como pode uma empresa da internet, que valoriza a liberdade de expressão, justificar o apoio dado a um governo repressivo? Jim Cullan, do Yahoo!, observa que a empresa deve obediência à legislação dos países em que opera, mas acrescenta que ela tem tentado desenvolver princípios operacionais que ajudem as pessoas a tomar decisões éticas nos países cujos governos têm valores diferentes.[52]

Os **programas de ética baseados em integridade** vão além de apenas evitar práticas ilegais; preocupam-se com a legislação, mas, também, com despertar nas pessoas um senso de responsabilidade pessoal pelo comportamento ético. Com programas assim, as empresas e as pessoas se regem por meio de um conjunto de princípios orientadores que adotam.

Por exemplo, a Lei de Deficientes dos Estados Unidos (ADA, *Americans with Disabilities Act*) exige que as empresas adaptem seu ambiente físico de trabalho para permitir que pessoas com deficiências possam realizar suas funções. O mero atendimento à lei envolveria fazer as mudanças necessárias para evitar problemas com a justiça. Os programas baseados em integridade iriam adiante, treinando as pessoas para que entendessem os portadores de deficiência e, talvez, mudassem suas atitudes em relação a eles, dando sinais claros de que os portadores de deficiências também

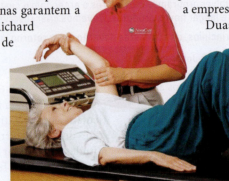

A NovaCare tem forte crença em programas de ética baseados na integridade.

possuem competências valiosas. Tal esforço vai muito além da mera tomada de medidas para evitar problemas judiciais.

Quando os altos administradores apresentam um compromisso pessoal com o comportamento ético responsável, os programas tendem a ser mais bem integrados às operações, ao pensamento e ao comportamento. Por exemplo, em uma reunião de cerca de 25 gestores intermediários de uma grande instituição financeira, todos disseram ao diretor jurídico que nunca tinham visto o documento de política ética da empresa, ou sequer ouvido falar dele.[53] As políticas existiam, mas não eram parte do pensamento diário dos gestores. Por outro lado, uma empresa de produtos para a saúde baseia um terço dos aumentos anuais de salário dos gestores em seu desempenho frente aos ideais éticos da empresa. O comportamento ético é avaliado por seus superiores, pares e subordinados – fazendo da ética um aspecto completamente integrado da maneira como a empresa e seu pessoal operam.

Duas empresas que têm fortes programas baseados em integridade são a NovaCare (que presta serviços de reabilitação a hospitais e casas de repouso) e a Wetherill Associates (fornecedora de peças elétricas ao mercado automotivo). Essas empresas acreditam que seus programas contribuem para a competitividade, para uma moral mais elevada e para relacionamentos sustentáveis com os principais interessados.[54]

OA3.3
Delinear um processo de tomada de decisões éticas.

É possível aprender a tomar decisões éticas

Já dissemos que não é fácil tomar decisões éticas. Essas decisões são complexas. Em primeiro lugar, podemos enfrentar pressões a que pode ser difícil resistir. Além disso, as dimensões éticas dos problemas nem sempre são claras; elas não trazem cartazes que digam: "Ei, eu sou uma questão ética, então pense em mim em termos morais!".[55] A tomada de decisões éticas exige três coisas:

1. *Consciência moral* – entender que uma questão tem implicações éticas.
2. *Julgamento moral* – saber quais atitudes são moralmente defensáveis.
3. *Caráter moral* – a força e a persistência para agir de acordo com nossa ética, apesar das dificuldades.[56]

A consciência moral parte da avaliação de ter ou não uma decisão de ramificações que prejudiquem os funcionários, o meio ambiente, ou outros interessados. O desafio, então, passa a envolver a aplicação do julgamento moral.

O filósofo John Rawls criou um experimento baseado no "véu da ignorância".[57] Imaginemos que tenhamos de tomar uma decisão sobre uma política a qual irá beneficiar ou prejudicar alguns grupos mais do que outros. Por exemplo,

| FIGURA | 3.1 | Um processo de tomada de decisões éticas |

```
Compreender todos
os padrões morais
                                    Determinar
                                    os resultados
                                    econômicos
                     Definir
                     todo o         Considerar           Propor uma
                     problema       as exigências       solução
                     moral          legais              moral
Compreender todos                                       convincente
os padrões morais                   Avaliar os
 – Benefícios para alguns           deveres éticos
 – Prejuízos para outros
 – Direitos exercidos
 – Direitos negados
```

FONTE: L. T. Hosmer, *The Ethics of Management*, 4. ed. (New York: McGraw-Hill/Irwin, 2003), p. 32.
© 2003 The McGraw-Hill Companies.

uma política poderia fornecer mais tempo de férias para todos os funcionários, mas reduzir os horários flexíveis, que permitem aos pais de crianças pequenas equilibrar suas responsabilidades profissionais e familiares. Alternativamente, imaginemos o reitor de uma universidade que precisa decidir entre elevar as mensalidades ou cortar o apoio financeiro para estudos no exterior.

Imaginemos, agora, pertencermos a um dos grupos afetados, mas não sabemos a qual deles – por exemplo, os que podem pagar para estudar no exterior e os que não podem, ou um pai jovem ou um solteiro jovem. Só saberemos em qual categoria nos encaixamos depois de tomada a decisão. Como decidiríamos? Estaríamos dispostos a ser parte do grupo prejudicado? Nossa decisão seria diferente se estivéssemos em outro grupo? Rawls argumentou que apenas uma pessoa que ignore a própria identidade pode tomar uma decisão realmente ética. Os tomadores de decisões podem aplicar taticamente o véu da ignorância para ajudar a minimizar o viés pessoal.

Para resolver problemas éticos, podemos usar o processo ilustrado na Figura 3.1. Compreender os diversos padrões morais, descritos anteriormente, como universalismo, relativismo etc., e começar a seguir um processo formal de tomada de decisão. Como veremos em maiores detalhes no Capítulo 4, identificamos e diagnosticamos o problema, geramos soluções alternativas e avaliamos cada uma delas. Nossa avaliação deve reconhecer o impacto das diferentes alternativas: a quem beneficiam e prejudicam, quem consegue exercer seus direitos e quem tem seus direitos negados? Agora podemos entender o que o problema moral efetivamente abrange.

Ao definir um problema, é fácil encontrar desculpas para um comportamento antiético. As pessoas podem racionalizar esses comportamentos por meio da negação de responsabilidade ("O que posso fazer? Estão me obrigando a isso"), negação de dano ("Ninguém foi muito prejudicado, poderia ter sido pior"), negação da vítima ("Eles mereceram"), ponderação social ("Eles são piores do que nós") e apelo a lealdades maiores ("Foi por um princípio mais elevado", ou "Sou fiel demais ao meu chefe para fazer a denúncia").[58] Poucos dias depois de o governo dos Estados Unidos fornecer US$ 85 bilhões para impedir o colapso da gigante dos seguros American International Group (AIG), a empresa enviou executivos para um hotel luxuoso. Quando foi pedida a ela uma justificativa, os executivos inicialmente responderam com desculpas: os US$ 440 mil gastos eram muito menos do que o valor que o governo gastara no resgate e os executivos que participaram da viagem não trabalhavam na divisão da AIG que dera origem aos problemas financeiros. Em certo momento, precisaram reconhecer que isso não respondia a pergunta a respeito de ser a viagem um uso ético do dinheiro da empresa em um momento em que ela – juntamente com muitos dos contribuintes cujo dinheiro estava sendo resgatado da seguradora – enfrentava uma crise econômica.[59]

Também precisamos considerar as exigências legais de garantia de plena conformidade e os resultados econômicos das escolhas que fazemos, inclusive custos e lucros em potencial. A Figura 3.2 mostra custos associados ao comportamento antiético.[60] Alguns deles são óbvios: multas e penalidades. Outros, como os custos administrativos e as medidas corretivas, são menos evidentes. Em última análise, os efeitos sobre clientes e funcionários e as reações do

O clima ético está esquentando! Ben Glisan Jr., ex-tesoureiro da Enron, declarou-se culpado de formação de quadrilha e foi o primeiro ex-executivo da empresa a ir para a prisão. Os ex-executivos Jeff Skilling e Ken Lay foram presos mais tarde por sua participação no notório escândalo que levou à aprovação da Lei Sarbanes-Oxley, em 2002. O caso é considerado um dos maiores escândalos empresariais da história dos Estados Unidos.

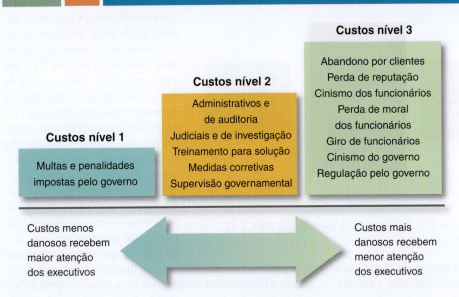

FIGURA 3.2 Os custos das falhas éticas

FONTE: T. Thomas, J. Schermerhorn Jr. and J. Dienhart, "Strategic Leadership of Ethical Behavior in Business", *Academy of Management Executives* (maio de 2004), p. 58.

governo podem ser monumentais. Uma plena consciência dos custos em potencial pode ajudar as pessoas a ficar longe dos comportamentos antiéticos.

Avaliar nossos deveres éticos exige procurar por atitudes que atendam os seguintes critérios:

- Nós nos orgulharíamos de ver a atitude amplamente noticiada nos jornais.
- A atitude criaria um senso de comunidade entre todos os envolvidos.
- A atitude geraria o máximo de bem social.
- Estaríamos dispostos a aceitar que outros tomassem a mesma atitude em relação a nós.
- A atitude não prejudica "o mais fraco".
- A atitude não interfere com o direito de todos os demais de desenvolver ao máximo suas habilidades.[61]

Como se vê, tomar decisões éticas é complicado, mas a consideração desses fatores nos ajudará a desenvolver a solução moral mais convincente.

Ser ético exige coragem

O comportamento ético não exige apenas consciência e julgamento moral; requer, também, caráter moral, inclusive a coragem de tomar medidas condizentes com nossas decisões éticas. Vamos pensar em como pode ser difícil agir corretamente.[62] Quando crescemos, estamos sujeitos a muita pressão para nos ajustar ao comportamento dos outros, e não é legal ser bisbilhoteiro. Na vida profissional, quão difícil seria abrir mão de uma dinheirama para "respeitar a própria ética"? Dizer aos colegas ou ao chefe que achamos que ultrapassaram um limite ético? Desobedecer a uma ordem do chefe? Passar por cima dele e ir a algum superior com nossas suspeitas a respeito de práticas contábeis? Ir além da empresa para alertar outros se alguém estiver sendo prejudicado e a administração recusar-se a corrigir o problema?

Os gestores da PepsiCo enfrentaram uma escolha difícil quando uma secretária executiva da sede da Coca-Cola Company entrou em contato para lhes oferecer documentos confidenciais e amostras de produtos em troca de dinheiro. Em vez de buscar uma vantagem antiética (e ilegal), os gestores da Pepsi notificaram a Coca-Cola, que demitiu a secretária e entrou em contato com o FBI. No fim, a secretária e dois conhecidos seus foram condenados por formação de quadrilha e espionagem industrial.[63] A PepsiCo ainda não tem a receita secreta da Coca-Cola, mas manteve sua reputação de competidora íntegra. Escolher a integridade em vez de uma vantagem de negócio no curto prazo exigiu coragem.

Muitas pessoas carecem de coragem – ou acreditam que a administração da empresa careça. Em uma recente pesquisa com adultos empregados, apenas metade dos que disseram ter testemunhado comportamento antiético no trabalho afirmou que seria provável que o denunciasse. Uma pesquisa da Society for Human Resources Management e do Ethics Resources Center investigou os motivos por trás dessa relutância. No estudo, os funcionários que disseram que não denunciariam as más práticas que viam deram três principais motivos para seu silêncio: uma crença em que a empresa não tomaria medidas corretivas, medo de retaliações da administração e dúvidas quanto ao sigilo de sua denúncia.[64]

Comportar-se de maneira ética em um clima ético forte já é difícil, mas é preciso ter ainda mais coragem quando decidimos que o único caminho ético é a denúncia – relatar más práticas a outros, de dentro da organização ou não. O caminho dos denunciantes é difícil. Muitos – a maioria, talvez – enfrentam consequências como ostracismo, tratamento rude, ou tarefas desagradáveis. Em uma empresa industrial canadense, uma funcionária denunciou um gestor que tinha um esquema com os fornecedores para inflar suas faturas; o gestor ficava com a diferença, o que custou à empresa mais de US$ 100 mil. Quando os outros funcionários souberam do acontecido, em vez de culpar o gestor, começaram a desconfiar de quem fez a denúncia. Ela acabou por pedir demissão.[65]

As pessoas decidem fazer denúncias com base em suas percepções acerca da má prática, em suas emoções (raiva, ressentimento, medo) e em uma análise de custo-benefício (geralmente informal).[66] A coragem está presente na consciência envolvida na identificação de um ato como sendo antiético, no julgamento moral necessário para avaliar plenamente as repercussões e no caráter necessário para tomar uma atitude ética.

Do ponto de vista de uma empresa, as denúncias podem ser um ativo ou uma ameaça, dependendo da situação e da visão da administração. No exemplo do gestor que furtou da empresa canadense, havia um benefício óbvio para a empresa em saber do fato e, assim, poder interromper as perdas. Mas as denúncias são algo muito diferente e mais perturbador quando os funcionários levam suas reclamações a órgãos governamentais, relatam-nas à imprensa, ou as publicam em blogs. Quando os problemas são resolvidos publicamente, o denunciante é mais frequentemente visto como alguém que age contra os interesses da empresa.

Por isso, e em resposta às orientações de sentença da Lei Sarbanes-Oxley, da qual já tratamos anteriormente, algumas organizações estabeleceram canais para que seus funcionários denunciem problemas éticos, permitindo reação sem que a questão vire um escândalo. Idealmente, o método de denúncia deve manter sigilo sobre a identidade do denunciante, a administração deve investigar e agir rapidamente e não deve haver retaliação contra os denunciantes que utilizem os canais apropriados. Na Marvin Windows and Doors, que tem milhares de funcionários em uma dúzia de unidades nos Estados Unidos e em Honduras, os trabalhadores podem ir à internet para submeter dicas e sugestões anônimas em inglês ou espanhol. O diretor jurídico da empresa afirma que o sistema não só oferece um alerta precoce em caso de problemas, como furtos ou questões de segurança como também mantém uma cultura generalizada de valorização da ética.[67]

Além dos sistemas online de denúncia, como ferramentas baseadas em e-mail e na internet, as empresas podem usar urnas e centrais telefônicas. Esses canais de comunicação são frequentemente administrados por empresas externas, cujos funcionários protegem a identidade dos denunciantes e têm procedimentos a seguir caso a reclamação envolva executivos graduados que possam fazer parte do grupo normalmente encarregado de lidar com denúncias.[68]

OA3.4
Resumir as principais questões associadas à responsabilidade social corporativa.

RESPONSABILIDADE SOCIAL CORPORATIVA

As empresas devem ser responsáveis por questões sociais além do próprio bem-estar econômico? Questões sociais afetam o desempenho financeiro de uma empresa? A medida da responsabilidade das empresas por questões não econômicas vem sendo objeto de intensos debates há muitos anos. Nas décadas de 1960 e 1970, o ambiente político e social tornou-se mais importante para as empresas dos Estados Unidos à medida que a sociedade focava questões como igualdade de oportunidades, controle da poluição, conservação de energia e recursos naturais, e a proteção dos consumidores e trabalhadores.[69] Debates públicos dedicaram-se a esses temas e a como as empresas deveriam reagir. A controvérsia girava em torno do conceito de **responsabilidade social corporativa** – a obrigação das empresas perante a sociedade. Uma empresa socialmente responsável maximiza seus efeitos positivos sobre a sociedade e minimiza os negativos.[70]

As responsabilidades sociais podem ser mais especificamente classificadas,[71] como mostra a Figura 3.3. A **responsabilidade econômica** das empresas é a de produzir bens e serviços que a sociedade deseje, a um preço que perpetue o negócio e satisfaça suas obrigações perante os investidores. Para a Smithfield Foods, maior produtora de carne suína dos Estados Unidos, isso quer dizer vender bacon, presunto e outros produtos aos seus clientes a preços que maximizem os lucros e mantenham o crescimento da empresa no longo prazo. A responsabilidade econômica também pode se estender à oferta de determinados produtos aos consumidores necessitados a um preço reduzido.

A **responsabilidade legal** é a obediência à legislação municipal, estadual e federal, e às regras internacionais aplicáveis. As leis que afetam a Smithfield abrangem uma ampla gama de exigências, da apresentação de declarações ao fisco e à conformidade com padrões de segurança ocupacional. A **responsabilidade ética** se refere ao cumprimento de outras expectativas sociais da quais a legislação não trate. A Smithfield assumiu responsabilidades nesse nível ao reagir a pedidos de grandes clientes, inclusive o McDonald's e o Walmart, de abandonar a prática de uso de jaulas de gestação na reprodução de suínos. Os clientes estavam reagindo à

- **RESPONSABILIDADE SOCIAL CORPORATIVA** A obrigação das empresas perante a sociedade.

- **RESPONSABILIDADES ECONÔMICAS** Produzir bens e serviços que a sociedade deseje a um preço que perpetue a empresa e satisfaça suas obrigações perante investidores.

- **RESPONSABILIDADES LEGAIS** Atender a legislação municipal, estadual e federal, e as regras internacionais aplicáveis.

- **RESPONSABILIDADES ÉTICAS** Atender outras expectativas da sociedade que não constem da legislação.

> Segundo um estudo da Associação de Inspetores de Fraudes Juramentados, a maioria das empresas que descobriram fraudes o fez a partir de uma denúncia de um funcionário, e não com base em uma auditoria formal.[72]

FIGURA 3.3 Pirâmide de responsabilidade social corporativa global e desempenho

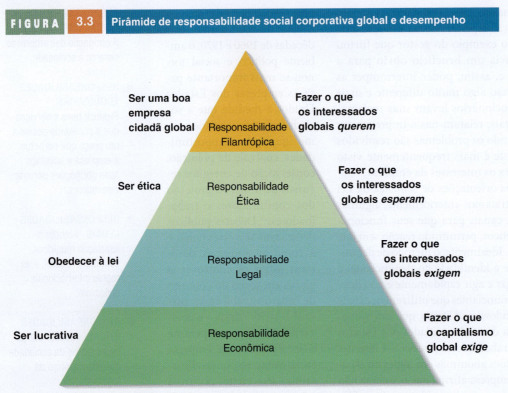

FONTE: A. Carroll, "Managing Ethically with Global Stakeholders: A Present and Future Challenge", *Academy of Management Executive* (maio de 2004), pp. 116, 114-20.

tados financeiros – uma educação transcendente.[75]

Uma **educação transcendente** tem cinco metas elevadas que equilibram o interesse próprio com responsabilidades perante o próximo:

1. *Empatia* – Sentir nossas decisões como as sentiriam quem fosse por elas afetado, conquistar sabedoria.
2. *Generatividade* – Aprender a dar além de receber tanto para o presente como para as gerações futuras.
3. *Mutualismo* – Encarar o sucesso não só como ganho pessoal, mas como uma vitória comum.
4. *Aspiração cívica* – Pensar em termo não só do que é proibido (mentir, trapacear, roubar, matar), mas também em termos de contribuições positivas.
5. *Intolerância com a humanidade ineficaz* – Manifestar-se contra ações antiéticas.

pressão de defensores dos direitos dos animais que consideram cruel mantê-los em engradados de 60 cm por 2,10 m durante todo o período de gestação, impedidos de andar, virar-se ou esticar as patas por meses. A prática era a de passar as porcas para um engradado de parto quando chegava a hora de parir e colocá-las de volta nas caixas de gestação pouco depois, quando engravidassem novamente. A Smithfield pretende substituir as jaulas por "abrigos grupais", que permitem que os animais se relacionem uns com os outros, embora seja mais dispendioso.[73] A Smithfield não é obrigada por lei a fazer a mudança (a não ser em dois Estados) e a solução pode não maximizar o lucro, mas os atos da empresa a ajudam a manter bons relacionamentos com seus clientes e uma imagem pública positiva.

Finalmente, a **responsabilidade filantrópica** se refere a outros comportamentos e atividades que a sociedade considera desejáveis e que os valores da empresa apoiam. Alguns exemplos são o respaldo a projetos comunitários e a realização de contribuições para caridade. As atividades filantrópicas podem ir além do mero altruísmo; se bem gerida, a "filantropia estratégica" pode deixar de ser uma contradição em termos para se tornar um meio de acrescentar a boa vontade de muitos interessados e até aumentar a riqueza dos acionistas.[74]

Robert Giacalone, professor de ética empresarial na Universidade Temple, acredita que a educação do século XXI deve ajudar os alunos a pensar além do interesse próprio e da lucratividade. Uma verdadeira educação, segundo ele, ensina os alunos a deixar um legado que vai além dos resul-

As empresas têm mesmo uma responsabilidade social?

Duas visões básicas e opostas descrevem os princípios que devem orientar a responsabilidade gerencial. A primeira sustenta que os gestores são agentes dos acionistas e, como tais, são obrigados a maximizar o valor presente da empresa. Esse pilar do capitalismo está associado aos escritos de Adam Smith publicados no livro *A Riqueza das Nações* e, mais recentemente, a Milton Friedman, vencedor do Nobel de Economia que leciona na Universidade de Chicago. Com seu agora famoso bordão "a responsabilidade social das empresas é a de aumentar os lucros", Friedman quis dizer que as empresas podem ajudar a melhorar a qualidade de vida desde que seus atos tenham por objetivo aumentar o lucro.

Alguns consideram Friedman "o inimigo da ética empresarial", mas sua atitude era ética: ele acreditava ser antiético que os líderes empresariais, que não são autoridades eleitas, decidam o que é melhor para a sociedade e igualmente antiético gastar dinheiro dos acionistas em projetos que não estivessem ligados aos interesses centrais das empresas.[76] Além disso, o contexto da famosa declaração de Friedman explicitava que as empresas deveriam aumentar seus lucros mantendo a conformidade com as leis e com os costumes éticos da sociedade.

A visão alternativa é a de que os gestores devem ser motivados por um raciocínio moral baseado em princípios. Os seguidores de Friedman e os estudiosos do livro *A Riqueza das Nações* podem fazer pouco dessa propaganda frouxa. Mas Adam Smith escreveu sobre um mundo muito diferente deste em que atualmente vivemos, que era motivado, no século XVIII, pelos interesses próprios de proprietários de pequenas fazendas e oficinas que tentavam gerar uma renda de subsistência para si e suas famílias. Esse interesse próprio era muito diferente daquele que apresentam os altos executivos das empresas modernas.[77] É de se observar que Adam Smith também escreveu *Teoria dos Sentimentos Morais*, no qual argumentava que a "simpatia", definida como uma devida consideração pelo próximo, é a base das sociedades civilizadas.[78]

- **RESPONSABILIDADES FILANTRÓPICAS** Outros comportamentos e atividades que a sociedade considera desejáveis e que os valores da empresa respaldam.

- **EDUCAÇÃO TRANSCENDENTE** Uma educação com cinco metas elevadas que equilibram o interesse próprio e a responsabilidade perante o próximo.

O Movimento Verde. David Best, presidente da Prism Software, descarrega um caminhão cheio de equipamento de computação usado durante um evento de "e-ciclagem" perto do Mall of America em Bloomington, Minnesota. Milhares de pessoas fizeram uma fila de quarteirões, com carros e caminhões carregados de equipamentos antigos que precisavam ser reciclados. O evento tem por objetivo ajudar os habitantes de Minnesota a limpar suas casas e proteger o ambiente de dejetos perigosos, como monitores e televisores antigos.

Os defensores da responsabilidade social corporativa afirmam que, como membros da sociedade, as organizações têm um conjunto de responsabilidades maior do que a mera lucratividade. Por serem membros da sociedade, elas devem participar de maneira ativa e responsável da comunidade e do ambiente como um todo. Desse ponto de vista, muitas pessoas criticaram as seguradoras depois que os furacões Katrina e Rita devastaram residências e empresas na costa do Golfo do México. Pelo ângulo da responsabilidade social, as empresas erraram ao cuidar de seus lucros e ao evitar pagar prêmios sempre que podiam argumentar que um sinistro não era coberto; as seguradoras deveriam ter demonstrado uma preocupação maior com seus clientes. Ou pensemos em como algumas empresas reagiram a críticas públicas de que produtos feitos em países onde os salários são baixos seriam produzidos sob condições de trabalho consideradas inaceitáveis em países desenvolvidos como os Estados Unidos. As empresas norte-americanas têm a responsabilidade social de insistir em melhores condições de trabalho? O Walmart e outras empresas que compram produtos feitos na China redigiram códigos de conduta e realizaram auditorias *in loco*. Infelizmente, alguns consultores empreendedores na China estabeleceram negócios que ajudam as fábricas a esconder as infrações em vez de corrigi-las. De qualquer forma, à medida que a demanda por produtos chineses aumentou e a pressão das empresas multinacionais se tornou mais intensa, observadores afirmam que as condições de salário e trabalho na China melhoraram, de modo geral.[79]

É possível fazer o bem e se dar bem

Pensava-se que a maximização do lucro e a responsabilidade social corporativa levavam a políticas opostas. Mas no clima de negócios atual, que enfatiza tanto fazer o bem quanto se dar bem, as duas coisas podem convergir.[80] A Coca-Cola Company estabeleceu cerca de 70 projetos de caridade para fornecer água limpa em 40 países. Esses projetos ajudam algumas pessoas dentre o 1,2 bilhão que não têm acesso a água potável segura. A empresa está construindo estruturas de "colheita" de água da chuva na Índia, expandindo o suprimento municipal de água em Mali e fornecendo sistemas de purificação de água e urnas de armazenagem no Quênia. Esses projetos visam polir a imagem da empresa e contestar alegações de que esteja usando uma parcela grande demais da oferta de água do planeta para fabricar suas bebidas. Do ponto de vista prático, os estrategistas da Coca-Cola identificaram a carência de água como um risco estratégico; do ponto de vista de valores, a água é, como disse o executivo Neville Isdell, "o núcleo de nosso *ethos*", de modo que "o uso responsável desse recurso é muito importante para nós."[81]

Anteriormente, a atenção dedicada à responsabilidade social corporativa concentrava-se em alegações de comportamento ilícito e de como o controlar. Mais recentemente, a atenção voltou-se, também, para a possibilidade de extrair vantagem competitiva de ações socialmente responsáveis. A DuPont tem incorporado cuidados ambientais às suas atividades de duas maneiras, na esperança de que isso a deixe à frente dos competidores. Primeiro, a empresa tem reduzido sua poluição, inclusive com um corte de 72% das emissões de gases do efeito estufa desde 1990. A DuPont espera que esses esforços lhe proporcionem uma vantagem em um futuro no qual o governo regule as emissões, forçando os competidores a um esforço para alcançá-la. Além disso, a redução de emissões anda de braços dados com a redução de desperdícios e do uso desnecessário de energia, poupando dinheiro para a empresa e beneficiando diretamente os resultados. Em segundo lugar, a DuPont tem desenvolvido produtos sustentáveis, o que quer dizer que não consomem os recursos do planeta. Alguns exemplos são tecidos feitos de milho e novas aplicações do material Tyvek para tornar os edifícios mais eficientes energeticamente. A DuPont espera que essas inovações lhe rendam um acesso lucrativo ao crescente mercado de produtos "amigos" do ambiente.[82]

A verdadeira relação entre o desempenho social e o desempenho financeiro das empresas é altamente complexo; as empresas socialmente responsáveis não se tornam necessariamente mais ou menos bem-sucedidas em termos financeiros.[83] Mas há algumas vantagens claras. Por exemplo, ações socialmente responsáveis podem trazer benefícios no longo prazo. As empresas podem evitar regulamentação desnecessária e dispendiosa se forem socialmente responsáveis. A honestidade e a justiça podem render grandes dividendos à consciência, à reputação pessoal e à imagem pública da empresa, além de beneficiar a maneira como o mercado reage a ela.[84] Finalmente, os problemas sociais podem oferecer oportunidades de negócio e é possível lucrar com esforços sistemáticos e vigorosos para resolver esses problemas. As empresas podem realizar uma análise de custo-benefício que maximize os lucros e, ao mesmo tempo, satisfaça a demanda por responsabilidade social corporativa vinda de diferentes interessados.[85] Em outras palavras, os gestores podem tratar a responsabilidade social corporativa como tratariam todas as demais decisões de investimento. Tem sido justamente esse o caso, enquanto as empresas tentam conciliar suas práticas de negócio com seu efeito sobre o ambiente natural.

▶ Quando William K. Reilly planejava uma aquisição privada da companhia texana TXU Corp, ele associou-se a um aliado improvável – a organização sem fins lucrativos Environmental Defense. Com isso, Reilly conseguiu a empresa que queria e a Environmental Defense obteve dele concessões importantes: abandonar 8 das 11 novas usinas geradoras de eletricidade propostas e fazer campanha por limites obrigatórios de emissão de alcance nacional. Por que a aliança funcionou? "Todos nadamos na mesma cultura – e a cultura está ficando verde", Reilly respondeu.

Como a maré da opinião pública começou a virar em favor da preservação do planeta, as empresas precisam respeitar os desejos de seus clientes nesse sentido. "As empresas precisam ser encaradas como responsáveis", alerta Karen Van Bergen, vice-presidente do McDonald's na Europa.[86]

Deve ser permitido às companhias farmacêuticas anunciar medicamentos vendidos sob receita diretamente aos consumidores? Quando um paciente solicita um medicamento, os médicos acabam por receitá-lo – ainda que os pacientes não tenham relatado os sintomas correspondentes.

Para obter uma ligação mais clara entre as metas sociais e de negócio, as empresas podem beneficiar-se da integração da responsabilidade social à estratégia corporativa – e a sociedade também pode extrair benefícios. Ao aplicar os princípios do planejamento estratégico (descritos no Capítulo 4), as empresas podem identificar as áreas específicas que desejam capitalizar sobre seus pontos fortes para neutralizar ameaças e obter benefícios de oportunidades que resultem em prestar serviços à sociedade da qual fazem parte.[87] Por exemplo, suponhamos que uma empresa esteja interessada em exercer sua responsabilidade social pelo meio ambiente, reduzindo suas emissões de

> " O teste essencial que deveria orientar a responsabilidade social corporativa não é determinar se uma causa é digna, mas se representa uma oportunidade de criação de valor compartilhado – ou seja, um benefício significativo para a sociedade que também tenha valor para a empresa. "
> Michael E. Porter e Mark R. Kramer[89]

carbono. A medida do quão estratégica será essa escolha varia de uma empresa para outra. Reduzir as emissões de carbono seria uma boa ação por parte do Bank of America, mas sem relação direta com sua estratégia, exceto na medida em que isso reduzisse (ou não) seus custos operacionais. Para a UPS, reduzir as emissões de carbono teria efeito direto sobre as atividades diárias, mas ainda assim poderia não lhe conferir vantagem competitiva. Para a Toyota, reduzir emissões de carbono – por meio, digamos, da liderança no desenvolvimento e venda de carros híbridos, além de operações mais eficientes – pode ser uma parte importante de sua vantagem competitiva.

● ● **OA3.5**

Discutir os motivos para o crescente interesse das empresas no ambiente natural.

O AMBIENTE NATURAL

A maioria das grandes empresas se desenvolveu em uma era de abundância de matérias-primas, da energia barata e sem restrições ao despejo de resíduos.[88] Mas muitas das tecnologias desenvolvidas naquela época estão contribuindo para a destruição dos ecossistemas. Os sistemas da era industrial seguem um fluxo linear de extração, produção, venda, uso e descarte – uma abordagem à qual algumas pessoas se referem como "tomar-fazer-jogar fora".[90] Mas, talvez, época alguma na história tenha oferecido tantas oportunidades de mudança do pensamento empresarial do que o século XXI.

As empresas costumavam encarar questões ambientais como uma situação na qual era impossível sair ganhando: ou se ajudava o ambiente e prejudicava-se a empresa, ou ajudava-se esta em detrimento daquele. Mas uma mudança tem ocorrido à medida que as empresas incorporam valores ambientais às suas estratégias competitivas, ao projeto e à produção de seus produtos.[91] Por quê? Além de razões filosóficas, as empresas "ficam verdes" para satisfazer as demandas dos consumidores, reagir a atitudes de um competidor, atender a pedidos de clientes ou fornecedores, atender a diretrizes e criar vantagem competitiva.

Jeff Immelt, presidente da General Electric, encarava as regras ambientais como um ônus e uma fonte de custos. Agora, enxerga as tecnologias ecológicas como uma das oportunidades de negócio mais significativas da economia global. Em uma iniciativa chamada Ecomagination, a GE está em busca de oportunidades de negócio a partir da solução de problemas ambientais. As soluções da Ecomagination já abrangem turbinas eólicas, materiais para células de energia solar e eletrodomésticos de baixo consumo energético. Ao longo de um período de cinco anos, as receitas que a GE obtém de produtos de energia renovável saltaram de US$ 5 milhões para US$ 7 *bilhões*.[92]

A atividade econômica tem consequências ambientais

Vivemos em uma sociedade de riscos. Ou seja, a criação e a distribuição de riqueza geram subprodutos que podem causar danos, perdas ou perigo às pessoas e ao meio ambiente. A principal fonte de risco da sociedade moderna está na produção excessiva de perigos e no consumo ecologicamente insustentável de recursos naturais.[93] O risco proliferou por meio da explosão populacional, da poluição industrial e da degradação ambiental.[94]

A poluição industrial abrange a poluição do ar, a fumaça, o aquecimento global, o esgotamento do ozônio, chuvas ácidas, centros de lixo tóxico, perigos nucleares, material bélico obsoleto, acidentes industriais e produtos perigosos. Só nos Estados Unidos foram documentados mais de 30 mil centros de lixo tóxico sem controle e o número aumenta em, talvez, 2.500 a cada ano. A situação é muito pior em outras partes do mundo. O padrão em relação ao lixo tóxico e muitas outras fontes de risco é de acúmulo de riscos e soluções inadequadas.

As entidades criadoras de riscos ambientais e tecnológicos (empresas e órgãos governamentais) também são responsáveis pelo controle e pela gestão desses riscos.[95] A Lockheed Martin Corporation precisou conter a disseminação de um produto químico usado em removedores industriais de graxa que vazou de uma bomba quebrada em uma velha unidade na Flórida. Embora a Lockheed tivesse vendido o imóvel a outra empresa, ainda era a dona quando a contaminação foi originalmente descoberta e, portanto, responsável. Os esforços da Lockheed envolveram lacrar um antigo poço contaminado em uma fazenda de gado e o fornecimento a ela de um novo poço com água limpa.[96]

Às vezes os riscos podem ser avassaladores. Os reguladores da Agência de Proteção Ambiental (EPA, *Ambiental Protection Agency*) dos Estados Unidos determinaram que a unidade de processamento de metais da Asarco, em Globeville, Colorado, vinha poluindo a comunidade com chumbo e arsênico. O órgão atribuiu *status* de *Superfund* a uma área de 12,7 quilômetros quadrados, indicando que era prioritária para limpeza profunda pela qual a Asarco teria que pagar. A empresa, que se deparava com mais de US$ 1 bilhão em custos de limpeza em Globeville e 90 outros pontos contaminados nos Estados Unidos, em vez de pedir falência, fez planos de fechar e vender a unidade de Globeville.[97]

> **GESTÃO ECOCÊNTRICA**
> Tem por meta criar desenvolvimento econômico sustentável e ganhos de qualidade de vida em todo o mundo, para todos os interessados na empresa.
>
> **CRESCIMENTO SUSTENTÁVEL**
> Crescimento e desenvolvimento econômicos que atendem as necessidades atuais sem prejudicar as gerações futuras.

 OA3.6

Identificar medidas que os gestores podem tomar para gerir, tendo em mente o meio ambiente.

O desenvolvimento pode ser sustentável

A **gestão ecocêntrica** tem por meta a criação de desenvolvimento econômico sustentável e melhoria da qualidade de vida em todo o mundo para todos os interessados na empresa.[98] **Crescimento sustentável** envolve o crescimento e desenvolvimento econômicos que atendem as necessidades atuais da empresa sem prejudicar a capacidade das gerações futuras de atender as próprias necessidades.[99] A sustentabilidade é plenamente compatível com os ecossistemas naturais que geram e preservam a vida.

Há quem acredite que o conceito de crescimento sustentável possa ser aplicado de diversas maneiras:

- Como arcabouço geral de comunicação das empresas com todos os interessados.
- Como guia de planejamento e estratégia.
- Como ferramenta de avaliação e melhoria da capacidade competitiva.[100]

O princípio pode partir dos mais elevados níveis organizacionais e ser explicitado em avaliações de desempenho e sistemas de recompensa.

 Com a expectativa de que dois terços da população mundial enfrentem escassez de água em 2025, e previsão de escassez em 36 estados norte-americanos até 2013, as empresas estão começando a se preocupar com esse recurso natural essencial. Para quem nunca passou por uma escassez de água, a forma de sua utilização pode não parecer

CAPÍTULO 3 | Ética e Responsabilidade Corporativa 69

> **ANÁLISE DE CICLO DE VIDA (LCA, *LIFE-CYCLE ANALYSIS*)** Um processo de análise de todos os insumos e resultados ao longo de toda a vida de um produto para determinar seu impacto ambiental total.

uma preocupação óbvia, mas deveria. Por exemplo, a Levi Strauss & Co. determinou que fazer uma calça jeans exige cerca de 1,9 mil litros de água para cultivar, tingir e processar o algodão.

A cervejaria SABMiller lidera a iniciativa de fazer da conservação de água parte de sua estratégia. Usando um aplicativo computacional online, a empresa submeteu as coordenadas de suas fazendas e fábricas e descobriu quais das suas operações estavam em áreas de escassez de água. Cerca de 30 unidades da SABMiller estavam em áreas vulneráveis. Os executivos decidiram voltar-se para uma delas e desenvolver um processo que pudesse ser aplicado em outros lugares. Escolheram a África do Sul, cujas fábricas produzem cerca de um sexto da cerveja da empresa. Não só a África do Sul enfrenta escassez de água como também seu governo ainda deixa de fornecer acesso à água potável e segura para 5 milhões de seus cidadãos.

Para obter informações firmes sobre seu consumo de água, a empresa mediu o quanto usava em cada etapa de seus processos, do cultivo ao enxágue de garrafas antes da reciclagem. A SABMiller contratou para isso uma empresa de consultoria. A maior parte da água era usada no cultivo de cevada, milho e lúpulo. Somada a água usada nas fábricas, são necessários 9,4 litros de água para cada litro de cerveja. Com base nos dados obtidos, os primeiros esforços da SABMiller concentram-se em identificar e usar tecnologia de irrigação mais eficiente, prevenindo o desperdício devido a derrame e evaporação.[101]

As empresas têm dado cada vez mais atenção ao impacto ambiental total ao longo do ciclo de vida de seus produtos.[102] A **análise de ciclo de vida (LCA,** *Life-Cycle Analysis*) é um processo de análise de todos os insumos e resultados ao longo de toda a vida de um produto para determinar o impacto ambiental total de sua produção e utilização. A LCA quantifica o uso total de recursos e suas emissões no ar, na água e no solo.

A LCA considera a extração de matérias-primas e a embalagem, o transporte e a disposição dos produtos. Vamos considerar a embalagem. Os bens vão do fabricante para o atacadista, deste para o varejo e, finalmente, para o cliente; depois são reciclados e retornam ao fabricante. Eles podem

ser embalados e reembalados diversas vezes, do transporte a granel para grandes engradados, destes para caixotes de papelão e, finalmente, em embalagens para o consumidor individual. A reembalagem não só cria desperdícios, mas também consome tempo. A concepção de embalagens iniciais em tamanhos e formatos adaptáveis ao cliente final pode minimizar a necessidade de reembalagem, reduzir desperdícios e realizar benefícios financeiros.

A lucratividade não precisa ser prejudicada e pode até aumentar com filosofias e práticas ecocêntricas. Algumas pesquisas, embora não todas, revelaram uma relação positiva entre o desempenho ambiental corporativo e a lucratividade.[103] É claro que ser positiva, negativa, ou neutra depende das estratégias escolhidas e da eficácia de sua implementação. E os gestores de empresas lucrativas podem se sentir mais à vontade para dedicar atenção ao meio ambiente do que os daquelas que enfrentem dificuldades financeiras.

Algumas empresas adotam agendas ambientais

Antigamente, a maioria das empresas não tomava consciência de seu impacto ambiental negativo. Mais recentemente,

---

Um novo significado para "estufa"

Desde os primórdios da civilização romana, as pessoas usam estufas para cultivar plantas – especialmente para ter frutas e legumes fora da estação normal. Mas as estufas só começaram a ganhar popularidade nos Estados Unidos a partir da década de 1990. O momento não poderia ser melhor. A área cultivável per capita do mundo continua a diminuir e, nos próximos 50 anos, a população mundial deve aumentar em 3 bilhões de pessoas. Ao mesmo tempo, estimam os economistas, a demanda por produtos agrícolas irá dobrar.

Com mais regiões afetadas pelas secas por causa da mudança climática e com o aumento da falta de energia, a ideia de usar edifícios de vidro para cultivar frutas e legumes tem se tornado cada vez mais atraente. A Houweling Nurseries, líder em produtos cultivados em estufas, foi fundada em 1974 por Cornelius Houweling, um horticultor profissional holandês que emigrou da Holanda para os Estados Unidos. Atualmente, a empresa tem fazendas na Columbia Britânica (Canadá) e em Oxnard, Califórnia.

Em 2009, a empresa expandiu sua instalação em Oxnard com uma unidade de US$ 53 bilhões e 16 hectares que usa práticas sustentáveis para cultivar tomates o ano todo. Localizadas no centro da economia agrícola de US$ 36 bilhões da Califórnia, as estufas são um triunfo da ciência agrícola do século XXI. Acredita-se que sejam as primeiras do mundo energeticamente neutras. Aliás, nada é desperdiçado na Houweling Nurseries. Painéis solares geram a maior parte da eletricidade necessária para mover as bombas e ativar os controles climáticos. Telas especiais reduzem a perda de calor. Quando a temperatura cai durante a noite, as estufas são aquecidas com o excedente térmico recolhido do sistema de arrefecimento. Os 2,1MW de eletricidade gerados pelas estufas poderiam abastecer 1,5 mil residências.

As estufas são totalmente encapsuladas e praticamente livres de poeira. As safras são cultivadas sem herbicidas e praticamente livres de pesticidas, usando apenas metade do fertilizante aplicado a plantações convencionais. Colônias internas de abelhas polinizam as plantas. As estufas da Houweling usam cerca de 20% da água de que necessitaria uma fazenda em campo aberto e um terço da usada em uma estufa comum. A água das chuvas e o escoamento

muitas delas começaram a lutar para diminuí-lo. Agora, algumas começam a se esforçar para ter impacto positivo, ansiosas por vender soluções para os problemas do mundo. A IBM tem 30 anos de experiência de redução de seu impacto ambiental por meio de esforços como a redução do desperdício em embalagens e a mensuração de emissões de carbono. A empresa começou a usar essa experiência como um ponto forte, uma base da técnica que pode vender a outras empresas, juntamente com seu poder computacional e outros serviços de consultoria. Assim, uma aplicação poderia ajudar os clientes a medir e prever as emissões de carbono de suas cadeias de suprimentos. Fazendo os cálculos em seus supercomputadores, os consultores da IBM poderiam ajudar os clientes a encontrar maneiras de reduzir seu consumo de energia.[104]

Não é preciso ser uma indústria ou uma empresa de energia para entrar na onda verde. O Google está aplicando uma estratégia em três frentes que tem por meta reduzir sua "pegada de carbono", ou seja, sua produção de dióxido de carbono e outros gases do efeito-estufa. No Google, a maioria das emissões desses gases está relacionada ao consumo de eletricidade por seus prédios e computadores. Assim, a empresa está, em primeiro lugar, procurando por maneiras de aumentar a eficiência energética de seus prédios e equipamentos, como o uso de iluminação de alta eficiência e a instalação de softwares de gestão de energia em seus computadores. Em segundo lugar, a empresa está desenvolvendo maneiras para obter uma parcela maior da eletricidade que usa de fontes renováveis, como o sistema de energia solar de suas instalações em Mountain View, Califórnia. Finalmente, reconhecendo que seus demais esforços ainda não são capazes de eliminar os gases que emite, ela está comprando "créditos" – financiando projetos que reduzam as emissões de gases em outros lugares.[105]

Redes de empresas com uma visão ecológica compartilhada podem combinar seus esforços para gerar uma ação de alto impacto.[106] Em Kalundborg, Dinamarca, existe uma aliança colaborativa entre uma usina de geração de eletricidade, uma refinaria de petróleo, uma unidade de produção de biotecnologia, uma fábrica de revestimentos de gesso, produtores de cimento, empresas fornecedoras de aquecimento, uma produtora de ácido sulfúrico, e agricultores e horticultores locais. Produtos químicos, energia (para aquecimento e refrigeração), água e matérias orgânicas fluem entre as empresas. Com isso, conservam-se recursos, "resíduos", geram receitas e reduz-se a poluição da água, do ar e do solo.

As empresas não apenas têm a *capacidade* de resolver problemas ambientais; estão passando a enxergar e adquirir a *motivação* para isso. Algumas, agora, acreditam que resolver problemas ambientais é uma das maiores oportunidades da história do comércio.[107] ■

ACESSE

<http://www.grupoa.com.br>

para materiais adicionais de estudo, incluindo apresentações em PowerPoint.

---

da irrigação são captados em lagoas artificiais, filtrados e reciclados na medida do necessário. Regados individualmente por meio de um sistema computadorizado, os tomateiros de estufa vivem muito mais do que viveriam ao ar livre e crescem até alcançar o teto; os trabalhadores precisam de escadas para colher seus frutos.

Unidades de cultivo de alta tecnologia, como as da Houweling Nurseries, rendem até 20 vezes mais tomates por hectare do que uma fazenda convencional. Estima-se que a empresa produza 5 milhões de caixas de tomate por ano. Além disso, só na unidade de Oxnard, a Houweling gera mais de 450 empregos em tempo integral em um setor que, como muitos em tempos de recessão, foi fortemente afetado pelo desemprego. ❖

P: Perguntas para discussão

- De que maneiras as Houweling Nurseries é um exemplo prospectivo para outras empresas agrícolas?
- Questões ambientais emergentes criaram desafios significativos para a agropecuária. Embora dispendiosa, o que a construção de mais estufas como as da Houweling significaria para os fazendeiros atuais? E para o setor agrícola como um todo?

FONTES: Site da empresa, <http://www.houwelings.com>, acessado em 9 de junho de 2009; site da Oppenheimer Company, "Casey Houweling: Growing with Oppenheimer", <http://www.oppyproduce.com>, acessado em 19 de maio de 2009; T. Burfield, "Opening of Houweling Nurseries Greenhouse Draws VIPs", *The Packer*, 15 de maio de 2009, <http://www.thepacker.com>; S. Hoops, "Environmentally Friendly Greenhouses in Camarillo Impresses Experts", *Ventura County Star*, 15 de maio de 2009, <http://www.venturacountystar.com>; J. Hirsch, "Greener Greenhouses Produce 21st Century Crops", *Los Angeles Times*, 14 de maio de 2009, <http://www.newsday.com>; D. Babcock, "Grown under Glass: The Future of Greenhouse-Grown Produce", *Produce Merchandising*, março de 2009, <http://producemerchandising.com>.

● ● objetivos de APRENDIZAGEM

OA4.1 Resumir as etapas básicas de qualquer processo de planejamento.

OA4.2 Discutir como o planejamento estratégico deve ser integrado ao planejamento tático e operacional.

OA4.3 Descrever como a estratégia se baseia na análise do ambiente externo e dos pontos fortes e fracos da empresa.

OA4.4 Discutir como as empresas podem obter vantagem competitiva por meio da estratégia de negócio.

OA4.5 Identificar as chaves para a implementação eficaz da estratégia.

OA4.6 Explicar como tomar decisões gerenciais eficazes.

OA4.7 Resumir os princípios para a tomada de decisões em grupo.

capítulo quatro

Planejamento Estratégico

Olli-Pekka Kallasvuo, presidente-executivo da Nokia, deveria ter muitos motivos para comemorar. Mais de um milhão deles, aliás. A finlandesa Nokia é a maior produtora de aparelhos celulares do mundo e seus telefones são usados por mais de 1 milhão de pessoas. A empresa lidera os mercados da Europa, da Ásia, do Oriente Médio e da África, vendendo mais do que seus três principais concorrentes juntos. Mas a Nokia não tem do que se gabar na América do Norte, onde seu brilho é ofuscado pelo iPhone, da Apple, e pelo Blackberry, da Research in Motion. No mundo wireless, fabricante algum pode se dar ao luxo de jogar mal. Por isso a Nokia mudou seu planejamento para voltar a ser competitiva na América do Norte. Além de novos smartphones, a Nokia começou a oferecer o Ovi, um serviço online que permite que os usuários baixem músicas, jogos, vídeos e mais. A empresa também introduziu um serviço de pagamentos móveis que permite que os usuários enviem e recebam dinheiro por meio de seus aparelhos celulares.[1]

Domine as estratégias para traçar a rota de sua empresa.

Programo inteiramente o meu dia e faço uma lista do que tem de ser feito. Também acompanho a equipe todos os dias para ver se posso ajudar em quaisquer tarefas que precisem cumprir. Na faculdade, eu reduzia as atividades extracurriculares e programava melhor meus estudos... um mínimo de procrastinação.
Dara Johnson, Gestora de Entidade sem Fins Lucrativos

No meu cargo atual, estou 100% envolvido com o estabelecimento de metas e estratégias a cumprir durante o ano. Elas ajudam a manter o desenvolvimento do cargo que atingi. Ao mesmo tempo, aprender a respeito de novas tecnologias me ajuda a estabelecer novas metas.
Artemio Ortiz, Gestor de Promoções Digitais

> ❝ **Se você não gerenciar seu destino, alguém o fará por você.** ❞
>
> Jack Welch

É quase impossível imaginar como a Nokia – ou qualquer outra empresa – enfrentaria desafios importantes sem desenvolver planos de antemão. O planejamento é uma expressão formal da intenção gerencial. Descreve o que os gestores decidiram fazer e como o farão. Ele fornece o arcabouço, o foco e a orientação necessários que esforços significativos exigem. Sem planejamento, quaisquer ganhos que uma empresa obtenha em inovação, velocidade, qualidade, serviço e custos serão acidentais, se ocorrerem.

Este capítulo examina os principais conceitos e processos envolvidos no planejamento e na gestão estratégica. Ao aprender esses conceitos e rever os passos aqui indicados, estaremos a caminho de entender as atuais abordagens à gestão estratégica das organizações atuais. Além disso, estejam os gestores envolvidos ou não com o planejamento estratégico em suas empresas, eles tomam decisões fundamentais que contribuem para o sucesso da implementação dessa estratégia. Este capítulo explora os tipos de decisões com que os gestores se deparam, as maneiras como as tomam e como *deveriam* tomá-las.

🔵🟢 OA4.1
Resumir as etapas básicas de qualquer processo de planejamento.

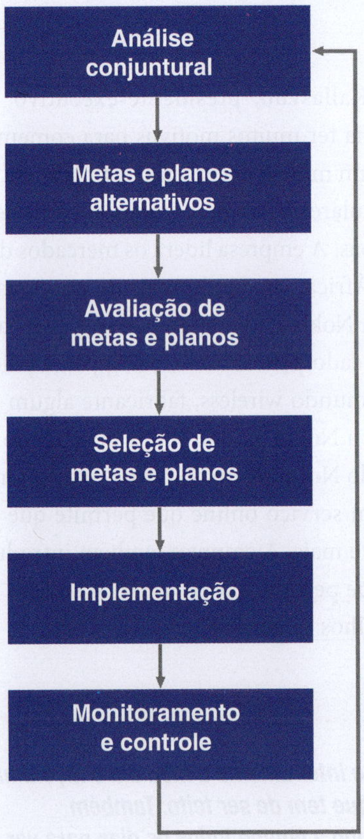

O PROCESSO DE PLANEJAMENTO

Planejamento é o processo consciente e sistemático de tomada de decisões sobre metas e atividades que uma pessoa, um grupo, uma unidade, ou uma empresa tentará realizar no futuro. O planejamento não é uma resposta informal e caótica a uma crise: é um esforço proposital dirigido e controlado pelos gestores e que frequentemente recorre ao conhecimento e à experiência de funcionários de todos os níveis. A Figura 4.1 mostra as etapas do processo. Convém observar que o planejamento ocorre em *ciclos*. Os planos têm seus resultados avaliados e, se necessário, são revistos.

O planejamento fornece às pessoas e unidades de trabalho um mapa claro a seguir em suas atividades futuras, mas, ao mesmo tempo, flexível o bastante para permitir lidar com situações singulares e alterações das condições. Iremos, agora, descrever mais detalhadamente o processo básico de planejamento. Mais adiante neste capítulo, veremos como as decisões e os planos gerenciais enquadram-se nos objetivos mais amplos da organização – na estratégia, missão, visão e metas.

Etapa 1: analisar a situação

O planejamento parte de uma **análise conjuntural**. De acordo com as restrições a que estejam sujeitos em termos de

FIGURA 4.1 Etapas formais de planejamento

- Análise conjuntural
- Metas e planos alternativos
- Avaliação de metas e planos
- Seleção de metas e planos
- Implementação
- Monitoramento e controle

tempo e recursos, os planejadores devem coletar, interpretar e sintetizar todas as informações relevantes ao problema de planejamento em tela. Eles estudam eventos passados, examinam as atuais condições e tentam prever tendências futuras. A análise concentra-se nas forças internas da empresa ou unidade de trabalho e, segundo a abordagem dos sistemas abertos (ver Capítulo 2), examina as influências vindas do ambiente externo. O resultado desta etapa é a identificação e o diagnóstico de premissas, questões e problemas de planejamento.

Uma análise conjuntural detida irá fornecer informações sobre as decisões de planejamento que precisaremos tomar. Por exemplo, se formos gestores de uma editora de revistas considerando lançar uma publicação esportiva para o mercado adolescente, nossa análise incluirá fatores como o número de adolescentes assinantes de revistas, o seu apelo para anunciantes, a capacidade da empresa de atender esse mercado de maneira eficaz, as condições econômicas atuais, o nível de interesse dos adolescentes em esportes e quaisquer revistas esportivas que já atendam esse mercado, e seus atuais níveis de vendas. Tal análise ajudará a decidir se devemos ir adiante com o passo seguinte no lançamento da revista.

74 Administração 🔴 🔵

Etapa 2: gerar metas e planos alternativos

Com base nas conclusões da análise conjuntural, o processo de planejamento deve gerar metas alternativas que possam ser buscadas e planos alternativos para atingir tais metas. Esta etapa deve enfatizar a criatividade e incentivar gestores e funcionários a pensar de maneira ampla. Uma vez desenvolvida uma gama de alternativas, serão avaliados seus méritos e suas metas. Prosseguindo com o exemplo da revista, as alternativas que poderemos querer considerar incluem a possibilidade de direcionar a revista para homens jovens, mulheres jovens, ou os dois grupos, e se as vendas devem ser principalmente online, por assinatura, ou em bancas.

Metas são os objetivos ou fins que o gestor deseja atingir. Para ter eficácia, as metas devem apresentar determinadas características e ser:

- *Específicas* – Quando as metas são precisas e descrevem comportamentos e resultados determinados, os funcionários têm mais facilidade para determinar se estão caminhando em direção a elas.
- *Mensuráveis* – Na medida do possível, uma meta deve quantificar os resultados desejados para que não haja dúvidas quanto a ter sido atingida ou não.
- *Factíveis (mas desafiadoras)* – Para não ficarem desencorajados, os funcionários precisam reconhecer que são capazes de atingir as metas sob sua responsabilidade. Entretanto, também devem se sentir desafiados para trabalhar duro e ser criativos.
- *Relevantes* – Toda meta deve contribuir para a missão geral da empresa (que discutiremos mais adiante neste capítulo) e condizer com seus valores, inclusive os padrões éticos.
- *Limitada no tempo* – Metas eficazes especificam um prazo de conclusão.

A meta da General Electric de ser a primeira ou segunda em todos os seus mercados é um exemplo notório de meta específica, mensurável e desafiadora. Metas como esta não só apontam aos funcionários a direção a seguir, como também facilitam a aceitação por aqueles que estão encarregados de atingi-las. Em outras palavras, elas tanto orientam quanto motivam os funcionários.

Planos são as ações ou meios que o gestor pretende usar para atingir as metas. No mínimo, o planejamento deve delinear ações alternativas capazes de levar à realização de cada meta os recursos necessários para isso e os obstáculos que podem surgir. A IBM tem metas de aumentar seus lucros e a área de crescimento mais acelerada é o software. Para atender às suas metas de lucro, a unidade de software adquire novas empresas do setor com produtos de elevado potencial, mas desprovidas de meios para promovê-los com agressividade o suficiente. O grupo de software da IBM planeja como sua enorme força de vendas irá oferecer os novos produtos. Esses planos incluem treinamento dos vendedores naquilo que o novo software faz e em como ele pode ajudar os clientes da empresa. Para aumentar a eficácia de sua equipe de vendas, o grupo de software planejou um sistema que classifica e registra os clientes em potencial de cada vendedor.[2]

Neste capítulo, iremos tratar diversos tipos de planos:

- *Planos singulares* são concebidos para atingir um conjunto de metas que provavelmente não se repetirá no futuro. Por exemplo, urbanistas podem se preparar para a comemoração do sesquicentenário de uma cidade, planejando paradas, festividades, discursos e barracas de alimentação.
- *Planos permanentes* concentram-se em atividades constantes concebidas para atingir um conjunto duradouro de metas. Muitas empresas têm planos permanentes de recrutamento de membros de minorias étnicas e mulheres. Os planos permanentes podem tornar-se políticas e regras perenes da empresa.
- *Planos de contingência* especificam as medidas a tomar quando os planos originais de uma empresa não funcionaram ou quando acontecimentos no ambiente externo exigem uma mudança abrupta. Desastres, como os ataques terroristas de 2001 e os furacões do Golfo do México fizeram com que muitas empresas se lembrassem da importância dos planos de contingência. Mas esses planos também são importantes para situações mais comuns. Por exemplo, muitas empresas são afetadas por nevascas, aumento do preço da gasolina, falhas de computadores ou mudanças dos gostos dos clientes.

- **ANÁLISE CONJUNTURAL** Um processo que os planejadores, segundo as restrições a que estejam sujeitos em termos de tempo e recursos, usam para coletar, interpretar e sintetizar todas as informações relevantes para o problema de planejamento em tela.
- **META** Um objetivo ou fim que a gestão deseja atingir.
- **PLANOS** Ações ou meios que os gestores pretendem usar para atingir as metas organizacionais.

As pequenas empresas estão preparadas?[3]

Empresas que afirmam contar com um plano de prontidão para desastres 58%

Empresas sem plano de prontidão para desastres 42%

CAPÍTULO 4 | Planejamento Estratégico

Etapa 3: avaliar metas e planos

Em seguida, os gestores avaliam as vantagens, desvantagens e efeitos em potencial de cada meta e plano. Eles devem priorizar as metas e até mesmo eliminar algumas delas. Além disso, avaliam até que ponto os planos alternativos atendem as metas de alta prioridade, tendo em conta o custo de cada iniciativa e o provável retorno sobre o investimento. No exemplo da revista, nossa avaliação poderia determinar que as vendas em banca, por si, não seriam lucrativas o suficiente para justificar o lançamento. Talvez pudéssemos melhorar os resultados com uma edição online complementada com *podcasts*.*

Etapa 4: selecionar metas e planos

Uma vez que tenham avaliado as metas e planos, os gestores escolhem a alternativa mais adequada e viável. O processo de avaliação identifica as prioridades e *trade-offs*** entre as metas e os planos. Por exemplo, se o plano for lançar diversas novas publicações e tivermos de escolher entre elas, poderíamos ponderar os diferentes investimentos iniciais de cada uma, o porte de seu mercado e qual delas melhor se adapta à linha de produtos existente ou à imagem da empresa. A experiência em julgamentos representa um papel importante neste processo. Como veremos mais adiante neste capítulo, contudo, usar apenas a capacidade de julgamento pode não ser a melhor maneira de proceder.

Um processo formal típico de planejamento leva a um conjunto por escrito de metas e planos adequados e viáveis para um determinado conjunto de circunstâncias. Em algumas empresas, as etapas de geração, avaliação e seleção de alternativas geram **cenários** de planejamento. A cada cenário corresponde um plano de contingência. O gestor persegue as metas e implementa os planos associados ao cenário mais provável. Mas ele também deve estar preparado para passar para outro conjunto de planos se a situação mudar e outro cenário passar a ser relevante. Esta abordagem ajuda a empresa a prever e gerenciar crises e confere a ela mais flexibilidade e capacidade de resposta.

Se uma empresa já não tiver considerado cenários possíveis, os gestores devem estar preparados para reiniciar o processo de planejamento se uma mudança inesperada trouxer resultados frustrantes. Essa abordagem flexível ao planejamento pode ajudar uma empresa a sobreviver e até a se desenvolver em um ambiente turbulento. Por exemplo, quando, recentemente, a atividade econômica diminuiu, grandes clientes pararam de recorrer à Cor Business, uma empresa de *coaching* em gestão, para ajudar a desenvolver seus gestores. Jeffrey Hull e os demais sócios da Cor Business perceberam que a sobrevivência da empresa exigia um novo plano para atrair negócios.

Os sócios se reuniram para estudar ideias e um novo plano de negócio. Analisando os resultados do ano anterior, perceberam que a maior parte do crescimento da Cor Business naquele período viera de pequenas empresas, muito embora os sócios estivessem dedicando a maior parte de seus esforços a grandes clientes, como a MasterCard e a AT&T. Aliás, com o resfriamento da economia, cada vez mais proprietários de pequenas empresas surgiam, nervosos, em busca de ajuda.

Hull e os demais sócios traçaram um plano segundo o qual se concentrariam no atendimento a pequenos clientes, ajudando-os a fazer o que os gestores da Cor Business estavam fazendo — superar o medo da mudança para encontrar novas oportunidades em um momento desafiador. Hull aconselhou o proprietário de uma incorporadora a parar de temer a queda do mercado imobiliário, reavaliar seus dados sobre as possibilidades de conversão de um armazém em restaurante e ir adiante com os planos que tinha em relação a uma ideia prática e já bem pesquisada.[4]

> « **A maior parte do que se diz sobre a tomada de decisões presume que apenas os altos executivos tomam decisões, ou que apenas as decisões dos altos executivos importam. É um engano perigoso.** »
> Peter Drucker

Etapa 5: implementar metas e planos

Uma vez que tenham selecionado suas metas e planos, os gestores devem implementá-los. A implementação correta dos planos é fundamental para a realização das metas. Gestores e demais funcionários precisam entender o plano e dispor dos recursos e da disposição necessários para sua implementação. Abranger os funcionários nos passos anteriores do processo de planejamento abre caminho para a fase de implementação. Os funcionários costumam ficar mais informados, comprometidos e motivados quando ajudam a desenvolver o plano ou as metas.

Finalmente, ligar o plano aos demais sistemas da empresa, especialmente aos de orçamentação e recompensas, ajuda a garantir o sucesso da implementação. Se o gestor não contar com os recursos financeiros para executar o plano ou não puder obtê-los, este provavelmente fracassará. Da mesma forma, ligar a realização de metas a recompensas como bonificações ou promoções ajuda os funcionários a atingir suas metas e implementar corretamente o plano.

A alta administração da Wells Fargo percebeu a importância de atrelar a remuneração dos funcionários a uma nova estratégia. Dick Kovacevich, o presidente do conselho, percebeu que sua empresa, um dos maiores bancos dos Estados Unidos, poderia manter-se competitiva se atingisse a excelência em "vendas cruzadas", ou seja, em encorajar os clientes existentes a usar mais serviços financeiros. Os clientes

---

* N. de R.T.: *Podcasts* são arquivos de áudio disponibilizados na internet que podem ser escutados em computadores ou outros equipamentos específicos para reprodução de som.

** N. de R.T.: *Trade-off* é uma expressão que define uma situação em que há conflito de escolha. Um exemplo é quando se abre mão de algum bem ou serviço para se obter algo em troca, mesmo que esse retorno não seja imediatamente satisfatório ou gere outro problema.

● **CENÁRIO** Uma narrativa que descreve um conjunto específico de condições futuras.

● **PLANEJAMENTO ESTRATÉGICO** Um conjunto de procedimentos para a tomada de decisões quanto às metas e estratégias de longo prazo da empresa.

● **METAS ESTRATÉGICAS** Metas ou resultados finais amplos ligados à sobrevivência, ao valor e ao crescimento da empresa no longo prazo.

● **ESTRATÉGIA** Um padrão de atos e alocações de recursos que tem por objetivo atingir as metas organizacionais.

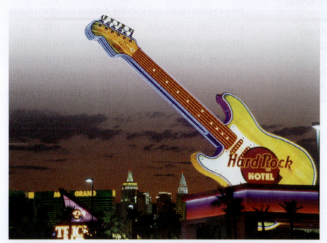

O Hard Rock Café ressalta sua estratégia – ser identificado com o rock 'n' roll – até nas placas de seus hotéis.

bancários costumam recorrer a diferentes instituições para obter diferentes serviços, mas a Wells Fargo enfrentou o problema, fazendo com que funcionários de todos os níveis se concentrassem nas necessidades dos clientes em vez de nas linhas de produto. Caixas e gerentes de agência foram treinados para atingir esta meta e os sistemas de remuneração recompensam os funcionários pela realização de vendas cruzadas. Com isso, os clientes do Wells Fargo usam, em média, 5,2 produtos do banco, aproximadamente o dobro da média do setor. Vender para clientes existentes é muito mais lucrativo do que conquistar novos clientes, de modo que a estratégia pode parecer óbvia. E talvez o seja, mas, como disse Robert Joss, membro do conselho de administração do banco, "O conceito é simples, mas a execução é muito difícil", acrescentando que o sucesso da implementação reflete a "grande capacidade de motivação" de Kovacevich.[5]

Etapa 6: monitorar e controlar o desempenho

Embora seja por vezes ignorada, a sexta etapa do processo formal de planejamento – monitoramento e controle – é essencial. Sem ela, nunca saberemos se o plano vai bem. Como já vimos, o planejamento se dá em ciclos. Os gestores precisam monitorar continuamente o desempenho efetivo de suas unidades de trabalho em relação às respectivas metas e planos. Eles também precisam desenvolver sistemas de controle para medir o desempenho e lhes permitir tomar medidas corretivas quando os planos forem incorretamente implementados ou a situação mudar. No exemplo da revista, os relatórios de vendas em bancas e por assinatura nos permitem saber como vai o lançamento da revista. Se as vendas por assinatura estiverem abaixo do esperado, pode ser necessário rever o plano de marketing. Mais adiante, trataremos em maiores detalhes dos sistemas de controle.

●● **OA4.2**
Discutir como o planejamento estratégico deve ser integrado ao planejamento tático e operacional.

NÍVEIS DE PLANEJAMENTO

O planejamento é usado pelos gestores nos três níveis descritos no Capítulo 1: na alta administração (gestores *estratégicos*), no nível intermediário (gestores *táticos*) e na linha de frente (gestores *operacionais*). Entretanto, o escopo do processo de planejamento e as atividades que o envolvem tendem a diferir entre os níveis.

O planejamento estratégico estabelece um rumo de longo prazo

O **planejamento estratégico** envolve a tomada de decisões sobre as metas e estratégias de longo prazo da empresa. Os planos estratégicos são fortemente orientados para o exterior da empresa e abrangem grandes segmentos dela. Os altos executivos são responsáveis pelo desenvolvimento e pela execução do plano estratégico, embora não costumem formular ou implementar pessoalmente todo o plano.

As **metas estratégicas** são objetivos ou fins essenciais ligados à sobrevivência, ao valor e ao crescimento da empresa no longo prazo. Os gestores estratégicos – ou seja, a alta administração – costumam estabelecer metas visando a eficácia (produção de resultados adequados) e a eficiência (uma elevada proporção entre resultados e insumos). As metas estratégicas frequentemente envolvem crescimento, aumento da participação no mercado, aumento da lucratividade, aumento do retorno sobre o investimento, maior quantidade e qualidade de produtos, maior produtividade, melhoria do atendimento ao cliente e contribuições à sociedade.

CAPÍTULO 4 | Planejamento Estratégico 77

| **FIGURA** | **4.2** | **Hierarquia de metas e planos** |

	Nível gerencial	Nível de detalhamento	Horizonte de tempo
Estratégicos	Alto	Baixo	Longo (3 a 7 anos)
Táticos	Médio	Médio	Médio (1 a 2 anos)
Operacionais	Linha de frente	Alto	Curto (< 1 ano)

Uma **estratégia** é um padrão de atos e alocações de recursos concebido para atingir as metas da empresa. Uma estratégia eficaz irá fornecer as bases para dar resposta a cinco perguntas amplas sobre a maneira como a empresa atingirá seus objetivos:

1. Onde iremos agir?
2. Como chegaremos lá (por exemplo, aumentando as vendas ou adquirindo outra empresa)?
3. Como iremos vencer no mercado (por exemplo, mantendo os preços baixos ou oferecendo o melhor atendimento)?
4. Com que velocidade nos moveremos e em que ordem faremos mudanças?
5. Como iremos obter retornos financeiros (baixos custos ou altos preços)?[6]

Mais adiante neste capítulo, veremos como os gestores procuram criar uma estratégia por meio do casamento entre as competências e recursos da empresa, de um lado, e as oportunidades encontradas no ambiente externo, do outro.

pode chegar a abranger décadas, como se deu com o plano bem-sucedido de enviar uma sonda a Titã – uma das luas de Saturno. Os planos táticos podem cobrir um ou dois anos e os operacionais abrangem alguns meses.

O **planejamento tático** traduz metas e planos estratégicos e gerais em metas e planos específicos aplicáveis a uma determinada parte da empresa, muitas vezes uma área funcional, como marketing ou recursos humanos. Os planos táticos concentram-se nas ações amplas que uma unidade precisa realizar para cumprir sua parte do plano estratégico. Suponhamos que uma estratégia exija o lançamento de uma linha inédita de produtos. O plano tático da unidade industrial poderá envolver, projetar, testar e instalar os equipamentos necessários para produzir a nova linha.

O **planejamento operacional** identifica os procedimentos e processos específicos necessários nos níveis inferiores da empresa. Os gestores de linha de frente costumam concentrar-se em tarefas rotineiras, como lotes de produção, cronogramas de entrega e requisitos de recursos humanos.

O modelo formal de planejamento é hierárquico, sendo que as estratégias de alto nível fluem por meio dos níveis inferiores da empresa, levando a metas e planos mais específicos, segundo um cronograma ainda mais limitado. Contudo, nas empresas complexas atuais, o planejamento nem sempre é tão rígido. Os gestores de toda uma empresa podem estar envolvidos no desenvolvimento do plano estratégico e contribuir com elementos críticos. Além disso, na prática, os gestores de níveis inferiores podem tomar decisões que moldam a estratégia, ainda que a alta administração não perceba.

> **"**Queríamos que a Nike fosse a melhor empresa de esportes e preparo físico do mundo. Uma vez que tenhamos dito isso, teremos um foco. Não nos veremos fazendo sapatos sociais ou patrocinando a próxima turnê mundial dos Rolling Stones.**"**
>
> Philip Knight, fundador da Nike

O planejamento tático e operacional dá respaldo à estratégia

As metas e os planos estratégicos da empresa dão base ao planejamento realizado pelos gestores intermediários e da linha de frente. A Figura 4.2 mostra que, à medida que as metas e os planos passam do nível estratégico para o tático, e deste para o operacional, tornam-se mais específicos e envolvem períodos de tempo menores. O horizonte de tempo dos planos estratégicos costuma variar entre três e sete anos, mas

Quando Andy Grove, um assessor graduado da Intel, recomendou que a empresa saísse da área de memória para computadores, ela estava dedicando cerca de um terço de seu orçamento de pesquisa a projetos relacionados à memória. Ainda assim, no nível prático, a empresa já estava saindo do segmento; apenas 4% de seu faturamento total vinha de produtos para memória. Por que isso acontecia, se não se tratava de uma estratégia definida? Os executivos da área financeira tinham instruído os gestores industriais a configurar as fábricas de maneira a gerar as maiores margens (receitas menos custos) por centímetro quadrado de microchips fabricados. Como a memória para computadores estava se tornando uma commodity causadora de prejuízos, a área industrial fazia uma menor quantidade desses produtos. Assim, quando a Intel anunciou que iria sair do mercado de memória, sua estratégia apenas alcançava o planejamento operacional, que tinha sido gerado por planos táticos.[7] A lição para os altos administradores é a de que devem certificar-se de que estejam comunicando a estratégia a todos os níveis da empresa e dando atenção ao que neles acontece.

Todos os níveis de planejamento precisam estar alinhados

Para serem realmente eficazes, as metas e os planos estratégicos, táticos e operacionais da empresa precisam estar *alinhados* – ou seja, devem ser coerentes, sustentar-se mutuamente e focar a consecução de um propósito e uma orientação comuns. A Whole Foods Market, por exemplo, liga seu planejamento tático e operacional diretamente ao planejamento estratégico. A meta estratégica da Whole Foods é "vender produtos da mais alta qualidade que também ofereçam alto valor aos nossos clientes". Suas metas operacionais envolvem ingredientes, frescor, sabor, valor nutricional, segurança e aparência que atendam as expectativas dos clientes ou superem-nas, inclusive com garantia de satisfação com o produto. As metas táticas incluem ambientações de loja que sejam "convidativas, divertidas, singulares, informais, confortáveis, atraentes, propícias ao desenvolvimento e educativas", além de um ambiente de trabalho seguro e prazeroso para os funcionários.

▶ Antigamente, em uma das áreas nucleares da Boeing, a Commercial Airplanes, uma orientação implacável para a obtenção do máximo de vendas resultou em um mau planejamento operacional e relacionamentos desastrosos com clientes e fornecedores. Os vendedores obtinham pedidos de centenas de aeronaves, fixando preços baixos demais e prometendo entrega rápida. Os gestores de produção correram para contratar dezenas de milhares de trabalhadores para dobrar os níveis de produção e os fornecedores foram pressionados para acelerar as entregas. A demanda por componentes tornou-se tão intensa que algumas eram entregues de helicóptero e táxi. Os custos aumentaram e o lucro caiu.

Atualmente, por outro lado, a estratégia da Boeing Commercial Airplanes é crescer a um ritmo sustentável. A unidade agora só expande a capacidade produtiva quando determina que a necessidade irá perdurar por pelo menos dois anos. Se um cliente quiser fazer algum grande pedido, é necessária a aprovação de um comitê que inclui engenheiros e contabilistas, depois de terem certeza de que a empresa tem capacidade para honrar os prazos do contrato. A Boeing também aumentou o foco sobre a colaboração com seus fornecedores, compartilhando informações para garantir que peças em quantidade suficiente estejam disponíveis, sem incorrer na despesa de pedidos de urgência. Os fornecedores se beneficiam porque não precisam contratar pessoal para fazer frente a um surto de pedidos e demitir depois de um ou dois anos. O planejamento de produção abrange um prazo de diversos anos porque a fila de espera pode ser igualmente longa. Quando determinados clientes estão incertos a respeito de suas necessidades, os planejadores ajustam o cronograma para atender clientes que já estejam prontos para comprar e adiam os pedidos daqueles que não se importam com a espera, mantendo todos satisfeitos sem contratar mais trabalhadores para lidar com picos de demanda. Graças aos níveis mais constantes de pessoal, a Boeing pode se dedicar ao treinamento dos funcionários que já tem, em vez de contratar e demitir constantemente de acordo com o volume de pedidos.[8] ◀

PROCESSO DE PLANEJAMENTO ESTRATÉGICO

Muitas empresas estão mudando a maneira de desenvolver e executar seus planos estratégicos. Tradicionalmente, o planejamento estratégico vinha de cima. Os altos executivos e unidades especializadas de planejamento desenvolviam metas e planos para toda a empresa. Os gestores táticos e operacionais recebiam essas metas e planos e limitavam-se a preparar procedimentos e orçamentos para suas unidades. Atualmente, cada vez mais a alta administração envolve os gestores de toda a empresa na formulação de estratégias.[9] No ambiente atual, altamente competitivo e em mutação acelerada, os executivos precisam procurar por ideias em todos os níveis da empresa. Embora a alta administração continue a fornecer a direção estratégica da empresa, ou sua "visão", os gestores táticos e operacionais oferecem insumos importantes para o plano estratégico. Esses gestores também podem formular ou alterar seus próprios planos, conferindo mais flexibilidade e capacidade de resposta à empresa.

Por causa dessa tendência, surgiu uma nova expressão para designar o processo de planejamento estratégico: *gestão estratégica*. A **gestão estratégica** envolve gestores de todas as partes da empresa na formulação e implementação das metas estratégicas e das estratégias. Ela integra o planejamento estratégico e a gestão em um só processo. O planejamento estratégico se torna uma atividade contínua na qual todos os gestores são encorajados a pensar estrategicamente e a focar em questões de longo prazo, voltadas para o exterior da empresa, além de aspectos táticos e operacionais de curto prazo.

Como mostra a Figura 4.3, o processo de gestão estratégica envolve seis etapas: (1) estabelecimento da missão, da visão e das metas; (2) análise das oportunidades e ameaças externas; (3) análises dos pontos fortes e fracos internos; (4) análise SWOT e formulação da estratégia; (5) implementação da estratégia; e (6) controle estratégico. Esse processo de planejamento e tomada de decisão é muito parecido com o sistema de planejamento do qual já tratamos.

Primeiro, estabelecer a missão, a visão e as metas

O primeiro passo do planejamento estratégico é estabelecer uma missão, uma visão e as metas da empresa. A **missão** é

● **PLANEJAMENTO TÁTICO**
Um conjunto de procedimentos para traduzir metas e planos estratégicos e planos amplos em metas e planos específicos e aplicáveis a uma parte determinada da empresa, como uma área funcional – marketing, por exemplo.

● **PLANEJAMENTO OPERACIONAL**
O processo de identificação dos procedimentos e processos específicos necessários em níveis inferiores da empresa.

● **GESTÃO ESTRATÉGICA**
Um processo que envolve os gestores de todas as partes da empresa na formulação e implementação de metas estratégicas e das estratégias.

● **MISSÃO** O propósito e o escopo operacional básicos de uma empresa.

● ● **CAPÍTULO 4** | Planejamento Estratégico **79**

FIGURA 4.3 O processo de gestão estratégica

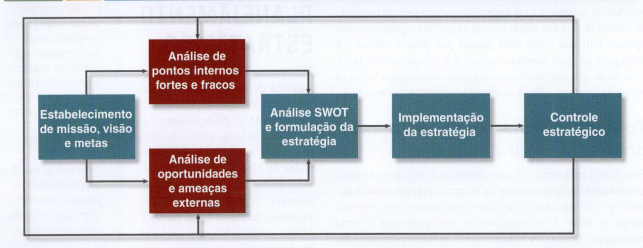

uma expressão clara e concisa do propósito fundamental da empresa. Ela descreve o que ela faz, para quem o faz, seu bem ou serviço básico e seus valores. Eis as missões de algumas empresas que todos devemos conhecer:[10]

- McDonald's: "Ser o lugar e o modo prediletos de alimentação de nossos clientes".
- Microsoft: "Trabalhamos para ajudar as pessoas e empresas de todo o mundo a realizar plenamente seu potencial".
- Seguradora Allstate: "Ser os melhores... servindo nossos clientes ao proporcionar-lhes paz de espírito e enriquecendo sua qualidade de vida por meio de nossa parceria para lidar com os riscos que enfrentam".

A missão descreve a empresa no presente. A **visão estratégica** aponta para o futuro; indica para onde a empresa se encaminha e o que pode se tornar. Algumas declarações de visão:[11]

- DuPont: "Ser a empresa científica mais dinâmica do mundo, criando soluções sustentáveis para uma vida melhor, mais segura e mais sadia para as pessoas em todos os lugares".
- Cidade de Redmond, Estado de Washington, Estados Unidos: "Juntos criamos uma comunidade de bons vizinhos".
- Museu Naval dos Grandes Lagos (Estados Unidos): "Expandir o Comando de Treinamento do Serviço Naval dos Grandes Lagos e nos tornar parte integrante de sua missão, imbuindo nossos novos marinheiros de um forte senso da tradição e do patrimônio do Serviço Naval dos Estados Unidos".

As declarações de visão mais eficazes inspiram os membros da organização. Elas oferecem uma meta digna que a organização toda deve trabalhar para atingir. Essas visões muitas vezes são mais do que meramente financeiras, já que metas financeiras, por si, podem não motivar todos os membros da organização. Por isso, a visão da DuPont fala em ser "uma empresa científica dinâmica" que trabalha para propiciar às pessoas uma "vida melhor, mais segura e mais sadia". Essa visão inspira a inovação voltada para fazer do mundo um lugar melhor – o tipo de trabalho que tende a motivar cientistas e outros profissionais do conhecimento, capazes de conferir à empresa uma vantagem e, em última análise, melhorar sua posição competitiva. Da mesma forma, "imbuindo nossos novos marinheiros de um forte senso da tradição e do patrimônio" oferece um ponto de vista inspirador e prospectivo para a operação do Museu Naval dos Grandes Lagos, ao contrário do que se daria com um planejamento baseado apenas em orçamentos e exibições históricas.

As *metas estratégicas* decorrem da missão e da visão da empresa. Por exemplo, como respaldo de sua visão de que a melhor maneira de "criar uma comunidade de bons vizinhos" é agir "junto" com todos os setores da comunidade, a cidade de Redmond estabeleceu metas como:

- Maior envolvimento do cidadão nas questões da cidade.
- Manutenção dos sistemas e da beleza naturais da comunidade .
- Manutenção de uma comunidade segura e dotada de uma abordagem coerente, abrangente e coesa à segurança.
- Manutenção da vitalidade econômica.

80 Administração

As diferentes secretarias municipais contribuem para diversos aspectos dessa visão por meio da maneira como realizam seus planos operacionais dando ênfase à colaboração com empresas e moradores locais.

Belas palavras em uma declaração de visão e missão não podem ser significativas sem o forte respaldo das lideranças. No McDonald's, o comprometimento de presidentes executivos anteriores e atuais representou um papel importante no sucesso da implementação da estratégia pela empresa. Há diversos anos, a empresa se debatia, tendo perdido de vista seu compromisso com qualidade, valor, rapidez e conveniência. Sob a liderança de James Cantalupo, ela criou a declaração de missão citada, que enfatizava a experiência do cliente. No "Plano para Vencer" que a empresa

O sucesso da gestão estratégica depende de uma avaliação precisa e abrangente do ambiente competitivo e do macroambiente, ambos descritos no Capítulo 2.

A análise ambiental envolve diversos elementos:

- *Perfil do setor*: principais linhas de produto e segmentos de mercado significativos do setor.
- *Crescimento do setor*: taxas de crescimento de todo o setor, dos principais segmentos de mercado, variação projetada dos padrões de crescimento e de seus determinantes.

> **VISÃO ESTRATÉGICA**
> A direção e a intenção estratégica de longo prazo de uma empresa.
>
> **INTERESSADOS** Grupos e pessoas que afetam a realização da missão, das metas e das estratégias da empresa e são por ela afetados.

> "Não há motor mais poderoso para levar uma empresa em direção à excelência e ao sucesso no longo prazo do que uma visão atraente, digna e viável do futuro."
> Burt Nanus[14]

traçou, a missão encontrou apoio em metas estratégicas como reformar os restaurantes para oferecer uma melhor experiência de *drive-through* e aprimorar a qualidade do cardápio. Quando Jim Skinner assumiu o cargo de principal executivo, apoiou com entusiasmo a declaração de missão e o Plano para Vencer que a sustentava e não hesitou em compartilhar os créditos pelo sucesso continuado da empresa.[12]

Grandes empresas geralmente fornecem declarações públicas formais de suas missões, visões, metas e até valores. Os conceitos e informações contidos nessas declarações devem ser comunicados a todos que entrem em contato com ela. Uma liderança forte fornece declarações de visão e metas para esclarecer os propósitos da empresa perante elementos externos importantes. A clareza da visão e das metas também ajuda os funcionários a focar seu talento, sua energia e seu comprometimento. Quando procuramos emprego, devemos analisar suas declarações de missão e visão, e suas metas; isso pode ajudar a determinar se os propósitos e valores da empresa são compatíveis com os nossos.

- *Forças setoriais*: ameaças de novos entrantes no setor, ameaça representada por substitutos, poder econômico dos compradores, poder econômico dos fornecedores e rivalidades internas do setor.
- *Perfil dos competidores*: principais competidores e suas participações no mercado.
- *Análise dos competidores*: metas, estratégias e pontos fortes e fracos de todos os principais competidores.
- *Vantagens dos competidores*: até que ponto cada competidor no setor diferenciou seus bens ou serviços ou obteve liderança em custos.
- *Legislação e atividades reguladoras* e seus efeitos sobre o setor.
- *Atividades políticas*: o nível de atividade política demonstrado pelas organizações e associações setoriais.
- *Questões sociais*: questões sociais atuais e em potencial, e seus efeitos sobre o setor.
- *Grupos de interesse*: consumidores, ambientalistas e outros grupos ativistas assemelhados que procuram influenciar o setor.
- *Questões trabalhistas*: necessidades, escassezes, oportunidades e problemas relacionados à mão de obra que afetam o setor.
- *Conjuntura macroeconômica*: fatores econômicos que afetam a oferta, a demanda, o crescimento, a competição e a lucratividade no setor.
- *Fatores tecnológicos*: métodos científicos ou técnicos que afetam o setor, em especial inovações recentes e em potencial.

A análise parte de um exame do setor. Em seguida, são examinados os interessados. **Interessados** são grupos e pessoas que afetam a realização da missão, das metas e das estratégias da empresa e são por ela afetados. Entre eles estão compradores, fornecedores, competidores, o governo e as agências reguladoras, sindicatos e associações de trabalhadores, a comunidade financeira, proprietários e acionistas, e associações patronais. A análise ambiental mapeia esses interessados e as maneiras como eles influenciam a empresa.[13]

OA4.3
Descrever como a estratégia se baseia na análise do ambiente externo e dos pontos fortes e fracos da empresa.

Segundo, analisar as oportunidades e ameaças externas

A missão e a visão movem o segundo componente do processo de gestão estratégica: a análise do ambiente externo.

CAPÍTULO 4 | Planejamento Estratégico

▶ A colaboração com os principais interessados pode ajudar as empresas a desenvolver e implementar com sucesso seu plano estratégico. Na empresa de softwares Intuit, o presidente-executivo Brad Smith lançou o desenvolvimento estratégico baseado na compreensão do que alguns dos principais interessados tinham em mente. Reuniu-se com o conselho de administração, com investidores e com grupos de funcionários que trabalham diretamente com os clientes da empresa.

Smith fez a cada grupo de interessados algumas perguntas básicas ligadas à análise estratégica: "Qual é a principal oportunidade inexplorada para a Intuit? Qual o maior risco para a empresa, aquele que não nos deixa dormir sossegados? Qual o maior erro que posso cometer em meu primeiro ano como presidente-executivo?". Smith extraiu das respostas alguns *insights* que o ajudaram a estabelecer prioridades para a estratégia da empresa.

Smith descobriu que um número considerável de clientes da sua empresa tinha atividades internacionais e por isso determinou que a Intuit se tornasse mais global. O seu software financeiro QuickBooks agora consegue lidar com diferentes moedas e transações internacionais. Em resposta a uma ameaça competitiva representada pelo lançamento de um software financeiro da Microsoft, Smith reuniu os gestores para criar uma estratégia de marketing que convencesse os clientes a esperar dois meses pela nova versão do QuickBooks. A campanha fez com que as vendas do programa saltassem, apesar dos esforços da Microsoft.[15] ▶

A análise ambiental também deve examinar outras forças, como a conjuntura econômica e fatores tecnológicos. Uma tarefa crítica da análise ambiental é a previsão de tendências futuras. Como vimos no Capítulo 2, as técnicas de projeção variam do mero julgamento subjetivo a modelos matemáticos complexos para examinar relações sistemáticas entre diversas variáveis. Por causa dos vieses e das limitações do pensamento humano, até técnicas quantitativas simples podem apresentar melhor desempenho do que a avaliação subjetiva de peritos.

Muitas vezes, a diferença entre uma oportunidade e uma ameaça depende da maneira como uma empresa se posiciona em termos estratégicos. Por exemplo, alguns Estados dos Estados Unidos exigem que as companhias de energia elétrica obtenham uma determinada proporção de sua eletricidade de fontes renováveis, como a energia eólica e a solar, em vez de combustíveis fósseis, como carvão, petróleo e gás natural. Essa exigência representa uma ameaça óbvia para as empresas porque os custos dos combustíveis fósseis é menor e os clientes exigem preços baixos. Mas algumas empresas enxergam oportunidades estratégicas na energia renovável. O grupo alemão Schott desenvolveu uma tecnologia térmica pela qual a luz do sol aquece óleo contido em tubos metálicos revestidos de vidro; o óleo quente produz vapor, que alimenta uma turbina e gera eletricidade. A energia termossolar, embora custe mais atualmente do que os combustíveis fósseis, é mais eficiente do que os painéis solares instalados em alguns edifícios e pode armazenar energia para dias nublados.[16] Da mesma forma, aterros sanitários cheios são um desafio dispendioso para muitas cidades, mas um número crescente delas percebe oportunidades na forma da geração de energia. Ao se decompor, o lixo produz o gás metano, que é usado como combustível para geradores. Na cidade de East Brunswick, Estado de Nova Jersey, por exemplo, o aterro de Edgeboro gera eletricidade para alimentar a usina de tratamento de água do município.[17]

Terceiro, analisar os pontos internos fortes e fracos

Ao mesmo tempo em que conduzem uma análise externa, os gestores também devem avaliar os pontos fortes e fracos das principais áreas funcionais da empresa. A análise dos recursos internos tem diversos componentes:

- *Análise financeira* – Examina os pontos financeiros fortes e fracos por meio de demonstrativos como o balanço patrimonial e a demonstração de resultados e compara tendências com valores históricos e setoriais.
- *Avaliação de recursos humanos* – Examina os pontos fortes e fracos de gestores e funcionários em todos os níveis e se concentra nas principais atividades de recursos humanos, como recrutamento, seleção, colocação, treinamento, relações trabalhistas (sindicais), remuneração, promoção, qualidade de vida no trabalho e planejamento de recursos humanos.
- *Auditoria de marketing* – Examina os pontos fortes e fracos das principais atividades de marketing e identifica mercados, segmentos e a posição competitiva (participação) da organização nos principais mercados.
- *Análise operacional* – Examina os pontos fortes e fracos das atividades de manufatura, produção ou prestação de serviços da empresa.
- *Análise de outros recursos internos* – Examina, na medida do necessário, os pontos fortes e fracos de outras atividades organizacionais, como pesquisa e desenvolvimento (de produtos e processos), sistemas de gestão da informação, engenharia e compras.

Nossa empresa tem vigor financeiro o bastante para investir em novos projetos? E as pessoas de que dispõe são capazes de executar cada uma sua parte do plano? A imagem da empresa é compatível com a estratégia, ou será necessário convencer os principais interessados de que uma mudança de rumo faz sentido? Análises internas desse tipo proporcionam um inventário das funções, competências e recursos existentes na empresa, além de seu nível geral de desempenho. Várias outras matérias do curso nos prepararão para realizar análises internas.

DICA
Colaborar com os principais interessados muitas vezes ajuda as empresas a executar seus planos estratégicos. Por exemplo, consultar compradores em potencial a respeito de melhorias em um produto frequentemente dá aos gestores ideias úteis e lucrativas que não lhes teriam ocorrido. Os gestores que desenvolvem relacionamentos pacíficos com sindicatos de trabalhadores podem ter mais facilidade para realizar as mudanças necessárias quando do lançamento de um novo produto. Cooperar com organizações comunitárias antes da construção de uma nova fábrica muitas vezes acelera o processo de concessão de alvarás e pode até levar a outros resultados benéficos, como melhorias do transporte local.

recursos e competências essenciais O planejamento estratégico foi, sem dúvida, fortemente influenciado nos últimos anos por um foco em recursos internos. **Recursos** são insumos de produção (lembremo-nos da teoria dos sistemas) que podem ser acumulados ao longo do tempo para melhorar o desempenho de uma empresa. Os recursos assumem muitas formas, mas tendem a se enquadrar em duas categorias amplas:

1. *Ativos tangíveis*, como imóveis, instalações produtivas, matérias-primas etc.
2. *Ativos intangíveis*, como a reputação, a cultura, o conhecimento técnico, as patentes, e o aprendizado e experiência acumulados da empresa.

A Walt Disney Company, por exemplo, desenvolveu seu plano estratégico com base em combinações de ativos tangíveis (como hotéis e parques temáticos) e intangíveis (reconhecimento de marca, artesãos talentosos, cultura focada no atendimento ao cliente).[18]

Uma análise interna eficaz permite entender com clareza como uma empresa pode competir por meio de seus recursos. Os recursos apenas são uma fonte de vantagem competitiva quando se verificam todas as condições a seguir:

- Os recursos são fundamentais para a criação de *valor* para o cliente – ou seja, aumentam os benefícios que os clientes extraem de um bem ou serviço em relação aos custos incorridos.[19] Por exemplo, a poderosa tecnologia de pesquisa da Amazon.com, capaz de rastrear as preferências dos clientes e oferecer recomendações personalizadas, e a rápida entrega de produtos são recursos valiosos.
- Os recursos são *raros* e sua disponibilidade não é a mesma para todos os competidores. Na Merck, na DuPont e na Dow Chemical, fórmulas patenteadas representam recursos raros. Da mesma forma, a Amazon pediu patente de sua técnica de compra com um clique. Se os competidores tiverem igual acesso a um recurso, ele pode ser valioso, mas não oferecerá vantagem competitiva.
- Os recursos são de *difícil imitação*. Antes, neste capítulo, vimos que o Wells Fargo competiu com bancos muito maiores por meio do desenvolvimento de perícia em vendas cruzadas. Ao contrário das contas correntes sem tarifas, por exemplo, este recurso intangível é difícil de imitar, porque o banco precisa treinar e motivar funcionários em todos os níveis para que adotem um pensamento voltado para o cliente e colaborem entre divisões.[20] Como neste exemplo, em que o sucesso depende de práticas de liderança e colaboração, os recursos tendem a ser mais difíceis de imitar se forem complexos, com muitas variáveis interdependentes e sem ligações óbvias entre os comportamentos e os resultados desejados.[21]
- Os recursos são bem *organizados*. Por exemplo, a IBM, conhecida principalmente por equipamentos de computação até que se tornaram mais uma commodity do que uma fonte de vantagem competitiva, organizou seu pessoal e seus sistemas para produzir com eficiência um produto tecnológico consolidado para seus clientes corporativos – hardware, software e serviços em um só pacote. Isso poupa aos clientes o custo de gerir a tecnologia por conta própria.

Quando os recursos são valiosos, raros, de difícil imitação e organizados, eles podem ser encarados como as competências essenciais de uma empresa. Em termos simplificados, uma **competência essencial** é algo que uma empresa faz bem se comparada aos competidores. A Honda, por exemplo, tem essa competência em projeto e construção de pequenos motores, e a Federal Express a tem em logística e atendimento ao cliente. Como nesses exemplos, uma competência essencial normalmente se refere ao conjunto de competências ou perícia em alguma atividade, e não a ativos físicos ou financeiros.

> **RECURSOS** Insumos capazes de melhorar o desempenho de um sistema.
>
> **COMPETÊNCIA ESSENCIAL** Uma competência e/ou um conhecimento único que uma empresa apresenta e que pode lhe proporcionar uma vantagem sobre os competidores.

Imagine como deve ser competente a rede global de engarrafadoras de Coca-Cola para poder distribuir seu produto mundialmente e com mais eficiência do que qualquer concorrente. A figura mostra um caminhão fazendo entregas de Coca-Cola na Índia.

Antonio Perez, presidente-executivo da Kodak, está tentando redefinir as competências essenciais de sua empresa. A Kodak, que já foi uma empresa centrada em filmes, desenvolveu produtos de fotografia digital que acabaram por se tornar comuns. Muito embora esses novos produtos tenham gerado enormes vendas, os lucros caíram. Perez quer que a Kodak mude seu foco, criando produtos inovadores que ajudem as pessoas a organizar, classificar e gerenciar suas fototecas pessoais, de maneira parecida com o que os produtos da Apple fazem com arquivos de música. A estratégia é fazer com que a Kodak se concentre em serviços digitais em vez de produtos tangíveis, como câmeras e filmes. Os novos serviços digitais incluem o compartilhamento online de fotografias e um sistema de scanner rápido, chamado Scan the World, que pega aquelas velhas caixas cheias de fotografias impressas e as transforma em imagens digitais organizadas e catalogadas por data.[22]

CAPÍTULO 4 | Planejamento Estratégico 83

benchmarking Para avaliar e melhorar o desempenho, algumas empresas usam o *benchmarking*, o processo de determinar como as funções e competências básicas de uma empresa se equiparam às de outra ou de um grupo de outras. A meta do *benchmarking* é compreender profundamente as "melhores práticas" de outras empresas e tomar medidas para atingir um melhor desempenho e reduzir custos. Programas de *benchmarking* ajudaram a Ford, a Corning, a Hewlett-Packard, a Xerox e outras a dar grandes passos na eliminação de ineficiências e na melhoria da competitividade.

Em Londres, médicos do Hospital Infantil Great Ormond Street usaram o *benchmarking* para aprimorar seus procedimentos de alta – o momento em que os pacientes são transferidos de uma unidade ou de um médico. Um estudo de um cirurgião do Great Ormond revelou que maus resultados, muitas vezes, decorriam do acúmulo de enganos relativamente pequenos em vez de erros grandes e óbvios. Então, uma equipe de médicos fez o *benchmarking* de seu processo de alta em relação a uma organização conhecida pela excelência em procedimentos complexos: a equipe de boxes da escuderia italiana Ferrari de Fórmula 1. Eles descobriram, por exemplo, que a equipe coreografava minuciosamente todos os movimentos com base em informações de um especialista em ergonomia e no foco em pequenos erros. Ao contrário das equipes cirúrgicas do Great Ormond, os componentes da equipe de boxes sabem quem está no comando, têm responsabilidades claramente especificadas, trabalham em silêncio e treinam para qualquer contingência imaginável. Os médicos desenvolveram meios de aplicar os mesmos procedimentos à sua equipe de cirurgia cardíaca e o resultado veio sob a forma de uma queda de 42% dos erros técnicos e pela metade das falhas em compartilhamento de informações.[23]

O *benchmarking* em relação a concorrentes ajuda uma empresa a ter desempenho tão bom quanto o deles, mas a gestão estratégica visa superar os demais. Além de fazê-lo frente a empresas de outros setores, como fez o Hospital Great Ormond Street, as empresas podem abordar esse problema por meio do *benchmarking* interno, que envolve *benchmarking* entre operações e departamentos para disseminar as melhores práticas por toda a empresa e, com isso, conquistar uma vantagem competitiva.

Quarto, realizar análise SWOT e formular a estratégia

Tendo analisado o ambiente externo e os recursos internos da empresa, os gestores passam a contar com as informações necessárias para realizar uma **análise SWOT**: uma avaliação dos pontos fortes e fracos de uma empresa e das oportunidades e ameaças com que se depara. Os pontos fortes e fracos se referem aos recursos internos. Os *pontos fortes* de uma empresa podem incluir uma administração hábil, um fluxo de caixa positivo e marcas conhecidas e bem vistas. *Os fracos* podem ser uma falta de capacidade excedente de produção e a ausência de fornecedores confiáveis. Oportunidades e ameaças surgem no macroambiente

e no ambiente competitivo. Alguns exemplos de *oportunidades* são uma nova tecnologia capaz de aumentar a eficiência da cadeia de suprimento e um nicho de mercado atualmente mal atendido. As *ameaças* podem incluir a possibilidade de que os competidores entrem no nicho mal atendido uma vez que se tenha provado que ele é lucrativo. Quando Olli-Pekka Kallasvuo tornou-se presidente-executivo da Nokia, a empresa era considerada conservadora e lenta ao reagir a mudanças no mercado de telefones celulares. E, pior, seus críticos afirmavam que sua linha de produtos estava "cansada". Por isso Kallasvuo precisou avaliar com franqueza os pontos fortes e fracos da empresa e determinar onde havia oportunidades de melhoria. Ele concluiu que a Nokia precisava evoluir e se tornar uma empresa cujas equipes de administração pudessem englobar diferentes opiniões e criar uma estrutura de gestão que refletisse melhor a presença global da empresa.[24]

A análise SWOT ajuda os gestores a resumir os fatores relevantes e importantes encontrados em suas análises externa e interna. Com base nesse resumo, eles podem identificar as questões estratégicas primárias e secundárias enfrentadas pela empresa. Os gestores, então, formulam uma estratégia que parta da análise SWOT para aproveitar as oportunidades disponíveis, capitalizando os pontos fortes da empresa, neutralizando seus pontos fracos e combatendo ameaças em potencial.

Para exemplificar, vamos ver como a análise SWOT poderia ser realizada na Microsoft. O porte da empresa e os lucros que obtém da posição dominante de seu sistema operacional e de seu pacote de software Office são pontos fortes óbvios. Mas a empresa também tem pontos fracos. Uma das áreas de mais rápido crescimento no setor de computadores está nos aplicativos para a internet e especialmente nos lucros obtidos com a venda de publicidade online. A Microsoft tem tido dificuldades nessa área, seu serviço de busca na internet vem perdendo participação no mercado ano após ano, enquanto as vendas de anúncios online aumentam, mas apenas como um minúsculo segmento do mercado. A principal ameaça para a Microsoft nesta área é geralmente considerada o Google, que não só domina o negócio de buscas – e os anúncios a ele associados – mas chega a desafiar a Microsoft com aplicativos empresariais gratuitos. Esta análise explicaria os recentes esforços da Microsoft para comprar a DoubleClick, que coordena transações entre anunciantes e aqueles que publicam material na internet. A DoubleClick, uma empresa importante no negócio de publicidade online, tem competências que faltam à Microsoft.[25] Com a compra da DoubleClick, a Microsoft usaria um de seus pontos fortes (seu capital) para neutralizar um ponto fraco (falta de experiência e pequena participação no mercado de publicidade online) e fazer frente a uma ameaça (o Google). Ironicamente, antes que a transação pudesse ser concluída, a Google demonstrou também ser pretendente da DoubleClick*.[26]

estratégia corporativa Uma **estratégia corporativa** identifica o conjunto de negócios, mercados, ou setores nos quais a empresa compete e a distribuição de re-

---

* N. de R.T.: O Google adquiriu a DoubleClick em março de 2008.

cursos entre esses negócios. As quatro alternativas básicas para se traçar uma estratégia corporativa vão das muito especializadas às altamente diversificadas:

1. **Concentração** – Focar um só negócio e competir em um só setor. No varejo de alimentos, a Kroger e a Safeway adotam estratégias de concentração. As empresas frequentemente seguem estratégias deste tipo para entrar em um setor que apresente bom crescimento ou quando a empresa tem uma gama limitada de competências. A C. F. Martin & Company segue uma estratégia de concentração, focando nos melhores violões e cordas possíveis, uma estratégia que permitiu à empresa familiar operar com sucesso por mais de 150 anos.

O fato de a General Electric ser dona da NBC é um exemplo de diversificação em conglomerado. Da esquerda para a direita, durante o anúncio da megafusão em 1986: Grant Tinker, presidente demissionário da NBC; Jack Welch, presidente-executivo da GE durante a aquisição; e Bob Wright, o novo presidente da NBC.

2. **Integração vertical** – Expansão dos domínios da empresa para canais de suprimento ou distribuição, geralmente para eliminar incertezas e reduzir custos associados a fornecedores ou distribuidores. Em certo momento, Henry Ford integrou totalmente sua empresa, das minas de minério de ferro para fabricação do aço até as lojas nas quais os carros eram vendidos.

3. **Diversificação concêntrica** – Entrada em novos negócios relacionados ao negócio original da empresa. William Marriott expandiu seu negócio de restaurantes para fora de Washington, entrando nas áreas de *catering* para companhias aéreas, hotéis e *fast-food*. Todos esses negócios no setor de hospitalidade estão relacionados em termos dos serviços que prestam, das competências necessárias para o sucesso e dos clientes que atraem. A diversificação concêntrica usa os pontos fortes de um negócio para conquistar vantagens em outro. O sucesso da estratégia de diversificação concêntrica exige gestão adequada a outros recursos para operar em mais de um negócio. A fabricante de guitarras C. F. Martin certa vez tentou expandir-se por meio de compra de outros fabricantes de instrumentos musicais, mas a administração ficou sobrecarregada demais para geri-las todas bem e a empresa acabou vendendo as aquisições e retomando sua estratégia de concentração.[27]

4. **Diversificação em conglomerado** – Expansão para negócios não correlatos, geralmente para reduzir os riscos devidos a flutuações em um setor. A General Electric diversificou-se de sua base original em produtos elétricos e eletrodomésticos para setores tão variados quanto os de saúde, finanças, seguros, transporte rodoviário e aéreo, e até comunicações, com a compra da rede NBC.

Os negócios diversificados de uma empresa são por vezes chamados de *carteira empresarial*. Uma técnica popular de análise da estratégia que uma empresa adota para gerenciar sua carteira é a matriz BCG, desenvolvida pelo Boston Consulting Group e representada na Figura 4.4. Cada um dos negócios da empresa é lançado na matriz com base na taxa de crescimento de seu mercado e no vigor relativo de sua posição competitiva nele (participação no mercado). Cada negócio é representado por um círculo cujo tamanho depende da contribuição que traz para as receitas da empresa.

Há quatro categorias de negócios na matriz BCG:

- *Pontos de interrogação* – Esses negócios de crescimento acelerado e fraca posição competitiva exigem investimento significativo para melhorar seu posicionamento; do contrário, devem ser vendidos.

- *Estrelas* – Negócios de crescimento acelerado e forte posição competitiva exigem altos investimentos, mas seu posicionamento lhes permite gerar as receitas necessárias.

• **ANÁLISE SWOT**
Uma comparação dos pontos fortes e fracos, oportunidades e ameaças para ajudar os executivos a formular uma estratégia.

• **ESTRATÉGIA CORPORATIVA**
O conjunto de negócios, mercados, ou setores nos quais uma empresa compete, e a distribuição de recursos entre essas entidades.

• **CONCENTRAÇÃO** Uma estratégia empregada por empresas que operam um negócio único e competem em um só setor.

• **INTEGRAÇÃO VERTICAL**
A aquisição ou o desenvolvimento de novos negócios que manufaturam peças ou componentes para o produto da empresa.

• **DIVERSIFICAÇÃO CONCÊNTRICA** Uma estratégia usada para agregar novos negócios que produzam produtos relacionados ou estejam envolvidos em mercados e atividades correlatos.

• **DIVERSIFICAÇÃO EM CONGLOMERADO** Uma estratégia usada para agregar novos negócios que produzam bens e serviços não relacionados ou estejam envolvidos em mercados e atividades não correlacionados.

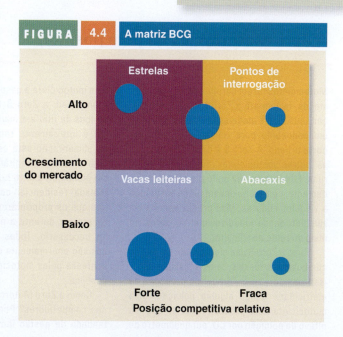

FIGURA 4.4 A matriz BCG

CAPÍTULO 4 | Planejamento Estratégico 85

- **ESTRATÉGIA DE NEGÓCIO** Os principais meios pelos quais uma empresa compete em um setor ou mercado específico.

- **ESTRATÉGIA DE BAIXO CUSTO** Uma estratégia usada para construir vantagem competitiva por meio da eficiência e da oferta de um produto padronizado.

- **ESTRATÉGIA DE DIFERENCIAÇÃO** Uma estratégia usada para construir vantagem competitiva por meio da singularidade no setor ou no mercado em uma ou mais dimensões.

- *Vacas leiteiras* – Esses negócios de baixo crescimento com forte posição competitiva geram receitas além de suas necessidades de investimento e, com isso, ajudam a financiar os demais.
- *Abacaxis* – Negócios de baixo crescimento e fraca posição competitiva devem ser vendidos, uma vez realizadas as receitas neles restantes.

A matriz BCG não substitui a capacidade de julgamento, a criatividade, a visão, ou a liderança da administração. Mas, somada a outras técnicas, pode ajudar os gestores a avaliar suas alternativas estratégicas.[28] Esse tipo de raciocínio recentemente ajudou a Abbott Laboratories a ter sucesso. Quando Miles White assumiu o cargo de presidente-executivo da empresa, começou a reestruturar a carteira de negócios da empresa para dar ênfase ao crescimento. Ele vendeu grande parte do negócio de diagnósticos, que vinha oferecendo baixos retornos, e comprou outros com riscos mais elevados, porém com o potencial de se tornarem estrelas. Segundo White, sua meta é uma carteira de negócios inovadores, crescentes e que deem retornos elevados.[29]

OA4.4
Discutir como as empresas podem obter vantagem competitiva por meio da estratégia de negócio.

estratégia de negócio Depois de tomadas as decisões estratégicas pela alta administração e pelo conselho de administração, os executivos precisam determinar como competir em cada área de negócios. A **estratégia de negócio** define os principais meios pelos quais uma empresa constrói e reforça sua posição competitiva no mercado. Uma vantagem competitiva costuma decorrer de estratégias de negócio baseadas na manutenção de baixos custos ou na oferta de produtos singulares e altamente valorizados.[30]

As empresas que usam **estratégias de baixo custo** procuram ser eficientes e oferecer um produto padronizado. A estratégia de baixo custo da Southwest Airlines é declarada em termos simples: "ser *a* companhia aérea de tarifas baixas". Tal estratégia ajuda o planejamento operacional; quando alguém sugeriu oferecer aos passageiros salada de frango em vez de amendoins em alguns voos, o presidente-executivo perguntou se a salada ajudaria a Southwest a ser "*a* companhia aérea de tarifas baixas."[31] As empresas que têm sucesso com estratégias de baixo custo frequentemente são grandes e exploram economias de escala – reduções do custo unitário decorrentes de grandes compras ou lotes manufaturados – em produção ou distribuição. Sua escala pode ajudar a comprar e vender bens e serviços a baixos preços, o que leva a uma maior participação no mercado, maiores volumes e, afinal, a lucros. Para ter sucesso, uma empresa que adote essa estratégia costuma ser a líder em custos em seu setor ou mercado. Entretanto, mesmo um líder em custos precisa oferecer um produto que seja aceitável para os clientes.

Ao adotar uma **estratégia de diferenciação**, as empresas tentam ser únicas em seu setor ou segmento de mercado em dimensões valorizadas pelos clientes. Tal posicionamento único ou diferenciado no setor frequentemente se baseia em produtos de alta qualidade, excelência em marketing e distribuição, ou superioridade em atendimento. O compromisso da Nordstrom com qualidade e atendimento ao cliente é um excelente exemplo de estratégia de diferenciação. Os funcionários de atendimento da empresa estão disponíveis online, por telefone ou nas lojas, e selecionam gratuitamente itens para serem considerados pelos compra-

---

A Zero Motorcycles na pole position

Motocicletas fazem barulho, certo? Ou, pelo menos, faziam até a Zero Motorcycles lançar seus novos modelos elétricos, inclusive um concebido para revolucionar o transporte urbano. A Zero S é diferente de todas as outras motocicletas que vemos pelas ruas. É leve, com 102 quilos, e acelera rapidamente, com o alto desempenho associado a veículos maiores. Mas produz apenas um zumbido quase inaudível que se perde no meio do ruído do trânsito.

Como a Zero S usa eletricidade em vez de combustíveis fósseis, suas emissões são – isso mesmo – zero. "Embora a produção de eletricidade cause alguma poluição, uma motocicleta Zero produz menos do que um oitavo da poluição por CO_2 por quilômetro de uma motocicleta à gasolina", diz a empresa. Além disso, a Zero S tem bateria atóxica de íons de lítio e a maior parte de seu painel é inteiramente reciclável. O conjunto de alimentação está certificado para despejo em aterros sanitários e é recarregado em menos de quatro horas se ligado a uma tomada residencial comum, o que significa que os proprietários podem facilmente recarregar durante a noite ou no trabalho, se necessário. Todas essas características são enormemente diferentes das apresentadas pelas motocicletas tradicionais à gasolina.

Como a Zero Motorcycles se diferenciou dos competidores? Por meio de uma mentalidade de gestão inovadora. O fundador, Neal Saiki, também é inventor. Ele acredita em sua visão de uma motocicleta ecológica e econômica. Custando pouco menos de US$ 10 mil – e sem custos de combustível – a Zero S é o meio de transporte mais barato que existe, salvo por uma bicicleta ou sapatos. Além disso, permite um crédito fiscal de 10%, uma dedução do imposto sobre a venda e outros inventivos concedidos por diferentes governos estaduais. Todas essas características são atraentes, mas Saiki precisava convencer investidores a financiar o empreendimento. "Começamos a construir a motocicleta há seis anos, usando meu dinheiro", ele comenta. "Minha mulher e eu colocamos todas as nossas economias na empresa."

dores. A inovação é outro ingrediente de muitas estratégias de diferenciação. No mercado de papel higiênico, a Scott Paper Company certa vez determinou que não podia competir por vendas institucionais com base no preço. Em vez disso, começou a oferecer às instituições um aparato gratuito que abrigava rolos maiores, reduzindo o custo de mão de obra da substituição de rolos terminados. No começo, a Scott era a única a oferecer esses rolos maiores e, com isso, conquistou participação no mercado enquanto os competidores se apressavam para alcançá-la.[32]

Novas tecnologias podem apoiar qualquer uma dessas duas estratégias. Elas podem conferir uma vantagem em custos mediante projetos pioneiros de produtos de baixo custo e meios baratos de realizar as operações necessárias, ou podem apoiar a diferenciação por meio de bens ou serviços exclusivos que aumentem o valor para o comprador e, com isso, podem ser vendidos por preços mais elevados.

Líderes setoriais como a Xerox, a 3M, a Hewlett-Packard e a Merck construíram e atualmente mantêm suas posições competitivas por meio do desenvolvimento e aplicação pioneira de novas tecnologias. Mas a liderança tecnológica também traz custos e riscos:[33]

Por exemplo, ser um pioneiro – o primeiro a comercializar uma nova tecnologia – pode permitir à empresa vender a um preço mais elevado por não haver competição. Preços altos e maiores lucros podem sustentar os custos do desenvolvimento de novas tecnologias. Esta vantagem singular da liderança tecnológica pode ser convertida em uma vantagem sustentável se os competidores forem incapazes de duplicar a tecnologia e se a empresa puder continuar a desenvolver sua liderança com rapidez o bastante para manter um ritmo mais acelerado do que os demais. Patentes e perícia científica podem manter uma empresa na liderança por anos. Os fabricantes japoneses usam uma série de pequenas melhorias incrementais para aprimorar continuamente a qualidade de seus produtos e processos. Não é fácil para os competidores copiar todas essas pequenas melhorias e, somadas, elas podem fornecer uma vantagem significativa.[34]

Vantagens da liderança	Desvantagens da liderança
Vantagem do pioneiro	Maiores riscos
Pouca ou nenhuma competição	Custo do desenvolvimento da tecnologia
Maior eficiência	Custos de desenvolvimento do mercado e educação da clientela
Maiores margens de lucro	
Vantagem sustentável	
Reputação inovadora	Custos de infraestrutura
Estabelecimento de barreiras à entrada	Custo de identificação e eliminação de defeitos
Ocupação dos melhores nichos do mercado	Possibilidade de canibalização de produtos existentes
Oportunidades de aprendizado	

A estratégia de diferenciação da Nordstrom envolve acesso aos funcionários de atendimento nas lojas, pela internet ou pelo telefone.

Mas Saiki não desistiu. Em vez disso, foi adiante com o que sabia que era um bom produto e diferente de tudo o que havia no mercado. "Desde o começo, nossa meta era criar uma motocicleta elétrica e urbana de alto desempenho que mudasse o aspecto do setor. A Zero S é uma motocicleta revolucionária concebida para enfrentar qualquer rua, colina ou obstáculo no ambiente das cidades", Saiki explica. "A inovação por detrás da Zero S é uma motocicleta de alto desempenho que também é totalmente elétrica e verde. O fato de ser elétrica significa não precisar encher o tanque e exigir manutenção reduzida." Que diferença. ❖

P: Perguntas para discussão

- A estratégia de diferenciação da Zero S tem suas vantagens. Mas quais poderiam ser as desvantagens de ser um pioneiro neste mercado?
- Como o papel de Neal Saiki como inventor e inovador afeta a estratégia de negócio da empresa? Em que essa estratégia poderia diferir se a principal área de competência do fundador fosse finanças ou publicidade?

FONTES: Site da empresa, <http://www.zeromotorcycles.com>, acessado em 26 de maio de 2009; Jonathan Welsh, "Motorcycle Review: The Zero S", *The Wall Street Journal*, 25 de maio de 2009, <http://online.wsj.com>; Jorn Madslien, "Electric Bikemaker Woos Commuters", *BBC News*, 12 de maio de 2009, <http://news.bbc.co.uk>; "Zero Motorcycles Zero S First Look", Motorcycle USA, 7 de abril de 2009, <http://www.motorcycle-usa.com>; Ariel Schwartz, "The Zero S All-Electric Street Motorcycle Goes to Market", *Fast Company*, 7 de abril de 2009, <http://www.fastcompany.com>; Chuck Squatriglia, "Zero Takes Electric Motorcycles to the Street", *Wired*, 7 de abril de 2009, <http://www.wired.com>.

- **ESTRATÉGIAS FUNCIONAIS** Estratégias implementadas por cada área funcional para sustentar a estratégia de negócio da empresa.

- **SISTEMA DE CONTROLE ESTRATÉGICO** Um sistema concebido para ajudar os gestores a avaliar os avanços da empresa em relação à sua estratégia e, em caso de discrepâncias, tomar medidas corretivas.

Contudo, ser o primeiro a desenvolver ou adotar uma nova tecnologia nem sempre leva a uma vantagem imediata e a altos lucros. A liderança tecnológica impõe custos e riscos elevados que os seguidores não precisam enfrentar. É interessante notar que os seguidores tecnológicos também podem sustentar estratégias de baixo custo e diferenciação. Se um seguidor aprender com a experiência do líder, poderá evitar os custos e o risco da liderança, estabelecendo, assim, uma posição de baixo custo. Os fabricantes de medicamentos genéricos usam esse tipo de estratégia.

Seguidores também podem sustentar estratégias de diferenciação. Ao aprender com o líder, um seguidor pode adaptar os produtos ou sistemas de distribuição para que se ajustem melhor às necessidades dos compradores. A Microsoft é famosa por ter construído uma empresa de sucesso com base nesse tipo de comportamento. O sistema operacional original da empresa, o MS-DOS, foi comprado da Seattle Computer Works para competir com o primeiro sistema operacional para desktops do setor, o CP/M, vendido pela Digital Research. A força do marketing e inovações incrementais do produto permitiram à Microsoft conquistar a liderança em categorias de software (por exemplo, a planilha Excel superou a Lotus 1-2-3, que tomara participação no mercado da pioneira, a VisiCalc).[35] Os produtos da Microsoft, inclusive seus reprodutores de música, videogame e navegadores para a internet, foram lançados depois de aberto o caminho pelos líderes tecnológicos.

Qualquer que seja a estratégia adotada pelos gestores, *a mais eficaz é aquela que os competidores não podem ou não querem imitar*. Se o plano estratégico da empresa puder ser facilmente adotado pelos competidores em seu setor, pode não ser diferenciado o bastante, ou deixar de contribuir significativamente para a competitividade da empresa no longo prazo. Por exemplo, em alguns setores, como o de computadores, a tecnologia avança tão rapidamente que a primeira empresa a fornecer um novo produto logo enfrenta retardatários que oferecem produtos melhores.[36]

estratégia funcional A etapa final da formulação estratégica é determinar as principais estratégias funcionais. As **estratégias funcionais** são implementadas por cada área funcional da empresa para sustentar a estratégia de negócio. As principais áreas funcionais são produção, recursos humanos, marketing, pesquisa e desenvolvimento, finanças e distribuição. Por exemplo, o plano da IBM de crescer por meio da aquisição de empresas de software exige estratégias funcionais de treinamento de sua força de vendas para que compreenda os novos produtos e dê treinamento aos funcionários das empresas adquiridas para que entendam a cultura e os procedimentos da empresa. Parte da estratégia funcional inclui atribuir a cada novo funcionário um mentor experiente da IBM. Na Wells Fargo, a estratégia de crescimento por meio de vendas cruzadas exige estratégias funcionais de publicidade, de treinamento dos funcionários para que realizem essas vendas e de desenvolvimento de sistema de compartilhamento de informações entre departamentos.[37]

As estratégias funcionais costumam ser desenvolvidas pelos executivos das áreas funcionais, com insumos e sujeito à aprovação dos executivos responsáveis pela estratégia de negócio. Os tomadores de decisões estratégicas graduados avaliam as estratégias funcionais para garantir que cada departamento opere de maneira consistente com as estratégias de negócio da empresa. Por exemplo, técnicas de produção automatizada – ainda que poupem dinheiro – não seriam adequadas para uma empresa produtora de pianos como a Steinway, cujos produtos são estrategicamente posicionados (e precificados) como de alta qualidade e feitos à mão.

Nas empresas que competem com base em inovação de produtos, as estratégias de pesquisa e desenvolvimento são críticas. Mas durante a recessão que houve no começo desta década, a General Electric reduziu a pesquisa em tecnologia de iluminação ao mesmo tempo em que outras empresas faziam avanços na área de LEDs. Quando a economia se recuperou, os clientes estavam em busca de iluminação inovadora, mas a GE tinha ficado para trás. Com base nessa experiência, a GE comprometeu-se com uma estratégia de P&D de manutenção dos orçamentos, mesmo com as vendas em baixa. Na mais recente queda de atividade econômica, a empresa continuou a financiar um projeto que envolvia o desenvolvimento de novos motores aeronáuticos em conjunto com a Honda Motor Company.[38]

OA4.5
Identificar as chaves para a implementação eficaz da estratégia.

Quinto, implementar a estratégia

Como se dá com qualquer plano, a mera formulação de uma boa estratégia não é o bastante. Os gestores estratégicos também precisam garantir que as novas estratégias sejam implementadas de maneira eficaz e eficiente. Recentemente, as empresas e os consultores estratégicos começaram a dar mais atenção à implementação porque perceberam que técnicas inteligentes e um bom plano não são garantia de sucesso.

As organizações têm adotado uma visão mais abrangente da implementação. A estrutura organizacional, a tecnologia, os recursos humanos, os sistemas de recompensa, os sistema de informação, a cultura organizacional e o estilo de liderança devem, todos, dar respaldo à estratégia. Assim, como a estratégia de uma empresa precisa estar alinhada com o ambiente externo, também precisa alinhar-se com os diversos fatores por meio dos quais é implementada. O restante desta seção irá tratar desses fatores e das maneiras que podem ser usadas para implementar a estratégia.

Muitas empresas estão envolvendo mais funcionários na implementação de estratégias. Gestores de todos os níveis formulam estratégias e identificam meios de implementá-las. Os altos executivos ainda supervisionam o processo de implementação, mas têm delegado muito mais autoridade a outros.

88 Administração

ANTIGAMENTE...

Os produtos de um país eram produzidos e consumidos internamente, simplificando o planejamento estratégico e a tomada de decisões pelos gestores.

AGORA...

A Toyota tem alcance global. Um de seus principais mercados é o dos Estados Unidos e, por isso, seu planejamento precisa incluir as preferências norte-americanas. Para satisfazer os gostos locais – e empregar trabalhadores locais – a Toyota tem instalações de produção nos Estados Unidos.

De modo geral, a implementação da estratégia envolve quatro etapas correlacionadas:

1. *Definição das tarefas estratégicas* – Articulação, em linguagem simples, do que um negócio específico precisa fazer para criar ou manter uma vantagem competitiva. Definição de tarefas estratégicas para ajudar os funcionários a entender como podem contribuir para a empresa.
2. *Avaliação da capacidade organizacional* – Avaliação da capacidade da empresa para implementar essas tarefas estratégicas. Normalmente, uma força-tarefa entrevista funcionários e gestores para identificar questões que possam ajudar ou atrapalhar a implementação eficaz e, então, as resumem para a alta administração.
3. *Desenvolvimento de uma agenda de implementação* – A administração decide como irá mudar suas atividades e seus procedimentos, a maneira como interdependências críticas serão geridas, as competências e pessoas necessárias em papéis centrais e quais estruturas, medidas, informações e recompensas poderão sustentar os comportamentos necessários.
4. *Criação de um plano de implementação* – A equipe da alta administração, a força-tarefa de funcionários e outros desenvolvem o plano de implementação. A equipe da alta administração, então, monitora os avanços. A força-tarefa de funcionários fornece *feedback* a respeito de como outros membros da empresa estão reagindo às mudanças.

Esse processo, embora aparentemente simples, nem sempre é livre de percalços.[39] Para evitar problemas, os altos gestores precisam estar ativamente envolvidos e desenvolver uma declaração de estratégia e prioridades que os funcionários aceitem. A comunicação é essencial e deve abranger farto compartilhamento de informação entre a alta administração e todos os níveis da empresa. Os gestores responsáveis pela implementação da estratégia devem se certificar de que os diversos grupos da empresa estejam coordenando seus esforços, em vez de atrapalhar uns aos outros. Além disso, os gestores dos níveis subordinados precisam de treinamento para ajudar a liderar com eficácia seus grupos. Se a implementação da estratégia carecer de liderança sólida, os gestores que não forem capazes de melhorar suas competências precisarão ser substituídos. Dar muita atenção aos processos por meio dos quais as estratégias são implementadas irá ajudar executivos, gestores e funcionários a garantir que os planos estratégicos sejam efetivamente realizados.[40]

Finalmente, controlar os avanços

O componente final do processo de gestão estratégica é o controle estratégico. Os **sistemas de controle estratégico** são concebidos para ajudar os gestores a avaliar os avanços da empresa em relação à sua estratégia e a tomar medidas corretivas em caso de desvios. O sistema deve encorajar operações eficientes e condizentes com o plano, ao mesmo tempo em que permite flexibilidade de adaptação a mudanças das condições. Como se dá com todos os sistemas de controle, a empresa precisa desenvolver indicadores de desempenho, um sistema de informação e mecanismos específicos de monitoramento dos avanços. Na Boeing, uma medida óbvia da estratégia de parceria com os fornecedores é se eles atendem as necessidades que a empresa tem de componentes que cumpram seus padrões de qualidade. Na verdade, enquanto entravam pedidos do 787 Dreamliner, diversos fornecedores começaram a perder prazos. A Boeing enviou equipes de peritos de diferentes funções para visitá-los, diagnosticar os motivos das suas dificuldades e ajudá-los a recuperar o tempo perdido. A empresa também modificou a própria estratégia, confiando aos seus funcionários uma parcela maior dos trabalhos de montagem final para evitar mais atrasos.[41]

A maioria dos sistemas de controle estratégico inclui um orçamento para monitorar e controlar os principais desembolsos. Como gestores iniciantes, provavelmente iremos trabalhar dentro do orçamento de nossas unidades – um aspecto central do plano estratégico das empresas. A equipe executiva poderá fornecer premissas e metas de orçamento para a área apropriada, refletindo nossa parte no plano como um todo, e poderá nos pedir que revisemos o orçamento uma vez que todos os orçamentos da empresa tenham sido consolidados e examinados.

- **CERTEZA** Os estado que se verifica quando os tomadores de decisões dispõem de informações precisas e abrangentes.
- **INCERTEZA** O estado que se verifica quando os tomadores de decisões dispõem de informações insuficientes.
- **RISCO** O estado que se verifica quando a probabilidade de sucesso é inferior a 100% e podem ocorrer perdas.
- **SOLUÇÕES PRONTAS** Ideias que já foram vistas ou experimentadas antes.

As duas responsabilidades dos sistemas de controle – eficiência e flexibilidade – muitas vezes parecem contraditórias no que se refere aos orçamentos. O orçamento costuma estabelecer limites de despesas, mas a mudança das condições ou a necessidade de inovações podem exigir comprometimentos financeiros variáveis durante o período. Para lidar com esse dilema, algumas empresas criam dois orçamentos: um estratégico e outro operacional. Na Texas Instruments, por exemplo, o orçamento estratégico é usado para criar e sustentar eficácia no longo prazo, enquanto o operacional é rigidamente monitorado para fornecer eficiência no curto prazo. O tema do controle em geral – e dos orçamentos em especial – será discutido em mais detalhes no Capítulo 13.

OA4.6
Explicar como tomar decisões gerenciais eficazes.

Decisões programadas	Decisões não programadas
O problema é frequente, repetitivo, rotineiro, com grande grau de certeza quanto às relações de causa e efeito.	O problema é inédito, sem estrutura e com grande grau de incerteza quanto às relações de causa e efeito.
O procedimento de tomada de decisão depende de políticas, regras e procedimentos definidos.	O procedimento de tomada de decisão exige criatividade, intuição, tolerância à ambiguidade e solução criativa de problemas.
Exemplos: encomendas periódicas de estoques; procedimento de admissão de pacientes.	Exemplos: diversificação em novos produtos e mercados; compra de equipamentos experimentais; reorganização de departamentos.

TOMADA DE DECISÕES GERENCIAIS

Os gestores enfrentam constantemente problemas e oportunidades, de decisões simples e rotineiras a problemas que exigem meses de análise. Mas os gestores muitas vezes ignoram os problemas porque não estão certos das dificuldades envolvidas em sua solução, porque se preocupam com as consequências em caso de fracasso e porque muitos problemas de gestão são muito mais complexos do que as tarefas rotineiras.[42] Por esses motivos, podem carecer da visão, da coragem ou da vontade para agir.

Por que a tomada de decisões é tão difícil? A maioria das decisões gerenciais carece de estrutura e envolve risco, incerteza e conflitos.

A *ausência de estrutura* é um elemento comum em decisões gerenciais.[43] Não costuma haver um procedimento automático a ser seguido. Os problemas são novos e sem estrutura, deixando o tomador de decisões inseguro a respeito de como proceder. Em outras palavras, as decisões dos gestores costumam trazer as características de decisões não programadas.[44]

Nas decisões não programadas, *risco* e *incerteza* são a regra. Se tivermos todas as informações de que necessitamos e pudermos prever com precisão as consequências de nossos atos, estaremos operando sob condições de **certeza**.[45] Mas a certeza total é rara. Normalmente, os gestores se deparam com a **incerteza**, ou seja, não têm informação o suficiente para conhecer as consequências de diferentes atos. Os tomadores de decisões podem ter opiniões firmes – podem estar certos de si – mas, ainda assim, operarão sob condições de incerteza se não tiverem informações pertinentes e não puderem estimar com precisão a probabilidade de diferentes resultados.

Quando estimamos a probabilidade de diversas consequências, mas, ainda assim, não sabemos com certeza o que irá acontecer, deparamo-nos com o **risco**. O risco surge quando a probabilidade de sucesso de uma prática é inferior a 100% e podem ocorrer perdas. Se a decisão tomada for incorreta, podemos perder dinheiro, tempo, reputação ou outros ativos importantes. O risco, como aspecto da tomada de decisão, difere da *aceitação* de riscos. Embora, às vezes, possa parecer que aqueles que aceitam riscos são admirados e que os empreendedores e investidores florescem por meio dos riscos, os bons tomadores de decisões preferem *gerenciar* o risco. Sabendo que suas decisões envolvem riscos, podem prevê-los, minimizá-los e controlá-los.

Por exemplo, no desenvolvimento de novos produtos, algumas empresas exploram a tecnologia da internet para ajudar a reduzir a incerteza a respeito daquilo pelo que os clientes estão dispostos a pagar. Elas adquirem conhecimento a respeito das demandas dos clientes por meio de sua inclusão no processo de projeto e pedem aos clientes que se comprometam com uma compra antes de tomar uma decisão definitiva de produção. Uma empresa produtora de camisetas chamada Threadless reduz a incerteza e gerencia o risco baseando todo o seu modelo de marketing neste tipo de colaboração com os clientes. Designers gráficos profissionais e amadores apresentam ideias de desenhos para camisetas no site da empresa, onde os clientes votam nos que mais apreciam. Dentre centenas de participantes, a empresa escolhe quatro dos seis mais votados a cada semana e paga US$ 1 mil aos seus autores. Mas apenas produz e vende os itens depois que um número mínimo de clientes já tenha pedido as camisetas com os desenhos mais votados.[46]

O processo formal de tomada de decisões tem seis etapas

Frente a esses desafios, como tomar boas decisões? O processo ideal de tomada de decisão passa por seis etapas:

90 Administração

FIGURA 4.5 Etapas da tomada de decisões: genéricas e de planejamento estratégico

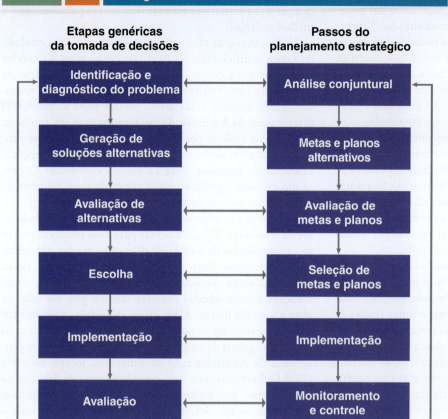

1. Identificação e diagnóstico do problema.
2. Geração de soluções alternativas.
3. Avaliação das alternativas.
4. Escolha.
5. Implementação da decisão.
6. Avaliação da decisão.

Essas etapas são genéricas e aplicáveis a qualquer decisão. Como mostra a Figura 4.5, o planejamento estratégico é uma aplicação desse modelo; suas etapas são muito parecidas.

identificação e diagnóstico do problema

O processo de tomada de decisão começa com o reconhecimento de que um problema (ou uma oportunidade) existe e precisa ser resolvido (ou explorada). Normalmente, um gestor percebe alguma discrepância entre o atual estado (a maneira como as coisas são) e um estado desejado (a maneira como deveriam ser). Para detectar tais discrepâncias, os gestores comparam o desempenho atual com (1) o desempenho *passado*, (2) o desempenho *atual* de outras empresas ou unidades, ou (3) o desempenho esperado *futuro* tal como determinado pelos planos e projeções.[47] Larry Cohen, que, com seu pai, fundou a Accurate Perforating, sabia que sua empresa estava tendo dificuldades para dar lucro porque os custos da metalurgia estavam subindo, mas os preços que os clientes estavam dispostos a pagar permaneciam inalterados. Quando o banco da empresa exigiu pagamento imediato de seu empréstimo de US$ 1,5 milhão, Cohen percebeu que o problema teria de ser resolvido, ou a empresa teria de vender todos os seus ativos e fechar as portas.[48] Iremos saber mais a respeito de como ele resolveu o problema ao analisar as etapas subsequentes do processo de tomada de decisão.

O "problema" pode ser uma oportunidade que precise ser explorada: uma lacuna entre aquilo que a empresa está fazendo e o que pode fazer para criar um futuro mais positivo. Nesse caso, as decisões envolvem escolher como explorar a oportunidade. Para, na qualidade de gestores, reconhecer oportunidades importantes, teremos de entender os ambientes macro e competitivo de nossa empresa (descritos no Capítulo 2), inclusive as oportunidades oferecidas pelos avanços da tecnologia. De acordo com John Chambers, presidente-executivo da Cisco Systems, os gestores que desconhecem a tecnologia correm o risco de perder transições importantes, mudanças dramáticas das maneiras como as empresas atendem seus clientes e operam com seus fornecedores. Chambers aconselha os gestores a se manter atualizados, conversando com as pessoas que nos desafiam e estão dispostas a nos ensinar.[49]

Reconhecer a existência de um problema ou uma oportunidade é apenas o começo dessa etapa. O tomador de decisões também precisa querer fazer algo a respeito e acreditar que estejam presentes os recursos e capacidades necessários para resolver a situação.[50] Então, ele precisa aprofundar-se mais e *diagnosticar* a real causa do problema. É essencial perguntar a nós mesmos e aos outros o seu porquê. Infelizmente, no exemplo anterior da Accurate Perforating, Larry Cohen não se perguntou por que os lucros estavam diminuindo e simplesmente assumiu que os custos da empresa eram elevados demais.[51] Uma abordagem mais abrangente contemplaria perguntas como:[52]

- Há diferença entre o que está acontecendo e o que deveria estar?
- Como descrever esse desvio da maneira mais específica possível?
- Qual é/quais são a(s) causa(s) do desvio?
- Quais metas específicas devem ser atingidas?
- Quais dessas metas são absolutamente críticas para o sucesso da decisão?

geração de soluções alternativas

A segunda etapa da tomada de decisões liga o diagnóstico do problema ao desenvolvimento de caminhos alternativos para sua solução. Os gestores geram pelo menos algumas

● **SOLUÇÕES PERSONALIZADAS**
Soluções novas e criativas desenvolvidas especialmente para um problema específico.

soluções alternativas a partir de sua experiência passada.[53]

As soluções vão das prontas às personalizadas.[54] Tomadores de decisões que procuram por **soluções prontas** usam ideias que já experimentaram antes ou seguem os conselhos de outras pessoas que enfrentaram problemas parecidos. As **soluções personalizadas**, por outro lado, devem ser concebidas para problemas específicos. Essa técnica frequentemente combina ideias para gerar soluções novas e criativas. Por exemplo, no caso anterior da Threadless, mostrou como os líderes de uma empresa resolveram o problema da competição em um mercado inconstante, combinando a ideia das comunidades da Web com a já popular categoria de camisetas com motivos gráficos impressos. Potencialmente, soluções personalizadas podem ser criadas para qualquer desafio.

Muitas vezes, há muito mais alternativas disponíveis do que os gestores percebem. Por exemplo, o que faríamos se um de nossos competidores reduzisse seus preços? Uma escolha óbvia seria reduzir os nossos, mas o único resultado garantido de um corte de preços é uma redução dos lucros. Felizmente, reduzir os preços não é a única alternativa. Se um de nossos competidores reduzir seus preços, deveremos gerar diversas opções e projetar detidamente as consequências de cada uma. Entre elas estão enfatizar os riscos que produtos de baixo preço representam para o consumidor, aumentar a conscientização a respeito das características e da qualidade de nossos produtos, e exibir nossa vantagem de custo ao competidor para que ele perceba que não poderá sair vencedor de uma guerra de preços. Se decidirmos cortar os preços como último recurso, devemos ser rápidos – do contrário, os competidores conquistarão vendas nesse meio tempo, o que pode encorajá-los a usar a mesma tática novamente no futuro.[55]

O exemplo da Accurate Perforating demonstra a importância da busca por todas as alternativas. A empresa atingira o sucesso comprando metal de siderúrgicas, fazendo buracos nele para produzir chapas de tela e vendendo esse material a distribuidores, que o vendiam a metalúrgicas que o usavam para fazer produtos sob encomenda. Como admite Cohen, "acabamos em uma situação altamente competitiva, na qual o que estávamos realmente vendendo era o preço". A administração cortou custos onde pôde, evitando investimento em novos equipamentos e processos. O resultado foi uma fábrica obsoleta gerida por pessoas habituadas a resistir às mudanças. Só depois que o banco cobrou o empréstimo é que Cohen começou a enxergar alternativas. O banco ofereceu uma solução dolorosa: liquidar a empresa. Também sugeriu um consultor empresarial que aconselhou renegociar os prazos de pagamento com os fornecedores. Cohen também recebeu conselhos dos gestores de uma empresa que a Accurate comprara um ano antes. A empresa, a Semrow Perforated & Expanded Metals, vendia produtos mais sofisticados diretamente aos fabricantes e seus gestores incentivaram Cohen a investir mais em produtos metálicos acabados como os que a Semrow fazia.[56]

avaliação das alternativas

A terceira etapa da tomada de decisões envolve determinar o valor ou a adequação das alternativas geradas. Em outras palavras, qual a melhor solução?

Muitas vezes, as alternativas são avaliadas com cuidado ou lógica insuficientes. Na Accurate Perforating, Cohen fez mudanças para cortar custos, mas descartou a ideia de investir na comercialização de produtos metálicos acabados, muito embora essas linhas fossem mais lucrativas. O diretor geral da Accurate, Aaron Kamins (que era, também, sobrinho de Cohen) observou que gastar dinheiro em produtos acabados seria um desvio em relação ao negócio essencial da empresa. Esse raciocínio convenceu Cohen, muito embora significasse dedicar a empresa a linhas de produto que não proporcionavam lucro.[57]

É óbvio que as alternativas deveriam ser mais cuidadosamente avaliadas. É fundamental para esse processo prever as consequências da adoção de diferentes opções. Os gestores devem considerar consequências de diversos tipos. Entre elas estão medidas quantitativas de sucesso, como menores custos, vendas maiores, menor giro da mão de obra e maiores lucros. Além disso, as decisões tomadas em todos os níveis da organização devem contribuir para as estratégias gerais da empresa e não interferir nelas. Os professores de Administração de Empresas, Joseph Bower e Clark Gilbert, afirmam que, quando se trata de decisões de investimento em novos projetos, os gestores costumam concentrar-se em determinar se as alternativas geram o máximo de vendas ou economias, e fazer a pergunta básica: à luz de nossa estratégia, o investimento é uma ideia que merece qualquer apoio?[58] Quando o recente resfriamento da economia dos Estados Unidos exigiu cortes, muitas organizações (como o Estado da Califórnia, a Gulfstream Aerospace e a Gannett) avaliaram as alternativas de demissões (cortes permanentes de empregos) em relação a licenças (fazer com que os funcionários aceitassem folga não remunerada até que a demanda voltasse a aumentar). Embora as demissões poupassem mais dinheiro por funcionário, já que a empresa não precisaria continuar a pagar pelos benefícios, as licenças procuravam manter os relacionamentos com funcionários talentosos, que teriam maior chance de retornar quando a empresa voltasse a precisar deles. As licenças podem parecer mais gentis com os funcionários, que podem manter a esperança de voltar ao trabalho, mas, por outro lado, eles podem não fazer jus ao seguro-desemprego durante o período de licença.[59]

O sucesso ou fracasso de uma decisão tomada entra para o histórico de todos os envolvidos. Ou seja, como Cohen veio a descobrir, o tomador de decisão precisa saber quando recorrer à perícia de outros. O erro de deixar de avaliar integralmente as alternativas e identificar suas consequências não é exclusividade das pequenas empresas familiares. Quando John Sculley era presidente-executivo da Apple, convenceu-se de que era um perito em tecnologia e tomou decisões ruins a respeito do lançamento pioneiro do assistente digital (PDA) da empresa, o hoje esquecido Newton. Sob a orientação de Sculley, a Apple encheu o Newton de funções, como reconhecimento de escrita, pelas quais os

VOCÊ SABIA?

Quando os gestores tomam decisões, muitas vezes usam os *insights* de terceiros para ajudar a avaliar alternativas. Em um levantamento com executivos canadenses, mais de dois terços disseram que a opinião de seus assistentes era importante para a decisão de qual candidato contratar para um cargo – algo que vale a pena ter em mente da próxima vez que estivermos em busca de emprego.[63]

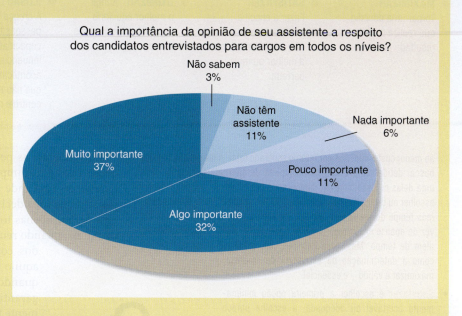

Qual a importância da opinião de seu assistente a respeito dos candidatos entrevistados para cargos em todos os níveis?

- Não sabem 3%
- Não têm assistente 11%
- Nada importante 6%
- Pouco importante 11%
- Algo importante 32%
- Muito importante 37%

O empreendedor inglês, Richard Branson, mostra um modelo do Spaceship Two, um veículo que ele espera que sua empresa desenvolva nos próximos anos para levar passageiros em voos espaciais comerciais. Até que ponto a decisão de Branson de ir adiante com essa ideia se baseou na estratégia de maximização?

clientes não se importavam e não estavam dispostos a pagar o elevado preço do produto. Por outro lado, Steve Jobs encarregou um engenheiro de hardware, Tony Fadell, do desenvolvimento do iPod, e Fadell decidiu colaborar com uma empresa que já tinha desenvolvido grande parte da tecnologia que seria usada no bem-sucedido tocador de áudio digital.[60]

Para avaliar alternativas, devemos consultar nossas metas originais, definidas na primeira etapa. Quais metas cada alternativa atinge e deixa de atingir? Quais alternativas são as mais aceitáveis para nós e os demais interessados importantes? Se diversas alternativas puderem resolver o problema, qual pode ser implementada ao menor custo ou com o maior lucro? Se nenhuma das alternativas atingir nossas metas, talvez possamos combinar duas ou mais das melhores dentre elas. Aqui, mais algumas perguntas que podem ajudar:[61]

- Nossas informações sobre as alternativas estão completas e atualizadas? Se não estiverem, podemos obter mais e melhores informações?
- A alternativa atende os nossos objetivos primários?
- Quais problemas poderemos enfrentar se implementarmos a alternativa?

É claro que os resultados não podem ser previstos com precisão absoluta. Às vezes, contudo, os tomadores de decisões podem criar salvaguardas contra um futuro incerto, considerando as consequências em potencial de diversos cenários diferentes. Podem, com isso, gerar planos de contingência, descritos anteriormente quando tratamos do planejamento estratégico.

Alguns cenários parecerão mais prováveis do que outros, enquanto alguns parecerão altamente improváveis. Em última instância, um dos cenários se revelará mais preciso do que os demais. O processo de consideração de diferentes cenários levanta para os tomadores de decisões importantes perguntas do tipo "e se?" e destaca a necessidade de planos de prontidão e contingência. Ao lermos este texto, que cenário econômico está se desenrolando? Quais são os acontecimentos e as tendências importantes? Quais cenários poderiam evoluir daqui a seis ou oito anos? Como iremos nos preparar para eles?

fazendo uma escolha Uma vez que tenhamos considerado as possíveis consequências de nossas opções, é hora de tomar uma decisão. Alguns gestores sentem-se mais à vontade na etapa de análise. Especialmente com toda a tecnologia avançada atualmente disponível, pessoas com tendências quantitativas podem facilmente ajustar de diversas maneiras as premissas por detrás de cada cenário. Mas essa tentação pode levar à "paralisia analítica" – ou seja, à indecisão causada por excesso de análise em vez da tomada de decisões ativa e confiante, que é essencial para a captura de novas oportunidades ou para fazer frente a desafios. A decisão irá variar de acordo com os critérios e os métodos usados:[62]

- **Maximizar** é atingir o melhor resultado possível, aquele que ao mesmo tempo realiza as maiores consequências positivas e minimiza as negativas. Em outras palavras, maximizar os resultados é obter o maior benefício

CAPÍTULO 4 | Planejamento Estratégico 93

- **MAXIMIZAR** Tomar uma decisão que realize o melhor resultado possível.
- **SATISFAZER** Fazer a escolha aceitável, embora não necessariamente a melhor ou mais perfeita.
- **OTIMIZAR** Atingir o melhor equilíbrio possível entre diversas metas.
- **ILUSÃO DE CONTROLE** A crença que as pessoas têm em sua capacidade de influenciar os acontecimentos, ainda que não tenham controle real sobre eles.
- **EFEITOS DE ENQUADRAMENTO** Um viés decisório influenciado pela forma de descrição ou apresentação de um problema ou uma alternativa de decisão.

ao menor custo, com o maior retorno esperado total. A maximização exige buscar detidamente uma gama completa de alternativas, avaliar cada uma delas cuidadosamente, comparando umas com as outras, e depois escolher ou criar a melhor dentre elas. Como gestores, nem sempre teremos tempo de maximizar; muitas decisões exigem reações rápidas em vez de análise exaustiva. A análise necessária também exigirá dinheiro, além de tempo. Mas, para decisões com consequências importantes, como a determinação da estratégia da empresa, maximizar é válido – e essencial.

- Satisfazer é escolher a primeira opção minimamente aceitável ou adequada; a escolha parece atender uma meta ou critério. Ao satisfazer, comparamos nossa escolha com nossa meta e não com outras opções, e concluímos a busca por alternativas ao encontrar a primeira que seja aceitável. Se estivermos comprando novos equipamentos e a meta for evitar gastar demais, iremos tomar uma decisão satisfatória se comprarmos a primeira opção aceitável que se encaixe em nosso orçamento. Quando as consequências não são muito importantes, a satisfação pode, de fato, ser a abordagem ideal. Mas, ao satisfazer necessidades, os gestores podem deixar de considerar opções importantes. Retomando o exemplo anterior da Accurate Perforating, quando os gestores encararam, pela primeira vez, a queda dos lucros, usaram uma solução satisfatória; presumiram que deveriam concentrar-se no corte de custos e deixaram de identificar alternativas que aumentariam seus lucros por meio do investimento em novos mercados onde poderiam cobrar mais.
- Otimizar significa atingir o melhor equilíbrio possível entre diferentes metas. Talvez, ao comprar equipamentos, estejamos interessados tanto em qualidade e durabilidade quanto no preço. Em vez de comprar o equipamento mais barato dentre os que funcionam, compramos o que traz a melhor combinação de atributos, ainda que algumas opções possam ser melhores em termos de preços e outras possam oferecer maior qualidade e durabilidade. Da mesma forma, para atingir metas de negócio, uma estratégia de marketing poderia maximizar as vendas, enquanto outra, o lucro. Uma estratégia otimizadora atinge o melhor equilíbrio possível entre diversas metas.

VOCÊ SABIA?
Um cenário pode usar números que pareçam razoáveis, mas é preciso estudar os dados de diferentes maneiras para confirmar nossas premissas. Quando a empresa de Dean Kamen desenvolveu o Segway, ele decidiu que, a cada ano, o veículo capturaria 0,1% da população mundial. Essa porcentagem pode parecer conservadora, mas precisamos lembrar que 0,1% de 6 bilhões de pessoas representam 6 milhões de Segways por ano! Kamen decidiu construir uma fábrica capaz de produzir 40 mil unidades por mês; cinco anos depois, as vendas ainda não tinham chegado a 25 mil unidades.[67]

implementação da decisão

O processo de tomada de decisão não termina uma vez feita a escolha. É preciso implementar a alternativa selecionada. Às vezes, as pessoas envolvidas na tomada da decisão é que devem colocá-la em prática. Em outros casos, delegam a responsabilidade pela implementação, como se dá quando a alta administração altera uma política ou um procedimento operacional e faz com que os gestores operacionais realizem a mudança.

Infelizmente, as pessoas às vezes tomam decisões, mas deixam de agir. A implementação pode deixar de acontecer quando se confunde falar com fazer; quando as pessoas pensam que uma decisão irá "acontecer"; quando se esquecem de que apenas tomar uma decisão não traz mudança nenhuma; quando reuniões, planos e relatórios são encarados como "agir", mesmo que não afetem aquilo que as pessoas efetivamente fazem; e quando deixam de fazer verificações para garantir que aquilo que se decidiu foi realmente feito.[64]

Aqueles que implementam a decisão precisam *entender* a escolha e por que foi feita. Também precisam estar *comprometidos* com o sucesso de sua implementação. Essas necessidades podem ser satisfeitas por meio do envolvimento dessas pessoas nos estágios iniciais do processo de tomada de decisão. Na Federal Warehouse Company, na cidade de East Peoria, Illinois, os executivos decidiram ensinar a todos os funcionários como interpretar as demonstrações financeiras da empresa. Rotineiramente, os gestores avaliam em detalhes o desempenho da empresa e convidam todos os funcionários a participar da solução de problemas, inclusive como reduzir custos por meio da maior segurança ocupacional. Os funcionários – que anteriormente presumiam que se todos estivessem ocupados, a empresa certamente estaria lucrando – começaram a tomar muitas decisões criativas que estão ajudando aumentar os lucros.[65] Por meio da inclusão de todos na tomada de decisões, a Federal alimenta a compreensão plena e o comprometimento total.

Os gestores devem planejar cuidadosamente a implementação, seguindo diversas etapas:[66]

1. Determinar como será o aspecto das coisas quando a decisão estiver plenamente operacional.
2. Ordenar cronologicamente, usando, talvez, um fluxograma, os passos necessários para se atingir uma decisão plenamente operacional.
3. Elencar os recursos e atividades necessários para implementar cada passo.
4. Estimar o tempo necessário para cada passo.
5. Atribuir a responsabilidade por cada passo a pessoas específicas.

Os tomadores de decisões devem partir da premissa de que a implementação *não* irá transcorrer sem problemas. É muito útil dedicar um pouco de tempo à *identificação de problemas* e *oportunidades em potencial* associadas à implementação. Então será possível tomar medidas para impedir que surjam problemas e estar preparado para aproveitar oportunidades inesperadas. São úteis as perguntas a seguir:

- Quais problemas essa medida poderia causar?
- O que podemos fazer para impedir que os problemas surjam?
- Quais benefícios ou oportunidades inesperados poderiam surgir?
- Como podemos garantir que eles surjam?
- Como estar prontos para agir quando surgirem as oportunidades?

Muitos capítulos deste livro abordam questões de implementação: como alocar recursos, organizar-se para atingir resultados, liderar e motivar as pessoas, realizar mudanças, e assim por diante. Encare os capítulos desse ponto de vista e aprenda o máximo que puder sobre a correta implementação.

avaliação da decisão A etapa final do processo de tomada de decisão é avaliá-la. Isso envolve coletar informações sobre os resultados que ela está produzindo. Se estabelecermos metas quantificáveis – aumento de 20% das vendas, redução de 95% dos acidentes, 100% de entregas no prazo – antes de implementar a solução, poderemos colher dados objetivos para determinar com precisão o sucesso ou fracasso da decisão.

A avaliação das decisões é útil, seja a conclusão positiva ou negativa. O *feedback* que sugira que a decisão está dando certo implica que ela deve ser mantida e talvez aplicada em outros pontos da empresa. O *feedback* negativo significa uma das seguintes conclusões:

1. A implementação irá exigir mais tempo, recursos, esforços ou consideração.
2. A decisão foi ruim.

Quando uma decisão parece incorreta, é hora de começar de novo. Retornando à primeira etapa: (re)definição do problema. O processo de tomada de decisão recomeça, de preferência com mais informações, novas sugestões e uma abordagem que procure eliminar os erros cometidos da primeira vez. Foi aqui que a Accurate Perforating finalmente começou a ter esperanças. Quando os esforços de corte de custos se revelaram incapazes de manter a empresa adiante dos competidores ou nas boas graças do banco, Larry Cohen confiou o problema ao seu diretor geral, Aaron Kamins. Deu-lhe 90 dias para provar que poderia impedir a empresa de quebrar. Kamins contratou um consultor para ajudar a identificar mais alternativas e tomar decisões mais profissionais sobre investimento e marketing. Esta etapa da implementação provou a ele que a empresa precisava de administradores mais bem treinados e, por isso, começou a frequentar um progra-

ma de educação executiva. Com o que aprendeu na escola e com seus consultores, Kamins percebeu que os conselhos que recebera dos gestores da subsidiária Semrow – investir em produtos metálicos acabados – eram mais sábios do que percebera. Conseguiu mais financiamento para comprar equipamentos modernos, contratou vendedores, desenvolveu um site e, finalmente, começou a ver os lucros decorrentes da melhor tomada de decisões.[68]

A natureza humana cria obstáculos às boas decisões

A execução cuidadosa e plena do processo de tomada de decisões em seis etapas é a exceção, não a regra. Mas quando os gestores usam esses processos racionais, obtêm melhores decisões.[69] Os gestores que certificam-se de seguir o processo são mais eficazes.

Por que as pessoas não recorrem automaticamente a processos racionais? É fácil negligenciar ou executá-los incorretamente, e as decisões são influenciadas por vieses psicológicos, prazos e realidades sociais.

vieses psicológicos Os tomadores de decisões estão longe de ser objetivos ao colher, avaliar e aplicar informações ao fazer escolhas. As pessoas estão sujeitas a vieses que interferem na racionalidade objetiva. Eis alguns dos muitos vieses subjetivos já documentados:[70]

- **Ilusão de controle** – A crença na qual é possível influenciar os eventos, mesmo quando não se tem qualquer controle sobre o que irá acontecer. Esse excesso de autoconfiança pode levar ao fracasso porque os tomadores de decisões ignoram os riscos e deixam de avaliar objetivamente as chances de sucesso. Além disso, eles podem acreditar que são incapazes de errar, ou ter um otimismo generalizado em relação ao futuro que os leve a crer que são imunes ao risco e ao fracasso.[71] Além disso, podem superestimar o valor de sua experiência. Eles podem crer que um projeto anterior atingiu as metas por causa das decisões que tomaram e, por isso, podem ter sucesso fazendo tudo da mesma maneira no projeto seguinte. Rohit Girdhar admite ter sido vítima desse tipo de viés até experimentar uma simulação computadorizada que achou que confirmaria sua habilidade como gestor experiente de programadores de software. Na simulação, a carga de trabalho aumentou e ele contratou mais funcionários, como fizera em oportunidades anteriores. Mas eles não eram tão produtivos quanto Girdhar tinha julgado com base em sua experiência, e o projeto se atrasou. Ele aprendeu a questionar suas premissas antes de tomar decisões.[72] Os gestores podem corrigir esse problema por meio do desenvolvimento de uma visão realista de seus pontos fortes e fracos e da busca de assessores que possam apontar consequências que, do contrário, passariam despercebidas.

- **Efeitos de enquadramento** – Descrever ou apresentar problemas ou alternativas de decisão de tal maneira que influências subjetivas ofusquem os fatos objetivos. Em um exemplo, os gestores indicaram o desejo

● ● **CAPÍTULO 4** | Planejamento Estratégico **95**

de investir mais dinheiro em uma empresa com 70% de chance de lucro do que em outra com 30% de chance de prejuízo.[73] As duas tinham iguais chances de sucesso; as escolhas dos gestores foram influenciadas pela maneira como as opções foram apresentadas. Os gestores também podem considerar um problema parecido com outros com que já tenham lidado e, por isso, deixar de procurar novas alternativas. Quando Richard Fuld, presidente-executivo da Lehman Brothers lidou com problemas financeiros enquanto o mercado de hipotecas despencava, admitiu que a situação era muito parecida com a crise financeira do fim da década de 1990. Infelizmente, para o banco Lehman Brothers, tratava-se de algo muito pior. A instituição abriu falência – a maior da história dos Estados Unidos – e ajudou os mercados financeiros globais a entrar em parafuso. Da mesma forma, quando o líder do centro de operações do Departamento de Segurança Nacional se preparava para o furacão Katrina, que se encaminhava para Nova Orleans, presumiu que a tempestade seria como os furacões da Flórida para os quais se preparara anteriormente. À medida que as informações chegavam, ele se concentrou nos dados que se adequavam às suas expectativas, mas o Katrina revelou-se muito mais devastador.[74]

- **Descontar o futuro** – Dar maior peso aos custos e benefícios de curto prazo do que aos de longo prazo na avaliação de alternativas. Este viés aplica-se a alunos que não estudam, funcionários que tiram a tarde para jogar golfe quando deveriam estar trabalhando e a gestores que hesitam em investir em programas de pesquisa e desenvolvimento que talvez só deem resultado no futuro distante. Em todos esses casos, evitar custos e buscar benefícios no curto prazo levam a problemas no longo prazo. Descontar o futuro explica, em parte, os déficits públicos, a destruição do meio ambiente e a decadência da infraestrutura urbana.[75]

pressões de prazos
No atual ambiente empresarial, em rápida mutação, valoriza-se agir rápido e manter o ritmo. As decisões de negócios mais conscientes podem tornar-se irrelevantes e até desastrosas se os gestores levarem tempo demais para tomá-las.

Para decidir rapidamente, os gestores, pelo menos na América do Norte, tendem a deixar de lado a análise, suprimir conflitos e tomar decisões por conta própria, sem consultar outros gestores.[76] Essas estratégias podem acelerar a tomada de decisões, mas reduzem sua *qualidade*. Carl Camden, presidente-executivo da Kelly Services, acreditava que decisões rápidas eram a marca de um executivo dinâmico, até que percebeu como sua abordagem poderia prejudicar a qualidade das decisões. Depois que Camden entrou para a empresa, alguns gestores apresentaram uma proposta de expansão que alocava trabalhadores temporários para a introdução de professores substitutos. Camden pensou rapidamente em meia dúzia de motivos para dizer não. Mas seus gestores insistiram em apresentar propostas parecidas até que ele cedeu e lançou a nova divisão, que se tornou uma das de maior crescimento na empresa.[77]

Será que gestores pressionados pelo tempo podem tomar decisões oportunas e de alta qualidade? Um recente estudo dos processos de tomada de decisão em empresas do setor de microcomputadores demonstrou algumas diferenças importantes entre as empresas rápidas para agir e as mais lentas.[78] As primeiras realizavam vantagens competitivas significativas sem sacrificar a qualidade de suas decisões. Elas usavam três táticas importantes:

1. Em vez de contar com dados antigos, planejamento de longo prazo e projeções futuristas, concentravam-se em *informações em tempo real*: informações atualizadas colhidas rápida ou imediatamente. Por exemplo, monitoravam constantemente medidas operacionais, como os trabalhos em andamento, em vez de verificar periodicamente indicadores contábeis tradicionais, como a lucratividade.

2. *Envolviam as pessoas* no processo de tomada de decisão *de maneira mais eficaz e eficiente*. Confiavam muito em peritos de confiança e isso lhes rendia boa assessoria e segurança para agir rapidamente, apesar da incerteza.

3. Adotavam uma *visão realista dos conflitos*: valorizavam a divergência de opiniões, mas sabiam que se as discordâncias não pudessem ser resolvidas, o principal executivo teria de tomar a decisão final. As empresas lentas, por outro lado, ficavam atoladas em conflitos. Assim como as mais rápidas, buscavam o consenso, mas, ao contrário delas, deixavam de tomar decisões quando as discordâncias persistiam.

realidades sociais
Muitas decisões são tomadas por grupos e não por um só gestor. Em empresas lentas, fatores interpessoais reduzem a eficácia da tomada de decisões. Mesmo um gestor que aja por conta própria é responsável perante seu superior e outros e precisa levar em conta as preferências e reações de diversas pessoas. Decisões gerenciais importantes são caracterizadas por conflitos entre as partes interessadas. Assim, muitas decisões são resultado de interações sociais, barganhas e politicagem intensas.

 OA4.7
Resumir os princípios para a tomada de decisões em grupo.

Muitas decisões são tomadas em grupo

Às vezes, um gestor pode reunir um grupo de pessoas para tomar uma decisão importante. Há quem aconselhe que, no ambiente empresarial complexo de hoje, problemas significativos devem *sempre* ser abordados por grupos.[79] Por isso, os gestores precisam entender como os grupos funcionam e como podem ser usados para melhorar a tomada de decisão.

os grupos podem ajudar
A filosofia básica por detrás do uso de um grupo para tomar decisões pode ser encontrada no velho chavão: "Duas cabeças pensam melhor do que uma". Mas será que é verdade? Sim, é – potencialmente. Se houver tempo o bastante, os grupos costumam tomar decisões de mais alta qualidade do que uma só pessoa. Mas os grupos muitas vezes são inferiores ao *melhor indivíduo*.[80]

Duas cabeças pensam mesmo melhor do que uma?

O desempenho do grupo depende da eficácia com que se consegue explorar as vantagens em potencial e minimizar os problemas do uso de um grupo. Usar grupo para tomar decisões oferece pelo menos cinco vantagens em potencial:[81]

1. Há maior disponibilidade de *informações* quando diversas pessoas tomam uma decisão. Se um dos membros não dispuser de todos os fatos ou da perícia aplicável, é possível que outro o faça.

2. Existe maior número de *enfoques* sobre as questões, ou há diferentes *abordagens* para resolver o problema. O problema pode ser novo para um membro do grupo, mas familiar para outro. Ou o grupo pode precisar considerar diversos pontos de vista – financeiro, jurídico, de marketing, de recursos humanos etc. – para chegar a uma solução ideal.
3. A discussão em grupo fornece uma oportunidade de *estímulo intelectual.* Ela pode fazer com que as pessoas pensem e libertem sua criatividade em maior grau do que se daria com a tomada individual de decisões.
4. As pessoas que participam de uma discussão em grupo têm maior probabilidade de *entender* porque a decisão foi tomada. Terão ouvido argumentos relevantes tanto em favor da alternativa escolhida quanto contra as rejeitadas.
5. A discussão em grupo costuma levar a um maior grau de *comprometimento* com a decisão. "Comprar" a solução proposta se traduz em maior motivação para garantir que seja bem executada.

As três primeiras vantagens em potencial de usar um grupo sugerem que resultam decisões mais bem informadas e de mais alta qualidade quando os gestores envolvem pessoas com diferentes históricos, visões e níveis de acesso à informação. As últimas vantagens implicam que as decisões serão implementadas com maior sucesso quando os gestores envolverem nas deliberações, o quanto antes, as pessoas responsáveis por sua implementação.

os grupos podem atrapalhar
As coisas *podem*, sim, dar errado, quando as decisões são tomadas por grupos. A maioria dos problemas em potencial diz respeito aos processos por meio dos quais os membros do grupo interagem uns com os outros:[82]

- Às vezes, um membro do grupo *domina* a discussão. Quando isso acontece – por exemplo, um líder forte deixa claro suas preferências – o resultado é o mesmo que haveria se a pessoa dominante tivesse tomado a decisão sozinha. Mas essa pessoa não tem, necessariamente, as opiniões mais válidas e, mesmo que leve o grupo a uma boa decisão, o processo irá desperdiçar o tempo de todos.
- A *satisfação* é mais provável em grupos. A maioria das pessoas não gosta de reuniões e fará o que puder para terminá-las. Isso pode incluir críticas aos membros que queiram continuar a explorar alternativas novas e melhores. O resultado é uma decisão meramente satisfatória, em vez de otimizadora ou maximizadora.
- A *pressão para evitar discordâncias* pode levar a um fenômeno chamado *pensamento grupal.* O **pensamento grupal** ocorre quando as pessoas optam por não divergir, ou por deixar de levantar objeções, porque não querem perturbar um espírito de equipe positivo. Alguns grupos querem pensar como uma só pessoa, não toleram divergências e lutam para permanecer cordiais. Grupos assim são excessivamente confiantes, complacentes e, talvez, por demais dispostos a assumir riscos. A pressão para acompanhar a solução preferida do grupo limita a criatividade e outros comportamentos típicos da tomada criteriosa de decisões.
- O *deslocamento de metas* é frequente em grupos. A meta dos membros do grupo deve ser chegar à melhor solução possível. Com o **deslocamento de metas**, novas metas surgem e substituem as originais. Quando os membros do grupo têm opiniões diferentes, tentativas de persuasão racional podem se tornar uma discussão acalorada e, então, o argumento vencedor passará a ser a nova meta.

os grupos precisam de boa liderança
Gestores eficazes dão muita atenção ao processo em grupo; o gerenciam com cautela. Há três requisitos para uma gestão eficaz da tomada de decisões em grupo:

1. *Estilo de liderança adequado* – O líder do grupo precisa tentar manter os problemas relacionados ao processo em níveis mínimos, certificando-se de que todos tenham chances de participar, não permitindo que o grupo pressione pessoas para que se acomodem e mantendo todos concentrados nos objetivos da tomada de decisão.
2. *Uso construtivo de discordâncias e conflitos* – A concordância total e consistente entre os membros de um grupo pode ser destrutiva, levando ao pensamento grupal, a soluções sem criatividade e a um desperdício do conhecimento e dos pontos de vista diversos que as pessoas trazem. Deve haver certo grau de conflito *construtivo*.[83] O conflito deve estar relacionado a tarefas e envolver diferenças entre ideias e pontos de vista, não divergências pessoais.[84] Ainda assim, mesmo o conflito ligado a tarefas pode prejudicar o desempenho;[85]

> - **DESCONTAR O FUTURO** Um viés que atribui maior peso aos custos e benefícios de curto prazo do que aos de longo prazo.
> - **PENSAMENTO GRUPAL** Um fenômeno que ocorre no contexto de decisões quando os membros de um grupo evitam discordar e buscam o consenso.
> - **DESLOCAMENTO DE META** Uma condição que surge quando um grupo tomador de decisões perde de vista sua meta original e emerge uma nova meta de menor importância.

a discordância só é boa corretamente gerida. Os gestores podem aumentar a probabilidade de que haja conflito construtivo, montando equipes compostas de diferentes pessoas, criando interações frequentes e debates ativos, e encorajando diversas alternativas a partir de várias perspectivas.[86] Os métodos para encorajar diferentes visões abrangem atribuir a alguém o papel de **advogado do diabo**, alguém cuja função é criticar ideias. Alternativamente, o líder pode usar um processo chamado **dialética**, um debate estruturado entre duas rotas conflitantes.[87] Os debates estruturados entre planos opostos podem ser úteis antes da tomada de uma decisão estratégica – um grupo pode defender a aquisição de uma empresa, enquanto outro defende sua não aquisição.

3. *Desenvolvimento da criatividade* – Para "extrair" criatividade dos outros, devemos dar aos esforços criativos o devido reconhecimento e não punir fracassos criativos.[88] Também devemos, na medida do possível, evitar pressão extrema dos prazos.[89] Apoiar algumas ideias inovadoras sem dar atenção aos retornos projetados. Estimular e desafiar intelectualmente as

- **ADVOGADO DO DIABO** Alguém cuja função é criticar ideias para garantir que seus aspectos negativos sejam plenamente explorados.

- **DIALÉTICA** Um debate estruturado para comparar duas rotas conflitantes.

- **BRAINSTORMING** Um processo por meio do qual os membros do grupo geram o maior número possível de ideias a respeito de um problema; as críticas ficam suspensas até que todas as ideias tenham sido propostas.

Na Miron Construction Company, Theresa Lehman alimenta o pensamento criativo sobre sustentabilidade – o esforço de minimizar o uso de recursos, especialmente os poluentes e não renováveis. Além de ajudar os clientes a projetar prédios mais sustentáveis, Lehman, que é diretora de sustentabilidade da empreiteira com sede em Neenah, Estado do Wisconsin, ajuda a própria Miron a operar de modo mais verde.

Ela define o problema – ou a oportunidade – de se ter uma construtora sustentável como algo que vai além das características dos edifícios. Pelo contrário, todos os esforços de redução do desperdício contribuem para a sustentabilidade. Segundo Lehman, "Tudo precisa estar voltado para fazer as coisas de maneira mais eficaz, reduzindo os recursos e eliminando o desperdício." Ela espera ideias de todos os funcionários e garante que cada uma delas é cuidadosamente avaliada. Por exemplo, um funcionário sugeriu uma mudança de cheques de pagamento em papel para depósitos diretos para todos os trabalhadores. Além de poupar papel, a mudança reduz os custos de impressão e postagem. Ao levar ideias a sério e depois comunicar seus benefícios práticos, Lehman reforça o valor da sustentabilidade.

Lehman tem muitos exemplos para dar sobre a solidez financeira da sustentabilidade. Enquanto expande e reforma a própria sede, a Miron está instalando aquecimento e refrigeração geotérmica, que se pagará em cinco anos. Ela também está substituindo as lâmpadas interiores por LEDs, que deverão poupar US$ 12 mil em custos de eletricidade ao longo de sua vida útil. Com benefícios assim, não surpreende que Lehman tenha conseguido fazer da sustentabilidade um valor compartilhado na Miron.[91] ∎

pessoas e conferir-lhes alguma liberdade criativa. Escutar as ideais dos funcionários e dar tempo o bastante para que várias delas sejam exploradas. Reunir grupos de pessoas com diferentes comportamentos e modos de pensar. Fazer com que o pessoal entre em contato com os clientes e permitir que joguem com ideias. Protegê-los de gestores que exijam retornos imediatos, não compreendam a importância das contribuições criativas, ou tentem tomar o crédito pelo sucesso de outros. As pessoas tendem a ser mais criativas quando acreditam que são capazes, sabem que seus colegas esperam delas criatividade e acreditam que seu empregador as valoriza.[90] Uma técnica comum para trazer ideias criativas à tona é o *brainstorming*. No ***brainstorming***, os membros do grupo geram o máximo possível de ideias a respeito de um problema. À medida que são apresentadas, as ideias são exibidas para que todos possam lê-las e usá-las como elementos de construção. Os membros do grupo são encorajados a dizer tudo o que lhes venham à mente, exceto críticas aos outros membros ou suas ideias.

ACESSE <http://www.grupoa.com.br> para materiais adicionais de estudo, incluindo apresentações em PowerPoint.

CAPÍTULO 4 | Planejamento Estratégico 99

capítulo cinco

Empreendedorismo

Algumas pessoas excepcionais estavam na casa dos 20 anos quando fundaram empresas que vieram a ser conhecidas pelo sucesso:[1]

- Bill Gates e Paul Allen fundaram a Microsoft.
- Michael Dell fundou a Dell Computers.
- Steve Jobs e Steve Wozniak fundaram a Apple Computer.
- Fred Smith fundou a Federal Express.
- Robert Swanson fundou a Genentech.
- Phil Knight fundou a Nike.
- Mark Zuckerberg fundou o Facebook.

Como eles e incontáveis outras pessoas demonstraram, há grandes oportunidades para pessoas talentosas que estejam dispostas a dar duro para realizar seus sonhos. O **empreendedorismo** surge quando uma pessoa empreendedora persegue uma oportunidade lucrativa.[2] Ser um empreendedor é iniciar e construir uma empresa, em vez de ser parte passiva dela.[3] Isso envolve criar *novos* sistemas, recursos, ou processos para produzir *novos* bens ou serviços e/ou atender *novos* mercados.[4]

Saiba mais

sobre o que é ser empreendedor.

> *Sei o que é necessário para ser um empreendedor independente porque foi o que fez minha família e eu cresci dentro da empresa. Atualmente não tenho aquele desejo. Mas ser empreendedor para lançar novas ideias, programas etc. é algo que faço e incentivo na empresa.*
> Martha Zehnder Keller, Diretora Adjunta de Serviços de Eventos

> *Ser empreendedor é, com certeza, algo que luto para realizar todos os dias. Seja em meu atual cargo na empresa ou em busca de oportunidades externas, espero um dia ter meu próprio negócio. No cargo que ocupo atualmente, posso abordar clientes efetivos e em potencial da minha maneira, fazer o possível com os recursos de que disponho e isso, em última análise, reflete-se na qualidade do trabalho que realizo. Acho que isso é muito encorajado e, com frequência, recompensado.*
> J. John Maggio III, Gerente de Vendas

objetivos de APRENDIZAGEM

OA5.1 Descrever por que as pessoas se tornam empreendedoras e as características pessoais necessárias.

OA5.2 Resumir como avaliar oportunidades de novos negócios.

OA5.3 Identificar as causas comuns de sucesso e fracasso.

OA5.4 Discutir desafios comuns de gestão.

OA5.5 Explicar como aumentar as chances de sucesso, inclusive por meio de bons planos de negócio.

OA5.6 Descrever como os gestores de grandes empresas alimentam o empreendedorismo.

- **EMPREENDEDORISMO**
  A busca de oportunidades lucrativas por pessoas empreendedoras.

- **PEQUENA EMPRESA**
  Uma empresa com menos de 100 funcionários, de propriedade e operação independentes, que não seja dominante em seu campo e não seja caracterizada por muitas práticas inovadoras.

- **NEGÓCIO EMPREENDEDOR**
  Um novo negócio que tenha como objetivos primários alto crescimento e alta lucratividade.

Richard Branson é um exemplo perfeito disso. Parece que os negócios correm em suas veias. Ainda era adolescente quando começou sua primeira empresa, uma revista chamada *Student*, em meados da década de 1960. Em 1970, lançou seu empreendimento seguinte, a lendária Virgin Records, que deu origem à sua primeira fortuna. Desde então, Branson construiu 200 outros negócios, todos com a matriz Virgin: uma companhia aérea global, uma empresa de telefonia móvel e outras nas áreas de serviços financeiros, editorial e de varejo. Atualmente, o império Virgin tem cerca de 50 mil funcionários em 29 países e Branson é dono de uma estarrecedora fortuna de mais de US$ 5 bilhões. Em 1999, foi condecorado cavaleiro pela Rainha Elizabeth.[5]

Os empreendedores diferem, de modo geral, dos gestores. Um empreendedor *é* um gestor, mas dedica-se a atividades que nem todos os gestores contemplam.[6] Os gestores costumam operar em uma hierarquia administrativa formal com autoridade e responsabilidades bem definidas. Os empreendedores, por outro lado, usam mais redes de contatos do que autoridade formal. E, embora os gestores normalmente prefiram ser proprietários de ativos, os empreendedores frequentemente os alugam ou utilizam temporariamente. Segundo alguns autores, os gestores frequentemente agem mais lentamente e tendem a evitar riscos, enquanto os empreendedores são mais ágeis e gerenciam ativamente o risco.

A organização de um empreendedor pode ser pequena, mas costuma ser diferente de uma pequena empresa típica:[7]

- Uma **pequena empresa** tem menos que 100 funcionários, é de propriedade e operação independentes, não é dominante em seu campo e não se caracteriza por muitas práticas inovadoras. Os proprietários de pequenas empresas não costumam ser muito agressivos em sua gestão e esperam vendas, lucros e crescimento normais e moderados.

- Um **negócio empreendedor** tem como objetivos principais crescimento e lucratividade elevados. Os empreendedores gerenciam agressivamente e desenvolvem estratégias, práticas e produtos inovadores. Eles e seus investidores normalmente desejam crescimento acelerado, lucros imediatos e elevados e, às vezes, uma venda rápida com grande ganho de capital.

ânimo empreendedor Pensemos no que disse Jeffry Timmons, um importante estudioso do empreendedorismo e autor de textos sobre o tema: "Nos últimos 30 anos, os Estados Unidos deram origem à geração mais revolucionária vista no país desde sua fundação, em 1776. Essa nova geração de empreendedores alterou permanentemente a estrutura econômica e social do país e do mundo... Irá determinar, mais do que qualquer outro impulso, a maneira como a nação e o mundo viverão, trabalharão, estudarão e liderarão neste século e depois".[8]

> "Conhece-se um homem pela empresa que organiza."
> — Ambrose Bierce

Ryan Clark, que recentemente conquistou o Prêmio de Liderança estudantil da Premiação Engenheiro Negro do Ano, posa com seu irmão gêmeo, Ashton, no Laboratório Científico Coordenado de Urbana, Estado do Illinois. Os irmãos Clark são calouros da Universidade de Illinois e, nos últimos dez anos, fundaram mais de 12 negócios bem-sucedidos na internet, com produtos que vão de música online, passando por vestuário esportivo, à reserva de vagas de estacionamento.

Mito n. 1: "Qualquer um pode começar um negócio". Na verdade, começar é a parte mais fácil. Difícil é sobreviver, sustentar e desenvolver um empreendimento para que os fundadores possam colher seus frutos.

Mito n. 2: "Os empreendedores são jogadores". Na verdade, os empreendedores de sucesso têm muita cautela e assumem riscos calculados. Não procuram deliberadamente assumir mais ou desnecessariamente, mas também não fogem de riscos inevitáveis.

Mito n. 3: "Os empreendedores querem aparecer sozinhos". Na verdade, é muito difícil desenvolver sozinho um empreendimento de elevado potencial. Os empreendedores de alto potencial criam uma equipe, uma organização, uma empresa.

Mito n. 4: "Os empreendedores são seus próprios chefes e são totalmente independentes". Na verdade, os empreendedores estão longe de ser independentes. Eles têm de prestar contas a muitos interessados, inclusive sócios, investidores, clientes, fornecedores, credores e familiares, além de honrar obrigações sociais e comunitárias.

Mito n. 5: "Os empreendedores trabalham mais horas e dão mais duro do que os gestores de grandes empresas". Não há provas disso. Alguns trabalham mais, outros menos.

Mito n. 6: "Os empreendedores passam por muito estresse e pagam um preço alto por isso". Embora não haja dúvidas de que o papel dos empreendedores seja desgastante e exigente, eles costumam gostar muito do que fazem. Têm melhor saúde e menor probabilidade de aposentadoria do que os que trabalham para os outros.

Mito n. 7: "Os empreendedores são motivados unicamente pelo interesse no dinheiro". Na verdade, os empreendedores que se dedicam a negócios de alto potencial são levados mais pela construção de empreendimentos e pela realização de ganhos de capital no longo prazo do que pela gratificação instantânea sob a forma de elevados salários e grandes benefícios. Outras fontes de motivação são a sensação de estar no comando do próprio destino e a realização de suas visões e seus sonhos. O dinheiro é encarado como uma ferramenta e uma forma de avaliar os próprios resultados.

Mito n. 8: "Os empreendedores querem poder e controle sobre os outros". Na verdade, os empreendedores de sucesso são movidos pela busca da responsabilidade, realização e resultados, e não pelo poder em si. Em virtude de suas realizações, até podem ser poderosos e influentes, mas essas coisas são mais um subproduto do processo empreendedor do que sua força motriz.

Mito n. 9: "Se um empreendedor for talentoso, terá sucesso em um ou dois anos". Uma velha máxima entre os investidores em capital de risco diz tudo: limões amadurecem rápido, mas as pérolas levam anos. São raros os novos negócios que se estabelecem com solidez em menos que três ou quatro anos.

Mito n. 10: "Qualquer empreendedor que tenha uma boa ideia pode levantar capital de risco". Na prática, de cada 100 ideias apresentadas por empreendedores a investidores em capital de risco, apenas de uma a três recebem recursos.

Mito n. 11: "Se um empreendedor tiver capital inicial o bastante, não tem como errar". Um excesso de dinheiro no começo muitas vezes acarreta baixa disciplina e gastos impulsivos que costumam resultar em problemas graves e fracasso.

Mito n. 12: "Os empreendedores são solitários que não sabem trabalhar com outras pessoas". A verdade é que os empreendedores mais bem-sucedidos são líderes que construíram grandes equipes e relacionamentos eficazes com seus pares, investidores, principais clientes, fornecedores e outros.

Mito n. 13: "A menos que você tenha tido notas altíssimas na escola, nunca será um empreendedor de sucesso". O QI empreendedor é uma combinação singular de criatividade, motivação, integridade, liderança, construção de equipes, capacidade analítica e de lidar com a ambiguidade e a adversidade.

Exagero? Pode até parecer, mas não é. O empreendedorismo está transformando as economias do mundo todo e a economia global de modo geral. Nos Estados Unidos, desde 1980, mais de 95% da riqueza foi criada por empreendedores.[9] Estima-se que, desde a Segunda Guerra Mundial, pequenos negócios empreendedores tenham gerado 95% das inovações radicais nos Estados Unidos. A Small Business Administration levantou que nos Estados que têm mais empresas iniciantes de pequeno porte, as economias estaduais tendem a crescer mais rapidamente e os níveis de emprego tendem a ser maiores do que nos Estados menos empreendedores.[10] Estima-se que 20 milhões de norte-americanos estejam operando empresas próprias ou procurando ativamente criá-las.[11]

Os profissionais autônomos amam o processo empreendedor e relatam os mais elevados níveis de orgulho, satisfação e renda. É importante observar que o empreendedorismo não tem a ver com os descendentes privilegiados das famílias Rockefeller e Vanderbilt; pelo contrário, fornece oportunidade e ascensão social a todos os que apresentem bom desempenho.[12]

Mitos sobre o empreendedorismo

Em termos simplistas, os empreendedores geram novas ideias e as transformam em negócios.[13] Mas o empreendedorismo não é simples e, muitas vezes, é mal compreendido. Considere os 13 mitos citados sobre esta importante opção de carreira.[14]

Eis outro mito: ser empreendedor é ótimo porque podemos "enriquecer rapidamente" e nos divertir enquanto os funcionários tocam a empresa. A realidade é muito mais difícil. Durante o período inicial, é provável que haja muitos maus momentos. É exaustivo. Mesmo que não tenhamos funcionários, devemos esperar falhas de comunicação e outros "problemas de pessoal" com agentes, fornecedores, distribuidores, parentes, subcontratados, credores e quem mais seja. Dan Bricklin, fundador da VisiCalc, diz que a coisa mais importante a se ter em mente é: "Você não é o seu negócio. Nos dias ruins, quando as coisas não vão tão bem – e, pode acreditar, você terá dias assim –, tente se lembrar de que os erros da sua empresa não fazem de você uma má pessoa. Da mesma forma, o sucesso de sua empresa não quer dizer que você seja um gênio ou o super-homem."[15]

CAPÍTULO 5 | Empreendedorismo **103**

- **EMPREENDEDOR**
  Alguém que estabelece uma nova organização sem os benefícios do patrocínio corporativo.

- **INTRAEMPREENDEDOR**
  Um criador de novos empreendimentos dentro de grandes empresas.

Ao ler este capítulo, iremos aprender a respeito de duas fontes primárias de criação de novos empreendimentos:

1. **Empreendedores** independentes são pessoas que estabelecem uma nova empresa sem o apoio de patrocínio corporativo.
2. **Intraempreendedores** criam novos empreendimentos dentro de grandes empresas; são empreendedores corporativos que usam os recursos das empresas que trabalham para construir uma linha de negócios criativa baseada em uma nova ideia.[16]

 OA5.1

Descrever por que as pessoas se tornam empreendedoras e as características pessoais necessárias.

EMPREENDEDORISMO

Dois jovens empreendedores que recentemente fundaram um negócio muito bem-sucedido são Tony Hsieh e Nick Swinmurn. Em 1999, Swinmurn teve a ideia de vender sapatos online, mas precisava de dinheiro para começar. Hsieh, que aos 24 anos de idade tinha acabado de vender sua primeira empresa iniciante (a LinkExchange, vendida à Microsoft por US$ 265 milhões), concordou em apostar no novo empreendimento. Swinmurn se foi, mas Hsieh continua à frente da empresa, chamada Zappos. Em um ano recente, a Zappos faturou US$ 1 bilhão.[17]

Por mais excepcional que seja essa história, a verdadeira e completa história do empreendedorismo é sobre pessoas de que provavelmente nunca ouvimos falar. Pessoas que construíram empresas, floresceram pessoalmente, criaram empregos e contribuíram para suas comunidades por meio dos negócios, ou então que acabaram de começar.

Adnan Aziz, que é formado em bioengenharia e ciência política pela Universidade da Pensilvânia, pôs o primeiro diploma à prova quando teve uma ideia ao assistir *A Fantástica Fábrica de Chocolate*. Impressionado com uma cena em que crianças lambem papel de parede com sabor de frutas, desenvolveu e patenteou uma invenção: pequenas tiras de um filme solúvel e aromatizado que chamou de Peel 'n Taste. Ele formou uma empresa, a First Flavor, e começou a negociar com empresas produtoras de bens de consumo, para que incluíssem pacotes de Peel 'n Taste aos seus anúncios e embalagens.[18]

Por que tornar-se um empreendedor?

Bill Gross fundou dúzias de empresas. Quando era garoto, desenvolvia jogos eletrônicos feitos em casa e vendia balas para amigos. Na faculdade, construiu um dispositivo de aquecimento solar e vendeu o projeto respectivo, fundou uma empresa de equipamento de áudio e vendeu um produto de software à Lotus. Em 1996, fundou a Idealab, que deu origem a dúzias de empresas iniciantes na internet. Recentemente, lançou empresas da Idealab, entre as quais uma que produz uma impressora tridimensional e outra que vende tecnologia robótica a supermercados e empresas do setor de brinquedos. Por meio da subsidiária Energy Innovations, a Idealab também se expandiu para o atual efervescente mercado de energia alternativa.[19]

Por que Bill Gross e outros empreendedores agem assim? Os empreendedores fundam as próprias empresas por causa do desafio, do potencial de lucros e da enorme satisfação que esperam alcançar. As pessoas que fundam empresas estão em busca de uma qualidade de vida maior do que a que teriam em grandes empresas. Buscam a independência e a sensação de estar envolvidas na ação. Extraem enorme satisfação de construir algo a partir do zero, ver sua criatura ter sucesso e observar o mercado adotar suas ideias e produtos.

As pessoas também começam suas próprias empresas quando percebem que seus avanços e ideias são bloqueados nas grandes corporações. Quando são demitidas, quando acreditam que não serão promovidas, ou quando ficam frustradas com a burocracia ou outros aspectos da vida corporativa, podem se tornar empreendedores. Anos atrás, Philip Catron ficou desiludido com sua função de gestor da empresa de cuidados de gramados ChemLawn porque concluiu que a dependência da empresa em pesticidas contribuía para o adoecimento de seus funcionários, dos animais de estimação dos clientes e até dos próprios gramados. Catron saiu e fundou a NaturaLawn of America, baseada na prática de gestão integrada de pragas (IPM, *Integrated Pest Management*), que utiliza ao máximo produtos naturais e atóxicos, reduzindo em 85% a aplicação de pesticidas. Em 20 anos, Catron expandiu a NaturaLawn para 72 franquias em 25 Estados – e ajudou a popularizar a IPM, já que até sua antiga empregadora mudou muitas de suas práticas.[20]

Tony Hsieh é considerado um empreendedor extraordinário. Aos 24 anos de idade, já tinha vendido seu primeiro empreendimento e passado para a Zappos.com, onde trabalha atualmente.

Os imigrantes podem perceber que as rotas convencionais para o sucesso econômico estão fechadas para si e voltar-se para o empreendedorismo.²¹ A comunidade cubana de Miami produziu muitos empreendedores de sucesso, assim como a comunidade vietnamita por todos os Estados Unidos. Às vezes, a experiência passada de um imigrante pode conferir conhecimento útil a respeito de fornecedores ou mercados estrangeiros que proporcionem uma oportunidade de negócios atraente. Rakesh Kamdar migrou da Índia para os Estados Unidos para estudar Ciência da Computação, mas percebeu uma maneira pela qual poderia atender a enorme demanda norte-americana por mão de obra de enfermagem. Ele estabeleceu a DB Healthcare para recrutar enfermeiras na Índia e levá-las para trabalhar nos Estados Unidos. Ao contrário dos concorrentes norte-americanos que tinham fracassado, ele marcava encontros nos escritórios da empresa na Índia e convidava as enfermeiras, com seus maridos, pais e sogros. Seu pessoal discutia aspectos familiares e pessoais dos empregos nos Estados Unidos. Em poucos anos, a DB Healthcare faturava milhões de dólares.²²

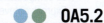

FIGURA 5.1 Quem é o empreendedor?

FONTE: J. Timmons and S. Spinelli, *New Venture Creation*, 6. ed. (New York: McGraw-Hill/Irwin, 2004), p. 65. © 2004 The McGraw-Hill Companies.

> Há quase 30 anos, Chieu Le era estudante de direito no Vietnã quando fugiu do regime comunista para a Malásia. Depois que sua esposa uniu-se a ele, mudaram-se para o Novo México, onde Le teve vários empregos no setor de alimentação. Enquanto isso, chegaram aos Estados Unidos mais parentes e todos acabaram se estabelecendo nas vizinhanças de San Jose, Estado da Califórnia. Fundaram uma pequena empresa de alimentação, vendendo comida étnica em um caminhão estacionado do lado de fora de diferentes empresas.
>
> Atualmente, a Lee Bros. Foodservices opera 500 caminhões que entregam alimentos preparados em diversas áreas, além de 22 lojas Lee's Sandwiches nos Estados da Califórnia, do Arizona e do Texas. Todas as lojas pertencem a membros da família expandida e são por eles operadas, servindo tanto sanduíches *banh mi* tradicionais quanto sanduíches norte-americanos montados em *baguettes* ou *croissants*. Muitas lojas têm acesso à internet e tornaram-se pontos de encontro.
>
> Le diz que o sucesso da família vem do trabalho: "Tivemos de começar por baixo e foi só com muito trabalho pesado que, felizmente, tivemos sucesso."²³

O que é preciso para ter sucesso?

O que temos a aprender com as pessoas que fundam suas próprias empresas e são bem-sucedidas? Vamos partir do exemplo de Ken Hendricks, fundador da ABC Supply.²⁴ Enquanto continua a comprar prédios e empresas, ainda vê oportunidades onde os outros enxergam problemas. Diversos anos depois de o maior empregador da cidade, a Beloit Corporation, ir à falência, Hendricks comprou seus imóveis, onde encontrou cerca de meio milhão de padrões (moldes de madeira) usados para fazer peças para máquinas. Embora um juizado de falências determinasse que ele deveria receber para levar os padrões para um aterro, Hendricks falou com um amigo, o artista Jack De Munnik, e ofereceu-lhe os padrões como material gratuito para criar suas obras. De Munnik os transformou em mesas, relógios, esculturas e outras peças. "Mesmo que só recebêssemos US$ 50 por cada uma, 50 vezes 500 mil são US$ 25 milhões", observou, acrescentando que o valor poderia "ter salvado a Beloit Corporation da falência."²⁵ O exemplo mostra como Hendricks encara o sucesso nos negócios: problemas podem ser resolvidos. "O que faz a diferença é a maneira como olhamos para as coisas e as gerimos."²⁶

Ken Hendricks é um bom exemplo dos talentos que capacitam os empreendedores para o sucesso. Na Figura 5.1, expressamos essas características em termos genéricos. Os empreendedores de sucesso são inovadores e também têm bons conhecimentos e competência em gestão, negócios e contatos.²⁷ Por outro lado, os inventores podem ser altamente criativos, mas frequentemente carecem das competências necessárias para transformar suas ideias em negócios bem-sucedidos. Gestores administrativos podem ser ótimos para garantir operações eficientes, mas não são necessariamente inovadores. Os promotores têm um conjunto diferente de competências de marketing e vendas – útil para os empreendedores, mas que pode ser contratado, ao passo que o espírito inovador e as habilidades administrativas empresariais permanecem a combinação essencial para os empreendedores de sucesso.

OA5.2
Resumir como avaliar oportunidades de novos negócios.

Que negócio começar?

Precisamos de uma boa ideia e encontrar ou criar a oportunidade certa. O trecho a seguir fornece algumas considerações genéricas para a escolha de um tipo de atividade. Para mais orientação a respeito do casamento entre seus pontos fortes e interesses pessoais com algum tipo de negócio, outro recurso útil é o livro *What Business Should I Start? Seven Steps to Discovering the Ideal Business for You*, de Rhonda Abrams.

CAPÍTULO 5 | Empreendedorismo 105

a ideia Muitos empreendedores e observadores afirmam que, ao pensar em nosso negócio, é preciso partir de uma grande ideia. Um grande produto, um mercado viável e um bom momento são ingredientes essenciais de qualquer receita para o sucesso. Por exemplo, Tom Stemberg sabia que o número crescente de pequenas empresas na década de 1980 carecia de alguém dedicado a vender-lhes material de escritório. Ao perceber essa oportunidade, abriu a primeira loja Staples, o primeiro passo em direção a uma rede que hoje cobre os Estados Unidos. Atualmente, a empresa fatura mais de US$ 18 bilhões ao ano.

Algumas das ideias mais envolventes atualmente abrangem produtos que atendam uma necessidade básica a um custo muito baixo. Empreendedores socialmente responsáveis têm combinado competências tecnológicas com a preocupação com pessoas que vivem sem acesso à água potável e suprimento confiável de eletricidade, criando produtos de alta tecnologia que podem melhorar o padrão de vida em comunidades pobres. Por exemplo, Nedjip Tozun e Sam Goldman fundaram a D.light Design para desenvolver e vender luzes alimentadas com energia solar, fabricadas com painéis solares baratos, LEDs eficientes e um sofisticado software de gestão de energia.

Tozun e Goldman identificam seu mercado nos países em desenvolvimento, onde muitas pessoas dependem de lamparinas a querosene e diesel que não só fornecem iluminação de má qualidade como também poluem o ar e representam grave perigo de incêndio e queimaduras. Embora o preço de US$ 25 por uma luminária D.light seja elevado para muitas comunidades onde as pessoas ganham menos de um dólar por dia, quando os membros das famílias reúnem seus recursos, percebem que a luminária lhes permite trabalhar mais, poupar dinheiro anteriormente gasto em combustível e deixar de fazer longas viagens para comprar tal combustível, de modo que a compra é um bom investimento em uma vida mais limpa e segura.

A D.light Design é uma empresa, não uma instituição de caridade. Tozun e Goldman consideram seus compradores "grandes clientes" que reconhecem uma "proposta de valor clara" em seu produto. Também veem o potencial de expansão para outros produtos alimentados com energia solar, expandindo a empresa enquanto atendem necessidades básicas.[28]

Grandes empresas foram construídas tendo por base outro tipo de ideia: o desejo do fundador de construir uma grande organização em vez de oferecer um produto ou uma linha de produtos.[29] Há muitos exemplos: Bill Hewlett e David Packard primeiro decidiram fundar uma empresa e só depois decidiram o que iriam fabricar. J. Willard Marriott sabia que queria ter seu próprio negócio, mas não tinha nenhum produto em mente até abrir uma barraca de refrigerante da A&W. Masaru Ibuka não tinha nenhuma ideia específica de produto em 1945, ao fundar a Sony. O primeiro produto da empresa, uma máquina de cozinhar arroz, não funcionava e o segundo, um gravador de fitas magnéticas, não vendeu. A empresa manteve-se viva fabricando e vendendo almofadas aquecidas rudimentares.

Darryl Hart e Robert Schummer fundaram a Commodity Sourcing Group (CSG) em Detroit em função dos desafios organizacionais no setor de atendimento médico. As companhias de seguros e as agências do governo vinham limitando os níveis de reembolso, obrigando os hospitais a cortar custos por meio da terceirização de atividades não médicas, como serviços de impressão, transporte e lavanderia. A CSG se especializa no fornecimento desses serviços por meio da coordenação de contratos com prestadores. Além disso, muitos hospitais têm programas de diversidade que os obrigam a comprar uma parte de seus suprimentos e serviços de fornecedores que pertençam a minorias e mulheres. Mas essas empresas muitas vezes são pequenas e jovens e, por isso, podem ter dificuldades com financiamentos e conhecimento administrativo. A CSG age como mentora de algumas delas. Por exemplo, para ajudar uma gráfica a cumprir um grande contrato, a CSG comprou os equipamentos necessários e permitiu que a empresa o usasse por três anos enquanto lhe pagava um reembolso. A CSG também ajudou a desenvolver material de marketing para uma pequena distribuidora de produtos de limpeza. Embora essas iniciantes pudessem, em tese, vir a se tornar concorrentes da CSG, Hart e Schummer encaram suas atividades de mentores como uma maneira de reforçar o ambiente empresarial de Detroit como um todo.[30]

Muitas empresas que atualmente são grandes lidaram com fracassos no começo. Mas seus fundadores persistiram, acreditando em si e em seus sonhos de construir grandes organizações. Embora o convencional seja encarar a empresa como um veículo para nossos produtos, a visão alternativa encara os produtos como veículo para a empresa. Devemos estar preparados para encerrar ou rever uma ideia, mas nunca desistir da empresa – isso tem sido parte da receita do sucesso de muitos grandes empreendedores e líderes empresariais. Em organizações como a Disney, a Procter & Gamble e o Walmart, as maiores realizações dos fundadores – suas maiores ideias – foram as organizações em si.[31]

a oportunidade Os empreendedores identificam, criam e exploram oportunidades de diversas maneiras.[32] Empresas empreendedoras podem explorar áreas que as grandes empresas evitam e introduzir bens ou serviços que capturam o mercado por serem mais simples, mais baratos, mais acessíveis, ou mais convenientes. Enquanto fazia um *tour* pela Espanha, Shayne McQuade percebeu que tinha dificuldades para recarregar seu telefone celular. Depois da viagem, McQuade desenvolveu uma maneira de fazer mochilas e sacolas equipadas com painéis solares. Sua empresa, a Voltaic Systems, contrata a fabricação das bolsas na China a partir de material extraído de plástico reciclado. Os produtos são vendidos em lojas de material esportivo e McQuade está tentando introduzi-los no Sam's Club. Ele espera um dia oferecer pas-

A+

DICA

Não precisamos ser os primeiros a ter uma ideia se pudermos inventar uma maneira de executar uma ideia existente melhor do que os competidores. A Federal Express obteve sucesso ao tomar emprestado o método da DHL de usar aviões a jato para superar a UPS no serviço de entregas rápidas nos Estados Unidos. A IBM combinou componentes existentes com o sistema operacional da Microsoft para lançar um computador pessoal que acabou por superar os modelos anteriores da Apple e da Atari.[33]

> [Muitas empresas, atualmente grandes, enfrentaram fracassos no começo. Mas seus fundadores persistiram; acreditaram em si e em seus sonhos de construir grandes organizações.]

tas de executivo capazes de gerar potência o bastante para recarregar um *laptop*.[34]

Para identificar oportunidades, devemos pensar com cuidado nos acontecimentos e tendências à medida que surgem. Vejamos, por exemplo, as possibilidades a seguir:[35]

- *Descobertas tecnológicas*. Empresas iniciantes nas áreas de biotecnologia, microcomputação e nanotecnologia seguiram avanços tecnológicos. Howard Berke, que tem na folha de pagamento dois vencedores do Prêmio Nobel, estabeleceu a Konarka Technologies para oferecer produtos baseados em avanços das células solares. Ao contrário da tecnologia mais antiga de painéis solares, as células solares se baseiam em produtos de química orgânica e, por isso, são mais flexíveis e podem ser instaladas em diferentes produtos (ver o exemplo anterior da Voltaic Systems).[36]

- *Mudanças demográficas*. Com o envelhecimento da população, muitas empresas têm se apresentado para atender grupos de idosos, das academias de ginástica Fit After Fifty a casas de repouso. Uma empresa que visa tanto a população de terceira idade quanto os domicílios de pai ou mãe solteiros, ou em que pai e mãe trabalham, é a Errands Done Right. O serviço, lançado por Donna Barber e Dawn Carter, tem por público-alvo as pessoas com pouco tempo ou que têm dificuldades de locomoção.[37]

- *Mudanças de estilo de vida e preferências*. Empresas iniciantes já exploraram tendências em vestuário e alimentação, o desejo por *fast-food* e o crescente interesse em esportes. Nos últimos anos, cada vez mais consumidores querem ajudar a cuidar do meio ambiente e empresas se preocupam em demonstrar a esses consumidores que elas também se preocupam com isso. Essa tendência criou um nicho para a Affordable Internet Services Online. A empresa de hospedagem da Web, com sede em Romoland, Estado da Califórnia, é alimentada por 120 painéis solares. Os sites dos clientes podem anunciar: "Site hospedado com 100% de energia solar".[38]

- *Deslocamentos econômicos*, como *booms* ou quebras. O aumento dos preços do petróleo deu origem a diversos desenvolvimentos ligados à energia alternativa ou eficiência energética. Diz Howard Berke, o empreendedor por trás das células solares da Konarka Technologies: "Não cheguei aqui como ambientalista. Encaro a coisa como um bom negócio. O custo dos renováveis... é mais competitivo se comparado aos combustíveis fósseis".[39]

- *Calamidades* como guerras ou desastres naturais. Os ataques terroristas de setembro de 2001 aumentaram a preocupação com a segurança e os empreendedores atuais estão explorando ideias para ajudar os órgãos governamentais a impedir ataques no futuro. Os devastadores furacões da Costa do Golfo do México aumentaram a conscientização a respeito da necessidade de preparação para lidar com emergências. Dennis Bertken e Nicholas Connor estudaram o mercado de produtos para sobrevivência emergencial e perceberam que poucas ofertas eram voltadas para as emergências mais prováveis e as necessidades a elas relacionadas. Desenvolveram diversos produtos, como lanternas carregadas com uma manivela e uma mochila cheia de equipamento de sobrevivência, inclusive alimentos e água. Bertken e Connor fundaram a Pacific Pathway, que vende esses produtos em grandes lojas sob duas marcas de fantasia, Life+Gear e SafetyCross.[40]

- *Iniciativas governamentais e mudanças de regras*. A desregulamentação deu origem a novas companhias aéreas e de transporte rodoviário. Sempre que o governo aperta as exigências de eficiência energética, surgem oportunidades para que empreendedores desenvolvam novas ideias de redução do consumo de energia.

Harren Jhoti, presidente-executivo e fundador de uma empresa de descoberta e desenvolvimento de medicamentos chamada Astex Therapeutics, recebe o Prêmio de Empreendedor Químico Mundial do Ano, na cerimônia do Royal Society of Chemistry Innovations Awards, em Londres. O Sr. Jhoti construiu a Astex ao longo de oito anos, levantando mais de 63 milhões de libras esterlinas. O prêmio anual é conferido a uma pessoa que tenha estabelecido uma empresa pequena ou média ligada ao setor químico, e contribuído para seu crescimento.

- **FRANQUIA** Uma aliança empreendedora entre um franqueador (um inovador que tenha criado pelo menos uma loja de sucesso e queira crescer) e um franqueado (um parceiro que gerencia uma nova loja do mesmo tipo em um novo local).

Dez anos atrás, Ryan Black estava surfando no Brasil quando observou muitos brasileiros devorando enormes tigelas de uma gosma roxa congelada. Curioso, descobriu que aquilo era feito dos frutos da palmeira açaí, que são abundantes na área e podem ser transformados em uma bebida parecida com uma raspadinha quando esmagados, misturados com água e congelados. Como já bem sabem os brasileiros, os frutos contêm antioxidantes e gorduras ômega benéficas. Refletindo sobre a demanda dos consumidores americanos por alimentos mais saudáveis, Ryan achou que ele e seu irmão poderiam oferecer um novo sabor que também seria nutritivo.

Os irmãos fundaram a Sambazon para desenvolver e comercializar bebidas congeladas à base de açaí, mas precisaram educar o público, inclusive restaurantes, lojistas e outros clientes em potencial. "Eles davam um belo show, indo de loja em loja como se fosse um ato circense", diz Larry Sidoti, vice-presidente de desenvolvimento da Juice It Up! Franquia Corp., que aceitou incluir o Sambazon em seu cardápio. A Sambazon agora tem 100 funcionários e fatura US$ 12 milhões ao ano, com produtos nas prateleiras da Whole Foods, da Wild Oats e da Jamba Juice.⁴¹

franquias
Um tipo importante de oportunidade está nas franquias. Podemos saber intuitivamente o que é uma franquia, ou, pelo menos, apontar algumas das mais conhecidas, como McDonald's, Jiffy Lube, The Body Shop e Dunkin' Donuts. Uma **franquia** é uma aliança empreendedora entre duas partes:⁴²

1. *Franqueador* – Um inovador que tenha criado pelo menos uma loja de sucesso e queira encontrar parceiros para operar o mesmo conceito em outros mercados
2. *Franqueado* – Que opera uma ou mais lojas segundo as condições determinadas pela aliança

Para o franqueado, a oportunidade está na criação de riqueza por meio de um conceito de negócio já comprovado (mas não infalível), com o benefício adicional da perícia do franqueador. Para o franqueador, a oportunidade está na criação de riqueza por meio do crescimento. A parceria se manifesta em uma marca e a missão conjunta dos parceiros é a de manter e ampliar essa marca. A rede de restaurantes casuais Noodles & Company começou a crescer abrindo 79 lojas pertencentes à empresa. A administração concluiu que poderia crescer mais rapidamente por meio de uma franquia. Estabelecer os cardápios e preços consumiu um ano, mas o sistema ajudou a empresa a quase dobrar suas receitas em apenas dois anos.⁴³

As pessoas muitas vezes acreditam que comprar uma franquia seja menos arriscado do que começar um negócio do zero, mas as evidências divergem. Um estudo que acompanhou empresas por seis anos chegou a uma conclusão oposta a essa crença: 65% das franquias estudadas ainda operavam ao fim do período, contra 72% dos negócios independentes. Um motivo pode ser o fato de que as franquias envolvidas abrangiam apenas alguns setores possivelmente mais arriscados. Um estudo que comparou apenas restaurantes ao longo de três anos concluiu que 43% das franquias e 39% dos independentes permaneceram abertos.⁴⁴

Se estivermos pensando em uma franquia, devemos considerar sua presença no mercado (local, regional ou nacional), sua participação no mercado, suas margens de lucro, programas nacionais de marketing e compras, a natureza do negócio, inclusive treinamento exigido e nível de apoio em campo, as condições do contrato de licenciamento (por exemplo, 20 anos com renovação

VOCÊ SABIA?
Em um triênio recente, foram lançados quase 900 conceitos de franquia nos Estados Unidos. As categorias com os mais novos conceitos foram varejo de alimentos, serviços empresariais e recreação. As categorias que mais acrescentaram novas unidades franqueadas foram serviços empresariais, construção e serviços relacionados a crianças.⁴⁵

Os irmãos Banatao constroem pranchas para a onda verde

Talvez imaginemos os surfistas como pessoas à beira de tudo. Eles estão envolvidos em um esporte que exige viver à beira do mar, agarrando a beira da prancha com os dedos dos pés. Mas há uma outra beira para eles: a crista da onda verde. À medida que os consumidores se tornaram mais conscientes da importância de comprar e usar produtos ecológicos, empreendedores como Rey e Desi Banatao começaram a desenvolver produtos a partir de materiais verdes e inovadores.

Os irmãos Banatao sempre foram surfistas dedicados. Sabem como os surfistas se importam com suas pranchas, que precisam ter o peso exato, a flexibilidade e a durabilidade exatas e comportar-se da maneira esperada sob determinadas condições.

Os surfistas reagem bem à inovação, desde que ela beneficie seu desempenho. Assim, quando os irmãos resolveram agitar o setor de pranchas, criando produtos ecológicos a partir de novos materiais em lugar de outros já testados e aprovados – mas tóxicos –, como espuma de poliéster e poliuretano, sabiam que não podiam errar.

"Passamos tempo dentro do laboratório e do mar para entender como se comportam nossas combinações de materiais e técnicas construtivas", comenta Rey Banatao. O resultado é a nova prancha Entropy, feita de um núcleo de espuma de beterraba envolvido em tecido de cânhamo, em vez de um núcleo de espuma de poliuretano envolvido em fibra de vidro. A próxima geração de pranchas Entropy irá conter materiais atóxicos e ecológicos desenvolvidos pela Bayer MaterialScience, uma divisão da Bayer Corporation. Os novos materiais irão "aumentar a durabilidade por um fator de dois ou três", observa Rey Banatao.

À medida que as pranchas Entropy chegam às praias nas mãos dos surfistas, seus materiais ecológicos ganham aprovação. Os irmãos Banatao acreditam que suas pranchas estão na crista da onda – e do mercado – em um momento em que os surfistas estão dispostos a experimentar algo novo. "É como o período das 'ponto-com' para o surfe", diz Rey Banatao. Ele reconhece a importância de estar à frente da próxima onda de produtos que irá chegar ao mer-

automática, ou menos que 10 anos, ou sem possibilidade de renovação), capital exigido e taxas de franquia e *royalties*.[46]
Podemos descobrir mais em diversas fontes úteis, inclusive:

- International Franchise Association <http://www.franchise.org>
- The Small Business Administration <http://www.sba.gov>
- Franchise Chat <http://www.franchise-chat.com>
- The Business Franchise Directory <http://www.businessfranchisedirectory.com>*

Além disso, a Comissão Federal de Comércio dos Estados Unidos investiga reclamações sobre alegações enganosas dos franqueadores e publica informações sobre tais casos. Dale Cantone, que encabeça a unidade de Franquias e Oportunidades de Negócio da Advocacia Geral do Estado de Maryland, aconselha dedicar bastante tempo à investigação das oportunidades de negócio e consultar um contabilista ou advogado com experiência em franquias.[47]

as próximas fronteiras

Onde estão as próximas fronteiras do empreendedorismo? Quando uma revista de negócios pediu a importantes investidores em novos negócios que indicassem as melhores ideias para uma nova empresa iniciante, suas respostas incluíram baterias com potência o bastante para alimentar carros após uma recarga de segundos, baterias minúsculas e de mais longa duração para manter telefones celulares e câmeras funcionando por horas, dispositivos sem fio implantáveis para monitorar os batimentos cardíacos ou o nível de açúcar no sangue, e sites de relacionamento que permitissem que artistas e músicos compartilhassem e promovessem seu trabalho.[48]

Uma oportunidade fascinante para os empreendedores é o espaço sideral. Historicamente, o mercado espacial foi movido pelo governo dominado por grandes empreiteiras do setor de defesa, como a Boeing e a Lockheed Martin. Atualmente, contudo, com a explosão da demanda por lançamento de satélites e dos lucros respectivos, têm surgido empreendedores de menor porte. Algumas das manchetes mais dramáticas falam do turismo espacial. A Zero Gravity já opera voos em um Boeing 727 convertido que simula a experiência de ausência de peso, voando para cima e para baixo como uma montanha russa 10 mil pés acima do solo. Alguns passageiros famosos que compraram seus voos de US$ 3,5 mil foram a empresária Martha Stewart e o físico Stephen Hawking.[49]

A primeira nave da Virgin Galactic, a nave-mãe *White Knight Two*, foi anunciada em 2008. Embora a espaçonave propriamente dita ainda esteja sendo construída, os primeiros passageiros já pagaram US$ 200 mil cada pelo passeio. Há mais duzentos em uma lista de espera.[50] Outros empreendimentos espaciais recentes incluem o uso de satélites para navegação automotiva, o rastreamento de frotas de caminhões e o monitoramento de taxas de fluxo e vazamento em oleodutos; o teste de medicamentos especiais em ambiente de gravidade próxima de zero; e o uso de sensoriamento remoto para monitorar o aquecimento global, identificar cardumes de peixes e detectar estresse dos cultivos para uma agricultura mais precisa.

A segurança nacional é outro setor de recente crescimento, abrangendo empresas em uma ampla gama de setores – inspeção de bagagens, vacinas contra varíola, captura de informações sobre entrada e saída de viajantes, sistemas de detecção de explosivos e sensores de agentes patogênicos aéreos. Parte do crescimento é sustentada pelo investimento do governo em tecnologia ligada à segurança. Por exemplo, o Estado de Illinois concedeu recentemente bolsas à SSS Research, que desenvolve um software de base de dados que ajuda na análise do terrorismo, e à RiverGlass, que desenvolve um software que interliga bases de dados para encontrar padrões que descrevam pessoas de alto risco. Em Michigan, o fundo estadual Venture Michigan I apoia investimento em empresas iniciantes daquele Estado nos setores de segurança e outros de crescimento acelerado.[51]

---

* N. de RT.: No Brasil, consultar o site da Associação Brasileira de Franchising: <http://www.abf.com.br>.

---

cado, sabendo o que seus clientes querem e de que precisam. "No fim das contas, a inovação é a única maneira que temos de competir com o resto do mundo", observa. "Seja a inovação em formato, materiais, ou construção, temos de ir sempre em frente".

Os irmãos Banatao gostam de criar ideias para fazer pranchas melhores. Também gostam do mundo radical do surfe. "Surfar sempre teve a ver com nadar contra a maré", diz Rey Banatao. "Quando um surfista compra uma prancha feita sob encomenda, há uma ligação com a... equipe que a constrói. Na economia global de hoje, isso não acontece mais e esta é uma das boas coisas que ainda restam ao surfe". A não ser, talvez, que a próxima grande onda mude tudo. ❖

P: Perguntas para discussão

- Que mudanças de estilo de vida representam uma oportunidade para os irmãos Banatao? Como eles podem capitalizar ainda mais esta ideia para expandir seu negócio?
- Discuta como mudanças demográficas ou flutuações da economia poderiam afetar a maneira como os irmãos vendem suas pranchas Entropy aos consumidores.

FONTES: Site da empresa, <http://www.entropysurfboards.com>, acessado em 3 de junho de 2009; Sarah Mosko, "Catch the Green Wave", *Santa Monica Daily Press*, 15 de maio de 2009, <http://www.smdp.com>; "Entropy Sports and Bayer Team Up to Make Surfboard", *Surf News Daily*, 14 de maio de 2009, <http://www.surfnewsdaily.com>; "Rey Banatao", *Craftsman Chronicle*, 11–12 de outubro de 2008, acessado em <http://www.ice-ninefoamworks.com>; e Andy Stone, "Green Wave", *Forbes*, 1º de setembro de 2008, <http://www.forbes.com>.

● **MODELO DE TARIFA POR TRANSAÇÃO** A cobrança de tarifas por bens e serviços.	● **MODELO DE APOIO PUBLICITÁRIO** A cobrança de tarifas para anunciar em um site.	● **MODELO INTERMEDIÁRIO** A cobrança de tarifas para unir compradores e vendedores.	● **MODELO AFILIADO** A cobrança de tarifas para encaminhar os visitantes que estejam em um site aos sites de outras empresas.	● **MODELO POR ASSINATURA** A cobrança de tarifas por visitas ao site.	● **EFEITO RUA TRANSVERSAL** À medida que avançamos por um caminho, oportunidades inesperadas começam a surgir.

a internet   A internet é uma fronteira de negócios que ainda se expande. No comércio, por seu intermédio, como se dá com qualquer empresa iniciante, os empreendedores precisam de modelos e práticas empresariais sólidos. Eles precisam observar cuidadosamente os custos e atingir a lucratividade o quanto antes.[52]

Pelo menos cinco modelos de negócio já provaram ser bem-sucedidos no e-commerce:[53]

1. **Modelo de tarifa por transação** – As empresas cobram uma tarifa por bens ou serviços. Alguns exemplos são a Amazon.com e as agências de viagem online.

2. **Modelo de apoio publicitário** – Anunciantes pagam ao operador do site para ter acesso ao grupo demográfico visitante. Mais de um terço dos anúncios online é de serviços financeiros e outros 22% são de mídias da Web. Mais de metade dos anúncios aparece em páginas de e-mail.[54]

3. **Modelo intermediário** – Um site une compradores e vendedores e cobra uma comissão por cada venda. O melhor exemplo é o eBay.

4. **Modelo afiliado** – Os sites pagam comissões a outros sites para trazer tráfego para si. A Zazzle.com, a Spreadshirt.com e a CafePress.com são variantes deste modelo. Elas vendem presentes decorados por encomenda, como canecas e camisetas. Os designers são os afiliados; escolhem produtos básicos e sem decoração (como uma camiseta lisa) e aplicam a eles os próprios motivos. Os visitantes no site de um designer podem usar um link para a Zazzle, por exemplo, e fazer um pedido, ou ir diretamente à Zazzle para fazer suas compras. De uma maneira ou de outra, a Zazzle estabelece o preço básico e o designer fica com cerca de 10%. A Spreadshirt e a CafePress permitem que os designers determinem o quanto querem cobrar além do preço básico pelos produtos decorados.[55]

5. **Modelo por assinatura** – O site cobra uma tarifa mensal ou anual por visitas ou acesso ao seu conteúdo. Jornais e revistas são bons exemplos.

À medida que os custos da computação continuam a cair e mais ferramentas gratuitas de softwares são lançadas, montar um negócio online está mais barato do que nunca. Ryia, a empresa de Munjal Shah, estabeleceu um serviço de compras online chamado Like.com, que usa softwares de re-

Voar para o espaço pode se tornar tão simples quanto viajar para a Flórida, graças a Burt Rutan. Sua ideia de levar pessoas ao espaço pode ter aberto as portas para todo um setor de turismo espacial.

conhecimento visual para ajudar os compradores a achar produtos parecidos uns com os outros.[55] O software de busca, segundo Shah, foi baseado em programas de código livre e custou cerca de US$ 50 mil; há cinco anos, seu custo teria sido proibitivo. Além disso, em função da maior eficiência dos *chips* de computadores, o custo de operação dos servidores Web da Ryia é cerca de 10 vezes menor do que seria há alguns anos.[56]

ruas transversais   O método de tentativa e erro também pode ser útil para começar novos negócios. Alguns empreendedores dão a partida em suas empresas e deixam o mercado decidir se gosta de suas ideias. É um método arriscado, claro, e só deve ser experimentado se pudermos arcar com os riscos. Mas, mesmo que a ideia original dê errado, podemos nos aproveitar do **efeito rua transversal**.[57] À medida que avançamos por um caminho, surgem oportunidades inesperadas. E, enquanto procuramos por elas, devemos nos *preparar* para agir rapidamente e com eficácia frente a qualquer oportunidade que se apresente.

●● OA5.3
Identificar as causas comuns de sucesso e fracasso.

Quais as características pessoais necessárias?

Há quem acredite na existência de uma "personalidade empreendedora". Nenhum tipo de personalidade pode prever o sucesso como empreendedor, mas nossas chances serão maiores se tivermos algumas características:[58]

110   Administração ●●

ANTIGAMENTE...

Thomas Edison foi um dos inventores e empreendedores mais produtivos dos Estados Unidos. Entre suas 1.093 patentes estão a lâmpada elétrica, o fonógrafo e a câmera de cinema.

AGORA...

Philip Rosedale encontra inspiração para seu empreendedorismo no computador. Seu site, o Second Life – um mundo virtual cheio de personagens gerados por computador, paisagens, lojas e muito mais – permite que outras pessoas criem e vendam produtos, façam reuniões, anunciem ou simplesmente se divirtam.

> "Mesmo que você pense que sabe tudo, irá aprender muitas lições sobre a vida na escola. Desenvolva sua rede enquanto estiver lá, com seus colegas e professores."
>
> Sam Uisprapassorn, cofundador da Crimson Skateboards[61]

1. *Compromisso e determinação* – Os empreendedores de sucesso são decididos, tenazes, disciplinados, dispostos a fazer sacrifícios e capazes de imersão completa em seus empreendimentos.
2. *Liderança* – Têm iniciativa, sabem construir equipes, têm capacidade superior de aprendizagem e ensino. A comunicação de uma visão do futuro da empresa – um componente essencial da liderança – tem impacto direto sobre o crescimento do negócio.[59]
3. *Obsessão com oportunidades* – Têm um conhecimento profundo das necessidades dos clientes, são voltados para o mercado e obcecados com a criação de valor e o aprimoramento.
4. *Tolerância ao risco, à ambiguidade e à incerteza* – Assumem riscos calculados e sabem gerir riscos, são tolerantes ao estresse e capazes de resolver problemas.
5. *Criatividade, autoconfiança e capacidade de adaptação* – Têm a mente aberta, ficam inquietos com o *status quo*, aprendem rapidamente, são altamente adaptáveis, hábeis na manipulação de conceitos e atentos a detalhes.
6. *Motivação para a excelência* – São claramente voltados para resultados, estabelecem metas altas, mas realistas, conhecem seus pontos fortes e fracos e concentram-se nas coisas que podem ser feitas e não em por que outras coisas não podem.

Bill Gross, que conhecemos antes em nossa discussão sobre "Por que tornar-se um empreendedor?", exibe muitas dessas características. Ele perseverou mesmo depois que sua cria, a Idealab, parecia ter naufragado. A empresa foi lançada em meados da década de 1990 para nutrir empresas iniciantes da internet que surgiam por todos os lados. Entre as empresas nas quais a Idealab investiu estavam a eToys, a Eve.com e a PetSmart.com. Se nunca ouvimos falar delas, provavelmente é porque fecharam, pois suas vendas não acompanharam o que se esperava. Atualmente, Gross explica que não pretendia que a Idealab lidasse exclusivamente com empresas "ponto-com", mas era a elas que os empreendedores se dedicavam naquela época. Quando a bolha da internet estourou, anos atrás, Gross demitiu funcionários e fechou escritórios, mas manteve sua visão de ajudar os empreendedores. Em vez de desistir, ele estabeleceu critérios mais rígidos para financiar empresas dali por diante – e determinou que escolheria empresas cujas atividades fizessem diferença. A respeito da quase falência, Gross diz: "Hoje, somos muito mais sábios".[60]

Produtos personalizados a um clique de distância. A Zazzle.com produz camisetas, pôsteres e selos postais personalizados. A empresa construiu uma biblioteca com mais de 500 mil imagens digitais, inclusive mais de 3,5 mil itens sob copyright apresentando personagens lendários de Walt Disney, como Mickey e Pateta. A figura mostra alguns dos selos personalizados fornecidos pela Zazzle.

fazendo boas escolhas

O sucesso não é função apenas de características pessoais, mas também da realização de boas escolhas a respeito do negócio que vamos começar. A Figura 5.2 apresenta um modelo para a conceitualização dos negócios empreendedores e a realização das melhores escolhas. Segundo o modelo, um novo empreendimento pode envolver níveis altos ou baixos de *inovação*, ou criação de algo novo e diferente. Também pode ser caracterizado de alto ou baixo *risco*, inclusive contemplando a probabilidade de grandes perdas financeiras, além do risco psicológico percebido pelo empreendedor, abrangendo o risco para sua reputação e seu ego.[62] Combinando essas duas variáveis, podemos identificar quatro tipos de novos empreendimentos:

1. No quadrante superior esquerdo, a inovação é alta (os empreendimentos desenvolvem ideias realmente novas) e o risco é baixo. Para exemplificar, os inventores do brinquedo de montar Lego e dos fechos Velcro podiam fazer seus produtos manualmente com baixas despesas. Uma ideia pioneira de produto da Procter & Gamble poderia entrar nesta categoria se não houvesse concorrentes porque, para uma empresa de tal porte, os riscos financeiros do investimento em novos produtos podem parecer relativamente pequenos.

2. No quadrante superior direto, novas ideias (alta inovação) se fazem acompanhar de alto risco porque os investimentos financeiros são grandes e a competição é intensa. Um novo medicamento, ou um novo automóvel provavelmente entrariam nesta categoria.

3. A maioria dos pequenos negócios empreendedores se encontra no quadrante inferior direito, onde a inovação é baixa e o risco é elevado. Costumam representar entradas bastante convencionais em campos bem estabelecidos. Novos restaurantes, lojas de varejo e empreendimentos comerciais envolvem um investimento considerável da parte do empreendedor e enfrentam competição direta vinda de empresas parecidas.

4. Finalmente, a categoria de baixa inovação e baixo risco abrange empreendimentos que exigem investimento mínimo e/ou enfrentam competição mínima por uma forte demanda. Alguns exemplos são empresas prestadoras de serviços com baixos custos iniciais e a entrada em pequenas cidades em que não haja competidores e a demanda seja adequada.

Esta matriz ajuda os empreendedores a pensar sobre seu negócio e decidir se é adequado aos seus objetivos pessoais. Também ajuda a identificar estratégias eficazes e ineficazes. Talvez consideremos um quadrante mais atraente do que os demais. O inferior esquerdo provavelmente trará menor retorno, mas irá oferecer maior segurança. Os riscos e retornos possíveis são maiores nas demais células, especialmente na superior direita. Assim, podemos ver em que quadrante nossa ideia de um novo empreendimento se encaixa e apenas explorá-la se for uma região em que queiramos operar. Do contrário, podemos rejeitar a ideia ou procurar alguma maneira de deslocá-la para outra célula.

A matriz também pode ajudar os empreendedores a manter em mente algo útil: as empresas bem-sucedidas nem sempre precisam ter tecnologia de ponta ou um produto novo e excitante. Até mesmo empresas que oferecem os mais banais dos produtos – do tipo que encontraríamos

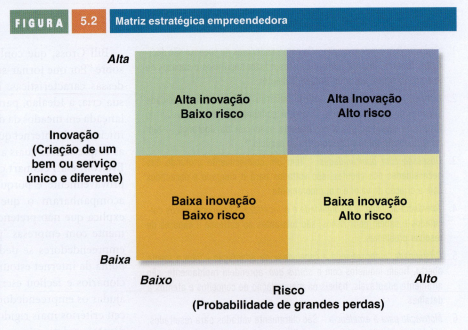

FIGURA 5.2 Matriz estratégica empreendedora

FONTE: Extraído de "Entrepreneurial Strategy Matrix: A Model of New and Ongoing Ventures", by Sonfield and Lussier. Reimpresso a partir de *Business Horizons*, maio-junho de 1997. Copyright © 1997 by the Trustees at Indiana University, Kelley School of Business.

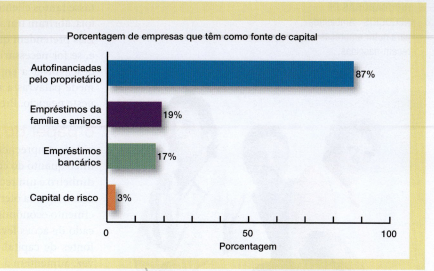

VOCÊ SABIA?

As 5 mil empresas de capital fechado que mais crescem nos Estados Unidos tiveram um começo modesto. O valor mediano gasto para fundar essas empresas foi de apenas US$ 25 mil. A maior parte desse dinheiro veio dos próprios empreendedores.[69]

no quadrante inferior esquerdo – podem conquistar vantagem competitiva se fizerem o básico melhor que seus competidores.

O setor imobiliário não costuma ser associado a pioneirismo, mas envolve riscos. O incorporador argentino Jorge Perez, um empresário habituado ao risco, recebeu os créditos pela revitalização de grande parte de Miami, começando com a construção e reforma de imóveis residenciais acessíveis e a locação de apartamentos ajardinados. Enquanto a maioria dos incorporadores ia em direção aos subúrbios da cidade, acreditando que ninguém mais queria viver no centro, Perez fez o caminho contrário: focou a própria cidade. Começou com alguns prédios de apartamentos que construiu às margens do rio Miami.

Atualmente, a empresa de Perez, The Related Group, é responsável pelas três torres do complexo hoteleiro e residencial Icon Brickell, de US$ 1,6 bilhão, por outro empreendimento condominial chamado 500 Brickell e pelo Loft 2 – todos com vista para a Baía de Biscayne. Ao todo, o The Related Group construiu ou reformou 11 grandes edifícios na região central, revigorando a aparência e a vida de Miami. Não se acomodando com as realizações passadas, Perez voltou-se recentemente para projetos em Atlanta e em outros países.[63]

Os fracassos acontecem, mas podemos melhorar nossas chances de sucesso

O sucesso ou o fracasso aguardam tanto os empreendedores que começam os próprios negócios quanto aqueles que começam dentro de empresas maiores. Os empreendedores se dão bem ou mal nos setores privado, público e sem fins lucrativos e em países em todos os estágios de desenvolvimento e de todos os regimes políticos.[64]

As estimativas de taxa de fracasso de empresas iniciantes variam. A maioria indica que o fracasso é mais a regra do que a exceção. A taxa de fracasso é elevada em negócios como restaurantes e menor entre as franquias bem-sucedidas. As empresas iniciantes enfrentam pelo menos dois grandes problemas: sua juventude e seu pequeno porte.[65] Empresas novas são relativamente desconhecidas e precisam aprender como superar concorrentes já estabelecidos na realização de algo que os clientes valorizem. As chances de sobrevivência aumentam quando a empresa consegue atingir equipes de pelo menos 10 ou 20 pessoas, receitas de US$ 2 ou US$ 3 milhões e explorar oportunidades com potencial de crescimento.[66]

A aquisição de capital de risco não é essencial para o sucesso da maioria das iniciantes; e, na verdade, é rara. Dados recentes da Secretaria do Censo dos Estados Unidos indicam que mais de três quartos das empresas iniciantes que têm funcionários foram financiados com os ativos dos próprios empreendedores ou de suas famílias. Cerca de um décimo dos negócios foi financiado com os cartões de crédito dos proprietários.[67] Ainda assim, em um trimestre recente, as companhias de capital de risco investiram mais de US$ 6 bilhões em quase 800 transações;[68] é uma soma considerável, mesmo que represente uma pequena fração do total de novas empresas. E as companhias de capital de risco muitas vezes fornecem assessoria especializada que ajuda os empreendedores a melhorar suas chances de sucesso.

Outros fatores que influenciam o sucesso e o fracasso são o risco, o ambiente econômico, diversos problemas ligados à gestão e as ofertas públicas iniciais (IPOs, *initial public stock offerings*).

risco É dado: começar um novo negócio é arriscado. Empreendedores com muita experiência sabem bem disso. Quando Chris McGill começou a avaliar sua ideia da Mixx.com, um site de notícias que podia ser personalizado a partir de recomendações dos usuários, era vice-presidente de estratégia do jornal *USA Today*. Para levar a Mixx adiante, McGill sabia que teria de deixar um emprego bem remunerado em troca de um futuro incerto do qual precisaria conseguir financiamento e contratar pessoas talentosas em um ambiente empresarial turbulento. Mas concluiu que sua experiência no *USA Today* e

Há muitos links úteis no MIT Enterprise Forum <http://enterpriseforum.mit.edu/>.

● **INCUBADORAS DE NEGÓCIOS** Ambientes para nutrir empresas recém-nascidas.

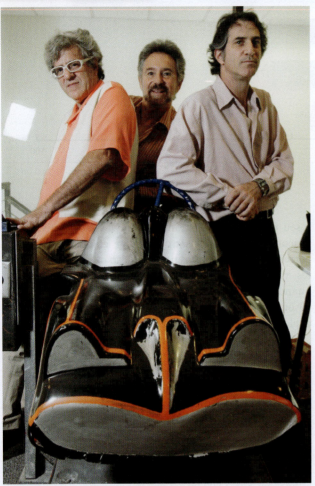

Richard Foos (esq.), Bob Emmer (centro), e Garson Foos são empreendedores de sucesso graças à criatividade, à capacidade de inovação e ao conhecimento do desejo dos clientes-alvo que possuem. Eles posam aqui com um brinquedo de parque de diversões de 1966-67, imitando o Batmóvel na sede de sua Shout! Factory em Los Angeles. Como presidente-executivo da Shout! Factory, Richard Foos administra um empório cheio de itens nostálgicos.

sua posição gerencial anterior na *Yahoo News* lhe proporcionavam o conhecimento e os contatos necessários para criar um negócio de sucesso na internet.[70]

Os empreendedores de sucesso têm uma visão realista do risco. Preveem dificuldades e protegem seus negócios para ajudá-los a superar problemas. No centro da cidade de Seattle, os empreendedores Ben e Cindi Raykovich perceberam um risco quando foi iniciada uma grande obra que atrapalhou o trânsito em torno de sua loja, a Sound Sports. Os Raykovich tinham baseado seu negócio no atendimento aos entusiastas da corrida que trabalham no centro e fazem compras durante o horário do almoço ou depois do trabalho. Preocupados com a possibilidade de que a obra afastasse tantos clientes ao ponto de impedir a sobrevivência da loja, abriram um segundo ponto na comunidade de Poulsbo. Eles pretendem que a segunda loja complemente as receitas e, se for necessário fechar a primeira, poderão continuar a desenvolver a empresa no novo local. Ben Raykovich não mede palavras a respeito da situação: "Investi minha vida neste negócio. Precisamos distribuir o risco."[71]

o papel do ambiente econômico A atividade empreendedora decorre tanto do ambiente econômico quanto do comportamento individual. Por exemplo, o dinheiro é um recurso crítico para todos os novos negócios. Aumentos da oferta de dinheiro e de crédito bancário, crescimento econômico real e um melhor desempenho do mercado de ações levam a melhores prospectos e aumento das fontes de capital. Esses prospectos e esse capital, por sua vez, aumentam a taxa de formação de negócios. Sob condições econômicas favoráveis, muitos empreendedores aspirantes atingem o sucesso no começo. Mas os ciclos econômicos logo transformam essas condições favoráveis em quedas da atividade econômica. Para vender, os empreendedores precisam ser pacientes e talentosos e, assim, sobreviver quando o ambiente se torna mais hostil.

Embora bons momentos da economia possam facilitar a formação e a sobrevivência de uma empresa, tempos difíceis podem oferecer chances de expansão. Ken Hendricks, da ABC Supply, encontrou uma oportunidade de negócio durante uma situação econômica complicada: uma grave queda da atividade industrial no Centro-Oeste norte-americano contribuiu para o fechamento do maior empregador da cidade, a Beloit Corporation. Hendricks comprou o prédio da empresa e atraiu um grupo variado de novos empregadores, apesar das dificuldades econômicas. Hendricks, aliás, tem um histórico de fazer a virada nos fornecedores combalidos que a ABC adquire.[72] Outro benefício dos tempos de dificuldades econômicas é a maior facilidade de recrutamento de talentos.

incubadoras de negócios A necessidade de um ambiente para nutrir empresas recém-nascidas levou à criação de **incubadoras de negócios**. Frequentemente localizadas em parques industriais ou fábricas abandonadas, essas incubadoras fornecem ambientes protegidos para novas pequenas empresas. As incubadoras oferecem benefícios como baixos aluguéis e custos compartilhados. Dividir o custo de funcionários, como recepcionistas e secretárias, evita as despesas de se ter um funcionário em tempo integral e ainda oferece conveniências no acesso a serviços. O gestor de pessoal costuma ser um empresário ou consultor experiente que assessora os proprietários de novos negócios. As incubadoras estão frequentemente associadas a universidades, que fornecem serviços técnicos e empresariais aos novos negócios.

A era de ouro das incubadoras de negócios foi na década de 1990, quando cerca de 700 delas financiavam empresas iniciantes, com especial ênfase em tecnologia; 8 em cada 10 fecharam depois do estouro da bolha da internet, mas a ideia de nutrir novos negócios persiste. Naval Ravikant está desenvolvendo uma empresa temporariamente chamada Hit Forge, que se assemelha às incubadoras de "ponto-com".

A Hit Forge contratou quatro engenheiros com experiência no lançamento de conceitos de sucesso na internet. Esses engenheiros têm muita liberdade para experimentar novas ideias, mas trabalham com prazos rígidos. Precisam ir do conceito ao produto em 90 dias e quaisquer empreendimentos que não cresçam dentro de um ano são encerrados. Ao contrário das antigas incubadoras, na Hit Forge os engenheiros trabalham onde querem e ficam com metade da propriedade dos empreendimentos que desenvolvem. Além disso, enquanto as incubadoras da década de 1990 chegavam a gastar US$ 2 milhões para desenvolver uma ideia, os lançamentos de hoje giram em torno de apenas US$ 50 mil.[73]

Studio para realizar eventos de negócios para seus clientes. As três tinham experiência com alguns aspectos de congressos, mas, quando fundaram a empresa, não pensaram em todas as decisões contábeis que precisariam tomar para medir seus rendimentos e seu fluxo de caixa. Com alguma assessoria técnica, aprenderam os fundamentos da contabilidade que as ajudaram a evitar problemas tributários no futuro. Se não estivessem dispostas a aprender, o empreendedorismo talvez não fosse o caminho certo para elas.[75]

Sobreviver é difícil "Todos os dias pensávamos que iríamos quebrar – até obter uma linha de crédito de US$ 6 milhões do Wells Fargo", diz Tony Hsieh, cofundador da

[A Rede Nacional de Incubadoras de Negócios dos Estados Unidos estima que 87% das empresas que começaram em uma incubadora permanecem abertas cinco anos depois.[79]]

Uma incubadora de negócios vai de vento em popa na cidade de Lebanon, Estado de New Hampshire. O Dartmouth Regional Technology Center (DRTC) oferece a jovens empresas do setor de tecnologia apoio ao desenvolvimento de negócios e os serviços dos quais necessitam para crescer. Os recursos financeiros originais da incubadora vieram de órgãos estaduais e federais e a Faculdade de Dartmouth destinou a alguns dos primeiros empreendimentos US$ 8 milhões em laboratórios e escritórios, além de áreas de conferência compartilhadas.

Quando pessoas criativas se reúnem, surgem faíscas que produzem ideias de novas soluções, produtos, serviços, ou processos. O DRTC não é exceção. Algumas das empresas que ali deram seus primeiros passos são a Mascoma Corp, que, desde então, patenteou um organismo geneticamente modificado capaz de produzir etanol com eficiência e a Wellman Medical Solutions, cujo fundador inventou um estabilizador para uma sonda de ultrassom que pode ser usada em diferentes situações médicas. "Acho que nos próximos anos veremos que pesquisas originadas em Dartmouth serão as bases de empresas que o DRTC nutriu em seus primeiros anos", prevê Roy Duddy, diretor do New Hampshire Business Resource Center.[74]

Zappos.[76] Empresas que não têm um histórico estabelecido tendem a enfrentar problemas para conseguir crédito, investidores e até clientes. Quando a economia esfria ou a competição esquenta, uma pequena iniciante que atenda a um mercado de nicho pode se ver com poucas opções de sobrevivência. Gary Gottenbusch ficou preocupado quando os pedidos diminuíram em sua lanchonete, a Servatii Pastry Shop and Deli, na cidade de Cincinnati. Quando uma recessão afetou profundamente o Estado de Ohio, os clientes concluíram que pães e bolos de luxo eram algo de que não precisavam tanto assim. A Servatii poderia ter fechado, mas Gottenbusch estava disposto a mudar de visão. Ele se manteve à tona e até aumentou as vendas com o desenvolvimento de novos canais de distribuição (vendas em hospitais), novos produtos (pretzels diferenciados) e medidas de corte de custos (uma associação de compradores com outros panificadores da área).[77]

O fracasso pode ser devastador. Quando Mary Garrison sentiu vontade de ter o próprio negócio, escolheu o setor de fitness feminino e comprou uma franquia da Lady of America Franchise Corporation. Mas ninguém apareceu para a grandiosa festa de inauguração. Três meses depois, ela fechou as portas. Garrison culpa o franqueador por deixar de fornecer o apoio promocional necessário, uma reclamação que a Lady of America contesta.[78]

Quando era aluno da Universidade do Missouri, Brian Laoruangroch fundou a Green Mobile para comprar, reformar e revender aparelhos celulares usados. No começo, o negócio era apenas um *hobby* lucrativo. Ao ver os preços de telefones no eBay, ele concluiu que poderia ganhar dinheiro com a compra e revenda de aparelhos. Recrutou seu irmão Brett (também aluno da mesma universidade) e, juntos, aprenderam a consertar os telefones. Brian, em seguida, lançou um site para vender os dispositivos. Embora o termo "Green" (verde) no nome da empresa traga implícito o valor ambiental da reciclagem de aparelhos, os anúncios da empresa enfatizam seus baixos preços – a partir de US$ 30.

À medida que as vendas cresciam, ficou difícil acompanhar tanto a empresa quanto os estudos. A Green Mobile começou a operar em um quiosque de

OA5.4
Discutir desafios comuns de gestão.

desafios comuns de gestão Como empreendedores, provavelmente vamos nos deparar com diversos desafios comuns que precisamos entender antes de enfrentar e, depois, gerenciar corretamente quando chegar a hora.

Nem sempre vai ser divertido Os gestores e demais funcionários de grandes empresas podem se especializar naquilo que amam fazer, sejam vendas ou planejamento estratégico. Mas os empreendedores costumam ter de fazer de tudo, pelo menos no começo. Se adoramos projetar, também teremos de vender o que inventarmos. Se adoramos marketing, precisamos estar prontos para administrar dinheiro também. Este último desafio quase se tornou um obstáculo insuperável para Elizabeth Busch, Anne Frey-Mott e Beckie Jankewicz, quando lançaram o The Event

CAPÍTULO 5 | Empreendedorismo 115

shopping center. Isso exigia funcionários. Depois, a empresa alugou uma loja. Isso exigiu empréstimos. Quando as receitas superaram US$ 500 mil, Laoruangroch precisou tomar decisões a respeito da abertura de uma filial e a tomada de um empréstimo com a Small Business Administration. Descobriu que gerenciar 30 funcionários era difícil e que isso não representava, necessariamente, uma escala lucrativa para seu negócio. Acabou por demitir parte da equipe, concluindo que "dá para fazer muito mais com uma equipe de 14 pessoas que se importam com o trabalho do que com 25 ou 30 que não se importam".

Agora, à frente de duas lojas e com todos os desafios que isso traz, Laoruangroch trabalha de 60 a 80 horas por semana – e não sabe como vai arrumar tempo para terminar os estudos e se formar.[80]

O crescimento cria novos desafios Apenas uma em cada três empresas do ranking *Inc. 500* mantém crescimento o suficiente para entrar para a lista de empresas em rápido crescimento dois anos seguidos. Por quê? Elas enfrentam desafios cada vez maiores, competem com empresas maiores, sobrecarregam os fundadores e provavelmente queimam caixa.[81] É uma transição difícil.

Essa transição é especialmente complexa para empreendedores que se deparam rapidamente com a possibilidade de expansão internacional. Se uma empresa deve expandir-se para o exterior pouco depois de sua criação ou esperar até estar mais bem estabelecida é uma questão dúbia. Entrar nos mercados internacionais deveria ajudar a crescer, mas o mercado global cria desafios que podem dificultar a sobrevivência, especialmente se a empresa for jovem.

Por exemplo, quando Lou Hoffman decidiu expandir sua empresa de relações públicas (RP) para o Japão e, assim, crescer junto com clientes que já tinha, estava preparado para diferenças linguísticas e culturais, mas não para os custos de operar naquele país. Ele experimentou uma parceria com uma empresa de tradução, acreditando que as empresas poderiam trocar competências e ajudar na expansão recíproca. Mas os tradutores não estavam tão interessados em RP e, por isso, um ano depois, Hoffman viu-se formando uma nova equipe do zero. Ele, então, decidiu abrir uma filial chinesa e não encontrou ninguém familiarizado com os negócios na China nem com a cultura empresarial criativa que tão bem servia à sua agência. Por isso, contratou um RP chinês disposto a passar um ano na sede californiana para absorver a cultura. O método funcionou no mercado chinês, mas deu errado quando Hoffman o experimentou na abertura de um escritório em Londres; o funcionário inglês não quis abandonar o estilo de vida da Califórnia e voltar ao seu país de origem.[82] É claro que os riscos tendem a diminuir quando os empreendedores (ou os gestores de suas empresas) têm experiência no atendimento a mercados estrangeiros.[83]

No começo, a mentalidade das empresas iniciantes tende a ser "vamos nos dedicar ainda mais."[84] Os empreendedores trabalham muito por uma baixa remuneração, prestam excelente atendimento, obtêm divulgação boca a boca favorável e, com isso, seus negócios crescem. No começo, trata-se de "alto desempenho com mão de obra barata". Mas o crescimento traz a necessidade de pagar salários maiores para atrair outras pessoas menos dedicadas que os fundadores. É hora de aumentar preços, estabelecer sistemas eficientes ou aceitar lucros menores. Os talentos do fundador podem não se espalhar para todos os demais. É preciso ter uma proposta de valor única que também funcione com 100 funcionários, porque o trabalho duro ou o instinto por si sós não vão mais funcionar. E tudo se complica ainda mais com o crescimento continuado das necessidades e expectativas dos clientes.[85]

O crescimento parece ser uma meta obsessiva da maioria dos empreendedores. Mas os fundadores de algumas empresas atingem um tamanho que os faz felizes e não querem crescer mais. É possível chegar a um meio-termo.[86] Além disso, o crescimento às vezes precisa ser contido até que a empresa esteja preparada. Apenas um ano depois que Gregory Wynn, Komichel Johnson e Robert A. Jones III fundaram sua construtora, a JLW Homes and Communities, tiveram a oportunidade de erguer um condomínio de 70 unidades chamado Heritage Pointe. Eles determinaram que realizar o serviço exigiria um mestre de obras, dois assistentes e pelo menos 100 operários. A JLW tinha dois mestres de obras que já estavam dedicados a outros projetos e carecia de operários. Assim, os sócios relutantemente decidiram recusar o contrato. Segundo Jones, "era muito cedo para aquele tipo de negócio... e estou feliz por termos recusado porque, do contrário, poderíamos ter perdido tudo".[87] Com planejamento cuidadoso e a um ritmo sustentável, a JLW tornou-se uma empresa bem-sucedida em Atlanta.

Delegar é difícil À medida que os negócios crescem, os empreendedores muitas vezes hesitam em delegar tarefas que estão habituados a realizar. A liderança muitas vezes se transforma em microgestão. Por exemplo, durante a rápida expansão inicial da internet, muitos fundadores que tinham excelente conhecimento técnico, mas pouca experiência, tornaram-se "peritos instantâneos" em todas as fases do negócio, inclusive *branding* e publicidade.[88] Acontece que não sabiam tanto quanto imaginavam e suas empresas quebraram. Darren Herman juntou sua paixão por videogames e seu conhecimento de marketing para executar uma ideia: a IGA Worldwide, que trabalha com anunciantes e produtoras de jogos para incluir publicidade nos videogames. Pouco depois do lançamento da empresa, Herman entregou o cargo de presidente-executivo a alguém mais experiente e nomeou-se "diretor sênior de desenvolvimento de negócios", o que quer dizer que ele se concentra na identificação de novas ideias e na promoção da empresa junto a investidores.[89]

Mau uso de fundos Muitos empreendedores que fracassam atribuem a culpa à insuficiência de recursos financeiros. Mas o fracasso devido à falta de recursos financeiros não indica, necessariamente, uma real falta de dinheiro; pode decorrer no uso indevido do dinheiro disponível. Uma grande parte do capital inicial pode ser desperdiçada – em endereços caros, belos móveis, papelaria chique. Os empreendedores que não usam seus recursos com sabedoria costumam cometer um dentre dois erros: usam incorretamente os recursos financeiros que têm, ou não exercem controle adequado sobre esses recursos.

As empresas da lista *Inc. 500* de 2006 tiveram capital inicial médio de US$ 75 mil. Uma delas relatou ter começado com apenas US$ 1.[90]

Esse problema é mais frequente quando um empreendedor sortudo recebe uma grande injeção de caixa de uma empresa de capital de risco ou de uma oferta pública inicial. Para a maioria das iniciantes, cujo dinheiro vem dos ativos do próprio empreendedor, a tendência é de maior cautela. Segundo Tripp Micou, fundador da Practical Computer Applications, "Se todo o dinheiro que gastamos vem daquilo que está entrando [por meio das vendas], rapidamente nos concentramos em gastar nas coisas certas."[91] Micou, um empreendedor experiente que espera que as receitas de sua empresa dobrem anualmente pelos próximos anos, acredita que a limitação financeira é, na verdade, uma vantagem gerencial.

Maus controles Os empreendedores, em parte por serem tão atarefados, muitas vezes não usam controles formais. Um erro comum do empreendedor é uma certa aversão à manutenção de registros. As despesas aumentam e os registros não as acompanham. As decisões de precificação se baseiam na intuição, sem referência adequada aos custos. Com isso, a empresa obtém margens insuficientes para sustentar o crescimento.

Às vezes, uma queda da atividade econômica pode servir como um alerta necessário, dizendo aos proprietários de empresas que prestem atenção aos seus controles. Quando as vendas da Servatii Pastry Shop and Deli se deterioraram enquanto os preços dos ingredientes subiam, o proprietário, Gary Gottenbusch obrigou-se a "sair um pouco da [sua] zona de conforto" e consultar assessores da Manufacturing Extension Partnership. Além de incentivá-lo a inovar, os assessores ajudaram a estabelecer metas e monitorar os avanços. Um problema que ele teve de enfrentar foi o preço das commodities que usava, como fermento e farinha. Para tanto, associou-se a outras panificadoras da região para formar um grupo de compras que adquire produtos a granel e repassa a economia obtida. Manter baixos os custos lhe permitiu manter a lucratividade, enquanto os clientes reduziam seus orçamentos para confeitos.[92]

Mesmo entre empresas de crescimento acelerado, os números elevados podem ocultar problemas. Ofuscados pelo crescimento das vendas, muitos empreendedores deixam de dar atenção a outros aspectos do negócio. Ausentes os controles, os negócios patinam. Por isso, nunca devemos ficar confiantes demais e precisamos sempre nos fazer perguntas críticas. Nosso sucesso se baseia em um só grande cliente? Nosso produto é só um modismo que pode desaparecer? Outras empresas podem entrar facilmente em nossos domínios e prejudicar nossos negócios? Estamos perdendo a liderança tecnológica? Entendemos realmente nossos números, sabemos de onde vêm e haverá motivos ocultos para preocupação?

Mortalidade Uma medida de longo prazo do sucesso empreendedor é o destino do empreendimento após a morte do fundador. Os empreendedores fundadores de empresas muitas vezes negligenciam os planos de sucessão. Quando morrem, a falta de substitutos adequados pode levar o negócio ao fracasso.

O guru de gestão Peter Drucker oferece os conselhos abaixo para ajudar empresas familiares a sobreviver e prosperar:[93]

- Os parentes que trabalham na empresa devem ser no mínimo tão capazes e dedicados quanto os demais funcionários.
- Pelo menos um cargo importante deve ser ocupado por alguém que não pertença à família.
- Alguém de fora da família e da empresa deve ajudar a planejar a sucessão.

Parentes de desempenho medíocre criam ressentimento entre os demais; gente de fora pode ser mais objetiva e fornecer competências que a família talvez não tenha. Questões sucessórias muitas vezes são as mais difíceis de todas, criando conflitos graves e levando até a dissolução da empresa.

Abertura do capital Às vezes, as empresas atingem um ponto no qual os proprietários desejam abrir o capital. As **ofertas públicas iniciais (IPOs)** são uma maneira de levantar capital por meio de vendas registradas e subscritas de participação na empresa.[94] Para isso, são necessários advogados e contabilistas que conheçam a regulamentação vigente. Os motivos para a abertura do capital incluem levantar mais capital, reduzir o endividamento, ou melhorar o balanço patrimonial e o patrimônio líquido, explorar oportunidades que seriam inatingíveis sem isso, e melhorar a credibilidade perante clientes e outros interessados – "entrar para a primeira divisão". Entre as desvantagens estão as despesas, o tempo e os esforços envolvidos; a tendência a se criar um interesse maior do preço da ação e nos ganhos de capital do que na empresa propriamente dita; e a criação de um relacionamento de longo prazo e não necessariamente agradável com um banco de investimentos.[95]

Muitos empreendedores preferem evitar a abertura de capital, acreditando que pode levar à perda do controle. Segundo Yvon Chouinard, da empresa de equipamento e vestuário esportivo Patagonia: "Existe uma fórmula em negócios pela qual as empresas crescem e abrem seu capital. Não acho que precise ser assim. Manter o capital fechado significa poder assumir riscos e tentar inovar – a parte criativa no negócio. Se os proprietários da minha empresa fossem um grupo de professores aposentados, eu não poderia fazer o que quero; teria de me preocupar exclusivamente com o resultado financeiro."[96]

A realização de IPOs e outros métodos de obtenção de capital é algo complexo que foge ao alcance deste capítulo. Algumas fontes de mais informações são o *The Ernst & Young Guide to Raising Capital*, a *National Venture Capital Association* <http://www.nvca.org>, a *VentureOne* <http://www.ventureone.com> e a *VentureWire* (o link para esta publicação pode ser encontrado em <http://www.venturecapital.dowjones.com/>).

 OA5.5

Explicar como aumentar as chances de sucesso, inclusive por meio de bons planos de negócio.

Planejamento e recursos ajudam a ter sucesso

Além de contar com recursos financeiros, os empreendedores precisam analisar cuidadosamente sua ideia para ajudar a

CAPÍTULO 5 | Empreendedorismo 117

- **OFERTA PÚBLICA INICIAL (IPO)**
  A primeira venda ao público de ações registradas e subscritas da empresa.

- **ANÁLISE DE OPORTUNIDADE**
  Descrição do bem ou serviço, avaliação da oportunidade, avaliação do empreendedor, especificação das atividades e dos recursos necessários para converter a ideia em um negócio viável e a(s) fonte(s) de capital.

- **PLANO DE NEGÓCIO**
  Uma etapa formal de planejamento que aborda todo o empreendimento e descreve os elementos envolvidos em sua instalação.

garantir que tenha sucesso. Isso exige bom planejamento e recursos não financeiros.

planejamento

Identificamos uma oportunidade de negócio e temos o potencial para conduzi-la ao sucesso. E agora? Devemos levar a ideia adiante? Por onde começar?

O plano de negócio

Nossa animação e nossos instintos podem nos convencer de que encontramos algo interessante. Mas talvez não convençam mais ninguém. Precisamos de mais detalhes de planejamento e análise. Esse esforço irá nos ajudar a convencer outros de nossa ideia e a evitar erros dispendiosos.

A primeira etapa formal de planejamento é realizar uma **análise de oportunidade**. Essa análise envolve uma descrição do bem ou serviço, uma avaliação da oportunidade, uma avaliação de nós mesmos como empreendedores, uma especificação das atividades e dos recursos necessários para converter a ideia em um negócio viável e nossa(s) fonte(s) de capital.[97] Nossa análise de oportunidade deve envolver as seguintes perguntas:[98]

- Qual necessidade do mercado a ideia atende?
- Quais observações pessoais percebemos ou registramos a respeito dessa necessidade?
- Qual a condição social subjacente a ela?
- Quais dados de pesquisa de mercado podem ser reunidos para descrevê-la?
- Quais patentes pode haver para atender essa necessidade?
- Qual a competição existente no mercado em questão? Como descreveríamos o comportamento dessa competição?
- Qual é a situação do mercado internacional?
- Qual é a intensidade da competição internacional?
- Como se pode ganhar dinheiro com essa atividade?

A análise de oportunidade, ou plano de avaliação de oportunidade dedica-se à oportunidade e não ao empreendimento como um todo. Fornece as bases para decidir agir ou não. Em seguida, o **plano de negócio** descreverá todos os elementos envolvidos na criação do empreendimento.[99] Ele descreve o empreendimento e seu mercado, suas estratégias e o caminho futuro. Muitas vezes traz planos funcionais de marketing, finanças e recursos humanos. A Tabela 5.1 apresenta os contornos gerais de um plano de negócio típico.

O plano de negócio atende diversos fins:

- Ajuda a determinar a viabilidade do empreendimento.
- Orienta-nos durante o planejamento e a organização.
- Ajuda a obter financiamento.

É lido por investidores, fornecedores, clientes e outros interessados. Solicite ajuda para redigir um plano sólido!

Principais elementos do planejamento A maioria dos planos de negócios dá tanta atenção às projeções financeiras que eles negligenciam outras informações importantes – e de grande interesse dos investidores mais astutos. Na verdade, as projeções financeiras tendem a ser excessivamente otimistas. Os investidores sabem disso e aplicam um desconto aos valores informados.[100] Além de valores, os melhores planos tratam de cinco fatores – e demonstram que os empreendedores deram muita atenção a eles:[101]

1. *Pessoal* – O pessoal da nova empresa precisa ter energia, competências e perícias diretamente ligadas ao empreendimento. Para muitos investidores experientes, as pessoas são o elemento mais importante, até mais do que a ideia. Empresas de capital de risco muitas vezes recebem mais de 2 mil planos de negócio por ano; muitas acreditam que as ideias abundam e que o que realmente importa é a capacidade de execução. Arthur Rock, um lendário investidor em capital de risco que ajudou a fundar a Intel, Teledyne e a Apple, afirmou: "invisto em pessoas, não ideias. Se pudermos encontrar boas pessoas e elas estiverem erradas a respeito de um produto, acabarão por fazer mudanças".[102]

2. *Oportunidade* – Precisamos de uma vantagem competitiva a qual possamos defender. O foco deve estar nos clientes. Quem são os clientes? Como eles tomam decisões? Que preço o cliente irá pagar? Como o empreendimento irá atingir todos os segmentos de clientela? Quanto custa adquirir e atender um cliente; e quanto custa produzir e distribuir o produto? Quão fácil ou difícil é reter um cliente?

3. *Competição* – O plano deve identificar os concorrentes existentes e seus pontos fortes e fracos, prever como irão reagir ao novo empreendimento, indicar como o novo empreendimento irá responder às reações dos concorrentes, identificar os futuros em potencial e avaliar como colaborar

Os três fundadores da Amin Streep, uma loja online de música, criaram vantagem competitiva com a implementação de um sistema inovador de precificação. Na Amie Street, os visitantes dão notas a canções de artistas independentes. Quanto mais altas as notas, maior o preço. Os músicos ficam com 70% do valor.

TABELA	5.1	Esboço de um plano de negócio

I. SUMÁRIO
  A. Descrição do conceito de negócio e do negócio.
  B. Oportunidade e estratégia.
  C. Mercado-alvo e projeções.
  D. Vantagens competitivas.
  E. Aspectos econômicos, lucratividade e potencial de realização.
  F. Equipe.
  G. Oferta.

II. O SETOR, A EMPRESA E SEUS(S) PRODUTO(S) E SERVIÇO(S)
  A. O setor.
  B. A empresa e o conceito.
  C. O(s) produto(s) e serviço(s).
  D. Estratégia de entrada e crescimento.

III. PESQUISA E ANÁLISE DE MERCADO
  A. Clientes.
  B. Porte e tendências do mercado.
  C. Competição e vantagens competitivas.
  D. Estimativa de participação no mercado e faturamento.
  E. Avaliação atualizada do mercado.

IV. ASPECTOS ECONÔMICOS DO NEGÓCIO
  A. Margens brutas e operacionais.
  B. Potencial de lucros e durabilidade.
  C. Custos fixos, variáveis e semivariáveis.
  D. Meses até o *breakeven*.
  E. Meses até o fluxo de caixa positivo.

V. PLANO DE MARKETING
  A. Estratégia geral de marketing.
  B. Precificação.
  C. Táticas de vendas.
  D. Políticas de atendimento e garantia.
  E. Publicidade e promoção.
  F. Distribuição.

VI. PLANOS DE PROJETO E DESENVOLVIMENTO
  A. Situação e tarefas de desenvolvimento.
  B. Dificuldades e riscos.
  C. Melhoria do produto e novos produtos.
  D. Custos.
  E. Aspectos de propriedade intelectual.

VII. PLANO DE PRODUÇÃO E OPERAÇÕES
  A. Ciclo operacional.
  B. Localização geográfica.
  C. Instalações e melhorias.
  D. Estratégia e planos.
  E. Aspectos reguladores e jurídicos.

VIII. EQUIPE DE GESTÃO
  A. Organização.
  B. Principais gestores.
  C. Remuneração e participação acionária dos gestores.
  D. Outros investidores.
  E. Formas de contratação e planos de opções e bonificações.
  F. Conselho de administração.
  G. Outros acionistas, direitos e restrições.
  H. Assessores e serviços de apoio.

IX. CRONOGRAMA GERAL

X. RISCOS, PROBLEMAS E PREMISSAS

XI. PLANO FINANCEIRO
  A. Demonstrativos de resultados e balanços patrimoniais.
  B. Demonstrativos de resultados *pro forma*.
  C. Balancetes.
  D. Análise *pro forma* de fluxo de caixa.
  E. Tabela e cálculos de *breakeven*.
  F. Controle de custos.
  G. Destaques.

XII. PROPOSTA
  A. Financiamento pleiteado.
  B. Oferta.
  C. Capitalização.
  D. Uso dos recursos.
  E. Retorno do investidor.

XIII. APÊNDICES

FONTE: J. A. Timmons, *New Venture Creation*, 5. ed., p. 374. Copyright © 1999 by Jeffry A. Timmons. Reproduzido com permissão do autor. © 1999 The McGraw-Hill Companies.

com aqueles efetivos ou em potencial, ou enfrentá-los. O plano original da Zappos era de que seu site competisse com outras lojas online de calçados por meio de uma oferta mais variada. Mas a maioria das pessoas compra sapatos em lojas físicas e, por isso, os cofundadores, Nick Swinmurn e Tony Hsieh, logo entenderam que precisavam ter uma visão mais ampla da competição. Começaram a focar mais em atendimento e a planejar um método de distribuição que tornasse as compras online tão bem-sucedidas quanto ir a uma loja.[103]

4. *Contexto* – O ambiente deve ser favorável dos pontos de vista regulador e econômico. Fatores como políticas fiscais, regras sobre o levantamento de capital e as taxas de juros, inflação e câmbio irão afetar a viabilidade do novo empreendimento. O contexto pode facilitar ou dificultar a

obtenção de fundos. É importante notar que o plano deve deixar claro que sabemos que o contexto irá mudar, prever como essas mudanças irão afetar o negócio e descrever como iremos lidar com elas.

5. *Risco e recompensa* – É preciso compreender e tratar do risco da melhor maneira possível. O futuro é incerto e os elementos descritos no plano irão mudar. Embora seja impossível prever o futuro, precisamos enfrentar diretamente as possibilidades de que algumas pessoas se demitam, de que as taxas de juros mudem, de que um cliente fundamental parta, ou de que um concorrente poderoso reaja com ferocidade. Em seguida, devemos descrever o que faremos para impedir, evitar, ou enfrentar essas possibilidades. Também devemos dizer, ao fim do processo, como eventualmente obter dinheiro do negócio. Iremos abrir o capital? Iremos

CAPÍTULO 5 | Empreendedorismo **119**

- **LEGITIMIDADE** A maneira como as pessoas encaram a aceitação, a adequação e a desejabilidade de uma empresa geralmente decorre das metas e dos métodos da empresa serem condizentes com os valores da sociedade.

- **CAPITAL SOCIAL** Uma vantagem competitiva decorrente de relacionamentos com outras pessoas e da imagem que elas têm de nós.

vender ou liquidar o empreendimento? Quais são as diversas possibilidades para que os investidores realizem ganhos?[104]

Venda do plano Nosso objetivo é fazer com que investidores apoiem o plano. Os elementos de um bom plano, tal como descrito anteriormente, são essenciais. Igualmente importante é decidir quem convencer a apoiar o plano.

Muitos empreendedores desejam investidores passivos que lhes deem o dinheiro e permitam que ajam como quiserem. Médicos e dentistas costumam enquadrar-se nessa imagem, ao contrário dos investidores profissionais em capital de risco, que exigem mais controle e uma parcela maior do retorno. Mas quando um negócio dá errado – e o mais provável é que dê errado mesmo – os investidores não profissionais são menos úteis e é menos provável que se disponham a adiantar mais dinheiro. Investidores sofisticados já viram empresas em vias de afundar ou falir e sabem como ajudar. Eles têm maior probabilidade de saber como resolver problemas, de fornecer mais dinheiro e de ajudar a navegar mares financeiros e jurídicos, como os envolvidos na abertura de capital.[105]

Devemos encarar os planos como uma maneira de entender como reduzir o risco e maximizar a recompensa, e um modo de convencer outras pessoas de que compreendemos todo o processo do novo empreendimento. Não devemos redigir planos que explorem a ingenuidade ou o excesso de confiança, nem que ocultem grandes falhas. Eles podem não enganar os outros e certamente nos enganarão.

recursos não financeiros
Outro aspecto crucial para o sucesso de um novo negócio está nos recursos não financeiros, inclusive a legitimidade aos olhos do público e a maneira como outros interessados podem ajudar.

Legitimidade Um recurso importante para os novos empreendimentos é a **legitimidade** – a avaliação que as pessoas fazem da aceitação, da adequação e do apelo de uma empresa.[106] Quando o mercado confere legitimidade, ajuda-nos a superar o "risco do novo", que leva a uma elevada porcentagem de fracassos entre novos empreendimentos.[107] A legitimidade ajuda a empresa a adquirir outros recursos, como altos gestores, bons funcionários, recursos financeiros e apoio governamental. Um estudo que acompanhou empresas iniciantes por três anos demonstrou que a probabilidade de que uma empresa tivesse sucesso na venda de produtos, na contratação de funcionários e na atração de investidores dependia principalmente da habilidade dos empreendedores na demonstração da legitimidade do seu negócio.[108]

Um negócio será legítimo se suas metas e seus métodos forem condizentes com os valores da sociedade. Podemos gerar legitimidade por meio de uma conformidade perceptível com as regras e as expectativas dos governos, das organizações certificadoras e dos conselhos profissionais; por meio do endosso visível dos valores gerais; e pela prática visível de crenças comuns.[109]

Redes O empreendedor se beneficia muito da presença de uma rede forte de pessoas. O **capital social** – pertencer a uma rede social e ter uma boa reputação – ajuda os empreendedores a obter acesso a informações úteis, conquistar a confiança e a cooperação de outros, recrutar funcionários, formar alianças bem-sucedidas, obter fundos de investidores em capital de risco e atingir maior sucesso.[110] O capital social fornece uma fonte duradoura de vantagem competitiva.[111]

Para entender algumas das maneiras pelas quais o capital social pode ajudar os empreendedores, vamos ver dois exemplos. Brian Ko, um engenheiro que fundou a Integrant Technologies, obteve conselhos importantes de seus investidores, inclusive investidores privados, um banco e fundos de capital de risco. Um deles explicou a Ko que obter patentes durante a fase inicial ajudaria a empresa a manter-se competitiva no longo prazo e, por isso, a Integrant gastou dinheiro para submeter 150 pedidos de patente em seis anos, posicionando-a para proteger suas ideias enquanto conquistava participação no mercado e atraía a atenção dos concorrentes.[112]

VOCÊ SABIA? De acordo com o State New Economy Index, os Estados norte-americanos mais hospitaleiros para negócios inovadores da nova economia são Massachusetts, Nova Jersey, Maryland, Washington e Califórnia.[115]

Tim Litle desenvolveu diversas inovações e negócios de sucesso por meio de relacionamentos com colegas do colegial e clientes. No começo de sua carreira, um amigo que estava na política queria enviar cartas dirigidas a grupos diferentes de eleitores, e Litle o ajudou a descobrir como fazer isso, que atualmente é um aplicativo comum para computadores. Ele, o político e mais dois sócios acabaram por construir uma empresa para prestar o mesmo serviço a empresas de marketing.[113]

Equipes da alta administração A equipe da alta administração é outro recurso essencial. Vejamos uma das duas iniciantes de Sudhin Shahani, a MyMPO, cujos serviços de mídia digital incluem a Musicane, que permite que músicos vendam arquivos de áudio e vídeo e ringtones em "vitrines" que eles mesmos criam. O líder de marketing da empresa era um cantor.[114] Contar com um músico naquele cargo pode ter ajudado a Musicane a construir relacionamentos de clientela com outros artistas. Além disso, em empresas que abriram seu capital, um conselho de administração ajuda a melhorar a imagem da empresa, desenvolve planos de expansão de longo prazo, dá respaldo às atividades do dia a dia e desenvolve uma rede de fontes de informação.

Conselhos de assessores Tenha ou não a empresa um conselho de administração formal, os empreendedores podem reunir um grupo de pessoas dispostas a agir como um conselho de assessoria. Membros do conselho que tenham experiência empresarial podem ajudar o empreendedor a aprender fundamentos, como a realização de uma análise de fluxo de caixa, a identificação de mudanças estratégicas necessárias e a construção de relacionamentos com bancos, contabilistas e advogados. A Musicane conta com um conselho de assessores entre os quais está Bob Jamieson, presidente da BMG Canada.[116] Jamieson pode oferecer seu conhecimento interno do setor musical para complementar a educação em negócios de Shahani e conferir à organização credibilidade perante investidores e músicos interessados em vender online.

Sócios Muitas vezes, duas pessoas entram para os negócios juntas como sócias. Os sócios podem ajudar-se na obtenção de capital, na divisão da carga de trabalho, na divisão do risco e no compartilhamento de competências. Um dos pontos fortes da JLW Homes and Communities, a construtora de Atlanta da qual já falamos neste capítulo, é o fato de que os três sócios fundadores trazem para o negócio competências de diferentes áreas. Gregory Wynn era um mestre de obras, Komichel Johnson era um perito em finanças e Robert A. Jones III era um vendedor de sucesso. Johnson explica a vantagem da seguinte maneira: "Não precisamos concordar a respeito de tudo e já tivemos discussões acaloradas... mas sabemos que, por meio de comunicação e da exibição dos fatos... podemos superar quaisquer problemas que surjam na nossa organização".[117]

Apesar das vantagens em potencial de se encontrar um sócio compatível, as sociedades nem sempre são casamentos perfeitos. "Mark" convenceu três de seus amigos a unir-se a ele para formar uma empresa de telecomunicações porque não queria arriscar sozinho. Logo percebeu que, enquanto ele queria investir o dinheiro na expansão do negócio, os três outros sócios queriam que a empresa pagasse por seus carros e por reuniões nas Bahamas. A empresa fechou. "Nunca pensei que um relacionamento de negócios pudesse superar amizades, mas foi o que aconteceu. As pessoas mudam quando há dinheiro envolvido".

Para ter sucesso, os sócios precisam reconhecer os talentos uns dos outros, permitir que cada um faça aquilo no qual é melhor, comunicar-se francamente e ouvir uns aos outros. Foi isso que fizeram os sócios da JLW Homes quando recusaram uma chance de encarar um projeto para o qual não estavam preparados. Johnson, o perito em finanças, acreditava que a empresa obteria um bom retorno e Jones, o vendedor, estava ansioso por ir adiante, mas o empreiteiro Wynn disse que a empresa estava despreparada para algo tão grande. Johnson e Jones cederam à experiência de Wynn e mais tarde ficaram satisfeitos com isso.[118] Os sócios também precisam aprender a confiar uns nos outros, fazendo e honrando acordos. Se for necessário romper um acordo, é fundamental que haja aviso prévio e que os erros sejam depois corrigidos.

DICA
O estereótipo do empreendedor solitário que supera todas as dificuldades não diz tudo. É impossível fazer tudo sozinho; é preciso ter uma boa reputação e uma rede social que nos permita mobilizar a ajuda de colaboradores talentosos.

 OA5.6
Descrever como os gestores de grandes empresas alimentam o empreendedorismo.

EMPREENDEDORISMO CORPORATIVO

As grandes empresas não são meras expectadoras da explosão do empreendedorismo. Vejamos a Microsoft, por exemplo. Todas as primaveras, a empresa promove o Techfest, essencialmente uma feira de ciências de três dias que destaca inovações que a empresa pode explorar. Cerca de metade dos pesquisadores da empresa vem de todo o mundo para buscar inspiração e energia dos projetos criativos de seus colegas.[119]

Até empresas estabelecidas procuram encontrar e explorar ideias novas e criativas – e, para isso, precisam de empreendedores internos (às vezes chamados de intrapreendedores). Se trabalhamos em uma empresa e estamos considerando o lançamento de um empreendimento, a Tabela 5.2 pode nos ajudar a decidir se vale a pena explorar a ideia.

Conquiste apoio para suas ideias

Um gestor que tenha uma ideia para capitalizar sobre uma oportunidade do mercado irá precisar convencer outras pessoas da empresa a comprar tal ideia. Em outras palavras, precisamos construir uma rede de aliados que a apoiem e nos ajudem a programar.

Se precisamos conquistar apoio para uma ideia, o primeiro passo envolve *liberar o investimento* junto aos nossos superiores imediatos.[120] Nesta etapa, explicamos a ideia e obtemos autorização para procurar um apoio mais amplo.

Os altos executivos geralmente desejarão, antes de se comprometer, ver provas de que o projeto tem o apoio de nossos pares. Isso envolve *criar líderes de torcida* – pessoas que apoiem o gestor antes da aprovação formal dos níveis superiores. Os gestores da General Electric chamam esta estratégia de "carregar a arma" – reunir munição em respaldo da ideia.

Em seguida, começam as *negociações*. Podemos dar promessas de participação no retorno obtido com o projeto em troca de apoio, tempo, dinheiro e outros recursos com que nossos pares e outros possam contribuir.

Finalmente, precisamos *pedir a bênção* dos superiores. Isso costuma envolver uma apresentação formal. Precisaremos garantir a viabilidade técnica e política do projeto. O endosso da alta administração e suas promessas de recursos ajudam a converter nossos pontos de apoio potenciais em uma equipe entusiasmada. A essa altura, podemos retornar ao nosso superior direto e traçar planos específicos de implementação do projeto.

Devemos estar preparados para enfrentar resistências e lidar com frustrações – e precisamos usar paixão e persistência, além da lógica empresarial, para convencer outras pessoas a entrar no barco.

CAPÍTULO 5 | Empreendedorismo 121

TABELA	**5.2**	**Checklist de escolha de ideias**

Alinhamento com nossas competências e perícias
- Acreditamos no produto ou serviço?
- A necessidade atendida tem algum significado pessoal para nós?
- Gostamos dos clientes em potencial e os entendemos?
- Temos experiência nesse tipo de negócio?
- Os fatores básicos para o sucesso do negócio se encaixam em nossas competências?
- Gostaríamos de realizar nós mesmos as tarefas necessárias para o empreendimento?
- Gostaríamos de trabalhar com as pessoas que o empreendimento irá empregar e supervisioná-las?
- A ideia tem ocupado nossa imaginação e nosso tempo livre?

Alinhamento com o mercado
- Há uma necessidade real dos clientes?
- Podemos obter um preço que proporcione boas margens?
- Os clientes acreditarão no produto se vier de nossa empresa?
- O produto ou serviço proposto cria um benefício facilmente perceptível para o cliente que seja significativamente maior do que o oferecido por meios concorrentes de atendimento da mesma necessidade fundamental?
- Há alguma maneira eficaz de levar a mensagem e o produto aos clientes?

Alinhamento com a empresa
- Há motivos para crer que a nossa empresa possa ser muito boa no negócio?
- O negócio condiz com a cultura da empresa?
- Ele parece lucrativo?
- Levará a um aumento de participação de mercado e do crescimento?

O que fazer quando nossa ideia é rejeitada
Como intrapreendedores, frequentemente veremos nossas ideias serem rejeitadas. Há algumas coisas que podemos fazer a respeito.
1. Desistir e escolher outra ideia.
2. Escutar atentamente, entender o que há de errado, melhorar a ideia e a apresentação, e tentar de novo.
3. Encontrar outra pessoa a quem apresentar a ideia, considerando:
   a. Quem irá se beneficiar mais dela? Essa pessoa pode ser nossa patrocinadora?
   b. Quem são os clientes em potencial? Haverá demanda pelo produto?
   c. Como chegar às pessoas que de fato se importam com ideias intrapreendedoras?

FONTE: G. Pinchot III, *Intrapreneuring*, Copyright © 1985 by John Wiley & Sons, Inc. Reimpresso com permissão do autor, <http://www.pinchot.com>.

Desenvolvimento do intraempreendedorismo em nossa empresa

A construção de uma cultura empreendedora é o centro da estratégia corporativa da Acordia, uma seguradora bem-sucedida que recentemente mudou seu nome para Wells Fargo TPA.[121] Seu sucesso na alimentação de uma cultura na qual os intraempreendedores podem florescer vem de uma opção voluntária pelo desenvolvimento do pensamento e do comportamento empreendedores, da criação de equipes de novos empreendimentos e de uma alteração do sistema de remuneração, que passou a encorajar, apoiar e recompensar comportamentos criativos e inovadores. Em outras palavras, a construção do empreendedorismo corporativo decorre de uma estratégia cuidadosa e deliberada.

Duas abordagens comumente usadas para estimular a atividade intrapreendedora são os *skunkworks* e o *bootlegging*. *Skunkworks* são equipes de projeto dedicadas à produção de um novo produto. Forma-se uma equipe com uma meta específica a cumprir dentro de certo prazo. Escolhe-se alguém respeitado para ser o gestor do *skunkworks*. Nesta abordagem à

inovação corporativa, aqueles que assumem riscos não são punidos quando os assumem e fracassam – seus cargos anteriores ficam à sua espera. Os tomadores de riscos também têm a oportunidade de conquistar grandes recompensas.

O *bootlegging* refere-se a esforços informais – em vez de missões oficialmente atribuídas – pelos quais os funcionários dedicam-se a criar produtos e processos por iniciativa própria. "Informal" pode significar sigiloso, como se dá quando o *bootlegger* acredita que a empresa ou o superior direto possam não aprovar as atividades. Mas as empresas devem tolerar certo grau dessa prática e algumas até a encorajam. Até certo ponto, dão às pessoas liberdade para explorar projetos sem perguntar de que se trata ou monitorar os avanços, acreditando que o *bootlegging* levará a alguma perda de tempo, mas também a aprendizado e algumas inovações lucrativas.

A Merck, desejosa de pensamento e comportamento empreendedores em pesquisa e desenvolvimento, rejeita explicitamente orçamentos de planejamento e controle. As equipes de novos produtos não têm orçamentos; precisam convencer outras pessoas a unir-se à equipe e comprometer os *próprios* recursos. Isso cria um processo de sobrevivência do mais forte, imitando o comportamento da competição no mundo real.[122] Na Merck, assim como na Wells Fargo TPA, o intraempreendedorismo vem de pensamento e execução deliberados da estratégia.

A gestão do intraempreendedorismo é arriscada

As organizações que incentivam o intraempreendedorismo enfrentam um risco óbvio: os esforços podem fracassar.[123] Esse risco, contudo, pode ser gerido. De fato, deixar de incentivar o empreendedorismo interno pode ser um risco mais sutil, porém maior do que o encorajar. As empresas que resistem à iniciativa empreendedora podem perder a capacidade de adaptarem-se à mudança quando as condições a exigem.

O maior risco do intraempreendedorismo é o de contar com um só projeto. Muitas empresas quebram enquanto aguardam a conclusão de um grande projeto de inovação.[124] As empresas intraempreendedoras de sucesso evitam comprometer-se excessivamente com um só projeto e usam o espírito empreendedor para produzir pelo menos uma vitória dentre diversos projetos.

As empresas também cortejam o fracasso quando dissipam seus esforços empreendedores entre projetos em excesso.[125] Se

> **SKUNKWORKS** Uma equipe de projeto dedicada a um produto novo e inovador.

> **BOOTLEGGING** Trabalho informal e por iniciativa dos funcionários em projetos que não estão oficialmente alocados.

> **ORIENTAÇÃO EMPREENDEDORA** A tendência de uma empresa para identificar e capitalizar com sucesso oportunidades de lançamento de empreendimentos por meio da entrada em mercados novos ou estabelecidos com bens ou serviços novos ou existentes.

houver projetos demais, a escala de cada esforço pode ser muito pequena. Os gestores pensarão que os projetos não são atraentes por serem de muito pequeno porte. Ou as pessoas recrutadas para gerir os projetos terão dificuldade para conquistar poder e *status* dentro da empresa.

Uma orientação empreendedora incentiva novas ideias

Assim como pessoas empreendedoras, as empresas empreendedoras também têm determinadas características. Empresas altamente empreendedoras diferem das que não o são. Os presidentes-executivos representam um papel fundamental na promoção do empreendedorismo dentro de grandes empresas.[126]

Orientação empreendedora é a tendência de uma empresa a dedicar-se a atividades concebidas para identificar e capitalizar com sucesso sobre oportunidades de lançamento de novos empreendimentos por meio da entrada em mercados emergentes ou estabelecidos com produtos ou serviço novos ou existentes.[127] A orientação empreendedora é determinada por cinco tendências:

1. *Independência* – A empresa concede às pessoas e equipes liberdade para que exerçam sua criatividade, defendam ideias promissoras e as levem a cabo.

2. *Inovação* – A empresa apoia novas ideias, experimentos e processos criativos que possam levar a novos produtos ou processos; está disposta a abrir mão de práticas vigentes e aventurar-se além do *status quo*.

3. *Tomada de riscos* – A empresa está disposta a comprometer recursos significativos e, talvez, a endividar-se para ir rumo ao desconhecido. A tendência a assumir riscos pode ser avaliada por meio da determinação de serem as pessoas arrojadas ou cautelosas, exigirem ou não altos níveis de certeza antes de praticar atos ou permitir que sejam praticados e tenderem a seguir caminhos já comprovados.

4. *Proatividade* – A empresa age de maneira a antecipar problemas e oportunidades futuros. Uma empresa proativa altera o panorama competitivo; as outras empresas apenas reagem a ele. As empresas e pessoas proativas são prospectivas e agem rapidamente e são lideres, não seguidoras.[128] As empresas proativas incentivam e permitem a proatividade das pessoas e equipes.

5. *Agressividade competitiva* – A empresa tende a desafiar direta e intensamente os concorrentes para entrar no mercado ou melhorar sua posição. Em outras palavras, ela tem desafio competitivo em superar as rivais no mercado. Isso pode envolver ataques rápidos para chegar antes dos concorrentes, enfrentá-los de perto e analisar e atacar os pontos fracos da competição.

> " **Acredito que todos nascemos com a capacidade para ser empreendedores, mas precisamos 'desaprender' o comportamento de aversão ao risco que se tornou parte da cultura do mundo desenvolvido nos últimos 500 anos. À medida que as tecnologias de informação e comunicação romperem essas barreiras, veremos o fechamento do ciclo, com milhões de pessoas vendo-se com poderes para exprimir seus genes empreendedores.**
>
> Frank Moss, diretor do Media Lab do Massachusetts Institute of Technology; ex-presidente-executivo da Tivoli Systems; e cofundador da Stellar Computer e da Infinity Pharmaceuticals[129]

A orientação empreendedora deve aumentar a probabilidade de sucesso e pode ser especialmente importante para a realização de negócios internacionais.[130]

Assim, uma empresa "empreendedora" dedica-se a uma combinação eficaz de independência, inovação, tomada de riscos, proatividade e agressividade competitiva.[131] A relação entre esses fatores e o desempenho da empresa é complicada e depende de muitas coisas. Ainda assim, podemos imaginar como o perfil oposto – excesso de restrições, continuísmo, cautela extrema, passividade e ausência de espírito competitivo – irá minar os esforços empreendedores. E, sem empreendedorismo, como as empresas poderão sobreviver e prosperar em um ambiente competitivo em constante mutação?

Com quatro décadas de empreendedorismo nas costas, Richard Branson voltou sua atenção – e sua riqueza – à preservação do meio ambiente. Em 2006, comprometeu dez anos dos lucros de suas empresas de transportes (cerca de US$ 3 bilhões) com a luta contra o aquecimento global. Ele também está financiando pesquisas sobre fontes de energia renovável. Esses projetos levaram a mais iniciativas empreendedoras. O Grupo Virgin formou uma parceria com a NTR, uma empresa irlandesa que desenvolve energia renovável, para construir usinas de etanol. E o braço financeiro do grupo, a Virgin Money, estabeleceu o Climate Change Fund, um fundo verde que investe apenas em empresas comprometidas com elevados padrões ambientais.[132]

Assim, a gestão pode criar climas que favoreçam o empreendedorismo. Se nossos chefes não agem dessa maneira, podemos pensar em fazer alguns experimentos empreendedores por conta própria.[133] Busquemos outros que tenham vocação empreendedora. O que podemos aprender com eles e lhes ensinar? Às vezes é preciso iniciativa individual e grupos dispostos a experimentar para mostrar as possibilidades a quem está no topo. Perguntemo-nos: entre os burocratas e os empreendedores, quem tem exercido impacto mais positivo? E quem tem se divertido mais? ■

ACESSE <http://www.grupoa.com.br>

para materiais adicionais de estudo,
incluindo apresentações em PowerPoint.

CAPÍTULO 5 | Empreendedorismo

• • objetivos de APRENDIZAGEM

OA6.1 Definir as características da estrutura organizacional: orgânicas ou mecânicas, de diferenciação e de integração.

OA6.2 Resumir a forma de operação da autoridade e quem costuma deter a autoridade máxima em uma empresa.

OA6.3 Discutir como a amplitude de controle afeta a estrutura da empresa e a eficácia gerencial.

OA6.4 Explicar como delegar com eficácia.

OA6.5 Distinguir organizações centralizadas de descentralizadas.

OA6.6 Definir os tipos básicos de estrutura organizacional e resumir seus pontos fortes.

OA6.7 Descrever os principais mecanismos de coordenação do trabalho.

OA6.8 Discutir como as empresas podem se tornar mais ágeis por meio da estratégia, do compromisso com os clientes e do uso da tecnologia.

capítulo seis

Organização

Por décadas, a marca Whirlpool foi sinônimo de alta qualidade e alto desempenho em eletrodomésticos, como refrigeradores e máquinas de lavar. Ao fim da década de 1990, contudo, as vendas da empresa pararam de crescer e seus lucros caíram. Cortar custos foi apenas uma maneira de interromper a hemorragia, não uma receita para a saúde no longo prazo. Por isso, o presidente-executivo David R. Whitwam reviu a maneira como a empresa se organizava. Em vez de isolar a geração de ideias nos grupos de engenharia e marketing da divisão de produtos, fez dela responsabilidade de todos e nomeou Nancy R. Snyder Diretora de Inovação da Whirlpool. Ela estabeleceu programas de treinamento em inovação para todos os assalariados e criou um processo para conduzir as melhores ideias à etapa de desenvolvimento. Com o novo sistema, começaram a entrar as receitas vindas dos novos produtos.[1]

Whitwam percebeu que o sucesso de uma empresa, muitas vezes, depende da maneira como estão organizados o trabalho e as responsabilidades. O ideal é que os gestores tomem decisões que alinhem a estrutura da empresa com sua estratégia, de tal modo que os funcionários tenham a autoridade, as competências e a motivação para concentrar-se nas atividades com as quais mais podem contribuir para o sucesso da empresa.

Coordene

como Sheryl e Alicia, observando como os gestores organizam suas empresas e delegam autoridade.

> *Ter aprendido mais sobre delegação na faculdade teria resultado na compreensão das vantagens de deixar que os outros deem apoio em tarefas e ajudem a gerenciar a carga de trabalho.*
> Sheryl Freeman, Gestora de Programas

> *Acho que o planejamento formal é necessário para projetos de longo prazo. Precisamos ficar na rota para chegar ao resultado final desejado. Não é uma boa ideia planejar formalmente questões que não sejam tão prementes, porque perdemos o foco sobre o que realmente importa. Além disso, não é bom gastar muito tempo fazendo algo que não vai nos ajudar a chegar aonde queremos estar.*
> Alicia Catalano, Líder de Equipe de Vendas

Este capítulo dedica-se às dimensões vertical e horizontal da estrutura organizacional. Começaremos pelos princípios básicos de *diferenciação e integração*. Em seguida, iremos discutir a estrutura vertical, que inclui as questões de autoridade, hierarquia, delegação e descentralização. Depois, descreveremos as diversas formas de estrutura horizontal, inclusive a funcional, a divisional e a matricial. Daremos exemplos das maneiras como as empresas podem integrar suas estruturas: atingindo a coordenação por meio de padronização, planejamento e ajustes mútuos. Finalmente, iremos tratar da importância da flexibilidade e sensibilidade organizacionais – ou seja, da capacidade da empresa para mudar de forma e se adaptar a novas estratégias, inovações tecnológicas, mudanças do ambiente e outros desafios.

tem por objetivo promover a eficiência interna.[2] Mas foram além disso, sugerindo que existe uma outra opção para as empresas modernas: a **estrutura orgânica**, que é muito menos rígida e, na verdade, enfatiza a flexibilidade. A estrutura orgânica pode ser descrita da seguinte maneira:

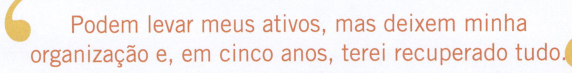

> "Podem levar meus ativos, mas deixem minha organização e, em cinco anos, terei recuperado tudo."
> Alfred P. Sloan Jr.

 OA6.1
Definir as características da estrutura organizacional: orgânicas ou mecânicas, de diferenciação e de integração.

FUNDAMENTOS DA EMPRESA

Muitas vezes, começamos a descrever a estrutura de uma empresa por meio de seu organograma. O **organograma** representa os cargos da empresa e a maneira como são organizados. Oferece uma visão da estrutura de subordinação (quem se reporta a quem) e das diversas atividades realizadas por diferentes pessoas. A maioria das empresas cria organogramas oficiais para transmitir essas informações.

A Figura 6.1 mostra um organograma tradicional. Vejamos como diversas informações são transmitidas de maneira simples:

- As caixas representam diferentes tarefas.
- Os títulos das caixas mostram o trabalho que cada unidade realiza.
- As relações de subordinação e autoridade são indicadas pelas linhas contínuas que mostram ligações entre superior e subordinado.
- Os níveis de gestão são indicados pelo número de camadas horizontais do diagrama. Todos os funcionários de uma mesma hierarquia que respondem a uma mesma pessoa encontram-se no mesmo nível.

O organograma da Figura 6.1 lembra a estrutura das empresas que o sociólogo alemão Max Weber abordou ao tratar do conceito de burocracia, no começo do século XX. Muitos anos depois, dois estudiosos ingleses de gestão (Burns e Stalker) descreveram esse tipo de estrutura como **organizações mecânicas**, uma estrutura formal que

- Os ocupantes de cada cargo têm responsabilidades mais amplas que mudam de acordo com as necessidades.
- A comunicação se dá por meio de aconselhamento e informação, em vez de ordens e instruções.
- A tomada de decisões e a influência são mais descentralizadas e informais.
- A perícia é muito valorizada.
- Os ocupantes de cada cargo fiam-se mais na capacidade de julgamento do que em regras.
- A obediência à autoridade é menos importante do que o compromisso com as metas organizacionais.
- Os funcionários confiam muito mais uns nos outros e relacionam-se de maneira mais informal e pessoal.

As empresas orgânicas são muito dependentes de uma estrutura informal de redes de funcionários. Os bons gestores conhecem muito bem essas interações e incentivam os funcionários a trabalhar mais como companheiros de equipe do que como subordinados que aceitam ordens de seus chefes.[3] Como veremos mais adiante neste capítulo, quanto mais orgânica uma empresa, mais sensível será à mudança das exigências competitivas e às realidades do mercado.

Além de diferir quanto à dependência de redes informais e organogramas formais, as estruturas das empresas podem variar em termos de sua diferenciação e integração.

- **Diferenciação** significa que a empresa se compõe de unidades diversas que se dedicam a tipos diferentes de tarefas, usando competências e métodos de trabalho distintos.
- **Integração** significa que as unidades diversas são reunidas de tal maneira que o trabalho é coordenado de forma a tornar global um determinado produto.[4]

A diferenciação cria cargos especializados

Em uma estrutura organizacional, a diferenciação se cria por meio da divisão do trabalho e da especialização de cargos. **Divisão do trabalho** significa que o trabalho da empresa se subdivide em tarefas menores a serem realizadas por pessoas e unidades de toda a organização. **Especialização** significa que diferentes pessoas ou grupos realizam partes específicas de uma tarefa maior. Os dois conceitos estão, é claro, intimamente associados. Secretários executivos e contabilistas se especializam em realizar

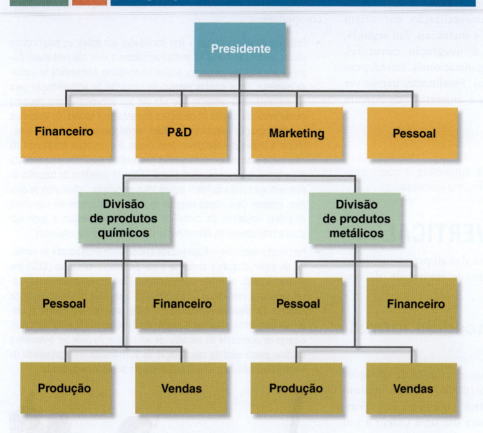

FIGURA 6.1 Um organograma convencional

- **ORGANOGRAMA** A estrutura de subordinação e divisão do trabalho em uma empresa.
- **ORGANIZAÇÃO MECÂNICA** Uma forma de organização que procura maximizar a eficiência interna.
- **ESTRUTURA ORGÂNICA** Uma forma organizacional que enfatiza a flexibilidade.
- **DIFERENCIAÇÃO** Um aspecto do ambiente interno da empresa criado pela especialização de cargos e pela divisão do trabalho.
- **INTEGRAÇÃO** O nível no qual unidades diferenciadas trabalham juntas e coordenam seus esforços.
- **DIVISÃO DO TRABALHO** A atribuição de diversas tarefas para diferentes pessoas ou grupos.
- **ESPECIALIZAÇÃO** Um processo pelo qual diferentes pessoas e unidades realizam diferentes tarefas.
- **COORDENAÇÃO** Os procedimentos que ligam as diversas partes de uma empresa para realizar sua missão geral.

tarefas diferentes; no mesmo sentido, as tarefas de marketing, finanças e recursos humanos dividem-se entre seus departamentos respectivos. Especialização e divisão do trabalho são necessárias por causa das muitas tarefas que são realizadas em uma empresa. O trabalho dela como um todo seria complexo demais para uma só pessoa.[5]

A diferenciação é elevada quando uma empresa tem muitas subunidades e muitos especialistas que pensam de maneiras diferentes. Os professores de Harvard, Lawrence e Lorsch, levantaram que as empresas, em ambientes complexos e dinâmicos, desenvolviam elevado grau de diferenciação para lidar com os desafios enfrentados. As empresas em ambientes simples e estáveis tinham baixos níveis de diferenciação. As empresas em ambientes intermediários tinham diferenciação intermediária.[6]

A integração coordena os esforços dos funcionários

Enquanto as empresas diferenciam suas estruturas, os gestores devem, ao mesmo tempo, considerar aspectos de integração. As tarefas especializadas de uma empresa não podem ser completamente independentes; exigem certo grau de comunicação e cooperação. A integração e o conceito a ela relacionado de **coordenação** se referem aos procedimentos que ligam as diversas partes da empresa para realizar sua missão geral.

A integração se obtém por meio de mecanismos estruturais que aumentam a colaboração e a coordenação. Qualquer atividade que ligue unidades de trabalho realiza uma função integradora. Quanto mais diferenciada uma empresa, maior a necessidade de integração entre suas unidades. Lawrence e Lorsch observaram que empresas altamente diferenciadas eram bem-sucedidas quando também apresentavam altos níveis de integração, e tinham maior chance de fracassar quando estavam em ambientes complexos, mas deixavam de integrar adequadamente suas atividades.[7] Entretanto, o foco na integração pode retardar a inovação, pelo menos por algum tempo. Em um estudo que acompanhou resultados em empresas de tecnologia da informação que adquiriam outras empresas, aquelas com maior integração estrutural tinham menor chance de introduzir novos produtos pouco depois da aquisição, mas a integração teve menor impacto sobre lançamentos de produtos envolvendo empresas adquiridas mais experientes.[8]

Estes conceitos permearão todo o restante do capítulo. Primeiro, trataremos da *diferenciação vertical* dentro da estrutura organizacional – a autoridade em uma empresa, o conselho de administração, o presidente-executivo e os níveis hierárquicos, além de questões ligadas à delegação e à descentralização. Em seguida, iremos nos voltar para a *diferenciação horizontal* na estrutura organizacional, explorando as questões de departamentalização que criam empresas funcionais, divisionais e matriciais. Em seguida, abordaremos aspectos ligados à integração estrutural, inclusive coordenação, papéis organizacionais, interdependência e cruzamento de fronteiras. Finalmente, iremos ver como essas questões se aplicam a empresas que buscam maior agilidade.

●● OA6.2
Resumir a forma de operação da autoridade e quem costuma deter a autoridade máxima em uma empresa.

A ESTRUTURA VERTICAL

A dimensão vertical da estrutura das empresas molda os relacionamentos de subordinação, de autoridade, de responsabilidade e *accountability*.

A autoridade é concedida formal e informalmente

No mais básico dos níveis, o funcionamento de qualquer empresa depende do uso da **autoridade**, o direito legítimo de tomar decisões e dizer aos outros o que fazer. Por exemplo, um chefe tem autoridade para dar uma ordem a um subordinado. Tradicionalmente, a autoridade reside mais nos *cargos* do que nas pessoas. O papel do vice-presidente de uma divisão qualquer tem autoridade sobre a divisão em questão, independentemente de quantas pessoas passem pelo cargo e de quem o detenha em um dado momento.

Em empresas de capital fechado, os proprietários têm a autoridade máxima. Na maioria das empresas de pequeno porte e estrutura simples, o proprietário também age como gestor. Às vezes, o proprietário contrata outra pessoa para gerir a empresa e os funcionários. O proprietário confere a esse gestor alguma autoridade para supervisionar as operações, mas o gestor responde ao proprietário, que retém a autoridade máxima. Em empresas maiores, o princípio é o mesmo, mas a estrutura da alta administração tem diversos componentes:

- Conselho de administração – Nas sociedades por ações, os proprietários são os acionistas. Como há muitos acionistas e eles não costumam dispor de informações oportunas, poucos se envolvem diretamente na gestão da empresa. Os acionistas elegem um conselho de administração para supervisioná-la. O conselho, liderado por seu presidente, toma decisões gerais sobre ela, sujeito às condições dos estatutos sociais. Os conselhos de administração selecionam, avaliam, recompensam e, às vezes, substituem o presidente-executivo; determinam a orientação estratégica da empresa e avaliam seu desempenho financeiro e garantem uma conduta ética, socialmente responsável e legal.[9] Entre os membros do conselho de administração costuma haver alguns altos executivos – chamados de *diretores internos*. Os diretores externos do conselho costumam ser executivos de outras empresas. Os conselhos bem-sucedidos tendem a participar ativa e criticamente da determinação das estratégias das empresas.

- Presidente-executivo – A autoridade oficialmente incorporada no conselho de administração é atribuída a um presidente-executivo (CEO) que ocupa o topo da pirâmide organizacional. Ele é pessoalmente responsável perante o conselho e os proprietários a respeito do desempenho da empresa. Em algumas sociedades por ações, uma só pessoa reúne os cargos de presidente-executivo e presidente da empresa.[10] Em alguns casos, o cargo de presidente do conselho de administração pode ser honorário e envolver pouco além da coordenação de assembleias. Se o presidente da empresa também for o CEO, o presidente é o segundo no comando.

VOCÊ SABIA?
Nas grandes sociedades por ações, a maioria dos conselhos de administração tem entre 9 e 13 membros. Os conselhos têm empregado mais diretores externos, inclusive presidentes-executivos e vice-presidentes financeiros aposentados.[11]

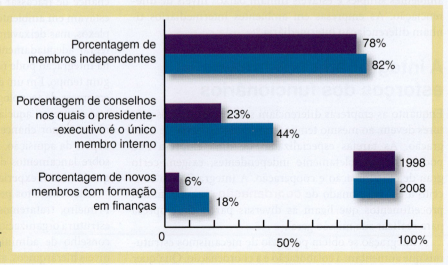

- Alta administração – Os presidentes-executivos podem compartilhar sua autoridade com outros membros da alta administração, que costuma ser composta do presidente-executivo, do vice-presidente de operações, do vice-presidente financeiro e outros. Em vez de tomar decisões críticas por conta própria, os presidentes-executivos de empresas como Shell, Honeywell e Merck reúnem-se regularmente com suas equipes de alta administração para tomar decisões conjuntas.[12]

A autoridade formal dos cargos costuma ser o principal meio pelo qual se toca uma empresa. As ordens dadas por um chefe a um subordinado normalmente são cumpridas. À medida que isso acontece em toda a empresa, dia após dia, esta avança e realiza suas metas.[13] Entretanto, a autoridade nem sempre depende dos cargos. Pessoas com experiência, perícia, ou qualidades pessoais específicas podem ter uma considerável autoridade informal – como os cientistas em empresas de pesquisa, por exemplo, ou funcionários que entendem de computadores.

A hierarquia define os níveis de autoridade

No Capítulo 1, discutimos os três níveis gerais da pirâmide organizacional, frequentemente chamada de *hierarquia*. O presidente-executivo ocupa o topo da pirâmide, na qualidade de membro mais graduado da alta administração. O nível administrativo superior também abrange os vice-presidentes – os gestores estratégicos encarregados da empresa toda. O segundo nível da organização é o da administração intermediária. Nele, os gestores estão encarregados de unidades ou departamentos. O nível inferior, composto da administração de linha e dos funcionários, abrange gerentes de filiais ou agências, gerentes de vendas, supervisores e outros gestores da linha de frente, além dos funcionários que se reportam diretamente a eles. Este nível também é chamado de *nível operacional* da empresa.

A estrutura de autoridade é a cola que une esses três níveis. Em geral, mas nem sempre, as pessoas dos níveis mais elevados têm a autoridade para tomar decisões e dizer aos ocupantes dos níveis inferiores o que fazer. Por exemplo, os gestores intermediários podem dar ordens aos supervisores da linha de frente; estes, por sua vez, coordenam os trabalhadores do nível de operações.

Uma forte tendência das empresas norte-americanas nas últimas décadas tem sido a redução do número de níveis hierárquicos. A General Electric tinha 29 deles; hoje, tem apenas alguns poucos e sua estrutura hierárquica é praticamente chata. A maioria dos executivos de hoje acredita que um menor número de níveis hierárquicos leva a uma empresa mais eficiente, rápida e eficaz em custos. Isso também se aplica às subunidades das grandes sociedades por ações. Um estudo com 234 agências de uma instituição financeira revelou que as agências com menos níveis tendiam a apresentar maior eficiência operacional do que as que tinham mais.[14]

Esta tendência, aliada a pesquisas, poderia parecer sugerir que a hierarquia fosse algo ruim, mas o empreendedor Joel Spolsky aprendeu que uma estrutura completamente chata não é necessariamente o ideal. Quando ele e Michael Pryor fundaram a Fog Creek Software, decidiram que dariam poder aos funcionários, fazendo com que todos se reportassem aos dois proprietários. O sistema funcionou bem por alguns anos, até que a Fog Creek atingiu 17 funcionários em tempo integral. Com esse porte, a empresa não era mais uma pequena família feliz: os funcionários tinham preocupações e sentiam dificuldade para abordar os sócios e reunir-se com eles. Assim, Spolsky e Pryor nomearam dois dos funcionários líderes das equipes de programação. Os funcionários tinham mais facilidade para conversar com os líderes de suas equipes e Spolsky concluiu que esse nível de "gestores intermediários" ajudou a empresa a funcionar melhor.[15]

> **AUTORIDADE** O direito legítimo de tomar decisões e dizer a outras pessoas o que fazer.

Dois respeitados executivos, Bill Gates (esq.), da Microsoft, e Brad Anderson (dir.), da Best Buy, debatem a popularidade do Xbox 360 na cerimônia de inauguração de uma loja em Bellevue, Washington.

> "Autoridade sem sabedoria é como um machado sem uma ponta firme, serve mais para bater do que para cortar."
> — Anne Bradstreet

CAPÍTULO 6 | Organização

- **AMPLITUDE DE CONTROLE** O número de subordinados que se reporta diretamente a um executivo ou supervisor.
- **DELEGAÇÃO** A atribuição de novas ou mais responsabilidades a um subordinado.
- **RESPONSABILIDADE** A atribuição de uma tarefa que um funcionário deve realizar.
- **ACCOUNTABILITY** A expectativa de que os funcionários realizem seu trabalho, tomem medidas corretivas, se necessário, e reportem-se a seus superiores quanto à situação e à qualidade de seu desempenho.

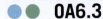

OA6.3
Discutir como a amplitude de controle afeta a estrutura da empresa e a eficácia gerencial.

A amplitude de controle determina a autoridade do gestor

O número de pessoas que responde a um gestor é uma característica importante da estrutura organizacional. O número de subordinados que se reporta diretamente a um executivo ou supervisor é chamado de **amplitude de controle**. As diferenças quanto às amplitudes de controle afetam o formato da empresa. Sob condições de igualdade de tamanho, amplitudes reduzidas levam a uma organização *alta*, com muitos níveis. Amplitudes amplas criam organizações *achatadas*, com menos níveis. As amplitudes de controle podem ser excessivamente estreitas ou amplas. A amplitude ideal maximiza a eficácia ao equilibrar duas considerações:

1. Ser ampla o bastante para permitir que os gestores mantenham o controle sobre seus subordinados.
2. Não ser tão ampla a ponto de criar excesso de controle e um número excessivo de gestores com poucos subordinados.

A amplitude de controle ideal depende de diversos fatores. Elas devem ser amplas, dadas as condições a seguir:

- Tarefas claramente definidas e sem ambiguidade.
- Subordinados altamente treinados e com acesso à informação.
- Um gestor altamente capaz e que dê apoio aos subordinados.
- Tarefas parecidas e com medidas de desempenho comparáveis.
- Os subordinados preferem a autonomia a um controle com supervisão intensa.

Se as condições forem o contrário, uma reduzida pode ser mais adequada.[16]

OA6.4
Explicar como delegar com eficácia.

A delegação é a maneira pela qual os gestores usam os talentos dos outros

Ao reconhecer que a autoridade nas empresas se divide entre vários níveis e amplitudes de controle, percebemos a importância da **delegação**, a concessão de autoridade e responsabilidade a um subordinado. A delegação, muitas vezes, exige que o subordinado se reporte ao chefe a respeito da efetiva realização de uma tarefa. A delegação talvez seja a característica mais fundamental da gestão em todos os níveis, porque envolve realizar trabalho por meio de outras pessoas. O processo pode se dar entre quaisquer duas pessoas, em qualquer tipo de estrutura e com relação a qualquer tarefa.

Alguns gestores sentem-se à vontade para delegar inteiramente uma tarefa aos funcionários; outros, não. No exemplo adiante, veremos as diferenças entre dois gestores e entre as maneiras como determinaram uma mesma tarefa. Estão ambos recorrendo à delegação?

Gestor A: "Ligue para Tom Burton na Nittany Office Equipment. Peça a ele uma lista de preços para um upgrade dos nossos computadores. Quero passar para um processador Core 2 Duo com 4 Giga de RAM e um disco rígido de pelo menos 500 gigabytes. Peça uma demonstração do sistema operacional Vista e do Microsoft Office. Quero criar uma rede local para o grupo todo. Chame Cochran e Snow para demonstração e deixe que experimentem o sistema. Peça que preparem um resumo das suas necessidades e das aplicações em potencial que percebem para os novos sistemas. Depois prepare um relatório com os custos e especificações do upgrade para o departamento todo. Ah, e não se esqueça de pedir informações sobre os custos de serviço".

Gestor B: "Quero fazer alguma coisa com o nosso sistema de computação. Tenho recebido reclamações de que o atual é lento, não roda os últimos programas e não permite redes. Avalie nossas opções e faça uma recomendação. Nosso orçamento é de mais ou menos US$ 2,5 mil por pessoa, mas preferiria gastar menos do que isso, se possível. Fique à vontade para conversar com alguns dos gestores para saber sua opinião, mas precisamos resolver isso o quanto antes".

responsabilidade, autoridade e *accountability*
Ao delegar tarefas, é útil distinguir entre os conceitos de autoridade, responsabilidade e *accountability*. **Responsabilidade** significa que uma pessoa recebe uma tarefa que fica encarregada de realizar. Ao delegar responsabilidades, o gestor também deve delegar ao subordinado autoridade o bastante para realizar a tarefa. *Autoridade*, como já vimos, quer dizer que a pessoa tem poder e direito de tomar decisões, dar ordens, usar recursos e fazer o que mais for necessário para cumprir com sua responsabilidade. Ironicamente, as pessoas muitas vezes têm mais responsabilidade do que autoridade; precisam apresentar o melhor desempenho possível por meio de táticas informais de influência, em vez de fiar-se exclusivamente na autoridade.

Se, por um lado, o gestor delega autoridade, os subordinados, por outro, ficam responsáveis pela consecução de resultados. *Accountability* significa que o gestor do subordinado tem o direito de esperar que a tarefa seja realizada

132 Administração

e de tomar medidas corretivas se o subordinado fracassar. O subordinado deve reportar-se ao seu líder quanto à situação e à qualidade de seu desempenho.

Entretanto, a responsabilidade final – perante a alta administração – cabe ao gestor responsável por delegar. Os gestores permanecem responsáveis não só pelos próprios atos, mas também pelos de seus subordinados. Os gestores não devem usar a delegação para fugir às próprias responsabilidades; às vezes, contudo, os gestores recusam-se a aceitar a responsabilidade pelos atos de seus subordinados. "Passam a bola adiante" ou tomam medidas de evasão para não serem responsabilizados por erros.[17] Sob condições ideais, dar aos funcionários poderes para tomar decisões ou praticar atos resulta em um aumento da sua responsabilidade.

vantagens da delegação

Delegar tarefas traz vantagens importantes, principalmente quando isso se faz com eficácia. A delegação eficaz alavanca a energia e o talento do gestor e de seus subordinados. Permite que os gestores realizem mais do que poderiam por si sós. No mesmo sentido, a falta de delegação, ou uma delegação ineficaz, reduz muito aquilo que um gestor pode realizar. A delegação também preserva um dos ativos mais importantes para os gestores – seu tempo. Ela libera o gestor para dedicar-se a atividades mais importantes e de mais alto nível, como planejamento, estabelecimento de objetivos e monitoramento do desempenho.

Outra vantagem significativa da delegação é o fato de que ela desenvolve subordinados eficazes. Retomando as diferentes maneiras de como dois gestores atribuíram uma mesma tarefa, fica claro que a abordagem do Gestor B tem maiores chances de potencializar os subordinados e ajudar seu desenvolvimento. Essencialmente, a delegação atribui ao subordinado um trabalho mais importante. O subordinado tem a oportunidade de desenvolver novas competências e demonstrar potencial para mais responsabilidades e, talvez, uma promoção – na prática, trata-se de uma forma vital de treinamento que pode trazer resultados futuros. Além disso, pelo menos para alguns funcionários, a delegação promove um senso de importância, de ser um membro que contribui para a empresa, de tal modo que eles se sentem mais comprometidos, realizam melhor suas tarefas e geram mais inovação.[18]

▶ Um exemplo extraordinariamente amplo de delegação pode ser visto na Illinois Tool Works, que permite que os gestores instituam aquisições de outras empresas. A ITW construiu uma reputação com base na capacidade de adquirir empresas menores de maneira rápida e eficiente. A ITW, que hoje tem 750 unidades de negócio por todo o mundo, começou como uma ferramentaria. Seus produtos ainda tendem a ser pequenos e voltados para a indústria – parafusos, autopeças, os anéis de plástico que unem latas de refrigerante em um *six-pack*, e coisas assim. Mas grande parte dos resultados financeiros da ITW vem da compra e venda de empresas menores. É aí que entram gestores como John Stevens, um engenheiro mecânico.

Stevens e muitos outros como ele estão sendo treinados na arte da aquisição. O presidente-executivo David Speer acredita que funcionários como Stevens são a escolha perfeita para essa tarefa, porque conhecem e compreendem o negócio. Assim, os executivos da empresa ministram workshops de aquisição com dois dias de duração para os gestores de unidades de negócio e os mandam às compras.[19] ◀

Por meio da delegação a empresa obtém resultados. Quando os gestores podem dedicar mais tempo a funções administrativas importantes, enquanto funcionários de nível inferior realizam missões a eles confiadas, as tarefas são realizadas de maneira mais eficiente. Além disso, à medida que os subordinados se desenvolvem e crescem em seus cargos, sua capacidade de contribuição para a empresa também aumenta.

como delegar?

Para obter as vantagens que acabamos de ver, os gestores precisam delegar corretamente. Como mostra a Figura 6.2, a delegação eficaz passa por diversas etapas.[20]

A primeira etapa do processo de delegação – a definição da meta – exige que o gestor compreenda com clareza o resultado que deseja. Depois, ele precisa escolher alguém capaz de realizar a tarefa. A delegação é especialmente benéfica quando podemos identificar um funcionário que se beneficie do desenvolvimento de competências por assumir maior responsabilidade.

A pessoa encarregada da tarefa deve ter autoridade, tempo e recursos para realizá-la com sucesso. Os recursos necessários costumam envolver pessoal, dinheiro e equipamento, mas também podem abranger informações críticas que enquadrem a missão no contexto devido ("reveja com

FIGURA 6.2 Etapas da delegação eficaz

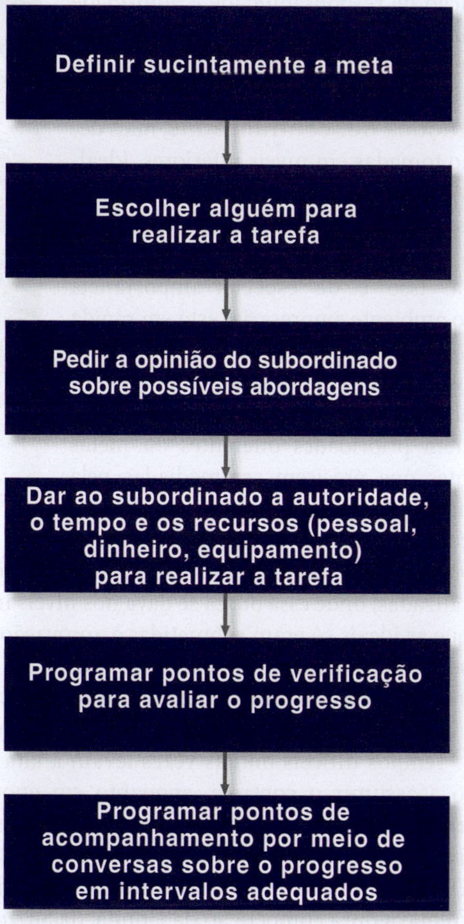

Definir sucintamente a meta

Escolher alguém para realizar a tarefa

Pedir a opinião do subordinado sobre possíveis abordagens

Dar ao subordinado a autoridade, o tempo e os recursos (pessoal, dinheiro, equipamento) para realizar a tarefa

Programar pontos de verificação para avaliar o progresso

Programar pontos de acompanhamento por meio de conversas sobre o progresso em intervalos adequados

CAPÍTULO 6 | Organização **133**

cuidado cada item de custo, porque iremos conquistar a conta se o nosso preço for o menor"). Por meio do processo de delegação, gestor e subordinado precisam trabalhar juntos e comunicar-se a respeito do projeto. O gestor deve buscar as ideias do subordinado logo no início e perguntar a respeito dos avanços ou obstáculos em reuniões e sessões de revisão periódicas. Embora a tarefa seja realizada pelo subordinado, o gestor precisa estar disponível e ciente do seu andamento. Essas verificações também fornecem uma oportunidade importante para encorajar e elogiar o subordinado.

Algumas tarefas, como disciplinar subordinados e realizar avaliações de desempenho, não devem ser delegadas. Mas, quando os gestores erram, costuma ser porque delegaram menos do que deveriam. Gestores que desejem aprender a delegar com maior eficácia devem ter em mente o seguinte: Se não delegamos, estamos apenas *fazendo* coisas; mas quanto mais delegamos, mais *construímos* e *gerenciamos* uma empresa.[21]

OA6.5
Distinguir organizações centralizadas de descentralizadas.

A descentralização distribui o poder de tomada de decisão

A delegação de responsabilidade e autoridade *descentraliza* a tomada de decisões. Em uma **organização centralizada**, as decisões importantes costumam ser tomadas no topo. Em **organizações descentralizadas**, mais decisões são tomadas em níveis inferiores. Idealmente, a tomada de decisões deve ocorrer no nível das pessoas mais diretamente afetadas e que têm o conhecimento mais profundo do problema. Isso é de especial importância quando o ambiente empresarial está em rápida mutação e são necessárias decisões rápidas e boas. Equilibrada frente a esses critérios, a centralização pode ser de valia quando os departamentos têm prioridades diferentes ou metas conflitantes que precisem ser mediadas pela alta administração. Por exemplo, quando pesquisadores modelaram a busca por novas ideias nas empresas, observaram que o desempenho era pior nas descentralizadas, onde essa busca se dava nos níveis inferiores, porque as ideais só eram submetidas à aprovação se beneficiassem o departamento em que surgissem.[22]

Algumas vezes as empresas alteram seu grau de centralização, dependendo dos problemas específicos que enfrentam. Tempos difíceis muitas vezes levam a alta administração a assumir o controle, enquanto em épocas de crescimento acelerado as decisões são empurradas mais para baixo na cadeia de comando. Na década de 1980, a Harley-Davidson estava em grandes dificuldades financeiras e enfrentava dura competição da Honda, da Suzuki e da Yamaha. Para sobreviver, precisava de uma liderança forte e centralizada, capaz de reagir de maneira rápida e decidida. Uma vez superada a crise, contudo, essa abordagem deixou de ser tão eficaz na conquista do comprometimento e dos esforços dos funcionários com aqueles que construíam os produtos e os relacionamentos com clientes. Por isso, a Harley-Davidson adotou uma organização mais achatada que descentralizou a tomada de decisões. Hoje, a hierarquia tradicional da empresa foi substituída por uma liderança colaborativa baseada na premissa de que todos os funcionários podem tomar decisões e assumir a responsabilidade pela realização das metas organizacionais.[23]

A maioria dos executivos de hoje entende as vantagens de atribuir a autoridade para tomada de decisões ao ponto de ação. O nível diretamente encarregado dos problemas e oportunidades conta com as melhores informações e pode melhor prever as consequências das decisões. Os executivos também sabem que a abordagem descentralizada permite que as pessoas ajam mais rapidamente.[24]

Segundo Raj Gupta, presidente da Environmental Systems Design (ESD), que faz projetos de engenharia, a empresa se descentralizou como resposta necessária ao crescimento. Uma abordagem tradicional de "comando e

controle" funcionava bem quando a empresa estava começando, mas atualmente, com 240 profissionais de engenharia e design trabalhando para diversos clientes em projetos comerciais, de transportes, residenciais, industriais, energéticos e outros, seria impossível que um pequeno número de pessoas próximas ao topo ditassem todas as soluções. E nem seria desejável, dada a perícia dos funcionários. Assim, em vez de agrupar seu pessoal em departamentos funcionais, como projeto sustentável, ou geração de eletricidade, a ESD tem uma estrutura na qual estúdios de profissionais específicos atendem certos clientes, tomando decisões para solucionar suas necessidades.[25]

OA6.6
Definir os tipos básicos de estrutura organizacional e resumir seus pontos fortes.

A ESTRUTURA HORIZONTAL

À medida que aumenta a complexidade das suas tarefas, a empresa inevitavelmente se divide – ou seja, se *departamentaliza*. Os **departamentos de linha** são os responsáveis pelas atividades-objeto da empresa. Essas unidades lidam diretamente com os bens ou serviços primários desta; produzem, vendem, ou atendem clientes. Na General Motors, os departamentos de linha abrangem projeto de produto, fabricação, montagem, distribuição e similares. Os gestores de linha costumam ter muita autoridade e muito poder, e são responsáveis pela tomada das principais decisões operacionais. Também são responsáveis pelo resultado que suas decisões trazem para o *bottom-line*.

Departamentos de apoio são aqueles que fornecem competências especializadas em respaldo dos departamentos de linha. Entre eles estão os departamentos de pesquisa, jurídico, contábil, de relações públicas e de recursos humanos. Em grandes empresas, cada uma dessas unidades pode ter seu próprio vice-presidente e alguns podem ter muita autoridade, como ocorre quando os grupos de contabilidade ou finanças aprovam e monitoram atividades orçamentárias.

Em empresas de estrutura tradicional, são comuns os conflitos entre os departamentos de linha e os de apoio. Um motivo para isso é o fato de que as carreiras e o sucesso em muitas funções de apoio dependem da perícia na área de atenção específica, enquanto o sucesso nas funções de linha depende mais do conhecimento do setor no qual a empresa opera. Assim, enquanto os gestores de linha podem buscar novos produtos e clientes, os de apoio podem parecer sufocar essas iniciativas por meio de seu foco em exigências e procedimentos. Os gestores de linha podem parecer mais dispostos a assumir riscos em nome do crescimento, enquanto os de apoio parecem mais focados em proteger as empresas do risco. Nas empresas de hoje, contudo, as unidades de apoio tendem a ser menos focadas em monitoramento e controle do desempenho e mais interessadas na prestação de apoio estratégico e assessoria especializada.[26] Por exemplo, os gestores de recursos humanos ampliaram seu foco, saindo da mera criação de procedimentos que atendam às exigências legais, para ajudar as empresas a planejar, recrutar, desenvolver e manter os tipos de funcionários que lhes irão conferir uma vantagem competitiva de longo prazo. Esse tipo de pensamento estratégico não só torna os gestores de apoio mais valiosos para suas empresas como também reduz os conflitos entre os departamentos de linha e de apoio.

À medida que as empresas dividem o trabalho entre diferentes unidades, podemos detectar padrões na maneira como os departamentos se agrupam e se organizam. As três abordagens básicas à **departamentalização** são a funcional, a divisional e a matricial.

Organizações funcionais geram especialistas eficientes

Em uma **organização funcional**, os cargos (e departamentos) são especializados e agrupam-se de acordo com *funções de negócio* e as competências que exigem: produção,

- **ORGANIZAÇÃO CENTRALIZADA** Uma empresa na qual os executivos de alto nível tomam a maioria das decisões e confiam sua implementação aos níveis inferiores.

- **ORGANIZAÇÃO DESCENTRALIZADA** Uma empresa na qual os gestores de mais baixo nível tomam decisões importantes.

- **DEPARTAMENTOS DE LINHA** As unidades que lidam diretamente com os bens e serviços primários da empresa.

- **DEPARTAMENTOS DE APOIO** As unidades que apoiam os departamentos de linha.

- **DEPARTAMENTALIZAÇÃO** A subdivisão de uma empresa em unidades menores.

- **ORGANIZAÇÃO FUNCIONAL** A departamentalização em torno de atividades especializadas, como produção, marketing e recursos humanos.

FIGURA 6.3 A organização funcional

CAPÍTULO 6 | Organização 135

marketing, recursos humanos, pesquisa e desenvolvimento, finanças, contabilidade e assim por diante. A Figura 6.3 apresenta um organograma funcional básico.

A tradicional abordagem funcional à departamentalização traz diversas vantagens em potencial:[27]

1. Podem ser realizadas economias de escala. Quando se agrupam pessoas com competências semelhantes, a empresa pode comprar equipamentos mais eficientes e obter descontos pelo grande volume de compras.
2. O monitoramento do ambiente torna-se mais eficaz. Cada grupo funcional mostra-se mais alinhado aos acontecimentos no próprio campo e, por isso, pode adaptar-se mais prontamente.
3. Os padrões de desempenho são mais bem mantidos. Pessoas com treinamento e interesses parecidos podem desenvolver uma preocupação comum com o desempenho em seus cargos.
4. As pessoas têm mais oportunidades de treinamento especializado e desenvolvimento aprofundado de competências.
5. Os especialistas em funções técnicas ficam relativamente livres do trabalho administrativo.
6. A tomada de decisão e as linhas de comunicação são simples e facilmente compreendidas.

Mas a forma funcional também tem desvantagens. As pessoas podem preocupar-se mais com sua função do que com a empresa como um todo, e a atenção que dedicam às tarefas funcionais pode desviar o foco da qualidade geral do produto e da satisfação do cliente. Os gestores desenvolvem perícia funcional, mas carecem de conhecimento sobre outras áreas do negócio; tornam-se especialistas, e não generalistas. Surgem conflitos entre funções e a comunicação e a coordenação são prejudicadas. Em suma, essa estrutura pode promover a diferenciação funcional, mas não a *integração funcional*.

Com isso, a estrutura funcional pode ser mais apropriada em ambientes simples e estáveis. Se a organização tornar-se fragmentada (ou *des*integrada), pode ter dificuldade para desenvolver novos produtos e levá-los ao mercado, assim como para reagir rapidamente a mudanças de exigências dos clientes e outras. Principalmente quando as empresas estão crescendo e o ambiente empresarial está em mutação, elas precisam integrar suas áreas de trabalho com mais eficácia para obter flexibilidade e sensibilidade. Outras formas de departamentalização podem ser mais flexíveis e sensíveis do que a estrutura funcional.

Demandas por qualidade total, atendimento ao cliente, inovação e velocidade evidenciaram as limitações da forma funcional. Organizações funcionais, com sua alta diferenciação, criam barreiras à coordenação entre funções. Ainda assim, a organização funcional não irá desaparecer, em parte porque sempre haverá necessidade de especialistas funcionais, mas os gestores funcionais tomarão menos decisões. As principais unidades serão equipes interfuncionais com responsabilidades integradoras por produtos, processos, ou clientes.[28]

As organizações divisionais desenvolvem um foco sobre o cliente

À medida que as empresas crescem e se diversificam, seus departamentos funcionais enfrentam dificuldades para

FIGURA 6.4 A organização divisional

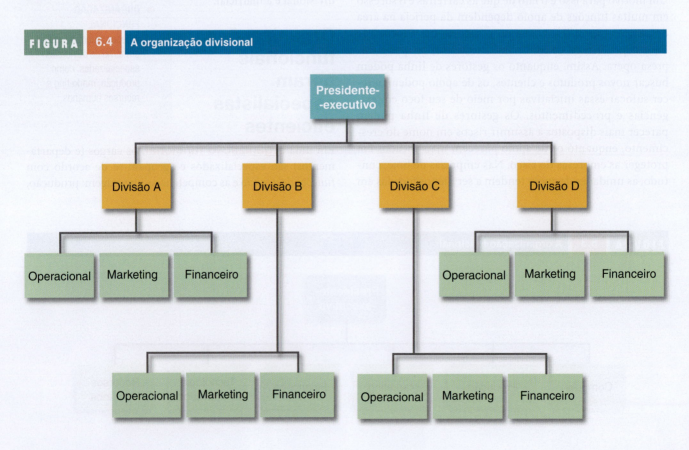

gerenciar uma ampla gama de produtos, clientes e regiões geográficas. Nesse caso, as empresas podem se reestruturar e criar uma **organização divisional**, que agrupa todas as funções em uma só divisão e duplica funções em todas as divisões. No organograma divisional da Figura 6.4, cada divisão tem seus próprios departamentos operacionais, de marketing e financeiro. Cada divisão pode agir quase como se fosse uma empresa ou um centro de lucros em separado e trabalhar com autonomia para realizar as metas da empresa como um todo. Eis alguns exemplos de como as mesmas tarefas seriam organizadas sob estruturas funcionais e divisionais:[29]

Organização funcional	**Organização divisional**
Um departamento central de compras	Uma unidade de compras para cada divisão
Departamentos separados de marketing, produção e engenharia para toda a empresa	Especialistas em marketing, design, produção e engenharia no grupo de cada produto
Um departamento municipal central de saúde	Unidades de saúde separadas para escola e para prisão
Departamentos de inspeção, manutenção e suprimentos para toda a fábrica	Inspeção, manutenção e suprimentos realizados por cada equipe de produção

As organizações podem criar estruturas divisionais de diversas maneiras:

- **Divisões de produto** – Todas as funções que contribuem para um dado produto se organizam sob um gestor desse produto. A Johnson & Johnson é um exemplo dessa forma. Tem mais de 250 divisões independentes, muitas das quais responsáveis por linhas de produto específicas. Sua subsidiária, a Cordis Corporation, tem divisões que desenvolvem e vendem produtos para tratamento de doenças vasculares, enquanto os produtos da McNeil-PPC abrangem os produtos de higiene bucal Listerine e Plax.

  A abordagem à departamentalização por produtos tem vantagens e desvantagens.[30] As necessidades informacionais são mais facilmente geridas porque as pessoas dedicam-se a um só produto. Estão comprometidas em tempo integral a uma só linha e, por isso, estão cientes de como seus cargos se encaixam no quadro geral. As responsabilidades são claras e os gestores são mais independentes e têm maior responsabilidade. Além disso, os gestores recebem treinamento mais amplo. Como a estrutura por produto é mais flexível do que a funcional, é mais adequada a ambientes instáveis, quando a capacidade de adaptação rápida é importante. Por outro lado, a coordenação entre linhas de produto e divisões é difícil. E, embora os gestores aprendam a ser generalistas, podem deixar de adquirir a profundidade de conhecimento que se desenvolve na estrutura funcional. As funções não são centralizadas na sede e a duplicação de esforços é dispendiosa. Como a tomada de decisões é descentralizada, a alta administração pode perder o controle sobre as decisões tomadas nas divisões. Uma boa gestão de todas as questões ligadas à descentralização e à delegação, como vimos anteriormente, é essencial para que essa estrutura seja eficaz.[31]

- **Divisões por cliente** – As divisões se constroem em torno de clientes. A Pfizer recentemente substituiu suas divisões por localidade por três outras baseadas em grupos de clientes: cuidados primários, cuidados especializados e mercados emergentes. A companhia farmacêutica espera, com isso, tornar-se mais sensível às necessidades dos médicos em cada grupo de seus pacientes.[32] No mesmo sentido, um hospital pode organizar seus serviços em torno de casos pediátricos, adultos, psiquiátricos e emergenciais. Os departamentos de crédito dos bancos costumam ter grupos diferentes encarregados das necessidades de pessoas físicas e jurídicas.

- **Divisões geográficas** – As divisões são estruturadas em torno de regiões geográficas. As distinções podem ser por distrito, território, região e país. O Macy's Group, antigamente chamado Federated Department Stores, tem divisões geográficas para suas operações que atendem Estados ou regiões dos Estados Unidos: Macy's East, Macy's Florida, Macy's Midwest, Macy's North, Macy's Northwest, Macy's South e Macy's West, além da Macys.com, que atende compradores pela internet. Os executivos da Ford Motor Company incluem o presidente-executivo da Ford da Europa, o da Ford do México e o presidente da Ford Motor (China) Ltda.

A principal vantagem da departamentalização por produto, por cliente e regional é a capacidade de concentrar o foco sobre as necessidades dos clientes e fornecer um atendimento melhor e mais rápido. Mas, novamente, a duplicação de atividades entre muitos grupos de clientes e regiões geográficas é dispendiosa.

O estabelecimento de divisões por clientes melhorou as decisões estratégicas da Det Norske Veritas (DNV), uma empresa norueguesa que presta serviços ligados à gestão de riscos. Inicialmente, a empresa presumiu que qualquer colaboração entre divisões iria aumentar as vendas e os lucros, mas o primeiro esforço nesse sentido fracassou. A administração tentou combinar os esforços de duas unidades de negócios: seu grupo de consultoria e uma unidade que inspecionava as cadeias de produção de empresas de alimentos. A ideia era permitir que os grupos combinados ajudassem as empresas do setor alimentício a reduzir os riscos em suas cadeias de suprimentos. Entretanto, os membros dos grupos foram lentos no compartilhamento de informações sobre clientes, pensavam que o tempo gasto no projeto conjunto minava os esforços da própria divisão (pelos quais seu desempenho era medido) e criaram conflitos que levaram a atrasos e estouros de orçamento.

Decepcionados com esses primeiros resultados, os executivos da DNV avaliaram a decisão tomada e perceberam que estavam criando um projeto de colaboração sem antes priorizar as oportunidades de mercado, identificar o impacto sobre os lucros de cada divisão e recompensar os funcionários pela colaboração. Para melhorar decisões futuras, reestruturaram a empresa sob a forma de unidades de negócio que atendiam a mercados específicos. Com base no conhecimento que tinham do mercado, cada unidade investigava onde a colaboração faria sentido para atender as necessidades da clientela. Como a unidade toda se beneficiaria, era mais fácil atrelar as recompensas à colaboração. Um caso de sucesso ocorreu na unidade que servia o setor marítimo. Os gestores determinaram que os especialistas em TI da unidade colaborariam com o grupo de gestão de risco para ajudar as empresas transportadoras a gerenciar o risco de falha de seus sistemas de computação. Desta vez, a reação dos clientes e dos funcionários foi entusiástica.[33]

ORGANIZAÇÃO DIVISIONAL
Um tipo de departamentalização que agrupa as unidades em torno de produtos, clientes, ou regiões geográficas.

- **ORGANIZAÇÃO MATRICIAL** Uma organização composta de relações duplas de subordinação na qual alguns gestores reportam-se a dois superiores – um gestor funcional e um divisional.

- **PRINCÍPIO DA UNIDADE DE COMANDO** Uma estrutura na qual cada funcionário reporta-se a um chefe, que, por sua vez, reporta-se a um outro chefe.

- **ORGANIZAÇÃO EM REDE** Um agrupamento de empresas independentes e geralmente de função única que colaboram em relação a um produto ou serviço.

As organizações matriciais querem os melhores aspectos das demais

Uma **organização matricial** é uma forma híbrida em que se sobrepõem as formas funcional e divisional. Os gestores e funcionários reportam-se a dois chefes – um gestor funcional e um gestor divisional –, criando uma dupla linha de comando. Na Figura 6.5, por exemplo, cada gestor de projeto reúne funcionários de cada área funcional para formar um grupo de projeto. Os profissionais dedicados a esses projetos reportam-se tanto ao gestor do projeto em que estão quanto ao gestor de sua área funcional.

Um bom exemplo de estrutura matricial pode ser encontrado na Time Inc., a principal editora de revistas dos Estados Unidos e da Grã-Bretanha. Nos principais títulos da editora, como a *Time*, a *Sports Illustrated* e a *People*, os gestores de produção responsáveis pela criação das revistas reportam-se tanto aos editores específicos *quanto* a um executivo graduado encarregado da produção. No nível corporativo, a Time Inc. realiza enormes economias de escala ao comprar papel e tinta em grandes lotes e coordenar as atividades de produção da empresa como um todo. Ao mesmo tempo, os gestores de produção dedicados a cada título podem garantir atendimento às diferentes necessidades e agendas de suas respectivas revistas. Esquemas matriciais semelhantes aplicam-se a outros gestores, como os de circulação e financeiro. Com isso, a empresa procura beneficiar-se das estruturas organizacionais, tanto divisional quanto funcional.

Como as demais estruturas organizacionais, a matricial tem pontos fortes e pontos fracos:[34]

Vantagens

- A tomada de decisões é descentralizada a um ponto que permite o correto processamento das informações e a aplicação do conhecimento relevante.
- Há amplas redes de comunicação para ajudar a processar grandes volumes de informação.
- Com a delegação das decisões aos níveis adequados, os altos níveis de gestão não se sobrecarregam com decisões operacionais.
- A utilização de recursos é eficiente porque os principais insumos são compartilhados por diversos programas ou produtos importantes.
- Os funcionários aprendem as competências colaborativas necessárias para operar em um ambiente caracterizado por reuniões frequentes e interações mais informais.
- Criam-se rotas de carreira duplas à medida que mais opções de carreira surgem dos dois lados da empresa.

FIGURA 6.5 Estrutura organizacional matricial

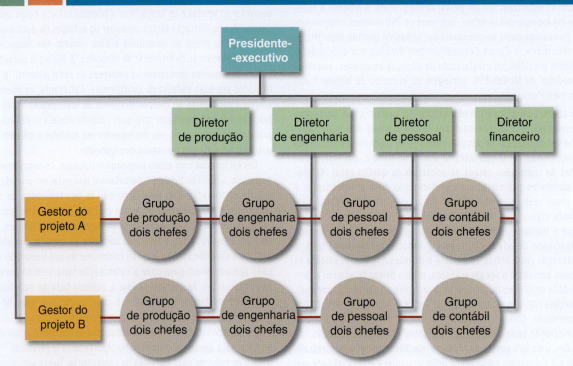

Desvantagens
- Podem surgir confusões, porque as pessoas não têm um único superior perante o qual se sintam responsáveis.
- O conceito incentiva os gestores que compartilham subordinados a lutar por poder.
- Pode surgir uma crença equivocada que a gestão matricial seja o mesmo que a tomada de decisões em grupo – isto é, que todos devam ser consultados a respeito de cada decisão.
- Um excesso de democracia pode levar à falta de ação.

Muitas das desvantagens decorrem da violação inerente da estrutura matricial ao **princípio da unidade de comando**, segundo o qual cada pessoa deve ter um só chefe. Reportar-se a dois superiores pode criar confusão e uma situação interpessoal difícil, a menos que sejam tomadas medidas para impedir o surgimento desses problemas.

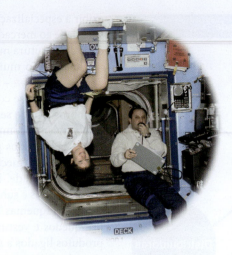

Empresas com pessoal altamente especializado, como a NASA, costumam usar uma estrutura matricial. A imagem mostra a astronauta Susan J. Helms (esq.) com o cosmonauta russo Yury V. Usachev, na Estação Espacial Internacional.

habilidades de sobrevivência Os problemas podem, em grande parte, ser evitados se os principais gestores aprenderem as habilidades comportamentais que a estrutura matricial exige.[35] Essas habilidades variam dependendo da função do gestor. O *principal executivo* precisa aprender a equilibrar poder e ênfase entre o aspecto de produto e o funcional. Os gestores intermediários, que são os *gestores de produto*, ou *divisão*, e os *gestores funcionais*, precisam aprender a colaborar e gerenciar de maneira construtiva seus conflitos. Os *gestores com dupla linha de subordinação*, que se reportam a um gestor de produto ou divisão e um gestor funcional, precisam aprender a ser responsáveis perante dois superiores. Isso significa priorizar diversas demandas e, às vezes, até mesmo conciliar ordens conflitantes. Algumas pessoas operam mal sob condições ambíguas como essa, sinalizando o fim de suas carreiras na empresa. Outras aprendem a ser proativas, comunicam-se efetivamente com os dois superiores, superam as dificuldades e gerenciam de forma construtiva esses relacionamentos profissionais.

a forma matricial hoje A popularidade da forma matricial diminuiu durante o fim da década de 1980, quando muitas empresas tiveram dificuldades para implementá-la. Ultimamente, contudo, a forma ressurgiu. Os motivos para isso incluem pressões de consolidação de custos e velocidade de chegada ao mercado, criando uma necessidade de melhor coordenação entre funções nas unidades de negócio e uma necessidade de coordenação entre países, no caso de empresas com estratégias de negócio globais. Muitos dos desafios criados pela estrutura matricial são especialmente agudos no contexto internacional, principalmente pelas distâncias envolvidas e as diferenças entre os mercados locais.[36]

O segredo da gestão das organizações matriciais de hoje não está na estrutura em si, mas na compreensão do fato de que a matriz é um *processo*. Entre os gestores que adotaram a estrutura matricial pela complexidade dos desafios que enfrentam, muitos dos que tiveram dificuldades de implementação deixaram de modificar as relações trabalhistas e gerenciais em suas empresas. Não se pode criar uma organização flexível simplesmente por meio da alteração de sua estrutura. Para permitir que a informação flua livremente por uma organização, os gestores também precisam dar atenção às normas, valores e atitudes que moldam os comportamentos.[37]

As organizações em rede baseiam-se em colaboração

Até aqui, tratamos de variações sobre a organização hierárquica tradicional, na qual são realizadas todas as funções de negócio da empresa. Por outro lado, uma **organização em rede** é um grupo de empresas independentes e predominantemente monofuncionais que colaboram para produzir um produto ou serviço. Como se vê na Figura 6.6, a organização em rede não descreve uma organização, mas uma rede de relacionamentos entre muitas empresas. As organizações em rede são arranjos flexíveis entre projetistas,

DICA

O valor da colaboração é especialmente pronunciado nas organizações matriciais. No tipo de estrutura encontrado na Figura 6.5, os membros de grupos de projeto podem não estar permanentemente associados ao gestor do projeto. Podem voltar para sua área funcional uma vez concluído o projeto. Para que esse grupo opere de maneira eficaz, o estilo tradicional de gestão de comando e controle pode não ser o mais adequado. Ele poderia obter a conformidade dos membros do grupo, mas não o seu comprometimento pleno, dificultando a realização das metas do projeto. Além disso, como a organização matricial recorre a membros dos grupos funcionais para explorar suas especialidades, é muito importante conquistar sua contribuição total. Um processo em colaboração, pelo qual o gestor e os participantes desenvolvem um senso compartilhado de "propriedade" do trabalho que fazem, irá gerar melhores ideias, participação e compromisso com o projeto e seus resultados.

FIGURA 6.6 A organização em rede

- Designers
- Produtores
- Corretores / Gestores
- Fornecedores
- Distribuidores

FONTE: R. Miles and C. Snow, "Organizations: New Concepts for New Forms", *California Management Review*, Spring 1986, p. 65. Copyright © 1986 by The Regents of the University of California. Reimpresso de *California Management Review*, vol. 28, n. 3.

fornecedores, produtores, distribuidores e clientes, nos quais cada empresa pode executar sua própria competência central e, ao mesmo tempo, trabalhar de maneira eficaz com as demais participantes da rede. Os membros de uma rede muitas vezes compartilham eletronicamente suas informações para reagir rapidamente a demandas da clientela. A fronteira normal da organização torna-se tênue, ou porosa, à medida que os gestores de cada organização interagem com os membros da rede. A rede como um todo, portanto, pode exibir a especialização técnica da estrutura funcional, a sensibilidade ao mercado da estrutura por produtos e a flexibilidade da estrutura matricial.[38]

Uma versão muito flexível da organização em rede é a **rede dinâmica** – também chamada de empresa *modular*, ou *virtual*. Ela se compõe de arranjos temporários entre os membros e pode ser montada e desmontada em resposta a um ambiente competitivo em mutação. Os membros da rede ficam unidos por contratos que estipulam os resultados esperados (mecanismos de mercado), em vez de hierarquia e autoridade. Empresas de fraco desempenho podem ser removidas e substituídas.

Esses esquemas são comuns nos setores de eletrônicos, brinquedos e vestuário, que criam e vendem rapidamente produtos ligados a modismos. As redes dinâmicas também são adequadas a organizações nas quais grande parte do trabalho pode ser realizado independentemente por especialistas. Por exemplo, os mais de 200 designers gráficos filiados à Logoworks prestam serviços a pequenas empresas em busca de trabalhos profissionais, sem as despesas fixas de uma agência de publicidade. Um produto popular da Logoworks é um conjunto de ideias para desenho de logomarcas criado por três designers e vendido ao preço de US$ 399; o cliente escolhe a predileta, todos os designers recebem honorários fixos e aquele cuja ideia for escolhida recebe uma bonificação. A Logoworks faz publicidade online, contrata alguns designers e negocia contratos de freelancer com os demais.[39]

As redes de sucesso podem oferecer flexibilidade, inovação, reação rápida a ameaças e oportunidades, e custos e riscos reduzidos. Mas, para que esses esquemas deem certo, é necessário que sejam cumpridas diversas condições:

A rede da Kiva espalha-se pelo mundo

Imagine uma rede sem fins lucrativos que convide pessoas a emprestar dinheiro a estranhos – empreendedores lutando para sobreviver em países em desenvolvimento. Dos empréstimos, 99% são honrados. Além da devolução, o credor não obtém qualquer retorno sobre o investimento – a não ser a satisfação de ajudar outra pessoa a ter sucesso.

Loucura? Foi o que os investidores em capital de risco disseram a Matt e a Jessica Flannery quando os dois esboçaram sua ideia de uma organização de microcrédito pessoa-a-pessoa. Mas a Kiva hoje faz diferença nas vidas de centenas de milhares de empreendedores do Terceiro Mundo.

Eis como funciona essa organização em rede. Os pretendentes a credores visitam o site da Kiva <www.kiva.org>, veem as fotos e histórias dos empreendedores, escolhem um ou mais para ajudar (emprestando de US$ 25 a US$ 150 por empreendedor) e enviam o dinheiro. A PayPal encaminha os fundos a uma instituição de microfinanciamento (IMF) no país do empreendedor. A IMF processa o empréstimo e entrega o dinheiro em moeda corrente na casa do destinatário. Esses "bancos de bicicleta" cobram juros de 20% em média – muito menos do que as taxas que frequentemente vão de 100% a 200% nos países em desenvolvimento.

Desde seu lançamento, em 2005, a Kiva levantou mais de US$ 27 milhões em empréstimos junto a mais de 270 mil pessoas. A maioria é honrada dentro de um ano e a taxa de inadimplência é cerca de 1%, apenas. As operações da Kiva são transparentes. Embora a empresa analise cuidadosamente as IMFs antes de permitir sua filiação (e as IMFs, por sua vez, analisem os devedores), alguns relacionamentos dão errado. Os detalhes sobre alianças fracassadas e deve-

Premal Shah (esq.) e Matt são cofundadores da Kiva.org, que teve início em 2005. A foto os mostra do lado de fora do escritório da Kiva.org em São Francisco, Califórnia.

dores inadimplentes são publicados no site para que todos possam ver.

A primeira beneficiária de um empréstimo da Kiva foi uma mulher de Uganda que tinha uma peixaria. Um empréstimo de US$ 550 lhe permitiu expandir o empreendi-

- A empresa precisa escolher a especialidade certa. Deve ser algo (bens ou serviços) de que o mercado precise e que a empresa possa fornecer melhor do que as demais – sua competência essencial.
- A empresa deve optar por colaboradores que também sejam excelentes no que fazem e que forneçam pontos fortes complementares.
- A empresa precisa certificar-se de que todos os participantes entendam perfeitamente as metas estratégicas da parceria.
- Cada uma das participantes deve poder confiar informações estratégicas a todas as demais e, além disso, confiar que cada uma forneça produtos de qualidade, mesmo que o negócio cresça rapidamente e imponha pesada demanda.

Em uma rede, o papel dos gestores passa de comando e controle para algo mais assemelhado à função de um **corretor**. Gestores/corretores representam importantes papéis de fronteira que ajudam a integração e a coordenação da rede:[40]

- Papel de projetista. O corretor age como um arquiteto de rede que imagina um conjunto de grupos ou empresas cuja especialização coletiva possa ser focada sobre um bem ou serviço específico.
- Papel de engenheiro de processo. O corretor age como um *cooperador de rede* que assume a iniciativa de estabelecer o fluxo de recursos e relacionamentos e certifica-se de que todos compartilhem os mesmos objetivos, padrões, pagamentos etc.
- Papel de alimentador. O corretor age como um criador que nutre e aprimora a rede (em um processo assemelhado à construção de equipes) para garantir que os relacionamentos sejam sadios e mutuamente benéficos.

OA6.7

Descrever os principais mecanismos de coordenação do trabalho.

- **REDE DINÂMICA**
Arranjos temporários entre parceiros que podem ser montados e remontados para adaptar-se ao ambiente.

- **CORRETOR**
Alguém que monta uma rede e coordena os participantes.

INTEGRAÇÃO ORGANIZACIONAL

Além de estruturar a organização em termos de *diferenciação* – a maneira como a organização se compõe de diferentes cargos e tarefas e a forma como estes se encaixam em um organograma –, os gestores também precisam dar atenção à *integração* e à *coordenação* – a maneira como todas as partes da organização operam em conjunto. Muitas vezes, quanto mais diferenciada a organização, mais difícil pode ser a integração. Por causa da especialização e da divisão do trabalho, diferentes grupos de gestores e funcionários desenvolvem diferentes orientações. Os funcionários pensam e agem de maneiras diferentes, dependendo de estar em um departamento ou em um grupo divisional, ser de linha ou de apoio e assim por diante. É difícil para os gestores integrar todas as atividades quando se concentram em suas unidades específicas.

Os gestores podem usar diversas abordagens para alimentar a coordenação entre unidades e pessoas interdependentes. Em algumas situações, os gestores podem perceber que os funcionários precisam trabalhar bem unidos para atingir objetivos conjuntos e, por isso, desenvolvem a confiança mútua, os treinam em um conjunto comum de competências e recompensam o trabalho em equipe. Em outros casos, as

---

mento e contratar funcionários. Ela quitou o empréstimo em meses.

Quem concede os empréstimos? Os contribuintes distribuem-se entre as idades de 25 a 60 anos. Pouco mais de metade são homens; dois terços ganham mais de US$ 50 mil por ano. Na outra ponta, mais mulheres do que homens recebem os empréstimos da Kiva (as mulheres também apresentam menor taxa de inadimplência). Enquanto a maioria das organizações sem fins lucrativos fica com até 50% das contribuições para cobrir despesas administrativas, 100% dos fundos doados à Kiva vão para os empréstimos.

Premal Shah, presidente da empresa, interessou-se pelo microfinanciamento quando estudava economia em Stanford e recebeu uma bolsa para estudar o assunto na Índia. Mais tarde, entrou para a PayPal como gestor de produto; atualmente, a empresa abre mão de todas as tarifas de transação sobre a remessa dos fundos ao destinatário. Shah observa: "o conceito de aceitar um pouco de crédito e deixar alguém apostar em você é muito americano". Talvez, mas o impacto se fez sentir em dúzias de países. ❖

P: Perguntas para discussão

- Como pode a flexibilidade de uma organização em rede permitir à Kiva atender uma necessidade com maior eficácia do que os credores tradicionais?
- Quem são os colaboradores da Kiva? Como a empresa cultiva a confiança entre esses participantes?

FONTES: "When Small Loans Make a Big Difference", *Forbes*, 3 de junho de 2008, <http://www.forbes.com>; Jeffrey M. O'Brien, "The Only Nonprofit That Matters", *Fortune*, 26 de fevereiro de 2008, <http://money.cnn.com>; Lee Rickwood, "Next Gen Giving: Charity and Social Networks", *PC World*, 20 de fevereiro de 2008, <http://www.pcworld.ca>; e Elinor Mills, "Kiva Humanizes Microlending to Third-World Entrepreneurs", *CNET News*, 8 de fevereiro de 2008.

empresas podem fiar-se mais em pessoas com talentos e ideias singulares, estabelecendo esquemas de trabalho flexíveis e recompensando realizações individuais, enquanto encorajam os funcionários a compartilhar conhecimentos e desenvolver respeito pelas contribuições uns dos outros.[41] De modo geral, contudo, os métodos de coordenação incluem a padronização, o planejamento e os ajustes mútuos.[42]

A padronização coordena o trabalho por meio de regras e rotinas

Quando as empresas coordenam atividades por meio do estabelecimento de rotinas e procedimentos operacionais padronizados que ficam em vigor ao longo do tempo, dizemos que o trabalho foi padronizado. A **padronização** limita a ação e integra diversas unidades ao regular o que as pessoas fazem. As pessoas, muitas vezes, sabem como agir – e interagir – porque há procedimentos operacionais padronizados que lhes dizem o que fazer. Por exemplo, os gestores podem estabelecer padrões quanto aos tipos de equipamento de computação que a empresa usará. Isso simplifica os processos de compras e treinamento (todos usam a mesma plataforma) e ajuda a comunicação entre diferentes partes da empresa.

Para aprimorar a coordenação, as empresas também podem usar a **formalização** – a presença de regras e regulamentos que determinam como as pessoas interagem. Políticas simples e preferencialmente por escrito a respeito de presença, trajes e decoro, por exemplo, podem eliminar uma grande parte da incerteza no ambiente de trabalho.

Uma premissa importante que dá base tanto à padronização quanto à formalização é a de que as regras e procedimentos devem ser aplicáveis à maioria (se não à totalidade) das situações. Essas abordagens, portanto, são mais adequadas em situações relativamente estáveis e imutáveis. Em alguns casos, quando o ambiente de trabalho exige flexibilidade, a coordenação por meio de padronização pode não ser muito eficaz. Quem já não testemunhou algum caso no qual as regras e procedimentos – frequentemente associados a uma burocracia lenta – tenham impedido agir a tempo de lidar com um problema? Nessas situações, nós geralmente nos referimos às regras e regulamentos como "red tape"*.[43]

* N. de R.T.: "Red tape" é uma expressão utilizada quando há excessiva burocracia, principalmente em serviços públicos.

Os planos estabelecem uma orientação comum

Se for difícil estabelecer as regras e os procedimentos segundo os quais o trabalho deve se integrar, as empresas podem dar maior liberdade de ação por meio do estabelecimento de metas e cronogramas para unidades interdependentes. A **coordenação por planejamento** não exige o mesmo elevado grau de estabilidade e rotina que a coordenação por padronização. As unidades interdependentes ficam livres para modificar e adaptar sua forma de ação, desde que atendam aos prazos e metas necessários para trabalharem umas com as outras.

Ao escrever este livro, por exemplo, nós (os autores) nos reunimos com uma equipe editorial que incluía os editores, o pessoal de marketing, a equipe de produção e o pessoal de apoio. Juntos, estabelecemos um cronograma para o desenvolvimento do livro que abrangia um período de aproximadamente dois anos. O plano de desenvolvimento incluía datas e "entregas" que especificavam o que tinha que ser cumprido e encaminhado a outras pessoas da empresa. O plano conferia flexibilidade o bastante a cada subunidade e a abordagem geral nos permitiu trabalhar de maneira eficaz.

Os ajustes mútuos permitem uma coordenação flexível

Ironicamente, a melhor e mais flexível abordagem à coordenação pode ser simplesmente fazer com que as partes interdependentes conversem entre si. A **coordenação por ajustes mútuos** envolve *feedback* e discussões para determinar conjuntamente como lidar com problemas e criar soluções que sejam aceitáveis para todos. A atual popularidade das equipes se deve, em parte, ao fato de que elas permitem coordenação flexível; as equipes podem operar de acordo com o princípio de ajustes mútuos.

> A indústria chinesa de motocicletas descobriu como coordenar centenas de fornecedores no processo de projeto e fabricação de veículos. Juntas, essas pequenas empresas colaboram desde os primeiros esboços até a entrega para a montagem final, passando pelo projeto, construção e montagem dos subcomponentes. Como projeto e montagem são descentralizados, os fornecedores podem agir rapidamente para fazer ajustes, experimentar novos componentes e, se necessário, realizar alterações antes da entrega de um produto para a montagem final.
>
> Com essa abordagem, o setor de motocicletas da China hoje projeta e constrói novos modelos mais rapidamente e a um menor custo que qualquer outro país. A produção quadruplicou, de 5 para 20 milhões de unidades por ano, o que dá à China cerca de 50% do mercado mundial de motocicletas.[44]

Mas a flexibilidade dos ajustes mútuos como mecanismo de coordenação traz alguns custos. Discutir todo e qualquer problema pode não ser a abordagem de organização mais eficiente. Imaginemos quanto tempo levaria para realizar até as mais básicas tarefas se as subunidades tivessem que discutir todas as situações. Ainda assim, os ajustes mútuos podem ser muito eficazes quando os problemas são novos e não podem ser programados antecipadamente por meio de regras, procedimentos, ou planos. Especialmente durante

- **PADRONIZAÇÃO** O estabelecimento de rotinas e procedimentos comuns que se aplicam uniformemente a todos.
- **FORMALIZAÇÃO** A presença de regras e regulamentos que determinam como as pessoas interagem na organização.
- **COORDENAÇÃO POR PLANEJAMENTO** As unidades interdependentes devem respeitar prazos e atingir objetivos que contribuam para uma meta comum.
- **COORDENAÇÃO POR AJUSTES MÚTUOS** As unidades interagem umas com as outras para fazer acordos e atingir uma coordenação flexível.

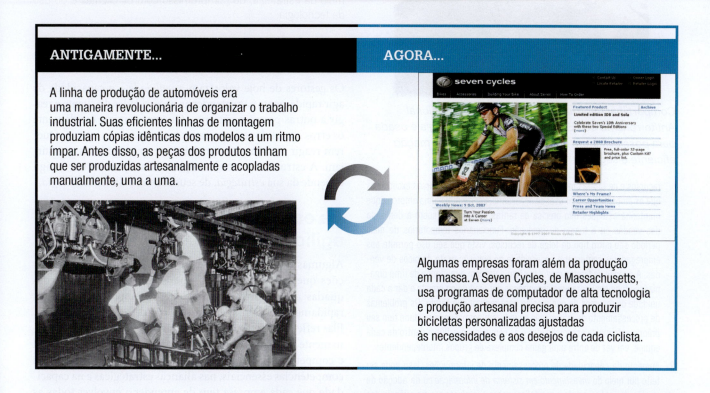

ANTIGAMENTE...

A linha de produção de automóveis era uma maneira revolucionária de organizar o trabalho industrial. Suas eficientes linhas de montagem produziam cópias idênticas dos modelos a um ritmo ímpar. Antes disso, as peças dos produtos tinham que ser produzidas artesanalmente e acopladas manualmente, uma a uma.

AGORA...

Algumas empresas foram além da produção em massa. A Seven Cycles, de Massachusetts, usa programas de computador de alta tecnologia e produção artesanal precisa para produzir bicicletas personalizadas ajustadas às necessidades e aos desejos de cada ciclista.

crises, quando as regras e os procedimentos não se aplicam, os ajustes mútuos tendem a ser a abordagem de coordenação mais eficaz.

A coordenação exige comunicação

O ambiente de hoje tende a ser complexo e dinâmico e, portanto, incerto. Enormes volumes de informação fluem entre o ambiente externo e a empresa. Para lidar com isso, as empresas precisam adquirir, processar e reagir a essas informações. Para operar com eficácia, as empresas precisam desenvolver estruturas de processamento da informação.

Para enfrentar a incerteza e as elevadas demandas informacionais, os gestores podem usar as duas estratégias gerais ilustradas na Figura 6.7:[45]

1. Redução da necessidade de informação. Isso pode ser feito por meio da criação de folga de

FIGURA 6.7 Gestão de elevadas demandas de processamento de informações

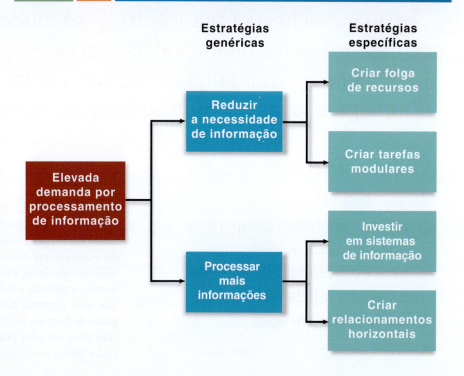

CAPÍTULO 6 | Organização 143

Compartilhar informação é vital no Centro Nacional Antiterrorismo dos Estados Unidos. A tecnologia é usada para possibilitar um compartilhamento de informação eficiente e seguro.

recursos e de tarefas modulares. *Folga de recursos* são recursos excedentes que as empresas podem usar se necessário. Por exemplo, uma empresa que mantenha estoques não precisa de tantas informações sobre a demanda das vendas ou o tempo de produção. Funcionários temporários de meio período são outro tipo de folga de recursos, visto que seu uso permite aos empregadores contornar a necessidade de previsão exata de picos de vendas. A *criação de tarefas modulares* tem a ver com a mudança de uma organização funcional para uma organização por produto ou projeto e dar a cada unidade os recursos de que precisa para realizar sua tarefa. Os problemas de processamento de informação se reduzem porque cada unidade tem seu próprio estoque de especialidades e as comunicações fluem dentro de cada equipe, em vez de entre uma gama complexa de grupos interdependentes.

2. Aumento da capacidade de processamento de informações. Isso pode ser feito por meio do *investimento em sistema de informação* ou da adoção da *gestão do conhecimento* – capitalizar sobre o intelecto e a experiência dos ativos humanos da empresa para aumentar a colaboração e a eficácia.

Os gestores podem encorajar a gestão do conhecimento por meio da criação de relacionamentos horizontais. Isso pode envolver algo simples, como pedir a alguém que funcione como *elo* entre grupos, ou pode ser mais complexo, como criar uma força-tarefa ou uma equipe interdepartamental.[46]

OA6.8

Discutir como as empresas podem se tornar mais ágeis por meio da estratégia, do compromisso com os clientes e do uso da tecnologia.

AGILIDADE ORGANIZACIONAL

Os gestores de hoje valorizam a *agilidade* – a capacidade de agir rapidamente para atender as necessidades do cliente e reagir a outras pressões externas. Querem corrigir rapidamente os erros cometidos e se preparar para um futuro incerto. Querem reagir a ameaças e aproveitar as oportunidades que surjam. A estrutura que cada empresa adota para tornar-se ágil depende da sua *estratégia*, de seus *clientes* e da sua *tecnologia*.

As estratégias promovem a agilidade organizacional

Algumas estratégias – e as estruturas, os processos e as relações que as acompanham – parecem especialmente adequadas a promover a capacidade da empresa para reagir rapidamente e de maneira eficaz aos desafios que enfrenta. Elas refletem a determinação dos gestores para alavancar plenamente as pessoas e os ativos para tornar a empresa mais ágil e competitiva. Essas estratégias e estruturas se baseiam nas competências essenciais, nas alianças estratégicas e na capacidade que cada empresa tem de aprender a envolver todas as pessoas em seus objetivos e adaptar sua estrutura ao seu porte.

> " Quando cheguei [na Intuit], ...só mudei uma palavra dos nossos valores operacionais: de 'pense rápido e aja rápido' para 'pense com inteligência e aja rápido'. Porque ninguém chega a lugar nenhum se fizer burrices rapidamente. "
>
> Steve Bennett, presidente-executivo da Intuit[48]

A maior vantagem competitiva que há é a capacidade que uma empresa tem de aprender e traduzir rapidamente esse aprendizado em ação.

Jack Welch

Organização em torno das competências essenciais Uma visão recente e importante sobre estratégia e organização gira em torno do conceito de competência essencial.[47] Como vimos no Capítulo 4, uma competência essencial é a capacitação – o conhecimento, a perícia, a habilidade – que sustenta a capacidade que uma empresa tem de liderar o fornecimento de uma gama de bens ou serviços. Ela permite à empresa competir com base em seus pontos fortes e sua competência essencial, e não apenas naquilo que produz.

Desenvolver com sucesso uma competência essencial de alta categoria abre as portas para diversas oportunidades; o fracasso significa ver bloqueada a entrada em diversos mercados. Assim, uma competência essencial bem compreendida e bem desenvolvida pode aumentar a sensibilidade e a competitividade das empresas. Estrategicamente, as empresas precisam estar comprometidas com a excelência e a liderança nas competências e reforçá-las antes que possam conquistar participação no mercado de produtos específicos. Em termos organizacionais, a empresa deve ser encarada como uma carteira de competências e não apenas de negócios específicos.

3. Alavancar ou explorar seus recursos – Os gestores precisam identificar as oportunidades para que as competências forneçam valor aos clientes (criando produtos, por exemplo, ou fornecendo produtos existentes melhores do que os dos concorrentes) e depois coordenar e destacar os funcionários e outros recursos necessários para reagir a essas oportunidades.

> ● **ALIANÇA ESTRATÉGICA**
> Uma relação formal criada entre empresas independentes com o objetivo de perseguir conjuntamente metas comuns.

alianças estratégicas As empresas modernas têm diversas ligações mais complexas com outras empresas do que os relacionamentos tradicionais entre partes interessadas. Atualmente, até concorrentes ferozes trabalham juntos em níveis inéditos para atingir suas metas estratégicas. Por exemplo, a Federal Express tem caixas de coleta nas agências dos Correios dos Estados Unidos. A New York Times Company e a Monster Worldwide formaram uma aliança segundo a qual os anúncios de empregos em 19 jornais trazem a marca Monster.com. O esquema dá à empresa jornalística, cujos periódicos incluem o *New York Times* e o *Boston Globe*, uma presença online mais forte e dá à Monster mais visibilidade nos mercados de trabalho locais, tradicionalmente dominados pelos jornais de cada região.[51]

Música e café – Uma aliança estratégica harmoniosa! A Apple e a Starbucks criaram uma parceria que permite aos clientes da Apple sincronizar instantaneamente seus iPods Touch, Macs, e iPhones com a rede sem fio da Starbucks para baixar músicas.

Uma **aliança estratégica** é um relacionamento formal, criado com o objetivo de perseguir conjuntamente metas comuns. Em uma aliança estratégica, as empresas compartilham autoridade administrativa, formam elos sociais e aceitam propriedade conjunta. Essas alianças têm atenuado as fronteiras entre empresas. Ocorrem entre empresas e seus competidores, governos e universidades. Tais parcerias muitas vezes cruzam fronteiras nacionais e culturais. As empresas formam alianças estratégicas para desenvolver novas tecnologias, entrar em novos mercados e reduzir custos de produção por meio de terceirização. As alianças não só permitem às empresas deslocar-se com mais rapidez e eficiência como também, às vezes, são a única maneira prática de reunir todo o espectro de especialistas necessários para operar no ambiente complexo e mutável de hoje. Em vez de contratar especialistas que conheçam a tecnologia e os segmentos de mercado de cada novo produto, as empresas podem formar alianças com parceiros que já tenham esses especialistas consigo.[52]

Os gestores que desejam reformar a competitividade de suas empresas precisam concentrar-se em diversas questões:

- Identificação das competências essenciais existentes.
- Aquisição ou construção de competências essenciais que serão importantes no futuro.
- Manutenção do investimento em competências para que a empresa se mantenha em nível mundial e adiante dos concorrentes.
- Ampliação das competências para a descoberta de novas aplicações e oportunidades nos mercados de amanhã.[49]

É preciso ter em mente que não basta uma organização *ter* os recursos valiosos que fornecem as competências; esses recursos precisam ser *geridos* de maneira tal que confiram uma vantagem.[50] Isso significa que os gestores precisarão:

1. Acumular os recursos corretos (como pessoas talentosas) – Os gestores devem determinar os recursos de que necessitam, adquirir e desenvolver esses recursos e eliminar aqueles que não forneçam valor.
2. Combinar os recursos de maneiras que forneçam capacitação à organização, como pesquisa de novos produtos ou solução de problemas para clientes – Essas combinações podem envolver o compartilhamento de conhecimento e a formação de alianças entre departamentos ou com outras empresas.

Os gestores costumam dedicar muito tempo à avaliação financeira de parceiros em potencial. Mas, para que uma aliança funcione, os parceiros também precisam considerar as áreas de perícia uns dos outros e os incentivos envolvidos na estrutura da aliança. Uma comparação entre alianças de pesquisa e desenvolvimento revelou que a maior parte das inovações surgiu quando as parceiras eram especializadas em tipos de pesquisa moderadamente diferentes. Se os parceiros fossem muito diferentes, compartilhavam ideias e inovavam mais quando a aliança se dava por meio de troca de capital (ações); entre parceiros parecidos, a inovação era maior quando se dava sob contrato de pesquisa.[53]

CAPÍTULO 6 | Organização 145

- **ORGANIZAÇÃO APRENDIZ** Uma organização hábil na criação, aquisição e transferência de conhecimento e na modificação de seu comportamento para refletir novos conhecimentos e *insights*.

- **ORGANIZAÇÃO DE ALTO ENVOLVIMENTO** Uma organização na qual a alta administração garanta o consenso quanto à direção para a qual se encaminha o negócio.

Os gestores também precisam desenvolver os relacionamentos humanos da parceria. As melhores alianças são verdadeiras parcerias que atendem aos seguintes critérios:[54]

- *Excelência individual* – Os dois parceiros agregam valor e suas motivações são positivas (exploração de oportunidades), e não negativas (ocultar pontos fracos).
- *Importância* – Os dois parceiros querem que a relação funcione porque os ajudará a atingir objetivos estratégicos de longo prazo.
- *Interdependência* – Os parceiros precisam um do outro; cada um ajuda o outro a atingir sua meta.
- *Investimento* – Os parceiros dedicam recursos financeiros, entre outros, à relação.
- *Informação* – Os parceiros comunicam-se abertamente a respeito de metas, dados técnicos, problemas e mudanças das condições.
- *Integração* – Os parceiros desenvolvem meios compartilhados de operação; ensinam e aprendem um com o outro.
- *Institucionalização* – A relação tem *status* formal e responsabilidades claras.
- *Integridade* – Os dois parceiros são confiáveis e honrados.

A maioria dessas ideias aplica-se não apenas às alianças estratégicas mas a qualquer tipo de relacionamento.[55]

organizações aprendizes

Ser sensível ao ambiente exige mudar constantemente e aprender novas formas de agir. Segundo especialistas, a única vantagem sustentável é aprender mais rápido do que a concorrência. Isso gerou interesse em um conceito chamado organização aprendiz.[56] Uma **organização aprendiz** é uma organização hábil na criação, na aquisição e no desenvolvimento de conhecimento e na modificação de seu comportamento a fim de refletir seus novos conhecimentos e *insights*.[57] A GE, a Corning e a Honda são bons exemplos de organizações aprendizes. Elas são hábeis na solução de problemas, na experimentação com novas abordagens, no aprendizado com as próprias experiências e na disseminação rápida e eficiente do conhecimento.

Como as empresas se tornam verdadeiras organizações aprendizes? Há alguns ingredientes importantes para isso:[58]

- Seu pessoal adota uma forma de pensar disciplinada e atenta a detalhes, tomando decisões com base em dados e evidências, e não em adivinhações e hipóteses.
- Elas procuram constantemente por novos conhecimentos e formas de aplicá-los, em busca da expansão de horizontes e oportunidades, e não apenas de soluções rápidas para problemas do momento. A empresa valoriza e recompensa as pessoas que expandem seu conhecimento e sua competência em áreas que a beneficiem.
- Analisam cuidadosamente seus sucessos e fracassos, em busca de lições e de uma compreensão mais aprofundada.
- Fazem *benchmarking*, ou seja, identificam e implementam as boas práticas de outras empresas, roubando ideias sem se envergonhar.
- Compartilham ideias com toda a empresa por meio de relatórios, sistemas de informação, visitas, educação e treinamento. Os funcionários trabalham com outros mais experientes que agem como mentores.

organizações de alto envolvimento

Outra maneira cada vez mais popular de criar vantagem competitiva é a administração participativa. Especialmente em empresas de alta tecnologia que enfrentam forte competição internacional, o objetivo é gerar altos níveis de compromisso e envolvimento enquanto funcionários e gestores trabalham juntos para atingir as metas organizacionais.

Em uma **organização de alto envolvimento**, a alta administração certifica-se de que haja consenso a respeito da direção pela qual o negócio se encaminha. O líder busca insumos de sua equipe de alta administração e dos níveis inferiores da empresa. Forças-tarefa, grupos de estudos e outras técnicas alimentam a participação em decisões que afetam toda a empresa. Os participantes recebem *feedback* constante a respeito de seu desempenho frente ao da concorrência e da eficácia com que atendem a agenda estratégica.

Estruturalmente, isso costuma significar que até os funcionários de mais baixo nível hierárquico têm relacionamento direto com um cliente ou fornecedor e, assim, recebem *feedback* e são responsabilizados pela prestação de um bem ou serviço. A estrutura da empresa é achatada e descentralizada, construída em torno de um cliente, um bem ou serviço. O envolvimento dos funcionários é especialmente importante quando o ambiente muda rapidamente, o trabalho é criativo, atividades complexas exigem coordenação e as empresas precisam de grandes ganhos em inovação e velocidade – em outras palavras, quando as empresas precisam ser mais sensíveis ao ambiente.[59]

impacto do tamanho da organização

Empresas de grande porte costumam ser menos orgânicas e mais burocráticas. Os cargos tornam-se mais especializados e são criados grupos distintos de especialistas porque as grandes empresas podem acrescentar novas especialidades a um custo proporcionalmente menor. A complexidade resultante dificulta o controle sobre a empresa, de modo que a administração acrescenta mais níveis para impedir que a amplitude de controle torne-se grande demais. Introduzem-se, ainda, regras, procedimentos e documentação.

Mas uma empresa muito grande e complexa pode ter maior dificuldade para gerenciar seus relacionamentos com clientes e entre as próprias unidades. Empresas maiores também são mais difíceis de coordenar e controlar. Embora o porte possa aumentar a eficiência, também pode criar dificuldades administrativas que a inibam. A Unilever, uma gigante produtora de bens de consumo com mais de 20 mil funcionários em todo o mundo, não só tem três organizações que vendem diferentes linhas de produtos em cada país atendido como também, até recentemente, era administrada por dois presidentes-executivos/presidentes do conselho, resultado de uma fusão ocorrida há décadas. Essa estrutura pesada limitava a eficiência e a agilidade da Unilever, dificultando para a empresa competir.[60] Empresas menores, por outro lado, podem mover-se com rapidez, fornecer bens e serviços de qualidade voltados para nichos de mercado e inspirar um maior envolvimento de seu pessoal.

Empresas pequenas e ágeis frequentemente têm mais capacidade de manobra do que outras, maiores e burocráticas, mas o grande porte oferece poder de mercado tanto para compras quanto para vendas. O desafio, portanto, está em ser ao mesmo tempo grande e pequena e explorar as vantagens dos dois aspectos. Entre as soluções para o problema estão a tomada descentralizada de decisões e o uso de equipes com poderes para reagir rapidamente a um ambiente mutável.

> Para manter-se flexível durante o crescimento, a Dur-A-Flex tornou-se uma organização aprendiz. À medida que a empresa expandiu-se da instalação de pisos comerciais e industriais para a fabricação de sistemas de pisos e produtos correlatos, sua estrutura tornou-se rígida demais. Com sistemas separados de produção operando em três turnos, manter a qualidade e a velocidade em todos os departamentos e turnos era complicado. A Dur-A-Flex embarcou em um programa conhecido como "emagrecimento" (que descreveremos mais adiante, neste capítulo), que envolve estudar e aprimorar todos os processos. Cada funcionário era treinado nos métodos e na filosofia da abordagem "enxuta".
>
> Segundo Bill Greider, que liderou a iniciativa, "uma vez que nosso foco voltou-se para o aprendizado, tudo mudou". À medida que os funcionários começaram a interagir nas salas de aula, as divisões entre grupos começaram a diminuir. Eles aprendem sobre todos os aspectos do negócio da Dur-A-Flex, de finanças a métodos de instalação de pisos, sem falar em diversas "optativas" divertidas, como produção de cerveja. A abordagem de aprendizado não só ajuda os funcionários a cortar custos e aumentar as vendas como também os entusiasma e lhes confere poderes.[61]

Quando as grandes empresas tentam reconquistar a sensibilidade ao ambiente, muitas vezes consideram a possibilidade de *downsizing* (encolhimento), a eliminação planejada de cargos por meio da extinção de funções, níveis hierárquicos, ou até unidades inteiras.[62] Reconhecendo que as pessoas perderão seus empregos e ficarão temerosas, os gestores normalmente só optam pelo *downsizing* em resposta a pressões. Tradicionalmente, as empresas passam por esse processo quando a demanda cai e uma recuperação rápida parece improvável. Essas demissões poupam dinheiro, permitindo que a empresa permaneça lucrativa – ou, pelo menos, viável – até a próxima reviravolta. Mais recentemente, contudo, a competição global tem forçado empresas a cortar custos mesmo quando as vendas vão bem e quando, por meio de avanços tecnológicos, um menor número de funcionários pode resultar na mesma produção. Com isso, muitas empresas adotaram o *downsizing* para ganhar eficiência. Enquanto o *downsizing* como resposta a uma queda da demanda tendia a afetar mais os cargos de nível operacional de empresas industriais, o *downsizing* em nome da eficiência tem se concentrado na eliminação de níveis gerenciais, afetando gestores intermediários.

A recente recessão levou a um *downsizing* generalizado em muitos setores e não apenas na indústria. Por exemplo, reagindo a uma forte queda da demanda, a Microsoft anunciou, pela primeira vez em sua história, que iria demitir cerca de 5 mil pessoas (aproximadamente 5% de sua força de trabalho). Em um memorando aos funcionários, o presidente-executivo, Steve Ballmer, reconheceu os riscos da abordagem: "Nosso sucesso na Microsoft sempre se deveu ao talento, ao trabalho duro e ao compromisso de nosso pessoal".[63] De fato, o *downsizing* traz o risco de eliminar a própria fonte do sucesso de uma empresa.

Quando feito de maneira adequada, o *downsizing* pode tornar as empresas mais ágeis. Mas, mesmo sob as melhores condições, pode ser traumático para a empresa e seus funcionários. É interessante observar que aqueles que perdem o emprego por causa do processo de *downsizing* não são os únicos a serem profundamente afetados. Os que mantêm seus empregos tendem a exibir o que se conhece por *síndrome do sobrevivente*.[64] Enfrentam cargas de trabalho mais pesadas, imaginam quem será o próximo a ser demitido, tentam descobrir como sobreviver, perdem o comprometimento com a empresa e a confiança em seus chefes e tornam-se burocráticos, introspectivos e avessos ao risco. Os gestores podem adotar diversas práticas positivas para atenuar a dor e aumentar a eficácia do *downsizing*:[65]

- Usar o *downsizing* apenas como último recurso, quando estiverem esgotados todos os outros métodos de ganho de desempenho por meio de inovação ou mudança de procedimentos.

- Ao escolher os cargos a eliminar, fazer análise cuidadosa e pensar estrategicamente.

- Treinar as pessoas para lidar com a nova situação.

- Identificar e proteger pessoas de talento.

- Dar atenção especial aos que perderam seus empregos e auxiliá-los.

- Comunicar-se constantemente com o pessoal a respeito do processo e estar aberto a ideias de maneiras alternativas para ganhar eficiência.

- Identificar como a empresa irá operar com eficácia no futuro e enfatizar os novos papéis que os funcionários remanescentes irão representar.

CAPÍTULO 6 | Organização **147**

- **GESTÃO DA QUALIDADE TOTAL** Uma abordagem integrada à gestão que sustenta a satisfação do cliente por meio de uma ampla gama de ferramentas e técnicas que resultam em bens e serviços de mais alta qualidade.

- **ISO 9001** Uma série de padrões de qualidade desenvolvidos por um comitê que trabalha sob a égide da Organização Internacional de Normas e Padrões para melhorar a qualidade total em todas as empresas, em prol de produtores e consumidores.

- **TECNOLOGIA** A aplicação sistemática do conhecimento científico a um novo produto, processo, ou serviço.

As organizações ágeis focam seus clientes

Em última análise, o objetivo de estruturar uma empresa sensível e ágil é permitir que ela atenda e supere as expectativas de seus clientes. Os clientes são vitais para as empresas, porque compram bens e serviços e seu relacionamento continuado com a empresa constitui o vetor fundamental da competitividade e do sucesso no longo prazo. Para atender as necessidades dos clientes, as empresas concentram-se na melhoria da qualidade.

organizar-se para ganhar qualidade
Os gestores podem inserir programas de qualidade em qualquer estrutura organizacional. A **gestão da qualidade total** (TQM, *Total Quality Management*) é uma forma de gestão na qual todos estão comprometidos com uma melhoria contínua da parte da operação que lhe compete. A TQM é uma abordagem abrangente da melhoria da qualidade do produto e, portanto, da maior satisfação do cliente. Caracteriza-se por ser fortemente voltada para os clientes (externos e internos) e tornou-se um tema da organização do trabalho. A TQM reorienta os gestores em direção ao envolvimento das pessoas de todos os departamentos na melhoria de todos os aspectos do negócio. A melhoria contínua exige mecanismos que facilitem a solução coletiva de problemas, o compartilhamento de informações e a cooperação entre funções de negócio. Os limites que separam etapas e funções do trabalho tendem a ruir e a empresa passa a operar como uma equipe.[66]

Um dos fundadores do movimento da gestão da qualidade foi W. Edwards Deming. Seus "14 pontos" da qualidade enfatizam uma abordagem holística da gestão:

1. Criar um propósito constante – lutar pela melhoria no longo prazo em vez do lucro no curto prazo.
2. Adotar a nova filosofia – não tolerar atrasos e erros.
3. Acabar com a dependência da inspeção em massa – incluir a qualidade no processo desde o início.
4. Encerrar a prática de contratar apenas com base no preço – construir relacionamentos de longo prazo.
5. Melhorar constante e eternamente o sistema de produção e atendimento – em todas as etapas.
6. Instituir treinamento e retreinamento – atualizar continuamente os métodos e a maneira de pensar.
7. Instituir liderança – fornecer os recursos necessários para se ter eficácia.
8. Eliminar o medo – as pessoas precisam acreditar que é seguro denunciar problemas ou pedir ajuda.
9. Derrubar barreiras entre departamentos – promover o trabalho em equipe.
10. Eliminar *slogans*, exortações e metas arbitrárias – fornecer métodos, não palavras de ordem.
11. Eliminar cotas numéricas – são opostas ao conceito de melhoria contínua.
12. Remover barreiras ao orgulho do trabalho – permitir a autonomia e a espontaneidade.
13. Instituir um programa vigoroso de educação e treinamento – as pessoas são ativos, não mercadorias.
14. Tomar medidas para realizar a transformação – fornecer uma estrutura que viabilize a qualidade.

Uma das mais importantes contribuições à gestão da qualidade total foi a introdução de ferramentas estatísticas para analisar as causas de defeitos de produto, em uma abordagem chamada *Six Sigma Quality*. Sigma é a letra grega usada para designar o desvio-padrão, ou variação, de um processo (quanto mais alto o "nível sigma", menor a variação). Os defeitos analisados podem incluir qualquer coisa que resulte em insatisfação do cliente – por exemplo, atrasos na entrega, remessa incorreta ou mau atendimento, além de problemas com o produto em si. Identificado o defeito, os gestores envolvem a empresa em um esforço abrangente para eliminar suas causas e reduzi-lo ao menor nível previsível. Pelo Seis Sigma, um produto ou processo deve estar livre de defeitos 99,99966% do tempo. Atingir essa meta quase sempre exige reestruturação fundamental dos processos internos e dos relacionamentos com fornecedores e clientes. Por exemplo, os gestores podem precisar criar equipes vindas de todas as partes da empresa para implementar as melhorias de processo que impedirão o surgimento de problemas.

A influência da TQM sobre o processo de organização tornou-se ainda maior com o surgimento dos padrões ISO – *international organization for standartization*. O **ISO 9001** é uma série de padrões de qualidade de adoção voluntária desenvolvido por um comitê que trabalha sob a égide da Organização Internacional de Normas e Padrões (conhecida como ISO), uma rede formada pelas instituições nacionais de padronização de mais de 150 países. Ao contrário da maioria dos padrões ISO, que trata de um material, produto ou processo específico, o ISO 9001 aplica-se aos sistemas gerenciais de qualquer organização e trata de oito princípios:[67]

1. Foco no cliente – entender as necessidades e expectativas dos clientes e atendê-las.
2. Liderança – estabelecer visão e metas, estabelecer confiança e dar aos funcionários os recursos e a inspiração necessários para atingi-las.
3. Envolvimento – estabelecer um ambiente no qual os funcionários entendam sua contribuição, dediquem-se à solução de problemas e adquiram e compartilhem conhecimentos.
4. Abordagem por processos – definir as tarefas necessárias para realizar com sucesso todos os processos e atribuir responsabilidade por elas.

- **LOTE PEQUENO** Tecnologias que produzem bens e serviços em baixos volumes.

- **LOTE GRANDE** Tecnologias que produzem bens e serviços em altos volumes.

- **PROCESSO CONTÍNUO** Um processo altamente automatizado e com fluxo de produção contínuo.

- **CUSTOMIZAÇÃO EM MASSA** A produção em massa de bens padronizados, mas variados e personalizados a baixo custo.

5. Abordagem sistemática da gestão – reunir processos em sistemas eficientes para que juntos sejam eficazes.

6. Melhoria contínua – ensinar às pessoas como identificar áreas para melhoria e recompensá-las pela realização das mesmas.

7. Abordagem objetiva da tomada de decisões – reunir dados precisos sobre desempenho, compartilhar os dados com os funcionários e usá-los para tomar decisões.

8. Relacionamentos mutuamente benéficos com fornecedores – trabalhar cooperativamente com os fornecedores.

As empresas dos Estados Unidos começaram a se interessar pelo ISO 9001 porque clientes estrangeiros, especialmente da União Europeia, adotaram o sistema. Hoje, alguns clientes norte-americanos já fazem a mesma exigência. Com isso, centenas de milhares de empresas industriais e prestadoras de serviços em todo o mundo têm certificação ISO. Por exemplo, a UniFirst Corporation, uma empresa de Massachusetts que fornece uniformes de trabalho e vestimentas de proteção ocupacional, obteve a certificação ISO para suas duas fábricas no México, usando um método que envolveu a documentação de todos os processos das instalações e o treinamento dos funcionários em controle da qualidade.[68]

- Tecnologias de lote pequeno – As empresas que fornecem bens ou serviços em volumes muito baixos, ou **lotes pequenos**, são chamadas de *job shops*. Por exemplo, a PMF Industries, uma pequena metalúrgica de Williamsport, estado da Pensilvânia, produz elementos de aço inoxidável para aplicações médicas e outras. No setor de serviços, restaurantes e consultórios médicos prestam uma série de serviços personalizados de baixo volume. Em uma empresa de lotes pequenos, a estrutura tende a ser orgânica, com poucas regras e procedimentos formais, e a tomada de decisões tende a ser descentralizada. A ênfase se dá sobre os ajustes mútuos entre pessoas.

- Tecnologias de lote grande – Empresas com volumes maiores e variedades menores do que uma *job shop* tendem a ser caracterizadas como usuárias de tecnologia de **lotes grandes**, ou produção em massa. Alguns exemplos são as operações de montagem de automóveis da General Motors e da Ford e, no setor de serviços, o McDonald's e o Burger King. Suas rodadas de produção tendem a ser padronizadas e os clientes recebem produtos parecidos (ou até idênticos). As máquinas podem substituir as pessoas na execução física do trabalho. As estruturas tendem a ser mais mecânicas. Há mais regras e procedimentos formais e a tomada de decisões se centraliza na alta administração. A comunicação tende a ser mais formal e a autoridade hierárquica, mais evidente.

- *Tecnologias de processo contínuo* – No extremo máximo da escala de volume estão as empresas que usam tecnologias de **processo contí-**

> ## "A tecnologia da informação e os negócios estão ficando inseparavelmente interligados. Acho que ninguém mais pode falar algo importante a respeito de uma coisa sem falar da outra."
>
> Bill Gates

A tecnologia pode apoiar a agilidade

Outro fator crítico que afeta a estrutura e a sensibilidade de uma empresa é a *tecnologia*. Em termos gerais, a **tecnologia** pode ser encarada como os métodos, processos, sistemas e competências usados para transformar recursos (insumos) em produtos (resultados). Iremos tratar em mais detalhes da tecnologia – e da inovação – mais adiante, mas neste capítulo desejamos destacar algumas das principais influências da tecnologia sobre o desenho organizacional.

configurações tecnológicas
Pesquisas realizadas por Joan Woodward estabeleceram as bases da compreensão da tecnologia e da estrutura. Segundo a autora, três tecnologias básicas caracterizam a maneira como se realiza o trabalho em empresas tanto industriais quanto de serviços:[69]

nuo, que nunca param e recomeçam. A Domino Sugar e a Shell Chemical, por exemplo, usam tecnologias de processo contínuo para produzir um número muito limitado de produtos. As pessoas estão completamente ausentes do trabalho em si, que é realizado por máquinas e computadores. Pode haver pessoas que operem os computadores que operam as máquinas. A estrutura pode voltar a ser mais orgânica, porque há menor necessidade de supervisão. A comunicação tende a ser mais informal e há menos regras e regulamentos.

organizar-se para a produção flexível
Embora as questões de volume e variedade muitas vezes sejam consideradas *trade-offs* do ponto de vista tecnológico, as organizações de hoje estão tentando produzir produtos ao mesmo tempo de alto volume e alta variedade. A isso chamamos **customização em massa**.[70] Carros, roupas, computadores e outros produtos são, cada vez mais, fabricados para atender aos gostos, às especificações e ao orçamento de cada

CAPÍTULO 6 | Organização **149**

cliente. Hoje podemos comprar roupas cortadas de acordo com nossas medidas, suplementos com a mistura exata de vitaminas e minerais que desejamos, CDs com as faixas que queremos ouvir e livros com capítulos escolhidos pelos nossos professores.

Como as empresas gerenciam esse tipo de customização a tão baixo custo? Como mostra a Tabela 6.1, elas organizam-se em torno de uma rede dinâmica de unidades operacionais relativamente independentes.[71] Cada unidade realiza um processo ou uma tarefa – a que chamamos *módulos* –, como a produção de uma peça, a realização de uma verificação de crédito, ou a execução de um método específico de solda. Alguns módulos podem ser realizados por fornecedores externos.

Os diferentes módulos unem forças para produzir o bem ou prestar o serviço. O pedido de cada cliente determina como e quando os diversos módulos interagem. A responsabilidade do gestor é a de facilitar e baratear a união dos módulos, a conclusão de suas tarefas e a recombinação para atender precisamente o pedido do cliente. A meta final da customização em massa é uma campanha interminável de expansão do número de maneiras pelas quais uma empresa pode satisfazer seus clientes.

Um avanço tecnológico que ajudou a possibilitar a customização em massa é a **produção computadorizada integrada** (CIM, *Computer-Integrated Manufacturing*), que abrange diversos esforços de produção computadorizada, inclusive projeto e fabricação. Esses sistemas são capazes de manufaturar produtos de alta variedade e alto volume ao mesmo tempo.[72] Também permitem maior controle e previsibilidade dos processos de produção, redução do desperdício, prazo de produção mais curto e maior qualidade. Mas não podemos "comprar" uma fuga das dificuldades competitivas apenas com investimento em tecnologia superior. Também precisamos garantir que a empresa disponha de força estratégica e de pessoal, e de um bom plano de integração da nova tecnologia.

Como o próprio nome sugere, as *fábricas flexíveis* oferecem mais opções de produção e uma maior variedade de produtos. Diferem das fábricas tradicionais em três pontos principais:[73]

1. A fábrica tradicional tem longas séries de produção, gerando altos volumes de um produto padronizado. As fábricas flexíveis têm séries de produção mais curtas, com muitos produtos diferentes.

2. As fábricas tradicionais movem as peças linha abaixo, de um ponto na sequência de produção para o ponto seguinte. As fábricas flexíveis organizam-se em torno de produtos, sob a forma de células ou equipes de trabalho, de modo que as pessoas possam trabalhar perto umas das outras e mover as peças por distâncias menores, reduzindo ou eliminando atrasos.

3. As fábricas tradicionais usam programação centralizada, que é demorada, imprecisa e lenta para adaptar-se a mudanças. As fábricas flexíveis usam programação local, ou descentralizada, segundo a qual as decisões são tomadas no chão de fábrica, pelas pessoas que realizam o trabalho.

Outra abordagem da organização é a **produção enxuta**, baseada em um compromisso de tornar uma operação ao mesmo tempo eficiente e eficaz; a produção enxuta procura

TABELA 6.1 — Principais características da customização em massa

Produtos	Alta variedade e customização
Projeto de produto	Projeto colaborativo; consideráveis insumos dos clientes Ciclos breves de desenvolvimento de produto Inovação constante
Operações e processos	Processos flexíveis Reengenharia de processo de negócio (BPR, *Business Process Reengineering*) Uso de módulos Melhorias contínuas (CI, *Continuous Improvement*) Prazos reduzidos de preparação e mudança Prazos reduzidos de chegada ao mercado Distribuição e processamento JIT de materiais e peças Produção conforme pedidos Ciclos mais rápidos Uso da tecnologia da informação (TI)
Gestão da qualidade	Qualidade medida com base na satisfação do cliente Defeitos são tratados como falhas do sistema
Estrutura organizacional	Rede dinâmica de unidades operacionais relativamente autônomas Relacionamentos de aprendizagem Cadeia de valor integrada Estrutura baseada em equipes
Gestão da força de trabalho	Capacitação dos funcionários Alta valorização do conhecimento, da informação e diversidade de competências dos funcionários Equipes para novos produtos Cargos com atribuições amplas
Ênfase	Produção a baixo custo de produtos customizados de alta qualidade

FONTE: Reimpresso com permissão da APICS – The Educational Society for Resource Management, *Production and Inventory Management* 41, n. 1 (2000), p. 56-65.

atingir a maior produtividade possível, com alta qualidade e eficácia em custos, por meio da eliminação de etapas desnecessárias do processo de produção e da busca constante por melhorias. Rejeições de produtos são inaceitáveis, e o pessoal, o custo fixo e os estoques são vistos como fontes de desperdício. Em uma operação enxuta, a ênfase se dá mais sobre qualidade, velocidade e flexibilidade do que sobre custo, eficiência e hierarquia. Se um funcionário perceber um problema, tem autorização para interromper a operação e pedir ajuda para corrigi-lo na fonte, para que os processos possam ser aprimorados e se evitem problemas no futuro. Com um processo bem gerido de produção enxuta, as empresas podem desenvolver, produzir e distribuir produtos com metade, ou menos, do esforço humano, do espaço, das ferramentas, do tempo e do custo geral.[74]

A Toyota recebe grande parte do crédito pela criação e ensino de um compromisso com o "pensar enxuto". Muitas empresas industriais tentaram adotar uma abordagem parecida, mas a Toyota e outras também aplicam métodos enxutos a processos não industriais. O desenvolvimento de produtos na Toyota, por exemplo, também usa esses princípios. O processo começa com a identificação daquilo que os clientes valorizam para que os funcionários não percam tempo e dinheiro com coisas que não interessam aos clientes. No começo do processo de projeto, as equipes reúnem especialistas de diferentes funções para identificar problemas em potencial e o máximo possível de soluções, evitando a necessidade de modificar o projeto quando o processo estiver mais adiantado. Os gestores aproveitam sua experiência anterior em desenvolvimento de produtos para prever as necessidades de pessoal e os funcionários e técnicos que trabalham para fornecedores somente são designados para os projetos na medida do necessário. Para ampliar ainda mais a eficiência e a qualidade, a empresa padroniza, sempre que possível, as peças, procedimentos e competências que utiliza; *checklists* detalhados ajudam os engenheiros a certificar-se de que estejam sendo aplicadas as melhores práticas. Com métodos assim, a Toyota consegue desenvolver produtos de alta qualidade com maior rapidez e consistência do que seus concorrentes. Abordagens semelhantes também foram usadas para melhorar serviços, como operações hospitalares. O Hospital St. Agnes de Baltimore usou os princípios enxutos para reduzir custos, e o tempo de espera dos pacientes ao mesmo tempo em que melhorava a segurança. E o sistema de saúde ThedaCare, do estado de Wisconsin, economizou mais de US$ 3 milhões em um ano com a aplicação de métodos enxutos.[75]

Para que a abordagem enxuta leve a operações mais eficazes, é preciso que se verifiquem as condições abaixo:[76]

- As pessoas são treinadas de forma ampla e não especializada.
- A comunicação é informal e horizontal entre os funcionários da linha de frente.
- Os equipamentos são versáteis.
- O trabalho se organiza em equipes, ou células, que produzem um grupo de produtos parecidos.
- Os relacionamentos com fornecedores são de longo prazo e cooperativos.
- O desenvolvimento de produto é concorrente ao invés de sequencial, e é realizado por equipes interfuncionais.

organizar-se para ser veloz: competição com base no tempo

Empresas em todo o mundo dedicaram tantos esforços à melhoria da qualidade dos seus produtos que a alta qualidade é hoje o padrão de todos os principais competidores. A competição elevou a qualidade a tal nível que ter produtos de qualidade não é mais o bastante para distinguir uma empresa de outra. O tempo emerge como a principal vantagem competitiva que pode separar as líderes de mercado das demais empresas.[77]

Uma maneira de competir com base no tempo é estabelecer operações *just-in-time* **(JIT)**. No JIT, submontagens e componentes são fabricados em lotes muito pequenos e entregues na etapa seguinte do processo no momento exato em que são necessários. O pedido de um cliente dá origem a uma ordem de fabricação e ao processo de produção. Os centros de trabalho fornecedores não produzem o pró-

> **PRODUÇÃO ENXUTA**
> Uma operação que busca atingir a maior produção possível, com total qualidade e custo-benefício, por meio da eliminação de etapas desnecessárias do processo de produção e da busca constate por melhorias.

> **JUST-IN-TIME (JIT)**
> Um sistema segundo o qual subsistemas e componentes são fabricados em lotes muito pequenos e entregues assim que necessários no próximo estágio do processo de produção.

> " Os grandes não vão mais ganhar dos pequenos. Agora, os rápidos vão ganhar dos lentos. "
> — Rupert Murdoch

ximo lote do produto até que o centro de trabalho consumidor o peça. Inclusive os fornecedores externos entregam *just-in-time*.

O *just-in-time* é uma filosofia geral da empresa, voltada para a eliminação de desperdícios e para a melhoria dos materiais em todas as operações. Com isso, eliminam-se estoques em excesso e se reduzem os custos. A meta final do JIT é atender melhor ao cliente por meio de níveis mais elevados de

A Saturn conquistou a reputação de superioridade em satisfação do cliente. Essa reputação se deve, em parte, ao sistema de distribuição da empresa.

qualidade e atendimento. Por exemplo, ao produzir com perfeição, as empresas eliminam a necessidade de inspeções dispendiosas e demoradas. No mesmo sentido, os processos de produção se abreviam quando concebidos de tal maneira que as peças estejam sendo efetivamente trabalhadas sempre que estão no processo de produção, em vez de ficar sobre uma mesa à espera de um operário.

Muitos acreditam que apenas uma pequena fração do potencial do JIT foi realizada e que o impacto irá crescer à medida que o sistema for aplicado a outros processos, como atendimento, distribuição e desenvolvimento de novos produtos.[78] É importante lembrar, contudo, que o JIT só leva à eficiência quando o custo da manutenção de estoques é maior do que o de entregas frequentes.[79]

Enquanto o JIT concentra-se na redução do prazo de fabricação, as empresas estão acelerando pesquisa e desenvolvimento de produtos por meio da *engenharia simultânea*. Tradicionalmente, quando o departamento de P&D terminava sua parte do projeto, o trabalho era encaminhado para a área de engenharia, que concluía a sua parte e encaminhava para a fabricação e assim por diante. A engenharia simultânea, por sua vez, incorpora as questões e visões de todas as funções – e dos clientes e fornecedores – desde o começo do processo.

Essa abordagem em equipe resulta em um produto de maior qualidade, concebido para permitir fabricação eficiente *e* atender as necessidades do cliente.[80] No setor automotivo, ferramentas como o projeto e fabricação computadorizados (CAD/CAM, *Computer-Aided Design/Computer-Aided Manufacturing*) dão apoio à engenharia simultânea, permitindo que diversos engenheiros submetam elementos, e demonstrando como esses elementos afetam o projeto como um todo no processo de fabricação. Com um sistema moderno de CAD, os engenheiros automobilísticos podem alimentar as exigências de desempenho em uma planilha e deixar a cargo do sistema identificar um projeto que atenda as necessidades de custo e produção. Essa tecnologia ajudou os fabricantes de automóveis a reduzir seu prazo de desenvolvimento de produtos.[81] Na área da computação, algumas empresas levaram essa ideia muito adiante, abrindo ao público o código de programação de seus produtos, de modo que qualquer pessoa pode, a qualquer tempo, desenvolver novas ideias para o produto e a organização pode decidir adquirir a licença das ideias que pareçam ter potencial de mercado. ■

ACESSE <http://www.grupoa.com.br>

para materiais adicionais de estudo, incluindo apresentações em PowerPoint.

CAPÍTULO 6 | Organização

capítulo sete

Gestão de Recursos Humanos

Em 1981, Pam Nicholson estava no último ano da faculdade, às vésperas de se formar. Quando apareceram no campus recrutadores da Enterprise Rent-A-Car, ela agarrou a oportunidade de ser entrevistada. Para ela, que pretendia eventualmente administrar uma pequena empresa, uma oferta de trabalho no balcão de uma das locadoras da rede Enterprise parecia ideal. Hoje, Pam é presidente-executiva de toda a empresa. Observadores do setor poderiam dizer que o sucesso da carreira dela tem algo a ver com a fórmula de gestão da empresa: contratar recém-formados em busca de experiência administrativa, oferecer treinamento e monitoria, promovê-los internamente e colocar clientes e funcionários em primeiro lugar.[1]

A abordagem da Enterprise aos negócios se baseia na expectativa de que o sucesso seja resultado de uma gestão eficaz de recursos humanos. A **gestão de recursos humanos (GRH)** trata de sistemas formais de gestão das pessoas no trabalho – um dos aspectos fundamentais da vida organizacional e

Fique de olho

e acompanhe as estratégias que os gestores usam para encontrar e manter funcionários valiosos.

Só ao ver a desconfiança e a troca de acusações em outra unidade de serviço é que percebi como é essencial a confiança entre o pessoal de atendimento e seus gestores. Se faltar confiança de qualquer um dos lados, há uma boa chance de que não se reconheça a responsabilidade por erros e acertos, o que, por sua vez, cria confusão e incerteza.

Ryan Kersten, Gestor de Construção

Teria sido ótimo aprender mais sobre delegação na faculdade. Quando estamos na escola, somos os únicos que podem fazer as tarefas, mas, como gestores, precisamos saber dar trabalho aos outros. Às vezes, isso é difícil, porque queremos estar sempre no controle, mas atribuir tarefas às pessoas é uma ótima maneira de desenvolver a confiança mútua.

Alicia Catalano, Líder de Equipe de Vendas

objetivos de APRENDIZAGEM

OA7.1 Discutir como as empresas usam a gestão de recursos humanos para conquistar vantagem competitiva.

OA7.2 Dizer os motivos pelos quais as empresas recrutam tanto interna quanto externamente.

OA7.3 Identificar os diversos métodos de seleção de novos funcionários.

OA7.4 Avaliar a importância do investimento em treinamento e desenvolvimento.

OA7.5 Explicar as alternativas de avaliação do desempenho dos funcionários.

OA7.6 Descrever os aspectos fundamentais dos sistemas de recompensa.

OA7.7 Resumir a maneira como os sindicatos e a legislação trabalhista influenciam a gestão de recursos humanos.

> **GESTÃO DE RECURSOS HUMANOS (GRH)**
> Sistemas formais de gestão de pessoas em uma empresa.

> "Podemos levantar capital e erguer prédios, mas construir uma empresa exige pessoas."
> Thomas J. Watson, fundador da IBM

administrativa. Nossa primeira interação formal com uma empresa da qual queiramos participar provavelmente envolverá algum aspecto de sua função de recursos humanos e, ao longo de nossas carreiras como gestores, participaremos da gestão de recursos humanos de nossas empresas e seremos afetados por ela.

Começaremos este capítulo com uma descrição da GRH tal como se aplica à gestão estratégica. Depois discutiremos a parte concreta da GRH: pessoal, treinamento, avaliação de desempenho, recompensas e relações trabalhistas. No decorrer do capítulo, iremos discutir questões jurídicas que afetam os diversos aspectos da GRH.

OA7.1
Discutir como as empresas usam a gestão de recursos humanos para conquistar vantagem competitiva.

GESTÃO ESTRATÉGICA DE RECURSOS HUMANOS

A gestão de recursos humanos representa um papel estratégico vital para a competição entre as empresas por meio das pessoas. Já sabemos que as empresas podem criar vantagem competitiva quando têm ou desenvolvem recursos que sejam valiosos, raros, inimitáveis e organizados. Os mesmos critérios aplicam-se ao impacto estratégico dos recursos humanos:

1. Pessoas criam valor. As pessoas podem aumentar o valor, ajudando a reduzir custos, fornecendo algo diferente aos clientes, ou ambas as coisas. Por meio da potencialização, de iniciativas de qualidade total e de melhorais contínuas, pessoas da Corning, da Xerox e de outras empresas acrescentam aos resultados.

2. O talento é raro. Pessoas são uma fonte de vantagem competitiva quando suas competências, conhecimentos e habilidades não estão igualmente disponíveis para todos os competidores. As melhores empresas investem na contratação e no treinamento dos melhores e mais brilhantes funcionários para conquistar vantagem competitiva.

3. É difícil imitar um grupo de pessoas bem escolhidas e motivadas. Os competidores têm dificuldade para se equiparar às culturas ímpares da Disney, da Southwest Airlines e da Mirage Resorts, que obtêm o máximo de seus funcionários.

4. As pessoas podem ser treinadas para alcançar o sucesso. As pessoas podem fornecer uma vantagem competitiva quando seus talentos são combinados e usados rapidamente para lidar com novas tarefas, como se vê no uso eficaz de equipes e na colaboração.

Esses quatro critérios enfatizam a importância das pessoas e demonstram a forte ligação entre GRH e gestão estratégica. Há cada vez mais evidências de que esse foco traz resultados empresariais positivos. Por exemplo, um estudo da Deloitte & Touche associou o uso de práticas eficazes de recursos humanos a uma maior valoração da empresa no mercado de ações.[2] Como as competências, o conhecimento e as habilidades dos funcionários estão entre os recursos mais diferenciados e renováveis das empresas, a gestão estratégica de pessoal é mais importante do que nunca.

À medida que cada vez mais executivos percebem que seus funcionários podem ser os recursos mais valiosos da empresa, os gestores de recursos humanos passam a representar um papel maior no planejamento estratégico. Especialistas em RH precisam

A Southwest Airlines é conhecida por criar uma cultura singular que extrai o máximo de seus funcionários. A empresa os recompensa pela excelência no desempenho e mantém a lealdade no emprego por meio da oferta de passagens gratuitas, participação nos lucros e outros incentivos. De que benefícios precisamos para nos manter motivados?

entender as atividades de suas empresas e os gestores de linha precisam ser excelentes na seleção e motivação das melhores pessoas. Como contribuintes para a estratégia da empresa, os gestores de RH também enfrentam desafios éticos maiores. Quando eram apenas uma função especializada de pessoal, podiam focar, por exemplo, os requisitos legais das decisões de contratação. Mas decisões estratégicas exigem que eles também sejam capazes de ligar as escolhas a respeito de quadros, benefícios e outros assuntos de RH ao sucesso da empresa. Por exemplo, na qualidade de membros da equipe de alta administração, os gestores de RH podem precisar implementar *downsizings* drásticos e, ao mesmo tempo, reter altos executivos por meio de grandes salários ou bonificações, ou podem hesitar em correr o risco de investigar e enfrentar agressivamente práticas administrativas corruptas. No longo prazo, contudo, as empresas se veem em melhor situação quando seus líderes de RH são fortes defensores de pelo menos quatro conjuntos de valores: estratégicos, éticos, jurídicos e financeiros.[3]

Tempos de dificuldades econômicas trazem para o RH tanto oportunidades excitantes quanto desafios duros. Por exemplo, empresas que possam contratar durante recessões ganham acesso a um enorme universo de talentos. Empresas bem administradas agarram oportunidades e enfrentam desafios.

Os quatro proprietários da PriceSpective, uma empresa de consultoria, reúnem-se mensalmente com os gestores graduados para discutir se os níveis atuais dos quadros são adequados às necessidades futuras. Quando as vendas estão em baixa, a PriceSpective institui um congelamento temporário de contratações. Como essas medidas fazem parte de um processo regular de planejamento, os funcionários entendem que os gestores estão apenas fazendo ajustes de rota para manter a eficiência da empresa.

A Family Dollar Stores é uma das empresas que identificou oportunidades durante a última recessão. À medida que os compradores passavam das lojas de descontos para outras de preços mais altos, a Family Dollar abria mais lojas, recebendo candidatos com credenciais melhores do que as médias. Para atender a necessidade de especialistas em seu departamento de tecnologia da informação, a empresa encontrou pessoas experientes nessa área que ficaram sem emprego quando a rede Circuit City foi à falência. Empresas como a Family Dollar, que aumentam suas equipes quando pessoas de talento estão ansiosas por emprego, podem elevar as vendas, ganhar eficiência e conquistar uma vantagem sobre os competidores – se conseguirem manter e motivar esses funcionários.[4]

Gerenciar o capital humano para sustentar uma vantagem competitiva pode ser a parte mais importante da função de RH de uma empresa. No dia a dia, contudo, os gestores de RH têm muitas outras preocupações em relação aos trabalhadores e a todo o quebra-cabeça de pessoal: atrair talentos; manter uma força de trabalho bem treinada, altamente motivada e fiel; gerenciar a diversidade; criar sistemas de remuneração eficazes; gerenciar demissões; e con-

ter os custos de assistência médica e pensão. As melhores abordagens dependem da situação da empresa, como estar crescendo, encolhendo, ou estável.

O planejamento de RH envolve três etapas

"Conseguir as pessoas certas e em número certo na hora certa." Pode parecer simples, mas atender as necessidades de pessoal de uma empresa exige planejamento estratégico de recursos humanos – uma atividade cujo objetivo estratégico deriva dos planos da empresa. O processo de planejamento de RH se dá em três etapas, como mostra a Figura 7.1:

1. Planejamento – Para garantir a disponibilidade do tipo e do número certo de pessoas, os gestores de RH precisam conhecer os planos de negócio da empresa – para onde ela caminha, em que negócios pretende estar, o crescimento futuro esperado e assim por diante. Poucas coisas abalam tanto o moral quanto precisar demitir funcionários recentemente contratados por causa de um planejamento inadequado em relação às necessidades futuras.
2. Programação – A empresa implementa atividades específicas de recursos humanos, como recrutamento, treinamento e sistemas de remuneração.
3. Avaliação – As atividades de recursos humanos são avaliadas para determinar se têm produzido os resultados necessários para contribuir para os planos de negócio da empresa.

Neste capítulo, iremos tratar de planejamento e programação de recursos humanos. Muitos dos demais fatores indicados na Figura 7.1 serão discutidos em capítulos mais adiante.

previsões de demanda A parte mais difícil do planejamento de RH talvez seja a realização de previsões de *demanda*, ou seja, determinar quantas pessoas serão necessárias e de que tipo. As previsões de demanda derivam dos planos organizacionais. Para desenvolver o iPhone, a Apple teve que determinar quantos engenheiros e projetistas iria precisar para garantir que um produto de tal complexidade estivesse pronto para ser lançado. Os gestores também precisaram estimar quantos iPhones a empresa iria vender. Com base em sua previsão, tiveram que determinar quantos funcionários de produção seriam necessários, além do pessoal que iria vender os aparelhos, cuidar da publicidade do lançamento e responder a perguntas de clientes que queriam saber como usar o novo produto. Da mesma forma, as empresas que vendem um produto já existente avaliam as vendas atuais e as projeções futuras para estimar a capacidade de atendimento da demanda futura, a equipe de vendas necessária, o pessoal de apoio etc. Elas calculam o número de horas de trabalho necessário e usam essas estimativas para determinar a demanda por tipos específicos de funcionários.

> " Contrate os melhores. Pague salários justos. Comunique-se livremente. Apresente desafios e recompensas. Fique fora do caminho deles. E veja o que irão fazer. "
>
> Mary Ann Allison (autora norte-americana)

CAPÍTULO 7 | Gestão de Recursos Humanos

FIGURA 7.1 Processo de planejamento de RH

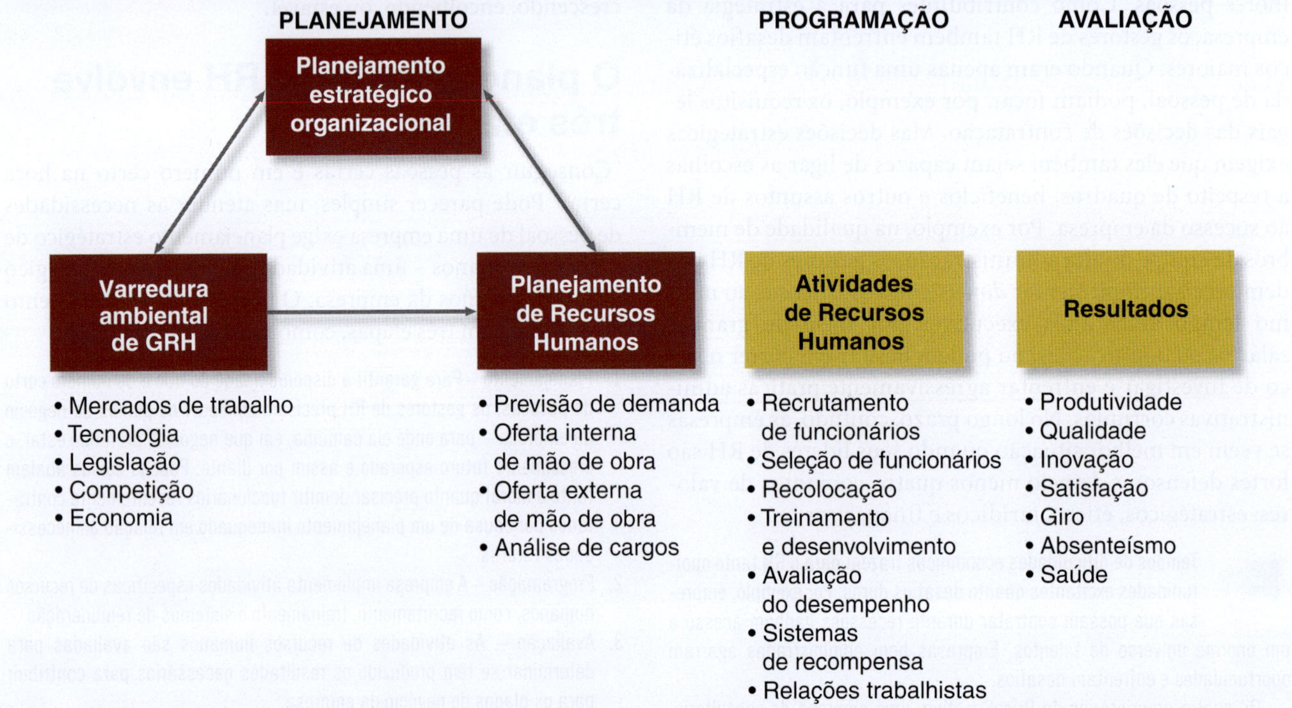

PLANEJAMENTO PROGRAMAÇÃO AVALIAÇÃO

Planejamento estratégico organizacional

Varredura ambiental de GRH
- Mercados de trabalho
- Tecnologia
- Legislação
- Competição
- Economia

Planejamento de Recursos Humanos
- Previsão de demanda
- Oferta interna de mão de obra
- Oferta externa de mão de obra
- Análise de cargos

Atividades de Recursos Humanos
- Recrutamento de funcionários
- Seleção de funcionários
- Recolocação
- Treinamento e desenvolvimento
- Avaliação do desempenho
- Sistemas de recompensa
- Relações trabalhistas

Resultados
- Produtividade
- Qualidade
- Inovação
- Satisfação
- Giro
- Absenteísmo
- Saúde

previsões da oferta de trabalho Além de prever a demanda, os gestores precisam prever a *oferta de mão de obra* – quantos funcionários e de que tipos a empresa terá. Ao realizar uma análise de oferta, a empresa estima o número e a qualidade dos funcionários que já tem e a oferta externa disponível de mão de obra. Para estimar a oferta interna, a empresa costuma se basear na experiência anterior com giro, demissões, aposentadorias, promoções e transferências. Um sistema informatizado de recursos humanos pode ajudar muito nessa tarefa.

Externamente, as empresas avaliam as tendências do mercado de trabalho para fazer projeções. Pelo mundo, os empregos que exigem alta capacitação e pagam altos salários têm sido gerados principalmente nas cidades do mundo industrializado, onde as empresas lutam para encontrar profissionais qualificados em quantidade suficiente. Ao mesmo tempo, as empresas de países industrializados recorreram ao mercado externo, deslocando grande parte de seu trabalho rotineiro e menos capacitado para países com grandes populações dispostas a trabalhar por salários menores. Entretanto, a demanda

Contratando atletas universitários para carregar entulhos

É preciso ter cérebro para administrar músculos. E é exatamente isso que fazem todos os dias os fundadores da College Hunks Hauling Junk. A empresa foi criada pelos colegas Omar Soliman e Nick Friedman durante as férias de verão da faculdade – eles precisavam trabalhar e, por isso, criaram uma empresa. Os jovens pegaram emprestado um caminhão de entregas da loja de móveis da mãe de Soliman e ofereceram-se para levar embora os entulhos que as pessoas não quisessem mais. Quando se formaram, Soliman e Friedman decidiram converter seu projeto em algo maior, nascendo, assim, a College Hunks Hauling Junk.

Por um preço determinado, membros da equipe recolhem móveis indesejados e outros resíduos domésticos, de construção ou de escritório. A empresa, então, recicla ou

doa o que pode, levando para o aterro sanitário apenas aquilo que não possa ser reciclado ou reutilizado. Embora alguns céticos observem que muitas prefeituras recolhem (por uma taxa extra) itens de grande porte deixados nas calçadas como parte regular da coleta de lixo e que, por isso, a demanda irá diminuir para a College Hunks, isso não parece estar acontecendo. Domicílios e pequenas empresas parecem apreciar a conveniência do serviço e o fato de saberem que muitos dos itens descartados serão reciclados ou reutilizados. Friedman aponta mais um motivo: "Percebemos que as pessoas dão valor ao ver equipes jovens, amigáveis, apresentáveis e polidas fazendo esse serviço."

Desde o começo, Soliman e Friedman imaginaram um negócio que se expandisse

por meio de franquias. Isso exige previsões de oferta e demanda de mão de obra em mais de um lugar. Exige, também, a capacidade de escolher as pessoas certas para gerenciar as franquias, inclusive os atletas que recolhem o material. Os proprietários de novas franquias passam por um programa de treinamento de cinco dias na "Universidade do entulho". Ali aprendem todos os aspectos do negócio, do recrutamento e contratação de equipes a gestão, vendas e marketing. Os franqueados tendem a recrutar pessoas nas faculdades próximas. E, embora os funcionários não precisem parecer modelos de passarela, devem ser bem cuidados, sem piercings ou tatuagens visíveis. Algumas mulheres também estão começando a trabalhar na coleta.

resultante por talento nesses países dificultou o preenchimento de vagas de diversos tipos de trabalho em todo o mundo, de operários de fábrica na China a engenheiros na Índia.[5]

Nos Estados Unidos, as tendências demográficas contribuíram para um déficit de trabalhadores altamente capacitados e treinados. Os empregos tradicionais e intensivos em mão de obra nos setores de agricultura, mineração e indústria foram substituídos por outros em setores técnicos, financeiros e de bens e serviços customizados. Esses empregos exigem mais treinamento e escolaridade do que os anteriores. Outras tendências podem agravar a situação. Por exemplo, a aposentadoria iminente dos membros da geração *baby boomer** irá remover da força de trabalho muitos funcionários com escolaridade e treinamento. E nas faculdades de Matemática, Ciências e Engenharia, menos da metade dos graduandos é nascida nos Estados Unidos. Para ocupar cargos no país, as empresas precisam contratar cidadãos norte-americanos ou imigrantes com permissão para trabalhar nos Estados Unidos.

Alguns gestores reagiram a essa carência de competências por meio de um aumento significativo de seus orçamentos de educação complementar e treinamento.[6] Muitas empresas aumentaram a oferta de trabalho recrutando trabalhadores de outros países. Essa estratégia, contudo, é limitada pelo número de vistos emitidos pelo governo dos Estados Unidos. Retreinar trabalhadores afetados pelo *downsizing* é outra abordagem usada para aumentar o universo de mão de obra.

À medida que o setor de saúde aumenta e empregos no setor industrial são deslocados para o exterior, algumas empresas e organizações sem fins lucrativos têm começado a colaborar para atender as necessidades dos dois setores por meio do retreinamento de operários demitidos para que possam entrar no setor de saúde. Por exemplo, a Associação das Indústrias do Centro de Nova York associou-se ao Northern Area Health Education Center e à Universidade de Syracuse para avaliar e retreinar trabalhadores desempregados para que ocupem cargos na área de saúde. Os interessados

* N. de T.: A geração *baby boomer* compreende as pessoas nascidas após a Segunda Guerra Mundial, entre os anos de 1946 e 1964.

fazem testes de aptidão para determinar as competências que já têm, como a capacidade de trabalhar em equipe ou interpretar gráficos. Aqueles que demonstram proficiência em algumas áreas podem obter certificados para essas competências. Um site mantido pelo Northern Area Health Education Center publica as informações para que empregadores interessados, como hospitais ou casas de repouso, possam encontrar candidatos em potencial; o site também mostra aos candidatos os tipos de empregos para os quais estão qualificados. O programa se concentra em cargos que não exijam diplomas ou licenças especiais, como assistentes de enfermagem, técnicos de farmácia e paramédicos.[7]

Por outro lado, previsões anteriores sobre uma força de trabalho cada vez mais diversa tornaram-se realidade, aumentando muito o universo de talentos disponíveis. Minorias, mulheres, idosos, trabalhadores com necessidades especiais e outros grupos fizeram da gestão da diversidade uma das atividades fundamentais dos gestores de hoje. A gestão da nova "força de trabalho" é tão essencial que o próximo capítulo será todo dedicado ao assunto.

conciliação da oferta e da demanda

Uma vez estimada a oferta e a demanda para diversos tipos de funcionários, os gestores desenvolvem abordagens para conciliar os dois lados. Quando as empresas precisam de mais gente do que têm no momento (déficit de mão de obra), podem contratar novos funcionários, promover os atuais para novos cargos, ou terceirizar o trabalho. Quando têm mais gente do que precisam (um superávit de mão de obra), podem usar o atrito – o giro normal dos funcionários – para reduzir o superávit, se tiverem feito planos com antecedência o bastante. A empresa também pode demitir alguns funcionários, ou transferi-los para outras áreas.

Quando os gestores precisam contratar, podem usar a política de remuneração da empresa para atrair talentos. Grandes empresas gastam muito tempo reunindo informações sobre as escalas de pagamento dos empregos que têm em aberto e certificando-se de que seu sistema de remune-

Até agora, a empresa vendeu cerca de 40 franquias que utilizam caminhões pintados de verde e laranja em cidades espalhadas pelos Estados Unidos. O que virá agora? "Crescemos rápido pra caramba", observa o presidente-executivo Omar Soliman. "Agora estamos correndo atrás da coisa, ajustando os sistemas para que tudo corra ainda melhor." ❖

P: Perguntas para discussão

- Quais os fatores que podem afetar a demanda pelos serviços prestados pela College Hunks Hauling Junk? Como os proprietários das franquias podem lidar com flutuações da demanda por mão de obra?
- A oferta de mão de obra da College Hunks Hauling Junk vem principalmente de universitários. Quais são alguns dos riscos e benefícios do uso de estudantes como mão de obra? Como essa fonte de mão de obra afeta as maneiras como os proprietários de franquias recrutam, selecionam e treinam seus trabalhadores?

FONTES: Site da empresa, <http://www.1800junkusa.com>, acessado em 5 de junho de 2009; Lindsey Gerdes, "Creative Career of the Week: College Hunks Hauling Junk", *BusinessWeek*, 11 de maio de 2009, <http://www.businessweek.com>; Lynn Rosellini, "Dreamers: Hunks of Junk", *Reader's Digest*, abril de 2009, <http://www.rd.com>; Dee Gill, "Hauling Junk (with a Touch of Class)", *New York Times*, 1º de outubro de 2008, <http://www.nytimes.com>; e Janet Leiser, "College Hunks Hauling Junk Relocates to Tampa Bay", *Tampa Bay Business Journal*, 21 de março de 2008, <http://tampabay.bizjournals.com>.

ração seja justo e competitivo. Iremos discutir questões salariais mais adiante neste capítulo.

análise de cargos
Embora as questões de oferta e demanda sejam conduzidas no nível da empresa, o planejamento de RH também se dedica a cargos específicos, por meio da *análise de cargos*. A **análise de cargos** contempla duas atividades:[8]

1. Uma descrição de cargo fala sobre o cargo em si – as tarefas, os deveres e as responsabilidades essenciais que o cargo envolve. A descrição de cargo de um gestor contábil poderia especificar que o funcionário será responsável pelos relatórios financeiros mensais, trimestrais e anuais; pela emissão e pagamento de contas; pela preparação de orçamentos; pela garantia de conformidade da empresa com a legislação e a regulamentação; por trabalhar com os gestores de linha em questões financeiras e pela supervisão de um departamento de contabilidade com 12 pessoas.

2. Uma especificação de cargo descreve as competências, conhecimentos, habilidade e outras características que o cargo exige. Para o gestor contábil, os requisitos podem abranger um diploma em ciências contábeis ou administração de empresas, conhecimento de sistemas contábeis computadorizados, experiência administrativa e excelente capacidade de comunicação.

A análise de cargos fornece as informações exigidas virtualmente a todas as atividades de recursos humanos. Ela ajuda os programas essenciais de RH: recrutamento, treinamento, seleção, avaliação e sistemas de recompensa. Ela também pode ajudar as empresas a defenderem-se em processos judiciais que envolvam práticas trabalhistas – especificando claramente, por exemplo, o que um cargo exige caso alguém alegue demissão indevida.[9] Em última instância, a análise de cargos ajuda a aumentar o valor que os funcionários agregam à empresa, porque esclarece o que é necessário para um desempenho eficaz.

 OA7.2
Dizer os motivos pelos quais as empresas recrutam tanto interna quanto externamente.

FORMAÇÃO DOS QUADROS DA EMPRESA

Uma vez concluído o planejamento de RH, os gestores podem se dedicar a formar os quadros da empresa. A função de formação de quadros consiste em três atividades correlatas: recrutamento, seleção e recolocação.

O recrutamento ajuda a encontrar candidatos para os cargos

As atividades de **recrutamento** aumentam o universo de candidatos que podem ser escolhidos para um cargo. O recrutamento pode ser interno (considerando funcionários atuais para promoções e transferências) ou externo. Cada abordagem tem suas vantagens e desvantagens.[10]

recrutamento interno
As vantagens do recrutamento interno são que os empregadores conhecem os funcionários e estes conhecem a empresa. Candidatos externos, não familiarizados com a empresa, podem concluir que não gostam de trabalhar para ela. Além disso, a oportunidade de ascensão pode incentivar os funcionários a permanecer na empresa, dar duro e ter sucesso. O recrutamento de fora da empresa pode ser desmoralizador para os funcionários. Por esses motivos, muitas empresas, como a Sears e a Eli Lilly, preferem recrutamento interno ao externo.

A formação interna de quadros tem alguns problemas. Se os funcionários carecerem de competências ou talentos, resultarão em um universo de candidatos limitado, levando a más decisões de seleção. Além disso, uma política de recrutamento interno pode inibir uma empresa que queira mudar a natureza ou as metas de seu negócio por meio da atração de candidatos de fora. Na mudança de uma empresa empreendedora em crescimento acelerado para um negócio maduro com crescimento mais estável, a Dell saiu da empresa para contratar gestores mais adequados às novas necessidades.

Muitas empresas que dependem muito do recrutamento usam um *sistema de publicação de cargos*, anunciando vagas em aberto, normalmente em um quadro de avisos. A Texas Instruments usa esse sistema. Os funcionários preenchem um formulário indicando interesse em um cargo publicado. A descrição de cargo anunciada inclui uma lista dos deveres envolvidos e as competências e experiências mínimas exigidas.

recrutamento externo
O recrutamento externo traz "sangue novo" para a empresa e pode inspirar a inovação. Entre as fontes mais frequentes de candidatos externos são os quadros de empregos da internet, os sites das empresas, recomendações de funcionários, anúncios em jornais e recrutamento em universidades.

Pesquisas recentes sugerem que os empregadores dão maior ênfase às recomendações de funcionários e a quadros de empregos online.[11] Algumas empresas incentivam ativamente seus funcionários a indicar amigos, usando recompensas em dinheiro. De fato, pesquisas comprovam que o boca a boca é a forma mais frequente de preenchimento de vagas. Não só o método é relativamente barato como também os funcionários tendem a saber quem irá se encaixar bem na empresa.

A popularidade dos quadros de empregos da internet – como o CareerBuilder, o Monster e o Yahoo! HotJobs – como ferramenta de recrutamento explodiu porque eles atingem facilmente um grande universo de candidatos em potencial. Esses quadros suplantaram em grande medida os anúncios de "precisa-se" em jornais, embora o recrutamento por mídia impressa tenha crescido um pouco, em parte por causa de alianças formadas com os quadros da internet. A maioria das empresas também permite que as pessoas se candidatem diretamente em seus sites corporativos e muitas até divulgam neles as vagas em aberto. Algumas também têm comprado anúncios em sistemas de busca para que as vagas surjam junto aos resultados de pesquisa por termos como *enfermagem*. Outra ferramenta online é a obtenção de dicas por meio de sites de relacionamento como o LinkedIn e o Craigslist.

Agências de emprego são outra ferramenta comum de recrutamento e, para cargos importantes de gestão, as empresas muitas vezes usam empresas especializadas em recrutamento de executivos. O recrutamento universitário pode ser útil para empresas em busca de candidatos com treinamento atualizado e ideias inovadoras. Mas as empresas que usam muito o recrutamento universitário e as indicações de funcionários precisam tomar cuidados especiais para certificar-se de que esses métodos não criam discriminação por levar a universos de candidatos que sejam compostos predominantemente de mulheres ou de brancos, por exemplo.[12]

Há 20 anos, Wendy Kopp fundou a organização sem fins lucrativos, Teach for America (TFA), com base na ideia de que alguns dos melhores e mais brilhantes recém-formados dos Estados Unidos poderiam – e gostariam – fazer uma diferença real na vida de estudantes em escolas urbanas ou rurais com poucos recursos. O conceito fez tanto sucesso entre formandos e jovens profissionais, que a Teach for America tornou-se a o maior contratante de formandos do país. Em um só ano, quase 20 mil estudantes e profissionais candidatam-se a cerca de 2,4 mil vagas. Os candidatos passam por entrevistas, provas e treinamento rigorosos antes de serem colocados em escolas e precisam comprometer-se a ficar no projeto por dois anos.

Tudo isso não passou despercebido para algumas das maiores empresas dos Estados Unidos. Aliás, o banco de investimento J. P. Morgan viu-se competindo com a Teach for America por diversos candidatos. Por isso, o banco e a TFA se aliaram para realizar eventos conjuntos de recrutamento em diversas faculdades. O J. P. Morgan comprometeu-se a reservar ofertas de emprego a formandos que sejam aceitos tanto pelo seu programa de treinamento quanto pela TFA, dando a eles a oportunidade de cumprir o acordo com a entidade. Por que o banco faria essa concessão? "Queremos pessoas comprometidas tanto com o serviço à comunidade quanto com o serviço aos acionistas", explica David Puth, diretor global de moedas e commodities do Morgan.[13]

A maioria das empresas usa alguma combinação dos métodos de que acabamos de falar, dependendo do cargo ou da situação. Por exemplo, podem usar recrutamento interno para cargos existentes que precisem de substituição e recrutamento externo quando a empresa estiver se expandindo ou precise adquirir alguma nova competência.

- **ANÁLISE DE CARGOS** Uma ferramenta para determinar as tarefas a serem realizadas em um determinado cargo e as competências necessárias para realizá-las de maneira eficaz.

- **RECRUTAMENTO** O desenvolvimento de um universo de candidatos a cargos em uma empresa.

- **SELEÇÃO** A escolha, entre os candidatos qualificados, de contratações para uma empresa.

OA7.3
Identificar os diversos métodos de seleção de novos funcionários.

A seleção determina quais candidatos contratar

A **seleção** parte do recrutamento e envolve a tomada de decisões sobre quem contratar. Por mais importantes que sejam essas decisões, elas, às vezes, são tomadas sem cuidado ou rapidamente. Para auxiliar em nossas carreiras, descrevemos adiante diversos instrumentos de seleção com que podemos nos deparar.

candidaturas e currículos Formulários de candidatura e currículos dão informações básicas que ajudam os empregadores a fazer o primeiro corte entre os candidatos. As candidaturas e os currículos costumam trazer o nome, a experiência acadêmica, a cidadania, a experiência profissional, certificações e outras informações sobre o candidato. Sua aparência e sua pontualidade dizem algo a respeito do candidato – erros de ortografia, por exemplo, quase sempre desqualificam-no imediatamente. Embora forneçam informação importante, formulários de candidatura e currículos tendem a não ser úteis para as decisões finais de seleção.

entrevistas A mais popular das ferramentas de seleção é a entrevista e todas as empresas a usam de alguma forma. Os entrevistadores precisam ser muito cautelosos a respeito do que e como perguntam. Como veremos adiante, a legislação

Quais são os métodos mais valiosos de recrutamento?[14]

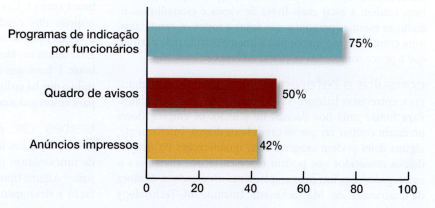

Porcentagem de entrevistados que dizem que o método é eficaz ou muito eficaz

- Programas de indicação por funcionários — 75%
- Quadro de avisos — 50%
- Anúncios impressos — 42%

CAPÍTULO 7 | Gestão de Recursos Humanos 161

> **ENTREVISTA ESTRUTURADA**
> Uma técnica de seleção que envolve fazer as mesmas perguntas a todos os candidatos e comparar suas reações com um conjunto padronizado de respostas.

federal dos Estados Unidos exige que os empregadores evitem discriminação com base em critérios como sexo e raça; perguntas que façam distinções entre os candidatos segundo categorias protegidas podem ser consideradas prova de discriminação.

Em uma entrevista *aberta* (ou não dirigida), o entrevistador faz perguntas diferentes a candidatos diferentes. O entrevistador também pode fazer sondagem, ou seja, fazer perguntas mais aprofundadas para saber mais a respeito do candidato.[15]

Em uma **entrevista estruturada**, o entrevistador realiza a mesma entrevista com cada candidato. Há dois tipos básicos de entrevista estruturada:

1. A entrevista situacional se dedica a situações hipotéticas. A Zale Corporation, uma grande rede de joalherias, usa esse tipo de entrevista para selecionar seus vendedores. Uma das perguntas é: "Um cliente entra na loja para buscar um relógio que deixou para consertar. O relógio ainda não está pronto e o cliente fica bravo. Como você lidaria com a situação?" Responder "encaminharia o cliente ao meu supervisor" pode sugerir que o candidato sente-se incapaz de lidar sozinho com a situação.

2. A entrevista descritiva comportamental explora aquilo que os candidatos fizeram no passado. Ao selecionar contabilistas, Bill Bufe, da Plante & Moran, pergunta aos candidatos como lidaram com uma pessoa difícil com quem tenham trabalhado, enquanto Art King pergunta a eles como lidaram com uma situação de estresse, porque acredita que isso mostra como os candidatos "reagem instintivamente".[16] Como as perguntas comportamentais se baseiam em acontecimentos reais, muitas vezes fornecem informações úteis a respeito de como será o desempenho efetivo dos candidatos.

Cada uma dessas técnicas de entrevista tem vantagens e desvantagens e muitos entrevistadores usam mais de uma técnica por entrevista. Entrevistas desestruturadas podem ajudar a estabelecer o contato e dar uma ideia da personalidade do candidato, mas não geram informações específicas sobre suas capacidades. As entrevistas estruturadas tendem a ser mais confiáveis na previsão do desempenho efetivo porque se baseiam na análise realizada sobre o cargo em questão. Também tendem a estar mais livres de vieses e estereótipos. E, como as mesmas perguntas são feitas a todos os candidatos, uma entrevista pelo menos parcialmente estruturada permite que o gestor compare as respostas dadas por eles.[17]

consulta a referências Currículos, candidaturas e entrevistas baseiam-se na honestidade dos candidatos. Para tomar uma boa decisão de seleção, os empregadores precisam confiar no que os candidatos dizem. Infelizmente, alguns deles podem exagerar suas qualificações ou ocultar delitos cometidos que podem representar um risco para o empregador. Em um caso amplamente divulgado, a diretora de matrículas do Massachusetts Institute of Technology (MIT) renunciou depois de quase trinta anos na instituição porque a instituição descobriu que ela fornecera informações falsas sobre seu histórico acadêmico.[18] Ela demonstrara capacidade de realizar as funções do cargo, mas não podia mais alegar ter o nível de integridade necessário. É difícil recuperar a reputação uma vez que ela tenha sido abalada.

Por causa dessas e outras questões éticas ainda mais ambíguas, os empregadores complementam as informações fornecidas pelos candidatos com outros métodos, inclusive *consultas a referências*. Praticamente todas as empresas entram em contato com as referências, antigos empregadores e instituições de ensino que os candidatos indicam. Embora faça sentido consultar referências, obter informações delas é cada vez mais difícil por causa de diversos processos judiciais amplamente divulgados. Em um caso, um candidato processou um ex-empregador porque ele disse a empregadores em potencial que o candidato era um "ladrão e um canalha". O júri concedeu ao candidato uma indenização de US$ 80 mil.[19] Ainda assim, falar com o supervisor anterior de um candidato é prática comum e muitas vezes fornece informações importantes, principalmente se forem feitas perguntas especificamente referentes ao cargo ("Pode me dar um exemplo de um projeto com que o candidato X tenha lidado especialmente bem?").

consultas a histórico Em um nível mais detalhado de análise, levantar o histórico dos candidatos tornou-se procedimento padrão em muitas empresas. Os tribunais de alguns estados norte-americanos decidiram que as empresas podem ser responsabilizadas por negligência se deixarem de realizar levantamentos adequados. Entre eles estão consultas à Previdência Social, verificação de empregos anteriores, formação acadêmica e obtenção da folha corrida criminal. Podem ser realizadas diversas outras consultas, se tiverem a ver com o cargo em questão, inclusive levantamento de multas de trânsito (para cargos que envolvam a condução de veículos) e consultas de crédito (para cargos que envolvam a manipulação de dinheiro).

A internet tornou rápida e fácil a realização de consultas básicas. Uma recente pesquisa com recrutadores de executivos levantou que mais de três quartos deles usam sistemas de busca como o Google para descobrir dados e informações a respeito dos candidatos.[20] Essas pesquisas podem revelar diversos tipos de informação, inclusive aquilo que as pessoas escreveram em blogs ou publicaram no MySpace ou no Facebook. É bom que os usuários da internet se lembrem de que tudo o que há online em seu nome pode tornar-se informação para empregadores em potencial, mesmo muitos anos depois.

testes de personalidade Os empregadores têm hesitado em usar testes de personalidade para a seleção de funcionários, porque são difíceis de defender nos tribunais.[21] Alguns tipos de personalidade estão associados à satisfação e desempenho no emprego, especialmente quando a

162 Administração

organização consegue construir grupos de pessoas que compartilhem dos mesmos traços positivos.[22] Com isso, os testes de personalidade têm reconquistado a popularidade e, em algum ponto de nossas carreiras, provavelmente teremos que passar por eles. Há diversos testes conhecidos que medem traços de personalidade como sociabilidade, capacidade de ajustes e nível de energia. Algumas perguntas comuns são: "Você gosta de conviver socialmente com os outros?" e "Você gosta de trabalhar duro?". Alguns testes de personalidade procuram determinar o tipo de condição de trabalho que o candidato prefere, para determinar se ele se sentiria motivado e produtivo no cargo visado. Por exemplo, se o candidato prefere tomar decisões por conta própria, mas o cargo exige conquistar a cooperação dos outros, pode ser que outro candidato se enquadre melhor.

exames toxicológicos
Os exames toxicológicos são, hoje, um instrumento de seleção muito frequente. Desde a aprovação da Lei do Ambiente de Trabalho sem Drogas

(*Drug-Free Workplace Act*), em 1988, candidatos e funcionários de empresas contratadas pelo governo federal e pelo Ministério da Defesa dos Estados Unidos, além daqueles sujeitos às regras do Ministério dos Transportes daquele país, precisam passar por exames para detectar o uso de drogas ilegais. Mais da metade das empresas dos Estados Unidos realiza exames toxicológicos antes da contratação.

exames de capacidade cognitiva
Os exames de capacidade cognitiva estão entre as mais antigas ferramentas de seleção. Esses exames medem diversas habilidades intelectuais, inclusive compreensão verbal (vocabulário, leitura) e aptidão numérica (cálculos matemáticos). Cerca de 20% das empresas dos Estados Unidos usam exames de capacidade cognitiva para fins de seleção.[23] A Figura 7.2 mostra algumas das perguntas encontradas nesses exames.

testes de desempenho
Em um teste de desempenho, o examinado realiza uma amostra das funções do

FIGURA 7.2	Exemplos de medidas de capacidade cognitiva

Verbal

1. O que significa "sub-reptício"?
   - a. oculto
   - b. sinuoso
   - c. vivaz
   - d. doce

2. Qual a função da oração subordinada substantiva na frase "espero conseguir aprender este jogo"?
   - a. sujeito
   - b. predicado
   - c. objeto direto
   - d. objeto da preposição

Quantitativa

3. Divida 50 por 0,5 e some 5. Qual o resultado?
   - a. 25
   - b. 30
   - c. 95
   - d. 105

4. Qual o valor de 144^2?
   - a. 12
   - b. 72
   - c. 288
   - d. 20736

Raciocínio

5. _____ está para barco assim como neve está para _____
   - a. vela, esquii
   - b. água, vento
   - c. água, esqui
   - d. motor, água

6. Duas mulheres jogaram cinco partidas de xadrez. Cada uma venceu o mesmo número de partidas, mas não houve empates. Como se explica isso?
   - a. Houve uma desistência.
   - b. Uma das jogadoras trapaceou.
   - c. Elas não jogaram uma contra a outra.
   - d. Uma partida ainda está em andamento.

Mecânica

7. Se as engrenagens A e C estão girando no sentido anti-horário, o que acontece com a engrenagem B?
   - a. gira no sentido anti-horário.
   - b. gira no sentido horário.
   - c. permanece estacionária.
   - d. o sistema trava.

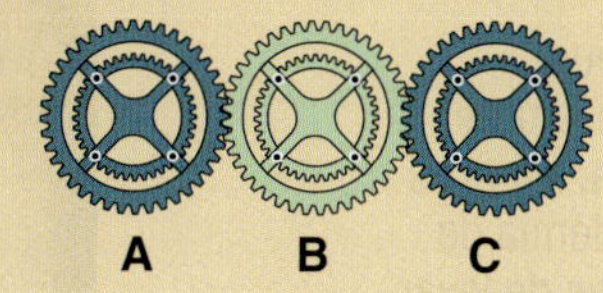

A   B   C

Respostas: 1a, 2c, 3d, 4d, 5c, 6c, 7b.

FONTE: George Bohlander, Scott Snell e Arthur Sherman, *Managing Human Resources*, 12. ed. © 2001. Reproduzido com autorização da South-Western, uma divisão da Thomson Learning, <http://www.thomsonrights.com>. Fax 800 730-2215.

CAPÍTULO 7 | Gestão de Recursos Humanos

cargo. A maioria das empresas usa algum tipo de teste de desempenho, principalmente para cargos de suporte administrativo e escriturários. O mais difundido teste de desempenho é o de datilografia. Mas já foram desenvolvidos testes de desempenho para praticamente todas as funções, inclusive cargos de gestão.

Os centros de avaliação estão entre os desdobramentos mais notáveis dos testes de desempenho gerenciais.[24] Normalmente, um **centro de avaliação** consiste em 10 a 12 candidatos que participam de diversos exercícios ou situações; alguns desses exercícios envolvem interações com o grupo, enquanto outros são realizados individualmente. Cada exercício explora diversas dimensões da gestão, como liderança, capacidade de tomada de decisões e habilidade de comunicação. Os avaliadores, geralmente gestores de linha da empresa, observam o desempenho dos candidatos em cada exercício e registram informações.

testes de integridade Para avaliar a honestidade dos candidatos, os funcionários podem aplicar testes de integridade. Foram proibidos os testes com detectores de mentiras para fins de seleção.[25] Testes preenchidos à mão são os mais recentes instrumentos de mensuração da integridade. Esses testes perguntam coisas, como se o candidato já pensou em furtar algo ou se acredita que outras pessoas furtam. Embora empresas como a Payless ShoeSource relatem que as perdas por furto diminuíram depois da introdução dos testes de integridade, sua precisão ainda é controversa.[26]

confiabilidade e validade Independentemente do método usado para selecionar funcionários, é preciso tratar de dois aspectos fundamentais:

1. A **confiabilidade** se refere à consistência dos resultados dos testes ao longo do tempo e entre medidas alternativas. Por exemplo, se três entrevistadores diferentes conversaram com um mesmo candidato, mas chegaram a conclusões muito diferentes a respeito das suas habilidades, pode haver problemas com a confiabilidade de um ou mais testes de seleção ou procedimentos de entrevista.
2. A **validade** vai além da confiabilidade na avaliação da precisão dos testes de seleção.

A *validade quanto a critérios* se refere à medida do quanto um teste efetivamente prevê o desempenho no cargo ou se há correlação entre eles. Essa validade normalmente é determinada por meio de estudos comparativos entre o desempenho no teste e o desempenho no cargo para uma amostra de funcionários grande o bastante para permitir chegar a uma conclusão justa. Por exemplo, se uma elevada pontuação em um teste de capacidade cognitiva prevê bom desempenho no cargo, os candidatos com boas pontuações provavelmente serão preferidos aos que atingirem pontuações menores. Ainda assim, teste nenhum, por si só, prevê com perfeição o desempenho. Os gestores normalmente levam em conta outros critérios antes de tomar uma decisão final de seleção.

A *validade de conteúdo* diz respeito a que grau os testes medem uma amostra significativa do conhecimento, das competências e das habilidades que o cargo exige. O exemplo mais conhecido de teste de validade de conteúdo está nos testes de datilografia para cargos de secretaria administrativa, uma vez que a digitação é uma tarefa na qual pessoas nessa posição quase sempre realizam. Contudo, para ser válido em termos de conteúdo, o processo de seleção também deve medir outras habilidades necessárias, como atender ao telefone, copiar documentos e enviá-los por fax, ou lidar com o público. A determinação da validade em conteúdo é mais subjetiva (menos estatística) do que a da validade de critérios, mas não menos importante, especialmente quando uma empresa tem que ir a juízo para defender suas decisões de contratação.

ANTIGAMENTE...

O trabalho nas primeiras fábricas de automóveis era pesado e os gestores, às vezes, viam-se em confronto com os funcionários. Nesta imagem, operários de produção em uma greve de 1937 na fábrica da GM, em Flint, Estado de Michigan. Os trabalhadores manifestavam-se pelo direito de formar um novo sindicato – o United Auto Workers.

AGORA...

Funcionários e gestores da Google resolvem seus problemas juntos. Eles trabalham duro, mas gozam de excelentes benefícios: comida gourmet gratuita, serviços de reparos automotivos, salões de beleza, academia de ginástica, assistência médica no local, máquinas de lavar e secar roupas, e jogos – e esses são só alguns deles.

Às vezes é preciso demitir

Infelizmente, as decisões quanto aos quadros não se limitam à contratação de funcionários. À medida que as empresas evoluem e os mercados mudam, a demanda por determinados funcionários pode aumentar ou diminuir. Além disso, alguns simplesmente não apresentam o desempenho necessário. Por esses motivos, os gestores às vezes precisam tomar a difícil decisão de encerrar a relação de trabalho.

programas de demissão

Por causa da reestruturação profunda da indústria nos Estados Unidos, muitas empresas têm realizado programas de *downsizing* – a demissão de gestores e outros funcionários em grande número. Demitir qualquer funcionário é difícil, mas quando uma empresa demite uma parcela substancial de sua força de trabalho, os resultados podem abalar as suas fundações.[27] As vítimas de processos de reestruturação enfrentam todas as dificuldades dos demitidos – queda na autoestima, a desmoralizante busca por empregos e o estigma de estarem desempregadas. Os empregadores podem ajudar oferecendo **recolocação**, um processo que ajuda as pessoas demitidas a conseguir emprego em outro lugar. Ainda assim, o impacto das demissões vai além dos funcionários que partem. Muitos dos que permanecem sentirão desencanto, desconfiança e letargia. A maneira como a administração lida com a demissão afeta a produtividade e a satisfação dos funcionários restantes. Um processo de demissão bem planejado diminui a tensão e ajuda os funcionários remanescentes a adaptar-se à nova situação.

Empresas com sistemas sólidos de avaliação de desempenho beneficiam-se porque há menor chance de os "sobreviventes" acreditarem que a decisão foi arbitrária. Além disso, se os demitidos receberem verbas rescisórias e ajuda para encontrar um novo emprego, aqueles que conservaram o emprego se sentirão reconfortados. As empresas também devem evitar prolongar os processos de demissão em massa, demitindo poucos funcionários por vez.

encerramento do contrato de trabalho

As pessoas às vezes são demitidas por fraco desempenho ou outros motivos. Os empregadores devem ter o direito de demitir funcionários? Em 1884, um tribunal do Estado norte-americano do Tennessee sentenciou: "Todos podem demitir seu(s) funcionários(s) a qualquer tempo, por justa causa, sem justa causa, ou mesmo por causas moralmente censuráveis". O conceito de que um funcionário pode ser demitido por qualquer motivo é conhecido como **emprego a critério** (*employment-at-will*), ou **demissão a critério** (*termination-at-will*), e foi mantido por uma decisão de 1908 da Suprema Corte dos Estados Unidos.[28] O raciocínio é o de que, se um funcionário pode demitir-se a qualquer momento, o empregador tem liberdade para demitir a qualquer momento.

Desde meados da década de 1970, os tribunais da maioria dos estados norte-americanos têm aberto exceções a essa doutrina com base em política pública – uma política ou decisão que tem por objetivo proteger a sociedade. De acordo com a exceção de política pública, os funcionários não podem ser demitidos por atos como se recusar a cometer práticas ilegais, ausentar-se do emprego por terem sido convocados pelo tribunal do júri, ou denunciar comportamento ilegal da empresa. Assim, se um trabalhador denunciar uma infração ambiental ao órgão competente e a empresa o demitir, os tribunais podem argumentar que a demissão foi indevida porque o funcionário agiu em nome do bem comum. Outra exceção importante encontra-se nos contratos coletivos, que limitam a capacidade do empregador para demitir sem justa causa.

Os empregadores podem evitar os riscos associados à demissão por meio do desenvolvimento de procedimentos disciplinares progressivos e positivos.[29] "Progressivos" quer dizer que o gestor toma medidas escalonadas para tentar corrigir um comportamento no ambiente de trabalho. Por exemplo, um funcionário que faltou ao trabalho pode receber uma reprimenda verbal na primeira ocorrência e uma advertência por escrito na segunda. A terceira falta poderá resultar em aconselhamento e observação, e uma quarta em uma licença remunerada de um dia para pensar nas consequências de infrações futuras. O empregador, com isso, indica ao funcionário que chegou ao limite. A chance de os juízes ficarem do lado do empregador aumenta quando acreditam que a empresa fez um esforço sincero para ajudar a pessoa a corrigir seu comportamento.

A **entrevista de demissão**, na qual o gestor fala com o funcionário sobre a decisão da empresa, é desgastante para os dois. A maioria dos peritos no assunto acredita que quem deve dar a má notícia aos funcionários é o superior imediato. Mas é bom contar com a presença de um terceiro, como um gestor de RH, para dar orientação e tomar notas. Como o anúncio de demissão provavelmente incomodará o empregado, e às vezes pode até levar a um processo trabalhista, o gestor deve preparar-se com cuidado. Nesse preparo, deve ficar a par da realidade da situação e rever todos os documentos para garantir que sejam condizentes com o motivo da demissão. Durante a entrevista de demissão, a ética e o bom senso ditam que o gestor deve dizer a verdade e ser respeitoso, enumerando os fatos e evitando discussões. Eis algumas dicas práticas para conduzir uma entrevista de demissão:[30]

- **Dê** o máximo de aviso possível no caso de demissões em massa.
- **Sente-se** com uma pessoa por vez em uma sala com privacidade.
- **Conclua** a reunião de demissão em 15 minutos.
- **Forneça** explicações por escrito dos benefícios rescisórios.
- **Forneça** serviços de recolocação em um lugar que não a sede da empresa.
- **Certifique-se** de que o funcionário seja informado de sua demissão por um gestor, não um colega.

● **CENTRO DE AVALIAÇÃO** Um teste de desempenho gerencial que leva os candidatos a participar de diversos exercícios e situações.

● **CONFIABILIDADE** A consistência dos resultados dos testes ao longo do tempo e entre medidas alternativas.

● **VALIDADE** O grau no qual um teste de seleção prevê o desempenho no cargo ou está correlacionado com ele.

● **RECOLOCAÇÃO** O processo de ajudar pessoas que foram demitidas da empresa a conquistar emprego em outro lugar.

● **EMPREGO A CRITÉRIO** O conceito jurídico segundo o qual um funcionário pode ser demitido por qualquer motivo.

● **ENTREVISTA DE DEMISSÃO** Uma conversa entre um gestor e um funcionário a respeito de sua demissão.

● ● **CAPÍTULO 7** | Gestão de Recursos Humanos **165**

- **Demonstre** apreciar as contribuições que o funcionário fez, nos casos apropriados.
- **Não deixe** espaço para confusão ao demitir. Diga, na primeira frase, que o funcionário está sendo demitido.
- **Não deixe** tempo para discussão durante uma reunião de demissão.
- **Não faça** comentários pessoais ao demitir alguém; mantenha a conversa no nível profissional.
- **Não apresse** um funcionário demitido para que saia das dependências da empresa, a menos que haja preocupações de segurança.
- **Não demita** funcionários em datas significativas, como o 25º aniversário de sua contratação, ou o dia da morte de sua mãe.
- **Não demita** funcionários quando estiverem em férias ou acabado de voltar delas.

aspectos jurídicos e igualdade de oportunidade de emprego

Há muitas leis que regem as decisões e práticas de emprego. Elas irão afetar diretamente sua rotina de trabalho como gestor, assim como a função de recursos humanos de sua organização. A Tabela 7.1 resume muitas das principais leis trabalhistas dos Estados Unidos.

Entre outras providências, a Lei de Justo Padrão Trabalhista (FLSA, *Fair Labor Standards Act*), de 1938, cria duas

TABELA 7.1 — Legislação de emprego justo dos Estados Unidos

Lei	Principais medidas	Aplicação e remédios
Lei do Padrão Justo Trabalhista (*Fair Labor Standards Act*) – 1938	Cria categorias trabalhistas isentas (assalariados) e não isentas (horistas), regendo horas extras e ouros aspectos; estabelece salário mínimo e regras quanto ao trabalho infantil.	Aplicada pelo Ministério do Trabalho, ação provada de recuperação de remuneração omitida; também são possíveis penalidades cíveis e penais.
Lei da Igualdade de Remuneração (*Equal Pay Act*) – 1963	Proíbe a discriminação salarial por sexo entre dois cargos assemelhados em competências, esforço, responsabilidades e condições de trabalho.	Multas de até US$ 10 mil, até seis meses de detenção, ou ambos; aplicada pela Comissão da Igualdade em Oportunidades de Emprego (EEOC, *Equal Employment Opportunity Commission*); ação privada para duplicação de perdas e danos até o limite de três anos de salário, multa contratual, recontratação, ou promoção.
Título VII da Lei de Direitos Civis (*Civil Rights Act*) – 1964	Proíbe discriminação por raça, sexo, cor, religião ou nacionalidade em decisões trabalhistas: contratação, remuneração, condições de trabalho, promoção, disciplina, ou demissão.	Aplicada pela EEOC; ação privada, pagamento retroativo, pagamento futuro, recontratação, restauração de benefícios por tempo de serviço e de pensão, honorários advocatícios e custas judiciais.
Decretos Presidenciais (*Executive Orders*) 11246 e 11375 – 1965	Exigem cláusulas de igualdade de oportunidades em contratos federais; proíbem discriminação por parte de empresas contratadas do governo federal com base em raça, cor, religião, sexo, ou nacionalidade.	Foi estabelecido o Departamento de Programas de Conformidade de Contratos Federais (OFCCP, *Office of Federal Contract Compliance Programs*) para investigar infrações e com poderes para rescindir os contratos federais de empresas condenadas.
Lei de Discriminação Trabalhista por Idade (*Age Discrimination in Employment Act*) – 1967	Proíbe a discriminação no emprego com base na idade de pessoas com mais de 40 anos; restringe a aposentadoria compulsória.	Aplicada pela EEOC; ação privada para recontratação, pagamento retroativo, pagamento futuro, restauração de benefícios por tempo de serviço e de pensão; o dobro dos salários não pagos por infração dolosa; honorários advocatícios e custas judiciais.
Lei de Reabilitação Profissional (*Vocational Rehabilitation Act*) – 1973	Exige de todas as contratadas do governo federal ação afirmativa (cotas) para portadores de deficiência; define deficiência como limitações físicas ou mentais que comprometam significativamente as atividades vitais.	Contratadas do governo federal devem considerar a admissão de portadores de deficiências capazes de apresentar desempenho satisfatório após adaptações dentro de limites razoáveis.
Lei dos Americanos Portadores de Deficiência (*Americans with Disabilities Act*) – 1990	Amplia as medidas de ação afirmativa da Lei de Reabilitação Profissional para os empregadores do setor privado; exige modificações do ambiente para facilitar o acesso de funcionários portadores de deficiência; proíbe a discriminação contra portadores de deficiência.	Aplicada pela EEOC; ação privada para acesso aos remédios do Título VII.
Lei dos Direitos Civis (*Civil Rights Act*) – 1991	Esclarece as exigências do Título VII: ações contra impacto de desigualdade de tratamento, necessidade empresarial, relação com o cargo; transferência do ônus da prova para o empregador; permite indenização punitiva por dano moral e julgamento pelo tribunal do júri.	Perdas e danos punitivos, limitados de acordo com uma escala móvel, apenas em caso de discriminação dolosa por sexo, religião e deficiências.
Lei da Licença Familiar e Médica (*Family and Medical Leave Act*) – 1991	Exige 12 semanas de licença não remunerada para licenças médicas ou familiares: paternidade, doença de membro da família.	Ação privada para salários omitidos e outras despesas, recontratação.

categorias de funcionários: os isentos e os não isentos. Os funcionários normalmente são isentos de pagamento de horas extras se tiverem grau considerável de liberdade para determinar como realizam suas funções e se os seus cargos exigirem que tomem decisões independentes. Os gestores costumam se enquadrar nesta categoria. Os não isentos costumam ser horistas e fazem jus a pagamento de horas extras se trabalharem mais de 40 horas por semana. Como gestores, provavelmente precisaremos especificar a situação isenta ou não isenta de todas as pessoas que contratarmos.

Entre as leis que têm por objetivo proteger os trabalhadores de discriminação está a Lei dos Direitos Civis (*Civil Rights Act*), de 1964, que proíbe a discriminação no emprego por causa de raça, sexo, cor, nacionalidade e religião. O Título VII proíbe especificamente a discriminação em práticas trabalhistas, como recrutamento, contratação, demissão, promoção, remuneração e acesso a treinamento.[31] A Lei dos Americanos Portadores de Deficiência (*Americans with Disabilities Act*) proíbe discriminação trabalhista contra os portadores de deficiência. Alcoólicos e usuários de entorpecentes em recuperação, pacientes de câncer em remissão e pacientes de Aids estão cobertos por essa lei. A Lei dos Direitos Civis, de 1991, reforçou todas essas medidas de proteção e permitiu a aplicação de perdas e danos punitivos a empresas que as violassem. A Lei de Discriminação por Idade no Emprego (*Age Discrimination in Employment Act*), de 1967, e suas emendas de 1978 e 1986, proibiram a discriminação contra pessoas com 40 anos de idade ou mais. Um motivo para isso era a prática de demitir trabalhadores mais idosos e substituí-los por outros mais jovens, com salários mais baixos.

Um motivo comum para o surgimento de processos judiciais contra empregadores é o **impacto adverso** – quando uma prática trabalhista aparentemente neutra exerce efeito negativo desproporcional sobre um grupo protegido pela Lei dos Direitos Civis.[32] Por exemplo, se homens e mulheres qualificados em iguais quantidades candidatam-se a empregos, mas um teste específico qualquer resulta na contratação de menos mulheres, pode se considerar que o teste cause um impacto adverso, sujeitando-o a contestação por esse motivo.

● **IMPACTO ADVERSO**
Ocorre quando uma prática trabalhista aparentemente neutra afeta negativa e desproporcionalmente algum grupo protegido.

Por causa da importância dessas questões, muitas empresas estabeleceram procedimentos para garantir a conformidade com a legislação trabalhista e de igualdade de oportunidades. Por exemplo, elas monitoram e comparam salários por raça, sexo, tempo de serviço e outras categorias para garantir que os funcionários de todos os grupos estejam recebendo uma remuneração justa. Políticas por escrito também ajudam a garantir práticas justas e legais no ambiente de trabalho, embora a empresa também possa precisar dar provas de efetivamente adotar esses procedimentos e garantir que sejam implementados. Nesse sentido, práticas eficazes de gestão não só ajudam os gestores a motivar os funcionários a trabalhar o melhor que possam, mas também proporcionam proteção jurídica. Por exemplo, os gestores que avaliam seus funcionários regular e especificamente podem evitar mal-entendidos que podem levar a processos judiciais. Um registro por escrito dessas avaliações é frequentemente útil para demonstrar um tratamento justo e objetivo.

Outra lei dos Estados Unidos que afeta as práticas de pessoal naquele país é a Lei de Notificação de Ajuste e Retreinamento do Trabalhador (*Worker Adjustment and Retraining Notification Act*), de 1989, também conhecida como Lei WARN, ou Lei do Fechamento de Fábrica (*Plant Closing Bill*). Ela exige que os empregadores abrangidos deem aos funcionários afetados aviso prévio de 60 dias sobre fechamento de fábricas ou demissões em massa.

●● **OA7.4**
Avaliar a importância do investimento em treinamento e desenvolvimento.

TREINAMENTO E DESENVOLVIMENTO

O ambiente competitivo atual exige que os gestores aprimorem as competências e o desempenho dos funcionários – e deles próprios também. A melhoria contínua eleva a eficácia pessoal e organizacional. Ela melhora o desempenho dos membros da empresa em seus atuais cargos e os prepara para novas responsabilidades; ajuda ainda a empresa como um todo a lidar com novos desafios e a aproveitar novos métodos e tecnologias. Essas atividades de treinamento e desenvolvimento são sustentadas pela avaliação do desempenho dos funcionários e pela prestação a eles de um *feedback* eficaz, como veremos na próxima seção.

A Cold Stone Creamery gasta parte de seu orçamento de treinamento com o desenvolvimento de simulações computadorizadas para demonstrar como as atitudes dos funcionários afetam o desempenho nas lojas. A empresa usa jogos de computador, porque são familiares e atraentes para seus funcionários jovens.

- **TREINAMENTO** Ensinar aos funcionários de nível subordinado a desempenhar suas funções atuais.

- **DESENVOLVIMENTO** Ensinar aos gestores as tarefas genéricas necessárias para desempenhar suas funções atuais e futuras.

- **AVALIAÇÃO DE NECESSIDADES** Uma análise dos cargos, pessoas e departamentos que necessitam de treinamento.

- **TREINAMENTO DE ORIENTAÇÃO** Programas de treinamento concebidos para apresentar novos funcionários à empresa e os familiarizar com políticas, procedimentos, cultura etc.

- **TREINAMENTO DE EQUIPE** Programas de treinamento que fornecem aos funcionários as competências e perspectivas das quais necessitam para colaborar com os outros.

- **TREINAMENTO EM DIVERSIDADE** Programas dedicados à identificação e redução de vieses ocultos contra pessoas diferentes e ao desenvolvimento das competências necessárias para gerenciar uma força de trabalho diversificada.

- **AVALIAÇÃO DE DESEMPENHO (AD)** Estudo do desempenho de um funcionário em seu cargo.

As empresas dos Estados Unidos gastam mais de US$ 55 bilhões por ano para fornecer treinamento formal aos seus funcionários. A maior parte disso vai para treinamento em vendas, em gestão e supervisão, e em sistemas e tecnologia de informação.[33] As pressões competitivas exigem que as empresas considerem os métodos de treinamento mais eficientes. Isso quer dizer que as tradicionais salas de aula muitas vezes cedem lugar a métodos computadorizados.

Os programas de treinamento se compõem de quatro fases

Embora aqui utilizemos o termo genérico *treinamento*, este, às vezes, diferencia-se do desenvolvimento. **Treinamento** costuma se referir a ensinar funcionários de nível subordinado a realizar suas funções atuais, enquanto o **desenvolvimento** envolve ensinar aos gestores as competências mais amplas necessárias para desempenhar suas funções atuais e futuras.

A *primeira fase* do treinamento costuma partir de uma **avaliação de necessidades**. Os gestores realizam uma análise para identificar os cargos, pessoas e departamentos que necessitam de treinamento. A análise de cargos e as avaliações de desempenho são úteis para esse fim.

A *segunda fase* envolve a concepção de programas de treinamento. Os objetivos e o currículo de treinamento são estabelecidos com base na avaliação de necessidades. Por exemplo, a Recreational Equipment Inc. (REI) quer que seus vendedores aprendam a perceber quando são abordados por um "cliente transacional", que deseja apenas encontrar e comprar um produto específico, ou por um "cliente consultivo", que quer dedicar mais tempo à discussão de característica e benefícios alternativos.[34]

A *terceira fase* envolve decisões quanto aos métodos e locais de treinamento – se no local de trabalho ou não. A Figura 7.3 apresenta alguns métodos comuns de treinamento. Entre as opções estão palestras, representação, simulação, modelagem de comportamento (assistir a um vídeo e imitar o que se viu), conferências, treinamento de indução (prática em um ambiente de trabalho simulado) e

regime de aprendiz. Outro método popular é a rotação de cargos, ou colocar funcionários em diferentes funções da empresa para ampliar sua experiência e aprimorar suas competências. Bons gestores muitas vezes pedem colocação em cargos que os desafiem e ampliem suas competências. O método de treinamento deve ser adequado aos objetivos definidos na segunda fase. Na REI, nos casos em que a empresa queira que os vendedores identifiquem diferentes situações interpessoais e reajam a elas, grande parte do treinamento envolve representação complementada com apresentações em vídeo. E a Home Depot enfatiza a mentoria de vendedores que trabalham nas gôndolas, mas tem um programa de treinamento computadorizado mais eficiente para os caixas, cujas funções são mais rotineiras.[35]

Finalmente, a *quarta fase* do treinamento deve avaliar a eficácia do programa. Entre as medidas de eficácia estão as reações dos funcionários (pesquisas), a aprendizagem (provas), melhoria do comportamento no serviço e resultados para a *bottom-line** (como um aumento das vendas ou uma redução das taxas de defeito depois de um programa de treinamento).

As opções de treinamento atingem diversos objetivos

As empresas investem em treinamento para melhorar o desempenho individual e a produtividade organizacional. Programas concebidos para melhorar as competências de uma empresa em informática, aspectos técnicos, ou comunicação são comuns e alguns tipos de treinamento tornaram-se padrão em muitas empresas. O **treinamento de orientação** familiariza novos funcionários com seus cargos, unidades de trabalho e a empresa como um todo. Quando bem realizado, ele pode elevar o moral e a produtividade, e reduzir o giro e os custos de recrutamento e treinamento.

O **treinamento de equipe** ensina aos funcionários as competências das quais necessitam para trabalhar juntos e os ajuda a interagir. Depois que a General Mills adquiriu a Pillsbury, usou um programa de treinamento de equipe chamado Brand Champions para combinar a perícia em marketing das duas empresas e compartilhar conhecimentos entre funcionários alocados em diversas funções, como vendas e pesquisa e desenvolvimento. Na maior parte dos casos, os treinandos participavam de exercícios em equipe para analisar marcas, visar clientes e desenvolver mensagens de marketing.[36]

O **treinamento em diversidade** se dedica a desenvolver a consciência quanto a questões de diversidade e a fornecer aos funcionários as competências das quais precisam para trabalhar com pessoas diferentes deles. Trataremos da gestão da diversidade no próximo capítulo.

Com o aumento das demandas que as empresas de hoje, mais descentralizadas e enxutas, impõem aos seus gestores, os *programas de treinamento gerencial* se disseminaram. Esses programas muitas vezes procuram melhorar as *competências de pessoal* dos gestores – sua capacidade de delegar com eficácia, motivar seus subordinados e comunicar-se com os demais e os inspirar para que se realizem as metas da empresa. O *coaching* – treinamento ministrado por um superior –, costuma ser a mais eficaz e direta das ferramentas de desenvolvimento gerencial. Os gestores também po-

* N. de T.: *Bottom-line* pode ser entendido como lucratividade.

168 Administração

FIGURA 7.3 Métodos de treinamento

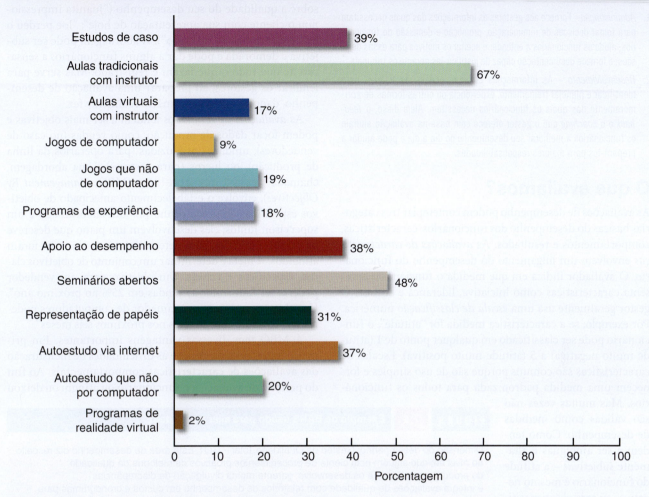

FONTE: Holly Dolezalek, "Industry Report 2004", *Training*, outubro de 2004, p. 32.

dem participar de programas de treinamento aplicados a todos os funcionários, como rotação de cargos, ou frequentar seminários e cursos especificamente criados para ajudar a desenvolver suas competências para supervisão ou para prepará-los para futuras promoções.

A NetApp, uma empresa de gestão de dados com sede em Sunnyvale, no estado da Califórnia, tem uma abordagem interessante do treinamento gerencial. A empresa contratou o BTS Group para desenvolver um jogo de simulação baseado no negócio real da NetApp. A empresa usou a simulação pela primeira vez em uma reunião estratégica de sua alta administração. Os executivos gostaram tanto de resolver o problema da simulação, e foram tão criativos, que a empresa convidou os gestores intermediários a jogar como treinamento para postos mais altos, nos quais o pensamento estratégico é essencial.

Na simulação, os participantes eram divididos em cinco equipes que reuniam gestores de diferentes funções. Cada equipe tinha de administrar uma empresa imaginária de alto crescimento chamada Pet-a-Toaster por um prazo de três anos, competindo com as demais. Cada dia de treinamento resumia um ano de acontecimentos na simulação. Cada equipe recebia um livreto com detalhes da Pet-a-Toaster, baseado nas condições reais de mercado enfrentadas pela NetApp. As equipes alocavam recursos, escolhiam entre diferentes estratégias possíveis e reagiam a eventos gerados pelo jogo (por exemplo, um pedido de um grande cliente). O software de simulação da BTS analisava as decisões tomadas e fornecia *feedback*.

Ao fim da simulação, a BTS relatava os resultados de cada equipe, inclusive faturamento total e lucro operacional. Agora os gestores intermediários da NetApp sabem o que é administrar uma empresa – e têm mais respeito por seus líderes.[37]

OA7.5
Explicar as alternativas de avaliação do desempenho dos funcionários.

AVALIAÇÃO DE DESEMPENHO

Uma das principais responsabilidades dos gestores é realizar **avaliações de desempenho (ADs)**, um estudo da performance dos funcionários em suas funções. Se bem feitas, elas podem ajudá-los a melhorar seu desempenho, sua remuneração e suas chances de promoção; alimentar a comunicação entre eles e os gestores e aumentar a eficácia dos funcionários e da empresa. Se mal feita, pode causar ressentimento, reduzir a motivação, piorar a atuação e até mesmo expor a empresa a processos judiciais.

CAPÍTULO 7 | Gestão de Recursos Humanos 169

A avaliação de desempenho tem dois objetivos básicos e igualmente importantes:

1. *Administração* – Fornece aos gestores as informações das quais necessitam para tomar decisões de remuneração, promoção e demissão de funcionários; ajuda os funcionários a entender e aceitar os motivos para essas decisões; e fornece documentação capaz de justificá-las perante os tribunais.

2. *Desenvolvimento* – As informações colhidas podem ser usadas para identificar e planejar treinamento, experiência ou outras formas de aprimoramento das quais os funcionários necessitem. Além disso, o *feedback* e o *coaching* que o gestor oferece com base na avaliação ajudam os funcionários a melhorar seu desempenho no dia a dia e pode ajudar a prepará-los para maiores responsabilidades.

O que avaliamos?

As avaliações de desempenho podem contemplar três categorias básicas do desempenho dos funcionários: características, comportamentos e resultados. As *avaliações de características* envolvem um julgamento do desempenho do funcionário. O avaliador indica em que medida o funcionário apresenta características como iniciativa, liderança e atitude. O gestor geralmente usa uma *escala de classificação* numérica. Por exemplo, se a característica medida for "atitude", o funcionário pode ser classificado em qualquer ponto de 1 (atitude muito negativa) a 5 (atitude muito positiva). Escalas de características são comuns porque são de uso simples e fornecem uma medida padronizada para todos os funcionários. Mas muitas vezes não são válidas como medidas de desempenho. Como tendem a ser ambíguas e altamente subjetivas – a atitude do funcionário é mesmo negativa, ou será ele apenas tímido? –, muitas vezes levam a vieses pessoais e podem não ser adequadas para o fornecimento de *feedback*.

As *avaliações comportamentais*, embora ainda sejam subjetivas, focam aspectos observáveis do desempenho. Elas usam escalas que descrevem comportamentos específicos e prescritos, o que pode ajudar a garantir que todos os interessados entendam o que as notas efetivamente medem. Por serem menos ambíguas, elas também podem fornecer *feedback* útil. A Figura 7.4 mostra um exemplo de escala de classificação comportamental (BARS, *Behaviorally Anchored Rating Scale*) para avaliação da qualidade. Outra abordagem comum é a técnica de *incidente crítico*, na qual o gestor mantém um registro regular de cada comportamento significativo do funcionário que tenha reflexos sobre a qualidade do seu desempenho ("Juanita impressionou o cliente com sua apresentação de hoje"; "Joe perdeu o prazo de entrega do relatório"). A abordagem pode ser subjetiva e demorada e pode dar a alguns funcionários a sensação de que tudo o que fazem é registrado. Mas serve para lembrar os gestores, ao preparar uma avaliação de desempenho, daquilo que o funcionário realmente fez.

As *avaliações de resultados* tendem a ser mais objetivas e podem focar dados de produção, como vendas (no caso de vendedores), unidades produzidas (para operários da linha de produção), ou lucros (para gestores). Uma abordagem, chamada **gestão por objetivos** (MBO, *Management By Objectives*), envolve o estabelecimento antecipado de objetivos específicos de desempenho por um subordinado e um supervisor. Juntos, eles desenvolvem um plano que descreve os prazos e critérios para determinar se os objetivos foram atingidos. A meta é determinar um conjunto de objetivos claros, específicos e viáveis. Um objetivo para um vendedor poderia ser "aumentar as vendas em 25% no próximo ano". Um objetivo para um programador de computadores poderia ser "concluir dois projetos nos próximos seis meses".

A MBO tem diversas vantagens importantes. Em primeiro lugar, evita os vieses e as dificuldades de mensuração das avaliações de características comportamentais. Ao fim do período de avaliação, o funcionário ou atingiu ou deixou

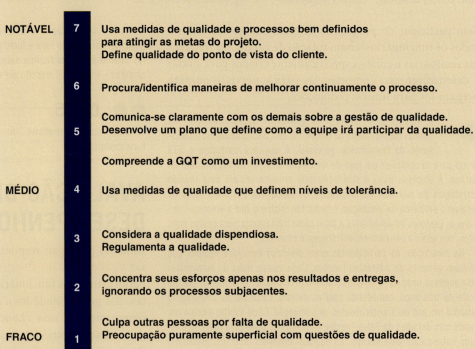

FIGURA 7.4 Exemplo de BARS usado para aliar a qualidade

Dimensão do desempenho: Gestão da Qualidade Total – GQT. Esta área de desempenho diz respeito ao nível em que alguém está ciente de procedimentos proativos de melhoria da qualidade do produto, os endossa e os desenvolve; garante rápida divulgação de discrepâncias e integra avaliações de qualidade com relatórios de desempenho em custos e cronogramas para maximizar a satisfação do cliente com o desempenho como um todo.

NOTÁVEL	7	Usa medidas de qualidade e processos bem definidos para atingir as metas do projeto. Define qualidade do ponto de vista do cliente.
	6	Procura/identifica maneiras de melhorar continuamente o processo.
	5	Comunica-se claramente com os demais sobre a gestão de qualidade. Desenvolve um plano que define como a equipe irá participar da qualidade.
MÉDIO	4	Compreende a GQT como um investimento. Usa medidas de qualidade que definem níveis de tolerância.
	3	Considera a qualidade dispendiosa. Regulamenta a qualidade.
	2	Concentra seus esforços apenas nos resultados e entregas, ignorando os processos subjacentes.
FRACO	1	Culpa outras pessoas por falta de qualidade. Preocupação puramente superficial com questões de qualidade.

FONTE: Landy, Jacobs e Associados. Reproduzido com permissão dos autores.

de atingir o objetivo especificado e é julgado com base no desempenho efetivo no cargo. Segundo, como o funcionário e seu gestor concordaram previamente quanto aos objetivos, o primeiro provavelmente estará comprometido com o resultado e é pouco provável que haja mal-entendidos. Terceiro, como ele é diretamente responsável por atingir o objetivo, a MBO apoia a potencialização dos funcionários para adaptar seu comportamento e, assim, atingir os resultados desejados. Mas a abordagem também tem suas desvantagens. Os objetivos podem ser pouco realistas, frustrando o funcionário e o gestor, ou excessivamente rígidos, deixando pouca flexibilidade à disposição do primeiro, caso mudem as circunstâncias. Finalmente, a MBO muitas vezes foca demais as realizações de curto prazo em detrimento das metas de longo prazo.

Nenhum desses sistemas de avaliação de desempenho é de fácil aplicação e todos têm seus defeitos. Ao escolher um método de avaliação, as orientações adiante podem ser úteis:

- Basear os padrões de desempenho na análise de cargos.
- Comunicar os padrões de desempenho aos funcionários.
- Avaliar os funcionários em relação a comportamentos específicos concernentes ao desempenho e não de acordo com uma só medida geral.
- Documentar cuidadosamente o processo de avaliação de desempenho.
- Se possível usar mais de um avaliador.
- Desenvolver um processo formal de recurso.
- Sempre levar em conta os aspectos jurídicos.[38]

Quem deve realizar a avaliação?

Assim como diversos métodos podem ser usados para reunir informações para as avaliações de desempenho, essas informações podem provir de diversas fontes:

- *Gestores* e *supervisores* são as fontes tradicionais de informações sobre desempenho, porque muitas vezes estão mais bem posicionados para observar o desempenho dos funcionários.
- *Pares e colegas de equipe* percebem outras dimensões do desempenho e podem ser os melhores para identificação de potencial para a liderança e habilidades interpessoais. Por isso, as empresas têm recorrido a pares e colegas de equipe para obter informações para a avaliação de desempenho.
- *Subordinados* estão se tornando uma fonte comum de informações para avaliação e são usados por empresas como a Xerox e a IBM para dar aos superiores *feedback* a respeito de como são vistos por seus funcionários. Essas informações muitas vezes são entregues confidencialmente ao gestor e não são compartilhadas com os superiores. Ainda assim, essa abordagem pode, de início, incomodar os gestores, embora o *feedback* muitas vezes seja prático e possa

ajudá-los a melhorar significativamente seu estilo de gestão. Como o processo dá aos funcionários poder sobre seus chefes, costuma ser usado apenas para fins de desenvolvimento, e não de tomada de decisões a respeito de remuneração ou promoção.

- Clientes internos e externos são fontes relevantes de informações para a avaliação de desempenho em empresas como a Ford e a Honda, que têm a gestão de qualidade total. Os clientes externos também vêm sendo usados há algum tempo para avaliar os funcionários de restaurantes. Os clientes internos podem ser quaisquer pessoas de dentro da empresa que dependam dos resultados do trabalho de um funcionário.
- Autoavaliações, nas quais os funcionários avaliam o próprio desempenho, costumam ser uma boa ideia. Embora possa apresentar um viés positivo, o processo de autoavaliação ajuda a aumentar o envolvimento do funcionário no processo de avaliação e é um ponto de partida para o estabelecimento de metas futuras.

Como cada fonte de informação tem diversas limitações e pessoas diferentes podem perceber diferentes aspectos do desempenho, a Westinghouse, a Eastman Kodak e muitas outras empresas envolvem mais de uma fonte na avaliação do desempenho. No processo conhecido como **avaliação 360 graus**, o *feedback* vem dos subordinados, dos pares e dos superiores – de todos os níveis envolvidos com o funcionário. Muitas vezes, a pessoa avaliada escolhe os avaliadores, sujeitos à aprovação de um gestor, com o entendimento de que as avaliações produzidas serão confidenciais; por exemplo, os formulários preenchidos podem não conter o nome do avaliador e os resultados podem ser consolidados para cada nível.

A avaliação 360 graus fornece uma imagem mais completa dos pontos fortes e fracos do funcionário e, muitas vezes, capta qualidades que outros métodos ignoram. Por exemplo, um funcionário pode ter um relacionamento complicado com seu supervisor, mas ser muito bem visto por seus pares e subordinados. A abordagem pode levar a ganhos significativos, muitas vezes motivando os funcionários a melhorar suas notas. Por outro lado, os funcionários podem mostrar-se indispostos para ser rígidos com seus colegas, levando a certa uniformi-

---

GESTÃO POR OBJETIVOS
Um processo pelo qual os objetivos estabelecidos por um subordinado e um supervisor precisam ser atingidos dentro de um prazo determinado.

AVALIAÇÃO 360 GRAUS
O processo de usar diversas fontes de avaliação para obter uma visão abrangente do desempenho de uma pessoa.

DICA

As avaliações são mais eficazes quando se baseiam em uma relação continuada com os funcionários e não representam apenas um julgamento que "vem de cima" uma vez por ano. Os gestores de equipes esportivas não esperam até o fim de cada temporada para fazer avaliações. Pelo contrário, trabalham com os atletas e com os times como um todo durante a temporada para melhorar o desempenho da equipe. Da mesma forma, em empresas de alto desempenho, avaliações e *feedbacks* informais ocorrem constantemente. Os gestores discutem regularmente as metas da empresa para criar um entendimento compartilhado do desempenho necessário. Procuram criar um ambiente no qual eles e seus funcionários trabalhem juntos em prol de uma agenda comum. E eles comunicam-se diariamente com os funcionários, elogiando ou orientando na medida do necessário e, junto com eles, avaliando os avanços em direção às metas. Quando a comunicação entre gestores e funcionários é aberta e estes se sentem administrados de maneira justa e eficaz, o teor das avaliações raramente os surpreende.

CAPÍTULO 7 | Gestão de Recursos Humanos 171

dade das classificações. Além disso, a avaliação 360 graus é de menor utilidade do que critérios mais objetivos, como metas financeiras, por exemplo. Costuma visar o desenvolvimento dos funcionários, e não ser uma ferramenta para decisões administrativas, como aumentos salariais. Para esses fins, avaliações como a MBO são mais adequadas.[39]

Como dar *feedback* aos funcionários?

O fornecimento de *feedback* sobre desempenho pode ser desgastante para gestores e subordinados porque eles têm objetivos, até certo ponto, conflitantes. Proporcionar crescimento e desenvolvimento exige compreensão e apoio, mas o gestor precisa ser impessoal e capaz de tomar decisões difíceis. Os funcionários querem saber como vai seu desempenho, mas costumam sentir-se pouco à vontade ao receber *feedback*. Finalmente, a necessidade da empresa de tomar decisões de RH entra em conflito com a necessidade pessoal do funcionário de manter uma imagem positiva.[40] Esses conflitos muitas vezes dificultam as entrevistas sobre desempenho, de modo que os gestores devem conduzi-las com cautela.

De modo geral, o *feedback* de avaliação funciona melhor quando é *específico* e *construtivo* – ligado a metas e comportamentos claros e notadamente voltados para ajudar o funcionário, em vez de apenas criticá-lo. Os gestores precisam estar interessados não só em avaliar o desempenho, mas em aprimorá-lo – e as avaliações eficazes levam isso em consideração. Além disso, a avaliação tende a ser mais significativa e satisfatória quando o gestor dá ao funcionário a oportunidade de discutir seu desempenho e responder à avaliação.

5. Chegar a uma solução de comum acordo. Como supervisores, teremos insumos a fornecer para a solução. Levantar perguntas e questões, mas também dar apoio.

6. Concordar com um prazo para melhorias.

7. Documentar a reunião.

Podem ser necessárias reuniões de acompanhamento.

Se um funcionário for viciado em drogas ou álcool, exibir comportamento perigoso ou for instável, o gestor, ainda assim, deve lhe dar *feedback*. A cada ano se perdem cerca de 500 milhões de dias de trabalho nos Estados Unidos por causa do alcoolismo e cerca de 80% dos alcoólicos estão empregados. Mas, muitas vezes, é difícil para os gestores apontar diretamente o problema. "Os gestores não podem identificar o problema, mesmo que tenham certeza dele, porque isso significaria fazer um diagnóstico e eles não estão qualificados para isso", explica Bill Arnold, diretor dos serviços de aconselhamento para viciados da Quad/Graphics. Especialistas em recursos humanos recomendam que os gestores tratem a situação como uma questão de desempenho, fazendo referência à perda de produtividade, falta em reuniões etc. – e ajudem o funcionário a planejar melhorias.[41]

Outro caso que exige *feedback* é o dos funcionários potencialmente violentos. Trabalhadores que gritem, ameacem, ou tenham explosões de raiva "precisam ser levados a sério", diz Carmeline Procaccini, vice-presidente de recursos humanos da Pegasystems, uma empresa de software. "Treinamos nossos gestores para não correr riscos", prossegue. Ela sugere que os supervisores entrem imediatamente em contato com o RH e com os executivos para tratar de qualquer funcionário que pareça excessivamente irritado ou potencialmente violento. No fim das contas, a empresa precisa agir em defesa dos interesses dos demais funcionários.[42]

Eis algumas orientações sobre o *feedback* a funcionários típicos:

1. Resuma de maneira específica o desempenho do funcionário.

2. Explique porque o trabalho do funcionário é importante para a empresa.

3. Agradeça ao funcionário pelo trabalho que faz.

> " Os grandes líderes se esforçam para aumentar a autoestima de seu pessoal. É incrível o que as pessoas são capazes de realizar quando acreditam em si. "
>
> Sam Walton, fundador do Walmart

As entrevistas mais difíceis são as realizadas com funcionários de fraco desempenho. Eis um formato útil para entrevistas com funcionários que estejam abaixo do padrão aceitável de desempenho:

1. Resumir o desempenho específico do funcionário. Descrever o desempenho em termos de comportamentos ou resultados, como vendas ou faltas. Não dizer que a atitude do funcionário é ruim; em vez disso, explicar que comportamentos indicam uma boa atitude.

2. Descrever especificamente as expectativas e padrões.

3. Determinar as causas do fraco desempenho e obter informações do funcionário.

4. Discutir soluções para o problema e fazer com que o funcionário represente um papel importante nesse processo.

4. Levante quaisquer questões relevantes, como áreas nas quais possa melhorar.

5. Demonstre confiança no bom desempenho futuro do funcionário.

●● OA7.6

Descrever os aspectos fundamentais dos sistemas de recompensa.

CONCEPÇÃO DE SISTEMAS DE RECOMPENSA

Outro componente importante das atividades de GRH tem a ver com os sistemas de recompensa. Esta seção enfatiza as recompensas monetárias, como remuneração e benefícios.

172 Administração ●●

As decisões sobre remuneração precisam levar em conta a empresa, o cargo e a pessoa

Os sistemas de recompensa podem atender os objetivos estratégicos de atração, motivação e retenção de pessoal. Os salários pagos aos funcionários se baseiam em um conjunto complexo de forças. Além das leis que regem o tema, diversas decisões básicas precisam ser tomadas ao escolher o plano de remuneração adequado. O *mix* de remuneração é influenciado por diversos fatores:[43]

- Os fatores internos incluem a política de remuneração da empresa, as tarefas de cada cargo, o valor relativo do funcionário e a capacidade de pagamento do empregador.
- Os fatores externos incluem as condições do mercado de trabalho, os salários regionais, o uso de negociação coletiva e as exigências legais.

Um plano de remuneração eficaz exige três tipos de decisão:

1. Nível salarial – A escolha entre ser uma empresa de remuneração alta, média, ou baixa. A remuneração é um dos principais custos para qualquer empresa, de modo que baixos salários podem se justificar em termos financeiros de curto prazo. Mas ser um empregador que pague bem – a empresa com os maiores salários da região –, garante a atração de muitos candidatos. Ser líder em salários pode ser importante em tempos de baixo desemprego ou competição intensa.

2. Estrutura salarial – A escolha de como precificar diferentes cargos na empresa. Cargos de valor parecido costumam ser agrupados em famílias. Estabelece-se para cada família de cargos uma escala de pagamento com piso e teto. A Figura 7.5 mostra uma estrutura salarial hipotética.

3. Decisões individuais de remuneração – Diferentes remunerações para cargos de valor parecido em uma mesma família. As decisões quanto a diferenças dentro de famílias de cargos são tomadas de duas maneiras. Primeiro, alguns cargos são ocupados por pessoas com mais tempo de serviço do que outras. Em segundo lugar, algumas pessoas podem ter melhor desempenho e, portanto, merecem maior remuneração. Fixar o pagamento de uma pessoa abaixo do nível de seus colegas – assim como optar por um baixo nível de remuneração geral – pode ser algo difícil de sustentar futuramente, à medida que cada vez mais funcionários usam recursos online, como o Salary.com e o PayScale para ver se seu nível de salário está acima ou abaixo da média dos cargos parecidos.[44]

Ao contrário de muitos outros tipos de decisão, as decisões sobre remuneração, especialmente no nível individual, muitas vezes são confidenciais. Será essa prática vantajosa para as empresas? Surpreendentemente, há poucas evidências sobre ela, embora afete praticamente todos os funcionários do setor privado.[45] Manter sigilo sobre decisões de remuneração pode ajudar a empresa a evitar conflitos, proteger a privacidade das pessoas e reduzir a probabilidade de que os funcionários se demitam em busca de melhores salários, se estiverem ganhando menos do que a média. Entretanto, se for mantido sigilo sobre as decisões de remuneração, os funcionários podem temer que elas sejam injustas e sentir-se menos motivados por causa da pouca clareza do elo entre desempenho e remuneração. Além disso, em termos econômicos, os mercados de trabalho são menos eficientes quando há menor disponibilidade de informação, o que pode reduzir a capacidade das empresas para obter os melhores trabalhadores no nível ótimo de remuneração. Dados os prós e contras do sigilo sobre a remuneração, que prática será melhor? Qual delas será mais ética? E nós? Gostaríamos de saber quanto ganham nossos colegas?

A remuneração por incentivo leva os funcionários a dar o melhor de si

Foram concebidos diversos sistemas de incentivo para motivar uma maior produtividade dos funcionários.[46] Os mais comuns são os *planos individuais de incentivo*, que comparam o desempenho do trabalhador com um padrão objetivo, sendo a remuneração determinada pelo desempenho do funcionário. Alguns exemplos são pagar mais a um vendedor por superar uma meta de vendas ou conferir uma bonificação aos gestores quando seus grupos atingem uma meta. Quando bem projetados, os planos individuais de incentivo podem ser grandes fontes de motivação. Algumas empresas, entre elas o Walmart, estão começando a aplicar esses planos até mesmo

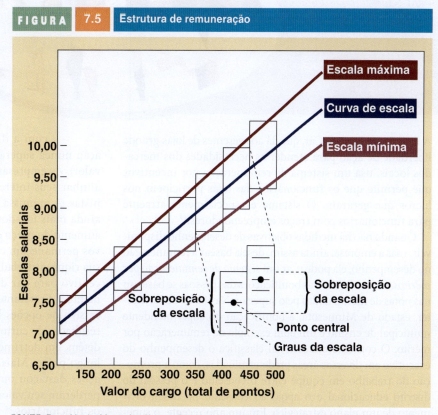

FIGURA 7.5 Estrutura de remuneração

FONTE: Extraído de *Managing Human Resources*, 11. ed., por Bohlander/Snell/Sherman. © 1998. Reproduzido com permissão da South-Western, uma divisão da Thomson Learning, <http://www.thomsonrights.com>. Fax 800 730-2215.

a não gestores. O Walmart espera que o uso de bonificações trimestrais para recompensar horistas pela consecução de metas de vendas, lucros e estoques possa melhorar a satisfação dos funcionários com seus cargos e reduzir o giro.[47]

Cada vez mais as empresas usam planos de incentivo coletivos, nos quais a remuneração se baseia no desempenho do grupo. O objetivo é conferir aos funcionários um senso de participação no desempenho da empresa. Os *planos de participação nos ganhos* recompensam os funcionários por aumentos de produtividade ou pela economia de dinheiro nas áreas sob seu controle direto.[48] Por exemplo, se a margem habitual de desperdício em uma linha de produção tem sido de 5% e a empresa quiser que os funcionários de produção a reduzam, pode oferecer dividir com eles quaisquer economias conquistadas. Os *planos de participação nos lucros* costumam ser implantados na divisão ou empresa como um todo, embora alguns incentivos ainda possam ser ajustados ao desempenho das unidades. Na maioria das empresas, o plano de participação nos lucros se baseia em uma fórmula de alocação de igual montante a cada funcionário, se a empresa superar uma determinada meta de lucros. Embora os planos de participação nos lucros não recompensem o desempenho individual, tornam todos os funcionários interessados no sucesso da empresa e motivam esforços de aumento da sua lucratividade.

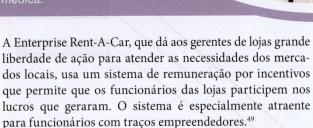

Estes chefs do restaurante Tersiguel's French Country, de Maryland, têm motivos para sorrir: seu empregador oferece sistemas de recompensa que incluem fundos casados de investimento, participação nos lucros e assistência médica.

A Enterprise Rent-A-Car, que dá aos gerentes de lojas grande liberdade de ação para atender as necessidades dos mercados locais, usa um sistema de remuneração por incentivos que permite que os funcionários das lojas participem nos lucros que geraram. O sistema é especialmente atraente para funcionários com traços empreendedores.[49]

Quando não há medidas objetivas de desempenho disponíveis, mas a empresa, ainda assim, deseja basear a remuneração no desempenho, ela pode usar um *sistema de remuneração por méritos*. Os aumentos e as bonificações das pessoas se baseiam nas notas de mérito dadas pelo superior. Na cidade de Rochester, estado de Minnesota, a bonificação do superintendente municipal de ensino é um bom exemplo da remuneração por mérito. O conselho educacional classifica o desempenho do executivo em diversas áreas predeterminadas, como a promoção do trabalho em equipe entre o conselho e o pessoal do distrito educacional e o apoio ao conselho no desenvolvimento de um plano estratégico. Em um ano recente, o superintendente obteve nota 3 em uma escala de 1 a 4 e, por isso, o conselho lhe outorgou a bonificação máxima.[50]

A remuneração dos executivos tem gerado controvérsias

Nos últimos anos, a questão da remuneração dos executivos tem gerado controvérsias. Um motivo é que a diferença entre o que recebem os altos executivos e a remuneração média dos funcionários tem se ampliado consideravelmente. Na década de 1980, os presidentes-executivos ganhavam menos do que 40 vezes o salário do trabalhador médio, mas hoje recebem 500 vezes mais. O abismo é consideravelmente maior nos Estados Unidos do que em outros países.[51] Além da diferença entre a remuneração dos executivos e a média, o valor absoluto da remuneração dos presidentes-executivos também tem sido criticada. Os mais bem remunerados chegam a ganhar dezenas de milhões de dólares por ano. Ainda assim, é importante ter em mente que os enormes salários que chegam às manchetes dos jornais não são típicos. Em um ano recente, os presidentes de executivos de empresas do índice Standard & Poor's ganhavam em média US$ 4,5 milhões, mas a mediana era de US$ 2,5 milhões, porque alguns poucos executivos com ganhos muito mais elevados fizeram aumentar a média.[52]

A parte que mais tem crescido da remuneração dos executivos vem das outorgas de ações e *opções*. Essas opções dão ao portador o direito de comprar ações a um determinado preço. Por exemplo, se a ação da empresa estiver custando US$ 8, a empresa pode outorgar a um gestor o direito de comprar um número específico de ações da empresa a esse preço. Se o preço da ação subir para, digamos, US$ 10 depois do prazo especificado – geralmente de três anos ou mais –, o gestor poderá *exercer* a opção, comprando ações da empresa a US$ 8 cada, vendendo no mercado a US$ 10 cada e ficando com a diferença (evidentemente, se o preço da ação nunca superar os US$ 8, a opção não terá qualquer valor). As empresas emitem opções para seus gestores para alinhar seus interesses com os dos proprietários ou acionistas. A premissa é a de que os gestores, com isso, ficarão ainda mais focados no sucesso da empresa, levando a um aumento do preço de sua ação. Presumindo que os executivos permaneçam com as ações ano após ano, a parcela de sua riqueza atrelada ao desempenho da empresa – e seu incentivo para dar duro por ela – deve aumentar continuamente.[53] Entretanto, muitos críticos sugerem que o uso excessivo de opções levou os executivos a se concentrar nos resultados de curto prazo para elevar o preço das ações que detêm, em detrimento da competitividade da empresa no longo prazo. Mais recentemente, a queda do mercado de ações destacou outro problema das opções: muitas delas perderam seu valor e, portanto, deixaram de recompensar os funcionários.[54] No futuro, é possível que os funcionários temam aceitar opções e prefiram formas menos arriscadas de remuneração.

174   Administração

Os funcionários também fazem jus a benefícios

Embora a remuneração seja tradicionalmente a principal recompensa monetária dos funcionários, os benefícios têm recebido atenção crescente. Hoje, representam uma porcentagem muito maior do total da folha de pagamentos do que em décadas anteriores.[55] O empregador típico gasta o equivalente a cerca de 30% da folha de pagamentos em benefícios. Durante a maior parte dos últimos 20 anos, os custos de benefícios subiram mais do que os salários, alimentados pelo rápido crescimento do custo do atendimento médico. Com isso, os empregadores têm procurado reduzir os custos dos benefícios, enquanto seu valor para os funcionários aumenta. Os benefícios também têm recebido mais atenção da administração das empresas por causa da sua complexidade crescente. Hoje, há muitos novos tipos de benefícios e a legislação tributária afeta muitos deles, como o seguro-saúde e os planos de pensão.

Assim como os sistemas de remuneração, os planos de benefícios também são regulamentados. Os benefícios aos funcionários dividem-se entre os exigidos em lei e os opcionais para o empregador. A legislação dos Estados Unidos impõe três benefícios básicos:

1. O seguro-saúde fornece apoio financeiro a funcionários afetados por lesões ou doenças laborais.
2. A previdência social, tal como regida pela Lei da Previdência Social (*Social Security Act*), de 1935, presta apoio financeiro a aposentados; em alterações posteriores, a lei ampliou-se para abranger portadores de invalidez. Os recursos vêm dos pagamentos efetuados por empregadores, funcionários e trabalhadores autônomos.
3. O seguro-desemprego dá apoio financeiro a trabalhadores demitidos por motivos além de seu controle. As empresas que demitem menos pagam menos para o fundo do seguro-desemprego, o que gera um incentivo para minimizar as demissões.

Muitos empregadores também oferecem benefícios que não são obrigatórios. Os mais comuns são planos de pensão e seguros-saúde. Esses dois programas têm passado por mudanças significativas, em parte porque, em uma economia global, deixaram as empresas dos Estados Unidos em desvantagem

- **PROGRAMA DE BENEFÍCIOS COM MENU**
  Um programa de benefícios que permite que os funcionários escolham, entre diversas opções, aquelas para criar um pacote de benefícios ajustado às suas necessidades.

- **PROGRAMA DE BENEFÍCIOS FLEXÍVEL**
  Programas de benefícios nos quais os funcionários recebem créditos que podem usar em benefícios adequados às suas necessidades individuais.

competitiva. Por exemplo, os empregadores do país gastam em média US$ 9 mil ao ano por funcionário com seguro-saúde.[56] Empresas de outros países não costumam arcar com esses custos, que normalmente são suportados pelo governo e, por isso, podem competir melhor em preço. Com a rápida ascensão dos custos dos cuidados de saúde nos Estados Unidos, as empresas têm reduzido os benefícios na área, ou pedido aos funcionários que arquem com uma parte maior do seu custo. Uma parcela crescente das empresas norte-americanas (mais de um terço) não oferece nenhum benefício de saúde, ou emprega mais trabalhadores em meio período e só oferece plano de assistência médica aos funcionários de período integral. Ao mesmo tempo, os benefícios de aposentadoria têm se afastado das pensões garantidas. Embora uma pensão mensal já tenha sido a norma, quase nenhuma empresa a oferece atualmente a novos funcionários; a maioria dos trabalhadores que têm pensões desse tipo é funcionário público.[57] Geralmente, o funcionário, o empregador, ou ambos, contribuem para uma conta individual de aposentadoria (chamada de plano 401(k) nos Estados Unidos), cujos fundos são investidos. Ao aposentar-se, o funcionário fica com o saldo acumulado na conta.

Por causa da ampla gama de benefícios possíveis e da considerável variação das preferências e necessidades dos funcionários, as empresas muitas vezes usam **programas de benefícios com menu** ou **flexíveis**. Nesses programas, os funcionários recebem créditos que "gastam" na seleção de pacotes individualizados de benefícios, inclusive planos de assistência médica e odontológica, pensão para dependentes, seguro de vida e outros.

? VOCÊ SABIA?
A rápida escalada dos custos da assistência médica tornou a cobertura de seguro-saúde uma parte dispendiosa dos pacotes de benefícios dos empregadores.[58] Alguns deles – principalmente os de menor porte – lidaram com a questão simplesmente abandonando o seguro-saúde.

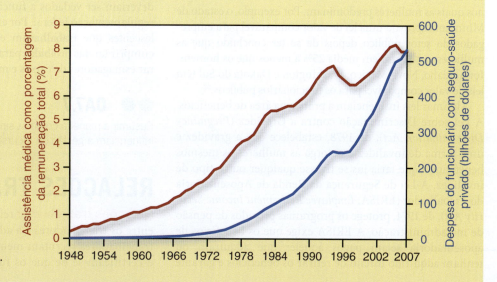

CAPÍTULO 7 | Gestão de Recursos Humanos

- **VALOR COMPARÁVEL**
  O princípio da remuneração semelhante para cargos diferentes de igual valor.

- **RELAÇÕES TRABALHISTAS**
  O sistema de relações entre os trabalhadores e a administração.

A remuneração e os benefícios precisam cumprir os requisitos legais

Diversas leis afetam a remuneração e os benefícios dos funcionários. Já falamos da FLSA, que, além de distinguir entre funcionários isentos e não isentos, também estabelece o salário mínimo e a jornada máxima, e trata do trabalho infantil.[59] A Lei da Igualdade de Remuneração (EPA, *Equal Pay Act*), de 1963, proíbe diferença de pagamento entre homens e mulheres que realizem funções semelhantes. Por igualdade de funções, entende-se cargos que exijam iguais competências, esforços e responsabilidades e sejam realizados sob condições de trabalho parecidas. A lei permite exceções nas quais a diferença de remuneração se deva a um sistema de tempo no serviço, mérito, incentivos baseados em quantidade ou qualidade da produção, ou qualquer fator adicional que não o sexo, como a demanda do mercado, por exemplo.

Ao contrário do conceito de igualdade de pagamento por igualdade de funções, a doutrina do **valor comparável** implica que mulheres que realizem funções *diferentes*, mas de *igual* valor às realizadas por homens, devem receber a mesma remuneração que estes.[60] Por exemplo, levantou-se que profissionais de enfermagem (predominantemente mulheres) ganham consideravelmente menos que operários qualificados (predominantemente homens), muito embora as duas funções tenham igual valor.[61] De acordo com a Lei de Igualdade de Remuneração, isso não constituiria discriminação salarial, porque os cargos são muito diferentes. Segundo o conceito de valor comparável, contudo, essas conclusões indicariam discriminação, porque os cargos têm igual valor. Até hoje, nenhuma lei federal dos Estados Unidos impõe o valor comparável e a Suprema Corte não tem jurisprudência formada a respeito. Mas alguns Estados têm considerado a criação de leis de valor comparável e outros elevaram os salários de cargos nos quais as mulheres predominam. Por exemplo, o estado de Minnesota aprovou uma lei de valor comparável para empregados do setor público depois de se ter concluído que as mulheres ganhavam em média 25% a menos que os homens. Iowa, Idaho, Novo México, Washington e Dakota do Sul têm leis de valor comparável para os funcionários públicos.[62]

Algumas leis influenciam a prática na área de benefícios. A Lei sobre Discriminação contra a Gravidez (*Pregnancy Discrimination Act*), de 1978, estabelece que a gravidez é uma forma de invalidez e outorga às mulheres os mesmos benefícios a que faria jus se tivesse qualquer outro tipo de invalidez. A Lei de Segurança da Renda de Aposentadoria do Trabalhador (ERISA, *Employee Retirement Income Security Act*), de 1974, protege os programas privados de pensão de má administração. A ERISA exige que os benefícios de aposentadoria sejam pagos àqueles que adquiram ou tenham adquirido direito de retirar os benefícios e garante benefícios de aposentadoria aos funcionários de empresas que vão à falência ou que por qualquer outro motivo não possam honrar suas obrigações de pensão.

Os empregadores têm de proteger a saúde e a segurança

A Lei da Saúde e Segurança Ocupacional (OSHA, *Occupational Safety and Health Act*), de 1970, exige que os empregadores promovam a segurança no ambiente de trabalho. Eles devem manter registros de ferimentos e mortes causados por acidentes no trabalho e submeter-se a inspeções. Grandes acidentes industriais e desastres em usinas nucleares em todo o mundo atraíram a atenção para a importância da segurança no ambiente de trabalho.

A mineração de carvão é uma das muitas atividades que se beneficiam de leis de segurança. Segundo a Secretaria de Estatística do Trabalho dos Estados Unidos, o trabalho dos mineradores é um dos cinco mais perigosos que há. Praticamente todos os mineiros de carvão têm algum parente ou amigo que morreu, se feriu, ou sofre de doenças pulmonares por causa do trabalho. "A gente ou morre rápido, ou morre devagar", segundo um mineiro. A segurança em minas retornou tragicamente à consciência dos Estados Unidos em janeiro de 2006, quando 12 mineiros morreram depois de ficarem presos por causa de uma explosão na mina do International Coal Group (ICG) de Sago, estado da Virgínia Ocidental. Críticos das práticas de segurança da ICG observaram que no ano anterior tinham sido emitidas mais de 200 notificações de segurança contra a mina, mas as multas foram de apenas US\$ 24 mil.[63] Apesar disso, segundo a Administração de Segurança e Saúde na Mineração dos Estados Unidos (*Mine Safety and Health Administration*), as minas estão mais seguras. Na década de 1960, centenas de mineiros de carvão morriam em acidentes de trabalho todos os anos; em 1986, foram 89 (4,8% do total de mineiros) enquanto, apesar da tragédia de Sago, os mortos foram 47 (3,9%), em 2006.[64]

Outra área de preocupação é a segurança dos trabalhadores mais jovens, aos quais falta confiança para se manifestar, caso percebam problemas de saúde ou segurança. Um estudo recente com trabalhadores adolescentes revelou que muitos deles eram expostos a perigos e usavam equipamentos que deveriam ser vedados a funcionários tão jovens, segundo a regulamentação federal. Por exemplo, quase metade dos adolescentes que trabalhavam em lojas de alimentos relatou cumprir tarefas proibidas para essa faixa de idade, como operar esmagadores de caixas e misturadores de massa.[65]

OA7.7

Resumir a maneira como os sindicatos e a legislação trabalhista influenciam a gestão de recursos humanos.

RELAÇÕES TRABALHISTAS

Relações trabalhistas referem-se ao sistema de relações entre os trabalhadores e a administração. Os sindicatos de trabalhadores recrutam membros, recolhem contribuições e certificam-se de que os funcionários sejam tratados de

Estes manifestantes de Fontana, estado da Califórnia, acusam o Walmart de pagar baixos salários, não oferecer assistência médica ou benefícios e tentar impedir os funcionários de formar sindicatos. O protesto resultou em sete prisões. Como o gigante do varejo poderia responder a essas acusações?

maneira justa no que tange a salários, condições de trabalho e outras questões. Quando os trabalhadores se organizam e negociam com a administração, há dois aspectos envolvidos: sindicalização e negociação coletiva. Esses processos evoluíram nos Estados Unidos desde a década de 1930, conferindo direitos importantes aos trabalhadores.[66]

Qual a legislação trabalhista em vigor?

Aprovada em 1935, a Lei Nacional de Relações Trabalhistas (*National Labor Relations Act* – também chamada de *Lei Wagner*, em homenagem ao seu autor) deu à luz uma era de sindicalização acelerada ao legalizar as organizações trabalhistas, estabelecer cinco práticas empregatícias injustas e criar o Conselho Nacional de Relações Trabalhistas (NLRB, *National Labor Relations Board*). Antes dessa lei, os empregadores podiam demitir os trabalhadores que apoiassem sindicatos e muitas vezes foram chamadas tropas federais para por fim a greves. Hoje, o NLRB realiza eleições sindicais, recebe reclamações sobre práticas trabalhistas injustas e emite medidas de segurança contra empregadores infratores. A Lei Wagner ajudou muito o crescimento dos sindicatos ao permitir que os trabalhadores usassem a lei e os tribunais para se organizar e negociar coletivamente melhores salários, jornadas e condições de trabalho. Os salários mínimos, os benefícios de saúde, a licença-maternidade, a semana de 40 horas e outras formas de proteção ao trabalhador foram, em grande parte, resultado das negociações coletivas conduzidas pelos sindicatos ao longo de muitos anos.

A política pública começou em 1935 ao lado do trabalho organizado, mas nos 25 anos que se seguiram, o pêndulo favoreceu a administração. A Lei de Relações entre Trabalho e Administração (*Labor-Management Relations Act*, ou Lei Taft-Hartley), de 1947, protegeu os direitos de liberdade de expressão dos funcionários, definiu práticas trabalhistas injustas da parte dos sindicatos e permitiu que os trabalhadores rejeitassem um sindicato como seu representante.

Finalmente, a Lei de Relatório e Divulgação Trabalhista e Administrativa (*Labor-Management Reporting and Disclosure Act*, ou Lei Landrum-Griffin), de 1959, tornou pública a posição da política do trabalho organizado e as uma carta de direitos dos trabalhadores sindicalizados, estabelecer controle sobre aumentos das contribuições sindicais e impor requisitos de transparência aos sindicatos, a Landrum-Griffin tinha por objetivo impedir abusos por parte das lideranças sindicais e livrar os sindicatos da corrupção.

Como os funcionários formam sindicatos?

A formação de um sindicato começa quando um organizador sindical ou um representante do sindicato local descreve para os trabalhadores os benefícios que podem conquistar com a filiação.[67] O representante do sindicato distribui cartões de autorização para que os trabalhadores indiquem se desejam realizar uma eleição para certificar o sindicato. O Conselho Nacional de Relações Trabalhistas realiza a eleição se pelo menos 30% dos funcionários firmarem o cartão de autorização. A essa altura, a administração tem diversas opções: reconhecer o sindicato mesmo sem eleição, consentir com a eleição, ou contestar o número de cartões assinados e opor-se à eleição.

Se a eleição for justificada, um representante do NLRB a realizará por voto secreto. A simples maioria dos votos determina a decisão, de modo que trabalhadores desinteressados, que não votem, acabam por apoiar o sindicato, na prática. Se o sindicato vencer a eleição, fica certificado como representante da unidade de negociação. A administração e o sindicato ficam, a partir de então, juridicamente obrigados a tratar de boa fé para chegar a um contrato de negociação coletiva.

Por que os trabalhadores votam a favor ou contra a sindicalização? Há quatro fatores que pesam mais nessa decisão:[68]

1. Fatores econômicos, especialmente para os trabalhadores em cargos de baixa remuneração — Os sindicatos procuram aumentar o salário médio de seus membros.

CAPÍTULO 7 | Gestão de Recursos Humanos

2. Insatisfação com o trabalho — Más práticas de supervisão, favorecimento e não favoritismo, ausência de comunicação e percepção de disciplina e demissões injustas ou arbitrárias são causas específicas da insatisfação com o emprego.
3. A crença no poder do sindicato para obter os benefícios desejados pode gerar um voto favorável à sindicalização.
4. Imagem do sindicato — Notícias sobre corrupção e desonestidade do sindicato podem levar os trabalhadores a se opor à sindicalização.

Como se dão as negociações coletivas?

Nos Estados Unidos, os sindicatos realizam das empresas e os (a cada três anos, um ritual pede negociação de um normalmente abrange salários, benefícios, jornadas e condições de trabalho. Podem surgir conflitos durante esse processo e, às vezes, os trabalhadores entram em greve para forçar a administração a aceitar suas condições. Essa atitude, chamada de *greve econômica*, é permitida por lei, mas as greves são raras atualmente. Os grevistas não recebem salários enquanto estão em greve e poucos trabalhadores se dispõem a enfrentar desnecessariamente essa situação. Além disso, os gestores podem, dentro da lei, contratar trabalhadores temporários durante as greves, eliminando parte de seus efeitos. Finalmente, os trabalhadores sabem tão bem quanto os gestores a respeito da dura competição que as empresas de hoje enfrentam; se forem tratados de maneira justa, geralmente terão tanto interesse quanto a administração em chegar a um acordo.

Uma vez firmado um acordo, a administração e o sindicato às vezes divergem quanto à sua *interpretação*. Esses litígios costumam ser solucionados por meio de **arbitragem**, o uso de um terceiro neutro, geralmente escolhido de comum acordo. Os Estados Unidos usam a arbitragem enquanto um contato coletivo está em vigência para evitar *greves intempestivas* (nas quais os trabalhadores suspendem o trabalho a despeito do contrato) ou interrupções imprevistas das atividades.

Há cláusulas que são comuns em contratos de negociação coletiva:

- Cláusula de segurança — Em uma **empresa sindicalizada**, o contrato exige que os trabalhadores tornem-se membros do sindicato depois de um determinado prazo. Nos Estados com regime de **direito ao trabalho** (*right-to-work*), há leis que proíbem a sindicalização de empresas; os trabalhadores têm o direito de trabalhar sem a obrigação de entrar para um sindicato. No sul dos Estados Unidos há muitos estados sob esse regime.
- Componentes salariais — O contrato detalha as escalas de pagamento, inclusive de horas extras e férias remuneradas.
- Direitos individuais — Abrangem o uso do tempo de serviço para determinar aumentos, oferta de cargos e a ordem das demissões.
- Procedimento para reclamações — Dá voz aos trabalhadores a respeito do que ocorre na negociação e administração do contrato.[69] Em cerca de 50% dos casos de demissões que vão a juízo, o árbitro reverte a decisão da administração e obriga a readmissão do trabalhador.[70]

Os sindicatos têm o dever legal de oferecer representação justa, o que significa que precisam representar todos os trabalhadores da unidade de negociação e garantir que seus direitos sejam protegidos.

E o futuro?

Nos últimos anos, a sindicalização caiu para cerca de 12% da força de trabalho dos Estados Unidos — contra um pico de 33% ao fim da Segunda Guerra Mundial. A maior automação eliminou muitos dos empregos industriais que eram os pontos fortes dos sindicatos. Os funcionários de escritório atualmente têm menor interesse em participar de sindicatos e são mais difíceis de se organizar. A competição global reduziu a inclinação dos gestores a ceder às exigências dos sindicatos e, com isso, os benefícios da sindicalização ficaram menos evidentes para muitos trabalhadores – principalmente os jovens e capacitados que não esperam mais passar toda a vida em uma só empresa. Além disso, a eliminação de regras ineficientes de trabalho, a introdução da participação nos lucros e de garantias de estabilidade no emprego parecem ser encaradas como passos em direção a um relacionamento de longo prazo, fundamentalmente diferente e baseado na cooperação.

Quando as empresas reconhecem que seu sucesso depende do talento e da energia dos funcionários, os interesses dos sindicatos e dos gestores começam a convergir. Em vez de um lado explorar o outro, sindicatos e gestores encontram pontos em comum baseados no desenvolvimento, na valorização e no envolvimento dos funcionários. Principalmente nas empresas baseadas em conhecimento, o equilíbrio de poder está se deslocando para os funcionários. As pessoas, não as empresas, são donas do próprio capital humano. Isso deixa as empresas mal geridas em uma posição altamente vulnerável. Para competir, elas têm procurado meios de obter, reter e envolver seus recursos mais valiosos: os recursos humanos. ∎

- **ARBITRAGEM** O uso de um terceiro neutro para solucionar um litígio trabalhista.
- **EMPRESA SINDICALIZADA** Uma empresa que tenha sindicato é sujeita a uma cláusula que determine que os trabalhadores tenham obrigação de unir-se ao sindicato depois de certo prazo.
- **DIREITO AO TRABALHO** Leis que permitem que os funcionários trabalhem sem filiar-se a um sindicato.

> " O sucesso ou fracasso de qualquer empreendimento se deve às pessoas nele envolvidas. Só teremos grandes realizações se atrairmos as melhores pessoas. "
>
> Colin Powell, ex-secretário de Estado dos Estados Unidos

ACESSE

<http://www.grupoa.com.br>

para materiais adicionais de estudo, incluindo apresentações em PowerPoint.

CAPÍTULO 7 | Gestão de Recursos Humanos 179

● ● objetivos de APRENDIZAGEM

OA8.1 Descrever como mudanças na força de trabalho dos Estados Unidos fazem da diversidade uma questão organizacional e administrativa crítica.

OA8.2 Distinguir ação afirmativa de gestão da diversidade.

OA8.3 Explicar como a diversidade, se bem gerida, pode conferir uma vantagem competitiva às empresas.

OA8.4 Identificar desafios associados à gestão de uma força de trabalho diversificada.

OA8.5 Definir empresas monolíticas, pluralistas e multiculturais.

OA8.6 Indicar as medidas que os gestores e suas empresas podem tomar para cultivar a diversidade.

OA8.7 Resumir as competências e o conhecimento de que os gestores necessitam para a gestão global.

OA8.8 Identificar maneiras pelas quais as diferenças culturais entre países influenciam a gestão.

capítulo oito

Gestão de uma Força de Trabalho Diversificada

No capítulo anterior, descrevemos as leis que exigem igualdade de oportunidade e tratamento justo no ambiente de trabalho. Mas uma abordagem pró-ativa – de identificação e aproveitamento dos benefícios de uma força de trabalho diversificada – é, hoje, fundamental para o sucesso de muitas empresas. Por exemplo, ao contratar pessoas com históricos diversos e dar ênfase ao treinamento e à mentoria para ajudá-las a dar uma contribuição plena, a Marriott International criou uma vantagem competitiva no setor de hospitalidade.[1] Por outro lado, gestores que carecem das competências necessárias para liderar homens e mulheres de diferentes culturas, idades, habilidades e históricos estarão em considerável desvantagem em suas carreiras.

Nos Estados Unidos, o número de minorias raciais e étnicas está aumentando muito mais do que a taxa de crescimento da população branca e não minoritária. Os trabalhadores, os clientes e os mercados norte-americanos são altamente e cada vez mais diversos. Além disso, como as empresas são cada vez mais globais, os gestores precisam estar cientes das diferenças culturais e tratá-las com sensibilidade. Ademais, a criatividade e a inovação, vitais para o sucesso de qualquer empresa, são alimentadas em um clima que celebra as diferentes

Saiba as principais maneiras

pelas quais os jovens gestores de hoje têm se beneficiado da diversidade dos funcionários e de uma perspectiva global.

A idade, o sexo e a raça das pessoas não importam. Todos são capazes de carregar caixas em um caminhão. A dificuldade é relacionar-se com elas em um nível pessoal, ou resolver um conflito entre diferentes grupos de trabalho.
Joe Kubinski, Supervisor Operacional

A gestão traz muitas responsabilidades. Mesmo que nosso cargo na empresa seja mais alto do que o de outras pessoas, devemos tratar todos com respeito para que nos respeitem como gestor. Devemos conversar com nossos colegas, não lhes dar ordens. Lembrem-se de que queremos que essas pessoas sejam parte de nossa equipe.
Angel Chavez, Diretora de Criação

• **GESTÃO DA DIVERSIDADE** Gerir uma força de trabalho diversa, reconhecendo as características comuns a grupos específicos de funcionários e, ao mesmo tempo, lidar com esses funcionários como indivíduos e apoiar, nutrir e utilizar essas diferenças em prol da empresa.

perspectivas e as pessoas brilhantes que há em todos os caminhos da vida. Poucas sociedades têm acesso à gama de talentos disponível nos Estados Unidos, com sua tradição de imigração e sua população racial e etnicamente diversa. Mas não é fácil fazer com que pessoas com históricos diferentes trabalhem juntas de maneira eficaz. Por isso, a gestão da diversidade é um dos maiores desafios com que os Estados Unidos se deparam – e uma das maiores oportunidades.

Gerir a diversidade envolve, antes de mais nada, atividades básicas, como recrutamento, treinamento, promoção e utilização plena de pessoas com diferentes históricos, crenças, capacidades e culturas. Mas significa mais do que simplesmente contratar mulheres e minorias e garantir que sejam tratadas de maneira igualitária e incentivadas a atingir o sucesso. Significa, também, compreender e dar um valor profundo às diferenças entre os funcionários para construir uma empresa mais eficaz e lucrativa. As organizações que lutam para alimentar a riqueza que traz uma força de trabalho diversa também se dedicam a construir pontes entre os funcionários para explorar seu potencial. Essa inclusão vai além de dar valor às diferenças entre os funcionários e dá valor, também, às ligações que surgem e se desenvolvem entre eles.

Este capítulo examina o significado da diversidade e a gestão das competências e dos processos organizacionais envolvidos na gestão eficaz de uma força de trabalho diversificada. Começaremos pela identificação das mudanças havidas na sociedade e no ambiente de trabalho que têm criado essa força de trabalho mais diversa nos Estados Unidos. Em seguida, trataremos dos desafios da diversidade e de maneiras para lidar com eles. Depois, exploraremos as práticas de apoio à inclusão. Finalmente, por causa da presença global das empresas de hoje, encerraremos com uma descrição de como gerir em ambientes com diferenças econômicas, culturais e geográficas.

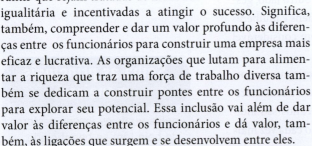

"e pluribus unum"

A diversidade moldou o passado dos Estados Unidos

Do final do século XIX até o começo do século XX, a maioria dos imigrantes chegados aos Estados Unidos eram procedentes da Itália, da Polônia, da Irlanda e da Rússia. Essas pessoas eram marginalizadas porque a maioria não falava inglês e porque tinham costumes e estilos de trabalho diferentes. Lutaram para obter aceitação nos setores siderúrgico, de carvão, automotivo, de seguros e financeiro. Até a década de 1940 (e ainda mais tarde, em alguns casos), as faculdades discriminavam rotineiramente os imigrantes, católicos e judeus, estabelecendo cotas rígidas que limitavam numerosa quantidade deles, isso quando eram aceitos. Esse tipo de discriminação diminuiu gravemente as possibilidades de emprego desses grupos até a década de 1960.

A luta das mulheres pela aceitação no ambiente de trabalho foi, em alguns sentidos, ainda mais difícil. Quando começou o Movimento pelos Direitos das Mulheres, em Seneca Falls, em 1848, a maioria das profissões era proibida às mulheres e nas faculdades e escolas profissionalizantes também. No começo do século XX, quando as mulheres começaram a ser aceitas em escolas profissionalizantes, estavam sujeitas a cotas rígidas. Havia a crença generalizada de que alguns empregos eram para homens e, outros, para mulheres. Até a década de 1970, as seções de classificados dos jornais listavam empregos por sexo e eram intituladas "Precisa-se de Homens" e "Precisa-se de Mulheres". As mulheres que desejassem um empréstimo bancário precisavam de um homem que assinasse com elas e mulheres casadas não recebiam cartões de crédito no próprio nome.[2] Essa discriminação começou a diminuir com a Lei dos Direitos Civis (*Civil Rights Act*), de 1964 e com a aplicação de outras leis. Embora as mulheres ainda sejam minoria nos níveis mais graduados do mundo corporativo e seus salários médios ainda sejam inferiores aos dos homens, a maioria dos empregos, hoje, está aberta para elas.

A mais dura e difícil luta por igualdade envolveu as minorias não brancas dos Estados Unidos. Cem anos depois da Guerra Civil Americana, ainda persistia a rígida segregação

 OA8.1

Descrever como mudanças na força de trabalho dos Estados Unidos fazem da diversidade uma questão organizacional e administrativa crítica.

DIVERSIDADE: PASSADO, PRESENTE E FUTURO

A diversidade está longe de ser um desafio recente para os gestores dos Estados Unidos. Com o tempo, contudo, as empresas norte-americanas mudaram sua abordagem da gestão da diversidade.

182 Administração

racial em educação, emprego e moradia. Depois de anos de corajosos protestos e lutas, a Suprema Corte proferiu, em 1954, sua decisão unânime em Brown v. Board of Education, declarando a inconstitucionalidade da segregação e abrindo caminho para as leis que discutimos no Capítulo 7, inclusive a Lei dos Direitos Civis de 1964. Embora a luta por igualdade ainda não tenha terminado, muitos direitos civis – igualdade de oportunidade, justo tratamento em moradia, ilegalidade da discriminação religiosa, racial e sexual – receberam grande ímpeto do movimento pelos Direitos Civis.

Com esse histórico, a imagem tradicional da diversidade nos Estados Unidos enfatizava a assimilação. Os Estados Unidos eram considerados o "cadinho cultural" do mundo, um país cujas diferenças étnicas e raciais fundiam-se em um "purê" norte-americano. Na verdade, muitos grupos étnicos e a maioria dos raciais mantiveram suas identidades, mas não as expressavam no ambiente de trabalho. Atenuar as distinções étnicas e culturais ajudava os funcionários a manter seus empregos e progredir.

A diversidade é crescente na força de trabalho de hoje

Hoje, quase metade da força de trabalho dos Estados Unidos consiste em mulheres, 14% dos trabalhadores norte-americanos identificam-se como hispânicos ou latinos, e 11% são negros. Um terço das empresas americanas pertence a mulheres e emprega cerca de 20% dos trabalhadores do país. Dois terços de todas as migrações globais têm os Estados Unidos como destino.[3] Para as empresas do país, ter uma força de trabalho diversificada não é questão de opção; se quiserem sobreviver, precisam aprender a gerir uma força de trabalho heterogênea antes dos concorrentes, ou melhor do que eles.

Os imigrantes de hoje estão dispostos a ser parte de uma equipe integrada, mas não estão mais dispostos a sacrificar suas identidades culturais para progredir. E nem precisam. As empresas têm reconhecido que aceitar as diferenças entre os funcionários vale a pena. Os gestores também têm percebido que os clientes estão se tornando cada vez mais diversificados, de modo que contar com uma força de trabalho diversificada pode representar uma vantagem competitiva significativa no mercado.

Atualmente, a *diversidade* diz respeito a muito mais do que cor da pele ou sexo. O termo se refere genericamente a uma gama de diferenças, resumidas na Figura 8.1. Essas diferenças podem ser de filiação religiosa, idade, *status*, de deficiência, experiência militar, orientação sexual, classe econômica, nível educacional e estilo de vida, além de sexo, raça, etnia e nacionalidade.

Embora os membros de diferentes grupos (homens brancos, pessoas nascidas durante a Grande Depressão, homossexuais, veteranos de guerra, hispânicos, asiáticos, mulheres, afro-americanos etc.) compartilhem com seus grupos diversos valores, atitudes e percepções, também existe muita diversidade dentro de cada categoria. Todos os grupos são formados por pessoas, cada uma delas única em personalidade, educação e experiências de vida. Pode haver diferenças maiores entre, por exemplo, três asiáticos vindos da Tailândia, de Hong Kong e da Coreia do que entre um branco, um afro-americano e um asiático nascidos em Chicago. E os homens brancos também variam quanto a metas e valores pessoais ou profissionais.

Assim, gerir a diversidade pode parecer uma contradição. Significa estar muito ciente das características comuns a um grupo de funcionários e, ao mesmo tempo, gerir esses funcionários como *indivíduos*. Gerir a diversidade não sig-

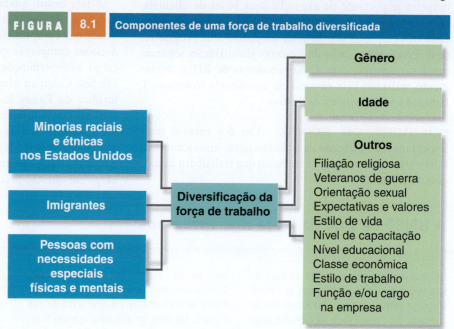

FIGURA 8.1 Componentes de uma força de trabalho diversificada

nifica apenas tolerar ou acomodar todos os tipos de diferença, mas apoiar, nutrir e utilizar tais diferenças em prol da organização. A Borders Books, por exemplo, tenta casar a demografia da sua força de trabalho com a das comunidades em que suas lojas operam. Segundo a alta administração da empresa, isso levou ao aumento do faturamento.

> " A diversidade humana faz da tolerância mais que uma virtude; faz dela um requisito para a sobrevivência. "
>
> René Dubos

FIGURA 8.2 Expansão dos programas de diversidade entre as empresas dos Estados Unidos

FONTE: Gail Johnson, "Time to Broaden Diversity," *Training*, setembro de 2004, p. 16.

- As mulheres representam cerca de 47% da força de trabalho.
- A participação geral das mulheres na força de trabalho aumentou da década de 1970 até a de 1990 e agora se mantém estável, enquanto a participação dos homens diminuiu gradualmente.
- Quase 60% dos casais têm duas fontes de renda.
- Uma em cada quatro mulheres em famílias de dupla renda ganha mais do que o marido.[4]

Como mostra a Figura 8.2, um número considerável de executivos de RH afirma que suas empresas precisam ou pretendem expandir seus programas de treinamento em diversidade. Embora muitas tenham inicialmente instituído esses programas como forma de prevenção contra a discriminação, elas cada vez mais os encaram como uma maneira importante de expandir suas bases de clientela, tanto interna quanto internacionalmente. De fato, duas em cada três empresas afirmam ter ampliado seus programas de diversidade por causa da crescente globalização, segundo um levantamento com 1.780 executivos de RH e treinamento realizado pela empresa de consultoria Novations/J. Howard and Associates, de Boston.

questões de gênero Um dos eventos mais importantes do mercado de trabalho norte-americano tem sido o crescente número de mulheres que trabalham fora de casa. Vejamos:

Equilibrar a vida profissional com as responsabilidades familiares é um enorme desafio. Embora os papéis dos homens em nossa sociedade estejam mudando, as mulheres ainda arcam com a maioria das responsabilidades familiares. Isso as deixa em desvantagem em empresas que esperam que seus funcionários, especialmente no nível gerencial, façam longas jornadas e sacrifiquem suas vidas pessoais em prol de seus cargos, suas empresas e suas carreiras. E também pode fazer com que essas empresas percam talentos valiosos. Por isso, algumas delas oferecem aos funcionários maneiras de equilibrar o trabalho com compromissos familiares, usando benefícios como creches internas, atendimento domiciliar a parentes idosos, horários de trabalho flexíveis e novas tecnologias que permitam realizar mais tarefas em casa.

Ainda assim, quando os gestores comparam a necessidade que os funcionários têm de flexibilidade com a necessidade que a empresa tem de produtividade, precisam tomar decisões complexas que levem em conta os requisitos do cargo, as contribuições e a motivação de cada funcionário. Michele Coleman Mayes, vice-presidente sênior e diretora jurídica da Pitney Bowes, concordou que uma advogada saísse às cinco da tarde todos os dias; ela trabalha à noite em seu *laptop*, na medida do necessário, para cumprir seus prazos. Mas a mesma Mayes recusou o pedido de outro funcionário de trabalhar meio período porque o ocupante do cargo em questão precisava estar disponível para lidar com

A BNSF se vale da força dos veteranos

Em uma economia em recessão, as pessoas que têm maior dificuldade para encontrar emprego podem ser os soldados saídos de combate. Em um ano recente, o desemprego para veteranos de guerra entre 18 e 24 anos de idade era de 14%, contra 11,5% para os não veteranos na mesma faixa etária.

No serviço militar, os veteranos adquirem competências transferíveis — como comunicação, formação de equipes, solução de problemas e pensamento crítico — mas muitos deles carecem de experiência profissional prática e diplomas universitários. Por isso, empregadores em potencial podem desconsiderar as Forças Armadas, que geram cerca de 40 mil novos trabalhadores civis por ano, como uma fonte viável de candidatos.

Mas contratar ex-militares pode fazer sentido. Para a maioria das funções da vida civil, há um paralelo nas Forças Armadas. Além disso, em um país no qual o serviço militar é inteiramente voluntário (como nos Estados Unidos), os alistados tendem a ser mais velhos, mais experientes e mais bem treinados do que no passado. Cada arma das Forças representa uma fonte diversificada de talentos e alguns empregadores, como a Burlington Northern Santa Fe Railway (BNSF), de Fort Worth, têm prestado atenção nisso.

O histórico de contratação de veteranos da BNSF vem da época da Guerra Civil Americana. Desde 2005, a empresa contratou mais de 3 mil veteranos e uma parcela considerável de seus 39 mil funcionários se compõe de membros da Guarda Nacional e reservistas. Em 2008, mais de 20% das novas contratações foram de veteranos de guerra. Quase mil funcionários da BNSF foram reconvocados para a ativa desde 11 de setembro de 2001.

Matt Rose, presidente do conselho e presidente-executivo da empresa, diz que os veteranos da BNSF são "voltados para missões, altamente qualificados, motivados e dotados de experiências e conhecimento técnico ímpares". Diz, ainda, que os candidatos militares refletem as competências essenciais da BNSF: "liderança, trabalho em equipe e capacidade de operar com segurança em um ambiente rápido e dinâmico".

Os veteranos contratados pela BNSF passam por um treinamento extensivo de "imersão" nas operações do setor ferroviário. Eles podem ser preparados para cargos de engenharia ou condução de locomotivas, aprendendo as funções operacionais e téc-

pedidos de outros departamentos. Mayes diz aos seus subordinados que as decisões sobre escalas "talvez não sejam sempre iguais, mas tentarei ser justa."[5]

O desejo de acesso a horários flexíveis é frequentemente citado como um dos motivos para a persistência da disparidade de remuneração entre homens e mulheres. Uma mulher trabalhadora em tempo integral recebe em média 80% do que um homem no mesmo cargo (tratamos no Capítulo 7 dos temas da igualdade de remuneração e do valor comparável). Embora a diferença tenha diminuído na maioria dos anos desde a década de 1970, um estudo recente revelou que a diferença entre os rendimentos de homens e mulheres com nível superior na verdade aumenta depois que estão há mais de 10 anos na força de trabalho. Parte da diferença se explica pelo fato de que as mulheres tendem a escolher ocupações de menor remuneração, fazem jornadas mais curtas e dedicam mais tempo com os filhos. Mas mesmo controlando para essas e outras variáveis conhecidas, um quarto da diferença de remuneração permanecia sem explicação.[6]

Outra preocupação que afeta as trabalhadoras é a baixa representação de mulheres nos cargos mais graduados. À medida que as mulheres – assim como as minorias – sobem a escada empresarial, atingem um **teto de vidro**, uma metáfora que representa uma barreira invisível que dificulta a passagem para além de um determinado nível da hierarquia empresarial. Para exemplificar, apenas 12 são presidentes executivas de empresas da lista *Fortune 500* – ou seja, 12 entre 500. Tratando de todas as diretorias dessas empresas, 16% são ocupadas por mulheres e menos de 2% por mulheres pertencentes a minorias.[7] Ainda assim, lideranças femininas estão

começando a surgir em uma gama maior de empresas. Algumas das presidentes-executivas mais conhecidas de hoje são Indra Nooyi (PepsiCo), Ursula Burns (Xerox), Pat Woertz (Archer Daniels Midland), Brenda Barnes (Sara Lee) e Irene Rosenfeld (Kraft Foods).[8]

Algumas empresas têm ajudado as mulheres a romper o teto de vidro. A Accenture promove eventos mensais de networking para as funcionárias, oferece horários flexíveis e sistemas de trabalho em meio período. As dez empresas abaixo estão entre as que a National Association of Female Executives identificou recentemente como as 30 melhores para executivas:[9]

Aetna	Marriott International
American Express	New York Times Co.
Bristol-Myers Squibb	Office Depot
Chubb & Son	Patagonia
Hewlett-Packard	Sallie Mae

Com o aumento da presença e do poder das mulheres na força de trabalho, algumas pessoas têm chamado a atenção para a questão do **assédio sexual**, que abrange conduta de teor sexual indevida como

> ● **TETO DE VIDRO** Metáfora para representar uma barreira invisível que dificulta o acesso de mulheres e minorias aos níveis superiores de uma organização.
>
> ● **ASSÉDIO SEXUAL** Conduta de natureza sexual com consequências negativas para o emprego.

?

VOCÊ SABIA?

A porcentagem de mulheres que são presidentes-executivas deve aumentar, mas só um pouco, chegando a cerca de 6% dos presidentes-executivos de empresas da lista *Fortune 1000*, em 2016.[10]

---

nicas de transporte antes de dar continuidade ao treinamento em campo.

A BNSF é considerada um dos empregadores mais amigáveis às Forças Armadas dos Estados Unidos e seu site tem uma página especificamente voltada para recrutamento de militares, ajudando os veteranos

que voltam para casa a fazer a transição, às vezes difícil, para a vida civil. A empresa oferece benefícios ampliados a funcionários reconvocados para a ativa, inclusive pagamento integral, manutenção dos benefícios de saúde e dois pacotes de presentes por ano. Em alguns casos, o serviço militar

dos funcionários pode até ser lançado como serviço ferroviário. Em 2008, o periódico *G.I. Jobs* classificou a BNSF em segundo lugar entre as organizações amigáveis para militares. A BNSF também conquistou, recentemente, o Freedom Award do Departamento de Defesa dos Estados Unidos. ❖

P: Perguntas para discussão

- Como a contratação de veteranos de guerra beneficia a BNSF?
- Quais atributos podem fazer dos veteranos de guerra candidatos atraentes para um cargo?

FONTES: Site da empresa, <http://www.bnsf.com>, acessado em 15 de junho de 2009; Heidi Russell Rafferty, "Choosing the Right Civilian Career," *VFW Magazine* [n.d.], <http://www.vfw.org>, 8 de junho de 2009; Jacob Carpenter, "Veterans Aim to Parlay Military Skills into Civilian Jobs during Job Fair at the Grand Valley Armory," *MLive.com*, 15 de maio de 2009, <http://www.mlive.com>; Joshua Hudson, "Hiring America's Veterans," *G.I. Jobs*, dezembro de 2008, p. 70–76; "Corporate America Competes Vehemently to Hire Military Veterans," *SmartBrief*, 10 de novembro de 2008, <http://www.smartbrief.com>; "Military Veterans Are Worth Hiring for Civilian Jobs," *New York Daily News*, 29 de junho de 2008, <http://www.nydailynews.com>; Kurt Ronn, "Time to Call in the Military," *BusinessWeek*, 23 de abril de 2007, <http://www.businessweek.com>.

Irene Rosenfeld rompeu o teto de vidro e é presidente-executiva da Kraft Foods, encarregada de uma empresa com receitas de mais de US$ 30 bilhões.

condição do emprego. O assédio sexual divide-se em duas categorias:

1. O *assédio quid pro quo* ocorre quando "a aceitação ou a rejeição de condutas de teor sexual é usada como base para decisões ligadas ao emprego."
2. Surge um *ambiente hostil* quando a conduta de teor sexual indevida "tem por objetivo ou efeito interferir com o desempenho no cargo ou criar um ambiente de trabalho intimidante, hostil ou ofensivo". Entre os comportamentos causadores de ambientes hostis estão exibições persistentes ou generalizadas de pornografia, observações maliciosas ou sugestivas e provocações ou piadas humilhantes.

As duas categorias de assédio infringem o Título VII da Lei dos Direitos Civis dos Estados Unidos de 1964, independentemente do sexo do autor e da vítima (em um ano recente, mais de 15% das reclamações feitas ao governo federal vieram de homens). Quando um funcionário apresenta reclamação de assédio sexual à Equal Employment Opportunity Commission, o órgão pode investigar e, se encontrar evidências da reclamação, pode solicitar mediação, buscar acordo, ou entrar com uma medida judicial que pode levar a multas expressivas – e uma publicidade negativa que pode afetar a capacidade da empresa de recrutar futuramente os melhores profissionais.

Atualmente, o assédio mediante a criação de um ambiente de trabalho hostil é mais comum do que o assédio *quid pro quo*. Como pode envolver padrões de comportamento mais subjetivos, impõem um ônus adicional aos gestores responsáveis pela manutenção de um ambiente de trabalho adequado, assegurando que todos os funcionários saibam que condutas são ou não apropriadas e que há consequências graves para comportamentos indevidos. Mesmo que os gestores não pratiquem o assédio, se deixarem de impedi-lo ou de tomar medidas adequadas após o surgimento de reclamações legítimas, ainda podem ser responsabilizados, junto com suas empresas, se o caso for levado à justiça. Os gestores também precisam saber que o padrão de "ambiente de trabalho hostil" aplica-se ao assédio por pessoas do mesmo sexo, como também aos casos não relacionados a gênero, como

epítetos raciais ou étnicos. Trabalhadores adolescentes são uma população especialmente vulnerável, já que são inexperientes, tendem a ter cargos de menor *status* e, muitas vezes, hesitam em fazer denúncias ou têm vergonha. A Equal Employment Opportunity Commission, do governo federal norte-americano, fez dessa preocupação uma prioridade e lançou uma página voltada para adolescentes em seu site <http://www.youth.eeoc.gov>.[11]

Uma maneira pela qual os gestores podem ajudar suas empresas a se prevenir contra o assédio, ou evitar condenação punitiva em caso de processo judicial, é garantir que a organização conte com uma política eficaz e abrangente sobre assédio. Essas políticas têm os seguintes elementos básicos, que possibilitam:[12]

1. Desenvolver uma política abrangente e geral para a empresa sobre assédio sexual e a apresenta a todos os funcionários, existentes e novos. Enfatizam que o assédio sexual não será tolerado sob qualquer circunstância. Obtém-se maior ênfase quando a política é divulgada e respaldada pela alta administração.
2. Realizar sessões de treinamento com os supervisores para explicar as exigências legais da sua aplicação, seu papel na promoção de um ambiente livre de assédio sexual e os procedimentos investigativos a serem adotados em caso de denúncia.
3. Estabelecer um procedimento formal de reclamação pelo qual os funcionários possam discutir problemas sem temer retaliações. O procedimento deve detalhar a maneira como as denúncias serão investigadas e resolvidas.
4. Agir imediatamente quando surgem reclamações de assédio sexual. Comunicam amplamente a maneira como serão realizadas as investigações, de maneira objetiva e com atenção para a natureza sensível do tema.
5. Aplicar procedimentos disciplinares imediatos quando uma investigação confirma as denúncias de um funcionário. Em casos de extrema gravidade, o processo disciplinar deve incluir penalidades chegando até a demissão por justa causa. O procedimento disciplinar deve ser aplicado de maneira semelhante a casos semelhantes e igualmente a gestores e não gestores.
6. Acompanhar todos os casos para garantir uma resolução satisfatória do problema.

Empresas como Avon, Corning e Metro-Goldwyn-Mayer constataram que um forte compromisso com a diversidade reduz problemas de assédio sexual.[13]

As questões de gênero e a mudança da natureza do trabalho não se aplicam apenas às mulheres. Em certos sentidos, a mudança do *status* das mulheres deu aos homens uma oportunidade para redefinir seus papéis, suas expectativas e seus estilos de vida. Alguns homens têm decidido que a vida é mais do que apenas o sucesso empresarial e reduzido suas jornadas e compromissos de trabalho para passar mais tempo com os familiares. Os valores dos trabalhadores estão se deslocando no sentido do tempo pessoal, da qualidade de vida, da autorrealização e da família. Os trabalhadores de hoje, homens e mulheres, estão procurando um equilíbrio entre carreira e família.

minorias e imigrantes

Lado a lado com as questões de gênero, a importância e o alcance da diversidade ficam evidentes no crescimento das minorias raciais e dos imigrantes na força de trabalho. Vejamos:

- Trabalhadores negros, asiáticos e hispânicos ocupam mais de um quarto dos cargos nos Estados Unidos.
- As forças de trabalho asiática e hispânica são as que mais crescem nos Estados Unidos, seguidas pela afro-americana.
- Três em cada 10 matrículas em cursos de nível superior não são de brancos.
- Trabalhadores nascidos fora dos Estados Unidos representam mais de 15% da força de trabalho civil do país. Cerca de metade desses trabalhadores é hispânica e 22% são asiáticos.
- Quanto mais jovens os americanos, maior a probabilidade de que não sejam brancos.
- Uma em cada 66 pessoas nos Estados Unidos identifica-se como multirracial e isso pode chegar a uma em cinco até 2050.[14]

Esses dados indicam que o termo *minoria*, tal como costuma ser usado, pode logo ficar obsoleto.

Especialmente em áreas urbanas, onde os homens brancos não predominam, a gestão da diversidade significa mais do que eliminar a discriminação; significa capitalizar sobre a ampla gama de competências disponíveis no mercado de trabalho. As organizações que deixam de aproveitar plenamente as competências e habilidades das minorias e dos imigrantes limitam gravemente seu universo de talentos em potencial e sua capacidade de compreender e capturar os mercados minoritários. Esses mercados estão crescendo rapidamente, junto com seu poder de compra. E, se nossos clientes são empresas, provavelmente lidaremos com algumas que pertencem a minorias, porque o número de negócios fundados por empreendedores asiático-americanos, afro-americanos e hispânicos está crescendo muito mais rapidamente do que o crescimento geral das novas empresas nos Estados Unidos. Por exemplo, mais da metade das empresas fundadas no Vale do Silício, na Califórnia, o foram por imigrantes e, em um ano recente, um quarto dos pedidos de patentes nos Estados Unidos identificavam um imigrante como inventor ou coinventor.[15]

> Em muitas áreas urbanas com grandes populações asiático-americanas, hispano-americanas ou afro-americanas, os bancos aumentaram deliberadamente a diversidade de seus gerentes e caixas para refletir o *mix* populacional da comunidade e atrair mais negócios. Se não o fizessem, os clientes iriam facilmente perceber e mudar para outros bancos da área onde se sentissem bem-vindos e mais à vontade. Essa diversidade permite melhor atendimento ao cliente e ajuda os bancos a manter a competitividade. Por exemplo, os caixas abordados por imigrantes recentes que ainda não falam inglês chamam imediatamente seus colegas bilíngues pra ajudar. Esses trabalhadores bilíngues também estão mais bem posicionados para ajudar os clientes a lidar com problemas específicos, como transferências de renda do exterior.

Ainda assim, as evidências demonstram algumas disparidades preocupantes em emprego e renda. As taxas de desemprego são maiores entre trabalhadores negros e hispânicos do que entre os brancos – duas vezes mais altas, no caso de homens negros. Os rendimentos de trabalhadores negros e hispânicos ficam consistentemente atrás dos obtidos por trabalhadores brancos. Dados recentes indicam que a renda mediana dos funcionários afro-americanos é de 77% da dos brancos e que a mediana dos hispânicos está em

Em um recente ranking publicado em uma revista sobre a participação de afro-americanos em quatro áreas importantes (compras, diretoria executiva, alta administração e total da força de trabalho), a rede Denny's emergiu como a que mais tem feito avanços, depois dos processos por discriminação que enfrentou anos atrás.

apenas 70%. Afro-americanos e hispano-americanos também estão sub-representados em cargos de gestão e nas profissões liberais.[16] Isso, por si só, pode ajudar a perpetuar o problema, porque oferece aos jovens membros de minorias menos modelos de comportamento ou mentores.

Há um volume considerável de evidências de que a discriminação pode ser responsável pelo menos por uma parte das disparidades no emprego e na renda. Por exemplo, em um estudo recente, currículos fictícios foram usados para responder a anúncios de emprego. Os currículos usavam nomes afro-americanos, como Lakisha e Jamal, ou que parecessem ser de brancos, como Emily e Greg. Os currículos com nomes aparentemente brancos tinham 50% mais chances de receber um pedido de entrevista do que os com nomes afro-americanos. Apesar das credenciais equivalentes, é muito difícil superar as premissas frequentemente inconscientes sobre diferentes grupos raciais.[17]

Não obstante, houve avanços significativos. Membros talentosos de grupos minoritários estão entre os executivos que administram empresas e suas divisões em diferentes setores. Alguns exemplos são Alvin Aviles, presidente-executivo da New York City Health and Hospitals Corporation; Harvey Brownlee, vice-presidente de operações da KFC; Mei-Mei Chan, vice-presidente de divulgação da Seattle Times Company; Carol Terakawa, vice-presidente regional da Yahoo!; e John Thompson, presidente-executivo da Symantec.[18]

Atualmente, praticamente todas as grandes empresas têm políticas e programas para aumentar a representação de minorias, inclusive sistemas de remuneração que recompensam os gestores pelo aumento da diversidade de suas operações. FedEx, Xerox, Motorola, Shell, Sun Microsystems e outras têm diretores corporativos de diversidade que ajudam outros gestores a atrair, reter e promover executivos de minorias e mulheres. Muitas empresas, entre as quais a Lockheed Martin e a Dun and Bradstreet, também têm promovido programas de estágio e MBA para minorias. Os programas de estágio ajudam estudantes e empresas a aprender uns a respeito dos outros e, idealmente, convertem-se em oportunidades de emprego em tempo integral. Segundo a DiversityInc.com, as empresas abaixo são as 10 mais bem classificadas em diversidade:[19]

1. Johnson & Johnson
2. AT&T
3. Ernst & Young
4. Marriott International
5. Pricewaterhouse Coopers
6. Sodexo
7. Kaiser Permanente
8. Merck & Co.
9. The Coca-Cola Co.
10. IBM Corp.

Em todas elas, desenvolver, contratar e reter executivos pertencentes a minorias é crítico para sua capacidade de gerir uma força de trabalho cada vez mais diversificada e atender um número crescente de clientes com diferentes históricos.

portadores de deficiência mental e física

A maior população minoritária desempregada nos Estados Unidos é a dos portadores de deficiências. A parcela da população que tem alguma deficiência está aumentando à medida que o trabalhador médio fica mais velho e mais obeso.[20] Segundo o U.S. Census Bureau, 18% da população declara ter algum tipo de deficiência e 6% da população em idade ativa afirma ter alguma deficiência que dificulta obter e manter um emprego.[21] Ainda assim, mais da metade dos portadores de deficiências esteve empregada durante o ano do levantamento. E, entre os desempregados, muitos gostariam de encontrar emprego.

A Lei dos Americanos Portadores de Deficiências (ADA, *Americans with Disabilities Act*), já mencionada no Capítulo 7, define deficiência como alguma limitação física ou mental que comprometa significativamente uma ou mais das principais atividades vitais. Alguns exemplos são as decorrentes de limitações ortopédicas, visuais, de fala, ou de audição; paralisia cerebral; epilepsia; esclerose múltipla; infecção por HIV; câncer; doenças cardíacas; diabetes; retardo mental; doenças psicológicas; dificuldades específicas de aprendizado; vício em entorpecentes e alcoolismo.[22]

Novas tecnologias têm facilitado a conformidade com a ADA para as empresas e a produtividade no emprego para os portadores de deficiências. Essas adaptações também podem fornecer benefícios imprevistos. A National Industries for the Blind (NIB), uma empresa do estado de Wisconsin, que comercializa produtos sob a marca de fantasia Skilcraft, é um exemplo. Dos funcionários da NIB, 75% são deficientes visuais. Como os selecionadores do estoque da empresa têm dificuldade para ler instruções impressas em papel, a NIB instalou um sistema de tecnologia de voz que transmite instruções aos trabalhadores por meio de fones de ouvido. A tecnologia aumentou a produtividade da empresa toda. A precisão aumentou e os trabalhadores – cegos ou não – reúnem e enviam os pedidos mais rapidamente com os fones.

Para a maioria das empresas, os portadores de deficiências mentais e físicas representam um mercado de trabalho rico e pouco explorado. Muitas vezes, os empregadores concluem que os funcionários portadores de deficiências são mais confiáveis do que os demais, faltam menos ao trabalho e apresentam menor giro. Há benefícios fiscais para as empresas que contratam trabalhadores portadores de deficiências. Além disso, os gestores que contratam e respaldam funcionários nessas condições demonstram aos demais funcionários e interessados seu forte interesse na criação de uma cultura organizacional de inclusão.

nível educacional

Quando a economia dos Estados Unidos era predominantemente industrial, muitos cargos exigiam força física, resistência e capacitação em alguma função técnica, não diplomas de graduação e pós-graduação. Na economia de hoje, baseada em serviços e tecnologia, os trabalhadores reagiram com um número recorde de matrículas nos cursos superiores. A proporção da força de trabalho com pelo menos alguma educação de nível superior vem crescendo constantemente desde a década de 1970. A parcela de trabalhadores com diplomas de graduação mais do que dobrou desde então. A demanda por pessoas formadas nas áreas de Ciência e Tecnologia é especialmente elevada. Os empregadores muitas vezes expandem para o exterior sua busca por cientistas e profissionais da computação, mas a exigência de vistos limita essa oferta.

No extremo oposto do espectro, a participação de trabalhadores que não têm ensino médio completo despencou de quase 40% em 1970 para menos de 10%. Entre os trabalhadores nascidos no exterior, 28% não concluíram o ensino médio.[23]

faixas etárias

Atualmente, quase 40% dos trabalhadores têm 45 anos de idade ou mais. Com isso, há escassez de trabalhadores em nível de ingresso para alguns cargos. As empresas agora precisam competir muito por um universo cada vez menor de jovens talentos, preparando-se para candidatos que conhecem o mercado de trabalho e insistem nas condições de trabalho que preferem e nos benefícios que foram criados para esperar. Bruce Tulgan, fundador da Rainmaker Thinking, especializada em pesquisa de diferenças entre gerações, diz que a geração Y – os jovens trabalhadores de hoje – tende a ser "difícil", mas também "de alto desempenho", tendo aprendido a processar a enxurrada de informação que lhe chega pela internet.[24] Muitos desses trabalhadores foram criados por pais altamente dedicados que lhes proporcionaram vidas de "qualidade", de modo que os empregadores têm criado sistemas de trabalho que sejam estimulantes, envolvam trabalho em equipe, mantenham as jornadas em níveis que permitam atividades externas e forneçam *feedback* positivo em abundância. Os empregadores também estão atualizando suas táticas de recrutamento para chegar aos jovens trabalhadores onde se encontram – online. A Intermedia, que opera centros de computadores para hospedar em grande escala softwares da Web e de e-mail para pequenas empresas, diz que o site de relacionamentos LinkedIn ajuda a alcançar trabalhadores qualificados em tecnologia da informação. No setor público, a Central Intelligence

Agency e a National Security Agency criaram páginas no Facebook que permitem que membros registrados possam obter informações sobre abertura de vagas.[25]

> Reunir o conhecimento dos trabalhadores experientes com a energia e as novas ideias dos jovens trabalhadores pode criar uma força de trabalho poderosa. Carolyn Martin, da Rainmaker Thinking, incentiva seus clientes a desenvolver programas de mentoria para transferir conhecimentos importantes dos funcionários mais velhos para os mais jovens. "[Os trabalhadores mais velhos] vão embora levando consigo uma mina de ouro de experiência, conhecimento sobre o produto e visão histórica, e nós os deixamos ir", disse, em um recente congresso sobre economia. "O conhecimento como forma de poder acabou. É hora do conhecimento compartilhado. Todos, independentemente de sua idade, são professores e aprendizes".

Martin sugere que os empregadores contratem trabalhadores mais velhos que possam ensinar os mais jovens. Normalmente, diz, os membros da geração do *baby boom* – que estão começando a se aposentar – acabam começando novas carreiras.[26]

Os trabalhadores de amanhã serão mais variados do que nunca

Até recentemente, os homens brancos nascidos nos Estados Unidos dominavam a força de trabalho do país. Esse grupo ainda representa a maior parte dos trabalhadores – cerca de 80% dos trabalhadores americanos são brancos e mais da metade deles é do sexo masculino –, mas sua participação na força de trabalho está em declínio. Embora o número de trabalhadores brancos do sexo masculino deva continuar a crescer, o número de mulheres e de trabalhadores asiático-americanos, afro-americanos e hispano-americanos deve crescer ainda mais.[27] Essa mudança significativa da força de trabalho reflete tendências da população dos Estados Unidos como um todo. O Census Bureau recentemente anunciou que, pela primeira vez, cerca de um terço dos residentes dos Estados Unidos pertence a alguma minoria racial ou étnica. O maior grupo minoritário, e de mais rápido crescimento, é o dos hispânicos, acompanhado de perto pelos afro-americanos. Em diversos estados – Califórnia, Havaí, Novo México e Texas – e no Distrito de Colúmbia, esses dois grupos minoritários, somados a asiáticos, americanos nativos e grupos das ilhas do Pacífico, formam uma "maioria de minorias".[28]

Ao longo da maior parte de sua história, os Estados Unidos gozaram de um superávit de trabalhadores. Mas isso deve mudar. Menores taxas de natalidade nos Estados Unidos e em outros países desenvolvidos estão levando a uma força de trabalho reduzida. Projeta-se para a década a terminar em 2016 um arrefecimento ainda maior do ritmo de crescimento da força de trabalho, com a aposentadoria dos *baby boomers*.[29]

Os empregadores provavelmente terceirizarão parte do trabalho para fábricas e empresas de países em desenvolvimento, onde as taxas de natalidade sejam mais altas e a oferta de trabalho, mais abundante. Mas terão que competir pelos melhores candidatos em um universo de trabalhadores relativamente menor e mais diverso nos Estados Unidos. Eles precisarão saber quem são esses novos trabalhadores – e deverão estar preparados para atender suas necessidades.

Além disso, a idade mediana da força de trabalho norte-americana está aumentando, à medida que o número de trabalhadores mais velhos aumenta, e o de jovens aumenta apenas um pouco. Setores como os de enfermagem e indústria já enfrentam uma tremenda perda de perícia por causa do *downsizing* e de uma força de trabalho em rápido envelhecimento. Outros setores logo se depararão com a mesma dificuldade.[30] Por outro lado, quase 70% dos trabalhadores entre os 45 e os 74 anos de idade disseram à AARP (conhecida como *American Association of Retired Persons* – Associação Americana de Aposentados) que pretendem continuar a trabalhar depois da aposentadoria. Os aposentados muitas vezes retornam à força de trabalho a pedido de seus empregadores, que não podem dar-se ao luxo de perder o conhecimento acumulado por funcionários experientes, sua disposição para trabalhar em turnos diferentes dos tradicionais e seus hábitos de trabalho confiáveis, que exercem efeito positivo sobre todos os funcionários.

Para impedir um êxodo de talentos, os empregadores precisam de estratégias para reter e atrair trabalhadores mais idosos, qualificados e dotados de conhecimento. Uma possibilidade está nos planos de aposentadoria gradual, que permitem que os funcionários mais velhos trabalhem menos horas por semana. Quase um terço dos docentes em idade de aposentadoria nos 16 campi da Universidade da Carolina do Norte aproveita a aposentadoria gradual e o conceito está se espalhando por outras empresas públicas e privadas. Outras estratégias envolvem adaptar o ambiente para ajudar trabalhadores mais idosos a lidar com os problemas físicos que enfrentam com o envelhecimento, como perda parcial da visão, da audição e da mobilidade. A Figura 8.3 mostra como empresas criativas têm repensado suas políticas de aposentadoria e resolvido a escassez de mão de obra qualificada por meio da atração e retenção de trabalhadores com mais de 55 anos de idade. Essas empresas economizam custos de giro e treinamento e aproveitam a experiência de seus funcionários mais idosos.

● ● **OA8.2**

Distinguir ação afirmativa de gestão da diversidade.

GESTÃO DA DIVERSIDADE E DA AÇÃO AFIRMATIVA

Muitas empresas inicialmente diversificaram sua força de trabalho por causa de preocupações relacionadas a responsabilidade social e exigências legais. Para corrigir a exclusão anterior de mulheres e minorias, introduziram a **ação afirmativa** – esforços especiais para recrutar e contratar membros

● **AÇÃO AFIRMATIVA**
Esforços especialmente dedicados a recrutamento e contratação de membros qualificados de grupos que tenham sofrido discriminação no passado.

... para cada jovem trabalhador que entra para a força de trabalho, dois *baby boomers* se aposentam.[31]

CAPÍTULO 8 | Gestão de uma Força de Trabalho Diversificada **189**

FIGURA 8.3 As cinco principais abordagens da melhor utilização de trabalhadores mais idosos

Abordagem	Alta ou moderada eficácia	Empresas que implementaram
Pacotes de benefícios voltados para os funcionários mais idosos	68%	18%
Esquemas de trabalho em meio período com manutenção dos benefícios	64%	30%
Treinamento dos gestores sobre maneiras de usar funcionários mais idosos	60%	25%
Maior disponibilidade de trabalho em meio período para funcionários mais idosos	55%	36%
Treinamento em capacitação para os funcionários mais idosos	55%	44%

■ Abordagens tidas como de alta ou moderada eficácia
■ Empresas que implementaram a abordagem

FONTE: "American Business and Older Employees: A Survey of Findings," American Association of Retired Persons (AARP). Copyright © 2002 AARP <http://www.aarp.org>. Reproduzido com permissão.

qualificados de grupos que tivessem sofrido discriminação no passado. O objetivo não é dar preferência a membros desses grupos em detrimento dos demais, mas corrigir o histórico de práticas discriminatórias e exclusão. Por exemplo, cerca de 20% da população de Portland, estado do Oregon, é composta de diversas minorias étnicas, mas apenas 12% dos novos funcionários no setor de construção civil vêm dessas minorias. O governo municipal, a Comissão de Desenvolvimento de Portland, o Porto de Portland e departamentos regionais e estaduais de transportes estabeleceram programas de ação afirmativa para aumentar a participação de membros de minorias nos contratos públicos.[32]

Esses esforços, juntamente com remédios legais para dar fim à discriminação, tiveram forte impacto. Hoje, a natureza imigrante da sociedade norte-americana é aceita – e até considerada uma fonte de orgulho. E mulheres, afro-americanos, hispânicos e outras minorias ocupam rotineiramente posições a que, anteriormente, não teriam acesso.

Ainda assim, a discriminação no emprego persiste e, apesar da mobilidade social, alguns grupos ainda carecem de plena participação e oportunidade nas organizações. Ir além da correção de erros do passado e atingir a verdadeira inclusão exigem uma mudança da cultura organizacional – fazendo com que a diversidade seja encarada como algo que contribui diretamente para a consecução das metas das empresas.

Por esse enfoque, a ação afirmativa e a diversidade são complementares e não idênticas. Ao contrário dos programas de igualdade de oportunidade de emprego (EEO, *Equal Employment Opportunity*) e de ação afirmativa, a gestão da diversidade significa ir além das obrigações legais e adotar uma filosofia empresarial proativa que considere as diferenças como algo positivo. No fim das contas, *todos* os funcionários são diferentes. Essas diferenças abrangem tanto os atributos fundamentais de etnia, idade e gênero quanto outros menos óbvios, como naturalidade, educação e experiências de vida. Todos esses elementos aumentam o universo de talentos e pontos de vista a que os ges-

A eleição do primeiro presidente afro-americano nos Estados Unidos terá impacto sobre os programas de ação afirmativa e a gestão da diversidade nas empresas de todo o país?

tores podem recorrer. Nesse sentido mais amplo, a gestão da diversidade envolve modificar os sistemas, as estruturas e as práticas das organizações para eliminar barreiras que possam impedir as pessoas de realizar plenamente seu potencial. Significa tratar as pessoas como indivíduos – *com igualdade*, mas não necessariamente do mesmo *jeito* – e reconhecer que cada funcionário precisa de diferentes coisas para ser bem-sucedido. Ela exige que os gestores reconheçam e valorizem a singularidade de cada funcionário e percebam as diferentes ideias e perspectivas que cada um deles traz para a empresa como uma fonte de vantagem competitiva. Em suma, a gestão da diversidade vai além de apenas trazer minorias e mulheres para a empresa. Ela cria um ambiente no qual os funcionários de *todas* as origens dão ouvidos uns aos outros e trabalham melhor juntos para que a empresa como um todo se torne mais eficaz. Essa ênfase sobre a união em prol do todo levou muitas empresas a adotar como objetivo a *diversidade* e a *inclusão*.

OA8.3
Explicar como a diversidade, se bem gerida, pode conferir uma vantagem competitiva às empresas.

Bem geridas, a diversidade e a inclusão podem se tornar uma vantagem competitiva

Muitas empresas, hoje, encaram a diversidade de um ponto de vista mais prático e voltado para os negócios como uma poderosa ferramenta de construção de vantagem competitiva. Um estudo do Glass Ceiling Institute, do Departamento do Trabalho dos Estados Unidos, demonstrou que o desempenho do preço das ações de empresas com alto desempenho em metas de diversidade era mais de duas vezes superior ao das demais. Em outro estudo recente, as empresas com a maior porcentagem de mulheres na alta administração apresentaram retorno para os acionistas significativamente maior do que as empresas em que essa porcentagem era menor. Por outro lado, a divulgação de condenações em perdas e danos decorrentes de processos por discriminação frequentemente prejudicaram o retorno das ações.[33]

Gerir uma força de trabalho diversa traz muitas vantagens:

- Capacidade de atrair e reter funcionários motivados – As empresas conhecidas por fornecer oportunidades a funcionários diversificados terão uma vantagem competitiva no mercado de trabalho. Além disso, quando os funcionários acreditam que suas diferenças são apreciadas, e não apenas toleradas, podem tornar-se mais fiéis, produtivos e comprometidos.

- Melhor visão de um mercado diferenciado – Assim como mulheres e minorias podem preferir trabalhar para um empregador que valorize a diversidade, também podem preferir essas organizações no seu papel de consumidores. Da mesma forma, cada nova geração tem seu próprio conjunto de valores e experiências, de modo que a diversidade etária pode ajudar a empresa a se relacionar com mais faixas etárias de clientela. Uma força de trabalho diversa pode conferir a uma empresa melhor conhecimento das preferências e dos hábitos desse mercado diversificado e, com isso, criar produtos e campanhas de marketing para atender, nacional e internacionalmente, as necessidades desses consumidores.

- Capacidade de alavancar a criatividade e a inovação na solução de problemas – A diversidade de equipes de trabalho promove a criatividade e a inovação, porque pessoas com diferentes origens têm diferentes visões. Dotadas de uma base de experiências mais ampla, as equipes diversificadas, quando bem geridas, criam mais opções e soluções do que os grupos homogêneos. Também têm maior liberdade para fugir a abordagens e práticas tradicionais, já que têm menor tendência de sucumbir ao "pensamento grupal."[34]

- Maior flexibilidade organizacional – Uma força de trabalho diversificada pode aumentar a flexibilidade das empresas, porque o sucesso na gestão da diversidade exige uma cultura corporativa que tolere muitos estilos e abordagens diferentes. Políticas e procedimentos menos restritivos e métodos operacionais menos padronizados permitem que as empresas sejam mais flexíveis e aumentem sua capacidade de reação rápida a mudanças do ambiente.

Os executivos da Aetna, da Denny's e da FedEx estão tão convencidos do potencial competitivo de uma força de trabalho diversa que atrelam parte da remuneração dos gestores ao sucesso no recrutamento e na promoção de minorias e mulheres.[35]

VOCÊ SABIA?
A probabilidade de que as mulheres ocupem cargos nas áreas de Ciência, Engenharia e Tecnologia é quase igual à dos homens, mas as chances de que desistam são muito maiores, porque sentem-se isoladas, carecem de mentores, encontram uma cultura de trabalho hostil e são pressionadas para aceitar jornadas longas ou rígidas.[36]

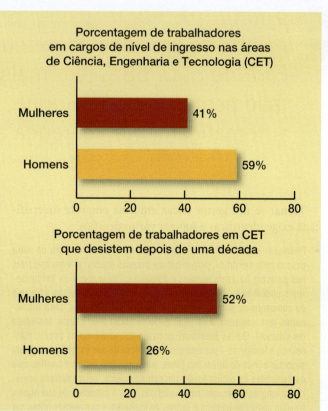

Porcentagem de trabalhadores em cargos de nível de ingresso nas áreas de Ciência, Engenharia e Tecnologia (CET)

Mulheres 41%
Homens 59%

Porcentagem de trabalhadores em CET que desistem depois de uma década

Mulheres 52%
Homens 26%

Muitos escritórios de advocacia, hoje, adotam como rotina destacar equipes diversificadas a todos os casos. Casos complexos muitas vezes exigem ideias novas, e grupos de advogados com históricos semelhantes e que pensem da mesma maneira podem não ser tão inovadores quanto equipes mais diversas. Além disso, no tribunal do júri, a impressão que os advogados causam sobre os jurados pode ajudar ou prejudicar muito seus clientes. Júris diversificados tendem a ser mais receptivos frente a equipes visivelmente diversificadas das quais participem advogados de diferentes tipos. Reconhecendo a importância da diversidade, alguns escritórios de advocacia nos quais predominam os homens brancos formam alianças com escritórios encabeçados por minorias.

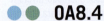

OA8.4
Identificar desafios associados à gestão de uma força de trabalho diversificada.

Gerir uma força de trabalho diversificada e inclusiva é um desafio

Apesar das leis que garantem igualdade de oportunidades e das vantagens empresariais da diversidade e da inclusão, todos os anos são movidos milhares de processos judiciais por discriminação e tratamento injusto, alguns deles envolvendo empresas grandes e respeitadas.[37] A gestão da diversidade pode ser difícil até para empresas cautelosas com a discriminação em contratação e remuneração. Gestores dotados de toda a boa vontade do mundo às vezes têm mais dificuldade do que esperam para fazer com que pessoas de diferentes origens trabalhem juntas para atingir uma meta comum.[38]

que a pessoa em questão tinha filhos. A chance de que os empregadores chamassem alguém com filhos para uma entrevista era menor — mas só quando o nome que constava do currículo era de mulher.[39] Como os currículos eram idênticos em todos os demais sentidos, parece que as pessoas adotam premissas a respeito das mulheres que não se aplicam a homens ou a mulheres sem filhos. Em uma empresa que não reconheça essas diferentes perspectivas, os gestores podem ter maior dificuldade para desenvolver entusiasmo em torno de um objetivo compartilhado.

- Menor coesão — A diversidade pode criar uma falta de coesão, que entendemos a união de um grupo e à medida que seus membros percebem e interpretam o ambiente e reagem a ele de maneiras parecidas ou de comum acordo. A coesão é menor por causa de diferenças linguísticas, culturais e/ou de experiências. Quando a desconfiança, falhas de comunicação, estresse e diferenças de atitude reduzem a coesão, a produtividade pode diminuir. Isso pode explicar os resultados de um estudo que indicou maior giro entre funcionários de lojas que se sentiam em forte minoria frente a colegas de outros grupos raciais ou étnicos.[40] Em um grupo diversificado, os gestores encaram o desafio de assumir a liderança na construção da coesão por meio do estabelecimento de metas e valores compartilhados.

- Problemas de comunicação — O efeito negativo mais frequente da diversidade talvez seja os problemas de comunicação, que incluem mal-entendidos, imprecisões, ineficiência e lentidão. Perde-se velocidade quando nem todos os membros de um grupo são fluentes na mesma língua, ou quando é preciso mais tempo para explicar as coisas. A diversidade também pode levar a erros e mal-entendidos. Os membros de um grupo podem presumir que interpretam as coisas da mesma maneira quando isso, na verdade, não ocorre, ou podem discordar por causa de diferentes quadros de referência.[41] Por exemplo, se os gestores não incentivarem e aceitarem ativamente a expressão de diferentes pontos de vista, alguns funcionários podem temer falar durante reuniões, dando ao gestor a impressão de que se atingiu um consenso.

- Desconfiança e tensão — As pessoas preferem associar-se a outras que sejam parecidas com elas. Essa tendência normal e compreensível pode

> "Entre os presidentes-executivos das empresas da lista *Fortune 500*, 58% têm mais de 1,80 m. De maneira que não percebemos inteiramente, a maioria de nós associa automaticamente liderança a uma grande estatura física."
>
> Malcolm Gladwell, jornalista da *The New Yorker*

Tornar-se um gestor eficaz em uma empresa diversificada exige identificar e superar vários desafios:

- Premissas inconscientes — Encarar o mundo do ponto de vista de outra pessoa pode ser difícil, porque nossas próprias premissas e perspectivas nos parecem bastante normais e familiares. Por exemplo, os heterossexuais podem nem pensar antes de colocar sobre suas mesas uma foto do companheiro, porque a prática é comum e aceita, mas, para funcionários homossexuais, a exibição de fotos assim pode causar ansiedade considerável. Outras premissas inconscientes envolvem os papéis masculinos e femininos — por exemplo, a premissa de que as mulheres devem suportar o ônus de cuidar dos filhos, ainda que isso entre em conflito com as demandas da profissão. Em um estudo recente, pesquisadores enviaram a empregadores currículos idênticos, com a diferença de que alguns traziam nomes de homens e, outros, de mulheres, e que metade implicava

levar a mal-entendidos, à desconfiança, ou até ao medo dos que são diferentes. Por exemplo, se as mulheres e os membros de minorias forem rotineiramente impedidos de unir-se aos homens brancos em reuniões de negócios, poderão sentir-se isolados de seus colegas. Da mesma forma, muitas vezes surgem tensões entre pessoas de idades diferentes — por exemplo, o que uma geração encara como uma tatuagem de mau gosto pode ser vista por outra como um exemplo criativo de *body art*. Esses mal-entendidos podem causar desgaste, tensão e até ressentimento, dificultando a formação de consenso.

- Estereotipagem — Aprendemos a interpretar o mundo de determinadas maneiras com base em nossos históricos e experiências. Nossos interesses, valores e culturas filtram, distorcem, bloqueiam e selecionam nossa percepção. Vemos e ouvimos o que esperamos ver e ouvir. Os membros dos grupos muitas vezes percebem estereótipos de seus colegas "diferentes", em vez de perceber e avaliar com precisão as contribuições, habilidades, aspirações e motivações dessas pessoas. As mulheres podem ser estereotipadas como pouco dedicadas às carreiras, os trabalhadores idosos como indispostos para aprender novas competências, os minoritários como menos instruídos ou capazes. Os estereótipos podem custar caro às empresas por sufocar a ambição dos funcionários e impedi-los de dar sua plena contribuição. Pesquisas respaldam a ideia de que as pessoas apresentam melhor desempenho quando acreditam que são capazes.[42] A menos que os gestores estejam cientes dos próprios estereótipos e dos de seus funcionários, a estereotipagem pode distorcer práticas importantes. Por exemplo, funcionários considerados pouco motivados ou excessivamente emotivos receberão funções menos estressantes (e talvez menos importantes) do que seus colegas, resultando, talvez, em menor comprometimento, maior giro e mau uso de suas competências.[43]

Por todos esses motivos e outros mais, a gestão da diversidade não é fácil. Mas os gestores precisam enfrentar essas questões. Eles precisam desenvolver as competências e estratégias que a diversidade exige para que eles mesmos e suas empresas tenham sucesso em um ambiente empresarial cada vez mais multicultural.

OA8.5

Definir empresas monolíticas, pluralistas e multiculturais.

ORGANIZAÇÕES MULTICULTURAIS

Para capitalizar os benefícios e minimizar os custos de uma força de trabalho diversificada, os gestores podem começar pelo exame das premissas vigentes em suas organizações a respeito de povos e culturas. A Tabela 8.1 mostra algumas das que podem existir. Com base nessas premissas, podemos classificar as organizações como pertencentes a um dentre três tipos e descrever as implicações para seus gestores:

● **ORGANIZAÇÃO MONOLÍTICA**
Uma organização de baixo grau de integração estrutural – empregando poucas mulheres, minorias, ou outros grupos diferentes da maioria – e, portanto, com uma população altamente homogênea de funcionários.

● **ORGANIZAÇÃO PLURALISTA**
Uma organização com uma população de funcionários relativamente diversificada e que se esforce para envolver funcionários com diferentes características de gênero, raça ou cultura.

1. Uma **organização monolítica** tem baixa *integração cultural*; sua população de funcionários é altamente homogênea. Por exemplo, na contratação, tal organização pode favorecer ex-alunos da mesma faculdade, talvez visando membros de fraternidades que torçam para o time de futebol da escola. Quando uma organização monolítica emprega pessoas que fujam à norma, elas normalmente ocupam cargos de baixo *status*. Os membros de minorias precisam adotar as normas da maioria para sobreviver. Isso, associado ao seu pequeno número, mantém reduzidos os conflitos entre grupos. Costumam prevalecer a discriminação e o preconceito, a integração informal é quase inexistente e os membros de minorias têm baixa identificação com a empresa.

2. As **organizações pluralistas** têm uma população de funcionários mais diversificada e tomam medidas para envolver pessoas de diferentes origens. Essas organizações usam programas de ação afirmativa, procurando ativamente contratar e treinar uma força de trabalho diversificada e impedir qualquer forma de discriminação contra os membros de minorias. Costumam ser mais integradas do que as organizações monolíticas, mas, como nestas, os membros de minorias tendem a se agrupar em determinados níveis hierárquicos ou funções específicas. Por causa da maior integração cultural, dos programas de ação afirmativa e dos programas de treinamento, a organização pluralista apresenta certo grau de aceitação de membros de minorias na rede informal, muito menos discriminação e menos preconceito. Por causa das melhores oportunidades de emprego, os membros de minorias sentem maior identificação com a organização. Contudo, o ressentimento dos membros do grupo majoritário, associado ao maior número de mulheres e minorias, cria mais conflitos.

TABELA 8.1	Premissas quanto à diversidade e suas implicações para a administração		
Premissas comuns e enganosas		**Premissas mais raras e apropriadas**	
Homogeneidade	*Mito do cadinho*: Somos todos iguais.	**Heterogeneidade**	*Imagem do pluralismo cultural*: Não somos todos iguais; os grupos sociais diferem entre culturas.
Similaridade	*Mito da similaridade*: "Eles" são iguais a mim.	**Similaridade e diferença**	*Eles não são como eu*: Muitas pessoas diferem de mim culturalmente. A maioria das pessoas tem semelhanças e diferenças culturais em relação a mim.
Bairrismo	*Mito da única maneira*: Nossa maneira é a única. Não reconhecemos qualquer outra maneira de viver ou trabalhar.	**Equifinalidade**	*Nossa maneira não é a única*: Há muitas maneiras culturalmente distintas de atingir uma mesma meta, de trabalhar e de levar a vida.
Etnocentrismo	*Mito da melhor maneira*: Nossa maneira é a melhor. Todas as demais são versões inferiores da nossa.	**Contingência cultural**	*Nossa maneira é uma das possíveis*: Há muitas maneiras diferentes e igualmente boas de atingir uma mesma meta. A melhor maneira depende da cultura das pessoas envolvidas.

Fonte: Extraído de "Diversity Assumptions and Their Implications for Management", de Nancy J. Adler, *Handbook of Organization*, 1996. Reimpresso por cortesia de Marcel Dekker, Inc., New York.

CAPÍTULO 8 | Gestão de uma Força de Trabalho Diversificada **193**

- **ORGANIZAÇÃO MULTICULTURAL** Uma organização que valoriza e procura utilizar e encorajar a diversidade cultural.

3. Nas **organizações multiculturais** a diversidade não só existe como também é valorizada. Ao contrário da organização pluralista, que deixa de lidar com os aspectos culturais da integração, essas organizações integram plenamente os membros de minorias tanto formal quanto informalmente. Mas os gestores dessas organizações não se dedicam predominantemente às diferenças visíveis entre funcionários, como etnia ou sexo. Em vez disso, valorizam e utilizam a *experiência* e o *conhecimento* que os funcionários trazem para a organização e os ajudam a realizar estratégias e metas de comum acordo.[44] A organização multicultural é caracterizada pela ausência de preconceito e discriminação e por baixos níveis de conflito entre grupos. Essas organizações criam um ambiente *sinérgico*, no qual todos os membros contribuem com o máximo de seu potencial e as vantagens da diversidade podem ser plenamente realizadas.[45]

OA8.6
Indicar as medidas que os gestores e suas empresas podem tomar para cultivar a diversidade.

promisso pessoal de gestores individuais que tratam a questão com a mesma seriedade que outros desafios da gestão. Esses gestores procuram ativamente desenvolver as competências, a compreensão e as práticas que capacitam as pessoas de todas as origens a dar o melhor de si na busca comum das metas da empresa.

Ao longo de sua história, a Associação Nacional de Basquetebol (NBA, *National Basketball Association*) dos Estados Unidos cultivou a diversidade; de fato, ela tem hoje a maior porcentagem de vice-presidentes e gestores administrativos da liga na história dos esportes masculinos. Dos vice-presidentes de equipes da NBA e dos profissionais que trabalham nos escritórios da liga, 15% e 34%, respectivamente, pertencem a minorias. A NBA também tem 12 técnicos afro-americanos, o maior número

Joe Dumars é parte da elevada porcentagem de gestores gerais da NBA que vem de minorias.

entre os esportes profissionais. Segundo Brian McIntyre, porta-voz da NBA, isso é normal para a associação. Ele diz que o David Stern, o comissário da NBA, "acredita há muito tempo que todos os ambientes de trabalho deveriam ser diversificados".[47]

COMO AS EMPRESAS PODEM CULTIVAR UMA FORÇA DE TRABALHO DIVERSIFICADA

Os planos das empresas para tornarem-se multiculturais e extrair o máximo de uma força de trabalho diversificada devem abranger cinco componentes:

1. Obtenção da liderança e do comprometimento da alta administração.
2. Avaliação do avanço da empresa em relação às suas metas.
3. Atração de funcionários.
4. Treinamento dos funcionários no tema da diversidade.
5. Retenção de funcionários.

Um estudo recente sobre o desempenho de centenas de empresas ao longo de um período de 30 anos concluiu que aquelas cuja responsabilidade pela realização das metas de diversidade cabia a pessoas ou grupos específicos fizeram os maiores avanços no aumento da participação de mulheres e negros. Mudanças moderadas aconteceram nas empresas com programas de mentoria e networking, enquanto os programas formais de treinamento em diversidade surtiram pouco efeito, a não ser em empresas que também usavam os demais métodos.[46] Assim, o cultivo da diversidade precisa ser um esforço bem planejado e que permeie toda a empresa, no qual cada elemento encontre respaldo no com-

O compromisso da alta administração é o primeiro passo

Obter a liderança e o comprometimento da alta administração é crítico para o sucesso dos programas de diversidade. Do contrário, o restante da empresa não irá levar o esforço a sério. Uma maneira de comunicar esse comprometimento a todos os funcionários – e ao ambiente externo – é incluir na declaração de missão corporativa, nos planos estratégicos e nos objetivos da empresa as suas atitudes quanto à diversidade.

A remuneração dos gestores pode ser diretamente ligada à realização de metas de diversidade. É preciso alocar recursos financeiros apropriados ao esforço de diversidade para garantir seu sucesso. Além disso, a alta administração pode dar o exemplo para os demais membros da empresa, participando dos programas de diversidade e fazendo com que essa participação seja obrigatória para todos os gestores.

Como já vimos, algumas empresas estabeleceram diretorias ou comitês para coordenar o esforço geral de diversidade e fornecer *feedback* à alta administração. A Honeywell contratou um "diretor de diversidade da força de trabalho" e a Avon tem um "diretor de planejamento e projeto multicultural". Outras empresas preferem incorporar a gestão da diversidade à função do diretor de ação afirmativa, ou à de igualdade de oportunidade no emprego.

A gestão da diversidade não pode ser realizada apenas pela alta administração ou pelos diretores de diversidade.

Muitas empresas usam grupos ou forças-tarefas de assessoria para monitorar as políticas, práticas e atitudes organizacionais, avaliar seu impacto sobre os diversos grupos que compõem a organização e fornecer *feedback* e sugestões à alta administração. Na Equitable Life Assurance Society, grupos de funcionários reúnem-se regularmente com o presidente-executivo para discutir questões ligadas a mulheres, afro-americanos e hispânicos e fazer recomendações de melhorias. Na Honeywell, os funcionários portadores de deficiências formaram um conselho para discutir suas necessidades. Eles propuseram e aceitaram um programa de acessibilidade que vai além das regras federais de adaptação para necessidades especiais.

Como podemos ver, empresas progressistas estão parando de perguntar aos gestores o que acham que seus funcionários, membros de minorias, precisam e passando a perguntar aos próprios.

Realização de uma avaliação organizacional

O passo seguinte na gestão da diversidade é avaliar rotineiramente a força de trabalho, a cultura, as políticas e as práticas da empresa em áreas como recrutamento, promoções, benefícios e remuneração. Os gestores podem determinar se estão atraindo a parcela adequada de candidatos diversos do universo de mão de obra e se as necessidades de seus clientes estão sendo atendidas pela atual composição da força de trabalho. O objetivo é identificar áreas em que haja

> ❝ Diversidade: a arte de pensar independentemente, mas juntos. ❞
>
> Malcolm Forbes

problemas ou oportunidades e fazer recomendações em caso de necessidade. Na Aetna, uma medida usada é a porcentagem de funcionários poliglotas; uma maneira pela qual a empresa desenvolve essa medida é oferecer cursos de línguas ao meio-dia para funcionários interessados.[48]

Atrair um grupo diversificado de funcionários qualificados

As empresas podem atrair uma força de trabalho diversificada e qualificada por meio de práticas eficazes de recrutamento, da acomodação das necessidades profissionais e familiares de seus funcionários e da oferta de sistemas alternativos de trabalho.

recrutamento A imagem da empresa pode ser uma poderosa ferramenta de recrutamento. Empresas conhecidas por contratar e promover pessoas de todas as origens têm uma vantagem competitiva. A Xerox dá a funcionários em potencial, provenientes de minorias, cópias de um artigo que classifica a empresa como um dos melhores lugares para o trabalho de afro-americanos. A Hewlett-Packard certifica-se de que as candidatas saibam da classificação da empresa, segundo o periódico *Working Woman*.

A diversidade está nas origens do escritório de advocacia Caesar Rivise, da Filadélfia. Seu fundador foi Abraham Caesar, um advogado especializado em propriedade intelectual (como patentes e marcas registradas). Em 1926, Caesar não conseguiu um emprego em um dos escritórios da cidade porque era judeu e, por isso, fundou sua própria empresa, acrescentando, posteriormente, o sócio Charles Rivise. Os dois advogados escreveram importantes livros sobre patentes, estabelecendo uma reputação como peritos no assunto.

Dada a experiência sofrida por Caesar, não surpreende que seu escritório tenha se dedicado à diversidade na contratação. Stanley Cohen, hoje sócio, lembra-se de que, quando entrou para a empresa na década de 1960, seu assistente era negro. Bernice Mims, que também está no Caesar Rivise desde a década de 1960, formou-se em primeiro lugar de sua turma no Colégio de South Philadelphia, mas não tinha acesso a empregos porque era negra, e muitos empregadores estipulavam não aceitar judeus ou negros. Caesar contratou Mims como escriturária e ela permaneceu fiel à empresa, alcançando, afinal, o cargo de diretora de recursos humanos.

Hoje, o Caesar Rivise amplia seu compromisso histórico com a diversidade por meio do patrocínio de programas pró-diversidade (bolsa parcial e estágio) na Faculdade de Direito da Universidade Drexel. A parceria é uma boa escolha estratégica, porque a universidade dá ênfase à ciência e tecnologia – formações importantes para trabalhar com clientes corporativos sobre temas técnicos.[49]

Muitas pessoas portadoras de deficiências e em dificuldades econômicas ficam fisicamente isoladas de oportunidades de emprego. As empresas podem levar informações sobre oportunidades de emprego até a fonte de mão de obra, ou podem transportar a mão de obra até os empregos. A Polycast Technology, de Stamford, estado de Connecticut, contrata uma empresa de vans para transportar trabalhadores do bairro do Bronx, em Nova York, até a empresa. A rede Days Inn recruta trabalhadores sem-teto em Atlanta e os abriga em hotéis próximos ao local de trabalho.

acomodação das necessidades profissionais e familiares Cada vez mais, os candidatos a empregos colocam as necessidades da família em primeiro lugar. As políticas corporativas de trabalho e família tornaram-se uma das principais ferramentas de recrutamento. Empregadores que adotaram creches no local de trabalho relatam redução do giro e das faltas e aumento do moral. Além de fornecer creches, muitas empresas agora ajudam com os cuidados a dependentes idosos, oferecem folgas para cuidar de parentes doentes, fornecem licença maternidade e paternidade e contam com diversos benefícios que podem ser ajustados às necessidades familiares de cada funcionário. Algumas empresas acomodam as necessidades e preocupações de casais com duplas carreiras, limitando as exigências de mudança de cidade, ou fornecendo ajuda aos cônjuges que se mudaram na busca por emprego no novo local.

CAPÍTULO 8 | Gestão de uma Força de Trabalho Diversificada 195

sistemas alternativos de trabalho Outra maneira pela qual os gestores acomodam a diversidade é a oferta de escalas e sistemas flexíveis de trabalho. A alta demanda por engenheiros está levando os fabricantes a acomodar as necessidades de funcionários que têm responsabilidades familiares. Na Freescale Semiconductor, o foco se dá na realização de metas de desempenho, não no trabalho segundo uma escala definida. Amy Oesch, gerente de seção na empresa, diz que a abordagem lhe permitiu lidar com suas responsabilidades familiares ao mesmo tempo que alcançava posições de maior autoridade e conquistava sua pós-graduação.[50]

Outros sistemas criativos de trabalho são as semanas compactadas (com jornadas de 10 horas por dia, por exemplo) e a divisão de cargos, na qual dois trabalhadores em meio período compartilham um só cargo em período integral. Outras opções de acomodação de mães e funcionários com necessidades especiais é o teletrabalho (trabalho realizado em casa) ou o *telecommuting* (trabalhar em casa por meio de uma ligação por computador com o local de trabalho principal).

Treinar os funcionários para que compreendam a diversidade e trabalhem com ela

Como já vimos, os funcionários podem se desenvolver profissionalmente de diversas maneiras. Tradicionalmente, a maior parte do treinamento para gestores se baseava na premissa tácita de que "gerir" significava administrar uma força de trabalho homogênea e frequentemente composta de homens brancos trabalhando em período integral. Mas diferenças de gênero, etnia, cultura, idade, nível educacional e outras aumentaram a complexidade da tarefa.[51] Os programas de treinamento em diversidade procuram identificar e reduzir vieses ocultos e desenvolver as competências necessárias para gerenciar de maneira eficaz uma força de trabalho diversificada.

A maioria das empresas dos Estados Unidos promove algum tipo de treinamento em diversidade. Em geral, esse treinamento abrange dois elementos: conscientização e capacitação.

conscientização A *conscientização* tem por objetivo aumentar o reconhecimento do significado e da importância de se dar valor à diversidade.[52] O objetivo não é ensinar competências específicas, mas sensibilizar os funcionários para as premissas que adotam em relação aos outros e à maneira como essas premissas afetam comportamentos, decisões e julgamentos. Por exemplo, gestores homens que nunca tenham se reportado a uma gestora podem se sentir pouco à vontade na primeira vez que isso acontecer. A conscientização pode revelar precocemente essa questão e ajudar os gestores a lidar com ela.

Para aumentar a conscientização, os instrutores ensinam às pessoas como se familiarizar com mitos, estereótipos e diferenças culturais, além de falar das barreiras organizacionais que inibem a plena contribuição de todos os funcionários. Desenvolvem um melhor entendimento da cultura corporativa, dos requisitos para o sucesso e das escolhas de carreira que afetam as oportunidades de progresso.

Na maioria das empresas, as "regras" do sucesso são ambíguas, tácitas e, talvez, incoerentes com a política declarada. Um problema comum para mulheres, minorias, imigrantes e jovens trabalhadores é não estarem cientes de

ANTIGAMENTE...

No passado, as empresas não enfatizavam a diversidade em suas práticas de contratação. Com isso, a força de trabalho era tipicamente branca e do sexo masculino.

AGORA...

Os gestores de hoje trabalham com funcionários de diferentes origens. A foto mostra J. W. Marriott Jr., presidente-executivo da Marriott International, reunido com o pessoal da cozinha do Boston Marriott Copley Place em uma de suas visitas anuais.

muitas das regras implícitas que são evidentes para os membros do grupo predominante. Por exemplo, as empresas, muitas vezes, apresentam redes e estruturas de poder informais que podem não ser aparentes ou não estar prontamente abertas a todos. Com isso, alguns funcionários podem não saber a quem se dirigir quando precisarem aprovar uma ideia ou quiserem acumular apoio e formar alianças. Para os gestores, valorizar a diversidade significa ensinar as "regras" ou os valores culturais tácitos a quem precise deles e mudar as regras, quando necessário, em prol dos funcionários e, portanto, da empresa. Também exige convidar os "de fora" e dar-lhes acesso a informações e a relacionamentos significativos com quem está no poder.

capacitação

A *capacitação* tem por objetivo desenvolver as competências das quais funcionários e gestores necessitam para lidar de maneira eficaz uns com os outros e com os clientes em um ambiente diversificado. A maioria das competências ensinadas é interpessoal, como escutar ativamente e fornecer *coaching* e *feedback*. Sob condições ideais, usa-se a avaliação organizacional para determinar quais competências devem ser ensinadas, ajustando o treinamento às questões empresariais especificamente identificadas. Por exemplo, se muitas mulheres e minorias acreditarem carecer de *feedback* útil, o programa de desenvolvimento de competências pode abordar essa questão. No mesmo sentido, o treinamento em horários flexíveis pode ajudar os gestores a atender as necessidades da empresa e, ao mesmo tempo, acomodar e valorizar trabalhadores que precisam de tempo para continuar sua educação, participar de projetos comunitários, ou cuidar de pais idosos. Atrelar o treinamento a metas empresariais específicas e mensuráveis aumenta sua utilidade e facilita sua avaliação.

> A Transportation Security Administration (TSA) dos Estados Unidos forneceu recentemente uma combinação de treinamento em conscientização e capacitação para preparar seu pessoal de segurança nos aeroportos para analisar viajantes muçulmanos sem infringir seus direitos civis. Os funcionários da TSA aprenderam que os costumes religiosos islâmicos incluem o *hajj*, uma peregrinação anual até a Arábia Saudita. Por isso, uma vez por ano, há muitos grupos de peregrinos entre os viajantes. Os funcionários aprenderam a reconhecer que, especialmente na época do *hajj*, mulheres de véus viajando com homens barbudos podem ser muçulmanos devotos dedicados a uma jornada religiosa profundamente pessoal. Além de ensinar os costumes e práticas do Islã, o treinamento preparou os funcionários da TSA para cumprir sua função sem discriminação; por exemplo, aprenderam como analisar com eficácia passageiros que usavam turbantes e o que fazer quando os passageiros traziam água benta consigo.[53]

Retenção de funcionários talentosos

À medida que a substituição de funcionários qualificados e experientes se torna mais difícil e dispendiosa, a retenção dos bons trabalhadores torna-se cada vez mais importante. Há diversas políticas e estratégias que podem ajudar os gestores a aumentar a retenção de todos os funcionários e, especialmente, daqueles que são "diferentes".[54]

grupos de apoio

As empresas podem formar redes de minorias e outros grupos de apoio para promover a troca de informações e o apoio social. Os grupos de apoio fornecem apoio emocional e profissional a membros tradicionalmente não incluídos nos grupos informais majoritários. Também podem ajudar os funcionários diversificados a entender as normas e a cultura corporativa.

Na sede da Apple, os grupos de apoio incluem um grupo cultural judaico, um de homossexuais, um de afro-americanos e um de mulheres em cargos técnicos. A Avon incentiva os funcionários a organizarem-se em redes de afro-americanos, hispânicos e asiáticos, concedendo-lhes reconhecimento oficial e apontando um alto gestor como assessor. Esses grupos ajudam os novos funcionários a se ajustar e dar à administração *feedback* sobre problemas que preocupem os grupos.

> A Darden Restaurants começou a apoiar os grupos, conhecidos como redes de funcionários, em sua sede em Orlando, estado da Flórida. Hoje, esses grupos já são cinco: a Rede Família, que visa fornecer apoio a funcionários com famílias; a Rede das Mulheres; a Rede Ásio-Americana; a Rede Afro-Americana e a Rede Hispano-Americana. Cada rede promove atividades sociais para toda a empresa, fornece atividades educacionais e trabalha com os executivos para desenvolver relacionamentos de mentoria e compartilhar *insights* sobre os grupos atendidos pelas diversas redes da Darden's, entre as quais a Red Lobster e a Olive Garden.
>
> As redes de funcionários da Darden's não têm por objetivo apenas ajudar os funcionários; devem, também, contribuir para as metas da empresa. Cada rede prepara um plano de negócio trienal com detalhes sobre como espera ajudar o crescimento da Darden's. Por exemplo, a Rede Família promoveu um Dia de Levar as Crianças para o Trabalho, quando os filhos de funcionários participaram de grupos de foco que geraram *insights* a respeito dos menus infantis.
>
> Cerca de 40% dos funcionários da Darden's pertencem a pelo menos uma das redes, que são abertas a qualquer funcionário interessado. Com base no sucesso dos grupos de Orlando, a empresa está ampliando a inscrição em redes para os funcionários dos restaurantes.[55]

mentoria

Para ajudar as pessoas a entrar para a rede informal, que dá exposição à alta administração e acesso a informações sobre política organizacional, muitas empresas implantaram programas formais de mentoria. Os **mentores** são gestores mais graduados que ajudam a garantir que pessoas de alto potencial sejam apresentadas à alta administração e socializadas em relação às normas e valores da empresa.

Os esforços da Aflac para desenvolver uma força de trabalho diversificada incluem programas que têm por objetivo reter funcionários, oferecendo-lhes oportunidades de desenvolvimento e progresso. O programa de mentoria da seguradora prepara agentes de grupos minoritários para a entrada nas fileiras gerenciais. O programa faz parte de uma cultura que demonstra respeito por todos os funcionários de diversas maneiras, inclusive fóruns nos quais os funcionários podem

> ● **MENTORES** Gestores mais graduados que ajudam a garantir que pessoas de alto potencial sejam apresentadas à alta administração e socialmente incluídas nas normas e nos valores da empresa.

O presidente do conselho e vice-presidente de operações da Darden's, Drew Madsen (esq.), e o presidente-executivo, Clarence Otis, nos escritórios da empresa em Orlando, estado da Flórida. Melhorias na rede Red Lobster da empresa, combinadas com o ímpeto forte e continuado de sua rede de cozinha italiana, a Olive Garden, e com o crescimento estável da rede de churrascarias, Smoky Bones, pode levar as ações da Darden's a apresentar o melhor desempenho em anos, fazendo dela a maior operadora de casual dining do mundo.

compartilhar informações sobre seus costumes étnicos. A Abbott Laboratories tem um programa de mentoria que permite aos funcionários encontrar mentores online. Os funcionários interessados em ter ou ser mentores submetem seus perfis e o software sugere possíveis pares com base em experiências, competências e interesses. A vantagem dos relacionamentos online é o fato de que os funcionários não ficam limitados à sua área geográfica ou à probabilidade de encontros durante o trabalho de rotina.[56]

desenvolvimento de carreira e promoções
Para garantir que funcionários de talento não se deparem com um teto de vidro, empresas como a Deloitte & Touche e a Honeywell estabeleceram equipes para avaliar o avanço de mulheres, minorias e portadores de deficiências e conceber maneiras de ajudá-los a escalar a hierarquia. Uma medida muito importante é garantir que os funcionários merecedores tenham uma chance nos cargos de linha. As mulheres, em especial, são frequentemente relegadas a posições de apoio, como recursos humanos, onde há menos oportunidades para demonstrar que podem ganhar dinheiro para seus empregadores. Os programas de desenvolvimento de carreira que dão aos funcionários destaque e experiência em cargos de linha podem assegurar a eles uma maior abertura de posições graduadas de gestão.

acomodação de sistemas
Os gestores podem dar respaldo à diversidade por meio do reconhecimento de feriados culturais e religiosos, diferentes formas de se vestir e restrições alimentares, além da acomodação das necessidades dos portadores de deficiências. Estas podem vir a se tornarem mais importantes no futuro, com o aumento continuado da idade mediana da força de trabalho. Além disso, o crescimento do *peso* do trabalhador norte-americano médio pode levantar questões de necessidades especiais. Não só estão associadas a um maior peso as sabidas consequências para a saúde, como doenças cardíacas, problemas nas juntas e diabetes, como também um estudo levantou que trabalhadores obesos apresentavam muito mais casos de ferimentos no ambiente de trabalho e ausências em função disso.[57] Esse padrão sugere que os gestores do futuro deverão preocupar-se ainda mais do que antes com a manutenção de trabalhadores de todos os tamanhos no emprego, mantendo ambientes de trabalho seguros e oferecendo benefícios que encorajem estilos de vida sadios (possivelmente por meio de programas de condicionamento físico promovidos pela empresa).

responsabilidades
Como observamos no começo desta seção, uma das maneiras mais eficazes de garantir o sucesso dos esforços ligados à diversidade é responsabilizar os gestores pela contratação e pelo desenvolvimento de uma força de trabalho diversa. As organizações devem garantir que os sistemas de avaliação de desempenho e recompensa reforcem a importância de uma gestão eficaz da diversidade. Na PepsiCo, cada executivo que se reporta ao presidente-executivo é responsável pelo desenvolvimento dos funcionários de um grupo diferente – por exemplo, os funcionários do sexo feminino, latinos, ou homossexuais. O executivo responsável pelo grupo deve identificar talentos para a liderança, conhecer as preocupações dos membros do grupo, identificar áreas em que haja necessidade de apoio e identificar planos para lidar com essas questões.[58]

 OA8.7

Resumir as competências e o conhecimento de que os gestores necessitam para a gestão global.

GESTÃO ALÉM DAS FRONTEIRAS

Para aumentar os desafios e as oportunidades da diversidade, os gestores de hoje são, cada vez mais, responsáveis pela gestão de funcionários estrangeiros ou de operações em outros países. Ao estabelecer operações no exterior, os executivos da sede podem optar entre enviar **expatriados** (pessoas do país de origem da empresa), usar **naturais do**

- **EXPATRIADOS** Naturais do país da sede da empresa enviados para trabalhar em uma subsidiária estrangeira.
- **NATURAIS DO PAÍS HOSPEDEIRO** Naturais do país onde se localiza uma subsidiária no exterior.
- **NATURAIS DE OUTROS PAÍSES** Naturais de um país que não o da matriz ou o hospedeiro de uma subsidiária no exterior.

país hospedeiro, ou destacar **naturais de outros países** (nascidos em um país que não o de origem da empresa ou o país hospedeiro).

Embora a maioria das empresas use alguma combinação desses três tipos de funcionários, cada um tem suas vantagens e desvantagens. A Colgate-Palmolive e a Procter & Gamble usam expatriados para levar mais rapidamente seus produtos ao mercado no exterior. A AT&T e a Toyota usam expatriados para transferir culturas corporativas e melhores práticas a outros países – no caso da Toyota, para suas unidades nos Estados Unidos. Mas o envio de funcionários ao exterior pode custar de três a quatro vezes mais que empregar naturais do país hospedeiro e, em muitos países, a segurança pessoal dos expatriados representa uma preocupação. Por isso, as empresas podem enviar seus expatriados para missões mais curtas e comunicar-se internacionalmente por teletrabalho, teleconferência e outros meios eletrônicos. Os funcionários locais são mais disponíveis, tendem a estar familiarizados com a cultura e a língua e costumam custar mais barato porque não precisam mudar de localização. Na Kraft Foods, uma política de permitir que os especialistas locais em marketing tomem decisões sobre os mercados locais liberou a filial chinesa para recriar os biscoitos Oreo para que fossem mais adequados ao paladar dos consumidores daquele país (e mais baratos).[59] Além disso, os governos locais muitas vezes oferecem incentivos para que as empresas criem bons empregos para seus cidadãos, ou podem restringir o uso de expatriados. A tendência de abandono do uso de expatriados em posições de alta administração é particularmente clara em empresas que querem criar uma cultura verdadeiramente multinacional. Na divisão europeia da Honeywell, muitas das posições executivas mais graduadas não são ocupadas por norte-americanos.[60]

As empresas que se dedicam à produção ininterrupta em todo o mundo costumam beneficiar-se da contratação de trabalhadores e gestores locais. A RollEase, uma empresa de Connecticut que fabrica sistemas de operação manuais para coberturas rígidas e flexíveis de janelas, mantém um engenheiro em sua unidade na China que pode realizar mudanças de projeto enquanto os trabalhadores nos Estados Unidos dormem. "Recebemos material do nosso engenheiro, verificamos durante o dia e enviamos de volta para ele quando saímos, à noite, que é o começo da sua jornada de trabalho", explica Joseph A. Cannaverde, um gestor de projetos. "Na manhã seguinte, quando chegamos, estamos com os desenhos prontos. Assim, quando saímos da empresa, ela continua a funcionar."

VOCÊ SABIA?
A maior parte do crescimento da força de trabalho da IBM tem ocorrido na Índia, onde os funcionários lidam com desenvolvimento de software, serviços e atendimento ao cliente. A IBM tem mais funcionários na Índia do que em qualquer outro país que não os Estados Unidos.[63]

Mas esse tipo de gestão nem sempre se dá sem percalços. Ordens de mudança podem ser mal-compreendidas ou mesmo deixar de ser realizadas, resultando em perda de tempo e produtividade. Assim, a comunicação é vital. No caso da RollEase, o engenheiro chinês tem acesso a dados do sistema *on-demand* da empresa, de modo que ele sabe que as informações de que dispõe são precisas. Além disso, ele é funcionário da RollEase e não um subcontratado.[61]

Os gestores globais precisam ter competências transculturais

Trabalhar internacionalmente pode ser desgastante, até mesmo para os "globais" experientes. A Tabela 8.2 identifica algumas das principais fontes de estresse para expatriados em diferentes estágios de suas missões. Também indica maneiras pelas quais os executivos podem lidar com o estresse, além de algumas medidas que as empresas podem tomar para facilitar o ajuste.

Dados os desafios, muitas missões internacionais fracassam. A *taxa de fracasso* estimada dos expatriados (definida como aqueles que voltam para casa precocemente) varia entre 20 e 70%, dependendo do país de destino. Cada fracasso custa de dezenas de milhares a centenas de milhares de dólares.[62] Normalmente, as causas do fracasso vão além das competências técnicas, abrangendo questões pessoais e

A lista dos melhores lugares para trabalhar no México inclui muitas empresas com sede nos Estados Unidos, como o McDonald's, que ocupou a 9ª classificação em 2007.

TABELA 8.2 — Estresse e reações nos estágios de desenvolvimento de executivos expatriados

Estágio	Principais fontes de estresse	Reação do executivo	Reação do empregador
Seleção de expatriados	Despreparo transcultural.	Autoavaliação.	Encorajar a autoavaliação do expatriado e de sua família. Realizar avaliação de potencial e interesses.
Aceitação da missão	Avaliação pouco realista das futuras fontes de estresse. Prazo apertado.	Pensar na missão como uma oportunidade de crescimento e não como um instrumento para promoção vertical.	Não fazer promessas difíceis de se cumprir. Esclarecer as expectativas.
Pré e pós-chegada	Ignorância de diferenças culturais.	Não adotar premissas injustificadas sobre a competência cultural e as regras culturais.	Fornecer treinamento antes, durante e depois da missão. Incentivar comportamentos de busca por apoio.
Chegada	Choque cultural. Reavaliação das fontes de estresse. Sensação de falta de encaixe e tratamento diferente.	Não interpretar a identificação com as culturas de origem e hospedeira como sendo mutuamente exclusivas. Procurar por apoio social.	Fornecer treinamento pós-chegada. Facilitar a integração na rede de expatriados.
Iniciante	Tropeços culturais ou reações inadequadas. Ambiguidade por causa da incapacidade de decifrar o significado de situações.	Observar e estudar o valor funcional das reações sobre os naturais do local. Não simplesmente replicar as reações que funcionavam no país de origem.	Fornecer treinamento de acompanhamento. Aconselhar-se com naturais do local e com a rede de expatriados.
Em transição	Rejeição da cultura de origem ou da hospedeira.	Formação e manutenção de ligações com as duas culturas.	Promoção de políticas de sensibilidade cultural no país hospedeiro. Fornecimento de acesso à internet a parentes e amigos no país de origem. Manter comunicação constante e visitas periódicas à matriz.
Domínio	Frustração com a incapacidade de realizar um papel transfronteiriço. Incômodo com a vida em um paradoxo cultural.	Internalizar e desfrutar da identificação com as duas culturas e com a transição entre elas.	Reforçar (em vez de punir) a dupla identificação por meio da definição de metas comuns.
Repatriação	Decepção com expectativas não realizadas. Sensação de isolamento. Perda de autonomia.	Reavaliação realista da missão como oportunidade de crescimento pessoal e profissional.	Estabelecer reuniões e entrevistas pré-repatriação. Organizar reuniões de apoio pós-repatriação.

FONTE: Extraído de *Academy of Management Executive*: The Thinking Manager's Source, de J. Sanchez et al. Copyright © 2000 by Academy of Management.

sociais. Em um recente levantamento com gestores de recursos humanos em todo o mundo, dois terços disseram que a principal razão do fracasso está ligada a questões familiares, especialmente insatisfação do cônjuge ou parceiro.[64] O problema pode ser ainda maior nesta era de casais com dupla carreira, na qual um dos dois cônjuges pode precisar abandonar o emprego para acompanhar o gestor expatriado. Para garantir o sucesso das colocações internacionais, os gestores podem incentivar seus funcionários a conversar com o cônjuge a respeito do que irá fazer no país estrangeiro.

Para os expatriados e seus cônjuges, o ajuste exige flexibilidade, estabilidade emocional, empatia com a cultura, competências de comunicação, "jogo de cintura" iniciativa e competências diplomáticas.[65] Quando Kent Millington assumiu a posição de vice-presidente operacional da Ásia em uma empresa de hospedagem na internet, sua esposa, Linda, abandonou o emprego para mudar-se com ele para o Japão. Para ela, em especial, os três primeiros meses foram difíceis porque não falava japonês, achou o sistema de transporte público confuso e até teve dificuldades para comprar comida porque não conseguia ler os rótulos. Mas ela perseverou, frequentou aulas e dedicou-se a atividades comunitárias. Ela e seu marido acabaram por aprender como aproveitar a experiência e gostaram da oportunidade de lidar com um desafio.[66]

Os traços a seguir podem estar associados a candidatos com boas chances de sucesso no ambiente global:[67]

- *Sensibilidade a diferenças culturais* – Ao trabalhar com pessoas de outras culturas, o candidato se esforça para entender seus pontos de vista.

- *Conhecimento do negócio* – O candidato tem um conhecimento sólido dos bens e serviços da empresa.

- *Coragem para assumir uma posição* – A pessoa está disposta a defender uma posição em relação a diferentes temas.

200 Administração

- *Extrair o melhor das pessoas* – Ele tem um talento especial para lidar com pessoas.
- *Integridade* – É possível confiar na pessoa para que diga a verdade, independentemente das circunstâncias.
- *Visão* – O candidato tem facilidade para identificar o elemento mais importante de um problema complexo.
- *Compromisso com o sucesso* – O candidato demonstra claro comprometimento com o sucesso da empresa.
- *Afeição ao risco* – O candidato assume riscos pessoais e de negócio.
- *Uso do feedback* – O candidato realiza mudanças depois de receber *feedback*.
- *Aventura cultural* – Gosta do desafio de trabalhar em países além do próprio.
- *Desejo de oportunidades de aprendizado* – O candidato aproveita oportunidades para fazer coisas novas.
- *Abertura a críticas* – A pessoa não parece frágil, como se críticas pudessem fazê-la desmoronar.
- *Desejo de feedback* – Ele procura receber *feedback*, mesmo quando os outros relutem em oferecê-lo.
- *Flexibilidade* – O candidato não se envolve tanto com as coisas que se revela incapaz de mudar quando algo não dá certo.

Empresas como BP, Global Hyatt e outras com grandes quadros internacionais contam com amplos programas de treinamento para preparar seus funcionários para missões no exterior. Outras empresas, como Coca-Cola, Motorola, Chevron e Mattel, ampliaram esse treinamento para incluir funcionários nos Estados Unidos que lidem com mercados internacionais. Esses programas se dedicam a áreas como línguas, cultura e desenvolvimento de carreiras. As medidas adiante também podem ajudar a impedir o fracasso de tarefas globais:

- Estruturar as missões com clareza. Desenvolver claramente os relacionamentos de reporte e as responsabilidades do cargo.
- Criar objetivos claros para o cargo.
- Desenvolver medidas de desempenho baseadas em objetivos.
- Usar critérios de seleção eficazes e de validade confirmada (atributos pessoais e técnicos).
- Preparar os expatriados e suas famílias para as missões (por meio de apresentações, treinamento, apoio).
- Criar um veículo de comunicação constante com os expatriados.
- Prever a repatriação para facilitar a reentrada na volta para casa.
- Considerar o desenvolvimento de um programa de mentoria que ajude a monitorar e intervir em caso de dificuldades.

Os gestores enviados para uma missão no exterior costumam se preocupar com os efeitos que isso terá sobre suas carreiras. A seleção para um cargo internacional costuma ser uma indicação de que estão sendo preparados para se tornar gestores mais eficazes em uma era de globalização.

Além disso, frequentemente têm maiores responsabilidades, desafios e liberdade de ação do que no país de origem. Mas podem se preocupar com o fato de que estarão "por fora" de desdobramentos importantes na matriz. As boas empresas e os bons gestores lidam com essa questão por meio de uma comunicação eficaz entre matriz e filiais e programas de visitas recíprocos. A tecnologia da comunicação facilita para os expatriados manter-se em contato diário ou até mais frequente com seus colegas no país de origem, via e-mail e telefonemas. Alan Paul, um jornalista norte-americano que trabalha na China, diz que um serviço de telefonia pela internet, uma webcam, e *podcasts* de seus programas de rádio prediletos também lhe permitem manter o contato com parentes e amigos, a tal ponto que ele precisa se esforçar para ter "uma vida plenamente engajada na China."[68]

A gestão transcultural vai além dos funcionários norte-americanos enviados para o exterior e abrange a gestão eficaz dos **impatriados** – estrangeiros trazidos para trabalhar na matriz. Esses funcionários trazem para o empregador um conhecimento profundo de como operar de maneira eficaz em seus países de origem. Também estarão mais bem preparados para, ao voltar para casa, comunicar os produtos e valores da empresa. Mas, muitas vezes, enfrentam os mesmos problemas que os expatriados e podem ser ainda mais negligenciados porque os gestores da matriz estão mais focados em seus programas de expatriados, ou encaram inconscientemente o próprio país como normal – algo que não exige um período de ajustes. Mas a língua, os costumes, as despesas e a ausência de apoio de comunidades locais nos Estados Unidos são, pelo menos, tão desafiadores para os impatriados quanto as experiências pelas quais passam os norte-americanos no exterior.

> **IMPATRIADO** Um estrangeiro trazido para trabalhar na matriz.

OA8.8

Identificar maneiras pelas quais as diferenças culturais entre países influenciam a gestão.

As diferenças nacionais moldam os valores e as práticas de negócio

Em muitos sentidos, as questões culturais são o aspecto mais sensível dos negócios internacionais. Em uma era em que as tecnologias modernas de transporte e comunicação criaram uma "aldeia global", é fácil esquecer quão profun-

> "Se há algum grande segredo para o sucesso na vida, é a capacidade de colocar-se no lugar dos outros e ver as coisas tanto do ponto de vista deles quanto do nosso."
>
> Henry Ford

ETNOCENTRISMO
A tendência de julgar os outros pelos padrões do próprio grupo ou da própria cultura, vistos como superiores.

CHOQUE CULTURAL
A confusão e o estresse associados a estar ou permanecer em um ambiente estrangeiro.

das e duradouras podem ser essas diferenças. Muito embora as pessoas de todo o mundo bebam Coca-Cola, vistam jeans e dirijam Toyotas, não estamos nos tornando iguais. Cada país é único por motivos históricos, culturais, linguísticos, geográficos, sociais, étnicos e religiosos. Essas diferenças complicam qualquer atividade internacional e orientam a maneira como uma empresa deve realizar negócios internacionais. Por exemplo, quando trabalhava em Hong Kong, Geoffrey Fowler descobriu que seus colegas escolhiam assuntos para conversas informais – o peso das pessoas, seu salário e o tamanho de seus apartamentos – que deixariam os norte-americanos horrorizados. Ao mesmo tempo, os trabalhadores chineses sentem-se pouco à vontade com o costume norte-americano de combinar almoço e reunião de trabalho, em que funcionários subordinados mastigam alegremente enquanto um superior está falando.[69]

Ironicamente, enquanto a maioria de nós acreditaria que o truque para trabalhar bem no exterior é conhecer uma cultura estrangeira, os problemas na verdade vêm do desconhecimento do nosso próprio condicionamento cultural. A maioria de nós não dá atenção à maneira como a cultura influencia nosso comportamento no dia a dia e, por isso, tende a adaptar-se mal a situações que nos sejam singulares ou estranhas. Sem perceber, alguns gestores podem até agir com **etnocentrismo** – a tendência de julgar pessoas ou grupos estrangeiros de acordo com os padrões da própria cultura ou do próprio grupo e de considerar superiores os próprios padrões. Essas tendências podem ser totalmente inconscientes – por exemplo, dizer que "na Inglaterra as pessoas dirigem do lado *errado* da rua", em vez de dizer que dirigem do lado esquerdo. Ou podem refletir uma ausência de percepção dos valores subjacentes à cultura local – por exemplo, a premissa de que uma cultura não transmite programas de TV norte-americanos porque é atrasada, quando, na verdade, está comprometida com seus valores e normas tradicionais.

Premissas como essas estão entre os motivos pelos quais as pessoas que viajam ao exterior, muitas vezes, enfrentam o **choque cultural** – a desorientação e o estresse associados a estar em um ambiente estranho. Os gestores estarão mais capacitados para lidar com essa transição se forem sensíveis ao seu entorno, inclusive a normas sociais e costumes, e se puderem ajustar prontamente seu comportamento às novas circunstâncias.[70] Os empregadores podem ajudar, identificando algumas das normas culturais que se deve esperar e estabelecendo medidas de desempenho para comportamentos que contribuam para o sucesso no país hospedeiro (por exemplo, os tipos de comunicação e orientação que os funcionários esperarão de seu gestor).

Foram realizadas muitas pesquisas sobre as diferenças e semelhanças entre diversos países. Geert Hofstede, por exemplo, identificou quatro dimensões ao longo das quais os gestores de multinacionais tendem a encarar as diferenças culturais:

1. *Distância do poder* – até que ponto uma sociedade aceita o fato de que a distribuição do poder nas empresas é desigual.
2. *Individualismo/coletivismo* – até que ponto as pessoas agem por conta própria ou como parte de um grupo.
3. *Aversão à incerteza* – até que ponto as pessoas de uma sociedade sentem-se ameaçadas por situações incertas e ambíguas.
4. *Masculinidade/feminilidade* – até que ponto uma sociedade valoriza a vida corporativa (como realizações, dinheiro) sobre a qualidade de vida (como compaixão, beleza).

A Figura 8.4 representa graficamente a maneira como 40 países variam em relação às dimensões de individualismo/coletivismo e distância do poder. É claro que essa representação exagera, até certo ponto, as diferenças. Muitos norte-americanos preferem agir como parte de um grupo, assim como muitos taiwaneses preferem agir de maneira individualista. E a globalização já pode ter começado a atenuar algumas dessas distinções. Ainda assim, sugerir que não haja diferenças culturais seria simplista. É evidente que culturas como a dos Estados Unidos, que enfatizam o "individualismo durão", diferem significativamente de culturas coletivistas como as do Paquistão, de Taiwan e da Colômbia. E para serem eficazes em culturas com maior distância do poder, os gestores, muitas vezes, precisam agir de maneira mais autoritária, possivelmente com menor convite à participação na tomada de decisões.

FIGURA 8.4 Posições de 40 países nas escalas de distância do poder e individualismo

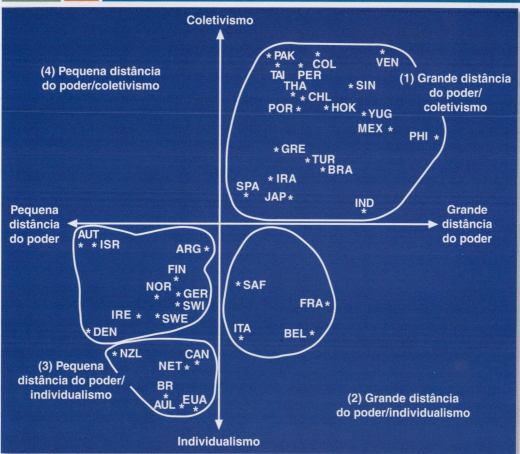

FONTE: Geert Hofstede, "Motivation, Leadership, and Organization: Do American Theories Apply Abroad?" *Organizational Dynamics* 9, n. 1 (verão de 1980), p. 42-63. Reproduzido com permissão.

Ao fundar uma seguradora nos Emirados Árabes Unidos, o texano Michael Weinberg aprendeu muito sobre a cultura de negócios do país. Uma surpresa foi o fato de que os árabes têm uma noção de tempo muito mais relaxada. Em uma de suas primeiras visitas, Weinberg teve dúvidas quando seus sócios — ambos norte-americanos de origem libanesa e muito mais familiarizados com a cultura local — lhe garantiram que não haveria problema algum em se atrasar algumas horas para uma reunião. De fato, os anfitriões não se incomodaram com o atraso.

Tradicionalmente, as atividades das pessoas na cultura árabe adaptam-se aos horários oficiais de prece (ligados à posição do Sol) e aos ciclos climáticos de calor e frio. Além disso, os participantes de reuniões concentram-se mais nas relações que estão sendo construídas do que no próximo evento em suas agendas, de modo que as reuniões podem durar mais do que o programado. Essas normas culturais resultam em uma visão fluida do tempo.

Ainda assim, os visitantes precisam de cautela. Têm que levar em conta o *status* do hospedeiro; alguém de *status* mais elevado espera que seus visitantes estejam disponíveis na hora programada, mesmo que isso signifique que eles precisem esperar. Weinberg aprendeu a usar o tempo de espera para lidar com seu e-mail. Também liga antes para confirmar os horários das reuniões e informar o anfitrião quando vai se atrasar.

Reconhecendo os desafios que há em se aprender uma cultura, Weinberg também passou pelo lado bom da coisa, apontando "a hospitalidade, o calor humano, o amor, a educação e a caridade" dos árabes que conheceu.[71]

Os gestores eficazes entendem essas questões e as levam em conta ao lidar com pessoas de culturas diferentes. Ao contrário dos nascidos nos Estados Unidos, os funcionários, colegas e clientes de outros países podem tender a comunicar-se de maneira menos direta, dar mais ênfase à hierarquia e à autoridade, ou tomar decisões mais lentamente. Por exemplo, uma gestora norte-americana no Japão enviou um e-mail à sua supervisora nos Estados Unidos e a seus colegas japoneses apontando falhas no processo em que estavam trabalhando. O supervisor apreciou a atitude, mas os colegas ficaram envergonhados com um comportamento que consideraram rude; ela deveria ter agido de maneira indireta – por exemplo, perguntando o que poderia acontecer se houvesse tal problema. Em outra situação, um gestor mexicano demonstrou respeito à autoridade colocando suas ideias como perguntas durante uma reunião com seus superiores. Em vez de considerá-lo humilde, os colegas norte-americanos acharam que era indeciso. De modo geral, os gestores de grupos internacionais podem lidar com esses mal-entendidos por meio do reconhecimento franco das diferenças culturais e da identificação de maneiras de contorná-las, seja por meio da modificação do grupo (por exemplo, atribuição de tarefas a subgrupos), do estabelecimento de regras para corrigir problemas que estejam incomodando alguns membros do grupo, ou da remoção de membros que demonstrem ser incapazes de trabalhar de maneira eficaz dentro de uma dada situação.[72]

Além disso, ao trabalhar nos Estados Unidos, os estrangeiros irão encontrar muitas diferenças relacionadas ao trabalho:

- *Reuniões* – Os trabalhadores norte-americanos e os vindos de alguns outros países podem ter visões diferentes a respeito do objetivo de reuniões e de quanto tempo deve ser gasto nelas. Os gestores devem certificar-se de que os estrangeiros estejam à vontade com a abordagem norte-americana.
- *Escalas (exageradas) de trabalho* – Os trabalhadores de países com fortes organizações trabalhistas muitas vezes têm muito mais semanas de férias do que os norte-americanos. Os europeus, em especial, podem relutar em trabalhar nos fins de semana. Costuma ser melhor levantar essas questões no começo da missão e lidar com elas.
- *E-mail* – Algumas partes do mundo ainda não adotaram o e-mail e o correio de voz da mesma maneira que os Estados Unidos. Muitas vezes, profissionais desses lugares preferem comunicar-se pessoalmente. Principalmente quando há barreiras linguísticas, costuma ser melhor para os gestores evitar o uso de e-mail para questões importantes.
- *Carreiras aceleradas* – Embora as empresas norte-americanas frequentemente coloquem jovens pessoas com MBA em um caminho acelerado para cargos administrativos, a maioria das outras culturas ainda não vê substituto para a sabedoria conquistada por meio da experiência. Gestores experientes muitas vezes são os melhores mentores para impatriados.
- *Feedback* – Todos gostam de elogios, mas algumas culturas costumam ser menos generosas do que a norte-americana com o *feedback* positivo. Os gestores norte-americanos devem ter isso em mente ao fornecer avaliações de desempenho a estrangeiros.[73]

A gestão internacional introduz desafios éticos complexos

Para operar bem no exterior, os gestores precisam entender como a cultura influencia as maneiras como são percebidos e como os outros se comportam. Uma das questões mais delicadas nesse sentido é a maneira como a cultura afeta o comportamento ético.[74] O certo e o errado se confundem quando passamos de uma cultura para outra e atitudes que podem ser costumeiras em um ambiente podem ser antiéticas – e até ilegais – em outro. O uso de propinas, por exemplo, é percebido como parte aceitável de transações comerciais em muitas culturas asiáticas, africanas, latino-americanas e do Oriente Médio; e, mesmo em culturas que consideram propinas uma forma de corrupção, algumas empresas as oferecem quando acreditam que são parte da cultura.[75]

Como deve agir uma pessoa de negócios dos Estados Unidos? O não oferecimento de propinas pode resultar em perda de negócios. Nos Estados Unidos, a Lei das Práticas de Corrupção no Exterior (*Foreign Corrupt Practices Act*), de 1977, proíbe funcionários de empresas americanas de subornar autoridades estrangeiras (pequenos presentes institucionais ou pagamentos a autoridades de baixo nível são aceitáveis se o valor em dólares dos pagamentos não influenciar o resultado das negociações). Da mesma forma, os países membros da Organização para Cooperação e Desenvolvimento Econômico, entre eles os Estados Unidos, proíbem propinas desde 1977. Ainda assim, um estudo revelou que menos da metade dos gestores norte-americanos afirmava que as propinas eram inaceitáveis e 20% chegaram a dizer que elas eram sempre aceitáveis.[76]

A aplicação da legislação contra subornos – ainda que apenas nos Estados Unidos – tornou-se mais vigorosa depois dos notórios escândalos financeiros da Enron, da WorldCom e de outras empresas. Ainda assim, as propinas podem acontecer até mesmo em empresas com sólida reputação ética. A Johnson & Johnson recentemente reconheceu que funcionários em algumas subsidiárias aparentemente tinham praticado suborno relacionado à venda de dispositivos médicos em "dois países de mercados pequenos". O executivo responsável pelas subsidiárias aceitou a responsabilidade pelo fato e aposentou-se, e a empresa relatou voluntariamente a questão ao Departamento de Justiça e à Comissão de Valores Mobiliários dos Estados Unidos, com a promessa de cooperar com qualquer investigação do governo.[77]

> **Gestão é fazer as coisas direito; liderança é fazer as coisas certas.**
> Peter F. Drucker

Sem compreender os costumes, os padrões éticos e as leis dos países em que estão, os expatriados podem estar tragicamente despreparados para trabalhar no exterior. Para proteger-se de problemas e atenuar a punição se uma empresa for considerada culpada de suborno, a Comissão de Sentenças dos Estados Unidos considerou essencial que as empresas estabeleçam programas éticos eficazes e garantam sua aplicação. Para reforçar a iniciativa ética corporativa, empresas com operações globais devem estar pelo menos tão engajadas quanto as de ação local no estabelecimento e na aplicação de padrões éticos. No Capítulo 3, identificamos diversas medidas que as empresas devem tomar. Elas incluem estabelecer e comunicar os valores da empresa, medir o desempenho no atendimento a padrões éticos, recompensar os funcionários de todos os níveis pelo atendimento a esses padrões e tomar medidas rápidas e justas em caso de infração. A principal diferença no contexto internacional é que essas atividades devem ser realizadas com parceiros de negócios e funcionários de qualquer subsidiária, franquia, ou outra operação da empresa.

É interessante observar que, apesar de algumas diferenças culturais óbvias, pesquisas indicam que, independentemente de nacionalidade ou religião, a maioria das pessoas adota um conjunto de cinco valores centrais:

1. Compaixão
2. Justiça
3. Honestidade
4. Responsabilidade
5. Respeito ao próximo

Esses valores estão no âmago das questões de direitos humanos e parecem transcender diferenças mais superficiais entre culturas. A identificação de valores compartilhados permite que as empresas construam parcerias e alianças mais eficazes. Desde que as pessoas percebam a existência de um conjunto de valores centrais, talvez possam permitir diferenças estratégicas e táticas de todos os tipos.[78]

Em grande medida, o desafio da gestão transfronteiriça resume-se às filosofias e aos sistemas usados para gerir pessoas. Ao passar da gestão interna para a internacional, os gestores precisam desenvolver uma ampla carteira de comportamentos e a capacidade de ajustar o comportamento a diferentes situações. Esse ajuste, contudo, não deve comprometer os valores, a integridade e os pontos fortes de seu país de origem. Quando os gestores conseguem transcender as barreiras nacionais e mover-se entre diferentes culturas, podem alavancar as capacidades estratégicas de sua empresa e aproveitar as oportunidades que a economia global tem a oferecer. ■

ACESSE

<http://www.grupoa.com.br>

para materiais adicionais de estudo, incluindo apresentações em PowerPoint.

CAPÍTULO 8 | Gestão de uma Força de Trabalho Diversificada

capítulo nove

Liderança

O tema da liderança é envolvente. Todos querem saber: O que define um grande líder? Executivos de todos os níveis e em todos os setores também se interessam em sabê-lo. Acreditam que a resposta possa trazer melhor desempenho organizacional e sucesso à carreira pessoal. Esperam adquirir as competências capazes de transformar um gestor "médio" em um verdadeiro líder.

Um exemplo de líder é Amory Lovins, cientista, ambientalista e empreendedor que ajudou a fundar o Rocky Mountain Institute (RMI), uma entidade sem fins lucrativos no estado do Colorado, que conduz pesquisas e assessora empresas, o governo e as Forças Armadas a respeito de estratégias para consumir menos energia e poupar dinheiro. Lovins não pode controlar diretamente os atos de seus clientes. Em vez disso, usa de persuasão e paciência, a partir de seu profundo conhecimento de questões ambientais e de sua capacidade para entender a preocupação dos clientes com o bem-estar econômico. Essa abordagem altera comportamentos ao demonstrar às pessoas possibilidades que não tinham imaginado.[1]

Descubra o que é preciso para ser um líder nas empresas de hoje.

Aprendi que é necessário um novo nível de liderança sempre que encaro um novo desafio profissional. Em alguns casos, acho que é difícil saber como me preparar até me ver dentro da situação. Aconselhar-me com um ativo confiável e valioso, seja um colega ou um mentor, sempre me ajuda a dar mais um passo na conquista da liderança. Embora eu possa recorrer a conselhos de outras pessoas, ao passar eu mesma pelo processo, aprendo com a situação e posso aplicar o conhecimento em situações futuras.

Karianne Wardell, Supervisora de Contas

Aprendi que há duas maneiras eficazes de liderar. Ser bom com pessoas, levando os funcionários a dar duro porque gostam de trabalhar conosco. Ou ser bom com processos, governar com rédea curta e aumentar a produtividade com ameaças de perda do emprego ou de redução da jornada. Para mim, trabalhar com as pessoas em um ambiente cômodo e amigável ajuda a empresa e os clientes no longo prazo.

Joe Kubinski, Supervisor Operacional

● ● objetivos de APRENDIZAGEM

OA9.1 Resumir o que as pessoas esperam e o que as empresas exigem de seus líderes.

OA9.2 Explicar como uma boa visão nos ajuda a ser bons líderes.

OA9.3 Discutir as semelhanças e diferenças entre liderança e gestão.

OA9.4 Identificar fontes de poder nas empresas.

OA9.5 Indicar os traços e as competências pessoais dos líderes eficazes.

OA9.6 Descrever comportamentos que nos farão líderes melhores e identificar as situações que os exigem.

OA9.7 Distinguir líderes carismáticos de transformadores.

OA9.8 Descrever os tipos de oportunidades para sermos líderes em uma empresa.

OA9.9 Discutir como desenvolver nossa capacidade de liderança.

É claro que não precisamos formar uma consultoria para adquirir habilidades de liderança. Segundo especialistas, "liderança parece ser a reunião de competências que a maioria tem, mas apenas uma minoria usa. Mas é algo que qualquer um pode aprender, que pode ser ensinado a todos e que não deve ser negado a ninguém".[2]

O que é liderança? Para começar, um líder é alguém que influencia os outros para que atinjam metas. Quanto maior o número de seguidores, maior a influência. E quanto maior o sucesso na realização de metas dignas, mais evidente a liderança. Mas precisamos ir além dessa definição simples para entender a animação que sentem os seguidores e os estudiosos da liderança quando veem um grande líder em ação, para entender o que os líderes organizacionais fazem e para aprender o que é necessário para se tornar um líder notável.

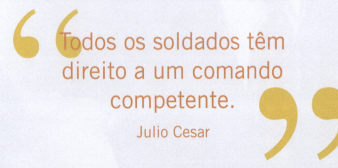

> "Todos os soldados têm direito a um comando competente.
> — Julio Cesar

Os líderes notáveis combinam uma boa base estratégica com processos interpessoais eficazes para formular e implementar estratégias que produzam resultados e vantagem competitiva sustentável.[3] Podem lançar empreendimentos, construir culturas organizacionais, vencer guerras, ou de qualquer outra maneira mudar a rota dos acontecimentos.[4] Eles são estrategistas que agarram oportunidades que os outros não percebem, mas também "são apaixonadamente dedicados aos detalhes – todas as pequenas e fundamentais realidades que podem levar os grandes planos ao sucesso ou ao fracasso".[5]

 OA9.1

Resumir o que as pessoas esperam e o que as empresas exigem de seus líderes.

O QUE ESPERAMOS DE NOSSOS LÍDERES?

O que as pessoas esperam dos seus líderes? Genericamente falando, esperam ajuda para atingir metas.[6] Além de remuneração e promoções, essas metas incluem apoio no desenvolvimento pessoal; eliminação de obstáculos a um nível de desempenho alto e um tratamento respeitoso, justo e ético. Os líderes servem as pessoas ajudando-as a desenvolver a própria iniciativa e a capacidade de julgamento, permitindo-lhes crescer e ajudando-as a se tornarem colaboradores melhores. As pessoas esperam dos líderes coisas como aquelas de que trata este capítulo e outros do livro.

O que as organizações exigem? Elas precisam que as pessoas de todos os níveis sejam líderes. É necessário ter líderes por toda a empresa para realizar as atividades que as pessoas desejam, mas também para ajudar a criar e implantar a orientação estratégica. As empresas põem pessoas em cargos formais de liderança para que atinjam as metas organizacionais. Marilyn Nelson, presidente-executiva da Carlson Companies, que opera os Hotéis Radisson, a rede de restaurantes TGI Friday's e a companhia de cruzeiros Regent Seven Seas Cruises, reconhece que o papel de liderança de qualquer principal executivo é servir à empresa: "Temos que subordinar nossas emoções, e

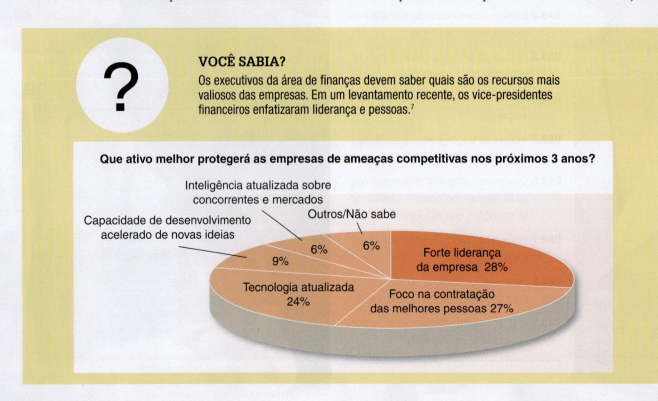

VOCÊ SABIA?
Os executivos da área de finanças devem saber quais são os recursos mais valiosos das empresas. Em um levantamento recente, os vice-presidentes financeiros enfatizaram liderança e pessoas.[7]

Que ativo melhor protegerá as empresas de ameaças competitivas nos próximos 3 anos?

- Inteligência atualizada sobre concorrentes e mercados — 6%
- Capacidade de desenvolvimento acelerado de novas ideias — 9%
- Outros/Não sabe — 6%
- Tecnologia atualizada — 24%
- Forte liderança da empresa — 28%
- Foco na contratação das melhores pessoas — 27%

nossos desejos, e até tomar decisões, em nome do todo, que podem entrar em conflito com aquilo que faríamos como indivíduos".[8]

Estas duas perspectivas – o que as pessoas esperam e o que as empresas exigem – combinam-se em um conjunto de cinco comportamentos identificados por James Kouzes e Barry Posner, dois conhecidos autores e consultores.[9] Os melhores líderes, segundo eles, fazem cinco coisas:

1. *Contestam o processo* – Contestam as crenças e práticas convencionais e fazem mudanças.
2. *Inspiram uma visão compartilhada* – Apelam para os valores das pessoas e as motivam para que se importem com uma missão relevante.
3. *Capacitam os outros para a ação* – Dão às pessoas acesso à informação e o poder para atingir seu pleno potencial de desempenho.
4. *São modelos* – Não se limitam a dizer às pessoas o que fazer: são exemplos vivos dos ideais nos quais creem.
5. *São encorajadores* – Demonstram apreço, dão recompensas e usam diversas abordagens para motivar as pessoas de maneiras positivas.

Neste capítulo, iremos tratar desses e outros aspectos da liderança. Os temas de que iremos tratar irão nos ajudar a ser melhores líderes e fornecer referências para avaliar a competência e a justiça com que nossos superiores nos gerenciam.

●● OA9.2
Explicar como uma boa visão nos ajuda a ser bons líderes.

VISÃO

"A função do líder é a de criar uma visão", segundo Robert L. Swiggett, ex-presidente do conselho da Kollmorgen Corporation.[10] Até alguns anos atrás, *visão* não era uma palavra que os gestores costumassem dizer. Hoje, contudo, ter uma visão do futuro e comunicá-la aos outros são componentes essenciais da boa liderança. "Sem visão, não há negócio", sustenta o empreendedor Mark Leslie.[11] Joe Nevin, um vice-presidente de sistemas de informações gerenciais, descreveu os líderes como "pintores da visão e arquitetos da jornada".[12] Não são só as pessoas de negócios profissionais que acreditam nisso: as pesquisas acadêmicas comprovam que ter e comunicar uma visão clara levam a um maior crescimento das empresas empreendedoras.[13]

Uma **visão** é uma imagem mental de um estado futuro possível e desejável para a empresa. Expressa as ambições do líder para ela.[14] Um líder pode criar uma visão que descreva aspirações a um alto desempenho, a natureza da estratégia corporativa ou de negócio, ou até o tipo de ambiente de trabalho que vale a pena construir. As melhores visões são a um só tempo ideais e singulares.[15] Se uma visão transmite um *ideal*, comunica um padrão de excelência a uma escolha clara de valores positivos. Se for, também, *singular*, comunicará e inspirará o orgulho em ser diferente das demais empresas. A escolha da terminologia é importante; as palavras devem exprimir realismo e otimismo, uma orientação para a ação e a decisão e a confiança em que a visão irá se realizar.[16]

As visões podem ser pequenas ou grandes e podem existir em todos os níveis da empresa. O que realmente importa é que (1) a visão é necessária para uma liderança eficaz; (2) uma pessoa ou equipe pode desenvolver uma visão para qualquer cargo, unidade ou empresa; e (3) muitas pessoas, inclusive gestores que não evoluem para líderes fortes, não chegam a desenvolver uma visão clara – em vez disso, concentram-se no desempenho ou na sobrevivência imediatos.

● **VISÃO** Uma imagem mental de um estado futuro possível e desejável para a empresa.

Em outras palavras, os líderes precisam saber o que querem.[17] E as outras pessoas precisam entender o que é isso. O líder deve conseguir articular a visão com clareza e frequência. As outras pessoas da empresa precisam entender a visão e serem capazes, elas também, de declará-la com clareza. Mas a visão não significa nada até que o líder e seus seguidores ajam para transformá-la em realidade.[18]

Um líder que articula uma visão clara e serve de modelo para ela é A. G. Lafley, presidente do conselho e ex-presidente-executivo da Procter & Gamble. Lafley expressa sua visão para a empresa com o slogan "O consumidor é o chefe". Segundo essa visão, todas as decisões devem ter por objetivo fazer com que os clientes experimentem produtos da P&G e garantir que gostem tanto dos produtos que se lembrem da experiência como, no mínimo, satisfatória. A visão orienta grandes decisões, como a reestruturação da pesquisa e desenvolvimento para atrair ideias de fora e levá-las rapidamente ao mercado, tanto quanto a prática de Lafley de visitar os consumidores em lojas e em suas casas e escutar seus comentários sobre os detergentes e as loções que usam. Segundo a visão de Lafley, a P&G mais do que dobrou

CAPÍTULO 9 | Liderança 209

o número de marcas com faturamento anual de pelo menos US$ 1 bilhão. [19]

Existe uma metáfora para reforçar a importância do conceito de visão.[20] É muito mais fácil montar um quebra-cabeças quando podemos ver a foto do mesmo na caixa. Sem essa foto ou visão, a ausência de orientação provavelmente resultará em frustração e fracasso. É isso que significa comunicar uma visão: deixar claro para onde nos encaminhamos.

Nem todas as visões resolvem. Elas podem ser inadequadas e até fracassar por diversos motivos:[21]

- Uma visão inadequada talvez reflita apenas as necessidades pessoais do líder. Uma visão assim pode ser antiética ou deixar de conquistar a aceitação do mercado ou daqueles que devem implementá-la.
- Em paralelo ao motivo exposto, uma visão inadequada pode ignorar as necessidades dos interessados.
- Embora os líderes eficazes mantenham sua confiança e perseverem apesar dos obstáculos, as circunstâncias podem determinar que a visão precisa mudar. Mais tarde, iremos tratar do tema da mudança e de como gerenciá-la.

De onde vêm as visões?[22] Os líderes devem manter-se sensíveis ao surgimento de oportunidades, desenvolver as capacidades ou visões de mundo corretas e não desenvolver um apego excessivo ao *status quo*. Também podemos alavancar redes de pessoas perceptivas que tenham ideias a respeito do futuro. Algumas visões são acidentais: as empresas podem tropeçar em uma oportunidade e o líder pode ficar com o crédito por sua previdência. Alguns líderes e empresas podem lançar novas iniciativas e, por meio de tentativa e erro, às vezes ganhar de goleada. Se a empresa aprender com essas vitórias, surgirá uma "visão".

Depois que um violento tornado arrasou a cidade de Greensburg, no estado do Kansas, o prefeito Steve Hewitt descobriu que a tempestade tinha arrasado as casas da maioria dos 1,4 mil moradores. A tempestade também acabou com o hospital, o corpo de bombeiros, a caixa d'água, as escolas e o distrito comercial do município. Hewitt entrou imediatamente em contato com os funcionários

O técnico John Thompson III, da Universidade de Georgetown, conversa com seus jogadores durante um treinamento para o torneio Regional Leste de basquetebol universitário da NCAA.

e avaliou e extensão dos danos. Ele encontrou um lugar seguro para a própria família e, então, dedicou toda a sua atenção aos resgates e à recuperação.

Primeiro, ele lidou com as emergências, coordenando as buscas e os resgates, e depois enfrentou a limpeza, liderando funcionários públicos e voluntários operando a partir de barracas. Enquanto essas atividades prosseguiam, Hewitt começou a tomar decisões a respeito do futuro. Determinado a reconstruir a cidade, encontrou uma oportunidade na tragédia.

Hewitt teve a visão de uma cidade que servisse de modelo para um estilo de vida sustentável e energeticamente eficiente. Convenceu a câmara municipal a aprovar uma lei exigindo que todos os edifícios municipais atendessem ao rígido padrão LEED platino de certificação de edifícios "verdes", conferido pelo Conselho Norte-Americano de Edifícios Verdes por grandes economias de energia. Hewitt comunicou sua visão em programas de rádio e folhetos distribuídos nos centros de gestão de emergência. Ensinou à comunidade as vantagens práticas da reconstrução das casas segundo os padrões LEED, convencendo muitos proprietários de imóveis residenciais e comerciais a adotá-los. Ele também desenvolveu planos de parques eólicos para fornecimento de eletricidade. Além de inspirar os moradores, esses esforços alcançaram divulgação e atraíram doações, inclusive um playground ecológico.[23]

 OA9.3

Discutir as semelhanças e diferenças entre liderança e gestão.

LIDERANÇA E GESTÃO

Gestores eficazes não são, necessariamente, verdadeiros líderes. Muitos administradores, supervisores e até altos executivos realizam com sucesso suas funções sem ser grandes líderes. Mas esses cargos oferecem uma oportunidade de liderança. A capacidade de liderar de maneira eficaz, portanto, distingue os gestores excelentes dos médios.

A gestão deve lidar com os aspectos rotineiros e diários das empresas, mas a verdadeira liderança inclui a coordenação eficaz de mudanças importantes.[24] Enquanto a gestão exige rotinas de planejamento e orçamentação, a liderança inclui estabelecer uma orientação para a empresa – ou seja, criar uma visão. A gestão exige estruturar a empresa, dotá-la de pessoas capazes e monitorar as atividades; a liderança vai além dessas funções e inspira as pessoas para que realizem a visão. Os grandes líderes mantêm as pessoas focadas em conduzir a empresa para seu futuro ideal, motivando-as para superar quaisquer obstáculos.

Infelizmente, a boa liderança é muito rara. Os gestores podem concentrar-se nas atividades que lhes rendam homenagens e recompensas, como medidas que aumentem o preço da ação da empresa, em vez de tomar decisões éticas difíceis, ou investir em resultados no longo prazo. Alguns novos gestores, aprendendo que "vitórias rápidas" irão ajudar a firmar sua credibilidade como líderes, empurram um projeto predileto adiante, negligenciando o impacto sobre as pessoas que deveriam liderar. Essa abordagem costuma fracassar, porque os funcionários desconfiam de gestores assim e podem perder o comprometimento que tinham com o sucesso da equipe no longo prazo. Os líderes de sucesso, por outro lado, envolvem a equipe na realização de vitórias rápidas e *coletivas* que decorrem do trabalho conjunto em direção a uma visão compartilhada.[25]

É importante deixar claro que tanto a gestão quanto a liderança são de vital importância. Descartar a necessidade de maior liderança não significa minimizar a importância da gestão ou dos gestores. Mas a liderança envolve processos singulares que se distinguem dos processos básicos de gestão.[26] Além disso, a necessidade de processos diferentes não exige, necessariamente, pessoas diferentes. Uma mesma pessoa pode – ou não – ser um gestor e um líder eficaz.

Algumas pessoas não gostam da distinção entre gestão e liderança, argumentando que é artificial ou que despreza os gestores e os processos gerenciais que fazem as empresas funcionarem. Uma distinção mais útil talvez seja entre liderança supervisora e liderança estratégica:[27]

- **Liderança supervisora** é o comportamento que fornece orientação, apoio e *feedback* corretivo para atividades rotineiras.
- **Liderança estratégica** dá propósito e significado às empresas ao prever e visualizar um futuro viável para elas e trabalhar em conjunto com outras pessoas para dar início a mudanças que levem a esse futuro.[28]

O técnico John Thompson III poderia ser considerado um líder estratégico. Tendo anteriormente sido o técnico chefe da equipe de basquetebol de Princeton, ele foi recentemente nomeado técnico chefe da equipe da Universidade de Georgetown. Ele foi contratado para revitalizar o programa de Georgetown – que ocupava o último lugar de sua liga –, que já fora uma potência sob a liderança de seu pai, John Thompson Jr.. Thompson sabe tudo sobre estratégia. Sabe como desenvolver a disciplina de seus jogadores e como ensiná-los a escolher bem seus arremessos e jogar partidas decisivas. E, tendo crescido no campus de Georgetown e observado o trabalho de seu pai como técnico, tinha uma fidelidade profundamente enraizada à instituição. O reitor da Universidade de Georgetown, John J. DeGioia, deu a Thompson o crédito por uma experiência bem-sucedida e "notáveis liderança e habilidade de comunicação e... um profundo compromisso com a tradição de Georgetown de excelência acadêmica, integridade competitiva e sucesso no basquetebol". A capacidade de liderança de Thompson ficou comprovada em seus dois primeiros anos como técnico da universidade, quando comandou Georgetown no torneio da NCAA e restaurou a proeminência nacional do programa.[29]

Bons líderes precisam de bons seguidores

As empresas vencem ou fracassam não só pela qualidade de sua liderança mas também pela maneira como seus seguidores agem. Assim como os gestores não são necessariamente bons líderes, os funcionários nem sempre são bons seguidores. Como observou um estudioso da liderança, "Executivos recebem seus subordinados; mas precisam conquistar seus seguidores".[30] Por outro lado, também é verdade que os bons seguidores ajudam a produzir bons líderes.

Será pedido a nós, como gestores, que sejamos tanto líderes quanto seguidores. Enquanto lideramos aqueles que se reportam a nós, também teremos que nos reportar aos nossos chefes. Seremos membros de algumas equipes e comissões e talvez encabecemos outras. Embora os papéis de liderança sejam glamorosos e, portanto, desejados, os seguidores devem ser conscienciosos ao cumprir suas responsabilidades. Ser um bom seguidor não é apenas obedecer, embora alguns chefes possam ter essa impressão. Os seguidores mais eficazes são capazes de pensar independentemente, mantendo-se ativamente comprometidos com as metas organizacionais.[31] Robert Townsend, que liderou uma virada lendária na Avis, diz que uma das características mais importantes dos seguidores pode ser a disposição para dizer a verdade.[32]

Os seguidores eficazes também se distinguem por seu entusiasmo e seu compromisso com a empresa e com uma pessoa ou propósito – uma ideia, um produto – além de si ou dos próprios interesses. Dominam competências úteis para suas empresas e mantêm padrões de desempenho superiores aos exigidos. Os seguidores eficazes podem não ficar com a glória, mas sabem que suas contribuições para a empresa são valiosas. E, ao fazer essas contribuições, eles estudam os líderes para se preparar para os próprios papéis de liderança.[33]

OA9.4
Identificar fontes de poder nas empresas.

PODER E LIDERANÇA

Um elemento central da liderança eficaz é o **poder** – a capacidade de influenciar os outros. Nas empresas, essa influência muitas vezes significa a capacidade de realizar coisas ou atingir metas apesar da resistência de outras pessoas.

O poder pode vir de cinco fontes

Uma das primeiras e mais úteis abordagens à compreensão do poder, fornecida por French e Raven, sugere que os líderes dispõem de cinco fontes potenciais importantes de poder, como mostra a Figura 9.1:[34]

1. *Poder legítimo* – Um líder dotado de poder legítimo tem o direito, ou a autoridade, de dizer aos outros o que fazer; os funcionários têm a obrigação de obedecer a ordens legítimas. Por exemplo, um supervisor diz a um funcionário que remova um risco de segurança e ele o remove porque tem de obedecer à autoridade do chefe. Por outro lado, quando alguém carece da autoridade para dar uma ordem a um gestor de linha, carece de poder legítimo sobre esse gestor. Como é de se imaginar, os gestores têm mais poder legítimo sobre seus comandados diretos do que sobre seus pares, chefes e outros dentro ou fora das empresas.[35]

> - **LIDERANÇA SUPERVISORA** Comportamentos que fornecem orientação, apoio e *feedback* corretivo às atividades diárias.
>
> - **LIDERANÇA ESTRATÉGICA** Comportamentos que dão propósito e significado às empresas, mostrando e criando um futuro positivo.
>
> - **PODER** A capacidade de influenciar os outros.

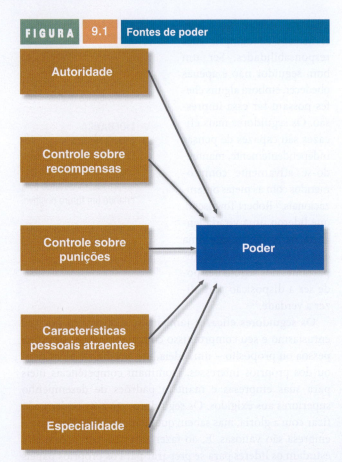

FIGURA 9.1 Fontes de poder

FONTE: Adaptado de J. R. P. French e B. Raven, "The Bases of Social Power", em *Studies in Social Power*, ed. D. Cartwright (Ann Arbor, MI: Institute for Social Research, 1959).

com ela. Por exemplo, um gerente de vendas dá aos seus vendedores algumas dicas sobre como fechar um negócio. Os vendedores alteram suas técnicas de vendas porque respeitam o conhecimento do gerente. Contudo, o mesmo gestor pode carecer de especializações em outras áreas, como finanças, por exemplo, levando os vendedores a ignorar seus conselhos sobre questões financeiras.

As pessoas que se encontram em uma posição que lhes permita dar ordens às outras, que possam recompensar e punir, que sejam amadas e admiradas e que tenham conhecimento que os outros possam utilizar são as detentoras do poder na empresa. Todas essas fontes de poder são potencialmente importantes. De modo geral, os gestores de mais baixo nível têm menos poder legítimo, coercitivo e de recompensa do que os de nível intermediário e a alta administração.[36] Mas, embora seja fácil partir da premissa de que os chefes mais poderosos são os que gozam de alto poder legítimo, e controlam as principais recompensas e punições, é importante que as fontes de poder mais "pessoais" não sejam subestimadas, como o poder de especialização e o de referência.[37]

2. *Poder de recompensa* – O líder dotado de poder de recompensa influencia os outros porque controla recompensas valiosas; as pessoas atendem aos desejos do líder para conquistar essas recompensas. Por exemplo, um gestor dá duro para atingir suas metas de desempenho e recebe uma avaliação de desempenho positiva e um grande aumento do seu chefe. Por outro lado, se a política da empresa determinar que todos recebem o mesmo aumento salarial, o poder de recompensa dos líderes diminui porque eles se veem impossibilitados de dar aumentos maiores.

3. *Poder coercitivo* – O líder dotado de poder coercitivo tem o controle sobre punições; as pessoas obedecem para evitar tais punições. Por exemplo, um gestor implementa uma política para faltas que imponha penas disciplinares aos funcionários que as infrinjam. O gestor terá menor poder coercitivo se, por exemplo, houver um contrato coletivo que limite a capacidade de impor punições.

4. *Poder de referência* – Os líderes dotados de poder de referência têm características pessoais atraentes para os outros; as pessoas obedecem por admiração, afinidade pessoal, desejo de aprovação, ou desejo de ser como o líder. Por exemplo, gestores jovens e ambiciosos imitam os hábitos de trabalho e o estilo pessoal de um executivo bem-sucedido e carismático. Um executivo que seja incompetente, pouco admirado e não se faça respeitar tem pouco poder de referência.

5. *Poder de especialização* – Um líder dotado de poder de especialização tem alguma perícia ou conhecimento; as pessoas obedecem porque acreditam nessa especialização, podem aprender ou têm algo a ganhar

Tim Cook é um verdadeiro líder na Apple. Assumiu seu papel de liderança como presidente-executivo quando Steve Jobs tirou licença médica. A revista Fortune descreveu Cook como "intensamente workaholic, mas contido e calmo, alguém que nunca eleva o tom de voz".

OA9.5

Indicar os traços e as competências pessoais dos líderes eficazes.

ABORDAGENS TRADICIONAIS SOBRE LIDERANÇA

Há três abordagens tradicionais para se estudar liderança:

1. A abordagem por traços
2. A abordagem comportamental
3. A abordagem situacional

Alguns traços podem distinguir os líderes

A **abordagem por traços** é a mais antiga maneira de encarar a liderança; concentra-se em líderes individuais e procura determinar características (traços) pessoais compartilhados pelos grandes líderes. O que distinguia Winston Churchill; Alexandre, o Grande; Gandhi e Martin Luther King Jr. das outras pessoas? A abordagem por traços presume a existência de uma personalidade de comando e admite que a liderança é inata e não aprendida.

De 1904 a 1948, foram realizados mais de 100 estudos acadêmicos sobre liderança por traços.[38] Ao fim daquele período, os estudiosos de gestão concluíram não haver um conjunto necessário de traços para que alguém se torne um líder de sucesso. O entusiasmo pela abordagem por traços diminuiu, mas as pesquisas na área persistiram. Em meados da década de 1970, surgiu uma visão mais equilibrada: embora traço algum *garanta* uma liderança de sucesso, algumas características são potencialmente úteis. A visão atual é a de que algumas características de personalidade – muitas das quais não precisam ser inatas e podem se desenvolver – distinguem os líderes eficazes das outras pessoas:[39]

1. *Vontade.* A vontade tem a ver com um conjunto de características que refletem um alto nível de esforço, inclusive uma grande necessidade de realização, uma luta constante por melhorias, ambição, energia, tenacidade (a persistência frente a obstáculos) e iniciativa. Foi demonstrado que, em diversos países, as necessidades de realização dos altos executivos estão relacionadas às taxas de crescimento das empresas.[40] Mas a necessidade de realização pode ser um problema se os líderes se concentrarem na realização pessoal e ficarem tão envolvidos com o trabalho que deixem de delegar autoridade e responsabilidade o bastante. Além

disso, embora a necessidade de realização preveja eficácia organizacional em empresas empreendedoras, não é uma indicação de sucesso para chefes de divisão em empresas maiores e mais burocráticas.[41]

2. *Motivação para a liderança.* Os grandes líderes *desejam* liderar.

Por isso é útil ser *extrovertido* – a extroversão está fortemente relacionada com o surgimento e a eficácia de lideranças.[42] Também é importante a presença de uma forte necessidade de poder, uma preferência por liderar a adotar.[43] Uma elevada necessidade de poder leva as pessoas a tentarem influenciar as outras e manterem o interesse e a satisfação no processo de liderança. Quando a necessidade de poder é exercida de modos morais e socialmente construtivos, os líderes inspiram mais confiança, respeito e comprometimento com sua visão.

3. *Integridade.* A integridade é a correspondência entre atos e palavras. Honestidade e credibilidade, além de serem características desejáveis por si sós, são de especial importância para os líderes porque inspiram confiança nos outros.

4. *Autoconfiança.* A autoconfiança é importante porque o papel de liderança é desafiador e percalços são inevitáveis. Um líder autoconfiante supera obstáculos, toma decisões apesar da incerteza e inspira confiança nos outros. É claro que não é bom exagerar; a arrogância já levou líderes à ruína.

5. *Conhecimento do negócio.* Os líderes eficazes têm elevado grau de conhecimento sobre seus setores e empresas, e sobre assuntos técnicos. Os líderes precisam ter a inteligência necessária para processar enormes volumes de informação. Diplomas avançados são úteis, mas menos importantes do que a perícia adquirida em temas relevantes para a empresa.[44]

Percy Sutton exibiu esses traços de liderança como fundador da Inner City Broadcasting e, mais recentemente, cofundador da empresa de tecnologia da informação Synematics. Advogado por formação, Sutton representou o ativista de direitos civis Malcolm X até sua morte, em 1965. Depois foi deputado estadual em Nova York, corretor de imóveis, dono de um poço de petróleo na Nigéria e trabalhou com transporte de maquinário pesado.

Mais tarde, Sutton e um sócio compraram uma estação de rádio e a transformaram na Inner City Broadcasting, que hoje reúne 19 estações administradas por Pierre, filho de Sutton. Em 1980, Sutton comprou o Teatro Apollo no bairro do Harlem, em Nova York, e o tirou do estado falimentar. Embora tenha perdido US$ 31 milhões com o projeto, orgulha-se de ter resgatado esse marco da história afro-americana e reforçado a economia local. "Quando olho para a rua, vejo como esta ativa e sinto-me bem ao saber que fui eu quem comecei", diz, acrescentando: "para mim, nunca foi pelo dinheiro".

> **ABORDAGEM POR TRAÇOS** Uma perspectiva de liderança que procura determinar as características pessoais compartilhadas pelos grandes líderes.

[Um sócio graduado de um escritório de advocacia falou aos seus advogados da importância da confiança. Quando um advogado jovem e ambicioso lhe perguntou como se pode conquistar a confiança, o sócio respondeu: "Tente ser confiável".[45]]

CAPÍTULO 9 | Liderança 213

ABORDAGEM COMPORTAMENTAL Uma perspectiva da liderança que procura identificar o que fazem os bons líderes — ou seja, quais são os comportamentos que exibem.

COMPORTAMENTOS DE REALIZAÇÃO DE TAREFAS Atitudes tomadas para garantir a realização das metas do grupo de trabalho ou da empresa.

COMPORTAMENTOS DE MANUTENÇÃO DO GRUPO Atitudes tomadas para garantir a satisfação dos membros do grupo, desenvolver e manter relacionamentos profissionais harmoniosos e preservar a estabilidade social do grupo.

TEORIA DAS TROCAS LÍDER-MEMBRO (LMX) Destaca a importância dos comportamentos de liderança não só em relação ao grupo como um todo, mas também em termos pessoais.

LIDERANÇA AUTOCRÁTICA Uma forma de liderança na qual o líder toma decisões por conta própria e as anuncia ao grupo.

LIDERANÇA DEMOCRÁTICA Uma forma de liderança na qual o líder pede insumos de seus subordinados.

LAISSEZ-FAIRE Uma filosofia de liderança caracterizada pela ausência de tomada de decisões pelo gestor.

Sutton atribui seu sucesso ao aprendizado constante (ele lê sete jornais por dia), competência e uma atitude positiva. Certa vez, disse a um repórter: "Sou uma pessoa feliz. Sou um bom advogado. Gosto de enfrentar as coisas. E apesar do mal que me fizeram ao longo da vida, ainda consigo gostar de gente".[46]

Finalmente, há uma competência pessoal que talvez seja a mais importante de todas: a capacidade de perceber as necessidades e metas dos outros e ajustar apropriadamente a abordagem de liderança.[47] Os líderes eficazes não se limitam a um só estilo de liderança; pelo contrário, são capazes de usar diferentes estilos dependendo da situação.[48] Esta qualidade é a pedra fundamental das abordagens situacionais da liderança, das quais trataremos em breve.

 OA9.6

Descrever comportamentos que nos farão líderes melhores e identificar as situações que os exigem.

Alguns comportamentos podem dar eficácia aos líderes

A **abordagem comportamental** da liderança procura identificar o que fazem os bons líderes. Devem eles concentrar-se na realização das tarefas ou em manter seus seguidores satisfeitos? Devem tomar decisões de maneira autoritária ou democrática? A abordagem comportamental diminui a importância das características pessoais em favor dos comportamentos efetivamente exibidos pelos líderes. Estudos sobre o comportamento de liderança consideraram até que ponto os líderes enfatizam a realização de tarefas frente à manutenção do grupo e até que ponto os líderes convidam os funcionários a participar da tomada de decisões.

realização de tarefas e manutenção do grupo A liderança exige realizar tarefas. Os **comportamentos de realização de tarefas** são os esforços do líder para garantir que a unidade de trabalho ou organização atinja suas metas. Esta dimensão é conhecida como *preocupação com a produção*, *liderança direcionada*, *estrutura iniciadora*, ou *proximidade da supervisão*. Ela abrange um foco sobre a velocidade, a qualidade e a precisão do trabalho, a quantidade produzida e o atendimento às regras.[49] Esse tipo de comportamento de liderança melhora o desempenho do líder e os resultados do grupo e da empresa.[50]

Ao exibir **comportamentos de manutenção do grupo**, os líderes tomam medidas para garantir a satisfação dos membros da equipe, desenvolver e manter relacionamentos profissionais harmoniosos e preservar a estabilidade social do grupo. Essa dimensão é, por vezes, chamada de *preocupação com pessoas*, *liderança de apoio*, ou *consideração*. Ela abrange um foco nos sentimentos e no bem-estar das pessoas, sua valorização e a redução do estresse.[51] Esse tipo de comportamento de liderança tem forte impacto positivo sobre a satisfação e a motivação dos seguidores e a eficácia do líder.[52]

Quais os comportamentos *específicos* implícitos na liderança por desempenho e por manutenção? Para ajudar a responder a essa pergunta, vamos imaginar que precisemos classificar nosso chefe de acordo com essas duas dimensões. Se fosse realizado um estudo de liderança em nossa empresa, precisaríamos preencher um questionário com perguntas como estas:[53]

Perguntas para identificação da liderança na realização de tarefas

1. Seu superior é rígido no cumprimento das regras?
2. Até que ponto seu superior lhe dá instruções e ordens?
3. Seu superior é rígido quanto ao volume de trabalho realizado?
4. Seu superior o compele a concluir suas tarefas dentro de um prazo especificado?
5. Seu superior tenta fazer com que você trabalhe até o máximo de sua capacidade?
6. Quando você realiza um trabalho inadequado, seu superior se concentra no que há de inadequado na realização?
7. Seu superior lhe pede relatórios sobre o andamento de seu trabalho?
8. Com que nível de precisão seu superior faz planos de realização de metas a cada mês?

Perguntas para identificação da liderança na manutenção do grupo

1. Você pode conversar com seu superior abertamente sobre o trabalho?
2. Seu superior costuma lhe dar apoio?
3. Seu superior se preocupa com seus problemas pessoais?
4. Você acha que seu superior confia em você?
5. Seu superior lhe manifesta reconhecimento pelo trabalho bem feito?
6. Quando surge um problema no ambiente de trabalho, seu superior pede sua opinião a respeito de como lidar com ele?
7. Seu superior se preocupa com os seus benefícios futuros, como promoções e aumentos?
8. Seu superior o trata com justiça?

214 Administração

A **teoria das trocas líder-membro (LMX,** *Leader-Member Exchange Theory***)** destaca a importância dos comportamentos do líder não só em relação ao grupo como um todo, mas também quanto a cada indivíduo em termos pessoais.[54] O foco da formulação original, que foi posteriormente expandida, se dava principalmente sobre os comportamentos de liderança historicamente considerados como de manutenção do grupo.[55] Segundo a teoria LMX, e com respaldo de evidências empíricas, comportamentos de liderança como confiança, comunicação aberta, respeito mútuo, obrigações mútuas e fidelidade mútua formam a espinha dorsal de relacionamentos satisfatórios e, talvez, mais produtivos.[56]

É importante, contudo, ter em mente a possibilidade de diferenças entre culturas. Os comportamentos de manutenção são importantes em qualquer lugar, mas sua manifestação específica pode variar de uma cultura para outra. Nos Estados Unidos, por exemplo, os comportamentos de manutenção incluem lidar com as pessoas face a face; no Japão, se dá preferência a memorandos por escrito, evitando confrontos e permitindo evitar embaraços em caso de discordância.[57]

Os estilos democráticos, por mais atraentes que possam parecer, nem sempre são os mais adequados. Quando a velocidade é essencial, a tomada democrática de decisões pode ser excessivamente lenta, ou as pessoas podem esperar do líder maior iniciativa de decisão.[60] A tomada autocrática ou democrática de decisões depende das características do líder, dos seguidores e da situação.[61] Assim, é apropriada uma abordagem situacional ao estilo de tomada de decisões do líder, como veremos adiante neste capítulo.

Comportamentos de realização e manutenção
As dimensões de desempenho e manutenção da liderança independem uma da outra. Ou seja, um líder pode se comportar de maneira que enfatize uma, ambas, ou nenhuma das duas dimensões. Há pesquisas que indicam que a combinação ideal é dedicar-se aos dois tipos de comportamento de liderança.

Uma equipe de pesquisadores da Universidade do estado de Ohio investigou os efeitos dos comportamentos de liderança em uma fábrica de caminhões da International Harvester.[62] De modo geral, os supervisores com altas notas em

> **A função dos líderes é enxergar as possibilidades nas pessoas.**
> Carly Fiorina, ex-presidente-executiva da Hewlett-Packard[64]

participação na tomada de decisões
Como devem os líderes tomar decisões? Mais especificamente, até que ponto os líderes devem envolver seu pessoal na tomada de decisões?[58] Como dimensão do comportamento de liderança, a *participação na tomada de decisões* pode ir da autocrática à democrática:

- A **liderança autocrática** toma decisões e as comunica ao grupo.
- A **liderança democrática** pede insumos aos outros. A liderança democrática busca informações, opiniões e preferências, chegando ao ponto de realizar reuniões com o grupo, encabeçar as discussões e usar o consenso ou o voto da maioria para tomar a decisão final.

efeitos do comportamento de liderança
A maneira como o líder se comporta influencia as atitudes e o desempenho das pessoas. Estudos desses efeitos dedicam-se a estilos de tomada de decisão autocráticos ou democráticos, ou a comportamentos voltados para o desempenho ou para a manutenção.

Estilos de tomada de decisão
O estudo clássico da comparação entre os estilos autocrático e democrático concluiu que uma abordagem democrática leva a atitudes mais positivas, mas que uma abordagem autocrática resulta em melhor desempenho.[59] Um estilo de *laissez-faire*, no qual o líder essencialmente deixa de tomar decisões, leva a atitudes mais negativas e pior desempenho. Isso parece lógico e provavelmente representa as crenças prevalecentes entre gestores a respeito dos efeitos gerais das abordagens.

comportamentos de manutenção (que os pesquisadores chamaram de *consideração*) tinham menos descontentamento e menor giro em suas unidades do que os supervisores com baixas notas nessa dimensão. O inverso ocorreu quanto aos *comportamentos de realização de tarefas* (chamados de *estrutura iniciadora* no estudo). Supervisores com altas notas nessa dimensão apresentaram maior descontentamento e maiores taxas de giro.

Quando foram considerados conjuntamente os comportamentos de realização e liderança, os resultados foram mais complexos. Mas uma conclusão foi clara: quando um líder tem altas notas em comportamentos de realização, também deve ser voltado para a manutenção. Do contrário, terá de lidar com elevados níveis de giro e descontentamento dos funcionários.

Mais ou menos na mesma época da realização deste estudo da Universidade de Ohio, um programa de pesquisa da Universidade de Michigan investigava o impacto do comportamento dos líderes sobre o desempenho profissional dos grupos.[63] Entre outras coisas, os pesquisadores concluíram que os gestores mais eficazes apresentavam aquilo a que se referiram como *comportamento voltado para tarefas*: planejamento, programação, coordenação, fornecimento de recursos e estabelecimento de metas de desempenho. Os gestores eficazes também apresentavam mais *comportamentos voltados para relacionamentos*: demonstrando confiança, exibindo uma atitude amigável e de consideração, manifestando apreço, mantendo as pessoas informadas e assim por diante.

CAPÍTULO 9 | Liderança 215

FIGURA 9.2 A matriz de liderança®

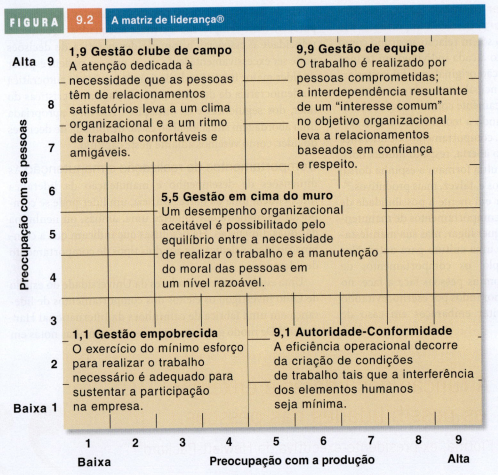

FONTE: Figura The Leadership Grid®, em *Leadership Dilemmas – Grid Solutions*, p. 29, de Robert R. Blake e Anne Adams McCanse. Copyright © 1991 de Robert R. Blake e o Estate of Jane S. Mouton. Usada com permissão. Todos os direitos reservados.

Como se pode ver, essas dimensões do comportamento de liderança são essencialmente as dimensões de realização de tarefas e manutenção de grupos.

Depois da publicação dos estudos das duas universidades, tornou-se popular considerar como ideal o líder que fosse voltado tanto para a realização quanto para a manutenção. O melhor modelo de treinamento em liderança a adotar esse estilo é a Matriz de Liderança de Blake e Mouton®.[65] No treinamento em matriz, os gestores recebem notas pelo comportamento voltado para a realização (*preocupação com produção*) e para a manutenção (*preocupação com pessoas*). Suas pontuações são, então, lançadas na matriz mostrada na Figura 9.2. A pontuação mais alta em cada uma das dimensões é 9. Gestores com menos que 9,9 – por exemplo, aqueles com alta preocupação com pessoas e baixa preocupação com produção – recebem treinamento sobre como tornar-se um líder 9,9.

Por muito tempo, o treinamento em matriz foi bem recebido pelas empresas nos Estados Unidos. Mais tarde, contudo, foi criticado por defender um estilo simplista de liderança e ignorar a possibilidade de que o 9,9 não é o melhor em todas as situações. Por exemplo, até a liderança 1,1 pode ser adequada se os funcionários conhecerem suas funções (e, por isso, não precisarem de orientação). Além disso, podem gostar o bastante de seus cargos e colegas para não se importar com a demonstração de preocupação pessoal do chefe. Ainda assim, se um gestor estiver incerto a respeito de como se comportar, provavelmente será melhor exibir comportamentos relacionados tanto à realização de tarefas quanto à manutenção do grupo.[66]

Com certeza, há uma ampla gama de estilos eficazes de liderança. As empresas que compreenderem a necessidade de estilos de liderança diversificados terão, no mundo de negócios de hoje, uma vantagem competitiva sobre aquelas cujos gestores acreditem haver "uma só boa maneira".

A melhor maneira de liderar depende da situação

Segundo os defensores da **abordagem situacional** da liderança, não existem traços e comportamentos universalmente importantes. Pelo contrário, os comportamentos eficazes de liderança variam de uma situação para outra. *O líder deve primeiro analisar a situação e depois decidir como agir.* Em outras palavras, devemos pensar antes de liderar.

> Uma chefe de enfermagem descreve assim sua abordagem situacional da liderança: "Meu estilo de liderança é uma mistura de todos os estilos. Neste ambiente, costumo deixar que as pessoas participem. Mas em situações de emergência, quando um paciente está morrendo, imediatamente torno-me muito autocrática: 'Faça isso, faça aquilo; você, saia do quarto; todos quietos; você, vá buscar o Dr. Mansfield'. O pessoal diz que é única situação em que me veem assim. Em uma emergência, não há tempo para votar, conversar, ou discutir. É hora de alguém pôr ordem na coisa.
> Certa vez, alguém disse: 'espere, quero fazer assim'. Ele queria fazer respiração boca a boca. Eu sabia que quem estava atrás dele era melhor e disse: 'não, quem vai fazer é fulano'. Ele, depois, me disse que ficou muito magoado porque gritei na frente de toda a equipe e dos médicos. Era como se não fosse bom o bastante. Então expliquei: é assim que funciona. Havia uma vida em jogo. Não posso ficar pegando você no colo. Não podia fazer você parecer bom, porque você não tinha as habilidades necessárias para proporcionar o melhor cuidado a um paciente que tinha parado de respirar."[67]
> A enfermeira tinha a própria abordagem situacional intuitiva da liderança. Sabia das vantagens em potencial da abordagem participativa da tomada de decisões, mas também sabia que ela precisava tomar decisões sozinha em algumas situações.

O primeiro modelo de liderança situacional foi proposto em 1958 por Tannenbaum e Schmidt. Em seu artigo

clássico na *Harvard Business Review*, os autores descreveram como os gestores devem considerar três fatores antes de decidir como liderar:[68]

1. As *forças do gestor* incluem seus valores pessoais, inclinações, senso de segurança e confiança nos subordinados.
2. As *forças do subordinado* incluem seu conhecimento e sua experiência, sua disposição para assumir responsabilidade pela tomada de decisões, seu interesse na tarefa ou no problema e seu entendimento e aceitação das metas da empresa.
3. As *forças da situação* incluem o tipo de estilo de liderança que a empresa valoriza, na medida em que o grupo é eficaz como unidade, o problema em si e os tipos de informação necessários para sua solução e o tempo que o líder tem para tomar a decisão.

Vamos imaginar quais dessas forças fazem com que seja adequado um estilo mais autocrático e quais sugerem um estilo democrático e participativo. Com isso, criaremos uma teoria da liderança situacional.

Embora o artigo de Tannenbaum e Schmidt tenha sido publicado há meio século, a maior parte de seus argumentos permanece válida. Desde então, surgiram outros modelos situacionais. Iremos, aqui, nos concentrar em quatro deles: o Modelo Vroom de tomada de decisão, o modelo contingencial de Fiedler, a teoria situacional de Hersey e Blanchard, e a teoria do caminho-objetivo.

Modelo Vroom de liderança

Seguindo a tradição de Tannenbaum e Schmidt, o **Modelo Vroom** enfatiza a dimensão participativa da liderança: a maneira como os líderes tomam decisões. O modelo usa a abordagem situacional básica de análise da situação antes da determinação do melhor estilo de liderança.[69] São usados os seguintes fatores situacionais para analisar problemas:[70]

- *Importância da decisão* – A importância da decisão para o sucesso do projeto ou da empresa.
- *Importância do comprometimento* – A importância do comprometimento dos membros da equipe com a decisão.
- *Perícia do líder* – Nosso conhecimento ou perícia em relação ao problema.
- *Probabilidade de comprometimento* – A probabilidade de que a equipe se comprometa com uma decisão que tomemos por conta própria.
- *Apoio do grupo aos objetivos* – Até que ponto o grupo apoia os objetivos organizacionais envolvidos no problema.
- *Perícia do grupo* – O conhecimento ou a perícia dos membros da equipe em relação ao problema.

- *Competência da equipe* – A capacidade dos membros da equipe para trabalhar em conjunto na solução de problemas.

Cada um desses fatores se baseia em algum atributo importante do problema com que se depara o líder e deve ser avaliado como alto ou baixo.

O Modelo Vroom, mostrado na Figura 9.3, é como um funil. Respondemos as perguntas uma por vez, considerando-as altas ou baixas e, às vezes, pulando algumas à medida que avançamos.

> ● **ABORDAGEM SITUACIONAL** Uma perspectiva de liderança que propõe a inexistência de traços e comportamentos universalmente importantes e que os eficazes variam de situação para situação.
>
> ● **MODELO VROOM** Um modelo situacional que foca a dimensão participativa da liderança.

FIGURA 9.3 Modelo Vroom de liderança

Modelo orientado pelo tempo

Instruções: A Matriz é como um funil. Começamos pela esquerda com um problema de decisão específico. Os cabeçalhos das colunas indicam fatores situacionais que podem ou não estar presentes no problema. Avançamos indicando A ou B (alto ou baixo) para cada fator situacional aplicável. Continuamos pelo funil, julgando apenas os fatores situacionais para os quais um julgamento é necessário, até chegar ao processo recomendado.

Definição do problema	Importância da decisão	Importância do comprometimento	Perícia do líder	Probabilidade de comprometimento	Apoio do grupo	Perícia do grupo	Competência da equipe	
A	A	-	-	-	-	-	-	Decidir
A	A	A	-	-	A	A	-	Delegar
A	A	A	-	B	A	B	-	Consultar (grupo)
A	A	A	-	B	B	-	-	Consultar (grupo)
A	A	A	-	B	B	-	-	Consultar (grupo)
A	A	A	A	-	A	A	-	Facilitar
A	A	A	A	-	A	B	-	Consultar (individualmente)
A	A	A	A	-	B	-	-	Consultar (individualmente)
A	A	B	-	-	A	A	-	Facilitar
A	A	B	-	-	A	B	-	Consultar (grupo)
A	A	B	-	-	B	-	-	Consultar (grupo)
A	A	B	-	-	B	-	-	Consultar (grupo)
B	A	-	-	-	-	-	-	Decidir
B	B	-	A	-	A	A	-	Facilitar
B	B	-	A	-	A	B	-	Consultar (individualmente)
B	B	-	A	-	B	-	-	Consultar (individualmente)
B	A	-	-	-	A	-	-	Decidir
B	A	-	B	-	A	A	-	Delegar
B	A	-	B	-	A	B	-	Facilitar
B	B	-	-	-	-	-	-	Decidir

FONTE: V. Vroom, "Leadership and the Decision-Making Process", *Organizational Dynamics*, Spring 2000, p. 82-94. Copyright © 2000 com permissão de Elsevier Science.

- **MODELO CONTINGENCIAL DE FIEDLER** Uma abordagem situacional da liderança que postula que a eficácia depende do estilo pessoal do líder e da medida em que a situação lhe confere poder, controle e influência.

- **LIDERANÇA POR TAREFAS** Liderança que dá máxima ênfase à conclusão de uma tarefa.

- **LIDERANÇA POR RELACIONAMENTOS** Liderança que dá máxima ênfase à manutenção de bons relacionamentos interpessoais.

Eventualmente chegaremos a um dos 14 resultados possíveis. Para cada resultado o modelo indica qual dentre cinco estilos de tomada de decisão é mais adequado. Diferentes estilos de decisão podem funcionar, mas o estilo recomendado é o que leva menos tempo.

Os cinco estilos de decisão são definidos assim:[71]

1. *Decidir* – Tomamos a decisão por conta própria e a anunciamos ou "vendemos" ao grupo. Podemos usar nossa perícia para coletar do grupo, ou de outras pessoas, informações relevantes para o problema.

2. *Consultar individualmente* – Apresentamos o problema individualmente a cada membro do grupo, obtemos suas sugestões e tomamos uma decisão.

3. *Consultar o grupo* – Expomos o problema em uma reunião do grupo, obtemos suas sugestões e tomamos uma decisão.

4. *Facilitar* – Mostramos o problema ao grupo em uma reunião. Agimos como facilitadores, definindo o problema a ser solucionado e os limites dentro dos quais a decisão precisa ser tomada. Nosso objetivo é obter concordância a respeito de uma decisão. Acima de tudo, tomamos cuidado para garantir que nossas ideias não tenham maior peso do que as dos outros simplesmente por causa de nosso cargo.

5. *Delegar* – Permitimos que o grupo tome a decisão dentro de limites pré-determinados. O grupo identifica e diagnostica o problema, desenvolve procedimentos alternativos de solução e escolhe uma ou mais soluções alternativas. Embora não tenhamos papel ativo nas deliberações do grupo a menos que nos seja explicitamente pedido, nosso papel por trás da cena é importante, fornecendo os recursos e os incentivos necessários.

Os estilos indicam que há diversas graduações de participação, e não só a autocracia e a democracia.

É claro que nem todas as decisões exigem uma análise tão complicada. Por outro lado, o modelo se torna menos complexo depois de usado algumas vezes. Além disso, usar esse modelo para a tomada de decisões importantes garante que levemos em conta os fatores situacionais relevantes e nos indica o estilo mais adequado.

modelo contingencial de Fiedler

De acordo com o **modelo de liderança contingencial de Fiedler**, a eficácia depende de dois fatores: o estilo pessoal do líder e em que medida a situação lhe dá poder, controle e influência sobre a situação.[72] A Figura 9.4 ilustra o modelo. A metade superior da figura mostra a análise situacional e a parte inferior indica o estilo adequado. Na parte superior, usamos três perguntas para analisar a situação:

1. As relações entre líder e membros são boas ou ruins? (Em que medida o líder tem a aceitação e o apoio dos membros do grupo?)

2. A tarefa é estruturada ou desestruturada? (Em que medida os membros do grupo sabem quais são suas metas e como realizá-las?)

3. A posição de poder do líder é forte ou fraca (alta ou baixa)? (Em que medida o líder tem autoridade para recompensar e punir?)

Essas três perguntas criam uma árvore de decisões (descendente, na figura) em que a situação se classifica como pertencente a uma dentre oito categorias. Quanto menor o número da categoria, mais favorável a situação será para o líder; quanto menor o número, menos favorável a situação. Fiedler originalmente chamou esta variável de "favorecimento situacional", mas hoje a chama de "controle situacional". A situação 1 é a melhor: os relacionamentos são bons, a tarefa é altamente estruturada e o poder é grande. Na situação menos favorável (8), em que o líder tem baixo controle situacional, os relacionamentos são ruins, a tarefa carece de estrutura e o poder do líder é pequeno.

Diferentes situações exigem diferentes estilos de liderança. Fiedler mediu os estilos de liderança com um instrumento que avaliava o colega menos predileto (LPC, *Least Preferred Coworker*) do líder, isto é, a atitude em relação ao seguidor de quem o líder menos gostava. Isso foi considerado uma indicação mais geral da atitude dos líderes em relação às pessoas. Se um líder podia identificar a pessoa de quem menos gostava, mas sua atitude não fosse tão negativa, recebia uma alta pontuação na escala de LPC. Líderes com atitudes mais negativas em relação a outras pessoas recebiam baixas pontuações. Com base na pontuação de LPC, Fiedler considerou dois estilos de liderança:

1. A **liderança por tarefas** dá maior ênfase à conclusão de tarefas e tende a ser apresentada por líderes com baixas pontuações de LPC.

2. A **liderança por relacionamentos** dá ênfase à manutenção de bons relacionamentos interpessoais e é mais provável entre líderes com LPC elevado.

Esses estilos de liderança correspondem, respectivamente, aos comportamentos de liderança de realização de tarefas e manutenção de grupos.

A parte inferior da Figura 9.4 indica os estilos adequados a cada situação. Para as situações 1, 2, 3 e 8, é mais eficaz o estilo de liderança por tarefas. Para as situações de 4 a 7, é melhor a liderança por relacionamentos.

A teoria de Fiedler nem sempre encontrou respaldo nas pesquisas. Esse respaldo aumenta quando substituímos os oito níveis específicos de controle situacional por três níveis amplos: baixo, médio e alto controle. A teoria era controvertida no ambiente acadêmico porque partia da premissa de que os líderes não podem alterar seus estilos e precisam ser designados para situações adequadas para eles. Entretanto, o modelo superou o teste do tempo e ainda recebe atenção. E, mais importante, lançou o foco sobre a importância do "encaixe" entre a situação e o estilo do líder.

218 Administração

- **TEORIA SITUACIONAL DE HERSEY E BLANCHARD** Uma teoria do ciclo de vida da liderança segundo a qual o gestor deve levar em consideração a maturidade psicológica e profissional do funcionário antes de decidir se são mais importantes os comportamentos de realização de tarefas ou de manutenção.

- **MATURIDADE PROFISSIONAL** O nível das competências e do conhecimento técnico do funcionário em relação à tarefa realizada.

- **MATURIDADE PSICOLÓGICA** A autoconfiança e o autorrespeito de um funcionário.

- **TEORIA CAMINHO-OBJETIVO** Uma teoria a respeito de como os líderes influenciam as percepções dos subordinados quanto a suas metas de trabalho e os caminhos a seguir para realizá-las.

FIGURA 9.4 Análise de Fiedler das situações nas quais é mais eficaz a liderança por tarefas ou por relacionamentos

Relação entre líder e membro	Boa				Ruim			
Estrutura da tarefa	Estruturada		Desestruturada		Estruturada		Desestruturada	
Posição de poder do líder	Alta	Baixa	Alta	Baixa	Alta	Baixa	Alta	Baixa
	1	2	3	4	5	6	7	8

Favorável para o líder →→→ Desfavorável para o líder

Tipo de liderança mais eficaz na situação	Por tarefas	Por tarefas	Por tarefas	Por relaciona-mentos	Por relaciona-mentos	Por relaciona-mentos	Por relaciona-mentos	Por tarefas

FONTE: D. Organ e T. Bateman, *Organizational Behavior*, 4. ed. McGraw-Hill, 1990. © 1990 The McGraw-Hill Companies.

teoria situacional de Hersey e Blanchard

Hersey e Blanchard desenvolveram um modelo situacional que acrescentou outro fator a que os líderes devem dar atenção antes de decidir se é mais importante o comportamento de realização ou o de manutenção. Segundo sua **teoria situacional**, originalmente chamada de *teoria do ciclo de vida da liderança*, o principal fator situacional é a maturidade dos seguidores.[73] **Maturidade profissional** é o nível das competências e do conhecimento técnico dos seguidores em relação à tarefa; **maturidade psicológica** é a autoconfiança e o autorrespeito dos seguidores. Seguidores de maturidade alta apresentam a capacidade e a confiança para realizar bem uma tarefa.

A teoria propõe que, quanto mais maduros os seguidores, menos o líder precisa se dedicar a comportamentos de realização de tarefas. Os comportamentos de manutenção não são importantes para seguidores de maturidade alta ou baixa, mas o são para os de maturidade moderada. Com seguidores de maturidade baixa, a ênfase deve ser na liderança de realização; para os de maturidade moderada, a liderança de realização é um pouco menos importante e os comportamentos de manutenção ganham relevância; para seguidores de maturidade alta, nenhuma das dimensões de comportamento de liderança é importante.

Não há muitas pesquisas acadêmicas sobre essa teoria situacional, mas o modelo é popular em seminários de treinamento gerencial. Independentemente de sua validade científica, o modelo de Hersey e Blanchard serve como um lembrete de que é importante tratar pessoas diferentes de maneiras diferentes. Além disso, sugere a importância de tratar a mesma pessoa de maneiras diferentes ao longo do tempo, à medida que muda de cargo ou adquire maior maturidade em sua função.[74]

teoria caminho-objetivo

O modelo mais abrangente e genericamente útil de liderança situacional talvez seja a teoria caminho-objetivo. Desenvolvida por Robert House, a **teoria caminho-objetivo** deve seu nome à maneira como os líderes influenciam as percepções

CAPÍTULO 9 | Liderança **219**

| FIGURA | 9.5 | A estrutura caminho-objetivo |

Características dos seguidores → determinam → **Adequação de comportamentos de liderança 1. orientadores, 2. de apoio, 3. participativos, ou 4. de realização** → levando a → **Metas e desempenho dos seguidores**

Fatores ambientais → determinam

dos seguidores quanto a seus objetivos de trabalho e os caminhos que seguem em direção a esses objetivos.[75]

A teoria caminho-objetivo envolve dois fatores situacionais fundamentais:

1. Características pessoais dos seguidores.

2. Pressões e demandas ambientais com as quais os seguidores precisam lidar para atingir seus objetivos.

Esses fatores determinam os comportamentos de liderança mais adequados.

A teoria identifica quatro comportamentos de liderança pertinentes:

1. *Liderança direcional* – uma forma de comportamento voltado para a realização de tarefas.

2. *Liderança de apoio* – uma forma de comportamento voltado para a manutenção de grupos.

3. *Liderança participativa* – ou estilo participativo de tomada de decisões.

4. *Liderança voltada para realizações* – ou comportamentos voltados para motivação de pessoas, como o estabelecimento de metas desafiadoras e a recompensa ao bom desempenho.

Esses fatores situacionais e comportamentos de liderança encontram-se combinados na Figura 9.5. Como se vê, os comportamentos de liderança adequados – determinados pelas características dos seguidores e pelo ambiente de trabalho – levam a uma realização eficaz de tarefas.

A teoria também especifica *quais* características dos seguidores e do ambiente são importantes. Há três características fundamentais dos seguidores:

1. *Autoritarismo* é a medida na qual as pessoas respeitam e admiram a autoridade e a consideração que lhe prestam.

2. *Lócus de controle* é a medida na qual as pessoas encaram o ambiente como algo sensível ao próprio comportamento. Pessoas com um *lócus* de controle interno acreditam que o que lhes acontece é obra própria; pessoas com um *lócus* de controle externo acreditam que tudo é sorte ou destino.

3. *Capacidade* é a crença das pessoas a respeito da própria habilidade em realizar a tarefa que lhes é confiada.

A teoria caminho-objetivo afirma que essas características pessoais determinam a validade dos diferentes estilos de liderança. Por exemplo, a teoria faz as seguintes propostas:

- Um estilo de liderança direcional é mais adequado para pessoas altamente autoritárias porque essas pessoas respeitam a autoridade.

- Um estilo de liderança participativo é mais apropriado para pessoas com um *lócus* de controle interno porque essas pessoas preferem ter mais influência sobre as próprias vidas.

- Um estilo direcional é mais adequado quando a capacidade dos subordinados é baixa. O estilo direcional os ajuda a entender o que precisam fazer.

O estilo de liderança adequado também é determinado por três fatores ambientais importantes:

- *Tarefas* – A liderança direcional é adequada quando as tarefas já estão bem estruturadas.

- *Sistema de autoridade formal* – Se a tarefa e o sistema de autoridade ou de regras forem insatisfatórios, uma liderança direcional aumentará a insatisfação. Nesses casos, a liderança por apoio é especialmente adequada porque oferece uma fonte positiva de gratificação em uma situação no geral negativa.

- *Grupo de trabalho primário* – Quando o grupo de trabalho primário oferece apoio social a seus membros, a liderança por apoio se torna menos importante.

A teoria caminho-objetivo traz muitas propostas. De modo geral, sugere que as funções do líder são (1) facilitar o caminho até os objetivos por meio de *coaching* e orientação, (2) reduzir barreiras frustrantes à realização de objetivos e (3) aumentar as oportunidades de satisfação pessoal por meio do aumento das recompensas pela realização dos objetivos de desempenho. A melhor maneira de realizar essas coisas depende das pessoas e da situação. Novamente, é preciso analisar e adaptar nosso estilo da maneira apropriada.

substitutos da liderança

Às vezes os líderes não precisam liderar, ou as situações limitam sua capacidade de liderar com eficácia. Em algumas situações, a liderança é desnecessária ou tem baixo impacto. Os **substitutos da liderança** podem exercer sobre as pessoas a mesma influência que os líderes.

Alguns fatores ligados aos seguidores, à tarefa e à organização substituem os comportamentos de liderança por realização de tarefas e por manutenção de grupos.[76] Por exemplo, os comportamentos de manutenção de grupos são menos importantes e surtem menos efeito quando as pessoas já formam um grupo fortemente unido, são profissionais, a tarefa é inerentemente satisfatória, ou quando há uma grande distância física entre o líder e os seguidores. Assim, médicos muito fortemente preocupados com sua conduta profissional, que gostem de seu trabalho e

220 Administração

trabalhem independentemente, não precisam do apoio social dos administradores hospitalares.

A liderança por realização de tarefas é menos importante e surtirá menos efeitos positivos se as pessoas forem muito experientes e capazes, se recebem *feedback* diretamente da tarefa ou por computador, ou se as regras e procedimentos forem rígidos. Se houver esses fatores, o líder não precisará dizer às pessoas o que fazer ou quão bem estão se saindo.

O conceito dos substitutos da liderança vai além de apenas indicar quando as tentativas de exercer influência do líder irão funcionar ou não. Ele nos fornece indicações úteis e práticas de como gerir com mais eficiência.[77] Se o gestor for capaz de desenvolver a situação de trabalho ao ponto em que haja diversos desses substitutos de liderança, poderá dedicar menos tempo a tentativas de influenciar as pessoas e terá mais tempo para outras atividades importantes.

Pesquisas indicam que os substitutos da liderança podem prever melhor o comprometimento e a satisfação do que o desempenho.[78] Esses substitutos são úteis, mas não podemos criá-los e acreditar ter concluído nossa tarefa de liderança. E, no papel de seguidores, se não tivermos uma boa liderança e não houver substitutos para ela, criamos nosso próprio "substituto" da liderança – a autoliderança. Tomamos a iniciativa de nos motivar, de nos liderar, de criar mudanças positivas e de liderar outras pessoas.

● ● **OA9.7**
Distinguir líderes carismáticos de transformadores.

VISÕES CONTEMPORÂNEAS DA LIDERANÇA

Até aqui, tratamos das principais abordagens clássicas da liderança, todas que são úteis até hoje. Diversos avanços novos têm revolucionado nossa compreensão desse aspecto vital da gestão.

Líderes carismáticos inspiram seus seguidores

Como muitos grandes líderes, Ronald Reagan tinha carisma. Barack Obama também tem. Na indústria, Thomas Watson, Alfred Sloan, Steve Jobs e Richard Branson também foram e são líderes carismáticos.

Carisma, um conceito sutil – fácil de perceber, mas difícil de definir. O que *é* carisma e como o conseguimos? Segundo uma definição, "o carisma causa um impacto emocional nos seguidores que vai além das meras estima, afeição, admiração e confiança. O líder carismático é um herói idealizado, um messias e um salvador".[79] Muitas pessoas, e os norte-americanos em particular, valorizam o carisma de seus líderes. Mas algumas não gostam do termo "carisma", que pode ser associado ao carisma negativo de líderes malignos, os quais as pessoas seguem cegamente.[80] Ainda assim, líderes carismáticos que exibam valores adequados e usem seu carisma para fins também adequados servem como modelos de comportamento ético para os demais.[81]

Líderes carismáticos são dominadores, excepcionalmente autoconfiantes e têm forte convicção da retidão moral de suas crenças.[82] Lutam para criar uma aura de competência e sucesso e geram elevadas expectativas em seus seguidores, assim como confiança neles. Em última análise, os líderes carismáticos satisfazem as necessidades das outras pessoas.[83]

O líder carismático articula metas ideológicas e faz sacrifícios em nome dessas metas.[84] Martin Luther King Jr. sonhava com um mundo melhor e John F. Kennedy falou em colocar um homem na lua. Em outras palavras, esses líderes têm uma visão convincente. O líder carismático também gera um senso de excitação e aventura. É um orador eloquente que exibe competências verbais superiores que ajudam a comunicar a visão e motivar seguidores. Walt Disney fascinou o mundo com suas histórias; tinha um enorme talento criativo; e inspirou em sua empresa fortes valores de bom gosto, afeição a riscos e inovação.[85]

> ● **SUBSTITUTOS DA LIDERANÇA** Fatores do ambiente de trabalho que podem exercer sobre os funcionários a mesma influência que viria dos líderes.
>
> ● **LÍDER CARISMÁTICO** Alguém que seja dominante, autoconfiante, convencido da retidão moral de suas crenças e capaz de gerar nos seguidores um senso de excitação e aventura.

Martin Luther King Jr. foi um líder carismático dotado de uma visão convincente: o sonho de um mundo melhor.

Líderes dotados dessas características, ou que agem dessa maneira, inspiram confiança, aceitação, obediência, envolvimento emocional, afeição, admiração e alto desempenho em seus seguidores.[86] Por exemplo, ter carisma não só ajuda os presidentes executivos a inspirar outros funcionários da empresa como também lhes permite influenciar interessados externos, inclusive clientes e investidores.[87] Foram encontradas evidências dos efeitos positivos da liderança carismática em uma ampla gama de grupos, empresas e níveis administrativos e em países como Índia, Singapura, Holanda, China, Japão e Canadá.[88]

Foi demonstrado que o carisma eleva o desempenho financeiro empresarial, especialmente sob condições de incerteza – ou seja, circunstâncias de risco ou em que os ambientes estão em mutação e as pessoas têm dificuldades para entender o que devem fazer.[89] A incerteza causa estresse e torna as pessoas mais receptivas às ideias e às atitudes dos líderes carismáticos. Aliás, à medida que o desempenho de uma empresa (ou de uma equipe) melhora sob a liderança de alguém, os outros consideram essa pessoa cada vez mais carismática por causa do melhor desempenho.[90]

Líderes transformadores revitalizam as empresas

O carisma pode contribuir para a liderança transformadora. Os **líderes transformadores** fazem com que as pessoas transcendam seus interesses pessoais em prol da comunidade.[91] Eles geram excitação e revitalizam as empresas. Na Hewlett-Packard, a capacidade de gerar excitação é um critério explícito de seleção de gestores. No Reino Unido, Richard Branson, do Virgin Group, é um líder transformador que construiu um império empresarial global.[92]

O processo de transformação vai além da abordagem mais tradicional e *transacional* à liderança. Os **líderes transacionais** encaram a gestão como uma série de transações sobre as quais aplicam seus poderes legítimos de recompensa e de coerção para emitir comandos e trocar recompensas por serviços prestados. Ao contrário da liderança transformadora, a liderança transacional é desapaixonada; não gera excitação, nem transforma, potencializa, ou inspira as pessoas para que se concentrem nos interesses do grupo ou da empresa. Mas as abordagens transacionais podem ser mais eficazes para os individualistas do que para os coletivistas.[93]

geração de excitação Os líderes transformadores geram excitação de diversas maneiras:[94]

- São *carismáticos*, como vimos anteriormente.
- Dão *atenção individualizada* a seus seguidores. Delegam tarefas desafiadoras a quem as mereça, mantêm abertas as linhas de comunicação e fornecem mentoria pessoal para desenvolver seus quadros. Eles não tratam todas as pessoas da mesma maneira porque as pessoas *não são* iguais.
- São *intelectualmente estimulantes*. Geram em seus seguidores uma conscientização dos problemas e das soluções em potencial. Articulam os pontos fortes e fracos das organizações e as oportunidades e ameaças com que se deparam. Agitam a imaginação e geram *insights*. Com isso, problemas são reconhecidos e soluções de alta qualidade são identificadas e implantadas com o total comprometimento dos seguidores.

Jim McCluney, presidente-executivo da empresa de armazenagem de dados Emulex, gosta que seus funcionários o provoquem um pouco. Acredita ser bom a prática de gestão permitir que as pessoas fiquem à vontade e brinquem com ele, porque isso as ajuda a criar novas ideias e soluções. "Ele é muito divertido", diz um de seus colegas. McCluney é conhecido por promover dias de pizza e aparecer nas salas ou mesas de seus funcionários para conversar.

McCluney explica os motivos de sua abordagem. "Se fizermos a equipe de gestão vestir mesmo a camisa, dando duro e acrescentando suas competências individuais, e obtivermos a maior diversidade de opiniões sobre um dado problema, a empresa floresce de verdade". Sem abdicar de suas responsabilidades de líder, ele valoriza a inteligência de seus gestores e funcionários. Entra em campo quando há necessidade de atitudes decisivas, mas conhece os perigos de tentar fazer tudo sozinho, em vez de dar algum espaço aos gestores. McCluney encara a liderança como "um equilíbrio entre saber quando ser autoritário e quando ser cooperativo".[95]

competências e estratégias Há pelo menos quatro competências ou estratégias que contribuem para a liderança transformadora:[96]

Majora lidera a luta pela justiça ambiental

Majora Carter é ativista em nome de duas causas que, à primeira vista, podem não parecer relacionadas: o meio ambiente e os trabalhadores desempregados. Há quase dez anos, enquanto trabalhava com diversas organizações sem fins lucrativos, ela ficou sabendo que a Prefeitura de Nova York pretendia construir mais uma usina de processamento de lixo perto do bairro Bronx, onde tinha sido criada. Passariam por ali, a cada semana, lixo e a fumaça gerada por 60 mil caminhões, somando-se à poluição vinda de duas unidades de tratamento de esgotos e quatro usinas de geração de energia, comprometendo ainda mais um ambiente já pouco sadio. Os moradores do bairro tinham altos índices de asma, diabetes e obesidade.

Carter entrou em ação. Primeiro, criou a South Bronx Sustentável (SSBx, *Sustainable South Bronx*) para derrotar o novo depósito de lixo. Em seguida, conseguiu um patrocínio para estabelecer um programa de treinamento chamado Treinamento em Proteção Ambiental do Bronx (BEST, *Bronx Environmental Stewardship Training*) para preparar os muitos moradores desempregados da região para ocupar empregos na área concebidos para melhorar o bairro.

Por meio do treinamento da BEST, os moradores do Bronx aprenderam competências ecológicas como instalação e manutenção de telhados verdes, manejo de florestas urbanas, limpeza de terrenos baldios e adaptação de edifícios para ganho de eficiência energética. Quando surgiam empregos na região, os formados da BEST eram os primeiros a serem procurados. Carter acredita que os moradores treinados para melhorar o próprio meio ambiente terão maior comprometimento com seus empregos. Até agora, ela parece ter razão.

Carter e a SSBx já ajudaram muitas empresas verdes iniciantes. Uma delas é a SmartRoofs, que emprega trabalhadores locais para substituir lajes de manta asfáltica por uma camada durável e leve de vegetação. As plantas absorvem menos calor do que a manta asfáltica, mantendo os prédios mais frescos no verão e reduzindo a dependência de ventiladores e ar--condicionado. As plantas também absor-

1. *Ter uma visão* – Os líderes têm uma meta, uma agenda, ou uma orientação para resultados que captura a atenção dos outros.

2. *Comunicar a visão* – Por meio de palavras, gestos, ou simbolismo, os líderes relatam uma imagem convincente da meta final.

3. *Construir confiança* – Por meio de coerência, confiabilidade e persistência, os líderes adotam uma postura clara, escolhendo uma orientação e permanecendo com ela, o que projeta integridade.

4. *Ter uma autopercepção positiva* – Os líderes não se consideram importantes e nem se tornam complacentes, mas reconhecem seus pontos fortes, compensam os fracos, nutrem e desenvolvem constantemente seus talentos e sabem como aprender com os fracassos. Lutam para ter sucesso e não apenas para evitar fracassos.

A liderança transformadora já foi identificada na indústria, nas forças armadas e na política.[97] Alguns exemplos de líderes de negócios transformadores são Henry Ford (fundador da Ford Motor Company), Herb Kelleher (ex-presidente-executivo da Southwest Airlines), Jeff Bezos (fundador da Amazon.com), David Neeleman (em seu antigo papel de líder da JetBlue) e Lee Iacocca (que comandou a virada da Chrysler na década de 1980).[98] Assim como a liderança carismática, a liderança transformadora e seu impacto positivo sobre a satisfação e o desempenho dos seguidores estão documentados em países de todo o mundo, inclusive Egito, Alemanha, China, Inglaterra e Japão.[99] Um estudo com empresas coreanas levantou que a liderança transformadora era preditiva da motivação dos funcionários que, por sua vez, era preditiva da criatividade.[100] Com uma liderança transformadora, as pessoas encaram seus empregos como mais intrinsecamente motivadores (mais sobre isso no Capítulo 13) e ficam mais fortemente comprometidas com suas metas profissionais.[101] E as equipes de alta administração formam um consenso mais sólido em torno das metas organizacionais importantes, o que se traduz em melhor desempenho organizacional.[102]

líderes da transformação

É importante notar que a liderança transformadora não é domínio exclusivo dos presidentes e altos executivos. Nas Forças Armadas, os líderes que receberam treinamento em liderança transformadora exerceram impacto positivo sobre o desenvolvimento pessoal de seus seguidores. Também tiveram sucesso como líderes *indiretos*: recrutas que se reportavam diretamente aos líderes transformadores apresentaram melhor desempenho.[103] Mas é bom não esquecer: os melhores líderes são aqueles capazes de apresentar comportamentos tanto transformadores quanto transacionais.[104]

A Ford Motor Company, em colaboração com a Escola de Administração da Universidade de Michigan, ministrou a milhares de gestores intermediários um programa criado para estimular a liderança transformadora.[105] O treinamento incluía análise do ambiente empresarial em mutação, estratégia empresarial, reflexão pessoal, e discussão da necessidade de mudança. Os participantes analisaram os próprios estilos de liderança e desenvolveram uma iniciativa específica de mudança para implantar após o programa – uma mudança que trouxesse algo duradouro de que a empresa necessitasse.

Ao longo do semestre seguinte, os gestores implantaram as mudanças projetadas. Quase metade das iniciativas levou a mudanças transformadoras na empresa ou na unidade de trabalho; as demais eram menores, mais incrementais, ou mais pessoais. A realização de mudanças menores

---

● LÍDER TRANSFORMADOR
Um líder que motive as pessoas a ir além de seus interesses pessoais em prol do grupo.

● LÍDERES TRANSACIONAIS Líderes que gerenciam por meio de transações, usando seus poderes legítimos de recompensa e coercitivo para emitir ordens e trocar recompensas por serviços prestados.

● LIDERANÇA NÍVEL 5
Uma combinação de forte vontade (determinação) profissional e humildade que resulta em grandiosidade duradoura.

---

vem água e fornecem oxigênio, melhorando a qualidade do ar.

Mais recentemente, Carter fundou o Majora Carter Group, que presta serviços de consultoria a outras cidades e organizações. Entre seus primeiros clientes, estava uma cidade da Carolina do Norte, que a contratou para desenvolver um plano abrangente e prático de adaptação à mudança climática. Carter recomendou o uso de telhados verdes para absorver águas pluviais causadoras de enchentes, em vez de construir uma nova estrutura de captação. Carter também está ajudando Belfast, na Irlanda do Norte, a lidar com problemas semelhantes aos do Bronx: poluição, pobreza e desemprego. Suas soluções, baseadas na experiência adquirida no Bronx, aplicam a cor tradicional da ilha – verde. ❖

P: Perguntas para discussão

- Majora Carter pode ser descrita como uma líder transformadora. Por quê? E por que isso é de especial importância para o sucesso de suas organizações?
- Discuta exemplos das quatro competências e estratégias da liderança transformadora que Majora Carter apresenta.

FONTES: Site da SSBx, <http://www.ssbx.org>, acessado em 15 de junho de 2009; site do Majora Carter Group, <http://www.majoracartergroup.com>, 15 de junho de 2009; Maguerite Holloway, "The Green Power Broker", *New York Times*, 14 de dezembro de 2008, <http://www.nytimes.com>; Adam Aston, "Majora Carter: Greener Neighborhoods, Sustainable Jobs", *BusinessWeek*, 27 de outubro de 2008, <http://www.businessweek.com>.

ou transformadoras dependia da atitude dos gestores ao começar o treinamento, de seu nível de autoestima e do apoio recebido de outras pessoas. Embora alguns gestores não tenham reagido da maneira esperada, quase metade envolveu-se no treinamento, adotou uma orientação mais transformadora e trouxe mudanças significativas para a empresa.

A **liderança nível 5**, um termo bem conhecido dos executivos, é tida por alguns como o melhor de todos os estilos de liderança. A liderança nível 5 é uma combinação de uma forte vontade (determinação) profissional com uma humildade pessoal que leva a uma grandiosidade duradoura.[106] Assim, um líder nível 5 tem foco incansável sobre o sucesso da empresa no longo prazo e, ao mesmo tempo, se comporta com modéstia, dirigindo a atenção para ela e não para si. Alguns exemplos são John Chambers, presidente-executivo da Cisco Systems e o ex-presidente-executivo da IBM, Louis Gerstner. Gerstner é conhecido por dar a virada em uma IBM rígida, mudando seu foco do hardware para soluções de negócios. Depois de se aposentar, Gerstner escreveu um livro de memórias que detalha o que aconteceu na empresa, mas pouco diz a respeito de si. Embora a liderança nível 5 seja vista como uma maneira de transformar as empresas e fazer delas algo grande, exige, em primeiro lugar, que o líder traga uma combinação dos estilos transacional e transformador.[107]

Antes de fazer 30 anos de idade, Robert Chapman assumiu o cargo de principal executivo da empresa da família, a Barry-Wehmiller Companies (B-W), depois da morte súbita de seu pai. A receita da B-W, que fabrica equipamentos de embalagem e vende serviços correlatos, cresceu rapidamente nos primeiros anos sob liderança de Chapman, mas depois despencou quando a demanda diminuiu.

Chapman reagiu convocando sua equipe de administração para avaliar o que estava dando errado. O grupo determinou que o crescimento anterior tinha sido "indisciplinado" e não voltado para as áreas nas quais o sucesso no longo prazo era mais provável. A equipe desenvolveu uma visão da empresa dirigida para um crescimento equilibrado e sustentável. Desde então, segundo Chapman, a empresa "nunca se desviou da execução disciplinada e apaixonada de nossa visão".

A paixão vem de um compromisso com a "liderança centrada nas pessoas". Sob o comando de Chapman, os gestores da B-W precisam cuidar de seus funcionários, dar-lhes autoridade para tomar decisões importantes e esclarecer como suas contribuições aprimoram a visão da empresa. Uma Equipe de Potencialização Organizacional desenvolve os líderes e aplica métodos como produção enxuta, por meio dos quais os funcionários contribuem para o aprimoramento das operações.

Chapman acredita que as empresas podem mudar o mundo por meio de seu impacto sobre os funcionários individualmente. Desafiá-los para que contribuam para a visão corporativa lhes dá uma chance de sentir que seus esforços importam; programas de reconhecimento demonstram que eles são valorizados. O resultado é aquilo que Chapman chama de "ambiente inspirador". E a empresa voltou a crescer.[108]

A verdadeira liderança acrescenta uma dimensão ética

De modo geral, a **liderança autêntica** tem suas raízes na antiga máxima filosófica grega: "Sê verdadeiro para consigo".[109] Ao liderar, devemos lutar para ser autênticos, exibindo honestidade, franqueza, confiabilidade e integridade. Os líderes transformadores autênticos se importam com os interesses coletivos (da comunidade, da organização, ou do grupo) e não só com os próprios.[110] Estão dispostos a sacrificar seus interesses em nome de interesses alheios e sempre se pode confiar neles. São eticamente maduros; as pessoas encaram os líderes com raciocínio moral como mais transformadores do que os desprovidos desse enfoque.[111]

Os **líderes pseudotransformadores** são o oposto: falam muito bem, mas ignoram as necessidades reais de seus seguidores porque os interesse próprios (poder, prestígio, controle, riqueza, fama) assumem a precedência.[112]

ANTIGAMENTE...

Andrew Carnegie foi um líder do setor siderúrgico no fim do século XIX. Quando vendeu sua Carnegie Steel Company ao J. P. Morgan em 1901, tornou-se o homem mais rico do mundo e passou o fim da vida doando 90% de sua fortuna às instituições filantrópicas que criou.

AGORA...

Como estrategista da PepsiCo, Indra Nooyi ajudou o crescimento da empresa na China, no Oriente Médio e na Índia. Agora, como presidente-executiva, Nooyi foca no "desenvolvimento com objetivo" – para beneficiar os consumidores, impulsionar os funcionários e operar com eficiência em prol do meio ambiente.

OA9.8
Descrever os tipos de oportunidades para sermos líderes em uma empresa.

As empresas de hoje oferecem muitas oportunidades de liderança

Uma visão comum dos líderes é a de que são super-heróis que agem sozinhos, chegando inesperadamente para salvar o mundo. Mas, em uma época complexa como esta, os líderes não podem e não precisam agir sozinhos. O guru empresarial John Hersey aconselha os líderes de hoje a ser "SAGE" ("sábio"). No original, as quatro letras significam *buscar* (*seek out*) ajuda dos outros, *fazer boas perguntas* (*ask*) focadas nos outros, *envolver-se* (*get involved*) com os outros e *enriquecer* (*enrich*) a vida das pessoas. Essa abordagem extrovertida ajuda os líderes a identificar soluções para problemas difíceis e convida os seguidores a engajar-se totalmente na causa.[113]

A liderança eficaz deve permear a empresa toda e não concentrar-se em uma ou duas superestrelas no topo. A tarefa do líder passa a ser a de difundir a capacidade de liderança na empresa inteira.[114] Responsabilizar as pessoas pelo próprio desempenho. Criar um ambiente no qual cada um possa descobrir o que precisa ser feito e depois o faça bem. Indicar a rota e abrir o caminho para que os outros tenham sucesso. Dar-lhes o devido crédito. Fazer *dos outros* os heróis. Assim, o que hoje se espera dos líderes não é tanto a gestão eficiente de recursos, mas a liberação eficaz das pessoas e de seu capital intelectual.

Essa perspectiva revela diversos papéis não tradicionais de liderança que são de vital importância.[115] O termo **líder-servidor** foi cunhado por Robert Greenleaf, um executivo aposentado da AT&T. O termo é paradoxal porque "líder" e "servidor" costumam ser antônimos; a relação do líder-servidor com seus funcionários assemelha-se ao atendimento de clientes. Para quem deseja tanto liderar quanto servir aos outros, a liderança-servil é uma maneira de relacionar-se com os outros para atender-lhes as necessidades e alimentar seu crescimento pessoal, ao mesmo tempo que se reforça a empresa. Por exemplo, quando David Wolfskehl, fundador da Action Fast Print, parou de berrar ordens aos seus funcionários e passou a lhes perguntar como poderia ajudar a resolver os problemas que enfrentavam, a produtividade deu um salto de 30%.[116]

Diversos outros papéis não tradicionais fornecem oportunidades de liderança. Os **líderes-ponte** são aqueles que deixam suas culturas originais por um período considerável.[117] Vão viver, estudar, viajar e conhecer outras culturas. Ao voltar para casa, tornam-se líderes e, por meio de seus repertórios expandidos, agem como pontes entre sistemas de valores que conflitam com os próprios, ou entre suas culturas e outras.

Como o trabalho muitas vezes é realizado em equipes, a **liderança compartilhada** ocorre quando a liderança passa à pessoa que detenha o conhecimento, as competências e as capacidades necessárias para a questão com que uma equipe se depara em um dado momento.[118] A liderança compartilhada é de especial importância quando as tarefas são interdependentes e complexas e exigem criatividade. Equipes de alto desempenho dedicadas a essas tarefas exibem maior grau de liderança compartilhada do que equipes de fraco desempenho. Em equipes de consultoria, quanto maior a liderança compartilhada, mais alta a nota dada pelos clientes ao desempenho da equipe.[119] O papel formal de liderança permanece importante – o líder formal ainda cria a equipe, gerencia suas fronteiras externas, orienta as tarefas, enfatiza a importância da abordagem por liderança compartilhada e realiza as atividades transacionais e transformadoras. Ao mesmo tempo, a metáfora dos gansos voando em formação em "V" aumenta a força do grupo: o ganso que está à frente passa periodicamente para trás, um outro ganso se adianta e assume a liderança.

A **liderança lateral** não envolve uma relação hierárquica entre superior e subordinado, pelo contrário, convida colegas em um mesmo nível a solucionar problemas juntos.[120] Sozinhos, não podemos dar solução a todos os problemas, mas podemos criar processos por meio dos quais as pessoas trabalhem em cooperação. Se conseguirmos fazer com que elas aprimorem os processos de maneira cooperada, poderemos criar um fluxo incessante de inovações. Em outras palavras, não se refere a solucionar problemas, mas a criar processos interpessoais de identificação de soluções. Estratégias e táticas para

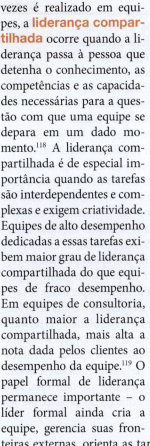

A GE é conhecida por desenvolver as habilidades de liderança dos funcionários com potencial para que a empresa conte com fortes líderes em muitos níveis. A foto mostra Jack Welch (esq.) e Jeffrey Immelt (dir.)

- **LIDERANÇA AUTÊNTICA** Um estilo segundo o qual o líder é fiel aos seus princípios ao liderar.

- **LÍDERES PSEUDOTRANSFORMADORES** Líderes que falam em mudança positiva, mas permitem que o interesse próprio tenha precedência sobre as necessidades dos seguidores.

- **LÍDER-SERVIDOR** Um líder que atende as necessidades dos outros enquanto reforça a empresa.

- **LÍDERES-PONTE** Líderes que constroem pontes entre sistemas de valores conflitantes ou culturas diferentes.

- **LIDERANÇA COMPARTILHADA** Uma liderança rotativa na qual as pessoas se revezam no papel de liderança dependendo de quem tenha as competências mais relevantes a cada momento.

- **LIDERANÇA LATERAL** Um estilo segundo o qual colegas em um mesmo nível hierárquico sejam convidados a colaborar e facilitar a solução conjunta de problemas.

CAPÍTULO 9 | Liderança 225

isso podem ser encontradas em todo este livro, inclusive nos capítulos que tratam de tomada de decisões, estrutura organizacional, equipes, comunicação e mudança.

Os bons líderes precisam ser corajosos

Para ser bons líderes, precisamos ter a coragem para criar uma visão de grandeza para nossa unidade; identificar e gerenciar aliados, adversários e quem está em cima do muro; e executar nossa visão, muitas vezes enfrentando oposição. Isso não significa que devamos cometer suicídio profissional, irritando muitas pessoas poderosas; mas significa assumir riscos razoáveis, tendo o bem da empresa em mente para produzir mudanças construtivas.

Por exemplo, Charles Elachi precisou de coragem ao assumir o cargo de diretor dos Laboratórios de Propulsão a Jato (JPL, *Jet Propulsion Laboratories*) da NASA, no começo da década, após uma série de cortes de orçamento e esforços para encontrar atalhos que tinham resultado em duas tentativas fracassadas de recolher dados de projetos de exploração marciana. Naquele clima, o moral e o apoio público ao JPL estavam em baixa. Mas, em vez de procurar quem culpar, Elachi, um físico e veterano do JPL, fez com que todos se concentrassem no próximo projeto ambicioso, o Mars Exploration Rover, que envolveria enviar naves ao planeta vermelho e levar robôs até a superfície para realizar explorações – com o primeiro lançamento marcado para dali a apenas 27 meses. Sem se deixar abalar pelos dois desastres anteriores, Elachi comunicou clara e educadamente a todos que outro fracasso estava fora de consideração. No começo do projeto, ele fez com que os líderes das equipes listassem todos os testes necessários antes da entrada em órbita das duas naves. Dois anos depois, pegou sua "Lista Irredutível de Testes" e exigiu que cada membro das equipes realizasse todos os procedimentos – e que a agência pagasse por eles. No fim, a missão superou todas as expectativas.[121]

Mais especificamente, realizar nossa missão exigirá os seguintes atos de coragem:[122]

- Encarar as coisas como de fato são e enfrentá-las sem dar desculpas e sem ilusões otimistas.
- Dizer o que precisa ser dito a quem precise ouvir.
- Persistir contra quaisquer resistências, críticas, brigas e contratempos.

A coragem inclui dizer a verdade, mesmo que seja dura, e declarar publicamente o que iremos fazer para ajudar e o que esperamos dos outros. Isso significa colocar as cartas na mesa: isso é o que quero de você... O que quer de mim?[123]

DICA
Não é preciso ser o chefe para dar início a novos processos cooperativos entre colegas.

OA9.9
Discutir como desenvolver nossa capacidade de liderança.

DESENVOLVIMENTO DAS HABILIDADES DE LIDERANÇA

Como em todas as outras áreas da vida, precisamos nos esforçar para *desenvolver* nossa capacidade de liderança. Grandes músicos e grandes atletas não são grandes só por causa de dons naturais. Também dão de si, treinando, aprendendo e fazendo sacrifícios. Os líderes em diversos campos, quando perguntados como se tornaram os melhores líderes que podiam ser, ofereceram os comentários seguintes:[124]

- "Observei os métodos e competências dos chefes que respeitava."
- "Assumindo riscos e aprendendo com meus erros."
- "Lendo autobiografias dos líderes que admiro para tentar entender seu modo de pensar."
- "Treinando muito."
- "Cometendo erros e experimentando abordagens diferentes."
- "Envolvendo-me intencionalmente com os outros para fazer as coisas acontecerem."
- "Sendo colocado em posições de responsabilidade com que outras pessoas contavam."

> " **Quando nos ligamos a um propósito maior do que nós mesmos, somos destemidos; pensamos grande.**
> Nancy Barry, ao deixar seu cargo executivo no Banco Mundial para tornar-se presidente da Women's World Banking, que concede microempréstimos a mulheres pobres em todo o mundo.[125] "

Por onde começar?

Como desenvolver nossas habilidades de liderança? Não precisamos esperar até conseguir um cargo de gestão ou sequer terminar os estudos. Podemos começar a estabelecer a credibilidade pondo em prática a honestidade, aprendendo com nossos erros e nos tornando competentes no campo que escolhemos. Também precisamos aprender a gerenciar bem nosso tempo para dar um bom exemplo aos outros e ajudá-los a atingir as metas do grupo. Em terceiro lugar, devemos procurar – e depois explorar – oportunidades de fazer coisas para ajudar os grupos a que já pertencemos. Mesmo antes de sermos supervisores, podemos praticar a arte de ser bons ouvintes e compartilhar o que sabemos para que todo o grupo esteja bem informado. Finalmente, devemos começar a construir uma rede de contatos pessoais oferecendo ajuda aos outros, em vez de simplesmente pedi-la.[126]

Ao procurar nosso próximo emprego, devemos tentar encontrar um cargo em um empregador comprometido com o desenvolvimento de talentos de liderança. As melhores práticas incluem o uso de autoavaliações para identificar áreas específicas para desenvolvimento e a combinação do aprendizado em sala de aula com *coaching* individualizado. Idealmente, o desenvolvimento de lideranças se liga à oportunidade de praticar as competências que estamos aprendendo; por isso, pergunte a respeito de oportunidades para liderar um projeto ou uma equipe, mesmo que seja por breves intervalos.[127]

Mais especificamente, algumas experiências de desenvolvimento que devemos procurar ter:[128]

- *Missões* – Criar algo a partir do zero; consertar ou dar a virada em uma operação em dificuldades; assumir responsabilidades por projetos ou forças-tarefa; aceitar missões internacionais.
- *Outras pessoas* – Expor-nos a modelos de comportamento positivos; aumentar nossa visibilidade perante os outros; trabalhar com pessoas de históricos diferentes.
- *Dificuldades* – Superar ideias e negócios fracassados; lidar com os problemas de desempenho de outras pessoas; sair do caminho batido.
- *Outros eventos* – Cursos formais; experiências profissionais desafiadoras; supervisionar outras pessoas; experiências fora do trabalho.

Quais são as chaves do sucesso?

As experiências de desenvolvimento mais eficazes envolvem três componentes: avaliação, desafio e apoio.[129] A *avaliação* envolve informações que nos ajudam a saber onde estamos, quais são nossos pontos fortes, quais os nossos atuais níveis de desempenho e eficácia em liderança e nossas principais necessidades de desenvolvimento. Podemos pensar no *feedback* que recebemos no passado, em sucessos e fracassos anteriores, nas reações das pessoas às nossas ideias e atitudes, nossas metas pessoais e estratégias que devemos implementar para progredir. Podemos procurar por respostas com nossos pares, chefes, parentes, amigos, clientes e quaisquer outras pessoas que nos conheçam e saibam como trabalhamos. As informações recebidas irão ajudar a esclarecer o que precisamos aprender, melhorar ou mudar.

As maiores oportunidades de desenvolvimento são os *desafios* – nos forçam a crescer. Todos pensamos e agimos de maneiras a que estamos habituados e com que nos sentimos à vontade. Isso é natural e talvez seja o bastante para a sobrevivência. Mas provavelmente já ouvimos alguém dizer como é importante sair da nossa zona de conforto – lidar com situações que exijam novas competências e habilidades, que sejam confusas ou ambíguas, ou que simplesmente preferiríamos evitar. Às vezes o desafio vem da falta de experiência; às vezes exige mudar velhos hábitos. Pode ser incômodo, mas é assim que os grandes gestores aprendem. Precisamos sempre lembrar que algumas pessoas não se dão ao trabalho de aprender, ou recusam-se a isso. Devemos sempre pensar em nossas experiências enquanto acontecem e refletir sobre elas depois, tanto introspectivamente quanto em conversas com outras pessoas.

Recebemos *apoio* quando outras pessoas nos dão a mensagem de que nossos esforços de aprendizado e crescimento são valorizados. Na falta de apoio, as experiências difíceis de desenvolvimento podem ser arrasadoras. O apoio facilita lidar com dificuldades, permanecer na rota, aceitar o aprendizado e aprender efetivamente com as experiências vividas. O apoio pode ser oferecido informalmente por outras pessoas, fornecido mais formalmente pelos procedimentos da empresa e resultado de recursos de aprendizagem, como treinamento, *feedback* construtivo e conversas com mentores ou colegas.

O que se desenvolve quando desenvolvemos a liderança? Essas experiências permitem que nos conheçamos melhor e nos dão mais autoconfiança, uma visão mais ampla do sistema operacional, maior criatividade de pensamento, a capacidade de trabalhar de maneira eficaz em sistemas sociais complexos e a de aprender com experiência – sem falar nas habilidades de liderança propriamente ditas. ∎

Julie Sajda, diretora de serviços alimentares da Hearst Tower, em Manhattan, desenvolveu-se como líder buscando missões desafiadoras e aprendendo com a perícia de seus mentores.

ACESSE

<http://www.grupoa.com.br>

para materiais adicionais de estudo, incluindo apresentações em PowerPoint.

objetivos de APRENDIZAGEM

OA10.1 Identificar os tipos de comportamentos que os gestores precisam motivar nas pessoas.

OA10.2 Listar os princípios de estabelecimento de metas para motivação dos funcionários.

OA10.3 Resumir como recompensar com eficácia o bom desempenho.

OA10.4 Descrever as principais crenças que afetam a motivação das pessoas.

OA10.5 Discutir as maneiras pelas quais as necessidades individuais das pessoas afetam seu comportamento.

OA10.6 Definir as maneiras para criar cargos motivadores.

OA10.7 Resumir as maneiras como as pessoas avaliam a justiça e pelas quais se pode atingi-la.

OA10.8 Identificar as causas e consequências de uma força de trabalho satisfeita.

capítulo dez

Motivação de Pessoas

Este capítulo lida com um problema milenar: como os gestores podem motivar as pessoas a dar duro e apresentar o melhor nível de desempenho? Tony Hsieh, presidente-executivo da loja de sapatos online Zappos (uma subsidiária da Amazon.com), acredita que o segredo para ter clientes felizes é ter funcionários felizes, porque eles estão motivados para prestar excelente atendimento. A Zappos seleciona funcionários apaixonados pelo atendimento e os deixa livres para que sejam eles mesmos e usem sua capacidade de julgamento, em vez de limitá-los por meio de roteiros de respostas e limites de tempo para cada chamada. Outras maneiras pelas quais a Zappos reforça o comprometimento de seus funcionários inclui períodos de afastamento para a construção de equipes e a publicação anual do Livro da Cultura Zappos (*Zappos Culture Book*), em que os funcionários refletem, muitas vezes com grande franqueza, sobre o significado de seu trabalho, da cultura e dos valores da empresa.[1]

Um gerente de vendas de uma empresa adota uma abordagem singular dessa questão. A cada mês, a pessoa que tinha o pior desempenho em vendas levava uma cabra viva para casa durante o fim de semana. O gestor esperava deixar o funcionário que ficasse com a cabra tão envergonhado de forma que ele se dedicaria

Entenda
com Katie e Elaine como os gestores de hoje motivam sua equipe.

> *Sim, a motivação é fundamental de diversas maneiras no ambiente de trabalho. Refletindo sobre nossa motivação ou observando a dos outros, as pessoas se motivam por diferentes razões: promoção, validação, reputação ou pela família. Independentemente da razão, os gestores podem encontrar maneiras de motivar seus funcionários para que apresentem o melhor desempenho possível.*
> Katie Storey, Coordenadora de Atividades Estudantis

> *Procuro gerir as pessoas da maneira que gostaria de ser gerida. Minha motivação para qualquer tarefa é maior quando tenho liberdade e a sensação de confiança implícita nessa liberdade. Mas já percebi que esse estilo não funciona para todos. É importante perceber quando as pessoas precisam de mais orientação – elas nem sempre o dizem – e quando podem ser deixadas livres. Muito dessa percepção vem da observação dos funcionários e de conversas com eles.*
> Elaine Guidero, Gerente de Biblioteca

mais no mês seguinte.[2] Esse gestor pode até ser muito criativo. Mas, se for avaliado por resultados da mesma maneira que avalia sua equipe, irá fracassar. Ele pode ter sucesso na motivação de algumas pessoas para que vendam mais, mas alguns bons vendedores se verão motivados a deixar a empresa.

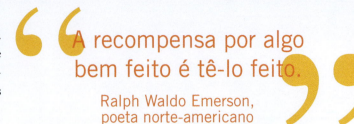

> A recompensa por algo bem feito é tê-lo feito.
>
> Ralph Waldo Emerson, poeta norte-americano

OA10.1
Identificar os tipos de comportamentos que os gestores precisam motivar nas pessoas.

MOTIVAÇÃO PARA O DESEMPENHO

Entender por que as pessoas agem como agem no trabalho não é uma tarefa fácil para os gestores. *Prever* sua reação a cada programa de produtividade é ainda mais difícil. Felizmente, sabe-se o bastante sobre motivação para fornecer ao gestor técnicas práticas e eficazes para aumentar os esforços e o desempenho das pessoas.

Motivação tem a ver com as forças que energizam, orientam e sustentam os esforços das pessoas. Todos os comportamentos, com exceção de reflexos involuntários – como piscar os olhos (que pouco têm a ver com a gestão) – são motivados. Uma pessoa altamente motivada irá esforçar-se mais para atingir metas de desempenho. Se dotada de níveis adequados de capacidade, de compreensão do cargo e de acesso aos recursos necessários, essa pessoa será altamente produtiva.

Para serem motivadores eficazes, os gestores precisam saber que comportamentos desejam motivar nas pessoas. Embora pessoas produtivas façam um número aparentemente interminável de coisas, a maioria das atividades relevantes se enquadra em uma dentre cinco categorias:[3]

1. Unir-se à empresa.
2. Permanecer na empresa.
3. Vir regularmente ao trabalho.
4. Desempenhar-se – ou seja, dar duro para atingir alta *produção* (produtividade) e alta *qualidade*.
5. Exibir boa cidadania, demonstrando comprometimento e apresentando desempenho acima e além do dever para ajudar a empresa.

A respeito dos três primeiros pontos, devemos rejeitar a noção recentemente popularizada de que a fidelidade não existe mais e aceitar o desafio de criar um ambiente que atraia e energize as pessoas para que se comprometam com a empresa.[4] A importância dos comportamentos cidadãos pode ser menos evidente do que a produtividade, mas esses comportamentos ajudam a empresa a operar sem percalços. E facilitam a vida dos gestores.

> A Plante & Moran é uma empresa de assessoria contábil e empresarial que estabelece um elevado padrão em termos de funcionários fiéis e felizes. A empresa, que emprega 1,5 mil pessoas, está há nove anos consecutivos na lista de "100 melhores empresas onde trabalhar", da revista *Fortune*. A *Fortune* refere-se à cultura organizacional da Plante & Moran como "empregadocêntrica" e relata que seu giro é de apenas 11%, um dos menores em todo o setor de contabilidade. A Plante & Moran também tem uma das maiores porcentagens de sócias no setor – 19%. O motivo para essas estatísticas positivas é a preocupação da empresa com as famílias dos funcionários.
>
> Um dos programas da empresa, o Comitê de Ação para a Corda Bamba Pessoal (*Personal Tightrope Action Committee*), foi originalmente estabelecido para atender as necessidades dos funcionários com filhos e hoje se concentra no equilíbrio entre vida profissional e pessoal. Os funcionários gozam de benefícios como creche na empresa e cadeirões no refeitório. "Estamos muito satisfeitos com nosso pessoal e seu comprometimento com a Regra de Ouro, que é a base de nossa cultura vencedora", diz o sócio-gerente Bill Hermann, concluindo: "as pessoas trabalham melhor quando gostam do ambiente e confiam em seus colegas".[5]

Já foram propostas muitas ideias para ajudar os gestores a motivar as pessoas para que apresentem comportamentos construtivos. As mais úteis delas estão descritas nas páginas adiante. Começamos pelos *processos* mais fundamentais que influenciam a motivação de todas as pessoas. Esses processos – descritos pelas teorias do estabelecimento de metas, do reforço e da expectativa – sugerem atitudes para os gestores. Depois discutiremos o *conteúdo* daquilo que as pessoas desejam e precisam, a maneira como diferem umas das outras e a maneira como compreender suas necessidades leva a "receitas" para a criação de cargos motivadores e a potencialização das pessoas para que apresentem o mais alto nível de desempenho possível. Finalmente, discutiremos as principais crenças e impressões das pessoas quanto à justiça no trabalho e as implicações que trazem para a motivação.

> A fidelidade dos funcionários existe, mas depende daquilo que a empresa está disposta a fazer por eles.
>
> Vinnie, funcionário em um banco de investimentos de Nova York, a respeito de por que recusou um emprego que pagava 30% a mais para ficar com seu atual empregador, que lhe permite trabalhar em casa[6]

OA10.2
Listar os princípios de estabelecimento de metas para motivação dos funcionários.

> **MOTIVAÇÃO** As forças que energizam, orientam e sustentam os esforços das pessoas.
>
> **TEORIA DO ESTABELECIMENTO DE METAS** Uma teoria da motivação segundo a qual as pessoas têm metas conscientes que as energizam e orientam seus pensamentos e comportamentos em direção a um fim determinado.

ESTABELECIMENTO DE METAS

Fornecer metas ligadas ao trabalho é uma maneira altamente eficaz de estimular a motivação. Com efeito, talvez seja a abordagem mais importante, válida e útil para a motivação do desempenho.

Segundo a **teoria do estabelecimento de metas**, as pessoas têm metas conscientes que as energizam e orientam seus pensamentos e comportamentos em direção a um determinado fim.[7] Tendo em mente o princípio de que as metas têm importância, os gestores as estabelecem para seus funcionários ou colaboram com eles para que as estabeleçam para si. Por exemplo, uma empresa de TV via satélite pode estabelecer metas de aumento do número de novos assinantes, do número de assinantes existentes que pagam por canais *premium*, ou pela rapidez de resposta a consultas dos clientes.[8] O estabelecimento de metas funciona para qualquer cargo no qual as pessoas tenham controle sobre seu desempenho.[9] Podemos estabelecê-las por desempenho em qualidade e quantidade, além de comportamentais, como cooperação ou trabalho em equipe.[10] De fato, podemos estabelecer metas para qualquer coisa que seja importante.[11]

Metas bem concebidas são altamente motivadoras

As metas mais poderosas são *significativas*; são propósitos elevados que apelam aos valores "nobres" das pessoas e acrescentam ao poder de motivação.[12] A Johnson & Johnson quer lucros, mas também se dedica a melhorar o atendimento de saúde. A ServiceMaster, uma empresa de limpeza e manutenção, tem um comprometimento religioso que apela aos seus funcionários e a Huntsman Chemical tem metas de reduzir sua dívida corporativa, mas, também, de reduzir o sofrimento humano – patrocina diversas organizações de caridade e pesquisas contra o câncer. Metas significativas também podem se basear em dados sobre os competidores; superar o desempenho dos concorrentes pode alimentar o espírito competitivo das pessoas e seu desejo de sucesso no mercado.[13] Esse ponto não se refere apenas aos valores que as empresas abraçam e às metas elevadas que procuram atingir: também diz respeito à liderança em um nível mais pessoal. Se comparados aos seguidores de líderes transacionais, os de líderes transformadores (como vimos no Capítulo 9) encaram seus trabalhos como mais importante, além de altamente congruente com suas metas pessoais.[14]

As metas também devem ser *aceitáveis* para os funcionários. Isso significa, entre outras coisas, que não devem entrar em conflito com os valores pessoais e que as pessoas devem ter motivos para procurar atingir as metas. Permitir que as pessoas participem do estabelecimento de suas metas – em vez de tê-las estabelecidas pelo chefe – tende a gerar metas que as pessoas aceitam e se dispõem a atingir.

Metas aceitáveis e de máxima motivação são *desafiadoras, mas realizáveis*. Ou seja, devem ser altas o bastante para inspirar melhor desempenho, mas não tão altas que jamais possam ser atingidas. Uma equipe de consultores contratados por uma empresa internacional criou mais de 40 programas voltados para a melhoria da qualidade. A empresa anunciou que não esperava ganhos significativos de qualidade até o *quarto ano* do programa. Uma meta assim não chega nem perto de ser desafiadora o bastante.[15] Por outro lado, Robert R. Ruffolo Jr. recriou com sucesso a área de pesquisa e desenvolvimento da Wyeth ao estabelecer cotas para o número de componentes que os cientistas deveriam fazer passar por cada etapa do processo de desenvolvimento, além de metas financeiras que cada projeto deveria atingir. Projetos que não atendam a esses requisitos são logo abandonados para que os cientistas possam se dedicar a ideias mais promissoras.

A Ben & Jerry's é conhecida por fazer alguns dos melhores sorvetes do mundo. Mas sua responsabilidade social também é de alta importância para muitos funcionários e clientes. A foto mostra Ben e Jerry com a banda de rock Daughtry, lançando seu mais recente sabor de sorvete, o "ONE Cheesecake Brownie", cujos proventos ajudam na luta contra a pobreza em todo o mundo.

CAPÍTULO 10 | Motivação de Pessoas 231

Embora os pesquisadores tenham resistido às metas em um primeiro momento, perceberam que elas ajudam a focar seus esforços naquilo que mais importa.[16]

As metas ideais não apenas incentivam os funcionários em geral a melhorar o desempenho e dar o máximo de si. Em vez disso, devem ser *específicas* e *quantificáveis*, como a meta da Esco de que, até 2011, geraria pelo menos 5% de suas receitas a partir da venda de produtos recentemente inventados, ou a do Guitar Center, de que sempre que um telefone tocar em uma de suas lojas, um vendedor atenda antes do quarto toque.[17] Reunindo esses princípios, a Microsoft usa a sigla SMART ("inteligente", em inglês) para criar metas motivadoras: específicas, mensuráveis, realizáveis, baseadas em resultados e com prazo determinado.[18]

Metas forçadas ajudam os funcionários a atingir novos patamares

Atualmente, algumas empresas usam **metas forçadas** – metas excepcionalmente exigentes com que algumas pessoas jamais sequer sonhariam. Há dois tipos de metas forçadas:[19]

1. As metas forçadas verticais estão alinhadas com atividades existentes, abrangendo resultados de produtividade e financeiros.

2. As metas forçadas horizontais envolvem o desenvolvimento profissional das pessoas, como a tentativa de aprendizado de coisas novas e difíceis.

Por mais que as metas forçadas possam parecer impossíveis para algumas pessoas, elas na verdade são frequentemente realizáveis.

As metas forçadas podem tirar as pessoas da mediocridade e impulsioná-las para grandes realizações. Mas não devemos punir alguém que tente de boa fé e, ainda assim, não atinja uma meta forçada – é preciso lembrar do quanto são difíceis! Nossa avaliação deve se basear na melhoria do desempenho, no desempenho comparado ao de outras pessoas e aos avanços obtidos.[20]

O estabelecimento de metas deve estar casado com outras ferramentas de gestão

O estabelecimento de metas é uma técnica de gestão excepcionalmente poderosa. Mas até metas específicas, desafiadoras e realizáveis funcionam melhor sob determinadas condições. Por exemplo, se as pessoas carecerem da capacidade e do conhecimento necessários, os gestores podem obter melhores resultados simplesmente incitando-as a dar o melhor de si ou estabelecendo uma meta de aprendizado e não de realização de um nível específico de desempenho.[21] Metas individuais de desempenho podem criar problemas quando as pessoas trabalham em grupos e a cooperação entre os membros da equipe é essencial para o desempenho geral.[22] Metas individualizadas podem criar competição e reduzir a cooperação. Quando a cooperação é importante, as metas de desempenho devem ser fixadas *para a equipe*.

As metas podem levar a jogos de manipulação e a comportamentos antiéticos. As pessoas, às vezes, encontram maneiras engenhosas de estabelecer metas fáceis e convencer seus chefes de que são difíceis.[23] Ou podem concentrar meios de atender às metas apenas para receber uma recompensa, sem contribuir necessariamente para o sucesso da empresa. Por exemplo, uma medida do sucesso dos instrutores é receber altas notas dos participantes quando preenchem questionários depois de um programa de treinamento. Para atingir a meta de obter uma nota alta, alguns instrutores distribuem guloseimas ou brindes, ou encerram as aulas cedo – práticas que não acrescentam nada ao aprendizado efetivo dos alunos. Em um episódio ainda mais perverso,

---

A Stonyfield Farm motiva por meio de sua missão

A Stonyfield Farm, maior fabricante de iogurte orgânico do mundo, provavelmente é um dos acasos mais afortunados da história. Foi fundada em New Hampshire como escola de agricultura orgânica; os professores Samuel Kaymen e Gary Hirshberg faziam e vendiam iogurte para ajudar a pagar as contas. Quando os clientes começaram a clamar por seus produtos, os dois fundadores decidiram concentrar-se neles em vez da escola. Hoje, a Stonyfield Farm fatura US$ 320 milhões ao ano com a venda de refrescos orgânicos, soja cultivada, iogurte congelado e leite. A Stonyfield compra leite apenas de fazendas orgânicas e paga os proprietários para que não tratem suas vacas com hormônios bovinos sintéticos.

Segundo Hirshberg, presidente-executivo da empresa, o objetivo da Stonyfield é tentar fazer com que as pessoas sintam-se bem. Isso começa com um produto saudável e de alta qualidade. Partindo da premissa de que alimentos saudáveis só podem vir de um planeta sadio, a Stonyfield imprime mensagens ambientalistas em suas embalagens e doa 10% de seus lucros para causas ambientais. A empresa põe suas palavras em prática e instalou uma usina solar para ajudar a suprir suas necessidades de energia.

Hirshberg também quer que os funcionários se sintam bem. Com ideais elevados assim, a maneira mais básica de dar origem a esse sentimento é mostrar aos funcionários que seu trabalho contribui para o sucesso da empresa. Duas vezes por ano, todo o pessoal participa de reuniões de atualização das quais a administração compartilha dados sobre as finanças da empresa. As reuniões não tratam apenas de custos e vendas – são uma oportunidade para Hirshberg reforçar os valores corporativos, inclusive o compromisso com a qualidade, que é especialmente crítico para uma empresa que vende uma marca *premium*. Nessas reuniões, Hirshberg incentiva a comunicação aberta e mostra-se aberto a perguntas para que os funcionários possam "ver o que está acontecendo", inclusive os riscos e oportunidades da Stonyfield.

O trabalho voluntário é incentivado – e recompensado. A Stonyfield introduziu um programa chamado "Fazendo a Diferença" (*Making a Difference*), sob o qual os funcionários são remunerados por até 16 horas por ano de serviço comunitário. Os vencedores do Prêmio Yogurtarian, promovido pela empresa, recebem prêmios em dinheiro por trabalhos realizados em prol da comunidade. Depois de

quando a Rockford Acromatic Products Company promoveu a saúde de dos funcionários por meio da oferta de bonificações aos que parassem de fumar por diversos meses, houve alguns que *começaram* a fumar para depois parar e conquistar a recompensa.[24] Além disso, pessoas que não atingem suas metas apresentam maior probabilidade de exibir comportamento antiético do que aquelas que dão o máximo de si, mas não estão sujeitas a metas específicas. Isso é verdadeiro independentemente da existência de incentivos financeiros e é especialmente aplicável quando as pessoas chegam muito perto de atingir suas metas.[25]

- **METAS FORÇADAS** Metas excepcionalmente exigentes, às vezes, até consideradas impossíveis.
- **LEI DO EFEITO** Uma lei formulada por Edward Thorndike em 1911, segundo a qual comportamentos seguidos de consequências positivas provavelmente se repetirão.

Vickie Stringer estabeleceu como meta publicar sua autobiografia e seguiu essa meta com determinação, chegando a vender 100 mil cópias. Ao longo do processo, desenvolveu relacionamentos com distribuidoras de livros e acabou fundando a própria empresa, chamada Triple Crown Publications.

Outro exemplo familiar vem das páginas das demonstrações financeiras. Alguns executivos aprenderam a arte da "gestão de resultados", atendendo com precisão as estimativas dos analistas de Wall Street ou superando-as por questão de centavos.[26] A imprensa alardeia e os investidores recompensam empresas que alcançam ou superam as estimativas. As pessoas, às vezes, atingem essa meta por meio da manipulação dos dados ou de campanhas sutis para que os analistas reduzam suas estimativas e facilitem sua realização. O mercado deseja desempenho de curto prazo, trimestral, mas, no fim das contas, a viabilidade no longo prazo é mais importante para o sucesso das empresas.

É importante *não* estabelecer uma só meta de produtividade se houver outras dimensões importantes de desempenho.[27] Por exemplo, se a aquisição de conhecimento e competências for importante, podemos estabelecer, também, uma meta de aprendizado específica e desafiadora, como "identificar dez maneiras para desenvolver relacionamentos com os usuários de nossos produtos". Metas de produção provavelmente aumentarão a produtividade, mas podem fazer com que os funcionários negligenciem outras áreas, como aprendizado, novos projetos, ou soluções criativas para problemas relacionados ao cargo. Os gestores que desejam motivar a criatividade podem estabelecer metas ligadas a essa dimensão para pessoas específicas ou para equipes de *brainstorming*.[28]

cinco anos na empresa, os funcionários fazem jus a um descanso sabático de oito semanas. O boletim interno da empresa fala dos funcionários que usaram seu tempo de folga para ajudar comunidades distantes em lugares como Israel e a República Dominicana.

O bem-estar dos funcionários é uma parte tão fundamental das operações da Stonyfield que consta da missão da empresa, que, além de mencionar a venda de produtos de alta qualidade, a educação dos consumidores e a prática da responsabilidade ambiental, inclui o compromisso: "Fornecer um ambiente de trabalho sadio, produtivo e agradável para todos os funcionários, com oportunidades de conquista de novas competências e realização de metas pessoais de carreira". ❖

P: Perguntas para discussão

- Como o presidente-executivo Gary Hirshberg e a missão da Stonyfield Farm motivam os funcionários?
- Hirshberg acredita que a fidelidade dos clientes é fundamental para o sucesso da empresa. Como a motivação dos funcionários pode contribuir para a fidelização da clientela?

FONTES: Site da empresa, <http://www.stonyfield.com>, acessado em 19 de junho de 2009; "Gary Hirshberg – Stonyfield Farm", *Starting Up Green* [n.d.], <http://www.startingupgreen.com>, 19 de junho de 2009; "Stonyfield Farm", *SuperEco*, 27 de outubro de 2008, <http://www.supereco.com>; Jackie Cook, "Best Green Companies for America's Children", *Working Mother Media*, 17 de abril de 2008, <http://www.workingmothermediainc.com>; "Gary Hirshberg Argues That His Company Is Doing a Lot to Support Organic Farmers", *Grist*, 7 de março de 2008, <http://www.grist.org>; e Jacob Gordon, *The TH Interview*: Gary Hirshberg, CE-Yo of Stonyfield Farm, 6 de março de 2008, <http://www.treehugger.com>.

Metas próprias

Também devemos estabelecer metas para nós mesmos – é uma ferramenta poderosa de autogestão. Estabeleça metas – não basta que nos esforcemos ou esperemos pelo melhor. Devemos criar uma declaração de propósito, abrangendo uma visão distante inspiradora, uma meta de médio prazo e objetivos de curto prazo que exijam atenção imediata.[29] Assim, se estivermos fundando uma empresa, podemos articular uma meta para as pessoas de negócios que desejamos ser daqui a cinco anos, os tipos de tarefas que podem criar oportunidades e nos ensinar o que precisamos saber, e os estudos e buscas específicos que podem nos aproximar do destino. Ao trabalhar, devemos aplicar os conselhos deste capítulo a nós mesmos.

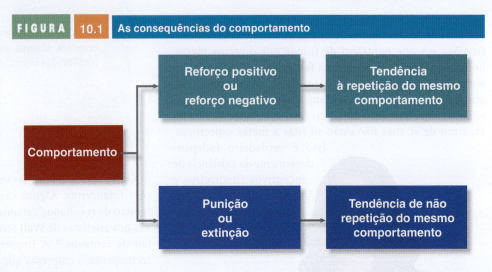

FIGURA 10.1 As consequências do comportamento

 OA10.3
Resumir como recompensar com eficácia o bom desempenho.

REFORÇO DO DESEMPENHO

As metas são motivadores universais. Os processos de reforço descritos nesta seção também o são. Em 1911, o psicólogo Edward Thorndike formulou a **lei do efeito**: comportamentos seguidos de consequências positivas provavelmente se repetirão.[30] Esta poderosa lei do comportamento lançou as bases para incontáveis investigações a respeito dos efeitos das consequências positivas, chamados de **reforços**, que motivam o comportamento. A **modificação do comportamento organizacional** procura influenciar o comportamento das pessoas e melhorar o desempenho[31] por meio da gestão sistemática das condições de trabalho e das consequências das atitudes das pessoas.

Quatro consequências básicas da conduta podem encorajar ou desencorajar os comportamentos (ver Figura 10.1):

1. **Reforço positivo** – aplicar uma consequência que aumente a probabilidade de que a pessoa repita o comportamento que levou a ela. Alguns exemplos de reforços positivos são elogios, cartas de recomendação, avaliações de desempenho positivas e aumentos salariais.

Chris Kinnersley, vice-presidente de segurança e desenvolvimento organizacional da Staker & Parson Company (uma empresa de materiais e serviços de construção), ajudou os gestores da empresa a entender como escolher recompensas que fossem imediatas e pessoais. Por exemplo, os operadores de carregadeiras mais eficientes podem ser recompensados com designação para equipamentos mais confortáveis.[32]

2. **Reforço negativo** – remoção ou não aplicação de uma consequência indesejada. Por exemplo, um gestor pode tirar um funcionário da lista de observação por causa de um melhor desempenho. Um dos motivos para o sucesso do projeto Futuro do Trabalho (*Future of Work*) do Capital One é o fato de que se trata de uma espécie de reforço negativo. O projeto reconhece que manter um cargo pode ser desgastante se houver obrigações pessoais ou familiares conflitantes com a rotina estruturada de um cargo em tempo integral fora de casa. O projeto alivia parte dessa carga, permitindo que os funcionários usem *laptops*, iPods e BlackBerrys fornecidos pela empresa para evitar alguns dos conflitos de agenda do trabalho, trabalhando em casa ou na rua, além das instalações flexíveis do Capital One.[33]

3. **Punição** – aplicação de uma consequência adversa. Alguns exemplos são criticar um funcionário ou gritar com ele, atribuir uma tarefa pouco atraente e deixar um funcionário de licença não remunerada. O reforço negativo pode envolver a *ameaça* de punição, com a não aplicação de punições quando o desempenho dos funcionários é satisfatório. A punição é a aplicação efetiva da consequência adversa. Os gestores usam punições quando acreditam que se justifiquem ou quando acreditam que é isso que se espera deles, e normalmente preocupam-se com o atendimento da política e dos procedimentos da empresa.[34]

4. **Extinção** – remoção ou não aplicação de uma consequência de reforço. Quando isso acontece, a motivação é reduzida e o comportamento se *extingue*, ou é eliminado. Os gestores podem extinguir involuntariamente comportamentos desejados ao não elogiar um trabalho bem feito, deixando de agradecer por favores, ou estabelecendo metas de desempenho impossíveis, por exemplo. A extinção também pode ser usada para acabar com comportamentos indesejados. O gestor pode ignorar observações verborrágicas durante reuniões, ou deixar de tomar conhecimento de e-mails irrelevantes na esperança de que a falta de *feedback* desencoraje a manutenção do comportamento.

As duas primeiras consequências – reforço positivo e reforço negativo – são positivas para quem as recebe: a pessoa ganha algo, ou evita um acontecimento negativo. Com isso, quem experimenta essas consequências se verá motivado a comportar-se das maneiras que levaram ao reforço. As duas últimas consequências – punição e extinção – representam resultados negativos para quem as

> "O pior erro que um chefe pode cometer é não dizer parabéns."
>
> John Ashcroft, político norte-americano

recebe: a motivação de repetição do comportamento que levou aos resultados indesejados irá diminuir.

Os gestores devem ter o cuidado de casar as consequências com aquilo que os funcionários de modo eficaz considerarão desejável ou não. Na Staker & Parson, certa vez, um supervisor cometeu o erro de "punir" um funcionário que se atrasou com uma suspensão de três dias durante a estação de pesca. O funcionário adorou.[35]

Cuidado com o que reforçamos

Já tratamos dos efeitos positivos de um estilo de liderança transformador, mas recompensar quem apresente bom desempenho também é essencial.[36] Infelizmente, as empresas e gestores, às vezes, reforçam os comportamentos errados.[37] Por exemplo, planos de remuneração que incluam opções de compra de ações têm por objetivo reforçar comportamentos que aumentem o valor da empresa, mas essas opções também podem reforçar decisões que fornecem ganhos artificiais de curto prazo, ainda que prejudiquem a empresa no longo prazo.

Em algumas empresas, os funcionários recebem reforços sob as formas de admiração e avaliações de desempenho positivas pela realização de múltiplas tarefas ao mesmo tempo – como digitar e-mails enquanto estão ao telefone, ou verificar mensagens de texto durante reuniões. Tais comportamentos podem parecer eficientes e sinalizar que o funcionário está atarefado e é valioso, mas cresce o volume de pesquisas que indicam que isso, na verdade, reduz a eficiência do cérebro e pode contribuir para o surgimento de erros.[38] Varreduras da atividade cerebral mostram que o cérebro não consegue concentrar-se em duas coisas ao mesmo tempo: precisa de tempo para alternar entre as diferentes atividades realizadas simultaneamente. Com isso, gestores que elogiam o esforço dessas pessoas podem, sem querer, estar reforçando a ineficiência e a avaliação superficial de problemas.

Para usar bem o reforço, os gestores devem identificar os tipos de comportamentos que reforçam e que desencorajam. Segundo Michael LeBoeuf, um autor de livros populares de negócios, o maior dos princípios de gestão é "aquilo que recompensa se realiza". LeBoeuf aconselha as atividades abaixo:[39]

- *Soluções sólidas* em vez de remédios rápidos.
- *Correr riscos* em vez de evitá-los.
- *Criatividade aplicada* em vez de conformismo alienado.
- *Ação decidida* em vez de paralisia por análise excessiva.
- *Trabalho inteligente* em vez de ocupação inútil.
- *Simplificação* em vez de complicações desnecessárias.
- *Comportamento discretamente eficaz* em vez de muito barulho por nada.
- *Trabalho de qualidade* em vez de trabalho rápido.
- *Fidelidade* em vez de giro.
- *Trabalhar junto* em vez de trabalhar contra.

Além disso, o sistema de recompensas precisa dar respaldo à estratégia da empresa, definindo o desempenho das pessoas de maneiras ajustadas aos objetivos estratégicos.[40] As empresas devem recompensar os funcionários por se desenvolverem de maneiras estrategicamente importantes – pela construção de novas competências essenciais e para a criação de valor.

Os gestores devem ser criativos ao usar reforços. A Sprint, onde muitos funcionários passam o dia em frente a uma tela de computador, reforça comportamentos sadios por meio do fornecimento de instalações para atividades físicas na própria empresa, onde eles podem se exercitar durante o horário de almoço.[41] Para Steven T. Bigari, proprietário de doze restaurantes McDonald's, o desafio básico estava em como motivar funcionários que ganhavam baixos salários a ficar na empresa, tendo dificuldades para encontrar creches e transporte acessíveis. Enfrentando competição acirrada da rede Taco Bell, Bigari concluiu que não podia pagar salários maiores, mas ajudou uma igreja da região a estabelecer um programa de creche e visitou leilões da polícia durante seus intervalos para o almoço aos sábados para comprar carros baratos e confiáveis que revendia aos funcionários a preço de custo.[42]

Gestores inovadores usam recompensas não monetárias, como desafios intelectuais, maiores responsabilidades, autonomia, reconhecimento, benefícios flexíveis e maior influência sobre decisões. Julian Duncan, gestor adjunto de marca na Nike, sente-se valorizado e encorajado, pois os gestores graduados se dão ao trabalho de escutar o que tem a dizer e responder suas preocupações. Por exemplo, um vice-presidente passou meia hora com Duncan, discutindo com ele uma pergunta que fez por e-mail.[43] Essas e outras recompensas para funcionários de alto desempenho, quando criativamente criadas e aplicadas, podem continuar a motivar quando há escassez de aumentos e promoções. Os funcionários da Brown Flynn – uma empresa que presta serviços que ajudam outras empresas a exercer responsabilidade social – recebem benefícios práticos, como participação nos lucros e outros mais criativos, como joias e vale-compras, mas talvez os mais importantes sejam os

O Methodist Hospital System de Houston recentemente deu a cada um de seus funcionários um cartão-presente de US$ 250 para a compra de gasolina.[44]

- **REFORÇOS** Consequências positivas que motivam comportamentos.

- **MODIFICAÇÃO DO COMPORTAMENTO ORGANIZACIONAL** A aplicação da teoria do reforço no ambiente organizacional.

- **REFORÇO POSITIVO** Aplicação de uma consequência que aumente a probabilidade de que alguém repita o comportamento que a gerou.

- **REFORÇO NEGATIVO** Remoção ou não aplicação de uma consequência indesejada.

- **PUNIÇÃO** Aplicação de uma consequência adversa.

- **EXTINÇÃO** Remoção ou não aplicação de uma consequência de reforço.

CAPÍTULO 10 | Motivação de Pessoas

intangíveis. Os funcionários da Brown Flynn a descrevem como fonte de desafios e recompensas, respeito mútuo, reconhecimento pelo trabalho e oportunidades de exercício da liderança.[45] E uma funcionária de Steven Bigari, no McDonald's, disse que preferia trabalhar para ele a ganhar um pouco mais em outra loja por causa da maneira como Bigari trata seu pessoal: "Ele não está ali por si, está ali pelas pessoas".[46]

Devemos punir erros?

A maneira como os gestores reagem aos erros das pessoas tem alto impacto sobre a motivação. As punições são adequadas em alguns casos, como quando as pessoas infringem a lei, os padrões éticos, regras de segurança importantes ou padrões de comportamento interpessoal, ou quando deixam de comparecer, ou ainda são preguiçosas. Mas, às vezes, os gestores punem as pessoas indevidamente – quando o fraco desempenho não é culpa delas, ou descarregam as próprias frustrações nas pessoas erradas.

Os gestores que exageram nas punições ou as utilizam de maneira indevida criam um clima de medo no ambiente de trabalho.[47] O medo faz com que as pessoas se concentrem no curto prazo, às vezes levando a problemas no longo prazo. O medo também dirige o foco de cada pessoa para si e não para o grupo e a empresa. B. Joseph White, presidente da Universidade de Illinois, lembra-se de prestar consultoria a um empreendedor do setor de tecnologia que ouviu uma proposta de um gestor e reagiu com críticas brutais: "Isso... é a coisa mais burra que já ouvi. Estou decepcionado". Segundo White, esse talentoso gestor ficou tão incomodado que nunca mais se sentiu capaz de contribuir plenamente.[48]

Para evitar danos como esse, o segredo é pensar sobre os erros e sobre como lidar com eles. Reconhecer que todos erram e que é possível lidar construtivamente com os erros, debatendo o assunto e aprendendo. Não punir, mas elogiar quem dê más notícias aos chefes. Tratar a inação como fracasso, mas não punir fracassos decorrentes de esforços de boa fé. Se formos líderes, conversar com as pessoas sobre nossos erros e mostrar como aprendemos com eles. Dar às pessoas uma segunda chance, talvez até uma terceira. Incentivá-las a experimentar coisas novas e não puni-las quando essas coisas derem errado.

O *feedback* é um reforço essencial

A maioria dos gestores não fornece *feedback* o bastante e a maioria das pessoas não recebe e nem pede o suficiente.[49] Como gestores, devemos considerar todas as causas em potencial do mau desempenho, dar toda a atenção quando os funcionários pedem *feedback* ou querem conversar sobre problemas de desempenho, e fornecer *feedback* de acordo com as orientações das quais tratamos no Capítulo 7.

O *feedback* pode ser fornecido de diversas maneiras.[50] Os clientes, às vezes, o oferecem diretamente; também podemos pedir *feedback* ao cliente e repassá-lo ao funcionário. Podemos fornecer estatísticas sobre trabalhos que a pessoa tenha influenciado diretamente. Empresas industriais podem incluir no produto o número de telefone ou o site da equipe de produção para que os clientes entrem em contato diretamente. Avaliações de desempenho devem ser realizadas regularmente. E os chefes devem fornecer *feedback* regular e constante – isso ajuda a resolver problemas imediatamente, dá reforço imediato pelo trabalho bem feito e previne surpresas quando for a hora da avaliação formal.

Quanto a nós, devemos procurar não ter medo de receber *feedback*; em vez disso, devemos buscá-lo ativamente. E, quando o obtivermos, nunca o ignorar. Devemos tentar evitar emoções negativas como raiva, mágoa, uma atitude defensiva, ou resignação. É preciso ter em mente que cabe a nós conseguir o *feedback* de que precisamos; temos que saber a respeito de nosso desempenho e nosso comportamento; conhecer a nós mesmos nos ajuda a identificar necessidades e criar novas oportunidades; é melhor saber do que não saber; tomar a iniciativa a esse respeito nos dá mais poder e influência sobre nossas carreiras.[51]

OA10.4

Descrever as principais crenças que afetam a motivação das pessoas.

CRENÇAS LIGADAS AO DESEMPENHO

Ao contrário da teoria do reforço, que descreve os processos por meio dos quais fatores do ambiente de trabalho afetam o comportamento das pessoas, a teoria da expectância trata de alguns dos processos cognitivos que se dão em suas mentes. Segundo a **teoria da expectância**, os *esforços* de trabalho da pessoa levam a um dado nível de *desempenho*.[52] O desempenho, por sua vez, resulta em mais *resultados* para a pessoa. A Figura 10.2 ilustra o processo. As pessoas desenvolvem dois tipos importantes de crenças que interligam esses três eventos:

1. Expectativa, que liga esforço e desempenho.
2. Instrumentalidade, que liga desempenho a resultados.

FIGURA 10.2 Conceitos básicos da teoria da expectância

Se dermos duro, teremos sucesso?

A primeira crença, a **expectativa**, é a impressão que as pessoas têm quanto à probabilidade de que seus esforços lhes permitirão atingir suas metas de desempenho. A expectativa pode ser elevada (de até 100%), como se dá quando um aluno confia que, se estudar muito, terá uma boa nota na prova final. Também pode ser baixa (chegando a 0%), como quando um pretendente está convencido de que a pessoa de seus sonhos nunca sairá com ele.

Em igualdade das demais condições, expectativas elevadas criam uma motivação maior do que baixas expectativas. Nos exemplos acima, é mais provável que o aluno estude para a prova do que o pretendente convide a pessoa para sair, muito embora os dois desejem os respectivos resultados.

As expectativas podem variar de pessoa para pessoa, mesmo que estejam na mesma situação. Por exemplo, um gerente de vendas pode promover uma competição na qual o melhor vendedor ganhará uma viagem com tudo pago para o Havaí. Nesses casos, os melhores vendedores, aqueles que tiveram alto desempenho no passado, se verão mais motivados pelo concurso do que os que historicamente apresentam desempenho médio e abaixo da média. Os melhores terão expectativas mais elevadas – uma crença mais forte que seus esforços lhes permitirão realizar o máximo desempenho.

Se tivermos sucesso, seremos recompensados?

O exemplo anterior a respeito do concurso de vendas ilustra como o desempenho leva a algum tipo de **resultado**, ou consequência, para a pessoa. Na verdade, muitas vezes, leva a diversos resultados. Por exemplo, apresentar o melhor desempenho em vendas poderia levar a (1) uma vitória competitiva, (2) uma viagem para o Havaí, (3) sentimentos de realização, (4) reconhecimento pelo chefe, (5) prestígio na empresa e (6) ressentimento de outros vendedores.

Mas qual o grau de certeza de que o desempenho leve a todos esses resultados? Vencer o concurso irá, realmente, gerar ressentimentos? Levará, mesmo, a um maior prestígio?

Essas perguntas estão ligadas à segunda crença fundamental descrita pela teoria da expectância: a instrumentalidade.[53] **Instrumentalidade** é a percepção de probabilidade de que o desempenho se faça seguir por um dado resultado. Como as expectativas, as instrumentalidades podem ser elevadas (de até 100%) ou baixas (perto de 0%). Por exemplo, podemos estar altamente confiantes de que, tendo avaliações positivas de clientes, conquistaremos uma promoção, ou podemos achar que independentemente do que digam os clientes, a promoção irá para outra pessoa.

Além disso, cada resultado está associado a uma valência. **Valência** é o valor que a pessoa atribui ao resultado. As valências podem ser positivas, como seriam férias no Havaí para a maioria das pessoas, ou negativas, como no caso do ressentimento dos outros vendedores.

As três crenças devem ser elevadas

Para haver alta motivação, a expectativa, as instrumentalidades e a valência total de todos os resultados devem ser elevadas. Uma pessoa *não* estará altamente motivada na presença de qualquer uma das condições a seguir:

- Se acreditar que não poderá ter desempenho bom o bastante para atingir os resultados positivos que sabe que a empresa proporciona aos de alto desempenho (valência e instrumentalidade elevadas, mas baixa expectativa).
- Se souber que pode realizar a tarefa e estiver bastante certo de quais serão os resultados finais (promoção e transferência, por exemplo), mas não desejar esses resultados ou acreditar que outros resultados negativos superem os positivos (expectativa e instrumentalidade elevadas, mas baixa valência).
- Se souber que pode realizar a tarefa e desejar os resultados decorrentes (avaliação de desempenho favorável, aumento, promoção), mas acreditar que, independentemente do desempenho, não haverá resultados (alta expectativa e valências positivas, mas baixa instrumentalidade).

A teoria da expectância identifica pontos de alavancagem

A teoria da expectância ajuda o gestor a identificar pontos de alavancagem para influenciar a motivação. Há três implicações importantes a esse respeito:

- **TEORIA DA EXPECTÂNCIA** A teoria propõe que as pessoas se comportarão com base na percepção que têm da probabilidade de que seus esforços irão levar a um determinado resultado e no valor que atribuem a esse resultado.

- **EXPECTATIVA** A percepção dos funcionários quanto à probabilidade de que seus esforços lhes permitam atingir suas metas de desempenho.

- **RESULTADO** Uma consequência do desempenho da pessoa.

- **INSTRUMENTALIDADE** A probabilidade percebida de que o desempenho se fará acompanhar de um determinado resultado.

- **VALÊNCIA** O valor de um resultado para a pessoa que o contempla.

CAPÍTULO 10 | Motivação de Pessoas 237

1. *Aumento das expectativas.* Fornecer um ambiente de trabalho que facilite o bom desempenho e estabelecer metas de desempenho realisticamente realizáveis. Fornecer treinamento, apoio, os recursos necessários e incentivo para que as pessoas confiem na capacidade de apresentar desempenho no nível esperado. Ter em mente que os líderes carismáticos são excelentes na elevação da confiança de seus seguidores.

2. *Identificação de resultados de valência positiva.* Compreender o que as pessoas esperam obter de seu trabalho. Pensar no que seus cargos lhes proporcionam ou não lhes proporcionam (embora pudessem). Pensar em como as pessoas podem diferir quanto às valências que atribuem aos resultados. Conhecer as teorias da necessidade da motivação, descritas na próxima seção, e suas implicações para a identificação dos resultados importantes.

3. *Fazer do desempenho algo instrumental para resultados positivos.* Garantir que um bom desempenho seja seguido de reconhecimento pessoal e elogios, avaliações de desempenho favoráveis, aumentos salariais e outros resultados positivos. Além disso, garantir que dar duro e apresentar bom desempenho tenham o mínimo possível de resultados negativos. A maneira como damos ênfase à instrumentalidade pode precisar ser ajustada ao *lócus* de controle dos funcionários. Para aqueles com *lócus* de controle externo, que tendem a atribuir os resultados à sorte ou ao destino, podemos precisar reforçar frequentemente os comportamentos (mais do que os resultados) para que percebam uma ligação entre o que fazem e o que é recompensado. É útil perceber, também, que os chefes costumam fornecer (ou negar) recompensas, mas também há outros que fazem isso.[54] Pares, clientes e outros podem oferecer elogios e ajuda. As empresas também podem estabelecer sistemas formais de recompensa. O Umpqua Bank de Roseburg, estado do Oregon, criou na sua intranet um link chamado "Brag Box", no qual os funcionários podem publicar comentários sobre as boas coisas realizadas por seus colegas. O vice-presidente de recompensas e reconhecimento do Umpqua lê com frequência o Brag Box e informa os gestores quando os funcionários receberam um comentário favorável, para que esses gestores possam reforçar com elogios.[55]

Há empresas que procuram saber mais sobre como seus gestores podem motivar. Uma empresa de cobranças e registros chamada MED3000 quer diminuir o custo com a assistência média de seus funcionários e por isso pede que preencham avaliações dos riscos de saúde que enfrentam; funcionários com determinados riscos são encaminhados a programas que têm por objetivo ajudar a gerenciar tais riscos. Mas que resultados valorizados a empresa pode oferecer? A chance genérica de melhorar o *status* de saúde não basta. A MED3000 dividiu os funcionários em três grupos: um recebe US$ 25 pelo preenchimento da avaliação; outro recebe o prêmio em dinheiro mais um vale-compras de US$ 25 para usar no supermercado; e um terceiro grupo é inscrito em uma loteria semanal com chance de conquistar até US$ 150 pelo preenchimento da avaliação. O fato é que a loteria teve a melhor taxa de resposta.

Outra empresa, a Amica Mutual Insurance, oferece diversos programas de bem-estar, como academia de ginástica, subsídios para participação nos Vigilantes do Peso e programas para parar de fumar. Mas uma parcela considerável dos funcionários tem diabetes, uma condição que pode tornar-se grave – e dispendiosa – se mal administrada. A Amica começou a oferecer um programa voltado para seus funcionários diabéticos. Aqueles que concluíssem uma série de exames de saúde preventivos recebiam 100% de cobertura do custo de sua medicação para a doença. Os exames acabaram por reduzir os custos associados a complicações em que, para os funcionários, ir ao médico cinco vezes parece mais praticável do que participar de um programa de perda de peso. Além disso, a medicação gratuita é uma recompensa valiosa.[56]

OA10.5
Discutir as maneiras pelas quais as necessidades individuais das pessoas afetam seu comportamento.

COMPREENSÃO DE NECESSIDADES PESSOAIS

Até agora, nós nos concentramos nos *processos* subjacentes à motivação. Os gestores que aplicarem corretamente as teorias do estabelecimento de metas, do reforço e da expectância criarão elementos motivadores essenciais no ambiente de trabalho. Mas a motivação também é afetada pelas características de cada pessoa. O segundo tipo de teoria da motivação, que abrange as *teorias de conteúdo*, indica os tipos de necessidades que as pessoas desejam satisfazer. Cada pessoa tem diferentes necessidades que a energizam e motivam em direção a diferentes metas e reforços. A medida que e as maneiras pelas quais as necessidades de alguém são ou não atendidas no trabalho afeta seu comportamento profissional.

As principais teorias que descrevem o conteúdo das necessidades das pessoas são a hierarquia de necessidades de Maslow, a teoria ERG de Alderfer e as necessidades de McClelland.

Maslow organizou as necessidades segundo uma hierarquia

Abraham Maslow organizou cinco tipos fundamentais de necessidades humanas segundo uma hierarquia, como mostra a Figura 10.3.[57] A **hierarquia de necessidades**

FIGURA 10.3 Hierarquia de necessidades de Marlow

FONTE: Organ D. e Bateman T., *Organizational Behavior*, 4. ed. McGraw-Hill, 1990. © 1990 The McGraw-Hill Companies.

238 Administração

ilustra o conceito de Maslow, segundo o qual as pessoas satisfazem suas necessidades de acordo com uma ordem específica, de baixo para cima. As necessidades, em ordem ascendente, são:

1. *Fisiológicas* – alimento, água, sexo e abrigo.
2. *Segurança* – proteção contra ameaças e dificuldades.
3. *Sociais* – amizade, afeto, pertencimento e amor.
4. *Ego* – independência, realização, liberdade, *status*, reconhecimento e autoestima.
5. *Autorrealização* – realização plena do potencial; tornar-se tudo aquilo que se pode ser.

De acordo com Maslow, as pessoas são motivadas a satisfazer as necessidades inferiores antes de tentar satisfazer as mais elevadas. No atual ambiente de trabalho, as necessidades fisiológicas e de segurança costumam estar bem satisfeitas, tornando proeminentes as sociais, de ego e de autorrealização. Mas as questões de segurança ainda são muito importantes na indústria, em mineração e outros ambientes de trabalho. E por meses depois dos ataques terroristas de setembro de 2001, os funcionários ainda experimentavam sentimentos de medo, negação e raiva – especialmente mulheres, pessoas com filhos, e aqueles que estavam próximos aos acontecimentos.[58] Para lidar com questões de segurança, os gestores podem mostrar o que a empresa fará para melhorar a segurança e gerir o risco dos funcionários, inclusive por meio de planos de gerenciamento de crises.

Uma vez satisfeita determinada necessidade, ela deixa de ser uma fonte poderosa de motivação. Por exemplo, os sindicatos de trabalhadores negociam por maiores salários, benefícios, padrões de segurança e estabilidade no emprego. Essas questões estão diretamente relacionadas à satisfação das necessidades de mais baixo nível, segundo Maslow. Só depois que elas tenham sido razoavelmente atendidas é que as necessidades de mais alto nível – sociais, de ego e de autorrealização – passam a ser preocupações dominantes.

A hierarquia de Maslow é uma teoria simplista e não de todo precisa a respeito da motivação humana.[59] Por exemplo, nem todas as pessoas passam pelas cinco necessidades por ordem hierárquica. Mas Maslow fez três contribuições importantes. Primeiro, identificou importantes categorias de necessidades que podem ajudar os gestores a criar reforços positivos eficazes. Segundo, é útil pensar em dois níveis gerais de necessidades, dos quais o inferior precisa ser satisfeito antes que o superior torne-se importante. Terceiro, Maslow alertou os gestores para a importância do crescimento pessoal e da autorrealização.

• **TEORIA DA HIERARQUIA DE NECESSIDADES DE MASLOW** Uma concepção das necessidades humanas que as organiza segundo uma hierarquia de cinco tipos principais.

• **TEORIA ERG DE ALDERFER** Uma teoria das necessidades humanas desenvolvida por Alderfer, postulando que as pessoas têm três conjuntos básicos de necessidades que podem operar ao mesmo tempo.

A autorrealização é o conceito mais conhecido que decorre desta teoria. Segundo Maslow, a pessoa média é apenas 10% autorrealizada. Em outras palavras, a maioria de nós vive e trabalha com um grande reservatório de potencial inexplorado. A implicação é clara: os gestores devem ajudar a criar um ambiente de trabalho que forneça treinamento, recursos, autonomia, responsabilidades e tarefas desafiadoras. Um ambiente assim dá às pessoas a chance de usar criativamente suas competências e habilidades e lhes permite realizar mais do seu potencial total.

Assim, devemos tratar as pessoas não só como um custo a ser controlado, mas como um ativo a desenvolver. Muitas empresas adotaram programas que oferecem aos seus quadros experiências de crescimento pessoal. Segundo um funcionário da Federal Express, "O meu melhor é o que posso ser aqui. A Federal Express [...] deu-me a confiança e a autoestima de que preciso para tornar-me a pessoa que tinha o potencial de ser".[60]

Gestores individuais também podem promover o crescimento dos funcionários. O primeiro supervisor de Pete Wamsteeker em uma empresa que fabricava rações o convidava rotineiramente para discutir seus planos de carreira e Wamsteeker faz o mesmo com seus funcionários, agora que é administrador geral da Cargill Animal Nutrition. Quando Wamsteeker assumiu esse cargo, começou aprendendo a respeito de seus funcionários para garantir que todos estivessem no cargo a partir do qual mais pudessem contribuir. Por exemplo, determinou que um funcionário com formação técnica e comportamento calmo e analítico poderia florescer em um cargo que envolvesse determinar como os produtores de carne suína poderiam ser mais produtivos.[61]

As empresas ganham ao utilizar plenamente seus recursos humanos. Os funcionários ganham ao capitalizar sobre oportunidades de atender suas necessidades de ordem mais elevada por meio do trabalho. Na Campbell Soup Company, os gestores são recompensados por impulsionar seus funcionários e Lisa Walker, diretora de negócios da equipe de bem-

-estar da Campbell USA, está à altura desse desafio. Ela ajudou um funcionário a aprender como cooperar melhor para que fosse visto como um jogador de equipe com potencial para promoção. O subordinado entendeu que a orientação dada por Walker lhe conferia uma oportunidade de maior realização, *status* e autoestima.[62]

Alderfer identificou três necessidades relacionadas ao trabalho

Uma teoria das necessidades humanas mais avançada do que a de Maslow é a **teoria ERG de Alderfer**.[63] A teoria de Maslow é genericamente aplicável, mas a de Alderfer tem por objetivo expresso entender as necessidades das pessoas no trabalho. A teoria ERG postula três conjuntos de necessidades:

1. Necessidades *existenciais* são todos os desejos materiais e fisiológicos.
2. Necessidades *relacionais* envolvem relacionamentos com outras pessoas e são satisfeitas por meio do processo do compartilhamento de ideias e sentimentos.
3. Necessidades de *crescimento* motivam as pessoas a modificar produtiva ou criativamente a si mesmas ou seu ambiente. A satisfação das necessidades de crescimento vem do uso pleno da capacidade pessoal e do desenvolvimento de novas capacitações.

Quais as semelhanças entre as necessidades de Alderfer e as de Maslow? Em termos simplistas, as necessidades existenciais resumem as fisiológicas e de segurança, as relacionais são semelhantes às sociais e de estima e as de crescimento correspondem às de autorrealização.

A teoria ERG propõe que diferentes necessidades podem estar em ação ao mesmo tempo. Assim, enquanto Maslow diria que a autorrealização só passa a ser importante para as pessoas depois de satisfeitos os demais conjuntos de necessidades, Alderfer sustenta que as pessoas – especialmente trabalhadores de nossa sociedade pós-industrial – podem ser motivadas para satisfazer simultaneamente suas necessidades existenciais, relacionais e de crescimento.

VOCÊ SABIA?
A Yarde Metals criou uma "sala de cochilo" equipada com sofás, almofadas, luz fraca e um despertador em sua sede em Southington, estado de Connecticut. Por quê? Estudos sugerem que funcionários que tiram sonecas são mais saudáveis – e isso significa menos faltas e menores custos com seguro-saúde.[67]

As empresas podem usar este conhecimento ao conceber programas de remuneração ou benefícios. A Kahler Slater Architects, um estúdio de arquitetura e design com 150 funcionários, enfrentava dificuldades econômicas que levaram a uma redução dos benefícios, inclusive a cobertura de assistência médica. Mas, para ajustar os cortes ao pessoal, os executivos foram descobrir dos funcionários quais benefícios eram mais importantes para eles. Então os gestores criaram um pacote que funcionava para todos.

Os funcionários disseram que um dos benefícios que mais valorizavam eram férias remuneradas, mas abriram mão de outros menos importantes, como doces gratuitos no escritório da empresa. Também passaram a contribuir mais para seu pacote de assistência de saúde. Para aumentar o moral e ajudar a desenvolver a cumplicidade, a empresa começou a promover encontros sociais depois do expediente. Também ofereceu aos funcionários mais opções de trabalho em casa para ajudá-los a gerenciar suas agendas e seus conflitos.[64]

Que teoria melhor explica os motivos identificados por Diane Schumaker-Krieg para descrever sua carreira de sucesso no setor financeiro? Ela diz que era "movida... pelo medo" em outubro de 1987, quando trabalhava para o fundo de investimentos Dillon Read na época da quebra da bolsa de valores. Demissões espalhavam-se pelo setor, os empregos eram escassos e ela sustentava o filho depois de se divorciar. Determinada a cuidar do filho, ela reagiu à demissão com a criação de um plano de negócio para adaptar pesquisas para venda a pequenos clientes. Convenceu a Dillon Read a financiar a ideia por um ano, começou a desenvolver o negócio, deslocou-o para o Credit Suisse e, em alguns anos, rendia US$ 150 milhões em lucros para seu empregador. Nesse meio-tempo, casou-se novamente e ganhou o bastante para se aposentar, mas continua a trabalhar, agora como diretora geral da unidade de Pesquisas do Mercado Acionário dos Estados Unidos no Credit Suisse. Encara sua atual motivação como desfrutar de suas realizações, de seus relacionamentos de negócios e de oportunidades para continuar a inovar.[65] É claro que necessidades de nível mais baixo dominaram os primeiros anos da sua carreira, mas será que essas bases avançaram um passo por vez, passando por todos os níveis da hierarquia de Maslow?

A teoria de Maslow é mais conhecida dos gestores norte-americanos do que a de Alderfer, mas a teoria ERG tem mais apoio no meio acadêmico.[66] Ambas têm valor prático

> " A medida do correto reconhecimento [dos sucessos dos funcionários] é igual ao quanto você conhece o(s) funcionário(s) e suas vontades e necessidades. "
>
> Erika Anderson, consultora de desenvolvimento organizacional[68]

porque lembram os gestores dos tipos de esforços ou recompensas que podem ser usados para motivar as pessoas. Independentemente de o gestor preferir a teoria de Maslow ou a de Alderfer, ele pode motivar as pessoas ajudando-as a satisfazer suas necessidades, especialmente por meio da oferta de oportunidades de autorrealização e crescimento.

- **RECOMPENSAS EXTRÍNSECAS** Recompensas dadas a uma pessoa por seu chefe, pela empresa, ou por outra pessoa.
- **RECOMPENSA INTRÍNSECA** Uma recompensa que o trabalhador obtém diretamente da realização do trabalho propriamente dito.

McClelland concluiu que os gestores buscam realização, filiação e poder

David McClelland também identificou diversas necessidades básicas que orientam as pessoas. Segundo o autor, três necessidades são mais importantes para os gestores:[69]

1. A necessidade de *realização* – uma forte orientação para realizações e uma obsessão com o sucesso e a consecução de metas. A maioria dos gestores e empreendedores dos Estados Unidos apresenta altos níveis desta necessidade e gostam de percebê-la em seus funcionários.
2. A necessidade de *filiação* – um forte desejo de ser apreciado pelos outros. Pessoas com elevados níveis desta necessidade são voltadas para se dar bem com os outros e podem estar menos preocupadas com altos níveis de desempenho.
3. A necessidade de *poder* – um desejo de influenciar ou controlar outras pessoas. Essa necessidade pode ser uma força negativa (chamada de *poder personalizado*) quando se expressa por meio da manipulação e exploração agressiva dos outros. Pessoas com elevados níveis de necessidade de poder personalizado desejam o poder exclusivamente em prol das próprias metas. Mas a necessidade de poder também pode ser uma motivação positiva, chamada de *poder socializado*, que se volta para a melhoria construtiva das empresas e sociedades.

Diferentes necessidades predominam em diferentes pessoas. Agora que lemos a respeito dessas necessidades, vejamos: qual, ou quais, são mais e menos importantes para cada um de nós?

Uma baixa necessidade de filiação e uma necessidade moderada ou alta de poder estão associadas ao sucesso para gestores de alto e baixo nível.[70] Um motivo pelo qual a necessidade de filiação não é necessária para o sucesso como líder é que os gestores com elevados níveis desta necessidade têm dificuldades para tomar as decisões duras, porém necessárias, que irão incomodar algumas pessoas.

Quais teorias aplicam-se internacionalmente?

Como as teorias da necessidade se aplicam no exterior?[71] Embora os gestores dos Estados Unidos se preocupem mais com a realização, a estima e a autorrealização, os da Grécia e do Japão são predominantemente movidos pela segurança. As necessidades sociais são as mais importantes na Suécia, na Noruega e na Dinamarca. "Fazer o que se quer" – a frase da década de 1960 que descreve uma cultura norte-americana voltada para a autorrealização – nem sequer é traduzível para o chinês. "Realização" também é difícil de traduzir para a maioria das outras línguas. Pesquisadores da França, do Japão e da Suécia provavelmente nem pensariam na motivação de McClelland pela realização porque as pessoas desses países são mais voltadas para o grupo do que para si.

Evidentemente, realização, crescimento e autorrealização são profundamente importantes nos Estados Unidos, no Canadá e na Grã-Bretanha. Mas sua importância não é universal. Todos os gestores precisam ter em mente que a importância das necessidades varia entre os países e que as pessoas podem não ser motivadas pelas mesmas necessidades. Um estudo concluiu que os funcionários de muitos países são altamente engajados nas empresas com fortes lideranças, equilíbrio entre vida profissional e pessoal, boa reputação e oportunidades para que os funcionários contribuam, enquanto outro encontrou variações de país para país:[72] os funcionários no Canadá eram atraídos por remuneração competitiva, equilíbrio entre vida profissional e pessoal e oportunidades de progresso; os da Alemanha, pela autonomia; os do Japão, por colegas de alta qualidade; os da Holanda, por um ambiente de trabalho cooperativo; e os dos Estados Unidos por benefícios de saúde competitivos. De forma geral, não há um modo que seja o correto e os gestores podem ajustar suas abordagens por meio da reflexão sobre como as pessoas são diferentes.[73]

●● OA10.6
Definir as maneiras para criar cargos motivadores.

CONCEPÇÃO DE CARGOS MOTIVADORES

Eis um exemplo de uma empresa que ofereceu uma "recompensa" que não motivou. Um dos ex-empregadores de Mary Kay Ash lhe deu um prêmio por

CAPÍTULO 10 | Motivação de Pessoas 241

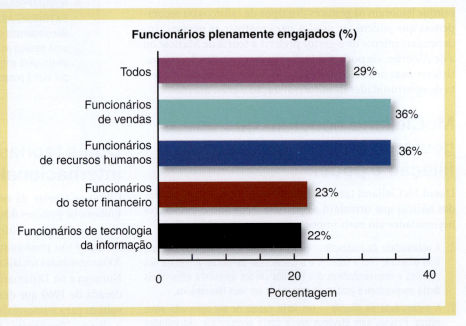

VOCÊ SABIA?
Quando os funcionários estão plenamente engajados, ficam satisfeitos com seus cargos e seus empregadores, e entusiasmados e comprometidos com o trabalho. Suas metas pessoais alinham-se com as da empresa. Um estudo recente da empresa de consultoria Blessing White investigou a porcentagem de funcionários plenamente engajados na América do Norte:[82]

vendas: uma lanterna para pescar. Infelizmente, ela não pesca. Felizmente, mais tarde criou a própria organização, a Mary Kay Cosmetics, em torno de dois elementos motivadores que *importam* para seu pessoal:[74]

1. **Recompensas extrínsecas** são conferidas pelo chefe, pela empresa, ou por alguma outra pessoa.
2. Uma **recompensa intrínseca** é uma recompensa que a pessoa extrai diretamente da realização do trabalho propriamente dita.

Um projeto interessante, um assunto intrigante que seja divertido de estudar, a conclusão de uma venda e a descoberta da solução perfeita para um problema difícil podem dar às pessoas a sensação de que fizeram algo bem. Essa é a essência da motivação decorrente das recompensas intrínsecas.

As recompensas intrínsecas são fundamentais para a motivação da criatividade.[75] Um problema desafiador, a chance de criar algo novo e tarefas que sejam excitantes podem fornecer uma motivação intrínseca que inspire a pessoa a dedicar tempo e energia à tarefa. O mesmo se dá com gestores que conferem certa liberdade às pessoas para realizar as tarefas que mais lhes interessem. O contrário resulta em comportamentos rotineiros e costumeiros que interferem na criatividade.[76] Um estudo com plantas industriais concluiu que os funcionários pediam mais patentes, faziam mais sugestões inovadoras e úteis e eram considerados mais criativos por seus chefes quando suas tarefas eram desafiadoras e os gestores não controlavam muito suas atividades.[77]

No sentido contrário, alguns cargos e empresas estabelecem ambientes que sufocam a criatividade e a motivação.[78] O exemplo clássico de um trabalho que não motiva é a colocação altamente especializada em linhas de montagem; cada trabalhador realiza uma só tarefa enfadonha antes de passar o trabalho adiante para outro trabalhador. Essa especialização, ou a abordagem "mecanicista" da concepção de cargos, foi a prática predominante durante a maior parte do século XX.[79] Mas cargos simples e rotineiros demais resultam em insatisfação, faltas e alto giro.

Especialmente em setores dependentes de trabalhadores de conhecimento altamente motivados, reter quadros talentosos pode exigir lhes permitir conceber os próprios cargos, fazendo com que o trabalho seja mais interessante do que em outras empresas.[80] Os cargos podem ser criados das maneiras adiante para aumentar as recompensas intrínsecas e, portanto, a motivação.

Os gestores podem fazer com que o trabalho seja mais variado e interessante

O **rodízio de funções** permite que funcionários que passariam o tempo todo em uma tarefa rotineira possam mudar de tarefa. Em vez de servir macarrão o dia todo em uma cantina, alguém poderia servir a massa; depois, as saladas; e depois os legumes ou as sobremesas. O rodízio de funções tem por objetivo diminuir o tédio, dando às pessoas coisas diferentes para fazer.

Como é de se imaginar, o rodízio de funções pode simplesmente deslocar as pessoas de uma tarefa chata para outra. Mas, quando bem realizado, com as informações e os interesses profissionais das pessoas em mente, pode ser benéfico para todos. Na Thomson, uma editora internacional, os novos funcionários na área de tecnologia da informação (TI) podem participar de um programa de rodízio de funções que ajuda a aprender a respeito das diversas unidades da empresa e identificar a área que melhor corresponde aos seus talentos e interesses. A Harrah's Entertainment também usa o rodízio de funções para seu pessoal de TI, o que lhes dá um conhecimento mais amplo do negócio, aumentando seu valor para a empresa e, ao mesmo tempo, criando oportunidades de desenvolvimento de carreira. Cerca de 20% dos quadros de TI da Harrah's optam por participar do programa de rodízio de funções.[81]

- **RODÍZIO DE FUNÇÕES** Mudança de uma tarefa rotineira para outra para aliviar o tédio.
- **EXPANSÃO DE CARGOS** Dar às pessoas mais tarefas simultâneas para maior satisfação com o emprego.
- **ENRIQUECIMENTO DE CARGOS** Modificar uma tarefa para torná-la inerentemente mais recompensadora, motivadora e satisfatória.
- **TEORIA DOS DOIS FATORES** A teoria de Herzberg, que descreve dois fatores que afetam a motivação e a satisfação das pessoas.
- **FATORES HIGIÊNICOS** Características do ambiente de trabalho que podem deixar as pessoas insatisfeitas, como políticas da empresa, condições de trabalho, remuneração e supervisão.
- **MOTIVADORES** Fatores que tornam um cargo mais motivador, como maiores responsabilidades, oportunidades de crescimento pessoal e reconhecimento e sentimentos de realização.

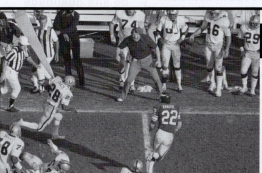

ANTIGAMENTE...
A maneira tradicional que os técnicos de futebol americano usavam para motivar seus jogadores era o medo. Como técnico dos Oakland Raiders, John Madden conquistou dez títulos e foi recentemente incluído no Hall da Fama.

AGORA...
O técnico Lovie Smith e o ex-técnico Tony Dungy dos Chicago Bears e dos Indianapolis Colts acreditam em um modelo de motivação diferente: estabelecimento de padrões elevados, expectativa de máximo desempenho e inspiração de seus jogadores.

A **expansão de cargos** assemelha-se ao rodízio de funções no sentido de que as pessoas recebem tarefas diferentes. Mas, enquanto o rodízio de funções envolve realizar uma tarefa de cada vez, a expansão de cargos atribui ao trabalhador diferentes tarefas ao mesmo tempo. Assim, o cargo de um trabalhador de linha de montagem se expande se ele recebe duas tarefas em vez de uma. Em um estudo sobre o tema em uma organização do setor financeiro, a expansão levou a uma maior satisfação com o emprego, melhor detecção de erros pelos caixas e melhor atendimento ao cliente.[83]

Com a expansão de cargos, as tarefas adicionais de cada pessoa encontram-se no mesmo nível de responsabilidade. Ocorrem mudanças mais profundas quando os cargos são enriquecidos. **Enriquecimento de cargos** significa reestruturar ou recriar os cargos por meio do acréscimo de níveis mais elevados de responsabilidade. A prática inclui dar às pessoas não só mais tarefas, como também tarefas de nível mais alto, como ocorre quando decisões são delegadas para níveis hierárquicos inferiores e quando a autoridade é descentralizada. Esforços de enriquecimento de cargos hoje são comuns no setor industrial dos Estados Unidos. A primeira abordagem ao enriquecimento de cargos foi a teoria dos dois fatores de Herzberg, seguida pelo modelo de Hackman e Oldham.

Herzberg propôs dois importantes fatores relacionados ao trabalho

A **teoria dos dois fatores** de Frederick Herzberg distinguiu duas categorias amplas de fatores que afetam as pessoas no trabalho:[84]

1. **Fatores higiênicos** são *características do ambiente de trabalho*: políticas da empresa, condições de trabalho, remuneração, colegas, supervisão etc. Esses fatores podem deixar as pessoas infelizes se mal administrados. Quando bem geridos, são vistos positivamente pelos funcionários, que não ficarão mais insatisfeitos. Contudo, não importa o quanto esses fatores sejam bons, não irão realmente satisfazer as pessoas ou motivá-las a fazer um bom trabalho.

2. Os **motivadores** descrevem o *cargo em si*, ou seja, aquilo que as pessoas fazem no trabalho. Os motivadores são a natureza do trabalho propriamente dito, as responsabilidades efetivas do cargo, a oportunidade de crescimento pessoal, o reconhecimento e o sentimento que a realização do trabalho proporciona. Segundo Herzberg, o segredo para a verdadeira satisfação com o cargo e para a motivação ao desempenho está nesta categoria de fatores. Quando há motivadores, os cargos são considerados satisfatórios e estimulantes para a maioria das pessoas.

A teoria de Herzberg foi criticada por muitos acadêmicos e, por isso, não entraremos em mais detalhes a seu respeito. Mas Herzberg foi pioneiro na área de concepção de cargos e ainda é respeitado entre os gestores norte-americanos. Além disso, mesmo que os aspectos específicos de sua teoria não se sustentem frente ao escrutínio científico, ele fez importantes contribuições. A teoria de Herzberg destaca a importante distinção entre as recompensas extrínsecas (dos fatores higiênicos) e as intrínsecas (dos motivadores). Também lembra aos gestores que não se fiem apenas nas recompensas extrínsecas para motivar os trabalhadores e de pensar também nas recompensas intrínsecas. Finalmente, lançou as bases para teorias posteriores, como o modelo de Hackman e Oldham, que explica com maior precisão como os gestores podem enriquecer os cargos.

Hackman e Oldham: significado, responsabilidade e *feedback* proporcionam motivação

Seguindo os passos de Herzberg, Hackman e Oldham propuseram um modelo mais completo da concepção de cargos,[85] ilustrado na Figura 10.4. Como se vê, cargos bem concebidos levam a uma alta motivação, a desempenho de alta qualidade, a elevada satisfação e a baixas faltas e baixo giro. Esses resultados ocorrem quando as pessoas experimentam três estados psicológicos críticos (indicados na coluna central da figura):

1. Acreditam estar fazendo algo significativo porque seu trabalho é importante para outras pessoas.
2. Sentem-se pessoalmente responsáveis pelo resultado do trabalho.
3. Ficam sabendo quão bem realizaram seu trabalho.

Esses estados psicológicos ocorrem quando as pessoas trabalham em cargos enriquecidos, ou seja, aqueles que oferecem as seguintes cinco dimensões centrais:

1. *Variedade de competências* – diferentes atividades profissionais envolvendo diferentes competências e talentos. Por exemplo, os trainees de administração da Enterprise Rent-A-Car experimentam todas as áreas do negócio, inclusive contratação de funcionários, lavagem de carros, atendimento a clientes, trabalho com oficinas de funilaria e pedido de suprimentos. A gerente adjunta Sarah Ruddell define as amplas responsabilidades como uma vantagem: "Não ficamos presos a uma só coisa o tempo todo".[86]

FIGURA 10.4 O modelo de enriquecimento de cargos de Hackman e Oldham

FONTE: Extraído de "A New Strategy for Job Enrichment", de J. Richard Hackman et al., *California Management Review*. Copyright © 1975 by the Regents of the University of California. Reproduzido de *California Management Review*, vol. 17, n. 4 com permissão de The Regents.

VOCÊ SABIA?
Segundo um recente levantamento com 27 mil pessoas, os trabalhadores com maiores chances de satisfação com seus cargos são os membros do clero, bombeiros, fisioterapeutas, escritores e professores de educação especial. E a satisfação com o trabalho era menos provável entre operários (exceto construção civil), vendedores de roupas, embaladores, preparadores de alimentos e telheiros.[87] Os cargos mais satisfatórios apresentam as características de Hackman e Oldham?

2. *Identidade da tarefa* – conclusão de uma obra integral e identificável. Na State Farm Insurance, os agentes são subcontratados independentes que vendem e atendem exclusivamente produtos da seguradora. Eles constroem os próprios negócios e investem neles. Com isso, a retenção e a produtividade dos agentes são muito melhores do que as médias para o setor.[88]

3. *Significância da tarefa* – um impacto importante e positivo sobre a vida de outras pessoas. Segundo Diane Castiglione, diretora de recrutamento do Departamento de Estado dos Estados Unidos, as pessoas são atraídas pela carreira diplomática porque o trabalho é importante. Ela diz que os funcionários do Departamento estão cientes de que servem aos interesses de seu país, "seja ajudando um cidadão que perdeu seu passaporte ou foi preso, seja tentando encontrar uma maneira de ajudar uma empresa norte-americana a fazer negócios em outro país, [...] seja tentando solucionar questões de direitos humanos".[89] Da mesma forma, James Perry, um perito na motivação de funcionários públicos, diz que esses profissionais costumam ter um forte comprometimento com o bem público, inclusive o bem-estar da população e o cuidado com recursos públicos.[90]

4. *Autonomia* – independência e liberdade para a tomada de decisões. Em um hospital de pesquisa, uma administradora departamental disse ao seu pessoal que fizesse qualquer pesquisa, desde que ficasse dentro do orçamento (e dentro da lei!). Sem qualquer outra diretriz – ou seja, com autonomia total –, a produtividade multiplicou-se por seis em um ano.[91]

5. *Feedback* – informações sobre o desempenho. Muitas empresas fornecem quadros ou dados computadorizados indicando produtividade, número de projetos e outros dados. Na Whole Foods Market, há equipes responsáveis pela contratação e fixação de jornadas em sua área da loja. Os líderes de equipe recebem informações sobre a despesa de folha de pagamentos de cada mês frente ao valor orçado. Se a equipe ficar abaixo do orçamento, todos ficam sabendo, porque todos recebem uma parcela do que se economizou. Esse *feedback* prático inspira as equipes a contratar com cuidado e a dar duro.[92]

Quando realmente eficaz, o enriquecimento de cargos traz melhorias em todas as cinco dimensões.

A intensidade da necessidade de crescimento pessoal ajuda a determinar a eficácia dos programas de enriquecimento de cargos. A **intensidade da necessidade de crescimento** é a medida do quanto as pessoas desejam o próprio desenvolvimento pessoal e psicológico. O enriquecimento de cargos será mais bem-sucedido entre pessoas com elevada necessidade de crescimento. Mas poucas pessoas reagem negativamente ao enriquecimento de cargos.[93]

Para motivar, a potencialização deve ser bem feita

Atualmente, muitos gestores falam em "potencializar" seu pessoal. As pessoas podem ou não sentir-se potencializadas e os grupos podem apresentar uma "cultura" de potencialização que melhore o desempenho da unidade de trabalho.[94] A **potencialização** é o processo de compartilhar o poder com os funcionários, aumentando sua confiança na capacidade que têm de realizar suas funções e sua crença em que são contribuintes influentes para a empresa. Infelizmente, a potencialização nem sempre faz jus ao nome. Um dos problemas é que os gestores a prejudicam ao enviar sinais confusos como "Faça o que quiser – do jeito que a gente mandar".[95] Mas a potencialização pode ser profundamen-

te motivadora quando bem realizada.[96]

A potencialização altera as crenças dos funcionários – de sentimentos de impotência para uma crença forte em sua eficácia pessoal.[97] Com isso, as pessoas tomam mais iniciativas e perseveram na realização de suas metas e da visão do líder, mesmo frente a obstáculos.[98] Mais especificamente, a potencialização incentiva entre os funcionários as seguintes crenças:[99]

- Percebem o *significado* de seu trabalho; seu cargo é adequado aos seus valores.

- Sentem-se *competentes*, ou capazes de realizar com habilidade suas funções.

- Têm um senso de *autodeterminação*, de ter certo grau de escolha quanto às tarefas, aos métodos e ao ritmo de trabalho.

- Exercem *impacto* – ou seja, têm alguma influência sobre decisões estratégicas, administrativas ou operacionais, ou sobre os resultados da função que exercem.

Ao falar de momentos em que se sentiram impotentes, as pessoas fazem os comentários a seguir:[100]

- Eu não fornecia insumos para uma decisão de contratação de alguém que se reportaria diretamente a mim. Não pude sequer conversar com o candidato.

- Dei muito duro – longas jornadas e até tarde – em um projeto urgente e depois meu gestor assumiu todos os créditos para ele.

- Minhas sugestões, fossem boas ou ruins, ou não eram pedidas, ou, pior ainda, eram ignoradas.

- O projeto foi transferido sem meu conhecimento e sem me pedirem opinião.

Por outro lado, as pessoas expressam a potencialização nos exemplos abaixo:

- Pude tomar sozinho uma decisão financeira importante. Assinei um cheque grande sem ser questionado.

- Depois de receber um memorando que dizia, "Corte as viagens", expliquei por que as viagens eram necessárias e recebi o OK.

- Meu presidente apoiou minha ideia sem questioná-la.

- Todos os dados financeiros eram compartilhados comigo.

Para alimentar a potencialização, a administração precisa criar um ambiente no qual todos os funcionários sintam ter influência eficaz sobre os padrões de desempenho e sobre a eficácia em negócios de suas áreas de responsabilidade.[101] Um ambiente de trabalho potencializador fornece às pessoas as *informações* necessárias para que tenham o seu melhor desempenho, o *conhecimento* sobre como usar as informações e realizar suas funções, o *poder* para tomar decisões que lhes deem controle sobre o trabalho e as *recompensas* que merecem pelas contribuições feitas.[102] Um

● **INTENSIDADE DA NECESSIDADE DE CRESCIMENTO** A medida do quanto uma pessoa deseja desenvolver-se pessoal e psicologicamente.

● **POTENCIALIZAÇÃO** O processo de compartilhar poder com os funcionários e, assim, aumentar sua confiança na capacidade que têm de realizar tarefas e sua crença de que são colaboradores influentes na empresa.

● CAPÍTULO 10 | Motivação de Pessoas **245**

ambiente assim reduz os custos porque são necessárias menos pessoas para supervisionar, monitorar e coordenar. Melhora a qualidade e o atendimento porque um alto desempenho é influenciado na fonte, nas pessoas que realizam o trabalho. E permite agilidade porque as pessoas que estão na linha de frente percebem problemas, soluções e oportunidades de inovação e têm poderes para lidar com essas situações.

É essencial dar às pessoas uma direção estratégica clara, mas deixar espaço para flexibilidade e para riscos calculados. Por exemplo, o princípio estratégico da Southwest Airlines de "atender as necessidades de viagens regionais dos clientes a tarifas competitivas com o mesmo custo de uma viagem de carro" ajuda os funcionários a ter em mente os objetivos estratégicos e usar sua capacidade de julgamento ao tomar decisões complexas sobre ofertas de serviço, seleção de rotas, concepção de cabines, procedimentos de emissão de bilhetes e preços.[103] Atitudes mais específicas incluem aumento da autoridade de assinatura em todos os níveis; redução do número de regras e etapas de aprovação; atribuição de tarefas não rotineiras; aceitação de julgamentos independentes, flexibilidade e criatividade; definição dos cargos de maneira mais ampla, como projetos e não tarefas; e fornecimento de maior acesso a recursos e pessoas de toda a empresa.[104]

A potencialização não significa permitir que as pessoas decidam sobre assuntos triviais, como a cor das paredes do refeitório. Para que a potencialização faça diferença, as pessoas precisam exercer impacto sobre com o que se importam, como qualidade e produtividade.[105] Algumas das empresas que usaram programas de potencialização com sucesso são a Lord Corporation, de Dayton, estado de Ohio (produtora de encaixes para motores aeronáuticos) e a Herman Miller (uma fabricante de móveis de Michigan).[106]

▶ A potencialização parece estar no centro da motivação dos funcionários do Google. Em vez de tentar adivinhar o que os funcionários querem, a empresa aplicou seu comprometimento a análises cuidadosas. Ela desenvolveu um algoritmo (procedimento matemático) para ver onde estão os desafios no que tange à contratação dos maiores talentos. O algoritmo avalia dados de levantamentos com funcionários, avaliações de desempenho, históricos de remuneração e avaliações por pares para identificar aqueles que apresentam maior risco de deixar a empresa.

Já surgiu do processo uma lição importante: a probabilidade de que os funcionários se vão é maior quando sentem que a empresa não está utilizando plenamente sua perícia. O problema provavelmente continuará a ser importante. No começo do Google, os funcionários tinham a emoção de ser parte de algo novo e em rápida expansão. O crescimento oferecia possibilidades aparentemente ilimitadas e os funcionários tinham uma liberdade extraordinária para trabalhar em projetos próprios. Depois de mais de uma década, a empresa conta com quase 20 mil funcionários e tem maior necessidade de coordenar seu trabalho e estabelecer prioridades de alocação de recursos. Para motivá-los a ficar na empresa, o Google terá que descobrir como continuar a oferecer flexibilidade de aprendizado e experimentação, talvez associada a estruturas mais formais, como planos de carreira.[107] ◀

Também não devemos nos surpreender se a potencialização causar problemas, pelo menos no curto prazo. Surgem problemas com praticamente qualquer mudança, inclusive mudanças para melhor. É importante lembrar que a potencialização traz responsabilidades e que os funcionários não irão necessariamente gostar de ser responsabilizados no começo.[108] As pessoas podem cometer erros, especialmente enquanto ainda não estão adequadamente treinadas. Por causa da maior necessidade de treinamento, os custos aumentam. Como as pessoas adquirem novas competências e fazem maiores contribuições, podem exigir maiores salários. Mas se forem bem treinadas e potencializadas de modo eficaz, farão por merecer – e haverá benefícios tanto para elas quanto para a empresa.

● ● ● OA10.7
Resumir as maneiras como as pessoas avaliam a justiça e pelas quais se pode atingi-la.

FAZENDO JUSTIÇA

Em última análise, um dos aspectos mais importantes da motivação tem a ver com a visão das pessoas a respeito de como contribuem para a empresa e do que recebem em troca. Idealmente, considerarão o relacionamento com o empregador como uma troca bem equilibrada e mutuamente benéfica. À medida que as pessoas trabalham e percebem os resultados e consequências de seus atos, avaliam a justiça com que a empresa as trata.

O ponto de partida para entender como as pessoas interpretam suas contribuições e seus resultados é a teoria da equidade.[109] A **teoria da equidade** propõe que, ao avaliar a justiça com que são tratadas, as pessoas levam em conta dois fatores fundamentais:

1. *Resultados*, como na teoria da expectância, referem-se às diversas recompensas que a pessoa recebe no trabalho: reconhecimento, remuneração, benefícios, satisfação, segurança, tarefas, punições etc.

2. *Insumos*, referem-se às contribuições que a pessoa faz para a empresa: esforços, tempo, talento, desempenho, comprometimento extraordinário, boa cidadania etc.

As pessoas em geral esperam que os resultados que receberão reflitam os insumos que proporcionam, ou sejam proporcionais a eles – pagamento justo (e outros resultados) por um trabalho justo (definido genericamente pela maneira como as pessoas encaram o total de suas contribuições).

Mas essa comparação de resultados e insumos não é tudo. As pessoas também prestam atenção aos resultados e insumos dos outros. Na hora da revisão de salários, por exemplo, a maioria das pessoas – dos executivos para baixo – procura por pistas que lhes digam quem teve os maiores aumentos. Como veremos na próxima seção, elas comparam proporções, procuram estabelecer a equidade e extraem maior ou menor satisfação dependendo de quão justo consideram o tratamento recebido.

As pessoas avaliam a equidade por meio de comparações

A teoria da equidade sugere que as pessoas comparam a proporção entre seus resultados e insumos com a proporção de alguma outra pessoa. Essa pessoa pode ser um colega, um chefe, ou uma escala de pagamentos média do setor. Mais sucintamente, as pessoas comparam:

$$\text{Seus próprios}\ \frac{\text{Resultados}}{\text{Insumos}}\ \text{com os}\ \frac{\text{Resultados}}{\text{Insumos}}\ \text{dos outros}$$

Se as proporções forem equivalentes, as pessoas acreditarão que o relacionamento é equitativo, ou justo. A equidade faz com que as pessoas se satisfaçam com o tratamento recebido. Mas uma pessoa que acredite que sua proporção é maior ou menor do que a de outra irá sentir-se tratada sem equidade. A falta de equidade leva à insatisfação e a uma tentativa de restaurar o equilíbrio do relacionamento.

A falta de equidade e os sentimentos negativos que causa podem surgir em qualquer lugar. Como estudantes, provavelmente já nos vimos em uma situação em que, depois de estudar toda a noite, obtemos nota baixa em uma prova. Enquanto isso, outro aluno estuda duas horas, sai à noite, dorme bem e tira nota alta. Percebemos nosso insumo (tempo dedicado ao estudo) como muito maior do que o do colega, mas nosso resultado é inferior. Ficamos insatisfeitos com a aparente injustiça. Na vida profissional, a mesma coisa acontece com aumentos salariais. Uma gestora trabalhou 60 horas por semana, conquistou um diploma de uma universidade de prestígio e acredita estar destinada ao sucesso. Quando sua arquirrival – que considera menos merecedora ("ela nunca vem trabalhar nos fins de semana e só o que faz quando está aqui é puxar o saco do chefe") – conquista um aumento maior, ou uma promoção, ela tem severos sentimentos de falta de equidade. No mundo dos esportes, problemas de motivação recorrentes de sentimentos de pagamento desigual podem ser o motivo pelo qual as equipes de beisebol da primeira divisão, na qual as diferenças entre os salários dos jogadores são maiores, tendem a vencer menos partidas.[110]

Muitas pessoas sentiram falta de equidade ao ficar sabendo de grandes valores pagos a presidentes-executivos famosos. Ironicamente, um motivo para o aumento dos salários dos presidentes-executivos é o esforço de estabelecer o pagamento por meio de um método que se assemelha à comparação de equidade: o conselho de administração compara a remuneração do seu presidente-executivo com a dos presidentes-executivos das empresas em um "grupo de pares". Até 2006, não era obrigatório divulgar as empresas componentes do grupo de pares, mas um exemplo que rugiu nos tribunais sugere como pode surgir a ausência de equidade. Richard A. Grasso recebeu US$ 140 milhões como presidente da bolsa de valores de Nova York (NYSE). Um perito em remuneração contratado pelo advogado geral do Estado levantou que as empresas usadas para dar base ao salário de Grasso tinham receitas medianas mais do que 15 vezes maiores, ativos medianos 125 vezes maiores e um número mediano de funcionários cerca de 30 vezes maior do que o da NYSE.[111] Mesmo quando as empresas escolhem um grupo de pares apropriado, muitos conselhos de administração tentam deixar seus executivos no quartil superior. O ímpeto para manter o salário de todos acima da média faz com que a média continue a subir.

As avaliações de equidade não são objetivas. São percepções ou crenças subjetivas. No exemplo anterior das duas gestoras, a que obteve o maior aumento provavelmente se considerava merecedora. Mesmo que admitisse trabalhar menos horas, pode estar convencida de que é mais eficiente. No exemplo dos dois estudantes, o que teve nota mais alta pode acreditar que o resultado foi equitativo porque (1) esforçou-se mais durante o semestre e (2) é inteligente (encarando como insumos a capacidade e a experiência e não só o tempo e o esforço).

Pessoas que se sentem tratadas sem equidade tentam restabelecer o equilíbrio

As pessoas que se sentem tratadas sem equidade e insatisfeitas ficam motivadas a agir para restaurar a equidade. Dispõem de diversas opções para alterar as proporções ou reavaliar a situação para determinar se há equidade, afinal de contas.

A equação de equidade mostrada acima indica as opções que as pessoas têm para restaurar a equidade quando se sentem injustamente tratadas:

- *Redução dos insumos*: menor esforço, desempenho mais fraco ou demissão: "Se é assim que as coisas funcionam por aqui, não vou dar tão duro assim (ou ficar na empresa)".

● **TEORIA DA EQUIDADE**
Uma teoria segundo a qual as pessoas avaliam a justiça com que foram tratadas de acordo com dois fatores principais: resultados e insumos.

● **JUSTIÇA PROCEDIMENTAL**
O uso de um processo justo na tomada de decisões e a garantia de que as outras pessoas saibam que o processo foi o mais justo possível.

● ● CAPÍTULO 10 | Motivação de Pessoas **247**

- *Aumentar os próprios resultados*: "Meu chefe vai ficar sabendo. Mereço mais, deve haver alguma maneira de conseguir".
- *Reduzir os resultados dos outros*: Por exemplo, um funcionário pode sabotar tarefas para criar problemas para a empresa ou para seu chefe.[112] As pessoas podem mudar a percepção que tem do resultado e não apenas o resultado em si: "A promoção não é tão boa quanto ela pensa. O salário não é muito maior e a dor de cabeça vai ser inacreditável".
- *Aumento dos insumos dos outros*: Também neste caso a mudança pode se dar nas percepções: "Quanto mais penso, mais percebo que foi merecido. Ele deu duro o ano todo e é competente: era hora de se dar bem".

Assim, as pessoas podem restaurar a equidade de diversas maneiras, alterando os insumos e resultados comportamentalmente ou em termos de percepção. Do lado positivo, as pessoas podem importar-se mais com a equidade do grupo e *até mesmo aumentar seus insumos* para manter uma situação de equidade na equipe. Nos primeiros meses de cada ano, muitos contabilistas enfrentam uma avalanche de trabalho ligado a relatórios anuais e declarações de impostos. Na Gramkow, Carnevale, Seifert & Company, uma empresa de contabilidade de Oradell, estado da Nova Jersey, Kenneth Benkow trabalha seis dias e diversas noites por semana na época do imposto de renda. E explica: "O que me motiva é olhar ao meu redor e ver que as pessoas estão dando pelo menos tão duro quanto eu. A gente se sente culpada quando não faz a própria parte".[113]

Os procedimentos – e não só os resultados – precisam ser justos

Os gestores inevitavelmente tomam decisões que têm resultados mais favoráveis para algumas pessoas do que para outras. Aquelas com resultados favoráveis ficarão satisfeitas; aquelas cujos resultados forem piores, em igualdade das

Bob Lane, ex-presidente-executivo da John Deere, ao lado de um cortador de grama fabricado pela Deere & Company, a maior fabricante de implementos agrícolas do mundo. Lane acredita em tratar as pessoas com dignidade, mesmo ao dar más notícias.

demais condições, ficarão mais insatisfeitas. Mas gestores que queiram acalmar a situação – digamos, de pessoas de quem gostam ou que respeitam, ou desejem manter e motivar – podem reduzir a insatisfação, demonstrando que proveem justiça procedimental – usam um processo justo para tomar decisões e ajudam os outros a saber que o processo foi o mais justo possível. Quando existe a percepção de justiça procedimental, as pessoas tendem a apoiar mais as decisões e aqueles que as tomam.[114] Por exemplo, um ano após demissões, o uso de justiça procedimental pelos gestores (sob a forma de participação dos funcionários nas decisões) ainda previa

o comprometimento organizacional dos sobreviventes, sua satisfação e sua confiança na administração.[115]

Mesmo quando as pessoas acreditam que seu *resultado* não teve equidade e justiça, são maiores as chances de considerar a situação justa se o *processo* tiver sido justo. Podemos elevar a crença das pessoas na justiça do processo fazendo com que ele seja aberto e visível, declarando antecipadamente os critérios de tomada de decisão, garantindo que as pessoas mais indicadas – aquelas que dispõem de informações válidas e são consideradas dignas de confiança – tomem as decisões, dando às pessoas a chance de participar do processo e fornecendo um sistema de recursos que permita a elas questionar as decisões com segurança e receber respostas completas.[116] Esse tipo de tratamento é bem descrito pelo ex--presidente-executivo da Deere and Company, Bob Lane. Ele diz que "quando precisamos mandar gente embora" porque a empresa está em dificuldades, "todas as pessoas têm um valor inerente", de modo que a administração precisa tratar os funcionários com dignidade e ajudá-los a entender os motivos das atitudes tomadas.[117]

Por outro lado, em uma fábrica de elevadores nos Estados Unidos, certo dia chegou um exército de consultores, sem qualquer explicação.[118] A boataria começou: os funcionários adivinharam que a empresa seria fechada ou que alguns deles seriam demitidos. Três meses depois, a administração revelou seu novo plano, envolvendo um novo método de fabricação por equipes. Mas a administração não tinha respondido adequadamente às perguntas a respeito do objetivo das mudanças, os funcionários resistiram, surgiram conflitos e o outrora popular diretor da unidade perdeu a confiança do seu pessoal. Os custos explodiram e a qualidade despencou.

Preocupada, a administração fez uma pesquisa com os funcionários. Eles duvidaram de que os resultados do estudo levassem a quaisquer mudanças positivas e temeram que sua franqueza pudesse irritar os altos escalões. Mas a administração reagiu reconhecendo seus erros de implementação e passando a comunicar informações críticas, o número limitado de opções existentes e a necessidade de mudar. Os funcionários passaram a encarar o problema como tanto deles quanto da administração, mas ainda se preocupavam com a perda dos empregos. Embora a administração se reservasse o direito de demitir, prometeu que ninguém seria demitido para instituir o trabalho em equipe e que forneceria treinamento e desenvolvimento para manter os funcionários sempre que possível, além de compartilhar regularmente dados de desempenho. Esses esforços marcaram o começo da restauração da confiança e do comprometimento e foram seguidos por ganhos estáveis de desempenho.

OA10.8

Identificar as causas e consequências de uma força de trabalho satisfeita.

SATISFAÇÃO NO EMPREGO

Quando as pessoas sentem-se tratadas com justiça com base nos resultados que recebem ou nos processos usados, sentem-se também satisfeitas. Um trabalhador satisfeito não é necessariamente mais produtivo do que outro insatisfeito; às vezes, as pessoas ficam felizes com seus empregos porque não precisam dar duro! Mas a insatisfação no emprego, agregada por diversas pessoas, cria uma força de trabalho com maiores chances de apresentar as características abaixo:

- Alto giro
- Maior absenteísmo
- Pior cidadania entre os funcionários[119]
- Mais litígios e reclamações trabalhistas
- Greves
- Furtos, sabotagem e vandalismo
- Pior saúde mental e física (o que pode significar maior estresse, maiores custos de seguro e mais processos judiciais)[120]
- Mais acidentes[121]
- Mau atendimento ao cliente[122]
- Menor produtividade e menores lucros[123]

Todas essas consequências da insatisfação são custosas, direta ou indiretamente. Infelizmente, um levantamento com domicílios dos Estados Unidos apontou que a maioria dos trabalhadores está insatisfeita com seus empregos, com os maiores índices de insatisfação entre os trabalhadores com 25 anos de idade ou menos.[124]

A satisfação no emprego é de especial importância para funcionários de atendimento com foco em relacionamentos, como corretores de imóveis, cabeleireiros e corretores de valores. Os clientes desenvolvem (ou não) um comprometimento com um prestador de serviços específico. Prestadores de serviços satisfeitos têm menor chance de deixar a empresa e maior probabilidade de fornecer uma experiência agradável aos clientes.[125]

As empresas estão melhorando a qualidade de vida no trabalho

Os **programas de qualidade de vida no trabalho (QVT)** criam um ambiente de trabalho que melhora o bem-estar e a satisfação dos funcionários. A meta geral dos programas de QVT é satisfazer toda a gama de necessidades dos funcionários. As necessidades das pessoas parecem ser bem atendidas na First Horizon National, que oferece um pacote de benefícios flexível, incluindo cobertura médica e odontológica, férias remuneradas, reembolso de mensalidades escolares, descontos em creches e produtos financeiros e reembolso de despesas ligadas à adoção. A

First Horizon também estende esses benefícios a profissionais que trabalham em casa ou em meio período, o que é raro. A empresa é frequentadora assídua da lista das 100 melhores empresas onde trabalhar da revista *Fortune*, mas, mais importante do que isso, é o impacto sobre trabalhadores como Brenda Fung, uma veterana que está ali há 13 anos e recentemente tornou-se projetista em meio período da intranet da empresa. Ela disse a um repórter que "a empresa foi tão generosa comigo que não posso nem pensar em sair".[126]

A QVT trata de oito categorias:[127]

1. Remuneração adequada e justa.
2. Um ambiente seguro e saudável.
3. Cargos que desenvolvam as capacidades humanas.
4. Possibilidade de crescimento pessoal e segurança.
5. Um ambiente social favorável à identidade pessoal, à liberdade contra preconceitos, a um senso de comunidade e à ascensão.
6. Constitucionalismo – os direitos à privacidade, à discordância e ao devido processo legal.
7. Uma função profissional que minimize a invasão das necessidades familiares e de lazer.
8. Ações organizacionais socialmente responsáveis.

As empresas variam drasticamente na atenção que dedicam à QVT. Os críticos alegam que os programas de QVT não inspiram necessariamente os funcionários a dar mais duro se a empresa não atrelar as recompensas diretamente ao desempenho individual. Os defensores da QVT afirmam que ela melhora a eficácia e a produtividade organizacional. O termo *produtividade*, tal como aplicado pelos programas de QVT, significa muito mais do que apenas o resultado quantitativo do trabalho de cada pessoa.[128] Ele também inclui o giro, o absenteísmo, acidentes, furtos, sabotagem, criatividade, inovação e, especialmente, a qualidade do trabalho.

Os contratos psicológicos são entendimentos de intercâmbio

A relação entre as pessoas e as organizações empregadoras costuma ser formalizada por meio de um contrato por escrito. Mas, na mente dos funcionários, há, também, um **contrato psicológico** – um conjunto de percepções do que devem aos empregadores e do que estes lhes devem.[129] Esse contrato, seja ele respeitado ou não – e confiem as partes uma na outra ou não – traz implicações importantes para a satisfação e motivação dos funcionários e para a eficácia da empresa.

● **PROGRAMAS DE QUALIDADE DE VIDA NO TRABALHO (QVT)** Programas concebidos para criar um ambiente de trabalho que favoreça o bem-estar dos funcionários.

● **CONTRATO PSICOLÓGICO** Um conjunto de percepções acerca do que os funcionários devem aos empregadores e do que estes devem àqueles.

CAPÍTULO 10 | Motivação de Pessoas **249**

TABELA	10.1	Contrato de empregabilidade da Allstate

O que você deve esperar da Allstate:

1. Oferta de tarefas significativas e desafiadoras.
2. Promoção de um ambiente que incentive um diálogo aberto e construtivo.
3. Reconhecimento de suas realizações.
4. Fornecimento de remuneração e recompensas competitivas baseadas em seu desempenho.
5. Aconselhamento sobre seu desempenho por meio de *feedback* regular.
6. Criação de oportunidades de aprendizado por meio de treinamento e tarefas.
7. Apoio na definição de suas metas de carreira.
8. Fornecimento das informações e dos recursos necessários para um desempenho de sucesso.
9. Promoção de um ambiente inclusivo e sem vieses.
10. Apoio à dignidade e ao respeito em todas as interações.
11. Estabelecimento de um ambiente que promova o equilíbrio entre a vida pessoal e a profissional.

O que a Allstate espera de você:

1. Desempenho em níveis que aumentem significativamente nossa capacidade de superar os concorrentes.
2. A aceitação de missões críticas para a realização dos objetivos de negócio.
3. Desenvolvimento continuado das competências necessárias.
4. Disposição para escutar o *feedback* e agir de acordo.
5. Demonstração de um alto nível de comprometimento com a realização das metas da empresa.
6. Ausência de viés nas interações com colegas e clientes.
7. Comportamento condizente com os padrões éticos da Allstate.
8. Ascensão de responsabilidade pessoal em cada transação com nossos clientes e pelo desenvolvimento da confiança que eles têm em nós.
9. Melhoria contínua dos processos para atender as necessidades dos clientes.

FONTE: Cortesia da Allstate Insurance Company. Citado em E. E. Lawler III, *Treat People Right!* (San Francisco: Jossey-Bass, 2003).

Historicamente, em muitas empresas a relação trabalhista era estável e previsível. Atualmente, fusões, demissões em massa e outros fatores acabaram com isso.[130] Em empresas administradas tradicionalmente, esperava-se dos funcionários que fossem fiéis e dos empregadores que fornecessem emprego estável. Hoje, o contrato implícito é mais ou menos assim:[131] se a pessoa ficar, fizer seu trabalho e o de mais alguém (que tenha sido demitido em um *downsizing*) e fizer outras coisas, como participar de forças-tarefa, a empresa tentará oferecer um emprego (se puder), dar sinais de que se importa e continuar a pagar mais ou menos o mesmo salário (com pequenos aumentos periódicos). O resultado provável desse arranjo não muito satisfatório: pessoas sem inspiração em uma empresa em dificuldades.

Mas é possível um negócio melhor para empregadores e funcionários.[132] Idealmente, nosso empregador irá fornecer atualização contínua de competências e um ambiente de trabalho revigorante no qual possamos usar nossas habilidades e fiquemos motivados a permanecer na empresa, mesmo que haja outras opções de emprego.[133] Um exemplo de contrato psicológico moderno é o contrato geral de trabalho da Allstate, reproduzido na Tabela 10.1. Assim, é possível trabalhar para uma empresa que ofereça o seguinte: se você desenvolver as competências de que precisamos, aplicá-las de maneira a fazer com que a empresa tenha sucesso e comportar-se de maneira condizente com nossos valores, iremos proporcionar um ambiente de trabalho desafiador, apoio ao seu desenvolvimento pessoal e recompensas plenas e justas por suas contribuições. Um "contrato" como esse tende a produzir uma relação mutuamente benéfica e satisfatória e uma empresa de alto desempenho e grande sucesso.

Vejamos como o *coach* empresarial Ram Charan presumiu esse novo contrato psicológico ao aconselhar um gestor de RH frustrado.[134] O gestor pedira ajuda para lidar com a burocracia que frustrava todo o grupo, inclusive ele mesmo. Charan incentivou o gestor a mudar de enfoque e encarar a situação como uma necessidade de aprendizado, criatividade e liderança. O gestor, segundo Charan, deveria investigar o que os gestores de outros departamentos esperavam do RH para que seu pessoal, de modo eficaz, atendesse as suas necessidades de negócio e ajudasse a resolver problemas. Charan também encorajou o gestor a se inteirar das metas de carreira e interesses de seus funcionários para poder concentrar-se em maneiras para desenvolver os pontos fortes das pessoas por meio de missões e maior autoridade para tomada de decisões no departamento. Se o gestor de RH aceitar as orientações de Charan, ele e seu pessoal enfrentarão desafios maiores, mas mais interessantes do que se continuarem a definir-se simplesmente como uma parte estática de uma estrutura burocrática. ■

250 Administração

ACESSE <http://www.grupoa.com.br> para materiais adicionais de estudo, incluindo apresentações em PowerPoint.

CAPÍTULO 10 | Motivação de Pessoas 251

capítulo onze

Trabalho em Equipe

A Cisco, a gigante das redes de computadores, conseguiu manter a agilidade ao crescer por meio da delegação de trabalho a equipes cuja formação pode cruzar fronteiras funcionais, departamentais e nacionais.[1] Às vezes – como no caso da Cisco –, as equipes funcionam, mas nem sempre. O objetivo deste capítulo é ajudar a garantir que nossas equipes de gestão e trabalho funcionem. Atualmente, quase todas as empresas usam equipes para produzir bens e serviços, gerenciar projetos, tomar decisões e gerir a empresa.[2] Para nós, isso tem duas implicações vitais:

1. *Iremos* trabalhar como parte de equipes e, talvez, geri-las.
2. A *capacidade* de ser parte de equipes e geri-las é valiosa para nossos empregadores e importante para nossas carreiras.

Felizmente, estudos sobre o treinamento de equipes podem ampliar o conhecimento e as competências dos alunos em relação ao trabalho em equipe.[3]

> **Explore as maneiras** pelas quais os gestores de hoje constroem e lideram equipes. Escute o que Sarah e Derrick têm a dizer no site do livro.

Trabalho em equipe é aquilo que torna nossas equipes fortes e felizes. Em minha loja, todos trabalham juntos para vestir um cliente ou atingir uma meta comum; não há competição. Nossa equipe passou por muitas mudanças, mas o trabalho em conjunto nos manteve em movimento.
— Sarah Albert, Gerente de Loja de Vestuário

Acho que, como gestores, construir uma boa equipe significa dar às pessoas o poder para realizar tarefas com eficácia em torno de nós. Isso nos permite ter uma visão mais ampla, em vez de lidar com tarefas rotineiras – essas coisas não deixam de ser importantes; contudo, se as pessoas tiverem o poder de tomar decisões, podemos nos distanciar o bastante para ter uma visão do todo, que pode exigir decisões de maior porte, que talvez não tivéssemos tempo para tomar sem a ajuda da equipe.
— Derrick Hawthorne, Administrador de Imóveis

● ● objetivos de **APRENDIZAGEM**

OA11.1 Discutir como as equipes podem contribuir para a eficácia de uma empresa.

OA11.2 Distinguir um novo ambiente de equipes dos antigos grupos de trabalho.

OA11.3 Explicar sucintamente como os grupos tornam-se equipes.

OA11.4 Explicar por que os grupos às vezes fracassam.

OA11.5 Descrever como construir uma equipe eficaz.

OA11.6 Listar métodos de gestão do relacionamento de uma equipe com outras equipes.

OA11.7 Identificar maneiras de gerenciar conflitos.

OA11.1
Discutir como as equipes podem contribuir para a eficácia de uma empresa.

AS CONTRIBUIÇÕES DAS EQUIPES

Abordagens de trabalho por equipes geram excitação. Se bem usadas, as equipes podem ser eficazes e poderosas como *elementos construtivos da estrutura organizacional*. Empresas como a Semco, a Whole Foods e a Kollmorgen (uma fabricante de circuitos impressos e dispositivos eletro-ópticos) são inteiramente estruturadas em torno de equipes. Os produtos de ruptura da 3M surgem por meio do uso de equipes que funcionam como pequenos negócios empreendedores dentro da empresa.

As equipes também trazem muitos *benefícios para seus membros*.[9] A equipe é um poderoso mecanismo de aprendizagem. Os membros aprendem a respeito da empresa e de si e adquirem novas competências e estratégias de alto desempenho. A equipe pode satisfazer importantes necessidades pessoais, como as de afiliação e estima. Os membros das equipes podem obter recompensas organizacionais tangíveis que seriam impossíveis de conquistar se trabalhassem sozinhos. Depois que a General Mills adquiriu a Pillsbury, os gestores da divisão de refeições decidiram que precisavam desenvolver uma cultura comum que promovesse o engajamento dos funcionários e, por isso, estabeleceram uma "equipe de espírito" para selecionar atividades apropriadas. Percebendo que apenas fazer coisas divertidas em conjunto não desenvolveria um senso mais profundo de propósito, a equipe decidiu fazer uma parceria com uma organização sem fins lucrativos, a Perspectives Family Center, e apoiá-la com diversos eventos por ano. Os funcioná-

> **Ninguém pode assoviar uma sinfonia. Sinfonias exigem uma orquestra.**
> Halford E. Luccock, professor da Faculdade de Yale Divinity

As equipes também podem aumentar a *produtividade*, melhorar a *qualidade* e reduzir os *custos*. Ao adotar uma estrutura e uma cultura baseadas em equipes, a Summit Pointe, uma empresa de saúde mental de Battle Creek, no estado de Michigan, economizou milhões de dólares ao mesmo tempo em que melhorava o atendimento aos seus pacientes.[4] As equipes da Honeywell economizaram mais de US$ 11 milhões depois de reduzir os prazos de produção e embarcar pedidos no prazo em 99% dos casos.[5] Na siderúrgica da Nucor, em Decatur, estado do Alabama, o diretor geral Rex Query atribui ao trabalho em equipe a elevada produtividade e os aumentos da segurança.[6]

As equipes também podem aumentar a *velocidade* e agir como poderosas forças em prol da *inovação* e da *mudança*. A 3M e muitas outras empresas têm usado equipes para criar novos produtos mais rapidamente. Instituições de crédito reduziram os prazos para aprovação de hipotecas residenciais de semanas para horas e seguradoras diminuíram o tempo necessário para emitir novas apólices de seguro de vida de seis semanas para um dia.[7] A General Mills usa uma abordagem por equipes para tomar decisões quanto à embalagem de seus produtos. Em divisões como os cereais Big G, o iogurte Yoplait e os legumes Green Giant, equipes de embalagem reúnem funcionários das funções de projeto de marca, engenharia, produção, pesquisa e desenvolvimento, e outras para decidir como as embalagens podem reduzir desperdício, cortar custos e enviar uma mensagem de marketing mais clara. Além disso, equipes de mapeamento estratégico congregam funcionários de diversas divisões para estudar embalagens feitas de certos materiais e determinar maneiras de aumentar a eficiência da operação com fornecedores.[8]

rios participantes sentem-se muito bem ao ver do que são capazes e ligam a experiência a um senso de que a empresa se importa com a comunidade local.[10]

Os membros de equipes podem fornecer *feedback* uns aos outros; identificar oportunidades de crescimento e desenvolvimento; e agir como treinadores, *coaches* e mentores.[11] Um representante de marketing pode aprender a respeito de modelagem financeira com um colega em uma equipe de desenvolvimento de novos produtos e o perito em finanças pode aprender a respeito de marketing ao consumidor. A experiência no trabalho conjunto e o desenvolvimento de forte capacidade de solução de problemas são um suplemento vital para competências específicas e perícia funcional. E essas competências podem ser transferidas para novos cargos.

OA11.2
Distinguir um novo ambiente de equipes dos antigos grupos de trabalho.

O NOVO AMBIENTE DE EQUIPES

Os termos *grupo* e *equipe* muitas vezes são usados como sinônimos.[12] Os gestores modernos às vezes usam tanto a palavra *equipe* que ela se torna um clichê; falam em equipes enquanto os céticos não percebem nenhum verdadeiro trabalho em equipe. Assim, pode ser útil fazer uma distinção entre grupos e equipes:

- Um *grupo de trabalho* é um grupo de pessoas que trabalham em uma mesma área ou foram reunidas para realizar uma tarefa, mas não formam necessariamente uma unidade e nem obtêm necessariamente ganhos de desempenho.

- Uma equipe verdadeira se compõe de pessoas (geralmente um pequeno número delas) dotadas de competências complementares, que confiam umas nas outras e estão comprometidas com um propósito e metas de desempenho comuns e com uma abordagem comum pela qual se consideram solidariamente responsáveis.[13]

Até escrever pode ser uma atividade em equipe. A Evolved Media Network é uma pequena empresa cuja missão se resume a produzir documentos em regime de colaboração. Em um projeto recente, dois editores e cinco redatores elaboraram um livro de 450 páginas sobre o software de planejamento de recursos empresariais da SAP. A equipe realizou o feito usando um tipo de site chamado "wiki" (do havaiano *wiki wiki*, que significa "rápido, rápido"). Os wikis permitem que seus usuários criem, apaguem e editem conteúdo. Cada um pode acompanhar o que os demais estão fazendo. "O valor dos wikis vem de um grupo de pessoas trabalhando em conjunto de uma nova maneira", diz Dan Woods, o fundador da empresa. "O conteúdo é compartilhado e os avanços de cada pessoa ficam visíveis para os demais". O processo confere a todos os participantes um senso de propriedade compartilhada, segundo Woods.

Embora a colaboração seja o principal vetor da participação via wiki, Woods recomenda nomear um líder de equipe. O líder supervisiona o registro de informações, motiva as contribuições dos membros e certifica-se de que todas as informações incluídas sejam valiosas para o projeto. O líder pode treinar membros da equipe que sejam novatos em relação à tecnologia e garantir que a wiki esteja funcionando corretamente.[14]

As empresas vêm usando grupos há muitos anos, mas os ambientes de trabalho atuais são diferentes.[15] As equipes são usadas de diversas novas maneiras e com resultados muito maiores do que no passado. A Tabela 11.1 destaca algumas das diferenças entre o ambiente de trabalho tradicional e a maneira como as verdadeiras equipes funcionam atualmente. Idealmente, as pessoas ficam muito mais envolvidas, são mais bem treinadas, cooperam mais e agem em uma cultura tanto de aprendizado quanto de produção.

As empresas apresentam diferentes tipos de equipes

Sua empresa talvez tenha centenas de grupos e equipes, mas todos podem ser classificados segundo alguns poucos tipos principais.[16] As equipes de trabalho desenvolvem atividades como fabricar, montar, vender ou prestar atendimento.

Costumam ser bem definidas, ser uma parte clara da estrutura organizacional formal, compostas de membros estáveis e em tempo integral. As equipes de trabalho são aquilo em que a maioria das pessoas pensa ao imaginar equipes em empresas.[17]

As equipes de projeto e desenvolvimento dedicam-se a projetos de longo prazo, muitas vezes abrangendo períodos de anos. Elas têm missões específicas, como pesquisa e desenvolvimento de novos produtos e seus membros normalmente precisam fornecer conhecimentos especializados. Essas equipes dedicam-se a um produto singular e dissolvem-se uma vez concluída a tarefa. Então, formam-se novas equipes para novos projetos.

As equipes paralelas operam separadamente da estrutura de trabalho regular e são temporárias. Seus membros muitas vezes vêm de unidades ou cargos diferentes e lhes é pedido que realizem tarefas que a estrutura padrão não costuma fazer. Sua responsabilidade é recomendar

- **EQUIPE** Um pequeno número de pessoas com competências complementares e comprometidas com um só propósito, um só conjunto de metas de desempenho e uma só abordagem pela qual se consideram solidariamente responsáveis.

- **EQUIPES DE TRABALHO** Equipes dedicadas a atividades, como produção, montagem, venda ou atendimento.

- **EQUIPES DE PROJETO E DESENVOLVIMENTO** Equipes que trabalham em projetos de longo prazo e se desfazem uma vez concluída a tarefa.

- **EQUIPES PARALELAS** Equipes que operam separadamente da estrutura regular de trabalho e têm existência temporária.

TABELA 11.1	O novo ambiente das equipes
Ambiente tradicional	**Ambiente de equipes**
Os gestores determinam e planejam o trabalho.	Os gestores e os membros da equipe determinam e planejam juntos o trabalho.
Os cargos têm definição limitada.	Os cargos exigem competências e conhecimento amplos.
O treinamento cruzado é considerado ineficiente.	O treinamento cruzado é a norma.
A maior parte das informações é "propriedade da administração".	A maior parte das informações é livremente compartilhada em todos os níveis.
O treinamento dos não gestores se concentra em competências técnicas.	O aprendizado contínuo exige treinamento interpessoal, administrativo e técnico para todos.
A elevação de riscos é desencorajada e punida.	A elevação de riscos calculados é encorajada e apoiada.
As pessoas trabalham sós.	As pessoas trabalham em conjunto.
As recompensas se baseiam no desempenho individual.	As recompensas se baseiam no desempenho individual e nas contribuições para o desempenho da equipe.
Os gestores determinam os "melhores métodos".	Todos se dedicam à melhoria contínua de métodos e processos.

FONTE: Extraído de *Leading Teams*, de J. Zenger and Associates. Reproduzido com permissão.

CAPÍTULO 11 | Trabalho em Equipe

- **EQUIPES DE GESTÃO**
Equipes que coordenam e orientam as unidades sob sua amplitude de controle e integram o trabalho de subunidades.

- **EQUIPES TRANSNACIONAIS**
Grupos de trabalho compostos de membros multinacionais e cujas atividades abrangem diversos países.

- **EQUIPES VIRTUAIS**
Equipes fisicamente dispersas que se comunicam mais eletronicamente do que cara a cara.

- **GRUPOS DE TRABALHO TRADICIONAIS** Grupos sem responsabilidades administrativas.

Um exemplo de equipe de projeto e desenvolvimento é a equipe de desenvolvimento de produtos da Omnica (foto). Esta equipe de 28 membros é responsável pela produção mais rápida e eficiente de produtos médicos e de alta tecnologia para seus clientes.

soluções para problemas específicos. Elas raramente têm autoridade para agir. Alguns exemplos são forças-tarefa e equipes de qualidade ou segurança formadas para estudar um problema determinado. Sempre que o Bradford Bank de Baltimore adquire ou funda uma nova operação, reúne uma equipe de funcionários vindos de diversas divisões para facilitar a transição para os clientes. Por exemplo, quando o banco fechou um negócio para adquirir depósitos do American Bank, uma equipe de funcionários de gestão de agências, serviços de depósito e tecnologia da informação estudou os produtos do American para certificar-se de que o Bradford estivesse preparado para fornecer serviços semelhantes aos seus novos clientes.[18]

As **equipes de gestão** coordenam e orientam as subunidades sob sua amplitude de controle, e integram o trabalho por elas produzido.[19] A equipe de gestão se baseia na autoridade conferida pela hierarquia e é responsável pela gestão geral da unidade de negócio. Gestores responsáveis por diferentes subunidades reúnem-se para formar uma equipe e no topo da empresa encontra-se a equipe de gestão executiva que determina a direção estratégica e administra o desempenho da empresa como um todo.

Equipes transnacionais são equipes de trabalho compostas de membros de diferentes nacionalidades e cujas atividades abrangem diversos países.[20] Diferem das demais equipes de trabalho não só por serem multiculturais, mas também pela dispersão geográfica, pela distância psicológica e pela dedicação a projetos de alta complexidade com impacto considerável sobre os objetivos da empresa.

As equipes transnacionais tendem a ser **equipes virtuais**, comunicando-se eletronicamente mais do que cara a cara, embora outros tipos de equipe também possam operar no mundo virtual. As equipes virtuais enfrentam desafios consideráveis: construir a confiança, a coesão e a identidade da equipe, além de superar o isolamento de seus membros.[21] Entre as maneiras pelas quais os gestores podem vencer esses obstáculos e melhorar a eficácia das equipes virtuais, encontram-se atividades como: garantir que os membros saibam como devem manter contato, destacar um tempo no começo das reuniões virtuais para que se construam relacionamentos, garantir que todos os participantes de reuniões e fóruns de mensagens tenham a oportunidade de se comunicar, compartilhar atas de reunião, relatórios de progresso e reconhecer e recompensar as contribuições de cada membro.[22]

As equipes autogeridas potencializam os funcionários

Atualmente existem muitos tipos variados de equipes de trabalho, com muitos rótulos diferentes. Os termos usados

Equipes virtuais bem equilibradas na Smart Balance

Em 1997, quando a margarina Smart Balance surgiu nas gôndolas dos supermercados, não podia ter escolhido um momento mais oportuno. Os membros mais idosos da geração do *Baby Boom* estavam chegando aos 50 anos. Os consumidores norte-americanos em geral começavam a demonstrar preocupação com a obesidade e com uma vida saudável. Muitos começavam a se interessar por alimentos sadios como a Smart Balance, uma alternativa à manteiga e outros produtos semelhantes, feita de uma mistura patenteada de óleos vegetais que aumentava comprovadamente o nível de colesterol considerado "bom".

A Smart Balance Inc. é comandada por Stephen Hughes, um experiente profissional de marketing de alimentos cujo currículo inclui o lançamento da bem-sucedida linha Healthy Choice da Conagra, a revitalização da Tropicana e a condução de marcas de nicho como o chá Celestial Seasonings e o leite de soja Silk para o foco dos holofotes. A estratégia de crescimento que Hughes estabeleceu para a Smart Balance inclui a extensão da marca para produtos além da margarina, como leite, cream cheese, iogurte, *sour cream* e outros.

A Smart Balance usa um modelo de negócio "virtual" – ou seja, sua folha de pagamentos tem apenas cerca de 70 funcionários; os demais são autônomos independentes. O desenvolvimento de produto, a gestão e o marketing são conduzidos internamente. Quase todas as outras funções são terceirizadas, inclusive produção, TI, vendas e distribuição.

A contratação de autônomos é uma maneira de manter baixos os custos do empregador. Por exemplo, a empresa precisa de menos espaço físico quando seus contratados trabalham em outros lugares. Ela poupa dinheiro ao ter menos trabalhadores com benefícios dispendiosos, como seguro saúde e contra invalidez, e evita custos de folha de pagamentos durante períodos de baixa de vendas. Mas uma força de trabalho com uma participação significativa de autônomos independentes pode ter dificuldades para operar como uma equipe tradicional.

Por isso, a Smart Balance toma medidas deliberadas para alimentar sua cultura de equipe. Os gestores têm o cuidado de tratar funcionários e subcontratados como agentes com igual interesse no sucesso da

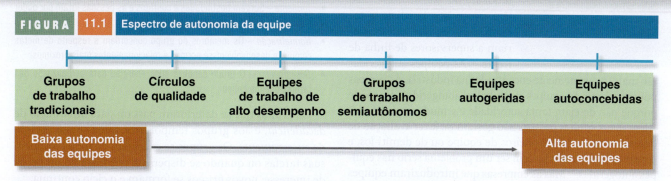

- **CÍRCULOS DE QUALIDADE** Grupos de voluntários extraídos de diversas equipes de produção que fazem sugestões sobre a qualidade.
- **GRUPOS DE TRABALHO SEMIAUTÔNOMOS** Grupos que tomam decisões sobre a gestão e a realização de importantes atividades de produção, mas obtêm apoio externo para fins de controle de qualidade e manutenção.
- **GRUPOS DE TRABALHO AUTÔNOMOS** Grupos que controlam as decisões sobre uma gama completa de tarefas e as executam.
- **EQUIPES AUTOCONCEBIDAS** Equipes que têm as responsabilidades dos grupos de trabalho autônomos e ainda sobre contratações, demissões e decisão das tarefas realizadas pelos membros.

FIGURA 11.1 Espectro de autonomia da equipe

Grupos de trabalho tradicionais — Círculos de qualidade — Equipes de trabalho de alto desempenho — Grupos de trabalho semiautônomos — Equipes autogeridas — Equipes autoconcebidas

Baixa autonomia das equipes → Alta autonomia das equipes

FONTE: R. Banker, J. Field, R. Schroeder e K. Sinha, "Impact of Work Teams on Manufacturing Performance: A Longitudinal Field Study", *Academy of Management Journal*. Copyright © 1996, Academy of Management. Reproduzido com permissão da Academy of Management via Copyright Clearance Center.

podem criar confusão e às vezes são usados como sinônimos por causa do desconhecimento das diferenças existentes. A Figura 11.1 mostra os diferentes tipos de acordo com seu grau de autonomia.[23] À esquerda, as equipes são mais tradicionais, com pouca autoridade de tomada de decisões e sob o controle de supervisão direta. À direita, as equipes têm mais autonomia, poder de tomada de decisão e auto-orientação. Vamos definir as categorias:

- Os **grupos de trabalho tradicionais** não têm responsabilidades administrativas. O gestor de linha de frente o organiza, recruta membros, orienta e controla, enquanto outros grupos oferecem atividades de apoio, inclusive controle de qualidade e manutenção.
- Os **círculos de qualidade** são grupos de voluntários vindos de diferentes equipes de produção que fazem sugestões sobre qualidade, mas não têm autoridade para tomar decisões ou executá-las.
- Os **grupos de trabalho semiautônomos** tomam decisões sobre gestão e realização de importantes atividades de produção, mas ainda dependem de apoio externo para controle de qualidade e manutenção.
- Os **grupos de trabalho autônomos**, ou *equipes autogeridas*, controlam as decisões sobre uma gama ampla de tarefas e as executam — aquisição de matérias-primas e realização de operações, controle de qualidade, manutenção e embarques. São inteiramente responsáveis por todo um produto ou toda uma etapa do processo de produção.
- As **equipes autoconcebidas** fazem tudo isso e dão um passo a mais — também têm controle sobre a própria concepção. Decidem quem contratar, quem demitir e quais tarefas serão realizadas.

À medida que nos deslocamos da esquerda para a direita ao longo do espectro, a participação dos funcionários aumenta. Do lado direito, a participação não é trivial e meramente

empresa e a administração procura maneiras de aprofundar os relacionamentos com os autônomos. A empresa comunica-se com frequência e de maneira abrangente, realizando reuniões gerais duas vezes por ano com funcionários efetivos e autônomos. Para garantir que os autônomos sintam fazer parte da cultura, a administração compartilha com eles informações sobre negócios e resultados, e os inclui na comemoração das realizações da empresa.

Até agora, esses esforços parecem estar dando certo: a receita em 2008 dobrou para cerca de US$ 222 milhões e a empresa espera atingir a marca de US$ 1 bilhão em 2014, principalmente por meio da introdução de novos produtos. ❖

P: Perguntas para discussão

- A prática de usar muitos autônomos pode não dar certo para todos os empregadores. Por que terá funcionado para a Smart Balance?
- Sugira maneiras pelas quais os gestores da Smart Balance possam desenvolver a coesão entre suas equipes "virtuais".

FONTES: Site da empresa, <http://www.smartbalance.com>, acessado em 19 de junho de 2009; Rebecca Reisner, "A Smart Balance of Staff and Contractors," *BusinessWeek*, 16 de junho de 2009, <http://www.businessweek.com>; Joann S. Lublin, "Smart Balance Keeps Tight Focus on Creativity," *The Wall Street Journal*, 8 de junho de 2009, <http://online.wsj.com>; Matthew Boyle, "Food's Next Billion-Dollar Brand?" *Fortune*, 4 de junho de 2008, <http://money.cnn.com>; "CEO Hughes Lists 2007 Accomplishments and Reiterates Plans for Growth," *Bio-Medicine*, 19 de março de 2008, <http://www.bio-medicine.org>; e Neil A. Martin, "Next Stop: Fat City," *Barrons.com*, 17 de setembro de 2007, <http://online.barrons.com>.

> **EQUIPES AUTOGERIDAS**
> Grupos de trabalho autônomos nos quais os funcionários são treinados para fazer todas as tarefas de uma unidade, ou a maioria delas, não têm supervisor imediato e tomam decisões que anteriormente caberiam a supervisores de linha de frente.

consultiva. É substancial e vai além das sugestões, produzindo ação e impacto reais.

A atual tendência é em direção a **equipes autogeridas**, cujos membros são treinados para fazer todas as tarefas da unidade, ou sua maioria, não têm supervisor imediato e tomam decisões que antes caberiam a supervisores de linha de frente.[24] As equipes autogeridas são mais frequentemente encontradas na indústria. As pessoas podem resistir às equipes de trabalho autogeridas, em parte porque não desejam tanta autoridade e a mudança é difícil.[25] Além disso, muitas pessoas não gostam de fazer avaliação de desempenho de companheiros de equipe ou de demiti-los, e conflitos mal geridos podem ser um problema sério nas equipes autogeridas.[26] Mas as empresas que introduziram equipes que atingiram o ponto da real autogestão apresentam resultados como menores custos e maiores níveis de produtividade, qualidade e satisfação do cliente.[27] De modo geral, está demonstrado que as equipes semiautônomas e autônomas são capazes de melhorar o desempenho financeiro e geral das empresas, pelo menos na América do Norte.[28]

Esses resultados inspiraram multinacionais com sede nos Estados Unidos a usar equipes autogeridas em suas filiais no exterior. Por exemplo, a Goodyear Tire & Rubber estabeleceu equipes autogeridas de trabalho na Europa, América Latina e Ásia; a Sara Lee, em Porto Rico e no México; e a Texas Instruments, na Malásia. Essas empresas estão aprendendo – e é bom que outras empresas saibam – a respeito das diferentes maneiras como outras culturas podem reagir às equipes autogeridas, e têm ajustado a implementação de acordo com seus valores culturais.[29]

OA11.3
Explicar sucintamente como os grupos tornam-se equipes.

COMO OS GRUPOS TORNAM-SE EQUIPES DE VERDADE

Como gestores, iremos querer que nossos grupos tornam-se equipes eficazes. Para isso, precisaremos entender como os grupos podem se transformar em equipes verdadeiras e por que eles, às vezes, não conseguem realizar essa transformação. Os grupos tornam-se equipes de verdade por meio de atividades grupais básicas, com a passagem do tempo, e por meio de atividades de desenvolvimento de equipe.

As atividades do grupo mudam com o seu amadurecimento

Imaginemos sermos líderes de um grupo recentemente formado – na verdade, um punhado de pessoas. Com que nos depararemos à medida que procurarmos desenvolver o grupo para que se torne uma equipe de alto desempenho? Para se desenvolver com sucesso, os grupos precisam dedicar-se a diversas atividades abrangidas pelas amplas categorias a seguir:[30]

- *Formação* – Os membros do grupo procuram estabelecer as regras gerais a respeito dos tipos aceitáveis de comportamento.
- *Tormenta* – Surgem hostilidades e conflitos e as pessoas lutam por poder e *status*.
- *Normatização* – Os membros do grupo concordam a respeito de metas comuns e desenvolvem-se normas e relacionamentos mais próximos.
- *Desempenho* – O grupo canaliza suas energias para a realização das tarefas que lhe cabem.

Os grupos que se deterioram passam para um estágio de *decadência*, e aos grupos temporários soma-se um estágio de *encerramento*. Os grupos se encerram quando concluem suas tarefas ou quando se dispersam por fracasso ou perda de interesse; novos grupos se formam e o ciclo continua.

As equipes virtuais também passam por essas etapas de desenvolvimento de grupos.[31] A etapa de formação se caracteriza por um otimismo irrestrito: "Acho que temos uma ótima equipe e que trabalharemos bem em conjunto. Todos sabemos da importância do projeto e pretendemos levá-lo a sério". O otimismo se converte em choque de realidade na etapa de tormenta: "Ninguém assumiu um papel de liderança. Não demos ao projeto a prioridade que merece". O estágio de normatização se dá a meio caminho do ciclo de vida do projeto, quando as pessoas retomam o foco e o comprometimento: "Precisamos estar fortemente comprometidos com um cronograma específico". A etapa de desempenho é a corrida até a meta, quando os membros demonstram a disciplina necessária para atender o prazo.

Com o passar do tempo, os grupos passam por períodos críticos

Um aspecto fundamental do desenvolvimento de grupos é a passagem do tempo. Os grupos passam por períodos críticos ou por momentos em que estão especialmente abertos a experiências formadoras.[32] O primeiro desses períodos críticos é o estágio de formação, na primeira reunião, quando são estabelecidas regras e atribuídos papéis que criam precedentes duradouros. Um segundo período crítico é o ponto intermediário entre a reunião inicial e um prazo (por exemplo, a conclusão de um projeto ou a realização de uma apresentação). A essa altura, o grupo já é experiente o bastante para compreender seu trabalho; percebe que o tempo está se tornando um recurso escasso e que a equipe precisa "se mexer"; ainda resta tempo o bastante para mudar a abordagem, se necessário.

Na reunião inicial, o grupo deve estabelecer as normas e os papéis desejados, assim como outras determinantes de eficácia que iremos discutir ao longo deste capítulo. No segundo período crítico (o ponto intermediário), os grupos devem renovar ou abrir as linhas de comunicação com públicos externos. O grupo pode usar informações novas do ambiente externo para rever sua abordagem da realização da tarefa e garantir o atendimento das necessidades dos clientes. Sem isso, os grupos podem adotar uma orientação errada desde o começo e os membros talvez nunca corrijam seu comportamento.[33]

Alguns grupos evoluem para equipes

Como gestores ou membros de um grupo, devemos esperar que o grupo passe diversas vezes pelas etapas descritas. Mas os grupos nem sempre têm sucesso. Eles nem sempre se engajam nas atividades de desenvolvimento que os convertem em equipes eficazes e de alto desempenho.

Uma sequência de desenvolvimento útil pode ser vista na Figura 11.2, que mostra as diversas atividades à medida que a liderança do grupo passa da supervisão tradicional para a verdadeira liderança de equipe, por meio de uma abordagem mais participativa.[34]

É importante que se entendam duas coisas a respeito deste modelo. Os grupos não progridem necessariamente de um "estágio" para o seguinte; podem permanecer eternamente no nível de supervisão ou de maior participação, sem nunca chegar à verdadeira liderança de equipe. Com isso, os avanços nessas dimensões precisam ser uma meta consciente do líder e dos participantes, e todos devem lutar para que isso se realize. Nosso grupo pode atingir as metas – e tornar-se uma verdadeira equipe – dedicando-se às atividades descritas na figura.

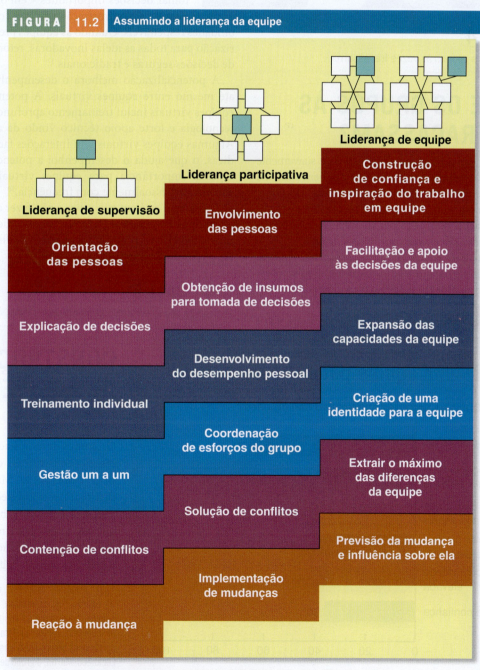

FIGURA 11.2 Assumindo a liderança da equipe

FONTE: Extraído de *Leading Teams* de J. Zenger and Associates. Reproduzido com permissão.

CAPÍTULO 11 | Trabalho em Equipe 259

● ● **OA11.4**
Explicar por que os grupos às vezes fracassam.

POR QUE OS GRUPOS ÀS VEZES FRACASSAM?

A construção de equipes não passa necessária e suavemente por essa sequência, culminando em uma equipe bem alinhada de desempenho superior.[35] Alguns grupos nunca dão certo. Grupos assim podem ser frustrantes para seus gestores e membros, que podem achar que as equipes são uma perda de tempo e que as dificuldades são maiores que os benefícios.

Não é fácil construir equipes de alto desempenho. *Equipe* muitas vezes é um termo que a administração usa para descrever o mero agrupamento de pessoas. Às vezes, criam-se "equipes" com pouco ou nada em termos de treinamento ou sistemas de apoio. Por exemplo, tanto os gestores quanto os membros de um grupo precisam de novas competências para que a equipe funcione. Essas competências incluem aprender a arte da diplomacia, encarar de frente "questões de pessoal" e andar na corda bamba entre o incentivo à autonomia e a recompensa a inovações por parte da equipe, por um lado, e o excesso de independência e o descontrole, por outro.[36] Abrir mão de parte do controle é difícil para gestores vindos de sistemas tradicionais, mas eles precisam entender que terão controle no longo prazo por meio da criação de unidades mais fortes e de melhor desempenho.

As equipes devem ser eficazmente potencializadas, como já vimos. Os benefícios das equipes se reduzem quando elas não têm autorização para tomar decisões importantes – em outras palavras, quando a administração não lhes confia responsabilidades respeitáveis. Quando as equipes precisam de autorização para todas as ideias inovadoras, retornam à tomada de decisões seguras e tradicionais.[37]

A potencialização melhora o desempenho das equipes até mesmo entre equipes virtuais. A potencialização das equipes virtuais inclui treinamento aprofundado no uso de tecnologia e forte apoio técnico vindo da administração. Algumas equipes virtuais têm interações face a face periódicas, o que ajuda o desempenho; a potencialização é de especial importância para equipes virtuais que não se encontram pessoalmente com frequência.[38]

O fracasso está em não saber e não fazer aquilo que leva as equipes ao sucesso. Para ter sucesso, devemos aplicar raciocínio claro e práticas adequadas.[39] É disso que irá tratar o restante do capítulo.

● ● **OA11.5**
Descrever como construir uma equipe eficaz.

CONSTRUÇÃO DE EQUIPES EFICAZES

Os pontos descritos acima são os elementos construtivos de uma equipe de trabalho eficaz. Mas o que significa, realmente, uma equipe eficaz? O que, exatamente, é necessário para que um gestor crie uma equipe realmente eficaz? A eficácia das equipes é definida por três critérios:[40]

1. O *resultado produtivo* da equipe atende os padrões de quantidade e qualidade ou os supera; o resultado da equipe é aceitável para os clientes, dentro ou fora da empresa, que recebem os bens ou serviços que ela produz. Na Lockheed-Martin, o grupo de Clarence L. "Kelly" Johnson projetou, construiu e levou ao ar o pri-

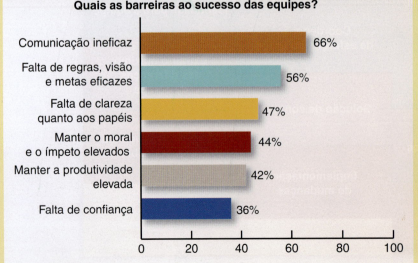

Construir uma equipe pode ser um desafio.[41]

Quais as barreiras ao sucesso das equipes?

- Comunicação ineficaz — 66%
- Falta de regras, visão e metas eficazes — 56%
- Falta de clareza quanto aos papéis — 47%
- Manter o moral e o ímpeto elevados — 44%
- Manter a produtividade elevada — 42%
- Falta de confiança — 36%

260 Administração

meiro caça a jato tático norte-americano, o XP80, em 143 dias.[42] Uma equipe de médicos, enfermeiros e administradores do M. D. Anderson Cancer Center da Universidade do Texas definiu metas de melhoria do atendimento a pacientes, identificou mudanças que atenderiam a essas metas e convenceu os médicos do centro a adotar as mudanças. Com isso, o desempenho do centro superou as metas da equipe de aumento das consultas e redução do tempo decorrido entre a primeira consulta de um paciente e sua cirurgia.[43]

2. Os membros da equipe *satisfazem* suas necessidades pessoais. Johnson deu às equipes da Lockheed liberdade para inovar e explorar suas competências ao máximo. Os membros das equipes se entusiasmaram e obtiveram grande orgulho e satisfação com seu trabalho.

3. Os membros da equipe permanecem *comprometidos* com novas oportunidades de trabalho conjunto; ou seja, o grupo não se esgota e se desintegra depois de um projeto desgastante. Em retrospecto, os membros ficam felizes em ter participado. Ou seja, as equipes eficazes permanecem viáveis e trazem boas perspectivas de sucesso repetido.[44]

Para ajudar a desenvolver essas qualidades, as equipes podem usar atividades de desenvolvimento de equipes ou trabalhar com um *coach* externo. O desenvolvimento de equipes costuma envolver atividades voltadas para os relacionamentos entre os membros. Sejam essas atividades simples, como uma discussão em grupo, ou complexas, como um retiro de fim de semana com atividades físicas. O evento de desenvolvimento de equipe deve ser seguido de uma oportunidade para que os participantes avaliem o que aprenderam e como irão aplicar as lições ao seu trabalho.[45] O *coaching* de uma equipe deve ser diferente do aplicável a membros individuais, porque o foco se dá sobre como o grupo como um todo opera e como pode melhorar as interações para atingir suas metas.[46] O processo não envolve o sigilo do *coaching* individual e o *coach* precisa adotar um ritmo que permita o envolvimento de todos. O *coaching* de equipes trata de questões como aquilo a que a equipe está dedicada, como estabelece suas metas e como pode melhorar a comunicação e a tomada de decisões. Idealmente, o processo ajuda a equipe a desenvolver-se o bastante para começar a fazer o próprio *coaching*.

▶ Com base em anos de estudos sobre o desempenho de equipes, o professor de Harvard Richard Hackman identificou princípios de eficácia das equipes, inclusive uma regra simples: as equipes precisam definir corretamente quem pertence a elas. Muitas, contudo, não o fazem, talvez porque as pessoas não gostem de excluir ninguém. Quando surgiu um problema com uma equipe de uma empresa de serviços financeiros, o presidente-executivo determinou que o diretor financeiro não sabia cooperar de maneira eficaz com os demais membros da equipe executiva. Então, pediu-lhe que parasse de participar das "chatas" reuniões executivas e mantivesse suas comunicações individualmente. Sem o vice-presidente financeiro, a equipe executiva começou a funcionar muito melhor.

Mais uma barreira: as pessoas tendem a dar importância demais à harmonia, pensando que quando os membros da equipe sentem-se bem com sua participação, a equipe é eficaz. Na verdade, a eficácia vem primeiro: os membros da equipe sentem-se satisfeitos quando sua equipe funciona. Em um estudo com orquestras sinfônicas, a satisfação vinha da maneira como os músicos sentiam-se *depois* das apresentações.

Um terceiro erro identificado por Hackman é a premissa de que os membros das equipes podem ficar juntos tempo demais, fazendo com que a equipe fique sem ideias. Mas exceto pelas equipes de pesquisa e desenvolvimento, às quais é preciso acrescentar novos membros periodicamente,

Hackman levantou que o problema contrário é mais frequente: os membros da equipe não estão juntos há tempo o bastante para operarem bem em conjunto. As equipes de cabine de aeronaves, por exemplo, têm desempenho muito melhor quando já voaram juntas antes.[47] ◀

As equipes eficazes focam o desempenho

O elemento central do trabalho em equipe eficaz é um compromisso com um objetivo comum.[48] As melhores equipes são aquelas que receberam da administração um desafio importante e chegaram a um entendimento e a uma apreciação compartilhados de seu propósito. Na falta de entendimento e apreciação, o grupo será apenas um punhado de pessoas.

As melhores equipes também dão duro para desenvolver um entendimento comum de como irão trabalhar em conjunto para atingir seu objetivo.[49] Elas discutem e decidem atividades como a forma de alocação de tarefas e papéis e a maneira de tomada de decisões pela equipe. A equipe deve desenvolver normas para examinar suas estratégias de desempenho e estar aberta a mudar essas normas, se necessário. Por exemplo, as equipes de trabalho costumam padronizar pelo menos alguns processos, mas devem estar dispostas a experimentar novas ideias criativas se a situação as exigir.[50] Com um propósito claro, forte e motivador e estratégias de desempenho eficazes, as pessoas se unem em uma força poderosa que tem a possibilidade de realizar coisas extraordinárias.

O propósito geral da equipe deve se traduzir em metas de desempenho específicas e mensuráveis.[51] Já tratamos de como as metas motivam o desempenho individual. O desempenho pode ser definido por produtos finais coletivos em vez do acúmulo de produtos individuais.[52] As metas de desempenho por equipe ajudam a definir e distinguir o produto da equipe, encorajam a comunicação interna, energizam e motivam os membros, fornecem *feedback* sobre os avanços, sinalizam vitórias (e derrotas) e garantem que a equipe se concentre claramente nos resultados. Equipes dotadas tanto de metas difíceis quanto de incentivos específicos para a respectiva realização atingem os mais altos níveis de desempenho.[53]

Os melhores sistemas de mensuração por equipes informam a alta administração do nível de desempenho da equipe e a ajudam a entender seus processos e a julgar seus avanços. Idealmente, a equipe representa o papel central na criação do próprio sistema de mensuração. Essa responsabilidade é um grande indicador da potencialização efetiva.[54]

Assim como as pessoas, as equipes precisam de *feedback* sobre seu desempenho. O *feedback* vindo dos clientes é de especial importância. Alguns clientes dos produtos da equipe pertencem à própria empresa. As equipes devem ser responsáveis pela sua satisfação e receber ou procurar *feedback* sobre seu desempenho. Ainda melhor, sempre que possível, as equipes devem interagir diretamente com os clientes externos que tomam as decisões finais sobre a compra de bens e serviços. Clientes externos costumam fornecer o *feedback* de desempenho mais franco, decisivo e útil.[55]

● ● CAPÍTULO 11 | Trabalho em Equipe **261**

Para garantir a própria segurança e a dos outros, os bombeiros da Boots & Coots precisam manter a confiança e comunicar-se sob algumas das mais difíceis condições.

Os gestores motivam o trabalho eficaz em equipe

Às vezes, as pessoas não dão tão duro e tornam-se menos produtivas quando são parte de um grupo. Esse comportamento, chamado de **carona social**, ocorre quando as pessoas acreditam que suas contribuições não são importantes, que outras pessoas irão fazer o trabalho por elas, que sua falta de esforço não será percebida, ou que farão papel de bobas se derem duro e os outros não. Às vezes encontramos caronas sociais em nossos grupos de estudos.[56] Por outro lado, as pessoas às vezes trabalham mais quando são parte de um grupo do que quando estão sozinhas. Esse **efeito de facilitação social** ocorre porque as pessoas costumam estar mais motivadas na presença de outros, preocupam-se com o que pensarão delas e desejam manter uma autoimagem positiva.

O efeito de facilitação social se mantém – e o de carona social pode ser evitado – sob as condições adiante:[57]

- Os membros do grupo se conhecem.
- Eles podem observar e comunicarem-se uns com os outros.
- Há metas claras de desempenho.
- A tarefa tem significado para as pessoas dedicadas a ela.
- Os membros do grupo acreditam que seus esforços importam e que os outros não irão se aproveitar deles.
- A cultura apoia o trabalho em equipe.

Sob condições ideais, todos dão duro, fornecem contribuições concretas para o trabalho da equipe e se responsabilizam perante os demais membros. A responsabilização mútua, e não apenas perante o "chefe", é um aspecto essencial do bom trabalho em equipe. A responsabilização inspira comprometimento e confiança mútuos.[58] A confiança em nossos companheiros de equipe – e a deles em nós – pode ser a grande chave para a eficácia.

O esforço em equipe também decorre da criação de tarefas motivadoras. Técnicas para a criação de tarefas motivadoras podem ser encontradas nas diretrizes de enriquecimento de cargos dos quais tratamos no Capítulo 10. As tarefas são motivadoras quando usam uma variedade de competências dos membros e proporcionam elevada variedade, identidade, significância, autonomia e *feedback* sobre o desempenho.

Em última análise, o trabalho em equipe é motivado pela ligação entre as recompensas e o desempenho da equipe.[59] Se o desempenho da equipe puder ser mensurado de maneira válida, as recompensas podem ser corretamente atribuídas. Não é fácil passar de um sistema de recompensas baseado no desempenho individual para outro baseado no desempenho e na cooperação da equipe. E isso pode nem ser apropriado, a menos que as pessoas sejam realmente interdependentes e precisem colaborar para atingir verdadeiras metas coletivas.[60] As recompensas pelo trabalho em equipe são frequentemente combinadas com os salários regulares e com recompensas pelo desempenho individual. Na Nucor, onde os funcionários de produção trabalham em equipes de 12 a 20 pessoas, os membros das equipes ganham bonificações baseadas no número de toneladas de aço embarcadas por semana. Para garantir a alta qualidade, o volume de produtos ruins é abatido dos embarques totais – e se os produtos defeituosos chegarem até o cliente, o valor subtraído é triplicado. O valor das bonificações por equipe corresponde a 170% e 180% do salário-base de cada membro. Esse tipo de motivação funciona porque as equipes da Nucor têm poderes para tomar decisões com o objetivo de melhorar sua produtividade, e a empresa compartilha dados de desempenho com seus funcionários.[61]

Quando é difícil medir de maneira válida o desempenho da equipe, é possível recompensar os comportamentos desejáveis, as atividades e os processos indicativos de um bom trabalho em equipe. Os componentes individuais das equipes podem receber recompensas diferenciadas com base no trabalho em equipe indicado por participação ativa, cooperação, liderança e outras contribuições.

Se as recompensas forem diferentes entre os membros da equipe, é melhor *não* deixar essas decisões apenas a cargo do chefe.[62] Elas devem ser tomadas pela própria equipe, por meio de avaliações entre pares ou sistemas com múltiplos avaliadores. Por quê? Os membros da equipe estão mais bem posicionados para observar, conhecer e fazer alocações válidas de recompensas. Finalmente, quanto mais equipes houver na empresa e quanto mais voltada ela for para equipes, mais válida e eficaz será a distribuição de recompensas por meio de participação nos ganhos e outros incentivos aplicáveis à empresa como um todo.

Equipes eficazes têm membros competentes

Os membros das equipes devem ser escolhidos e treinados para que possam contribuir efetivamente. As próprias equipes muitas vezes contratam seus novos membros.[63] As equipes da MillerCoors Brewing Company e da Eastman Chemical escolhem membros com base nos resultados de provas criadas para prever a contribuição para o sucesso da equipe em um ambiente de potencialização. Na Texas Instruments, o departamento de Recursos Humanos faz uma pré-seleção e os membros da equipe entrevistam as pessoas para tomar decisões de contratação.

De modo geral, as competências necessárias para as equipes incluem perícia técnica ou funcional, competências em solução de problemas e tomada de decisões e competências interpessoais. Alguns gestores e algumas equipes erram ao enfatizar excessivamente algumas competências, especialmente as técnicas ou funcionais, e subestimar outras. Na verdade, as competências sociais podem ser críticas para as equipes; um trabalhador de atitude persistentemente negativa – por exemplo, alguém que perturbe os outros ou reclame o tempo todo – pode levar, e frequentemente leva, toda uma equipe a entrar em parafuso.[64] É de extrema importância que estejam representados e sejam desenvolvidos os três tipos de competência entre os membros da equipe.

As normas moldam o comportamento da equipe

Normas são crenças compartilhadas a respeito de como as pessoas devem pensar e comportar-se. Por exemplo, algumas gostam de guardar informações e conhecimentos para si, mas as equipes precisam tentar estabelecer uma norma de compartilhamento do conhecimento, porque isso pode melhorar o desempenho da equipe como um todo.[65] Do ponto de vista da empresa, as normas podem ser positivas ou negativas. Em algumas equipes, todos dão duro; em outros grupos, os funcionários se opõem à administração e fazem o mínimo possível. Alguns grupos desenvolvem normas de elevação de riscos; outros, de conservadorismo.[66]

Uma norma pode ditar que os funcionários falem favorável ou criticamente da empresa. Os membros da equipe podem demonstrar preocupação com más práticas de segurança, uso de drogas e álcool e furto por funcionários, ou podem não se importar com essas coisas (ou até tolerar tais práticas). A preocupação com a saúde é norma entre os executivos de algumas empresas, mas fumar é norma entre os fabricantes de cigarro. Alguns grupos têm normas de desconfiança e introspecção, mas, como seria de se imaginar, normas de confiança e franqueza sobre conflitos podem melhorar o desempenho do grupo.[67]

Um professor descreveu sua experiência como consultor em duas empresas que apresentavam diferentes normas em suas equipes de administração.[68] Na Federal Express Corporation, um jovem gestor interrompeu a palestra do professor, proclamando que uma recente decisão da alta administração ia contra o argumento do palestrante a respeito de planejamento corporativo. Ele estava conclamando a alta administração a defender sua decisão. Seguiu-se um debate acalorado e, depois de uma hora, todos foram almoçar sem sinal de mágoa. Em outra empresa, o professor abriu uma reunião pedindo que um grupo de altos administradores descrevesse a cultura da empresa. Silêncio. Um novo pedido. Mais silêncio. Então alguém lhe passou um bilhete

- **CARONA SOCIAL** Trabalhar e produzir menos em grupo.
- **EFEITO DE FACILITAÇÃO SOCIAL** Trabalhar melhor em grupo do que só.
- **NORMAS** Crenças compartilhadas a respeito de como as pessoas devem pensar e comportar-se.

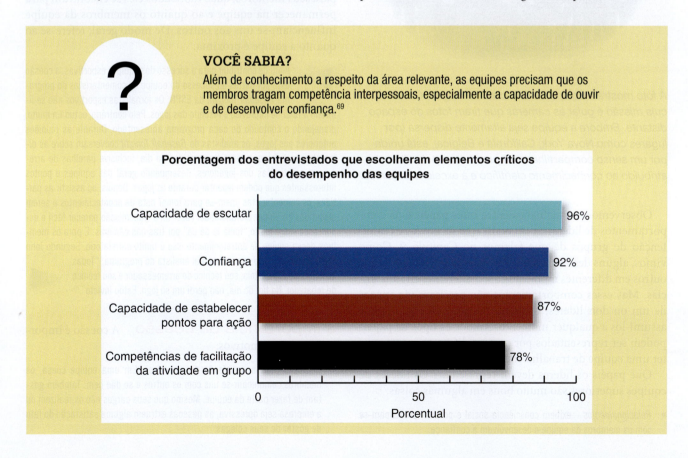

VOCÊ SABIA?
Além de conhecimento a respeito da área relevante, as equipes precisam que os membros tragam competência interpessoais, especialmente a capacidade de ouvir e de desenvolver confiança.[69]

Porcentagem dos entrevistados que escolheram elementos críticos do desempenho das equipes

- Capacidade de escutar: 96%
- Confiança: 92%
- Capacidade de estabelecer pontos para ação: 87%
- Competências de facilitação da atividade em grupo: 78%

CAPÍTULO 11 | Trabalho em Equipe 263

anônimo que dizia, "Trouxa, não entendeu que não podemos dizer o que queremos? Peça opiniões anônimas por escrito". Como se vê, as normas são importantes e variam muito de grupo para grupo.

Os membros das equipes devem representar papéis importantes

Papéis são diversos conjuntos de expectativas a respeito de como diferentes pessoas devem se comportar. Embora as normas apliquem-se genericamente a todos os membros das equipes, há diferentes papéis para diferentes membros dentro da estrutura normativa.

Dois tipos importantes de papéis devem ser representados:[70]

1. Os papéis de **especialistas em tarefas** são preenchidos por pessoas dotadas de competências e habilidades especificamente relacionadas ao trabalho. Esses funcionários mantêm o avanço da equipe em direção à realização de seus objetivos.
2. Os **especialistas em manutenção da equipe** desenvolvem e mantêm a harmonia na equipe. Elevam o moral, oferecem apoio, melhoram o ambiente, amenizam mágoas e demonstram uma preocupação geral com o bem-estar dos membros.

A foto mostra a Equipe de Ciências da Imagem Cassini, cuja missão é guiar as câmeras que tiram fotos do espaço distante. Embora a equipe seja altamente dispersa (por lugares como Nova York, Califórnia e Bélgica), está unida por um senso compartilhado de propósito e pelo alto valor atribuído ao conhecimento científico e à excelência técnica.

Observemos a semelhança entre esses papéis e os comportamentos de liderança em realização de tarefas e manutenção de grupos de que falamos no Capítulo 9. Como vimos, alguns desses papéis serão mais importantes do que outros em diferentes momentos e sob diferentes circunstâncias. Mas esses comportamentos não precisam vir apenas de um ou dois líderes; qualquer membro da equipe pode assumi-los a qualquer momento. Ambos os tipos de papéis podem ser representados por pessoas diferentes para manter uma equipe de trabalho em funcionamento eficaz.

Que papéis os líderes devem representar? Os líderes de equipes superiores são muito bons em algumas coisas:[71]

- *Relacionamentos* – exibem consciência social e política, preocupam-se com os membros da equipe e desenvolvem a confiança.
- *Exploração* – buscam informações com gestores, pares e especialistas e investigam sistematicamente os problemas.
- *Persuasão* – influenciam os membros da equipe e obtêm apoio externo para eles.
- *Potencialização* – delegam autoridade, são flexíveis quanto às decisões da equipe e proporcionam *coaching*.

Os líderes também devem arregaçar as mangas e trabalhar para realizar as metas da equipe, em vez de apenas supervisionar as atividades.[72] Finalmente, como mostra o Capítulo 12, é importante que haja a liderança compartilhada, com rodízio ou compartilhamento de papéis de liderança entre os membros.[73]

As equipes autogeridas respondem a um representante da administração que às vezes é chamado de *coach*. Nas verdadeiras equipes autogeridas, o *coach* não é membro da equipe.[74] Isso porque o grupo deve tomar as próprias decisões e porque a percepção de poder do representante da administração poderia sufocar a abertura e a autonomia da equipe. O papel do *coach*, portanto, é o de ajudar a equipe a entender seu papel na empresa e agir como um ativo. O *coach* pode fornecer informações, recursos e *insights* que os membros da equipe não tenham ou não possam adquirir por si. E o *coach* deve ser um defensor da equipe perante o restante da empresa.

A coesão afeta o desempenho da equipe

Uma das propriedades mais importantes das equipes é a coesão.[75] A **coesão** se refere ao quanto a equipe é atraente para seus membros, quão motivados eles se encontram para permanecer na equipe e ao quanto os membros da equipe influenciam-se uns aos outros. De modo geral, refere-se ao quanto a equipe é próxima.

▶ Além de contribuir para o sucesso das equipes esportivas, a coesão está por detrás do sucesso da equipe de comentaristas do programa *Baseball Tonight*, da ESPN. Os jornalistas esportivos não se limitam a falar de improviso a respeito dos jogos. Pelo contrário, estudam muito, planejando o conteúdo de cada programa apresentado. Durante as reuniões anteriores aos jogos, os analistas do *Baseball Tonight* conversam sobre as diferentes partidas que serão transmitidas no dia, inclusive parelhas de arremesso, estatísticas dos jogadores, desempenho geral das equipes e pontos interessantes que podem levantar durante os jogos. Depois, ao assistir às partidas, os comentaristas unem-se para tomar nota de acontecimentos a serem discutidos em maior profundidade. Fazer uma transmissão parecer fácil e espontânea exige muito "toma lá dá cá" por trás das câmeras. E para os membros dessa equipe de entretenimento isso é muito satisfatório. Segundo John Kruk, um ex-astro do esporte e atual analista do programa, "Todas as noites eu sou cartola, sou técnico de arremessador e sou técnico de rebatedor. No fim do dia, não perdi um só jogo. Estou invicto".[76] ◀

a importância da coesão   A coesão é importante por dois motivos:

1. Contribui para a *satisfação dos membros*. Em uma equipe coesa, os membros comunicam-se uns com os outros e se dão bem. Também gostam de fazer parte da equipe. Mesmo que seus cargos não os realizem ou a empresa seja opressiva, as pessoas extraem alguma satisfação do fato de gostar de seus colegas.

- **PAPÉIS** Diversos conjuntos de expectativas a respeito de como diferentes pessoas devem se comportar.

- **ESPECIALISTA EM TAREFAS** Alguém que tenha competências e habilidades relacionadas à tarefas mais avançadas do que as de outros membros do grupo.

- **ESPECIALISTA EM MANUTENÇÃO DA EQUIPE** Alguém que desenvolve e mantém a harmonia da equipe.

- **COESÃO** A medida de o quanto o grupo é atraente para seus membros, de o quanto os membros estão motivados para permanecer no grupo e da influência dos membros uns sobre os outros.

2. Tem forte impacto sobre o *desempenho*.[77] Um estudo recente com equipes industriais chegou à conclusão de que o ganhos de desempenho tanto em qualidade quanto em produtividade surgiram na unidade mais coesa, enquanto conflitos em outra equipe impediram quaisquer melhorias.[78] Os fãs de esportes leem a respeito disso o tempo todo. Quando as equipes estão vencendo, os jogadores falam de como são próximos uns dos outros, de como se dão bem e conhecem o jogo uns dos outros. Por outro lado, derrotas são atribuídas a lutas internas e divisões.

Mas essa interpretação é simplista; há exceções. Grupos de trabalho muito coesos podem perturbar a empresa, como se dá quando sabotam a linha de produção, fazem com que seu chefe seja demitido ou impõem normas de baixo desempenho. Quando a alta coesão leva a um bom desempenho e quando cria desempenho fraco? O resultado final depende de duas coisas:

1. Da tarefa
2. Das normas de desempenho

a tarefa   Quando a tarefa se refere a tomar uma decisão ou resolver um problema, a coesão pode levar a mau desempenho. O pensamento grupal surge quando um grupo coeso é tão cooperativo que concordar com as opiniões dos outros e evitar críticas passam a ser normas. Para que um grupo coeso tome boas decisões, é preciso que se estabeleça uma norma de discordância construtiva. Os debates resultantes são importantes para grupos até o nível do conselho de administração.[79] Está demonstrado que, em equipes de alta administração, isso melhora o desempenho financeiro das empresas.[80]

O efeito da coesão sobre o desempenho também pode ser positivo, especialmente quando a tarefa envolve a produção de algum resultado tangível. Em grupos de trabalho rotineiro, para os quais a tomada de decisões não é a tarefa principal, a coesão pode melhorar o desempenho. Mas isso depende das normas de desempenho do grupo.[81]

as normas de desempenho   Alguns grupos são melhores do que outros em levar seus membros a se comportar da maneira que o grupo prefere. Grupos coesos são mais eficazes do que os outros na aplicação de normas. Mas a pergunta é: suas normas são de alto ou baixo desempenho?

Como mostra a Figura 11.3, o melhor desempenho ocorre quando uma equipe coesa apresenta normas de alto desempenho. Se, contudo, um grupo coeso tiver normas de baixo desempenho, o grupo terá a pior *performance*. Aos olhos do grupo, a meta de baixo desempenho terá sido atingida. Grupos coesos e com normas de alto desempenho podem ser eficazes do ponto de vista da empresa, mas não serão tão produtivos quanto seriam se a coesão fosse maior. Grupos pouco coesos com normas de baixo desempenho têm desempenho fraco, mas não estragam tanto as coisas para a administração quanto grupos coesos com as mesmas normas.

Os gestores podem desenvolver a coesão e normas de alto desempenho

Como sugere a Figura 11.3, os gestores devem construir equipes coesas e com normas de alto desempenho. As medidas a seguir podem ajudar a criar equipes assim:[82]

- *Recrutar membros com atitudes, valores e históricos parecidos*. Pessoas parecidas têm maiores chances de se dar bem umas com as outras. Mas não devemos fazer isso se a tarefa da equipe exigir competências e insumos heterogêneos — um comitê ou um conselho de administração homogêneos podem tomar decisões ruins por carecerem de uma variedade de informações, pontos de vista, e porque podem sucumbir ao pensamento grupal. Pesquisas recentes demonstram que a diversidade educacional e de nacionalidade podem criar mais benefícios do que limitações ao uso e à aplicação da informação pelos grupos.[83]

- *Manter elevados padrões de entrada e socialização*. Equipes e empresas nas quais seja difícil entrar desfrutam de mais prestígio. As pessoas que

FIGURA 11.3   Coesão, normas de desempenho e desempenho do grupo

	Normas de desempenho	
	Baixas	**Altas**
Coesão — Alta	Alta realização de metas (do ponto de vista do grupo) e mínima realização de tarefas (do ponto de vista da administração)	Alta realização de metas e tarefas
Coesão — Baixa	Baixa realização de metas e tarefas	Realização moderada de metas e tarefas

CAPÍTULO 11 | Trabalho em Equipe

passam por um processo difícil de entrevistas, seleção ou treinamento irão se orgulhar disso e sentir uma ligação mais forte com a equipe.

- *Manter a equipe pequena* (mas grande o bastante para realizar a tarefa). Quanto maior o grupo, menos importantes seus membros irão se sentir. Equipes pequenas fazem com que as pessoas sintam-se contribuintes importantes.
- *Ajudar a equipe a vencer e divulgar suas vitórias.* Falamos de potencialização no capítulo anterior; é possível potencializar tanto indivíduos quanto equipes.[84] Devemos ser líderes de caminho-objetivo que facilitam o sucesso; a experiência da vitória torna as equipes mais unidas. Se informarmos os superiores do sucesso da equipe, os membros acreditarão ser parte de uma unidade importante e prestigiada. Equipes que entram em uma rota de bom desempenho continuam a se dar bem com o passar do tempo, mas as que não encontram essa rota muitas vezes entram em parafuso, com acúmulo de problemas ao longo do tempo.[85]
- *Ser líderes participativos.* A participação na tomada de decisões aumenta o envolvimento dos membros da equipe uns com os outros e os faz lutar para atingir metas. Decisões excessivamente autocráticas vindas de cima podem afastar o grupo da administração.
- *Apresentar um desafio externo à equipe.* A competição com outros grupos faz com que os membros da equipe se unam para derrotar o inimigo (é só ver o que acontece com o espírito escolar antes de um jogo importante contra algum arquirrival). Algumas das melhores equipes nas áreas de negócios e ciências dedicaram-se completamente a vencer uma competição.[86] Mas não podemos permitir que a ameaça externa seja vista em nós. Se os membros da equipe não gostarem de nós como chefes, sua coesão irá aumentar — mas as normas de desempenho serão contra nós.

Equipes autogeridas podem ter um impacto positivo sobre a produtividade. Mas as pessoas muitas vezes resistem a elas, em parte porque não desejam aceitar tanta responsabilidade e porque é difícil para elas adaptar-se às mudanças do processo de tomada de decisão.

- *Atrele recompensas ao desempenho da equipe.* Em grande medida, as equipes são motivadas do mesmo modo que as pessoas: realizam as atividades que são recompensadas. Certifique-se de que as equipes de alto desempenho recebam as recompensas merecidas e de que os grupos de desempenho mais fraco recebam menos recompensas. Já tratamos disso antes. É preciso ter em mente que, além das recompensas monetárias, o reconhecimento por um bom trabalho também pode ser uma forte motivação. Devemos reconhecer e celebrar as realizações da equipe. Ela se tornará mais coesa e terá melhor desempenho para conquistar mais recompensas. As metas de desempenho serão altas, a empresa irá se beneficiar das maiores motivação e produtividade da equipe, e as necessidades individuais dos membros serão satisfeitas. Idealmente, a participação em uma equipe de alto desempenho reconhecida como tal em toda a empresa irá se tornar uma medalha de honra.[87]

Devemos nos lembrar de que uma forte coesão que incentive a concordância pode ser prejudicial. Para solucionar problemas e tomar decisões, a equipe deve estabelecer normas que promovam um clima aberto e construtivo que inclua discordância sincera sobre os temas sem que isso leve a conflitos pessoais e animosidade.[88]

● ● ● OA11.6
Listar métodos de gestão do relacionamento de uma equipe com outras equipes.

GESTÃO DE RELACIONAMENTOS LATERAIS

As equipes não operam no vácuo; são interdependentes em relação a outras equipes. Na Texas Instruments, por exemplo, as equipes são responsáveis pela interface com outras equipes para eliminar gargalos de produção e implementar novos processos, além de trabalhar com fornecedores em questões de qualidade.[89] Assim, algumas das atividades fundamentais para a equipe são aquelas que envolvam lidar com pessoas *de fora* do grupo.

Alguns membros da equipe devem gerir externamente

Há diversos papéis vitais que ligam as equipes aos seus ambientes externos, ou seja, a outras pessoas e outros grupos dentro e fora da empresa. Um tipo específico de papel que vai além das fronteiras da equipe é o **porteiro**, um membro que se mantém a par de informações atualizadas na área científica e em outros campos e informa a equipe de acontecimentos importantes. As informações de utilidade para o grupo também podem tratar de recursos, tendências e apoio político na empresa ou no setor.[90]

A estratégia da equipe determina o *mix* de papéis voltados para dentro e para fora e as mudanças deste ao longo do tempo. Existem diversas estratégias genéricas de equipe:[91]

- A estratégia de **informação** envolve tomar decisões com a equipe e comunicar suas intenções ao ambiente externo.
- **Desfilar** significa que a estratégia da equipe é a de ao mesmo tempo enfatizar a construção interna da equipe e obter visibilidade externa.
- A **sondagem** envolve um foco nas relações externas. A estratégia exige que os membros da equipe interajam frequentemente com gente de fora, diagnostiquem as necessidades de clientes e superiores e experimentem soluções antes de agir.

O equilíbrio entre os focos estratégicos e os papéis internos e externos depende do quanto a equipe precisa de informação, apoio e recursos vindos de fora. Quando as equipes são altamente dependentes do ambiente externo, a sonda-

- **PORTEIRO** Um membro da equipe que se mantém a par dos acontecimentos e fornece a ela informações relevantes.
- **INFORMAÇÃO** Uma estratégia de equipe que envolve tomar decisões internamente e depois informar o ambiente externo de suas intenções.
- **DESFILE** Uma estratégia que envolve ao mesmo tempo enfatizar a construção interna da equipe e obter visibilidade externa.
- **SONDAGEM** Uma estratégia que exige que os membros interajam frequentemente com o ambiente externo, diagnostiquem suas necessidades e experimentem soluções.

gem é a melhor estratégia. As equipes de desfile têm melhor desempenho em um nível intermediário e as de informação provavelmente fracassarão. Estão isoladas demais dos grupos externos de que dependem.

As estratégias de informação e desfile podem ser mais eficazes para equipes menos dependentes de grupos externos, como aquelas já estabelecidas dedicadas a tarefas rotineiras em ambientes externos estáveis. Para as equipes de trabalho mais importantes – forças-tarefa, de novos produtos e de tomada de decisão estratégica, envolvidas com problemas desestruturados em um ambiente em rápida mutação – o desempenho eficaz em papéis que envolvem contato com o mundo exterior é vital.

Alguns relacionamentos ajudam as equipes a se coordenarem com outros grupos da empresa

Gerir relacionamentos com outros grupos e equipes significa envolver-se em um "toma lá dá cá" dinâmico que garanta a devida coordenação em todo o sistema de gestão. Para muitos gestores, esse processo na maioria das vezes parece uma bagunça. Para ajudar a entender o processo e torná-lo mais produtivo, podemos identificar e examinar os diferentes tipos de papéis de relacionamento lateral e adotar uma abordagem estratégica à construção de relacionamentos produtivos.

Diferentes equipes, assim como diferentes pessoas, têm determinados papéis a cumprir. À medida que as equipes representam seus papéis, surgem padrões distintos de relacionamentos:[92]

- Os *relacionamentos de fluxo de trabalho* surgem à medida que materiais passam de um grupo para outro. Um grupo normalmente recebe trabalho de uma unidade, processa-o e o encaminha à próxima unidade. Assim, no processo, nosso grupo virá antes de alguns e depois de outros.
- Os *relacionamentos de atendimento* existem quando a alta administração centraliza uma atividade na qual um grande número de outras unidades precisam obter acesso. Alguns exemplos comuns são serviços de tecnologia, bibliotecas e serviços escriturários. Essas unidades precisam ajudar as outras pessoas a atingir suas metas.
- Os *relacionamentos de assessoria* são criados quando equipes em dificuldades recorrem a fontes centralizadas de conhecimento especializado. Por exemplo, membros dos recursos humanos ou do jurídico assessoram as equipes de trabalho.

DICA
Lembre-se de que as equipes não produzem resultados no vácuo; elas têm melhor desempenho quando colaboram com outras equipes.

- Os *relacionamentos de auditoria* desenvolvem-se quando pessoas que não estão na cadeia de comando direto avaliam os métodos e o desempenho de outras equipes. Auditores financeiros inspecionam as contas e auditores técnicos avaliam os métodos e a qualidade técnica do trabalho.
- Os *relacionamentos de estabilização* envolvem auditoria prospectiva. Ou seja, as equipes às vezes precisam obter o consentimento de outras antes de agir – no caso de grandes compras, por exemplo.
- Os *relacionamentos de ligação* envolvem mediadores entre equipes. Os gestores são frequentemente chamados a intervir em conflitos entre duas unidades organizacionais. O pessoal de relações públicas, gerentes de vendas, compradores e outros que permeiam as fronteiras organizacionais representam papéis de ligação ao realizar comunicações entre a empresa e o mundo externo.

As equipes devem avaliar cada relacionamento de trabalho com outras equipes por meio de perguntas simples: "De quem recebemos trabalho e para quem o enviamos? Quais permissões controlamos e a quem devemos pedir autorização?". Com isso, as equipes podem entender melhor quem contatar e quando, onde, como e por quê. A coordenação por todo o sistema de trabalho melhora, e evitam-se ou eliminam-se problemas antes que se tornem sérios, melhorando o desempenho.[93]

 OA11.7

Identificar maneiras de gerenciar conflitos.

Surgem conflitos tanto dentro das equipes quanto entre elas

O complexo labirinto de interdependências existente nas empresas cria muitas oportunidades para o surgimento de conflitos entre grupos e equipes. Alguns conflitos podem ser construtivos para a empresa. Normalmente, o conflito é capaz de alimentar a criatividade quando se refere a ideias, não a personalidades. Por outro lado, em uma empresa sem fins lucrativos, os membros da equipe estavam comprometidos com a manutenção da harmonia durante reuniões, mas as diferenças que ignoraram converteram-se em comentários maldosos fora do escritório.[94]

Muitos fatores podem criar o potencial para conflitos destrutivos: o número e a variedade dos contatos, ambiguidades de amplitude de controle e responsabilidade, diferenças quanto a metas, competição entre grupos por recursos escassos, diferentes pontos de vista de membros de diferentes unidades, diferenças quanto aos horizontes de tempo, quando algumas unidades dedicam-se a questões de longo prazo e outras se concentram nas necessidades de curto prazo etc. Tensões e ansiedade tendem a surgir em equipes demograficamente diversas, que incluam membros de diferentes partes da empresa, ou cujos membros tenham personalidades contrastantes. A heterogeneidade demográfica e transfuncional leva, inicialmente, a problemas como estresse, menor cooperação e menor coesão.[95]

> Como presidente-executiva da Global Adjustments, uma empresa especializada em transferências e questões interculturais, Ranjini Manian tem contato direto com alguns dos desafios que surgem nas equipes multiculturais. Um dos desafios que ela frequentemente encontra envolve a maneira como pessoas de diferentes culturas lidam com a incerteza. Ela constata que europeus e norte-americanos tentam minimizar a incerteza por meio de regras, planos e cronogramas, enquanto seus colegas indianos tendem a adaptar-se às surpresas à medida que surjam. A abordagem aparentemente mais relaxada do segundo grupo pode ser frustrante para os colegas ocidentais, que podem interpretar esse comportamento como uma falta de comprometimento com as metas. E quando uma crença tipicamente indiana na inevitabilidade da incerteza leva a planos vagos ou incompletos, as pessoas de negócios do Ocidente tendem a considerar esses planos pouco profissionais.
> Para Manian, a solução para essas diferenças está em aprender e respeitar as práticas culturais dos membros da equipe e adaptar-se a elas. No caso do tratamento dado à incerteza, Manian entende o valor de um planejamento cuidadoso, mas também vê as virtudes do equilíbrio desta competência com a flexibilidade e a calma frente a problemas ou oportunidades inesperados. Quando os membros da equipe são capazes de fazer as duas coisas, a equipe será ao mesmo tempo prospectiva e ágil.[96]

Com o passar do tempo e com a comunicação, grupos diversos, na verdade, tendem a tornar-se mais cooperativos e a apresentar melhor desempenho do que os grupos homogêneos. O desempenho pode melhorar por causa de normas de cooperação e do fato de que as equipes transfuncionais têm maior comunicação externa com mais áreas da empresa.[97]

Como reagir ao conflito?

É inevitável que as equipes se deparem com conflitos e precisem decidir como gerenciá-los. O objetivo deve ser tornar o conflito algo produtivo, isto é, fazer com que os envolvidos acreditem ter se beneficiado dele, não perdido algo.[98] As pessoas acreditam que se beneficiam de um conflito quando percebem os seguintes resultados:

- Implementa-se uma nova solução, o problema é solucionado e há poucas chances de que ele surja novamente.
- As relações de trabalho resultam mais fortes e as pessoas acreditam poder trabalhar juntas de maneira produtiva no futuro.

As pessoas lidam com conflitos de diferentes maneiras. Cada um de nós tem seu próprio estilo e os estilos das outras pessoas podem ser parecidos ou diferentes. Os estilos dependem, em parte, das normas culturais do país de cada um. Por exemplo, os chineses se preocupam mais com os interesses coletivos do que com os individuais, e é mais provável entre eles do que entre os norte-americanos recorrer a superiores para tomar decisões, em vez de lidar diretamente com os conflitos.[99] Independentemente da cultura, qualquer equipe ou pessoa tem diversas opções a respeito de como lidar com conflitos.[100] Esses estilos pessoais de abordagem do conflito, mostrados na Figura 11.4, se diferenciam com base no quanto as pessoas lutam para satisfazer suas próprias preocupações (dimensão de assertividade) e para satisfazer as preocupações da outra parte (dimensão de cooperação).

Por exemplo, uma reação comum ao conflito é a **elisão**. Nessa situação, as pessoas não fazem nada para satisfazer a si ou aos outros. Elas ignoram o problema, sem tomar qualquer atitude, ou lidam com ele amenizando a desavença. Evidentemente, isso não resolve o problema nem esclarece as coisas. Quando Paul Forti era um gestor intermediário de uma empresa de consultoria empresarial, foi deixado de lado para uma promoção e a empresa trouxe alguém de fora que, no começo, estava atarefada demais para discutir a decepção de Paul e seu papel futuro na empresa. Paul lidou com a situação através de elisão e, com isso, a relação profissional entre ele e sua chefe ficou abalada por semanas.[101]

Acomodação significa cooperar em prol da outra parte sem ser assertivo quanto aos interesses próprios. **Meio-termo** envolve dar atenção moderada às preocupações dos dois lados, sem ser altamente cooperativo nem altamente assertivo. Esse estilo resulta em soluções satisfatórias, mas não otimizadoras. A **competição** é uma resposta vigorosa que se dá quando as pessoas se dedicam exclusivamente aos próprios interesses e não reconhecem as preocupações da outra parte. Finalmente, a **colaboração** enfatiza tanto a

FIGURA 11.4 Estratégias de gestão de conflitos

FONTE: K. Thomas, "Conflict and Conflict Management." In *Handbook of Industrial and Organizational Psychology*, ed. M. D. Dunnette. Copyright © 1976. Reproduzido com permissão dos editores.

cooperação quanto a assertividade. O objetivo é maximizar a satisfação das duas partes. A colaboração mudou o relacionamento de Paul Forti com seu chefe na consultoria. A nova abordagem começou literalmente por acidente, quando a gestora mais graduada escorregou no gelo, Forti a ajudou e ela disse que gostaria de conhecê-lo melhor. Durante um almoço, ela exprimiu seu respeito por Forti e os dois desenvolveram um relacionamento de trabalho melhor, no qual ela lhe dava missões interessantes e certificava-se de que os clientes soubessem de sua perícia. Assim, embora ele não tivesse conquistado a promoção, obteve muitas oportunidades de desenvolvimento para sua carreira.[102]

Imaginemos que queiramos ir ao cinema com um amigo e tenhamos filmes diferentes em mente. Se ele insistir em ver o filme que quer, estará demonstrando o estilo de competição. Se concordarmos, mesmo preferindo outro filme, estaremos em acomodação. Se um dos dois mencionar um terceiro filme que nenhum dos dois tem muito interesse em ver, mas que é aceitável para ambos, estaremos no meio-termo. Se percebermos que não sabemos sobre todas as opções, fizermos uma pesquisa e encontrarmos um outro filme que agrade a todos, haverá colaboração.

Diferentes abordagens são necessárias em diferentes situações.[103] Por exemplo, a competição pode ser necessária para cortar custos ou lidar com outros recursos escassos. O meio-termo pode ser útil com prazos curtos, quando é necessário chegar a uma solução temporária, ou a colaboração fracassa. As pessoas devem recorrer à acomodação se perceberem que estão erradas ou para minimizar as perdas quando se veem superadas. Até a elisão pode ser adequada se a questão for trivial, ou se a resolução do conflito for responsabilidade de outra pessoa.

Quando, contudo, o conflito envolve questões importantes, os dois conjuntos de preocupações são válidos e importantes; há necessidade de uma solução criativa e quando o comprometimento com a solução é vital para a implementação, a colaboração é a abordagem ideal. Podemos obter colaboração ventilando sentimentos e opiniões, abordando todas as preocupações e evitando o deslocamento de metas ao não permitir que ataques pessoais interfiram com a solução de problemas. Uma técnica importante é a invocação de **metas superordenadas** – metas organizacionais de mais alto nível pelas quais todos devam lutar e que, em última análise, sobreponham-se às preferências pessoais ou da unidade.[104] A colaboração oferece as melhores chances de chegar a soluções mutuamente satisfatórias baseadas nas ideias e nos interesses de todos, assim como de manter e reforçar os relacionamentos profissionais.

- **ELISÃO** Uma reação ao conflito que envolve ignorar o problema e nada fazer a respeito dele, ou procurar atenuar a desavença.

- **ACOMODAÇÃO** Um estilo de lidar com conflitos que envolve a cooperação em prol da outra parte sem assertividade quanto aos próprios interesses.

- **MEIO-TERMO** Significa lidar com conflitos que envolve dar atenção moderada às preocupações de ambas as partes.

- **COMPETIÇÃO** Uma resposta rigorosa que se dá quando há dedicação exclusiva às próprias metas e pouca ou nenhuma preocupação com as da outra pessoa.

- **COLABORAÇÃO** Enfatiza tanto a cooperação quanto a assertividade para maximizar a satisfação das duas partes.

- **METAS SUPERORDENADAS** Metas de mais alto nível que têm prioridade em relação a metas individuais ou grupais específicas.

ANTIGAMENTE...

No passado, os trabalhadores podiam não ser chamados a colaborar com o trabalho em equipe – a não ser, talvez, em confraternizações da empresa.

AGORA...

As equipes são a espinha dorsal do ambiente de trabalho. A Whole Foods Market opera por meio de trabalho em equipe descentralizado. Os departamentos da loja, como legumes, alimentos preparados e padaria, têm líderes de equipe e estabelecem as próprias metas de desempenho.

CAPÍTULO 11 | Trabalho em Equipe 269

• **MEDIADOR** Um terceiro que intervém para ajudar outras pessoas a gerir seu conflito.

A mediação pode ajudar a resolver conflitos

Os gestores passam muito tempo tentando solucionar conflitos entre *outras* pessoas. Talvez já tenhamos agido como **mediadores**, "terceiros" que intervêm para ajudar a resolver um conflito entre outras pessoas. A intervenção de terceiros, quando bem realizada, pode melhorar as relações de trabalho e ajudar as partes a aprimorar as próprias competências em gestão de conflitos, comunicação e solução de problemas.[105]

Podemos extrair *insights* de um estudo com gestores de recursos humanos (RH) e dos conflitos com que lidam.[106] Os gestores de RH se defrontam com todos os tipos imagináveis de conflitos: dificuldades interpessoais decorrentes de pequenas irritações a lutas corporais, passando por ciúmes; questões operacionais, como problemas sindicais, distribuição de tarefas e licença médica; ações disciplinares para infrações que vão do uso de entorpecentes e do furto a dormir no trabalho; assédio sexual e preconceito racial; questões de remuneração e promoção; e batalhas ou conflitos estratégicos entre divisões ou pessoas nos mais altos níveis das empresas.

VOCÊ SABIA?
Em um recente estudo com mil funcionários, 55% disseram que enfrentam níveis elevados de estresse no trabalho. A maior dor de cabeça: questões pessoais, como colegas que incomodam, são excessivamente competitivos e aumentam as pressões do trabalho.[109]

No estudo, os gestores de RH dirimiram com sucesso a maioria dos conflitos. Esses gestores costumam seguir uma estratégia em quatro fases:

1. *Investigam*, entrevistando os envolvidos e outras pessoas e colhendo maiores informações. Ao falar com os envolvidos, buscam os pontos de vista das duas partes, mantendo a maior neutralidade possível. A discussão deve focar as questões e não tornar-se pessoal.
2. *Decidem* como solucionar o litígio, muitas vezes em consulta com os chefes dos envolvidos. Ao preparar-se para decidir o que fazer, não devem atribuir culpa prematuramente; nesta altura, devem estar em busca de soluções.
3. *Agem*, explicando suas decisões e o raciocínio que levou a elas, e aconselham ou treinam os envolvidos para evitar incidentes futuros.
4. Fazem *acompanhamento*, certificando-se de que todos compreendam a solução, documentando o conflito e sua resolução e monitorando os resultados através de consultas posteriores com os envolvidos e seus chefes.

Ao longo de todo o processo, os objetivos do pessoal de RH são manter-se plenamente informado para entender o conflito; ser ativo e assertivo em seus esforços para solucioná-lo; ser o mais objetivo, neutro e imparcial possível; e ser flexível, modificando suas abordagens de acordo com a situação.

Seguem-se mais algumas recomendações para uma gestão mais eficaz de conflitos.[107] Não permitir que conflitos disfuncionais evoluam, ou simplesmente ter esperança que desapareçam. O correto é lidar com eles antes que se ampliem. Devemos tentar resolver o problema e, se nossos primeiros esforços não derem certo, tentar de maneiras diferentes. Mesmo que os envolvidos não fiquem felizes com nossas decisões, há benefícios no fornecimento de um tratamento justo, na realização de esforços de boa fé e em dar-lhes voz ativa no procedimento. É importante lembrar, também, que talvez possamos pedir ajuda a especialistas em RH para lidar com conflitos mais difíceis.

Os conflitos nem sempre são cara a cara

Quando as equipes encontram-se geograficamente dispersas, como frequentemente se dá com equipes virtuais, os membros da equipe tendem a enfrentar mais conflitos e menos confiança.[108] A gestão de conflitos afeta o sucesso

Podem surgir conflitos em qualquer equipe – o truque é fazer deles algo produtivo. Esse anúncio promove a missão da American Arbitration Association de treinar profissionais sobre como minimizar e gerenciar conflitos de maneira eficaz – "antes que a coisa fique feia."

DICA

A abordagem colaborativa da gestão de conflitos envolve importar-se tanto com as metas dos outros quanto com as próprias. Como mediadores, devemos ter isso em mente para ajudar a garantir que haja um processo colaborativo entre as partes mediadas.

das equipes virtuais.[110] Em um estudo recente, a elisão prejudicou o desempenho. A acomodação – ceder aos outros para manter a harmonia, em vez de procurar negociar assertivamente soluções de integração – não teve efeito sobre o desempenho. A colaboração teve efeito positivo. Os pesquisadores também revelaram duas surpresas: o meio-termo prejudicou o desempenho e a competição o beneficiou. O meio-termo atrapalha porque muitas vezes se resume a soluções fracas, intermediárias e infraideais. O comportamento competitivo foi benéfico porque as equipes virtuais eram temporárias e encontravam-se sob pressão de prazos, de modo que a presença de algumas pessoas de comportamento dominante que impunham decisões para chegar à eficiência mostrou-se útil em vez de prejudicial.

Quando surgem problemas no e-commerce entre empresas (atrasos dispendiosos, por exemplo), elas tendem a comportar-se de maneira competitiva e defensiva, em vez de colaborativa.[111] Problemas técnicos e costumeiros abalam a paciência. O conflito irá crescer, a menos que as pessoas adotem estilos mais cooperativos e colaborativos. Devemos procurar evitar conflitos antes que surjam; por exemplo, garantir que nosso sistema de informação esteja funcionando bem antes de fazer a ligação com outros. Monitorar e reduzir, ou eliminar, problemas o mais rápido possível. Quando estes surgem, expressar nossa disposição para colaborar e depois agir de maneira realmente cooperativa. Até problemas técnicos exigem as competências sociais da boa gestão. ∎

ACESSE <http://www.grupoa.com.br>

para materiais adicionais de estudo, incluindo apresentações em PowerPoint.

objetivos de **APRENDIZAGEM**

OA12.1 Discutir as principais vantagens da comunicação bilateral.

OA12.2 Identificar problemas de comunicação que devem ser evitados.

OA12.3 Descrever quando e como usar os diversos canais de comunicação.

OA12.4 Resumir maneiras de tornar-se um melhor "remetente" e "destinatário" da informação.

OA12.5 Explicar como melhorar a comunicação descendente, ascendente e horizontal.

OA12.6 Resumir como trabalhar com a fofoca na empresa.

OA12.7 Descrever a organização sem fronteiras e suas vantagens.

capítulo doze

Comunicação

A comunicação eficaz é um aspecto fundamental do desempenho profissional e da eficácia gerencial.[1] É um dos principais meios pelos quais os gestores executam as responsabilidades descritas neste livro, como a tomada de decisões em grupo, o compartilhamento de uma visão, a coordenação de pessoas e grupos de trabalho na estrutura organizacional, a contratação e motivação de funcionários e a liderança de equipes. Nestas e outras áreas da gestão, os gestores precisam ser capazes de compartilhar suas ideias de maneira clara e convincente e precisam saber escutar as ideias dos outros. Neste capítulo, apresentamos importantes conceitos sobre comunicação e diretrizes práticas para aumentar nossa eficácia. Também discutimos a comunicação nos níveis interpessoal e organizacional.

Conheça algumas dicas práticas sobre como os gestores de hoje se comunicam de maneira eficaz com seus funcionários.

A clareza de comunicação é muito importante quando lidamos com pessoas de outros países. Trabalhamos com muitas empresas estrangeiras que não falam nossa língua. Para que minhas instruções sejam entendidas da primeira vez, preciso ler e reler o que escrevi para ter certeza de que alguém de fora consegue seguir claramente o processo que quero explicar. Não podemos presumir que as pessoas saibam do que estamos falando, independentemente de seu país de origem. Mentes diferentes das nossas podem interpretar instruções de milhares de maneiras diferentes.

Angel Chavez, Diretora de Arte

Ajuste seu estilo! Quando nos comunicamos, é muito importante ajustar nosso estilo de comunicação ao da pessoa com quem estamos lidando. Não importa se é uma mensagem escrita ou verbal, ou se é linguagem corporal etc. As pessoas sentem identificação e confiança naqueles com quem podem se ligar. Ao alterar nosso estilo de comunicação para que se encaixe no dos outros, ligamo-nos a eles. Vivemos em um mundo muito diverso e é importante que possamos nos comunicar com todos.

Martha Zehnder Keller, Diretora Adjunta de Serviços de Convenções

- **COMUNICAÇÃO** A transmissão de informações e significados entre duas partes por meio de símbolos compartilhados.
- **COMUNICAÇÃO UNILATERAL** Um processo no qual a informação flui em uma só direção – do remetente para o destinatário, sem *feedback*.
- **COMUNICAÇÃO BILATERAL** Um processo no qual a informação flui em duas direções – o destinatário fornece *feedback* e o remetente o recebe.
- **PERCEPÇÃO** O processo de recepção e interpretação de informações.
- **FILTRAGEM** O processo de retenção, desconsideração ou distorção de informações.

OA12.1
Discutir as principais vantagens da comunicação bilateral.

COMUNICAÇÃO INTERPESSOAL

Quando as pessoas de uma organização fazem uma reunião, contam histórias no refeitório, ou fazem apresentações, estão realizando esforços de comunicação. Para entender por que os esforços de comunicação às vezes fracassam e encontrar maneiras de melhorar nossas competências comunicativas, é útil identificarmos os elementos do processo de comunicação. **Comunicação** é a transmissão de informação e significado entre duas partes por meio do uso de símbolos compartilhados. A Figura 12.1 mostra um modelo genérico de como uma pessoa se comunica com outra.

O *remetente* inicia o processo transmitindo informação ao *destinatário* – a pessoa a quem a mensagem é dirigida. O remetente tem um *significado* que deseja comunicar e *codifica* esse significado em símbolos (as palavras escolhidas para formar a mensagem). O remetente, então, *transmite*, ou envia, a mensagem por meio de algum *canal*, como um meio verbal ou por escrito, por exemplo.

O destinatário *decodifica* a mensagem (por exemplo, ele a lê) e procura *interpretar* o significado pretendido pelo remetente. O destinatário pode fornecer *feedback* ao remetente, codificando uma mensagem em resposta.

O processo de comunicação muitas vezes se confunde por causa do *ruído*, uma interferência no sistema que bloqueia a compreensão perfeita. O ruído pode ser qualquer coisa que interfira na precisão da comunicação: toques de telefone, pensamentos sobre outras coisas, ou simplesmente cansaço ou estresse.

O modelo da Figura 12.1 é mais do que um tratamento teórico do processo de comunicação: aponta as maneiras pelas quais a comunicação pode falhar. Erros podem acontecer em todas as etapas do modelo. Um gestor atento para problemas em potencial pode realizar cautelosamente cada etapa para garantir uma comunicação mais eficaz. O modelo também ajuda a explicar os tópicos discutidos em seguida: as diferenças entre a comunicação unilateral e a comunicação bilateral, armadilhas da comunicação, erros de percepção e os diversos canais de comunicação.

A comunicação deve fluir em duas direções

Na **comunicação unilateral**, a informação flui em uma só direção – do remetente para o destinatário, sem *feedback*. Um gestor envia um e-mail a um subordinado sem pedir resposta. Uma funcionária telefona para o departamento de tecnologia da informação (TI) e deixa uma mensagem pedindo reparos em seu computador. Um supervisor repreende um funcionário de produção a respeito de defeitos, dá as costas e se afasta.

Quando os destinatários reagem aos remetentes – a Pessoa B torna-se o remetente e a Pessoa A passa a ser o destinatário – ocorre **comunicação bilateral**. A comunicação unilateral em situações como as descritas anteriormente pode tornar-se bilateral se o e-mail do gestor convidar o destinatário a enviar-lhe perguntas, se o departamento de TI responder à chamada da funcionária e pedir mais detalhes sobre o problema do computador e se o supervisor se acalmar e escutar a explicação do operário a respeito da razão dos defeitos.

A verdadeira comunicação bilateral significa que não só o destinatário fornece *feedback*, mas também que o remetente o recebe. Nessas trocas construtivas, a informação é compartilhada entre as duas partes, em vez de simplesmente transmitida de uma para outra.

Como a comunicação unilateral é mais rápida e fácil para o remetente, é mais comum do que deveria. Para um executivo atarefado, é mais fácil mandar um e-mail do que debater um problema incômodo com um subordinado. Além disso, ele não precisará responder perguntas ou enfrentar alguém que discorde.

A comunicação bilateral é mais difícil e demorada do que a unilateral. Mas é mais precisa; ocorrem menos erros e surgem menos problemas. Quando os destinatários têm a oportunidade de fazer perguntas, expressar preocupações e fazer sugestões ou modificações, entendem melhor o que está sendo comunicado e o que devem fazer com as informações recebidas.[2]

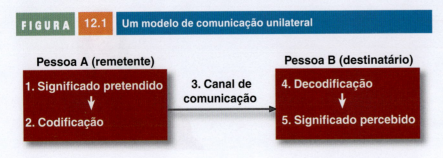

FIGURA 12.1 Um modelo de comunicação unilateral

274 Administração

A comunicação bilateral é mais difícil e demorada do que a unilateral. Mas é mais precisa; ocorrem menos erros e surgem menos problemas.

Vejamos o que aconteceu com Dick Nicholson quando era um gerente de vendas e participou de uma recepção que a empresa ofereceu ao departamento de vendas. Longe dos ouvidos de Nicholson, o presidente do conselho perguntou ao vice-presidente por que um determinado funcionário – de desempenho cronicamente fraco – "ainda era vendedor". O vice-presidente depois disse a Nicholson o que pensou que o presidente do conselho queria dizer: que desejava promover o vendedor. Se a comunicação fosse apenas unilateral, Nicholson poderia ter simplesmente executado a aparente ordem, mas, em vez disso, foi conversar com ele e pediu uma explicação. Ficou aliviado quando o presidente do conselho explicou que queria saber por que o mau vendedor ainda trabalhava para a empresa.[3]

OA12.2
Identificar problemas de comunicação que devem ser evitados.

CUIDADO COM AS ARMADILHAS DA COMUNICAÇÃO

Como todos sabemos em primeira mão, a mensagem pretendida pelo remetente nem sempre chega ao destinatário. Estaremos nos iludindo se acreditarmos que há uma correlação perfeita entre o que dizemos e o que as pessoas escutam.[4] Podem ocorrer erros em todas as etapas do processo de comunicação. Na etapa de codificação, as palavras podem ser mal empregadas, pontos decimais podem ser digitados no lugar errado, fatos podem ser deixados de lado, ou podem aparecer frases ambíguas. Na etapa de transmissão, um memorando pode se perder em uma escrivaninha bagunçada, as palavras na tela podem ser pequenas demais para se ler do fundo da sala de conferências, ou as coisas podem ser ditas com inflexões ambíguas.

Os problemas de decodificação acontecem quando o destinatário não escuta atentamente, ou lê rápido demais e acaba perdendo um ponto fundamental. Além disso, é claro, os destinatários podem interpretar incorretamente a mensagem, como ocorre quando um leitor chega a uma conclusão indevida por causa de uma mensagem em texto carente de clareza, quando um ouvinte toma como algo pessoal uma afirmativa genérica do chefe, ou quando uma olhadela para o lado é mal interpretada.

▶ Quando George Franks começou em um novo emprego, seu chefe sempre parecia ocupado demais para conversar. Um mentor sugeriu que Franks se acostumasse a perguntar ao chefe como poderia ajudar. Mas o chefe interpretou as perguntas repetitivas como querendo dizer que ele não era capaz de fazer seu trabalho. Ofendido, retaliou "despejando todos os projetos que ninguém queria" para Franks.[5] ◀

De modo mais genérico, os processo de percepção e filtragem das pessoas criam erros de interpretação. **Percepção** é o processo de recepção e interpretação de informações. Esses processos nem sempre são perfeitamente objetivos. São subjetivos, uma vez que os interesses e atitudes pessoais da pessoa em relação ao remetente e à mensagem criam vieses. As pessoas partem da premissa de que os outros compartilham de seus pontos de vista e naturalmente dão mais atenção às próprias opiniões do que às dos outros.[6] Mas diferenças de percepção prejudicam o consenso. Para lidar com isso, vale lembrar que os pontos de vista dos outros também são legítimos e que devem ser incluídos em nossa interpretação das situações.[7] Em geral, adotar os pontos de vista de outra pessoa é fundamental para trabalhar em cooperação. E nossa capacidade de assumir diferentes pontos de vista – por exemplo, entender realmente as perspectivas de clientes ou fornecedores – pode melhorar a avaliação que os outros fazem de nosso desempenho.[8]

Filtragem é o processo de reter, ignorar ou distorcer informações. É algo que os remetentes fazem, por exemplo, quando dizem ao chefe o que acreditam que ele queira ouvir ou façam elogios indevidos em vez de críticas francas. Os destinatários também filtram informações; podem deixar de reconhecer uma mensagem importante ou dar atenção a apenas alguns dos aspectos da mensagem.

> " O maior problema de comunicação é a ilusão de que ela tenha acontecido. "
>
> G. B. Shaw, dramaturgo irlandês

CAPÍTULO 12 | Comunicação   275

A filtragem e a subjetividade de percepção permeiam um aspecto interessante da dinâmica de comunicação: como homens e mulheres diferem em seus estilos de transmissão de informação. Uma gestora de uma revista que tendia a colocar as tarefas de que incumbia seus jornalistas com perguntas como: "Você gostaria de fazer o projeto X com a pessoa Y?", ou "Estou pensando em colocar você no projeto X, tudo bem?", foi criticada por seu chefe, um homem, que lhe disse que ela não adotava a atitude correta com seu pessoal.[9] Em outro caso semelhante, a proprietária de um estabelecimento de varejo mandou que um dos seus gerentes de loja fizesse algo ao dizer: "A contadora precisa de ajuda com a emissão de faturas. O que acha de ajudá-la?". Ele disse que tudo bem, mas nada fez. Embora a chefe tivesse pensado que ele o faria, o gerente apenas indicou como se sentiria se ajudasse. E, este decidiu que tinha mais o que fazer.[10]

Por causa dessas diferenças de filtragem e percepção, não podemos partir da premissa de que os outros queiram dizer o que acreditamos que queiram dizer, ou que entendam os significados que pretendemos transmitir. Os gestores precisam ser excelentes leitores de interações e ajustar seus estilos de comunicação e suas percepções às pessoas com quem interagem.[11] A tendência humana à subjetividade em filtragem e percepção são as causas de grande parte das comunicações ineficazes e da necessidade que há de práticas mais eficientes, como as que iremos abordar no restante deste capítulo.

Erros de percepção causam mal-entendidos

Um elemento comum a tudo o que foi dito até aqui é o fato de que as percepções podem prejudicar tentativas de comu-

DICA
Conseguir entender o ponto de vista do interlocutor é um dos grandes segredos da colaboração eficaz.

nicação. As pessoas não prestam atenção a tudo o que acontece ao seu redor. Sem querer, enviam sinais confusos que podem minar as mensagens pretendidas. Diferentes pessoas dão atenção a diferentes coisas e interpretam uma mesma mensagem de diferentes maneiras.

Quando a comunicação se dá entre pessoas de culturas diversas, os problemas se ampliam.[12] Colapsos de comunicação muitas vezes surgem quando transações são realizadas entre pessoas de países diferentes. Nancy J. Adler, uma perita em gestão internacional, sugere as táticas abaixo para comunicar-se de maneira eficaz com alguém que fale outra língua:[13]

Comportamento verbal

- *Falar clara e lentamente.* Enunciar todas as palavras. Não usar expressões coloquiais.
- *Repetição.* Repetir cada ideia importante usando palavras diferentes para exprimir um mesmo conceito.
- *Frases simples.* Evitar frases longas e compostas.
- *Voz ativa.* Evitar a voz passiva.

Comportamento não verbal

- *Repetições visuais.* Usar o máximo possível de repetições visuais, como figuras, gráficos, tabelas e transparências.
- *Gestos.* Usar mais expressões faciais e gestos manuais adequados para enfatizar o significado das palavras.
- *Demonstrações.* Representar o máximo possível de temas.
- *Pausas.* Fazer pausas mais frequentes.
- *Resumos.* Distribuir resumos por escrito das apresentações verbais.

Precisão de interpretação

- *Silêncio.* Quando surgir um silêncio, esperar. Não procurar preencher o vazio. A outra pessoa provavelmente está apenas pensando mais devagar em sua segunda língua, ou traduzindo internamente.
- *Inteligência.* Não confundir erros de gramática e pronúncia com falta de inteligência; costuma ser um sinal de que se está usando uma língua que não a nativa.
- *Diferenças.* Na dúvida, presumir diferença e não semelhança.

Compreensão

- *Entendimento.* Não simplesmente presumir termos sido compreendidos; presumir o contrário.
- *Verificação da compreensão.* Pedir aos colegas que repitam como entenderam o material. Não perguntar apenas se entenderam ou não: deixar que expliquem o que entenderam.

Concepção

- *Interrupções.* Fazer interrupções mais frequentes. Entender uma língua que não a própria é exaustivo.
- *Módulos pequenos.* Dividir o material a ser apresentado em módulos menores.
- *Mais prazo.* Alocar mais tempo a cada módulo do que costumamos ao apresentar o mesmo material a pessoas que têm a mesma língua.

Motivação

- *Incentivo.* Encorajar e reforçar verbal e não verbalmente as falas de participantes que falem outras línguas.
- *Envolvimento.* Envolver explicitamente participantes distantes e passivos.
- *Reforço.* Não envergonhar os que não falam bem a língua.

Um exemplo mostra como funcionam os sinais confusos e os erros de percepção. O presidente-executivo de um banco sabia que a organização precisava passar por um *downsizing* e que os funcionários que permanecessem teriam de se comprometer com o atendimento ao cliente, ser potencializados e realmente *conquistar* a fidelidade da clientela.[14] Ciente de que os funcionários teriam preocupações a respeito da reorganização, ele decidiu prometer que faria o máximo para garantir o emprego dos sobreviventes.

Que sinais o presidente-executivo enviou para seu pessoal com essa promessa? Um sinal positivo de que se preocupava com eles. Mas também sinalizou que cuidaria *deles*, minando, assim, sua meta de lhes dar mais responsabilidade e poder. Os funcionários queriam que a administração assumisse a responsabilidade pelo desafio de mercado que *eles* precisariam enfrentar, aprendendo novas maneiras de operar. Sem querer, o presidente-executivo falou diretamente do desejo retrógrado que sentiam de segurança, em vez de comunicar que o futuro do banco dependeria dos esforços que *eles* fariam. Ainda assim, o executivo conseguiu evitar uma armadilha comum entre empresas que anunciam planos de *downsizing* ou terceirização e ignoram o significado emocional da mensagem.[15] Às vezes, os gestores estão tão concentrados em demonstrar o raciocínio empresarial das mudanças que deixam de reconhecer o custo humano das demissões. Quando os funcionários escutam uma mensagem que negligencia seus sentimentos, costumam interpretar que os gestores não se importam.

Vejamos como muitos problemas podem ser evitados – e quão maior pode ser a eficácia da comunicação – quando as pessoas se dão ao trabalho de fazer quatro coisas:

1. Certificar-se de que os destinatários deem atenção à mensagem enviada.
2. Considerar o ponto de vista da outra parte e procurar transmitir a mensagem tendo esse ponto de vista em mente.
3. Tomar medidas concretas para minimizar os erros de percepção e sinais indevidos no envio e na recepção.
4. Enviar mensagens coerentes.

Devemos nos esforçar para prever a maneira como as pessoas interpretarão nossas mensagens e para pensar em termos de como poderiam interpretá-las *incorretamente*. É bom indicar não só o que queremos dizer, mas também o que *não queremos* dizer. Sempre que dizemos "não quero dizer *X*, mas, sim, *Y*", eliminamos um possível erro de interpretação.[16]

OA12.3
Descrever quando e como usar os diversos canais de comunicação.

A comunicação flui por meio de diversos canais

A comunicação pode ser enviada por muitos canais diferentes (etapa 3 da Figura 12.1), inclusive o oral e o escrito. Cada canal tem vantagens e desvantagens.

A *comunicação oral* inclui discussões frente a frente (ou presenciais), conversas ao telefone e apresentações e palestras formais. As vantagens são a possibilidade de fazer e responder perguntas; o *feedback* é imediato e direto; o(s) destinatário(s) pode(m) perceber a sinceridade (ou insinceridade) do remetente; e a comunicação oral é mais persuasiva e às vezes mais barata do que a que se dá por escrito. Ainda assim, a comunicação oral também tem desvantagens: pode levar a declarações espontâneas e mal pensadas (e ao arrependimento) e não deixa registros permanentes (a menos que seja gravada).

A *comunicação por escrito* abrange e-mail, memorandos, cartas, relatórios, arquivos de computador e outros documentos por escrito. As vantagens do uso de mensagens como estas são a possibilidade de diversas revisões; o fato de serem registros permanentes que podem ser arquivados; permanecer a mensagem inalterada mesmo que enviada por meio de diversas pessoas; e a possibilidade de o destinatário ter mais tempo para sua análise. As desvantagens são a ausência de controle do remetente sobre onde, quando ou se a mensagem será lida; a ausência de *feedback* imediato ao remetente; a possibilidade de que o destinatário não entenda partes da mensagem; e o fato de a mensagem precisar ser mais longa para conter informação o bastante para lidar com dúvidas previstas.[17]

Devemos levar isso em consideração ao decidir entre a comunicação oral ou por escrito. Além disso, às vezes é bom usar os dois canais, como quando se redige um memorando de confirmação de uma reunião ou quando se escreve uma carta para permitir que alguém se prepare para um telefonema.

A mídia eletrônica oferece canais flexíveis e eficientes

A comunicação oral e escrita se dá, cada vez mais, através de meios eletrônicos. Os gestores usam computadores não só para coletar e distribuir dados quantitativos, mas também para "conversar" eletronicamente com outras pessoas. Em salas eletrônicas de tomada de decisão, o software suporta acesso simultâneo a arquivos comuns e permite que as pessoas compartilhem pontos de vista e trabalhem coletivamente.[18] Outros meios de comunicação eletrônicos são a teleconferência, na qual grupos de pessoas em diferentes lugares interagem por meio das linhas telefônicas e, talvez, até mesmo aparecem nos monitores umas das outras ao participar de discussões em grupo (videoconferência). Além disso, todos provavelmente estamos muito familiarizados com e-mail, mensagens instantâneas, mensagens de texto e blogs.

O e-mail tornou-se uma ferramenta fundamental de comunicação no ambiente de trabalho e o usuário corporativo médio lida com 171 mensagens por dia.[19] As mensagens instantâneas (IM, *Instant Messaging*) são menos disseminadas no ambiente empresarial, mas seu uso é crescente. Segundo um levantamento recente, 35% dos funcionários entrevistados disseram que usam IM no trabalho.[20] Novas versões de software de e-mail podem incentivá-los a usar uma maior gama de ferramentas de comunicação eletrônica. A recente atualização do Lotus Notes da IBM, chamada Notes 8, permite que os usuários usem guias para criar uma sessão de IM ou abrir arquivos de processamento de texto ou planilha para criar anexos. Também podem organizar documentos, mensagens e cronogramas por projeto, permitindo que todos os participantes analisem as informações e sejam notificados de mudanças. A mais recente versão do programa de e-mail Outlook, da Microsoft, permite que os usuários façam chamadas telefônicas pela internet e redijam documentos em um espaço de trabalho cooperativo chamado SharePoint. A vantagem desse espaço está em que todos os participantes podem ir diretamente para um ponto central e trabalhar diretamente em um projeto, sem o passo intermediário do e-mail.[21] Esses avanços tecnológicos encorajam tanto a colaboração quanto a comunicação.

Os blogs – sites para publicação de textos – também chegaram ao mundo dos negócios. Algumas empresas usam blogs para comunicar-se com o ambiente externo, compartilhando, por exemplo, informações sobre usos de seus produtos ou esforços de responsabilidade social. Os blogs também podem fomentar a comunicação interna na organização.[22] Uma equipe de projeto pode ter um blog no qual o líder poste atualizações frequentes, com apresentações e planilhas relevantes. Realizar uma busca no site pode ser para os membros da equipe uma maneira fácil de encontrar informações sobre o projeto. Eles também podem publicar ideias e comentários como respostas aos registros do autor. Os blogs podem, ainda, ser usados para incentivar a colaboração entre funcionários com interesse compartilhado em determinados produtos, clientes, ou funções.

De modo geral, as mais recentes ferramentas de comunicação eletrônica enquadram-se em uma categoria chamada **Web 2.0**, um conjunto de aplicativos baseados na internet que incentiva o conteúdo gerado pelos usuários e a colaboração entre eles. Entre os aplicativos mais populares da Web 2.0 estão redes de relacionamento, *podcasts*, RSS (*Really Simple*

O Twitter como salva-vidas durante desastres

"O que você está fazendo?"

É uma pergunta comum – especialmente para as multidões de usuários do Twitter em todo o mundo. O site de relacionamentos fornece uma maneira rápida e fácil de manter o contato com amigos, oferecendo detalhes da vida aos "pedacinhos" em tempo real – por exemplo, "estou lavando o carro da minha irmã", "estou no cinema com amigos", ou "estou pensando em estudar para a prova de economia, mas antes preciso de uma pizza". Com a limitação de 140 caracteres por postagem, os usuários logo aprenderam a ser sucintos em suas mensagens.

Quando Gen-Xers Jack Dorsey, Biz Stone e Evan Williams fundaram o Twitter, em 2006, a ideia era permitir que os usuários tivessem acesso a uma rede de comunicação com aquilo que chamavam de "mínimo denominador comum". Para participar, os usuários não precisam de nada além de um telefone celular habilitado para enviar mensagens instantâneas. Com isso, o site cresceu exponencialmente. Em meados de 2009, já eram mais de 24 milhões de usuários, sendo que mais de 17 milhões estavam nos Estados Unidos.

O Twitter logo tornou-se mais do que um veículo causal para manter contatos. O site é um meio valioso para relatar e acompanhar informações durante desastres e acontecimentos em todo o mundo. Quando incêndios florestais arrasaram o sul da Califórnia em 2007, por exemplo, os usuários do sistema começaram a fornecer detalhes em segundos, ajudando os moradores da região a obter notícias imediatas e avaliar se estavam seguros.

Depois que terremotos devastaram a China em maio de 2008, o Twitter tornou-se a principal fonte de relatos. Dava informações mais rápido até que o U.S. Geological Survey, a agência governamental norte-

Os cofundadores do Twitter Biz Stone (esq.) e Evan Williams em seu escritório em São Francisco.

-americana encarregada de acompanhar leituras sísmicas em todo o mundo. Algumas semanas depois, quando Los Angeles viu-se abalada por terremotos, tweets vindos de aparelhos celulares tomaram a rede em segundos. Para fins de comparação, a agência Associated Press levou nove minutos para divulgar o assunto.

Syndication, que permite que os usuários recebam notícias, blogs, ou outras informações que escolham) e wikis (publicações online criadas com contribuições de muitos autores-usuários). Essas ferramentas tornaram-se populares em sites como Facebook, YouTube e Wikipedia, mas os usuários levaram a experiência para o ambiente de trabalho, aplicando a colaboração online às necessidades de negócio. Ao contrário da primeira geração de aplicativos da internet, apresentados às organizações quando seus departamentos de tecnologia da informação (TI) os avaliavam e os compravam, os funcionários costumam começar a usar as ferramentas da Web 2.0 por conta própria para preencher alguma necessidade. Rod Smith, vice-presidente de tecnologias emergentes da internet da IBM, recorda-se de uma reunião na qual falou de wikis para o chefe de TI do Royal Bank of Scotland. O homem de TI disse que o banco não as usava, mas quando Smith conversou com outros participantes, mais de 20 disseram que *eles* usavam.[23]

vantagens   As vantagens da comunicação eletrônica são muitas e dramáticas. Nas empresas, incluem o compartilhamento de mais informações e a velocidade e a eficiência de envio de mensagens rotineiras a várias pessoas espalhadas por vastas áreas geográficas. Wikis voltadas para negócios, como o Socialtext, permitem que equipes de projeto publiquem suas ideias em um fórum para que os membros possam acrescentar contribuições. O Socialtext permite que os líderes de projeto concedam acesso aos usuários com base em suas necessidades de conhecimento e participação. A Web Crossing usa wikis para desenvolver produtos. Michael Krieg, vice-presidente de marketing, afirma que as wikis poupam à empresa "volumes inimagináveis em papel, postagem, reuniões, despesas de viagem, teleconferências e o tempo associado a tudo isso".[24]

A comunicação eletrônica pode reduzir o tempo e as despesas envolvidos em viagens, fotocópias e uso de correios. Quando um incêndio causado por um acidente rodoviário fechou uma grande avenida da área da Baía de São Francisco, Valerie Williamson evitou a confusão encontrando-se com seu colega Brian Friedlander no escritório virtual da empresa no Second Life, um mundo virtual online. Williamson e Friedlander usaram avatares (imagens animadas de si) para conduzir sua reunião na sala de conferências virtual de sua empresa existente no mundo real, a Electric Sheep Company.[25] Os usuários do Second Life podem usar seus avatares para fazer comunicações empresariais, como apresentações PowerPoint, transmissão de áudio e vídeo, e indicação de perguntas.

Algumas empresas, entre elas a Boeing, usam softwares de *brainstorming* que permitem contribuições anônimas, partindo da premissa de que isso aumentará a franqueza das discussões internas. Pesquisas indicam que com um sistema de tomada de decisão em grupo há um aumento do compartilhamento de dados e da argumentação crítica, assim como decisões de mais alta qualidade em relação a reuniões presenciais.[26] Mas a anonímia também cria o potencial para mentiras, fofocas, insultos, ameaças, assédio e divulgação de informações sigilosas.[27]

desvantagens   Entre as desvantagens da comunicação eletrônica estão a dificuldade de solução de problemas

> ● **WEB 2.0** Um conjunto de aplicativos da internet que estimula o conteúdo fornecido pelos usuários e a colaboração entre eles.

Quando um jato da U.S. Airways fez um pouso de emergência no Rio Hudson, em 2009, foi um usuário do Twitter que, com seu telefone móvel, tirou uma foto do avião sobre a água e a enviou para um site de compartilhamento de fotos no Twitter. A imagem surreal espalhou-se pelo mundo em minutos. Hoje, a Agência Federal de Gestão de Emergências dos Estados Unidos (FEMA, *Federal Emergency Management Agency*) mantém uma página no Twitter que usa para fornecer informações em tempo real sobre desastres, como as enchentes de 2009, no estado da Virgínia Ocidental.

O Twitter representou um papel central na cobertura das eleições presidenciais de 2008 nos Estados Unidos, quando as campanhas de Obama e McCain usaram-no e o site estabeleceu páginas especiais sobre as eleições. Depois das contestadas eleições de 2009 no Irã e de um blecaute de notícias imposto pelo governo, ativistas usaram o Twitter para manter o resto do mundo a par dos acontecimentos. ❖

P: **Perguntas para discussão**

- Quais as vantagens do Twitter como meio de comunicação eletrônica? E suas desvantagens?
- Em que situações um gestor poderia considerar o Twitter um canal de comunicação apropriado? Quando poderia querer desencorajar o uso do site pelos funcionários?

FONTES: Federal Emergency Management Agency, "Twitter FEMA Now: We Want to Hear from You", site da organização, <http://www.fema.gov>, acessado em 19 de junho de 2009; Lev Grossman, "Iran Protests: Twitter, the Medium of the Movement", *Time*, 17 de junho de 2009, <http://www.time.com>; Jamie Diamond, "The Twitter Guys", *New York Times*, 8 de maio de 2009, <http://nytimes.com>; United Press International, "Don't Fight Twitter, Disaster Expert Says", site da UPI, 6 de março de 2009, <http://www.upi.com>; Claudine Beaumont, "New York Plane Crash: Twitter Breaks the News, Again", *London Telegraph*, 16 de janeiro de 2009, <http://www.telegraph.co.uk>; Shira Ovide, "Twittering the USAirways Plane Crash", *The Wall Street Journal*, 15 de janeiro de 2009, <http://blogs.wsj.com>; Erica Noonan, "Life Is Tweet", *Boston Globe*, 4 de janeiro de 2009, <http://www.boston.com>; John Cox, "Tweets, Twits, and the California Earthquake", *Network World*, 30 de julho de 2008, <http://www.networkworld.com>; Mathew Ingram, "Twitter Breaks Chinese Earthquake News", *Toronto Globe and Mail*, 12 de maio de 2008, <http://www.theglobeandmail.com>; e Mitch Wagner, "Google Maps and Twitter Are Essential Information Resources for California Fires", *InformationWeek*, 24 de outubro de 2007, <http://www.informationweek.com>.

complexos que envolvam interação frente a frente mais prolongada e a impossibilidade de captação de dicas sutis, não verbais ou de inflexão a respeito do que o comunicador está pensando ou transmitindo. Em negociações online – mesmo antes que comecem – as partes desconfiam mais umas das outras do que nas frente a frente. Depois da negociação (se comparados aos negociadores em pessoa), as pessoas costumam estar menos satisfeitas com os resultados obtidos, mesmo que sejam economicamente equivalentes nos dois casos.[28]

Embora as organizações dependam muito da comunicação por computador para a tomada de decisões em grupo, os grupos presenciais costumam levar menos tempo, tomar decisões de mais alta qualidade e ser mais satisfatórios para seus membros.[29] O e-mail é mais adequado para mensagens de rotina que não exijam grandes quantidades de informações complexas. São menos apropriados para informações confidenciais, solução de conflitos, ou negociações.[30] Há casos de funcionários que relatam ter sido demitidos por e-mail e até por mensagem de texto.[31] Essas formas mais impessoais de comunicação podem magoar, e um funcionário irritado pode facilmente encaminhar essas mensagens, o que muitas vezes tem um efeito "bola de neve" que pode criar embaraços para todos os envolvidos. Assim como o e-mail, as IMs podem ajudar as pessoas a trabalhar em conjunto de maneira produtiva, mas também podem gerar vazamentos de informações delicadas.

As empresas preocupam-se com vazamentos e com representações negativas e podem até exigir que os funcionários concordem com diretrizes específicas antes de dar início a blogs. Algumas regras gerais que orientam os bloggers corporativos são:[32]

- Lembrar que blogs publicados no site de uma empresa devem evitar qualquer conteúdo que possa ser embaraçoso para ela ou divulgue informações sigilosas.
- Ater-se ao assunto designado de qualquer blog patrocinado pela empresa.
- Se contatado por membros da imprensa para uma matéria sobre um blog, obter autorização oficial antes de prosseguir.

A maioria das comunicações eletrônicas é simples e fácil e algumas são anônimas. Por isso, uma consequência inevitável da comunicação eletrônica é o "flaming": insultos, desabafos, denúncias e outros comportamentos contrários ao protocolo. E-mail, blogs e IMs fazem com que as pessoas sintam-se livres para enviar mensagens que jamais diriam a alguém frente a frente. Na ausência de dicas não verbais, observações em tom de brincadeira podem ser levadas a sério, criando ressentimentos e arrependimentos. Algumas pessoas tentam esclarecer usando emoticons, como carinhas sorridentes, mas isso pode até piorar a situação.[33] Além disso, mensagens confidenciais, inclusive detalhes sobre vidas privadas e observações insultuosas e embaraçosas, às vezes, tornam-se públicas por causa de vazamentos eletrônicos.

A comunicação eletrônica tem outros perigos importantes.[34] Pessoas e, às vezes, unidades diversas se apegam a diferentes canais como meio predileto. Por exemplo, uma divisão de engenharia pode usar mais o e-mail, mas o grupo de projeto talvez fie-se principalmente em mensagens instantâneas e negligencie o e-mail. Outra desvantagem é que as mensagens eletrônicas às vezes são monitoradas ou lidas acidentalmente por pessoas que não aquelas a quem se destinam. Tenha muito cuidado com suas IMs: certifique-se de não as enviar sem querer para a pessoa errada e de que não surjam na tela durante uma apresentação de PowerPoint.[35] Uma maneira de evitar o envio à pessoa errada é fechar todas as janelas de IM, a não ser as que estão sendo ativamente usadas para conversas. Apagar mensagens eletrônicas – sejam elas de e-mail, IMs ou mensagens de texto no celular – não as destrói: elas ficam gravadas em algum lugar. Os destinatários as podem encaminhar a outras pessoas sem que o remetente original saiba disso. Muitas empresas usam softwares de monitoramento de e-mail e IM. E as mensagens podem ser usadas em juízo para indiciar pessoas e empresas. As mensagens eletrônicas enviadas do local de trabalho e a partir de dispositivos de propriedade da empresa são propriedade privada – mas pertencem ao dono do sistema, não ao remetente.

A regra de ouro é: não apertar "enviar" a menos que saibamos que nos sentiríamos à vontade se a mensagem aparecesse na primeira página do jornal e fosse lida pelas nossas mães, ou por um concorrente. E não é nada mau pedir que um colega leia e-mails não rotineiros antes de enviá-los.

gestão da carga eletrônica

Os meios de comunicação eletrônica parecem essenciais atualmente e as pessoas nem sabem mais como conseguiam viver sem eles. Mas o volume de comunicação pode ser esmagador, especialmente quando não param mesmo durante reuniões, pausas ou depois da jornada de trabalho.[36]

Felizmente, há algumas regras gerais que podem nos ajudar a gerir nossas comunicações eletrônicas.[37] No caso da sobrecarga de informação, o desafio está em separar o que é

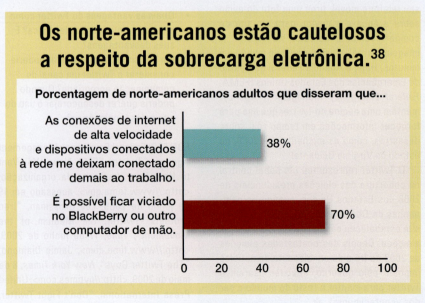

Os norte-americanos estão cautelosos a respeito da sobrecarga eletrônica.[38]

Porcentagem de norte-americanos adultos que disseram que...

- As conexões de internet de alta velocidade e dispositivos conectados à rede me deixam conectado demais ao trabalho. — 38%
- É possível ficar viciado no BlackBerry ou outro computador de mão. — 70%

importante do rotineiro. Os gestores eficazes dão-se tempo para pensar nas questões empresariais importantes e não ficam atolados em responder a qualquer mensagem que pareça urgente, mas possa ser trivial. O essencial, aqui, é pensar estrategicamente em nossas metas, identificar os itens mais importantes e priorizar nosso tempo de acordo com as metas. Mais fácil falar do que fazer, é claro, mas é essencial e ajuda. A maioria dos programas de comunicação traz ferramentas que podem ser úteis para isso. Por exemplo, no caso das mensagens instantâneas, podemos usar o *status* "away" (ausente) quando queremos nos concentrar em outra coisa. E a Lotus está desenvolvendo uma característica que permite que os usuários de e-mail saibam imediatamente se as mensagens em suas caixas de entrada são endereçadas apenas a eles ou a um grupo. Os e-mails coletivos muitas vezes são de baixa prioridade. É claro que a administração também tem um papel a representar nessa área. Alguns funcionários verificam suas mensagens constantemente porque acreditam (corretamente, talvez) que é isso que seus chefes esperam deles. Os gestores podem ajudar os funcionários limitando e comunicando os intervalos durante os quais esperam respostas rápidas.[39]

Mais algumas sugestões específicas: no caso do e-mail, não pressione "responder a todos" quando queremos apenas "responder". Organize-se, criando pastas por assunto, prioridade ou remetente e marque as mensagens que exigem acompanhamento. Se recebermos uma cópia, não precisamos responder: é apenas para nos manter informados.

Algumas empresas têm reconhecido os problemas do uso excessivo dos meios eletrônicos. Na U.S. Cellular, o vice-presidente-executivo Jay Ellison tomou a medida radical de proibir o uso de e-mail às sextas-feiras. Depois de alguma resistência, os funcionários perceberam que estavam construindo relacionamentos mais sólidos por meio de telefonemas e visitas presenciais.[40] Na PBD Worldwide Fulfillment Services, as sextas-feiras sem e-mail ensinaram novos (ou antigos) hábitos de comunicação que estão se disseminando pelos outros dias da semana. O volume de e-mail na empresa caiu 75% e se traduziu em maior eficiência.[41]

Por mais esmagadora que possa ser a comunicação eletrônica, podemos tomar medidas para simplificá-la. Por exemplo, uma equipe global de gestão de contas de clientes estabeleceu duas regras básicas:

1. Sempre que um membro comunicava-se com um cliente, enviava um relatório a todos os membros da equipe.
2. Foi designado para cada cliente um contato principal na equipe que era o único autorizado a discutir ou definir estratégias ou políticas para esse cliente.

Se contatados por um cliente, os membros da equipe o encaminhavam ao contato correto. Essas medidas simplificaram os canais de comunicação e reduziram muito o número de mensagens contraditórias e confusas.[42]

o escritório virtual Muitos empreendedores trabalham por meio de "escritórios" abertos na internet, usando seus computadores onde quer que estejam. Da mesma forma, grandes empresas como a IBM, a GE e a Prudential California Realty estão reduzindo suas áreas de escritório e dando às pessoas *laptops*, softwares de telecomunicação, correio de voz e outras tecnologias de comunicação para que possam trabalhar virtualmente a qualquer hora e em qualquer lugar.[43] Com base na filosofia de que o foco da administração deve ser sobre aquilo que as pessoas fazem, não o lugar onde se encontram, o **escritório virtual** é um escritório móvel no qual as pessoas podem trabalhar onde quer que estejam – em casa, no carro, no aeroporto, nos escritórios de clientes –, desde que disponham das ferramentas necessárias para comunicar-se com clientes e colegas.

> ● **ESCRITÓRIO VIRTUAL**
> Um escritório móvel que permite trabalhar em qualquer lugar, desde que se disponha de ferramentas de comunicação com clientes e colegas.

ANTIGAMENTE...	AGORA...
Datilografar, eu? Ditar memorandos e cartas a secretárias tomava horas do tempo de comunicação dos gestores.	As redes de comunicação são de alta tecnologia e alcance global, permitindo fluxo instantâneo de mensagens. A foto mostra um sistema TelePresence que permite encontros cara a cara virtuais entre funcionários distantes.

CAPÍTULO 12 | Comunicação 281

Com o aumento do poder de processamento dos computadores, algumas empresas começaram a levar o escritório virtual para um nível novo e mais interativo. Como já vimos, a Electric Sheep Company estabeleceu um escritório virtual no site Second Life, onde as pessoas podem usar avatares para interagir em um mundo online. Outra organização com escritório virtual no Second Life é a filial de Washington da American Library Association. O escritório fica na Cybrary City do Second Life, perto de diversas bibliotecas. Os visitantes podem solicitar serviços de biblioteconomia, como ajuda na construção de uma coleção ou para a consulta de referências.[44]

Pelo menos no curto prazo, os benefícios dos escritórios virtuais parecem substanciais. A economia realizada com locação e contas de água e luz é uma vantagem óbvia. Em Merced, estado da Califórnia, os 10 corretores da Prudential California Realty permanecem em contato uns com os outros e com seus clientes por meio da internet, compartilhando informações por meio de sites individuais e do e-mail.[45] Um escritório virtual também permite que os funcionários tenham acesso a todas as informações de que necessitem da empresa, estejam eles em reunião, visitando um cliente, ou trabalhando em casa.[46] Contratar e reter pessoas talentosas também fica mais fácil porque os escritórios virtuais permitem flexibilidade de jornada e podem até permitir reter um funcionário que queira se mudar – por exemplo, se seu cônjuge aceitar um novo cargo em outra cidade.

Mas qual será o impacto de longo prazo sobre a produtividade e a moral? Podemos correr o risco de perder um excesso de "momentos de humanidade" – aqueles encontros autênticos que só acontecem quando duas pessoas estão na presença uma da outra.[47] Há quem deteste trabalhar em casa. Outras enviam

– e recebem – e-mail e correio de voz no meio da madrugada. Algumas trabalham o dia todo, mas sentem que não estão fazendo o bastante. Intervalos muito longos nas proximidades das ferramentas técnicas de trabalho podem causar desgaste. E, em algumas empresas, a supervisão direta nos escritórios é necessária para manter a qualidade do trabalho, especialmente quando os funcionários são inexperientes e precisam de orientação. O escritório virtual exige mudanças das pessoas e apresenta desafios técnicos. Assim, embora esteja na moda e seja útil, não irá substituir inteiramente os escritórios reais e o trabalho presencial.

A Accenture, a gigante da consultoria, tem escritórios em 150 cidades, mas seus funcionários passam a maior parte do tempo nos ambientes de trabalho dos clientes. Sob condições assim, cultivar o trabalho em equipe é difícil para os gestores e desenvolver uma carreira é desafiante para os consultores, que podem ter um cliente em um continente, um supervisor em outro e uma equipe de apoio em um terceiro.

Para alimentar a comunicação e manter fortes relacionamentos de trabalho, a Accenture atribui a cada novo consultor um conselheiro de carreira, um funcionário graduado na mesma especialidade que ajuda o novo contratado a desenvolver a carreira. Por exemplo, Keyur Patel é consultor de varejo na Accenture. Esteja ele em visita a um cliente em São Francisco ou em casa, em Atlanta, Patel fala com seu conselheiro de carreira cerca de uma vez por mês. O conselheiro sugeriu que Patel passasse as sextas-feiras no escritório de Atlanta, formando ligações pessoais com os colegas dali.

Patel também tem de manter o contato com seu gestor, que fica em Detroit. Eles falam ao telefone mensalmente. A Accenture treina seus gestores na liderança de equipes virtuais. Eles aprendem a agendar teleconferências que respeitem as diferenças de fuso horário e a dar bastante espaço para conversas casuais que mantêm o senso de pertencimento. A Accenture também usa um sistema de conferências da Web para realizar reuniões online, além de um site de relacionamentos da empresa chamado People Pages, no qual os funcionários podem ler os perfis uns dos outros e enviar mensagens.[48]

TABELA 12.1	Meios sugeridos para determinadas situações	
Situação	**Escolha ruim**	**Melhor escolha**
1	Memorando	Reuniões em grupos pequenos
Raciocínio: O memorando não oferece o potencial de *feedback* necessário para explicar o que pode ser considerado informação obscura. Ademais, com esses funcionários existe a possibilidade de problemas de analfabetismo. Uma reunião com o grupo irá permitir uma explicação oral depois da qual os participantes possam fazer perguntas sobre quaisquer materiais complexos.		
2	Telefone	Correio de voz ou eletrônico
Raciocínio: Para uma mensagem simples como essa, não há necessidade de usar um meio rico quando outro mais enxuto basta.		
3	E-mail, correio de voz	Pessoalmente ou telefone
Raciocínio: Em situações que exijam persuasão, o remetente precisa ser capaz de adaptar rapidamente a mensagem ao destinatário para fazer frente a contestações. O correio eletrônico ou de voz não permite isso. A comunicação pessoalmente oferece o máximo de flexibilidade ao remetente. O telefone é a segunda melhor alternativa.		
4	Teleconferência	Conferência por computador
Raciocínio: Uma teleconferência tende a exagerar as diferenças de *status* e personalidade entre os engenheiros. A conferência por computador permitiria que o foco da interação se desse sobre a qualidade das ideias. Ademais, esses meios ainda permitem rapidez de *feedback*.		
5	Boletim	Vídeo
Raciocínio: Se os funcionários já estiverem convencidos da eficiência do sistema atualizado, provavelmente poderemos usar um boletim. Mas um vídeo transmite graficamente informações que exijam demonstrações e ensina os procedimentos às pessoas.		

FONTE: Extraído de *Communicating for Managerial Effectiveness*, de P. G. Clampitt. Copyright © 1991 by Sage Publications, Inc. Reproduzido com permissão de Sage Publications, Inc.

282 Administração

Uso de meios "mais ricos" para mensagens complexas ou críticas

Alguns canais de comunicação transmitem mais informações do que outros. O volume de informação transmitido por um meio é chamado de **riqueza do meio**.[49] Quanto mais informações ou dicas um meio enviar ao destinatário, maior sua "riqueza".[50] Os meios mais ricos são mais pessoais do que tecnológicos, fornecem *feedback* rapidamente, permitem o uso de muita linguagem descritiva e enviam diferentes tipos de dicas. A comunicação cara a cara é o mais rico dos meios porque oferece, além das palavras, diversas dicas: tom de voz, expressão facial, linguagem corporal e outros sinais não verbais. Também permite uma linguagem mais descritiva do que um memorando, por exemplo. Ademais, cria mais oportunidades para que o destinatário forneça *feedback* ao remetente e faça-lhe perguntas, transformando a comunicação de unilateral em bilateral.

O telefone oferece menos riqueza do que a comunicação presencial; o correio eletrônico, ainda menos, e os memorandos são os mais pobres dos meios. De modo geral, devemos enviar mensagens mais difíceis e fora do comum por meios mais ricos, enviar mensagens simples e rotineiras pelos mais pobres e usar multimeios para mensagens importantes que exijam atenção e que queremos garantir que as pessoas entendam.[51] Também precisamos considerar fatores como custo, o meio preferido do destinatário e o estilo preferido de comunicação em nossa empresa.[52] Nas situações adiante, com base na mensagem e no público, que canal escolheríamos?[53]

1. Uma construtora de médio porte quer anunciar um novo programa de benefícios para os funcionários.
2. Um gestor deseja confirmar um horário de reunião com 10 funcionários.
3. Em uma seguradora de médio-porte, aumentar o entusiasmo a respeito de um programa que peça a funcionários de diferentes departamentos que trabalhem em uma mesma equipe de projeto.
4. Engenheiros pertencentes a um grupo geograficamente disperso desejam trocar ideias de projeto.
5. Descrever uma versão simples, mas um pouco detalhada e atualizada de um sistema de correio de voz para mil funcionários geograficamente dispersos.

Depois, comparemos nossas ideias com as recomendações da Tabela 12.1.

● ● OA12.4
Resumir maneiras de tornar-se um melhor "remetente" e "destinatário" da informação.

APRIMORAMENTO DAS COMPETÊNCIAS DE COMUNICAÇÃO

Nos últimos anos, os funcionários têm ficado decepcionados com as competências de comunicação dos formados em universidades. Demonstrar capacidade de comunicação eficaz torna os candidatos mais atraentes e os distingue dos demais. Há muito que podemos fazer para melhorar nossas competências de comunicação tanto como remetentes quanto como destinatários.

● **RIQUEZA DO MEIO**
A capacidade de transmissão de informação de um canal de comunicação.

Os remetentes podem melhorar suas apresentações, sua redação, sua escolha de palavras e sua linguagem corporal

Para começar, saibamos que uma comunicação franca e direta é importante, mas muito rara. Os presidentes de empresas muitas vezes são treinados em como ajustar suas mensagens a diferentes públicos – a comunidade investidora, os funcionários ou o conselho de administração. Essas comunicações provavelmente não serão muito diretas. O foco das mensagens pode variar, mas elas não podem ser incongruentes. As pessoas devem ser capazes de identificar nosso ponto de vista, nosso raciocínio e nossas intenções.[54] Para além desses elementos básicos, os remetentes podem melhorar suas competências na realização de apresentações e redações persuasivas, no uso da linguagem e no envio de mensagens não verbais.

A guru financeira Suze Orman foi classificada como uma das melhores apresentadoras pela revista BusinessWeek por sua capacidade de transmitir informações de maneira facilmente compreendida. Ela fornece informações financeiras usando uma linguagem clara, concisa e direta. Os grandes comunicadores do mundo dos negócios usam linguagem simples para discutir questões complexas.

competências de apresentação e persuasão
Ao longo de nossas carreiras, nos será pedido que apresentemos nossos pontos de vista sobre diversas questões. Teremos informações e, talvez, opiniões ou propostas a apresentar. Normalmente, nossa meta será a de "vender" a ideia. Em outras palavras, o desafio será convencer os outros a acompanhar nossa recomendação. Como líderes, veremos que alguns dos maiores desafios surgem quando as pessoas não querem fazer o que é preciso. Os líderes precisam ser persuasivos para reunir outras pessoas.[55]

Nossa atitude na apresentação de ideias e na persuasão de outras pessoas é muito importante. Persuasão não é apenas o que muitas pessoas pensam: simplesmente vender uma ideia ou convencer os outros de nossos pontos de vista. Não devemos partir da premissa de que seja necessária uma abordagem do tipo "faça do meu jeito ou caia fora", com um esforço único de venda forçada e resistência ao meio-termo.[56] Costuma ser mais construtivo encarar a persuasão como um processo de aprendizado mútuo e de negociação de uma solução compartilhada. Oradores persuasivos são considerados autênticos, como se dá quando são abertos ao público, ligam-se a ele, demonstram paixão pelo tema e escutam além de falar. Podemos praticar esse tipo de autenticidade, observando e adotando o tipo de linguagem corporal que usamos quando estamos perto de pessoas com quem nos sentimos à vontade, planejando como envolver diretamente nossos ouvintes, identificando os motivos pelos quais nos importamos com o tema e permanecendo atentos a dicas não verbais, além de nos engajar plenamente ao escutar os comentários e as perguntas do público.[57]

As mensagens mais poderosas e persuasivas são simples e informativas, relatadas com episódios e anedotas, e transmitem vivacidade.[58] As pessoas tendem a lembrar e a adotar mais nossas mensagens se as exprimirmos como uma narrativa simples, inesperada, concreta, crível e dotada de conteúdo emocional. Por exemplo, a Nordstrom motiva seus funcionários com a divulgação de histórias sobre momentos nos quais o pessoal prestou serviços extraordinários, como aquecer o motor do carro de um cliente enquanto ele fazia compras, ou passando uma camisa para que o cliente pudesse usá-la em uma reunião. Rubal Jain conquistou um cliente para seu serviço de entregas expressas na Índia relatando como a empresa distribuíra 69 mil cópias do mais recente episódio da série Harry Potter a livrarias de todo o país exatamente no momento do lançamento – algo muito mais drástico do que fornecer dados sobre entregas no prazo.[59] Para ser crível, o comunicador respalda a mensagem com atitudes consistentes com suas palavras.

A atriz Lynn Hamilton oferece 10 dicas úteis para aumentar a potência de apresentações formais:[60]

1. *Dedicar o tempo certo ao **conteúdo** da apresentação*. É fácil se distrair com transparências de PowerPoint ou preocupar-se tanto com as habilidades de apresentador que se negligencie o conteúdo da apresentação. Devemos conhecer a fundo o conteúdo que queremos transmitir; com isso, poderemos discuti-lo coloquialmente e não ficaremos tentados a memorizar. Se acreditarmos no que estamos dizendo e formos "donos" do material transmitiremos entusiasmo e estaremos mais à vontade.

2. *Entender bem o **objetivo** da apresentação*. Devemos responder com uma só frase a pergunta: "Em que quero que o público acredite depois da apresentação?". Escrever esse objetivo nos ajudará a focar o *objetivo final*. Tudo em uma apresentação – estrutura, escolha de palavras, elementos visuais – deve respaldar esse objetivo.

3. ***Dizer** ao público o **objetivo** da apresentação*. Como se diz por aí, devemos "Dizer a eles o que vamos lhes dizer, depois dizer a eles o que queremos, depois dizer o que lhes dissemos". É útil usar no começo uma explicação prévia para ajudar o público a saber para onde o estamos levando.

4. *Fornecer **significado** e não só dados*. Atualmente, a informação está prontamente disponível; não vamos impressionar as pessoas se as sobrecarregarmos de dados. As pessoas têm intervalos de atenção limitados e querem que os apresentadores ajudem a *esclarecer o significado* dos dados.

5. ***Praticar, praticar, praticar***. Parecer afiado e relaxado durante uma apresentação exige ensaio. Devemos treinar a exibição de nossos pontos de diferentes maneiras. Acima de tudo, não devemos memorizar o conteúdo das apresentações.

6. *Lembrar que uma apresentação está mais para uma **conversa** do que para uma palestra*. Devemos manter o tom coloquial, mas profissional. O público ficará muito mais envolvido se achar que você está conversando com ele em vez de apenas lhe dizendo coisas. Use transparências de PowerPoint ou um esboço geral para ajudar a lembrar.

7. *Lembrar do incrível poder do **contato visual***. Devemos olhar para cada pessoa do público e tentar manter uma série de conversas um-a-um na sala. Isso nos acalmará e nos ajudará a formar uma ligação com o público.

8. ***Permitir imperfeições***. Se nos esquecermos do que íamos dizer, basta fazer uma pausa, olhar para nossas anotações e continuar. Não "saia do papel", pedindo desculpas profusas, dando risinhos, ou parecendo envergonhado. É bom lembrar que o público não conhece o material tão bem quanto nós e não perceberá muitos dos erros.

9. *Estar preparados para **responder perguntas difíceis***. Devemos tentar prever as perguntas mais difíceis que podem surgir e planejar as respostas antecipadamente. Se não tivermos resposta, devemos reconhecer o fato e oferecer envio posterior da informação.

10. *Fornecer uma **conclusão simples e direta** para sessões de perguntas e respostas*. Sempre que possível, depois das perguntas e respostas

> **"** Quando [pessoas instruídas] olham, veem com clareza.
> Quando escutam, pensam em como escutar bem...
> Em sua postura, pensam em como ser respeitosas.
> Ao falar, pensam em como ser verdadeiras...
> Quando estão em dúvida, pensam em como fazer perguntas. **"**
>
> Confúcio, filósofo chinês

devemos fazer um breve resumo do todo. Começamos a sessão dizendo: "Vamos lidar com perguntas por 10 minutos e, depois, fazer uma breve conclusão". Isso impede que a apresentação esmoreça e tenha um final fraco. Além disso, se recebermos perguntas hostis ou difíceis de responder, teremos a chance de ter a última palavra.

competências de redação
Uma redação eficaz envolve mais do que apenas correção de ortografia, pontuação e gramática (embora isso tudo ajude!). Escrever bem exige, acima de tudo, um raciocínio lógico e claro.[61] O ato de escrever pode ajudar muito o pensamento, porque teremos que pensar no que de fato queremos dizer e na lógica por trás da mensagem.[62]

Queremos que as pessoas achem nossos memorandos e relatórios legíveis e interessantes. Devemos nos esforçar para que sejam claros, organizados, legíveis e concisos.[63] Leitores sobrecarregados de documentos, inclusive memorandos loquazes, gostam de concisão. Use um dicionário e um glossário e evite palavras rebuscadas.

Nosso primeiro rascunho raramente é tão bom quanto poderia ser. Se houver tempo, devemos fazer revisão. Levar o leitor em consideração. Repassar todo o documento e eliminar palavras, frases e parágrafos desnecessários. Usar palavras específicas e concretas e não frases abstratas. Em vez de dizer "sobreveio um período de clima desfavorável", dizer "choveu todos os dias por uma semana".

Devemos ser críticos a respeito do que escrevemos. Se quisermos melhorar, podemos ler alguns dos manuais de redação e estilo disponíveis no mercado.[64]

▶ Os princípios da redação eficaz aplicam-se à comunicação online, inclusive sites. O segredo é focar o ponto de vista do público. Isso evita armadilhas comuns, como planejar um site baseado naquilo que o perito em marketing online Seth Rosenblatt chama de "opinião do maior salário" — por exemplo, apresentar na home page uma foto do presidente-executivo. Usar uma linguagem simples e positiva também é importante, principalmente online, um ambiente no qual os visitantes provavelmente farão uma leitura diagonal da página em busca de respostas.

Uma empresa que reformou seu site para se comunicar melhor com os clientes é a A. C. Moore, que vende produtos para artes e artesanato. O site original continha apenas informações corporativas e materiais instrutivos de uso de seus produtos e a empresa esperava que os visitantes fizessem compras online se isso fosse fácil o bastante. Para exemplificar, a empresa simplificou o processo de pedido de e-mails sobre produtos. Agora, em vez de fazer uma assinatura para entrar em uma lista de *mailing*, os visitantes podem simplesmente clicar em um link na parte inferior de cada página.

Acima de tudo, a A. C. Moore escuta. Seu site inclui um fórum para clientes, onde os participantes podem trocar ideias sobre artesanato e comentários sobre suas experiências com a empresa e seus produtos. Certa vez, quando a clientela começou a reclamar dos preços de remessa, os funcionários desenvolveram uma alternativa. Publicaram a ideia de passar para uma só taxa fixa e baixa para todos os pedidos; os participantes do fórum reagiram positivamente e a empresa fez a mudança. Essas mudanças voltadas para o cliente aumentaram o tráfego do site da empresa e suas vendas.[65] ◀

linguagem
A escolha de palavras pode aumentar ou reduzir a eficácia da comunicação. Por exemplo, o jargão técnico é um tipo de abreviação que pode tornar a comunicação mais eficaz quando o remetente e o destinatário o conhecem. Mas quando o destinatário não está familiarizado com o jargão, ocorrem mal-entendidos. Quando pessoas de diferentes áreas funcionais ou disciplinas se

comunicam umas com as outras, mal-entendidos muitas vezes acontecem por causa de barreiras de "linguagem". Como no caso da escrita, a simplicidade costuma ajudar.

Tanto ao falar quanto ao escrever, devemos levar em conta o histórico – cultural e técnico – do destinatário e ajustar apropriadamente nossa linguagem. Quando somos os destinatários, não podemos presumir que nosso entendimento seja o pretendido pelo remetente. John Chambers, presidente-executivo da Cisco e formado em administração de empresas, pede aos engenheiros da empresa de tecnologia que administra que expliquem os termos técnicos usados, "algo que fazem muito bem", segundo ele.[66] Ao mesmo tempo, Chambers demonstra respeito e aumenta sua credibilidade ao interessar-se realmente pelo trabalho que fazem. Sempre que viaja com engenheiros ou os avalia, pede que lhe ensinem algum assunto – e presta atenção.

O significado da escolha de palavras também pode variar de uma cultura para outra. Os japoneses usam a palavra simples *hai* ("sim") para indicar que entendem o que está sendo dito; isso não significa, necessariamente, que concordem. Pessoas de negócios da Ásia raramente usam o termo "não" diretamente, dando preferência a formas mais sutis de discordância.[67] As equipes globais fracassam quando seus membros têm dificuldades de comunicação decorrentes de barreiras linguísticas, culturais e geográficas. No começo, a heterogeneidade prejudica a operação da equipe. Mas quando desenvolvem meios de interação e comunicação, as equipes criam uma identidade comum e apresentam bom desempenho.[68]

Ao fazer negócios no exterior, procure aprender algo sobre a língua e os costumes do outro país. Os norte-americanos tendem a fazer isso menos do que pessoas de algumas outras culturas; poucos deles consideram necessário falar uma segunda língua para negociar no exterior e uma maioria significativa das empresas dos Estados Unidos não exige que os funcionários enviados para outros países falem a língua local.[69] Aquelas que o exigem terão uma grande vantagem sobre as demais.[70] Dar-se ao trabalho de aprender a língua local aumenta a identificação, estabelece um tom apropriado para a realização de negócios, ajuda no ajuste ao choque cultural e, principalmente, nos ajuda a "entrar" na outra cultura.[71] Entenderemos melhor como as pessoas pensam, o que sentem e como se comportam em suas interações pessoais e profissionais.

Os sinais não verbais também transmitem significado

As pessoas enviam e interpretam sinais que não os falados ou escritos. Essas mensagens não verbais podem respaldar ou prejudicar a mensagem. Muitas vezes, dicas não verbais exercem maior impacto do que os demais sinais. Aos olhos dos funcionários, as atitudes dos gestores frequentemente são mais importantes do que as palavras que escolhem. O gestor de projetos Steve Bailey já tinha feito muitas apresentações quando participou de uma oficina de habilidades de apresentação na qual um instrutor apontou o hábito que Bailey tinha de abrir e fechar as mãos enquanto falava. O comportamento era uma distração e sinalizava falta de autoridade. Quando Bailey parou de fazer esse gesto, descobriu que suas apresentações tendiam a ser mais convincentes.[72]

Em conversas, a não ser quando queremos transmitir uma mensagem negativa, devemos enviar sinais não verbais que indique calor, respeito, preocupação, senso de igualdade e disposição para ouvir. Os sinais não verbais negativos demonstram frieza, desrespeito, falta de interesse e senso de superioridade.[73] As sugestões a seguir podem nos ajudar a enviar sinais não verbais positivos:

- Usar bem o *tempo*. Evitar deixar funcionários nos esperando. Dedicar tempo o bastante às nossas reuniões com eles e nos comunicar com frequência sinalizam nosso interesse pelas suas preocupações.

- Optar por um *layout de escritório* que facilite a comunicação aberta. Assentos dispostos de tal maneira que evitem separar as pessoas ajudam a estabelecer um clima caloroso e cooperativo. Por outro lado, quando nos sentamos atrás de nossa escrivaninha com nosso subordinado à frente, o ambiente é de intimidação e autoritarismo.[74]

- Não se esquecer da *linguagem corporal*. Pesquisas indicam que a expressão facial e o tom de voz podem responder por 90% da comunicação entre duas pessoas.[75] Diversos sinais corporais não verbais transmitem uma atitude positiva em relação ao interlocutor: ficar próximo dele; gesticular com frequência; manter contato visual; sorrir; adotar uma postura corporal aberta, como encarar diretamente a outra pessoa; descruzar braços e pernas; e inclinar-se para a frente para demonstrar interesse no que a outra pessoa diz.

O silêncio é uma situação não verbal interessante. O norte-americano comum passa em média duas horas por dia a mais em conversação do que o japonês médio.[76] Os norte-americanos tendem a falar para preencher o silêncio. Os japoneses permitem longos períodos de silêncio, acreditando que, com isso, podem conhecer melhor as outras pessoas. Acreditam, ainda, que duas pessoas com boa ligação saberão uma o que a outra está pensando. A necessidade de uso de palavras implica falta de entendimento.

sinais não verbais em diferentes países

Eis alguns exemplos de erros não verbais que os norte-americanos poderiam cometer em outros países.[77] Agitar a cabeça para cima e para baixo significa "não" na Bulgária. Fazer um círculo com o polegar e o indicador é um gesto vulgar no Brasil, em Cingapura, na Rússia e no Paraguai. A cabeça é sagrada para as culturas budistas e, nos respectivos países, nunca devemos tocar a cabeça de ninguém. Em culturas muçulmanas, nunca tocar ou comer com a mão esquerda, que é considerada impura. Cruzar o tornozelo sobre o joelho é falta de educação na Indonésia, na Tailândia e na Síria. Nunca aponte o dedo para si na Alemanha ou na Suíça – é um insulto ao interlocutor.

Também precisamos interpretar corretamente os sinais não verbais dos outros. Os chineses coçam as orelhas e bochechas para demonstrar felicidade. Os gregos bufam depois de receber um elogio. Os hondurenhos põem os dedos abaixo dos olhos para indicar descrença ou cautela. Os japoneses indicam vergonha ou negação aspirando ar e o soltando com um sibilo por entre os dentes. Os vietnamitas abaixam a cabeça e olham para o chão para demonstrar respeito. Se comparados aos norte-americanos, os russos usam menos expressões faciais e os escandinavos gesticulam menos com as mãos, enquanto as pessoas de culturas mediterrâneas e latinas podem gesticular e tocar mais. Os brasileiros tendem a interromper mais do que os norte-americanos, os árabes tendem a falar alto e os asiáticos tendem a respeitar o silêncio.

Devemos usar esses exemplos não como estereótipos, mas como lembrete de que as pessoas de outras culturas têm estilos diferentes e para nos ajudar a aumentar a precisão da comunicação.

Os destinatários podem aprimorar suas competências de escuta, leitura e observação

Uma vez que sejamos eficazes no envio de mensagens orais, escritas e não verbais, estamos a meio caminho de nos tornar comunicadores completos. Mas também precisamos desenvolver capacidades adequadas de recepção. Os destinatários precisam ter boas competências de escuta, leitura e observação.

escuta   No exigente mundo profissional de hoje, os gestores precisam ser excelentes ouvintes. Embora seja comum presumir que escutar é fácil e natural, na verdade é algo difícil e muito menos comum do que o necessário. Catherine Coughlin treinou suas competências de ouvinte como representante de atendimento ao cliente da Union Electric Company durante as férias quando era universitária. Independentemente de o motivo da ligação ser uma conta atrasada, uma falta de luz ou simplesmente uma desculpa para falar com alguém, Coughlin percebeu que "temos de respeitar todas as pessoas e o que elas têm a dizer" e depois decidir como reagir. Nas décadas seguintes, Coughlin usou essa experiência para construir uma carreira de sucesso na Southwestern Bell Telephone e nas empresas que a sucederam. Ela hoje é presidente do conselho e executiva da AT&T Midwest e ainda está comprometida com ouvir atentamente.[78]

Uma técnica básica chamada *reflexão* ajuda os gestores a ouvir efetivamente.[79] A **reflexão** é um processo por meio

> " Nunca aprendemos nada enquanto estamos falando. "
>
> Catherine Coughlin, presidente-executiva da AT&T Midwest[80]

do qual a pessoa diz o que acredita que a outra pessoa esteja comunicando. Essa técnica dá maior ênfase ao ouvir do que ao falar. Quando as duas partes praticam ativamente a reflexão, entram no quadro de referência uma da outra, em vez de simplesmente ouvir e reagir partindo de si próprio. O resultado é uma comunicação bilateral mais precisa. Além de usar a reflexão, podemos melhorar nossas características de ouvintes com as técnicas a seguir:[81]

1. *Encontrar uma área de interesse.* Mesmo que concluamos que o assunto é tedioso, podemos nos perguntar: "O que daquilo que o remetente está dizendo é útil para nós?".
2. *Julgar o conteúdo, não a apresentação.* Não devemos nos ater à personalidade, aos maneirismos, à voz, ou ao vestuário do remetente. Em vez disso, temos que tentar aprender o que ele sabe.
3. *Segurar a onda.* Em vez de nos animar imediatamente com o que o remetente parece estar dizendo, devemos conter nossa avaliação até entender a mensagem enviada.
4. *Escutar em busca de ideias.* Não nos atolar em fatos e detalhes; em vez disso, focar as ideias centrais.
5. *Flexibilidade.* Precisamos contar com diversos sistemas de tomada de notas e usar o sistema que melhor se adapte ao estilo do remetente. Não devemos tomar notas demais e nem tentar forçar tudo o que um remetente desorganizado diz ao entrar em um contexto formal.
6. *Resistir a distrações.* Fechar a porta, desligar o rádio, ficar mais perto de quem fala ou pedir que fale mais alto. Não olhar pela janela ou para os papéis sobre a mesa.
7. *Exercitar a mente.* Algumas pessoas perdem a atenção quando o assunto fica difícil. Precisamos desenvolver o apetite por um bom desafio mental.
8. *Manter a mente aberta.* A maioria das pessoas tende para o lado emocional quando escuta palavras que se referem a convicções profundas que tenham, como, por exemplo, sindicato, subsídio, importação, *Republicano* ou *Democrata*, e *grandes empresas*. Devemos tentar impedir nossas emoções de interferir em nossa compreensão.
9. *Aproveitar a velocidade do pensamento.* Usar em nosso benefício o fato de que a maioria das pessoas fala cerca de 125 palavras por minuto, mas pensa a uma velocidade cerca de quatro vezes maior. Podemos usar essas 400 palavras a mais por minuto para pensar no que o remetente está dizendo em vez de voltar o pensamento para alguma outra coisa.
10. *Dedicação à escuta.* Fazer um esforço. Não simplesmente fingir que estamos prestando atenção. Demonstrar interesse. Ser um bom ouvinte dá trabalho, mas os benefícios superam os custos.

A questão é importante para os gestores; não escutar faz com que deixem de perceber boas ideias e pode até afastar os funcionários. Quando Ben Berry era analista de sistemas graduado em um hospital, foi designado para ajudar uma equipe encarregada de desenvolver aplicativos de computação. O outro líder da equipe, um médico, tinha pouco interesse em escutar as ideias de Berry e dos demais membros da equipe. Estava mais focado em dar ordens. A equipe e Berry sentiram-se desencorajados. Berry tentou discutir a questão com seu supervisor e com o médico, mas o médico nunca entendeu a necessidade de escutar; por isso, Berry deixou a empresa para aceitar outro emprego.[82]

Escutar começa com o contato pessoal. Ficar no escritório com a porta fechada e almoçar na própria mesa às vezes parecem coisas necessárias para realizar tarefas urgentes, mas não é assim que ficamos a par do que está acontecendo. É melhor andar pelos corredores, puxar conversa e ir almoçar até com

DICA
Podemos ser colaboradores eficazes se não soubermos escutar?

● **REFLEXÃO** Um processo pelo qual uma pessoa declara o que acredita que o interlocutor esteja dizendo.

pessoas de outras áreas, tomar café em algum lugar popular e talvez, quem sabe, mudar nossas mesas para o chão de fábrica.[83]

Quando um gestor se dá ao trabalho de escutar e conhecer as pessoas, elas pensam: "Estão demonstrando interesse em mim", ou "Estão demonstrando que sou importante", ou "Minhas ideias e contribuições são apreciadas". Isso desenvolve a confiança. Escutar os outros e aprender com eles é ainda mais importante para inovações do que para trabalhos rotineiros. A mudança e a inovação bem-sucedidas surgem por meio de muito contato humano.

leitura   O analfabetismo é um problema significativo nos Estados Unidos. Mesmo que não seja um problema em nossa empresa, erros de leitura são comuns e dispendiosos. Como destinatários, para o nosso próprio bem, devemos ler memorandos e e-mails assim que possível, antes que seja tarde demais para responder. Podemos fazer uma leitura diagonal do material, mas temos que ler as mensagens, os documentos e os trechos mais importantes lenta e cuidadosamente. Anotar pontos importantes para consulta posterior. Considerar a possibilidade de fazer cursos para aumentar nossa velocidade de leitura e capacidade de compreensão. Finalmente, não devemos limitar nossas leituras a textos ligados às nossas competências profissionais ou perícias técnicas, mas ler materiais além das nossas preocupações imediatas. Nunca se sabe quando uma ideia criativa e útil virá de um romance, de uma biografia, de uma matéria esportiva, ou de um artigo sobre um problema em outro negócio ou setor.

observação   Os comunicadores eficazes também sabem observar e interpretar comunicações não verbais. Por exemplo, ao ler dicas não verbais, um apresentador pode determinar como vai sua palestra e ajustar a abordagem, se necessário. Algumas empresas treinam suas equipes de vendas para interpretar os sinais não verbais de clientes em potencial. As pessoas também podem decodificar sinais não verbais para determinar se um remetente está dizendo a verdade ou não. Nos Estados Unidos, quem comunica mentiras costuma fazer menos contato visual, mais ou menos movi-

> "Podemos observar muito só olhando."
> Yogi Berra (jogador e treinador de beisebol norte-americano, famoso também por suas frases mal-elaboradas)

CAPÍTULO 12 | Comunicação **287**

mentos corporais do que o normal e sorrir demais ou menos do que o de costume. Verbalmente, oferecem menos elementos específicos do que os remetentes que dizem a verdade.[84]

Uma fonte vital de observações úteis vem de visitas a pessoas, fábricas e outros pontos para se obter uma visão em primeira mão.[85] Muitos executivos fiam-se demais em relatórios de campo e não viajam a locais distantes para observar os acontecimentos. Os relatórios não são substitutos para se ver as coisas na prática. Visitar o campo frequentemente e observar com atenção podem ajudar os gestores a desenvolver uma compreensão profunda das operações, dos prospectos para o futuro e lhes dar ideias para explorar plenamente a capacidade.[86]

É claro que precisamos *interpretar corretamente* o que observamos. Um canadense que realizava negócios com uma autoridade graduada do Kuwait surpreendeu-se com o fato de que a reunião se deu em um escritório aberto e era constantemente interrompida.[87] Interpretou a ausência de um grande escritório privado e de uma secretária como sinais de que o interlocutor era de baixo nível hierárquico e não estava interessado em fazer negócios e acabou perdendo o interesse na transação. O canadense observou cuidadosamente os fatos, mas seus vieses de percepção e sua compreensão limitada das diferenças culturais fizeram com que interpretasse incorretamente o que viu.

Os japoneses são especialmente hábeis na interpretação de pequenas nuances de voz e gestos, deixando a maioria dos ocidentais em desvantagem.[88] Quando realizamos negócios na Ásia ou em outros países, guias locais podem ser preciosos não só como intérpretes da língua, mas como "decodificadores" de comportamentos em reuniões, indicando o significado de dicas sutis e não verbais, quem são as principais pessoas presentes e de como opera o processo de tomada de decisões.

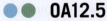

OA12.5
Explicar como melhorar a comunicação descendente, ascendente e horizontal.

COMUNICAÇÃO ORGANIZACIONAL

Ser um comunicador hábil é essencial para ser um bom gestor e líder de equipe. Mas a comunicação também precisa ser gerida em toda a organização. A cada minuto de cada dia, incontáveis elementos de informação são transmitidos por meio das organizações. O fluxo informacional afeta o desempenho das pessoas. Quando o sucesso de um grupo depende da descoberta de novas informações, as pessoas que extraem independentemente informações de diversas fontes ajudam a atingir esse sucesso. Para avaliar informações e chegar a decisões, as pessoas dos grupos mais eficazes comunicam-se com os membros de suas equipes (uma rede altamente conectada). As equipes mais produtivas alternam entre o uso de redes centralizadas e redes altamente conectadas.[89] Esses padrões de comunicação podem incluir comunicações de fluxo descendente, ascendente, horizontal e informal dentro da empresa.

A comunicação descendente orienta, motiva, treina e informa

A **comunicação descendente** refere-se ao fluxo de informação dos níveis mais altos para os mais baixos na hierarquia de uma empresa. Alguns exemplos são um gestor que dá uma tarefa a um assistente, um supervisor que faça um anúncio aos seus subordinados e o presidente de uma empresa dizendo algo à equipe de administração. Uma comunicação descendente que forneça informações relevantes promove a identificação dos funcionários com a empresa, atitudes de apoio e decisões condizentes com os objetivos dela.[90]

As pessoas precisam receber as informações necessárias para realizar suas tarefas e tornar-se – e permanecer – membros fiéis da empresa. Mas muitas vezes lhes faltam informações adequadas.[91] A falta de informação se deve a diversos problemas:

- *Sobrecarga informacional* – Gestores e funcionários veem-se bombardeados com tanta informação que não conseguem absorver toda ela. Muito da informação não é de grande importância, mas o volume faz com que se percam informações relevantes.

- *Falta de abertura entre gestores e funcionários* – Os gestores podem achar que "Não receber notícias é uma boa notícia", "Não tenho tempo para mantê-los informados de tudo o que querem saber", ou "Não é da conta deles mesmo". Alguns gestores retêm informações mesmo quando compartilhá-las seria útil.

- *Filtragem* – Como já vimos neste capítulo, quando as mensagens passam de uma pessoa para outra, parte da informação se perde. Quando uma mensagem passa por muitas pessoas, é possível que se perca informação a cada transmissão. A mensagem também pode ser distorcida à medida que as pessoas acrescentem a ela palavras ou interpretações. A filtragem representa problemas sérios nas empresas quando as mensagens são comunicadas de forma descendente por muitos níveis organizacionais e perde-se muita informação.

Os dados da Figura 12.2 sugerem que, quando as mensagens chegam às pessoas às quais se destinam, os destinatários podem obter muito pouca informação de valia. Quanto menor o número de níveis pelos quais a comunicação precise passar, menor será a perda ou distorção de informações. Com isso, em empresas mais achatadas, a filtragem representa um problema menor de comunicação descendente.

Os gestores podem lidar com algumas dessas dificuldades por meio da criação de uma cultura que valorize a comunicação. Em uma grande empresa de telecomunicações, os funcionários classificavam consistentemente a divisão de recursos humanos (RH) como a que melhor se comunicava com eles. O presidente da divisão enviava mensalmente mensagens sobre novas contas, produtos em desenvolvimento, tendências de contratação de pessoal e realizações de funcionários específicos. Os funcionários e gestores também eram mantidos atualizados por meio de comunicações presenciais em reuniões gerais trimestrais, reuniões mensais dos gestores de linha e reuniões semanais da alta administração. E o presidente convidava 10 funcionários por vez para comunicações informais em cafés da manhã e almoços mensais.[92]

coaching Algumas das principais comunicações descendentes ocorrem quando os gestores dão *feedback* de

288 Administração

desempenho aos seus subordinados diretos. Já tratamos da importância do *feedback* e dos reforços positivos, quando merecidos. Também é importante discutir abertamente o mau desempenho e áreas que possam ser aprimoradas.

O *coaching* é um diálogo que tem por objetivo ajudar outra pessoa a ser mais eficaz e realizar plenamente seu potencial no cargo.[93] Quando bem realizado, desenvolve os executivos e melhora o desempenho.[94] Quando as pessoas têm problemas de desempenho ou apresentam comportamentos que precisem mudar, o *coaching* é frequentemente a melhor maneira de ajudá-los a ter sucesso. E o *coaching* não é só para os de desempenho fraco; como sabem os grandes atletas, é para todos que sejam bons e aspirem a excelência. Os *coaches* de executivos às vezes são trazidos de fora, mas um *coach* externo pode não compreender inteiramente o contexto no qual trabalhamos.[95] Assim, não devemos aceitar automaticamente seus conselhos. A melhor maneira de usar um *coach* é como ouvinte, ajudando-nos a pensar bem o impacto potencial de nossas ideias, gerar novas opções e aprender com as experiências passadas.

Algumas empresas, como a Coca-Cola, por exemplo, usam o *coaching* como elemento essencial do processo de desenvolvimento de executivos. Quando bem realizado, o *coaching* é um verdadeiro diálogo entre duas pessoas comprometidas e engajadas com a solução conjunta de problemas. É muito mais do que uma oportunidade de dar destaque a mau desempenho, repreender ou aconselhar. O bom *coaching* exige uma verdadeira compreensão do problema, da pessoa e da situação; a geração conjunta de ideias a respeito de como agir; e o incentivo à pessoa para que se aprimore. Os bons *coaches* fazem muitas perguntas, são bons ouvintes, fornecem insumos e encorajam os outros a pensar por conta própria. O *coaching* eficaz exige franqueza, calma e apoio, tudo isso somado a um desejo genuíno de ajudar. A principal e mais duradoura forma de ajuda é capacitar as pessoas e analisar e resolver os próprios problemas.

comunicação descendente em momentos difíceis Uma comunicação descendente adequada pode ser especialmente valiosa em momentos difíceis. Durante fusões e aquisições, os funcionários sentem-se ansiosos e tentam imaginar como as mudanças os afetarão. Idealmente (e eticamente), a alta administração deve comunicar-lhes as mudanças o quanto antes.

Há quem se oponha a essa abordagem, argumentando que informar os funcionários a respeito da reorganização pode levá-los a pedir demissão cedo demais. Também nesse caso, a alta administração muitas vezes se fecha, gerando rumores e ansiedade. Os presidentes-executivos e outros gestores graduados cercam-se de advogados, bancos de investimento e outras pessoas pagas para fazer a transação acontecer, não necessariamente dar certo. Mas é preciso aumentar, e não reduzir, a comunicação com as pessoas afetadas pelo negócio.[96]

Em uma fusão de duas empresas da *Fortune 500*, duas fábricas receberam informações muito diferentes.[97] Todos os funcionários de ambas receberam a mesma carta inicial do presidente-executivo informando-os da fusão. Depois disso, contudo, uma unidade foi mantida no escuro, enquanto a outra era continuamente informada do andamento. A alta administração deu aos funcionários informações sobre demissões, transferências, promoções e rebaixamentos, assim como sobre mudanças de salário, cargos e benefícios.

Qual das unidades se deu melhor durante os difíceis meses de transição? Nas duas, a fusão reduziu a satisfação dos funcionários com o cargo e seu comprometimento com a organização, enquanto aumentou a crença em que a empresa era indigna de confiança, desonesta e não se importava com eles. Na fábrica em que os funcionários receberam poucas informações, os problemas persistiram por muito tempo. Na outra, contudo, a situação se estabilizou e as atitudes retornaram aos níveis normais. A comunicação aberta não só aju-

- **COMUNICAÇÃO DESCENDENTE** Informações que fluem dos níveis hierárquicos mais altos para os mais baixos de uma organização.

- **COACHING** Diálogo que tem por objetivo ajudar outra pessoa a ser mais eficaz e realizar seu potencial pleno no cargo.

- **GESTÃO DE LIVRO ABERTO** A prática de compartilhar com funcionários de todos os níveis da organização informações vitais anteriormente reservadas à administração.

FIGURA 12.2 Perda de informação na comunicação descendente

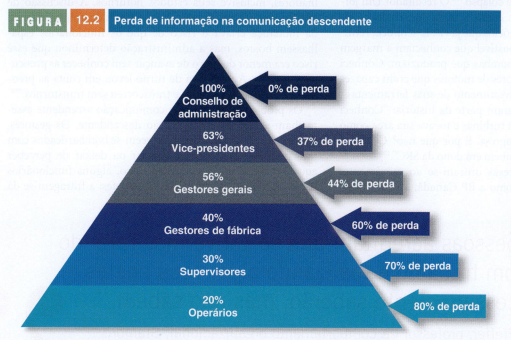

CAPÍTULO 12 | Comunicação 289

dou os funcionários a superar um período de ansiedade como também serviu como valor simbólico, sinalizando atenção aos funcionários e preocupação com eles. Sem essas comunicações, as reações dos funcionários a fusões ou aquisições podem ser negativas a ponto de prejudicar a estratégia corporativa.

gestão de livro aberto
Os executivos muitas vezes se orgulham de seus boletins, encontros de administração, vídeos e outros veículos de comunicação descendente. Muitas vezes, as informações prestadas referem-se a times esportivos da empresa, aniversários e novas máquinas copiadoras. Mas uma filosofia menos convencional tem ganhado impulso. A **gestão de livro aberto** é a prática de compartilhar com funcionários de todos os níveis da empresa informações vitais anteriormente reservadas à administração. Essas informações incluem metas financeiras, orçamentos, vendas, projeções e outros dados relevantes sobre o desempenho e os prospectos da empresa. A prática é drasticamente diferente da tradicional abordagem fechada segundo a qual as pessoas podem ou não saber como anda a empresa, podem ou não acreditar naquilo que a administração lhes diz e podem ou não acreditar que seu desempenho pessoal faça alguma diferença. A gestão de livro aberto é controvertida e muitos gestores preferem reservar essas informações para si. Compartilhar planos estratégicos e informações financeiras com os funcionários pode levar a vazamentos de informação ou à insatisfação daqueles com a remuneração. Mas as empresas que compartilham essas informações relatam um impacto favorável sobre a motivação e a produtividade. Segundo Cecil Ursprung, presidente do conselho e executivo da Reflexite Corporation de New Britain, estado de Connecticut, "Por que dizer a 5% da equipe como anda o placar e não dizer aos outros 95%?"[98]

Frederick Taylor, o "pai" da administração científica no começo do século XX, teria considerado uma "idiotice" abrir os livros a todos os funcionários.[99] Mas foi isso que Jack Stack experimentou fazer na Springfield ReManufacturing Corporation, que estava à beira do colapso.[100] O resultado? Um jornalista referiu-se à empresa como "a força de trabalho mais motivada e treinada em negócios que já vi". E "Conheci retificadores de bomba de combustível que conheciam a margem bruta de todos os bicos e bombas que produziam. Conheci torneiros de eixo e montadores de motores que eram capazes de discutir o retorno do investimento de suas ferramentas". As recompensas também eram parte da história: "Conheci um cara que trabalhava em turbinas e tocava sua área como se fosse a própria microempresa. E por que não? Como os outros funcionários, ele também era dono da SRC".[101]

Outras pequenas empresas uniram-se ao movimento. Depois, outras maiores, como a BP Canadá, a R. H. Don-nelley, a Wabash National e a Baxter Healthcare começaram a usar a gestão de livro aberto.

Abrir os livros, quando feito da maneira correta, representa um sistema completo de comunicação que faz sentido tanto para o pessoal do chão de fábrica quanto para os altos executivos. O deslocamento em direção à gestão de livro aberto envolve os seguintes passos fundamentais:[102]

1. Fornecer informação.
2. Ensinar fundamentos de finanças e negócios.
3. Dar às pessoas o poder de tomar decisões com base no que sabem.
4. Certificar-se de que todos compartilhem diretamente do sucesso (e dos riscos) da empresa, por exemplo, por meio de distribuição de ações e bonificações.

A comunicação ascendente é de valor inestimável para a administração

A **comunicação ascendente** vai dos níveis hierárquicos mais baixos para os mais altos. A boa comunicação ascendente é importante por diversos motivos:[103]

- Os gestores ficam sabendo do que acontece. A administração obtém uma visão mais precisa do trabalho, das realizações, dos problemas, dos planos, das atitudes e das ideias dos subordinados.
- Os funcionários têm a oportunidade de comunicar-se ascendentemente. Com isso, podem aliviar algumas frustrações, obter um maior senso de participação no negócio e aumentar o moral.
- Uma comunicação ascendente eficaz facilita a descendente comunicação na medida em que há bons ouvintes dos dois lados.

Uma empresa industrial usou a comunicação ascendente enquanto se preparava para ter turnos ininterruptos. Os gestores esperavam que a mudança seria difícil para alguns funcionários e, por isso, reuniu um grupo de foco de operários para informar a administração de como os novos turnos iriam afetar os compromissos familiares e outros dos trabalhadores, inclusive seus estudos noturnos. A discussão de possibilidades com o grupo de foco antes do anúncio formal da mudança criava o risco de que os funcionários espalhassem boatos, mas a administração determinou que esse risco era menor do que o de avançar sem conhecer as preocupações deles. A mudança de turno levou em conta as preocupações dos funcionários e transcorreu sem transtornos.[104]

Os problemas comuns na comunicação ascendente assemelham-se aos da comunicação descendente. Os gestores, assim como seus subordinados, veem-se bombardeados com informações e podem negligenciar ou deixar de perceber aquelas vindas de baixo. Além disso, alguns funcionários nem sempre são abertos com seus chefes; a filtragem se dá

> "Muitas pessoas acreditam que se estivermos fazendo um bom trabalho e realizando algo, seus chefes necessariamente saberão, mas não sabem."
>
> Jeffrey Pfeffer, professor de comportamento organizacional, Stanford[105]

tanto na comunicação ascendente quanto na descendente. As pessoas tendem a compartilhar com os superiores apenas as boas novas, suprimindo as más por diversos motivos:

- Querem parecer competentes.
- Não confiam nos chefes e temem ser punidos se eles ficarem sabendo de algo que tenham feito.
- Temem que o chefe puna o mensageiro, mesmo que o problema relatado não seja culpa de quem deu a informação.
- Acham que estarão ajudando o chefe se o protegerem de problemas.

Por esses e outros motivos, os gestores podem não ficar sabendo de problemas importantes. Como observou um perito em liderança, "Se as mensagens vindas de baixo disserem que estamos fazendo um trabalho impecável, peça uma avaliação mais sincera".[106]

Quando Howard Stringer tonou-se o primeiro presidente-executivo estrangeiro da Sony Corporation, teve diversos problemas de comunicação ascendente – e descendente – com seus colegas japoneses. A equipe de administração que herdou preferia lidar com os problemas da maneira tradicional japonesa – discretamente, sem informá-lo do que estava acontecendo. Embora o método possa ser eficaz para lidar com pequenas desavenças pessoais, acabou virando um grande problema para a Sony, resultando no atraso do lançamento do PlayStation 3 e em um *recall* de baterias. Stringer tinha tentado encorajar seus altos gestores a cooperar uns com os outros e considerar novas maneiras de desenvolver produtos, mas eles resistiram. Assim, quando o PlayStation atrasou e aconteceu o *recall* de baterias, Stringer decidiu que era hora de reorganizar sua equipe.

Ele substituiu o chefe da divisão de videogames (que era especialmente fechado) e começou a receber todos os relatórios referentes a problemas de fabricação, inclusive aquilo a que se refere como "mais e-mails do que gosto de ler". Stringer, mesmo percebendo que "não se pode atacar uma empresa japonesa com uma marreta", passou a afirmar sua autoridade com mais frequência. Diz, ainda, que a Sony começou a apresentar mais comunicação entre gestores de um mesmo nível. Segundo Stringer, "Hoje podemos dizer, em qualquer dia, todos os incidentes ocorridos em nossa produção; assim, acho que aprendemos muito com a experiência". O presidente-executivo da Sony espera nunca mais passar por um dia em que não saiba exatamente o que está acontecendo na empresa.[107]

gestão da comunicação ascendente

Gerar informações úteis a partir de baixo exige que os gestores *facilitem* e *motivem* a comunicação ascendente. Por exemplo, podem ter uma política de portas abertas e incentivar as pessoas a fazer uso dela, almoçar ou tomar café com os funcionários, usar pesquisas de opinião, instituir um programa de produtividade para sugestões, ou realizar assembleias abertas. Podem pedir conselhos aos funcionários, fazer visitas informais às fábricas, pensar realmente nas sugestões dos funcionários e responder a elas, e distribuir resumos de novas ideias e práticas inspiradas em sugestões e atitudes deles.[108]

Alguns executivos praticam a gestão baseada no passeio (MBWA, *Management By Wandering Around*). O termo, cunhado por Ed Carlson, da United Airlines, refere-se a simplesmente sair do escritório, dar uma volta e falar frequente e informalmente com os funcionários.[109] Na sede da Secura Insurance, de Appleton, estado de Wisconsin, o presidente-executivo John Bykowski tem o hábito de andar pelo prédio e conversar com os funcionários.[110] Nos escritórios do jornal *South Florida Sun-Sentinel*, o editor Earl Maucker é conhecido por passar pelos escritórios e baias dos funcionários. Maucker é famoso entre seus quadros de redação por ser acessível e franco e, por isso, eles confiam no que ele diz.[111]

> ● **COMUNICAÇÃO ASCENDENTE** Informações que fluem dos níveis mais baixos para os mais altos na hierarquia de uma organização.

> ● **COMUNICAÇÃO HORIZONTAL** Informações compartilhadas entre pessoas de um mesmo nível hierárquico.

Em uma empresa do setor aeroespacial, a administração contratou consultores porque a confiança e a comunicação entre administração e funcionários eram baixas. Os consultores estabeleceram uma equipe de funcionários para estudar o problema e sua recomendação prioritária era a de que os gestores dessem passeios informais, visitando os funcionários em suas áreas de trabalho. Os membros da equipe de solução de problemas disseram à administração que desejavam essas visitas como sinal de que os gestores se importavam em conhecê-los, passar tempo com eles e escutar o que tinham a dizer.[112]

A boa comunicação ascendente deve ser reforçada, não punida. Alguém que tente conversar com um gestor a respeito de algum problema não deve ser afastado. As políticas de portas abertas devem ser verdadeiras. Além disso, as pessoas precisam confiar em seus supervisores e saber que não haverá retaliação pelo fornecimento de informações negativas. Para obter franqueza, os gestores precisam escutar, nunca punir o mensageiro por ser franco e agir com base em comentários válidos que recebam.

A comunicação horizontal alimenta a colaboração

Pessoas em um mesmo nível hierárquico precisam compartilhar muitas informações. Essa **comunicação horizontal** pode se dar entre pessoas de uma mesma equipe de trabalho ou em departamentos diferentes. Por exemplo, um comprador discute um problema com um engenheiro de produção, ou uma força-tarefa de líderes de departamento se reúne para discutir uma questão específica. A comunicação horizontal também ocorre com pessoas de fora da empresa, inclusive investidores em potencial.[113]

A comunicação horizontal desempenha muitas funções importantes:[114]

- Permite que as unidades compartilhem informações, coordenem os trabalhos e solucionem problemas comuns.
- Ajuda a solucionar conflitos.
- Ao permitir interação entre pares, fornece apoio social e emocional.

Todos esses fatores contribuem para o moral e a eficácia. David Carere, vice-presidente financeiro de crédito e liquidação de contas da Rich Products, destaca o fato de que seu pessoal precisa colaborar com os funcionários em outras funções, principalmente vendas e atendimento ao cliente. Essa colaboração horizontal ajuda a empresa de sobremesas refrigeradas a garantir que suas vendas mantenham-se lucrativas e que os créditos de liquidação duvidosa sejam mantidos em níveis mínimos. Para alimentar a comunicação entre seus funcionários e os de outros departamentos, Carere promove reuniões nas quais o departamento de crédito explica seu papel aos funcionários de outros departamentos e aprende mais sobre o que eles fazem.[115]

● ● CAPÍTULO 12 | Comunicação **291**

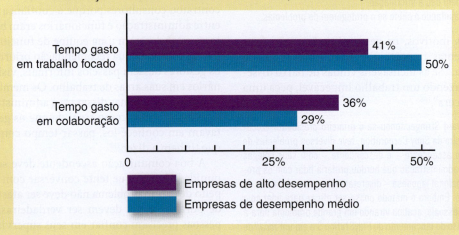

VOCÊ SABIA?

Atualmente, os trabalhadores de escritório dedicam-se a quatro modos de trabalho: *focado* (concentração em uma tarefa que pode envolver pensamento, redação e reflexão), *colaboração* (trabalhar com outras pessoas para gerar e avaliar ideias), *aprendizado* (aquisição de novos conhecimentos) e *socialização* (desenvolvimento de relacionamentos). Os funcionários das empresas de mais alto desempenho dedicam mais tempo às modalidades de trabalho que exigem mais comunicação horizontal – inclusive 16% mais tempo de socialização.[123]

gestão da comunicação horizontal Em ambientes complexos, nos quais as decisões de uma unidade afetam outras, a informação precisa ser compartilhada horizontalmente. Um exemplo de boa comunicação horizontal é a conferência anual da Motorola para intercâmbio de melhores práticas entre grupos funcionais e de negócio de toda a empresa. A NASA faz intercâmbio entre cientistas de diferentes disciplinas. E a Hewlett-Packard usa bases de dados compartilhadas entre diferentes grupos para promover a troca de informações e ideias.[116]

A General Electric dá um ótimo exemplo para usar a comunicação horizontal produtiva como ferramenta competitiva.[117] As unidades da empresa poderiam operar independentemente, mas espera-se que cada uma ajude as demais. Elas transferem entre si recursos técnicos, pessoa, ideias e dinheiro. A GE realiza esse alto nível de comunicação e cooperação por meio da facilidade de acesso entre divisões e ao presidente-executivo; uma cultura de abertura, franqueza, confiança e dever mútuos; e reuniões trimestrais nas quais todos os altos executivos trocam informações e ideias. Atividades similares ocorrem também nos níveis mais baixos.

OA12.6
Resumir como trabalhar com a fofoca na empresa.

É preciso dar atenção à comunicação informal

As comunicações organizacionais variam segundo a formalidade:

- *Comunicações formais* são eventos oficiais de transmissão de informação, sancionados pela organização. Podem ser ascendentes, descendentes ou horizontais e muitas vezes são previamente arranjados e necessários para a realização de alguma tarefa.

- A *comunicação informal* é menos oficial. Pode haver fofoca; funcionários podem reclamar de seus chefes; as pessoas conversam a respeito dos seus times prediletos; equipes de trabalho ensinam aos recém-chegados como se orientar.[118]

A **"fofoca"** é a rede social de comunicação informal. As redes informais proporcionam informação às pessoas, ajudam-nas a resolver problemas e ensinam-lhes como realizar com sucesso seu trabalho. Precisamos desenvolver uma boa rede de pessoas dispostas e capacitadas a ajudar.[119] Mas a fofoca pode ser destrutiva quando boatos irrelevantes ou enganosos proliferam e prejudicam as operações.[120]

O que isso significa para nós? Não nos envolver em fofoca eletrônica. Episódios embaraçosos podem vir a público e processos judiciais por difamação e invasão de privacidade já usaram e-mails como provas. Mas também não devemos evitar a fofoca.[121] Precisamos escutar, mas avaliar antes de acreditar no que ouvimos. Quem é a fonte? Qual o seu grau de credibilidade? O boato faz sentido? É ou não condizente com outras coisas que ouvimos? Devemos buscar mais informações e evitar jogar gasolina na fogueira.

gestão da comunicação informal Surgem boatos sobre todos os tipos de assuntos, inclusive salários, segurança na empresa, erros dispendiosos e a identidade das pessoas que estão deixando a empresa ou sendo promovidas. Boatos são capazes de destruir a fé e a confiança das pessoas na empresa – e umas nas outras. Mas não é possível eliminar a fofoca. Por isso, os gestores precisam trabalhar *com* ela. Há diversas maneiras de gerenciar a "rádio peão":[122]

- Se um gestor ouvir algo que possa fugir ao controle, deve *conversar com as principais pessoas envolvidas* para chegar aos fatos e obter seus pontos de vista. Não devemos permitir fofocas maliciosas.

- Para *impedir* o surgimento de boatos, os gestores podem explicar eventos que sejam importantes, mas não tenham sido esclarecidos; desfazer incertezas com o fornecimento de fatos; e estabelecer, ao longo do tempo, comunicação aberta e confiança.[124] Esses esforços são de especial importância em tempos de incerteza, como após uma fusão ou uma demissão em massa, ou quando as vendas esmorecem porque os rumores aumentam com o nível de ansiedade. Por exemplo, quando caíram as receitas de publicidade da R. H. Donnelley, que publica listas de páginas amarelas, a administração aumentou seus esforços para garantir que os funcionários escutassem diretamente da administração, e não da imprensa, quaisquer notícias sobre a empresa. A Donnelley também incentivou seus gestores a visitar regularmente os vendedores para responder eventuais perguntas.[125]

- O gestor deve *neutralizar* os rumores que já tenham surgido. Reconsiderar o boato se este for improcedente; confirmar abertamente elementos verdadeiros; fazer comentários públicos (a ausência de comentários é encarada como uma confirmação do boato); negar o boato, se a negação for verdadeira (não devemos fazer negações falsas); garantir que a comunicação sobre o tema seja coerente; escolher um porta-voz de nível hierárquico e de conhecimento apropriado; e realizar reuniões abertas, se necessário.[126]

- **FOFOCA** Rede informal de comunicação.
- **ORGANIZAÇÃO SEM FRONTEIRAS** Organização que não possui barreiras ao fluxo de informação.

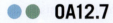

OA12.7
Descrever a organização sem fronteiras e suas vantagens.

A organização sem fronteiras não opõe barreiras ao fluxo de informação

Atualmente, muitos executivos e acadêmicos de gestão acreditam que as organizações precisam garantir acesso livre à informação em todas as direções. Jack Welch, quando presidente-executivo da General Electric, cunhou o termo *sem fronteiras*. Uma **organização sem fronteiras** é uma organização sem barreiras ao fluxo de informação. Se não houver fronteiras separando pessoas, cargos, processos e lugares, as ideias, a informação, as decisões e as atitudes podem chegar aonde são mais necessárias.[127] Esse livre fluxo não implica em um caos de comunicação ilimitada e sobrecarga informacional. Implica em informação disponível *na medida do necessário*, movendo-se rápida e facilmente para que as funções organizacionais operem melhor como um todo do que como elementos separados.

O diretor de aprendizagem da GE usa a metáfora da organização como uma casa com três tipos de fronteiras: o chão e o teto, as paredes que separam os cômodos e a parede externa. Nas organizações, essas barreiras correspondem às fronteiras entre diferentes níveis organizacionais, entre diferentes unidades e departamentos e entre a organização e seus interessados externos, como fornecedores e clientes. A GE também identifica uma quarta parede: fronteiras globais que separam as operações domésticas das internacionais.[128]

Um método para derrubar fronteiras é o famoso programa Workout da GE, uma série de reuniões de membros da empresa de diferentes níveis hierárquicos, caracterizadas por discussões extremamente francas e duras que derrubam as fronteiras verticais. O Workout já envolveu centenas de milhares de pessoas da GE; em qualquer semana, milhares delas podem estar participando de um programa Workout.[129] O Workout também se dá com clientes e fornecedores, derrubando fronteiras externas. A GE estendeu a mão à comunidade, compartilhando esse conhecimento com organizações sem fins lucrativos, como a CommonBond Communities, uma provedora de moradia barata. Um funcionário da GE liderou uma sessão de Workout na qual funcionários da CommonBond identificaram como melhorar processos e a comunicação horizontal.[130]

A GE também usa diversas outras técnicas de derrubada de fronteiras. É implacável na realização de *benchmarking* com concorrentes e empresas de outros setores para aprender as melhores práticas de todo o mundo. A empresa reúne fisicamente funções diferentes, como engenharia e produção. Compartilha serviços entre unidades. E às vezes divide instalações físicas com seus clientes.

As organizações sem fronteiras criam intencionalmente um diálogo transfronteiriço, transformando barreiras em membranas permeáveis. Como observou o pessoal da GE, pessoas de diferentes partes da organização aprendem "como conversar".[131] Mas também precisam aprender "como andar". Ou seja, o diálogo é essencial, mas precisa ser seguido de atitudes correspondentes. ∎

ACESSE <http://www.grupoa.com.br> para materiais adicionais de estudo, incluindo apresentações em PowerPoint.

capítulo treze

Controle Gerencial

Aprofunde-se na maneira como os gestores de hoje asseguram-se de que seus funcionários e sistemas alcancem metas importantes.

A Legal Sea Foods começou como uma pequena peixaria que George Berkowitz abriu em 1950 ao lado do mercadinho de seu pai em Cambridge, estado de Massachusetts. Hoje, é um império de frutos do mar, operando mais de 30 restaurantes de Boston até Boca Raton e gerando US$ 200 milhões ao ano em receitas. Como pode acontecer um caso de sucesso como o do Legal Sea Foods em um setor concorrido e sujeito aos caprichos da economia e da Mãe Natureza? Um dos motivos é o fanatismo da Legal Sea Foods pela qualidade e seu uso de sistemas formais de controle da qualidade em sua cadeia de suprimento, suas atividades financeiras, tecnologia da informação e recursos humanos.[1]

> *Gestores eficazes precisam garantir que suas mensagens verbais e suas atitudes estejam em sincronia. Precisam ser claros, concisos, diretos e comunicar-se de uma maneira que o público entenda.*
> — Sheryl Freeman, Gestora de Programas

> *Já vi casos em que uma só pessoa toma todas as decisões e isso acaba por limitar a capacidade da empresa de crescer para além de seu escopo atual. Se um gestor não tiver poder ou autoridade reais, irá sentir-se inútil e, no fim, se tornará infeliz.*
> — J. John Maggio III, Gerente de Vendas

●● objetivos de **APRENDIZAGEM**

OA13.1 Explicar por que as empresas desenvolvem sistemas de controle para os funcionários.

OA13.2 Resumir como criar um sistema básico de controle burocrático.

OA13.3 Descrever os propósitos do uso de orçamentos como dispositivos de controle.

OA13.4 Definir os tipos básicos de demonstrações financeiras e indicadores financeiros usados como controles.

OA13.5 Listar os procedimentos para implementar sistemas de controle eficazes.

OA13.6 Identificar maneiras como as empresas usam mecanismos de controle de mercado.

OA13.7 Discutir o uso do controle pelo clã em uma empresa energizada.

- **CONTROLE** Qualquer processo que oriente as atividades das pessoas em direção à realização das metas organizacionais.

- **CONTROLE BUROCRÁTICO** O uso de regras, regulamentos e autoridade para orientar o desempenho.

- **CONTROLE DE MERCADO** Controle baseado no uso de mecanismos de precificação e informações econômicas para regular as atividades das empresas.

- **CONTROLE PELO CLÃ** Uma forma de controle baseada em normas, valores, metas compartilhadas e confiança entre os membros do grupo.

- **PADRÃO** O desempenho esperado para uma dada meta: um alvo que estabelece um nível desejado de desempenho, que o motiva e que serve como *benchmark* para sua avaliação.

OA13.1

Explicar por que as empresas desenvolvem sistemas de controle para os funcionários.

ENTRANDO EM PARAFUSO?

O controle é uma das forças fundamentais que mantêm a empresa unida e encaminhada na direção certa. **Controle** é qualquer processo que oriente as atividades das pessoas em direção à realização das metas organizacionais. É a maneira pela qual os gestores eficazes garantem que as atividades estejam progredindo da maneira planejada. Alguns gestores não gostam de admitir, mas problemas de controle – sua ausência, ou a presença dos tipos errados de comando – muitas vezes causam danos irreparáveis às empresas. Eis alguns sinais de que uma empresa carece de controles:

- *Alta administração relaxada* – Os altos gestores não enfatizam ou valorizam a necessidade de controles, ou dão um mau exemplo.

- *Ausência de políticas* – As expectativas da empresa não são dadas por escrito.

- *Falta de padrões acordados* – Os membros da empresa não sabem com clareza o que precisa ser realizado.

- *Gestão que "mata o mensageiro"* – Os funcionários sentem que suas carreiras estarão em risco se derem más notícias.

- *Falta de avaliações periódicas* – Os gestores não avaliam o desempenho regular e oportunamente.

- *Sistemas de informação ruins* – Dados fundamentais deixam de ser medidos e relatados de maneira oportuna e facilmente acessível.

- *Falta de ética na cultura* – Os membros da empresa não internalizam um comprometimento com a integridade.

Sistemas de controle ineficazes resultam em problemas que vão de furtos por funcionários até a presença de chumbo na tinta usada em brinquedos para crianças. A Research in Motion passou por um embaraço público quando a não realização de testes plenos para uma "rotina não crítica de sistema" de atualização de seus servidores de rede fez com que o serviço de e-mail dos seus dispositivos BlackBerry falhasse por horas em toda a América do Norte.[2] Funcionários que simplesmente desperdiçam tempo custam aos empregadores dos Estados Unidos bilhões de dólares por ano![3]

Já se disse que o controle é um dos irmãos siameses da gestão. O outro é o planejamento. Alguns meios de controle são necessários porque, uma vez que os gestores tenham formulado planos e estratégias, precisam garantir que esses planos sejam seguidos. Precisam ter certeza de que as outras pessoas estão fazendo o necessário corretamente. Se os planos não forem devidamente seguidos, a gestão precisa tomar medidas para corrigir o problema. Esse processo é a função primária de controle da gestão. Ao garantir a criatividade, aprimorar a qualidade e reduzir custos, os gestores precisam descobrir maneiras de controlar as atividades em suas empresas.

Não surpreende que um planejamento eficaz facilite o controle e que o controle facilite o planejamento. O planejamento estabelece um arcabouço futuro e, nesse sentido, representa um projeto básico para o controle. Os sistemas de controle, por sua vez, regulam a alocação e o uso de recursos e, com isso, facilitam o processo das próximas fases de planejamento. No ambiente organizacional complexo de hoje, as duas funções tornaram-se ao mesmo tempo mais difíceis de implementar e mais importantes para todos os departamentos da empresa. Atualmente, os gestores precisam controlar pessoas, estoques, qualidade e custos, para indicar apenas algumas de suas responsabilidades.

Segundo William Ouchi, da Universidade da Califórnia em Los Angeles, os gestores podem aplicar três estratégias gerais para chegar ao controle organizacional:[4]

1. **Controle burocrático** é o uso de regras, padrões, regulamentos, hierarquia e autoridade legítima para orientar o desempenho. Inclui coisas como orçamentos, relatórios estatísticos e avaliações de desempenho

> **Mais do que nunca, as empresas não poderão manter-se com os métodos tradicionais de controle: hierarquia, sistemas, orçamentos etc.... A cola que une tudo será, cada vez mais, ideológica.**
>
> Collins & Porras[5]

296 Administração

para regular o comportamento e os resultados. Funciona melhor quando as tarefas são determinadas e os trabalhadores são independentes.

2. O **controle de mercado** envolve o uso de relações competitivas de preços e de troca para regular as atividades das empresas como se fossem transações econômicas. Unidades de negócio podem ser tratadas como centros de lucros e de trocas de recursos (serviços ou bens) umas com as outras por meio desses mecanismos. Os gestores responsáveis por essas unidades podem ser avaliados com base em resultados (lucros e prejuízos). O controle de mercado é mais eficaz quando se pode identificar um produto tangível e quando se pode estabelecer uma transação entre as partes a serem controladas.

3. O **controle pelo clã**, ao contrário dos dois tipos anteriores, não presume divergência natural entre os interesses da empresa e os das pessoas. Em vez disso, baseia-se na ideia de que os funcionários devem compartilhar dos valores, expectativas e metas da empresa, e agir de acordo com eles. Quando os membros de uma organização têm valores e metas em comum — e confiam uns nos outros — os controles formais podem não ser tão necessários. O controle pelo clã se baseia nos processos interpessoais de cultura organizacional, liderança, grupos e equipes. Funciona melhor quando não há "uma só maneira certa" de fazer algo e quando os funcionários têm poder para tomar decisões.

 OA13.2
Resumir como criar um sistema básico de controle burocrático.

SISTEMAS DE CONTROLE BUROCRÁTICOS

Os sistemas de controle burocráticos (ou formais) têm por objetivo medir os avanços em direção a metas de desempenho estabelecidas e, se necessário, aplicar medidas corretivas para garantir que o desempenho atinja os objetivos dos gestores. Os sistemas de controle detectam e corrigem variações ou discrepâncias significativas em relação aos resultados planejados das atividades.

Os sistemas de controle envolvem quatro etapas

Como mostra a Figura 13.1, um sistema de controle costuma envolver quatro etapas principais:

1. Estabelecimento de padrões de desempenho.
2. Mensuração do desempenho.
3. Comparação do desempenho com os padrões e determinação de desvios.
4. Tomada de medidas para corrigir problemas e reforçar o sucesso.

1ª etapa: estabelecimento de padrões de desempenho
Todas as organizações têm metas: lucratividade, inovação, satisfação dos clientes e funcionários etc. Um **padrão** é o nível de desempenho esperado para uma determinada meta. Os padrões são "alvos" que estabelecem o nível desejado de desempenhos, que o motivam e que servem como *benchmarks* para avaliação do desempenho eficaz. Podem ser estabelecidos padrões para qualquer atividade – financeiras, operacionais, de conformidade, contribuições filantrópicas etc.[6]

Já tratamos, em outros capítulos, dos princípios de estabelecimento de padrões de desempenho. Por exemplo, os funcionários tendem a ser motivados por padrões de desempenho específicos e mensuráveis que sejam desafiadores e busquem melhorias em relação ao desempenho passado. Normalmente, os padrões de desempenho derivam dos requisitos do cargo, como aumentar a participação de mercado em 10%, reduzir os custos em 20% e responder a reclamações de clientes dentro de 24 horas. Mas os padrões de desempenho não se aplicam apenas a cada pessoa individualmente; frequentemente integram o desempenho humano e sistêmico. A HealthPartners, uma organização sem fins lucrativos de Bloomington, estado de Minnesota, que opera clínicas e hospitais e oferece planos de saúde, estabelece padrões ambiciosos de cuidados ao paciente. Para atingir uma meta de redução das complicações do diabetes em 30%, a HealthPartners mediu as práticas e os resultados existentes e estabeleceu um protocolo-padrão de exames e tratamentos, inclusive exigindo que quaisquer resultados anormais tivessem resposta imediata. Para encorajar seus médicos a seguir o protocolo, a HealthPartners oferece incentivos financeiros pela conformidade. Em pouco mais de dez anos, a organização superou sua meta de melhoria dos cuidados com o diabetes. Um oftalmologista local comentou que era fácil saber quais pacientes diabéticos tinham cobertura da HealthPartners porque

"Governamental" Motors? O ex-presidente do conselho e executivo da General Motors, Rick Wagoner, é mostrado falando dos planos de reestruturação da empresa durante uma coletiva de imprensa em fevereiro de 2009. Ele, depois, demitiu-se por pressões da Casa Branca, entrando Fritz Henderson como novo presidente-executivo. Dois meses depois foi implementado um plano histórico de reestruturação que deu a maioria do capital acionário da montadora combalida ao governo federal para ajudá-la a evitar a falência. Que tipo de controle esse acontecimento ilustra?

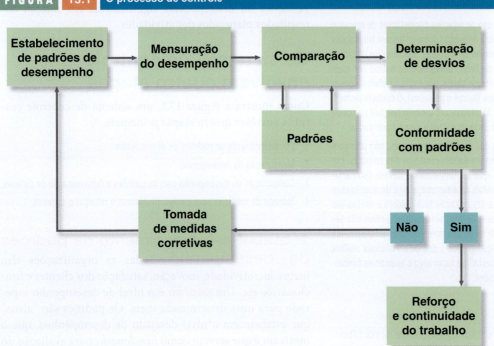

FIGURA 13.1 O processo de controle

muito poucos deles tinham danos na retina causados pela doença. A organização tem programas semelhantes para o tratamento de condições cardiovasculares e depressão e para a melhoria do *status* de saúde de pacientes obesos e/ou fumantes.[7]

Podem ser estabelecidos padrões de desempenho referentes a diversas medidas de sucesso:

- Quantidade
- Qualidade
- Tempo empregado
- Custo

Por exemplo, atividades de produção incluem o volume de produto (quantidade), defeitos (qualidade), disponibilidade no prazo de produtos acabados (tempo empregado) e gastos com matérias-primas e mão de obra direta (custo). Muitos aspectos importantes do desempenho, como atendimento ao cliente, podem ser medidos pelos mesmos – oferta e disponibilidade adequada de produtos, qualidade do serviço, tempo de entrega e assim por diante.

Às vezes, os padrões de qualidade envolvem atingir ou superar padrões estabelecidos por órgãos governamentais. Recentemente, a Administração de Alimentos e Medicamentos dos Estados Unidos (FDA, *Food and Drug Administration*) propôs o relaxamento de seus padrões quanto aos ingredientes dos produtos rotulados como "chocolate" para que permitissem usar gorduras vegetais que não a manteiga de cacau. Se a mudança entrasse em vigor, doces como as bolinhas de leite maltado Whoppers e o PayDay poderiam incluir o termo "chocolate" em seus nomes.

Alguns dos verdadeiros amantes do chocolate estão horrorizados, mas segundo Nick Malgieri, diretor do programa de confeitaria do Instituto de Educação Culinária de Nova York, "ninguém vai obrigar fabricantes de chocolate de alta qualidade a acrescentar gordura vegetal ao produto".[8] Nas empresas que buscam uma reputação de alta qualidade, os padrões das receitas podem manter-se tão rígidos quanto sempre foram e os amantes do chocolate ficarão atentos.

Uma cautela: o lado ruim do estabelecimento de metas e padrões de desempenho é que eles podem não encontrar respaldo em outros elementos do sistema de controle. Cada parte do sistema é importante e depende das demais. Do contrário, o sistema pode ficar terrivelmente desequilibrado.

2ª etapa: mensuração do desempenho

A segunda etapa do processo de controle é medir os níveis de desempenho. Por exemplo, os gestores podem contar unidades produzidas, dias de faltas, documentos arquivados, amostras distribuídas e lucros. Os dados de desempenho são geralmente obtidos de três fontes:

1. Os *relatórios por escrito* incluem *printouts* de computador e relatórios na tela. Graças à capacidade de coleta e análise de dados dos computadores e ao seu custo decrescente, empresas de todos os tamanhos podem colher enormes volumes de dados de desempenho.

2. Os *relatórios orais* permitem comunicação bilateral. Quando um vendedor entra em contato com seu supervisor a cada noite para relatar as realizações, os problemas e as reações dos clientes, o gestor pode fazer perguntas para obter mais informações ou esclarecer qualquer mal-entendido. Se necessário, medidas corretivas experimentais podem ser desenvolvidas durante a discussão.

3. A *observação direta* envolve ir à área onde se dão as atividades e ver o que está acontecendo. Os gestores podem observar diretamente os métodos de trabalho, os sinais não verbais dos funcionários e a operação como um todo. A observação direta fornece uma visão detalhada do que está acontecendo, mas também tem desvantagens. Não fornece dados quantitativos precisos; as informações costumam ser genéricas e subjetivas. Além disso, os funcionários podem entender mal o objetivo de uma observação direta,

Na fábrica da Baccarat, na França, os funcionários da área de controle de qualidade são responsáveis pela qualidade e pela seleção dos copos de cristal lapidado.

298 Administração

interpretando-a com desconfiança. Ainda assim, muitos gestores acreditam no valor da observação em primeira mão. Como vimos em capítulos anteriores, o contato pessoal aumenta a visibilidade da liderança e a comunicação ascendente. Também fornece informações valiosas sobre o desempenho para complementar os relatórios escritos e orais.

Independentemente da medida de desempenho usada, a informação precisa ser prestada oportunamente aos gestores. Por exemplo, empresas de bens de consumo como a General Foods acompanham cuidadosamente as vendas em alguns mercados locais selecionados, o que permite fazer quaisquer ajustes que sejam necessários antes de um lançamento nacional. Informações inacessíveis são de pouca ou nenhuma utilidade para os gestores.

3ª etapa: comparação do desempenho com o padrão

A terceira etapa do processo de controle é comparar o desempenho com o padrão. Nesse processo, o gestor avalia o desempenho. Para algumas atividades, desvios relativamente pequenos em relação ao padrão são aceitáveis; em outras, um pequeno desvio pode ser grave. Em muitos processos industriais, um desvio significativo em qualquer direção (por exemplo, fresar um furo grande ou pequeno demais) é inaceitável. Em outros casos, um desvio em uma direção, como vendas ou satisfação do cliente abaixo do nível visado, é um problema, mas um desvio na direção oposta – superação das metas de vendas ou satisfação do cliente – é um sinal de que os funcionários estão obtendo resultados melhores do que os esperados. Assim, os gestores encarregados da supervisão precisam analisar e avaliar cuidadosamente os resultados.

Segundo o **princípio da exceção**, o controle se aprimora por meio da concentração em exceções ao resultado ou ao padrão esperados, ou em desvios significativos em relação a eles. Em outras palavras, ao comparar o desempenho com o padrão, os gestores precisam voltar sua atenção para as exceções – por exemplo, um punhado de componentes defeituosos produzidos em uma linha de montagem, ou o *feedback* de clientes irritados ou muito satisfeitos com um serviço. A US Security Associates, de Atlanta, estado da Geórgia, usa a tecnologia da informação para colher dados de desempenho sobre seus seguranças uniformizados e supervisores de turno para investigar quaisquer variações em relação às normas de desempenho, como a não apresentação de um guarda no local do cliente no horário correto.[9]

Com o princípio da exceção, só casos excepcionais exigem medidas corretivas. O princípio é importante para o controle. O gestor não se preocupa com desempenho que seja igual ao resultado esperado, ou que se aproxime dele. Os gestores podem poupar muito tempo e esforço com a aplicação do princípio da exceção.

 A empresa de contabilidade e consultoria Moody, Famiglietti & Andronico (MFA) usa um processo formal de controle para garantir a prestação de serviços excepcionais ajustados às necessidades e preferências de cada cliente. A empresa de Tewksbury, estado de Massachusetts, adotou a prática do exército norte-americano de realizar avaliações pré e pós-ação para aprender com as experiências havidas e depois aplicar o que se aprendeu.

Quando os funcionários estão se preparando para lidar com uma missão, promovem uma rápida reunião com todos os que tenham trabalhado com o cliente no ano anterior, além de outros que tenham lidado com missões parecidas para outros clientes. Durante essa avaliação prévia, os participantes trocam experiências tidas com o cliente e conhecimentos a seu respeito – por exemplo, perguntas que tendem a surgir, ou ferramentas existentes para lidar com problemas comuns. Os insumos obtidos nessa reunião ajudam a equipe a estabelecer metas.

Durante a missão, os membros da equipe reúnem-se periodicamente para avaliar os avanços e identificar quaisquer ajustes necessários. Pouco depois da conclusão do projeto, a equipe volta a se reunir para comparar os resultados com as metas. Os participantes identificam medidas de sucesso para recomendá-las no futuro e erros a serem evitados. Além de observar se ajudaram o cliente a atingir suas metas, também registram o que aprenderam a respeito do atendimento ao cliente. Como as lições aprendidas irão emergir em futuras avaliações prévias, os funcionários da MFA ficam motivados a corrigir erros e melhorar seus métodos.[10]

4ª etapa: tomada de medidas para corrigir problemas e reforçar o sucesso

A etapa final do processo de controle é a tomada de atitudes apropriadas quando surgem desvios significativos. Esse passo garante o ajuste das operações aos resultados planejados – ou a superação continuada do plano se o gestor determinar que isso seja possível. Quando são descobertas variações significativas, o gestor costuma tomar medidas imediatas e vigorosas.

Uma abordagem alternativa é fazer com que a medida corretiva seja tomada não pelos superiores, mas pelo operador no local do problema. Na tecnologia da produção controlada por computador, há dois tipos básicos possíveis de controle:

1. *Controle pelo especialista* – Os operadores de máquinas de controle numérico computadorizado (CNC) devem notificar falhas aos especialistas em engenharia. Com essa divisão tradicional do trabalho, cabe ao especialista tomar uma medida corretiva.

> **PRINCÍPIO DA EXCEÇÃO**
> Um princípio gerencial segundo o qual o controle se aprimora por meio da concentração em exceções ou desvios significativos em relação ao resultado esperado ou ao padrão.

> " *Erros e problemas são inevitáveis em empreendimentos complexos... Não devemos esperar que os líderes das organizações estabelecidas sejam perfeitos, mas devemos esperar que percebam e corrijam rapidamente seus erros.* "
> Rosabeth Moss Kanter, professora da Harvard Business School[11]

CAPÍTULO 13 | Controle Gerencial 299

2. *Controle pelo operador* – Operadores com competências múltiplas podem corrigir seus próprios problemas à medida que surjam. Essa estratégia é mais eficiente porque os desvios são controlados nas proximidades da fonte. Também é mais satisfatória porque os operadores se beneficiam de um cargo mais rico.

Na Microscan System, que produz escâner de códigos de barra, todos os funcionários são responsáveis por garantir a qualidade do próprio trabalho, resultando em uma operação eficiente. Os engenheiros são responsáveis por prevenir e corrigir problemas de projeto de produto e processo e os operários de produção são responsáveis por impedir e corrigir defeitos nos processos que realizam.[12]

A seleção das medidas corretivas depende da natureza do problema. A medida corretiva pode envolver uma mudança da estratégia de marketing (se, por exemplo, o problema estiver em vendas inferiores ao esperado), uma ação disciplinar, uma nova maneira de verificar a precisão das partes usinadas, ou uma grande modificação de um processo ou sistema. Às vezes, os gestores percebem que obtêm melhores resultados se ajustam as próprias práticas. A Yum Brands, cujas franquias de alimentação incluem as marcas KFC, Taco Bell, Pizza Hut e Long John Silver, realiza levantamentos regulares para verificar se os funcionários estão fortemente comprometidos com seus empregos. Esses dados são compartilhados com os gestores para ajudá-los a medir seu desempenho como líderes e motivadores. Jonathan McDaniel, gerente de um KFC em Houston, estado do Texas, certa vez ficou sabendo que seus funcionários estavam insatisfeitos com suas jornadas. Começou a perguntar-lhes antecipadamente se queriam folgar em dias específicos de cada mês – e essa informação lhe permitiu criar turnos melhores e acabar com uma fonte de insatisfação dos funcionários.[13]

VOCÊ SABIA?
Quando são necessárias medidas corretivas para resolver um problema sistêmico, como grandes atrasos do fluxo de trabalho, uma abordagem por equipe muitas vezes é a mais eficaz. Uma medida corretiva tende a ser mais aceita se for baseada em um esforço comum e levar em conta diferentes pontos de vista. Como já vimos, as equipes podem emprestar uma maior diversidade de recursos, ideias e perspectivas à solução de problemas.

Membros bem informados podem evitar que as equipes implementem soluções simplistas que ignorem as causas subjacentes do problema. Eles têm maiores chances de considerar os feitos de qualquer solução sobre outras partes da organização, impedindo o posterior surgimento de novos problemas. E podem desenvolver soluções que os gestores talvez não tenham imaginado. Com isso, qualquer medida corretiva adotada provavelmente será mais eficaz. A solução de problemas por equipes também ajuda os gestores a construir e reforçar uma cultura de padrões elevados.

O controle burocrático se dá antes, durante e depois das operações

O controle burocrático combina três abordagens, definidas de acordo com o momento em que ocorrem:

1. O **controle preliminar** se dá antes do começo da operação e envolve políticas, procedimentos e regras criados para garantir que as atividades planejadas sejam corretamente realizadas. Alguns exemplos são a inspeção de matérias-primas e seleção e treinamento adequados dos funcionários.
2. O **controle concorrente** se dá enquanto os planos estão sendo realizados. Inclui orientação, monitoramento e ajuste fino das atividades enquanto se desenrolam.
3. O **controle de *feedback*** foca o uso da informação sobre resultados para corrigir desvios em relação ao padrão aceitável depois que tenham acontecido.

controle preliminar

O **controle preliminar** é prospectivo; seu objetivo é prevenir problemas antes que surjam. Em vez de esperar pelos resultados e compará-los às metas, os gestores podem exercer controle por meio da limitação antecipada das atividades. Por exemplo, as empresas têm políticas que definem o escopo dentro do qual as decisões são tomadas. Uma empresa pode determinar que os gestores respeitem diretrizes legais e éticas claras ao tomar decisões. Regras e procedimentos formais também prescrevem as ações das pessoas antes que aconteçam. Por exemplo, consultores jurídicos aconselham que as empresas estabeleçam políticas que proíbam a divulgação de informações sigilosas ou deixem claro que os funcionários não falam em nome da empresa ao publicar mensagens em blogs, em sites como o Twitter, ou em redes de relacionamentos como o Facebook. Políticas de recursos humanos que definam os tipos de arte corporal aceitáveis no trabalho podem evitar conversas incômodas e particulares sobre uma tatuagem que ofenda os colegas ou piercings incompatíveis com a imagem da empresa.[14]

Recentemente, um número crescente de gestores tem se preocupado com as armadilhas organizacionais do romance no ambiente de trabalho e alguns deles buscaram uma solução nos controles preliminares. Por mais maravilhoso que seja se apaixonar, podem surgir problemas se aspectos românticos entre um supervisor e um subordinado criarem um conflito de interesses ou levarem a alegações de assédio sexual. Outros funcionários podem interpretar incorretamente a relação – imaginando que a empresa sancione relacionamentos pessoais como o caminho para o avanço na carreira. Além disso, os altos e baixos do namoro podem espalhar-se no ambiente de trabalho e afetar o humor e a motivação de todos. Entre os controles que têm por objetivo evitar esses problemas em uma empresa estão o treinamento na forma adequada de comportamento (inclusive como evitar o assédio sexual) e até exigir que executivos e seus pares românticos assinem "contratos de amor" em que declaram que a relação é voluntária e bem-vinda. Uma cópia do contrato vai para os arquivos de pessoal da empresa para o caso de a relação não ser harmoniosa e um funcionário infeliz resolver culpar a empresa por ter permitido que a relação surgisse.[15]

controle concorrente

O controle concorrente, que se dá enquanto os planos estão sendo realizados, está no centro de qualquer sistema de controle. No chão de fábrica, todos os esforços se orientam para produzir a quantidade e a qualidade correta dos produtos certos no prazo especificado. Em um terminal aeroviário, a bagagem precisa chegar aos aviões antes que eles partam. Em muitos ambientes, os supervisores observam os funcionários para garantir que trabalhem com eficiência e evitem erros.

Avanços da tecnologia da informação criaram poderosos controles concorrentes. Sistemas computadorizados dão aos gestores acesso imediato a dados dos cantos mais remotos de suas empresas. Por exemplo, os gestores podem atualizar instantaneamente seus orçamentos a partir de um fluxo contínuo de dados de desempenho. Em instalações produtivas, sistemas de monitoramento que acompanham erros por hora, velocidade das máquinas e outras medidas ajudam os gestores a corrigir pequenos erros de produção antes que se tornem desastres. Terminais de ponto de venda nos caixas de supermercado enviam dados para a sede para mostrar quais produtos estão sendo vendidos em cada loja.

Para James Skinner, presidente-executivo do McDonald's, prestar atenção ao que está acontecendo nos restaurantes é crítico. Os lançamentos de novos itens, como as bebidas à base de café, os *burritos* de café-da-manhã e os sanduíches McGriddle fizeram sucesso entre clientes que procuram valor ao comprar alimentos. Skinner e sua equipe verificam as vendas mensais de todas as lojas para avaliar o que está vendendo bem em toda a cadeia global e realizar ajustes. Monitorar esses detalhes enquanto acontecem permitiu ao McDonald's crescer até mesmo durante a recente recessão.[16]

controle de *feedback*

O controle de *feedback* acontece quando os dados de desempenho foram colhidos e analisados e os resultados foram encaminhados a alguém (ou algo) envolvido no processo para a realização de correções. Quando os supervisores monitoram o comportamento, estão exercendo controle concorrente. Quando apontam e corrigem desempenho indevido, estão usando o *feedback* como meio de controle.

O momento é um aspecto importante do controle de *feedback*. Muitas vezes transcorre um longo período entre o desempenho e o *feedback*, como se dá quando os gastos efetivos são comparados com o orçamento trimestral e não com o semanal ou mensal, ou quando algum aspecto do desempenho é comparado com a projeção feita um ano antes. Entretanto, se o *feedback* sobre o desempenho não for oportuno, os gestores não poderão identificar e eliminar rapidamente o problema e impedir danos mais graves.[17]

Alguns processos de *feedback* estão sob controle em tempo real (concorrente), como, por exemplo, um robô controlado por computador em uma linha de montagem. Essas unidades são dotadas de sensores que determinam continuamente se estão na posição correta para realizar suas funções. Se não estiverem, um dispositivo interno de controle faz correções imediatas.

> ● **CONTROLE PRELIMINAR** O processo de controle usado antes do começo da operação, abrangendo políticas, procedimentos e regras concebidos para garantir que as atividades planejadas sejam corretamente realizadas.

> ● **CONTROLE CONCORRENTE** O processo de controle usado enquanto os planos estão sendo realizados, abrangendo orientação, monitoramento e ajuste fino das atividades enquanto se desenrolam.

> ● **CONTROLE DE FEEDBACK** O controle focado no uso de informações sobre resultados anteriores para corrigir desvios em relação ao padrão aceitável.

Em outras situações, os processos de *feedback* exigem mais tempo. Algumas empresas que dão valor à inovação têm aplicado análise de redes sociais, que usa dados de diversos levantamentos para criar diagramas que mostram quais funcionários colaboram com quais colegas. Funcionários que estejam no centro de um intercâmbio de informações são os "catalisadores de inovação" da empresa – pessoas que participam ativamente do compartilhamento de informações. Os gestores podem usar a análise de redes sociais para recompensar os catalisadores de inovação; confiar-lhes missões importantes; e, nas áreas em que não ocorra colaboração o bastante, treinar e motivar os funcionários para compartilhar conhecimento.[18]

o papel do seis sigma

Uma das principais ferramentas de controle de qualidade é o Seis Sigma, de que falamos no Capítulo 6, uma aplicação especialmente robusta e poderosa do controle de *feedback*. O Seis Sigma foi concebido para reduzir os defeitos em todos os processos organizacionais – não só produtos defeituosos, mas qualquer coisa que possa resultar em insatisfação do cliente, como atendimento inadequado, atrasos de entrega e preços excessivamente altos por causa de altos custos ou ineficiência. O sistema foi desenvolvido na Motorola no final da década de 1980, quando a empresa percebeu que estava sendo consistentemente superada no mercado por empresas estrangeiras capazes de fazer produtos de mais alta qualidade a um custo menor. Desde então, a técnica foi largamente adotada e até aprimorada por muitas empresas, como a GE, a Allied Signal, a Ford e a Xerox.

Sigma é a letra grega usada em estatística para designar o desvio padrão estimado, ou a variação de um processo. Indica a frequência com que tendem a ocorrer defeitos em um processo. Quanto menor o sigma, maior o nível de variação ou de defeitos; ao contrário, quanto maior o sigma, menor é o nível de imperfeição. Por exemplo, um processo de nível sigma dois tem mais de 300 mil defeitos por milhão de oportunidades (DPMO, *Defects Per Million Opportunities*) – indicando um processo não muito bem controlado. Um processo de nível sigma três tem 66.807 DPMO, indicando nível de precisão de aproximadamente 93%. Muitas empresas operam nesse nível que, à primeira vista, não parece muito ruim até que consideremos suas implicações – por exemplo, 7 itens de bagagem aérea perdidos em cada 100 processados. O custo adicional dessas imprecisões para as empresas é enorme. Mesmo a uma taxa sem defeitos superior a 99%, ou de 6.210 DPMO, o nível de precisão muitas vezes é inaceitável – estatisticamente equivale a deixar cair 50 bebês recém-nascidos por dia.[19]

● ● **CAPÍTULO 13** | Controle Gerencial **301**

No nível sigma seis (ou "Six Sigma"), um processo produz menos de 3,4 defeitos por milhão, o que significa operar em um nível de precisão de 99,99966%. As empresas Seis Sigma não só têm taxas de defeito de produto ou serviço próximas de zero, como também custos de produção e tempos de ciclo substancialmente menores, e níveis muito mais elevados de satisfação do cliente. E a metodologia não é só para o chão de fábrica. Contabilistas já usaram o Seis Sigma para melhorar a qualidade de suas auditorias de investigação dos riscos que seus clientes enfrentam.[20]

A abordagem Seis Sigma se baseia em uma intensa análise estatística dos processos de negócio que contribuem para a satisfação do cliente. Por exemplo, um processo que a GE mediu quando começou a usar o método foi o prazo de entrega dos produtos. Uma vez medidos os defeitos ou as variações, suas causas são analisadas. Equipes de funcionários dedicam-se a criar e testar novos processos que reduzam as causas das variações. Por exemplo, se a equipe concluir que os atrasos de entrega são causados por gargalos de produção, irá dedicar-se à sua eliminação. Quando é instalado um processo aprimorado, ele é novamente analisado em busca de defeitos remanescentes e os funcionários, então, dedicam-se à redução desse novo conjunto. O ciclo continua até que seja atingido o nível de qualidade desejado. Com isso, o processo Seis Sigma leva a uma melhoria continuada das operações da empresa.

O Seis Sigma tem sofrido críticas por nem sempre dar resultados.[21] Um provável motivo é seu foco exclusivo na eliminação dos defeitos de um processo, deixando de avaliar se o processo em si é o mais adequado para a empresa. Na 3M, por exemplo, um esforço de melhoria da eficiência por meio do Seis Sigma foi culpado pela redução do fluxo de ideias inovadoras. Na rede Home Depot, o Seis Sigma recebe o crédito pela melhoria de processos como check-out de clientes e decisão de onde colocar os produtos nas lojas, mas há quem diga que o esforço afastou os funcionários dos clientes. Uma maneira pela qual os gestores podem aplicar os pontos fortes do Seis Sigma e minimizar suas falhas é estabelecer para os produtos maduros de uma empresa metas e processos de controle diferentes dos usados em suas áreas de inovação.

> A Biblioteca Metropolitana de Columbus usou o Seis Sigma em prol de seus funcionários, clientes e processos em geral. A biblioteca, uma organização sem fins lucrativos, enfrentava um congelamento de seus orçamentos e uma redução de mão de obra e serviços, obrigando os gestores a encontrar maneiras para atingir um melhor desempenho sem recursos adicionais. Para tanto, adotaram a abordagem Seis Sigma Enxuta (LSS, *Lean Six Sigma*), que combina os métodos de ganho de qualidade do Seis Sigma com esforços para eliminar desperdícios de tempo e materiais e processos complexos. Os gestores da biblioteca determinaram as áreas que precisavam de melhorias, formaram equipes e definiram os problemas específicos enfrentados.
>
> Um dos projetos mais restritos envolvia avaliar quanto tempo um cliente precisava esperar para falar com alguém dos quadros depois de telefonar para a central de informações da biblioteca. A central é um elo fundamental com o público e aceita quase 400 mil chamadas por ano. Apesar de sua importância, os clientes, às vezes, precisavam esperar até cinco minutos para falar com alguém – criando uma insatisfação generalizada com a biblioteca. À primeira vista, parecia que seria necessário aumentar o pessoal para lidar com o problema. Mas quando a equipe se aprofundou e aplicou análises estatísticas, descobriu que o tempo de espera era causado pelo tamanho do menu e pela maneira como a equipe estava treinada para lidar com ele. Com uma reprogramação do menu e o retreinamento do pessoal existente, a maioria das chamadas para a central de informações passou a ser atendida em menos de 15 segundos.

A biblioteca também realizou projetos envolvendo relações com a comunidade e desenvolvimento comunitário, pedidos de documentos impressos, recursos humanos e finanças. "É claro que ganhos de qualidade verdadeiramente generalizados irão exigir mais do que um punhado de projetos de sucesso", escreveu a executiva da biblioteca Shaunessy Everett. Mas a Biblioteca Metropolitana de Columbus é agora uma verdadeira devota da abordagem Seis Sigma.[22]

As auditorias gerenciais controlam diversos sistemas

Ao longo do tempo, as **auditorias gerenciais** tornaram-se um meio de avaliar a eficácia e a eficiência de diversos sistemas em uma empresa, dos programas de responsabilidade social à controladoria. As auditorias gerenciais podem ser externas ou internas. Os gestores realizam auditorias externas de outras empresas e auditorias internas das próprias. Algumas das ferramentas e abordagens são usadas para os dois tipos de auditoria.[23]

auditorias externas Uma **auditoria externa** ocorre quando uma empresa avalia outra. Normalmente, um órgão externo, como uma empresa de contabilidade juramentada, por exemplo, realiza as auditorias financeiras de uma empresa (discutidas adiante neste capítulo). Mas qualquer empresa pode proceder a auditorias externas de competidores ou de outras empresas para os próprios fins de tomada de decisão estratégica. Esse tipo de análise investiga outras empresas para possíveis fusões ou aquisições, determina a solidez de uma empresa que será usada como uma importante fornecedora, ou descobre os pontos fortes e fracos de um concorrente para manter ou explorar melhor a vantagem competitiva da empresa investigadora. Para essas avaliações, costumam ser usados dados de domínio público.[24]

As auditorias externas fornecem controle essencial de *feedback* quando identificam lacunas jurídicas e técnicas capazes de prejudicar a empresa e sua reputação. Também são úteis para fins de controle preliminar porque podem impedir o surgimento de problemas. Se uma empresa que queira adquirir outra reunir informações adequadas e precisas sobre as candidatas à aquisição, terá maiores chances de adquirir as empresas mais apropriadas e evitar aquisições frágeis.

auditorias internas Uma empresa pode designar um grupo para realizar uma **auditoria interna** e avaliar o que a empresa faz por si e por clientes ou outros destinatários de seus bens e serviços. A empresa pode ser avaliada em termos de diversos fatores, como estabilidade financeira, eficiência produtiva, eficácia em vendas, desenvolvimento de recursos humanos, crescimento dos lucros, uso de energia, relações públicas, responsabilidade cívica e outros critérios de eficácia organizacional. A auditoria avalia o passado, o presente e o futuro da empresa, inclusive quaisquer riscos que ela deva estar preparada para enfrentar.[25] Um estudo recente levantou que os preços das ações com comitês de auditoria bem classificados tendem a aumentar mais rapidamente do que os das ações de empre-

302 Administração

- **AUDITORIA GERENCIAL** Uma avaliação da eficácia e eficiência de diversos sistemas em uma empresa.
- **AUDITORIA EXTERNA** Uma avaliação de uma empresa realizada por outra, como uma empresa de contabilidade, por exemplo.
- **AUDITORIA INTERNA** Uma avaliação periódica dos próprios processos de planejamento, organização, liderança e controle.
- **ORÇAMENTAÇÃO** O processo de investigar o que está sendo realizado e comparar os resultados com os dados de orçamento correspondentes para verificar realizações ou solucionar lacunas; também conhecida como *controle orçamentário*.

sas com auditorias internas de menor reputação. Um comitê de auditoria mais bem visto provavelmente será melhor na identificação e eliminação de práticas indesejáveis.[26]

Para levar a cabo uma auditoria gerencial, os auditores fazem uma lista das qualificações desejadas e atribuem um peso a cada uma. Entre as práticas indesejáveis mais frequentemente encontradas pelas auditorias gerenciais estão trabalhos desnecessários, duplicação de trabalhos, mau controle sobre estoques, uso antieconômico de equipamento e maquinário, procedimentos mais dispendiosos do que o necessário e desperdício de recursos. Na Capital One Financial Corporation, o departamento de recursos humanos (RH) realizou uma auditoria do uso das instalações. Ao longo de diversos meses, membros da equipe caminharam pela sede, observando quais mesas estavam ou não ocupadas. A auditoria determinou que mais de 40% das mesas não eram usadas a cada dia e que mais 30% ficavam sem uso pelo menos por parte do dia. Os funcionários estavam em reuniões, visitando clientes, ou sujeitos a jornadas flexíveis. Os quadros de RH desenvolveram um plano para permitir ao Capital One operar de maneira eficiente com um terço do espaço. Hoje, a maioria dos funcionários mantém seu material de trabalho em um carrinho que levam até uma mesa quando precisam. A mudança poupa US$ 3 milhões por ano à empresa.[27]

OA13.3

Descrever os propósitos do uso de orçamentos como dispositivos de controle.

Os controles orçamentários comparam os resultados com um plano

O controle orçamentário é um dos métodos de controle gerencial mais amplamente reconhecido e comumente usado. Reúne o controle preliminar, o concorrente e o de *feedback*,

TABELA 13.1 Um orçamento de vendas e despesas (US$)

	Janeiro		Fevereiro		Março	
	Estimado	Efetivo	Estimado	Efetivo	Estimado	Efetivo
Vendas	1.200.000		1.350.000		1.400.000	
Despesas						
Despesas gerais	310.000		310.000		310.000	
Vendas	242.000		275.000		288.000	
Produção	327.000		430.500		456.800	
Pesquisa	118.400		118.400		115.000	
Escritório	90.000		91.200		91.500	
Publicidade	32.500		27.000		25.800	
Resultado bruto estimado	80.100		97.900		112.900	

CAPÍTULO 13 | Controle Gerencial   303

dependendo do ponto em que é aplicado. O *controle orçamentário* é o processo de levantar o que se fez e comparar os resultados com os dados correspondentes do orçamento para verificar realizações ou resolver diferenças. O controle orçamentário é comumente chamado de **orçamentação**.

aspectos orçamentários fundamentais

No setor privado, o controle orçamentário começa com uma estimativa do faturamento e do resultado previsto. A Tabela 13.1 apresenta um orçamento com uma previsão de faturamento (o *orçamento de vendas*) na linha superior, seguido de diversas categorias de despesas estimadas para o primeiro trimestre do ano. Na linha inferior, a estimativa de resultados é determinada subtraindo, do orçamento de vendas de cada mês, as despesas orçadas. As colunas junto a cada orçamento mensal guardam espaço para ser preenchido com os resultados efetivos, permitindo aos gestores comparar facilmente os valores esperados e os obtidos.

Embora esta discussão da orçamentação se dedique ao fluxo de entrada e saída de dinheiro da empresa, as informações de orçamentação não se limitam às finanças. E a empresa como um todo e quaisquer de suas unidades podem criar orçamentos para suas atividades, usando medidas que não dinheiro, se for o caso. Por exemplo, muitas empresas usam orçamentos de produção que preveem a produção e o embarque físicos de unidades, e a mão de obra pode ser orçada por níveis de capacitação ou horas de trabalho necessárias.

Uma consideração primária da orçamentação é a duração do período de orçamento. Todos os orçamentos são elaborados para um prazo determinado. Muitos abrangem um, três, seis meses, ou um ano. O prazo depende do objetivo da orçamentação e deve incluir todo o ciclo normal de atividade da empresa. Por exemplo, variações sazonais devem ser incluídas no que tange a produção e vendas. O período de orçamento frequentemente coincide com outros dispositivos de controle, como relatórios gerenciais, balanços patrimoniais e demonstrações de resultados. A escolha do prazo de orçamento também deve levar em conta até que ponto é razoável fazer previsões.

O controle orçamentário passa por três etapas:

1. O *estabelecimento de expectativas* parte do plano geral da empresa e de suas estimativas de vendas e se conclui com a aprovação e a publicação do orçamento.

2. A etapa de *operação orçamentária* trata de levantar o que está sendo realizado e compara os resultados com as expectativas.

3. A etapa final, como qualquer processo de controle, envolve *reagir adequadamente* com alguma combinação de reforço de sucessos e correção de problemas.

Embora as práticas variem muito, um membro da alta administração costuma agir como coordenador da formulação e aplicação do orçamento. Normalmente, essa responsabilidade cabe ao diretor financeiro, que deve dedicar-se menos a detalhes específicos do que à solução de conflitos de interesses, à recomendação de ajustes na medida do necessário e da outorga de sanção oficial aos procedimentos orçamentários. Nas pequenas empresas, a responsabilidade pela orçamentação normalmente cabe ao proprietário.

tipos de orçamentos   Há muitos tipos de orçamentos. Diversos deles são muito usados:

- *Orçamento de vendas*. Os dados dos orçamentos de vendas costumam incluir previsões de vendas por mês, por área de vendas e por produto.

- *Orçamento de produção*. O orçamento de produção é normalmente expresso em unidades físicas. As informações necessárias para sua elaboração incluem o tipo e a capacidade das máquinas, as quantidades econômicas a produzir e a disponibilidade de matérias-primas.

- *Orçamento de custo*. O orçamento de custo é usado pelas áreas da empresa que incorrem em despesas, mas não trazem receitas como recursos humanos e outros departamentos de apoio. Os orçamentos de custos também podem ser incluídos nos de produção. Os custos podem ser fixos (independentes do

A fórmula de controle de custos da TerraCycle é um lixo

Atualmente, muitos produtos são feitos de diversos tipos de resíduo – pneus usados, sucata de metal, garrafas plásticas. As empresas procuram maneiras de reciclar e reutilizar praticamente todos os materiais imagináveis. Mas o fundador de uma empresa olhou para o chão em busca de inspiração e teve uma ideia singular para produzir fertilizante: excrementos de minhoca. Tom Szaky era estudante quando se inscreveu na competição anual de planos de negócio de sua universidade. Usou como ponto de partida um velho projeto de ciências do ginásio. Utilizar minhocas para gerar fertilizante era barato, simples e orgânico. E, melhor ainda, a ideia conquistou o prêmio. Aliás, a empresa que ele acabou por fundar – a TerraCycle – foi financiada, em grande parte, por diversas vitórias em competições de negócios.

Szaky ainda não chegou aos 30 anos de idade. Embora seu adubo orgânico, o TerraCycle, hoje seja vendido em lojas como a Home Depot e o Walmart, Szaky ainda pensa como um estudante quando se trata de fazer orçamentos. Ou seja, ele pensa barato. A empresa não está longe de Princeton, sua *alma mater*. A cada verão, ele acolhe estagiários em uma velha casa guarnecida de móveis usados de dormitório e computadores descartados por empresas maiores, mas que ainda são mais do que o suficiente para a TerraCycle. A decoração é eclética, porém gratuita. "Empreendedor algum jamais deveria comprar móveis ou computadores medíocres", Szaky aconselha. "Tudo aqui é lixo. Princeton reforma um dormitório por ano e é de lá que vem tudo isso". Apontando para um enorme ventilador e uma TV de 52 polegadas, ele explica; "É tudo descarte dos

estudantes. Dá para encontrar nos lixões no dia em que se mudam da escola". Os estagiários trabalham a preço de banana, mas adoram o serviço.

Um dos motivos do sucesso da TerraCycle é o fato de que seu produto é barato de se produzir. O TerraCycle é feito dos dejetos de minhocas que comem lixo. As minhocas não envolvem custos de mão de obra e nunca param de produzir detritos. Os resíduos compostados são convertidos em uma espécie de chá que as plantas parecem adorar. É embalado em garrafas usadas de refrigerante equipadas com tampas com atomizadores descartadas pelos fabricantes de outros produtos em spray. E as caixas nas quais todas as garrafas são embarcadas foram descartadas por outras empresas por erros de impressão. Como tudo que Szaky usa já foi usado antes, toda a operação é

nível imediato de atividade), como aluguéis, ou variáveis (aumentando ou diminuindo com o nível de atividade), como matérias-primas.

- *Orçamento de caixa.* O orçamento de caixa é essencial para qualquer negócio. Deve ser elaborado depois de concluídas todas as demais estimativas de orçamento. O orçamento de caixa mostra as entradas e saídas esperadas, o montante de capital de giro disponível, até que ponto pode ser necessário financiamento externo e os períodos e montantes de caixa disponíveis.

- *Orçamento de capital.* O orçamento de capital é usado para o custo de ativos fixos como plantas e equipamentos. Esses custos costumam ser tratados não como despesas, mas como investimentos por causa de sua natureza de longo prazo e de sua importância para a produtividade da empresa.

- *Orçamento mestre.* O orçamento mestre inclui todas as principais atividades da empresa. Reúne e coordena todas as atividades dos demais orçamentos e pode ser encarado como o "orçamento dos orçamentos".

Tradicionalmente, os orçamentos eram impostos *de cima para baixo*, com o estabelecimento, pela alta administração, de metas específicas para toda a empresa no começo do processo de orçamento. Nas empresas mais complexas de hoje, o processo de orçamento tende a ser *de baixo para cima*, com a alta administração estabelecendo a direção geral, enquanto os gestores de nível baixo e médio desenvolvem os orçamentos propriamente ditos e os submetem para aprovação. Quando os orçamentos são consolidados, os gestores mais graduados podem determinar se os objetivos de orçamento da empresa estão sendo satisfeitos. O orçamento é, então, aprovado, ou devolvido para os níveis inferiores para ajustes.

Os registros contábeis têm de ser inspecionados periodicamente para garantir que tenham sido corretamente elaborados e sejam precisos. As **auditorias contábeis**, criadas para verificar os registros e as demonstrações contábeis, são essenciais para o processo de controle. Essas auditorias são realizadas por membros de uma empresa de contabilidade externa. Saber que os registros contábeis são precisos e verdadeiros e atendem às práticas contábeis de aceitação geral cria confiança na presença de uma base confiável e para a solidez dos fins gerais de controladoria.

activity-based costing **(custos por atividade)** Os métodos tradicionais de contabilidade de custos podem não ser adequados no ambiente empresarial de hoje porque se baseiam em métodos obsoletos de rígida organização hierárquica. Em vez de presumir que as empresas sejam "máquinas" burocráticas que podem ser divididas em componentes com recursos humanos, compras e manutenção, empresas como a Hewlett-Packard e a GE usam o *activity-based costing* – **ABC** para alocar custos entre seus processos.

O ABC parte da premissa de que as empresas são conjuntos de pessoas que realizam muitas atividades diferentes, mas relacionadas, para satisfazer as necessidades dos clientes. O sistema ABC foi concebido para identificar esses fluxos de atividades e alocar os custos entre processos específicos. O procedimento básico, delineado na Figura 13.2, funciona assim: primeiro, pede-se aos funcionários que decomponham o que fazem a cada dia para definir suas *atividades básicas*. Por exemplo, os funcionários do departamento de controle de matérias-primas da Dana Corporation realizam diversas atividades que vão do processamento de pedidos de compra e da aquisição de peças ao pedido de alterações de engenharia e solução de problemas. Essas atividades dão as bases do ABC. Depois, os gestores se voltam para a despesa total computada de acordo com a contabilidade total – custos fixos, suprimentos de salários, benefícios etc. – e dividem os valores totais entre as atividades de acordo com o tempo dedicado a cada uma. Na Dana, os

- **AUDITORIAS CONTÁBEIS** Procedimentos usados para verificar os relatórios e as demonstrações contábeis.

- *ACTIVITY-BASED COSTING* – **ABC** Um método de contabilidade de custos concebido para identificar fluxos de atividade e alocar custos a processos empresariais específicos de acordo com o quanto de tempo os funcionários dedicam a cada atividade.

---

uma pechincha. Isso significa que ele pode oferecer a mesma pechincha aos varejistas – que conseguem margens brutas duas ou três vezes maiores do que as obtidas com os fertilizantes químicos mais conhecidos.

Szaky observa que, um dia, sua empresa pode chegar a ter custo negativo de matérias-primas, se estiver equipada para recolher o lixo que as minhocas comem e for paga para isso, mas a TerraCycle ainda não chegou a esse ponto. Agora, a empresa está concentrada em produzir seu produto orgânico barato e fazer com que os consumidores saibam a seu respeito e possam comprar. "Quando compramos uma banana orgânica", ele observa, "pagamos o dobro do preço normal. Nós temos um produto orgânico que é tanto melhor quanto mais barato do que o convencional". O produto pode vir do lixo, nas não é lixo.❖

P: Perguntas para discussão

- Identifique alguns dos critérios que Szaky usaria para estabelecer padrões de desempenho para a TerraCycle. Que métodos ele poderia usar para medir o desempenho?
- Que elementos de controle orçamentário Szaky usa para ajudar sua empresa a crescer e se desenvolver?

FONTES: David Flaum, "Here's the Real Poop on Recycling", *Memphis Commercial Appeal*, acessado em 7 de agosto de 2007, <http://www.terracycle.net>; "Waste, Worms, and Wealth: The Story of TerraCycle", *U.S. Environmental Protection Agency*, 15 de maio de 2007, <http://www.epa.gov>; Katherine Walsh, "How TerraCycle Built a Corporate Network with Discarded Hardware and Open Source Software", *CIO*, 5 de abril de 2007, <http://www.cio.com>; "Worm Poo in Plastic Bottles: Get Rich and Save the World", *CNN*, 26 de janeiro de 2007, <http://www.cnn.com>; e Bo Burlingham, "The Coolest Little Start-Up in America", *Inc.*, julho de 2006, <http://www.inc.com>.

- **BALANÇO PATRIMONIAL** Um relatório que demonstra a situação financeira da empresa em um dado momento e lista ativos, passivo e patrimônio líquido.
- **ATIVOS** Os valores dos diversos itens pertencentes à empresa.
- **PASSIVO** Os valores que a empresa deve a diversos credores.
- **PATRIMÔNIO LÍQUIDO** O valor que cabe aos proprietários da empresa.
- **DEMONSTRATIVO DE RESULTADOS** Uma demonstração financeira das receitas e despesas das operações da empresa.

funcionários de atendimento ao cliente passam cerca de 25% do seu tempo processando pedidos e apenas cerca de 3% com a compra de peças. Assim, 25% do custo total (US$ 144.846) vai para processamento de pedidos e 3% (US$ 15.390) para a compra de peças. Como mostra a Figura 13.2, o método contábil tradicional e o ABC chegam ao mesmo resultado. Mas, como o ABC aloca custos entre processos empresariais, dá uma visão mais precisa de como os custos devem ser atribuídos a bens e serviços.[28]

Essa maior precisão pode conferir aos gestores uma visão mais realista de como a empresa, de modo eficaz, aloca seus recursos. Pode destacar pontos onde se desperdiçam atividades ou se algumas atividades custam demais em relação aos benefícios que proporcionam. Os gestores podem, então, agir para corrigir o problema. Por exemplo, a atividade mais dispendiosa da Dana é o processamento de pedidos. Os gestores da empresa poderiam tentar encontrar maneiras de reduzir esse custo, liberando recursos pra outras tarefas. Ao fornecer esse tipo de informação, o ABC tornou-se um valioso método de ajuste de processos de negócio.

●● OA13.4

Definir os tipos básicos de demonstrações financeiras e indicadores financeiros usados como controles.

Os controles financeiros incluem os balanços patrimoniais e os demonstrativos de resultados

Além dos orçamentos, as empresas usam outras demonstrações para exercer controle financeiro. Duas demonstrações financeiras que ajudam a controlar o desempenho organizacional geral são o balanço patrimonial e o demonstrativo de resultados.

balanço patrimonial
O **balanço patrimonial** dá uma visão da situação financeira de uma empresa em um dado momento. Essa demonstração classifica três elementos:

1. Os **ativos** referem-se aos valores dos diversos itens pertencentes à empresa.
2. O **passivo** representa os valores que a empresa deve aos seus diversos credores.
3. O **patrimônio líquido** é o valor que cabe aos proprietários da empresa.

A relação entre os três elementos é a seguinte:

Ativo = Passivo + Patrimônio líquido

A Tabela 13.2 oferece um exemplo de balanço patrimonial. Durante o ano, a empresa cresceu porque aumentou seu prédio e adquiriu mais máquinas e equipamentos, usando crédito de longo prazo sob a forma de hipoteca. Ações foram vendidas para ajudar a financiar a expansão. Ao mesmo tempo, as contas a receber aumentaram e os trabalhos em andamento diminuíram. Podemos ver que Ativo Total (US$ 3.053.367) = Passivo Total (US$ 677.204 + US$ 618.600) + Patrimônio Líquido (US$ 700.000 + US$ 981.943 + US$ 75.620).

Resumir itens do balanço patrimonial ao longo de um período de tempo revela tendências importantes e dá ao gestor um melhor *insight* do desempenho geral e das áreas em que são necessários ajustes. Por exemplo, a alguma altura, a empresa pode decidir que seria prudente reduzir o ritmo de seus planos de expansão.

FIGURA 13.2 Como a Dana sabe quais são seus verdadeiros custos

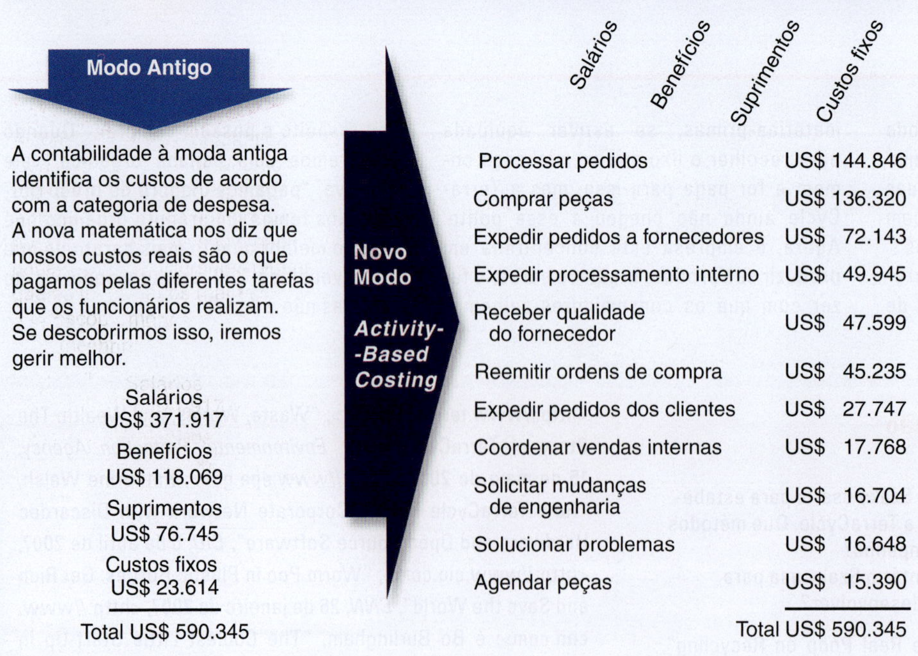

Modo Antigo

A contabilidade à moda antiga identifica os custos de acordo com a categoria de despesa. A nova matemática nos diz que nossos custos reais são o que pagamos pelas diferentes tarefas que os funcionários realizam. Se descobrirmos isso, iremos gerir melhor.

Salários
US$ 371.917

Benefícios
US$ 118.069

Suprimentos
US$ 76.745

Custos fixos
US$ 23.614

Total US$ 590.345

Novo Modo

Activity-Based Costing

	Salários	Benefícios	Suprimentos	Custos fixos
Processar pedidos				US$ 144.846
Comprar peças				US$ 136.320
Expedir pedidos a fornecedores				US$ 72.143
Expedir processamento interno				US$ 49.945
Receber qualidade do fornecedor				US$ 47.599
Reemitir ordens de compra				US$ 45.235
Expedir pedidos dos clientes				US$ 27.747
Coordenar vendas internas				US$ 17.768
Solicitar mudanças de engenharia				US$ 16.704
Solucionar problemas				US$ 16.648
Agendar peças				US$ 15.390
Total US$ 590.345				

FONTE: Cortesia da Dana Corporation.

306   Administração ● ●

TABELA 13.2 Balanço patrimonial comparativo

Balanço patrimonial comparativo para os anos encerrados em 31 de dezembro				
		Este ano		**Ano passado**
Ativo				
Ativo circulante:				
Caixa	US$	161.870	US$	119.200
Contas do Tesouro Norte-Americano		250.400		30.760
Contas a receber		825.595		458.762
Estoques:				
Produtos em processamento e acabados		429.250		770.800
Matérias-primas e suprimentos		251.340		231.010
Total do ativo circulante		1.918.455		1.610.532
Demais ativos:				
Terrenos		157.570		155.250
Edificações		740.135		91.784
Máquinas e equipamento		172.688		63.673
Mobiliário		132.494		57.110
Total do ativo antes da depreciação		1.202.887		367.817
Menos: Depreciação e amortização acumuladas		67.975		63.786
Total dos demais ativos		1.134.912		304.031
Total do ativo	US$	3.053.367	US$	1.914.563
Passivo e patrimônio líquido				
Passivo circulante:				
Contas a pagar	US$	287.564	US$	441.685
Folha de pagamentos e retenções		44.055		49.580
Comissões e outros		83.260		41.362
Impostos sobre a renda		176.340		50.770
Parcela da dívida de longo prazo		85.985		38.624
Total do passivo circulante		667.204		622.021
Passivo de longo prazo:				
Empréstimo de 15 anos a 9% pagável anualmente de 2002 a 2015		210.000		225.000
Hipoteca a 5%		408.600		
Letras registradas a pagar a 9%				275.000
Total do passivo de longo prazo		618.600		500.000
Patrimônio líquido:				
Ações ordinárias: 1 milhão de ações autorizadas, 492 mil ações em circulação no ano anterior, 700 mil ações em circulação este ano ao valor de face de US$ 1		700.000		492.000
Excedente de capital		981.943		248.836
Lucros retidos		75.620		51.706
Total do patrimônio líquido		1.757.563		792.542
Total do passivo e patrimônio líquido	US$	3.053.367	US$	1.914.563

CAPÍTULO 13 | Controle Gerencial **307**

- **ÍNDICE DE LIQUIDEZ CORRENTE** Um índice de liquidez que indica até que ponto os ativos de curto prazo podem diminuir e ainda ser suficientes para fazer frente ao passivo de curto prazo.

- **ÍNDICE DE ENDIVIDAMENTO GERAL** Um índice de alavancagem que indica a capacidade da empresa de fazer frente às suas obrigações financeiras de longo prazo.

- **RETORNO DO INVESTIMENTO (ROI)** Uma relação entre lucro e capital utilizado ou uma taxa de retorno do capital.

- **MIOPIA GERENCIAL** O foco nos lucros de curto prazo em detrimento das obrigações estratégicas de longo prazo.

TABELA 13.3 Demonstrativo de resultados comparativo

Demonstrativo de resultados comparativo para os anos encerrados em 30 de junho			
	Este ano	Ano passado	Aumento ou redução
Receitas:			
Faturamento líquido	US$ 253.218	US$ 257.636	US$ 4.418 *
Dividendos de investimentos	480	430	50
Outros	1.741	1.773	32
Total	255.439	259.839	4.400 *
Deduções:			
Custo das mercadorias vendidas	180.481	178.866	1.615
Despesas de vendas e administrativas	39.218	34.019	5.199
Despesa financeira	2.483	2.604	121 *
Outros	1.941	1.139	802
Total	224.123	216.628	7.495
Resultado antes dos impostos	31.316	43.211	11.895 *
Provisão para impostos sobre a renda	3.300	9.500	6.200 *
Resultado líquido	US$ 28.016	US$ 33.711	US$ 5.695 *

*Redução.

demonstrativo de resultados

É uma demonstração financeira das receitas e despesas das operações de uma empresa. A Tabela 13.3 mostra um demonstrativo de resultados comparativo para dois anos consecutivos. Na ilustração, a receita operacional da empresa aumentou. A despesa também aumentou, mas em menor ritmo, finalizando em maior resultado líquido. Alguns gestores elaboram demonstrativos de resultados prospectivos e os utilizam como metas. Depois, medem o desempenho em relação a essas metas ou padrões. Usando demonstrativos comparativos como esses, os gestores podem identificar e corrigir problemas.

O controle por resultados costuma ser usado para a empresa como um todo e, no caso de uma empresa diversificada, também para suas divisões. Mas o controle pode ser por departamentos, como em uma empresa descentralizada na qual os gestores de cada departamento tenham controle sobre receitas e despesas. Nesse caso, cada departamento tem o próprio demonstrativo de resultados. A produção de cada departamento é medida e lança-se contra a operação de cada departamento um custo, inclusive de *overhead*. O resultado líquido esperado é o padrão de mensuração do desempenho de cada departamento.

indicadores financeiros

Uma abordagem eficaz da verificação do desempenho geral de uma empresa é usar os principais indicadores financeiros, que sugerem pontos fortes e fracos. Os índices são calculados com base em itens selecionados do demonstrativo de resultados e do balanço patrimonial.

1. Os *índices de liquidez* indicam a capacidade da empresa de honrar suas dívidas de curto prazo. O índice de liquidez mais comum é a relação entre *ativo circulante* e *passivo circulante*, chamado de **índice de liquidez corrente** ou *índice de capital de giro líquido*. Esse índice indica até que ponto o ativo circulante pode diminuir e ainda conseguir fazer frente ao passivo circulante. Alguns analistas estabelecem um índice de 2 para 1 como o mínimo desejável. Por exemplo, se consultarmos a Tabela 13.2, veremos que há um índice de liquidez de aproximadamente 2,86 (US$ 1.918.455/US$ 667.204). O ativo circulante da empresa é mais do que capaz de fazer frente ao seu passivo circulante.

2. Os *índices de alavancagem* indicam o valor relativo dos fundos da empresa fornecidos por credores e acionistas. Um exemplo importante é o **índice de endividamento geral**, que indica a capacidade da empresa de fazer frente às suas obrigações financeiras de longo prazo. Se esse índice for inferior a 1,5, o volume de dívida não será considerado excessivo. Na Tabela 13.2, o índice de endividamento geral é de apenas 0,35 (US$ 618.600/US$ 1.757.563). A empresa financiou sua expansão quase inteiramente com a emissão de ações, em vez de incorrer em dívidas significativas de longo prazo.

3. Os *índices de lucratividade* indicam a capacidade da administração de gerar retorno financeiro sobre as vendas ou o investimento. Por exemplo, o **retorno do investimento (ROI)** é um índice do lucro em relação ao capital empregado, ou uma razão de retorno do capital (patrimônio líquido mais endividamento de longo prazo). Esse índice permite que os gestores e acionistas avaliem o desempenho da empresa em relação a outros investimentos. Por exemplo, na Tabela 13.2, se o resultado líquido da empresa este ano for de US$ 300 mil, seu retorno do capital será de 12,6% (US$ 300.000/(US$ 1.757.563 + US$ 618.600)), normalmente considerado uma taxa de retorno razoável.

uso dos indicadores financeiros

Embora os índices forneçam padrões de desempenho e indicações do acontecido, ater-se exclusivamente neles pode trazer consequências negativas. Os índices costumam ser expressos em horizontes de tempo limitados (mensais, trimestrais ou anuais) e, por isso, muitas vezes causam **miopia gerencial** – os

308 Administração

gestores concentram-se nos resultados de curto prazo em detrimento de suas obrigações estratégicas de mais longo prazo.[29] Para reduzir a miopia gerencial e focar a atenção no futuro, os sistemas de controle podem usar metas de longo prazo (como três a seis anos, por exemplo).

Um segundo resultado negativo dos índices é o fato de que eles relegam outros aspectos importantes a uma posição secundária. Os gestores que focam índices podem deixar de dedicar a devida atenção à pesquisa e ao desenvolvimento, ao aperfeiçoamento gerencial, às práticas progressivas de recursos humanos e a outros elementos. Por isso, o uso de índices deve ser complementado com outras medidas de controle. As empresas podem responsabilizar os gestores por participação de mercado, número de patentes concebidas, vendas de novos produtos, desenvolvimento de recursos humanos e outros indicadores de desempenho.

O lado negativo do controle burocrático

Até agora, tratamos do controle de um ponto de vista mecânico. Mas as empresas não são puramente mecânicas: compõem-se de pessoas. Embora os sistemas de controle sejam usados para controlar o comportamento das pessoas e tornar previsível seu comportamento no futuro, as pessoas não são máquinas que se comportam automaticamente da maneira pretendida pelos criadores dos sistemas de controle. Na verdade, os sistemas de controle podem levar a disfunções de comportamento. Para estabelecer um sistema de controle eficaz, os gestores precisam levar em conta a maneira como as pessoas irão reagir a ele, inclusive três reações negativas em potencial:[30]

1. Comportamento burocrático rígido
2. Comportamento tático
3. Resistência

comportamento burocrático rígido As pessoas muitas vezes agem de maneiras aparentemente positivas segundo as medidas do sistema de controle. Essa tendência é útil quando as leva a focar os comportamentos exigidos. Mas pode resultar em comportamentos rígidos e inflexíveis voltados para fazer *apenas* o necessário. Por exemplo, quando falamos do processo de controle Seis Sigma, observamos que a eficiência é salientada em detrimento da inovação. Depois que a 3M começou a usar muito o Seis Sigma, afastou-se de sua meta de obter pelo menos um terço de seu faturamento de produtos recentemente lançados. Quando George Buckley assumiu o cargo de presidente-executivo, apenas um quarto das vendas resultava de novos produtos. Buckley começou a ater-se menos em controles de eficiência porque, como disse a um jornalista, "A invenção é, por natureza, um processo desordenado".[31] O desafio do controle, evidentemente, está em fazer da 3M uma empresa ao mesmo tempo eficiente e criativa.

O comportamento burocrático rígido ocorre quando os sistemas de controle levam os funcionários a evitar problemas, atendo-se às regras. Infelizmente, esses sistemas muitas vezes levam a mau atendimento ao cliente e deixam a empresa toda lenta. Algumas empresas, inclusive a General

Motors e a UPS, aplicam regras que obrigam os funcionários a manter suas mesas arrumadas. É claro que um ambiente de trabalho caótico tem seus problemas, mas uma pesquisa levantou que as pessoas que diziam que suas mesas eram "muito arrumadas" passavam mais tempo à procura de itens do que aquelas que diziam que suas mesas eram "bem bagunçadas".[32] Segundo essa medida, controlar a arrumação na verdade diminui a eficiência dos funcionários. Da mesma forma, tentar controlar nossa produtividade limitando as chamadas telefônicas e o uso do e-mail a determinados horários do dia só será benéfico se o fato de ignorar o telefone ou o e-mail não incomodar os clientes ou não nos fizer ignorar problemas importantes.

Todos já fomos prejudicados, em algum momento, pelo comportamento burocrático rígido. Vamos pensar por um instante em um hoje clássico "pesadelo" que ocorreu em um hospital:

> À meia-noite, um paciente com dores nos olhos entra no pronto-socorro. Na recepção, é classificado como caso não emergencial e encaminhado à clínica oftalmológica da instituição. O problema é que a clínica só vai abrir na manhã seguinte. Quando ele chega lá, a enfermeira pede a guia de encaminhamento, que o médico do pronto-socorro esqueceu de fornecer. O paciente precisa voltar para o pronto-socorro e espera ser triado por outro médico, que o envia de volta à clínica de oftalmologia e a um assistente social para coordenar o pagamento. Finalmente, um terceiro médico examina o olho, percebe um pequeno pedaço de metal e o remove – em um procedimento de 30 segundos.[33]

Casos como esse deram má reputação à burocracia, claro. Alguns gestores nem usam a expressão *controle burocrático* por causa das conotações negativas em potencial. Mas os problemas não estão no sistema de controle em si: surgem quando os sistemas deixam de ser encarados como ferramentas para tocar a atividade e passam a ser considerados regras que ditam comportamentos rígidos.

comportamento tático Os sistemas de controle serão ineficazes se as empresas adotarem táticas para "enganar o sistema". O tipo mais comum de comportamento tático é a manipulação de informações ou o fornecimento de dados de desempenho falsos. As pessoas podem produzir dados inválidos sobre o que *já foi* feito e sobre o que *pode* ser feito. Relatórios falsos sobre o passado são mais raros, porque é mais fácil identificar alguém que relate incorretamente o que aconteceu do que alguém que preveja ou estime incorretamente o que está por vir. Ainda assim, os gestores, às vezes, alteram seus sistemas contábeis para "acertar" os números. Além disso, as pessoas podem fornecer informação falsa a um sistema de informações gerenciais para esconder erros ou mau desempenho. Recentemente, diversos inspetores alfandegários do Aeroporto Internacional de Orlando Sanford disseram que seus supervisores os pressionavam para acelerar o processamento de passageiros com o fornecimento de dados "genéricos", em vez de realmente os interrogar. Segundo os inspetores, eles tinham ordens para, quando o sistema selecionasse passageiros para análise mais detida em períodos de alto movimento, "chutar" informações como raça e duração da estada, em vez de pedir que os passageiros fornecessem essas in-

CAPÍTULO 13 | Controle Gerencial **309**

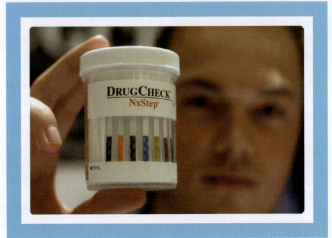

Quando o presidente-executivo da Ford, Alan Mulally, visitou a instalação de testes automotivos da organização de classificação de produtos Consumer Reports, ele e dois engenheiros graduados ouviram muitas críticas da equipe da Consumer Reports a respeito do projeto ineficiente da nova SUV da montadora, a Edge. Por exemplo, a Ford Edge não tem a abertura eletrônica de portas encontrada em muitos de seus rivais. A característica pode ser importante para alguém que chegue ao carro com os braços cheios de compras em um dia de chuva e precise pôr as sacolas no chão para abrir a porta ou o bagageiro. Mas, ao receber essa crítica, os engenheiros ficaram cada vez mais defensivos em relação ao projeto. Mulally identificou esse comportamento como um dos maiores problemas da empresa: a tendência dos funcionários de tentar justificar problemas em vez de lidar com eles.

De volta à sede, Mulally analisou a lista de carros compactos da Ford e percebeu que sempre que uma concessionária vendia um carro compacto em vez de uma caminhonete ou SUV, a empresa perdia US$ 3 mil. Foi-lhe dito que a Ford precisava vender muitos desses carros de qualquer jeito, para atender a meta obrigatória de consumo médio de combustível da empresa. Mas Mulally não se satisfez com a resposta e perguntou: "Por que vocês ainda não inventaram um jeito de lucrar [com esses carros]?" Os gestores admitiram que, por anos, a Ford aceitara que perder dinheiro era inevitável.[35]

formações. A justificativa para esse comportamento era que eles só tinham um minuto para avaliar cada passageiro e isso manteria a fila andando e o público satisfeito com o órgão.[34]

A falsificação de previsões ou pedidos para o futuro é mais comum. Quando lhes são solicitadas estimativas de orçamento, os funcionários costumam pedir mais do que precisam. Ou, se acreditam que uma baixa estimativa irá aumentar as chances de aprovação de um orçamento ou projeto, podem fornecer estimativas *baixas* demais. Sessões de orçamentação podem virar cabos de guerra entre subordinados que querem aumentar a folga do orçamento e os superiores que querem minimizá-las. Táticas semelhantes surgem quando os gestores negociam padrões de desempenho baixos demais para que seus subordinados possam atingi-los facilmente, quando vendedores projetam poucas vendas para serem bem vistos ao superá-las e quando os funcionários reduzem o ritmo quando analistas de tempos e movimentos estão estabelecendo os padrões de trabalho. As pessoas dos exemplos acima só estão preocupadas com os próprios dados de desempenho, não com o desempenho geral de seu departamento ou sua empresa.

resistência ao controle As pessoas muitas vezes resistem muito aos sistemas de controle, por diversos motivos:

- Sistemas de controle abrangentes aumentam a precisão dos dados de desempenho e tornam os funcionários mais responsáveis por seus atos. Os sistemas de controle revelam erros, ameaçam a segurança no emprego, o *status* das pessoas e reduzem sua autonomia.
- Os sistemas de controle podem alterar as estruturas de especialização e poder. Por exemplo, sistemas de informação gerencial podem acelerar as decisões de custeio, compras e produção anteriormente tomadas pelos gestores. Essas pessoas podem temer, com isso, uma perda de perícia, poder e autoridade de tomada de decisão.
- Os sistemas de controle podem alterar a estrutura social das empresas. Eles podem criar competição e perturbar grupos sociais e amizades. As pessoas podem acabar competindo contra aquelas com quem antes tinham relacionamentos confortáveis e cooperativos. As necessidades sociais das pessoas são importantes e, por isso, elas irão resistir a sistemas de controle que reduzam a satisfação dessas necessidades.
- Os sistemas de controle podem ser encarados como invasão de privacidade, levar a processos judiciais e reduzir o moral.

 OA13.5

Listar os procedimentos para implementar sistemas de controle eficazes.

Os gestores podem aumentar a eficácia dos sistemas de controle

Sistemas de controle eficazes maximizam os benefícios em potencial e minimizam comportamentos disfuncionais. Para tanto, a administração precisa conceber sistemas de controle que atendam a diversos critérios:

- Os sistemas são baseados em padrões de desempenho válidos.
- Eles comunicam informações adequadas aos funcionários.
- Eles são aceitáveis para os funcionários.
- Eles usam múltiplas abordagens.
- Eles reconhecem a relação entre potencialização e controle.

estabelecimento de padrões de desempenho válidos Um sistema de controle eficaz deve se basear em padrões de desempenho válidos e precisos. Os padrões mais eficazes, como já vimos, tendem a ser expressos em termos quantitativos; são mais objetivos do que subjetivos. Além disso, deve ser difícil sabotar ou falsificar as medidas. Ademais, o sistema deve incorporar todos os aspectos importantes do desempenho. Por exemplo, uma empresa focada apenas em volume de vendas e que não dê atenção à lucratividade pode logo ser forçada a baixar as portas. Como vimos, comportamentos que não são medidos acabam por ser negligenciados. Consideremos os padrões de desempenho de fornecimento de treinamento e outros programas de RH, que muitas vezes enfatizam a satisfação dos treinandos tal como relatada em formulários de pesquisa. Por outro lado, o Departamento de Licenças e Inspeções do estado da Filadélfia verificou que o treinamento que fornecia melhorava o desempenho dos funcionários. O órgão, conhecido por longas filas e funcionários mal-educados, pediu ajuda do Hotel Ritz-

> Segundo os executivos, as empresas controlam o desempenho financeiro melhor do que o não financeiro.[39]

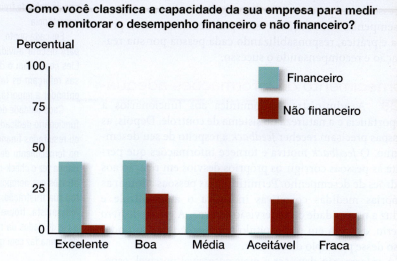

-Carlton da Filadélfia (a rede é conhecida pelo excelente atendimento ao cliente). O gerente geral do hotel treinou 40 funcionários do departamento para aprimorar suas competências de atendimento. Depois, o departamento verificou o tempo de espera dos solicitantes de licenças, que caiu de 82 minutos para 14 minutos. O órgão mantém sua parceria com o Ritz-Carlton por meio de mais programas de treinamento.[36]

A administração também precisa se proteger de um outro problema: um excesso de medidas pode levar ao controle excessivo e à resistência por parte dos funcionários. Para fazer com que os controles sejam toleráveis, os gestores podem enfatizar algumas áreas importantes, estabelecendo padrões de desempenho "satisfatório" para as demais. Ou podem estabelecer prioridades simples, como orientar os compradores a atingir metas pela seguinte ordem: qualidade, disponibilidade, custo, nível dos estoques. Finalmente, os gestores podem estabelecer faixas de tolerância, como se dá quando os orçamentos financeiros incluem níveis otimistas, esperados e mínimos.

Os orçamentos de muitas empresas estabelecem apenas metas de custo. Isso faz com que os gestores controlem os gastos, mas negligenciem os lucros. Na Emerson Electric, lucro e crescimento são medidas fundamentais. Se surgir uma oportunidade imprevista de aumento da participação no mercado, os gestores podem gastar o quanto for necessário para explorá-la. A frase "não está no orçamento" tem menos chances de sufocar o pessoal da Emerson do que o de outras empresas.

Este princípio aplica-se também a aspectos não financeiros do desempenho. Em muitos centros de atendimento ao cliente, o controle visa maximizar a eficiência, focando o tempo médio que cada atendente usa para lidar com cada telefonema. Mas os objetivos de negócio dos call centers também devem incluir outras medidas, como a venda cruzada de produtos ou melhor satisfação do cliente e repetição de negócios. A Carlson Leisure Travel Services é uma dentre um número crescente de empresas que usa novas tecnologias para analisar o conteúdo – e não só a duração – de cada chamada e captar informações sobre o montante vendido pelos seus atendentes de call center.[37]

O consultor empresarial Michael Hammer resume esses pontos em termos daquilo que chama de sete "pecados capitais" que as medidas de desempenho devem evitar:[38]

1. *Vaidade* – usar medidas que garantem boas aparências para os gestores e a empresa. Por exemplo, uma empresa poderia medir o atendimento a pedidos em termos de entrega dos produtos até o fim do prazo prometido, em vez da medida mais difícil e significativa baseada no momento em que os clientes pedem a entrega dos produtos.

2. *Provincianismo* – limitar as medidas a responsabilidades funcionais ou departamentais, em vez dos objetivos gerais da empresa. Se o departamento de transportes de uma empresa medir apenas os custos de remessa, não haverá incentivo para que considere que a confiabilidade da remessa (entrega em uma data determinada) poderá afetar o desempenho nas lojas ou nos centros de distribuição da empresa.

3. *Narcisismo* – medir do ponto de vista de um funcionário, um gestor ou uma empresa, em vez do cliente. Por exemplo, um fabricante de sistemas de computação mede a remessa no prazo de cada componente; se 90% dos componentes do sistema chegassem ao cliente dentro do prazo, a entrega era considerada 90% pontual. Do ponto de vista do cliente, contudo, o sistema não estava no prazo porque ele precisaria de todos os componentes para usar o produto.

4. *Preguiça* – não se dar ao trabalho de analisar o que é importante medir. Uma empresa de energia elétrica simplesmente presumia que os clientes se importavam com a velocidade da instalação, quando, na verdade, eles se importavam mais com um agendamento preciso das ligações.

5. *Mesquinhez* – medir apenas um componente daquilo que afeta o desempenho da empresa. Um exemplo são os fabricantes de vestuário que imaginam dever considerar apenas o custo de produção e não o custo geral de disponibilizar exatamente os produtos certos nas lojas quando os clientes os demandam.

6. *Irrelevância* – deixar de considerar a maneira como os padrões afetarão o comportamento humano e empresarial na vida real. Um restaurante *fast-food* visou a redução de desperdício e surpreendeu-se quando os gestores começaram a reduzir a velocidade da operação, orientando os funcionários a só começar o preparo de tudo quando fossem feitos pedidos.

7. *Frivolidade* – dar desculpas pelo mau desempenho em vez de levar os padrões de desempenho a sério. Em algumas empresas, dedicam-se mais esforços a culpar outras pessoas do que a corrigir problemas.

Segundo Hammer, a solução básica para esses "pecados" é escolher cuidadosamente padrões que tratem inteiramente

CAPÍTULO 13 | Controle Gerencial 311

de processos de negócio, como desenvolvimento de produto ou atendimento a pedidos, e identificar ações que levem ao sucesso desses processos. Então, os gestores devem medir o desempenho em relação a esses padrões de maneira precisa e prática, responsabilizando cada pessoa por sua realização e recompensando o sucesso.

fornecimento de informações adequadas

A administração comunica aos funcionários a importância e a natureza do sistema de controle. Depois, as pessoas precisam receber *feedback* a respeito de seu desempenho. O *feedback* motiva e fornece informações que permite às pessoas corrigir os próprios desvios em relação aos padrões de desempenho. Permitir que as pessoas adotem as próprias medidas corretivas incentiva o autocontrole e reduz a necessidade de supervisão externa. A *gestão de livro aberto*, descrita em um capítulo anterior, é um uso poderoso desse princípio de controle.

A informação deve ser a mais acessível possível, especialmente quando se espera das pessoas que tomem decisões com rapidez e eficiência. Por exemplo, uma empresa de âmbito nacional no setor de alimentos que dispunha da própria frota de caminhões enfrentava um problema complicado. A empresa queria que os motoristas revissem a cada noite os registros dos clientes, inserissem a cada manhã os novos preços vindos da sede e ainda completassem suas rotas – um conjunto impossível de exigências. Para resolver esse problema de controle, a empresa instalou computadores pessoais em mais de mil caminhões. Agora, os motoristas usam seus PCs para manter comunicação constante com a sede. A cada noite, eles enviam informações sobre as lojas e a cada manhã a sede lhes envia os preços e os *mixes* recomendados de estoque.

De modo geral, os gestores encarregados de criar um sistema de controle devem avaliar o sistema de informação em termos das seguintes perguntas:[40]

- Ele fornece às pessoas dados relevantes para as decisões que precisam tomar?
- Eles fornecem o volume correto de informação aos tomadores de decisões de toda a empresa?
- Ele fornece informação o bastante a cada parte da empresa sobre como outras partes correlatas estão operando?

 O Ritz-Carlton estabelece medidas de desempenho para manter sua impressionante reputação e certifica-se de que os funcionários percebam como contribuem. As medidas se baseiam nos fatores-chave por detrás do sucesso da rede hoteleira: sua mística, o engajamento dos funcionários, excelência em bens e serviços, envolvimento comunitário e desempenho financeiro. Para cada fator de sucesso, equipes interfuncionais identificam metas tão detalhadas quanto o número de riscos nas portas dos elevadores, ou a porcentagem de funcionários satisfeitos em um determinado local. Como essas equipes incluem funcionários da linha de frente, os quadros em geral acreditam que suas opiniões têm importância.

Em cada ponto, no começo de cada turno, todos os funcionários reúnem-se para discutir atividades, problemas e a filosofia de negócio da Ritz-Carlton. Eles comparam o desempenho com as metas em cada área. Essas conversas reforçam os fatores-chave de desempenho e ajudam os funcionários a entender a importância daquilo que fazem.

Cada unidade de negócio se concentra em até três prioridades, sendo cada funcionário dedicado a melhorar os resultados quanto a clientes, funcionários ou resultados financeiros. Os funcionários apreciam o papel que representam no fornecimento de uma experiência especial aos hóspedes. Quando Joanne Hanna fez o check-in em um Ritz-Carlton depois de uma desgastante série de atrasos nos aeroportos, um funcionário do hotel carregou suas malas e escutou sua frustração. Ao saber que ela não tinha tempo para ir ao Spa ou a um massagista, trouxe-lhe uma vela perfumada – e registrou a informação na base de dados da rede. Agora, a cada visita, uma vela no quarto de Hanna faz com que ela se lembre da empatia do funcionário.[41]

garantir a aceitabilidade para os funcionários

A chance de que os funcionários resistam ao sistema de controle ou apresentem comportamentos disfuncionais será menor se eles aceitarem o sistema. A aceitação de sistemas é mais provável se os padrões de desempenho forem úteis, mas o controle não for excessivo. Os funcionários também aceitarão melhor os sistemas se acreditarem ser possível atingir os padrões.

O sistema de controle deve enfatizar o comportamento positivo e não apenas focar o controle dos comportamentos negativos. A McBride Electric, uma empreiteira do setor elétrico, usa um sistema eletrônico de monitoramento chamado DriveCam para incentivar seus motoristas a apresentar um comportamento responsável em termos de segurança e consumo de combustíveis. Um monitor de vídeo DriveCam em cada caminhão registra a atividade dentro e fora da cabina; a gravação só fica registrada se o caminhão se envolver em algum "evento-gatilho", como uma freada brusca ou uma derrapagem. A administração explicou o sistema aos motoristas, enfatizando que ajudaria a empresa a aumentar o lucro (uma mensagem relevante em empresas que pratiquem a gestão de livro aberto) e protegeria os funcionários se fossem falsamente acusados de práticas inseguras. A McBride não só começou a ver melhorias imediatas em segurança e desgaste dos veículos como também pôde cumprir a promessa de defender seus funcionários. Um telefonema anônimo reclamou que a má condução de um motorista da empresa causara um acidente. O gestor da McBride que aceitou a chamada explicou que poderia analisar um vídeo feito pelo caminhão

VOCÊ SABIA?
Uma das melhores maneiras para estabelecer padrões razoáveis e, com isso, conquistar a aceitação do sistema de controle pelos funcionários é envolvê-los no estabelecimento dos padrões. A participação na tomada de decisões garante que as pessoas entendam e cooperem, o que resulta em melhores decisões. Colaborar com os funcionários em decisões de sistema de controle que afetarão seus empregos ajuda a superar a resistência e a alimentar a aceitação do sistema. Além disso, os funcionários da linha de frente tendem a saber quais padrões são os mais importantes e práticos. Finalmente, se os padrões forem estabelecidos em colaboração com os funcionários, eles irão cooperar mais prontamente para solucionar o problema quando os resultados se desviarem do pretendido.

naquele dia – e o reclamante logo desligou.[42] A abordagem exibe a qualidade motivacional de "justiça procedimental" de que tratamos no Capítulo 10. Ao dar aos funcionários a sensação de que estão sendo avaliados segundo um processo justo, aumenta a probabilidade de que aceitem esse processo.

manter abertura de comunicação

Quando surgem desvios em relação aos padrões, é importante que os funcionários sintam-se capazes de relatar o problema para que ele possa ser abordado. Se os funcionários acharem que seus gestores só querem boas notícias, ou, pior, temerem represálias por trazer más notícias, mesmo que não seja sua culpa, os controles existentes terão muito menos chances de funcionar. Problemas podem deixar de ser relatados ou até chegar ao ponto em que as soluções sejam muito mais dispendiosas ou difíceis. Mas se os gestores criarem um clima franco e aberto, no qual os funcionários sintam-se à vontade para compartilhar informações negativas e isso até seja apreciado, o sistema de controle tenderá a ser mais eficaz.

> " Aprendi que os erros muitas vezes podem ensinar tão bem quanto o sucesso. "
>
> Jack Welch, ex-presidente-executivo da General Electric

Ainda assim, os gestores às vezes precisam disciplinar funcionários que deixem de atender a padrões importantes. Nesses casos, uma abordagem chamada *disciplina progressiva* costuma ser a mais eficaz. Segundo a abordagem, são estabelecidos padrões claros, mas a inconformidade é tratada segundo um processo progressivo, ou passo a passo. Da primeira vez que o desempenho em vendas de um funcionário revela-se pior do que deveria, o supervisor pode oferecer conselhos ou *coaching* verbal. Se os problemas persistirem, o passo seguinte pode ser uma reprimenda por escrito. Esse tipo de abordagem razoável e bem pensada sinaliza para todos os funcionários que o gestor está interessado em aprimorar seu desempenho e não em puni-los.

uso de abordagens múltiplas

São necessários diversos controles. Por exemplo, os bancos precisam de controles de risco para não perder muito dinheiro com devedores inadimplentes, além de controles de lucro, inclusive orçamentos de vendas que tenham por meta o crescimento em contas e clientes.

Como já vimos neste capítulo, os sistemas de controle em geral devem incluir metas de desempenho tanto financeiras quanto não financeiras e incorporar aspectos de controle preliminar, concorrente e de *feedback*. Nos últimos anos, um número crescente de empresas tem combinado as metas de seus gestores em uma combinação de quatro conjuntos de medidas de desempenho, também conhecidos por **balanced scorecard**:[43]

1. Financeiras
2. Satisfação do cliente
3. Processo de negócio (qualidade e eficiência)
4. Aprendizado e crescimento

A meta é ampliar os horizontes da administração para além dos resultados financeiros de curto prazo para aumentar a probabilidade de sucesso da empresa no longo prazo. Por exemplo, a Hyde Park Electronics estava usando diversos controles financeiros quando adotou um *scorecard* que acrescentava medidas como entregas no prazo, satisfação dos funcionários e impacto das atividades de marketing sobre o faturamento. Com o *balanced scorecard*, os lucros atingiram níveis inéditos.[44] O *balanced scorecard* também pode ser adaptado ao ambiente sem fins lucrativos. A Ocean-Monmouth Legal Services, que presta serviços jurídicos aos pobres do estado de Nova Jersey, usa um *balanced scorecard* para acompanhar o progresso em relação a metas estratégicas, operacionais, financeiras e de satisfação do cliente. Harold E. Creacy, presidente-executivo da empresa, dá à abordagem crédito por ajudar a lidar com os custos crescentes e os recursos limitados que muitas vezes afetam as organizações sem fins lucrativos.[45]

Um controle eficaz também exige que os gestores e as empresas usem muitas das outras técnicas e práticas da boa gestão. Por exemplo, os sistemas de remuneração concedem recompensas pelo atendimento a padrões e impõem consequências em caso de inconformidade. Para conseguir a aceitação dos funcionários, os gestores podem recorrer a muitas das outras ferramentas de comunicação e motivação das quais tratamos em capítulos anteriores, como a persuasão e o reforço positivo.

> ● BALANCED SCORECARD
> Um sistema de controle que combina quatro conjuntos de medidas de desempenho: finanças, cliente, processo de negócio e aprendizado e crescimento.

●● OA13.6

Identificar maneiras como as empresas usam mecanismos de controle de mercado.

OUTROS CONTROLES: MERCADOS E CLÃS

Embora o conceito de controle tenha sido sempre uma característica central das empresas, os princípios e as filosofias subjacentes ao seu uso estão mudando. Antigamente, o controle focava quase exclusivamente mecanismos burocráticos (e de mercado). Foi ensinado a gerações de gestores que eles poderiam maximizar a produtividade ao regular o que os funcionários faziam – por meio de procedimentos operacionais padronizados, regras, regulamentos e supervisão direta. Para aumentar a produção em uma linha de montagem, por exemplo, os gestores tentavam identificar "a melhor maneira" de lidar com o trabalho e depois monitoravam as atividades dos funcionários para garantir que seguissem os procedimentos operacionais padronizados. Em suma, controlavam o trabalho por meio da divisão e simplificação de tarefas, em um processo conhecido como *gestão científica*.

CAPÍTULO 13 | Controle Gerencial 313

> **PREÇO DE TRANSFERÊNCIA**
> O preço que uma unidade cobra por um bem ou serviço fornecido a outra unidade da mesma empresa.

Embora os sistemas burocráticos formais de controle sejam, talvez, os mais comuns nas empresas (e os mais comentados em manuais de gestão), nem sempre são os mais eficazes. Os *controles de mercado* e o *controle pelo clã* podem representar abordagens mais flexíveis e igualmente poderosas para regular o desempenho.

Os controles de mercado permitem que oferta e demanda determinem preços e lucros

Os controles de mercado envolvem o uso de forças econômicas – e dos mecanismos de que as acompanham – para regular o desempenho. O sistema funciona assim: quando o produto de uma pessoa, um departamento, ou uma unidade de negócio tem valor para outras pessoas, é possível negociar um preço por ele. À medida que se estabelece um mercado para essas transações, surgem dois efeitos:

- O preço torna-se um indicador do valor do bem ou serviço.
- A competição por preços tem o efeito de controlar a produtividade e o desempenho.

Os princípios básicos em que se assentam os controles de mercado podem operar no nível da empresa, da unidade de negócio (ou departamento) e do indivíduo. A Figura 13.3 mostra algumas das maneiras como os controles de mercado são usados em uma empresa.

controles de mercado no nível corporativo
Em empresas grandes e diversificadas, os controles de mercado são frequentemente usados para regular unidades de negócio independentes. Especialmente em grandes conglomerados que agem como *holdings*, as unidades de negócio costumam ser tratadas como centros de lucros que competem uns com os outros. Os altos executivos podem impor alguns controles burocráticos aos gestores das unidades de negócio, mas avaliam o desempenho em termos de dados de resultados. Enquanto a tomada de decisões e o poder são descentralizados para as unidades de negócio, os controles de mercado garantem que essas unidades apresentem desempenho alinhado com os objetivos corporativos.

Esse uso dos mecanismos de controle de mercado tem sido criticado por aqueles que insistem que as medidas econômicas não medem adequadamente o valor pleno de uma empresa. Os funcionários muitas vezes são prejudicados quando empresas diversificadas são compradas e vendidas repetidamente com base em controles de mercado.

controles de mercado no nível da unidade de negócio
O controle de mercado também pode ser usado nas unidades de negócio para regular trocas entre departamentos e funções. Um meio pelo qual as empresas procuram aplicar as forças de mercado às transações internas é o preço de transferência. Um **preço de transferência** é o valor cobrado por uma unidade de uma empresa pelo fornecimento de um bem ou serviço a outra unidade da mesma empresa. Por exemplo, na produção de automóveis, preços de transferência podem ser atribuídos a componentes e montagens primárias antes do embarque para a montagem final em outras unidades de negócio. Idealmente, os preços de transferência refletem aquilo que a unidade de negócio recipiente teria de pagar pelo bem ou serviço no mercado.

Como as empresas têm mais opções de aquisição de bens e serviços com parceiros externos, controles de mercado, como os preços de transferência, fornecem incentivos naturais para manter os custos baixos e a qualidade elevada. Os gestores ficam a par dos preços do mercado para garantir que os próprios custos estejam alinhados e eles procuram

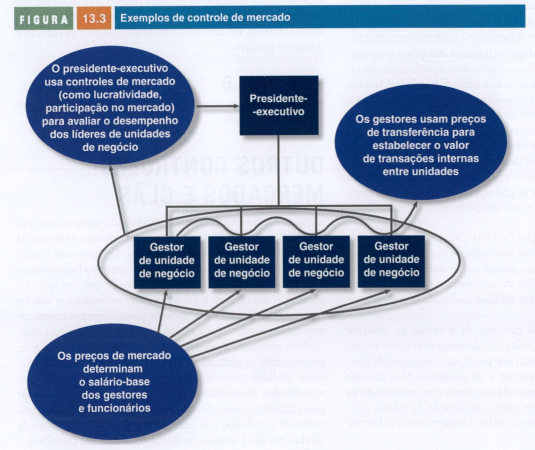

FIGURA 13.3 Exemplos de controle de mercado

aprimorar os serviços prestados para aumentar o valor de seu departamento para a empresa. Vejamos uma situação em que as atividades de treinamento e desenvolvimento possam ser realizadas internamente pelo departamento de recursos humanos ou terceirizadas para uma empresa de consultoria. Se o departamento de recursos humanos não puder fornecer treinamento de qualidade a um preço razoável, talvez não haja motivo para a sua existência na empresa. Da mesma forma, a Penske Truck Leasing Company começou a terceirizar muitos de seus processos financeiros com uma empresa chamada Genpact não só pelos melhores preços, mas também pela perícia que a empresa especializada desenvolveu para competir no mercado. Segundo o vice-presidente financeiro da empresa, Frank Cocuzza, o departamento agora gasta US$ 20 milhões a menos por ano do que com a realização interna das mesmas funções. Ao mesmo tempo, melhorou sua taxa de recebimentos e aprendeu com as práticas enxutas da Genpact milhares de maneiras de aumentar a eficiência de suas operações.[46]

DICA
A terceirização pode manter os gestores em contato com os preços de mercado e proporcionar perícias não disponíveis internamente na empresa.

controles de mercado no nível individual
Os controles de mercado também são usados no nível individual. Por exemplo, em situações nas quais as empresas estejam tentando contratar funcionários, a oferta e a demanda de competências específicas influenciam os salários que eles esperam receber e o quanto as empresas tendem a pagar. Os funcionários ou candidatos dotados de competências mais valiosas tendem a receber maiores salários. É claro que os salários nem sempre refletem os preços do mercado – às vezes baseiam-se (arbitrariamente, talvez) em considerações internas quanto a recursos – mas o valor de mercado é frequentemente o melhor indicador do valor potencial de um funcionário para a empresa.

Controles baseados em mercado como esses são importantes porque representam um incentivo natural para que os funcionários aumentem suas competências e as ofereçam a empregadores em potencial. Mesmo depois que as pessoas estão contratadas, os salários baseados no mercado são importantes como controles porque os funcionários de maior valor econômico podem ser promovidos mais rapidamente.

Os controles de mercado muitas vezes são usados pelos conselhos de administração para gerenciar os presidentes-executivos das grandes empresas. Embora muitas pessoas pensem que eles controlam todas as demais pessoas em uma empresa, esses profissionais respondem ao conselho de administração, que deve assegurar que o presidente-executivo aja em seu benefício. Na falta de controle do conselho, os presidentes-executivos podem agir de maneiras que façam bem para sua imagem pessoal (aumentando ou diversificando a empresa, por exemplo), mas que não levam a maiores lucros para a empresa. E, como mostraram os recentes escândalos corporativos, na ausência de controle do conselho de administração, os presidentes-executivos podem inflar artificialmente os ganhos da empresa ou deixar de declarar despesas, fazendo com que a empresa pareça mais bem-sucedida do que é.

Tradicionalmente, os conselhos de administração procuram controlar o desempenho do presidente-executivo, principalmente por meio de remuneração por incentivos, inclusive bonificações atreladas a metas de lucro de curto prazo. Nas grandes empresas dos Estados Unidos, a maior parte da remuneração dos presidentes-executivos está ligada ao desempenho da empresa. Além dos incentivos de curto prazo, os conselhos usam outros de longo prazo ligados ao preço da ação da empresa, geralmente por meio de opções, como já vimos. Além disso, os *balanced scorecards* têm por objetivo manter os presidentes-executivos focados na saúde de longo prazo da empresa. E, de acordo com a Lei Sarbanes-Oxley, os membros do conselho devem exercer controle cauteloso sobre o desempenho financeiro da empresa, o que inclui supervisão do pacote de remuneração do presidente-executivo.

 OA13.7
Discutir o uso do controle pelo clã em uma empresa energizada.

O controle pelo clã depende da potencialização e da cultura

Os gestores têm descoberto que sistemas de controle baseados exclusivamente em mecanismos burocráticos e de mercado não bastam para orientar a força de trabalho de hoje. Isso se deve a diversos motivos:

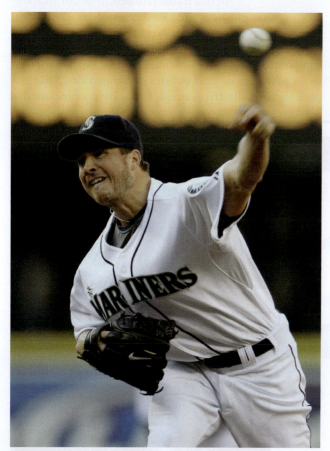

Os salários às vezes ridiculamente altos dos atletas profissionais são realmente indicativos de suas habilidades?

CAPÍTULO 13 | Controle Gerencial **315**

> "Como gestores, o importante não é o que acontece quando estamos por perto, mas o que acontece quando não estamos."
>
> Ken Blanchard

- *Os cargos dos funcionários mudaram.* Os funcionários que trabalham com computadores, por exemplo, têm cargos mais variáveis e grande parte do seu trabalho é intelectual e, portanto, invisível. Por isso, não existe uma só maneira de realizar tarefas, e programar ou padronizar cargos torna-se muito difícil. Uma supervisão próxima também é pouco realista porque é praticamente impossível monitorar atividades como raciocínio e solução de problemas.
- *A natureza da gestão mudou.* Antigamente, os gestores sabiam mais sobre as tarefas do que os funcionários. Hoje, com a mudança para a economia do conhecimento, os funcionários costumam saber mais do que qualquer outra pessoa sobre seus cargos. Quando a verdadeira perícia de uma empresa reside em seus níveis inferiores, o controle hierárquico passa a ser impraticável.[47]
- *As relações trabalhistas mudaram.* O contrato social do trabalho está sendo renegociado. Outrora, os funcionários estavam mais preocupados com salários, segurança no emprego e horas de trabalho. Hoje, contudo, cada vez mais funcionários querem estar plenamente engajados em seu trabalho, participar da tomada de decisões, criar soluções para problemas singulares e receber missões desafiadoras e envolventes. Eles querem usar a cabeça.

Por esse três motivos, o conceito de *potencialização* não só ganhou popularidade nas empresas como também se tornou um aspecto necessário do repertório de controle dos gestores. Na ausência de uma abordagem ao estilo "há um único melhor jeito de agir" e de uma maneira para examinar o que os funcionários fazem todos os dias, os gestores precisam potencializar seus funcionários para que tomem decisões e confiar que agirão se acordo com os interesses da empresa. Mas isso não significa abrir mão do controle. Significa criar uma cultura forte de padrões e integridade elevados para que os funcionários exercitem por conta própria um controle eficaz.

Como vimos no Capítulo 2, uma cultura organizacional que encoraje os comportamentos errados irá prejudicar seriamente qualquer esforço de imposição de controles eficazes. Mas se os gestores criarem e reforçarem uma cultura forte que encoraje o comportamento correto, na qual todos entendam os valores e expectativas da administração e estejam motivados para agir de acordo com eles, o controle pelo clã pode ser muito eficaz.[48] Como vimos no começo deste capítulo, o *controle pelo clã* envolve criar relacionamentos baseados em respeito mútuo e encorajar cada pessoa a assumir a responsabilidade por seus atos. Os funcionários trabalham dentro de um arcabouço de valores que os orienta e espera-se deles que usem o bom senso. Por exemplo, na NetApp, uma empresa de TI especializada em armazenagem e proteção de dados, um compromisso com a potencialização dos funcionários levou à passagem de uma política de viagens de 12 páginas para algumas diretrizes simples aplicáveis a funcionários

"Use sempre o bom senso. Essa é a única regra."

Manual do funcionário da Nordstrom

ANTIGAMENTE...

Um elemento central de controle nos ambientes de trabalho do passado era o relógio de ponto. Os funcionários marcavam o cartão ao entrar e sair para criar um registro do tempo passado no emprego.

AGORA...

A empresa de biotecnologia Genentech usa diferentes controles para seus cerca de mil pesquisadores. Um dos segredos do sucesso no desenvolvimento de novos medicamentos está no conhecimento e na criatividade dos funcionários. Por isso, a empresa lhes fornece equipamento de ponta e permite que participem de seminários e dediquem tempo aos próprios projetos de pesquisa.

que precisam viajar a negócios: "Somos uma empresa frugal. Mas não chegue morto de cansado para economizar um punhado de dólares. Use o bom senso".[49] Uma organização potencializada enfatiza satisfazer os clientes em vez de agradar o chefe. Erros são tolerados como subproduto inevitável de lidar com mudanças e incertezas e são encarados como oportunidades para aprender. E os membros da equipe aprendem juntos.

Eis algumas orientações práticas para gerenciar em um mundo potencializado:[50]

- *Localizar o controle onde está a operação.* Camadas de hierarquia, supervisão próxima e freios e contrapesos estão desaparecendo rapidamente e sendo substituídos por equipes auto-orientadas. Por séculos, até mesmo o Império Britânico – enorme como era – nunca teve mais de seis níveis de gestão, inclusive a Rainha.

- *Usar controles em "tempo real" em vez de retrospectivos.* Questões e problemas devem ser resolvidos na fonte pelas pessoas que estão realmente fazendo o trabalho. Os gestores passam a ser um recurso para ajudar a equipe.

- *Reconstruir as premissas subjacentes ao controle gerencial para criar confiança em vez de desconfiança.* As empresas altamente flexíveis de hoje baseiam-se em potencialização, não obediência. A informação deve facilitar e não policiar a tomada de decisões.

- *Passar para o controle baseado em normas entre pares.* O controle pelo clã é poderoso. Por exemplo, há casos em que trabalhadores no Japão preferiram cometer suicídio a desapontar ou envergonhar suas equipes. Embora o exemplo seja extremo, ilustra bem o poder da influência entre pares. Os japoneses têm uma cultura e um conjunto de valores muito mais homogêneos do que os nossos. Na América do Norte, precisamos construir normas entre os pares de maneira sistemática e dar muito menos ênfase à gestão por números.

- *Reconstruir os sistemas de incentivos para que reforcem a sensibilidade e o trabalho em equipe.* As metas gêmeas de agregação de valor para o cliente e desempenho da equipe precisam tornar-se a razão de ser predominante dos sistemas de mensuração.

A resistência do controle pelo clã e o tempo que precisa ser nele investido são uma faca de dois gumes. O controle pelo clã leva tempo para se desenvolver e ainda mais tempo para mudar. Isso confere estabilidade e orientação às empresas durante períodos de perturbações em seu ambiente (por exemplo, mudanças da alta administração). Mas, se os gestores desejarem estabelecer uma nova cultura – uma nova forma de controle pelo clã –, precisarão ajudar os funcionários a desaprender os antigos valores e adotar os novos. Falaremos mais desse processo de transição no próximo capítulo do livro. ∎

ACESSE <http://www.grupoa.com.br>

para materiais adicionais de estudo,
incluindo apresentações em PowerPoint.

CAPÍTULO 13 | Controle Gerencial 317

●● objetivos de APRENDIZAGEM

OA14.1 Resumir como avaliar as necessidades de tecnologia.

OA14.2 Identificar os critérios em que se baseiam as decisões de tecnologia.

OA14.3 Avaliar as principais formas de aquisição de novas tecnologias.

OA14.4 Descrever os elementos de uma empresa inovadora.

OA14.5 Indicar as características dos projetos de desenvolvimento bem-sucedidos.

OA14.6 Identificar o que é preciso para ser de classe mundial.

OA14.7 Descrever como gerir a mudança com eficácia.

OA14.8 Indicar táticas para a criação de um futuro de sucesso.

capítulo catorze

Inovação e Mudança

A inovação tecnológica é complexa e rápida – e vital para a vantagem competitiva das empresas. As empresas de hoje dependem da capacidade de seus gestores para capitalizar sobre novas tecnologias e outras mudanças não só para realizar com mais eficiência e eficácia suas tarefas básicas, mas também para manter a vantagem sobre os competidores. Como a tecnologia e a velocidade de inovação são críticas para o sucesso, os gestores precisam entender como as tecnologias podem mudar as maneiras como as empresas competem e como as pessoas trabalham.

Em um capítulo anterior, definimos *tecnologia* como os métodos, processos, sistemas e competências usados para transformar recursos em produtos. Em termos mais gerais, podemos encarar a tecnologia como sendo a comercialização da ciência: a aplicação sistemática do conhecimento científico a um novo produto, processo ou serviço. Nesse sentido, a tecnologia está embutida em todos os produtos, serviços e procedimentos usados ou produzidos.[1] Mas se encontrarmos uma maneira melhor de realizar nossa tarefa, teremos uma inovação. *Inovação* é uma mudança de método ou tecnologia – um distanciamento positivo e útil de certa maneira anterior de agir.

Olhe para a frente

com os gestores de hoje para ver como Karianne e Artemio inovam e gerenciam a mudança.

> *O maior desafio, em termos simplificados, é que as pessoas não gostam de mudanças. Mesmo que estas levem a um resultado mais positivo do que o originalmente previsto, elas não gostam de mudanças. Tendo isso em mente, entendi que fornecer informações novas ou atualizadas o quanto antes ajuda as outras pessoas a processar mudanças. Além disso, é importante concluir o processo de auditoria para poder explicar em detalhes por que uma mudança foi necessária e como irá alterar o resultado para melhor.*
>
> Karianne Wardell, Supervisora de Contas

> *Uma coisa que aprendi sobre como lidar com a mudança no ambiente de trabalho é que ela pode ter um efeito positivo sobre o ambiente e sobre as pessoas ao mesmo tempo. O que sugiro a respeito da mudança é que as pessoas aprendam a abraçá-la e ao mesmo tempo a adaptar-se a ela; assim, uma vez que a tenhamos entendido, podemos usar a mudança para nos ajudar no futuro.*
>
> Artemio Ortiz, Gerente de Promoções Digitais

Há dois tipos fundamentais de inovação:

1. *Inovações de processo* são mudanças que afetam a maneira como os produtos são produzidos. Alguns exemplos retirados do Capítulo 6 são práticas de produção flexíveis, como o *just-in-time*, a customização em massa e a engenharia simultânea.
2. *Inovações de produto* são mudanças dos produtos (bens e serviços) propriamente ditos.[2]

Essas duas categorias abrangem uma enorme variedade de ideias novas e criativas. Elas podem modificar ofertas de produto, as "plataformas" básicas, ou características e processos usados para criar produtos, os problemas que a empresa pode solucionar para o cliente, os tipos de clientes a que ela serve, a natureza da experiência que ela proporciona, a maneira como ganha dinheiro com o que faz, a eficiência e a eficácia de seus processos, sua estrutura, a cadeia de suprimento por meio da qual gera bens e serviços, os pontos físicos ou virtuais em que interage com os clientes, as maneiras como se comunica, e a marca associada a ela e seus produtos.[3]

Forças críticas convergem para criar novas tecnologias. Compreender as forças que movem o desenvolvimento tecnológico pode ajudar os gestores a prever, monitorar e gerenciar tecnologias de maneira mais eficaz.

- Deve haver uma *necessidade*, ou *demanda*, pela tecnologia. Sem essa necessidade por trás do processo, não há motivo para que ocorra a inovação tecnológica.
- Atender a essa necessidade precisa ser teoricamente possível e o *conhecimento* necessário deve estar disponível na ciência de base.
- Precisamos poder *converter* o conhecimento científico em prática em termos econômicos e de engenharia. Se algo for teoricamente possível, mas economicamente impraticável, não se pode esperar que a tecnologia surja.
- Os *fundos*, a *mão de obra qualificada*, o *tempo*, o *espaço* e *outros recursos* necessários para desenvolver a tecnologia precisam estar disponíveis.
- A *iniciativa empreendedora* precisa identificar e reunir todos os elementos.

Este capítulo discute a maneira como a tecnologia pode afetar a competitividade de uma empresa e as maneiras pelas quais os gestores identificam quais tecnologias uma empresa deve adotar. Em seguida, avaliamos as principais formas de desenvolvimento ou aquisição dessas tecnologias, inclusive as decisões de liderança e gestão que ajudam novas tecnologias a atingir o sucesso. É claro que a tecnologia não é a única maneira pela qual as empresas inovam e mudam. O restante do capítulo trata mais detidamente da inovação, inclusive esforços de mudança voltados para atingir a categoria mundial, o processo de gestão da mudança e esforços que podemos fazer para moldar nossas carreiras.

OA14.1
Resumir como avaliar as necessidades de tecnologia.

DECISÃO DE ADOÇÃO DE NOVAS TECNOLOGIAS

As decisões sobre tecnologia e inovação são estratégicas e os gestores precisam abordá-las de maneira sistemática. Discutimos, no Capítulo 4, duas estratégias genéricas que as empresas podem usar para se posicionar no mercado:[4]

1. *Baixo custo* – A empresa extrai uma vantagem do custo inferior ao dos competidores.
2. *Diferenciação* – A vantagem decorre da oferta de um bem ou serviço singular pelo qual os clientes se dispõem a pagar mais.

Para cada uma dessas estratégias, os gestores devem avaliar as necessidades tecnológicas, decidir entre adotar ou não uma nova tecnologia, e, caso a adotem, determinar o melhor método para desenvolvê-la ou adquiri-la.

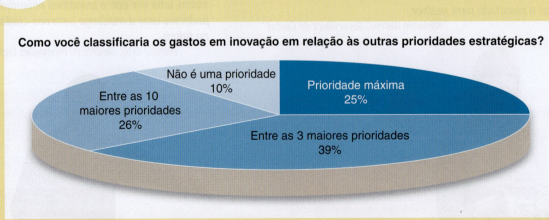

VOCÊ SABIA?
Os executivos da maioria das empresas consideram a inovação uma grande prioridade, mas apenas cerca de metade deles está satisfeita com o retorno que suas empresas obtêm sobre os gastos em inovação. As empresas tendem a medir o sucesso da inovação em termos de satisfação do cliente e crescimento da receita e apenas 20% acompanham o retorno do investimento em inovação.[5]

Como você classificaria os gastos em inovação em relação às outras prioridades estratégicas?

- Não é uma prioridade — 10%
- Entre as 10 maiores prioridades — 26%
- Prioridade máxima — 25%
- Entre as 3 maiores prioridades — 39%

> "O mundo odeia a mudança, mas ela é a única coisa que traz progresso."
> — Charles Kettering

AUDITORIA DE TECNOLOGIA
O processo de esclarecimento das principais tecnologias de que uma empresa depende.

As redes voadoras – uma tecnologia que a NASA e a Força Aérea dos Estados Unidos estão desenvolvendo – irão criar uma "internet do céu" que pode permitir que os aviões voem com segurança sem controladores em solo. A Força Aérea dos Estados Unidos pretende desenvolver e testar ativamente a rede no período de 2008 a 2012.

Avaliação das necessidades organizacionais de tecnologia

No ambiente cada vez mais competitivo de hoje, deixar de avaliar corretamente as necessidades tecnológicas da organização pode afetar fundamentalmente a sua eficácia. Vejamos o maior setor da economia norte-americana: os serviços de saúde, onde os gastos estão em crescimento explosivo. Um dos motivos para o custo tão alto da assistência de saúde é o fato de que o setor foi lento na adoção de tecnologias que poderiam aumentar a eficiência das operações. De acordo com um estudo da RAND Corporation, os cidadãos do país poderiam poupar US$ 162 bilhões por ano se os provedores de cuidados médicos tivessem investido melhor em tecnologia da informação. Por exemplo, menos de um quinto dos hospitais usa um sistema completo de código de barras para o fornecimento de remédios e esses sistemas poderiam poupar dinheiro e reduzir os erros de medicação.[6]

Para avaliar as necessidades tecnológicas, os gestores medem as tecnologias existentes e procuram por tendências que afetem o setor.

mensuração das tecnologias existentes
Para ajudar os gestores a entender a base tecnológica da qual dispõem, as **auditorias de tecnologia** esclarecem as principais tecnologias de que uma organização depende. Uma técnica para se medir o valor competitivo divide as tecnologias em categorias segundo seu valor competitivo:[7]

- *Tecnologias emergentes* ainda estão em desenvolvimento, mas podem alterar significativamente as regras de competição no futuro. Os gestores devem monitorar o desenvolvimento de tecnologias emergentes, mas podem não precisar investir nelas até que estejam mais desenvolvidas.
- *Tecnologias em andamento* ainda não provaram sua valia, mas trazem o potencial para fornecer uma vantagem significativa que altere as regras competitivas. Os gestores devem desenvolver tecnologias em andamento ou investir nelas por causa das vantagens competitivas que podem proporcionar.
- *Tecnologias-chave* já se provaram eficazes, mas oferecem uma vantagem estratégica porque nem todos as usam. Podem eventualmente surgir alternativas às tecnologias-chave. Até que isso aconteça, contudo, elas podem conferir às empresas uma vantagem competitiva significativa e fazer com que seja mais difícil para competidores recém-chegados ameaçar a empresa.
- *Tecnologias de base* são comuns no setor; todos precisam delas. Fornecem pouca vantagem competitiva, mas os gestores precisam investir nelas para garantir a competência continuada da empresa na tecnologia.

As tecnologias podem evoluir rapidamente ao longo desse espectro de tecnologias. Por exemplo, o processamento eletrônico de texto era uma tecnologia emergente no final da década de 1970. No começo da década de 1980, poderia ser considerado em andamento porque o custo e a capacidade restringiam sua utilidade a um pequeno número de aplicações. Com o desenvolvimento continuado e *chips* mais poderosos, o processamento eletrônico de texto tornou-se uma tecnologia-chave. Seus custos diminuíram e ficou demonstrada sua capacidade de aumentar a produtividade. Ao fim da década de 1980, era uma tecnologia de base para a maioria das aplicações e hoje é de uso tão difundido que pode ser encontrado em praticamente qualquer escritório.

avaliação de tendências tecnológicas externas
Como se dá com qualquer tipo de planejamento, as decisões sobre tecnologia precisam equilibrar capacidades internas (pontos fortes e fracos) com oportunidades e ameaças externas. Para entender como a tecnologia está evoluindo em um setor, os gestores podem usar técnicas que apresentamos em capítulos anteriores:

- O *benchmarking* compara as práticas e tecnologias da empresa com as de outras empresas. A Harley-Davidson recuperou sua reputação como produtora de motocicletas de qualidade depois que seus executivos visitaram a fábrica da Honda e perceberam em primeira mão a fraqueza relativa das tecnologias de produção da Harley e o enorme potencial de melhorias. É compreensível que os concorrentes relutem em revelar seus segredos, mas as empresas podem estar mais dispostas a compartilhar o conhecimento se não forem concorrentes diretas e se a troca de informação puder beneficiar as duas partes.
- A *varredura do ambiente* dedica-se ao que pode ser feito e ao que está em desenvolvimento. Enfatiza a identificação e monitoramento das fontes de novas tecnologias para um setor. Ela também pode incluir a leitura de periódicos científicos avançados e a participação em congressos e seminários. As empresas que operam nas proximidades da vanguarda tecnológica são mais dependentes da varredura.

Empresas japonesas, como a Nissan, muitas vezes se dispõem a mostrar suas operações a concorrentes dos Estados Unidos porque acreditam que as empresas norte-americanas não queiram ou não possam usar o que aprenderam.

OA14.2
Identificar os critérios em que se baseiam as decisões de tecnologia.

As decisões de tecnologia devem se basear em critérios relevantes

Depois de analisar detidamente a posição tecnológica na qual se encontra sua empresa, os gestores podem planejar como desenvolver ou explorar tecnologias emergentes. Esses planos devem equilibrar diversos fatores inter-relacionados, inclusive a estratégia competitiva da empresa, a capacidade técnica de seus funcionários para lidar com a nova tecnologia, a adequação da tecnologia às operações da empresa, e a capacidade dela para lidar com os riscos e ambiguidades envolvidos na adoção de uma nova tecnologia. Juntas, essas considerações influenciam as decisões dos gestores sobre inovações tecnológicas. Uma lacuna em qualquer uma delas pode frustrar um plano promissor. Além disso, como veremos adiante, as decisões vão além da mera adoção ou não de uma tecnologia e incluem mudanças dos fatores correlacionados – por exemplo, melhorar a capacitação e as estratégias da empresa, contratar ou treinar funcionários e alterar políticas e procedimentos internos.

previsão da receptividade pelo mercado A primeira coisa a considerar no desenvolvimento de uma estratégia em torno da inovação tecnológica é o potencial de mercado. Muitas inovações são estimuladas pela demanda externa por novos bens e serviços. Por exemplo, a parcela de usuários da internet que usa uma língua além do inglês tem aumentado rapidamente. Essa tendência, junto com a globalização dos negócios, alimentou a demanda de realizar buscas online em diferentes línguas. As empresas estão criando diversas inovações em softwares para atender a essa demanda. O Google traduz as buscas para uma dúzia de línguas e também traduz páginas da internet para apresentar os resultados na língua do usuário. O Yahoo! Answers envia perguntas aos falantes nativos da língua do usuário e indexa as respostas para que possam ser pesquisadas na mesma língua por outros usuários.[8]

Ao avaliar a receptividade do mercado, os executivos precisam determinar duas coisas:

1. Se, no curto prazo, a nova tecnologia terá aplicação imediata e valiosa.
2. Se, no longo prazo, a tecnologia será capaz de satisfazer uma ou mais necessidades do mercado.

Por exemplo, ao receitar medicamentos, os médicos consideram muito simples usar o tradicional método de escrever em um bloco e entregar a receita ao paciente ou a um enfermeiro. Para que os médicos aprendam a usar uma nova tecnologia para o mesmo fim, a tecnologia tem de valer a pena para eles. Hospitais que adotem gestão eletrônica de distribuição de medicamentos precisam lançar sistemas completos, mas esses sistemas permitem que os médicos utilizem redes de informação nas quais podem consultar interações medicamentosas, efeitos colaterais e outras características. Quando os médicos percebem que o sistema lhes permite prestar melhores cuidados e reduzir o risco de erros, a maioria rapidamente adota a nova tecnologia.[9]

▶ Partindo de dez anos de experiência com a criação de jogos para computadores, Damion Schubert identificou diversas armadilhas a evitar para que um jogo seja bem recebido pelo mercado. Schubert, líder de projeto de combate da BioWare, diz que o primeiro erro é inovar demais. Tentar executar todas as novas ideias em um jogo confunde a mensagem a respeito do que há de interessante nele e provavelmente é impossível de se fazer bem. Em vez disso, os projetistas precisam pensar no que podem realizar bem, e dentro do prazo, e depois escolher as inovações que têm maior chance de ser apreciadas pelos usuários.

Schubert ficou sabendo de uma equipe que estava desenvolvendo um jogo para diversos jogadores e achou que seria interessante permitir que os jogadores incendiassem as casas uns dos outros. Mas a inovação mais satisfazia a necessidade dos criadores de experimentar algo novo do que acrescentava à diversão dos jogadores. O que os projetistas precisam, segundo Schubert, é perguntar aos jogadores o que *eles* acham que faria o jogo melhor.

Da mesma forma, diz Schubert, os criadores de jogos muitas vezes confundem características com benefícios. Podem contar o número de criaturas, aventuras ou corridas que há em um jogo e depois pensar em meios de acrescentar mais criaturas, aventuras ou corridas. Na maioria dos gêneros, contudo, os melhores jogos limitam o número dessas características porque qualidade de verdade significa que todas as escolhas são interessantes, detalhadas e bem realizadas. Assim, realizar testes cuidadosos para garan-

ANTIGAMENTE...

As estradas de ferro foram a grande inovação de tecnologia de sua época, permitindo cruzar um país ou entregar mercadorias em um destino distante em questão de dias.

AGORA...

O novo Boeing 787 Dreamliner é um salto tecnológico da aviação. Compostos de fibra de carbono são "moldados" em enormes pedaços, reduzindo o tempo de fabricação e manutenção. A aeronave também é mais leve do que as similares de alumínio, permitindo que as companhias aéreas gastem menos combustível.

tir o funcionamento de todas as inovações é mais importante do que uma abundância de novas características. Os jogadores, ele insiste, não estão procurando apenas por "algo novo", mas também, e principalmente, "algo melhor".[10]

viabilidade tecnológica

Os gestores também precisam determinar se as inovações tecnológicas são viáveis. Obstáculos técnicos podem representar barreiras contra o progresso. Por exemplo, os fabricantes de *chip* para computadores enfrentam dificuldades contínuas no desenvolvimento de novos modelos mais rápidos. Desde que a Intel trouxe o primeiro microprocessador ao mercado, em 1971, os fabricantes de *chip* fizeram avanços drásticos em capacidade de computação. O número de transistores contidos em um *chip* e, consequentemente, seu desempenho, dobraram a cada 18 a 24 meses. Mas a fronteira da tecnologia de microprocessadores está restrita pelas forças combinadas da física e da economia. Os fios que interligam os transistores são 400 vezes mais finos que um fio de cabelo e a tarefa de dobrar repetidamente a velocidade dos elétrons que viajam por fios tão finos é complicada – e pode tornar-se impossível a alguma altura. Para continuar a aumentar de maneira econômica a velocidade dos processadores, os projetistas precisaram ser criativos, elaborando técnicas como a miniaturização de componentes e a inclusão de dois ou mais núcleos de processamento em um só microchip para reduzir a distância entre processadores.[11]

Outros setores enfrentam obstáculos tecnológicos parecidos. No setor de petróleo, barreiras tecnológicas impedem a exploração e a perfuração nas partes mais profundas do oceano. Na medicina, cientistas e médicos trabalham incessantemente para identificar as causas e curas de doenças como o câncer e a Aids. Os esforços das montadoras para criar carros elétricos têm sido limitados pela dificuldade de se criar uma bateria capaz de enfrentar as longas viagens de que os norte-americanos tanto gostam. O aclamado Volt, da General Motors, tem autonomia de 60 quilômetros entre recargas, a mesma que um carro experimental que a Toyota vem testando para uso urbano.[12]

viabilidade econômica

Independentemente da capacidade de uma empresa para realizar uma inovação tecnológica, os executivos devem determinar se há um bom incentivo financeiro para isso. O uso da tecnologia de células de combustível alimentadas por hidrogênio em automóveis está em vias de se tornar tecnicamente viável, mas o custo ainda é alto demais. Mesmo que esses custos fossem reduzidos para níveis mais aceitáveis, a ausência de uma infraestrutura de apoio – como postos de reabastecimento

 Eu não fracassei. Só encontrei 10 mil soluções que não funcionam.
Thomas Edison

CAPÍTULO 14 | Inovação e Mudança

de hidrogênio – representa outra barreira à viabilidade econômica.

Em um nível mais prático de viabilidade econômica, as novas tecnologias, muitas vezes, exigem comprometimento duradouro de recursos consideráveis. E sua integração eficaz em uma empresa pode consumir muito tempo da administração. Por isso, os gestores precisam analisar objetivamente os custos e os benefícios da tecnologia. É claro que os benefícios podem ser substanciais. Restaurantes *fast-food* podem adotar um sistema chamado Hyperactive Bob, que observa o estacionamento

O Hyperactive Bob aplica tecnologia de robótica (visão computadorizada e inteligência artificial) a operações de fast-food para aumentar sua eficiência. O uso dessa tecnologia é viável – porque reduz desperdícios, melhora a satisfação do cliente e reduz o giro de mão de obra.

para contar o número de veículos que chega, compila esses dados com informações a respeito do horário do dia, tempos de cozimento, padrões de pedidos e outros para emitir ordens de preparo aos funcionários. Os funcionários tocam uma tela para indicar a aceitação de uma tarefa e o momento de sua conclusão. O sistema, criado pela Hyperactive Technologies, custa US$ 5 mil para ser instalado e US$ 3 mil por ano pela licença de software, mas poupa milhares de dólares por ano por meio da redução do desperdício de alimentos e do giro da força de trabalho – porque o Bob é uma alternativa a levar bronca de um supervisor nervoso.[13]

A conversão de registros médicos em papel para sistemas eletrônicos foi alardeada como um avanço tecnológico que economizaria dinheiro. As economias podem vir da recomendação de versões genéricas de medicamentos, quando disponíveis, da manutenção de registros em uma base de dados central, em vez de duplicá-la em diversos locais, e da prevenção de erros causados pela leitura incorreta de ordens escritas à mão ou pela prescrição de medicamentos que interajam com outros que o paciente já esteja tomando. O problema está em como pagar pela conversão.

Os gestores do Midland Memorial Hospital desejavam registros eletrônicos porque o corpo de enfermagem estava perdendo tempo ao procurar por prontuários, tentar entender garranchos e preenchendo formulários repetitivos. Mas a criação de um sistema computadorizado poderia custar até US$ 20 milhões. O Midland encontrou a resposta na Veterans Health Administration (VA), entidade responsável pelo atendimento de saúde a veteranos de guerra. Quando a VA adotou instalações eletrônicas, disponibilizou ao domínio público o código-fonte do software, permitindo que outros programadores o usassem e acrescentassem características para seus clientes. Com o novo sistema, o Midland reduziu as taxas de infecção e mortalidade e incorreu em menos erros médicos. O hospital também conseguiu atualizar suas faturas.

Os médicos enfrentam um desafio parecido. Menos de 20% têm registros médicos computadorizados; são contidos pelo custo e pela falta de peritos em computação em seus quadros. O governo federal lidou com o obstáculo econômico oferecendo incentivos de cerca de US$ 40 mil para a instalação e o uso de sistemas eletrônicos de registros. Na cidade de Nova York, o Primary Care Information Project desenvolveu o software e ajudou mais de mil médicos a implementá-lo. O líder do projeto conclui que os médicos estão dispostos a mudar, mas só se tiverem ajuda o bastante – tanto financeira quanto técnica.[14]

Patentes e direitos autorais podem ajudar as empresas a recuperar os custos de seus investimentos em inovações tecnológicas. Sem essa proteção, os investimentos em pesquisa e desenvolvimento talvez não se justificassem. Infelizmente, o crescimento da pirataria e da falsificação de produtos farmacêuticos, softwares e outros produtos acrescenta barreiras à viabilidade econômica. A globalização criou um mercado mundial de bens produzidos por falsificadores e piratas que enfrentam baixos custos. O Viagra, a droga anti-impotência da Pfizer, os cartuchos de tinta da Hewlett-Packard, os *chips* da Intel, os projetos de carros da GM, as bolsas da Coach, os tênis Nike Air Jordan e incontáveis gravações de músicas e filmes – tudo isso e muito mais já foi falsificado ou copiado e vendido ilegalmente. As perdas em todo o mundo decorrentes do furto de *propriedade intelectual* foram estimadas em US$ 500 bilhões por ano.

Algumas empresas tomam medidas quanto a esse problema. A fabricante de autopeças Bendix criou uma equipe encarregada de fazer valer seus direitos de propriedade intelectual, usou embalagens difíceis de falsificar e informa seus clientes por meio de exibição lado a lado de seus produtos e das cópias. Outras empresas, entre elas a Pfizer, estão usando etiquetas de radiofrequência nas embalagens para rastrear melhor os produtos durante a distribuição. Essas medidas têm por objetivo ajudar as empresas a manter a viabilidade econômica de suas inovações.[15]

desenvolvimento previsto da competência

Nosso conselho para que as empresas baseiem suas estratégias em suas competências essenciais aplica-se às estratégias de tecnologia e inovação. Na Merck e na Intel, as competências essenciais em pesquisa e desenvolvimento levaram a mais inovações tecnológicas. Por outro lado, empresas que não sejam voltadas para a tecnologia precisam desenvolver novas competências para sobreviver. Por exemplo, quando a Amazon.com enfrentou o desafio do varejo eletrônico na década de 1990, as livrarias físicas tradicionais precisaram adaptar-se rapidamente. Para reconquistar a competitividade, precisaram

324 Administração

aumentar suas competências em tecnologia da informação, o que não foi fácil para elas.

A consequência é que, embora certas tecnologias possam ter enorme aplicação no mercado, os gestores precisam ter (ou desenvolver) as competências internas para executar suas estratégias de tecnologia. Em empresas desprovidas das competências necessárias para implementar inovações, até os mais promissores avanços tecnológicos podem ser desastrosos.

adequação organizacional A decisão de adoção de inovações tecnológicas também deve levar em conta a cultura da empresa, os interesses dos gestores e as expectativas das demais partes interessadas. No que se refere à adoção de tecnologia, podemos considerar três tipos genéricos de empresa:

> " **Quase todos se entusiasmam mais com a mudança quando a ideia é deles e se entusiasmam menos quando sentem que a mudança lhes está sendo imposta.** "
>
> Maggie Bayless, sócia-gerente da ZingTrain[18]

- *Empresas exploradoras* – Estas empresas inovadoras e proativas em tecnologia têm culturas extrovertidas e oportunistas. A 3M e o Google são exemplos. Os executivos dessas empresas priorizam o desenvolvimento e a exploração da perícia tecnológica e os tomadores de decisões têm visões corajosas e intuitivas do futuro. Normalmente, contam com paladinos da tecnologia que articulam estratégias tecnológicas competitivamente agressivas e pioneiras. Os executivos tendem a se preocupar mais com o custo de oportunidade da inação do que com o potencial de fracasso.
- *Empresas defensoras* – Estas empresas adotam uma postura mais reservada quanto à inovação. Tendem a operar em ambientes estáveis e, por isso, usam estratégias para o aprofundamento de suas capacidades por meio da tecnologia, em vez da substituição das capacidades existentes. As decisões estratégicas costumam se basear em uma análise detida e no conhecimento do panorama do setor. Nos Estados Unidos, os supermercados competem há décadas por meio da ênfase na distribuição a baixo custo por grandes distâncias. A estratégia ajudou as empresas a sobreviver à pressão de baixo custo vinda do Walmart, mas nem sempre teve sucesso quando redes de supermercados norte-americanas tentaram expandir-se para outras partes do mundo.[16]
- *Empresas analistas* – Estas organizações híbridas precisam manter a competitividade tecnológica, mas tendem a esperar que outras demonstrem a solidez da demanda em novas áreas antes de agir. Frequentemente adotam uma estratégia de adoção precoce para conquistar uma posição dominante baseada mais em seu vigor de marketing e produção do que na inovação tecnológica. Por exemplo, o videogame Xbox da Microsoft, seu software Office e seu reprodutor de música Zune contêm inovações, mas outras empresas foram as pioneiras que abriram caminho para o conceito dos produtos.

Cada empresa tem diferentes capacidades para lidar com novas tecnologias. As *adotantes precoces* (*early adopters*) de novas tecnologias tendem a ser as maiores, mais lucrativas e mais especializadas. Isso lhes permite absorver os riscos associados à adoção precoce e lucrar mais com suas vantagens. Ademais, as pessoas envolvidas na adoção precoce são mais instruídas, têm maior capacidade de lidar com o abstrato, sabem lidar melhor com a incerteza e têm fortes aptidões para solução de problemas. Assim, as adotantes precoces podem gerir melhor as dificuldades e incertezas trazidas por uma tecnologia ainda não plenamente desenvolvida.[17]

Os gestores encarregados de avaliar novas tecnologias também devem considerar seus impactos sobre os funcionários. Muitas vezes, novas tecnologias trazem mudanças de processo que afetam diretamente o ambiente de trabalho da empresa. Essas mudanças podem criar ansiedade e resistência entre os funcionários, dificultando a integração da tecnologia. Mas a cooperação deles muitas vezes é um fator de grande importância na determinação da dificuldade e do custo da nova tecnologia. Adiante, neste capítulo, iremos tratar mais detidamente da gestão da mudança.

 OA14.3

Avaliar as principais formas de aquisição de novas tecnologias.

Saiba onde obter novas tecnologias

O desenvolvimento de tecnologia pode invocar visões de cientistas e projetistas trabalhando em laboratório de pesquisa e desenvolvimento (P&D). Em muitos setores, as principais fontes de novas tecnologias são as empresas que as utilizam. Mais de três quartos das inovações científicas são desenvolvidas pelos usuários dos instrumentos científicos em aprimoramento e podem ser posteriormente licenciadas ou vendidas aos fabricantes ou fornecedores.[19] Mas novas tecnologias podem vir de muitas fontes, inclusive fornecedores, fabricantes, usuários, outros setores, universidades, governos e empresas estrangeiras.

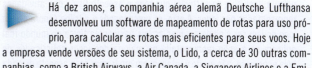

Há dez anos, a companhia aérea alemã Deutsche Lufthansa desenvolveu um software de mapeamento de rotas para uso próprio, para calcular as rotas mais eficientes para seus voos. Hoje a empresa vende versões de seu sistema, o Lido, a cerca de 30 outras companhias, como a British Airways, a Air Canada, a Singapore Airlines e a Emirates Airlines.

O software acompanha dados como tempo e clima, localização de aeroportos e pistas, peso e desempenho das aeronaves, rotas aéreas fixas e espaço aéreo temporariamente bloqueado e, depois, avalia diversos cenários

DECISÃO DE PRODUZIR OU COMPRAR

A pergunta que uma empresa deve se fazer quanto a adquirir uma nova tecnologia de alguma fonte externa ou a desenvolvê-la internamente.

Essencialmente, a questão de como adquirir novas tecnologias é uma **decisão de produzir ou comprar**. Em outras palavras, a empresa deve desenvolver ela mesma a tecnologia, ou adquiri-la de uma fonte externa? A decisão não é simples. Há muitas alternativas e cada uma tem vantagens e desvantagens. Algumas das opções mais comuns são:

- *Desenvolvimento interno* – Desenvolver internamente uma nova tecnologia pode mantê-la reservada – exclusivamente para a organização. Mas o desenvolvimento interno costuma exigir pessoal e fundos adicionais por longos períodos. Mesmo que o desenvolvimento seja bem-sucedido, pode transcorrer um tempo considerável antes que se verifiquem benefícios práticos. A Intel equilibra esses riscos e benefícios por meio da operação de laboratórios de pesquisa e desenvolvimento em diversos lugares, como nos Estados Unidos, Israel, Índia e China. Os engenheiros nesses laboratórios criaram ideias de ruptura e instalações no exterior que podem contornar restrições legais à importação de tecnologia, além de poupar dinheiro em comparação com o custo de contratação de talentos nos Estados Unidos.[21]

- *Compra* – A maior parte da tecnologia já está disponível em produtos ou processos que podem ser comprados. Um banco que precise de equipamentos sofisticados de processamento de informações não precisa desenvolver a tecnologia por conta própria. Ele pode comprá-la de fornecedores. Na maioria das situações, essa é a forma mais simples, fácil e barata de adquirir novas tecnologias. Mas a tecnologia em si não proporcionará vantagem competitiva.

- *Contratação de desenvolvimento* – Se a tecnologia não estiver disponível e a empresa carecer dos recursos ou do tempo necessários para desenvolvê-la internamente, pode contratar o desenvolvimento por fontes externas, como outras empresas, laboratórios de pesquisa independentes e universidades e órgãos governamentais. A contratação externa costuma envolver uma série de objetivos e cronogramas de projeto, com pagamento pela conclusão de cada ponto.

- *Licenciamento* – Algumas tecnologias que não podem ser facilmente compradas podem ser licenciadas. Os fabricantes de televisores adquirem licenças para instalar V-*chip* (pagando *royalties* de cerca de US$ 1 por aparelho) porque o governo dos Estados Unidos exige que os pais limitem o conteúdo a que seus filhos estão expostos. As empresas que desenvolvem videogames frequentemente compram licenças de tecnologia, inclusive do software que rege o aspecto físico das atividades representadas nos jogos. A arte, as personagens e a trilha sonora de um jogo podem ser singulares, mas as leis básicas da física no mundo real aplicam-se à ação representada na maioria dos jogos sofisticados de hoje e, por isso, não existe vantagem em programar esse aspecto de cada jogo. Licenciar é mais econômico.[22]

- *Trocas de tecnologia* – Algumas empresas estão dispostas a compartilhar ideias. Representantes da Scotsman Ice Systems estudaram os aplicativos de tecnologia da informação de outros fabricantes, apren-

para encontrar a melhor rota para cada voo. A British Airways estima que o programa poupa à empresa de US$ 15 milhões a US$ 20 milhões por ano. A Air Canada relata resultados parecidos. Assim, uma tecnologia originalmente desenvolvida por uma empresa para uso interno tornou-se uma opção que pode ser comprada por muitos de seus concorrentes.[20]

dendo, com as experiências dos outros, coisas que teria sido caro aprender por tentativa e erro. Da mesma forma, Mary Jo Cartwright, diretora de operações industriais da Batesville Casket Company, visitou uma fábrica de implementos agrícolas da John Deere e observou uma tecnologia chamada *telas de gestão visual*, que apresentam informações explicativas aos operários de produção. Algum tempo depois, quando a Batesville envolveu-se mais em customização, a empresa introduziu as telas de gestão visual para conferir aos trabalhadores instruções de montagem detalhadas e compreensíveis.[23] Nem todos os setores da economia estão dispostos a esse tipo de compartilhamento, mas as trocas de tecnologia estão se tornando cada vez mais comuns por causa do alto custo do desenvolvimento independente das tecnologias avançadas.[24]

- *Parcerias e joint ventures de pesquisa* – Parcerias de pesquisa são métodos de busca conjunta de novas tecnologias específicas. Normalmente, cada membro fornece um conjunto diferente de competências ou recursos, como se dá quando uma empresa estabelecida entra com dinheiro e *know-how* de gestão e uma iniciante fornece a perícia tecnológica. As *joint ventures* são parecidas com as parcerias de pesquisa, mas costumam ter por objetivo o estabelecimento de novas empresas.[25] Um exemplo é a aliança estratégica entre a gigante dos frigoríficos Tyson Foods e a Conoco-Phillips, uma das maiores petroleiras dos Estados Unidos, para desenvolver um diesel renovável que tem entre seus ingredientes a gordura bovina, suína e de aves descartada durante o processamento da carne. A aliança combina o conhecimento da Tyson sobre aplicações de química da proteína e o conhecimento da Conoco sobre tecnologia de refinarias.[26]

- *Aquisição do proprietário de uma tecnologia* – Se uma empresa carecer de uma tecnologia, mas desejar adquirir a sua propriedade, pode comprar a empresa. A transação pode ser uma compra direta da empresa toda, ou uma participação minoritária suficiente para dar acesso à tecnologia. Por exemplo, a Motorola comprou ações da Global Locate, que desenvolveu a tecnologia de sistemas de posicionamento global (GPS) rápidos. Os clientes estão cada vez mais interessados em aplicativos de GPS em seus aparelhos celulares e outros dispositivos móveis. Uma fornecedora de semicondutores chamada Broadcom adquiriu a Global Locate para poder fornecer semicondutores com navegação GPS, sem precisar licenciar a tecnologia ou depender de um fornecedor externo.[27]

A escolha entre essas alternativas é simplificada quando os gestores se fazem algumas perguntas simples:

1. É importante (e possível), em termos de vantagem competitiva, que a tecnologia permaneça reservada?

2. Há tempo, competências e recursos o bastante para o desenvolvimento interno?

3. A tecnologia está prontamente disponível fora da empresa?

Como mostra a Figura 14.1, as respostas a essas perguntas conduzem o gestor à melhor opção de aquisição de tecnologia.

Se a decisão for a de adquirir uma empresa, os gestores tomam outras medidas para garantir que a aquisição faça sentido no longo prazo. Por exemplo, procuram se certificar de que os principais funcionários permaneçam na empresa em vez de deixá-la e, talvez, levar consigo alguma perícia técnica essencial. Da mesma forma, como se dá com qualquer grande investimento, os gestores avaliam cuidadosamente se os benefícios da aquisição irão justificar o preço pago.

FIGURA 14.1 — Opções de aquisição de tecnologia

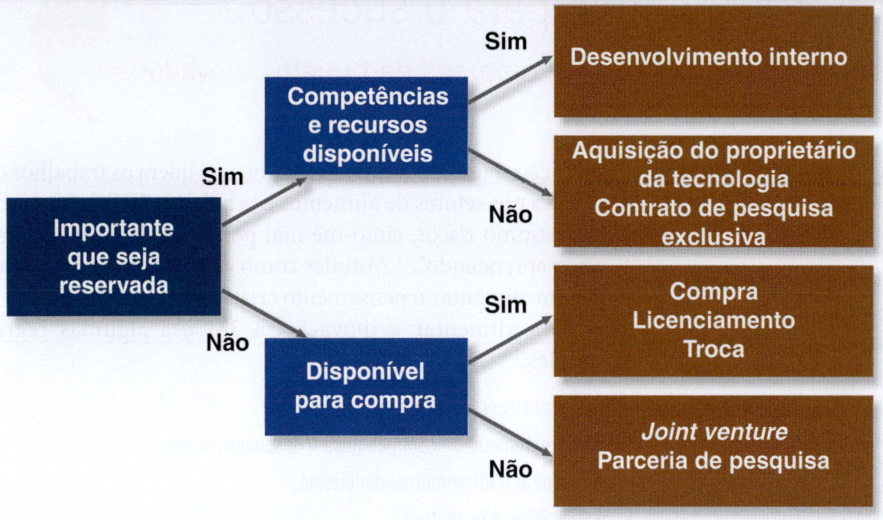

```
Importante
que seja
reservada
   │ Sim ──> Competências
   │         e recursos
   │         disponíveis ── Sim ──> Desenvolvimento interno
   │                      └─ Não ──> Aquisição do proprietário
   │                                  da tecnologia
   │                                  Contrato de pesquisa
   │                                  exclusiva
   └─ Não ──> Disponível
              para compra ── Sim ──> Compra
                                     Licenciamento
                                     Troca
                           └─ Não ──> Joint venture
                                      Parceria de pesquisa
```

●● OA14.4

Descrever os elementos de uma empresa inovadora.

ORGANIZANDO-SE PARA INOVAR

O sucesso na inovação é muito mais do que ter uma boa ideia. Um estudo do Boston Consulting Group revelou que a falta de boas ideias quase nunca é o que impede a inovação lucrativa. Mais frequentemente, as ideias deixam de gerar retornos financeiros porque a empresa não está pronta para inovar. A cultura é avessa ao risco, projetos ficam encalhados, não há coordenação de esforços e a administração não consegue definir para onde dirigir o dinheiro da empresa.[28]

No Capítulo 6, apresentamos o conceito de *organizações aprendizes* – empresas excelentes na solução de problemas, na busca e identificação de novas abordagens e no compartilhamento de novos conhecimentos com todos os membros da organização. As organizações aprendizes estão em uma posição particularmente boa para realizar os dois tipos básicos de inovação:[29]

1. *Explorar* capacidades existentes, como o aumento da velocidade de produção ou da qualidade do produto
2. *Investigar* novos conhecimentos – ou seja, procurar desenvolver novos bens ou serviços

Os dois processos de inovação são necessários. As organizações aprendizes inovadoras usam seus pontos fortes existentes para melhorar suas operações – e seus resultados. Também liberam as energias e capacidades criativas das pessoas para que desenvolvam novos produtos e processos que garantirão a competitividade no longo prazo. Nesta seção, discutiremos algumas das maneiras como os gestores organizam para inovar.

Quem é responsável por inovações tecnológicas?

Nas empresas, a tecnologia era tradicionalmente responsabilidade dos vice-presidentes de pesquisa e desenvolvimento, que supervisionavam os laboratórios de P&D corporativos e das divisões. Mas as empresas de hoje costumam ter também um vice-presidente de sistemas de informação (CIO), ou um vice-presidente de tecnologia (CTO). O CIO é um executivo de nível corporativo com responsabilidades amplas: coordenar os esforços tecnológicos das unidades de negócio, representar a tecnologia perante a equipe da alta administração, identificar meios pelos quais a tecnologia pode apoiar a estratégia da empresa, supervisionar o desenvolvimento de novas tecnologias e avaliar as implicações tecnológicas de grandes iniciativas estratégicas, como aquisições, novos empreendimentos e alianças estratégicas. Os CIOs também gerenciam o grupo de *tecnologia da informação* (TI) de suas organizações.[30]

Sem a integração que o papel de CIO permite, os departamentos de uma empresa poderiam facilmente adotar diferentes ferramentas e padrões de tecnologia, levando a despesas muito maiores com equipamentos e manutenção e a dificuldades para conectar as diversas partes da empresa. As competências técnicas de um CIO o preparam para supervisionar os peritos em tecnologia da organização e ajudar os gestores a garantir o alinhamento da tecnologia com as metas estratégicas da organização.

Outras pessoas representam papéis importantes no desenvolvimento de novas tecnologias. O *empreendedor*, em um esforço para explorar tecnologias ainda não experimentadas, inventa novos produtos ou encontra novas maneiras de produzir produtos existentes. O empreendedor abre novos caminhos que podem alterar setores inteiros. Por exemplo, Steve Jobs fundou a Apple Computer em sua garagem, ajudando a popularizar o computador pessoal e, anos mais tarde, o reprodutor de MP3.

Sophie Vandebroek, vice-presidente de tecnologia da Xerox, tem a meta de fazer com que os sistemas da empresa sejam mais simples, rápidos, menores, mais inteligentes, mais seguros e socialmente responsáveis. Entre as inovações que gerou, está um centro de pesquisa em uma ilha do mundo virtual Second Life, para que funcionários geograficamente distantes possam colaborar online.

CAPÍTULO 14 | Inovação e Mudança **327**

> **"O fracasso é a melhor maneira de eliminar o nevoeiro e encontrar o caminho para o sucesso."**
> Diego Rodriguez e Ryan Jacoby da IDEO, uma empresa de projetos inovadores[37]

Nas empresas, gestores e funcionários podem representar papéis importantes na aquisição e no desenvolvimento de novas tecnologias:[31]

- O *inovador técnico* desenvolve a nova tecnologia ou tem as competências necessárias para instalá-la e operá-la. Dispõe das competências técnicas, mas pode carecer das gerenciais necessárias para fazer avançar a ideia e garantir aceitação na empresa.
- O *paladino de produto* – frequentemente pondo em risco seu cargo e sua reputação – promove a ideia em toda a empresa, em busca de apoio e aceitação. O paladino pode ser um gestor de alto nível, mas muitas vezes não o é. Se o paladino não tiver o poder e os recursos financeiros necessários para realizar, independentemente, as mudanças necessárias, precisará convencer pessoas com autoridade a apoiar a inovação. Em ouras palavras, os paladinos de produtos precisam conquistar patrocínios.
- O patrocínio vem do *paladino executivo*, que dispõe do *status*, da autoridade e dos recursos financeiros necessários para apoiar o projeto e proteger o paladino de produto. O apoio e a proteção que oferece possibilitam a nova tecnologia ao disponibilizar os recursos necessários para desenvolver a inovação e promover mudanças.

Para inovar é preciso liberar a criatividade

A Merck, a 3M, a Hewlett-Packard e a Rubbermaid têm longos históricos de geração de muitas tecnologias e muitos novos produtos. O que distingue estas e outras inovadoras contumazes é uma cultura organizacional que incentiva a inovação.[32]

Vejamos a lenda da 3M sobre o inventor Francis G. Okie. No começo da década de 1920, Okie sonhou usar lixa no lugar de lâminas para fazer a barba. O objetivo era reduzir o risco de cortes e evitar instrumentos afiados. A ideia fracassou, mas, em vez de punir Okie pelo fracasso, a 3M o incentivou a defender outras ideias, entre as quais o primeiro sucesso comercial da empresa: a lixa à prova d'água. Uma cultura que permita fracassos é fundamental para alimentar o pensamento criativo e o apetite por riscos que a inovação exige.

Por mais estranho que pareça, *celebrar* fracassos pode ser vital para o processo de inovação.[33] O fracasso é a essência do aprendizado, do crescimento e do sucesso. Em empresas inovadoras, muitas pessoas experimentam novas ideias. A maioria dessas ideias falha, mas os poucos grandes sucessos que surgem podem fazer da empresa uma estrela da inovação. Segundo Madison Mount, que lidera os trabalhos de clientes nos setores de alimentos e bebidas da IDEO, "Quando não assumo riscos, sinto-me mal porque quer dizer que não estou aprendendo".[34] Atitudes como essa vindas de um gestor podem alimentar o pensamento criativo.

Para alimentar a inovação, a 3M usa algumas regras simples:[35]

- Estabelecer metas de inovação.
- Comprometer-se com pesquisa e desenvolvimento.
- Inspirar o intraempreendedorismo.
- Facilitar, não obstruir.
- Focar o cliente.
- Tolerar o fracasso.

Essas regras podem ser – e são – copiadas por outras empresas. Mas a 3M tem uma vantagem porque segue essas regras desde sua fundação e as tem enraizadas em sua cultura.

Não permita que a burocracia sufoque a inovação

A burocracia é inimiga da inovação. Seu principal objetivo é manter a ordem e a eficiência, não elevar a criatividade ao máximo. Desenvolver tecnologias radicalmente diferentes exige uma estrutura fluida e flexível (orgânica) que não restrinja o pensamento e a ação. Entretanto, uma estrutura assim pode ser caótica e perturbadora. Por isso, embora a 3M seja admirada por sua cultura de inovação, tornou-se ineficiente, com lucros imprevisíveis e ações negociadas a um preço nada lisonjeiro. Um esforço de eficiência iniciado em 2001 impressionou os investidores e aumentou os lucros, mas as inovações de ruptura se esgotaram.[36]

Para equilibrar a inovação com outras metas empresariais, as empresas muitas vezes estabelecem estruturas especiais e temporárias de projeto, isoladas do restante da organização e com liberdade para operar sob regras diferentes. Essas unidades têm muitos nomes, como *skunkworks*, "incubadoras" e "reservas".

Para alimentar uma cultura que valoriza a inovação, a empresa de software Intuit estabeleceu um programa chamado Innovation Lab. Adotando uma política que o Google tornou famosa, a empresa permite que seus funcionários dediquem 10% de seu tempo a atividades não estruturadas voltadas

O lendário Francis G. Okie, da 3M, é um lembrete de que uma cultura que permita fracassos é fundamental para alimentar o pensamento criativo, a aceitação de riscos e a inovação.

para gerar e desenvolver novas ideias. Eles podem escolher uma ideia pela qual nutram paixão, ou dedicar esse tempo a aprender a respeito de novas tecnologias. A Intuit também patrocina os "*idea jams*" – dias dedicados a permitir que funcionários que tenham uma ideia reúnam uma equipe para a desenvolvê-la. Os *idea jams* são eventos de um só dia realizados a cada três meses. Os funcionários também têm acesso ao software de trabalho em grupo chamado Brainstorm, que ajuda a compartilhar ideias e recrutar equipes para trabalhar nessas ideias durante os *idea jams* e no tempo que têm para atividades não estruturadas. Grupos de avaliação e mentores garantem a praticidade e o sucesso das ideias. A Intuit dá recompensas em dinheiro pelas ideias vencedoras, mas é a diversão do Innovation Lab e dos *idea jams* que realmente motiva os funcionários da Intuit a contribuir com inovações como a versão móvel do QuickBooks Online.[38]

●● OA14.5
Indicar as características dos projetos de desenvolvimento bem-sucedidos.

Os projetos de desenvolvimento podem impulsionar a inovação

Uma poderosa ferramenta de gestão de tecnologia e inovações é o **projeto de desenvolvimento**.[39] Um projeto de desenvolvimento é um esforço concentrado da empresa na criação de um novo produto ou processo por meio de avanços tecnológicos. Por exemplo, quando a MTV lançou o MTV World, com canais voltados para diversos mercados ásio-americanos, usou projetos de desenvolvimento no contexto de uma cultura que valoriza a inovação. Nusrat Durani, diretor geral da MTV World, era parte de um grupo de funcionários retirados de diversas partes da empresa. Os membros da equipe de desenvolvimento reuniram uma ampla variedade de históricos e experiências para criar um plano bem-sucedido para a MTV World.[40]

Os projetos de desenvolvimento costumam incluir uma equipe interfuncional especial que trabalha conjuntamente em um conceito ou uma ideia. Como se dá com a maioria das equipes interfuncionais, o sucesso depende de quão bem as pessoas trabalham juntas em busca de uma visão comum. Essas equipes interagem com fornecedores e clientes, o que aumenta a complexidade da sua tarefa. Por causa da urgência e da importância estratégica, a maioria dos projetos de desenvolvimento se realiza sob fortes pressões de tempo e orçamento.

Os projetos de desenvolvimento trazem muitos benefícios. Não só criam novos produtos e processos como também podem cultivar competências e conhecimento úteis para empreendimentos futuros. Assim, as capacidades derivadas de um projeto de desenvolvimento muitas vezes convertem-se em fontes de vantagem competitiva. Quando a Ford criou um projeto de desenvolvimento para projetar um compressor de ar-condicionado com desempenho superior ao de sua rival japonesa, os executivos

● **PROJETO DE DESENVOLVIMENTO**
Um esforço organizacional concentrado para criar um novo produto ou processo por meio de avanços tecnológicos.

● **SISTEMAS SOCIOTÉCNICOS**
Uma abordagem à concepção de cargos que procura recriar tarefas para otimizar a operação de uma nova tecnologia e, ao mesmo tempo, preservar os relacionamentos interpessoais dos funcionários e outros aspectos humanos do trabalho.

também descobriram ter lançado as bases para novos processos que a Ford poderia usar em projetos futuros. A nova capacidade de projeto e produção integrados ajudou a empresa a reduzir os custos e prazos de outros desenvolvimentos de produto. Assim, o *aprendizado organizacional* tornou-se uma medida igualmente importante do sucesso do projeto.

Para que os projetos de desenvolvimento proporcionem o máximo benefício, devem partir das competências essenciais, ter uma visão que os oriente a respeito do que deve ser feito e por que, contar com uma equipe comprometida, inspirar uma filosofia de melhoria contínua e coordenar esforços entre todas as unidades.

A concepção de cargos e os recursos humanos possibilitam a inovação

Adotar uma nova tecnologia pode exigir mudanças de concepção dos cargos. As tarefas são muitas vezes redefinidas para ajustar as pessoas às necessidades da tecnologia. Mas isso pode não maximizar a produtividade total por ignorar o lado humano da equação. As relações sociais e os aspectos humanos da tarefa podem ser prejudicados, reduzindo a produtividade total.

O problema é especificamente enfrentado pela abordagem por **sistemas sociotécnicos** da reconcepção do trabalho. A aborda-

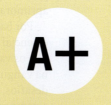

DICA
Não se esqueça do lado humano da equação de tecnologia.

CAPÍTULO 14 | Inovação e Mudança 329

gem redefine as tarefas de uma maneira que otimiza conjuntamente a eficiência social e a eficiência técnica do trabalho. Partindo de estudos sobre a introdução, em 1949, de novas tecnologias de mineração de carvão, a abordagem por sistemas sociotécnicos da concepção do trabalho concentrava-se em pequenos grupos autorregulados de trabalho.[41] Mais tarde, percebeu-se que esse arranjo de trabalho só operava com eficiência em ambientes de burocracia limitada. A atual tendência de crítica à burocracia, de organizações enxutas e achatadas, de equipes de trabalho e de potencialização da força de trabalho são extensões lógicas da filosofia sociotécnica de concepção do trabalho. Ao mesmo tempo, as tecnologias da era da informação – na qual pessoas de todos os níveis organizacionais têm acesso a enormes volumes de informação – possibilitam essas organizações mais enxutas e menos burocráticas.

Os gestores enfrentam escolhas a respeito de como aplicar uma nova tecnologia. A tecnologia pode ser usada para limitar tarefas e responsabilidades e "desqualificar" a força de trabalho, convertendo trabalhadores em servos da tecnologia. Ou os gestores podem selecionar e treinar seus funcionários para que dominem a tecnologia, empregando-a para atingir maiores realizações e melhorar a qualidade de vida. A tecnologia, quando gerida com eficácia, pode potencializar os funcionários, ao mesmo tempo em que aumenta a competitividade da empresa.

Ao decidir como conceber cargos e gerir funcionários, os gestores precisam considerar como os sistemas de recursos humanos podem complementar a introdução de novas tecnologias. Por exemplo, tecnologias avançadas de produção costumam exigir pessoal altamente qualificado, comprometido com o aprendizado contínuo e capaz de trabalhar em equipes. As organizações podem ajudar essas tecnologias a ter sucesso por meio do uso de sistemas de remuneração que atraiam e recompensem pessoas dotadas das qualidades necessárias.[42] Alguns exemplos são incentivos em grupo e remuneração por competências. Se o sistema de remuneração de uma empresa não estiver alinhado às novas tecnologias, poderá não recompensar os comportamentos que fazem com que as mudanças deem certo. Ainda pior, os sistemas de recompensa existentes podem reforçar comportamentos antiprodutivos.

Tomadas em seu conjunto, essas ideias fornecem diretrizes para a gestão das questões estratégicas e organizacionais associadas à tecnologia e à inovação. Para adaptar-se a um mercado dinâmico, as organizações podem precisar mudar. A gestão da mudança e o aprendizado organizacional são elementos centrais daquilo que é necessário para uma organização chegar a ser de classe mundial.

● ● **OA14.6**

Identificar o que é preciso para ser de classe mundial.

CHEGANDO À CLASSE MUNDIAL

Os gestores de hoje querem, ou *deveriam* querer, que suas empresas cheguem a ser de classe mundial.[43] Ser de *classe* *mundial* exige aplicar o que há de melhor e mais recente em conhecimento e ideias e ter a capacidade de operar segundo os mais elevados padrões de qualquer lugar.[44] Atingir a classe mundial é mais do que simplesmente melhorar. É estar entre os melhores do mundo naquilo que se faz. Para algumas pessoas, a excelência de classe mundial pode parecer uma meta elevada, impossível, desnecessária. Mas essa meta é essencial para o sucesso no atual mundo altamente competitivo de negócios.

As empresas de classe mundial criam produtos de alto valor e obtêm lucros superiores no longo prazo. Elas demolem métodos, sistemas e culturas antigos e obsoletos que impedem o progresso, aplicando em seu lugar estratégias, estruturas, processos e gestão de recursos humanos mais eficazes e competitivos. O resultado é uma empresa capaz de competir com sucesso em termos globais.[45]

Construir organizações para a grandeza sustentável e de longo prazo

Dois professores de Stanford, James Collins e Jerry Porras, estudaram 18 empresas que atingiram a grandeza e a mantiveram por meio século ou mais.[46] Entre elas estavam a Sony, a American Express, a Motorola, a Marriott, a Johnson & Johnson, a Disney, a 3M, a Hewlett-Packard, a Citicorp e o Walmart. Ao longo dos anos, essas empresas angariaram admiração como as principais instituições de seus setores e exerceram impacto real. Embora toda empresa passe por momentos de baixa, estas conseguiram prevalecer consistentemente década após década. Elas oferecem desempenho extraordinário no longo prazo em vez de grandeza fugidia. O estudo está relatado no livro intitulado *Built to Last* ("Empresas feitas para vencer", na edição brasileira) – e é exatamente isso que definiu e define essas organizações.

Os pesquisadores procuraram identificar as características essenciais das empresas de grandeza duradoura. Essas grandes empresas têm fortes valores essenciais em que mantêm uma crença profunda e expressam e vivem consistentemente esses valores. São movidas por metas – não apenas metas de ganhos incrementais ou de negócios estáveis, mas metas forçadas (como vimos no Capítulo 10). Mudam constantemente, lutando pelo progresso por meio de adaptabilidade, experimentação, tentativa e erro, pensamento empreendedor e atitudes rápidas. E não se concentram em superar a competição: seu foco primário é a superação própria. Perguntam-se constantemente: "Como podemos nos aprimorar para sermos melhores amanhã do que hoje?"

Por baixo da atitude e das mudanças, os valores e a visão essencial da empresa permanecem inabaláveis. Por exemplo, os valores e a missão essencial da Boeing incluem estar na vanguarda da tecnologia aeronáutica, enfrentar enormes desafios, manter a segurança e a qualidade de seus produtos e comportar-se com integridade. Os valores e a missão da Walt Disney incluem uma dedicação fanática a detalhes, progresso contínuo por meio da criatividade, um compromisso com a preservação da imagem "mágica" da Disney, o fornecimento de felicidade e "valores íntegros norte-americanos", com ausência de cinismo. É importante observar que esses valores não são todos iguais. Com efeito, nenhum conjunto de valores prevê consistentemente o sucesso. Pelo contrário, o fator crítico é o de que as empresas *tenham* valores essenciais, *saibam* quais são e o que significam e *vivam* de acordo com eles – ano após ano.

▶ Até pequenas organizações podem atingir a grandeza. Vejamos a Neil Kelly Company (NKC), uma empresa de construção, reforma e reparos de residências que opera no estado de Oregon. Sob a liderança de Tom Kelly, filho de Neil, o fundador, a empresa enfrenta difíceis metas de vendas por meio de marketing criativo e mantém uma forte cultura baseada no compromisso com a qualidade da mão de obra e práticas construtivas ambientalmente conscientes.

A paixão de Tom Kelly pela construção verde o levou a estabelecer uma divisão de "desempenho residencial" que realiza auditorias de eficiência energética, avalia a qualidade do ar interno e soluciona problemas que surjam em qualquer avaliação feita. A empresa também adquiriu uma fabricante de armários "verdes". A preocupação da NKC com o meio ambiente é atraente para funcionários e clientes em potencial – especialmente na região noroeste dos Estados Unidos, onde os valores ambientalistas são importantes para uma parcela considerável da população.

Além de ter ideais ambientalistas, Tom Kelly valoriza o marketing criativo. Mesmo quando a economia apresentou forte queda, Kelly aumentou seu orçamento de marketing, ampliando as vendas enquanto outras empresas se retraíam. Por exemplo, em uma transação com uma rede local de TV, ele realizou uma série de matérias sobre um projeto de reconstrução verde apresentando a nova linha de armários da NKC, o que deu exposição à empresa ao mesmo tempo em que instruía os consumidores a respeito de construção verde.[47] ◀

Substituir a "tirania do *ou*" pela "genialidade do *e*"

Muitas empresas e pessoas sofrem daquilo que os autores de *Built to Last* chamam de "tirania do *ou*" – a crença em que as coisas precisam ser ou A ou B e não podem ser ambas. Os autores dão muitos exemplos comuns: as crenças nas quais é preciso escolher entre mudança ou estabilidade, entre ser conservador e ser corajoso, entre ter controle e consistência ou liberdade criativa, entre ter bom desempenho no curto prazo ou investir no futuro, entre planejar metodicamente ou ser oportunista, entre criar valor para o acionista ou fazer o bem para o mundo, entre ser pragmático ou idealista.[48] Mas as crenças em que apenas uma meta pode ser atingida muitas vezes são inválidas.

Uma alternativa à "tirania do *ou*" é a "genialidade do *e*" – a capacidade de atingir diversos objetivos ao mesmo tempo.[49] Ela se desenvolve por meio dos atos de muitas pessoas de toda a organização. Em capítulos anteriores, discutimos a importância de fornecer diversos valores competitivos aos clientes, realizar todas as funções gerenciais, conciliar uma lógica empresarial obstinada com a ética e liderar e potencializar. Os autores Collins e Porras oferecem outra lista:[50]

- Propósito além do lucro *e* busca pragmática do lucro.
- Valores essenciais relativamente fixos *e* vigor na mudança e movimentação.
- Conservadorismo em relação aos valores essenciais *e* movimentações empresariais corajosas.
- Clareza de visão, direção *e* experimentação.
- Metas forçadas *e* avanço incremental.
- Controle baseado em valores *e* liberdade operacional.
- Pensamento e investimento de longo prazo *e* exigência de resultados no curto prazo.
- Pensamento visionário e futurista *e* execução diária da rotina.

Tratamos de todos esses conceitos ao longo do livro e não devemos perder nenhum deles de vista – em pensamento ou atitudes. Sua realização exige gestão contínua e eficaz da mudança.

O desenvolvimento organizacional modela o sucesso sistematicamente

Como as empresas aplicam a "genialidade do *e*" e deslocam-se nas demais direções positivas descritas ao longo deste livro? Diversas abordagens criam mudanças positivas e muitas delas podem ser incorporadas em um processo formal de desenvolvimento organizacional.

Desenvolvimento organizacional (DO) é uma aplicação sistêmica do conhecimento científico comportamental para desenvolver, aprimorar e reforçar as estratégias, as estruturas e os processos que levam à eficácia organizacional.[51] No decorrer deste curso, adquirimos conhecimentos sobre a ciência comportamental e as estratégias, as estruturas e os processos que ajudam as empresas a se tornarem mais eficazes. O componente "sistêmico" da definição significa que a DO não é uma melhoria exígua da tecnologia ou das operações, mas uma abordagem mais ampla da mudança das organizações, unidades, ou pessoas. O componente "científico comportamental" significa que a DO não foca diretamente os aspectos econômicos, financeiros ou técnicos da empresa – embora eles possam se beneficiar de mudanças no comportamento das pessoas pertencentes à organização. A outra

> ● **DESENVOLVIMENTO ORGANIZACIONAL (DO)**
> A aplicação sistêmica do conhecimento científico comportamental para desenvolver, aprimorar e reforçar as estratégias, as estruturas e os processos que levam à eficácia organizacional.

A estratégia do Cirque du Soleil é de inovação constante: combinar circo e teatro e estudar outros setores como design de automóveis, moda e restaurantes para encontrar ideias para novos programas.

CAPÍTULO 14 | Inovação e Mudança 331

parte fundamental da definição – desenvolver, aprimorar e reforçar – diz respeito ao processo eficaz de mudança para melhor e por mais tempo.

O desenvolvimento organizacional tem duas características importantes.[52] Em primeiro lugar, tem por objetivo aumentar a eficácia organizacional – melhorar a capacidade da empresa para interagir com clientes, acionistas, funcionários e outros interessados, resultando em produtos de melhor qualidade, maiores retornos financeiros e alta qualidade de vida no trabalho. Em segundo lugar, a DO tem uma significativa orientação subjacente para valores: respalda o potencial, o desenvolvimento e a participação humana, além do desempenho e da vantagem competitiva.

Este "guarda-chuva" filosófico abrange muitas técnicas de DO.[53] Elas dividem-se em quatro tipos principais:

1. *Intervenções estratégicas*, inclusive ajudar as empresas a realizar fusões e aquisições, mudar suas estratégias e desenvolver alianças.
2. *Intervenções tecnoestruturais* que dizem respeito à estrutura e à concepção da organização, ao envolvimento dos funcionários e à concepção do trabalho.
3. *Intervenções em gestão de recursos humanos*, inclusive atração de pessoal de qualidade, estabelecimento de metas e avaliação e recompensa do desempenho.
4. *Intervenções em processos humanos*, inclusive resolução de conflitos, construção de equipes, comunicação e liderança.

Já tratamos desses tópicos ao longo do nosso livro de gestão. Também veremos mais a respeito do processo de criação de mudanças no restante deste capítulo.

Algumas práticas de gestão levam as organizações à grandeza

Um estudo com 200 técnicas de gestão empregadas por 160 empresas ao longo de 10 anos identificou as práticas de gestão específicas que levam à superioridade sustentada em desempenho.[54] Os autores resumiram suas conclusões a quatro fatores-chave:

1. *Estratégia* focada em clientes, continuamente ajustada com base nas mudanças do mercado e comunicada com clareza aos funcionários.
2. *Execução* por pessoas talentosas, dotadas de autoridade para tomar decisões na linha de frente e que façam um trabalho de qualidade e cortem custos.
3. *Cultura* que motive, dê às pessoas poder para inovar, as recompense adequadamente (psicológica e economicamente), envolva valores fortes, seja desafiadora e proporcione um ambiente de trabalho satisfatório.
4. *Estrutura* que facilite trabalhar na empresa e com ela, caracterizada por cooperação e intercâmbio de informação e conhecimento por toda a organização.

Já abordamos todos esses conceitos durante o livro.

As pessoas são fundamentais para mudanças de sucesso.[55] Para que uma empresa chegue à grandeza, as pessoas precisam se preocupar com seu destino e saber como podem contribuir. Mas a liderança costuma caber a algumas pessoas no topo da pirâmide. Muito poucas assumem o ônus da mudança; muito poucas se importam profundamente e oferecem contribuições inovadoras. As pessoas, na empresa toda, precisam ter um interesse maior e um papel mais ativo no impulso à organização como um todo. Elas precisam se identificar com a organização inteira, não só com a sua unidade e seus colegas mais próximos.

 OA14.7
Descrever como gerir a mudança com eficácia.

GESTÃO DA MUDANÇA

As mudanças acontecem constante e imprevisivelmente. Qualquer vantagem competitiva que tenhamos depende das circunstâncias específicas do momento, mas as circunstâncias mudam.[56] O ambiente econômico se transforma; surgem novos competidores; emergem mercados. O desafio

A CompUSA encomenda um futuro focado no cliente

A ex-gigante de varejo eletrônico CompUSA está voltando ao mercado usando a tecnologia para colocar os interesses dos clientes em primeiro lugar. Outrora uma das três grandes redes de varejo eletrônico dos Estados Unidos (junto com a Best Buy e a Circuit City), a CompUSA pediu falência em 2007, depois de ser expulsa por concorrentes cujo tamanho permitia preços menores e uma maior variedade de produtos.

Em 2008, a CompUSA passou por uma transformação. Fechou suas 200 lojas por todo o país e foi vendida por US$ 30 milhões à varejista de eletrônicos Systemax, que também é proprietária da Tiger Direct. A Systemax criou uma nova estratégia de ida ao mercado para a CompUSA, que apelidou de "Retail 2.0" ("Varejo 2.0"). Além de operações mais enxutas, preços agressivos e lojas remodeladas, a característica mais inovadora da Retail 2.0 é que os clientes são incentivados a acessar a internet a partir das mercadorias expostas na loja.

Todos os monitores em exibição nas lojas CompUSA estão ativos e ligados à internet. Os clientes não só podem experimentar produtos antes de comprar como também se familiarizar com as características dos produtos, comparar preços com os dos concorrentes, verificar se o item está em estoque – e até atualizar suas contas de Facebook e Twitter. A maioria das lojas hesitaria em facilitar a comparação de preços, mas a expectativa da CompUSA é de que a capacidade de experimentar produtos mantenha os clientes engajados.

A ideia da CompUSA é inovadora, mas não é única. A empresa tomou emprestada a ideia das lojas Apple, onde os clientes podem testar os Macs exibidos e navegar pela internet.

O fato de a CompUSA acreditar que seus preços irão lidar bem com a comparação ajuda. A empresa consegue manter seus preços baixos porque seus estoques estão ligados aos da coirmã Tiger Direct. Os clientes pagam o mesmo preço por um produto se o comprarem na loja ou online.

Segundo Gilbert Fiorentino, líder executivo do Grupo de Produtos de Tecnologia da Systemax, as empresas de alta tecnologia estão em constante mudança, mas as mudanças

"Nos últimos dois ou três anos, esta empresa passou por mais mudanças do que nunca.

Sharon Rues Pettid, gerente de recursos humanos, Mutual of Omaha[57]

VOCÊ SABIA?
Segundo os líderes de recursos humanos pesquisados pela Ken Blanchard Companies, alguns dos maiores desafios de gestão da mudança envolvem fazer com que todos vistam a camisa para que os funcionários se importem com o sucesso e deem duro por ele.[58]

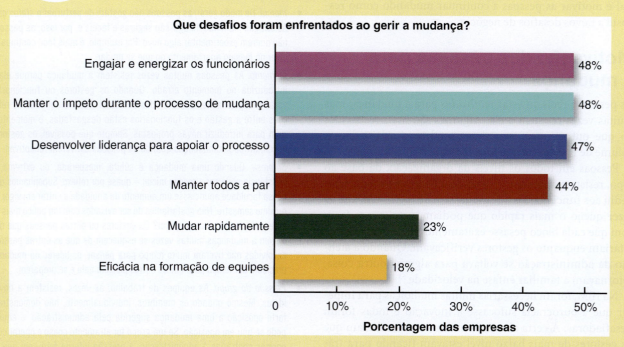

Que desafios foram enfrentados ao gerir a mudança?

- Engajar e energizar os funcionários — 48%
- Manter o ímpeto durante o processo de mudança — 48%
- Desenvolver liderança para apoiar o processo — 47%
- Manter todos a par — 44%
- Mudar rapidamente — 23%
- Eficácia na formação de equipes — 18%

Porcentagem das empresas

---

são mais lentas no varejo. Ele acredita que a estratégia Retail 2.0 represente uma grande mudança para os clientes da CompUSA: "Os compradores irão ter a experiência online dentro da loja. Saberão tudo sobre o produto antes de levá-lo para casa e tirar da caixa".

Para realizar a transformação, os programadores da CompUSA criaram softwares que ligavam os monitores de computador ao estoque da loja. Televisores foram acoplados a discos rígidos e equipados com teclados para lhes dar acesso à internet. A conversão é cara: entre US$ 50 e US$ 100 mil por loja. Mas as vendas da CompUSA aumentaram 14% no primeiro ano da Retail 2.0, enquanto as da Best Buy caíram, e a Circuit City fechou. ❖

P: Perguntas para discussão

- Com base nesta descrição, em que áreas a CompUSA adotou a "genialidade do *e*"? Permitir que os compradores tenham acesso à informação disponível na internet irá aumentar sua lealdade, ou seria de se esperar um *trade-off* entre satisfação do cliente e lucro?
- Como essa inovação da CompUSA poderia afetar os cargos dos vendedores nas lojas? Se fôssemos gestores de uma loja, como iríamos ajudar os funcionários a se preparar para a mudança?

FONTES: Site da empresa, <http://www.compusa.com>, acessado em 26 de junho de 2009; Reena Jana, "How CompUSA Made a Comeback", *BusinessWeek*, 13 de maio de 2009, <http://www.businessweek.com>; David LaGesse, "Circuit City Name Is Pursued by Successful CompUSA Salvagers", *U.S. News & World Report*, 14 de abril de 2009, <http://www.usnews.com>; Eric Krangel, "Comp Is Back, Taking Cues from Apple", *Business Insider*, 10 de abril de 2009, <http://www.businessinsider.com>; e Priya Ganapati, "CompUSA Comes Back from the Dead", *Wired*, 9 de abril de 2009, <http://www.wired.com>.

para as empresas não é apenas gerar produtos inéditos e inovadores, mas equilibrar uma cultura que seja inovadora e que crie um negócio sustentável.[59] Para as pessoas, a capacidade de lidar com a mudança está relacionada ao desempenho no emprego e às recompensas recebidas.[60]

O sucesso da maioria dos esforços de mudança depende da *liderança compartilhada*; não basta que as pessoas *apoiem* a mudança: precisam, também, *implementá-la*.[61] Essa responsabilidade compartilhada pela mudança não é rara em empresas iniciantes e muito pequenas, mas frequentemente se perde com o crescimento e o passar do tempo. E é muito rara em empresas grandes e tradicionais. As organizações precisam reavivar a criatividade e a responsabilidade individuais, instituindo uma verdadeira mudança no comportamento das pessoas em todos os níveis. O essencial é motivar as pessoas a continuar mudando como resposta a novos desafios de negócio.

Motivação das pessoas para a mudança

As pessoas precisam estar *motivadas* para a mudança, mas muitas vezes resistem a ela. Algumas são mais resistentes do que outras, mas os gestores tendem a subestimar o volume de resistência que irão encontrar.[62]

Pessoas em todos os níveis da organização, da base ao topo, resistem à mudança. Quando a Foremost Farms USA pediu aos funcionários que mudassem de meta – em vez de fazer queijo o mais rápido que podiam, precisavam fazer com que cada bloco pesasse exatamente 640 libras – eles só o fariam enquanto os gestores verificavam. Quando a atenção da administração se voltava para alguma outra coisa, retornavam à familiar ênfase na velocidade.[63]

Na IBM, foram necessárias muitas mudanças para impedir que a burocracia sufocasse a inovação e todas foram desafiadoras. À certa altura, os executivos perceberam que os gestores de mais baixo nível estavam ficando para trás porque tinha que investir tempo e esforço demais para obter aprovações de seus superiores. O presidente-executivo Sam Palmisano anunciou que daria aos gestores de linha de frente autoridade para gastar até US$ 5 mil sem necessidade de aprovação prévia – uma decisão corajosa, já que essa autoridade se aplicava a 30 mil gestores. Mas os gestores não se sentiram à vontade com o novo poder e, no primeiro ano do programa, gastaram apenas US$ 100 mil dos US$ 150 milhões que Palmisano lhes confiara.[64] Em outras palavras, relutaram em mudar a maneira de trabalhar, muito embora isso facilitasse suas tarefas.

Para lidar com essas reações e implementar mudanças positivas com sucesso, os gestores precisam entender por que as pessoas resistem tão frequentemente à mudança. Alguns motivos de resistência surgem independentemente do teor da mudança em si:[65]

- *Inércia*. De modo geral, as pessoas não gostam de perturbar o *status quo*. As antigas maneiras de agir são seguras e fáceis e, por isso, as pessoas não querem experimentar algo novo. Por exemplo, é mais fácil continuar a viver no mesmo apartamento do que se mudar.

- *Momento*. As pessoas muitas vezes resistem à mudança porque ela é introduzida no momento errado. Quando os gestores ou funcionários estão excepcionalmente atarefados ou estressados, ou quando as relações entre a gestão e os funcionários estão desgastadas, o momento é ruim para introduzir novas propostas. Sempre que possível, os gestores devem introduzir mudanças quando as pessoas estiverem receptivas.

- *Surpresa*. Quando uma mudança é súbita, inesperada, ou extrema, a resistência pode ser a reação inicial – quase por reflexo. Suponhamos que nossa faculdade anunciasse um aumento da anuidade a entrar em vigor no próximo semestre. Não gostaríamos de ser avisados com um pouco mais de antecedência para nos preparar? Os gestores ou outras pessoas que dão origem a mudanças muitas vezes se esquecem de que as outras pessoas envolvidas não tiveram muito tempo para pensar; os líderes da mudança precisam dar tempo para que os outros pensem nela e se preparem.

- *Pressão do grupo*. As equipes de trabalho, às vezes, resistem a novas ideias. Mesmo quando os membros, individualmente, não demonstram forte oposição a uma mudança sugerida pela administração, a equipe pode se unir em oposição. Se um grupo for altamente coeso e operar com normas contrárias à administração, a pressão interna fará com que as pessoas resistam até a mudanças razoáveis. É claro que a pressão do grupo também pode ser uma força positiva. Os líderes de mudança que pedem – e escutam – ideias dos membros das equipes podem ter na pressão do grupo uma das forças motrizes para o sucesso da mudança.

Outras causas de resistência decorrem da natureza específica da mudança proposta:[66]

- *Interesse próprio*. A maioria das pessoas se importa menos com os interesses da organização do que com os próprios. E irá resistir a mudanças se achar que perderá algo valioso. O que as pessoas temem perder? Na pior das hipóteses, seus empregos, se a administração estiver pensando em fechar uma fábrica. Uma fusão, aquisição, ou mudança tecnológica pode gerar o mesmo medo. Outros possíveis medos são a perda de sensação de competência em uma tarefa familiar, expectativas de que a tarefa se torne mais difícil ou demorada, incerteza a respeito do fornecimento de treinamento ou outros recursos que bastem para ter sucesso na mudança e dúvidas quanto ao sucesso futuro da organização, dado que a administração não está satisfeita com a atual situação.

- *Mal-entendidos*. Mesmo quando a administração propõe uma mudança que irá trazer benefícios para todos, as pessoas podem resistir porque não a entenderam bem. Elas podem não perceber como a mudança se encaixa na estratégia da empresa, ou simplesmente não ver a vanta-

O medo do desconhecido e a desconfiança podem criar resistência à mudança. A cena mostra milhares de manifestantes protestando contra a política governamental de resgate do setor financeiro em frente à Bolsa de Valores de Nova York, em setembro de 2008.

gem da mudança sobre as práticas existentes.[67] Uma empresa enfrentou resistência à ideia de introduzir jornadas flexíveis, um sistema pelo qual os funcionários teriam alguma influência sobre seu horário de trabalho. O sistema pode beneficiar os funcionários, mas começou a circular um boato de que as pessoas teriam de trabalhar à noite, nos fins-de-semana, ou quando quer que os supervisores decidissem. O sindicato exigiu que a administração abandonasse a ideia, e o presidente, pego de surpresa pela resistência inesperada, aceitou a exigência.

- *Diferença de avaliação.* Os funcionários costumam receber informações diferentes — e geralmente em menor volume — do que a administração. Mesmo nos altos níveis de gestão, alguns executivos sabem mais do que outros. Essas discrepâncias fazem com que as pessoas desenvolvam diferentes avaliações das mudanças propostas. Algumas podem estar cientes de que os benefícios são maiores do que os custos, enquanto outras talvez só enxerguem os custos. Este problema é comum quando a administração anuncia uma mudança dos procedimentos de trabalho e deixa de explicar aos funcionários por que ela é necessária. A administração espera aumento de eficiência, mas eles podem encarar a mudança como mais uma regra arbitrária e mal-informada vinda da administração que só lhes traz dor de cabeça.

- *Táticas da administração.* Às vezes, uma mudança que deu certo em um lugar é realizada em outro ponto e podem surgir problemas durante a transferência.[68] A administração pode tentar forçar a mudança e deixar de lidar com preocupações para desenvolver o comprometimento dos funcionários. Ou pode não fornecer recursos, conhecimento, ou liderança o bastante para apoiar o sucesso da mudança. Em alguns casos, uma mudança recebe tanta visibilidade e louvor que os funcionários se ressentem e resistem a ela. Os gestores que prometem mais do que eles — ou a mudança — podem perceber, ao introduzir a mudança seguinte, que perderam a credibilidade, causando a resistência dos funcionários.

É importante reconhecer que a avaliação dos funcionários pode ser mais precisa do que a da administração; os funcionários podem saber que uma mudança não dará certo, mesmo que a administração não saiba. Nesse caso, a resistência à mudança é benéfica para a empresa. Assim, muito embora a administração costume encarar a resistência como um desafio a ser superado, ela pode representar um sinal importante de que uma mudança proposta exige validação mais detida e aberta.[69]

Um modelo em três etapas sugere meios para lidar com a resistência

Motivar as pessoas para a mudança muitas vezes envolve três etapas básicas, apresentadas na Figura 14.2: destravamento, movimentação para instituir a mudança e retravamento.[70]

destravamento Durante a etapa de **destravamento**, a administração percebe que suas atuais práticas não são mais adequadas e que a empresa precisa romper (destravar) seu molde atual e passar a agir de maneira diferente. As pessoas precisam reconhecer que alguns dos antigos modos de pensar, sentir e agir ficaram obsoletos.[71] Um meio direto e por vezes eficaz de fazer com que isso aconteça é comunicar as consequências negativas da maneira antiga, comparando o desempenho da empresa com o de seus concorrentes. A administração também pode compartilhar com os funcionários dados sobre custos, qualidade e lucros.[72] Os funcionários às vezes precisam apenas entender o raciocínio da mudança. No exemplo anterior da Foremost Farms, grandes concorrentes impossibilitavam vencer com uma estratégia de trabalho eficiente e venda de queijo a preço baixo. A administração decidiu vender produtos customizados mais lucrativos, como os blocos de queijo de 640 libras que um cliente pretendia reembalar em tamanhos menores. Depois que os gestores da Foremost se deram ao trabalho de explicar a situação, os funcionários entenderam as novas exigências e começaram a minimizar as variações de tamanho.[73]

Quando os gestores comunicam um problema, eles precisam ter cautela para que as pessoas não se tornem defensivas. Os gestores tendem a deixar os funcionários na defensiva quando atribuem a culpa por fracassos direta e inteiramente sobre os trabalhadores[74] e os bombardeiam com fatos que têm por objetivo gerar medo. Quando um problema parece gigantesco, as pessoas muitas vezes concluem que não há esperança e evitam enfrentar a situação. Em *Change or Die* (*Mude ou Morra*, na edição brasileira), o jornalista Alan Deutschman usa esse padrão de comportamento para explicar por que vítimas de

- **DESTRAVAR**
Perceber que as práticas atuais são inadequadas e que é preciso por em vigor um novo comportamento.

A+

DICA
Às vezes, a resistência à mudança vem do gestor — não do funcionário. Na posição de funcionários tentando convencer nosso chefe de que é hora de fazer uma mudança para melhor, podemos oferecer informações de fundo que respaldem nossa ideia, fornecer *feedback* adequado durante reuniões, oferecer agendar um palestrante especializado e encontrar um mentor que possa nos ajudar a influenciar nosso gestor. Também devemos ter o melhor desempenho possível: isso irá atrair a atenção do chefe e comprovar nossa credibilidade. Se formos os melhores no que fazemos, nossa opinião terá maior peso. Qualquer que seja a abordagem, devemos sempre exibir tato e respeito.[75]

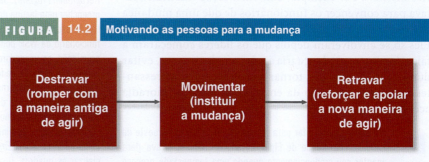

FIGURA 14.2 Motivando as pessoas para a mudança

Destravar (romper com a maneira antiga de agir) → Movimentar (instituir a mudança) → Retravar (reforçar e apoiar a nova maneira de agir)

CAPÍTULO 14 | Inovação e Mudança 335

- **LACUNA DE DESEMPENHO** A diferença entre o desempenho eficaz e o desejado.

- **MOVIMENTAÇÃO** Instituição de uma mudança.

- **ANÁLISE DE CAMPO DE FORÇA** Uma abordagem da implementação do modelo destravamento/movimentação/retravamento de Lewin que envolve a identificação das forças que impedem as pessoas de mudar e as que as impelem em direção à mudança.

- **RETRAVAMENTO** Reforço dos novos comportamentos que sustentam uma mudança.

infarto frequentemente recusam-se a seguir planos de dieta e exercícios, mesmo quando os médicos lhes dizem que irão literalmente morrer se não tomarem cuidado.[76] Deutschman percebe um padrão semelhante nas empresas quando os executivos usam ameaças de demissões ou falência para motivar os funcionários a adotar novas práticas de trabalho. Em situações difíceis como essas, os líderes destravam melhor comportamentos negativos com mensagens de esperança e o compromisso de colaborar com os demais para que, juntos, realizem a mudança.

Uma importante contribuição para o destravamento é o reconhecimento de uma lacuna de desempenho, o que pode precipitar grandes mudanças. Uma **lacuna de desempenho** é a diferença entre o desempenho eficaz e o que deveria ou poderia se verificar.[77] Uma lacuna costuma implicar mau desempenho, como se dá quando os indicadores de vendas, lucros, preço da ação e outros caem. A situação atrai a atenção dos administradores, que introduzem mudanças na tentativa de corrigir a rota.

Outra forma muito importante de lacuna de desempenho ocorre quando o desempenho é bom, mas alguém percebe que poderia ser melhor. Nesse caso, a lacuna se dá entre o eficaz e o *potencial*. É com essa percepção que os empreendedores agarram oportunidades e as empresas conquistam vantagens competitivas. No domínio da gestão da mudança, os funcionários ficam mais motivados por situações que combinem o senso de urgência decorrente da identificação de um problema com o senso de excitação que vem da identificação de uma oportunidade. Além disso, eles se importam com coisas além de participação de mercado e receita; querem saber como uma mudança pode ajudá-los a exercer impacto positivo sobre seu grupo de trabalho, seus clientes, sua empresa, sua comunidade e eles mesmos. Por exemplo, uma instituição financeira lutava para convencer os funcionários de que uma mudança iria melhorar o posicionamento competitivo da empresa. Eles só se envolveram depois que os líderes começaram a falar de como a mudança iria ajudar a reduzir erros, evitar duplicação de esforços, tornar as tarefas mais interessantes e cumprir a missão da empresa de fornecer moradia acessível.[78]

▶ Há alguns anos, o lar para idosos de Fox Valley, a noroeste de Chicago, na cidade de Elgin, estado de Illinois, lutava para manter seu credenciamento quando uma tempestade precoce despejou 40 centímetros de neve em 24 horas. As ruas estavam quase intransitáveis e os funcionários telefonavam para dizer que não conseguiriam chegar ao trabalho. O presidente-executivo Jerry Rhoads ficou sabendo da falta de pessoal por um telefonema da diretora assistente de cuidados infantis e disse a ela que deveria simplesmente listar todas as tarefas críticas para cada morador e que os funcionários deveriam trabalhar em turnos para realizá-las. Rhoads surpreendeu-se com os resultados: o pessoal trabalhou alegre e diligentemente por 72 horas, fazendo rodízio de horários de trabalho e descanso para que ninguém ficasse exausto.

Rhoads percebeu uma oportunidade de mudança significativa. Começou a reorganizar o pessoal da instituição em equipes dedicadas a processos específicos. Com o novo sistema, as faltas e o giro diminuíram e o moral e as taxas de ocupação aumentaram. Algumas pessoas tinham previsto que os efeitos da nevasca eram apenas uma exceção, mas os funcionários disseram a Rhoads que "sempre souberam como prestar aquele nível de atendimento, mas ninguém nunca lhes permitira". Rhoads acrescenta: "Acreditei neles e foram eles que fizeram dar certo".[79] ◀

movimentação A etapa seguinte, a **movimentação** para instituir a mudança, parte do estabelecimento de uma visão de onde a empresa está encaminhada. Já tratamos de visão no capítulo sobre liderança. A visão pode ser realizada por meio de mudanças estratégicas, estruturais, culturais e individuais.

Uma técnica que ajuda a gerenciar o processo de mudança é a **análise de campo de força**, que envolve identificar as forças específicas que impedem as pessoas de mudar e aquelas que as impelirão em direção à mudança.[80] Ou seja, os gestores investigam forças que agem em direções opostas em um dado momento. Os líderes da mudança avaliam os pontos fortes organizacionais e selecionam forças a acrescentar ou remover para criar mudanças. Eliminar as forças restritivas ajuda a destravar as pessoas, e aumentar as forças motrizes as motivam e ajudam a avançar.

O uso da análise de campo de força demonstra que, muitas vezes, diversas forças agem sobre uma empresa e seu pessoal em um momento qualquer. A análise pode aumentar o otimismo das pessoas quanto a traçar estratégias e planos de mudança. Kurt Lewin, que desenvolveu a análise de campo de força, postulou que, embora seja mais fácil afetar as forças motrizes, deslocá-las pode aumentar a oposição (tensão e/ou conflito) na empresa e aumentar as forças restritivas. Assim, para criar mudanças, pode ser melhor remover as forças restritivas.

▶ Como parte do esforço de mudança de sua cultura organizacional, a Penitenciária Estadual de Wyoming (WSP, *Wyoming State Penintentiary*) instituiu um programa de premiação chamado Programa de Reconhecimento Fazendo a Coisa Certa (*Doing It Right Employee Recognition Program*). Segundo o programa, concebido para elevar o moral e preencher uma lacuna de desempenho, os membros do conselho de administração escolhiam os funcionários do mês, do trimestre e do ano. Qualquer funcionário da WSP podia indicar outro para o prêmio. Para cada nível de premiação, os vencedores recebiam alguma forma de reconhecimento: um certificado, exibição de fotos no site da WSP, um artigo sobre eles no boletim da empresa e/ou no jornal local e, no mais alto nível de reconhecimento, um vale-presente. Depois de mais de um ano, funcionários e gestores ainda demonstram entusiasmo com o programa.

Além disso, a administração da WSP lançou um programa de desenvolvimento de pessoal (*Employee Betterment Program*) concebido para potencializar os quadros. Duas vezes por ano, funcionários são aleatoriamente escolhidos para participar de uma sessão de geração de ideias com a alta administração. Normalmente, essas reuniões começam como sessões de reclamação, até que os funcionários percebem que os gestores querem mesmo ouvir sugestões práticas de melhorias na penitenciária. Algumas ideias são amplas, como examinar a aplicação de regras; outras são específicas, como recapear o estacionamento. O aspecto mais recompensador do programa talvez seja a satisfação que os funcionários têm ao ver a administração implementar suas ideias.[81]

retravamento Finalmente, o **retravamento** envolve reforçar os novos comportamentos que dão respaldo à mudança, que precisa ser difundida e estabilizada em toda a empresa. O retravamento abrange implementar sistemas de controle para sustentar a mudança, aplicar medidas corretivas quando necessário e reforçar comportamentos e desempenho que apoiem a agenda. A administração deve apoiar e recompensar consistentemente todas as evidências de movimentação na direção certa.[82]

Nas organizações atuais, o retravamento pode não ser a melhor opção se ele criar novos comportamentos tão rígidos quanto os anteriores. A nova cultura ideal deve ser de mudança contínua. O retravamento é adequado quando ele instala permanentemente comportamentos que mantenham os valores essenciais, como o foco em resultados empresariais importantes e os valores mantidos pelas empresas "feitas para vencer". Entretanto, o retravamento não deve criar novas formas de rigidez que possam se tornar disfunções à medida que o ambiente de negócio se modifique.[83] Os comportamentos retravados devem promover adaptabilidade, flexibilidade, experimentação, avaliação de resultados e melhorias contínuas. Em outras palavras, deve travar os valores-chave, as capacidades e a missão estratégica, mas não necessariamente práticas e procedimentos gerenciais específicos.

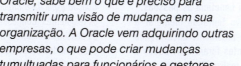

Lawrence Ellison, presidente-executivo da Oracle, sabe bem o que é preciso para transmitir uma visão de mudança em sua organização. A Oracle vem adquirindo outras empresas, o que pode criar mudanças tumultuadas para funcionários e gestores.

Abordagens específicas podem incentivar a cooperação

Podemos tentar ordenar que as pessoas mudem, mas a chave para o sucesso no longo prazo está em outras abordagens.[84] Desenvolver apoio verdadeiro é melhor do que "empurrar" um programa adiante.[85] E como, especificamente, os gestores podem motivar as pessoas para a mudança?

A maioria dos gestores subestima as muitas maneiras pelas quais podem influenciar as pessoas durante um período de mudanças.[86] Há diversas abordagens eficazes à gestão da resistência e à conquista de cooperação, como resume a Tabela 14.1.

- *Informação e comunicação* – A administração deveria informar as pessoas a respeito de mudanças futuras antes que ocorram. Ela deve comunicar a *natureza* e a *lógica* de uma mudança. Esse processo pode incluir relatórios, memorandos, discussões um a um e apresentações a grupos. A comunicação eficaz inclui aceitar *feedback* e escutar o que as pessoas têm a dizer. Sempre que a Round Table Pizza introduz um novo projeto ou processo, os gestores marcam reuniões com os funcionários para discutir a mudança e revelar quaisquer preocupações dos quadros.[87] Isso cria um ambiente no qual a administração pode explicar o raciocínio por trás das mudanças – e talvez aprimorá-lo.

- *Participação e envolvimento* – As pessoas afetadas por uma mudança devem estar envolvidas em sua concepção e implementação. Para grandes mudanças que afetem toda uma organização, a participação no processo pode ir do topo às bases.[88] Se envolvidas nas decisões, as pessoas as entendem melhor e ficam mais comprometidas. A participação também permite informação e comunicação. Kate Peck, uma assistente administrativa da ZingTrain, o braço de consultoria do varejo de alimentos especializados Zingerman's, envolveu outras pessoas quando notou a necessidade de mudar a maneira desordenada de armazenagem de suprimentos para escritório. Peck decidiu que eles deveriam ser arrumados tendo em conta os itens de uso mais frequente. Mas, antes de começar a mudar tudo de lugar, Peck enviou um e-mail aos colegas, explicando o que pretendia mudar e por que, pedindo *feedback*, e perguntando quem mais deveria ser informado. Um funcionário sugeriu que Peck aprimorasse a mudança, fazendo um diagrama dos armários para ajudar os funcionários a saber o que havia em cada um deles. Quando Peck implementou as mudanças, seus colegas concordaram que a situação tinha mudado para melhor e que encontravam mais rapidamente aquilo de que precisavam.[89]

- *Facilitação e apoio* – A administração deve tornar a mudança o mais fácil possível para os funcionários e apoiar seus esforços. Facilitar envolve fornecer treinamento e outros recursos de que as pessoas precisam para realizar uma mudança e cumprir suas tarefas sob as novas condições. Isso, muitas vezes, inclui descentralizar a autoridade e dar poderes às pessoas. A oferta de apoio envolve escutar pacientemente os problemas, ser compreensivo se o desempenho cair temporariamente ou se uma mudança não for aperfeiçoada imediatamente e, de modo geral, ficar do lado dos funcionários e demonstrar consideração durante um período difícil.

- *Negociação e recompensas* – Quando necessário, a administração pode oferecer incentivos concretos para a cooperação com uma mudança. O enriquecimento de cargos talvez só seja aceitável com salários mais altos, ou uma mudança de regras de trabalho pode enfrentar resistência até que a administração concorde em fazer uma concessão em relação a outra regra (intervalos de trabalho, por exemplo). Até entre os gestores mais graduados, um executivo pode apenas concordar com a ideia de outro para uma mudança de política em troca de apoio em alguma questão diferente. Recompensas como bonificações, salários, reconhecimento, atribuição de tarefas e benefícios podem ser examinadas e talvez reestruturadas para reforçar a orientação de uma mudança.[90] As mudanças também são facilitadas

CAPÍTULO 14 | Inovação e Mudança 337

TABELA 14.1 Métodos de gestão da resistência à mudança

Abordagem	Situações em que costuma ser usada	Vantagens	Desvantagens
Informação e comunicação	Quando falta informação ou quando a informação e a análise são imprecisas.	Uma vez convencidas, as pessoas frequentemente ajudam a implementar a mudança.	Pode ser muito demorada se o número de pessoas envolvidas for grande.
Participação e envolvimento	Quando os iniciadores não dispõem de todas as informações necessárias para conceber a mudança e quando outras pessoas dispõem de poder de resistência considerável.	As pessoas participantes estarão comprometidas com a implementação da mudança, e quaisquer informações relevantes de que disponham serão integradas ao plano de mudança.	Pode ser muito demorada se os participantes conceberem uma mudança indevida.
Facilitação e apoio	Quando as pessoas resistem por causa de problemas de ajuste.	Nenhuma abordagem funciona muito bem quando há problemas de ajuste.	Pode ser demorada e dispendiosa e ainda assim fracassar.
Negociação e recompensa	Quando alguém ou algum grupo irá obviamente sair perdendo com uma mudança e quando esse grupo tem considerável poder de resistência.	Às vezes é uma maneira relativamente fácil de evitar fortes resistências.	Pode ser excessivamente dispendiosa em muitos casos, se alertar outros para a possibilidade de negociar a conformidade.
Manipulação e cooptação	Quando as outras táticas não funcionam ou são caras demais.	Pode ser uma solução relativamente rápida e barata para problemas de resistência.	Pode levar a problemas no futuro se as pessoas se sentirem manipuladas.
Coação explícita e implícita	Quando a velocidade é essencial e os indicadores da mudança dispõem de poder considerável.	É veloz e pode superar qualquer tipo de resistência.	Pode ser arriscada se deixar as pessoas irritadas com os iniciadores.

FONTE: Reproduzido com permissão da *Harvard Business Review*. Quadro do artigo "Choosing Strategies for Change" de John P. Kotter e Leonard A. Schlesinger (março – abril 1979). Copyright © 1979 by the President and Fellows of Harvard College; todos os direitos reservados.

pela demonstração de que a mudança em si beneficia as pessoas.[91] Quando uma companhia farmacêutica estava tentando melhorar a gestão de sua cadeia de suprimento, o vice-presidente encarregado convocou uma reunião na qual os participantes foram convidados a compartilhar histórias de seus sucessos na realização de suas tarefas na cadeia de suprimento. Embora inicialmente desconfiados, os participantes se entusiasmaram e comprometeram-se antes mesmo de voltar seus esforços para a realização das mudanças. O ganho foi concreto: 20 dias a menos de prazo de produção, poupando mais de US$ 250 mil para a empresa.[92] Os participantes não só se enxergaram como solucionadores eficazes de problemas como também perceberam a melhoria dramática a que poderiam dar início em uma só reunião.

- *Manipulação e cooptação* – Às vezes, os gestores usam táticas mais sutis e ocultas para implementar mudanças. Uma forma de manipulação é a cooptação, que envolve dar um papel desejável no processo de mudança a alguém que esteja resistindo. Muitas vezes, o líder de um grupo resistente é o cooptado. Por exemplo, a administração poderia convidar um líder sindical para participar de um comitê executivo ou pedir a um membro-chave de alguma organização externa que participasse do conselho de administração da empresa. Quando uma pessoa se envolve na mudança, ela pode tornar-se menos resistente às atitudes do grupo ou da organização que a cooptou.

- *Coação explícita e implícita* – Alguns gestores punem ou ameaçam punir os resistentes. Com essa abordagem, os gestores usam a força para fazer as pessoas atenderem aos seus desejos. Um gestor poderia insistir que os subordinados cooperassem com uma mudança e ameaçá-los com perda do emprego, recusa de promoção ou alguma tarefa indesejável. Às vezes, é simplesmente preciso mostrar quem manda.

Cada abordagem da gestão da resistência tem vantagens e desvantagens, como em muitas das outras abordagens situacionais da administração descritas neste livro, cada uma pode ser útil em determinadas situações. A Tabela 14.1 resume as vantagens, desvantagens e situações apropriadas dessas abordagens da gestão da resistência a mudanças. Os gestores de mudança eficazes estão familiarizados com as diversas abordagens e as aplicam de acordo com a situação.

Na década de 1990, quando os anunciantes ainda temiam usar a internet, a administração da Yahoo! contratou alguém em quem podia confiar para liderar suas equipes de vendas: Wenda Harris Millard. Millard tinha 50 anos e era uma veterana do setor de revistas. Ela ensinou a seus jovens e bravos vendedores a tratar com respeito os clientes mais velhos de agências de publicidade e mostrou a esses clientes que os anúncios online poderiam ser

338 Administração

benéficos. Os criadores das agências adoravam os anúncios de TV, mas achavam que a publicidade na internet envolvia principalmente pop-ups enfadonhos com uma caixa dizendo "clique aqui". Millard os encontrou em reuniões informativas e estabeleceu o prêmio Yahoo Big Idea Chair para o anúncio online mais criativo. Ao ver o que as empresas inovadoras estavam fazendo, os publicitários conseguiram enxergar a propaganda online como um meio que dava bastante espaço para a criatividade – e a Yahoo! começou a vender espaço para grandes empresas, atingindo milhões de visitantes por dia.[93]

Os líderes de mudança precisam alimentar a estabilidade ao longo de todo o processo. As empresas "feitas para vencer" têm em comum características essenciais e mantêm o foco sobre elas. Em meio a mudanças, turbulências e incertezas, as pessoas precisam de âncoras nas quais possam se agarrar.[94] Tornar os valores e a missão da organização constantes e visíveis muitas vezes atende a essa função estabilizadora. Além disso, princípios estratégicos podem ser âncoras importantes durante a mudança.[95] Os gestores também devem manter a visibilidade de pessoas-chave, manter tarefas e projetos fundamentais e fazer anúncios a respeito de quais componentes organizacionais *não* irão mudar. Essas âncoras irão reduzir a ansiedade e ajudar a superar as resistências.

Os gestores precisam harmonizar diversas mudanças

Não há métodos simples e garantidos para mudar organizações. Métodos simples raramente atingem metas desafiadoras. Em geral, muitas questões diferentes exigem atenção simultânea e qualquer pequena mudança, por si só, será absorvida pela cultura prevalecente e desaparecerá. A *mudança organizacional total* envolve introduzir e sustentar políticas, práticas e procedimentos diversos em várias unidades e vários níveis.[96] Esse tipo de mudança afeta o pensamento e o comportamento de todos na empresa, pode aprimorar sua cultura e seu sucesso e pode ser sustentada ao longo do tempo.

Uma pesquisa realizada em um congresso da Harvard Business School revelou que as empresas dos participantes tinham, em média, cinco esforços de mudança simultâneos em andamento.[97] Os programas de mudança mais comuns eram práticas que estudamos neste curso: melhoria contínua, programas de qualidade, competição por tempo e criação de uma organização aprendiz, de uma organização por equipes, de uma organização em rede, de competências essenciais e de alianças estratégicas. O problema é que esses esforços costumam ser simultâneos, mas não coordenados. Com isso, as mudanças se confundem; as pessoas perdem o foco.[98] O pessoal envolvido se perde em confusão, frustração, baixo moral e baixa motivação.

Como as empresas introduzem constantemente novas mudanças, as pessoas reclamam da abordagem à mudança por modismos. Os funcionários muitas vezes encaram os esforços de mudança como sendo simplesmente a mudança de uma moda para outra. Quanto mais esses modismos surgem, mais cínicas as pessoas se tornam e

mais difícil é fazer com que se comprometam com o sucesso da mudança.[99]

Uma solução é identificar quais esforços de mudança são realmente dignos. Eis algumas perguntas específicas a fazer antes de embarcar em um projeto de mudança:[100]

- Quais as evidências de que a abordagem pode de fato produzir resultados positivos?
- A abordagem é relevante para as estratégias e prioridades da empresa?
- Quais são os custos e os benefícios em potencial?
- A mudança, de fato, ajuda as pessoas a agregar valor por meio de seus trabalhos?
- Ela ajuda a empresa a melhorar o foco sobre os clientes e o que eles valorizam?
- Podemos passar pelo processo de tomada de decisão descrito no Capítulo 4, entender o desafio e achar que estamos adotando a abordagem correta?

A necessidade de mudanças era óbvia quando Janet Frank assumiu o posto mais alto do California's State Compensation Insurance Fund, um órgão dotado de diretoria indicada pelo Estado e de funcionários públicos, mas sem financiamento dos contribuintes. O State Fund, que fornece seguro contra licenças médicas a muitas empresas do estado da Califórnia, estava em graves dificuldades. Diversos líderes eram acusados de conflito de interesse na concessão de contratos; dois diretores e dois executivos renunciaram. O governo deu início a investigações e considerava prestar queixa criminal.

O conselho de administração convocou Frank, que era executiva da CNA Financial Corporation, para fazer a faxina. Tendo recebido ordens de fazer mudanças, o dilema era por onde começar. Frank tinha de satisfazer cidadãos irritados, legisladores em busca de evidências de melhor supervisão e clientes preocupados com o custo dos seguros. O comissário de seguros do Estado forneceu 150 recomendações de mudanças durante os dois primeiros meses de Frank no cargo.

Frank começou pelas áreas de direção e comunicação. Ela trouxe um executivo de finanças e um diretor de riscos para liderar as auditorias. Ela começou a exigir que o departamento de auditoria interna relatasse seus resultados diretamente ao conselho de administração e independentemente da administração executiva. Frank reorganizou o departamento de comunicação para que fornecesse mensagens mais claras aos interessados e estabeleceu um departamento de registros públicos para atender a uma nova exigência de divulgação. Esforços de comunicação visaram funcionários preocupados com o futuro. Nas frequentes reuniões que mantinha com eles, Frank não se limitava a falar das metas: ela também os escutava.[101]

A administração também precisa integrar os diversos esforços em uma só visão coerente que as pessoas possam enxergar, entender e apoiar.[102] Isso pode ser feito por meio da compreensão de cada programa de mudanças e de seus objetivos, da identificação de semelhanças e diferenças entre os programas e do abandono de programas que não atendam a metas prioritárias ou demonstrem resultados claros; o que é mais importante, pode ser feito comunicando a todos os envolvidos os temas em comum dos diversos programas: os raciocínios, objetivos e métodos que compartilham. Devemos mostrar como as diversas partes se encaixam no todo e como as mudanças irão melhorar a situação para a empresa e seu pessoal. Precisamos comunicar esses benefícios de forma completa, franca e frequente.[103]

CAPÍTULO 14 | Inovação e Mudança **339**

Os gestores devem liderar a mudança

O sucesso da mudança exige que os gestores a liderem ativamente. As atividades essenciais de liderança da mudança encontram-se resumidas na Figura 14.3.

As empresas que lideram a mudança com maior eficácia *estabelecem um senso de urgência*.[104] Para isso, os gestores precisam examinar as realidades e pressões existentes no mercado e na arena competitiva, identificar crises e oportunidades e ser francos e sinceros a seu respeito. Nesse sentido, a urgência é um senso de determinação baseado na realidade e não só algo impulsionado pelo medo. A necessidade imediata de mudanças é importante, em parte, porque muitas grandes empresas tornam-se complacentes. A complacência pode vir de diversas fontes:[105]

FIGURA 14.3 Liderando a mudança

1. Estabelecer um senso de urgência
2. Criar a coalizão orientadora
3. Desenvolver uma visão e uma estratégia
4. Comunicar a visão de mudança
5. Potencializar a ação de base ampla
6. Gerar vitórias no curto prazo
7. Consolidar os ganhos e produzir mais mudanças
8. Ancorar as novas abordagens na cultura

FONTE: Reproduzido com permissão da *Harvard Business Review*. Extraído de *Leading Change* de John P. Kotter, Harvard Business School Press. Copyright © 1996 by the Harvard Business School Publishing Corporation; todos os direitos reservados.

- Ausência de uma crise grave e perceptível.
- Excesso de recursos visíveis.
- Estruturas organizacionais que dirijam o foco dos funcionários para metas funcionais restritas.
- Sistemas internos de mensuração focados nos índices de desempenho errados.
- Insuficiência de *feedback* sobre desempenho vindo de fontes externas.
- Uma cultura de baixa franqueza e baixo confronto ("matar o mensageiro portador de más notícias").
- A natureza humana e sua capacidade de negação, especialmente quando as pessoas já estão atarefadas ou estressadas.
- Excesso de boas novas vindo da alta administração.

Para acabar com a complacência e criar urgência, os gestores podem falar francamente dos pontos fracos da organização em relação aos concorrentes, apoiando suas declarações com dados. Outras táticas incluem estabelecer metas forçadas, colocar os funcionários em contato direto com clientes e acionistas insatisfeitos, distribuir informação preocupante a todos os funcionários, em vez de só dar boas notícias, eliminar benefícios excessivos e destacar as oportunidades futuras que a empresa até agora não explorou.

Em última análise, a urgência decorre de motivos empresariais convincentes para a mudança. Sobrevivência, competição e vitória no mercado são convincentes; dão um senso de direção e fornecem energia para a mudança. A mudança passa a ser uma necessidade para o negócio.[106]

Criar uma *coalizão orientadora* significa reunir um grupo que tenha poder o bastante para liderar a mudança. Muitos esforços de mudança fracassam por falta de uma coalizão poderosa.[107] Grandes mudanças organizacionais exigem liderança da alta administração agindo como equipe. Mas, com o passar do tempo, o apoio precisa expandir-se para toda a empresa. Os gestores intermediários e os supervisores são essenciais. Grupos de todos os níveis podem se unir para realizar esforços de mudança, comunicar informações sobre as modificações e fornecer os meios para por em prática os novos comportamentos.[108]

Desenvolver uma visão e uma estratégia, como vimos em capítulos anteriores, dá orientação aos esforços de mudança. O processo envolve determinar uma situação ideal esperada depois da implementação da mudança. Como confusão é algo comum durante grandes mudanças organizacionais, essa imagem do estado futuro precisa ser o mais clara possível e tem de ser comunicada a todos.[109] Essa imagem, ou visão, pode esclarecer expectativas, desfazer boatos e mobilizar energias. A comunicação a respeito dela deve incluir a maneira como se dará a transição, o porquê da implementação de uma mudança e como as pessoas serão afetadas por ela.

Comunicar uma visão de mudança exige usar todos os canais e oportunidades possíveis para reforçar a visão e os novos comportamentos necessários. Diz-se que os aspirantes a líderes de mudança reduzem a visão por um fator de 10, 100 ou até 1.000 ao comunicar, reduzindo muito as chances de sucesso.¹¹⁰ Por outro lado, quando a Virginia Blood Services (VBS) lançou um esforço para melhorar sua cultura organizacional e assim reduzir o giro de mão de obra e as taxas de acidentes, a comunicação foi um elemento central do esforço de mudança. O programa de comunicação da VBS inclui reuniões dos funcionários a cada três meses, um boletim aos funcionários distribuído a cada duas semanas e mensagens do presidente. Na sala de descanso de cada área de trabalho, a organização substituiu os quadros de avisos – onde ninguém se dava ao trabalho de ler os memorandos e pôsteres do governo – com displays de parede com pôsteres coloridos e motivadores, e mensagens, às vezes engraçadas, sobre segurança, qualidade e trabalho em equipe. Os itens exibidos eram trocados todas as semanas para manter o interesse. O programa de comunicação, que apoia medidas práticas, como o treinamento em segurança e novos procedimentos de agendamento, ajudou a desenvolver o apoio à nova cultura organizacional, motivando os funcionários a se manterem seguros e no emprego.¹¹¹

Potencializar uma ação de base ampla significa remover os obstáculos ao sucesso, inclusive sistemas e estruturas que restrinjam em vez de facilitar. Devemos encorajar a aceitação de riscos e a experimentação e potencializar as pessoas por meio de informação, conhecimento, autoridade e recompensas.

Gerar vitórias no curto prazo. Não devemos aguardar a realização final e grandiosa da visão; precisamos de resultados. Com o acúmulo de pequenas vitórias, fazemos a transição de uma iniciativa isolada para uma parte integral do negócio.¹¹² Devemos planejar e criar pequenas vitórias que mostrem a todos que há avanços. Reconhecer e recompensar as pessoas que possibilitaram as vitórias da maneira mais visível que pudermos para que todos percebam e a notícia positiva se espalhe pela empresa.

Consolidar ganhos e produzir mais mudanças. Com a credibilidade conquistada pelos sucessos anteriores, continuemos a mudar as coisas de maneiras que respaldem a visão. Contratar, promover e desenvolver pessoas que levem a visão adiante. Revigorar a empresa com nossos esforços e agentes de mudança e novos projetos.

Finalmente, *ancorar as novas abordagens na cultura.*¹¹³ Destacar os resultados positivos, comunicar os elos entre os novos comportamentos e a melhoria de resultados e continuar a desenvolver novos agentes e líderes de mudança. Aumentar continuamente o número de pessoas que se unem a nós ao assumir a responsabilidade pela mudança.¹¹⁴

> *John Thompson, recentemente nomeado presidente do Conselho de Administração da Symantec, tem sido chamado de líder "incansavelmente animado" que usa "linguagem grandiosa, corajosa e otimista" para transmitir uma visão positiva, mesmo em tempos difíceis.*

OA14.8
Indicar táticas para a criação de um futuro de sucesso.

MOLDANDO O FUTURO

A maior parte das mudanças é reativa. Uma maneira melhor de mudar é ser proativo. A *mudança reativa* significa reagir a pressões depois do surgimento de um problema. Implica sermos seguidores. A *mudança proativa* significa prever e preparar-nos para um futuro incerto. Implica sermos líderes e *criar* o futuro que desejamos.

Pensar no futuro

Se pensarmos apenas no presente ou nos afogarmos nas incertezas do futuro, nosso futuro dependerá da sorte. É melhor exercitar uma visão antecipada, criar uma agenda para o futuro e persegui-la com todos os recursos. Devemos contemplar e visualizar o futuro.

> "Mudança é um verbo."
>
> Mimi Silbert, fundadora da Delancey Street Foundation¹¹⁵

 Não se lidera batendo na cabeça das pessoas – isso é agressão, não liderança.

Dwight D. Eisenhower

CAPÍTULO 14 | Inovação e Mudança 341

A revista *BusinessWeek* prevê que as mudanças dramáticas irão continuar: "a economia global pode estar à beira de uma era de inovação igual à dos 75 anos passados. Todos os fatores necessários estão a postos: a ciência progride rapidamente, mais países estão dispostos a dedicar recursos a pesquisa, desenvolvimento e educação, e os gestores das empresas também estão convencidos da necessidade de abraçar a mudança".[116]

Shoshana Zuboff e Jim Maxim, autores do livro *The Support Economy*, afirmam que a era do capitalismo industrial terminou, que as empresas tradicionais estão desaparecendo, que existem enormes novos mercados, que novos tipos de empresas estão prontos para ser criados e que o novo modelo de negócio ainda não emergiu.[117] Mas é sempre interessante observar novos conceitos empresariais.

▶ A Two Chefs on a Roll não é uma marca conhecida e nem pretende ser. Mas a empresa – fundada há 20 anos por dois chefes de cozinha Lori Daniel e Eliot Swartz – nem por isso deixa de ser bem-sucedida. A Two Chefs é uma fabricante *private-label* de alimentos da mais alta qualidade para restaurantes e o varejo gourmet. Os proprietários não revelam os nomes de seus clientes e suas fábricas estão cercadas de mistério. Quando fundaram a empresa, eram apenas dois chefes. Quando o negócio – e a clientela – cresceu, os fundadores perceberam que precisavam contratar um presidente-executivo com experiência na gestão de grandes empresas. Então recrutaram Jeffrey Goh, que já tinha sido diretor geral da Frito-Lay na China e em Hong Kong, onde introduziu marcas como Head & Shoulders e Cheetos. Segundo Goh, o desafio era assumir uma empresa que já era de sucesso e levá-la ao nível seguinte sem perda de qualidade e prestígio: "Já houve grandes sucessos e temos de descobrir o que precisa ser mudado".

Goh foi uma escolha perfeita, dizem Daniel e Swartz, porque estava disposto a se dar ao trabalho de entender a Two Chefs antes de realizar as mudanças. "Outros candidatos pareciam pensar que podiam nos levar adiante sem saber como tínhamos chegado até ali", Swartz explica. "Jeff queria entender nossa história". Depois de entender a empresa, Goh dedicou-se a eliminar aquilo que chamou de "caos ruim" e nutrir o que apelidou de "caos bom". Recrutou uma equipe executiva com experiência no setor de alimentos, reformou o departamento de recursos humanos, reorganizou o grupo de pesquisa e desenvolvimento e tomou empréstimos para construir uma fábrica ágil. Além disso, desenvolveu meios para nutrir a cultura organizacional e a inovação que desde o início tinham conduzido a Two Chefs em direção ao sucesso.[118] ◀

Criar o futuro

Ao se preparar para competir em um futuro incerto, as empresas podem experimentar diferentes posturas estratégicas. As **adaptáveis** tomam como dado a estrutura atual do setor e sua evolução futura e escolhem onde competir. A maioria das empresas adota essa postura, realizando análise estratégica padronizada e optando por maneiras de competir em ambientes determinados. Por outro lado, as **formadoras** tentam alterar a estrutura de seus setores, criando um panorama competitivo futuro de concepção própria.[119]

Pesquisadores que estudaram o desempenho de empresas ao longo de um período de 10 anos levantaram que 17 empresas da lista *Fortune 1000* aumentaram o retorno total ao acionista em 35% ou mais por ano.[120] Como? Reinventando completamente seus setores. A Harley-Davidson deu a virada com a venda não apenas de motocicletas mas de nostalgia. A Amgen quebrou as regras do setor de biotecnologia ao se concentrar não no que os clientes queriam, mas em alta ciência. A Starbucks pegou um produto comoditizado e começou a vendê-lo em lojas modernas. A CarMax e outras empresas reinventaram o setor automotivo.

Precisamos criar vantagens. Em vez de manter nossa posição na atual arena competitiva, o desafio é criar novas arenas, transformar nosso setor e imaginar um futuro que os outros ainda não veem. Criar vantagem é melhor do que tentar alcançar os outros. Na melhor das hipóteses, correr atrás da competição ganha tempo; nunca nos vai deixar na primeira colocação ou chegar à excelência de classe mundial.[121] Criar novos mercados ou transformar setores – essas são, talvez, as maiores formas de mudança proativa.[122]

A Figura 14.4 ilustra a enorme oportunidade existente para criar novos mercados. As necessidades articuladas são aquelas que os clientes reconhecem e procuram satisfazer. As não articuladas são as que os clientes ainda desconhe-

cem. Clientes atendidos são aqueles a quem nossa empresa já vende e os não atendidos são mercados inexplorados.

Enquanto o agir como sempre se concentra no quadrante inferior esquerdo, os líderes, que recriam o jogo, tentam constantemente novas oportunidades e encontram-se nos três outros.[123] Por exemplo, podemos explorar o quadrante superior esquerdo imaginando como satisfazer uma parcela maior das necessidades totais de nossos clientes. A Caterpillar entende que seus clientes desejam mais do que apenas equipamentos pesados; também querem excelente atendimento para que possam usar esse equipamento para atender as necessidades dos próprios clientes. Por isso, quando um cliente em qualquer lugar do mundo precisa de uma peça da Caterpillar, a empresa a faz chegar dentro de 24 horas. E a Lands' End expandiu tanto sua linha de produtos quanto o número de clientes atendidos por meio da customização – no seu caso traduzida pela capacidade de especificar medidas exatas ao encomendar calças jeans e outras peças de vestuário.[124]

Outras empresas esperam satisfazer necessidades não articuladas com o desenvolvimento e a exploração de tecnologia de ponta. O nanômetro – um bilionésimo de metro, 1/100.000 da espessura de um fio de cabelo, ou o tamanho de cerca de 10 átomos de hidrogênio enfileirados – é o elemento básico de um novo setor, a nanotecnologia. Por que o nanômetro é tão importante?[125] Porque, nesse tamanho, a matéria muitas vezes se comporta de maneira diferente – transmitindo luz ou eletricidade, ou tornando-se mais dura do que o diamante, ou convertendo-se em poderosos catalisadores químicos. Entre as primeiras aplicações estão revestimentos e pontos emissores de luz para a produção de semicondutores mais eficientes e nanopartículas que limpam a água poluída ao formar ligações químicas com os contaminantes.[126] Entre as aplicações em desenvolvimento estão cápsulas de 50 nanômetros contendo vitaminas e outros nutrientes que podem ser acrescentadas a bebidas sem alterar seu sabor, ou que se ativam por micro-ondas.[127]

Como já vimos, a mudança tecnológica é um elemento central do panorama em mutação e a competição frequentemente surge entre empresas recém-chegadas e já estabelecidas. Tendo isso tudo em conta, o que nós e nossas empresas devemos fazer?

- Preservar antigas vantagens ou criar outras novas?
- Travar mercados antigos ou criar outros novos?
- Tomar o caminho mais conhecido ou o de maior oportunidade?
- Ser *benchmarkers* ou abridores de caminhos?
- Dar prioridade aos retornos financeiros de curto prazo ou a exercer impacto real e de longo prazo?
- Fazer apenas o que parecer fácil ou o que é difícil e de valia?

• **ADAPTÁVEIS** Empresas que tomam como dado a estrutura atual do setor e sua evolução e escolhem onde competir.

• **FORMADORAS** Empresas que procuram alterar a estrutura de seus setores, criando um panorama competitivo futuro de concepção própria.

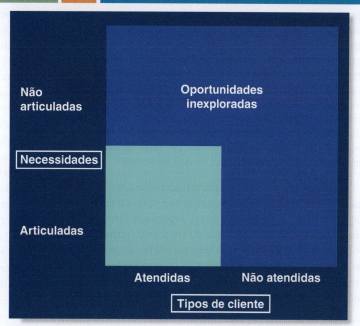

FIGURA 14.4 Enormes oportunidades

FONTE: Reproduzido com permissão da *Harvard Business Review*. Extraído de *Competing for the Future*, de Gary Hamel e C. K. Prahalad, Harvard School Press. Copyright © 1994 by the Harvard Business School Publishing Corporation; todos os direitos reservados.

- Mudar o que existe ou criar o que não existe?
- Olhar para o passado ou viver para o futuro?[128]

Moldar o nosso futuro

Se formos líderes organizacionais e nossa organização operar de maneira tradicional, nossa maior meta deve ser criar uma revolução, proceder a uma reengenharia genética da empresa antes que ela se torne um dinossauro da era moderna.[129] Quais devem ser as metas da revolução? Tratamos delas ao longo de todo este livro.

Talvez não lideremos uma revolução. Pode ser que prefiramos uma carreira de sucesso e uma boa vida. Ainda assim, precisamos lidar com um ambiente econômico cada vez mais competitivo e dinâmico.[130] Para criar o futuro que queremos viver, precisamos estabelecer elevados padrões pessoais. Não aceitar a mediocridade; não partir da premissa de que "bom" seja necessariamente bom o bastante – para nós ou para nossos empregadores. Precisamos pensar em

como superar e não apenas atingir as expectativas; como nos libertar de restrições aparentes que sejam irrelevantes, arbitrárias ou imaginárias; e como explorar oportunidades em vez de deixá-las passar.[131]

> Matthew Kirchner é o presidente-executivo da American Finishing Resources, uma empresa que atende fabricantes por meio da remoção de revestimentos (de peças incorretamente pintadas, por exemplo) e da produção de equipamentos customizados para aplicação de revestimentos. Embora o setor possa não parecer charmoso, Kirchner é tão afetado quanto qualquer gestor pelas exigências de seus clientes, bancos e fornecedores. Nessa situação, a mudança poderia simplesmente tornar-se algo que acontece com sua carreira e sua empresa. Em vez disso, Kirchner assume o controle de sua carreira e de seu futuro, começando cada dia com uma reunião com ele próprio e mais ninguém para planejar as mudanças que pretende ver acontecer. Durante essa hora, Kirchner avalia sua declaração de missão pessoal (sua expressão de o porquê vai ao trabalho todos os dias), os principais esforços em andamento para conquistar novos negócios, medidas básicas de receitas e despesas, e cronogramas de trabalhos em andamento. Ao atualizar sua visão do panorama geral, Kirchner começa o dia focado no que determinou ser mais importante.[132]

Podemos agregar valor continuamente para nosso empregador – e para nós – ao aumentar nossas competências, nossa capacidade de contribuição, nossa segurança junto ao atual empregador e nossa capacidade de encontrar outro emprego, se necessário. As pessoas mais bem-sucedidas assumem o controle do próprio desenvolvimento da mesma maneira que um empreendedor assume o controle de um negócio.[133] Eis alguns métodos que ajudam a maioria das pessoas a agregar valor:[134]

- Ir além da descrição do cargo: oferecer-nos para participar de projetos, identificar problemas e dar início a soluções.
- Procurar outras pessoas para compartilhar ideias e conselhos.
- Oferecer nossas opiniões e respeitar as dos outros.
- Fazer um inventário de nossas competências a cada intervalo de alguns meses.
- Aprender algo novo a cada semana.
- Descobrir novas maneiras de contribuir.
- Engajar-nos em pensamento ativo e atitudes deliberadas.

> ❝ Não há nada de errado com a mudança, desde que seja na direção certa. ❞
>
> Winston Churchill

- Assumir riscos com base no que sabemos e cremos.
- Reconhecer, pesquisar e explorar oportunidades.
- Diferenciar-nos.

Mais conselhos de grandes autores sobre a gestão de carreira:[135] Gerir consciente e ativamente nossas carreiras. Desenvolver continuamente competências negociáveis. Tomar decisões de carreira com base em oportunidades de crescimento pessoal, desenvolvimento e aprendizado. Procurar por cargos desafiadores e chefes que desenvolvam

seus protegidos. Procurar por ambientes que proporcionem treinamento e a oportunidade de experimentar e inovar. E conhecer-nos – avaliar nossos pontos fortes e fracos, nossos verdadeiros interesses e nossos padrões éticos. Se ainda não estamos pensando nesses termos e agindo de acordo, devemos começar imediatamente.

Além disso, precisamos nos tornar indispensáveis para nossa organização. Extrair felicidade e entusiasmo de nossa função e nos comprometer em fazer um bom trabalho, mas não ser cegamente fiéis a uma empresa. Estar preparados para sair, se necessário. Encarar o cargo como uma oportunidade de provar o que podemos realizar e expandir essa possibilidade, não como um nicho confortável no longo prazo.[136] Agir por conta própria se isso corresponder às nossas competências e ao nosso temperamento.

Precisamos manter nossas opções. Cada vez mais as carreiras contemporâneas incluem deixar para trás uma grande organização e nos tornar empreendedores, profissionais autônomos no mundo "pós-corporativo".[137] Em uma carreira assim, pessoas independentes tomam as próprias decisões, reagindo rapidamente a demandas e oportunidades. Desenvolver novas empresas, prestar consultoria, aceitar empregos temporários, fazer projetos para uma organização e depois para outra, trabalhar em parcerias profissionais, ser constantemente um negociador – estes podem ser os elementos de uma carreira de sucesso. Idealmente, o modelo de autoemprego equilibra o trabalho com a vida doméstica e familiar, porque as pessoas têm maior controle sobre suas atividades e agendas.

A abordagem individualista pode parecer ideal, mas também tem suas desvantagens. A independência pode ser assustadora e o futuro pode ser imprevisível. Ela pode isolar "guerreiros nômades" que estão sempre na estrada, trabalhando em seus carros e em aeroportos, e interferir com a vida social e familiar.[138] É necessário conseguir uma autogestão eficaz para manter as obrigações de carreira e familiares na devida perspectiva e sob controle. Lidar com a incerteza e com a mudança também passa a ser mais fácil se desenvolvermos a resiliência. Para nos tornar mais resilientes, devemos pensar no mundo como algo complexo, mas cheio de oportunidades; esperar a mudança, mas encará-la como algo interessante e potencialmente recompensador, ainda que difícil. E manter um senso de propósito, estabelecer prioridades para nosso tempo, ser flexíveis ao enfrentar a incerteza ou a necessidade de mudança e assumir um papel ativo perante a mudança, em vez de esperar que ela aconteça conosco.[139]

Aprender e abrir o caminho em direção às nossas metas

O aprendizado contínuo é um caminho fundamental em direção a uma vantagem competitiva renovável.[140] As pessoas de nossa organização – e cada um de nós, individualmente

– precisam explorar, descobrir e agir constantemente, repetindo o ciclo à medida que nossas carreiras progridem:[141]

1. *Explorar* nossa realidade atual, sendo o mais francos e abertos possível a respeito do que acontece. Identificar nossos problemas e áreas de oportunidade. Reunir dados. Consultar clientes, fornecedores e outros interessados importantes. Revelar problemas ocultos e procurar por suas causas. Repensar as questões com base no que aprendemos.

2. *Descobrir* um entendimento mais profundo da atual realidade. As questões e as escolhas devem tornar-se mais claras. Identificar possíveis soluções ou caminhos para aproveitar oportunidades. Planejar o que fazer, prevendo problemas que possam surgir.

3. *Agir* por meio da experimentação de soluções, implementação de nossos planos e avaliação dos resultados. Reconhecer problemas; isso irá nos preparar para repetir o ciclo. E não deixar de celebrar o sucesso que alcançamos.

Esta abordagem nos permite ver o que é ou não eficaz e fazer os ajustes e melhorias necessários. O aprendizado contínuo ajuda nossa empresa a conseguir menores custos, mais qualidade, melhor atendimento, superioridade em inovação e maior velocidade – e ajuda o nosso desenvolvimento pessoal.

Devemos nos comprometer com o aprendizado ao longo de toda a vida. Estar dispostos a procurar novos desafios e refletir honestamente sobre nossos sucessos e fracassos.[142] O aprendizado por toda a vida exige assumir riscos ocasionais. Sair de nossa zona de conforto, avaliar francamente os motivos por detrás de nossos sucessos e fracassos, pedir e escutar as informações e opiniões dos outros e estar abertos para novas ideias.

Os líderes – e isso pode nos incluir – devem ser capazes de criar um ambiente em que "os outros estejam dispostos a aprender e a mudar para que suas organizações possam adaptar-se e inovar, e inspirar muitos outros a embarcar em uma jornada coletiva de aprendizado e liderança".[143] Os *líderes aprendizes* compartilham livremente o conhecimento; comprometem-se com o próprio aprendizado contínuo assim como com o dos outros; comprometem-se com o exame dos próprios comportamentos e da postura defensiva que pode inibir seu aprendizado; dedicam tempo aos colegas, suspendendo as próprias crenças enquanto escutam atentamente; e desenvolvem uma perspectiva ampla, cientes de que as organizações são sistemas integrados de relacionamentos.[144]

Considerado um dos melhores livros de gestão do ano na Europa, o *Leaning into the Future* extrai seu título de uma combinação das palavras *leading* ("liderança") e *learning* ("aprendizado").[145] Os dois pontos de vista, que podem parecer muito diferentes, são poderosos e sinérgicos quando explorados de maneiras complementares. Um futuro de sucesso deriva de adaptar-se ao mundo *e* de moldar o futuro, sendo sensível aos pontos de vista dos outros *e* claro a respeito do que queremos mudar, incentivar os outros a mudar *enquanto* reconhecemos o que precisamos mudar em nós, entender as realidades atuais *e* perseguir apaixonadamente nossa visão, aprender *e* liderar.

Este é outro exemplo de um conceito importante apresentado no começo do capítulo. Para nós, assim como para nossa organização, devemos viver a genialidade do *e*. ∎

ACESSE <http://www.grupoa.com.br>

para materiais adicionais de estudo, incluindo apresentações em PowerPoint.

CAPÍTULO 14 | Inovação e Mudança   345

NOTAS

Capítulo 1

1. Arnie Cooper, "Charging Ahead", *Popular Science,* 15 de dezembro de 2008, <http://www.popsci.com>; Rebecca Buckman, "Tesla Cuts 20% of Workforce", *Forbes,* 28 de outubro de 2008, <http://www.forbes.com; Fareed Zakaria, "A Tesla in Your Future?" *Newsweek,* 21 de julho de 2008, <http://www.newsweek.com>.

2. Michael Abramowitz e Steve Vogel, "Apologies, Anger at Walter Reed Hearing", *Washington Post,* 6 de março de 2007, <http://www.washingtonpost.com>. Ver também Dana Priest e Anne Hull, "Soldiers Face Neglect, Frustration at Army's Top Medical Facility", *Washington Post,* 18 de fevereiro de 2007, <http://www.washingtonpost.com>.

3. John Christoffersen, "Global Ambition: GE Looks outside U.S. for Growth", *Cincinnati Post,* 18 de janeiro de 2007, baixado de Business & Company Resource Center, <http://galenet.galegroup.com>.

4. Ibid.

5. Nandini Lakshman, "Cisco's Grand India Ambitions", *BusinessWeek,* 3 de janeiro de 2007, baixado de Business & Company Resource Center, <http://galenet.galegroup.com>.

6. Gregory T. Huang, "Over the Border", *New Scientist,* 20 de janeiro de 2007, baixado de Business & Company Resource Center, <http://galenet.galegroup.com> (entrevista de Ethan Zuckerman).

7. Sue Shellenbarger, "Time-Zoned: Working around the Round-the-Clock Workday", *The Wall Street Journal,* 15 de fevereiro de 2007, <http://online.wsj.com>.

8. Stephanie Clifford, "How to Get Ahead in China", *Inc.,* maio de 2008, p. 96-104.

9. S. Green, F. Hassan, J. Immelt, M. Marks e D. Meiland, "In Search of Global Leaders", *Harvard Business Review*, agosto de 2003, p. 38-45.

10. Betsy Morris, "The Pepsi Challenge", *Fortune,* 19 de fevereiro de 2008, <http://money.cnn.com>.

11. T. Bisoux, "Corporate CounterCulture", *BizEd,* novembro–dezembro de 2004, p. 16-20, citação da p. 19.

12. G. Huber, *The Necessary Nature of Future Firms* (Thousand Oaks, CA: Sage, 2004).

13. Jay Greene e Cliff Edwards, "Desktops Are So Twentieth Century", *BusinessWeek,* 8 de dezembro de 2006, <http://www.businessweek.com>.

14. F. Cairncross, *The Company of the Future* (Cambridge, MA: Harvard Business School Press, 2002).

15. George Avalos, "Shackled to Technology", *Contra Costa Times* (Walnut Creek, CA), 14 de janeiro de 2007, baixado de Business & Company Resource Center, <http://galenet.galegroup.com>.

16. Jean Chatzky, "Confessions of an E-Mail Addict", *Money,* março de 2007, baixado de Business & Company Resource Center, <http://galenet.galegroup.com>.

17. Robert Austin, "Managing Knowledge Workers", *Science,* 21 de julho de 2006, acessado em ScienceCareers.org, <http://sciencecareers.sciencemag.org>.

18. David Raths, "Hospital IT Departments Prescribe Portals for Physicians", *KMWorld,* fevereiro de 2007, baixado de Business & Company Resource Center, <http://galenet.galegroup.com>.

19. M. Hansen e B. von Oetinger, "Introducing T-Shaped Managers: Knowledge Management's Next Generation", *Harvard Business Review,* março de 2001, p. 106-16.

20. John Teresko, "Toyota's Real Secret", *Industry Week,* fevereiro de 2007, baixado de Business & Company Resource Center, <http://galenet.galegroup.com>.

21. Jean Chatzky, "Confessions of an E-Mail Addict", *Money,* março de 2007, baixado de Business & Company Resource Center, <http://galenet.galegroup.com>.

22. John Teresko, "Toyota's Real Secret", *Industry Week,* fevereiro de 2007, baixado de Business & Company Resource Center, <http://galenet.galegroup.com>.

23. Bruce Horovitz, "Cranium Guys Have Their Inner Child on Speed Dial", *USA Today,* 9 de maio de 2006, <http://www.usatoday.com>.

24. L. Willcocks e R. Plant, "Pathways to E-Business Leadership: Getting from Bricks to Clicks", *Sloan Management Review,* primavera de 2001, p. 50-59.

25. Suzanne Vranica, "P&G Boosts Social-Networking Efforts", *The Wall Street Journal,* 8 de janeiro de 2007, <http://online.wsj.com>.

26. John D. Stoll, Monica Langley e Sharon Terlep, "New GM CEO Says More Cuts Coming", *The Wall Street Journal,* 31 de março de 2009, <http://online.wsj.com>; Jeffrey McCracken, John D. Stoll e Neil King Jr., "U.S. Threatens Bankruptcy for GM, Chrysler", *The Wall Street Journal,* 31 de março de 2009, <http://online.wsj.com>; e Mike Barris, "Auto Makers [sic] Sales Drop", *The Wall Street Journal,* 1º de abril de 2009, <http://online.wsj.com>.

27. Adam Lashinsky, "Chaos by Design", *Fortune*, 2 de outubro de 2006, <http://money.cnn.com>.

28. Alexandria Sage, "Love Is Blind in Pitch Black Restaurant", Reuters, 8 de dezembro de 2006, <http://news.yahoo.com>; Opaque – Dining in the Dark, "What Is Opaque?" <http://www.opaque-events.com>, acessado em 8 de março de, 2007; e Opaque–Dining in the Dark, "First Ever 'Dining in the Dark' Experience Coming to Los Angeles July 23", comunicado à imprensa, s/d, acessado em <http://www.opaque-events.com>, 8 de março de 2007.

29. R. I. Sutton, "The Weird Rules of Creativity", *Harvard Business Review,* setembro de 2001, p. 94-103.

30. Laura Landro, "Hospitals Take Consumers' Advice", *The Wall Street Journal,* 7 de fevereiro de 2007, <http://online.wsj.com>.

31. Ibid.

32. O. Port, "The Kings of Quality", *BusinessWeek*, 30 de agosto de 2004, p. 20.

33. Karla Ward, "Attracting Opposites", *Lexington Herald-Leader,* 12 de dezembro de 2006; e Lisa McTigue Pierce, "How to Do It 'My Way,'" *Food & Drug Packaging,* janeiro de 2007, ambos baixados de Business & Company Resource Center, <http://galenet.galegroup.com>.

34. D. A. Garvin, "Manufacturing Strategic Planning", *California Management Review,* verão de 1993, p. 85-106.

35. Relatado em "Hospital Ratings May Not Be True Quality Measure", *Washington Post,* 13 de dezembro de 2006, <http://www.washingtonpost.com>.

36. U.S. Census Bureau, *Statistical Abstract of the United States,* 2007, Tabela 650, p. 431, <http://www.census.gov/prod/www/statistical-abstract.html>.

37. R. F. Maruca, "Voices: State of the New Economy", *Fast Company*, setembro de 2000, p. 105-44, Tabelas 607 e 608, p. 394-95.

38. Ibid.

39. Mindy Fetterman, "Best Buy Gets in Touch with Its Feminine Side", *USA Today,* 20 de dezembro de 2006, <http://www.usatoday.com>.

40. Sherri Begin, "The Art of Service", *Crain's Detroit Business,* 12 de fevereiro de 2007, baixado de Business & Company Resource Center, <http://galenet.galegroup.com>.

41. Lashinsky, "Chaos by Design".

42. Teresko, "Toyota's Real Secret".

43. Ibid.

44. Gary McWilliams, "Wal-Mart's Radio-Tracked Inventory Hits Static", *The Wall Street Journal,* 15 de fevereiro de 2007, <http://online.wsj.com>.

45. Kris Maher, "Wal-Mart Seeks New Flexibility in Worker Shifts", *The Wall Street Journal,* 3 de janeiro de 2007, <http://online.wsj.com>.

46. Adam Bluestein, Leigh Buchanan, Max Chafkin, Jason Del Rey, April Joyner e Ryan McCarthy, "The Ultimate Business Tune-Up for Times Like These", *Inc.,* janeiro de 2009, <http://www.inc.com>.

47. Julie Johnsson, "Jets Reach New Heights", *Chicago Tribune,* 25 de fevereiro de 2007, seção 5, p. 1, 4.

48. Adam Lashinsky, "Mark Hurd's Moment", *Fortune,* 2 de março de 2009, <http://money.cnn.com>, atualizado em 3 de março de 2009.

49. Vanessa Fuhrmans, "A Novel Plan Helps Hospital Wean Itself off Pricey Tests", *The Wall Street Journal,* 12 de janeiro de 2007, <http://online.wsj.com>.

50. "Avon Regains Some Allure", *BusinessWeek,* 7 de fevereiro de 2007, <http://www.businessweek.com>.

51. Claudia H. Deutsch, "A Chance to Save Their Skin", *New York Times,* 19 de janeiro de 2007, baixado de Business & Company Resource Center, <http://galenet.galegroup.com>.

52. J. W. Cortada, *21st Century Business* (Londres: Financial Times/Prentice Hall, 2001).

53. D. Lepak, K. Smith e M. S. Taylor, "Value Creation and Value Capture: A Multilevel Perspective", *Academy of Management Review* 23 (2007), p. 180-94.

54. Julia Werdigier, "Chief's Bonus Is Cut at BP", *New York Times,* 7 de março de 2007, baixado de Business & Company Resource Center, <http://galenet.galegroup.com>.

55. Rob Johnson, "Local Restaurants Check Their Peanut Butter", *Roanoke (Va.) Times,* 24 de fevereiro de 2007, baixado de Business & Company Resource Center, <http://galenet.galegroup.com>; Joe Ruff, "FDA Finds Salmonella Strain at ConAgra Plant", *Omaha World-Herald,* 2 de março de 2007, <http://galenet.galegroup.com>; Centers for Disease Control and Prevention, "Salmonellosis—Outbreak Investigation, fevereiro de 2007", comunicado à imprensa, 7 de março de 2007, <http://www.cdc.gov>; Food and Drug Administration, "FDA Update on Peanut Butter Recall", comunicado à imprensa, 9 de março de 2007, <http://www.fda.gov>; e ConAgra Foods, "ConAgra Foods Presents Business Update at Consumer Conference", comunicado à imprensa, 20 de fevereiro de 2007, <http://investor.conagrafoods.com>.

56. David R. Baker, "Electric Car Startup Downshifts for Rough Road", *San Francisco Chronicle,* 28 de dezembro de 2008, <http://www.sfgate.com>; Buckman, "Tesla Cuts 20% of Workforce"; Claire Cain Miller, "Musk Unplugged: Tesla CEO Discusses Car Troubles", *New York Times,* 24 de outubro de 2008, <http://bits.blogs.nytimes.com>; Martin LaMonica, "Tesla Motors Replaces CEO, Plans Layoff", *CNET News,* 15 de outubro de 2008, <http://news.cnet.com>; Michael V. Copeland, "Tesla's Wild Ride", *Fortune,* 11 de julho de 2008, <http://money.cnn.com>.

57. Randstad USA, "Focusing on Employees Can Pay Future Dividends", comunicado à imprensa, 20 de outubro de 2008, <http://www.us.ranstad.com/about/mediaRoom.html>.

58. R. Webber, "General Management Past and Future", *Financial Times Mastering Management,* 1997.

59. Pui-Wing Tam, "CIO Jobs Morph from Tech Support into Strategy", *The Wall Street Journal,* 20 de fevereiro de 2007, <http://online.wsj.com>.

60. Ibid.

61. Q. N.Huy, "In Praise of Middle Managers", *Harvard Business Review,* setembro de 2001, p. 72 79.

62. L. A. Hill, "New Manager Development for the 21st Century", *Academy of Management Executive,* agosto de 2004, p. 121-26.

63. C. Bartlett e S. Goshal, "The Myth of the Generic Manager: New Personal Competencies for New Management Roles", *California Management Review* 40, n. 1 (1997), p. 92-116.

64. L. R. Sayles, "Doing Things Right: A New Imperative for Middle Managers", *Organizational Dynamics,* primavera de 1993, p. 5-14.

65. H. Mintzberg, *The Nature of Managerial Work* (Nova York: Harper & Row, 1973).

66. R. Katz, "Skills of an Effective Administrator", *Harvard Business Review* 52 (setembro–outubro), p. 90-102.

67. Hill, "New Manager Development for the 21st Century".

68. H. Mintzberg, "The Manager's Job: Folklore and Fact", *Harvard Business Review* 53 (julho-agosto de 1975), p. 49-61.

69. Francesca Di Meglio, "Columbia Gets Personal", *BusinessWeek Online,* 18 de outubro de 2006 (entrevista com Michael Morris), baixado de Business & Company Resource Center, <http://galenet.galegroup.com>.

70. "To Get That Job, Bring on the Charm", *Internet Week,* 23 de agosto de 2006, baixado de Business & Company Resource Center, <http://galenet.galegroup.com>.

71. Di Meglio, "Columbia Gets Personal".

72. Colin Stewart, "Program Teaches Corporate Skills to Cure What Ails Them", *Orange County Register,* 28 de dezembro de 2006, baixado de Business & Company Resource Center, <http://galenet.galegroup.com>.

73. Hill, "New Manager Development for the 21st Century".

74. D. Goleman, R. Boyatzis e A. McKee, *Primal Leadership: Realizing the Power of Emotional Intelligence* (Boston: Harvard Business School Press, 2002).

75. Debbie Kelley, "Rita Burns: Memorial Hospital's Public Voice", *(Colorado Springs) Gazette,* 9 de outubro de 2006, baixado de Business & Company Resource Center, <http://galenet.galegroup.com>.

76. R. Boyatzis, "Get Motivated", *Harvard Business Review,* janeiro de 2004, p. 30.

77. W. George, "Find Your Voice", *Harvard Business Review,* janeiro de 2004, p. 35.

78. Stephen Xavier, "Control Yourself: What Role Does Emotional Intelligence Play in Executive Leadership?" *US Business Review,* março de 2006, baixado de Business & Company Resource Center, <http://galenet.galegroup.com>.

79. Ibid.

80. W. Kiechel III, "A Manager's Career in the New Economy", *Fortune,* 4 de abril de 1994, p. 68-72.

81. Elizabeth Garone, "Leading the Environmental Charge at Xerox", *The Wall Street Journal,* 25 de março de 2009, <http://onlinewsj.com>.

82. Lisa Takeuchi Cullen, "The Zeal for the Job", *Time,* 19 de março de 2007, <http://www.time.com>.

83. W. Kiechel III, "A Manager's Career in the New Economy", *Fortune,* 4 de abril de 1994, p. 68–72. Copyright © 1994 Times, Inc. Todos os direitos reservados. Reproduzido sob permissão.

84. Diane Hess, "How I Got Where I Am Today: A Videogame Marketing Director", *CareerJournal.com,* 11 de maio de 2006, <http://www.careerjournal.com>.

85. K. Inkson e M. B. Arther, "How to Be a Successful Career Capitalist", *Organizational Dynamics,* verão de 2001, p. 48-60.

86. Geoffrey Colvin, "What It Takes to Be Great", *Fortune*, 19 de outubro de 2006, <http://money.cnn.com>.

87. L. M Roberts, J. Dutton, G. Spreitzer, E. Heaphy e R. Quinn, "Composing the Reflected Best-Self Portrait: Building Pathways for Becoming Extraordinary in Work Organizations", *Academy of Management Review* 30 (2005), p. 712-36.

88. L. M. Roberts, "Changing Faces: Professional Image Construction in Diverse Organizational Settings", *Academy of Management Review* 30 (2005), p. 685-711.

89. M. E. P. Seligman, *Authentic Happiness: Using the New Positive Psychology to Realize Your Potential for Lasting Fulfillment* (Nova York: Free Press, 2002).

90. E. W. Morrison, "Newcomers' Relationships: The Role of Social Network Ties During Socialization", *Academy of Management Journal* 45 (2002), p. 1149-60.

91. P. Adler e S. Kwon, "Social Capital: Prospects for a New Concept", *Academy of Management* Review 27 (2002), p. 17-40.

92. Esther Shein, "Six Degrees of Irritation", *CFO,* março de 2007, baixado de Business & Company Resource Center, <http://galenet.galegroup.com>.

93. T. Peters, *Liberation Management* (Nova York: Alfred A. Knopf, 1992).

94. P. Drucker, "What Makes an Effective Executive?" *Harvard Business Review*, junho de 2004, p. 58-63.

95. Marshall Goldsmith, "Three Obstacles to a Career Move", *BusinessWeek,* 7 de março de 2007, baixado de Business & Company Resource Center, <http://galenet.galegroup.com>.

96. Bob Violino, Monica Sambataro, Eugene A. Demaitre e John S. Webster, "The Making of an IT Career", *ComputerWorld,* 11 de dezembro de 2006, baixado de Business & Company Resource Center, <http://galenet.galegroup.com>.

Capítulo 2

1. Site da empresa "Brewing a Better World", Relatório de Responsabilidade Social Corporativa do Ano Fiscal de 2007, <http://www.greenmountaincoffee.com>, acessado em 25 de março de 2009; Rick Aristotle Munarriz, "Warm Up to Green Mountain Coffee Roasters", *The Motley Fool,* 29 de janeiro de 2009, <http://www.fool.com>; "Green Mountain Coffee Roasters, Inc. Releases 'Brewing a Better World' Corporate Social Responsibility Report", *CSR Wire,* 12 de janeiro de 2009, <http://www.csrwire.com>; Katy Marquardt, "Brewing Profits, a Cup at a Time", *U.S. News & World Report,* 17/24 de novembro de 2008, p. 55-58; Paul Rolfes, "Green Mountain Coffee Roasters: Grounds for Growth", *Smallcapinvestor.com,* 23 de julho de 2008, <http://www.smallcapinvestor.com>; Alliston Ackerman, "Retail Coffee Favored in Volatile Economy", *Consumer Goods Technology,* 22 de julho de 2008, <http://www.consumergoods.com>; e "Green Mountain Coffee Roasters Founder Bob Stiller Will Step Down", *Automatic Merchandiser,* 8 de julho de 2008, <http://www.amonline.com>.

2. Mike Hughlett, "Web Radio Fears Going Bust", *Chicago Tribune,* 8 de março de 2007; e "Recording Labels Should Negotiate Royalty System", *San Jose Mercury News,* 14 de março de 2007, ambos baixados de Business & Company Resource Center, <http://galenet.galegroup.com>.

3. "CEO Dough", *USA Today,* 20 de janeiro de 2006, <http://www.usatoday.com>.

4. Kate Galbraith, "Economy Shifts, and the Ethanol Industry Reels", *New York Times*, 4 de novembro de 2008, <http://www.nytimes.com>.

5. Kelly Evans, "Economy Dives as Goods Pile Up", *The Wall Street Journal,* 31 de janeiro de 2009, <http://online.wsj.com>.

6. Joseph Fuller e Michael C. Jensen, "Just Say No to Wall Street", *Journal of Applied Corporate Finance* 14, n. 4 (inverno de 2002), p. 41-46.

7. Jad Mouawad, "Oil Innovations Pump New Life into Old Wells", *New York Times,* 5 de março de 2007, <http://www.nytimes.com>.

8. Bureau of Labor Statistics, "BLS Releases 2004-14 Employment Projections", comunicado à imprensa, 7 de dezembro de 2005, <http://www.bls.gov>.

9. Martha M. Hamilton, "Age 65 and Not Ready or Able to Go", *Washington Post,* 14 de janeiro de 2007, <http://www.washingtonpost.com>.

10. Lori Aratani, "Teens Can Multitask, but What Are Costs?" *Washington Post,* 26 de fevereiro de 2007, <http://www.washingtonpost.com>.

11. Bureau of Labor Statistics, "Charting the U.S. Labor Market in 2005", junho de 2006, <http://www.bls.gov/cps/labor2005/home.htm>.

12. Ver, por exemplo, Ben Arnoldy, "Too Prosperous, Massachusetts Is Losing Its Labor Force", *Christian Science Monitor,* 9 de janeiro de 2007, <http://www.csmonitor.com>.

13. Mitra Toossi, "A New Look at Long-Term Labor Force Projections to 2050", *Monthly Labor Review*, novembro de 2006, p. 19-39.

14. Ibid.; e Bureau of Labor Statistics, "Charting the U.S. Labor Market".

15. "Gaming Goes for the Burn", *PR Week,* 19 de fevereiro de 2007, baixado de Business & Company Resource Center, <http://galenet.galegroup.com>.

16. Michael Zitz, "Nintendo Winning Game System Red Hot", *Free Lance–Star (Fredericksburg, VA),* 23 de fevereiro de 2007, baixado de Business & Company Resource Center, <http://galenet.galegroup.com>.

17. Charles J. Murray, "Fast and Cool", *Design News,* 5 de fevereiro de 2007, baixado de Business & Company Resource Center, <http://galenet.galegroup.com>.

18. Matt Richtel, "Nintendo's Wii, Radiating Fun, Is Eclipsing Sony", *New York Times,* 31 de janeiro de 2007, <http://www.nytimes.com>; "EA: Sony's Video Game Dominance Is Over", *ExtremeTech.com,* 6 de março de 2007, <http://www.extremetech.com>; e Kerry E. Grace, "Sony Cuts Price on PlayStation 2 to $99", *The Wall Street Journal,* 31 de março de 2009, <http://online.wsj.com>.

19. David J. Collis e Cynthia A. Montgomery, *Corporate Strategy: Resources and Scope of the Firm* (Nova York: McGraw-Hill/Irwin, 1997).

20. Adam Plowright, "New Wireless Internet Service Set to Leave Its Asian Niche", *Agence France Presse,* 24 de fevereiro de 2007, <http://news.yahoo.com>; e John Blau, "WiMax Likely Choice for 'Net Access in Emerging Markets,'" *InfoWorld,* 14 de fevereiro de 2007, <http://www.infoworld.com>.

21. John DeGaspari, "Pfizer Retrenches", *MMR,* 12 de fevereiro de 2007, baixado de Business & Company Resource Center, <http://galenet.galegroup.com>.

22. Robert D. Hof, "Google Steps into Microsoft's Office", *BusinessWeek,* 12 de fevereiro de 2007, <http://www.businessweek.com>.

23. Aaron Ricadela, "Console Wars: Sony Fights Back", *BusinessWeek,* 8 de março de 2007, baixado de Business & Company Resource Center, <http://galenet.galegroup.com>; e Grace, "Sony Cuts Price on Playstation 2 to $99".

24. Eric Gwinn, "Shootout at the Top", *Chicago Tribune,* 27 de fevereiro de 2007, baixado de Business & Company Resource Center, <http://galenet.galegroup.com>.

25. Ricadela, "Console Wars".

26. "Looking Forward to the Next Level: Electronic Arts", *The Economist,* 10 de fevereiro de 2007, baixado de Business & Company Resource Center, <http://galenet.galegroup.com>.

27. Yukari Iwatani Kane, "Look It's Mii—on Wii!" *The Wall Street Journal,* 16 de março de 2007, <http://online.wsj.com>.

28. Arthur Sherman, George Bohlander e Scott Snell, *Managing Human Resources,* 11 ed. (Cincinnati, OH: South-Western Publishing, 1998).

29. Brian Bremner, "Nintendo Storms the Gaming World", *BusinessWeek,* 29 de janeiro de 2007, baixado de Business & Company Resource Center, <http://galenet.galegroup.com>.

30. Adaptado de Hau L. Lee e Corey Billington, "The Evolution of Supply-Chain-Management Models and Practice at Hewlett--Packard", *Interfaces* 25, n. 5 (setembro-outubro de 1995), p. 42-63.

31. Tracy Maylett e Kate Vitasek, "For Closer Collaboration, Try Education", *Supply Chain Management Review,* janeiro–fevereiro de 2007, baixado de Business & Company Resource Center, <http://galenet.galegroup.com>.

32. Don Tapscott e Anthony D. Williams, "Hack This Product, Please!" *BusinessWeek,* 23 de fevereiro de 2007, baixado de Business & Company Resource Center, <http://galenet.galegroup.com>.

33. Ver, por exemplo, "PS3 on Store Shelves at Wal-Mart", <http://youtube.com/watch?v=thV53ZJlbng>, acrescentado em 31 de dezembro de 2006; e "Wii60: Why Can't We Be Friends", <http://youtube.com/watch?v=-mdAnzsnTy4>, 18 de maio de 2006.

34. P. Kotler, *Marketing Management: Analysis, Planning, Implementation and Control,* 9 ed. (Englewood Cliffs, NJ: Prentice Hall, 1990).

35. Aaron A. Buchko, "Conceptualization and Measurement of Environmental Uncertainty: An Assessment of the Miles and Snow Perceived Environmental Uncertainty Scale", *Academy of Management Journal* 37, n. 2 (abril de 1994), p. 410-25.

36. Abdalla F. Hagen, "Corporate Executives and Environmental Scanning Activities: An Empirical Investigation". *SAM Advanced Management Journal* 60, n. 2 (primavera de 1995), p. 41-47; Richard L. Daft. "Chief Executive Scanning, Environmental Characteristics, and Company Performance: An Empirical Study", *Strategic Management Journal* 9, n. 2 (março–abril de 1988), p. 123-39; e Masoud Yasai-Ardekani, "Designs for Environmental Scanning Systems: Tests of a Contingency Theory", *Management Science* 42, n. 2 (fevereiro de 1996), p. 187-204.

37. Sumantra Ghoshal, "Building Effective Intelligence Systems for Competitive Advantage", *Sloan Management Review* 28, n. 1 (outono de 1986), p. 49-58; e Kenneth D. Cory, "Can Competitive Intelligence Lead to a Sustainable Competitive Advantage?" *Competitive Intelligence Review* 7, n. 3 (outono de 1996), p. 45-55.

38. Paul J. H. Schoemaker, "Multiple Scenario Development: Its Conceptual and Behavioral Foundation", *Strategic Management Journal* 14, n. 3 (março de 1993), p. 193-213.

39. Robin R. Peterson, "An Analysis of Contemporary Forecasting in Small Business", *Journal of Business Forecasting Methods & Systems* 15, n. 2 (verão de 1996), p. 10-12; e Spyros Makridakis, "Business Forecasting for Management: Strategic Business Forecasting", *International Journal of Forecasting* 12, n. 3 (setembro de 1996), p. 435-37.

40. Dale Russakoff, "Building a Career Path Where There Was Just a Dead End", *Washington Post,* 26 de fevereiro de 2007, <http://www.washingtonpost.com>.

41. Bureau of Labor Statistics, "Contingent and Alternative Employment Arrangements, February 2005", comunicado à imprensa, 27 de julho de 2005, <http://www.bls.gov/cps/>.

42. Martin B. Meznar, "Buffer or Bridge? Environmental and Organizational Determinants of Public Affairs Activities in American Firms", *Academy of Management Journal* 38, n. 4 (agosto de 1995), p. 975-96.

43. David Lei, "Advanced Manufacturing Technology: Organizational Design and Strategic Flexibility", *Organization Studies* 17, n. 3 (1996), p. 501-23; e James W. Dean Jr. e Scott A. Snell, "The Strategic Use of Integrated Manufacturing: An Empirical Examination", *Strategic Management Journal* 17, n. 6 (junho de 1996), p. 459-80.

44. C. Zeithaml e V. Zeithaml, "Environmental Management: Revising the Marketing Perspective", *Journal of Marketing* 48 (primavera de 1984), p. 46-53.

45. "Washington Wire", *The Wall Street Journal,* 16 de março de 2007, <http://blogs.wsj.com/washwire/>.

46. Willem P. Burgers, "Cooperative Strategy in High Technology Industries", *International Journal of Management* 13, n. 2 (junho de 1996), p. 127-34; e Jeffrey E. McGee, "Cooperative Strategy and New Venture Performance: The Role of Business Strategy and Management Experience", *Strategic Management Journal* 16, n. 7 (outubro de 1995), p. 565-80.

47. Zeithaml e Zeithaml, "Environmental Management".

48. Adam Bluestein, Leigh Buchanan, Max Chafkin, Jason Del Rey, April Joyner e Ryan McCarthy, "The Ultimate Business Tune-Up for Times Like These", *Inc.,* janeiro de 2009, <http://www.inc.com>.

49. Center for Responsive Politics, "PACs by Industry", *OpenSecrets,* <http://www.opensecrets.org>, acessado em 6 de abril de 2009 (baseado em dados da Federal Election Commission divulgados em 2 de março de 2009).

50. Richard A. D'Aveni, *Hypercompetition—Managing the Dynamics of Strategic Maneuvering* (Nova York: Free Press 1994); e Michael A. Cusumano, "Strategic Maneuvering and Mass--Market Dynamics: The Triumph of VHS over Beta", *Business History Review* 66, n. 1 (primavera de 1992), p. 51-94.

51. Modelo adaptado de Zeithaml e Zeithaml, "Environmental Management: Revising the Marketing Perspective".

52. Bremner, "Nintendo Storms the Gaming World".

53. Ver, por exemplo, Hiawatha Bray, "Analysis: IPod Likely to Be Apple's Strongest Player", *Boston Globe,* 16 de janeiro de 2007, <http://www.boston.com>; Brian Garrity, "IWin", *Billboard,* 23 de dezembro de 2006, <http://www.billboard.com>.

54. "Bayer to Axe 6,100 Jobs Worldwide after Schering Takeover", comunicado à imprensa, 2 de março de 2007, *Agence France Presse,* <http://www.afp.com>.

55. Ricadela, "Console Wars".

56. Steve McGrath e John D. Stoll, "Ford to Sell Aston Martin Unit in Deal Valued at $848 Million", *The Wall Street Journal,* 12 de março de 2007, <http://online.wsj.com>.

57. R. Miles e C. Snow, *Organizational Strategy, Structure, and Process* (Nova York: McGraw-Hill, 1978).

58. Sarah E. Needleman, "Restaurateur Fights Online Mudslinging", *Startup Journal,* <http://www.startupjournal.com>, acessado em 24 de outubro de 2006.

59. Sarah E. Needleman, "Tips on Safeguarding Your Online Reputation", *Startup Journal,* <http://www.startupjournal.com>, acessado em 24 de outubro de 2006.

60. Ralph H. Kilmann, Mary J. Saxton e Roy Serpa, *Gaining Control of the Corporate Culture* (San Francisco: Jossey-Bass, 1985); e Kim S. Cameron e Robert E. Quinn, *Diagnosing and Changing Organizational Culture: Based on the Competing Values Framework* (Englewood Cliffs, NJ: Addison-Wesley, 1998).

61. Jessica E. Vascellaro e Scott Morrison, "Google Gears Down for Tougher Times", *The Wall Street Journal,* 3 de dezembro de 2008,<http://online.wsj.com.

62. Carol Hymowitz, "In Deal-Making, Keep People in Mind", *The Wall Street Journal,* 12 de maio de 2008, <http://online.wsj.com>.

63. Cameron e Quinn, *Diagnosing and Changing Organizational Culture.*

64. Sebastian Desmidt e Aime Heene, "Mission Statement Perception: Are We All on the Same Wavelength? A Case Study in a Flemish Hospital", *Health Care Management Review,* janeiro-março de 2007, baixado de Business & Company Resource Center, <http://galenet.galegroup.com>.

65. Carmine Gallo, "How Ritz-Carlton Maintains Its Mystique", *BusinessWeek,* 13 de fevereiro de 2007, <http://www.business week.com>.

66. R. Leifer e P. K. Mills, "An Information Processing Approach for Deciding upon Control Strategies and Reducing Control Loss in Emerging Organizations", *Journal of Management* 22, n. 1 (1996), p. 113-37; Scott A. Dellana e Richard D. Hauser, "Toward Defining the Quality Culture", *Engineering Management Journal* 11, n. 2 (junho de 1999), p. 11-15; e Don Cohen e Lawrence Prusak, *In Good Company: How Social Capital Makes Organizations Work* (Cambridge, MA: Harvard Business School Press, 2001).

67. John Koob, "Early Warnings on Culture Clash", *Mergers & Acquisitions*, 1º de julho de 2006, baixado de Business & Company Resource Center, <http://galenet.galegroup.com>.

Capítulo 3

1. N.Maestri, "Duke to Lead Wal-Mart as It Gains Clout", *Reuters*, 21 de novembro de 2008, <http://www.reuters.com>; J. Sturgeon, "Wal-Mart Seeks to Tie Low Prices, Sustainability", *Supermarket News*, 10 de outubro de 2008, <http://super marketnews.com>; K. B. Connolly, "Wal-Mart's Scorecard Drives Sustainable Packaging", *Food Processing.com*, 2008, <http://www.foodprocessing.com>; C. Creno, "Wal-Mart's Sustainability Efforts Draw Praise", *Arizona Republic*, 26 de maio de 2008, <http://www.azcentral.com>; e E. L. Plambeck, "The Greening of Wal-Mart's Supply Chain", *Supply Chain Management Review*, 1º de julho de 2007, <http://www.scmr.com>.

2. V. Anand, B. Ashforth e M. Joshi, "Business as Usual: The Acceptance and Perpetuation of Corruption in Organizations", *Academy of Management Executive,* maio de 2004, p. 39-53.

3. Edelman, "Business More Trusted Than Media and Government in Every Region of the Globe", comunicado à imprensa, 22 de janeiro de 2007, páginas *Trust Barometer 2007* do site da Edelman Web, <http://www.edelman.com/trust/2007/>.

4. Kathy Gurchiek, "U.S. Workers Unlikely to Report Office Misconduct", *HRMagazine,* maio de 2006, baixado de Business & Company Resource Center, <http://galenet.galegroup.com>.

5. Tom Zucco, "Ethics Issues? Check Goals", *St. Petersburg Times,* 28 de janeiro de 2006, baixado de Business & Company Resource Center, <http://galenet.galegroup.com>.

6. M. Banaji, M. Bazerman e D. Chugh, "How (Un)Ethical Are You?" *Harvard Business Review,* dezembro de 2003, p. 56-64.

7. S. L. Grover, "The Truth, the Whole Truth, and Nothing but the Truth: The Causes and Management of Workplace Lying", *Academy of Management Executive* 19 (maio de 2005), p. 148-57.

8. D. Gelles, "Blogs That Spin a Web of Deception", *Financial Times,* 12 de fevereiro de 2009, baixado de Business & Company Resource Center, <http://galenet.galegroup.com>.

9. M. E. Guy, *Ethical Decision Making in Everyday Work Situations* (Nova York: Quorum Books, 1990).

10. O. C. Ferrell e J. Fraedrich, *Business Ethics: Ethical Decision Making and Cases,* 3 ed. (Boston: Houghton Mifflin, 1997).

11. Ibid.

12. Guy, *Ethical Decision Making.*

13. Caux Round Table, "Principles for Business", <http://www.caux roundtable.org/documents/Principles%20for%20Business.PDF>, adotado em 1994, acessado em 31 de julho de 2007.

14. B. L. Toffler, "Five Ways to Jump-Start Your Company's Ethics", *Fast Company*, outubro de 2003, p. 36.

15. B. Sleeper, K. Schneider e P. Weber, "Scale and Study of Student Attitudes toward Business Education's Role in Addressing Social Issues", *Journal of Business Ethics* 68 (2006), p. 381-91; Y. J. Chen e T. L. P. Tang, "Attitude toward and Propensity to Engage in Unethical Behavior: Measurement Invariance across Major among University Students", *Journal of Business Ethics* 69 (2006), p. 77-93; e B. A. Ritter, "Can Business Ethics Be Trained? A Study of the Ethical Decision-Making Process in Business Students", *Journal of Business Ethics* 68 (2006), p. 153-64.

16. Ferrell e Fraedrich, *Business Ethics.*

17. John Hechinger e David Armstrong, "Universities Resolve Kickback Allegations", *The Wall Street Journal,* 3 de abril de 2007, <http://online.wsj.com>; John Hechinger, "Probe into College-Lender Ties Widens", *The Wall Street Journal,* 5 de abril de 2007, <http://online.wsj.com>; e Associated Press, "CIT Executives Placed on Leave Amid Student Loan Investigation", *The Wall Street Journal,* 9 de abril de 2007, <http://online.wsj.com>.

18. Hechinger e Armstrong, "Universities Resolve Kickback Allegations"; e AP, "CIT Executives".

19. A. Spicer, T. Dunfee e W. Biley, "Does National Context Matter in Ethical Decision Making? An Empirical Test of Integrative Social Contracts Theory", *Academy of Management Journal* 47 (2004), p. 610-20.

20. L. Kohlberg e D. Candee, "The Relationship of Moral Judgment to Moral Action" *in Morality, Moral Behavior, and Moral Development,* eds. W. M. Kurtines e J. L. Gerwitz (Nova York: John Wiley & Sons, 1984).

21. L. K. Trevino, "Ethical Decision Making in Organizations: A Person-Situation Interactionist Model", *Academy of Management Review,* 1992, p. 601-17.

22. Ferrell e Fraedrich, *Business Ethics.*

23. Transparency International, "Persistently High Corruption in Low-Income Countries Amounts to an 'Ongoing Humanitarian Disaster,'" comunicado à imprensa, 23 de setembro de 2008, <http://www.transparency.org>.

24. J. Badarocco Jr. e A. Webb, "Business Ethics: A View from the Trenches", *California Management Review,* inverno de 1995, p. 8-28; e G. Laczniak, M. Berkowitz, R. Brookes e J. Hale, "The Business of Ethics: Improving or Deteriorating?" *Business Horizons,* janeiro-fevereiro de 1995, p. 39-47.

25. Brent Kallestad, "Survey: Bad Bosses Common, Problematic", Associated Press, 1º de janeiro de 2007, <http://news.yahoo.com>.

26. M. Gunther, "God and Business", *Fortune,* 9 de julho de 2001, p. 58-80.

27. Anand, Ashforth e Joshi, "Business as Usual"; e A. Bernstein, "Too Much Corporate Power?" *BusinessWeek,* 11 de setembro de 2000, p. 146-47.

28. Brooks Barns, "Cartoon Network Chief Quits Over Boston Marketing Incident", *The Wall Street Journal,* 9 de fevereiro de 2007, <http:// online.wsj.com>; e Jennifer Levitz e Emily Steel, "Boston Stunt Draws Legal, Ethical Fire", *The Wall Street Journal,* 2 de fevereiro de 2007, <http://online.wsj.com>.

29. Thompson Hine LLP, "U.S. Sentencing Commission Announces Stiffened Organization Sentencing Guidelines in Response to the Sarbanes-Oxley Act", boletim informativo, 1º de junho de 2004, última modificação em 31 de agosto de 2006, <http://www.thompsonhine.com>; e Robin J. Zablow, "Creating and Sustaining an Ethical Workplace", *Risk Management* 53, n. 9 (setembro de 2006), baixado de OCLC FirstSearch, <http://firstsearch.oclc.org>.

30. Jonathan Allard, "Ethics at Work", *CA Magazine* (Canadian Institute of Chartered Accountants), agosto de 2006, baixado de OCLC FirstSearch, <http://firstsearch.oclc.org>.

31. R. T. De George, *Business Ethics,* 3 ed. (Nova York: Macmillan, 1990).

32. Ben W. Heineman Jr., "Avoiding Integrity Land Mines", *Harvard Business Review,* abril de 2007, p. 100-108.

33. R. E. Allinson, "A Call for Ethically Centered Management", *Academy of Management Executive,* fevereiro de 1995, p. 73-76.

34. N.Adler, *International Dimensions of Organizational Behavior,* 2 ed. (Boston: Kent, 1997).

35. R. A. Cooke, "Danger Signs of Unethical Behavior: How to Determine if Your Firm Is at Ethical Risk", *Journal of Business Ethics,* abril de 1991, p. 249-53.

36. L. K. Trevino e M. Brown, "Managing to Be Ethical: Debunking Five Business Ethics Myths", *Academy of Management Executive,* maio de 2004, p. 69-81.

37. Lynn Brewer, "Decisions: Lynn Brewer, Enron Whistleblower", *Management Today*, agosto de 2006, baixado de OCLC FirstSearch, <http://firstsearch.oclc.org>.

38. Ellen Nakashima, "Harsh Words Die Hard on the Web", *Washington Post,* 7 de março de 2007, <http://www.washington post.com>.

39. Trevino e Brown, "Managing to Be Ethical".

40. Heineman, "Avoiding Integrity Land Mines".

41. Trevino e Brown, "Managing to Be Ethical".

42. D. Messick e M. Bazerman, "Ethical Leadership and the Psychology of Decision Making", *Sloan Management Review,* inverno de 1996, p. 9-22.

43. C. Handy, *Beyond Uncertainty: The Changing Worlds of Organizations* (Boston: Harvard Business School Press, 1996).

44. J. Stevens, H. Steensma, D. Harrison e P. Cochran, "Symbolic or Substantive Document? The Influence of Ethics Codes on Financial Executives' Decisions", *Strategic Management Journal* 26 (2005), p. 181-95; e J. Weber, "Does It Take an Economic Village to Raise an Ethical Company?" *Academy of Management Executive* 19 (maio de 2005), p. 158-59.

45. J. B. Ciulla, "Why Is Business Talking about Ethics? Reflections on Foreign Conversations", *California Management Review,* outono de 1991, p. 67-80.

46. S. Brenner e E. Molander, "Is the Ethics of Business Changing?" in *Ethics in Practice: Managing the Moral Corporation,* ed. K. Andrews (Cambridge, MA: Harvard Business School Press, 1989).

47. Zablow, "Creating and Sustaining an Ethical Workplace; Ethics Resource Center (ERC), "Code Construction and Content", *The Ethics Resource Center Toolkit,* <http://www.ethics.org>, acessado em 10 de abril de 2007; e Jerry Brown, "Ten Writing Tips for Creating an Effective Code of Conduct", Ethics Resource Center, <http://www.ethics.org>, 10 de abril de 2007.

48. G. R. Weaver, L. K. Trevino e P. L. Cochran, "Corporate Ethics Programs as Control Systems: Influences of Executive Commitment and Environmental Factors", *Academy of Management Journal* 42 (1999), p. 41-57.

49. L. S. Paine, "Managing for Organizational Integrity", *Harvard Business Review,* março-abril de 1994, p. 106-17.

50. Ethics Resource Center, "Performance Reviews Often Skip Ethics, HR Professionals Say", comunicado à imprensa, 12 de junho de 2008, <http://www.ethics.org>.

51. F. Hall e E. Hall, "The ADA: Going beyond the Law", *Academy of Management Executive,* fevereiro de 1994, p. 7-13; e A. Farnham, "Brushing Up Your Vision Thing", *Fortune,* 1º de maio de 1995, p. 129.

52. Luke O'Brien, "'Yahoo Betrayed My Husband", *Wired News,* 15 de março de 2007, <http://www.wired.com>.

53. G. R. Weaver, L. K. Trevino e P. L. Cochran, "Integrated and Decoupled Corporate Social Performance: Management Commitments, External Pressures, and Corporate Ethics Practices" *Academy of Management Journal* 42 (1999), p. 539-52.

54. Paine, "Managing for Organizational Integrity".

55. Trevino e Brown, "Managing to Be Ethical", p. 70.

56. Ibid.

57. Banaji, Bazerman e Chugh, "How (Un)Ethical Are You?"

58. Anand, Ashforth e Joshi, "Business as Usual".

59. A. Taylor, "Execs' Posh Retreat after Bailout Angers Lawmakers", *Yahoo News,* 7 de outubro de 2008, <http://news.yahoo.com>.

60. T. Thomas, J. Schermerhorn Jr. e J. Dienhart, "Strategic Leadership of Ethical Behavior in Business", *Academy of Management Executive,* maio de 2004, p. 56-66.

61. L. T. Hosmer, *The Ethics of Management,* 4 ed. (Nova York: McGraw-Hill/Irwin, 2003).

62. Trevino e Brown, "Managing to Be Ethical".

63. "Ex-Aide at Coke Is Guilty in Plot to Steal Secrets", *The Wall Street Journal,* 5 de fevereiro de 2007, <http://online.wsj.com>.

64. Gurchiek, "U.S. Workers Unlikely to Report Office Misconduct".

65. Allard, "Ethics at Work".

66. M. Gundlach, S. Douglas e M. Martinko, "The Decision to Blow the Whistle: A Social Information Processing Framework", *Academy of Management Review* 28 (2003), p. 107-23.

67. Darren Dahl, "Learning to Love Whistleblowers", *Inc.,* março de 2006, baixado de OCLC FirstSearch, <http://firstsearch.oclc.org>.

68. Mark E. Schreiber e David R. Marshall, "Reducing the Risk of Whistleblower Complaints", *Risk Management* 53, n. 11 (novembro de 2006), baixado de OCLC FirstSearch, <http://first search.oclc.org>.

69. L. Preston e J. Post, eds., *Private Management and Public Policy* (Englewood Cliffs, NJ: Prentice-Hall, 1975).

70. Ferrel e Fraedrich, *Business Ethics.*

71. A. Carroll, "Managing Ethically with Global Stakeholders: A Present and Future Challenge", *Academy of Management Executive,* maio de 2004, p. 114-20.

72. Darren Dahl, "Learning to Love Whistleblowers", *Inc.,* março de 2006, baixado de OCLC FirstSearch, <http://firstsearch.oclc.org>.

73. Lauren Etter, "Smithfield to Phase Out Crates", *The Wall Street Journal,* 25 de janeiro de 2007, <http://online.wsj.com>.

74. P. C. Godfrey, "The Relationship between Corporate Philanthropy and Shareholder Wealth: A Risk Management Perspective", *Academy of Management Review* 30 (2005), p. 777-98.

75. R. Giacalone, "A Transcendent Business Education for the 21st Century", *Academy of Management Learning & Education,* 2004, p. 415-20.

76. M. Witzel, "Not for Wealth Alone: The Rise of Business Ethics", *Financial Times Mastering Management Review*, novembro de 1999, p. 14-19.

77. D. C. Korten, *When Corporations Ruled the World* (San Francisco: BerrettKochler, 1995).

78. Handy, *Beyond Uncertainty*.

79. Dexter Roberts e Pete Engardio, "Secrets, Lies, and Sweatshops", *BusinessWeek*, 17 de novembro de 2006, <http://www.businessweek.com>.

80. D. Quinn e T. Jones, "An Agent Morality View of Business Policy", *Academy of Management Review* 20 (1995), p. 22-42.

81. Betsy McKay, "Why Coke Aims to Slake Global Thirst for Safe Water", *The Wall Street Journal*, 15 de março de 2007, <http://online.wsj.com>.

82. Nicholas Varchaver, "Chemical Reaction", *Fortune*, 2 de abril de 2007, baixado de Business & Company Resource Center, <http://galenet.galegroup.com>.

83. D. Schuler e M. Cording, "A Corporate Social Performance–Corporate Financial Performance Behavioral Model for Consumers", *Academy of Management Review* 31 (2006), p. 540-58.

84. D. Turban e D. Greening, "Corporate Social Performance and Organizational Attractiveness to Prospective Employees", *Academy of Management Journal* 40 (1997), p. 658-72.

85. A. McWilliams e D. Siegel, "Corporate Social Responsibility: A Theory of the Firm Perspective", *Academy of Management Review* 26 (2001), p. 117-27.

86. John Carey, "Hugging the Tree-Huggers", *BusinessWeek*, 12 de março de 2007, <http://www.businessweek.com>.

87. Michael E. Porter e Mark R. Kramer, "Strategy and Society: The Link between Competitive Advantage and Corporate Social Responsibility", *Harvard Business Review*, dezembro de 2006, p. 78-92.

88. S. L. Hart e M. B. Milstein, "Global Sustainability and the Creative Destructions of Industries", *Sloan Management Review*, outono de 1999, p. 23-33.

89. Michael E. Porter e Mark R. Kramer, "Strategy and Society: The Link between Competitive Advantage and Corporate Social Responsibility", *Harvard Business Review*, dezembro de 2006, p. 84.

90. P. M. Senge e G. Carstedt, "Innovating Our Way to the Next Industrial Revolution", *Sloan Management Review*, inverno de 2001, p. 24-38.

91. C. Holliday, "Sustainable Growth, the DuPont Way", *Harvard Business Review*, setembro de 2001, p. 129-34.

92. Marc Gunther, "Green Is Good", *Fortune*, 22 de março de 2007, <http://money.cnn.com>; e Martin LaMonica, "GE Chief: All Engines Go for Alternative Energy", *C/Net News.com*, 12 de março de 2007, <http://news.com.com>.

93. P. Shrivastava, "Ecocentric Management for a Risk Society", *Academy of Management Review* 20 (1995), p. 118-37.

94. Ibid.

95. Ibid.

96. Donna Wright, "Lockheed Gets More Time", *Bradenton (Fla.) Herald*, 7 de março de 2006, baixado de Business & Company Resource Center, <http://galenet.galegroup.com>.

97. Steve Raabe, "Asarco Closure Plan Cheers Globeville", *Denver Post*, 13 de julho de 2006, baixado de Business & Company Resource Center, <http://galenet.galegroup.com>.

98. Shrivastava, "Ecocentric Management".

99. Gunther, "Green Is Good".

100. J. O'Toole, "Do Good, Do Well: The Business Enterprise Trust Awards", *California Management Review* (primavera de 1991), p. 9-24.

101. A. Alter, "Yet Another 'Footprint' to Worry About: Water", *The Wall Street Journal*, 17 de fevereiro de 2009, <http://www.online.wsj.com>.

102. Ibid.; Shrivastava, "Ecocentric Management".

103. M. Russo e P. Fouts, "A Resource-Based Perspective on Corporate Environmental Performance and Profitability", *Academy of Management Journal* 40 (1997), p. 534-59; R. D. Klassen e D. Clay Whybark, "The Impact of Environmental Technologies on Manufacturing Performance", *Academy of Management Journal* 42 (1999), p. 599-615.

104. Martin LaMonica, "IBM Sees Green in Environmental Tech", *C/Net News.com*, 6 de março de 2007, <http://news.com.com>.

105. J. Ball, "Green Goal of 'Carbon Neutrality' Hits Limit", *The Wall Street Journal*, 30 de dezembro de 2008, <http://online.wsj.com>; e Google Inc., "Going Green at Google", Corporate Overview: Green Initiatives, *homepage* corporativa do Google, <http://www.google.com/corporate/green/>, acessado em 21 de abril de 2009.

106. G. Pinchot e E. Pinchot, *The Intelligent Organization* (San Francisco: Berrett-Koehler, 1996).

107. S. L. Hart, "Beyond Greening: Strategies for a Sustainable World", *Harvard Business Review*, janeiro-fevereiro de 1997, p. 66-76.

Capítulo 4

1. Scott Moritz, "Nokia's Back on Its Feet", *TheStreet.com*, 26 de março de 2009, <http://www.thestreet.com>; Andrew Nusca, "How Nokia Ovi Store Will Trump Apple on Global Stage", *The ToyBox*, 25 de março de 2009, <http://blogs.zdnet.com>; Elise Ackerman, "Mercury News Interview: Nokia CEO Maps Out U.S. Strategy", *San Jose Mercury News*, 20 de outubro de 2008, <http://www.mercurynews.com>; Dianne See Morrison, "Nokia Chief Olli-Pekka Kallasvuo: Hats Off to Apple, Jury Still Out on Google", *Yahoo! Finance*, 2 de outubro de 2008, <http://biz.yahoo.com>.

2. William M. Bulkeley, "How an IBM Lifer Built Software Unit into a Rising Star", *The Wall Street Journal*, 2 de abril de 2007, <http://online.wsj.com>.

3. Jennifer Robison, "Are You Ready for Disaster?" *Las Vegas Review-Journal*, 11 de setembro de 2006, baixado de Business & Company Resource Center, <http://galenet.galegroup.com>. Dados referentes a empresas com 500 trabalhadores ou menos.

4. Brent Bowers, "In Tough Times, Tackle Anxiety First", *New York Times*, 13 de novembro de 2008, baixado de Business & Company Resource Center, <http://galenet.galegroup.com>.

5. Greg Farrell, "CEO Profile: Wells Fargo's Kovacevich Banks on Success as a One-Stop Shop", *USA Today*, 26 de março de 2007, <http://www.usatoday.com>.

6. Donald C. Hambrick e James W. Fredrickson, "Are You Sure You Have a Strategy?" *Academy of Management Executive* 19, n. 4 (2005), p. 51-62.

7. Joseph L. Bower e Clark G. Gilbert, "How Managers' Everyday Decisions Create or Destroy Your Company's Strategy", *Harvard Business Review*, fevereiro de 2007, p. 72-79.

8. J. Lynn Lunsford, "Gradual Ascent: Burned by Last Boom, Boeing Curbs Its Pace", *The Wall Street Journal*, 26 de março de 2007, <http://online.wsj.com>; Boeing, "Boeing in Brief", About Us, <http://www.boeing.com>, fevereiro de 2007; e Boeing, "Mission 2016", About Us, <http://www.boeing.com/companyoffices/aboutus/mission>, 1º de dezembro de 2005.

9. Steven W. Floyd e Peter J. Lane, "Strategizing throughout the Organization: Management Role Conflict in Strategic Renewal", *Academy of Management Review* 25, n. 1 (janeiro de 2000), p. 154-77.

352 NOTAS

10. Declarações de missão citadas dos sites corporativos: McDonald's, "Student Research", <http://www.mcdonalds.com>; Microsoft, "Mission and Values", <http://www.microsoft.com>; e Allstate, Corporate Press Kit, <http://www.allstate.com>, acessado em 3 de abril de 2007.

11. Declarações de visão citadas dos sites das organizações: DuPont, "Our Company: DuPont Vision", <http://www2.dupont.com>; City of Redmond, "City of Redmond Vision Statement", <http://www.ci.redmond.wa.us>; e Great Lakes Naval Museum Association, "Vision Statement", <http://www.greatlakesnavalmuseum.org>, acessado em 3 de abril de 2007.

12. Andrew Martin, "The Happiest Meal: Hot Profits", *New York Times,* 11 de janeiro de 2009, <http://www.nytimes.com>.

13. Arthur A. Thompson e A. J. Strickland III, *Strategic Management: Concepts and Cases,* 8 ed. (Burr Ridge, IL: Richard D. Irwin, 1995), p. 23.

14. Boeing, "Mission 2016".

15. Reyna Gobel, "Inspiring Innovation", *Success,* abril de 2009, p. 24-26.

16. Michael Kanelios, "Full Steam Ahead for Nevada Solar Project", *CNet News.com,* 20 de março de 2007, <http://news.com.com>.

17. David Porter, "One Man's Garbage Becomes Another's Power Plant", *Yahoo! News,* 28 de outubro de 2008, <http://www.news.yahoo.com>.

18. David J. Collis e Cynthia A. Montgomery, *Corporate Strategy: A Resource-Based Approach,* 2 ed. (Nova York, McGraw-Hill/Irwin, 2005).

19. Richard L. Priem, "A Consumer Perspective on Value Creation", *Academy of Management Review* 32, n. 1 (2007), p. 219-35.

20. Farrell, "CEO Profile".

21. Adelaide Wilcox King, "Disentangling Interfirm and Intrafirm Causal Ambiguity: A Conceptual Model of Causal Ambiguity and Sustainable Competitive Advantage", *Academy of Management Review* 32, n. 1 (2007), p. 156-78.

22. Steve Hamm e William C. Symonds, "Miskates Made on the Road to Innovation", *BusinessWeek,* 27 de novembro de 2006, <http://www.businessweek.com>.

23. Gautam Naik, "A Hospital Races to Learn Lessons of Ferrari Pit Stop", *The Wall Street Journal,* 14 de novembro de 2006, <http:// online.wsj.com>.

24. "Moments of Truth: Global Executives Talk about the Challenges That Shaped Them as Leaders", *Harvard Business Review,* 1º de dezembro de 2008, <http://www.hbrideacast.org>; Lionel Laurent, "Nokia's Trickle-Up Success", *Forbes,* 16 de junho de 2008, <http://www.forbes.com>; Marguerite Reardon, "Nokia's Success Tied to Emerging Markets", *CNET News,* 24 de janeiro de 2008, <http://news.cnet.com>.

25. Robert A. Guth, "Microsoft May Shift Strategy to Keep Up", *The Wall Street Journal,* 29 de março de 2007, <http://online.wsj.com>.

26. Robert A. Guth, Dennis K. Berman e Kevin J. Delaney, "Google Joins Race to Buy DoubleClick", *The Wall Street Journal,* 2 de abril de 2007, <http://online.wsj.com>.

27. Adam Bluestein, "The Success Gene", *Inc.,* abril de 2008, p. 83-94.

28. P. Haspeslagh, "Portfolio Planning: Uses and Limits", *Harvard Business Review* 60, n. 1 (1982), p. 58-67; R. Hamermesh, *Making Strategy Work* (Nova York: John Wiley & Sons, 1986); e R. A. Proctor, "Toward a New Model for Product Portfolio Analysis", *Management Decision* 28, n. 3 (1990), p. 14-17.

29. Avery Johnson, "Abbott's Makeover Attracts Investors", *The Wall Street Journal,* 19 de janeiro de 2007, <http://online.wsj.com>.

30. M. Porter, *Competitive Advantage* (Nova York: Free Press, 1985), p. 11-14.

31. Justin Ewers, "Making It Stick", *U.S. News & World Report,* 5 de fevereiro de, 2007, p. EE3-EE8.

32. Rajan Varadarajan, "Think Small", *The Wall Street Journal,* 14 de fevereiro de 2007, <http://online.wsj.com>.

33. Shaker A. Zahra, Sarah Nash e Deborah J. Bickford, "Transforming Technological Pioneering in Competitive Advantage", *Academy of Management Executive* 9, n. 1 (1995), p. 17-31; e Michael Sadowski e Aaron Roth, "Technology Leadership Can Pay Off", *Research Technology Management* 42, n. 6 (novembro–dezembro de 1999), p. 32-33.

34. Masaaki Imai e Gemba Kaizen, *A Commonsense, Low-Cost Approach to Management* (Nova York: McGraw-Hill, 1997); e Masaaki Imai e Gemba Kaizen, *The Key to Japan's Competitive Success* (Nova York: McGraw-Hill, 1986).

35. A. Gary Shilling, "First-Mover Disadvantage", *Forbes,* 18 de junho de 2007, baixado de General Reference Center Gold, <http://find.galegroup.com>.

36. Fernando F. Suarez e Gianvito Lanzolla, "The Role of Environmental Dynamics in Building a First Mover Advantage Theory", *Academy of Management Review* 32, n. 2 (2007), p. 377-92.

37. Bulkeley, "How an IBM Lifer Built Software Unit into a Rising Star"; e Farrell, "CEO Profile".

38. Justin Scheck e Paul Glader, "R&D Spending Holds Steady in Slump", *The Wall Street Journal,* 6 de abril de 2009, <http://online.wsj.com>.

39. M. Beer e R. A. Eisenstat, "The Silent Killers of Strategy Implementation and Learning", *MIT Sloan Management Review,* n. 4 (verão de 2000), p. 29-40.

40. R. A. Eisenstat, "Implementing Strategy: Developing a Partnership for Change", *Planning Review,* setembro-outubro de 1993, p. 33-36.

41. Daniel Michaels e J. Lyn Lunsford, "Lack of Seats, Galleys Delays Boeing, Airbus", *The Wall Street Journal,* 8 de agosto de 2008, <http://online.wsj.com>; e John Flowers, "Boeing Announces Further Delays to 787 Dreamliner Program", *The Wall Street Journal,* 9 de abril de 2008, <http://online.wsj.com>.

42. M. Magasin e F. L. Gehlen, "Unwise Decisions and Unanticipated Consequences", *Sloan Management Review* 41 (1999), p. 47-60; M. McCall e R. Kaplan, *Whatever It Takes: Decision Makers at Work* (Englewood Cliffs, NJ: Prentice-Hall, 1985); e Luda Kopeikina, "The Elements of a Clear Decision", *MIT Sloan Management Review* 47 (inverno de 2006), p. 19-20.

43. B. Bass, *Organizational Decision Making* (Homewood, IL: Richard D. Irwin, 1983).

44. J. Gibson, J. Ivancevich e J. Donnelly Jr., *Organizations: Behavior, Structure, Processes,* 10 ed. (Burr Ridge, IL: McGraw-Hill, 2000). Copyright © 2000 by The McGraw-Hill Companies. Reproduzido sob permissão de The McGraw-Hill Companies.

45. J. March, "Bounded Rationality, Ambiguity, and the Engineering of Choice", *Bell Journal of Economics* 9 (1978), p. 587-608.

46. Susumu Ogawa e Frank T. Piller, "Reducing the Risks of New Product Development", *MIT Sloan Management Review* 47 (inverno de 2006), p. 65-71.

47. McCall e Kaplan, *Whatever It Takes.*

48. Max Chafkin, "Case Study: When the Bank Called in a Loan, Larry Cohen Had to Act Fast to Save the Family Business", *Inc.,* junho de 2006, p. 58-60.

49. Del Jones, "Cisco CEO Sees Tech as Integral to Success", *USA Today,* 19 de março de 2007, p. 4B (entrevista de John Chambers).

50. K. MacCrimmon e R. Taylor, "Decision Making and Problem Solving", in *Handbook of Industrial and Organizational Psychology,* ed. M. D. Dunnette (Chicago: Rand McNally, 1976).

51. Chafkin, "Case Study", p. 58.

52. Q. Spitzer e R. Evans, *Heads, You Win! How the Best Companies Think* (Nova York: Simon & Schuster, 1997).

53. C. Gettys e S. Fisher, "Hypothesis Plausibility and Hypotheses Generation", *Organizational Behavior and Human Performance* 24 (1979), p. 93-110.

54. E. R. Alexander, "The Design of Alternatives in Organizational Contexts: A Pilot Study", *Administrative Science Quarterly* 24 (1979), p. 382-404.

55. A. R. Rao, M. E. Bergen e S. Davis, "How to Fight a Price War", *Harvard Business Review,* março-abril de 2000, p. 107-16.

56. Chafkin, "Case Study".

57. Ibid.

58. Joseph L. Bower e Clark G. Gilbert, "How Managers' Everyday Decisions Create or Destroy Your Company's Strategy", *Harvard Business Review,* fevereiro de 2007, p. 72-79.

59. Dana Mattioli e Sara Murray, "Employers Hit Salaried Staff with Furloughs", *The Wall Street Journal,* 24 de fevereiro de 2009, <http://online.wsj.com>.

60. "Is Executive Hubris Ruining Companies?" *Industry Week,* 31 de janeiro de 2007, <http://www.industryweek.com> (entrevista de Matthew Hayward).

61. Spitzer e Evans, *Heads, You Win!*

62. McCall e Kaplan, *Whatever It Takes.*

63. OfficeTeam, "On Your Best Behavior: Survey Shows the Boss' Assistant Can Influence the Hiring Decision", comunicado à imprensa, *CNW Group,* 19 de março de 2009, baixado de Business & Company Resource Center, <http://galenet.galegroup.com>.

64. J. Pfeffer e R. Sutton, *The Knowing–Doing Gap* (Boston: Harvard Business School Press, 2000).

65. David Drickhamer, "By the Numbers", *Material Handling Management,* janeiro de 2006, baixado de OCLC FirstSearch, <http://firstsearch.oclc.org>.

66. D. Siebold, "Making Meetings More Successful", *Journal of Business Communication* 16 (verão de 1979), p. 3-20.

67. "Is Executive Hubris Ruining Companies?"

68. Chafkin, "Case Study".

69. J. W. Dean Jr. e M. Sharfman, "Does Decision Process Matter? A Study of Strategic Decision-Making Effectiveness", *Academy of Management Journal* 39 (1996), p. 368-96.

70. R. Nisbett e L. Ross, *Human Inference: Strategies and Shortcomings* (Englewood Cliffs, NJ: Prentice-Hall, 1980).

71. D. Messick e M. Bazerman, "Ethical Leadership and the Psychology of Decision Making", *Sloan Management Review,* inverno de 1996, p. 9-22.

72. Phred Dvorak, "Dangers of Clinging to Solutions of the Past", *The Wall Street Journal,* 2 de março de 2009, <http://online.wsj.com>.

73. T. Bateman e C. Zeithaml, "The Psychological Context of Strategic Decisions: A Model and Convergent Experimental Findings", *Strategic Management Journal* 10 (1989), p. 59-74.

74. Erin White, "Why Good Managers Make Bad Decisions", *The Wall Street Journal,* 12 de fevereiro de 2009, <http://online.wsj.com>.

75. Messick e Bazerman, "Ethical Leadership".

76. N.Adler, *International Dimensions of Organizational Behavior* (Boston: Kent, 1990).

77. Joann S. Lublin, "Recall the Mistakes of Your Past Bosses, So You Can Do Better", *The Wall Street Journal,* 2 de janeiro de 2007, <http://online.wsj.com>.

78. K. M. Esenhardt, "Speed and Strategic Choice: How Managers Accelerate Decision Making", *California Management Review* 32 (primavera de 1990), p. 39-54.

79. Q. Spitzer e R. Evans, "New Problems in Problem Solving", *Across the Board,* abril de 1997, p. 36-40.

80. G. W. Hill, "Group *versus* Individual Performance: Are $n + 1$ Heads Better Than 1?" *Psychological Bulletin* 91 (1982), p. 517-39.

81. N.R. F. Maier, "Assets and Liabilities in Group Problem Solving: The Need for an Integrative Function", *Psychological Review* 74 (1967), p. 239-49.

82. Ibid.

83. D. A. Garvin e M. A. Roberto, "What You Don't Know about Making Decisions", *Harvard Business Review,* setembro de 2001, p. 108-16.

84. A. Amason, "Distinguishing the Effects of Functional and Dysfunctional Conflict on Strategic Decision Making: Resolving a Paradox for Top Management Teams", *Academy of Management Journal* 39 (1996), p. 123-48; e R. Dooley e G. Fyxell, "Attaining Decision Quality and Commitment from Dissent: The Moderating Effects of Loyalty and Competence in Strategic Decision-Making Teams", *Academy of Management Journal,* agosto de 1999, p. 389-402.

85. C. De Dreu e L. Weingart, "Task versus Relationship Conflict, Team Performance, and Team Member Satisfaction: A Meta-Analysis", *Journal of Applied Psychology* 88 (2003), p. 741-49.

86. K. Eisenhardt, J. Kahwajy e L. J. Bourgeois III, "Conflict and Strategic Choice: How Top Management Teams Disagree", *California Management Review,* inverno de 1997, p. 42-62.

87. Ibid.

88. "Innovation from the Ground Up," *Industry Week,* March 7, 2007, <http://www.industryweek.com> (interview of Erika Andersen); A. Farnham, "How to Nurture Creative Sparks," *Fortune,* January 10, 1994, pp. 94–100; and T. M. Amabile, "A Model of Creativity and Innovation in Organizations," in *Research in Organizational Behavior,* ed. B. Straw and L. Cummings, vol. 10 (Greenwich, CT: JAI Press, 1988), pp. 123–68.

89. T. Amabile, C. Hadley e S. Kramer, "Creativity under the Gun", *Harvard Business Review,* agosto de 2002, p. 52-61.

90. S. Farmer, P. Tierney e K. Kung-McIntyre, "Employee Creativity in Taiwan: An Application of Role Identity Theory", *Academy of Management Journal* 46 (2003), p. 618-30.

91. Mike Larson, "LEEDing by Example", *Western Builder,* 6 de abril de 2009, baixado de Business & Company Resource Center, <http://galenet.galegroup.com>.

Capítulo 5

1. J. Timmons e S. Spinelli, *New Venture Creation: Entrepreneurship for the 21st Century,* 6 ed. (Nova York: McGraw-Hill/Irwin, 2004), p. 7; e Jeffrey Gangemi, "Where Are Last Year's Winners Now?" *BusinessWeek,* 30 de outubro de 2006, <http://www.businessweek.com>.

2. S. Shane e S. Venkataraman, "The Promise of Entrepreneurship as a Field of Research", *Academy of Management Review* 25 (2000), p. 217-26.

3. J. A. Timmons, *New Venture Creation* (Burr Ridge, IL: Richard D. Irwin, 1994).

4. G. T. Lumpkin e G. G. Dess, "Clarifying the Entrepreneurial Orientation Construct and Linking It to Performance", *Academy of Management Review* 21 (1996), p. 135-72.

5. Site da empresa, <http://www.virgin.com>, acessado em 1º de abril de 2009; Sara Wilson, "Branson", *Entrepreneur,* novembro de 2008, p. 58-62; Emily Benammar, "Richard Branson Forced to Abandon Transatlantic Record Attempt", *Telegraph,* 24 de outubro de 2008, <http://www.telegraph.co.uk>; Jyoti Thottam, "Richard Branson's Flight Plan", *Time,* 17 de abril

de 2008, <http://www.time.com>; Alan Deutschman, "The Enlightenment of Richard Branson", *Fast Company*, 19 de dezembro de 2007, <http://www.fastcompany.com>; Kane Farabaugh, "Virgin Group Founder Commits Billions of Dollars to Help Environment", *Voice of America*, 19 de março de 2007, <http://voanews.com>; e Michael Specter, "Branson's Luck", *New Yorker*, 14 de maio de 2007, <http://www.newyorker.com>.

6. R. W. Smilor, "Entrepreneurship: Reflections on a Subversive Activity", *Journal of Business Venturing* 12 (1997), p. 341-46.

7. W. Megginson, M. J. Byrd, S. R. Scott Jr. e L. Megginson, *Small Business Management: An Entrepreneur's Guide to Success*, 2 ed. (Boston: Irwin McGraw-Hill, 1997).

8. Timmons e Spinelli, *New Venture Creation*, p. 3.

9. Timmons e Spinelli, *New Venture Creation*.

10. Angus Loten, "Start-Ups Key to States' Economic Success", *Inc.*, 7 de fevereiro de 2007, <http://www.inc.com>.

11. Timmons e Spinelli, *New Venture Creation*.

12. Ibid.

13. Ibid.

14. Adaptado de J. A. Timmons e S. Spinelli, *New Venture Creation*, 6ª ed., p. 67-68. Copyright © 2004. Reproduzido sob permissão dos autores.

15. D. Bricklin, "Natural-Born Entrepreneur", *Harvard Business Review*, setembro de 2001, p. 53-59, citação da p. 58.

16. Alexandra Levit, "'Insider' Entrepreners", *The Wall Street Journal*, 6 de abril de 2009, <http://online.wsj.com>.

17. "For Zappos, the Next Trend Is More Customized Pages for Customers", *Internet Retailer*, 12 de fevereiro de 2009, <http://www.internetretailer.com>; e Max Chafkin, "How I Did It: Tony Hsieh, CEO, Zappos.com", *Inc.*, setembro de 2006, <http://www.inc.com>.

18. Jeffrey Gangemi, "Young, Fearless, and Smart: Adnan Aziz, First Flavor", *BusinessWeek*, 30 de outubro de 2006, <http://www.businessweek.com>.

19. A. Marsh, "Promiscuous Breeding", *Forbes*, 7 de abril de 1997, p. 74-77; e Joe Nocera, "Fewer Eggs, More Baskets in the Incubator", *New York Times*, 28 de outubro de 2006, baixado de Business & Company Resource Center, <http://galenet.galegroup.com>.

20. Larry Kanter, "The Eco-Advantage", *Inc.*, novembro de 2006, p. 78-103 (exemplo da NaturaLawn na p. 84).

21. H. Aldrich, *Ethnic Entrepreneurs: Immigrant Business in Industrial Societies* (Newbury Park, CA: Sage, 1990).

22. Raymund Flandez, "Immigrants Gain Edge Doing Business Back Home", *The Wall Street Journal*, 20 de março de 2007, <http://online.wsj.com>.

23. Gerrye Wong, "Lee's Sandwiches—Behind Every Success Story Stands a United Family", *Asian Week*, 24 de março de 2006, <http://news.asianweek.com>.

24. Leigh Buchanan, "Create Jobs, Eliminate Waste, Preserve Value", *Inc.*, dezembro de 2006, p. 94-106.

25. Ibid.

26. Ibid., p. 99-100.

27. Timmons e Spinelli, *New Venture Creation*.

28. Michael V. Copeland, "Products for the Other Three Billion", *Fortune*, 1º de abril de 2009, <http://money.cnn.com>.

29. J. Collins e J. Porras, *Built to Last* (London: Century, 1996).

30. Leigh Buchanan, "Share the Wealth", *Inc.*, junho de 2006, p. 110-11.

31. Collins e Porras, *Built to Last*.

32. K. H. Vesper, *New Venture Mechanics* (Englewood Cliffs, NJ: Prentice Hall, 1993).

33. Michael V. Copeland, "Start Last, Finish First", *Business 2.0*, janeiro-fevereiro de 2006, baixado de Business & Company Resource Center, <http://galenet.galegroup.com>.

34. Kanter, "The Eco-Advantage", p. 87.

35. Vesper, *New Venture Mechanics*.

36. Kanter, "The Eco-Advantage", p. 84.

37. Joel Berg, "Entrepreneurs Develop Errand Service", *Patriot-News (Harrisburg, PA)*, 23 de janeiro de 2007, <http://galenet.galegroup.com>.

38. Kanter, "The Eco-Advantage", p. 87.

39. Ibid., p. 84.

40. Gwendolyn Bounds, "Firms Jump on Trend to Broaden Use of Safety Gear", *The Wall Street Journal*, 13 de fevereiro de 2007, <http://online.wsj.com>.

41. Gwendolyn Bounds, "The Perils of Being First", *The Wall Street Journal*, 19 de março de 2007, <http://online.wsj.com>.

42. Timmons e Spinelli, *New Venture Creation*.

43. Patrick J. Sauer, "Serving Up Success", *Inc.*, janeiro de 2007, <http://www.inc.com>.

44. Kelly Spors, "Franchised versus Nonfranchised Businesses", *The Wall Street Journal*, 27 de fevereiro de 2007, <http://online.wsj.com>.

45. International Franchise Association, "Study Reveals Significant Growth of Franchising Sector", comunicado à imprensa, 23 de fevereiro de 2007, <http://www.franchise.org>; e International Franchise Association, "The Profile of Franchising: 2006", 3 de agosto de 2006, <http://www.franchise.org/IndustrySecondary.aspx?id=31604>.

46. Timmons e Spinelli, *New Venture Creation*.

47. Richard Gibson, "Learning from Others' Mistakes", *The Wall Street Journal*, 19 de março de 2007, <http://online.wsj.com>.

48. Michael V. Copeland e Susanna Hamner, "The 20 Smartest Companies to Start Now", *Business 2.0*, setembro de 2006, baixado de General Reference Center Gold, <http://find.galegroup.com>.

49. Andy Pasztor, "Sharper Image Sells New Toy: Zero Gravity's Spacey Flights", *The Wall Street Journal*, 28 de março de 2007, <http://online.wsj.com>; e Benjamin Spillman, "Nothing to These Flights", *Las Vegas Review–Journal*, 5 de março de 2007, baixado de Business & Company Resource Center, <http://galenet.galegroup.com>.

50. Wilson, "Branson"; Richard Branson, "In Defense of Capitalism", *Mail Online*, 25 de setembro de 2008, <http://www.dailymail.co.uk>; Peter Pae, "Richard Branson Unveils His Space Plane", *Newsday*, 29 de julho de 2008, <http://www.newsday.com>; Deutschman, "The Enlightenment of Richard Branson"; e Farabaugh, "Virgin Group Founder Commits Billions of Dollars".

51. Anna Marie Kukec, "Two Start-Ups Get State Boost to Fight Terrorism", *Daily Herald (Arlington, IL)*, 10 de janeiro de 2006; e Tom Walsh, "State Venture Capital to Be Put to Work", *Detroit Free Press*, 28 de agosto de 2006, ambos baixados de Business & Company Resource Center, <http://galenet.galegroup.com>.

52. J. E. Lange, "Entrepreneurs and the Continuing Internet: The Expanding Frontier", *in* Timmons e Spinelli, *New Venture Creation*, p. 183-220.

53. Ibid.

54. Nielsen//NetRatings, "Resources: Free Data and Rankings", fevereiro de 2007, <http://www.nielsen-netratings.com>, acessado em 24 de abril, 2007.

55. Jessica E. Vascellaro, "Selling Your Designs Online", *The Wall Street Journal,* 5 de abril de 2007, <http://online.wsj.com>.

56. Alan Sipress, "The New Dot-Economy", *Washington Post,* 5 de dezembro de 2006, <http://www.washingtonpost.com>.

57. Vesper, *New Venture Mechanics.*

58. Timmons, *New Venture Creation.*

59. J. R. Baum e E. A. Locke, "The Relationship of Entrepreneurial Traits, Skill, and Motivation to Subsequent Venture Growth", *Journal of Applied Psychology* 89 (2004), p. 587-98.

60. Nocera, "Fewer Eggs, More Baskets".

61. Ellyn Pak, "Twenty-Something Entrepreneurs Are Helping Transform the Surf and Skate Industry", *Orange County Register (Santa Ana, CA),* 23 de fevereiro de 2007, baixado de Business & Company Resource Center, <http://galenet.galegroup.com>.

62. M. Sonfield e R. Lussier, "The Entrepreneurial Strategy Matrix: A Model for New and Ongoing Ventures", *Business Horizons,* maio-junho de 1997, p. 73-77.

63. David J. Lynch, "Executive Suite—Today's Entrepreneur: Miami Magnate Gives City a Makeover", *USA Today,* 11 de março de 2007, <http://www.usatoday.com>.

64. Lange, "Entrepreneurs and the Continuing Internet".

65. S. Venkataraman e M. Low, "On the Nature of Critical Relationships: A Test of the Liabilities and Size Hypothesis", in *Frontiers of Entrepreneurship Research* (Babson Park, MA: Babson College, 1991), p. 97.

66. Timmons e Spinelli, *New Venture Creation.*

67. Peter Hoy, "Most Small Businesses Start without Outside Capital", *Inc.,* 3 de outubro de 2006, <http://www.inc.com>.

68. Rick Grant, "The Trade-Offs of Venture Capital", *Mortgage Banking,* fevereiro de 2007, baixado de Business & Company Resource Center, <http://galenet.galegroup.com>.

69. "Just the Facts", *Inc.,* setembro de 2008, <http://www.inc.com>; e "Start-Up Capital", *Inc.,* setembro de 2008, <http://www.inc.com>.

70. Cari Tuna, "Tough Call: Deciding to Start a Business", *The Wall Street Journal,* 8 de janeiro de 2009, <http://online.wsj.com>.

71. Heidi Dietrich, "Worried about Future Viaduct Construction Woes, Sound Sports Is Planning Ahead", *Minneapolis–St. Paul Business Journal,* <http://twincities.bizjournals.com>, acessado em 14 de junho de 2006.

72. Buchanan, "Create Jobs".

73. Michael V. Copeland, "A Studio System for Startups", *Business 2.0,* maio de 2007, baixado de Business & Company Resource Center, <http://galenet.galegroup.com>.

74. "Dartmouth Incubator".

75. Norm Brodsky, "Street Smarts: Our Irrational Fear of Numbers", *Inc.,* janeiro de 2009, <http://www.inc.com>.

76. Chafkin, "How I Did It".

77. Anjali Cordeiro, "Sweet Returns", *The Wall Street Journal,* 23 de abril de 2009, <http://online.wsj.com>.

78. Gibson, "Learning from Others' Mistakes".

79. "Dartmouth Incubator a Testament to Collaboration", *New Hampshire Business Review,* 24 de novembro de 2006, baixado de Business & Company Resource Center, <http://galenet.galegroup.com>.

80. Jacob Stokes, "University of Missouri: A New Life for Old Phones", *Inc.,* março de 2009, <http://www.inc.com>.

81. D. McGinn, "Why Size Matters", *Inc.,* outono de 2004, p. 32-36.

82. Leigh Buchanan, "Six Ways to Open an Office Overseas", *Inc.,* abril de 2007, p. 120-21.

83. H. Sapienza, E. Autio, G. George e S. Zahra, "A Capabilities Perspective on the Effects of Early Internationalization on Firm Survival and Growth", *Academy of Management Review* 31, n. 4 (2006), p. 914-33.

84. B. Burlingham, "How Big Is Big Enough?" *Inc.,* outono de 2004, p. 40-43.

85. Ibid.

86. Kanter, "The Eco-Advantage", p. 91.

87. Wendy Harris, "Team Players", *Black Enterprise,* janeiro de 2007, baixado de Business & Company Resource Center, <http://galenet.galegroup.com>.

88. S. Finkelstein, "The Myth of Managerial Superiority in Internet Startups: An Autopsy", *Organizational Dynamics,* outono de 2001, p. 172-85.

89. Gangemi, "Young, Fearless, and Smart".

90. Jim Melloan, "The Big Picture", *Inc.,* setembro de 2006, <http://www.inc.com>.

91. Robert Weisman, "Bootstrappers Avoid Outside Money Ties", *Boston Globe,* 5 de fevereiro de 2007, baixado de Business & Company Resource Center, <http://galenet.galegroup.com>.

92. Cordeiro, "Sweet Returns".

93. P. F. Drucker, "How to Save the Family Business", *The Wall Street Journal,* 19 de agosto de 1994, p. A10.

94. D. Gamer, R. Owen e R. Conway, *The Ernst & Young Guide to Raising Capital* (Nova York: John Wiley & Sons, 1991).

95. Ibid.

96. A. Lustgarten, "Warm, Fuzzy, and Highly Profitable", *Fortune,* 15 de novembro de 2004, p. 194.

97. R. D. Hisrich e M. P. Peters, *Entrepreneurship: Starting, Developing, and Managing a New Enterprise* (Burr Ridge, IL: Irwin, 1994).

98. R. Hisrich e M. Peters, *Entrepreneurship: Starting, Developing, and Managing a New Enterprise,* p. 41. Copyright © 1998 by The McGraw-Hill Companies. Reproduzido sob permissão de The McGraw-Hill Companies.

99. Ibid.

100. W. A. Sahlman, "How to Write a Great Business Plan", *Harvard Business Review,* julho-agosto de 1997, p. 98-108.

101. Ibid.

102. Ibid.

103. Copeland, "Start Last, Finish First".

104. Sahlman, "How to Write a Great Business Plan".

105. Ibid.

106. M. Zimmerman e G. Zeitz, "Beyond Survival: Achieving New Venture Growth by Building Legitimacy", *Academy of Management Review* 27 (2002), p. 414-21.

107. A. L. Stinchcombe, "Social Structure and Organizations", *in* J. G. March, ed., *Handbook of Organizations* (Chicago: Rand McNally, 1965), p. 142-93.

108. Leslie Taylor, "Want Your Start-Up to Be Successful? Appearance Is Everything", *Inc.,* 23 de fevereiro de 2007, <http://www.inc.com>.

109. Ibid.

110. R. A. Baron e G. D. Markman, "Beyond Social Capital: How Social Skills Can Enhance Entrepreneurs' Success", *Academy of Management Executive,* fevereiro de 2000, p. 106-16.

111. J. Florin, M. Lubatkin e W. Schulze, "A Social Capital Model of High-Growth Ventures", *Academy of Management Journal* 46 (2003), p. 374-84.

112. Evan Ramstad, "In the Land of Conglomerates, Brian Ko Goes His Own Way", *CareerJournal.com,* 4 de janeiro de 2007, <http://www.careerjournal.com>.

113. Leigh Buchanan, "How I Did It: Tim Litle, Chairman, Litle & Co"., *Inc.*, setembro de 2006, <http://www.inc.com>.

114. Gangemi, "Young, Fearless, and Smart".

115. Robert D. Atkinson e Daniel K. Correa, *The 2007 State New Economy Index* (Ewing Marion Kauffman Foundation e Information Technology and Innovation Foundation, 2007), <http://www.kauffman.org>; e Jeffrey Gangemi, "Ranking the States for the New Economy", *BusinessWeek,* 27 de fevereiro de 2007, <http://www.businessweek.com>.

116. Gangemi, "Young, Fearless, and Smart"..

117. Harris, "Team Players".

118. Ibid.

119. John Markoff, "Searching for Michael Jordan? Microsoft Wants a Better Way", *New York Times,* 7 de março de 2007, baixado de Business & Company Resource Center, <http://galenet.galegroup.com>; e "Microsoft Researchers Collaborate to Change the World", *Agence France Presse,* 6 de março de 2007, <http://www.afp.com>.

120. R. M. Kanter, *The Change Masters* (Nova York: Simon & Schuster, 1983).

121. D. Kuratko, R. D. Ireland e J. Hornsby, "Improving Firm Performance through Entrepreneurial Actions: Acordia's Corporate Entrepreneurship Strategy", *Academy of Management Executive* 15 (2001), p. 60-71.

122. Collins e Porras, *Built to Last.*

123. Rosabeth Moss Kanter, Cynthia Ingols, Erika Morgan e Tobias K. Seggerman, "Driving Corporate Entrepreneurship", *Management Review* 76 (abril de 1987), p. 14-16.

124. J. Argenti, *Corporate Collapse: The Causes and Symptoms* (Nova York: John Wiley & Sons, 1979).

125. Kanter et al., "Driving Corporate Entrepreneurship".

126. Yan Ling, Zeki Simsek, Michael Lubatkin e John Veiga, "Transformational Leadership's Role in Promoting Corporate Entrepreneurship: Examining the CEO–TMT Interface", *Academy of Management Journal,* 2008, p. 557-76.

127. G. T. Lumpkin e G. G. Dess, "Clarifying the Entrepreneurial Orientation Construct and Linking It to Performance", *Academy of Management Review* 21 (1996), p. 135-72.

128. T. Bateman e J. M. Crant, "The Proactive Dimension of Organizational Behavior", *Journal of Organizational Behavior,* 1993, p. 103-18.

129. Stacy Perman, "Is There a Gene for Business?" *BusinessWeek,* 30 de outubro de 2006, <http://www.businessweek.com>.

130. Sapienza et al., "A Capabilities Perspective".

131. Lumpkin e Dess, "Clarifying the Entrepreneurial Orientation Construct".

132. "Virgin Rebirth", *Economist,* 25 de setembro de 2008, <http://www.economist.com>; Pae, "Richard Branson Unveils His Space Plane"; "Virgin Launches Green Fund", *Environmental Leader,* 21 de janeiro de 2008, <http://www.environmentalleader.com>; "Virgin to Test 747 on Biofuel", *Environmental Leader,* 16 de outubro de 2007, <http://environmentalleader.com>; "Richard Branson's Latest Venture", *BusinessWeek,* 25 de julho de 2007, <http://www.businessweek.com>; Specter, "Branson's Luck"; "Virgin Trains Launches Green Marketing Blitz", *Environmental Leader,* 28 de março de 2007, <http://www.environmentalleader.com>; Farabaugh, "Virgin Group Founder Commits Billions of Dollars"; e "Virgin Group, NTR Form Virgin Bioverda", *Environmental Leader,* 17 de janeiro de 2007, <http://www.environmentalleader.com>.

133. C. Pinchot e E. Pinchot, *The Intelligent Organization* (San Francisco: Barrett-Koehler, 1996).

Capítulo 6

1. Site da empresa, <http://www.whirlpoolcorp.com>, acessado em 8 de abril de 2009; Terry Waghorn, "Making Your Company an Innovation Machine", *Forbes,* 8 de janeiro de 2009, <http://www.forbes.com>; Fara Warner, "Recipe for Growth", *Fast Company,* 19 de dezembro de 2007, <http://www.fastcompany.com>; Kristen B. Frasch, "Best HR Ideas for 2009", *Human Resource Executive Online,* 2 de março de 2009, <http://www.hreonline.com>; e Jill Rose, "Whirlpool: Nurturing Ideas", *American Executive*, 30 de setembro de 2008, <http://www.americanexecutive.com>.

2. T. Burns G. Stalker, *The Management of Innovation* (Londres: Tavistock, 1961).

3. D. Krackhardt e J. R. Hanson, "Information Networks: The Company behind the Chart", *Harvard Business Review,* julho-agosto de 1993, p. 104-11.

4. Ronald N.Ashkenas e Suzanne C. Francis, "Integration Managers: Special Leaders for Special Times", *Harvard Business Review* 78, n. 6 (novembro-dezembro de 2000), p. 108-16.

5. Andrew West, "The Flute Factory: An Empirical Measurement of the Effect of the Division of Labor on Productivity and Production Cost", *American Economist* 43, n. 1 (primavera de 1999), p. 82-87.

6. P. Lawrence e J. Lorsch, *Organization and Environment* (Homewood, IL: Richard D. Irwin, 1969).

7. Ibid.; e Brad Lee Thompson, *The New Manager's Handbook* (Nova York: McGraw-Hill, 1994). Ver também S. Sharifi e K. S. Pawar, "Product Design as a Means of Integrating Differentiation", *Technovation* 16, n. 5 (maio de 1996), p. 255-64; e W. B. Stevenson e J. M. Bartunek, "Power, Interaction, Position, and the Generation of Cultural Agreement in Organizations", *Human Relations* 49, n. 1 (janeiro de 1996), p. 75-104.

8. Phanish Puranam, Harbir Singh e Maurizio Zollo, "Organizing for Innovation: Managing the Coordination-Autonomy Dilemma in Technology Acquisitions", *Academy of Management Journal* 49, n. 2 (2006), p. 263-80.

9. Susan F. Shultz, *Board Book: Making Your Corporate Board a Strategic Force in Your Company's Success* (Nova York: AMACOM, 2000); e Ralph D. Ward, *Improving Corporate Boards: The Boardroom Insider Guidebook* (Nova York: John Wiley & Sons, 2000).

10. C. M. Daily e D. R. Dalton, "CEO and Board Chair Roles Held Jointly or Separately: Much Ado about Nothing?" *Academy of Management Executive* 11, n. 3 (agosto de 1997), p. 11-20.

11. "Board Membership Profiles Have Changed Sharply over the Past Decade", *Corporate Board,* janeiro-fevereiro de 2009, baixado de Business & Company Resource Center, <http://galenet.galegroup.com>; e Spencer Stuart, *2008 Spencer Stuart Board Index*, novembro de 2008, <http://www.spencerstuart.com>.

12. Tony Simons, Lisa Hope Pelled e Ken A. Smith, "Making Use of Difference: Diversity, Debate, and Decision Comprehensiveness in Top Management Teams", *Academy of Management Journal* 42, n. 6 (dezembro de 1999), p. 662-73; e C. Carl Pegels, Yong I Song e Baik Yang, "Management Heterogeneity, Competitive Interaction Groups, and Firm Performance", *Strategic Management Journal* 21, n. 3 (setembro de 2000), p. 911-21.

13. Abbas J. Ali, Robert C. Camp e Manton Gibbs, "The Ten Commandments Perspective on Power and Authority in Organizations", *Journal of Business Ethics* 26, n. 4 (agosto de 2000), p. 351-61; e Robert F. Pearse, "Understanding Organizational Power and Influence Systems", *Compensation & Benefits Management* 16, n. 4 (outono de 2000), p. 28-38.

14. Shawnee Vickery, Cornelia Droge e Richard Germain, "The Relationship between Product Customization and Organizational Structure", *Journal of Operations Management* 17, n. 4 (junho de 1999), p. 377-91.

15. Joel Spolsky, "How Hard Could It Be? How I Learned to Love Middle Managers", *Inc.*, setembro de 2008, <http://www.inc.com>.

16. Philippe Jehiel, "Information Aggregation and Communication in Organizations", *Management Science* 45, n. 5 (maio de 1999), p. 659-69; e Ahnn Altaffer, "First-Line Managers: Measuring Their Span of Control", *Nursing Management* 29, n. 7 (julho de 1998), p. 36-40.

17. "Span of Control vs. Span of Support", *Journal for Quality and Participation* 23, n. 4 (outono de 2000), p. 15; James Gallo e Paul R. Thompson, "Goals, Measures, and Beyond: In Search of Accountability in Federal HRM", *Public Personnel Management* 29, n. 2 (verão de 2000), p. 237-48; e Clinton O. Longenecker e Timothy C. Stansfield, "Why Plant Managers Fail: Causes and Consequences", *Industrial Management* 42, n. 1 (janeiro-fevereiro de 2000), p. 24-32.

18. Zhen Xiong Chen e Samuel Aryee, "Delegation and Employee Work Outcomes: An Examination of the Cultural Context of Mediating Processes in China", *Academy of Management Journal* 50, n. 1 (2007), p. 226-38.

19. Ilan Brat, "Turning Managers into Takeover Artists", *The Wall Street Journal,* 6 de abril de 2007, <http://online.wsj.com>.

20. "How to Delegate More Effectively", *Community Banker,* fevereiro de 2009, p. 14; B. Nefer, "Don't Be Delegation--Phobic", *Supervision,* dezembro de 2008, baixado de Business & Company Resource Center, <http://galenet.galegroup.com>; J. Mahoney, "Delegating Effectively", *Nursing Management* 28, n. 6 (junho de 1997), p. 62; e J. Lagges, "The Role of Delegation in Improving Productivity", *Personnel Journal,* novembro de 1979, p. 776-79.

21. G. Matthews, "Run Your Business or Build an Organization?" *Harvard Management Review* (março-abril de 1984), p. 34-44.

22. Nicolaj Siggelkow e Jan W. Rivkin, "When Exploration Backfires: Unintended Consequences of Multi-level Organizational Search", *Academy of Management Proceedings* (2006), p. BB1-BB6.

23. "More Than a Bicycle: The Leadership Journey at Harley-Davidson", *Harvard Business School Working Knowledge*, 5 de setembro de 2000, *online*; Clyde Fessler, "Rotating Leadership and Harley-Davidson: From Hierarchy to Interdependence", *Strategy & Leadership* 25, n. 4 (julho-agosto de 1997), p. 42-43; e Jeffrey Young e Kenneth L. Murrell, "Harley-Davidson Motor Company Organizational Design: The Road to High Performance", *Organizational Development Journal* 16, n. 1 (primavera de 1998), p. 65.

24. Russ Forrester, "Empowerment: Rejuvenating a Potent Idea", *Academy of Management Executive* 14, n. 3 (agosto de 2000), p. 67-80; e Monica L. Perry, Craig L. Pearce e Henry P. Sims Jr., "Empowered Selling Teams: How Shared Leadership Can Contribute to Selling Team Outcomes", *Journal of Personal Selling & Sales Management* 19, n. 3 (verão de 1999), p. 35-51.

25. Larry Gard, "Growth Trifecta", *Construction Today,* janeiro de 2009, baixado de Business & Company Resource Center, <http://galenet.galegroup.com>; e Environmental Systems Design, "About ESD", site corporativo, <http://www.esdesign.com>, acessado em 1º de maio de 2009.

26. E. E. Lawler III, "New Roles for the Staff Function: Strategic Support and Services", *in Organizing for the Future,* J. Galbraith, E. E. Lawler III, & Associates (San Francisco: Jossey--Bass, 1993).

27. Rob Cross e Lloyd Baird, "Technology Is Not Enough: Improving Performance by Building Organizational Memory", *Sloan Management Review* 41, n. 3 (primavera de 2000), p. 69-78; e R. Duncan, "What Is the Right Organizational Structure?" *Organizational Dynamics* 7 (inverno de 1979), p. 59-80.

28. George S. Day, "Creating a Market-Driven Organization", *Sloan Management Review* 41, n. 1 (outono de 1999), p. 11-22.

29. George Strauss e Leonard R. Sayles, *Strauss and Sayles's Behavioral Strategies for Managers,* © 1980, p. 221. Reproduzido sob permissão de Prentice-Hall, Inc., Englewood Cliffs, New Jersey.

30. R. Boehm e C. Phipps, "Flatness Forays", *McKinsey Quarterly* 3 (1996), p. 128-43.

31. Bruce T. Lamont, V. Sambamurthy, Kimberly M. Ellis e Paul G. Simmonds, "The Influence of Organizational Structure on the Information Received by Corporate Strategists of Multinational Enterprises", *Management International Review* 40, n. 3 (2000), p. 231-52.

32. Linda A. Johnson, "Pfizer Planning to Redraw Its Battle Lines", *America's Intelligence Wire*, 8 de outubro de 2008, baixado de Business & Company Resource Center, <http://galenet.galegroup.com>.

33. Morten T. Hansen, "When Internal Collaboration Is Bad for Your Company", *Harvard Business Review,* abril de 2009, p. 83-88.

34. H. Kolodny, "Managing in a Matrix", *Business Horizons,* março-abril de 1981, p. 17-24.

35. David Cackowski, Mohammad K. Najdawi e Q. B. Chung, "Object Analysis in Organizational Design: A Solution for Matrix Organizations", *Project Management Journal* 31, n. 3 (setembro de 2000), p. 44-51; J. Barker, "Conflict Approaches of Effective and Ineffective Project Managers: A Field Study in a Matrix Organization", *Journal of Management Studies* 25, n. 2 (março de 1988), p. 167-78; G. J. Chambers, "The Individual in a Matrix Organization", *Project Management Journal* 20, n. 4 (dezembro de 1989), p. 37-42, 50; e S. Davis e P. Lawrence, "Problems of Matrix Organizations", *Harvard Business Review,* maio-junho de 1978, p. 131-42.

36. Anthony Ferner, "Being Local Worldwide: ABB and the Challenge of Global Management Relations", *Industrielles* 55, n. 3 (verão de 2000), p. 527-29; e C. Bartlett e S. Ghoshal, "Matrix Management: Not a Structure, a Frame of Mind", *Harvard Business Review* 68 (julho-agosto 1990), p. 138-45.

37. Jasmine Tata, Sameer Prasad e Ron Thorn, "The Influence of Organizational Structure on the Effectiveness of TQM Programs", *Journal of Managerial Issues* 11, n. 4 (inverno de 1999), p. 440-53; e Davis e Lawrence, "Problems of Matrix Organizations".

38. R. E. Miles e C. C. Snow, *Fit, Failure, and the Hall of Fame* (Nova York: Free Press, 1994); e Gillian Symon, "Information and Communication Technologies and Network Organization: A Critical Analysis", *Journal of Occupational and Organizational Psychology* 73, n. 4 (dezembro 2000), p. 389-95.

39. Stephanie Clifford, "How I Did It: Morgan Lynch, CEO, Logoworks", *Inc.*, setembro de 2006, <http://www.inc.com>.

40. Miles e Snow, *Fit, Failure, and the Hall of Fame.*

41. Sung-Choon Kang, Shad S. Morris e Scott A. Snell, "Relational Archetypes, Organizational Learning, and Value Creation: Extending the Human Resource Architecture", *Academy of Management Review* 32, n. 1 (2007), p. 236-56.

42. J. G. March e H. A. Simon, *Organizations* (Nova York: John Wiley & Sons, 1958); e J. D. Thompson, *Organizations in Action* (Nova York: McGraw-Hill, 1967).

43. Paul S. Adler, "Building Better Bureaucracies", *Academy of Management Executive* 13, n. 4 (novembro de 1999), p. 36-49.

44. Don Tapscott, "The Global Plant Floor", *BusinessWeek,* 20 de março de 2007, <http://galenet.galegroup.com>.

45. J. Galbraith, "Organization Design: An Information Processing View", *Interfaces* 4 (outono de 1974), p. 28-36. Ver também S. A. Mohrman, "Integrating Roles and Structure in the Lateral Organization", in *Organizing for the Future,* eds. J. Galbraith, E. E. Lawler III e Associates (San Francisco: Jossey-Bass, 1993); e Barbara B. Flynn e F. James Flynn, "Information--Processing Alternatives for Coping with Manufacturing Environment Complexity", *Decision Sciences* 30, n. 4 (outono de 1999), p. 1021-52.

46. Galbraith, "Organization Design"; e Mohrman, "Integrating Roles and Structure".

47. G. Hamel e C. K. Prahalad, "Competing for the Future", *Harvard Business Review,* julho-agosto de 1994, p. 122-28.

48. Vauhini Vara, "After GE", *The Wall Street Journal,* 12 de abril de 2007, <http://online.wsj.com>.

49. G. Hamel e C. K. Prahalad, *Competing for the Future* (Boston: Harvard Business School Press, 1994).

50. David G. Sirmon, Michael A. Hitt e R. Duane Ireland, "Managing Firm Resources in Dynamic Environments to Create Value: Looking inside the Black Box", *Academy of Management Review* 32, n. 1 (2007), p. 273-92.

51. "Monster, NYT Form Online Jobs Alliance", *Reuters,* 14 de fevereiro de 2007, <http://news.yahoo.com>.

52. Gene Slowinski, Edward Hummel, Amitabh Gupta e Ernest R. Gilmont, "Effective Practices for Sourcing Innovation", *Research-Technology Management,* janeiro-fevereiro de 2009, p. 27-34.

53. Rachelle C. Sampson, "R&D Alliances and Firm Performance: The Impact of Technological Diversity and Alliance Organization on Innovation", *Academy of Management Journal* 50, n. 2 (2007), p. 364-86.

54. Adaptado e reproduzido sob permissão of *Harvard Business Review.* Extraído de R. M. Kanter, "Collaborative Advantage: The Art of Alliances", julho-agosto de 1994, p. 96-108. Copyright © 1994 by the Harvard Business School Publishing Corporation; Todos os direitos reservados.

55. Ibid.; John B. Cullen, Jean L. Johnson e Tomoaki Sakano, "Success through Commitment and Trust: The Soft Side of Strategic Alliance Management", *Journal of World Business* 35, n. 3 (outono de 2000), p. 223-40; e Prashant Kale, Harbir Singh e Howard Perlmutter, "Learning and Protection of Proprietary Assets in Strategic Alliances: Building Relational Capital", *Strategic Management Journal* 21, n. 3 (março de 2000), p. 217-37.

56. P. Senge, *The Fifth Discipline* (Nova York: Doubleday Currency, 1990).

57. D. A. Garvin, "Building a Learning Organization", *Harvard Business Review,* julho-agosto de 1993, p. 78-91; David A. Garvin, *Learning in Action: A Guide to Putting the Learning Organization to Work* (Boston: Harvard Business School Press, 2000); e Victoria J. Marsick e Karen E. Watkins, *Facilitating Learning Organizations: Making Learning Count* (Aldershot, Hampshire: Gower, 1999).

58. Ibid.; e N.Anand, Heidi K. Gardner e Tim Morris, "Knowledge-Based Innovation: Emergence and Embedding of New Practice Areas in Management Consulting Firms", *Academy of Management Journal* 50, n. 2 (2007), p. 406-28.

59. Robert J. Vandenberg, Hettie A. Richardson e Lorrina J. Eastman, "The Impact of High Involvement Work Process on Organizational Effectiveness: A Second-Order Latent Variable Approach", *Group & Organization Management* 24, n. 3 (setembro de 1999), p. 300-39; Gretchen M. Spreitzer e Aneil K. Mishra, "Giving Up Control without Losing Control: Trust and Its Substitutes' Effects on Managers' Involving Employees in Decision Making", *Group & Organization Management* 24, n. 2 (junho de 1999), p. 155-87; e Susan Albers Mohrman, Gerald E. Ledford e Edward E. Lawler III, *Strategies for High Performance Organizations—The CEO Report: Employee Involvement, TQM, and Reengineering Programs in Fortune 1000 Corporations* (San Francisco: Jossey-Bass, 1998).

60. Robin Pagnamenta, "Transformation That Could Rescue Unilever from the Slippery Slope", *The Times (London),* 3 de janeiro de 2007; e "Unilever on Revival Track after Top Managers Culled", *Evening Standard (London),* 3 de maio de 2007, ambos baixados de Business & Company Resource Center, <http://galenet.galegroup.com>.

61. Bonnie Del Conte, "Manufacturing Plant as Classroom: Reinventing Continuous Learning", *Plant Engineering,* 1° de março de 2009, baixado de Business & Company Resource Center, <http://galenet.galegroup.com>.

62. Wayne F. Cascio, "Downsizing: What Do We Know? What Have We Learned?" *Academy of Management Executive* 7 (fevereiro 1993), p. 95-104; e Sarah J. Freeman, "The Gestalt of Organizational Downsizing: Downsizing Strategies as Package of Change", *Human Relations* 52, n. 12 (dezembro de 1999), p. 1505-1541.

63. Ashlee Vance, "Microsoft Slashes Jobs as Sales Fall", *New York Times,* 23 de janeiro de 2009, <http://www.nytimes.com>; Ashlee Vance, "Microsoft Profit Falls for First Time in 23 Years", *New York Times,* 24 de abril de 2009, <http://www.nytimes.com>; e Peter Kafka, "Microsoft Starts the Layoff Machine Again with Thousands of Cuts", *All Things Digital,* 5 de maio de 2009, <http://mediamemo.allthingsd.com>.

64. Wayne F. Cascio, "Strategies for Responsible Restructuring", *Academy of Management Executive* 19, n. 4 (2005), p. 39-50; Cascio, "Downsizing"; e Jack Ciancio, "Survivor's Syndrome", *Nursing Management* 31, n. 5 (maio de 2000), p. 43-45.

65. Cascio, "Strategies for Responsible Restructuring"; Cascio, "Downsizing"; Freeman, "The Gestalt of Organizational Downsizing"; e M. Hitt, B. Keats, H. Harback e R. Nixon, "Rightsizing: Building and Maintaining Strategic Leadership and Long-Term Competitiveness", *Organizational Dynamics,* outono de 1994, p. 18-31.

66. Bill Creech, *The Five Pillars of TQM: How to Make Total Quality Management Work for You* (Nova York: Plume Publishing, 1995); e James R. Evans e William M. Lindsay, *Management and Control of Quality* (Cincinnati, OH: Southwestern College Publishing, 1998).

67. International Organization for Standardization, "ISO 9000/ISO 14000: Understand the Basics", <http://www.iso.org>, acessado em 7 de maio de 2007.

68. "UniFirst Manufacturing Facilities Awarded ISO 9001:2000 Certification", *Modern Uniforms,* fevereiro-março de 2006, baixado de Business & Company Resource Center, <http://galenet.galegroup.com>.

69. Joan Woodward, *Industrial Organization: Theory and Practice* (London: Oxford University Press, 1965).

70. James H. Gilmore e B. Joseph Pine, eds., *Markets of One: Creating Customer-Unique Value through Mass Customization* (Cambridge, MA: Harvard Business Review Press, 2000); e B. Joseph Pine, *Mass Customization: The New Frontier in Business Competition* (Cambridge, MA: Harvard Business School Press, 1992).

71. Funda Sahin, "Manufacturing Competitiveness: Different Systems to Achieve the Same Results", *Production and Inventory Management Journal* 41, n. 1 (Primeiro Trimestre de 2000), p. 56-65.

72. Subhash Wadhwa e K. Srinivasa Rao, "Flexibility: An Emerging Meta-Competence for Managing High Technology", *International*

Journal of Technology Management 19, n. 7-8 (2000), p. 820-45.

73. Brett A. Peters e Leon F. McGinnis, "Strategic Configuration of Flexible Assembly Systems: A Single Period Approximation", *IIE Transaction* 31, n. 4 (abril de 1999), p. 379-90.

74. Jeffrey K. Liker e James M. Morgan, "The Toyota Way in Services: The Case of Lean Product Development", *Academy of Management Perspectives* 20, n. 2 (maio de 2006), p. 5-20; "Strategic Reconfiguration: Manufacturing's Key Role in Innovation", *Production and Inventory Management Journal,* verão-outono de 2001, p. 9-17; Stephen R. Morrey, "Learning to Think Lean: A Roadmap and Toolbox for the Lean Journey", *Automotive Manufacturing & Production* 112, n. 8 (agosto de 2000), p. 147; e Funda Sahin, "Manufacturing Competitiveness: Different Systems to Achieve the Same Results", *Production and Inventory Management Journal* 41, n. 1 (Primeiro Trimestre de 2000), p. 56-65.

75. Liker e Morgan, "The Toyota Way in Services"; e Hanah Cho, "Squeezing the Fat from Health Care", *Baltimore Sun*, 17 de setembro de 2006, baixado de Business & Company Resource Center, <http://galenet.galegroup.com>.

76. Sahin, "Manufacturing Competitiveness"; e Gary S. Vasilash, "Flexible Thinking: How Need, Innovation, Teamwork & a Whole Bunch of Machining Centers Have Transformed TRW Tillsonburg into a Model of Lean Manufacturing", *Automotive Manufacturing & Production* 111, n. 10 (outubro de 1999), p. 64-65.

77. Chen H. Chung, "Balancing the Two Dimensions of Time for Time-Based Competition", *Journal of Managerial Issues* 11, n. 3 (outono de 1999), p. 299-314; e Denis R. Towill e Peter McCullen, "The Impact of Agile Manufacturing on Supply Chain Dynamics", *International Journal of Logistics Management* 10, n. 1 (1999), p. 83-96. Ver também George Stalk e Thomas M. Hout, *Competing against Time: How Time-Based Competition Is Reshaping Global Markets* (Nova York: Free Press, 1990).

78. M. Tucker e D. Davis, "Key Ingredients for Successful Implementation of Just-in-Time: A System for All Business Sizes", *Business Horizons,* maio-junho de 1993, p. 59-65; e Helen L. Richardson, "Tame Supply Chain Bottlenecks", *Transportation & Distribution* 41, n. 3 (março de 2000), p. 23-28.

79. Ver por exemplo "Just-in-Time: Has Its Time Passed?" *Baseline*, 11 de setembro de 2006, baixado de Business & Company Resource Center, <http://galenet.galegroup.com>.

80. John E. Ettlie, "Product Development—Beyond Simultaneous Engineering", *Automotive Manufacturing & Production* 112, n. 7 (julho de 2000), p. 18; Utpal Roy, John M. Usher e Hamid R. Parsaei, eds. *Simultaneous Engineering: Methodologies and Applications* (Newark, NJ: Gordon and Breach, 1999); e Marilyn M. Helms e Lawrence P. Ettkin, "Time-Based Competitiveness: A Strategic Perspective", *Competitiveness Review* 10, n. 2 (2000), p. 1-14.

81. Jeff Zygmont, "Detroit Faster on Its Feet", *Ward's Auto World*, 1º de julho de 2006, baixado de Business & Company Resource Center, <http://galenet.galegroup.com>.

Capítulo 7

1. Site da empresa, <http://www.erac.com>, acessado em 7 de novembro de 2008; Enterprise Rent-A-Car, "Enterprise Rent-A-Car's Pam Nicholson Named to *Fortune*'s 50 Most Powerful Women in Business 2008", comunicado à imprensa, 29 de setembro de 2008; "Breaking Barriers: Enterprise Rent-A-Car's Pam Nicholson", *The Wall Street Journal, 4 de agosto de* 2008,

<http://www.wsj.com>; Alison Stein Wellner, "Nothing but Green Skies", *Inc., novembro de* 2007, <http://www.inc.com>; "Mentoring Is a Mission at Enterprise Rent-A-Car", *Diversity in Action,* abril-maio de 2007, <http://www.diversitycareers.com>.

2. "HR's Impact on Shareholder Value", *Workforce Management,* 11 de dezembro de 2006, baixado de Business & Company Resource Center, <http://galenet.galegroup.com>.

3. Patrick M. Wright e Scott A. Snell, "Partner or Guardian? HR's Challenge in Balancing Value and Values", *Human Resource Management* 44, n. 2 (2005), p. 177-82.

4. Elaine Pofeldt, "Empty Desk Syndrome: How to Handle a Hiring Freeze", *Inc.,* maio de 2008, p. 39-40; e Cari Tuna, "Some Employers See Hiring Opportunity", *The Wall Street Journal,* 3 de abril de 2009, <http://online.wsj.com>.

5. Peter Coy e Jack Ewing, "Where Are All the Workers?" *Business-Week,* 9 de abril de 2007, <http://www.businessweek.com>.

6. Jim Hopkins, "Small Employers Struggle to Fill Jobs", *USA Today,* 4 de janeiro de 2007, <http://www.usatoday.com>; "Most Employers Unprepared for Baby Boomer Retirements", *CCH Pension,* 9 de novembro de 2006, <http://hr.cch.com>; e David Ellwood, *Grow Faster Together, or Grow Slowly Apart* (Washington, DC: Aspen Institute, 2003), <http://www.aspen institute.org>.

7. Jessica Marquez, "Retrained and Ready", *Workforce Management,* 7 de maio de 2007, <http://galenet.galegroup.com>.

8. Darin E. Hartley, *Job Analysis at the Speed of Reality* (Amherst, MA: HRD Press, 1999); Frederick P. Morgeson e Michael A. Campion, "Accuracy in Job Analysis: Toward an Inference--Based Model", *Journal of Organizational Behavior* 21, n. 7 (novembro de 2000), p. 819-27; e Jeffery S. Shippmann, Ronald A. Ash, Linda Carr e Beryl Hesketh, "The Practice of Competency Modeling", *Personnel Psychology* 53, n. 3 (outono de 2000), p. 703-40.

9. Jeffery S. Schippmann, *Strategic Job Modeling: Working at the Core of Integrated Human Resources* (Mahwah, NJ: Lawrence Erlbaum Associates, 1999).

10. David E. Terpstra, "The Search for Effective Methods", *HR Focus,* maio de 1996, p. 16-17; Herbert G. Heneman III e Robyn A. Berkley, "Applicant Attraction Practices and Outcomes among Small Businesses", *Journal of Small Business Management* 37, n. 1 (janeiro de 1999), p. 53-74; e Jean--Marie Hiltrop, "The Quest for the Best: Human Resource Practices to Attract and Retain Talent", *European Management Journal* 17, n. 4 (agosto de 1999), p. 422-30.

11. Gina Ruiz, "Print Ads See Resurgence as Hiring Source", *Workforce Management,* 26 de março de 2007; e Gina Ruiz, "Recruiters Cite Referrals as Top Hiring Tool", *Workforce Management,* 23 de outubro de 2006, ambos baixados de General Reference Center Gold, <http://find.galegroup.com>.

12. Fay Hansen, "Employee Referral Programs, Selective Campus Recruitment Could Touch Off Bias Charges", *Workforce Management*, 26 de junho de 2006, baixado de General Reference Center Gold, <http://find.galegroup.com>.

13. Patricia Sellers, "Schooling Corporate Giants in Recruiting", *Fortune,* 6 de dezembro de 2006, <http://money.cnn.com>.

14. Ruiz, "Recruiters Cite Referrals", dados de relatório de um levantamento realizado pela ERE Media e pela Classified Intelligence.

15. Randy Myers, "Interviewing Techniques: Tips from the Pros", *Journal of Accountancy,* agosto de 2006, baixado de Business & Company Resource Center, <http://galenet.galegroup.com>; Michael McDaniel, Deborah L. Whetzel, Frank L. Schmidt e Steven D. Maurer, "The Validity of Employment Interviews: A Comprehensive Review and Meta-Analysis", *Journal of Applied*

Psychology 79, n. 4 (agosto de 1994), p. 599-616; Michael A. Campion, James E. Campion e Peter J. Hudson Jr., "Structured Interviewing: A Note on Incremental Validity and Alternative Question Types", *Journal of Applied Psychology* 79, n. 6 (dezembro de 1994), p. 998-1002; e R. A. Fear, *The Evaluation Interview* (Nova York: McGraw-Hill, 1984).

16. Myers, "Interviewing Techniques".

17. U.S. Merit Systems Protection Board, "The Federal Selection Interview: Unrealized Potential", fevereiro de 2003, mspb.gov/studies/interview.htm.

18. Tamar Lewin, "Dean at M.I.T. Resigns, Ending a 28-Year Lie", *New York Times,* 27 de abril de 2007, <http://www.nytimes.com>.

19. Christopher E. Stenberg, "The Role of Pre-Employment Background Investigations in Hiring", *Human Resource Professional* 9, n. 1 (janeiro-fevereiro de 1996), p. 19-21; Paul Taylor, "Providing Structure to Interviews and Reference Checks", *Workforce,* maio de 1999, Supplement, p. 7-10; "Fear of Lawsuits Complicates Reference Checks", *InfoWorld* 21, n. 5 (1º de fevereiro de 1999), p. 73; e David E. Terpstra, R. Bryan Kethley, Richard T. Foley e Wanthanee Limpaphayom, "The Nature of Litigation Surrounding Five Screening Devices", *Public Personnel Management* 29, n. 1 (primavera de 2000), p. 43-54.

20. Carolyn Bigda, "Web Widens Job-Search Connections", *Chicago Tribune,* 4 de março de 2007, <http://www.chicagotribune.com>.

21. Ver também M. R. Barrick e M. K. Mount, "The Big Five Personality Dimensions and Job Performance: A Meta-Analysis", *Personnel Psychology* 44 (1991), p. 1-26; Daniel P. O'Meara, "Personality Tests Raise Questions of Legality and Effectiveness", *HRMagazine,* janeiro de 1994, p. 97-100; e Lynn A. McFarland e Ann Marie Ryan, "Variance in Faking across Noncognitive Measures", *Journal of Applied Psychology* 85, n. 5 (outubro de 2000), p. 812-21.

22. Robert E. Ployhart, Jeff A. Weekley e Kathryn Baughman, "The Structure and Function of Human Capital Emergence: A Multilevel Examination of the Attraction-Selection-Attrition Model", *Academy of Management Journal* 49, n. 4 (2006), p. 661-77.

23. Patrick M. Wright, Michele K. Kacmar, Gary C. McMahan e Kevin Deleeuw, "$P = f(M \times A)$: Cognitive Ability as a Moderator of the Relationship between Personality and Job Performance", *Journal of Management* 21, n. 6 (1995), p. 1129-2063; Paul R. Sackett e Daniel J. Ostgaard, "Job-Specific Applicant Pools and National Norms for Cognitive Ability Tests: Implications for Range Restriction Corrections in Validation Research", *Journal of Applied Psychology* 79, n. 5 (outubro de 1994), p. 680-84; F. L. Schmidt e J. E. Hunter, "Tacit Knowledge, Practical Intelligence, General Mental Ability, and Job Knowledge", *Current Directions in Psychological Science* 2, n. 1 (1993), p. 3-13; Mary Roznowski, David N.Dickter, Linda L. Sawin, Valerie J. Shute e Sehee Hong, "The Validity of Measures of Cognitive Processes and Generability for Learning and Performance on Highly Complex Computerized Tutors: Is the G Factor of Intelligence Even More General?" *Journal of Applied Psychology* 85, n. 6 (dezembro de 2000), p. 940-55; e Jose M. Cortina, Nancy B. Goldstein, Stephanie C. Payne, H. Krisl Davison e Stephen W. Gilliland, "The Incremental Validity of Interview Scores over and above Cognitive Ability and Conscientiousness Scores", *Personnel Psychology* 53, n. 2 (verão de 2000), p. 325-51.

24. Winfred Arthur Jr., David J. Woehr e Robyn Maldegen, "Convergent and Discriminant Validity of Assessment Center Dimensions: A Conceptual and Empirical Reexamination of the Assessment Center Construct-Related Validity Paradox", *Journal of Management* 26, n. 4 (2000), p. 813-35; e Raymond Randall, Eammon Ferguson e Fiona Patterson, "Self-Assessment

Accuracy and Assessment Center Decisions", *Journal of Occupational and Organizational Psychology* 73, n. 4 (dezembro de 2000), p. 443.

25. Lynn A. McFarland e Ann Marie Ryan, "Variance in Faking across Noncognitive Measures", *Journal of Applied Psychology* 85, n. 5 (outubro de 2000), p. 812-21; Terpstra et al., "The Nature of Litigation Surrounding Five Screening Devices".

26. D. S. Ones, C. Viswesvaran e F. L. Schmidt, "Comprehensive Meta-Analysis of Integrity Test Validities: Findings and Implications for Personnel Selection and Theories of Job Performance", *Journal of Applied Psychology* 78 (agosto de 1993), p. 679-703.

27. Rocki-Lee DeWitt, "The Structural Consequences of Downsizing", *Organization Science* 4, n. 1 (fevereiro de 1993), p. 30-40; e Priti Pradhan Shah, "Network Destruction: The Structural Implications of Downsizing", *Academy of Management Journal* 43, n. 1 (fevereiro de 2000), p. 101-12.

28. Ver *Adair v. United States,* 2078 U.S. 161 (1908); e Deborah A. Ballam, "Employment-at-Will; The Impending Death of a Doctrine", *American Business Law Journal* 37, n. 4 (verão de 2000), p. 653-87.

29. Paul Falcone, "Employee Separations: Layoffs vs. Terminations for Cause", *HRMagazine* 45, n. 10 (outubro de 2000), p. 189-96; e Paul Falcone, "A Blueprint for Progressive Discipline and Terminations", *HR Focus* 77, n. 8 (agosto de 2000), p. 3-5.

30. "James W. Bucking, "Employee Terminations: Ten Must-Do Steps When Letting Someone Go", *Supervision,* maio de 2008, baixado de Business & Company Resource Center, <http://galenet.galegroup.com>; e Marie Price, "Employee Termination Process Is Tough for Those on Both Sides", *Journal Record* (Oklahoma City, OK), 23 de outubro de 2008, baixado de Business & Company Resource Center, <http://galenet.galegroup.com>. Itens extraídos de S. Alexander, "Firms Get Plenty of Practice at Layoffs, but They Often Bungle the Firing Process", *The Wall Street Journal,* 14 de novembro de 1991, p. 31. Copyright © 1991 Dow Jones & Co., Inc. Reproduzido sob permissão de Dow Jones & Co., Inc. via Copyright Clearance Center.

31. *Employer EEO Responsibilities* (Washington, DC: Equal Employment Opportunity Commission, U.S. Government Printing Office, 1996); e Nancy J. Edman e Michael D. Levin-Epstein, *Primer of Equal Employment Opportunity,* 6 ed. (Washington, DC: Bureau of National Affairs, 1994).

32. Robert Gatewood e Hubert Field, *Human Resource Selection,* 3 ed. (Chicago: Dryden Press, 1994), p. 36-49; e R. A. Baysinger, "Disparate Treatment and Disparate Impact Theories of Discrimination: The Continuing Evolution of Title VII of the 1964 Civil Rights Act", in *Readings in Personnel and Human Resource Management,* eds. R. S. Schuler, S. A. Youngblood e V. L. Huber (St. Paul, MN: West Publishing, 1987).

33. "$56 Billion Budgeted for Formal Training", *Training,* dezembro de 2006, baixado de General Reference Center Gold, <http://find.galegroup.com>.

34. George Anders, "Companies Find Online Training Has Its Limits", *The Wall Street Journal,* 26 de março de 2007, <http://online.wsj.com>.

35. Ibid.

36. Jack Gordon, "Building Brand Champions: How Training Helps Drive a Core Business Process at General Mills", *Training,* janeiro-fevereiro de 2007, baixado de General Reference Center Gold, <http://find.galegroup.com>.

37. Phred Dvorak, "Simulation Shows What It's Like to Be Boss", *The Wall Street Journal,* 31 de março de 2008, <http://online.wsj.com>.

38. Para informações mais aprofundadas, ver Kenneth Wexley e Gary Latham, *Increasing Productivity through Performance Appraisal* (Reading, MA: Addison-Wesley, 1994).

39. Ginka Toegel e Jay Conger, "360 Degree Assessment: Time for Reinvention", *Academy of Management Learning and Education* 2, n. 3 (setembro de 2003), p. 297; e Lauren Keller Johnson, "Retooling 360s for Better Performance", *Harvard Business School Working Knowledge,* 23 de fevereiro de 2004, online.

40. Mark Edwards e Ann J. Ewen, "How to Manage Performance and Pay with 360-Degree Feedback", *Compensation and Benefits Review* 28, n. 3 (maio-junho de 1996), p. 41-46. Ver também Mary N.Vinson, "The Pros and Cons of 360-Degree Feedback: Making It Work", *Training and Development* 50, n. 4 (abril de 1996), p. 11-12; e R. S. Schuler, *Personnel and Human Resource Management* (St. Paul, MN: West Publishing, 1984).

41. Perri Capell, "When an Employee is a Problem Drinker", *Career Journal,* 5 de dezembro de 2006, <http;//www.careerjournal.com>.

42. Carol Hymowitz, "Bosses Have to Learn How to Confront Troubled Employees", *The Wall Street Journal,* 23 de abril de 2007, <http:// online.wsj.com>.

43. George Bohlander, Scott Snell e Arthur Sherman, *Managing Human Resources,* 12 ed. (Cincinnati, OH: South-Western, 2001).

44. Damon Darlin, "Using the Web to Get the Boss to Pay More", *New York Times,* 3 de março de 2007, <http://www.nytimes.com>.

45. Adrienne Colella, Ramona L. Paetzold, Asghar Zardkoohi e Michael J. Wesson, "Exposing Pay Secrecy", *Academy of Management Review* 32, n. 1 (2007), p. 55-71.

46. Garry M. Ritzky, "Incentive Pay Programs That Help the Bottom Line", *HRMagazine* 40, n. 4 (abril de 1995), p. 68-74; Steven Gross e Jeffrey Bacher, "The New Variable Pay Programs: How Some Succeed, Why Some Don't", *Compensation and Benefits Review* 25, n. 1 (janeiro-fevereiro de 1993), p. 51; e G. T. Milkovich e J. M. Newman, *Compensation* (Nova York: McGraw-Hill/Irwin, 1999).

47. Kris Maher e Kris Hudson, "Wal-Mart to Sweeten Bonus Plans for Staff", *The Wall Street Journal,* 22 de março de 2007, <http:// online.wsj.com>.

48. Theresa Welbourne e Luis Gomez-Mejia, "Gainsharing: A Critical Review and a Future Research Agenda", *Journal of Management* 21, n. 3 (1995), p. 559-609; Luis P. Gomez--Mejia, Theresa M. Welbourne e Robert M. Wiseman, "The Role of Risk Sharing and Risk Taking under Gainsharing", *Academy of Management Review* 25, n. 3 (julho de 2000), p. 492-507; Denis Collins, *Gainsharing and Power: Lessons from Six Scanlon Plans* (Ithaca, NY: ILR Press, 1998); e P. K. Zingheim e J. R. Schuster, *Pay People Right!* (San Francisco: Jossey--Bass, 2000).

49. "Top Entry Level Employers", *CollegeGrad.com,* acessado em 7 de novembro de 2008, <http://www.collegegrad.com>; David LaGesse, "A 'Stealth Company' No Longer", *U.S. News & World Report,* 27 de outubro de 2008, <http://www.usnews.com>; Patricia Sellers, "A Powerful Woman Revs Ahead at Enterprise", *Fortune,* 4 de agosto de 2008, <http://www.fortune.com>; Lindsey Edmonds Wickman, "Enterprise Rent-A-Car: Ahead of the Curve with Personalized Recruitment", *Talent Management* [s/d], <http://www.talentmgt.com>; "Mentoring Is a Mission".

50. Edie Grossfield, "Superintendent Gets a Good Review and Partial Bonus", *Post-Bulletin (Rochester, MN),* 13 de julho de 2006, baixado de Business & Company Resource Center, <http://galenet.galegroup.com>. Ver também D. W. Meyers, *Human Management: Principles and Practice* (Chicago: Commerce Clearing House, 1986); e James P. Guthrie, "Alternative Pay Practices and Employee Turnover: An Organization Economics Perspective", *Group & Organization Management* 25, n. 4 (dezembro de 2000), p. 419-39.

51. Rik Kirkland, "The Real CEO Pay Problem", *Fortune,* 10 de julho de 2006, baixado de Business & Company Resource Center, <http://galenet.galegroup.com>; Kevin Drawbaugh, "Soaring Executive Pay Meets Reforms", *Reuters,* 9 de março de 2007, <http://news.yahoo.com>; Robert Watts e Dan Roberts, "FTSE Pay Spirals out of Control", *Sunday Telegraph (London),* 24 de setembro de 2006, <http://galenet.galegroup.com>; "Study: Australian Execs Outstrip Workers", *UPI NewsTrack,* 28 de janeiro de 2006, <http://galenet. galegroup.com>; e Martin Fackler e David Barboza, "In Asia, Executives Earn Much Less", *New York Times,* 16 de junho de 2006, <http://galenet.galegroup.com>.

52. Martin J. Conyon, "Executive Compensation and Incentives", *Academy of Management Perspectives* 20, n. 1 (fevereiro de 2006), p. 25-44.

53. Ibid.

54. Jonathan D. Glater, "Stock Options Are Adjusted after Many Share Prices Fall", *New York Times,* 27 de março de 2009, <http://www.nytimes.com>; e David Nicklaus, "Worthless Options Worry Companies", *St. Louis Post-Dispatch,* 3 de abril de 2009, baixado de Business & Company Resource Center, <http://galenet.galegroup.com>.

55. U.S. Census Bureau, *Statistical Abstract of the United States,* 2007, p. 418; e Bureau of Labor Statistics, *Charting the U.S. Labor Market in 2005,* junho de 2006, <http://www.bls.gov>.

56. Alan Murray, "Why Taxpayers Should Take Note of Chrysler Deal", *The Wall Street Journal,* 16 de maio de 2007, <http://online.wsj.com>; e Kathleen Kingsbury, "Pressure on Your Health Benefits", *Time,* 6 de novembro de 2006, baixado de Business & Company Resource Center, <http://galenet.galegroup.com>.

57. Dennis Cauchon, "Pension Gap Divides Public and Private Workers", *USA Today,* 21 de fevereiro de 2007, <http://www.usatoday.com>.

58. Employee Benefit Research Institute, "Employer Spending on Health Insurance", in *EBRI Databook on Employee Benefits,* atualizado em março de 2009, <http://www.ebri.org>.

59. Ellen C. Kearns e Monica Gallagher, eds., *The Fair Labor Standards Act* (Washington, DC: Bureau of National Affairs, 1999).

60. Charles Fay e Howard W. Risher, "Contractors, Comparable Worth and the New OFCCP: Deja Vu and More", *Compensation and Benefits Review* 32, n. 5 (setembro-outubro de 2000), p. 23-33; e Gillian Flynn, "Protect Yourself from an Equal-Pay Audit", *Workforce* 78, n. 6 (junho de 1999), p. 144-46.

61. Bohlander et al., *Managing Human Resources.*

62. Eileen Henry, "Wage-Bias Bill: Study Panel Proposed", *Arizona Business Gazette,* 28 de fevereiro de 2002, p. 2-4; e Susan E. Gardner e Christopher Daniel, "Implementing Comparable Worth/Pay Equity: Experiences of Cutting-Edge States", *Public Personnel Management* 27, n. 4 (inverno de 1998), p. 475-89.

63. Pat Wingert e Arian Campo-Flores, "A Dark Place", *Newsweek,* 16 de janeiro de 2006; e Alison Young, "Mining Regulators to Increase Fines for Safety Violations", *Knight Ridder Washington Bureau,* 16 de fevereiro de 2006, ambos baixados de General Reference Center Gold, <http://find.galegroup.com>.

64. Mine Safety and Health Administration, "MSHA Fatality Statistics", <http://www.msha.gov>, acessado em 15 de maio de 2007.

65. "U.S. Teens Work Late, Long and in Danger, Study", *Reuters,* 5 de março de 2007, <http://news.yahoo.com>; e Carla K. Johnson, "Teens Tell about On-the-Job Dangers", *Chicago Tribune,* 5 de março de 2007, <http://www.chicagotribune.com>.

66. Linda Kahn, *Primer of Labor Relations,* 25 ed. (Washington, DC: Bureau of National Affairs Books, 1994); e A. Sloane e F.

Witney, *Labor Relations* (Englewood Cliffs, NJ: Prentice Hall, 1985).

67. S. Premack e J. E. Hunter; "Individual Unionization Decisions", *Psychological Bulletin* 103 (1988), p. 223-34; Leo Troy, *Beyond Unions and Collective Bargaining* (Armonk, NY: M. E. Sharpe, 1999); e John A. McClendon, "Members and Nonmembers: Determinants of Dues-Paying Membership in a Bargaining Unit", *Relations Industrielles* 55, n. 2 (primavera de 2000), p. 332-47.

68. Robert Sinclair e Lois Tetrick, "Social Exchange and Union Commitment: A Comparison of Union Instrumentality and Union Support Perceptions", *Journal of Organizational Behavior* 16, n. 6 (novembro de 1995), p. 669-79. Ver também Premack and Hunter, "Individual Unionization Decisions".

69. David Lewin e Richard B. Peterson, *The Modern Grievance Procedure in the United States* (Westport, CT: Quorum Books, 1998).

70. George Bohlander e Donna Blancero, "A Study of Reversal Determinants in Discipline and Discharge Arbitration Awards: The Impact of Just Cause Standards", *Labor Studies Journal* 21, n. 3 (outono de 1996), p. 3-18.

Capítulo 8

1. "No. 4: Marriott International", *DiversityInc.,* 8 de abril de 2009, <http://www.diversityinc.com>; site da empresa, <http://www.marriott.com>, acessado em 7 de janeiro de 2009; Peter Haapaniemi, "Diversity Goes Global", *Capital Thinking,* outono de 2008, <http://www.capitalthinkingmagazine.com>; e Gillian Gaynair, "Marriott International Forms Diversity Position", *Washington Business Journal,* 15 de janeiro de 2008, <http://www.washington.bizjournals.com>.

2. Bonnie Eisenberg e Mary Ruthsdotter, "Living the Legacy: The Women's Rights Movement 1848-1998", National Women's History Project, <http://www.legacy98.org/move-hist.html>.

3. Ibid.; e Bureau of Labor Statistics, "Labor Force Statistics from the Current Population Survey", <http://www.bls.gov/cps>, acessado em 18 de maio de 2007.

4. Bureau of Labor Statistics, "Household Data: Annual Averages", *Labor Force Statistics from the Current Population Survey,* última modificação em 3 de abril de 2009, <http://www.bls.gov/cps/demographics.htm>; e Bureau of Labor Statistics, *Women in the Labor Force: A Databook,* Report 1011, dezembro de 2008, <http://www.bls.gov/cps/wlf-databook-2008.pdf>.

5. Carol Hymowitz, "Bend without Breaking: Women Executives Discuss the Art of Flex Schedules", *The Wall Street Journal,* 6 de março de 2007, <http://online.wsj.com>.

6. Bureau of Labor Statistics, *Charting the U.S. Labor Market in 2005* (Washington, DC: U.S. Department of Labor, junho de 2006), <http://www.bls.gov>; e Ellen Simon, "Women Make Less One Year after College", *Associated Press,* 23 de abril de 2007, <http://news.yahoo.com>.

7. Carol Hymowitz, "The 50 Women to Watch", *The Wall Street Journal,* 20 de novembro de 2006, <http://online.wsj.com>; e Jenny Mero, "*Fortune* 500 Women CEOs", *Fortune,* 30 de abril de 2007, <http://money.cnn.com>.

8. "50 Most Powerful Women in Business", *Fortune,* 13 de outubro de 2008, seção *Rankings,* <http://money.cnn.com/magazines/fortune>.

9. Christine Larsen, "Top Companies 2007: Meet the Top Companies", National Association of Female Executives, <http://www.nafe.com>, acessado em 17 de maio de 2007.

10. C. Helfat, D. Harris e P. Wolfson, "The Pipeline to the Top: Women and Men in the Top Executive Ranks of U.S. Corporations", *Academy of Management Perspectives* (novembro de 2006), p. 42-64.

11. Stephanie Armour, "Companies Try to Educate Teen Workers about Harassment", *USA Today,* 19 de outubro de 2006, <http://www. usatoday.com>.

12. George Bohlander, Scott Snell e Arthur Sherman, *Managing Human Resources,* 12 ed. (Cincinnati, OH: South-Western Publishing, 2001) Copyright © 2001. Reproduzido sob permissão de South-Western, uma divisão de Thomson Learning, <http://www.thomsonrights.com>.

13. Bohlander et al., *Managing Human Resources; e* William Petrocelli e Barbara Kate Repa, *Sexual Harassment on the Job: What It Is and How to Stop It* (Berkeley, CA: Nolo Press, 1998).

14. Bureau of Labor Statistics, "Labor Force Characteristics of Foreign-Born Workers Summary", comunicado à imprensa, 25 de abril de 2007, <http://www.bls.gov; e Jennifer Lee e Frank D. Bean, "America's Changing Color Lines", *Annual Review of Sociology,* 2004, p. 221-43.

15. "The United States of Entrepreneurs", *The Economist,* 14 de março de 2009, acessado em <http://www.kauffman.org>.

16. Bureau of Labor Statistics, "Labor Force Statistics from the Current Population Survey", <ftp://ftp.bls.gov>, acessado em 21 de maio de 2007; e BLS, *Charting the U.S. Labor Market,* quadro 4-7.

17. Marianne Bertrand e Sendhill Mullainathan, "Are Emily and Greg More Employable than Lakisha and Jamal?" NBER Working Paper n. 9873, julho de 2003, <http://www.nber.org>.

18. Ver este e outros exemplos em Sonia Alleyne, "The 40 Best Companies for Diversity", *Black Enterprise,* julho de 2006, baixado de Business & Company Resource Center, <http://galenet.galegroup.com>; Nicole Voges, "Diversity in the Executive Suite", *Modern Healthcare,* 10 de abril de 2006, <http://galenet.galegroup.com>; e National Association of Minority Media Executives, "Board of Directors", site da NAMME, <http://www.namme.org>, acessado em 21 de maio de 2007.

19. "The 2009 DiversityInc Top 50 Companies for Diversity", Copyright © 2009, DiversityInc.com.

20. M. P. McQueen, "Workplace Disabilities Are on the Rise", *The Wall Street Journal,* 1° de maio de 2007, <http://online.wsj.com>.

21. Census Bureau, "Facts for Features: Americans with Disabilities Act, July 26", comunicado à imprensa, 19 de julho de 2006, <http://www.census.gov>.

22. Equal Employment Opportunity Commission (EEOC), "Disability Discrimination", <http://www.eeoc.gov>, accessado em 21 de maio de 2009; EEOC, "Notice Concerning the Americans with Disabilities Act (ADA) Amendments Act of 2008", última modificação em 10 de março de 2009, <http://www.eeoc.gov>; e EEOC, "ADA Charge Data by Impairments/Bases: Resolutions, FY1997-FY2008", última modificação em 11 de março de 2009, <http://www.eeoc.gov>.

23. Bureau of Labor Statistics, *Charting the U.S. Labor Market in 2006,* última modificação em 28 de setembro de 2007, <http://www.bls.gov/cps/labor2006/>; e Bureau of Labor Statistics, "Labor Force Characteristics of Foreign-Born Workers Summary", comunicado à imprensa, 25 de abril de 2007, <http://www.bls.gov>.

24. Nadira A. Hira, "Attracting the Twentysomething Worker", *Fortune,* 15 de maio de 2007, <http://money.cnn.com>.

25. Thomas Hoffman, "Eight New Ways to Target Top Talent in '08", *Computerworld,* 28 de janeiro de 2008, p. 34, 36; e Alex Kingsbury, "The CIA and NSA Want You to Be Their Friend on Facebook", *U.S. News & World Report Online,* 5 de fevereiro de 2009, baixado de Business & Company Resource Center, <http://galenet.galegroup.com>.

26. Bill O. Driscoll, "Local Businesses Urged to Build Loyalty, Mentors", *Reno Gazette-Journal,* 7 de fevereiro de 2007, <http://news.rgj.com>.

27. Bureau of Labor Statistics, "BLS Releases 2004-14 Employment Projections", comunicado à imprensa, 7 de dezembro de 2005, <http://www.bls.gov>.

28. Census Bureau, "Minority Population Tops 100 Million", comunicado à imprensa, 17 de maio de 2007, <http://www.census.gov>.

29. Bureau of Labor Statistics, "Employment Projections: 2006-16", comunicado à imprensa, 4 de dezembro de 2007, <http://www.bls.gov>.

30. Census Bureau, *Statistical Abstract of the United States: 2007,* tabela 574, p. 373; e AARP, "Workforce Trends", páginas *Money* e *Work* do site da AARP, <http://www.aarp.org>, acessado em 21 de maio de 2007.

31. Driscoll, "Local Businesses Urged to Build Loyalty, Mentors".

32. Libby Tucker, "Portland Local and Oregon State Organizations Have Instituted Affirmative Action Programs", *Daily Journal of Commerce, Portland,* 23 de janeiro de 2006, baixado de Business & Company Resource Center, <http://galenet.galegroup.com>.

33. Kenneth Labich, "No More Crude at Texaco", *Fortune,* 6 de setembro de 1999, p. 205-12; *Good for Business: Making Full Use of the Nation's Human Capital* (Washington, DC: Federal Glass Ceiling Commission, 1995); e Kimberly Weisul, "The Bottom Line on Women at the Top", *BusinessWeek,* 26 de janeiro de 2004, <http://www.businessweek.com>.

34. N. Adler, *International Dimensions of Organizational Behavior,* 3 ed. (Boston: PWS-Kent, 1997); e T. Cox e S. Blake, "Managing Cultural Diversity: Implications for Organizational Competitiveness", *Academy of Management Executive* 5 (agosto de 1991), p. 45-56.

35. Christine Larsen, "Top Companies 2007: Meet the Top Companies", National Association of Female Executives, <http://www.nafe.com>, acessado em 17 de maio de 2007; e Alleyne, "The 40 Best Companies for Diversity".

36. Lisa Belkin, "Diversity Isn't Rocket Science, Is It?" *New York Times,* 15 de maio de 2008, <http://www.nytimes.com>; Tara Weiss, "Science and the Glass Ceiling", *Forbes,* 12 de maio de 2008, <http://www.forbes.com>; e Center for Work-Life Policy, "The Athena Factor: Reversing the Brain Drain in Science, Engineering, and Technology", comunicado à imprensa, 21 de maio de 2008, <http://www.worklifepolicy.org>.

37. Ver, por exemplo, Sarah Jane Tribble, "Cisco Accused of Bias in Hiring", *San Jose Mercury News,* 10 de maio de 2007, <http://www.mercurynews.com>; Gail Appleson, "Baby Boomers, Often Targeted in Layoffs, Fight Age Discrimination", *St. Louis Post-Dispatch,* 29 de abril de 2007, baixado de Business & Company Resource Center, <http://galenet.galegroup.com>; "Class Action Suits in the Workplace Are on the Rise", *HR Focus,* abril de 2007, <http://galenet.galegroup.com>; e Mark Schoeff Jr., "Walgreen Suit Reflects EEOC's Latest Strategies", *Workforce Management,* 26 de março de 2007, <http://galenet.galegroup.com>.

38. R. Roosevelt Thomas Jr., "From Affirmative Action to Affirming Diversity", *Harvard Business Review,* março-abril de 1990.

39. Kara Jesella, "Mom's Mad, and She's Organized", *New York Times,* 22 de fevereiro de 2007, <http://www.nytimes.com>.

40. George Avalos, "Study Looks at Diversity, Turnover", *Contra Costa Times (Walnut Creek, CA),* 13 de outubro de 2006, baixado de Business & Company Resource Center, <http://galenet.galegroup.com>.

41. Adler, *International Dimensions of Organizational Behavior; e* Cox e Blake, "Managing Cultural Diversity".

42. J. D. Nordell, "Positions of Power: How Female Ambition Is Shaped", *Slate,* 21 de novembro de 2006, <http://www.slate.com>.

43. Adler, *International Dimensions of Organizational Behavior.*

44. Karen A. Jehn, "Workplace Diversity, Conflict, and Productivity: Managing in the 21st Century", SEI Center for Advanced Studies in Management, Wharton School, University of Pennsylvania, *Diversity,* <http://mktg-sun.wharton.upenn.edu/SEI/diversity.html>.

45. Audrey J. Murrell, Faye J. Crosby e Robin J. Ely, *Mentoring Dilemmas: Developmental Relationships within Multicultural Organizations* (Mahwah, NJ: Lawrence Erlbaum Associates, 1999). Ver resenha do livro por Mark L. Lengnick-Hall, "Mentoring Dilemmas: Developmental Relationships within Multicultural Organizations", *Personnel Psychology* 53, n. 1 (primavera de 2000), p. 224-27.

46. Alexandra Kalev, Frank Dobbin e Erin Kelly, "Best Practices or Best Guesses? Assessing the Efficacy of Corporate Affirmative Action and Diversity Policies", *American Sociological Review* 71 (2006), p. 589-617.

47. Travis Reed, "NBA Has the Most Diverse Workforce", *Associated Press,* 9 de maio de 2007, <http://news.yahoo.com>.

48. Robert Rodriguez, "Diversity Finds Its Place", *HRMagazine,* agosto de 2006, baixado de Business & Company Resource Center, <http://galenet.galegroup.com>.

49. Monica Yant Kinney, "Firm Makes a Case for Loyalty", *Philadelphia Inquirer,* 5 de abril de 2009, baixado de Business & Company Resource Center, <http://galenet.galegroup.com>; Robert Hightower, "Law Firm to Celebrate Employee's 50-Year Mark", *Philadelphia Tribune,* 9 de abril de 2009, <http://www.phillytrib.com>; Caesar, Rivise, Bernstein, Cohen & Pokotilow, "About Us", <http://www.crbcp.com>, acessado em 12 de maio de 2009; Drexel University, "Drexel at a Glance", <http://www.drexel.edu>, acessado em 12 de maio de 2009; e Drexel University Earle Mack School of Law, "Diversity Initiatives", <http://www.drexel.edu/law/diversity.asp>, acessado em 12 de maio de 2009.

50. Adrienne Selko, "The Changing Faces of the Workplace", *Industry Week,* 1º de abril de 2007, <http://www.industryweek.com>; e Mary Dean Lee, Shelley M. MacDermid e Michelle L. Buck, "Organizational Paradigms of Reduced-Load Work: Accommodation, Elaboration, and Transformation", *Academy of Management Journal* 43, n. 6 (dezembro de 2000), p. 1211-34.

51. Leslie E. Overmyer Day, "The Pitfalls of Diversity Training", *Training and Development* 49, n. 12 (dezembro de 1995), p. 24-29; Sara Rynes e Benson Rosen, "A Field Survey of Factors Affecting the Adoption and Perceived Success of Diversity Training", *Personnel Psychology* 48, n. 2 (verão de 1995), p. 247-70; Lynda Ford, "Diversity: From Cartoons to Confrontations", *Training & Development* 54, n. 8 (agosto de 2000), p. 70-71; e John M. Ivancevich e Jacqueline A. Gilbert, "Diversity Management: Time for a New Approach", *Public Personnel Management* 29, n. 1 (primavera de 2000), p. 75-92.

52. Michael Burkart, "The Role of Training in Advancing a Diversity Initiative", *Diversity Factor* 8, n. 1 (outono de 1999), p. 2-5.

53. Alexandra Marks, "For Airport Screeners, More Training about Muslims", *Christian Science Monitor,* 9 de janeiro de 2007, <http://www.csmonitor.com>.

54. "How Bad Is the Turnover Problem?" *HR Focus,* março de 2007, baixado de Business & Company Resource Center, <http://galenet.galegroup.com>; Barbara Thomas, "Black Entrepreneurs Win, Corporations Lose", *BusinessWeek*, 20 de setembro de 2006, General Reference Center Gold, <http://find.galegroup.com>; e Phyllis Shurn-Hannah, "Solving the Minority Retention Mystery", *The Human Resource Professional* 13, n. 3 (maio/junho 2000), p. 22-27.

55. Lisa Bertagnoli, "Group Dynamics: Darden's Employee Networks", *Chain Leader,* 1º de setembro de 2008, <http://www.chainleader.com>; e David Farkas, "Talkin' 'bout Your Generations", *Chain Leader,* abril de 2009, p. 38-41.

56. Alleyne, "The 40 Best Companies for Diversity"; e Mary Ellen Podmolik, "Mentor Match Found Online", *Chicago Tribune,* 14 de maio de 2007, <http://www.chicagotribune.com>.

57. Carla K. Johnson, "Study: Fat Workers Cost Employers More", *Associated Press,* 23 de abril de 2007, <http://news.yahoo.com>.

58. Rodriguez, "Diversity Finds Its Place".

59. Julie Jargon, "Kraft Reformulates Oreo, Scores in China", *The Wall Street Journal,* 1º de maio de, 2008, <http://online.wsj.com>.

60. Nancy J. Adler e Susan Bartholomew, "Managing Globally Competent People", *Academy of Management Executive* 6, n. 3 (1992), p. 52-65; e Cecil G. Howard, "Profile of the 21st-Century Expatriate Manager", *HRMagazine*, junho de 1992, p. 93-100.

61. Traci Purdum, "Chasing the Sun", IndustryWeek.com, 1º de abril de 2007, <http://www.industryweek.com>.

62. Aaron W. Andreason, "Expatriate Adjustment to Foreign Assignments", *International Journal of Commerce and Management* 13, n. 1 (primavera de 2003), p. 42-61.

63. "IBM's India Hiring Binge Continues", *Associated Press,* 28 de fevereiro de 2007, <http://news.yahoo.com>.

64. Perri Capell, "Know before You Go: Expats' Advice to Couples", *Career Journal Europe,* 2 de maio de 2006, <http://www. careerjournaleurope.com>.

65. Reyer A. Swaak, "Expatriate Failures: Too Many, Too Much Cost, Too Little Planning", *Compensation & Benefits Review,* novembro-dezembro de 1995, p. 50-52.

66. Capell, "Know before You Go".

67. Gretchen M. Sprietzer, Morgan W. McCall e Joan D. Mahoney, "Early Identification of International Executive Potential", *Journal of Applied Psychology* 82, n. 1 (1997), p. 6-29; Ronald Mortensen, "Beyond the Fence Line", *HRMagazine*, novembro de 1997, p. 100-9; "Expatriate Games", *Journal of Business Strategy,* julho/agosto de 1997, p. 4-5; e "Building a Global Workforce Starts with Recruitment", *Personnel Journal* (special supplement), março de 1996, p. 9-11.

68. Alan Paul, "How the Internet Shrinks the Distance between Us", *The Wall Street Journal,* 16 de março de 2007, <http://online.wsj.com>.

69. Geoffrey A. Fowler, "In China's Offices, Foreign Colleagues Might Get an Earful", *The Wall Street Journal,* 13 de fevereiro de 2007, <http://online.wsj.com>.

70. John Slocum, "Coming to America", *Human Resource Executive*, 2 de outubro de 2008, <http://www.hrexecutive.com>.

71. Emily Flitter, "Time Runs Differently in the Emirates", *The Wall Street Journal,* 16 de abril de 2008, <http://online.wsj.com>.

72. Jeanne Brett, Kristin Behfar e Mary C. Kern, "Managing Multicultural Teams", *Harvard Business Review*, novembro de 2006, p. 84-91.

73. David Stamps, "Welcome to America", *Training*, novembro de 1996, p. 23-30.

74. Linda K. Trevino e Katherine A. Nelson, *Managing Business Ethics: Straight Talk about How to Do It Right* (Nova York: John Wiley & Sons, 1995).

75. Transparency International, "Leading Exporters Undermine Development with Dirty Business Overseas", comunicado à imprensa, 4 de outubro de 2006, <http://www.transparency.org>.

76. J. G. Longnecker, J. A. McKinney e C. W. Moore, "The Ethical Issues of International Bribery: A Study of Attitudes among U.S. Business Professionals", *Journal of Business Ethics* 7 (1988), p. 341-346.

77. Katharine Q. Seelye, "J&J Reveals Improper Payments", *New York Times,* 13 de fevereiro de 2007, baixado de Business & Company Resource Center, <http://galenet.galegroup.com>.

78. Ashay B. Desai e Terri Rittenburg, "Global Ethics: An Integrative Framework for MNEs", *Journal of Business Ethics* 16 (1997), p. 791-800; e Paul Buller, John Kohls e Kenneth Anderson, "A Model for Addressing Cross-Cultural Ethical Conflicts", *Business & Society* 36, n. 2 (junho de 1997), p. 169-93.

Capítulo 9

1. Site da empresa, <http://www.rmi.org>, acessado em 10 de abril de 2009; Kent Garber, "A Bright Light in the Field of New Energy", *U.S. News & World Report,* 1-8 de dezembro de 2008, p. 44-45; "Amory Lovins on Energy", CNN.com, 16 de outubro de 2008, <http://www.edition.cnn.com>; Lucy Siegle, "This Much I Know: Amory Lovins", *London Observer,* 23 de março de 2008, <http://www.guardian.co.uk>; Roger Fillion, "Energy-Efficient Visionary", *Rocky Mountain News,* 9 de fevereiro de 2008, <http://www.rockymountainnews.com>; Logan Warn, "Amory Lovins: Solving the Energy Crisis (and Bringing Wal-Mart)", *Popular Mechanics*, novembro de 2007, <http://www.popularmechanics.com>; Rob Walton, "Heroes of the Environment: Amory B. Lovins", *Time*, 25 de outubro de 2007, <http://www.time.com>; Warren Karlenzig, "Rocky Mountain Institute Turns 25: The Distributed Generation of Amory Lovins' Brainpower", *Worldchanging Team*, 15 de agosto de 2007, <http://www.worldchanging.com>; David Roberts, "All You Need Is Lovins", *Grist*, 26 de julho de 2007, <http://www.grist.org>.

2. W. Bennis e B. Nanus, *Leaders* (Nova York: Harper & Row, 1985), p. 27.

3. J. Petrick, R. Schere, J. Brodzinski, J. Quinn e M. Fall Ainina, "Global Leadership Skills and Reputational Capital: Intangible Resources for Sustainable Competitive Advantage", *Academy of Management Executive,* fevereiro de 1999, p. 58-69.

4. Bennis e Nanus, *Leaders.*

5. Ibid., p. 144.

6. E. E. Lawler III, *Treat People Right! How Organizations and Individuals Can Propel Each Other into a Virtual Spiral of Success* (San Francisco: Jossey-Bass, 2003).

7. Robert Half Finance and Accounting, "Survey: CFOs Cite Strong Leadership, Talent as Keys to Staying Ahead of the Competition", comunicado à imprensa, 8 de abril de 2009, <http://www.roberthalffinance.com>.

8. Beverly Kopf e Bobbie Birleffi, "Not Her Father's Chief Executive", *U.S. News and World Report*, 22 de outubro de 2006, <http://www.usnews.com> (entrevista com Marilyn Nelson).

9. J. Kouzes e B. Posner, *The Leadership Challenge,* 2 ed. (San Francisco: Jossey-Bass, 1995).

10. J. Kouzes e B. Posner, *The Leadership Challenge,* 1 ed. (San Francisco: Jossey-Bass, 1987).

11. Ibid.

12. Ibid.

13. J. Baum, E. A. Locke e S. Kirkpatrick, "A Longitudinal Study of the Relation of Vision and Vision Communication to Venture Growth in Entrepreneurial Firms", *Journal of Applied Psychology* 83 (1998), p. 43-54.

14. E. C. Shapiro, *Fad Surfing in the Boardroom* (Reading, MA: Addison-Wesley, 1995).

15. Kouzes e Posner, *The Leadership Challenge* (1995).

16. Ibid.

17. W. Bennis e R. Townsend, *Reinventing Leadership* (Nova York: William Morrow, 1995).

18. Ibid.

19. Alex Markels, "Turning the Tide at P&G", *U.S. News and World Report*, 22 de outubro de 2006, <http://www.usnews.com>.

20. Kouzes e Posner, *The Leadership Challenge* (1987).

21. J. A. Conger, "The Dark Side of Leadership", *Organizational Dynamics* 19 (outono de 1990), p. 44-55.

22. J. Conger, "The Vision Thing: Explorations into Visionary Leadership", *in Cutting Edge Leadership 2000,* eds. B. Kellerman e L. Matusak (College Park, MD: James MacGregor Burns Academy of Leadership, 2000).

23. Bill Wolpin, "The Tough Get Going", *American City and County*, 1º de novembro de 2008, baixado de Business & Company Resource Center, <http://galenet.galegroup.com>; Mann Jackson, "Come-Back Kid", *American City and County*, 1º de novembro, 2008, <http://galenet.galegroup.com>; e Brett Zongker, "Museum Features Kansas Town That Went Green", Associated Press, *Yahoo News*, 26 de outubro de 2008, <http://news.yahoo.com>.

24. J. P. Kotter, "What Leaders Really Do", *Harvard Business Review* 68 (maio-junho de 1990) p. 103-11.

25. Mark E. Van Buren e Todd Safferstone, "Collective Quick Wins", *Computerworld,* 26 de janeiro de 2009, p. 24-25.

26. G. Yukl, *Leadership in Organizations,* 3 ed. (Englewood Cliffs, NJ: Prentice Hall, 1994).

27. R. House e R. Aditya, "The Social Scientific Study of Leadership: Quo Vadis?" *Journal of Management* 23 (1997), p. 409-73.

28. R. D. Ireland e M. A. Hitt. "Achieving and Maintaining Strategic Competitiveness in the 21st Century. The Role of Strategic Leadership", *Academy of Management Executive* (fevereiro de 1999), p. 43-57.

29. Julie Wood, "John Thompson III Named New Head Coach", *The Hoya*, <http://www.thehoya.com>, acessado em 26 de março de 2007; e Dick Vitale, "Meet the Next Generation of Great Hoops Coaches, According to Dickie V", *USA Today*, 13 de fevereiro de 2007, <http://www.usatoday.com>.

30. J. Gardner, "The Heart of the Matter: Leader–Constituent Interaction", in *Leading & Leadership,* ed. T. Fuller (Notre Dame, IN: University of Notre Dame Press, 2000), p. 239-44, citação da p. 240.

31. R. E. Kelly, "In Praise of Followers", *Harvard Business Review* 66 (novembro-dezembro de 1988), p. 142-48.

32. Bennis e Townsend, *Reinventing Leadership.*

33. Kelly, "In Praise of Followers".

34. J. R. P. French e B. Raven, "The Bases of Social Power", in *Studies in Social Power,* ed. D. Cartwright (Ann Arbor, MI: Institute for Social Research, 1959).

35. G. Yukl e C. Falbe, "Importance of Different Power Sources in Downward and Lateral Relations", *Journal of Applied Psychology* 76 (1991), p. 416-23.

36. Yukl e Falbe, "Importance of Different Power Sources".

37. Ibid.

38. R. M. Stogdill, "Personal Factors Associated with Leadership: A Survey of the Literature", *Journal of Psychology* 25 (1948), p. 35-71.

39. S. Kirkpatrick e E. Locke, "Leadership: Do Traits Matter?" *The Executive* 5 (maio de 1991), p. 48-60.

40. G. A. Yukl, *Leadership in Organizations,* 2 ed. (Englewood Cliffs, NJ: Prentice Hall, 1989).

41. R. Heifetz e D. Laurie, "The Work of Leadership", *Harvard Business Review,* janeiro-fevereiro de 1997, p. 124-34.

42. T. Judge, J. Bono, R. Ilies e M. Gerhardt, "Personality and Leadership: A Qualitative and Quantitative Review", *Journal of Applied Psychology* 87 (2002), p. 765-80.

43. R. Foti e N.M. A. Hauenstein, "Pattern and Variable Approaches in Leadership Emergence and Effectiveness", *Journal of Applied Psychology* 92 (2007), p. 347-55.

44. J. P. Kotter, *The General Managers* (Nova York: Free Press, 1982).

45. T. Fuller, ed., *Leading & Leadership, 2000* (Notre Dame, em: University of Notre Dame Press, 2000), p. 243.

46. Gina Imperato, "The Adventurer: How I Did It", *Inc.,* maio de 2007, p. 115-16.

47. S. Zaccaro, R. Foti e D. Kenny, "Self-Monitoring and Trait-Based Variance in Leadership: An Investigation of Leader Flexibility across Multiple Group Situations", *Journal of Applied Psychology* 76 (1991), p. 308-15.

48. D. Goleman, "Leadership That Gets Results", *Harvard Business Review,* março-abril de 2000, p. 78-90.

49. J. Misumi e M. Peterson, "The Performance-Maintenance (PM) Theory of Leadership: Review of a Japanese Research Program", *Administrative Science Quarterly* 30 (junho de 1985), p. 198-223.

50. T. Judge, R. Piccolo e R. Ilies, "The Forgotten Ones? The Validity of Consideration and Initiating Structure in Leadership Research", *Journal of Applied Psychology* 89 (2004), p. 36-51.

51. Misumi e Peterson, "The Performance-Maintenance (PM) Theory".

52. Judge, Piccolo e Ilies, "The Forgotten Ones?"

53. Reproduzido de Misumi e Peterson, "The Performance-Maintenance (PM) Theory of Leadership", sob permissão de *Administrative Science Quarterly,* © 1985 by Johnson Graduate School of Management, Cornell University.

54. G. Graen e M. Uhl-Bien, "Relationship-Based Approach to Leadership: Development of Leader-Member Exchange (LMX) Theory of Leadership over 25 Years: Applying a Multi-Level Multidomain Perspective", *Leadership Quarterly* 6, n. 2 (1995), p. 219-47.

55. House e Aditya, "The Social Scientific Study of Leadership".

56. C. R. Gerstner e D. V. Day, "Meta-Analytic Review of Leader-Member Exchange-Theory: Correlates and Construct Issues", *Journal of Applied Psychology* 82 (1997), p. 827-44.

57. House e Aditya, "The Social Scientific Study of Leadership".

58. J. Wagner III, "Participation's Effect on Performance and Satisfaction: A Reconsideration of Research", *Academy of Management Review,* abril de 1994, p. 312-30.

59. R. White e R. Lippitt, *Autocracy and Democracy: An Experimental Inquiry* (Nova York: Harper & Brothers, 1960).

60. J. Muczyk e R. Steel, "Leadership Style and the Turnaround Executive", *Business Horizons,* março-abril de 1999, p. 39-46.

61. A. Tannenbaum e W. Schmidt, "How to Choose a Leadership Pattern", *Harvard Business Review* 36 (março-abril de 1958), p. 95-101.

62. E. Fleishman e E. Harris, "Patterns of Leadership Behavior Related to Employee Grievances and Turnover", *Personnel Psychology* 15 (1962), p. 43-56.

63. R. Likert, *The Human Organization: Its Management and Value* (Nova York: McGraw-Hill, 1967).

64. Carmen Nobel, "The Smart Business of Diversity", *InfoWorld,* 22 de janeiro de 2007, <http://www.infoworld.com> (entrevista com Carly Fiorina).

65. R. Blake e J. Mouton, *The Managerial Grid* (Houston: Gulf, 1964).

66. Misumi e Peterson, "The Performance-Maintenance (PM) Theory".

67. J. Wall, *Bosses* (Lexington, MA: Lexington Books, 1986), p. 103.

68. Tannenbaum e Schmidt, "How to Choose a Leadership Pattern".

69. V. H. Vroom, "Leadership and the Decision Making Process", *Organizational Dynamics,* primavera de 2000, p. 82-93.

70. Vroom, "Leadership and the Decision-Making Process". Copyright © 2000 com permissão de Elsevier Science.

71. Ibid.

72. F. E. Fiedler, *A Theory of Leadership Effectiveness* (Nova York: McGraw-Hill, 1967).

73. P. Hersey e K. Blanchard, *The Management of Organizational Behavior* (Englewood Cliffs, NJ: Prentice Hall, 1984).

74. Yukl, *Leadership in Organizations.*

75. R. J. House, "A Path Goal Theory of Leader Effectiveness", *Administrative Science Quarterly* 16 (1971), p. 321-39.

76. J. Howell, D. Bowen, P. Dorfman, S. Kerr e P. Podsakoff, "Substitutes for Leadership: Effective Alternatives to Ineffective Leadership", *Organizational Dynamics* 19 (verão de 1990), p. 21-38.

77. R. G. Lord e W. Gradwohl Smith, "Leadership and the Changing Nature of Performance", in *The Changing Nature of Performance,* eds. D. R. Ilgen e E. D. Pulakos (San Francisco: Jossey-Bass, 1999).

78. S. Dionne, F. Yammarino, L. Atwater e L. James, "Neutralizing Substitutes for Leadership Theory: Leadership Effects and Common-Source Bias", *Journal of Applied Psychology* 87 (2002), p. 454-64.

79. B. M. Bass, *Leadership and Performance Beyond Expectations* (Nova York: Free Press, 1985).

80. Y. A. Nur, "Charisma and Managerial Leadership: The Gift That Never Was", *Business Horizons,* julho-agosto de 1998, p. 19-26; e R. J. House, "A 1976 Theory of Charismatic Leadership", in *Leadership: The Cutting Edge,* eds. J. G. Hunt e L. L. Larson (Carbondale, IL: Southern Illinois University Press, 1977).

81. M. Brown e L. Trevino, "Socialized Charismatic Leadership, Values Congruence, and Deviance in Work Groups", *Journal of Applied Psychology* 91 (2006), p. 954-62.

82. M. Potts e P. Behr, *The Leading Edge* (Nova York: McGraw-Hill, 1987).

83. J. Howell e B. Shamir, "The Role of Followers in the Charismatic Leadership Process: Relationships and Their Consequences", *Academy of Management Review* 30 (2005), p. 96-112.

84. S. Yorges, H. Weiss e O. Strickland, "The Effect of Leader Outcomes on Influence, Attributions, and Perceptions of Charisma", *Journal of Applied Psychology* 84 (1999), p. 428-36.

85. Potts e Behr, *The Leading Edge.*

86. D. A. Waldman e F. J. Yammarino, "CEO Charismatic Leadership: Levels-of-Management and Levels-of-Analysis Effects", *Academy of Management Review* 24 (1999), p. 266-85.

87. A. Fanelli e V. Misangyi, "Bringing Out Charisma: CEO Charisma and External Stakeholders", *Academy of Management Review* 31 (2006), p. 1049-61.

88. House e Aditya, "The Social Scientific Study of Leadership".

89. D. A. Waldman, G. G. Ramirez, R. J. House e P. Puranam, "Does Leadership Matter? CEO Leadership Attributes and Profitability under Conditions of Perceived Environmental Uncertainty", *Academy of Management Journal* 44 (2001), p. 134-43.

90. B. Agle, N.Nagarajan, J. Sonnenfeld e D. Srinivasan, "Does CEO Charisma Matter? An Empirical Analysis of the Relationships among Organizational Performance, Environmental Uncertainty, and Top Management Team Perceptions of CEO Charisma", *Academy of Management Journal* 49 (2006), p. 161-74.

91. J. M. Howell e K. E. Hall-Merenda, "The Ties that Bind: The Impact of Leader-Member Exchange, Transformational and Transactional Leadership, and Distance on Predicting Follower Performance", *Journal of Applied Psychology* 84 (1999), p. 680-94; e B. M. Bass, "Leadership: Good, Better, Best", *Organizational Dynamics,* inverno de 1985, p. 26-40.

92. F. J. Yammarino, F. Dansereau e C. J. Kennedy, "A Multiple-Level Multidimensional Approach to Leadership: Viewing Leadership through an Elephant's Eye", *Organizational Dynamics,* inverno de 2001, p. 149-63.

93. D. I. Jung e B. J. Avolio, "Effects of Leadership Style and Followers' Cultural Orientation on Performance in Group and Individual Task Conditions", *Academy of Management Journal* 42 (1999), p. 208-18.

94. Bass, *Leadership and Performance.*

95. Glenn Hall, "Unconventional Wisdom", *Orange County Register,* 23 de janeiro de 2007, <http://galennet.galegroup.com>.

96. Bennis e Nanus, *Leaders.*

97. B. Bass, B. Avolio e L. Goodheim, "Biography and the Assessment of Transformational Leadership at the World-Class Level", *Journal of Management* 13 (1987), p. 7-20.

98. K. Albrecht e R. Zemke, *Service America* (Homewood, IL: Dow Jones Irwin, 1985).

99. T. A. Judge e J. E. Bono, "Five-Factor Model of Personality and Transformational Leadership", *Journal of Applied Psychology* 85 (2000), p. 751-65; e B. Bass, "Does the Transactional-Transformational Paradigm Transcend Organizational and National Boundaries?" *American Psychologist* 22 (1997), p. 130-42.

100. S. J. Shin e J. Zhou, "Transformational Leadership, Conservation, and Creativity: Evidence from Korea", *Academy of Management Journal* 46 (2003), p. 703-14.

101. R. Piccolo e J. Colquitt, "Transformational Leadership and Job Behaviors: The Mediating Role of Core Job Characteristics", *Academy of Management Journal* 49 (2006), p. 327-40.

102. A. Colbert, A. Kristof-Brown, B. Bradley e M. Barrick, "CEO Transformational Leadership: The Role of Goal Importance Congruence in Top Management Teams", *Academy of Management Journal* 51 (2008), p. 81-96.

103. T. Dvir, D. Eden, B. Avolio e B. Shamir, "Impact of Transformational Leadership on Follower Development and Performance: A Field Experiment", *Academy of Management Journal* 45 (2002), p. 735-44.

104. B. M. Bass, *Transformational Leadership: Industry, Military, and Educational Impact* (Mahwah, NJ: Lawrence Erlbaum Associates, 1998).

105. G. Spreitzer e R. Quinn, "Empowering Middle Managers to Be Transformational Leaders", *Journal of Applied Behavioral Science* 32 (1996), p. 237-61.

106. J. Collins, "Level 5 Leadership", *Harvard Business Review* 1 (2001), p. 66-76; e J. Kline Harrison e M. William Clough, "Characteristics of 'State of the Art' Leaders: Productive Narcissism versus Emotional Intelligence and Level 5 Capabilities", *Social Science Journal* 43 (2006), p. 287-92.

107. D. Vera e M. Crossan, "Strategic Leadership and Organizational Learning", *Academy of Management Review* 29 (2004), p. 222-40.

108. Esther Herlzfeld, "Leadership Leads to Growth", *Official Board Markets,* 11 de abril de 2009, baixado de Business & Company Resource Center, <http://galenet.galegroup.com>; e site de Barry-Wehmiller, <http://www.barry-wehmiller.com>, acessado em 15 de maio de 2009.

109. F. Luthans, *Organizational Behavior,* 10 ed. (Nova York: McGraw-Hill/Irwin, 2005).

110. B. M. Bass, "Thoughts and Plans", in *Cutting Edge Leadership 2000,* eds. B. Kellerman e L. R. Matusak (College Park, MD: James MacGregor Burns Academy of Leadership, 2000), p. 5-9.

111. N.Turner, J. Barling, O. Epitropaki, V. Butcher e C. Milner, "Transformational Leadership and Moral Reasoning", *Journal of Applied Psychology* 87 (2002), p. 304-11.

112. Bass, "Thoughts and Plans".

113. John Hersey, "Some SAGE Advice", *Hardware Retailing,* maio de 2009, baixado de Business & Company Resource Center, <http://galenet.galegroup.com>.

114. W. Bennis, "The End of Leadership: Exemplary Leadership Is Impossible without Full Inclusion, Initiatives, and Cooperation of Followers", *Organizational Dynamics,* verão de 1999, p. 71-79.

115. L. Spears, "Emerging Characteristics of Servant Leadership", in *Cutting Edge Leadership 2000,* eds. B. Kellerman e L. Matusak (College Park, MD: James MacGregor Burns Academy of Leadership, 2000); e Leigh Buchanan, "In Praise of Selflessness: Why the Best Leaders Are Servants", *Inc.,* maio de 2007, p. 33-35.

116. Buchanan, "In Praise of Selflessness", p. 34.

117. J. Ciulla, "Bridge Leaders", in *Cutting Edge Leadership 2000,* eds. B. Kellerman e L. Matusak (College Park, MD: James MacGregor Burns Academy of Leadership, 2000), p. 25-28.

118. C. L. Pearce, "The Future of Leadership: Combining Vertical and Shared Leadership to Transform Knowledge Work", *Academy of Management Executive,* fevereiro de 2004, p. 47-57.

119. J. Carson, P. Tesluk e J. Marrone, "Shared Leadership in Teams: An Investigation of Antecedent Conditions and Performance", *Academy of Management Journal* 50 (2007), p. 1217-34.

120. R. Fisher e A. Sharp, *Getting It Done* (Nova York: HarperCollins, 1998).

121. Alex Markels, "Guiding the Path to Mars", *U.S. News and World Report,* 22 de outubro de 2006, <http://www.usnews.com>.

122. P. Block, *The Empowered Manager* (San Francisco: Jossey--Bass, 1991).

123. Ibid.

124. Kouzes e Posner, *The Leadership Challenge* (1995).

125. Michael Useem, "Thinking Big, Lending Small", *U.S. News and World Report,* 22 de outubro de 2006, <http://www.usnews.com>.

126. Larry W. Boone e Monica S. Peborde, "Developing Leadership Skills in College and Early Career Positions", *Review of Business,* primavera de 2008, baixado de Business & Company Resource Center, <http://galenet.galegroup.com>.

127. Amanda Gaines, "Straight to the Top", *American Executive,* agosto de 2008, baixado de Business & Company Resource Center, <http://galenet.galegroup.com>; e Scott J. Allen e Nathan S. Hartman, "Leadership Development: An Exploration of Sources of Learning", *SAM Advanced Management Journal,* inverno de 2008, p. 10-19, 62-63.

128. M. McCall, *High Flyers* (Boston: Harvard Business School Press, 1998).

129. E. Van Velsor, C. D. McCauley e R. Moxley, "Our View of Leadership Development", in *Center for Creative Leadership Handbook of Leadership Development,* eds. C. D. McCauley, R. Moxley e E. Van Velsor (San Francisco: Jossey-Bass, 1998), p. 1-25.

Capítulo 10

1. Max Chafkin, "Everybody Loves Zappos", *Inc.,* maio de 2009, p. 66-73; Lilly Rockwell, "Zappos Chief Speaks", *Austin American-Statesman,* 13 de março de 2009, <http://www.austin360.com>; Jeffrey M. O'Brien, "Zappos Knows How to Kick It", *Fortune,* 22 de janeiro de 2009, <http://money.cnn.com>; Claire Cain Miller, "Making Sure the Shoe Fits at Zappos.com", *New York Times,* 6 de novembro de 2008, <http://bits.blogs.nytimes.com>; e Helen Coster, "A Step Ahead", *Forbes,* 2 de junho de 2008, <http://www.forbes.com>.

2. R. Kreitner e F. Luthans, "A Social Learning Approach to Behavioral Management: Radical Behaviorists 'Mellowing Out,'" *Organizational Dynamics,* outono de 1984, p. 47-65.

3. D. Katz e R. L. Kahn, *The Social Psychology of Organizations* (Nova York: John Wiley & Sons, 1966).

4. C. A. Bartlett e S. Ghoshal, "Building Competitive Advantage through People", *Sloan Management Review,* inverno de 2002, p. 34-41.

5. Plante & Moran, "*Fortune* Announces 2007 List of 100 Best Companies to Work For", comunicado à imprensa, 8 de janeiro de 2007, <http://www.plantemoran.com>; e Karen Dybis, "Employees Embrace Family-Friendly Perks", *Detroit Free Press,* <http://www.freep.com>, acessado em 8 de junho de 2007.

6. Anne Fisher, "Loyalty Isn't Dead, Employers Have to Earn It", *Fortune,* 16 de janeiro de 2007, <http://money.cnn.com>.

7. E. Locke, "Toward a Theory of Task Motivation and Incentives", *Organizational Behavior and Human Performance* 3 (1968), p. 157-89.

8. W. F. Cascio, "Managing a Virtual Workplace", *Academy of Management Executive*, agosto de 2000, p. 81-90.

9. E. A. Locke, "Guest Editor's Introduction: Goal-Setting Theory and Its Applications to the World of Business", *Academy of Management Executive* 4 (novembro de 2004), p. 124-25.

10. G. P. Latham, "The Motivational Benefits of Goal-Setting", *Academy of Management Executive* 4 (novembro de 2004), p. 126-29.

11. E. A. Locke, "Linking Goals to Monetary Incentives", *Academy of Management Executive* 4 (novembro de 2004), p. 130-33.

12. E. E. Lawler III, *Treat People Right!* (San Francisco: Jossey--Bass, 2003).

13. Ibid.

14. J. Bono e T. Judge, "Self-Concordance at Work: Toward Understanding the Motivational Effects of Transformational Leaders", *Academy of Management Journal* 46 (2003), p. 554-71.

15. R. H. Schaffer, "Demand Better Results—and Get Them", *Harvard Business Review* 69 (março-abril de 1991), p. 142-49.

16. Amy Barrett, "Cracking the Whip at Wyeth", *BusinessWeek,* 6 de fevereiro de 2006, baixado de Business & Company Resource Center, <http://galenet.galegroup.com>.

17. Brent Hunsberger, "Entrepreneurial Spirit Keeps Company Fired Up", *Seattle Times,* 29 de março de 2007, baixado de Business & Company Resource Center, <http://galenet.galegroup.com>; e Paul Kaihla, "Best-Kept Secrets of the World's Best Companies", *Business 2.0,* abril de 2006, <http://galenet.galegroup.com>.

18. K. N.Shaw, "Changing the Goal-Setting Process at Microsoft", *Academy of Management Executive* 4 (novembro de 2004), p. 139-43.

19. S. Kerr e S. Laundauer, "Using Stretch Goals to Promote Organizational Effectiveness and Personal Growth: General Electric and Goldman Sachs", *Academy of Management Executive* 4 (novembro de 2004), p. 134-38.

20. Ibid.

21. Latham, "Motivational Benefits of Goal-Setting".

22. T. Mitchell e W. Silver, "Individual and Group Goals When Workers Are Interdependent: Effects on Task Strategies and Performance", *Journal of Applied Psychology* 75 (1990), p. 185-93.

23. Latham, "Motivational Benefits of Goal-Setting".

24. Sarah Boehle, "The Games Trainers Play", *Training*, 1º de agosto de 2006, <http://www.trainingmag.com>; e M. P. McQueen, "Wellness Plans Reach Out to the Healthy", *The Wall Street Journal*, 28 de março de 2007, <http://online.wsj.com>.

25. M. Schweitzer, L. Ordonez e B. Douma, "Goal Setting as a Motivator of Unethical Behavior", *Academy of Management Journal* 47 (2004), p. 422-32.

26. Miguel A. Duran, "Norm-Based Behavior and Corporate Malpractice", Journal *of Economic Issues* 41, n. 1 (março de 2007), baixado de Business & Company Resource Center, <http://galenet.galegroup.com>; e Don Durfee, "Management or Manipulation?" *CFO*, dezembro de 2006, <http://galenet.galegroup.com>.

27. G. Seijts e G. Latham, "Learning versus Performance Goals: When Should Each Be Used?" *Academy of Management Executive* 19 (fevereiro de 2005), p. 124-31; P. C. Early, T. Connolly e G. Ekegren, "Goals, Strategy Development, and Task Performance: Some Limits on the Efficacy of Goal Setting", *Journal of Applied Psychology* 74 (1989), p. 24-33; e C. E. Shalley, "Effects of Productivity Goals, Creativity Goals, and Personal Discretion on Individual Creativity", *Journal of Applied Psychology* 76 (1991), p. 179-85.

28. R. C. Litchfield, "Brainstorming Reconsidered: A Goal-Based View", *Academy of Management Review* 33 (2008), p. 649-68.

29. R. Fisher e A. Sharp, *Getting It Done* (Nova York: HarperCollins, 1998).

30. E. Thorndike, *Animal Intelligence* (Nova York: Macmillan, 1911).

31. A. D. Stajkovic e F. Luthans, "Differential Effects of Incentive Motivators on Work Performance", *Academy of Management Journal* 44 (2001), p. 580-90.

32. Adam Madison, "Positive Results", *Rock Products*, 1º de setembro de 2008, baixado de Business & Company Resource Center, <http://galenet.galegroup.com>.

33. Anne Fisher, "Happy Employees, Loyal Employees", *Fortune*, "100 Best Companies to Work For", 16 de janeiro de 2007, <http://money.cnn.com>.

34. K. Butterfield, L. K. Trevino e G. Ball, "Punishment from the Manager's Perspective: A Grounded Investigation and Inductive Model", *Academy of Management Review* 39 (1996), p. 1479-512.

35. Madison, "Positive Results".

36. T. Judge e R. Piccolo, "Transformational and Transactional Leadership: A Meta-Analytic Test of Their Relative Ability", *Journal of Applied Psychology* 89 (2004), p. 755-68.

37. S. Kerr, "On the Folly of Rewarding *A* While Hoping for *B*", *Academy of Management Journal* 18 (1975), p. 769-83.

38. Ver Steve Lohr, "Science Finds Advantage in Focusing, Not Multitasking", *Chicago Tribune*, 25 de março de 2007, seção 1, p. 10.

39. Michael LeBoeuf, *The Greatest Management Principle in the World* (Nova York: Berkley Books, 1985).

40. E. E. Lawler III, *Rewarding Excellence* (San Francisco: Jossey-Bass, 2000).

41. Jacqueline Stenson, "Is Your Job Making You Fat?" *MSNBC*, 6 de fevereiro de 2007, <http://www.msnbc.msn.com>.

42. Michael Fitzgerald, "Thinks Big about the Little Guy", *New York Times*, 4 de fevereiro de 2007, baixado de Business & Company Resource Center, <http://galenet.galegroup.com>.

43. Fisher, "Happy Employees, Loyal Employees".

44. "100 Best Companies to Work For 2007: Unusual Perks", *Fortune*, 22 de janeiro de 2007, <http://money.cnn.com>.

45. Janet H. Cho, "Lessons in Employee Appreciation", *Star Ledger (Newark, NJ)*, 8 de fevereiro de 2007, baixado de Business & Company Resource Center, <http://galenet.galegroup.com>.

46. Fitzgerald, "Thinks Big".

47. J. Pfeffer e R. Sutton, *The Knowing–Doing Gap* (Boston: Harvard Business School Press, 2000).

48. Joann S. Lublin, "Recall the Mistakes of Your Past Bosses, so You Can Do Better", *The Wall Street Journal*, 2 de janeiro de 2007, <http://online.wsj.com>.

49. S. Moss e J. Sanchez, "Are Your Employees Avoiding You? Managerial Strategies for Closing the Feedback Gap", *Academy of Management Executive* 18, n. 1 (fevereiro de 2004), p. 32-44.

50. Lawler, *Treat People Right!*

51. Stanley B. Silverman, Corrie E. Pogson e Alana B. Cober, "When Employees at Work Don't Get It: A Model for Enhancing Individual Employee Change in Response to Performance Feedback", *Academy of Management Executive* 19, n. 2 (maio de 2005), p. 135-47; e J. Jackman e M. Strober, "Fear of Feedback", *Harvard Business Review*, abril de 2003, p. 101-7.

52. V. H. Vroom, *Work and Motivation* (Nova York: John Wiley & Sons, 1964).

53. R. E. Wood, P. W. B. Atkins e J. E. H. Bright, "Bonuses, Goals, and Instrumentality Effects", *Journal of Applied Psychology* 84 (1999), p. 703-20.

54. Kerr, "Organizational Rewards".

55. Melanie Scarborough, "The Rewards of Recognition: Six Strategies for Successful Employee Programs", *Community Banker*, janeiro de 2009, p. 24-27.

56. Vanessa Fuhrmans, "Training the Brain to Choose Wisely", *The Wall Street Journal*, 28 de abril de 2009, <http://online.wsj.com>; e Laura Blue, "Making Good Health Easy", *Time*, 23 de fevereiro de 2009, Wellness 1-2.

57. A. H. Maslow, "A Theory of Human Motivation", *Psychological Review*, julho de 1943, p. 370-96.

58. L. Mainicro e D. Gibson, "Managing Employee Trauma: Dealing with the Emotional Fallout from 9-11", *Academy of Management Executive*, agosto de 2003, p. 130-43.

59. M. Wahba e L. Birdwell, "Maslow Reconsidered: A Review of Research on the Need Hierarchy Theory", *Organizational Behavior and Human Performance* 15 (1976), p. 212-40.

60. G. Dessler, "How to Earn Your Employees' Commitment", *Academy of Management Executive*, maio de 1999, p. 58-67, citação da p. 63.

61. Carol Hymowitz, "Managers Lose Talent When They Neglect to Coach Their Staffs", *The Wall Street Journal*, 19 de março de 2007, <http://online.wsj.com>.

62. Ibid.

63. C. Alderfer, *Existence, Relatedness, and Growth: Human Needs in Organizational Settings* (Glencoe, IL: Free Press, 1972).

64. Simona Covel, "Picking the Perks that Employees Value", *The Wall Street Journal*, 9 de abril de 2007, <http://online.wsj.com>.

65. Carol Hymowitz, "When the Paycheck Isn't Optional, Ambition Is Less Complicated", *The Wall Street Journal*, 26 de abril de 2007, <http://online.wsj.com>.

66. C. Pinder, *Work Motivation* (Glenview, IL: Scott, Foresman, 1984).

67. Lindsey Tanner, "Study: Napping Might Help Heart", *Yahoo News,* 12 de fevereiro de 2007, <http://news.yahoo.com>.

68. Citado em Cho, "Lessons in Employee Appreciation".

69. D. McClelland, *The Achieving Society* (Nova York: Van Nostrand Reinhold, 1961).

70. D. McClelland e R. Boyatzis, "Leadership Motive Pattern and Long-Term Success in Management", *Journal of Applied Psychology* 67 (1982), p. 737-43.

71. N.Adler, *International Dimensions of Organizational Behavior,* 2 ed. (Boston: Kent, 1991); e G. Hofstede, *Cultures and Organizations* (London: McGraw-Hill, 1991).

72. Nancy R. Lockwood, "Leveraging Employee Engagement for Competitive Advantage: HR's Strategic Role", *HRMagazine,* março de 2007, baixado de Business & Company Resource Center, <http://galenet.galegroup.com>.

73. E. E. Lawler III e D. Finegold, "Individualizing the Organization: Past, Present, and Future", *Organizational Dynamics,* verão de 2000, p. 1-15.

74. E. E. Lawler III e D. Finegold, "Individualizing the Organization: Past, Present, and Future", *Organizational Dynamics,* verão de 2000, p. 1-15.

75. T. M. Amabile, "A Model of Creativity and Innovation in Organizations", in *Research in Organizational Behavior,* eds. B. M. Staw e L. L. Cummings (Greenwich, CT: JAI Press, 1988), p. 10, 123-67.

76. C. M. Ford, "A Theory of Individual Creative Action in Multiple Social Domains", *Academy of Management Review* 21 (1996), p. 1112-42.

77. G. Oldham e A. Cummings, "Employee Creativity: Personal and Contextual Factors at Work", *Academy of Management Journal* 39 (1996), p. 607-34.

78. T. Amabile, R. Conti, H. Coon, J. Lazenby e M. Herron, "Assessing the Work Environment for Creativity", *Academy of Management Journal* 39 (1996), p. 1154-84.

79. M. Campion e G. Sanborn."Job Design", in *Handbook of Industrial Engineering,* ed. G. Salvendy (Nova York: John Wiley & Sons, 1991).

80. Lawler e Finegold, "Individualizing the Organization".

81. Rob Garretson, "Job Rotation Pays Dividends", *Network World,* 26 de fevereiro de 2007, baixado de OCLC FirstSearch, <http://firstsearch.oclc.org>.

82. BlessingWhite, *The State of Employee Engagement, 2008: North American Overview,* 2008, <http://www.blessingwhite.com/research>.

83. M. Campion e D. McClelland, "Interdisciplinary Examination of the Costs and Benefits of Enlarged Jobs: A Job Design Quasi-Experiment", *Journal of Applied Psychology* 76 (1991), p. 186-98.

84. F. Herzberg, *Work and the Nature of Men* (Cleveland: World, 1966).

85. J. R. Hackman, G. Oldham, R. Janson e K. Purdy, "A New Strategy for Job Enrichment", *California Management Review* 16 (outono de 1975), p. 57-71.

86. Paula Lehman, "No. 5 Enterprise: A Clear Road to the Top", *BusinessWeek*, 18 de setembro de 2006, baixado de General Reference Center Gold, <http://find.galegroup.com>.

87. Jeanna Bryner, "Survey Reveals Most Satisfying Jobs", *Yahoo News,* 18 de abril de 2007, <http://news.yahoo.com>.

88. R. Rechheld, "Loyalty-Based Management" *Harvard Business Review,* março-abril de 1993, p. 64-73.

89. Kerry Miller, "Buying into the State Department Lifestyle", *BusinessWeek*, 14 de novembro de 2006, baixado de General Reference Center Gold, <http://find.galegroup.com>.

90. Bill Trahant, "Recruiting and Engaging the Federal Workforce", *Public Manager,* primavera de 2008, baixado de Business & Company Resource Center, <http://galenet.galegroup.com>.

91. T. Peters e N.Austin, *A Passion for Excellence* (Nova York: Random House, 1985).

92. Kaihla, "Best-Kept Secrets".

93. Campion e Sanborn, "Job Design".

94. S. Seibert, S. Silver e W. A. Randolph, "Taking Empowerment to the Next Level: A Multiple-Level Model of Empowerment, Performance, and Satisfaction", *Academy of Management Journal* 47 (2004), p. 332-49.

95. C. Argyris, "Empowerment: The Emperor's New Clothes", *Harvard Business Review,* maio-junho de 1998, p. 98-105.

96. R. Forrester, "Empowerment: Rejuvenating a Potent Idea", *Academy of Management Executive*, agosto de 2000, p. 67-80.

97. R. C. Liden, S. J. Wayne e R. T. Sparrowe, "An Examination of the Mediating Role of Psychological Empowerment on the Relations between the Job, Interpersonal Relationships, and Work Outcomes", *Journal of Applied Psychology* 85 (2000), p. 407-16.

98. Peters e Austin, *A Passion for Excellence.*

99. K. Thomas e B. Velthouse, "Cognitive Elements of Empowerment: An 'Interpretive' Model of Intrinsic Task Motivation", *Academy of Management Review* 15 (1990), p. 666-81.

100. J. Kouzes e B. Posner, *The Leadership Challenge,* 2 ed. Copyright © 1995 Jossey-Bass, Inc. Material utilizado sob permissão de Jossey-Bass, Inc., uma subsidiária de John Wiley & Sons, Inc.

101. Price Waterhouse Change Integration Team, *Better Change* (Burr Ridge, IL: Richard D. Irwin, 1995).

102. E. E. Lawler III, *The Ultimate Advantage: Creating the High Involvement Organization* (San Francisco: Jossey-Bass, 1992).

103. O. Gadiesh e J. L. Gilbert, "Transforming Corner-Office Strategy into Frontline Action", *Harvard Business Review,* maio de 2001, p. 72-79.

104. J. Kouzes e B. Posner, *The Leadership Challenge* (San Francisco: Jossey-Bass, 1995).

105. Price Waterhouse, *Better Change.*

106. J. Jasinowski e R. Hamrin, *Making It in America* (Nova York: Simon & Schuster, 1995).

107. Scott Morrison, "Google Searches for Staffing Answers", *The Wall Street Journal,* 19 de maio de 2009, <http://online.wsj.com>; Michael Liedtke, "Ambitions Enough for Another 10 Years", *Houston Chronicle*, 6 de setembro de 2008, baixado de Business & Company Resource Center, <http://galenet.galegroup.com>; e "Google's Lessons for Employers: Put Your Employees First", *HR Focus*, setembro de 2008, <http://galenet.galegroup.com>.

108. W. A. Randolph e M. Sashkin, "Can Organizational Empowerment Work in Multinational Settings?" *Academy of Management Executive* 16 (2002), p. 102-15.

109. J. Adams, "Inequality in Social Exchange", in *Advances in Experimental Social Psychology,* ed. L. Berkowitz (Nova York: Academic Press, 1965).

110. M. Bloom, "The Performance Effects of Pay Dispersion of Individuals and Organizations", *Academy of Management Journal* 42 (1999), p. 25-40.

111. Gretchen Morgenson, "Peer Pressure: Inflating Executive Pay", *New York Times*, 26 de novembro de 2006, <http://www.nytimes.com>.

112. D. Skarlicki, R. Folger e P. Tesluk, "Personality as a Moderator in the Relationships between Fairness and Retaliation", *Academy of Management Journal* 42 (1999), p. 100-108.

113. Dunstan Prial, "Crunch Time for CPAs", *The Record (Bergen County, NJ),* 17 de abril de 2007, baixado de Business & Company Resource Center, <http://galenet.galegroup.com>.

114. J. Brockner, "Making Sense of Procedural Fairness: How High Procedural Fairness Can Reduce or Heighten the Influence of Outcome Favorability", *Academy of Management Review* 27 (2002), p. 58-76; e D. De Cremer e D. van Knippenberg, "How Do Leaders Promote Cooperation? The Effects of Charisma and Procedural Fairness", *Journal of Applied Psychology* 87 (2002), p. 858-66.

115. M. Kernan e P. Hanges, "Survivor Reactions to Reorganization: Antecedents and Consequences of Procedural, Interpersonal, and Informational Justice", *Journal of Applied Psychology* 87 (2002), p. 916-28.

116. Lawler, *Treat People Right!*

117. Ann Pomeroy, "Company Is a Team, Not a Family", *HRMagazine,* abril de 2007, baixado de Business & Company Resource Center, <http://galenet.galegroup.com>.

118. W. C. Kim e R. Mauborgne, "Fair Process: Managing in the Knowledge Economy", *Harvard Business Review,* julho-agosto de 1997, p. 65-75.

119. T. Bateman e D. Organ, "Job Satisfaction and the Good Sold: The Relationship between Affect and Employee 'Citizenship,'" *Academy of Management Journal,* 1983, p. 587-95.

120. D. Henne e E. Locke, "Job Dissatisfaction: What Are the Consequences?" *International Journal of Psychology* 20 (1985), p. 221-40.

121. J. Barling, E. K. Kelloway e R. Iverson, "High-Quality Work, Job Satisfaction, and Occupational Injuries", *Journal of Applied Psychology* 88 (2003), p. 276-83.

122. D. Bowen, S. Gilliland e R. Folger, "HRM and Service Fairness: How Being Fair with Employees Spills Over to Customers", *Organizational Dynamics,* inverno de 1999, p. 7-23.

123. J. Harter, F. Schmidt e T. Hayes, "Business-Unit-Level Relationship between Employee Satisfaction, Employee Engagement, and Business Outcomes: A Meta-Analysis", *Journal of Applied Psychology* 87 (2002), p. 268-79.

124. Tamara Schweitzer, "U.S. Workers Hate Their Jobs More than Ever", *Inc.,* 6 de março de 2007, <http://www.inc.com>.

125. T. Bisoux, "Corporate CounterCulture", *BizEd,* novembro-dezembro de 2004, p. 16-20.

126. Fisher, "Happy Employees, Loyal Employees"; "100 Best Companies to Work for 2007", *Fortune* Rankings, 22 de janeiro de 2007, <http://money.cnn.com>; First Horizon National Corp., "Careers" e "Our Benefits", <http://www.firsthorizon.com>, acessado em 5 de junho de 2007.

127. R. E. Walton, "Improving the Quality of Work Life", *Harvard Business Review,* maio-junho de 1974, p. 12, 16, 155.

128. E. E. Lawler III, "Strategies for Improving the Quality of Work Life", *American Psychologist* 37 (1982), p. 486-93; e J. L. Suttle, "Improving Life at Work: Problems and Prospects", in *Improving Life at Work,* eds. J. R. Hackman e J. L. Suttle (Santa Monica, CA: Goodyear, 1977).

129. S. L. Robinson, "Trust and Breach of the Psychological Contract", *Administrative Science Quarterly* 41 (1996), p. 574-99.

130. D. Rousseau, "Changing the Deal While Keeping the People", *Academy of Management Executive* 10 (1996), p. 50-58.

131. E. E. Lawler III, *From the Ground Up* (San Francisco: Jossey-Bass 1996).

132. Ibid.

133. S. Ghoshal, C. Bartlett e P. Moran, "Value Creation: The New Management Manifesto", *Financial Times Mastering Management Review,* novembro de 1999, p. 34-37.

134. Ram Charan, "Stop Whining, Start Thinking", *BusinessWeek,* 14 de agosto de 2008, <http://www.businessweek.com>.

Capítulo 11

1. Oliver Marks, "From Command and Control to Collaboration and Teamwork", ZDNet.com, 9 de fevereiro de 2009, <http://blogs.zdnet.com>; Stephen Lawson, "Cisco to Shift Resources to Consumer Push", *PC World,* 9 de dezembro de 2008, <http://www.pcworld.com>; Ellen McGirt, "How Cisco's CEO John Chambers Is Turning the Tech Giant Socialist", *Fast Company,* 25 de novembro de 2008, <http://www.fastcompany.com>; Bronwyn Fryer, "Cisco CEO John Chambers on Teamwork and Collaboration", *Harvard Business Review,* 24 de outubro de 2008, <http://www.discussionleader.hbsp.com>; "Reinventing Cisco Systems", *redOrbit,* 27 de janeiro de 2008, <http://www.redorbit.com>; John Chambers, "Commentary", *Forbes,* 23 de janeiro de 2008, <http://www.forbes.com>; e Susie Gharib, "One on One with John Chambers, Cisco Chairman and CEO, Shares Success Secrets", *Nightly Business Report,* 7 de novembro de 2007, <http://www.pbc.org>.

2. S. Cohen e D. Bailey, "What Makes Teams Work: Group Effectiveness Research from the Shop Floor to the Executive Suite", *Journal of Management* 23 (1997), p. 239-90.

3. G. Chen, L. Donahue e R. Klimoski, "Training Undergraduates to Work in Organizational Teams", *Academy of Management Learning and Education* 3 (2004), p. 27-40.

4. Ken Blanchard Companies, "Client Spotlight: Summit Pointe", *Ignite!,* março de 2007, <http://www.kenblanchard.com/ignite>.

5. K. Wexley e S. Silverman, *Working Scared* (San Francisco: Jossey-Bass, 1993).

6. Eric Fleischauer, "Nucor Manager Says Teamwork Key to Success; Q1 Earnings Up", *Decatur (AL) Daily,* 20 de abril de 2007, <http://www. decaturdaily.com>.

7. E. E. Lawler, *From the Ground Up* (San Francisco: Jossey-Bass, 1996).

8. Kelley Holland, "How to Build Teamwork after an Awful Season", *New York Times,* 28 de dezembro de 2008, baixado de Business & Company Resource Center, <http://galenet.galegroup.com>.

9. D. Nadler, J. R. Hackman e E. E. Lawler III, *Managing Organizational Behavior* (Boston: Little, Brown, 1979).

10. Holland, "How to Build Teamwork".

11. M. Cianni e D. Wnuck, "Individual Growth and Team Enhancement: Moving toward a New Model of Career Development", *Academy of Management Executive* 11 (1997), p. 105-15.

12. Cohen e Bailey, "What Makes Teams Work".

13. J. Katzenbach e D. Smith, "The Discipline of Teams", *Harvard Business Review,* março-abril de 1993, p. 111-20.

14. Matthew D. Sarrel, "SMB Boot Camp: Wicked Productive Wikis", *PC Magazine,* 20 de fevereiro de 2007, <http://galenet.galegroup.com>.

15. J. Zenger et al., *Leading Teams* (Burr Ridge, IL: Business One Irwin, 1994).

16. S. Cohen, "New Approaches to Teams and Teamwork", *in* J. Galbraith, E. E. Lawler III, and Associates, *Organizing for the Future* (San Francisco: Jossey-Bass, 1993).

17. Cohen e Bailey, "What Makes Teams Work".

18. Luke Mullins, "Integration Crew for Maryland Bank", *American Banker,* 13 de fevereiro de 2007, baixado de General Reference Center Gold, <http://find.galegroup.com>.

19. Ibid.

20. C. Snow, S. Snell, S. Davison e D. Hambrick, "Use Transnational Teams to Globalize Your Company", *Organizational Dynamics,* primavera de 1996, p. 50-67.

21. B. Kirkman, B. Rosen, C. Gibson, P. Tesluk e S. McPherson, "Five Challenges to Virtual Team Success: Lessons from Sabre, Inc"., *Academy of Management Executive* 16 (2002), p. 67-80.

22. A. Malhotra, A. Majchrzak e B. Rosen, "Leading Virtual Teams", *Academy of Management Perspectives,* fevereiro de 2007, p. 60-70, tabela 1.

23. R. Banker, J. Field, R. Schroeder e K. Sinha, "Impact of Work Teams on Manufacturing Performance: A Longitudinal Field Study", *Academy of Management Journal* 39 (1996), p. 867-90.

24. D. Yeatts, M. Hipskind e D. Barnes, "Lessons Learned from Self-Managed Work Teams", *Business Horizons,* julho-agosto de 1994, p. 11-18.

25. B. Kirkman e D. Shapiro, "The Impact of Cultural Values on Job Satisfaction and Organizational Commitment in Self-Managing Work Teams: The Mediating Role of Employee Resistance", *Academy of Management Journal* 44 (2001), p. 557-69.

26. Ibid.

27. B. Kirkman e D. Shapiro, "The Impact of Cultural Values on Employee Resistance to Teams: Toward a Model of Globalized Self-Managing Work Team Effectiveness", *Academy of Management Review* 22 (1997), p. 730-57.

28. B. Macy e H. Isumi, "Organizational Change, Design, and Work Innovation: A Meta-Analysis of 131 North American Field Studies—1961-1991", *Research in Organizational Change and Development* 7 (1993), p. 235-313.

29. Ibid.

30. B. W. Tuckman, "Developmental Sequence in Small Groups", *Psychological Bulletin* 63 (1965), p. 384-99.

31. S. Furst, M. Reeves, B. Rosen e R. Blackburn, "Managing the Life Cycle of Virtual Teams", *Academy of Management Executive,* maio de 2004, p. 6-20. A citações desse parágrafo foram extraídas das p. 11 e 12.

32. C. J. G. Gersick, "Time and Transition in Work Teams: Toward a New Model of Group Development", *Academy of Management Journal* 31 (1988), p. 9-41.

33. J. R. Hackman, *Groups That Work (and Those That Don't)* (San Francisco: Jossey-Bass, 1990).

34. Zenger et al., *Leading Teams.*

35. R. Cross, "Looking before You Leap: Assessing the Jump to Teams in Knowledge-Based Work", *Business Horizons,* setembro-outubro de 2000, p. 29-36.

36. J. Case, "What the Experts Forgot to Mention", *Inc.,* setembro de 1993, p. 66-78.

37. A. Nahavandi e E. Aranda, "Restructuring Teams for the Reengineered Organization", *Academy of Management Executive,* novembro de 1994, p. 58-68.

38. B. Kirkman, B. Rosen, P. Tesluk e C. Gibson, "The Impact of Team Empowerment on Virtual Team Performance: The Moderating Role of Face-to-Face Interaction", *Academy of Management Journal* 47 (2004), p. 175-92.

39. Jon R. Katzenbach e Douglas K. Smith, *The Wisdom of Teams* (Boston: Harvard Business School Press, 1993).

40. Nadler et al., *Managing Organizational Behavior.*

41. Ken Blanchard Companies, "The Critical Role of Teams", *Research Findings,* 11 de abril de 2006, <http://www.kenblan chard.com/thoughtleadership> (relatando um levantamento com 962 líderes de RH, treinamento e operações realizado em março de 2006).

42. T. Peters e N.Austin, *A Passion for Excellence* (Nova York: Random House, 1985).

43. Debra Wood, "Multidisciplinary Team Eliminates Inefficiencies in a Busy GYN Oncology Clinic", *Oncology Nursing News,* abril de 2009, baixado de Business & Company Resource Center, <http://galenet.galegroup.com>.

44. Nadler et al., *Managing Organizational Behavior.*

45. Steve Adams, "Making All Your Teams into A-Teams", *Training Journal,* agosto de 2008, baixado de Business & Company Resource Center, <http://galenet.galegroup.com>.

46. David Clutterbuck, "How to Coach a Team in the Field: What Is Involved in Team Coaching and What Skills Are Required?" *Training Journal,* fevereiro de 2007, baixado de Business & Company Resource Center, <http://galenet.galegroup.com>.

47. Diane Coutu, "Why Teams Don't Work", *Harvard Business Review,* maio de 2009, p. 99-105 (entrevista de J. Richard Hackman).

48. Katzenbach e Smith, "The Discipline of Teams".

49. Ibid.

50. L. Gibson, J. Mathieu, C. Shalley e T. Ruddy, "Creativity and Standardization: Complementary or Conflicting Drivers of Team Effectiveness?" *Academy of Management Journal* 48 (2005), p. 521-31.

51. C. Meyer, "How the Right Measures Help Teams Excel", *Harvard Business Review,* maio-junho de 1994, p. 95-103.

52. J. R. Katzenbach e J. A. Santamaria, "Firing Up the Front Line", *Harvard Business Review,* maio-junho de 1999, p. 107-17.

53. D. Knight, C. Durham e E. Locke, "The Relationship of Team Goals, Incentives, and Efficacy to Strategic Risk, Tactical Implementation, and Performance", *Academy of Management Journal* 44 (2001), p. 326-38.

54. B. L. Kirkman e B. Rosen, "Powering Up Teams", *Organizational Dynamics,* inverno de 2000, p. 48-66.

55. Lawler, *From the Ground Up.*

56. Avan Jassawalla, Hemant Sashittal e Avinash Maishe, "Students' Perceptions of Social Loafing: Its Antecedents and Consequences in Undergraduate Business Classroom Teams", *Academy of Management Learning and Education,* 2009, 42-54.

57. M. Erez, "Is Group Productivity Loss the Rule or the Exception? Effects of Culture and Group-Based Motivation", *Academy of Management Journal* 39 (1996), p. 1513-37.

58. Katzenbach e Smith, "The Discipline of Teams".

59. Matt Bolch, "Rewarding the Team", *HRMagazine,* fevereiro de 2007, baixado de General Reference Center Gold, <http://find. galegroup.com>; e P. Pascarelloa, "Compensating Teams", *Across the Board,* fevereiro de 1997, p. 16-22.

60. R. Wageman, "Interdependence and Group Effectiveness", *Administrative Science Quarterly* 40 (1995), p. 145-80.

61. Bolch, "Rewarding the Team".

62. Lawler, *From the Ground Up.*

63. R. Wellins, R. Byham e G. Dixon, *Inside Teams* (San Francisco: Jossey-Bass, 1994).

64. JoAnne Allen, "One 'Bad Apple' Does Spoil the Whole Office", *Reuters,* 12 de fevereiro de 2007, <http://news.yahoo.com>; e Joseph Wardy, "Don't Let One with Bad Attitude Infect Others", *Daily Record (Morris County, NJ),* 23 de abril de 2007, <http:// www.dailyrecord.com>.

65. Abhishek Srivastava, Kathryn Bartol e Edwin Locke, "Empowering Leadership in Management Teams: Effects on Knowledge Sharing, Efficacy, and Performance", *Academy of Management Journal,* 2006, p. 1239-51.

66. J. M. Levine, E. T. Higgins e H. Choi, "Development of Strategic Norms in Groups", *Organizational Behavior and Human Decision Processes* 82 (2000), p. 88-101.

67. K. Jehn e E. Mannix, "The Dynamic Nature of Conflict: A Longitudinal Study of Intragroup Conflict and Group Performance", *Academy of Management Journal* 44 (2001), p. 238-51.

68. J. O'Toole, *Vanguard Management: Redesigning the Corporate Future* (Nova York: Doubleday, 1985).

69. Institute for Corporate Productivity, "Virtual Teams Now a Reality", comunicado à imprensa, 4 de setembro de 2008, <http://www.i4cp.com>.

70. R. F. Bales, *Interaction Process Analysis: A Method for the Study of Small Groups* (Reading, MA: Addison-Wesley, 1950).

71. V. U. Druskat e J. Wheeler, "Managing from the Boundary: The Effective Leadership of Self-Managing Work Teams", *Academy of Management Journal* 46 (2003), p. 435-57.

72. Katzenbach e Smith, *The Wisdom of Teams.*

73. Jay Carson, Paul Tesluk e Jennifer Marrone, "Shared Leadership in Teams: An Investigation of Antecedent Conditions and Performance", *Academy of Management Journal,* 2007, p. 1217-34.

74. C. Stoner e R. Hartman, "Team Building: Answering the Tough Questions", *Business Horizons,* setembro-outubro de 1993, p. 70-78.

75. S. E. Seashore, *Group Cohesiveness in the Industrial Work Group* (Ann Arbor: University of Michigan Press, 1954).

76. Greg Violin, "Teamwork Makes TV Show Go", *Orlando Sentinel,* 8 de abril de 2007, <http://www.orlandosentinel.com>.

77. B. Mullen e C. Cooper, "The Relation between Group Cohesiveness and Performance: An Integration", *Psychological Bulletin* 115 (1994), p. 210-27.

78. Banker et al., "Impact of Work Teams on Manufacturing Performance".

79. D. P. Forbes e F. J. Milliken, "Cognition and Corporate Governance: Understanding Boards of Directors as Strategic Decision-Making Groups", *Academy of Management Review* 24 (1999), p. 489-505.

80. T. Simons, L. H. Pelled e K. A. Smith, "Making Use of Difference: Diversity, Debate, and Decision Comprehensiveness in Top Management Teams", *Academy of Management Journal* 42 (1999), p. 662-73.

81. Seashore, *Group Cohesiveness in the Industrial Work Group.*

82. B. Lott e A. Lott, "Group Cohesiveness as Interpersonal Attraction: A Review of Relationships with Antecedent and Consequent Variables", *Psychological Bulletin,* outubro de 1965, p. 259-309.

83. K. Dahlin, L. Weingart e P. Hinds, "Team Diversity and Information Use", *Academy of Management Journal* 48 (2005), p. 1107-23.

84. B. L. Kirkman e B. Rosen, "Beyond Self-Management: Antecedents and Consequences of Team Empowerment", *Academy of Management Journal* 42 (1999), p. 58-74.

85. Hackman, *Groups That Work.*

86. W. Bennis, *Organizing Genius* (Reading, MA: Addison-Wesley, 1997).

87. Cianni e Wnuck, "Individual Growth and Team Enhancement".

88. K. Jehn, "A Multimethod Examination of the Benefits and Detriments of Intragroup Conflict", *Administrative Science Quarterly* 40 (1995), p. 245-82.

89. Wellins et al., *Inside Teams.*

90. D. G. Ancona, "Outward Bound: Strategies for Team Survival in an Organization", *Academy of Management Journal* 33 (1990), p. 334-65.

91. Ibid.

92. L. Sayles, *Leadership: What Effective Managers Really Do, and How They Do It* (Nova York: McGraw-Hill, 1979).

93. Ibid.

94. Patrick Lencioni, "How to Foster Good Conflict", *The Wall Street Journal,* 13 de novembro de 2008, <http://online.wsj.com>; e Debbie Schachter, "Learn to Embrace Opposition for Improved Decision Making", *Information Outlook,* outubro de 2008, baixado de Business & Company Resource Center, <http://galenet.galegroup.com>.

95. J. Chatman e F. Flynn, "The Influence of Demographic Heterogeneity on the Emergence and Consequences of Cooperative Norms in Work Teams", *Academy of Management Journal* 44 (2001), p. 956-74; e R. T. Keller, "Cross-Functional Project Groups in Research and New Product Development: Diversity, Communications, Job Stress, and Outcomes", *Academy of Management Journal* 44 (2001), p. 547-55.

96. Ranjini Manian, "Teamwork, Sweat and Tears", *Business Line,* 23 de março de 2009, baixado de Business & Company Resource Center, <http://galenet.galegroup.com>.

97. "Managing Multicultural Teams: Winning Strategies from Teams around the World", *Computerworld,* 20 de novembro de 2006, <http://find.galegroup.com>.

98. D. Tjosvold, *Working Together to Get Things Done* (Lexington, MA: Lexington Books, 1986).

99. C. Tinsley e J. Brett, "Managing Workplace Conflict in the United States and Hong Kong", *Organizational Behavior and Human Decision Processes* 85 (2001), p. 360-81.

100. K. W. Thomas, "Conflict and Conflict Management", in *Handbook of Industrial and Organizational Psychology,* ed. M. D. Dunnette (Chicago: Rand McNally, 1976).

101. Joann S. Lublin, "How Best to Supervise Internal Runner-Up for the Job You Got", *The Wall Street Journal,* 30 de janeiro de 2007, <http://online.wsj.com>.

102. Ibid.

103. K. W. Thomas, "Toward Multi-Dimensional Values in Teaching: The Example of Conflict Behaviors", *Academy of Management Review,* 1977, p. 484-89.

104. C. O. Longenecker e M. Neubert, "Barriers and Gateways to Management Cooperation and Teamwork", *Business Horizons,* setembro-outubro de 2000, p. 37-44.

105. P. S. Nugent, "Managing Conflict: Third-Party Interventions for Managers", *Academy of Management Executive* 16 (2002), p. 139-54.

106. M. Blum e J. A. Wall Jr., "HRM: Managing Conflicts in the Firm", *Business Horizons,* maio-junho de 1997, p. 84-87.

107. J. A. Wall Jr. e R. R. Callister, "Conflict and Its Management", *Journal of Management* 21 (1995), p. 515-58.

108. J. Polzer, C. B. Crisp, S. Jarvenpaa e J. Kim, "Extending the Faultline Model to Geographically Dispersed Teams: How Collocated Subgroups Can Impair Group Functioning", *Academy of Management Journal* 49 (2006), p. 679-92.

109. Vickie Elmer, "Stressed Out", *The Washington Post,* 19 de outubro de 2006, <http://www.washingtonpost.com>.

110. M. Montoya-Weiss, A. Massey e M. Song, "Getting It Together: Temporal Coordination and Conflict Management in Global Virtual Teams", *Academy of Management Journal* 44 (2001), p. 1251-62.

111. R. Standifer e J. A. Wall Jr., "Managing Conflict in B2B Commerce", *Business Horizons,* março-abril de 2003, p. 65-70.

Capítulo 12

1. L. Penley, E. Alexander, I. E. Jernigan e C. Henwood, "Communication Abilities of Managers: The Relationship to Performance", *Journal of Management* 17 (1991), p. 57-76.

2. W. V. Haney, "A Comparative Study of Unilateral and Bilateral Communication", *Academy of Management Journal* 7 (1964), p. 128-36.

3. Jared Sandberg, "What Exactly Was It That the Boss Said? You Can Only Imagine", *The Wall Street Journal*, 19 de setembro de 2006, <http://online.wsj.com>.

4. M. McCormack, "The Illusion of Communication", *Financial Times Mastering Management Review*, julho de 1999, p. 8-9.

5. Jared Sandberg, "Not Communicating with Your Boss? Count Your Blessings", *The Wall Street Journal,* 22 de maio de 2007, <http://online.wsj.com>.

6. R. Cross e S. Brodt, "How Assumptions of Consensus Undermine Decision Making", *Sloan Management Review* 42 (2001), p. 86-94.

7. S. Mohammed e E. Ringseis, "Cognitive Diversity and Consensus in Group Decision Making: The Role of Inputs, Processes, and Outcomes", *Organizational Behavior and Human Decision Processes* 85 (2001), p. 310-35.

8. S. Parker e C. Axtell, "Seeing Another Viewpoint: Antecedents and Outcomes of Employee Perspective Taking", *Academy of Management Journal* 44 (2001), p. 1085-100.

9. D. Tannen, "The Power of Talk: Who Gets Heard and Why", *Harvard Business Review,* setembro-outubro de 1995, p. 138-48.

10. Ibid.

11. Ibid.

12. L. K. Larkey, "Toward a Theory of Communicative Interactions in Culturally Diverse Workgroups", *Academy of Management Review,* abril de 1996, p. 463-91.

13. Nancy J. Adler, *International Dimensions of Organizational Behavior.* Copyright © 1986. Reproduzido sob permissão de SouthWestern College Publishing, uma divisão de Thomson Learning.

14. C. Argyris, "Good Communication That Blocks Learning", *Harvard Business Review,* julho-agosto de 1994, p. 77-85.

15. Eric Krell, "The Unintended Word", *HRMagazine*, agosto de 2006, baixado de General Reference Center Gold, <http://find.galegroup.com>.

16. C. Deutsch, "The Multimedia Benefits Kit", *New York Times,* 14 de outubro de 1990, seção 3, p. 25.

17. T. W. Comstock, *Communicating in Business and Industry* (Albany, NY: Delmar, 1985).

18. J. Taylor e W. Wacker, *The 500 Year Delta: What Happens after What Comes Next* (Nova York: HarperCollins, 1997).

19. Michael Totty, "Rethinking the Inbox", *The Wall Street Journal,* 26 de março de 2007, <http://online.wsj.com>.

20. Kate Lorenz, "WAN2CHAT? 10 Tips for IM-ing at Work", *AOL Jobs,* 15 de dezembro de 2006, <http://jobs.aol.com>.

21. Totty, "Rethinking the Inbox".

22. Susan J. Leandri, "Five Ways to Improve Your Corporate Blogs", *Information Outlook,* janeiro de 2007, baixado de Business & Company Resource Center, <http://galenet.galegroup.com>.

23. Robert D. Hof, "Web 2.0: The New Guy at Work", *BusinessWeek,* 19 de junho de 2006, baixado de Business & Company Resource Center, <http://galenet.galegroup.com>.

24. Jessica Dye, "Collaboration 2.0: Make the Web Your Workspace", *EContent,* janeiro-fevereiro de 2007, baixado de General Reference Center Gold, <http://find.galegroup.com>.

25. Ellen Lee, "The Maze Meltdown: Crash May Virtually Change Commuting", *San Francisco Chronicle,* 6 de maio de 2007, <http://www.sfgate.com>.

26. S. S. K. e e J. Schaubroeck, "Improving Group Decisions by Better Pooling Information: A Comparative Advantage of Group Decision Support Systems", *Journal of Applied Psychology* 85 (2000), p. 565-73.

27. M. Schrage, "If You Can't Say Anything Nice, Say It Anonymously", *Fortune,* 6 de dezembro de 1999, p. 352; e Brad Stone, "A Call for Manners in the World of Nasty Blogs", *New York Times,* 9 de abril de 2007, <http://www.nytimes.com>.

28. C. Naquin e G. Paulson, "Online Bargaining and Interpersonal Trust", *Journal of Applied Psychology* 88 (2003), p. 113-20.

29. B. Baltes, M. Dickson, M. Sherman, C. Bauer e J. LaGanke, "Computer-Mediated Communication and Group Decision Making: A Meta-Analysis", *Organizational Behavior and Human Decision Processes* 87 (2002), p. 156-79.

30. R. Rice e D. Case, "Electronic Message Systems in the University: A Description of Use and Utility", *Journal of Communication* 33 (1983), p. 131-52; e C. Steinfield, "Dimensions of Electronic Mail Use in an Organizational Setting", *Proceedings of the Academy of Management,* San Diego, 1985.

31. Marilyn Gardner, "You've Got Mail: 'We're Letting You Go'", *Christian Science Monitor,* 18 de setembro de 2006, <http://www.csmonitor.com>; e Linton Weeks, "Read the Blog: You're Fired", *National Public Radio,* 8 de dezembro de 2008, <http://www.npr.org>.

32. Leandri, "Five Ways to Improve Your Corporate Blogs".

33. Reuters, "Is That Really What Your E-mail Meant to Say?" *Yahoo News,* 14 de fevereiro de 2007, <http://news.yahoo.com>.

34. B. Glassberg, W. Kettinger e J. Logan, "Electronic Communication: An Ounce of Policy Is Worth a Pound of Cure", *Business Horizons,* julho-agosto de 1996, p. 74-80.

35. A. Joyce, "Never Out of IM Reach", *Washington Post,* 26 de dezembro de 2004, p. F5; e Gina Hughes, "Quick Guide to IM-ing at Work", *Yahoo Tech,* 24 de janeiro de 2007, <http://tech.yahoo.com>.

36. Totty, "Rethinking the Inbox"; Reuters, "BlackBerrys, Laptops Blur Work/Home Balance: Poll", *Yahoo News,* 5 de abril de 2007, <http://news.yahoo.com>; e Margaret Locher, "BlackBerry Addiction Starts at the Top", *PC World,* 6 de março de 2007, <http://www.pcworld.com>.

37. Taylor e Wacker, *The 500 Year Delta;* Locher, "BlackBerry Addiction"; e Hughes, "Quick Guide to IM-ing".

38. Caroline McCarthy, "Americans Mixed about Constant Net Access, Poll Finds", *CNet News,* 16 de abril de 2007, <http://news.com.com>.

39. Locher, "BlackBerry Addiction".

40. Eric Horng, "No E-mail Fridays Transform Office", *ABC News,* 10 de março de 2007, <http://abcnews.go.com>.

41. Ibid.

42. V. Govindarajan e A. Gupta, "Building an Effective Global Team", *Organizational Dynamics* 42 (2001), p. 63-71.

43. N.B. Kurland e D. E. Bailey, "Telework: The Advantages and Challenges of Working Here, There, Anywhere, Anytime", *Organizational Dynamics,* outono de 1999, p. 53-68; e Ben Van Der Meer, "Realty Companies Making Internet Home", *Modesto (CA) Bee,* 15 de dezembro de 2006, baixado de General Reference Center Gold, <http://find.galegroup.com>.

44. "ALA Washington Opens Virtual Office", *American Libraries,* março de 2007, baixado de General Reference Center Gold, <http://find.galegroup.com>.

45. Van Der Meer, "Realty Companies Making Internet Home".

46. Teresa Mackintosh, "Is This the Year You Move to a Virtual Office?" *Accounting Technology,* maio de 2007, baixado de General Reference Center Gold, <http://find.galegroup.com>.

47. E. M. Hallowell, "The Human Moment at Work", *Harvard Business Review,* janeiro-fevereiro de 1999, p. 58-66.

48. Jessica Marquez, "Connecting a Virtual Workforce", *Workforce Management,* 22 de setembro de 2008, baixado de Business & Company Resource Center, <http://galenet.galegroup.com>.

49. R. Lengel e R. Daft, "The Selection of Communication Media as an Executive Skill", *Academy of Management Executive* 2 (1988), p. 225-32.

50. J. R. Carlson e R. W. Zmud, "Channel Expansion Theory and the Experiential Nature of Media Richness Perceptions", *Academy of Management Journal* 42 (1999), p. 153-70.

51. L. Trevino, R. Daft e R. Lengel, "Understanding Managers' Media Choices: A Symbolic Interactionist Perspective", in *Organizations and Communication Technology,* eds. J. Fulk e C. Steinfield (London: Sage, 1990).

52. J. Fulk e B. Boyd, "Emerging Theories of Communication in Organizations", *Journal of Management* 17 (1991), p. 407-46.

53. Extraído de *Communicating for Managerial Effectiveness,* de P. G. Clampitt. Copyright © 1991 by Sage Publications, Inc. Reproduzido sob permissão de Sage Publications, Inc.

54. L. Bossidy e R. Charan, *Confronting Reality: Doing What Matters to Get Things Right* (Nova York: Crown Business, 2004).

55. M. McCall, M. Lombardo e A. Morrison, *The Lessons of Experience: How Successful Executives Develop on the Job* (Lexington, MA: Lexington, 1988).

56. J. A. Conger, "The Necessary Art of Persuasion", *Harvard Business Review,* maio-junho de 1998, p. 84-95.

57. Nick Morgan, "How to Become an Authentic Speaker", *Harvard Business Review,* novembro de 2008, p. 115-19.

58. N.Nohria e B. Harrington, *Six Principles of Successful Persuasion* (Boston: Harvard Business School Publishing Division, 1993).

59. Justin Ewers, "Making It Stick", *U.S. News & World Report,* 29 de janeiro-5 de fevereiro de 2007, p. EE2-EE8 (resenha de *Made to Stick,* por Chip Heath and Dan Heath).

60. Lynn Hamilton, material para distribuição em sala de aula (com permissão).

61. H. K. Mintz, "Business Writing Styles for the 70's", *Business Horizons,* agosto de 1972. Cited in *Readings in Interpersonal and Organizational Communication,* eds. R. C. Huseman, C. M. Logue e D. L. Freshley (Boston: Allyn & Bacon, 1977).

62. C. D. Decker, "Writing to Teach Thinking", *Across the Board,* março de 1996, p. 19-20.

63. M. Forbes, "Exorcising Demons from Important Business Letters", *Marketing Times,* março-abril de 1981, p. 36-38.

64. W. Strunk Jr. e E. B. White, *The Elements of Style,* 3 ed. (Nova York: Macmillan, 1979); e H. R. Fowler e J. E Aaron, *The Little, Brown Handbook,* 10 ed. (Nova York: Longman, 2006).

65. Jessica Tsai, "Spiff Up Your Site!" *CRM Magazine,* dezembro de 2008, baixado de Business & Company Resource Center, <http://galenet.galegroup.com>.

66. Del Jones, "Cisco CEO Sees Tech as Integral to Success", *USA Today,* 19 de março de 2007, p. 4B (entrevista com John Chambers).

67. G. Ferraro, "The Need for Linguistic Proficiency in Global Business", *Business Horizons,* maio-junho de 1996, p. 39-46.

68. P. C. Early e E. Mosakowski, "Creating Hybrid Team Cultures: An Empirical Test of Transnational Team Functioning", *Academy of Management Journal* 43 (2000), p. 26-49.

69. Ferraro, "The Need for Linguistic Proficiency".

70. C. Chu, *The Asian Mind Game* (Nova York: Rawson Associates, 1991).

71. Ferraro, "The Need for Linguistic Proficiency".

72. Joann S. Lublin, "Improv Troupe Teaches Managers How to Give Better Presentations", *Career Journal,* 7 de fevereiro de 2007, <http://www.careerjournal.com>.

73. Comstock, *Communicating in Business and Industry.*

74. M. Korda, *Power: How to Get It, How to Use It* (Nova York: Random House, 1975).

75. A. Mehrabian, "Communication without Words", *Psychology Today,* setembro de 1968, p. 52. Citado em M. B. McCaskey, "The Hidden Message Managers Send", *Harvard Business Review,* novembro-dezembro de 1979, p. 135-48.

76. Ferraro, "The Need for Linguistic Proficiency".

77. *Business Horizons,* maio-junho de 1993. Copyright 1993 by the Foundation for the School of Business at Indiana University. Utilizado sob permissão.

78. Ann Therese Palmer, "Art of Listening Picked Up Young", *Chicago Tribune,* 29 de abril de 2007, seção 5, p. 3.

79. A. Athos e J. Gabarro, *Interpersonal Behavior* (Englewood Cliffs, NJ: Prentice-Hall, 1978).

80. Ann Therese Palmer, "Art of Listening Picked Up Young", *Chicago Tribune,* 29 de abril de 2007, seção 5, p. 3.

81. Ralph G. Nichols, "Listening Is a 10-Part Skill", *Nation's Business* 45 (julho de 1957), p. 56-60. Citado em R. C. Huseman, C. M. Logue e D. L. Freshley, eds., *Readings in Interpersonal and Organizational Communication* (Boston: Allyn & Bacon, 1977).

82. Mary K. Pratt, "Five Ways to Drive Your Best Workers out the Door", *Computerworld,* 25 de agosto de 2008, p. 26-27, 30.

83. J. Kouzes e B. Posner, *The Leadership Challenge* (San Francisco: Jossey-Bass, 1995).

84. G. Graham, J. Unruh e P. Jennings, "The Impact of Nonverbal Communication in Organizations: A Survey of Perceptions", *Journal of Business Communications* 28 (1991), p. 45-62.

85. Ibid.

86. D. Upton e S. Macadam, "Why (and How) to Take a Plant Tour", *Harvard Business Review,* maio-junho de 1997, p. 97-106.

87. N.Adler, *International Dimensions of Organizational Behavior,* 2 ed. (Boston: Kent, 1991).

88. Chu, *The Asian Mind Game.*

89. Alex Pentland, "How Social Networks Network Best", *Harvard Business Review,* fevereiro de 2009, p. 37.

90. A. Smidts, A. T. H. Pruyn e C. B. M. van Riel, "The Impact of Employee Communication and Perceived External Prestige on Organizational Identification", *Academy of Management Journal* 49 (2001), p. 1051-62.

91. J. W. Koehler, K. W. E. Anatol e R. L. Applebaum, *Organizational Communication: Behavioral Perspectives* (Orlando, FL: Holt, Rinehart & Winston, 1981).

92. Krell, "The Unintended Word".

93. J. Waldroop e T. Butler, "The Executive as Coach", *Harvard Business Review,* novembro-dezembro de 1996, p. 111-17.

94. D. T. Hall, K. L. Otazo e G. P. Hollenbeck, "Behind Closed Doors: What Really Happens in Executive Coaching", *Organizational Dynamics,* inverno de 1999, p. 39-53.

95. T. Judge e J. Cowell, "The Brave New World of Coaching", *Business Horizons,* julho-agosto de 1997, p. 71-77; E. E. Lawler III, *Treat People Right!* (San Francisco: Jossey-Bass, 2003); e L. A. Hill, "New Manager Development for the 21st Century", *Academy of Management Executive,* agosto de 2004, p. 121-26.

96. J. Gutknecht e J. B. Keys, "Mergers, Acquisitions, and Takeovers: Maintaining Morale of Survivors and Protecting Employees", *Academy of Management Executive,* agosto de 1993, p. 26-36.

97. D. Schweiger e A. DeNisi, "Communication with Employees Following a Merger: A Longitudinal Field Experiment", *Academy of Management Journal* 34 (1991), p. 110-35.

98. J. Case, "The Open-Book Managers", *Inc.,* setembro de 1990, p. 104-13.

99. J. Case, "Opening the Books", *Harvard Business Review,* março-abril de 1997, p. 118-27.

100. T. R. V. Davis, "Open-Book Management: Its Promise and Pitfalls", *Organization Dynamics,* inverno de 1997, p. 7-20.

101. B. Burlingham, "Jack Stack, SRC Holdings", *Inc.,* abril de 2004, p. 134-35.

102. R. Aggarwal e B. Simkins, "Open Book Management: Optimizing Human Capital", *Business Horizons* 44 (2001), p. 5-13.

103. W. V. Ruch, *Corporate Communications* (Westport, CT: Quorum, 1984).

104. Krell, "The Unintended Word".

105. Jared Sandberg, "Working for a Boss Who Only Manages Up Can Be a Real Downer", *The Wall Street Journal,* 16 de maio de 2006, <http://online.wsj.com>.

106. J. Gardner, "The Heart of the Matter: Leader-Constituent Interaction", in *Leading and Leadership,* ed. T. Fuller (Notre Dame, IN: Notre Dame University Press, 2000), p. 239-44.

107. Yukari Watani Kane e Phred Dvorak, "Howard Stringer, Japanese CEO", *The Wall Street Journal,* 3 de março de 2007, <http://online.wsj.com>; e "We're All Criss-Crossing", *The Wall Street Journal,* 3 de março de 2007, <http://online.wsj.com>.

108. R. Ashkenas, D. Ulrich, T. Jick e S. Kerr, *The Boundaryless Organization* (San Francisco: Jossey-Bass, 1995).

109. Ruch, *Corporate Communications.*

110. Pete Bach, "Staying in Touch a Changing Picture", *Post-Crescent (Appleton, WI),* 18 de abril de 2006, baixado de General Reference Center Gold, <http://find.galegroup.com>.

111. Mark Fitzgerald, "The Earl of Florida", *Editor & Publisher,* 1º de fevereiro de 2007, baixado de General Reference Center Gold, <http://find.galegroup.com>.

112. Linda Dulye, "Get Out of Your Office", *HRMagazine,* julho de 2006, baixado de General Reference Center Gold, <http://find.galegroup.com>.

113. A. Hutton, "Four Rules for Taking Your Message to Wall Street", *Harvard Business Review,* maio de 2001, p. 125-32.

114. Koehler et al., *Organizational Communication.*

115. William Atkinson, "Let's Work Together Right Now", *Collections & Credit Risk,* maio de 2006, baixado de Business & Company Resource Center, <http://galenet.galegroup.com>.

116. Ashkenas et al., *The Boundaryless Organization.*

117. D. K. Denton, "Open Communication", *Business Horizons,* setembro-outubro de 1993, p. 64-69.

118. N.B. Kurland e L. H. Pelled, "Passing the Word: Toward a Model of Gossip and Power in the Workplace", *Academy of Management Review* 25 (2000), p. 428-38.

119. L. Abrams, R. Cross, E. Lesser e D. Levin, "Nurturing Interpersonal Trust in Knowledge-Sharing Networks", *Academy of Management Executive* 17 (novembro de 2003), p. 64-77.

120. R. L. Rosnow, "Rumor as Communication: A Contextual Approach", *Journal of Communication* 38 (1988), p. 12-28.

121. L. Burke e J. M. Wise, "The Effective Care, Handling, and Pruning of the Office Grapevine", *Business Horizons,* maio-junho de 2003, p. 71-76.

122. K. Davis, "The Care and Cultivation of the Corporate Grapevine", *Dun's Review,* julho de 1973, p. 44-47.

123. Janet Pogue, "Working around the Water Cooler", *Employee Benefit News,* 1º de fevereiro de 2009, baixado de Business & Company Resource Center, <http://galenet.galegroup.com>; Gensler, "Gensler Survey Measures Connection between Workplace Design and Business Performance", comunicado à imprensa, 23 de outubro de 2008, <http://www.gensler.com>; e Gensler, *2008 Workplace Survey: United States,* 2008, <http://www.gensler.com>.

124. N.Difonzo, P. Bordia e R. Rosnow, "Reining in Rumors", *Organizational Dynamics,* Summer 1994, p. 47-62.

125. "Office Politics Is on the Rise According to a Survey by Accountemps", *Bradenton (FL) Herald,* 25 de outubro de 2008, baixado de Business & Company Resource Center, <http://galenet.galegroup.com>; e Alan M. Wolf, "A Morale Boost", *Raleigh (NC) News & Observer,* 15 de março de 2009, <http://galenet.galegroup.com>.

126. Difonzo et al., "Reining in Rumors".

127. Ashkenas et al., *The Boundaryless Organization.*

128. R. M. Hodgetts, "A Conversation with Steve Kerr", *Organizational Dynamics,* primavera de 1996, p. 68-79.

129. R. M. Fulmer, "The Evolving Paradigm of Leadership Development", *Organizational Dynamics,* primavera de 1997, p. 59-72.

130. General Electric, "GE Shares Skills, Intellectual Capital with CommonBond Communities", comunicado à imprensa, 4 de dezembro de 2006, <http://www.genewscenter.com>.

131. Ashkenas et al., *The Boundaryless Organization.*

Capítulo 13

1. Site da empresa, <http://www.legalseafoods.com>, acessado em 22 de abril de 2009; Leigh Buchanan, "The Way I Work: Roger Berkowitz", *Inc.,* julho de 2008, p. 84-87; e Elissa Elan, "Roger Berkowitz: Legal Sea Foods Leader Fosters Collaboration in Menu Development", *Nation's Restaurant News,* 5 de maio de 2008, <http://findarticles.com>.

2. "BlackBerry Outage Explained", *Chicago Tribune,* 21 de abril de 2007, seção 3, p. 2; e Nancy Weil, "BlackBerry Service Restored, Slow Response Irks Users", *InfoWorld,* 18 de abril de 2007, <http://www.infoworld.com>.

3. W. G. Ouchi, "Markets, Bureaucracies, and Clans", *Administrative Science Quarterly* 25 (1980), p. 129-41.

4. Robert Simons, Antonio Davila e Robert S. Kaplan, *Performance Measurement & Control Systems for Implementing Strategy* (Englewood Cliffs, NJ: Prentice Hall, 2000); W. G. Ouchi, "A Conceptual Framework for the Design of Organizational Control Mechanisms", *Management Science* 25 (1979), p. 833-48; W. G. Ouchi, "Markets, Bureaucracies, and Clans", *Administrative Science Quarterly* 25 (1980), p. 129-41; e Richard D. Robey e C. A. Sales, *Designing Organizations* (Burr Ridge, IL: Richard D. Irwin, 1994).

5. James C. Collins e Jerry I. Porras, *Built to Last: Successful Habits of Visionary Companies* (Nova York: HarperBusiness, 1994).

6. Elaine D. Pulakos, Sharon Arad, Michelle A. Donovan e Kevin E. Plamondon, "Adaptability in the Workplace: Development of a Taxonomy of Adaptive Performance", *Journal of Applied Psychology* 85, n. 4 (agosto de 2000), p. 12-24; e John H. Sheridan, "Lean Sigma Synergy", *Industry Week* 249, n. 17 (16 de outubro 2000), p. 81-82.

7. Elizabeth Gardner, "High-Quality Information", *Modern Healthcare,* 5 de março de 2007, baixado de General Reference Center Gold, <http://find.galegroup.com>.

8. Michael S. Rosenwald, "Chocolate Purists Alarmed by Proposal to Fudge Standards", *Washington Post,* 27 de abril de 2007, <http://www.washingtonpost.com>.

9. J. T. Burr, "Keys to a Successful Internal Audit", *Quality Progress* 30, n. 4 (abril de 1997), p. 75-77; e John Zorabedian, "Uniform Security", *American Executive,* junho de 2008, baixado de Business & Company Resource Center, <http://galenet.galegroup.com>.

10. Leigh Buchanan, "Leadership: Armed with Data", *Inc.,* março de 2009, <http://www.inc.com>.

11. Rosabeth Moss Kanter, "The Matter with the Mainstream", *U.S. News & World Report*, 30 de outubro de 2006, baixado de General Reference Center Gold, <http://find.galegroup.com>.

12. "Quality Leadership 100", *Quality,* setembro de 2006, baixado de Business & Company Resource Center, <http://galenet.galegroup.com>.

13. Erin White, "How Surveying Workers Can Pay Off", *The Wall Street Journal*, 18 de junho de 2007, <http://online.wsj.com>.

14. Bill Roberts, "Stay ahead of the Technology Use Curve", *HRMagazine*, outubro de 2008, baixado de Business & Company Resource Center, <http://galenet.galegroup.com>; e Kathy Ames Carr, "Broaching Body Art", *Crain's Cleveland Business,* 29 de setembro de 2008, <http://galenet.galegroup.com>.

15. Tom Hals, "Beware the Pitfalls of Office Romance", *Yahoo News,* 13 de fevereiro de 2007, <http://news.yahoo.com>; e Molly Selvin, "'Love Contract'? It's Office Policy", *Los Angeles Times,* 13 de fevereiro de 2007, <http://www.latimes.com>.

16. "McDonald's Sales Rise 7.1%", *CNNMoney,* 9 de fevereiro de 2009, <http://money.cnn.com>; e "CEOs Who Don't Get Out Often Enough, and Some Who Do", *24/7 Wall Street,* 7 de maio de 2008, <http://247wallst.com>.

17. Vanessa Urch Druskat, "Effects and Timing of Developmental Peer Appraisals in Self-Managing Work Groups", *Journal of Applied Psychology* 84, n. 1 (fevereiro de 1999), p. 58.

18. Tracy Cox, "Finding the Real MVPs in the Business", *Industry Week,* 17 de janeiro de 2007, <http://www.industryweek.com>.

19. Sandra Waddock e Neil Smith, "Corporate Responsibility Audits: Doing Well by Doing Good", *Sloan Management Review* 41, n. 2 (inverno de 2000), p. 75-83; Lynn L. Bergeson, "OSHA Gives Incentives for Voluntary Self-Audits", *Pollution Engineering* 32, n. 10 (outubro de 2000), p. 33-34; e Tom Rancour e Mike McCracken, "Applying 6 Sigma Methods for Breakthrough Safety Performance", *Professional Safety* 45, n. 10 (outubro de 2000), p. 29-32.

20. Shaun Aghili, "A Six Sigma Approach to Internal Audits", *Strategic Finance,* fevereiro de 2009, baixado de Business & Company Resource Center, <http://galenet.galegroup.com>.

21. Ver, por exemplo, Brian Hindo, "At 3M, a Struggle between Efficiency and Creativity", *BusinessWeek*, 11 de junho de 2007, baixado de General Reference Center Gold, <http://find.galegroup.com>; Brian Hindo e Brian Grow, "Six Sigma; So Yesterday?" *BusinessWeek,* 11 de junho de 2007, <http://find.galegroup.com>; e Jeneanne Rae, "Viewpoint: Have It Both Ways", *BusinessWeek*, 11 de junho de 2007, <http://find.galegroup.com>.

22. Shaunessy Everett, "Do More, Better, for Less", *Library Journal*, 15 de setembro de 2006, <http://galenet.galegroup.com>.

23. Rancour e McCracken, "Applying 6 Sigma Methods for Breakthrough Safety Performance"; e George Eckes, "Making Six Sigma Last", *Ivey Business Journal,* janeiro-fevereiro de 2002, p. 77.

24. Janet L. Colbert, "The Impact of the New External Auditing Standards", *Internal Auditor* 5, n. 6 (dezembro de 2000), p. 46-50.

25. Aghili, "A Six Sigma Approach"; Yves Giard e Yves Nadeau, "Improving the Processes", *CA Magazine,* dezembro de 2008, baixado de Business & Company Resource Center, <http://galenet.galegroup.com>; e Glenn Cheney, "Connecting the Dots to the Next Crisis", *Financial Executive,* abril de 2009, p. 30-33.

26. Jonathan D. Glater, "The Better the Audit Panel, the Higher the Stock Price", *New York Times,* 8 de abril de 2005, p. C4.

27. Bill Roberts, "Data-Driven Human Capital Decisions", *HRMagazine,* março de 2007, baixado de General Reference Center Gold, <http://find.galegroup.com>.

28. P. C. Brewer e L. A. Vulinec, "Harris Corporation's Experiences with Using Activity-Based Costing", *Information Strategy: The Executive's Journal* 13, n. 2 (inverno de 1997), p. 6-16; e Terence P. Pare, "A New Tool for Managing Costs", *Fortune*, 14 de junho de 1993, p. 124-29.

29. K. Merchant, *Control in Business Organizations* (Boston: Pitman, 1985); C. W. Chow, Y. Kato e K. A. Merchant, "The Use of Organizational Controls and Their Effects on Data Manipulation and Management Myopia", *Accounting, Organizations, and Society* 21, nos. 2/3 (fevereiro-abril de 1996), p. 175-92.

30. E. E. Lawler III e J. Rhode, *Information and Control in Organizations* (Pacific Palisades, CA: Goodyear, 1976); Anthony Ferner, "The Underpinnings of 'Bureaucratic' Control Systems: HRM in European Multinationals", *Journal of Management Studies* 37, n. 4 (junho de 2000), p. 521-39; e Marilyn S. Fenwick, "Cultural and Bureaucratic Control in MNEs: The Role of Expatriate Performance Management", *Management International Review* 39 (1999), p. 107-25.

31. Hindo, "At 3M, a Struggle between Efficiency and Creativity".

32. David H. Freedman, "Go Ahead, Make a Mess", *Inc.,* dezembro de 2006, p. 120-25.

33. J. Veiga e J. Yanouzas, *The Dynamics of Organization Theory,* 2 ed. (St. Paul, MN: West, 1984).

34. Pedro Ruz Gutierrez, "Airport Workers Report Breach", *Orlando Sentinel,* 26 de maio de 2007, baixado de General Reference Center Gold, <http://find.galegroup.com>.

35. David Kiley, "The New Heat on Ford", *BusinessWeek*, 4 de junho de 2007, <http//www.businessweek.com>.

36. Marcia Gelbart, "L&I Gets Ritz-Carlton Image Tips", *Philadelphia Inquirer,* 10 de março de 2009, <http://www.philly.com>.

37. Joe Fleischer, "New Methods to Measure Performance", *Call Center,* 1º de fevereiro de 2007, baixado de General Reference Center Gold, <http://find.galegroup.com>.

38. Michael Hammer, "The Seven Deadly Sins of Performance Measurement and How to Avoid Them", *MIT Sloan Management Review* 48, n. 3 (primavera de 2007), p. 19-28.

39. Scott Leibs, "Measuring Up", *CFO,* junho de 2007, baixado de General Reference Center Gold, <http://find.galegroup.com>.

40. Lawler e Rhode, *Information and Control in Organizations;* e J. A. Gowan Jr. e R. G. Mathieu, "Critical Factors in Information System Development for a Flexible Manufacturing System", *Computers in Industry* 28, n. 3 (junho de 1996), p. 173-83.

41. Jennifer Robison, "How the Ritz-Carlton Manages the Mystique", *Gallup Management Journal,* 11 de dezembro de 2008, baixado de Business & Company Resource Center, <http://galenet.galegroup.com>.

42. Wendy Leavitt, "Twenty-First Century Driver Training", *Fleet Owner,* 1º de janeiro de 2006, baixado de Business & Company Resource Center, <http://galenet.galegroup.com>.

43. Robert S. Kaplan e David P. Norton, *The Balanced Scorecard: Translating Strategy into Action* (Boston: Harvard Business School Press, 1996); e Andra Gumbus e Robert N.Lussier, "Entrepreneurs Use a Balanced Scorecard to Translate Strategy into Performance Measures", *Journal of Small Business Management* 44, n. 3 (julho de 2006), baixado de General Reference Center Gold, <http://find.galegroup.com>.

44. Gumbus e Lussier, "Entrepreneurs Use a Balanced Scorecard".

45. Marcia A. Reed-Woodard, "The Business of Nonprofit", *Black Enterprise*, junho de 2007, baixado de General Reference Center Gold, <http://find.galegroup.com>.

46. Randy Myers, "Going Away", *CFO,* maio de 2007, baixado de General Reference Center Gold, <http://find.galegroup.com>.

47. Ken Moores e Joseph Mula, "The Salience of Market, Bureaucratic, and Clan Controls in the Management of Family Firm Transitions: Some Tentative Australian Evidence", *Family Business Review* 13, n. 2 (junho de 2000), p. 91-106; e Anthony Walker e Robert Newcombe, "The Positive Use of Power on a Major-Construction Project", *Construction Management and Economics* 18, n. 1 (janeiro-fevereiro de 2000), p. 37-44.

48. Peter H. Fuchs, Kenneth E. Mifflin, Danny Miller e John O. Whitney, "Strategic Integration: Competing in the Age of Capabilities", *California Management Review* 42, n. 3 (primavera de 2000), p. 118-47; Mary Ann Lando, "Making Compliance Part of Your Organization's Culture", *Healthcare Executive* 15, n. 5 (setembro-outubro de 1999), p. 18-22; e Kenneth A. Frank e Kyle Fahrbach, "Organization Culture as a Complex System: Balance and Information in Models of Influence and Selection", *Organization Science* 10, n. 3 (maio-junho de 1999), p. 253-77.

49. "100 Best Companies to Work For, 2009", *Fortune,* 2 de fevereiro de 2009, <http://money.cnn.com>.

50. Gerald H. B. Ross, "Revolution in Management Control", *Management Accounting*, novembro de 1990, p. 23-27. Reproduzido sob permissão.

Capítulo 14

1. Robert A. Burgelman, Modesto A. Maidique e Steven C. Wheelwright, *Strategic Management of Technology and Innovation* (Nova York: McGraw-Hill, 2000).

2. Donna C. L. Prestwood e Paul A. Schumann Jr., "Revitalize Your Organization", *Executive Excellence* 15, n. 2 (fevereiro de 1998), p. 16; Carliss Y. Baldwin e Kim B. Clark, "Managing in an Age of Modularity", *Harvard Business Review* 75, n. 5 (setembro-outubro de 1997), p. 84-93; Shanthi Gopalakrishnan, Paul Bierly e Eric H. Kessler, "A Reexamination of Product and Process Innovations Using a Knowledge-Based View", *Journal of High Technology Management Research* 10, n. 1 (primavera de 1999), p. 147-66; e John Pullin, "Bombardier Commands Top Marks", *Professional Engineering* 13, n. 3 (5 de julho de 2000), p. 40-46.

3. Mohanbir Sawhney, Robert C. Wolcott e Inigo Arroniz, "The 12 Different Ways for Companies to Innovate", *MIT Sloan Management Review* 47, n. 3 (primavera de 2006), p. 75-81.

4. M. E. Porter, *Competitive Strategy* (Nova York: Free Press, 1980).

5. J. P. Andrew, K. Haanæs, D. C. Michael, H. L. Sirkin e A. Taylor, *Innovation 2009: Making Hard Decisions in the Downturn,* Pesquisa com a Alta Administração do Boston Consulting Group, <http://www.bcg.com>.

6. Geoff Colvin, "McKesson: Wiring the Medical World", *Fortune,* 5 de fevereiro de 2007, <http://money.cnn.com>.

7. Ronald E. Oligney e Michael I. Economides, "Technology as an Asset", *Hart's Petroleum Engineer International* 71, n. 9 (setembro de 1998), p. 27.

8. Jessica E. Vascellaro, "Found in Translation", *The Wall Street Journal,* 24 de maio de 2007, <http://online.wsj.com>.

9. Colvin, "McKesson".

10. Damion Schubert, "Focusing Your Innovation", *Game Developer,* 1º de fevereiro de 2009, baixado de Business & Company Resource Center, <http://galenet.galegroup.com>.

11. Ver, por exemplo, Ben Ames, "IBM Speeds Chips with DRAM Memory", *PC World,* 14 de fevereiro de 2007, <http://www.pcworld.com>; Scott Ferguson, "Intel Plans Push into Mobility, Emerging Markets", *eWeek,* 3 de maio de 2007, <http://www.eweek.com>; e Scott Ferguson, "AMD's Next-Gen Mobile Chip, Platform to Conserve Power", *eWeek,* 18 de maio de 2007, <http://www.eweek.com>.

12. Alex Taylor III, "The Great Electric Car Race", *Fortune,* 14 de abril de 2009, <http://money.cnn.com>.

13. Michael Kanellos, "For Fast-Food Help, Call in the Robots", *CNet News,* 26 de março de 2007, <http://news.com.com>.

14. Laura Landro, "An Affordable Fix for Modernizing Medical Records", *The Wall Street Journal,* 30 de abril de 2009, <http://online.wsj.com>; e Steve Lohr, "How to Make Electronic Medical Records a Reality", *New York Times,* 1º de março de 2009, <http://www.nytimes.com>.

15. Jill Jusko, "Foiling Fakes", *Industry Week,* maio de 2007, baixado de General Reference Center Gold, <http://find.galegroup.com>.

16. "Fresh, but Far from Easy", *The Economist,* 23 de junho de 2007, baixado de General Reference Center Gold, <http://find.galegroup.com>.

17. Rajiv Dewan, Bing Jing e Abraham Seidmann, "Adoption of Internet-Based Product Customization and Pricing Strategies", *Journal of Management Information Systems* 17, n. 2 (outono de 2000), p. 9-28; P. A. Geroski, "Models of Technology Diffusion", *Research Policy* 29, n. 4/5 (abril de 2000), p. 603-25; e Everett M. Rogers, *Diffusion of Innovations* (Nova York: Free Press, 1995).

18. Maggie Bayless, "A Recipe for Effective Change", *Gourmet Retailer,* janeiro de 2007, baixado de General Reference Center Gold, <http://find.galegroup.com>.

19. Eric Von Hippel, *The Sources of Innovation* (Oxford, UK: Oxford University Press, 1994); e Dorothy Leonard, *Wellsprings of Knowledge: Building and Sustaining the Sources of Innovation* (Cambridge, MA: Harvard Business School Press, 1998).

20. Susan Carey, "Calculating Costs in the Clouds", *The Wall Street Journal,* 6 de março de 2007, <http://online.wsj.com>.

21. Tom Krazit, "Intel R&D on Slow Boat to China", *CNet News,* 16 de abril de 2007, <http://news.com.com>.

22. Ken MacQueen, "Cashing in His V-Chips", *Maclean's,* 11 de junho de 2007, baixado de General Reference Center Gold, <http://find.galegroup.com>; e "Online Gaming's Netscape Moment?" *The Economist,* 9 de junho de 2007, <http://find.galegroup.com>.

23. Traci Purdum, "Benchmarking outside the Box: Best Practices Can Rise from Where You Least Expect Them", *Industry Week,* março de 2007, baixado de General Reference Center Gold, <http://find.galegroup.com>.

24. Von Hippel, *The Sources of Innovation; e* Leonard, *Wellsprings of Knowledge.*

25. John Hagedoorn, Albert N.Link e Nicholas S. Vonortas, "Research Partnerships", *Research Policy* 29, n. 4/5 (abril de 2000), p. 567-86; e Sang-Seung Yi, "Entry, Licensing and Research Joint Ventures", *International Journal of Industrial Organization* 17, n. 1 (janeiro de 1999), p. 1-24.

26. Robert Dorn, "Chicken, Pork or Beef?" *Fleet Equipment,* maio de 2007, baixado de General Reference Center Gold, <http://find.galegroup.com>; e "One of the Nation's Largest Producers of Animal Fat and a Major Oil Company Have Decided to Make Diesel Fuel Together", *Diesel Progress,* North American ed., maio de 2007, <http://find.galegroup.com>.

27. "Broadcom Acquires GPS Specialist Global Locate for $146 Million", *Information Week*, 12 de junho de 2007, baixado de General Reference Center Gold, <http://find.galegroup.com>.

28. Andrew et al., *Innovation 2009,* p. 11.

29. J. G. March, "Exploration and Exploitation in Organizational Learning", *Organization Science* 2, n. 1 (1991), p. 71-87.

30. Thomas Hoffman, "Change Agents", *ComputerWorld,* 23 de abril de 2007, baixado de General Reference Center Gold, <http://find.galegroup.com>; Center for CIO Leadership, "Center for CIO Leadership Unveils 2008 Survey Results", comunicado à imprensa, 18 de novembro de 2008, <http://www.marketwire.com>; e Center for CIO Leadership, "CIO Leadership Survey Executive Summary", sumário executivo, 2008, <http://www.cioleadershipcenter.com>, acessado em 3 de junho de 2009; e Gary H. Anthes, "The CIO/CTO Balancing Act", *ComputerWorld* 34, n. 25 (19 de junho de 2000), p. 50-51.

31. D. L. Day, "Raising Radicals: Different Processes for Championing Innovative Corporate Ventures", *Organization Science* 5, n. 2 (maio de 1994), p. 148-72; Clifford Siporin, "Want Speedy FDA Approval? Hire a 'Product Champion", *Medical Marketing & Media*, outubro de 1993, p. 22-28; Clifford Siporin, "How You Can Capitalize on Phase 3B", *Medical Marketing & Media*, outubro de 1994, p. 72; e Eric H. Kessler, "Tightening the Belt: Methods for Reducing Development Costs Associated with New Product Innovation", *Journal of Engineering and Technology Management* 17, n. 1 (março de 2000), p. 59-92.

32. Brian Hindo, "At 3M, a Struggle between Efficiency and Creativity", *BusinessWeek*, 11 de junho de 2007, <http://www.businessweek.com>; Palmer, "Creativity on Demand"; Edgar Figueroa e Pedro Conceicao, "Rethinking the Innovation Process in Large Organizations: A Case Study of 3M", *Journal of Engineering and Technology Management* 17, n. 1 (março de 2000), p. 93-109; e David Howell, "No Such Thing as a Daft Idea", *Professional Engineering* 13, n. 4 (23 de fevereiro de 2000), p. 28-29.

33. David A. Fields, "How to Stop the Dumbing Down of Your Company", *Industry Week,* 7 de março de 2007, <http://www.industryweek.com>; Lisa K. Gundry, Jill R. Kickul e Charles W. Prather, "Building the Creative Organization", *Organizational Dynamics* 22, n. 2 (primavera de 1994), p. 22-36; e Thomas Kuczmarski, "Inspiring and Implementing the Innovation Mind-Set", *Planning Review,* setembro-outubro de 1994, p. 37-48.

34. Ibid.

35. Company reports; R. Mitchell, "Masters of Innovation: How 3M Keeps Its New Products Coming", *BusinessWeek,* 10 de abril de 1989, p. 58-63; T. Katauskas, "Follow-Through: 3M's Formula for Success", *R&D,* novembro de 1990; e Thomas J. Martin, "Ten Commandments for Managing Creative People", *Fortune,* 16 de janeiro de 1995, p. 135-36.

36. Hindo, "At 3M, a Struggle".

37. Diego Rodriguez e Ryan Jacoby, "Embracing Risk to Grow and Innovate", *BusinessWeek,* 16 de maio de 2007, <http://www.businessweek.com>.

38. Doug Tsuruoka, "Intuit Innovation Lab, 'Idea Jams' Aim to Spur Creativity", *Investor's Business Daily,* 14 de abril de 2009, baixado de Business & Company Resource Center, <http://galenet.galegroup.com>.

39. H. Kent Bowen, Kim B. Clark, Charles A. Holloway e Steven C. Wheelwright, "Development Projects: The Engine of Renewal", *Harvard Business Review,* setembro-outubro de 1994, p. 110-20; C. Eden, T. Williams e F. Ackermann, "Dismantling the Learning Curve: The Role of Disruptions on the Planning of Development Projects", *International Journal of Project Management* 16, n. 3 (junho de 1998), p. 131-38; e Mohan V. Tatikonda e Stephen R. Rosenthal, "Technology Novelty, Project Complexity, and Product Development Project Execution Success: A Deeper Look at Task Uncertainty in Product Innovation", *IEEE Transactions on Engineering Management* 47, n. 1 (fevereiro de 2000), p. 74-87.

40. Brad Nemer, "How MTV Channels Innovation", *BusinessWeek,* 6 de novembro de 2006, baixado de General Reference Center Gold, <http://find.galegroup.com>.

41. E. Trist, "The Evolution of Sociotechnical Systems as a Conceptual Framework and as an Action Research Program", in *Perspectives on Organizational Design and Behavior,* eds. A. Van de Ven e W. F. Joyce, p. 19-75 (Nova York: John Wiley & Sons, 1981); e Alfonso Molina, "Insights into the Nature of Technology Diffusion and Implementation: The Perspective of Sociotechnical Alignment", *Technovation* 17, nos. 11/12 (novembro-dezembro de 1997), p. 601-26.

42. Scott A. Snell e James W. Dean Jr., "Strategic Compensation for Integrated Manufacturing: The Moderating Effects of Jobs and Organizational Inertia", *Academy of Management Journal* 37 (1994), p. 1109-40.

43. C. Giffi, A. Roth e G. Seal, *Competing in World-Class Manufacturing: America's 21st Century Challenge* (Homewood, IL: Business One Irwin, 1990).

44. R. M. Kanter, *World Class: Thriving Locally in the Global Economy* (Nova York: Touchstone, 1995).

45. Giffi, Roth e Seal, *Competing in World-Class Manufacturing.*

46. J. Collins e J. Porras, *Built to Last* (London: Century, 1996).

47. Michael R. Morris, "The Dean of Green", *Professional Remodeler,* 1º de novembro de 2008, baixado de Business & Company Resource Center, <http://galenet.galegroup.com>.

48. Collins e Porras, *Built to Last.*

49. C. Gibson e J. Birkinshaw, "The Antecedents, Consequences, and Mediating Role of Organizational Ambidexterity", *Academy of Management Journal* 47 (2004), p. 209-26.

50. Collins e Porras, *Built to Last.*

51. T. Cummings e C. Worley, *Organization Development and Change,* 8 ed. (Mason, OH: Thomson/SouthWestern, 2005).

52. Ibid.

53. Ibid.

54. N.Nohria, W. Joyce e B. Roberson, "What Really Works", *Harvard Business Review,* julho de 2003, p. 42-52.

55. Daryl R. Conner, *Managing at the Speed of Change* (Nova York: Random House, 2006); e R. Teerlink, "Harley's Leadership U-Turn", *Harvard Business Review,* julho-agosto de 2000, p. 43-48.

56. C. M. Christensen, "The Past and Future of Competitive Advantage", *Sloan Management Review,* inverno de 2001, p. 105-9.

57. Nancy Hatch Woodward, "To Make Changes, Manage Them", *HRMagazine,* maio de 2007, baixado de General Reference Center Gold, <http://find.galegroup.com>.

58. Pat Zigarmi e Judd Hoekstra, "Leadership Strategies for Making Change Stick", *Perspectives* (Ken Blanchard Companies, 2008), <http://www.kenblanchard.com>, acessado em 22 de maio de 2009.

59. M. Schrage, "Getting Beyond the Innovation Fetish", *Fortune*, 13 de novembro de 2000, p. 225-32.

60. T. A. Judge, C. J. Thoresen, V. Pucik e T. M. Welbourne, "Managerial Coping with Organizational Change: A Dispositional Perspective", *Journal of Applied Psychology* 84 (1999), p. 107-22.

61. E. E. Lawler III, *Treat People Right!* (San Francisco: Jossey--Bass, 2003).

62. Conner, *Managing at the Speed of Change;* e S. Oreg, "Resistance to Change: Developing an Individual Differences Measure", *Journal of Applied Psychology* (2003), p. 680-93.

63. Phred Dvorak, "How Understanding the 'Why' of Decisions Matters", *The Wall Street Journal,* 19 de março de 2007, <http://online.wsj.com>.

64. Alan Deutschman, *Change or Die* (Los Angeles: Regan, 2007), p. 164-78.

65. J. Stanislao e B. C. Stanislao, "Dealing with Resistance to Change", *Business Horizons,* julho-agosto de 1983, p. 74-78.

66. J. P. Kotter e L. A. Schlesinger, "Choosing Strategies for Change", *Harvard Business Review,* março-abril de 1979, p. 106-14.

67. D. Zell, "Overcoming Barriers to Work Innovations: Lessons Learned at Hewlett-Packard", *Organizational Dynamics,* verão de 2001, p. 77-85.

68. Ibid.

69. E. B. Dent e S. Galloway Goldberg, "Challenging Resistance to Change", *Journal of Applied Behavioral Science,* março de 1999, p. 25-41.

70. G. Johnson, *Strategic Change and the Management Process* (Nova York: Basil Blackwell, 1987); e K. Lewin, "Frontiers in Group Dynamics", *Human Relations* 1 (1947), p. 5-41.

71. E. H. Schein, "Organizational Culture: What It Is and How to Change It", in *Human Resource Management in International Firms,* eds. P. Evans, Y. Doz e A. Laurent (Nova York: St. Martin's Press, 1990).

72. M. Beer, R. Eisenstat e B. Spector, *The Critical Path to Corporate Renewal* (Cambridge, MA: Harvard Business School Press, 1990).

73. Dvorak, "How Understanding the 'Why' of Decisions Matters".

74. E. E. Lawler III, "Transformation from Control to Involvement", in *Corporate Transformation,* eds. R. Kilmann e T. Covin (San Francisco: Jossey-Bass, 1988).

75. Paul Willax, "Getting the Boss to Embrace Change Requires Tact, Ingenuity", *New Hampshire Business Review,* 11 de maio de 2007, <http://find.galegroup.com>.

76. Deutschman, *Change or Die,* p. 1-15.

77. D. Hellriegel e J. W. Slocum Jr., *Management,* 4 ed. (Reading, MA: Addison-Wesley, 1986).

78. Carolyn Aiken e Scott Keller, "The Irrational Side of Change Management", *McKinsey Quarterly,* abril de 2009, <http://www.mckinseyquarterly.com>.

79. Jerry L. Rhoads, "A Storm-Inspired Makeover", *Contemporary Long Term Care,* abril-maio de 2007, baixado de General Reference Center Gold, <http://find.galegroup.com>.

80. Lewin, "Frontiers in Group Dynamics".

81. Larry Hubbell e Scott Abbot, "Cultural Change in a Maximum Security Prison", *Public Manager* 35, n. 2 (verão de 2006), <http://galenet.galegroup.com>.

82. Schein, "Organizational Culture".

83. E. E. Lawler III, *From the Ground Up* (San Francisco: Jossey--Bass, 1995).

84. Q. Nguyen Huy, "Time, Temporal Capability, and Planned Change", *Academy of Management Review* 26 (2001), p. 601-23.

85. B. Sugarman, "A Learning-Based Approach to Organizational Change: Some Results and Guidelines", *Organizational Dynamics,* verão de 2001, p. 62-75.

86. Kotter e Schlesinger, "Choosing Strategies for Change".

87. Woodward, "To Make Changes, Manage Them".

88. R. H. Miles, "Beyond the Age of Dilbert: Accelerating Corporate Transformations by Rapidly Engaging All Employees", *Organizational Dynamics,* primavera de 2001, p. 313-21.

89. Bayless, "A Recipe for Effective Change".

90. D. A. Nadler, "Managing Organizational Change: An Integrative Approach", *Journal of Applied Behavioral Science* 17 (1981), p. 191-211.

91. D. Rousseau e S. A. Tijoriwala, "What's a Good Reason to Change? Motivated Reasoning and Social Accounts in Promoting Organizational Change", *Journal of Applied Psychology* 84 (1999), p. 514-28.

92. Ed Oakley, "Leading Change without Authority", *Material Handling Management,* maio de 2007, baixado de General Reference Center Gold, <http://find.galegroup.com>.

93. Deutschman, *Change or Die,* p. 187-93.

94. C. F. Leana e B. Barry, "Stability and Change as Simultaneous Experiences in Organizational Life", *Academy of Management Review* 25 (2000), p. 753-59.

95. O. Gadiesh e J. Gilbert, "Transforming Corner-Office Strategy into Frontline Action", *Harvard Business Review,* maio de 2001, p. 72-79.

96. B. Schneider, A. Brief e R. Guzzo, "Creating a Climate and Culture for Sustainable Organizational Change", *Organizational Dynamics,* primavera de 1996, p. 7-19.

97. Price Waterhouse Change Integration Team, *Better Change: Best Practices for Transforming Your Organization* (Burr Ridge, IL: Irwin, 1995).

98. M. Beer e N.Nohria, "Cracking the Code of Change", *Harvard Business Review,* maio-junho de 2000, p. 133-41.

99. N.Nohria e J. Berkley, "Whatever Happened to the Take-Charge Manager?" *Harvard Business Review,* janeiro-fevereiro de 1994, p. 128-37.

100. D. Miller, J. Hartwick e I. Le Breton-Miller, "How to Detect a Management Fad—and Distinguish It from a Classic", *Business Horizons,* julho-agosto de 2004, p. 7-16.

101. Cari Tuna, "Repairing an Agency's Credibility", *The Wall Street Journal,* 22 de março de 2009, <http://online.wsj.com>; e State Compensation Insurance Fund, "Testimony of Janet Frank, President, State Compensation Insurance Fund, to the Senate Banking, Finance and Insurance Committee", 6 de fevereiro de 2008, <http://www.scif.com>.

102. Price Waterhouse Change Integration Team, *Better Change.*

103. Ibid.

104. Ellen M. Heffes, "You Need Urgency Now!" *Financial Executive,* janeiro-fevereiro de 2009, baixado de Business & Company Resource Center, <http://galenet.galegroup.com> (entrevista com John P. Kotter).

105. John P. Kotter, *Leading Change* (Boston: Harvard Business School Press, 1996).

106. Lawler, *From the Ground Up.*

107. Kotter, *Leading Change.*

108. Schneider, Brief e Guzzo, "Creating a Climate and Culture".

109. R. Beckhard e R. Harris, *Organizational Transitions* (Reading, MA: Addison-Wesley, 1977).

110. Kotter, *Leading Change.*

111. Eleanor Boens, "Positive Communication", *Industrial Safety and Hygiene News*, junho de 2006, baixado de General Reference Center Gold, <http://find.galegroup.com>.

112. G. Hamel, "Waking Up IBM", *Harvard Business Review,* julho-agosto de 2000, p. 137-46; e Deutschman, *Change or Die.*

113. Kotter, *Leading Change.*

114. D. Smith, *Taking Charge of Change* (Reading, MA: Addison-Wesley, 1996).

115. Deutschman, *Change or Die,* p. 202.

116. M. J. Mandel, "This Way to the Future", *BusinessWeek,* 11 de outubro de 2004, p. 92-98, citação da p. 93.

117. Shoshana Zuboff e James Maxim, *The Support Economy* (Nova York: Penguin, 2004).

118. Site da Two Chefs on a Roll, <http://www.twochefsonaroll.com>, acessado em 2 de março de 2007; e Leigh Buchanan, "Recipe for Success", *Inc.*, agosto de 2006, p. 101-7.

119. H. Courtney, J. Kirkland e P. Viguerie, "Strategy under Uncertainty", *Harvard Business Review,* novembro-dezembro de 1997, p. 66-79.

120. J. O'Shea e C. Madigan, *Dangerous Company: The Consulting Powerhouses and the Business They Save and Ruin* (Nova York: Times Books, 1997).

121. G. Hamel e C. K. Prahalad, *Competing for the Future* (Boston: Harvard Business School Press, 1994).

122. Ibid.

123. Ibid.

124. Robert D. Hof, "How to Hit a Moving Target", *BusinessWeek*, 21 de agosto de 2006, baixado de General Reference Center Gold, <http://find.galegroup.com>.

125. Scott E. Rickert, "Taking the NanoPulse: Sizing Up Nanotechnology", *Industry Week,* 9 de maio de 2007, <http://www.industryweek.com>; Mark David, "Into the Nano Frontier—Closer than You Might Think", *Electronic Design,* 10 de maio de 2007, baixado de General Reference Center Gold, <http://find.galegroup.com>; e S. Baker e A. Aston, "The Business of Nanotech", *BusinessWeek,* 14 de fevereiro de 2005, p. 569-70.

126. David, "Into the Nano Frontier"; e Melanie Haiken, "Eight Nanotech Takes on Water Pollution", *Business 2.0,* julho de 2007, baixado de General Reference Center Gold, <http://find.galegroup.com>.

127. Michael C. Bellas, "Very Small and Unfathomably Huge", *Beverage World*, 15 de junho de 2007, baixado de General Reference Center Gold, <http://find.galegroup.com>.

128. Hamel e Prahalad, *Competing for the Future.*

129. J. Kotter, *The New Rules: How to Succeed in Today's Post-Corporate World* (Nova York: Free Press, 1995).

130. Ibid.

131. T. Bateman e C. Porath, "Transcendent Behavior", in *Positive Organizational Scholarship,* eds. K. Cameron, J. Dutton e R. Quinn (San Francisco: Barrett-Koehler, 2003).

132. Matthew Kirchner, "One Hour a Day", *Products Finishing,* setembro de 2008, baixado de Business & Company Resource Center, <http://galenet.galegroup.com>.

133. L. A. Hill, "New Manager Development for the 21st Century", *Academy of Management Executive*, agosto de 2004, p. 121-26.

134. Lista compilada a partir de C. Hakim, *We Are All Self-Employed* (San Francisco: Barrett-Koehler, 1994).

135. Lawler, *From the Ground Up; e* Kotter, *The New Rules.*

136. Lawler, *Treat People Right!*

137. M. Peiperl e Y. Baruck, "Back to Square Zero: The Post-Corporate Career", *Organizational Dynamics,* primavera de 1997, p. 7-22.

138. Ibid.

139. Conner, *Managing at the Speed of Change,* p. 235-45.

140. J. W. Slocum Jr., M. McGill e D. Lei, "The New Learning Strategy Anytime, Anything, Anywhere", *Organizational Dynamics,* outono de 1994, p. 33-37.

141. George Binney e Colin Williams, *Leaning into the Future: Changing the Way People Change Organizations* (London: Nicholas Brealey, 1997).

142. Kotter, *The New Rules.*

143. Hill, "New Manager Development for the 21st Century", p. 125.

144. J. A. Raelin, "Don't Bother Putting Leadership into People", *Academy of Management Executive*, agosto de 2004, p. 131-35.

145. Binney e Williams, *Leaning into the Future.*

CRÉDITOS

Capítulo 1

Página 2 à esquerda, Andy Resek; Página 2 à direita, Andy Resek; Página 3, © Photodisc/Getty Images/DAL; Página 5, © Royalty-Free/Corbis/DAL; Página 6 top, © AP Photo/Marcio Jose Sanchez; Página 6 bottom, © Bethean/Corbis/DAL; Página 8, © AP Photo/Elaine Thompson; Página 9, © AP Photo/Laurent Rebours; Página 11, © The McGraw-Hill Companies, Inc./Ken Cavanagh, photographer/DAL; Página 13 top, © Royalty-Free/Corbis; Página 13 bottom, © AP Photo/Richard Drew; Página 14, Courtesy of Google.com; Página 20, © BananaStock/PictureQuest/DAL; Página 21, Courtesy of Xerox Corporation; Página 23, © Royalty-Free/Corbis/DAL; Página 25, © Javier Pierini/Getty Images/DAL.

Capítulo 2

Página 26, © Comstock/PunchStock/DAL; Página 27 à esquerda, Andy Resek; Página 27 à direita, Andy Resek; Página 30, © AP Photo/David Zalubowski; Página 32, © Photodisc/Getty Images/DAL; Página 35, © AP Photo/Eckehard Schulz; Página 41 à esquerda, © Ryan McVay/Getty Images/DAL; Página 41 à direita, © AP Photo/M. Spencer Grant; Página 43 top, Public Domain/DAL; Página 43 bottom, © Chris Keigan/The McGraw-Hill Companies, Inc./DAL; Página 46, Courtesy of Nordstrom, Inc; Página 47, © Skip Nall/Getty Images/DAL; Página 49 top, © Royalty-Free/Corbis/DAL; Página 49 bottom, © Stockbyte/Getty Images/DAL.

Capítulo 3

Página 50 à esquerda, Andy Resek; Página 50 à direita, Donna Callais; Página 51, © Imagesource/PictureQuest/DAL; Página 52, © Michael Newman/PhotoEdit; Página 55, © Royalty-Free/Corbis/DAL; Página 57, © AP Photo/Lisa Poole; Página 58 top, © DynamicGraphics/Jupiterimages/DAL; Página 58 bottom, © David D. Banfield; Página 60, © Royalty-Free/Corbis; Página 62, Courtesy of NovaCare; Página 63, © AP Photo/Pat Sullivan; Página 67, © AP Photo/Dawn Villella; Página 68, © Jonathan Nourok/Photo Edit; Página 70, © Jack Star/PhotoLink/Getty Images/DAL.

Capítulo 4

Página 72, © Imagesource/AP Images/RF; Página 73 à esquerda, Andy Resek; Página 73 à direita, Andy Resek; Página 77 top, © Richard Cummins/Corbis; Página 77 bottom, © Digital Vision/Getty Images/DAL; Página 80, © The McGraw-Hill Companies, Inc./John Flournoy, photographer/DAL; Página 83, © Erica Simone Leeds 2007/DAL; Página 85, © Robert Maass/Corbis; Página 87, Courtesy of Nordstrom, Inc; Página 89 top, © Royalty-Free/Corbis; Página 89 bottom, Courtesy of Toyota Motor North America, Inc; Página 93, © AP Photo/Fiona Hanson; Página 95, © Comstock/PunchStock/DAL; Página 97, © Ryan McVay/Getty Images/DAL.

Capítulo 5

Página 100 à esquerda, Andy Resek; Página 100 à direita, Andy Resek; Página 101, © Doug Menuez/Getty Images/DAL; Página 102, © AP Photo/The News-Gazette, Heather Coit; Página 104, Courtesy of Zappos.com. © 2009 Zappos.com, Inc. Página 107, © Dominic Lipinski/PA Wire/AP Images; Página 110, Courtesy of Scaled Composites; Página 111 top, © Library of Congress, Prints and Photographs Division; Página 111 bottom, © John Lee/Aurora Photos; Página 112, © AP Photo/Pat Sullivan; Página 114, © AP Photo/Reed Saxon; Página 118, Courtesy of Amie Street; Página 123, © Don Farrall/Photodisc/Getty Images/RF; Página 125, © Stockbyte/PunchStock Images/DAL.

Capítulo 6

Página 126, © Photodisc/Getty Images/DAL; Página 127 à esquerda, Andy Resek; Página 127 à direita, Andy Resek; Página 130, © Eric Audra/PhotoAlto/PictureQuest/DAL; Página 131, © Chris Goodenow/Reuters/Corbis; Página 134, © AP Photo/Nati Harnik; Página 139, Courtesy of NASA; Página 140, © Gary Reyes/MCT/Landov; Página 142, ©1997 IMS Communications LTD/Capstone Design. All rights reserved./DAL; Página 143 top, Courtesy of Seven Cycles; Página 143 bottom, © Royalty-Free/Corbis; Página 144, © Paul J. Richards/AFP/Getty Images; Página 145, © Joe Raedle/Getty Images; Página 146, © Ryan McVay/Getty Images/DAL; Página 150, © AP Photo/Paul Sakuma; Página 151, © Royalty Free/Corbis/DAL; Página 152, © David Graham/Time Life Pictures/Getty Images.

Capítulo 7

Página 154 à esquerda, Andy Resek; Página 154 à direita, Andy Resek; Página 155, © PunchStock Images/Digital Vision/DAL; Página 156, © NBAE/Getty Images; Página 160, © Tim Boyle/Getty Images; Página 162, © Ryan McVay/Getty Images/DAL; Página 164 top, © Bettmann/Corbis; Página 164 bottom, © AP Photo/Uwe Lein; Página 167, Courtesy of Persuasive Games; Página 174, Courtesy of Tersiguel's; photo by Vickie Goeller; Página 177, © Robyn Beck/AFP/Getty Images; Página 178, © Photodisc Collection/Getty Images/DAL; Página 179, © PhotoLink/Getty Images/DAL.

Capítulo 8

Página 180, © Doug Menuez/Getty Images/DAL; Página 181 à esquerda, Andy Resek; Página 181 à direita, Andy Resek; Página 182, © Library of Congress, Prints and Photographs Division, LC-U9-10364-37; Página 186, © AP Photo/Thibault Camus; Página 187, © AP Photo/Advantica; Página 190, © The McGraw-Hill Companies, Inc./David Planchet/DAL; Página 194, © Alan Einstein/NBAE/Getty Images; Página 196 top, © Royalty-Free/Corbis; Página 196 bottom, © Jodi Hilton/Corbis; Página 198, © AP Photo/Williams Perry; Página 199, © John Neubauer/PhotoEdit; Página 202, © AP Photo/Ling long-Imaginechina; Página 204, © arabianEye/PunchStock/DAL; Página 205, © Flying Colours Ltd./Getty Images/DAL.

Capítulo 9

Página 206 à esquerda, Andy Resek; Página 206 à direita, Andy Resek; Página 207, © Jupiterimages/Comstock/Alamy/DAL; Página 209, © Mel Curtis/Getty Images/DAL; Página 210, © AP Photo/Chuck Burton; Página 212, © AP Photo/Paul Sakuma; Página 217, © Jupiterimages/Imagesource/DAL; Página 221, © Associated Press; Página 224 top, © Library of Congress, Prints and Photographs Division; Página 224 bottom, © AP Photo/Virginia Mayo; Página 225, © AP Photo/Kathy Willens; Página 227, © davepix.com.

Capítulo 10

Página 228, © Jose Luis Pelaez Inc./Blend Images/AP Images/RF; Página 229 à esquerda, Andy Resek; Página 229 à direita, Donna Callais; Página 231, © AP Photo/Tammie Arroyo; Página 233, © Alyson Aliano; Página 237, © Robert Glusic/Getty Images/DAL; Página 239, © AP Photo/Paul Sakuma; Página 241, © Kaz Chiba/The Image Bank/Getty Images; Página 243 top, © AP Photo; Página 243 bottom, © AP Photo/Michael Conroy; Página 246, © Tom & Dee Ann McCarthy/Corbis; Página 248, © John Zich/zr/Corbis.

Capítulo 11

Página 252 à esquerda, Andy Resek; Página 252 à direita, Andy Resek; Página 253, © Photodisc/Getty Images/DAL; Página 254, © Eyewire Collection/Getty Images/DAL; Página 256, Courtesy of Omnica Corporation; Página 260, © Marc Pokempner/Getty Images; Página 262, Courtesy of Boots & Coots; Página 264, Courtesy of CICLOPS and the Cassini Imaging Team; Página 266, © Robert Glusic/Getty Images/DAL; Página 269 à esquerda, © Dynamic Graphics/PictureQuest/DAL; Página 269 à direita, © Riccardo S. Savi/Getty Images for IMG; Página 270, © American Arbitration Association. *Note: This ad is not part of the current advertising campaign*; Página 271, © Getty Images/Image Source/DAL.

Capítulo 12

Página 272, © Royalty-Free/Corbis/DAL; Página 273 à esquerda, Andy Resek; Página 273 à direita, Andy Resek; Página 275, © Jack

Hollingsworth/Corbis/DAL; Página 276, © BananaStock Ltd./DAL; Página 277, © Stockbyte/Getty Images/DAL; Página 278 top, © Comstock/PunchStock/DAL; Página 278 bottom, © AP Photo/Tammie Arroyo; Página 281 à esquerda, © Royalty-Free/Corbis; Página 281 à direita, © Hiroko Masuike/The New York Times/Redux; Página 283, © Frazier Harrison/Getty Images; Página 285, © Chuan Khoo/Getty Images/DAL; Página 292, © Bill Varie/Corbis.

Capítulo 13

Página 294 à esquerda, Andy Resek; Página 294 à direita, Andy Resek; Página 295, © moodboard/Corbis/RF; Página 297, © AP Photo/Carlos Osorio; Página 298, © Chamussy/Sipa/AP Images; Página 303, © Keith Brofsky/Getty Images/DAL; Página 310, © Ron Wurzer/Getty Images; Página 315, © AP Photo/Kevin P. Casey; Página 316 top, © Bettmann/Corbis; Página 316 bottom, © Elleringmann/laif/Aurora Photos; Página 317, © BananaStock/PictureQuest/DAL.

Capítulo 14

Página 318, © Photomondo/Getty Images/DAL; Página 319 à esquerda, Andy Resek; Página 319 à direita, Andy Resek; Página 321, © J. Luke/PhotoLink/Getty Images/DAL; Página 322, © Tony - Imaginechina/AP Images; Página 323 top, © Dynamic Graphics/Jupiterimages/DAL; Página 323 bottom, © Frank Brandmaier/Corbis; Página 324, Courtesy of HyperActive Technologies; Página 327, © Alyson Aliano; Página 328, Courtesy of 3M Company; Página 329, © Ned Frisk/Corbis/DAL; Página 331, © Simon Fergusson/Getty Images; Página 334, © AP Photo/Mary Altaffer; Página 337, © David Paul Morris/Getty Images; Página 338, © BananaStock/age fotostock/DAL; Página 341, © Kim Kulish/Corbis; Página 342 top, Copyright © 2008 Symantec Corporation. Reprinted with permission; Página 342 bottom, © L. Clarke/Corbis/DAL; Página 343, © Digital Vision/Getty Images/DAL; Página 345, © Stockbyte/Getty Images/DAL.

ÍNDICE

14 pontos de qualidade, 148
3M, 87, 254, 309, 325, 328, 330

A

A&W, 106
A.C. Moore, 285
Abacaxis (*dogs*), 86
Abbott Laboratories, 86, 198
Abordagem comportamental à liderança, 214-216
Abordagem por traços à liderança, 213-214
Abordagem situacional à liderança, 216-221
Abrams, Rhonda, 105
Ação
   política, 42-43
   voluntária, 42
Ação afirmativa, 189-193; *Ver também* Diversidade
Accenture, 185, 282-283
AccuRadio, 28-29
Accurate Perforating, 91-92, 94, 95
Acomodação, 198, 268-269
   de sistemas, 198
Acordo de Livre Comércio da América do Norte, 34
Action Fast Print, 225
Adaptação no núcleo, 41-42
Adaptáveis, 343
Adequação organizacional, 325
Adhocracia, 47
Adidas, 32
Adler, Nancy J., 193, 276
Adotantes precoces (*early adopters*), 325
Advogado do diabo, 98
Aéropostale, 37
Aetna Life & Casualty, 12, 60, 191, 195
Afastamento remunerado, 175
Affordable Internet Services Online, 107
Aflac, 197
Agências de emprego, 161
Agilidade organizacional, 144-152
Agressão competitiva, 42, 123
Air Canada, 325-326
Albert, Sarah, 2, 252
Alexander, Whit, 8
Alianças estratégicas, 42, 145-146, 326
Alienação, 44
Allen, Paul, 100
Allied Signal, 301
Allison, Mary Ann, 157
Allstate, 80, 249
Amazon, 6, 8, 83, 223, 229, 324
Ambiente, 68-71
   adaptação ao, 40-42
   atraente, 39
   competitivo, 28, 33-38
   hostil, 185-186
   interno, 45-49
   não atraente, 39
Ambiente externo
   ambiente competitivo, 28, 33-38
   análise ambiental, 38-40, 81-82
   clientes, 37-38
   fornecedores e, 36-37
   macroambiente, 28-33
   reação ao, 40-45
Ameaças, 81-82, 84
American Arbitration Association, 270
American Bank, 256
American Express, 42, 330
American Finishing Resources, 344
American International Group (AIG), 63

American Library Association, 282
American Management Association, 52
Amica Mutual, 238
Amie Street, 118
Amortecimento, 41
Ampliação de cargo, 242-243
Amplitude de controle, 132
Análise
   ambiental, 38-40, 81-82
   conjuntural, 74
   de campo de força, 336
   de cargo, 160, 161
   de ciclo de vida (*life-cycle analysis* – LCA), 70
   de oportunidades, 118
   de oportunidades e ameaças externas, 81-82
   financeira, 82
   interna, 82-84
   operacional, 82
   SWOT, 84-88
Anderson, Brad, 131
Anderson, Erika, 240
AOL Radio, 29
Apple, 44, 45, 73, 83, 92, 100, 118, 145, 157, 197, 212, 327
Aprendizado organizacional, 329
Aquisições, 44
Arbitragem, 178-179
Archer Daniels Midland, 185
Arnold, Bill, 172
Asarco, 69
Ash, Mary Kay, 241
Ashcroft, John, 234
Asiala, Laura, 4
Aspiração civil, 66
Assédio
   sexual, 185-186
Association of Certified Fraud Examiners, 58, 65
Astex Therapeutics, 107
Aston, Adam, 223
AT&T, 21, 76, 188, 199, 225, 286
ATI Technologies, 37
Ativos
   intangíveis, 95
   tangíveis, 95
Auditoria
   de marketing, 82
Auditorias, 302-303, 305, 321
   contábeis, 305
   de administração, 302-303
   externas, 302-303
   internas, 302-303
AutoAdmit, 59
Autoavaliações, 171
Autoconfiança, 21-22
Autonomia, 244
Autoridade, 130-132
   formal, 131
   informal, 131
Autoritarismo, 220
Autorrealização, 239
Avaliação 360 graus, 171
Avaliação de desempenho
   360 graus, 171
   benchmarking, 40, 84, 321
   comportamental, 170
   crenças ligadas ao desempenho, 236-238
   de controle, 14-15
   de equipes, 261-262
   definição, 168
   estabelecimento de padrões, 296-298, 310-311

   feedback; *Ver Feedback*
   medidas corretivas, 299-300
   meios de realizar, 298-299
   monitoramento, 77
   o que avaliar, 170-171
   propósitos, 169-170
   punição, 234-236
   quem deve realizar, 171-172
   reforço do desempenho, 233-236
   sistema de controle estratégico, 89-90
   de recursos humanos, 82
   de resultados, 170
Avaliações
   comportamentais, 170
   de traços, 170
Aviles, Alvin, 187
Avon, 12, 186, 195
Aziz, Adnan, 104

B

Babcock, D., 71
Bailey, Steve, 286
Balanced scorecard, 313
Balanços patrimoniais, 306, 307
Ballmer, Steve, 147
Banatao, Desi, 108
Banatao, Rey, 108, 109
Banco Mundial, 226
Bank of America, 68
Banker, R., 257
Barber, Donna, 107
Barnes & Noble, 6
Barnes, Brenda, 185
Barreiras à entrada, 35
Barry, Nancy, 226
Barry-Wehmiller Companies, 224
BARS, 170
Bartlett, C., 18
Bateman, T., 219, 238
Batesville Casket Company, 326
Baxter Healthcare, 290
Bayer Corporation, 44, 108
Bayer MaterialScience, 108
Bayless, Maggie, 325
BeadforLife, 16-17
Beaumont, Claudine, 279
Behrens, Rick, 37
Beloit Corporation, 105, 114
Ben & Jerry's, 231
Benchmarking, 40, 84, 321
Bendix, 324
Benefícios aos trabalhadores, 178-180
Benkow, Kenneth, 247
Berdovsky, Peter, 57
Berg, Shari L., 17
Berke, Howard, 106, 107
Berkowitz, George, 294
Berry, Ben, 287
Bertken, Dennis, 107-108
Best Buy, 10-11, 131, 332
Best, David, 67
Bezos, Jeff, 223
Biden, Joe, 30
Bierce, Ambrose, 102
Bigari, Steven T., 235
BioWare, 322
Black, Ryan, 108
Blake, Robert R., 216
Blanchard, Ken, 316
Blockbuster, 35
Blogging, 277-278, 280
Bloomberg, Michael, 13

● ● ÍNDICE **385**

BMG Canada, 121
BNSF, 184-185
Boeing, 37, 79, 89, 109, 279, 323, 330
Bohlander, George, 163, 173
Bonificação, 174
Boots & Coots, 262
Borders Books, 183
Boston Consulting Group, 85, 327
Bower, Joseph, 92
Boyle, Matthew, 257
BP, 201
BP Canada, 290
Bradford Bank, 256
Bradstreet, Anne, 131
Brady, D., 24
Braille Institute of America, 9
Brainstorming, 98, 279
Branson, Richard, 93, 102, 123-124, 221, 222
Breeden, Richard, 62
Brewer, Lynn, 59
Bricklin, Dan, 103
British Airways, 325
British Petroleum, 7, 14
Brown Flynn, 235
Brown, Shona, 14
Brownlee, Harvey, 187
BTS Group, 168
Buckley, George, 309
Bufe, Bill, 162
Burfield, T., 71
Burger King, 149
Burlingham, Bo, 305
Burns, Rita, 20
Burns, T., 128
Burns, Ursula, 185
Burnside, Ron, 20
Burocracia, 41
Busch, Elizabeth, 115
Business Franchise Directory, 109
Bykowski, John, 291

C

C.F. Martin & Company, 84, 85
Caesar Rivise, 195
Caesar, Abraham, 195
CafePress.com, 110
Calkins, Patricia, 21
Camden, Carl, 96
Cameron, Kim S., 48
Campbell Soup Company, 239
Candidatura a empregos, 161
Cannaverde, Joseph A., 199
Cantalupo, James, 81
Canter, Rachelle, 24
Cantone, Dale, 109
Capital One, 234
Capital One Auto Finance, 24
Capital One Financial Corporation, 303
Capital social, 22, 120
Capitalistpig Asset Management, 10
CareerBuilder, 160
Cargill Animal Nutrition, 239
Caribou Coffee, 27
Carlson Companies, 208
Carlson Leisure Travel Service, 310
Carlson, Ed, 291
CarMax, 342
Carnegie, Andrew, 224
Carpenter, Jacob, 185
Carroll, A., 66
Carteira, 85
Carteira de negócios, 85
Carter, Dawn, 107
Carter, Majora, 222-223

Cartwright, Mary Jo, 326
Cash cows (vacas leiteiras), 86
Castiglione, Diane, 244
Catalano, Alicia, 127, 154
Categoria mundial, 330-332
Caterpillar, 343
Catron, Philip, 104-105
Cenário de melhor hipótese, 39
Cenários, 39, 76
Centros de avaliação, 164
Certeza, 90
Chambers, John, 91, 224, 285
Chan, Mei-Mei, 187
Chapman, Robert, 224
Charan, Ram, 249-250
Chatzkey, Jean, 6
Chavez, Angel, 181, 273
Chemlawn, 104
Chevron, 201
Chiodo, Cherri, 6
Choque cultural, 202
Chouinard, Yvon, 117
Chrysler, 8-9, 34, 223
Ciclo de vida do produto, 70
Ciliberti, Connie, 41
Ciolli, Anthony, 59
Circuit City, 157, 332
Círculos de qualidade, 257
Cisco Systems, 4, 91, 224, 252, 285
CIT Group, 55
Citibank, 55
Citicorp, 330
Clampitt, P. G., 282
Clark, Ashton, 102
Clark, Ryan, 102
Clientes, 37-38
Clima ético, 58
Coach, 324
Coaching, 168, 261, 264, 288-289
Coalizão, 42
Coca-Cola, 34, 35, 53, 64, 67, 83, 188, 201, 289
Cocuzza, Frank, 314
Cody, Richard A., 4
Coerção, 338
Coesão, 264-266
Cohen, Jarret, 59
Cohen, Larry, 91-92, 95
Colaboração, 7-8, 268-269
Cold Stone Creamery, 167
Colega menos preferido (*least preferred coworker* – LPC), 218
Coletivismo, 202-203
Colgate-Palmolive, 199
College Hunks Hauling Junk, 158-159
Collins, James, 296, 330
Colt, Sam, 54-55
Comando e controle, 134
Combinador Y, 11
Commodity Sourcing Group, 106
Compaq, 2
Competências
    conceituais, 19-20
    de apresentação, 283-284
    de leitura, 287
    de observação, 287-288
    de ouvinte, 286-287
    de persuasão, 283-284
    de pessoal, 19
    de redação, 285
    essenciais, 83, 144-145
    interpessoais, 19-20
    linguísticas, 285
    técnicas, 19-20
Competição, 268-269
Competitividade em custos, 11-12
Complemento, 36

Comportamento
    burocrático rígido, 309
    de manutenção do grupo, 214-215
    de manutenção, 214-215
    de realização de tarefas, 214-215
    de realização, 214-215
    tático, 309
    voltado para relacionamentos, 215
CompUSA, 332-333
Comunicação, 273-293
    ascendente, 290-291
    bilateral, 274-275
    cara a cara, 283
    descendente, 288-290
    eletrônica, 277-283
    escrita, 277
    horizontal, 291-292
    informal, 292-293
    intercultural, 286
    interpessoal, 274-283
    não verbal, 285-286
    oral, 277
    organizacional, 288-293
    unilateral, 274
Comunicação aberta, importância da, 313
    armadilhas, 275-276
    ascendente, 290-291
    cara a cara, 283
    competências necessárias, 19-20
    coordenação e, 143-144
    definição, 274
    descendente, 288-290
    eletrônica, 277-283
    escrita, 277
    horizontal, 291-292
    informal, 292-293
    intercultural, 286
    internacional, 276-277
    interpessoal, 274-283
    melhoria das competências de, 283-288
    não verbal, 285-286
    oral, 277
    organizacional, 288-293
    transfronteiriça, 7-8
    unilateral, 274
ConAgra Foods, 15, 256
Concentração, 84-85
Concepção de cargo, 161, 241-246, 329-330
Conciliação de oferta e demanda, 159-160
Confiabilidade, 164-165
Conflitos de interesses, 29
Connor, Nicholas, 107-108
ConocoPhillips, 326
Conscientização, 196-197
Conselheiros internos, 130
Conselho de administração, 130
Conselhos de assessores, 121
Consideração, 214, 215
Consumidor, 37-38
    final, 37-38
    intermediário, 37-38
Contração, 42
Contratos psicológicos, 249-250
Controle, 14-15, 296
    burocrático, 296, 297-302; *Ver também*
        Sistemas de controle
    concorrente, 300-301
    especialista, 299
    financeiro, 306-308
    pelo clã, 297, 313, 315-317
    pelo mercado, 296, 313-315
    pelo operador, 300
    preliminar, 300
    prospectivo, 300-301
    retrospectivo, 300-301
Converse, 42

Cook, Jackie, 233
Cook, Tim, 212
Cooper, C., 200
Cooperação, incentivo à, 337-339
Cooptação, 42, 338
Coordenação, 129, 142-143
Cor Business, 76
Coragem, 226
Cordis Corporation, 137
CoreX Technology and Solutions, 45
Corfino, 22
Corning, 84, 156, 186
Corretores, 141
Coughlin, Catherine, 286
Cox, John, 279
Creacy, Harold E., 313
Credit Suisse, 240
Crenças ligadas ao desempenho, 236-238
Crescimento
    populacional, 31
    sustentável, 69
Criatividade, 98
Crimson Skateboards, 111
Cullinan, Jim, 62
Cultura
    forte, 45
    fraca, 45
    grupal, 47
    hierárquica, 47
    organizacional, 45-49
    racional, 47
Cuomo, Andrew, 55
Currículo, 23-24, 161
Custo por atividade, 305-306
Customização em massa, 41, 149-150
Custos
    das falhas de ética, 63-64
    de mudança, 37
    por atividade, 305-306

D

D.light Design, 106
Dana Corporation, 305
Daniel, Lori, 342
Daniels, Dick, 24
Darden Restaurants, 197, 198
Dartmouth Regional Technology Center, 115
Days Inn, 195
DB Healthcare, 105
De Munnik, Jack, 105
Decisão
    de fazer ou comprar, 326
    de remuneração, 173-176
    não programadas, 90
    programadas, 90
Deere and Company, 248
Defeitos por milhão de oportunidades (*Defects per million opportunities* – DPMO), 301
Delegação, 116, 132-134
Dell Computers, 38, 100
Dell, Michael, 100
Deloitte & Touche, 156, 198
Deming, W. Edwards, 9-10, 148
Demissão, 165-166
    a critério, 165
    em massa, 165
Demografia, 31-32
    da força de trabalho, 31-32
Demonstrativo de resultados, 306, 308
Denny's, 187, 191
Denúncias, 64-65, 165
Departamentalização, 135-136
Departamentos
    de apoio, 135
    de linha de frente, 135
Descontar ao futuro, 96, 97

Descrição de cargo, 160
Desenvolvimento, 167-169
    antecipado de competências, 324-325
    de carreira, 20-24, 198
    de competências, 197
    de competências, 324-325
    econômico, 30-31
    organizacional, 331-332
    social, 30-31
Deslocamento de metas, 97
Despotencialização, 245
Destravamento, 335-336
Det Norske Veritas, 137
Deutsche Lufthansa, 325
Deutschman, Alan, 336
Dialética, 98
Diamond, Jamie, 279
Dienhart, J., 64
Diferenciação, 86, 128-129, 320
Digital Research, 88
Dignidade humana, 54
Dillon Read, 240
Direito ao trabalho, 178-179
Diretor de Tecnologia (*Chief Technology Officer* – CTO), 327
Disciplina
    progressiva, 313
Discriminação, 167
Disney, Walt, 221
Distância do poder, 202-203
Diversidade, 181-205
    crescimento, 183-184
    cultivo, 194-198
    desafios da, 192-193
    e ação afirmativa, 189-193
    faixas etárias, 188-189
    minorias e imigrantes, 32, 186-188
    mudanças sociais, 182-183
    organizações multiculturais, 193-194
    questões de gênero, 184-186
    transfronteiriça, 198-205
    treinamento, 168, 196-197
Diversificação, 44, 85
    concêntrica, 85
    em conglomerado, 85
Divisão do trabalho, 128-129
Divisões
    de clientes, 137
    de produto, 137
    geográficas, 137
Dogs (abacaxis), 86
Dolezalek, Holly, 168
Domino Sugar, 149
Dorsey, Jack, 278
DoubleClick, 84
Dow Chemical, 83
Dow Corning, 4
Dow Jones Industrial Average, 31
Downsizing, 147, 165
Drucker, Peter, 4, 23, 28, 76, 117, 205
Dubos, Rene, 183
Duddy, Roy, 115
Dumars, Joe, 194
Dun and Bradstreet, 187
Duncan, Julian, 235
Dunkin' Donuts, 108
DuPont, 67, 80, 83
Dur-A-Flex, 147
Durani, Nusrat, 329

E

Eastman Chemical, 262
Eastman Kodak, 171

Eastman, Linda, 32
e-Commerce, 110; *Ver também* Internet
Economia
    impacto sobre novas empresas, 114
Edelman, 52
Edelstein, Jordan, 22
Educação transcendente, 66
Efeito de facilitação social, 262-263
Efeito rua lateral, 110
Efeitos de enquadramento, 94, 95-96
Egoísmo, 55
Elachi, Charles, 226
Electric Sheep Company, 279, 282
Electronic Arts, 22, 44
Eli Lilly, 160
Elisão do conflito, 268-269
Ellison, Jay, 281
Ellison, Lawrence, 337
E-mail, 278, 280
Emerson Electric, 310
Emirates Airlines, 325
Emmer, Bob, 114
Empatia, 66
Empreendedor, 104, 327
Empreendedores independentes, 104; *Ver também* Empreendedorismo
Empreendedorismo corporativo, 121-124; *Ver, também,* Empreendedorismo
Empreendedorismo, 100-124
    competências necessárias, 110-113
    construção de apoio, 121-122
    corporativo, 121-124
    definição, 100, 102
    desafios enfrentados, 115-117
    e gestão, 102
    e pequenas empresas, 102
    fracassos, 113-115
    franquia, 108-109
    Internet e, 110
    intraempreendedorismo, 104, 122
    matriz estratégica, 112-113
    mitos, 103-104
    orientação, 122-124
    planejamento, 117-121
    por que tornar-se um, 104-105
    que negócio começar, 105-110
    recursos não financeiros, 120-121
    segredos para o sucesso, 105
Emprego a critério, 165
Empresa
    analista, 325
    defensora, 44, 325
    empreendedora, 102
    exploradora, 44, 325
    modular, 140
    sindicalizada, 178-179
    virtual, 140
Empresas *start-up*; *Ver* Empreendedorismo
Emulex, 222
Engenharia simultânea, 152
Enriquecimento de cargo, 242-243, 262
Enron, 52, 57, 59, 63, 204
Enterprise Rent-A-Car, 154, 174, 244
Entrevista, 161-162
    comportamental descritiva, 162
    de demissão, 165
    desestruturada, 161-162
    estruturada, 162
    situacional, 162
Environmental Protection Agency (EPA), 29, 69
Environmental Systems Design, 134-135
Equal Employment Opportunity Commission (EEOC), 29, 186
Equipes, 252-271; *Ver também* Grupos
    autoconcebidas, 257

● ● ÍNDICE **387**

autogeridas, 256-259, 264
coesão, 264-266
competências dos membros, 262-263
conflitos, 267-271
construção de, eficazes, 260-266
contribuições, 254
de alta administração, 120, 131
de projeto, 255
de trabalho, 255
definição, 255
e grupos, 254-255
estratégias, 266-267
feedback, 244, 261-262
fracasso, 260
gestão, 256
grupos que se transformam em, 258-260
liderança de, 259, 264
mensuração do desempenho, 261-262
normas, 263-264
papéis, 264-265
paralelas, 255-256
relacionamentos laterais, 266-271
skunkworks, 122-123
tipos, 255-256
transnacionais, 256
treinamento, 168
virtuais, 256
Equitable Life Assurance Society, 195
Ernst & Young, 188
Errands Done Right, 107
Esco, 231
Escritório virtual, 279, 281-283
Especialista, 21
em manutenção de equipes, 264-265
em tarefa, 264-265
Especialização, 128-129
Especificação de cargo, 160
Estágio
de declínio, 258
de princípios, 56
Estratégia, 77-78
cooperativa, 42
corporativa, 84-86
de baixo custo, 86, 320
de desfile, 266-267
de informação, 266-267
funcional, 88
independente, 42
Estrutura
de negócio, 86-88
horizontal, 129, 135-141
iniciadora, 214-215
orgânica, 128, 129
organizacional divisional, 136-137
Estrutura organizacional, 127-152
agilidade, 144-152
amplitude de controle, 132
centralizada, 134-135
departamentalização, 135-136
descentralizada, 40, 134-135
diferenciação, 86, 128-129, 320
divisional, 136-137
em rede, 138-141
em torno das competências essenciais, 144-145
funcional, 135-136
fundamentos, 128-130
geográfica, 137
horizontal, 129, 135-141
integração, 128-130, 141-144
matricial, 138-139
mecânica, 128, 129
orgânica, 128, 129
para a qualidade, 148-149
redução de camadas, 131
tecnologia e, 149-152
vertical, 129-135

Estufas, 70-71
Etapa
convencional, 56
encerramento, 258
pré-convencional, 56
Ethics Resource Center, 60, 64
Ética, 50-65
códigos de, 60-61
custos do fracasso, 63-64
definição, 52
denúncias, 64-65, 165
e meio ambiente natural, 68-71
egoísmo e utilitarismo, 55
empresarial, 54-55, 56-57
escândalos corporativos, 52, 57, 63
exigências da sociedade, 57-59
Lei Sarbanes-Oxley, 56, 57-58, 60, 65, 315
mentira, 52-53
padrões corporativos, 59-60
programas de, 61-62
propina, 29, 55
relativismo, 56
responsabilidade social corporativa, 65-68
sinais de perigo, 59
solução de problemas, 62-63
suborno, 29, 55, 204
universalismo, 54-55
virtude, 56
Ética empresarial, 54-55, 56-57; *Ver também*
Ética
Etnocentrismo, 202
eToys, 111
Eve.com, 111
Everett, Shaunessy, 302
Evolved Media Network, 255
Expatriados, 198-199
Exploração, 264
Extinção, 234-235
Exxon-Mobil, 31

F

Fábricas flexíveis, 150-151
Facebook, 8, 22, 100, 279, 300
Fadell, Tony, 92
Family Dollar Stores, 157
Farrow, Vicky, 22
Fatores higiênicos, 243
Federal Aviation Administration, 29
Federal Emergency Management Agency (FEMA), 279
Federal Express, 83, 100, 145, 187, 191, 239, 263
Federal Trade Commission, 109
Federal Warehouse Company, 94
Federated Department Stores, 137
Feedback negativo, 95
Feedback
como fornecer, 172
equipes e, 244, 261-262
importância, 236
negativo, 95
Filantropia estratégica, 66
Filiação, necessidade de, 240
Filosofia moral, 54-55
Filtragem, 275-276, 288
Fiore, Joseph, 45
Fiorentino, Gilbert, 332
Fiorina, Carly, 215
First Flavor, 104
First Horizon National, 248
Fit After Fifty, 107
Flaming, 280
Flannery, Jessica, 140
Flannery, Matt, 140

Flaum, David, 305
Fog Creek Software, 131-132
Foley, Bridget, 33
Food and Drug Administration, 29
Foos, Richard, 114
Forbes, Malcolm, 195
Força da necessidade de crescimento, 244-245
Ford Motor Company, 8, 11, 44, 84, 137, 149, 171, 223, 301, 310
Ford, Henry, 41, 85, 201, 223
Foremost Farms USA, 334, 335
Formação, 258
Formação de quadros, 160-167
Formalização, 142-143
Fornecedores, 36-37
Forti, Paul, 268-269
Fowler, Geoffrey, 202
Fracasso
das equipes, 260
de novos negócios, 113-115
dos expatriados, 199
ético, custo do, 63-64
Franchise Chat, 109
Frank, Janet, 339
Franks, George, 275
Franquia, 108-109
Free, Mitch, 5
Freeman, Sheryl, 127, 294
Freescale Semiconductor, 196
French, J. R. P., 211, 212
Frey-Mott, Anne, 115
Friedlander, Brian, 279
Friedman, Milton, 66
Friedman, Nick, 158
Frito-Lay, 342
Frivolidade, 311
Froogle, 12
Fuld, Richard, 96
Fung, Brenda, 248
Fusões, 42, 44

G

Ganapati, Priya, 333
Gandhi, Mahatma, 49
Gannett, 92
Garrison, Mary, 115
Garson Foods, 114
Gates, Bill, 38, 100, 131, 149
Genentech, 100
General Electric, 4, 58, 60, 69, 74, 75, 85, 88, 121, 131, 225, 281, 291, 293, 301-302, 305, 313
General Foods, 299
General Mills, 22, 168, 254
General Motors, 9, 11, 34, 135, 149, 297, 309, 323, 324
Generalista, 21
Generatividade, 66
Genialidade do e, 331
George, William, 20
Gerdes, Lindsey, 159
Gerstner, Louis, 224
Gestão baseada no passeio, 291
Gestão científica, 313
Gestão da diversidade, 182; *Ver também*
Diversidade
Gestão da mudança, 332-341
Gestão da qualidade total (*total quality management* – TQM), 148-149; *Ver, também,* Qualidade
Gestão de conflitos, 267-271
Gestão de livro aberto, 289-290, 312
Gestão de recursos humanos (GRH), 154-179
análise de cargos, 160, 161

388 ÍNDICE

aspectos jurídicos, 166-167
concepção de cargos, 161, 241-246, 329-330
definição, 156
demissão e demissão em massa, 165-166
formação de quadros, 160-167
impacto, 156-157
processo de planejamento, 157-160
recrutamento, 160-161, 195
relações trabalhistas, 176-179
seleção, 161-164
sistemas de recompensa, 172-176, 241
treinamento e desenvolvimento, 40-41, 167-169, 196-197
Gestão
científica, 313
de livro aberto, 289-290, 312
definição, 12
do conhecimento, 7
estratégica, 79
e empreendedorismo, 102
e liderança, 210-211
ecocêntrica, 69
funções, 12-16
internacional, 198-205
transfronteiriça, 198-205
Gestão por objetivos (*management by objectives* – MBO), 170-171
Gestores graduados, 16-17, 131
Gestores intermediários, 17-18, 131
Gestores
chaves para a eficácia, 12-13
competências necessárias, 19-20
competências transculturais, 199-201
de linha de frente, 18, 131
delegação e, 116, 132-134
desenvolvimento de carreira, 20-24, 198
dupla chefia, 139
e empreendedores, 102
em "T", 7
estratégicos, 16
graduados, 16-17, 131
inteligência emocional, 20-21
intermediários, 17-18, 131
mudança dos papéis, 18
operacionais, 18
presidentes executivos (CEOs), 16-17, 130-131
principais atividades, 18-19
táticos, 17
Giacalone, Robert, 66
Gierlinger, Sven, 11
Gilbert, Clark, 92
Gill, Dee, 159
Girdhar, Rohit, 95
Gladwell, Malcolm, 192
Glass ceiling, 185, 191
Glaxo-SmithKline, 7
Glisan, Ben, Jr., 63
Global Adjustments, 268
Global Hyatt, 201
Global Locate, 326
Globalização, 4-5
Goh, Jeffrey, 342
Goldman, Sam, 106
Goodnight, Jim, 5
Goodyear Tire & Rubber, 258
Google, 6, 9, 11, 14, 35, 42, 45, 71, 84, 162, 245-246, 322, 325, 329
Gordon, Jacob, 233
Goshal, S., 18
Gottenbusch, Gary, 115, 117
Graham, Paul, 11
Grama artificial (*Astroturfing*) 53
Gramkow, Carnevale, Seifert & Company, 247
Grasso, Richard A., 247

Great Lakes Naval Museum, 80
Green Mobile, 116
Green Mountain Coffee Roasters, 27
Greenleaf, Robert, 225
Greider, Bill, 147
Greve econômica, 177
Greves, 177-178
Gross, Bill, 104, 111-112
Grossman, Lev, 279
Grove, Andy, 78
Grover, S. L., 53
Grupo de trabalho, 255, 257
Grupos de apoio, 197
Grupos, 254-255, 258; *Ver também* Equipes
Grupos de trabalho
autônomos, 257
semiautônomos, 257
tradicionais, 257
Gucci, 32
Guidero, Elaine, 50, 229
Guitar Center, 231
Gulfstream Aerospace, 92
Gupta, Raj, 134

H

H&M, 32
Hackman, Richard, 243-244, 261
Hamel, Gary, 343
Hamilton, Lynn, 283
Hammer, Ed, 27
Hammer, Michael, 311
Hanna, Joanne, 312
Harley-Davidson, 134, 342
Harrah's Entertainment, 242
Hart, Darryl, 106
Hawking, Stephen, 109
Hawthorne, Derrick, 50, 252
Headgate Studios, 44
HealthPartners, 297
Helgans, Ted, 6
Helms, Susan J., 139
Henderson, Fritz, 297
Hendricks, Ken, 105, 114
Herman, Darren, 116
Hermann, Bill, 230
Hersey, John, 225
Herzberg, Frederick, 243
Hewitt, Steve, 210
Hewlett, Bill, 106
Hewlett-Packard, 12, 84, 87, 195, 215, 222, 291, 305, 324, 328, 330
Hibbard, Devin, 16
Hierarquia de necessidades, 238-239
Hierarquia, 131-132
Hirsch, J., 71
Hirshberg, Gary, 232
Hit Forge, 115
Hoenig, Jonathan, 10
Hoffman, Lou, 116
Hofstede, Geert, 202, 203
Holloway, Maguerite, 223
Home Depot, 168, 302, 304
Honda Motor Company, 83, 88, 134, 171
Honeywell, 195, 198, 199, 254
Hoops, S., 71
Hopkins, Mark, 24
Hosmer, L. T., 63
House of Chloe, 32
House, Robert, 219
Houweling Nurseries, 70-71
Houweling, Cornelius, 70
Hsieh, Tony, 104, 115, 119, 229
Hudson, Joshua, 185
Hughes, Stephen, 256
Hull, Jeffrey, 76

Human Resources Institute, 52
Huntsman Chemical, 231
Hurd, Mark, 12
Hyatt West Hollywood, 9
Hyde Park Electronics, 313
Hyperactive Technologies, 324

I

Iacocca, Lee, 223
IBM Global Services, 12
IBM, 37, 39, 53, 60, 70-71, 75, 83, 88, 171, 188, 199, 224, 277, 279, 281, 334
Ibuka, Masaru, 106
Idealab, 104, 111
Identidade da tarefa, 244
Identificação por radiofrequência, 11
IDEO, 328
IGA Worldwide, 116
Igualdade de oportunidade de emprego, 166-167
Ilusão de controle, 94, 95
Imigrantes na força de trabalho, 32, 186-188
Immelt, Jeffrey, 60, 69, 225
Impacto adverso, 167
Incerteza
ambiental, 38
definição, 90
elisão da, 202-203
Inclusão, 191
Incubadoras de negócios, 114-115
Índice de endividamento geral, 308
Índice de liquidez corrente, 308
Índices de alavancagem, 308
Índices de lucratividade, 308
Índices financeiros, 308
Individualismo, 202-203
Informação em tempo real, 96
Ingram, Mathew, 279
Inner City Broadcasting, 213
Inovação; *Ver também* Tecnologia
definição, 9, 319
organizando-se para, 327-330
projeto de desenvolvimento, 329
tipos, 320
Inovação de processo, 320
Inovação em produto, 320
Inovador técnico, 328
Insider trading, 56
Instrumentalidade, 237
Insumos, 28, 246
Integração
cultural, 193
funcional, 136
organizacional, 128-130, 141-144
vertical, 85
Integrant Technologies, 120
Integridade, 213
Intel, 78, 118, 324
Inteligência
competitiva, 39
emocional, 20-21
Intercâmbio de tecnologia, 326
International Franchise Association, 109
International Harvester, 215
International Organization for Standardization, 148-149
Internet; *Ver também* Tecnologia
blogs, 277-278, 280
comunicação por meio de, 277-283
impacto sobre a globalização, 4-5
importância, 6
modelos de negócio, 110
redes sociais, 8, 22, 100, 277-278, 300
uso antiético, 53
uso pelo consumidor, 38

ÍNDICE **389**

Interstate Commerce Commission (ICC), 29
Intervenções
   estratégicas, 331
    no processo humano, 331
    tecnoestruturais, 331
Intolerância à humanidade ineficaz, 66
Intraempreendedores, 104, 122
Intuit, 82
IPO, 117-118
Irrelevância, 311
Isdell, Neville, 67
ISO 9001, 148-149
Ispat, 7
ITW, 133

J

J.P. Morgan, 161, 224
Jacobs, Bert, 42
Jacoby, Ryan, 328
Jain, Rubal, 283
Jamieson, Bob, 121
Jana, Reena, 333
Jankewicz, Beckie, 115
JetBlue, 223
Jhoti, Harren, 107
Jiffy Lube, 108
JIT, 151-152
JLW Homes and Communities, 116, 121
Job shop, 149
Jobs, Steve, 92, 100, 212, 327
Jogo de soma zero, 12
Johnson & Johnson, 60-61, 137, 188, 204,
   231, 330
Johnson, Clarence L. "Kelly," 261
Johnson, Dara, 73
Johnson, Gail, 184
Johnson, Komichel, 116, 121
Joint ventures, 42, 326
Jones, Robert A., III, 116, 121
Jordan, Ginny, 16
Jornadas de trabalho flexíveis, 196
Joss, Robert, 77
Juice It Up!, 108
Jung, Andrea, 12
Juran, J. M., 9
Justiça
   procedimental, 247
   realização da, 246-248
Just-in-time (JIT), 151-152

K

Kahler Slater Architects, 240
Kaiser Permanente, 188
Kallasvuo, Olli-Pekka, 73, 84
Kamdar, Rakesh, 105
Kamen, Dean, 94
Kamins, Aaron, 92, 95
Kanter, Rosabeth Moss, 299
Kaymen, Samuel, 232
Kelleher, Herb, 223
Keller, Martha Zehnder, 100, 273
Kellogg Company, 42
Kelly Services, 96
Kelly, Tom, 330-331
Kennedy, John F., 221
Kersten, Ryan, 154
Kettering, Charles, 321
KFC, 187, 300
King, Art, 162
King, Martin Luther, Jr., 221
Kinnersley, Chris, 234
Kirchner, Matthew, 344
Kiva, 140-141

Knight, Philip, 78, 100
Ko, Brian, 120
Kodak, 83
Kollmorgen Corporation, 209, 254
Konarka Technologies, 106, 107
Kopp, Wendy, 161
Kotter, John P., 338, 340
Kouzes, James, 209
Kovacevich, Dick, 76
Kraft Foods, 185, 199
Kramer, Mark R., 68
Krangel, Eric, 333
Krieg, Michael, 279
Kroger, 84
Kruk, John, 264
Kubinski, Joe, 2, 181, 206
Kyosei, 54

L

Lacuna de desempenho, 336
Lady of America Franchise Corporation, 115
LaFerla, Ruth, 33
Lafley, A. G., 209
LaGesse, David, 333
Laissez-faire, 214-215
Landrum-Griffin Act, 177
Lands' End, 343
Lane, Bob, 248
Laoruangroch, Brian, 115-116
Lawler, E. E., III, 249
Lawrence, P., 129
Lay, Ken, 63
Le, Chieu, 105
LeBoeuf, Michael, 235
Lee Bros. Foodservices, 105
Legal Sea Foods, 294
Legislação de fato sobre as organizações,
   28-30
Legitimidade, 120
Lego, 112
Lehman Brothers, 96
Lehman, Theresa, 98
Lei contra a Discriminação na Gravidez
   (*Pregnancy Discrimination Act*), 176
Lei da Igualdade de Remuneração (*Equal Pay
   Act*), 176
Lei da Previdência Social (*Social Security
   Act*), 175
Lei da Segurança e Saúde Ocupacionais
   (*Occupational Safety and Health Act*), 176
Lei das Práticas Corruptas no Exterior (*Foreign
   Corrupt Practices Act*), 204
Lei das Relações entre Trabalhadores e
   Administração (*Labor-Management
   Relations Act*), 177
Lei de Garantia da Renda de Aposentadoria
   (*Employee Retirement Income Security Act
   – ERISA*), 176
Lei de Notificação de Ajuste e Retreinamento
   do Trabalhador (*Worker Adjustment and
   Retraining Notification Act*), 167
Lei de Relatórios e Divulgação de Gestão do
   Trabalho (*Labor-Management Reporting
   and Disclosure Act*), 177
Lei do Ambiente de Trabalho sem Drogas
   (*Drug-Free Workplace Act*), 163
Lei do Fechamento de Fábricas (*Plant Closing
   Act*), 167
Lei dos Direitos Civis (*Civil Rights Act*), 167,
   182-183, 186
Lei dos efeitos, 233-234
Lei dos Justos Padrões Trabalhistas (*Fair Labor
   Standards Act – FLSA*), 166-167, 176
Lei dos Norte-Americanos com Deficiências
   (*Americans with Disabilities Act – ADA*),
   62, 167, 188

Lei Nacional de Relações Trabalhistas
   (*National Labor Relations Act*), 176
Lei Sarbanes-Oxley, 56, 57-58, 60, 65, 315
Lei Taft-Hartley, 177
Lei Wagner, 177
Lei WARN, 167
Leis de direito autoral, 28-29, 324
Leiser, Janet, 159
Leslie, Mark, 209
Levantamento de histórico, 162
Levantamento de referências, 162
Levi Strauss & Company, 69
Lewin, Ken, 336
Licenciamento, 326
Líder ético, 60
Líder tecnológico, 87-88
Liderança, 206-227
   abordagem comportamental, 214-216
   abordagem por traços, 213-214
   abordagem situacional, 216-221
   autêntica, 224-225
   autocrática, 214-215
   carismática, 221-222
   compartilhada, 225, 334
   competências, 226-227
   coragem, 226
   de apoio, 214, 220
   de equipes, 259, 264
   de grupos, 97-98
   definição, 14, 208
   democrática, 214-215
   e gestão, 210-211
   estratégica, 211
   lateral, 225
   manutenção do grupo, 214-215
   matriz de Blake e Mouton, 215-216
   modelo contingencial de Fiedler, 218-219
   modelo Vroom, 217-218
   motivada pelo relacionamento, 218
   motivada por tarefas, 218
   nível 5, 223-224
   orientadora, 214, 220
   participativa, 220
   poder e, 211-212
   pseudotransformadora, 224-225
   realização de tarefas, 214-215
   substitutos da, 220-221
   supervisora, 211
   tecnológica, 87-88
   teoria do caminho-objetivo, 219-220
   teoria situacional de Hersey e Blanchard,
   219
   transacional, 222-223
   transformadora, 222-224
   visão e, 79-81, 209-210, 340
   voltada para realizações, 220
Líderes
   carismáticos, 221-222
   de torcida, 121
   pseudotransformadores, 224-225
   trabalhadores, 18
   transformadores, 222-224
Líderes-ponte, 225
Life Is Good, 42
LinkedIn, 22
LinkExchange, 104
Litle, Tim, 120
Lockheed Martin Corporation, 69, 109, 187,
   261
Lócus de controle, 220
Long John Silver, 300
Lord Corporation, 245
Lorsch, J., 129
Lotus, 277
Lovins, Amory, 206
Lublin, Joann S., 257
Luccock, Halford E., 254
Lussier, R., 112

M

Macy's Group, 137
Macroambiente, 28-33
Madsen, Drew, 198
Madslien, Jorn, 87
Maggio, J. John, III, 100, 294
Majora Carter Group, 222
Malaszenko, Janice, 24
Malgieri, Nick, 298
Manian, Ranjini, 268
Manobras estratégicas, 42-43
Marketing Corporation of America, 22
Marriott International, 188, 330
Marriott, J. Willard, 106
Marriott, William, 85
Marsh & McLennan, 52
Martin, Carolyn, 188-189
Martin, Neil A., 257
Marvin Windows and Doors, 65
Mascoma Corp., 115
Maslow, Abraham, 238-239
Maslow's need hierarchy, 238-239
MasterCard, 76
Matriz BCG, 85-86
Matriz de liderança de Blake e Mouton, 215-216
Mattel, 201
Maturidade do cargo, 219
Maturidade psicológica, 219
Maucker, Earl, 291
Maxim, Jim, 342
Maximização, 93-94
Mayes, Michelle Coleman, 184
McBride Electric, 312
McCanse, Anne Adams, 216
McCartney, Paul, 32
McCartney, Stella, 32-33
McClelland, David, 240
McCluney, Jim, 222
McDaniel, Jonathan, 300
McDonald's, 37, 65, 68, 79, 81, 108, 149, 199, 235, 301
McGill, Chris, 113-114
McGraw-Hill, 58
McQuade, Shayne, 106
Mediação, 270
Medidas corretivas, 299-300
Medtronic, 20
Meio ambiente natural, 68-71
Meio-Termo, 268-269
Melhor da categoria, 40
Melhoria contínua, 10, 148
Memorial Health System, 20
Menkes, Suzy, 33
Mensagens instantâneas, 277, 280
Mentira, 52-53
Mentoria, 197-198
Mercado acionário, 30-31
Merck, 83, 87, 122, 188, 324, 328
Mesa Redonda de Caux, 54
Mesquinhez, 311
Metas
    alternativas, geração de, 75
    avaliação, 76
    definição, 75
    estabelecimento, 231-233
    estratégicas, 77, 80
    forçadas, 232-233
    implementação, 76-77
    superordenadas, 269
Metas estratégicas, 77, 80
Metas forçadas horizontais, 232
Metas forçadas verticais, 232
Metas forçadas, 232-233
Metas SMART, 75
Metas superordenadas, 269
Metro-Goldwyn-Mayer, 186

MFG.com, 5
Micou, Tripp, 117
Microscan System, 300
Microsoft, 9, 34, 36, 80, 82, 84, 88, 100, 104, 121, 131, 147, 232, 277, 325
Midland Memorial Hospital, 324
Midwest Hardware, 54-55
Miles, R., 140
Millard, Wenda Harris, 339
MillerCoors Brewing Company, 262
Millington, Kent, 200
Millington, Linda, 200
Mills, Elinor, 141
Minorias, 186-188
Miopia da administração, 308
Mirage Resorts, 156
Miron Construction Company, 98
Missão, 46, 79-81
Mixx.com, 113
Modelo da tarifa por transação, 110
Modelo de apoio publicitário, 110
Modelo de desenvolvimento moral cognitivo de Kohlberg, 56
Modelo de filiação, 110
Modelo de Hackman e Oldham, 243-245
Modelo de liderança contingencial de Fiedler, 218-219
Modelo intermediário, 110
Modelo por assinatura, 110
Modelo Vroom de liderança, 217-218
Modificação do comportamento organizacional, 234-235
Módulo, 150
Monitoramento, 14-15; *Ver, também,* Sistemas de controle
Monitores de gestão visual, 326
Monster Worldwide, 145
Monstro, 6, 160
Moody, Famiglietti & Andronico, 299
Morris, Michael, 19
Mosko, Sarah, 109
Moss, Frank, 123
Motivação, 229-250
    compreensão das necessidades, 238-241
    concepção de cargos e, 161, 241-246, 329-330
    crenças ligadas ao desempenho, 236-238
    definição, 230
    estabelecimento de metas, 231-233
    justiça, 246-248
    liderança e, 213
    potencialização, 40, 245-246, 264, 315-317
    reforço do desempenho, 233-236
    resistência à mudança, 334-337
    satisfação no emprego, 248-250
Motivadores, 243
Motorola, 42, 187, 201, 291, 301, 326, 330
Mount, Madison, 328
Mouton, Jane S., 216
MTV World, 329
Mudança reativa, 341
Mulally, Alan, 310
Mulheres na força de trabalho, 32, 184-186, 191
Murdoch, Rupert, 151
Musicane, 120, 121
Musk, Elon, 2, 15
Mutual of Omaha, 332
Mutualidade, 66
MyMPO, 120
mySimon, 12
MySpace, 8, 22, 36

N

NAFTA, 34
Nanus, Burt, 81

Narcisismo, 311
NASDAQ, 31
National Association of Female Executives, 185
National Labor Relations Board (NLRB), 29
Naturais de terceiros países, 198-199
Naturais do país hospedeiro, 198-199
NaturaLawn, 104-105
NBC, 85
Necessidades de crescimento, 239
Necessidades de existência, 239
Necessidades profissionais e familiares, 196
Necessidades relacionais, 239
Necessidades
    avaliação, 168
    compreensão, 238-241
Neeleman, David, 223
Negociação, 42, 121
Negociação coletiva, 177-178
Neil Kelly Company (NKC), 330
Nelson, Marilyn, 208
Nestlé, 4
NetApp, 168, 317
Netflix, 35
NetJets, 12
Nevin, Joe, 209
New York Times Company, 145
Nextel, 45
Nicholson, Dick, 274-275
Nicholson, Pam, 154
Nike, 42, 78, 100, 235, 324
Nintendo, 34, 36, 43-44
Nissan, 322
Nivelação, 41
Noise, 274
Nokia, 73, 74, 84
Noodles & Company, 108
Noonan, Erica, 279
Nooyi, Indra, 5, 185, 224
Nordstrom, 46, 86, 87, 283, 316
Normas, 263-264
Normatização, 258
Northrop Grumman, 17
NovaCare, 62
Novos empreendimentos, 112
Novos entrantes no mercado, 35
NTR, 124
Nucor, 254, 262

O

O'Brien, Jeffrey M., 141
O'Keefe, Kelly, 57
Obama, Barack, 30, 221
Occupational Safety and Health Administration (OSHA), 29
Ocean Monmouth Legal Services, 313
Oesch, Amy, 196
Oferta pública de ações, 117-118
Oferta pública inicial, 117-118
Office Depot, 6
Office of Federal Contract Compliance (OFCC), 29
Okie, Francis G., 328
Oldham, G. R., 243-244
Omnica, 256
Opaque Dining in the Dark, 9
Opções de compra de ações, 174
operações enxutas, 37
Oportunidades, 81-82, 84
Oracle, 337
Orçamentos, 89-90, 303-306
    de caixa, 304
    de capital, 305
    de custos, 304
    de produção, 304

de vendas, 303-304
estratégico, 89-90
mestre, 305
operacional, 89-90
Organ, D., 219, 238
Organizações
achatadas, 132
altas, 132
ambiente competitivo, 28, 33-38
ambiente externo; *Ver* ambiente externo
aprendizes, 146, 327
burocracia, 41
centralizada, 134-135
cultura, 45-49
de alto envolvimento, 146-147
em rede, 138-141
estruturas orgânicas, 41
funcionais, 135-136
insumos/produtos, 28
leis/regulamentos que as afetam, 28-30
macro ambiente, 28-33
matricial, 138-139
mecânica, 128, 129
monolíticas, 193
multiculturais, 193-194
pluralistas, 193-194
porte, 147
sem fronteiras, 293
Organograma, 128-129
Orientação empreendedora, 123
Orman, Suze, 283
Ortiz, Artemio, 73, 319
Otimização, 94
Otis, Clarence, 198
Ouchi, William, 296
Ovide, Shira, 279

P

Pacific Pathway, 108
Pacificação competitiva, 42
Packard, David, 106
Padrões, 296-298, 310-311
Padrões éticos corporativos, 59-60; *Ver, também,* Ética
Padronização, 142-143
Page, Larry, 11
Paladino
de produto, 328
executivo, 328
Palmisano, Sam, 334
Panasonic, 37
Papéis, 264-265
Paralisia pela análise, 93
Parcerias, 42, 121, 326
Partes interessadas (*stakeholders*), 81-82
Passivo, 306
Patagônia, 117
Patel, Keyur, 282
Patentes, 324
Patrimônio líquido, 306
Patrocínio, 328
Paul, Alan, 201
Payless ShoeSource, 164
PayPal, 2, 140-141
PayPerPost, 53
PBD Worldwide Fulfillment Services, 281
Peck, Kate, 337
Pegada de carbono, 71
Pegasystems, 172
Pensamento grupal, 97, 265
Penske Truck Leasing Company, 314
PepsiCo, 5, 34, 35, 64, 185, 198, 224
Pequenas empresas, 102
Per Scholas, 40-41
Percepção, 275-276

Perez, Antonio, 83
Perez, Jorge, 113
Perry, James, 244
Persuasão, 264
Pessoas com deficiência, 62, 167, 188
PetSmart.com, 111
Pettid, Sharon Rues, 332
Pfeffer, Jeffrey, 290
Pfizer, 35, 137, 324
Pillsbury, 168, 254
Pinchott, G., III, 122
Pior cenário, 39
Pirataria, 122
Pitney Bowes, 184
Pizza Hut, 300
Planejamento estratégico; *Ver também* Planejamento
análise externa, 81-82
análise interna, 82-84
análise SWOT, 84-88
controle de processos, 89-90
definição, 77
estratégia corporativa, 84-86
estratégia empresarial, 86-88
estratégias funcionais, 88
implementação, 88-89
missão, 46, 79-81
processo de, 79
tomada de decisão e; *Ver* Tomada de decisão
Planejamento, 73-98
alinhamento de metas, 79
contingencial, 75-76
de recursos humanos, 157-160
definição, 13-14, 74
elementos-chave, 118-120
estratégico; *Ver* Planejamento estratégico
níveis de, 77-79
operacional, 78
para novos empreendimentos, 117-121
planos de negócio, 118-119
processo de, 74-77
tático, 78
Plano de participação nos ganhos, 174
Planos
contingenciais, 75-76
de incentivo individuais, 173-174
de negócios, 118-119
de participação nos lucros, 174
únicos, 75
vigentes, 75
Plante & Moran, 162, 230
PMF Industries, 149
Poder, 211-212, 240
coercitivo, 212
de recompensa, 212
legítimo, 211
perito, 212
personalizado, 240
referente, 212
socializado, 240
Poluição industrial, 69
Polycast Technology, 195
Pontos de interrogação, 85
Pontos fortes internos, 82-84
Pontos fracos internos, 82-84
Porras, Jerry, 296, 330
Porteiro, 266-268
Porter, Michael, 33, 39, 68
Posner, Barry, 209
Potencialização, 40, 245-246, 264, 315-317
Powell, Colin, 201
Practical Computer Applications, 117
Prahalad, C. K., 343
Preço de transferência, 314
Preguiça, 311

Preguiça social, 262-263
Preocupação com a produção, 214, 216
Preocupação com as pessoas, 214, 216
Presidente-Executivo (*Chief Executive Officer – CEO*), 16-17, 130-131
Pressão
de prazo, 96
do grupo, 334
Prevenção de defeitos, 10, 148
PriceGrabber, 12
PriceSpective, 157
PricewaterhouseCoopers, 188
Princípio da exceção, 299
Princípio da unidade de comando, 138-139
Princípios contábeis de aceitação generalizada (*Generally Accepted Accounting Principles – GAAP*), 305
Princípios de Negócios de Caux, 54-55
Prism Software, 67
Procaccini, Carmeline, 172
Processo contínuo, 149
Processos flexíveis, 41
Procter & Gamble, 8, 112, 199, 209
Produção enxuta, 151
Produção flexível, 149-151
Produção integrada por computador (*Computer integrated manufacturing – CIM*), 150
Produtividade, 249, 254
Produtos, 28
Programa de benefícios com menu, 175
Programas de benefícios flexíveis, 175
Programas de ética baseados em conformidade, 62
Programas de ética baseados na integridade, 62
Projeção
de demanda, 157-158
de oferta de mão de obra, 158-159
definição, 39
precisão da, 39-40
técnicas, 82
Promoções, 198
Propinas, 29, 55
Propriedade intelectual, 324
Provincianismo, 311
Proximidade da supervisão, 214
Prudential California Realty, 281-282
Pryor, Michael, 131-132
PTC, 8
Punição, 234-236
Puth, David, 161

Q

Quad/Graphics, 172
Qualidade da vida no trabalho, 248-249
Qualidade
definição, 9-10
do serviço, 10-11
ISO 9001, 148-149
melhoria contínua, 10, 148
padrões de, 298
prevenção de defeitos, 10, 148, 301
seis sigma, 148, 301-302, 309
TQM, 10, 148-149
Query, Rex, 254
Questão ética, 54-55
Questões culturais, 199-204
Questões de gênero, 184-186
Quid pro quo, 185
Quinn, Robert E., 48

R

R.R. Donnelley, 290, 293

"Rádio-peão", 292-293
Radisson Hotels, 208
Rafferty, Heidi Russell, 185
Rainmaker Thinking, 188
RAND Corporation, 321
Raven, B., 211, 212
Ravikant, Naval, 115
Rawls, John, 62
Raykovich, Ben, 114
Raykovich, Cindi, 114
Reação ao ambiente, 40-45
Realidades sociais, 96
Realização, 258
Realização, necessidade de, 240
RealNetworks, 29
Receptividade
  do mercado, 322-323
  prevista do mercado, 322-323
Recolocação, 165
Recompensas
  extrínsecas, 241
  intrínsecas, 240-241
Recreational Equipment Inc. (REI), 168
Recrutamento, 160-161, 195
  externo, 160-161
  interno, 160
Recursos, 83
Rede(s), 120
Rede dinâmica, 140-141
Redes sociais, 8, 22, 100, 277-278, 300
Reflexão, 286-287
Reflexite Corporation, 290
Reforço
  negativo, 234-235
  positivo, 234-235
Reforços, 234-235
Regent Seven Seas Cruises, 208-209
Reguladores, 29-30
Regulamentação governamental, 28-30
Regulamentos que afetam as organizações, 28-30
Reilly, William K., 68
Reisner, Rebecca, 257
Relação
  de fluxo de trabalho, 267
  de estabilização, 267
  de ligação, 267
Relacionamento, 264
  de assessoria, 267
  de auditoria, 267
  de serviço, 267
Relações públicas, 42
Relações trabalhistas, 176-179
Relativismo, 56
Remuneração, 173-176
  dos executivos, 174-175
  por incentivos, 173-174
Research in Motion, 296
Resistência
  à mudança, 334-337
  ao controle, 309-310
Responsabilidade(s), 132-133
  econômicas, 65
  éticas, 65
  filantrópicas, 66
  legais, 65
  social, 65-68
Responsabilidade social corporativa, 65-68;
  Ver, também, Ética
Responsabilização, 132-133, 198
Resultados, 237, 246
Retorno do Investimento (return on investment
  – ROI), 308
Retravamento, 337
RFID, 11
Rhoads, Jerry, 336
Rickwood, Lee, 141

Riqueza do meio, 283
Risco, 69, 90, 112, 113-114, 120, 122
Ritz-Carlton, 11, 47, 310, 312
RiverGlass, 110
Rivise, Charles, 195
Riya, 110
Rock, Arthur, 118
Rockford Acromatic Products, 232
Rocky Mountain Institute, 206
Rodízio de cargos, 168, 242-243
Rodriguez, Cristina, 40
Rodriguez, Diego, 328
RollEase, 199
Ronn, Kurt, 185
Rose, Matt, 184
Rosedale, Philip, 111
Rosellini, Lynn, 159
Rosenfeld, Irene, 185
Rubbermaid, 328
Ruddell, Sarah, 244
Ruffolo, Robert R., 231
Rutan, Burt, 110
Ruxin, Josh, 21

S

SABMiller, 69-70
Safeway, 84
Safexpress, 283
Saiki, Neal, 86-87
Sajda, Julie, 227
Sakuta, Mark, 44
Salários, 173-176
Sam's Club, 106
Sambazon, 108
Sanchez, J., 200
Sandberg, Sheryl, 11
Sara Lee, 185, 258
SAS, 5
Satisfação, 94, 97
  dos membros, 265
  no emprego, 248-250
Saturn, 152
Schering, 44
Schermerhorn, J., Jr., 64
Schlesinger, Leonard A., 338
Schmidt, W., 216-217
Schott, 82
Schroeder, R., 257
Schubert, Damion, 322-323
Schultz, Howard, 8
Schumaker-Krieg, Diane, 240
Schummer, Robert, 106
Schwartz, Ariel, 87
Scorecard, balanced, 313
Scott Paper Company, 86-87
Screen Actors Guild, 36
Sculley, John, 92
Sears, 160
Seattle Computer Works, 88
Seattle Times Company, 187
Seattle's Best Coffee, 27
Second Life, 111, 279, 282, 327
Secura Insurance, 291
Securities and Exchange Commission (SEC),
  29-30, 62
Seguidores, 88, 211, 220
Segurança nacional, 109-110
Segurança, 176
Seguro desemprego, 175
Segway, 94
Seis Sigma enxuto, 302
Seis sigma, 148, 301-302, 309
Seleção
  de domínio, 43-44
  de quadros, 161-164

Semco, 254
Semrow Perforated & Expanded Metals, 92, 95
Servatii Pastry Shop, 115, 117
ServiceMaster, 231
Serviço, 10-11
Shah, Mundjal, 110
Shah, Premal, 140-141
Shahani, Sudhin, 120-121
Shapers, 343
Shaw, G. B., 275
Shell Chemical, 149
Shell, 31, 187
Shelman, Tom, 17
Sherman, Arthur, 163, 173
Shire Pharmaceuticals, 39
Sidoti, Larry, 108
Significância da tarefa, 244
Silbert, Mimi, 341
Símbolos, ritos e cerimônias, 46
Sindicatos, 177
Síndrome do sobrevivente, 147
Singapore Airlines, 325
Sinha, K., 257
Sistema de controle estratégico, 89-90
Sistema de publicação de cargos, 160
Sistemas abertos, 28
Sistemas de controle
  auditorias de gestão, 302-303
  burocráticos, 296, 297-302
  concorrentes, 300-301
  de mercado, 296, 313-315
  de recompensa, 172-176, 241
  definição, 296
  desvantagem, 308-310
  estabelecimento de padrões, 296-298, 310-311
  estratégias para realização, 296-297
  etapas, 297-300
  financeiros, 306-308
  medidas corretivas, 299-300
  mensuração do desempenho; Ver Avaliação
    de desempenho
  orçamentários, 89-90, 303-306
  papel da administração nos, 310-313
  pelo clã, 297, 313, 315-317
  prospectivos, 300-301
  resistência aos, 309-310
  retrospectivos, 300-301
  sinais de problemas, 296
  six sigma, 148, 301-302, 309
  sociotécnicos, 329-330
Sistemas de informação gerencial – SIG
  (Management information systems – MIS),
  31
Skilling, Jeff, 63
Skinner, James, 81, 301
Skunkworks, 122-123
Sloan, Alfred P., Jr., 128
Small Business Administration, 109
Smart Balance, 256
Smith, Adam, 55, 66
Smith, Brad, 82
Smith, Fred, 100
Smith, Rod, 279
Smithfield Foods, 65-66
Snell, Scott, 163, 173
Snow, C., 140
Snyder, Nancy R., 127
Sobrecarga informacional, 288
Sobreviver e florescer, 23-24
Society for Human Resources Management, 64
Sodexo, 188
Soliman, Omar, 158-159
Soluções customizadas, 92
Soluções prontas, 91-92
Sondagem, 267
Sonfield, M., 112

● ● ÍNDICE 393

Sony, 34-38, 42, 106, 290-291, 330
Sound Sports, 114
Southwest Airlines, 42, 86, 156, 223, 245
Spector, P., 200
Spectrum Health, 9-10
Speer, David, 133
Sperion Workplace Snapshot, 52
Spinelli, S., 105
Spolsky, Joel, 131-132
Spreadshirt.com, 110
Springfield Remanufacturing Corporation, 290
Sprint, 45
Squatriglia, Chuck, 87
SSS Research, 110
Stack, Jack, 290
Staker & Parson Company, 234
Stalker, G., 128
Standard & Poor's 500, 31
Staples, 106
Starbucks, 8, 10, 27, 39, 145
Stars, 85-86
State Farm Insurance, 244
Steinway, 88
Stellar Computer, 123
Stemberg, Tom, 106
Stevens, Sean, 57
Stewart, Martha, 109
Stiller, Bob, 27
Stone, Andy, 109
Stone, Biz, 278
Stonyfield Farm, 232-233
Storey, Katie, 27, 229
Stringer, Howard, 290-291
Stringer, Vickie, 233
Strunk, William, 285
Student Loan Xpress, 29
Suavização, 41
Subornos, 29, 55, 204
Substitutos
    da liderança, 220-221
    produtos, 35-36
Summit Pointe, 254
Sun Microsystems, 22, 187
Suprimentos ABC, 105, 114
Sustainable South Bronx, 222
Sutton, Percy, 213-214
Suzuki, 134
Swanson, Robert, 100
Swartz, Eliot, 342
Swiggett, Robert L., 209
Swinmurn, Nick, 104, 119
Symantec, 187, 341
Synematics, 213
Systemax, 332
Szaky, Tom, 304-305

T

Taco Bell, 235, 300
Taibl, Carl, 22
Tait, Richard, 8
Tannenbaum, A., 216-217
Tarefas, 220
Taylor, Frederick, 290
Taylor, Keith, 22
Teach for America (TFA), 161
Técnica do incidente crucial, 170
Tecnologia; Ver também Inovação
    adequação organizacional, 325
    adoção de novas, 320-326
    auditoria, 321
    avaliação de tendências externas, 321
    avanços da, 31
    concepção de cargo e, 329-330
    da informação (TI), 327
    de base, 321

de grandes lotes, 149
de pequenos lotes, 149
definição, 149, 319
em andamento, 321
emergente, 321
estresse causado por, 6
estrutura organizacional e, 149-152
fazer ou comprar, 326
fundamentais, 321
mensuração da existente, 321
notes de novas, 325-326
projeto de desenvolvimento, 329
receptividade prevista do mercado,
    322-323
viabilidade, 323-324
Tecnologias-chave, 321
Teleconferência, 278
Teledyne, 118
Teoria da equidade, 246-247
Teoria da expectância, 236-238
Teoria das trocas líder-seguidor (leader-
    member exchange – LMX), 214-215
Teoria do caminho-objetivo, 219-220
Teoria do ciclo de vida da liderança, 219
Teoria do duplo fator de Herzberg, 243
Teoria do duplo fator, 243
Teoria do estabelecimento de metas, 231
Teoria ERG de Alderfer, 239-240
Teoria ERG, 239-240
Teoria situacional de Hersey e Blanchard, 219
Teoria Situacional, 219
Teorias do conteúdo, 238
Terakawa, Carol, 187
TerraCycle, 304-305
Tesla Motors, 2, 15
Testes de capacidade cognitiva, 163
Testes de desempenho, 163-164
Testes de entorpecentes, 163
Testes de honestidade por escrito, 164
Testes de integridade, 164
Testes de personalidade, 162-163
Texas Instruments, 89, 258, 262-263, 266
TGI Friday's, 208
The Body Shop, 108
The Event Studio, 115
The Gap, 42
The Related Group, 113
Thomas, K., 268
Thomas, T., 64
Thompson, John, 187, 211, 341
Thomson, 242
Thoreau, Henry David, 52
Thorndike, Edward, 233
Threadless, 90
Tiger Direct, 332
Time Inc., 138
Time Warner Cable, 40-41
Timmons, Jeffry, 102, 105, 119
Tinker, Grant, 85
Tirania do ou, 331
Tivoli Systems, 123
T-Mobile, 39
Tomada de decisões
    barreiras, 95-96
    competências necessárias, 19-20
    descentralizada, 40, 134-135
    em grupo, 96-98
    estilos, 215, 218
    etapas, 90-95
    grupal, 96-98
    participação da liderança, 215
Tormenta, 258
Townsend, Robert, 211
Toyota, 7-8, 11, 68, 151, 199, 202
Tozun, Nedjip, 106
Trabalhadores contingenciais, 41
Trabalhadores do conhecimento, 7

Treinamento de orientação, 168
Treinamento e desenvolvimento, 40-41, 167-
    169, 196-197
Tribune Company, 46
Triple Crown Publications, 233
Tulgan, Bruce, 188
Turner Broadcasting Systems, 57
Twitter, 277-278
Two Chefs on a Roll, 342
TXU Corp, 68
Tyson Foods, 326

U

U.S. Cellular, 281
Uisprapassorn, Sam, 111
UniFirst Corporation, 149
Unilever, 147
Union Electric Company, 286
United Airlines, 291
Universalismo, 54-55
UPS, 53, 309
Ursprung, Cecil, 290
US Airways, 278
US Security Associates, 299
Utilitarismo, 55

V

Vacas leiteiras (cash cows), 86
Vaidade, 311
Valência, 237
Validade, 164-165
    do conteúdo, 164
    relacionada a critérios, 164
Valor, 13-14
    comparável, 176
    estratégico, 13-14
Valores; Ver Ética
Van Bergen, Karen, 68
Vandebroek, Sophie, 327
Vantagem competitiva, 8-12
Varredura ambiental, 39, 321
Varredura ambiental, 39, 321
Velocidade, 11, 151-152
Veteranos de guerra, contratação, 184
Véu de ignorância, 62-63
Viabilidade
    econômica, 323-324
    tecnológica, 323
Vice-presidente de operações (Chief Operating
    Officer – COO), 17
Vice-presidente de sistema de informação
    (Chief Information Officer – CIO), 17, 327
Videoconferência, 278
Vieses psicológicos, 95-96
Virgin Group, 124, 222
Virgin Records, 102
Virginia Commonwealth University Health
    System, 7
Virginia Mason Medical Center, 12
Visão estratégica, 80
Visão, 79-81, 209-210, 340
VisiCalc, 103
Voltaic Systems, 106
Vroom, V., 217

W

Wabash National, 290
Wagner, Mitch, 279
Wagoner, Rick, 297
Wakefield, Torkin, 16-17
Walker, Lisa, 239

Walmart, 11, 50, 65, 67, 174, 177, 304, 325, 330
Walsh, Katherine, 305
Walt Disney Company, 45, 83, 156, 330
Walter Reed Army Medical Center, 2
Walton, Sam, 172
Wamsteeker, Pete, 239
Wardell, Karianne, 206, 319
Web 2.0, 277-278
Weber, Max, 128
Weinberg, Michael, 202
Welch, Jack, 74, 85, 144, 225, 293, 313
Wellman Medical Solutions, 115
Wells Fargo, 76-77, 83, 88, 115, 122
Welsh, Jonathan, 87
Wenning, Werner, 44
Westinghouse, 171
Weyerhaeuser Company, 42
Whirlpool, 127
White, B. Joseph, 236
White, E. B., 285
White, Miles, 86
Whitwam, David R., 127
Whole Foods Market, 79, 244, 254, 269

Wiki, 255
Wikipedia, 279
Wildcat strikes, 178
Williams, Evan, 278
Williamson, Valerie, 279
WiMax, 35
Woertz, Pat, 185
Wolfskehl, David, 225
Woods, Don, 255
Woodward, Joan, 149
WorldCom, 57, 204
Wozniak, Steve, 100
Wright, Bob, 85
Wright, Will, 6
Wyeth, 231
Wynn, Gregory, 116, 121

X

X.com, 2
Xerox, 21, 24, 39, 84, 87, 156, 171, 185, 187, 195, 301, 327
Xiaoning, Wang, 62

Y

Yahoo! HotJobs, 160
Yahoo!, 62, 187, 339
Yamaha, 134
Yarde Metals, 240
YouTube, 36, 38, 42, 279
Yum Brands, 300

Z

Zale Corporation, 162
Zappos, 104, 115, 119, 229
Zazzle.com, 110, 112
Zeltzer, Alysa, 45
Zero defeito, 10
Zero Gravity, 109
Zero Motorcycles, 86-87
Zing Train, 325, 337
Zingermans, 337
Zip2, 2
Zuboff, Shoshana, 342
Zuckerberg, Mark, 100